SUISSE
SCHWEIZ
SVIZZERA

2003

■ *Sélection d'hôtels et de restaurants*

Auswahl an Hotels und Restaurants ■

■ *Selezione di alberghi e ristoranti*

Selection of hotels and restaurants ■

SUISSE
SCHWEIZ
SVIZZERA

3	***Introduction*** *Français*
19	***Einführung*** *Deutsch*
35	***Introduzione*** *Italiano*
51	***Introduction*** *English*

Le choix d'un hôtel, d'un restaurant

Ce guide vous propose une sélection d'hôtels et restaurants établie à l'usage de l'automobiliste de passage. Les établissements, classés selon leur confort, sont cités par ordre de préférence dans chaque catégorie.

Catégories

🏨🏨🏨	XXXXX	*Grand luxe et tradition*
🏨🏨	XXXX	*Grand confort*
🏨	XXX	*Très confortable*
🏨	XX	*De bon confort*
🏨	X	*Assez confortable*
♣		*Simple mais convenable*
M		*Dans sa catégorie, hôtel d'équipement moderne*

sans rest
garni, senza rist

L'hôtel n'a pas de restaurant

avec ch
mit Zim, con cam

Le restaurant possède des chambres

Agrément et tranquillité

*Certains établissements se distinguent dans le guide par les symboles rouges indiqués ci-après.
Le séjour dans ces hôtels se révèle particulièrement agréable ou reposant.
Cela peut tenir d'une part au caractère de l'édifice, au décor original, au site, à l'accueil et aux services qui sont proposés, d'autre part à la tranquillité des lieux.*

🏨🏨🏨 à 🏨		*Hôtels agréables*
XXXXX à X		*Restaurants agréables*
🐾		*Hôtel très tranquille ou isolé et tranquille*
🐾		*Hôtel tranquille*
≤ lac		*Vue exceptionnelle*
≤		*Vue intéressante ou étendue.*

*Les localités possédant des établissements agréables ou très tranquilles sont repérées sur les cartes pages 88 à 91.
Consultez-les pour la préparation de vos voyages et donnez-nous vos appréciations à votre retour, vous faciliterez ainsi nos enquêtes.*

L'installation

Les chambres des hôtels que nous recommandons possèdent, en général, des installations sanitaires complètes et le téléphone. Il est toutefois possible que dans les catégories 🏠 et ⚐, certaines chambres en soient dépourvues.

30 ch (Zim, cam)	Nombre de chambres
🛗	Ascenseur
▣	Air conditionné (dans tout ou partie de l'établissement)
TV, vidéo	Télévision, magnétoscope dans la chambre
⊄	Établissement en partie réservé aux non-fumeurs
☏	Prise modem dans la chambre
♿	Chambres accessibles aux handicapés physiques
👫	Équipement d'accueil pour les enfants
🌳	Repas servis au jardin ou en terrasse
♨	Balnéothérapie, cure thermale
⫘ 🧖	Salle de remise en forme, Sauna
🏊 ▣	Piscine : de plein air ou couverte
🏖 🌿	Plage aménagée – Jardin de repos
🌲	Parc
🎾 ⛳18	Tennis à l'hôtel – Golf et nombre de trous
⚓	Ponton d'amarrage
👥 15/150	Salles de conférences : capacité minimale et maximale des salles
🚗	Garage dans l'hôtel (généralement payant)
P	Parking réservé à la clientèle
▣	Parking clos réservé à la clientèle
🐕‍🦺	Accès interdit aux chiens (dans tout ou partie de l'établissement)
mai-oct. – Mai-Okt. maggio-ottobre	Période d'ouverture, communiquée par l'hôtelier
saison nur Saison stagionale	Ouverture probable en saison mais dates non précisées. En l'absence de mention, l'établissement est ouvert toute l'année.

La table

Les étoiles

*Certains établissements méritent d'être signalés
à votre attention pour la qualité de leur cuisine.
Nous les distinguons par les étoiles de bonne table.*

*Nous indiquons, pour ces établissements,
trois spécialités culinaires qui pourront orienter
votre choix.*

ఘఘఘ **Une des meilleures tables, vaut le voyage**
*On y mange toujours très bien, parfois merveilleusement.
Grands vins, service impeccable, cadre élégant...
Prix en conséquence.*

ఘఘ **Table excellente, mérite un détour**
*Spécialités et vins de choix...
Attendez-vous à une dépense en rapport.*

ఘ **Une très bonne table dans sa catégorie**
*L'étoile marque une bonne étape sur votre itinéraire.
Mais ne comparez pas l'étoile d'un établissement de luxe
à prix élevés avec celle d'une petite maison où à prix
raisonnables, on sert également une cuisine de qualité.*

*Le nom du chef de cuisine figure après la raison sociale
lorsqu'il exploite personnellement l'établissement.*

Exemple : XX ఘ **Panorama** (Martin)...

Consultez les cartes des établissements à étoiles ఘఘఘ,
ఘఘ, ఘ *(pages 88 à 91) et leur liste correspondante
(pages 82 et 83).*

Le "Bib Gourmand"

Repas soignés à prix modérés

Vous souhaitez parfois trouver des tables plus simples, à prix modérés ; c'est pourquoi nous avons sélectionné des établissements proposant, pour un rapport qualité-prix particulièrement favorable, un repas soigné.

Ces maisons sont signalées par le "Bib Gourmand",
Repas, Menu *ou* Pasto
Ex : Repas 45/55.

Consultez les cartes des établissements "Bib Gourmand" *(pages 88 à 91) et leur liste correspondante (pages 84 et 85).*

Voir aussi page suivante

Principaux vins et spécialités régionales voir p. 79 à 81.

L'hébergement

 Le "Bib Hôtel"

Bonnes nuits à petits prix

Vous cherchez un hôtel pratique et accueillant offrant une prestation de qualité à prix raisonnable ?
Ces adresses possèdent une majorité de chambres pour deux personnes, petits déjeuners compris, à moins de 176 CHF.

Elles vous sont signalées par le **"Bib Hôtel"** *et* ch, Zim *ou* cam
Ex : 26 ch *87/190*

Consultez la liste des **"Bib Hôtel"** *pages 86 et 87 et repérez-les sur les cartes pages 88 à 91.*

Les prix

*Les prix que nous indiquons dans ce guide ont été établis en été 2002 et s'appliquent à la **haute saison**. Ils sont susceptibles de modifications, notamment en cas de variations des prix des biens et services. Ils s'entendent taxes et services compris. Aucune majoration ne doit figurer sur votre note, sauf éventuellement la taxe de séjour.*

A l'occasion de certaines manisfestations commerciales ou touristiques (voir page 524) les prix demandés par les hôteliers risquent d'être sensiblement majorés dans certaines villes jusqu'à leurs lointains environs.

Les hôtels et restaurants figurent en caractères gras lorsque les hôteliers nous ont donné tous leurs prix et se sont engagés, sous leur propre responsabilité, à les appliquer aux touristes de passage porteurs de notre guide.

Hors saison, certains établissements proposent des conditions avantageuses, renseignez-vous lors de votre réservation.

Entrez à l'hôtel ou au restaurant le guide à la main, vous montrerez ainsi qu'il vous conduit là en confiance.

Repas

             ✏ *Établissement proposant un plat du jour à moins de* 20 CHF

Plat du jour :

Repas 18,50
(Menu – Pasto)

Prix moyen du plat du jour généralement servi au repas de midi, en semaine, au café ou à la brasserie.

Menus à prix fixe :

Repas 36/80
(Menu – Pasto)

minimum 36 *maximum* 80

Repas à la carte :

Repas à la carte 50/95
(Menu – Pasto)

Le premier prix correspond à un repas normal comprenant entrée, plat garni et dessert.
Le 2ᵉ prix concerne un repas plus complet (avec spécialité) comprenant : deux plats, fromage et dessert.

Chambres

29 ch ⌧ 100/200
(Zim – cam)

*Prix minimum 100 pour une chambre
d'une personne/prix maximum 200 pour une chambre
de deux personnes en **haute saison**, petit-déjeuner compris.
(Suites et junior suites : se renseigner auprès de l'hôtelier.)*

Basse saison
Vorsaison ⌧ 80/160
Bassa stagione

*Prix des chambres pratiqués en basse saison.
Dans tous les cas, il est indispensable
de s'entendre par avance avec l'hôtelier
pour conclure un arrangement définitif.*

⌧ 20

Prix du petit-déjeuner

Demi-pension

½ P suppl. 30
(Zuschl. – sup.)

*Ce supplément par personne et par jour s'ajoute au prix
de la chambre pour obtenir le prix de 1/2 pension.
La plupart des hôtels saisonniers pratiquent
également, sur demande, la pension complète.*

Les arrhes

*Certains hôteliers demandent le versement d'arrhes.
Il s'agit d'un dépôt-garantie qui engage l'hôtelier
comme le client. Bien faire préciser les dispositions
de cette garantie.
Demandez à l'hôtelier de vous fournir
dans sa lettre d'accord toutes précisions utiles
sur la réservation et les conditions de séjour.*

Cartes de crédit

*Cartes de crédit acceptées par l'établissement :
American Express – Diners Club –
MasterCard (Eurocard) – Visa – Japan Credit Bureau*

Les villes

Armoiries du canton
indiquées au chef lieu du canton

(BIENNE)   Traduction usuelle du nom de la localité

3000   Numéro de code postal de la localité

✉ 3123 BELP   Numéro de code postal et nom de la commune de destination

C - K   Chef-lieu de canton

Bern (BE)   Canton auquel appartient la localité

217 ⑥   Numéro de la Carte Michelin et numéro du pli

1 057 h. (Ew. - ab.)   Population

Alt. (Höhe) 1 500   Altitude de la localité

Kurort / Stazione termale   Station thermale

Wintersport / Sport invernali   Sports d'hiver

1 200/1 900   Altitude minimum et maximum atteinte par les remontées mécaniques

2 ⛷   Nombre de téléphériques ou télécabines

14 ⛷   Nombre de remonte-pentes et télésièges

⛷   Ski de fond

  Localité interdite à la circulation

BY B   Lettres repérant un emplacement sur le plan

⛳18   Golf et nombre de trous

※ ≤   Panorama, point de vue

✈   Aéroport

🚗   Localité desservie par train-auto.
Renseignements au numéro de téléphone indiqué

🛈   Information touristique

🅣   Touring Club Suisse (T.C.S.)

🅐   Automobile Club de Suisse (A.C.S.)
(Voir page 16)

Les curiosités

Intérêt

★★★   *Vaut le voyage*
★★   *Mérite un détour*
★   *Intéressant*
     Les musées sont généralement fermés le lundi

Situation

Voir
Sehenswert   *Dans la ville*
Vedere

Environs
Ausflugsziel   *Aux environs de la ville*
Dintorni

   La curiosité est située :
Nord, Sud, Süd,   *au Nord, au Sud de la ville*
Est, Ost,   *à l'Est de la ville*
Ouest, West, Ovest,   *à l'Ouest de la ville*
② ④   *On s'y rend par la sortie ② ou ④ repérée par le même signe sur le plan du Guide et sur la carte*
2 km   *Distance en kilomètres*

Manifestations locales

Sélection des principales manifestations culturelles, folkloriques ou sportives locales.

Les cartes de voisinage

Avez-vous pensé à les consulter ?

Vous souhaitez trouver une bonne adresse, par exemple, aux environs de BERNE ?
Consultez la carte qui accompagne les ressources de la ville.

La « carte de voisinage » (ci-contre) attire votre attention sur toutes les localités citées au Guide autour de la ville choisie, et particulièrement celles qui sont accessibles en automobile en moins de 20 minutes (limite de couleur).

Les « cartes de voisinage » vous permettent ainsi le repérage rapide de toutes les ressources proposées par le Guide autour des métropoles régionales.

Nota :

Lorsqu'une localité est présente sur une « carte de voisinage », sa métropole de rattachement est imprimée en BLEU sur la ligne des distances de ville à ville.

Vous trouverez Langnau im Emmental sur la carte de voisinage de BERN.

Exemple :

LANGNAU IM EMMENTAL 3550 Bern (BE)
217 ⑦ – 8 790 Ew. – Höhe 673.
Sehenswert : Dürsrütiwald★.
Bern 31 – Interlaken 63 – Luzern 63 – Solothurn 45

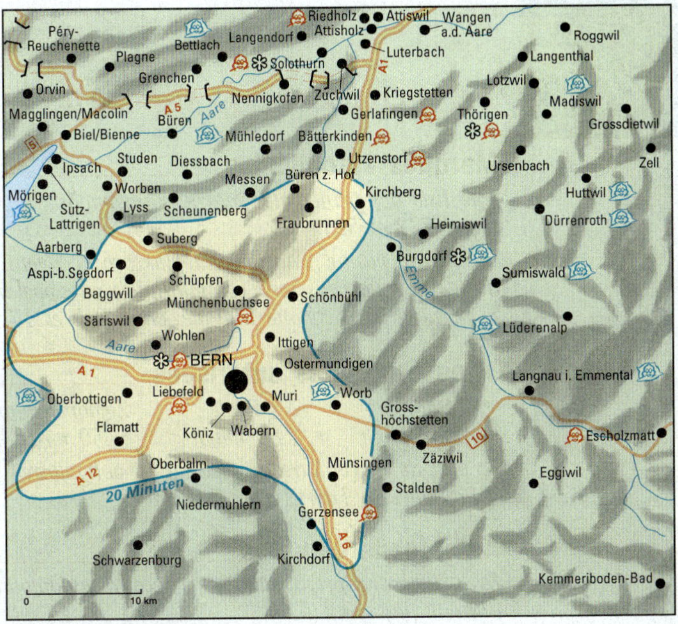

*Tableau d'assemblage
des cartes de voisinage*

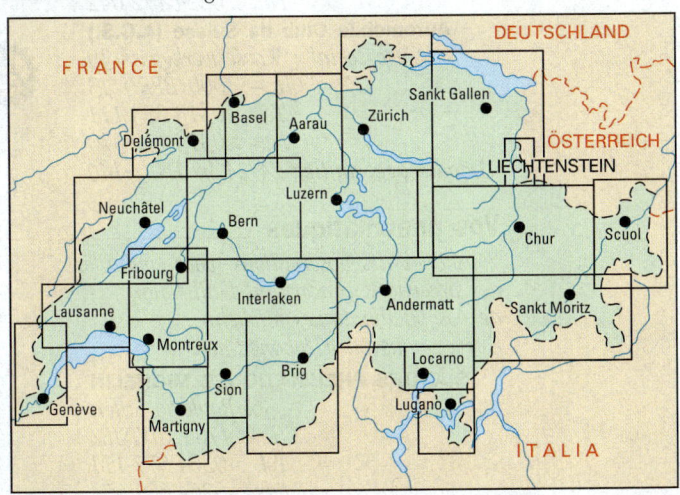

15

La voiture, les pneus

Marques automobiles
Une liste des principales marques automobiles figure pages 522 et 523.
En cas de panne, l'adresse du plus proche agent de la marque vous sera communiquée en appelant le numéro de téléphone indiqué, entre 9 h et 17 h.

Vitesse : limites autorisées
Autoroute   Route   Agglomération
120 km/h   80 km/h   50 km/h
Le port de la ceinture de sécurité est obligatoire à l'avant et à l'arrière des véhicules.

Automobile clubs
Les principales organisations de secours automobile dans le pays sont :

Touring Club Suisse (T.C.S.)
Siège social : 4 ch. de Blandonnet
CH – 1214 VERNIER
Tél. : 0224 172 030
Fax : 0224 172 042

Automobile Club de Suisse (A.C.S.)
Siège social : Wasserwerkgasse 39
CH – 3000 BERN 13
Tél. : 0313 283 111
Fax : 0313 110 310
Dépannage routier 24/24 h. Tél. : 140

Vos pneumatiques
Vous avez des observations, vous souhaitez des précisions concernant l'utilisation de vos pneumatiques Michelin, écrivez-nous ou téléphonez-nous à :

S.A. DES PNEUMATIQUES MICHELIN
36, Route Jo Siffert
CH – 1762 GIVISIEZ
Tél. : 0264 677 111
Fax : 0264 661 674

Les plans

- Hôtels
- Restaurants

Curiosités

Bâtiment intéressant
Édifice religieux intéressant :
  Catholique – Protestant

Voirie

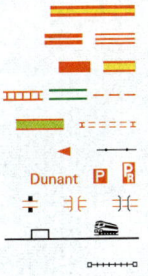

Autoroute
Voie à chaussées séparées
Grande voie de circulation
Voie en escalier – Allée piétonnière – Sentier
Rue piétonne – Rue impraticable, réglementée
Sens unique – Tramway
Rue commerçante – Parking – Parking Relais
Porte – Passage sous voûte – Tunnel
Gare et voie ferrée
Funiculaire, voie à crémaillère
Téléphérique, télécabine

Signes divers

Information touristique
Mosquée – Synagogue
Tour – Ruines
Jardin, parc, bois – Cimetière
Stade – Golf – Hippodrome – Patinoire
Piscine de plein air, couverte – Port de plaisance
Vue – Panorama – Table d'orientation
Monument – Fontaine – Usine – Centre commercial
Aéroport – Station de métro – Gare routière
Transport par bateau :
  passagers et voitures, passagers seulement

Repère commun aux plans
et aux cartes Michelin détaillées
Bureau principal de poste restante
Hôpital – Marché couvert
Bâtiment public repéré par une lettre :

G H – Police cantonale (Gendarmerie) – Hôtel de ville
J M – Palais de justice – Musée
P T U – Préfecture – Théâtre – Université, grande école
POL. – Police municipale

Passage bas (inf. à 4 m 50) – Charge limitée
(inf. à 19 t)
Touring Club Suisse (T.C.S.)
Automobile Club de Suisse (A.C.S.)

Le Guide Rouge Schweiz ergreift das Wort « Heimelige Atmosphäre herrscht im Geburtshaus des Komponisten der Schweizer Nationalhymne, Alberik Zwyssig. Von hier aus hat man einen schönen Blick auf See und Berge. »

So werden Sie ab der zehnten Ausgabe des Roten Michelin-Führers Schweiz in Form von Texten über das Wesentliche jeder empfohlenen Adresse informiert. Die Piktogramme bleiben wie bisher erhalten, sie werden ergänzt durch klare, sachliche Kurzbeschreibungen der Hotels und Restaurants, aus dem Blickwinkel der Michelin-Inspektoren.

Eine gute Empfehlung ist auch der Bib Hotel. Die Michelin-Inspektoren empfehlen Ihnen hier praktische, gastfreundliche Hotels mit gutem Preis-Leistungs-Verhältnis. Sie werden durch das neue Symbol und Zim *gekennzeichnet.*

Der neue, aktualisierte Rote Michelin-Führer, wie immer zuverlässig und allen Budgets angepasst - er lebt und entwickelt sich mit Ihrer Hilfe weiter. Zögern Sie nicht, uns Ihre Hinweise zu schicken.

Diese Auswahl ist ebenfalls unter www.ViaMichelin.com *ersichtlich. Für Mitteilungen und Kommentare wenden Sie sich an* leguiderouge-suisse@ch.michelin.com

Inhaltsverzeichnis

21   Zum Gebrauch dieses Führers

29   Sehenswürdigkeiten

30   Umgebungskarten und ihre Übersicht

32   Das Auto, die Reifen, die Automobilclubs

33   Zeichenerklärung der Stadtpläne

68   Karte der Kantone und deren Wappen

71   Karte der Sprachgebiete

73   Wichtigste Schweizerkäse

77   Die Schweizer Weinanbaugebiete

79   Wichtigste Weine und regionale Spezialitäten

82   Die Stern-Restaurants

84   Der "Bib Gourmand"

86   Der "Bib Hotel"

88   Karten der Restaurants mit Stern (✣), "Bib Gourmand" (😊), "Bib Hotel" (🏨) und der angenehmen, abgelegenen, besonders ruhigen Hotels und Restaurants

93   Hotels, Restaurants, Stadtpläne, Sehenswürdigkeiten

505 Liechtenstein

510 Karte und Liste der wichtigsten Wintersportorte

520 Wichtigste Feiertage in der Schweiz

522 Die wichtigsten Automobilfirmen

524 Wichtigste Messen

532 Lexikon

546 Entfernungen

550 Atlas : Hauptverkehrsstrassen

554 Ortsverzeichnis nach Kantonen geordnet

564 Internationale Telefon-Vorwahlnummern

Wahl eines Hotels, eines Restaurants

Die Auswahl der in diesem Führer aufgeführten Hotels und Restaurants ist für Durchreisende gedacht. Sie sind nach ihrem Komfort klassifiziert. In jeder Kategorie drückt die Reihenfolge dieser Betriebe eine weitere Rangordnung aus.

Kategorien

🏨🏨🏨	XXXXX	Grosser Luxus und Tradition
🏨🏨	XXXX	Grosser Komfort
🏨	XXX	Sehr komfortabel
🏨	XX	Mit gutem Komfort
🏠	X	Mit standard Komfort
⚘		Bürgerlich
M		In seiner Kategorie, Hotel mit moderner Einrichtung

sans rest garni, senza rist	Hotel ohne Restaurant
avec ch mit Zim, con cam	Restaurant vermietet auch Zimmer

Annehmlichkeiten

Manche Häuser sind im Führer durch rote Symbole gekennzeichnet (s. unten). Der Aufenthalt in diesen ist wegen der schönen, ruhigen Lage, der nicht alltäglichen Einrichtung und Atmosphäre sowie dem gebotenen Service besonders angenehm und erholsam.

🏨🏨🏨 bis 🏠	Angenehme Hotels
XXXXX bis X	Angenehme Restaurants
	Sehr ruhiges oder abgelegenes und ruhiges Hotel
	Ruhiges Hotel
⇐ Berge	Reizvolle Aussicht
	Interessante oder weite Sicht

Die Übersichtskarten S. 88 bis 91, auf denen die Orte mit besonders angenehmen oder sehr ruhigen Häusern eingezeichnet sind, helfen Ihnen bei der Reisevorbereitung.

Teilen Sie uns bitte nach der Reise Ihre Erfahrungen und Meinungen mit. Sie helfen uns damit, den Führer weiter zu verbessern.

Einrichtung

*Die meisten der empfohlenen Hotels verfügen über Zimmer, die alle oder doch zum grössten Teil mit Bad oder Dusche und Telefon ausgestattet sind.
In den Häusern der Kategorien, 🏠 und 🍃 kann dies jedoch in einigen Zimmern fehlen.*

30 Zim (ch, cam)	Anzahl der Zimmer
🛗	Fahrstuhl
▤	Klimaanlage (im ganzen oder Teilen des Hauses)
TV Video	Fernsehen, Videorecorder im Zimmer
⃠	Haus teilweise reserviert für Nichtraucher
📞	Modemanschluss
♿	Für Körperbehinderte leicht zugängliche Zimmer
👶	Spezielle Einrichtungen / Angebote für Kinder
🌿	Garten-, Terrassenrestaurant
♨	Badeabteilung, Thermalkur
🏋 ≘s	Fitnessraum, Sauna
⛱ 🏊	Freibad, Hallenbad
🏖 🌳	Strandbad – Liegewiese, Garten
🌴	Park
🎾 ⛳18	Hoteleigener Tennisplatz – Golfplatz und Lochzahl
⚓	Bootssteg
👥 15/150	Konferenzräume (Mindest- und Höchstkapazität)
🚗	Hotelgarage (wird gewöhnlich berechnet)
[P]	Parkplatz reserviert für Gäste
🅿	Gesicherter Parkplatz für Gäste
🐕⃠	Hunde sind unerwünscht (im ganzen Haus bzw. in den Zimmern oder im Restaurant)
Mai-Okt. – mai-oct. maggio–ottobre	Öffnungszeit, vom Hotelier mitgeteilt
nur Saison saison - stagionale	Unbestimmte Öffnungszeit eines Saisonhotels. Fettgedruckte Häuser ohne Angabe von Schliessungszeiten sind ganzjährig geöffnet.

Küche

Die Sterne

Einige Häuser verdienen wegen ihrer überdurchschnittlich guten Küche Ihre besondere Beachtung. Auf diese Häuser weisen die Sterne hin. Bei den mit Stern ausgezeichneten Betrieben nennen wir drei kulinarische Spezialitäten, die Sie probieren sollten.

❀❀❀ **Eine der besten Küchen : eine Reise wert**
Man isst hier immer sehr gut, öfters auch exzellent. Edle Weine, tadelloser Service, gepflegte Atmosphäre... entsprechende Preise.

❀❀ **Eine hervorragende Küche : verdient einen Umweg**
Ausgesuchte Menus und Weine... angemessene Preise.

❀ **Eine sehr gute Küche : verdient Ihre besondere Beachtung**
Der Stern bedeutet eine angenehme Unterbrechung Ihrer Reise.

Vergleichen Sie aber bitte nicht den Stern eines sehr teuren Luxusrestaurants mit dem Stern eines kleineren oder mittleren Hauses, wo man Ihnen zu einem annehmbaren Preis eine ebenfalls vorzügliche Mahlzeit reicht.

Wenn ein Hotel oder Restaurant vom Küchenchef selbst geführt wird, ist sein Name (in Klammern) erwähnt.

Beispiel : XX ❀ **Panorama** (Martin)...

Siehe Karten de Häuser mit Stern ❀❀❀, ❀❀, ❀ *(S. 88 bis 91) und der Liste (S. 82 bis 83).*

🏠 Der "Bib Gourmand"

Sorgfältig zubereitete, preiswerte Mahlzeiten

Für Sie wird es interessant sein, auch solche Häuser kennenzulernen, die eine etwas einfachere gute Küche zu einem besonders günstigen Preis/Leistungs-Verhältnis bieten.

Im Text sind die betreffenden Restaurants durch das rote Symbol 🏠 "Bib Gourmand" und Menu, Repas oder Pasto kenntlich gemacht Bsp : Menu 45/55.

Siehe Karten der Häuser mit "Bib Gourmand" 🏠 (S. 88 bis 91) und deren Liste (S. 84 bis 85).

Siehe auch 🍴 nächste Seite

Wichtigste Weine und regionale Spezialitäten siehe S. 79 bis 81.

Übernachtung

Der "Bib Hotel"
Hier übernachten Sie gut und preiswert

Suchen Sie ein praktisches und gastfreundliches Hotel, das Ihnen Zimmer zu einem guten Preis-Leistungsverhältnis bietet?
In diesen Hotels kostet die Mehrzahl der Zimmer für zwei
Personen mit Frühstück weniger als 176 CHF.

Diese Häuser werden durch den "Bib Hotel" 🛏 *und* Zim, ch *oder* cam *gekennzeichnet.*
Bsp : 26 Zim *87/190*

Alle "Bib Hotel" 🛏 *finden Sie auf der Liste S. 86-87 und auf den Übersichtskarten S. 88 bis 91.*

Preise

Die in diesem Führer genannten Preise wurden uns im Sommer 2002 angegeben und beziehen sich auf die **Hochsaison***. Sie können sich mit den Preisen für Waren und Dienstleistungen ändern.*
Sie enthalten MWSt. und Bedienung. Es sind Inklusivpreise, die sich nur noch durch die evtl. zu zahlende Kurtaxe erhöhen können.

Erfahrungsgemäss werden bei grösseren Veranstaltungen, Messen und Ausstellungen (siehe Seite 524) in vielen Städten und deren Umgebung erhöhte Preise verlangt.

Die Namen der Hotels und Restaurants, die ihre Preise genannt haben, sind fett gedruckt. Gleichzeitig haben sich diese Häuser verpflichtet, die von den Hoteliers selbst angegebenen Preise den Benutzern des Michelin-Führers zu berechnen.

Halten Sie beim Betreten des Hotels oder des Restaurants den Führer in der Hand. Sie zeigen damit, dass Sie aufgrund dieser Empfehlung gekommen sind.

Mahlzeiten

⊗ *Häuser die einen Tagesteller unter 20 CHF bieten*

Tagesteller :

Menu 18,50
(Repas – Pasto)

Mittlere Preislage des Tagestellers im allgemeinen mittags während der Woche in der Gaststube oder Brasserie serviert

Feste Menupreise :

Menu 36/80
(Repas – Pasto)

Mindestpreis 36, Höchstpreis 80

Mahlzeiten « à la carte » :

Menu à la carte
50/95
(Repas – Pasto)

Der erste Preis entspricht einer einfachen Mahlzeit und umfasst Vorspeise, Hauptgericht, Dessert.
Der zweite Preis entspricht einer reichlicheren Mahlzeit (mit Spezialität) bestehend aus : Vorspeise, Hauptgang, Käse und Dessert.

Zimmer

29 Zim ☕ 100/200
(ch – cam)

Vorsaison
Basse saison ☕ 80/160
Bassa stagione
☕ 20

Mindestpreis 100 *für ein Einzelzimmer/Höchstpreis
200 für ein Doppelzimmer in der* **Hochsaison**, *inkl.
Frühstück (Suiten und Junior Suiten : sich erkundigen)
Zimmerpreis in der Vorsaison Auf jeden Fall sollten Sie
den Endpreis vorher mit dem Hotelier vereinbaren.*

Preis des Frühstücks

Halbpension

½ P Zuschl. 30
(suppl. - sup.)

*Dieser Zuschlag wird pro Person und pro Tag
dem Zimmerpreis hinzugefügt und ergibt
den Halbpensionspreis.*

Anzahlung

*Einige Hoteliers verlangen eine Anzahlung.
Diese ist als Garantie sowohl für den Hotelier
als auch für den Gast anzusehen.
Bitten Sie den Hotelier, dass er Ihnen in seinem
Bestätigungsschreiben alle seine Bedingungen mitteilt.*

Kreditkarten

*Vom Haus akzeptierte Kreditkarten :
American Express – Diners Club –
MasterCard (Eurocard) – Visa – Japan Credit Bureau*

Städte

Wappen des Kantons am Hauptort des Kantons angegeben

(BIENNE) Gebräuchliche Übersetzung des Ortschaftsnamens

3000 Postleitzahl

✉ 3123 BELP Postleitzahl und Name des Verteilerpostamtes

K̄ - C̄ Kantonshauptort

(Bern) (BE) Kanton, in dem der Ort liegt

217 ⑥ Nummer der Michelin-Karte und Faltseite

1 057 Ew. (h. – ab.) Einwohnerzahl

Höhe (alt.) 1 500 Höhe

Station thermale –
Stazione termale   Kurort

Sports d'hiver –
Sport invernali   Wintersport

1 200/1 900 Minimal- und Maximal-Höhe, die mit Kabinenbahn oder Skilift erreicht werden kann

2 🚠 Anzahl der Luftseil- und Gondelbahnen

14 🚡 Anzahl der Schlepp- und Sessellifts

⛷ Langlaufloipen

🚳 Für den Autoverkehr nicht zugängliche Ortschaft

BY B Markierung auf dem Stadtplan

🏌 ₁₈ Golfplatz und Lochzahl

❄ ≤ Rundblick – Aussichtspunkt

✈ Flughafen

🚗 Ladestelle für Autoreisezüge – Nähere Auskunft unter der angegebenen Telefonnummer

🛈 Informationsstelle

⊛ Touring Club der Schweiz (T.C.S.)

◉ Automobil Club der Schweiz (A.C.S.)
(Siehe Seite 32)

Sehenswürdigkeiten

Bewertung

★★★ *Eine Reise wert*
★★ *Verdient einen Umweg*
★ *Sehenswert*
Museen sind im allgemeinen montags geschlossen

Lage

Sehenswert
Voir
Vedere *In der Stadt*

Ausflugsziel,
Environs *In der Umgebung der Stadt*
Dintorni

Nord, Süd, Sud, *Im Norden, Süden der Stadt*
Ost, Est, *Im Osten der Stadt*
West, Ouest, Ovest, *Im Westen der Stadt*
② ④ *Zu erreichen über die Ausfallstrasse ② bzw. ④, die auf dem Stadtplan und auf der Michelin-Karte identisch gekennzeichnet sind*
2 km *Entfernung in Kilometern*

Lokale Veranstaltungen

Auswahl der wichtigsten kulturellen, folkloristischen und sportlichen lokalen Veranstaltungen.

Umgebungskarten

Denken Sie daran sie zu benutzen

Wenn Sie beispielsweise in der Nähe von BERN eine gute Adresse suchen, hilft Ihnen dabei unsere Umgebungskarte.

Diese Karte (siehe rechts) ermöglicht Ihnen einen Überblick über alle im Michelin erwähnten Orte, die in der Nähe von Bern liegen.

Die innerhalb der blau markierten Grenze liegenden Orte sind in weniger als 20 Autominuten erreichbar.

Anmerkung :

Auf der Linie der Entfernungen zu anderen Orten erscheint im Ortstext die jeweils nächste Stadt mit Umgebungskarte in BLAU.

Beispiel :

Sie finden Langnau im Emmental auf der Umgebungskarte von BERN.

LANGNAU IM EMMENTAL 3550 Bern (BE) 217 ⑦ – 8 790 Ew. – Höhe 673.
Sehenswert : Dürsrütiwald★.
Bern 31 – Interlaken 63 – Luzern 63 – Solothurn 45.

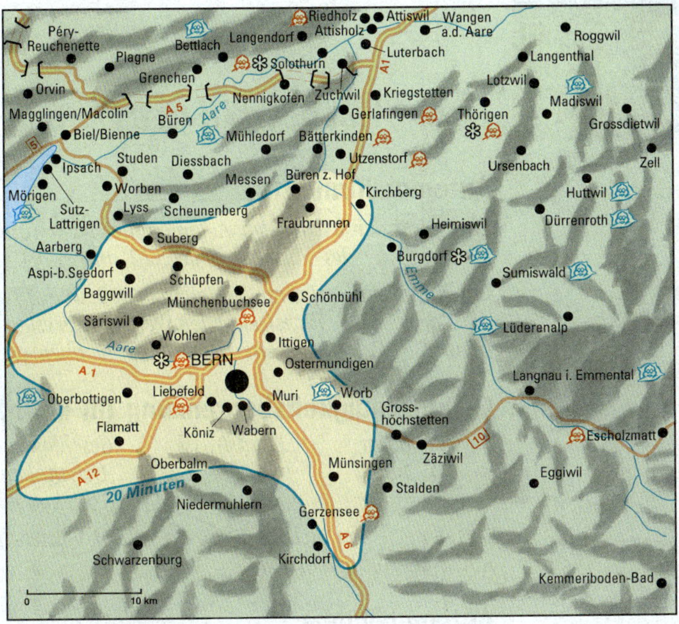

Übersicht der Umgebungskarten

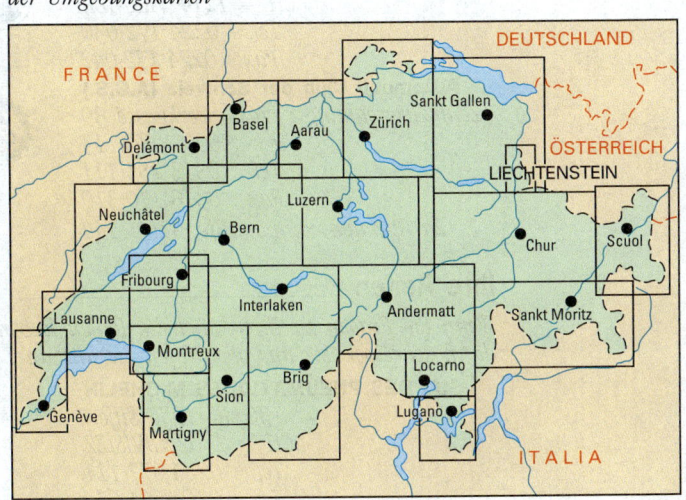

31

Das Auto, die Reifen

Automobilfirmen

Eine Liste der wichtigsten Automobilhersteller finden Sie am Ende des Führers (Seite 522 und 523).

Im Pannenfall erfahren Sie zwischen 9 und 17 Uhr die Adresse der nächstgelegenen Vertragswerkstatt, wenn Sie die angegebene Rufnummer wählen.

Geschwindigkeitsbegrenzung (in km/h)

Autobahn	Landstrasse	Geschlossene
120 km/h	80 km/h	Ortschaften
		50 km/h

Das Tragen von Sicherheitsgurten ist auf Vorder- und Rücksitzen obligatorisch.

Automobilclubs

Die wichtigsten Automobilclubs des Landes sind :

Touring Club der Schweiz (T.C.S.)
*Zentralverwaltung : 4 ch. de Blandonnet
CH – 1214 VERNIER
Tel. : 0224 172 030
Fax : 0224 172 042*

Automobil Club der Schweiz (A.C.S.)
*Zentralverwaltung : Wasserwerkgasse 39
CH – 3000 BERN 13
Tel. : 0313 283 111
Fax : 0313 110 310*
24 Stunden Pannenhilfe. Tél. : 140

Ihre Reifen

Wenn Sie Fragen zu Ihren Michelin-Reifen haben, dann schreiben Sie uns oder rufen Sie uns an :

S.A. DES PNEUMATIQUES MICHELIN
*36, Route Jo Siffert
CH – 1762 GIVISIEZ
Tel. : 0264 677 111
Fax : 0264 661 674*

Stadtpläne

- Hotels
- Restaurants

Sehenswürdigkeiten

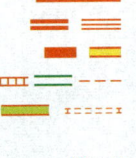
Sehenswertes Gebäude
Sehenswerte katholische bzw. evangelische Kirche

Strassen

Autobahn
Strasse mit getrennten Fahrbahnen
Hauptverkehrsstrasse
Treppenstrasse – Fussweg – Weg, Pfad
Fussgängerzone – Gesperrte Strasse,
mit Verkehrsbeschränkungen
Einbahnstrasse – Strassenbahn – Einkaufsstrasse
Parkplatz, Parkhaus – Park-and-Ride-Plätze
Tor – Passage – Tunnel
Bahnhof und Bahnlinie
Standseilbahn, Zahnradbahn
Seilbahn, Kabinenbahn

Sonstige Zeichen

Informationsstelle
Moschee – Synagoge
Turm – Ruine
Garten, Park, Wäldchen – Friedhof
Stadion – Golfplatz – Pferderennbahn – Eisbahn
Freibad – Hallenbad – Jachthafen
Aussicht – Rundblick – Orientierungstafel
Denkmal – Brunnen – Fabrik – Einkaufszentrum
Flughafen – U-Bahnstation – Autobusbahnhof
Schiffsverbindungen : Autofähre – Personenfähre
Strassenkennzeichnung (identisch auf Michelin
Stadtplänen – und Abschnittskarten)
Hauptpostamt (postlagernde Sendungen)
Krankenhaus – Markthalle
Öffentliches Gebäude, durch einen Buchstaben
gekennzeichnet :
G H   – Kantonspolizei – Rathaus
J M P – Justizpalast – Museum – Kantonale Verwaltung
T U   – Theater – Universität, Hochschule
POL – Stadtpolizei
Unterführung (Höhe bis 4,50 m) – Höchstbelastung (unter 19 t)
Touring Club der Schweiz (T.C.S.)
Automobil Club der Schweiz (A.C.S.)

Le Guide Rouge Svizzera prende la parola
« Scegliete la panchina su cui si sedeva Herman Hesse. D'estate è assicurato il servizio estivo sulla grande terrazza all'aperto. Cucina tipica, grigliata e ...buon vino! »

E'questo lo stile con cui la decima edizione della Guida Rossa Svizzera si rivolge ai suoi lettori, proponendo, in poche righe, un breve quadro descrittivo di ogni esercizio.
Restano ovviamente i simboli che trovano, nei concisi ma esaurienti commenti che accompagnano ogni locale il loro ideale complemento, esprimendo così l'opinione degli Ispettori Michelin.

Gli stessi che pongono all'attenzione dei loro lettori il Bib Hotel, un nuovo simbolo e cam,
che appare da quest'anno per indicare alberghi confortevoli ed accoglienti che offrono un servizio di qualità ad un prezzo ragionevole.

Questa nuova edizione, aggiornata e affidabile come sempre, ancora più attenta a proporre soluzioni economiche adatte a tutte le esigenze, vive ed evolve grazie a Voi: scriveteci!

Potete consultare questa selezione anche sul sito www.ViaMichelin.com; *rendeteci partecipi dei vostri commenti a* leguiderouge-suisse@ch.michelin.com

Sommario

37 *Come servirsi della Guida*

45 *Luoghi d'interesse*

46 *Le carte dei dintorni e il quadro d'insieme*

48 *L'automobile, i pneumatici, gli Automobile Clubs*

49 *La legenda delle piante*

68 *Carta dei cantoni e le loro stemmi*

71 *Carta delle lingue parlate*

73 *Principali formaggi svizzeri*

77 *La Svizzera vinicola*

79 *Principali vini e specialità regionali*

82 *Gli esercizi con stelle*

84 *Il* "Bib Gourmand"

86 *Il* "Bib Hotel"

88 *Carte dei ristoranti con stelle (❀), dei* "Bib Gourmand" *(☺), dei* "Bib Hotel" *(🏠), degli esercizi ameni, isolati, molto tranquilli*

93 *Alberghi, ristoranti, piante di città, « curiosità »...*

505 *Liechtenstein*

510 *Elenco e carta delle principali stazioni di sport invernali*

520 *Principali festività in Svizzera*

522 *Principali marche automobilistiche*

524 *Principali fiere*

539 *Lessico*

546 *Distanze*

550 *Carta della Svizzera : principali strade*

554 *Indice delle località suddivise per cantoni*

564 *Indicativi telefonici internazionali*

La scelta di un albergo, di un ristorante

Questa guida propone una selezione di alberghi e ristoranti per orientare la scelta dell'automobilista. Gli esercizi, classificati in base al confort che offrono, vengono citati in ordine di preferenza per ogni categoria.

Categorie

🏨🏨🏨🏨	XXXXX	*Gran lusso e tradizione*
🏨🏨🏨	XXXX	*Gran confort*
🏨🏨	XXX	*Molto confortevole*
🏨	XX	*Di buon confort*
🏠	X	*Abbastanza confortevole*
⛲		*Semplice, ma conveniente*
M		*Nella sua categoria, albergo con installazioni moderne*

senza rist
sans rest   garni   *L'albergo non ha ristorante*

             con cam
avec ch, mit Zim   *Il ristorante dispone di camere*

Amenità e tranquillità

Alcuni esercizi sono evidenziati nella guida dai simboli rossi indicati qui di seguito. Il soggiorno in questi alberghi si rivela particolarmente ameno o riposante.

Ciò puo dipendere sia dalle caratteristiche dell'edificio, dalle decorazioni non comuni, dalla sua posizione e dal servizio offerto, sia dalla tranquillità dei luoghi.

🏨🏨🏨🏨 a 🏠		*Alberghi ameni*
XXXXX a X		*Ristoranti ameni*
🐾		*Albergo molto tranquillo o isolato e tranquillo*
🐾		*Albergo tranquillo*
≤ lago		*Vista eccezionale*
≤		*Vista interessante o estesa*

Le località che possiedono degli esercizi ameni o molto tranquilli sono riportate sulle carte da pagina 88 a 91.

Consultatele per la preparazione dei vostri viaggi e, al ritorno, inviateci i vostri pareri ; in tal modo agevolerete le nostre inchieste.

Installazioni

Le camere degli alberghi che raccomandiamo possiedono, generalmente, delle installazioni sanitarie complete e telefono. È possibile tuttavia che nelle categorie, 🏠 e 🛖 alcune camere ne siano sprovviste.

30 cam (ch, Zim)	Numero di camere
⇕	Ascensore
▭	Aria condizionata (in tutto o in parte dell'esercizio)
TV video	Televisione, videoregistratore in camera
🚭	Esercizio riservato in parte ai non fumatori
📞	Presa modem in camera
♿	Camere di agevole accesso per portatori di handicap
🛝	Attrezzatura per accoglienza e ricreazione dei bambini
🌳	Pasti serviti in giardino o in terrazza
♨	Cura termale, Idroterapia
🏋 ♨	Palestra, Sauna
🏊 🏊	Piscina : all'aperto, coperta
⛺ 🌴	Spiaggia attrezzata – Giardino
🌲	Parc
🎾 ⛳18	Tennis appartenente all'albergo – Golf e numero di buche
⚓	Pontile d'ormeggio
🏛 15/150	Sale per conferenze : capienza minima e massima delle sale
🚗	Garage nell'albergo (generalmente a pagamento)
P	Parcheggio riservato alla clientela
P	Parcheggio chiuso riservato alla clientela
🐕‍🦺	Accesso vietato ai cani (in tutto o in parte dell'esercizio)
maggio-ottobre mai-oct. – Mai-Okt.	Periodo di apertura, comunicato dall'albergatore
stagionale saison nur Saison	Probabile apertura in stagione, ma periodo non precisato. Gli esercizi senza tali menzioni sono aperti tutto l'anno.

La tavola

Le stelle

Alcuni esercizi meritano di essere segnalati alla vostra attenzione per la qualità particolare della loro cucina ; li abbiamo evidenziati con le « stelle di ottima tavola ».

Per ognuno di questi ristoranti indichiamo tre specialità culinarie che potranno aiutarvi nella scelta.

✾✾✾ **Una delle migliori tavole, vale il viaggio**
Vi si mangia sempre molto bene, a volte meravigliosamente. Grandi vini, servizio impeccabile, ambientazione accurata... Prezzi conformi.

✾✾ **Tavola eccellente, merita una deviazione**
Specialità e vini scelti... Aspettatevi una spesa in proporzione.

✾ **Un'ottima tavola nella sua categoria**
La stella indica una tappa gastronomica sul vostro itinerario.
Non mettete però a confronto la stella di un esercizio di lusso, dai prezzi elevati, con quella di un piccolo esercizio dove, a prezzi ragionevoli, viene offerta una cucina di qualità.

Il nome dello chef figura dopo la ragione sociale quando si occupa personalmente dell'esercizio.

Esempio : XX ✾ **Panorama** (Martin)...

Consultate le carte degli esercizi con stelle ✾✾✾, ✾✾, ✾ *(pagine 88 a 91) e la lista corrispondente (pagine 82 a 83).*

Il "Bib Gourmand"

Pasti accurati a prezzi contenuti

*Per quando desiderate trovare delle tavole
più semplici a prezzi contenuti abbiamo selezionato
dei ristoranti che, per un rapporto qualità-prezzo
particolarmente favorevole, offrono un pasto accurato.*

*Questi ristoranti sono evidenziali nel testo
con il "Bib Gourmand" e Pasto, Repas o Menu.*
Es. : Pasto 45/55.

*Consultate le carte degli esercizi con
"Bib Gourmand" (pagine 88 a 91) e la lista corrispondente
(pagine 84 e 85).*

Vedere anche a pagina seguente

**Principali vini e specialità regionali :
vedere p. 79 a 81**

Dove alloggiare

Il "Bib Hotel"

Un buon riposo a prezzi contenuti

Cercate un albergo funzionale ed accogliente in grado di offrire una prestazione di qualità a prezzi contenuti? Questi esercizi dispongono di camere per due persone, prima colazione incluso, a meno di 176 CHF.

Sono segnalati dal "Bib Hotel" *e* cam, ch *o* Zim
Es : 26 cam *87/190*

Consultate la lista dei "Bib Hotel" *da pagina 86 a pagina 87 e localizzateli sulle carte da pagina 88 a pagina 91.*

I prezzi

*I prezzi indicati in guida, stabiliti nell'estate 2002, si riferiscono **all'alta stagione**. Potranno pertanto subire delle variazioni in relazione ai cambiament dei prezzi di beni e servizi. Essi s'intendono comprensivi di tasse e servizio. Nessuna maggiorazione deve figurare sul vostro conto, salvo eventualmente la tassa di soggiorno.*

In occasione di alcune manifestazioni commerciali o turistiche (vedere pagine 524), i prezzi richiesti dagli albergatori potrebbero subire un sensibile aumento nelle località interessate e nei loro dintorni.

Gli alberghi e i ristoranti vengono menzionati in carattere grassetto quando gli albergatori ci hanno comunicato tutti i loro prezzi e si sono impegnati sotto la propria responsabilità, ad applicarli ai turisti di passaggio, in possesso della nostra guida.

In bassa stagione, certi esercizi applicano condizioni più vantaggiose, informatevi al momento della prenotazione

Entrate nell'albergo o nel ristorante con la Guida in mano, dimostrando in tal modo la fiducia in chi vi ha indirizzato.

Pasti

       Esercizio che offre un piatto del giorno per meno di 20 CHF

Piatto del giorno :

Pasto 18,50 (Repas – Menu)
Prezzo medio del piatto del giorno generalmente servito a pranzo nei giorni settimanali alla « brasserie ».

Menu a prezzo fisso :

Pasto 36/80 (Repas – Menu)
minimo 36 *massimo* 80

Pasto alla carta :

Pasto à la carte 50/95 (Repas – Menu)
Il primo prezzo corrisponde ad un pasto semplice comprendente : antipasto, piatto con contorno e dessert. Il secondo prezzo corrisponde ad un pasto più completo (con specialità) comprendente : due piatti, formaggio e dessert.

Camere

29 cam ⌂ 100/200
(ch – Zim)

Prezzo minimo 100 per una camera singola
e prezzo massimo 200 per una camera
per due persone in **alta stagione** prima colazione
compresa (suite e junior suite : informarsi presso
l'albergatore)

Bassa stagione
Vorsaison ⌂ 80/160
Basse saison

Prezzi delle camere praticati in bassa stagione.
È comunque indispensabile prendere accordi preventivi
con l'albergatore per stabilire le condizioni definitive.

⌂ 20

Prezzo della prima colazione

Mezza pensione

½ P sup. 30
(suppl. – Zuschl.)

Questo supplemento per persona al giorno
va aggiunto al prezzo della camera
per ottenere quello della ½ pensione. La maggior
parte degli alberghi pratica anche, su richiesta,
la pensione completa.

La caparra

Alcuni albergatori chiedono il versamento
di una caparra. Si tratta di un deposito-garanzia
che impegna sia l'albergatore che il cliente.
Vi consigliamo di farvi precisare le norme
riguardanti la reciproca garanzia di tale caparra.
Chiedete all'albergatore di fornirvi nella sua lettera
di conferma, ogni dettaglio sulla prenotazione
e sulle condizioni di soggiorno.

Carte di credito

AE ⓘ Ⓜ️Ⓒ VISA JCB

American Express – Diners Club –
MasterCard (Eurocard) – Visa – Japan Credit Bureau

Le città

	Stemma del cantone e capoluogo cantonale
(BIENNE)	Traduzione in uso dei nomi di comuni
3000	Codice di avviamento postale
✉ 3123 BELP	Numero di codice e sede dell'ufficio postale di destinazone
C - K	Capoluogo cantonale
Bern (BE)	Cantone a cui la località appartiene
217 ⑥	Numero della carta Michelin e numero della piega
1 057 ab. (h. – Ew.)	Popolazione
alt. (Höhe) 1500	Altitudine della località
Station thermale Kurort	Stazione termale
Sports d'hiver Wintersport	Sport invernali
1 200/1 900	Altitudine minima e massima raggiungibile con gli impianti di risalita
2 ⛷	Numero di funivie e cabinovie
14 ⛷	Numero di sciovie e seggiovie
⛷	Sci di fondo
⊁	Località chiusa al traffico
BY B	Lettere indicanti l'ubicazione sulla pianta
₁₈	Golf e numero di buche
⁕ ≤	Panorama, vista
✈	Aeroporto
🚗	Località con servizio auto su treno. Informarsi al numero di telefono indicato
🛈	Ufficio informazioni turistiche
⊛	Touring Club Svizzero (T.C.S.)
⊕	Club Svizzero dell'Automobile (A.C.S.) (Vedere pagina 48)

Luoghi d'interesse

Grado di interesse

★★★	*Vale il viaggio*
★★	*Merita una deviazione*
★	*Interessante*
	I musei sono generalmente chiusi il lunedì

Ubicazione

Vedere **Voir** **Sehenswert**	*Nella città*
Dintorni **Environs** **Ausflugsziel**	*Nei dintorni della città*
	Il luogo si trova :
Ouest, West, Ovest,	*a Ovest della località*
Nord, Sud, Süd.,	*a Nord, a Sud della località*
Est, Ost,	*a Est della località*
② ④	*Ci si va dall'uscita ② o ④ indicata con lo stesso segno sulla pianta della guida e sulla carta stradale*
2 km	*Distanza chilometrica*

Manifestazioni locali

Selezione delle principali manifestazioni culturali, folkloristiche e sportive locali.

Le carte dei dintorni

Sapete come usarle ?

*Se desiderate, per esempio, trovare un buon
indirizzo nei dintorni di BERNA,
la « carta dei dintorni » (qui accanto) richiama
la vostra attenzione su tutte le località citate
nella Guida che si trovino nei dintorni della città
prescelta, e in particolare su quelle raggiungibili in
automobile in meno di 20 minuti (limite di colore).*

*Le « carte dei dintorni » permettono
la localizzazione rapida di tutte le risorse proposte
dalla Guida nei dintorni delle metropoli regionali.*

Nota :

*Quando una località è presente su una « carta
dei dintorni », la città a cui ci si riferisce è scritta
in BLU nella linea delle distanze da città a città.*

Esempio :

*Troverete Langnau
im Emmental sulla
carta dei dintorni
di BERNA.*

LANGNAU IM EMMENTAL 3550 Bern (BE)
217 ⑦ – 8 790 Ew. – Höhe 673.
Sehenswert : Dürsrütiwald★
Bern 31 – Interlaken 63 – Luzern 63 – Solothurn 45.

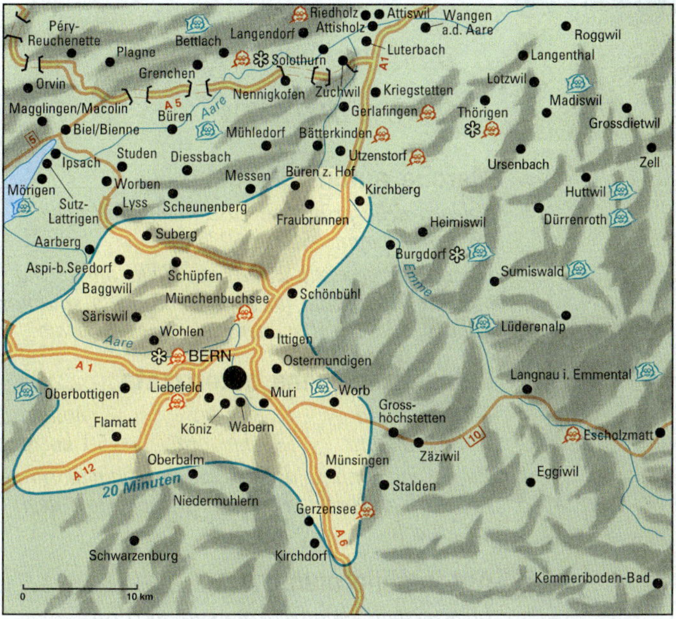

Quadro d'insieme
delle carte dei dintorni

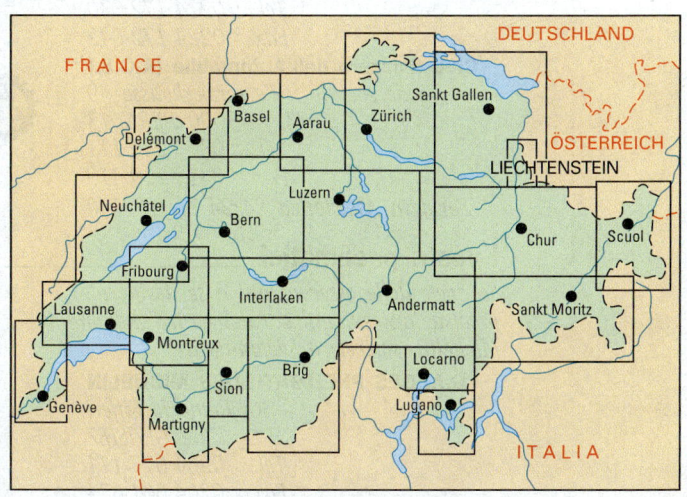

L'automobile, I pneumatici

Marche automobilistiche

L'elenco delle principali case automobilistiche si trova alle pagine 522 e 523.
In caso di necessità l'indirizzo della più vicina officina autorizzata, vi sarà comunicato chiamando dalle 9 alle 17, il numero telefonico indicato.

Velocità massima autorizzata

Autostrada	Strada	Abitato
120 km/ora	80 km/ora	50 km/ora

L'uso della cintura di sicurezza è obbligatorio sia sui sedili anteriori che su quelli posteriori degli autoveicoli.

Automobile clubs

Le principali organizzazioni di soccorso automobilistico sono

Touring Club Svizzero (T.C.S.)
Sede sociale : 4 ch. de Blandonnet
CH – 1214 VERNIER
Tél. : 0224 172 030
Fax : 0224 172 042

Club Svizzero dell'Automobile (A.C.S.)
Sede sociale : Wasserwerkgasse 39
CH – 3000 BERN 13
Tél. : 0313 283 111
Fax : 0313 110 310
Servizio Assistenza 24/24 o. Tel. 140

I vostri pneumatici

Se avete delle osservazioni o se desiderate precisazioni sull'utilizzo dei vostri pneumatici Michelin, scrivete o telefonate a :

S.A. DES PNEUMATIQUES MICHELIN
36, Route Jo Siffert
CH – 1762 GIVISIEZ
Tél. : 0264 677 111
Fax : 0264 661 674

Le piante

- Alberghi
- Ristoranti

Curiosità

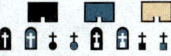
Edificio interessante
Costruzione religiosa interessante : Cattolica – Protestante

Viabilità

Autostrada
Strada a carreggiate separate
Grande via di circolazione
Via a scalini – Passeggiata – Sentiero
Via pedonale – Via impraticabile, a circolazione regolamentata
Senso unico – Tranvia
Via commerciale – Parcheggio – Parcheggio Ristoro
Porta – Sottopassaggio – Galleria
Stazione e ferrovia
Funicolare, Ferrovia a cremagliera – Funivia, Cabinovia

Simboli vari

Ufficio informazioni turistiche
Moschea – Sinagoga
Torre – Ruderi
Giardino, parco, bosco – Cimitero
Stadio – Golf – Ippodromo – Pista di pattinaggio
Piscina : all'aperto, coperta – Porto per imbarcazioni da diporto
Vista – Panorama – Tavola d'orientamento
Monumento – Fontana – Fabbrica – Centro commerciale
Aeroporto – Stazione della Metropolitana – Autostazione
Trasporto con traghetto :
- passeggeri ed autovetture, solo passeggeri
Simbolo di riferimento comune alle piante ed alle carte Michelin particolareggiate
Ufficio centrale di fermo posta
Ospedale – Mercato coperto
Edificio pubblico indicato con lettera :
G   H   – Polizia cantonale – Municipio
J   M   P   – Palazzo di Giustizia – Museo – Prefettura
T   U   – Teatro – Università
POL.   – Polizia
Sottopassaggio (altezza inferiore a m 4,50) – Portata limitata (inf. a 19 t)
Touring Club Swizzero (T.C.S.)
Club Svizzero dell'Automobile (A.C.S.)

*Le Guide Rouge Switzerland declares its views
« Don't get lost in the information jungle...trust
the guide to help you discover the secrets of
Thai cuisine: you will not be disappointed. »*

*This 10th edition of the Red Guide Switzerland
conveys the essence of each establishment in a
few words. The symbols remain, of course, but
are supplemented with clear and concise texts
describing hotels and restaurants as seen
through the eyes of the Michelin inspectors.*

*These inspectors also recommend the Bib Hotel;
friendly hotels offering a personal service
at reasonable prices. You can find them
by looking for the new symbol and* ch.

*This new updated edition, always reliable
and catering for all budgets, exists and evolves
for you and thanks to you: please continue
to send us your comments !*

You can also consult this selection on
www.ViaMichelin.com
and to communicate us your comments to
leguiderouge-suisse@ch.michelin.com

Contents

53 *How to use this guide*
61 *Sights*
62 *Local maps, Layout diagram*
64 *Car, Tyres, Automobile Clubs*
65 *Legend to town plans*
68 *Map of the Swiss districts (cantons) and their coats of arms*
71 *Map of languages spoken*
73 *Main cheeses of Switzerland*
77 *Swiss wine*
79 *Main wines and regional specialities*
82 *Starred establishments*
84 *The* **"Bib Gourmand"**
86 *The* **"Bib Hotel"**
88 *Maps of star-rated restaurants (❀),* **"Bib Gourmand"** *(☺),* **"Bib Hotel"** *(🏨), and pleasant, secluded and very quiet establishments*
93 *Hotels, restaurants, town plans, sights*
505 *Liechtenstein*
510 *List and map of the main winter sports stations*
520 *Table of main public holidays in Switzerland*
522 *Main car manufacturers' head offices*
524 *Main fairs*
525 *Lexicon*
546 *Distances*
550 *Atlas: main roads*
554 *List of localities by "canton"*
564 *International dialling codes*

Choosing a hotel or restaurant

This guide offers a selection of hotels and restaurants to help motorists on their travels. In each category establishments are listed in order of preference according to the degree of comfort they offer.

Categories

ᐃᐃᐃᐃ	XXXXX	Luxury in the traditional style
ᐃᐃᐃ	XXXX	Top class comfort
ᐃᐃ	XXX	Very comfortable
ᐃᐃ	XX	Comfortable
ᐃ	X	Quite comfortable
⚘		Simple comfort
M		In its category, hotel with modern amenities
sans rest, garni, senza rist		The hotel has no restaurant
	avec ch mit Zim, con cam	The restaurant also offers accommodation

Peaceful atmosphere and setting

Certain establishments are distinguished in the guide by the red symbols shown below. Your stay in such hotels will be particularly pleasant or restful, owing to the character of the building, its decor, the setting, the welcome and services offered, or simply the peace and quiet to be enjoyed there.

ᐃᐃᐃᐃ to ᐃ		Pleasant hotels
XXXXX to X		Pleasant restaurants
	⌘	Very quiet or quiet, secluded hotel
	⌘	Quiet hotel
	≤ lac	Exceptional view
	≤	Interesting or extensive view

The maps on pages 88 to 91 indicate places with such very peaceful, pleasant hotels and restaurants. By consulting them before setting out and sending us your comments on your return you can help us with our enquiries.

Hotel facilities

In general the hotels we recommend have full bathroom, toilet facilities and telephone in each room This may not be the case, however, for certain rooms in categories, 🏠 and 🏡.

30 ch (Zim, cam)	Number of rooms
🛗	Lift (elevator)
▤	Air conditioning (in all or part of the hotel)
TV video	Television, video recorder in room
🚭	Establishment partly reserved for non-smokers
✆	Modem point in the bedrooms
♿	Rooms accessible to disabled people
👶	Special facilities for children
🌂	Meals served in garden or on terrace
♨	Hydrotherapy
🏋 ≦s	Exercise room, Sauna
🏊 ▣	Outdoor or indoor swimming pool
🏖 🌳	Beach with bathing facilities – Garden
🌲	Park
🎾 ⛳₁₈	Hotel tennis court – Golf course and number of holes
⚓	Landing stage
👥 15/150	Equipped conference hall (minimum and maximum capacity)
🚗	Hotel garage (additional charge in most cases)
P	Car park for customers only
🅿	Enclosed car park for customers only
🐕‍🦺	Dogs are excluded from all or part of the hotel
mai-oct. Mai-Okt. maggio-ottobre	Dates when open, as indicated by the hotelier
saison nur Saison stagionale	Probably open for the season – precise dates not available. Where no date or season is shown, establishments are open all year round.

Cuisine

Stars

Certain establishments deserve to be brought to your attention for the particularly fine quality of their cooking. Michelin stars are awarded for the standard of meals served.
For such restaurants we list three culinary specialities to assist you in your choice.

ξξξ **Exceptional cuisine, worth a special journey**
One always eats here extremely well, sometimes superbly. Fine wines, faultless service, elegant surroundings. One will pay accordingly!

ξξ **Excellent cooking, worth a detour**
Specialities and wines of first class quality. This will be reflected in the price.

ξ **A very good restaurant in its category**
The star indicates a good place to stop on your journey.
But beware of comparing the star given to an expensive "de luxe" establishment to that of a simple restaurant where you can appreciate fine cooking at a reasonable price.

The name of the chef appears between brackets when he is personally managing the establishment.

Example : XX ξ **Panorama** (Martin)...

Please refer to the map of star-rated restaurants ξξξ, ξξ, ξ (pp 88 to 91) and their list (pp 82 and 83).

The "Bib Gourmand"

Good food at moderate prices

You may also like know of other restaurants with less elaborate, moderately priced menus that offer good value for money and serve carefully prepared meals.

In the guide such establishments bear the "**Bib Gourmand**" *and* Menu, Repas *or* Pasto. *Ex. :* Menu 45/55.

Please refer to the "**Bib Gourmand**" *(pp 88 to 91) and their list (pp 84 and 85).*

See also on next page

Main wines and regional specialities : see pages 79 to 81

Accommodation

The "Bib Hotel"

Good accommodation at moderate prices

For those looking for a friendly hotel which offers a good level of comfort and service at a reasonable price. These establishments have mostly double rooms costing up to 176 CHF. Breakfast included.

Look for the "Bib Hotel" *and* ch,
Zim *or* cam
Eg : 26 ch *87/190*

All the "Bib Hotel" *are listed on pages 86 to 87 and are marked on the maps on pages 88 to 91.*

Prices

*The prices indicated in this Guide, supplied in summer 2002, apply to **high season**. Changes may arise if goods and service costs are revised.*
The rates include tax and service and no extra charge should appear on your bill,
with the possible exception of visitors' tax.
In the case of certain trade exhibitions or tourist events (see page 524), prices demanded by hoteliers are liable to reasonable increases in certain cities and for some distance in the area around them.
Hotels and restaurants in bold type have supplied details of all their rates and have assumed responsibility for maintaining them for all travellers in possession of this guide.
Out of season certain establishments offer special rates. Ask when booking.

Your recommendation is selfevident if you always walk into a hotel or restaurant Guide in hand.

Meals

✆	*Establishment serving a dish of the day under 20 CHF*
	Dish of the day :
Repas 18,50 (Menu – Pasto)	*Average price of midweek dish of the day, usually served at lunch in the "café".*
	Set meals :
Repas 36/80 (Menu – Pasto)	*Lowest 36 and highest 80 prices for set meals*
	« A la carte » meals :
Repas à la carte 50/95 (Menu – Pasto)	*The first figure is for a plain meal and includes hors-d'œuvre, main dish and dessert. The second figure is for a fuller meal (with "spécialité") and includes 2 main courses, cheese and dessert.*

29 ch ⌆ 100/200
(Zim – cam)

Basse saison
Vorsaison ⌆ 80/160
Bassa stagione
⌆ 20

Rooms

Lowest price 100 *for a single room
and highest price* 200 *for a double including breakfast,
in* **high season** *(Suites and Junior suites : ask the hotelier)*
Room prices in low season.
It is essential to agree terms with the hotelier
before making a firm reservation.
Price of continental breakfast

½ P suppl. 30
(Zuschl. - sup.)

Half board

*This supplement per person per day
should be added to the cost of the room
in order to obtain the half board price.
Most hotels also offer full board terms on request.*

Deposits

*Some hotels will require a deposit, which confirms
the commitment of customer and hotelier alike.
Make sure the terms of the agreement are clear.
Ask the hotelier to provide you, in his letter
of confirmation, with all terms and conditions
applicable to your reservation.*

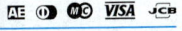

Credit cards

*Credit cards accepted by the establishment :
American Express – Diners Club –
MasterCard (Eurocard) – Visa – Japan Credit Bureau*

Towns

  Coat of arms of "Canton" indicated on the capital of "Canton"

(BIENNE)   Usual translation for the name of the town

3000   Local postal number

✉ 3123 BELP   Postal number and name of the postal area

C - K   Capital of "Canton"

Bern (BE)   Canton in which a town is situated

217 ⑥   Number of the appropriate sheet and fold of the Michelin road map

1 057 h.
Ew. – ab.
alt. Höhe 1 500   Altitude (in metres)

Station thermale
Kurort   Spa
Stazione termale

Sports d'hiver
Sport invernali   Winter sports

1 200/1 900   Lowest and highest point reached by lifts

2 ⛷   Number of cablecars

14 ⛷   Number of ski and chairlifts

⛷   Cross-country skiing

🚫   Traffic is forbidden in this area

BY B   Letters giving the location of a place on the town plan

⛳₁₈   Golf course and number of holes

※ ≤   Panoramic view. Viewpoint

✈   Airport

🚗   Places with motorail pick-up point. Further information from phone No. listed

🛈   Tourist Information Centre

⊛   Touring Club Suisse (T.C.S.)

⊚   Automobil Club der Schweiz (A.C.S.) (see p 64)

Sights

Star-rating

★★★   Worth a journey
★★   Worth a detour
★   Interesting
Museums and art galleries are generally closed on Mondays

Location

Voir Sehenswert Vedere	Sights in town
Environs Ausflugsziel Dintorni	On the outskirts
Nord, Sud, Süd., Est, Ost, Ouest, West, Ovest,	The sight lies north, south of the town The sight lies east of the town The sight lies west of the town
② ④	Sign on town plan and on the Michelin road map indicating the road leading to a place of interest
2 km	Distance in kilometres

Local events

Selection of the main cultural, traditional and sporting events.

Local maps

May we suggest that you consult them

*Should you be looking for a hotel or restaurant
not too far from BERN, for example,
you can consult the map along with the selection.*

*The local map (opposite) draws your attention
to all places around the town or city selected,
provided they are mentioned in the Guide.
Places located within a 20 minutes drive
are clearly identified by the use
of a different coloured background.*

*The various facilities recommended
near the different regional capitals can be located
quickly and easily.*

Note :

*Entries in the Guide provide information
on distances to nearby towns. Whenever a place
appears on one of the local maps, the name
of the town or city to which it is attached
is printed in BLUE.*

Example :

*Langnau im Emmental
is to be found
on the local map
BERN.*

LANGNAU IM EMMENTAL 3550 Bern (BE)
217 ⑦ – 8 790 Ew. – Höhe 673.
Sehenswert : Dürsrütiwald★
Bern 31 – Interlaken 63 – Luzern 63 – Solothurn 45.

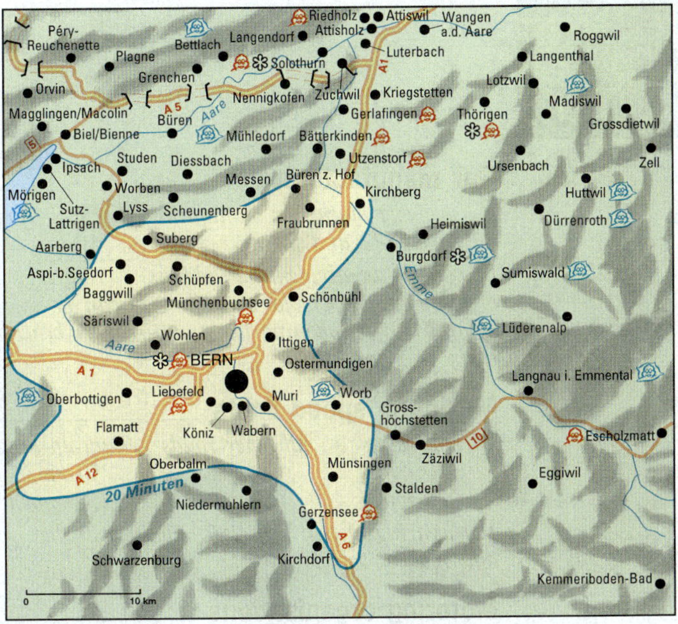

*Layout diagram
of the local maps*

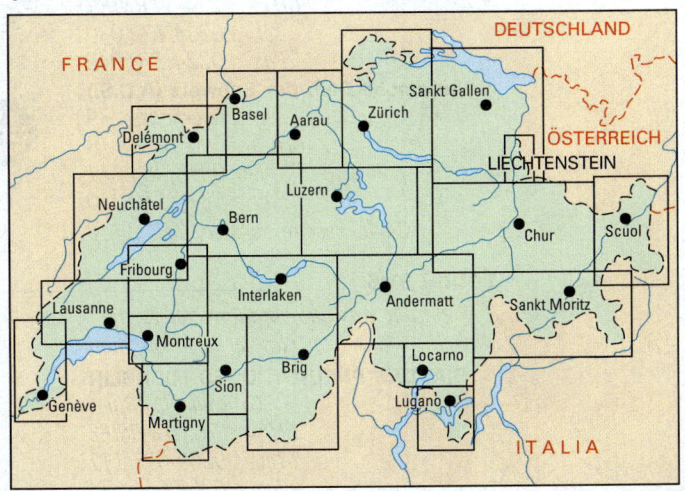

63

Car, tyres

Car manufacturers

A list of the main Car Manufacturers is to be found on pages 522 and 523.

In case of an accident the address of the nearest agent for that marque can be obtained by telephoning the number given between 9 am – 5 pm.

Maximum speed limits

Motorways	All other roads	Built-up areas
120 km/h	80 km/h	50 km/h
(74 mph)	(50 mph)	(31 mph)

The wearing of seat belts is compulsory in the front and rear of vehicles.

Motoring organisations

The major motoring organisations in Switzerland are

Touring Club Suisse (T.C.S.)
4 ch. de Blandonnet
CH – 1214 VERNIER
Tél. : 0224 172 030
Fax : 0224 172 042

Automobil Club der Schweiz (A.C.S.)
Wasserwerkgasse 39
CH – 3000 BERN 13
Tél. : 0313 283 111
Fax : 0313 110 310
24 h. rescue service. Tél. : 140

Your tyres

If you need any information concerning your Michelin Tyres, you can write to or phone :

S.A. DES PNEUMATIQUES MICHELIN
36, Route Jo Siffert
CH – 1762 GIVISIEZ
Tél. : 0264 677 111
Fax : 0264 661 674

Town plans

- Hotels
- Restaurants

Sights

Place of interest
Interesting place of worship : Catholic – Protestant

Roads

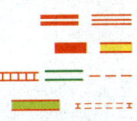
Motorway
Dual carriageway
Major thoroughfare
Stepped street – Footpath – Path
Pedestrian street – Unsuitable for traffic, street subject to restrictions
One-way street – Tramway
Shopping street – Car park – Park and Ride
Gateway – Street passing under arch – Tunnel
Station and railway
Funicular, rack railway
Cablecar, cable way

Various signs

Tourist Information Centre
Mosque – Synagogue
Tower – Ruins
Garden, park, wood – Cemetery
Stadium – Golf course – Racecourse – Skating rink
Outdoor or indoor swimming pool
Pleasure boat harbour
View – Panorama – Viewing table
Monument – Fountain – Factory – Shopping centre
Airport – Underground station – Coach station
Ferry services : passengers and cars, passengers only
Reference number common to town plans and Michelin maps
Main post office with poste restante
Hospital – Covered market
Public buildings located by letter :
– Local Police Station – Town Hall
– Law Courts – Museum – Offices of cantonal authorities
– Theatre – University, College
– Police
Low headroom (15 ft. max.) – Load limit (under 19 t)
Touring Club Suisse (T.C.S.)
Automobil Club der Schweiz (A.C.S.)

Le Guide Rouge Cotscha piglia il pled
« Ün'atmosfera chasana piglia il suraman aint illa chasa da naschentscha dal cumponist dal Psalm Svizzer, Alberik Zwyssig. Da quia davent s'haja üna bella vista sün lai e muntognas. »

In quist möd gnivat infuormats da la Guida Cotscha da Michelin a partir da sia deschavla producziun. In fuorma da texts chi descrivan l'essenzial sur da minch'adressa propuonüda. Ils pictograms restan listess sco fin uossa, els vegnan però agiunts cun cuortas descripziuns dals hotels e dals restorants, quellas our da la vista dals inspecturs da Michelin.

Üna buna proposta es eir l'hotel Bib. Ils inspecturs da Michelin tils propuonan qua hotels pratics, amiaivels invers il giast e cun üna buna relaziun da predsch e prestaziun. Quels hotels vegnan segnats cul simbol nouv 🛏 e cun Zim.

La nouva ed actualisada Guida Cotschna da Michelin, sco adüna fidada, sgüra ed adattada per mincha büdschè - ella viva ed as sviluppa cun Lur agüd. Sainz'oter ans pudaivat adüna trametter indicaziuns.

Quista tscherna s'as rechatta eir suot www.ViaMichelin.com. *Communicaziuns e comentars as po laschar suot* leguiderouge-suisse@ch.michelin.com.

Les cantons suisses

La Confédération Helvétique regroupe 23 cantons dont 3 se divisent en demi-cantons. Le « chef-lieu » est la ville principale où siègent les autorités cantonales. Berne, centre politique et administratif du pays, est le siège des autorités fédérales (voir Le Guide Vert Suisse).
Le 1ᵉʳ août, jour de la Fête Nationale, les festivités sont nombreuses et variées dans tous les cantons.

APPENZELL (AR/AI)

AARGAU (AG)

BASEL-LAND (BL)

BASEL-STADT (BS)

BERN (BE)

FRIBOURG (FR)

GENÈVE (GE)

GLARUS (GL)

GRAUBÜNDEN (GR)

JURA (JU)

LUZERN (LU)    NEUCHÂTEL

Die Schweizer Kantone

Die Schweizer Eidgenossenschaft umfasst 23 Kantone, wobei 3 Kantone in je zwei Halbkantone geteilt sind. Im Hauptort befindet sich jeweils der Sitz der Kantonsbehörden. Bern ist verwaltungsmässig und politisch das Zentrum der Schweiz und Sitz der Bundesbehörden (siehe Der Grüne Führer Schweiz).
Der 1. August ist Nationalfeiertag und wird in allen Kantonen festlich begangen.

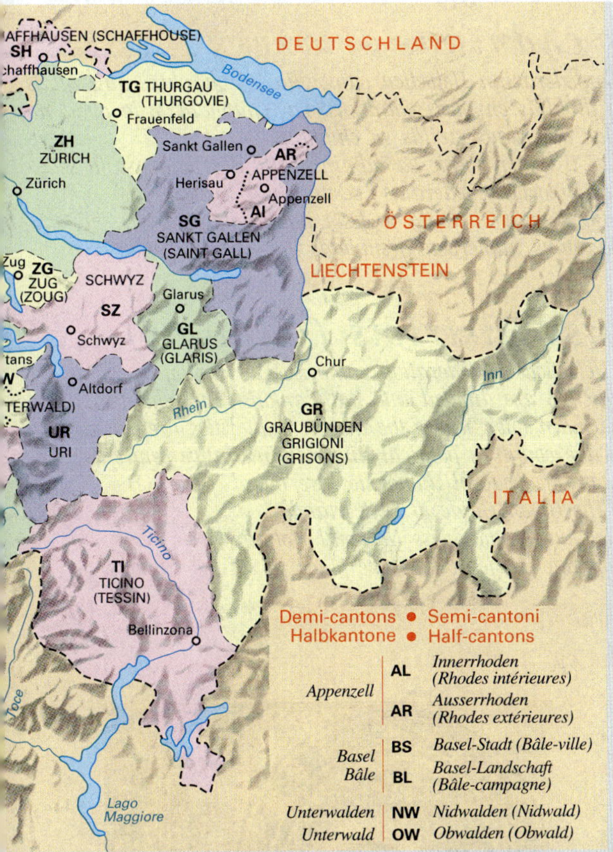

	Demi-cantons ●	Semi-cantoni
	Halbkantone ●	Half-cantons
Appenzell	AI	Innerrhoden (Rhodes intérieures)
	AR	Ausserrhoden (Rhodes extérieures)
Basel / Bâle	BS	Basel-Stadt (Bâle-ville)
	BL	Basel-Landschaft (Bâle-campagne)
Unterwalden / Unterwald	NW	Nidwalden (Nidwald)
	OW	Obwalden (Obwald)

ZÜRICH (ZH)

ZUG (ZG)

VAUD (VD) — LIBERTÉ ET PATRIE

VALAIS (VS)

URI (UR)

OBWALDEN (OW)

 GALLEN (SG)
 SCHAFFHAUSEN (SH)
 SCHWYZ (SZ)
 SOLOTHURN (SO)
 TICINO (TI)
 THURGAU (TG)
 NIDWALDEN (NW)

I cantoni svizzeri

La Confederazione Elvetica raggruppa 23 cantoni,
dei quali 3 si dividono in semi-cantoni. Il "capoluogo"
è la città principale dove risiedono le autorità cantonali.
Berna, centro politico ed amministrativo del paese,
è sede delle autorità federali (vedere La Guida Verde Svizzera
in francese, inglese, tedesco).
Il 1º Agosto è la festa Nazionale e numerosi
sono i festeggiamenti in tutti i cantoni.

Ils chantuns svizzers

La Confederaziun Helvetica cumpiglia 23 chantuns dals quals
3 èn dividids en mezs chantuns. La "chapitala" è la citad nua
che las autoritads civilas sa chattan.
Berna, il center politic ed administrativ dal pajais, è la sedia
da las autoritads federalas (vesair Guid Verd Svizra).
Il prim d'avust, il di da la festa naziunala, dat i en tut
ils chantuns numerasas festivitads da different gener.

Swiss Districts (Cantons)

The Helvetica Confederation comprises 23 cantons
of which 3 are divided into half-cantons. The "chef-lieu"
is the main town where the district authorities are based.
Bern, the country's political and administrative centre,
is where the Federal authorities are based
(see The Green Guide to Switzerland).
On 1st August, the Swiss National Holiday,
lots of different festivities take place in all the cantons.

Les langues parlées

Outre le « Schwyzerdütsch », dialecte d'origine germanique, quatre langues sont utilisées dans le pays : l'allemand, le français, l'italien et le romanche, cette dernière se localisant dans la partie ouest, centre et sud-est des Grisons. L'allemand, le français et l'italien sont considérés comme langues officielles administratives et généralement pratiqués dans les hôtels et restaurants.

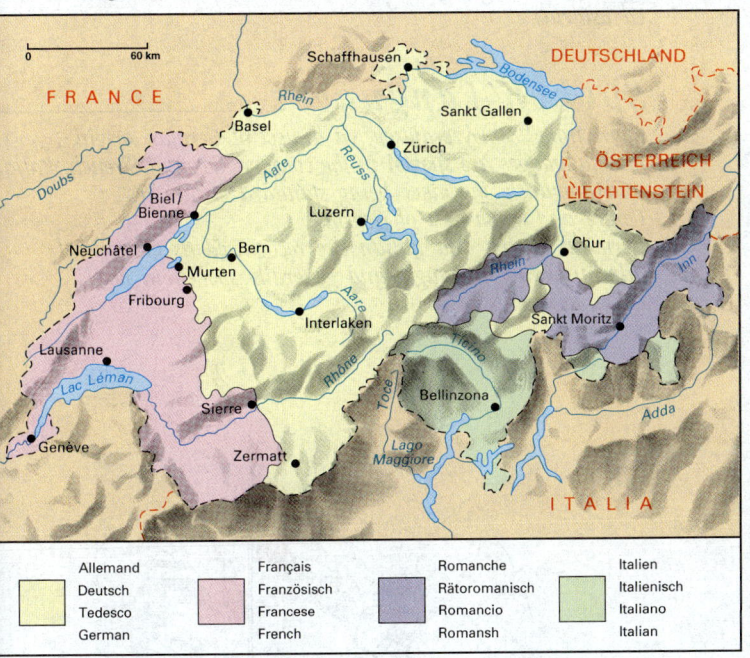

Die Sprachen

Neben dem "Schwyzerdütsch", einem Dialekt deutschen Ursprungs, wird Deutsch, Französisch, Italienisch und Rätoromanisch gesprochen, wobei Rätoromanisch im westlichen, mittleren und südöstlichen Teil von Graubünden beheimatet ist. Deutsch, Französisch und Italienisch sind Amtssprachen ; man beherrscht sie in den meisten Hotels und Restaurants.

Le lingue parlate

Oltre allo "Schwyzerdütsch", dialetto di origine germanica, nel paese si parlano quattro lingue : il tedesco, il francese, l'italiano ed il romancio ; quest'ultimo nella parte ovest, centrale e sud-est dei Grigioni. Il tedesco, il francese e l'italiano sono considerate le lingue amministrative ufficiali e generalmente praticate negli alberghi e ristoranti.

Ils lingvatgs

Ultra il "Schwyzerdütsch", in conglomerat da dialects d'origin german, vegnan quatter linguas utilisadas : il tudestg, il franzos, il talian ed il rumantsch che è derasà en la part vest sid-ost e la part centrala dal Grischun.

Il tudestg, il franzos ed il talian èn renconuschids sco linguatgs uffizials ed en general san ins discurrer quels en hotels ed ustarias.

Spoken Languages

Apart from "Schwyzerdütsch", a dialect of German origin, four languages are spoken in the country: German, French, Italian and Romansh, the latter being standard to the West, Centre and South-East of Grisons.

German, French and Italian are recognised as the official administrative languages and generally spoken in hotels and restaurants.

Le fromage en Suisse

La Suisse est un pays de fromages, sa fabrication absorbe la moitié du lait fourni par les paysans. Les fromageries, souvent artisanales, font partie intégrante des villages helvétiques, on en compte environ 1100. La plupart de ces fromages sont élaborés à partir de lait cru frais qui confère aux pâtes traditionnelles leur plénitude d'arôme et favorise leur conservation prolongée.

Der Käse in der Schweiz

Die Schweiz ist ein Land des Käses, die Hälfte der Milch, welche die Bauern abliefern, wird zu Käse verarbeitet. Die ca. 1100, häufig noch handwerklich arbeitenden Käsereien, sind Teil des schweizerischen Dorfbilds. Die meisten dieser Käse werden aus frischer Rohmilch hergestellt, sie verleiht ihnen volles Aroma und eine längere Haltbarkeit.

Il formaggio in Svizzera

La Svizzera è un paese di formaggi, la metà del latte consegnato dai contadini viene trasformato in formaggio.
I caseifici, spesso artigianali, sono parte integrante dei villaggi svizzeri, se ne contano circa 1100. La maggior parte de questi formaggi sono fabricadi con latte crudo fresco che conferisce un aroma particolarmente pieno e favorisce una conservazione prolongata.

The cheese in Switzerland

Switzerland is a land of cheeses. In all there are around 1100 cheese dairies, most of whom use local traditional methods, and which together account for half of the national milk production.
The majority of their cheeses are made from fresch raw milk, which gives them their strong flavours and helps preserve them longer.

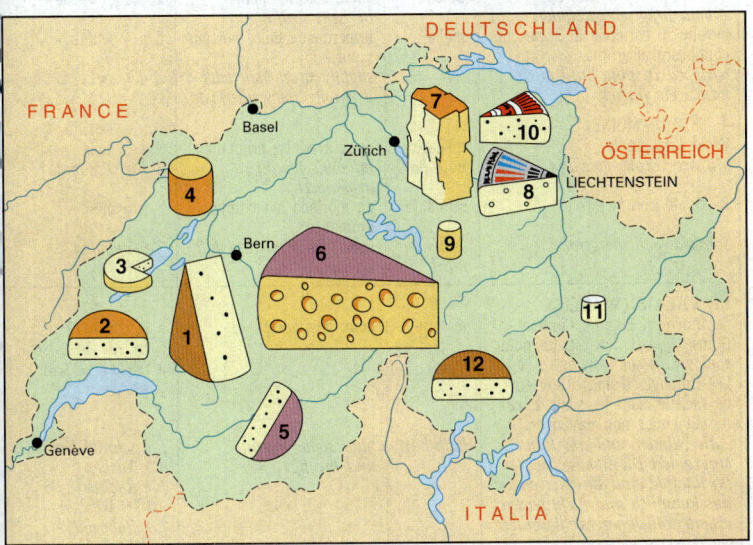

Principaux fromages Suisses
Wichtigste Schweizerkäse
Principali formaggi Svizzeri
Main Swiss cheeses

(leur numéro fait référence à la carte) (ihre Nummer bezieht sich auf die Karte) (il numero fa riferimento alla carta) (number refers to the map)	PÂTE *TEIG* PASTA *TEXTURE*	GOÛT *GESCHMACK* GUSTO *TASTE*	MATURATION *REIFEZEIT* STAGIONATURA *PERIOD OF MATURING*
LA ROMANDIE 1. GRUYERE Peu ou pas de trous, doux ou salé	dure	fin, corsé, racé	4 à 12 mois et plus
Wenige oder keine Löcher, mild oder rezent	*hart*	*fein, kräftig, würzig*	*4 bis 12 Monate und mehr*
Con pochi o senza buchi, dolce o salato.	dura	fine, saporito	4 a 12 mesi e più
Few or no holes, sweet or salted	*hard*	*full-bodied*	*4-12 months and more*
2. VACHERIN FRIBOURGEOIS	mi-dure	doux, crémeux puis corsé et un peu acide	2 à 4 mois
	halb-hart	*mild, cremig bis kräftiger, leicht säuerlich*	*2 bis 4 Monate*
	semidura	dolce, cremoso poi saporito, acidulo	2 a 4 mesi
	semi-hard	*sweet, creamy then strong and with a slightly acid aftertaste*	*2-4 months*
3. VACHERIN MONT-D'OR Entouré d'une écorce d'épicéa qui contribue à l'arôme	molle	légèrement doux puis plus relevé voire fort	2 à 4 semaines
mit Tannenrinde die das Aroma prägt eingebunden	*weich*	*leicht süsslich später bis sehr kräftig*	*2 bis 4 Wochen*
avvolto in corteccia di abete che contibusce all'aroma.	molle	leggermente dolce poi più saporito	2 a 4 settimane
wrapped in pine bark to enhance the flavour	*soft*	*slightly sweet then with a strong, spicy aftertaste*	*2-4 weeks*
4. TÊTE DE MOINE Râclé à la girolle	mi-dure	doux à relevé, aromatique	3 à 6 mois
Mit der Girolle geschabt	*halb-hart*	*mild bis pikant, aromatisch*	*3 bis 6 Monate*
Raschiato con la girolle	semidura	da morbido a piccante, aromatico	3 a 6 mesi
Scraped with the girolle	*semi-hard*	*sweet, fragrant and full bodied*	*3-6 months*
LE VALAIS (WALLIS) 5. Anniviers, Bagnes, Conthey, Gomser, Heida, Savièse...les noms sont gravés sur le talon. Les fromages d'alpage, souvent de raclette, sont les seuls à base de lait entier non pasteurisé.	mi-dure	doux puis corsé	à la coupe 12 sem. à raclette 16-18 sem. à rebibes 32 sem.
...die Namen sind am Rand eingraviert. Die Alpkäse, meistens für Raclette, sind die einzigen die aus Rohmilch und nicht pasteurisierter Milch hergestellt werden.	*halb-hart*	*mild später pikant und kräftig*	*für Schnittkäse 12 Wochen* *für Raclette 16-18 Wochen* *für Hobbelkäse 32 Wochen*

...i nomi sono marchiati sul tallone. I formaggi di alpeggio, speso da raclette, sono i soli a base di latte intero non pastorizzato	semidura	morbido poi saporito	al taglio 12 settimane da raclette 16-18 settimane, in trucioli 32 settimane
...the names are stamped into the rind. These mountain cheeses, often used for raclette, are the only cheeses made with fresh raw milk and not pasteurized milk	*semi-hard*	*sweet then full-flavoured*	*eating 12 weeks raclette 16-18 weeks in shaving 32 weeks*

BERN
6. EMMENTAL

Nombreux trous de 1 à 3 cm.	dure	doux, saveur de noisettes puis corsé	le jeune 4 ou 5 mois le mûr 7 à 10 mois, l'extra dur jusqu'à 17 mois
zahlreiche Löcher von 1 bis 3 cm	hart	milder, nussig später kräftig, würzig	*jung 4 bis 5 Monate reif 7 bis 10 Monate extra-hart bis 17 Monate*
numerosi buchi da 1 a 3 cm.	dura	dolce, gusto di noce poi robusto	il giovane 4 o 5 mesi il maturo 7 a 10 mesi, il extra duro fino a 17 mesi
Many holes, 1-3 cm .	*hard*	*sweet, nutty then full-flavoured*	*young 4 or 5 months mature 7-10 months extra-mature 17 months*

ZENTRAL SCHWEIZ (SUISSE CENTRALE)
7. SBRINZ

Fromages à rebibes, à casser ou à râper	extra dure	racé, aromatique, évoque la noix	1 à 2 ans ou plus
Hobel oder Reibkäse	*extra hart*	*rassig, aromatisch, nussig*	*1 bis 2 Jahre und mehr*
Da spezzare o grattugiare	extradura	saporito, aromatico, gusto di noce	1 a 2 anni o più
sraped, crumbled or grated	*extra hard*	*fruity and fragrant, slightly nutty*	*1-2 years and more*

OST SCHWEIZ (SUISSE ORIENTALE)
8. APPENZELL

Passage dans une saumur aux herbes	mi-dure	épicé, aromatique, fruité, doux puis très corsé	6 à 8 mois pour l'extra
mit einer gewürzten Lake behandelt	*halb-hart*	*Rässkäse aromatisch, würzig mild später kräftig*	*6 bis 8 Monate für den Extra*
passato in una marinata a base di erbe	semidura	speziato, aromatico, fruttato, dolce poi molto robusto	6 a 8 mesi per il extra
washed in a pickle with herbs	*semi-hard*	*spiced and fragrant, fruity, sweet then with a strong aftertaste*	*6-8 months for extra*

9. SCHABZIGER

Fromage compact écrémé, mélangé au beurre à tartiner, ou sec et râpé en saupoudreur pour l'assaisonnement.	aux herbes	corsé, piquant, inimitable	4 à 12 semaines
Kompakter Magermilchkäse als Aufstrich mit Butter vermischt sowie getrocknet und gerieben in Streudose zum würzen	*mit Kräutern*	*kräftig, pikant, unnachahmlich*	*4 bis 12 Wochen*
Formaggio compatto scremato, mescolato con burro da spalmare, o secco e grattugiato per condimento	alle erbe	robusto, piccante, inimitabile	4 a 12 settimane

Compact skimmed cheese, for spreading herbed ordried and grated for sprinkling/seasoning	with herbs	*an unmistakable, full-bodied,piquant flavour*	4-12 weeks
10 TILSIT SUISSE			
Trous ronds	mi-dure	un peu acide, doux à corsé	
runde Löcher	*halb-hart*	*leicht säuerlich, mild bis sehr kräftig*	
buchi rotondi	semidura	acidulo, da dolce a saporito	
round holes	*semi-hard*	*slightly acid, sweet to full-bodied*	
a. étiquette rouge			a. lait cru 3-5 mois.
rote Etikette			*Rohmilch 3-5 Monate*
etichetta rossa			latte crudo 3-5 mesi
red label			*raw milk 3-5 months*
b. étiquette verte			b. lait pasteurisé 1-2 mois
grüne Etikette			*pasteurisierter Milch 1 bis 2 Monate*
etichetta verde			latte pastorizzato 1-2 mesi
green label			*pasteurized milk 1-2 months*
c. étiquette jaune			c. à la crème 1-2 mois
gelbe Etikette			*cremig 1-2 Monate*
etichetta gialla			alla panna 1-2 mesi
yellow label			*creamy 1-2 months*

GRAUBÜNDEN (GRISONS / GRIGIONI)			
11. Fromages d'alpage : Andeer, Brigels, Bivio, Ftan, Mustaïr... Au lait de vache ou de chèvre	mi-dure	corsé	4 à 8 semaines
Alpkäse, aus Kuh oder Ziegenmilch	*halb-hart*	*sehr kräftig*	*4 bis 8 Wochen*
Formaggi di alpeggio, di latte di mucca o Capra	semidura	robusto	4 a 8 settimane
Mountain cheeses, cow or goats milk	*semi-hard*	*full-flavoured*	*4-8 weeks*

TICINO (TESSIN)			
Formaggini : petits fromages, quelquefois aux herbes et à l'huile d'olive, lait de chèvre ou de vache, cru ou pasteurisé	fromage frais	plus ou moins prononcé ou aromatique	de quelques jours à un mois
...kleine Käse, manchmal mit Olivenoel und Kräutern eingelegt, Ziege oder Kuhmilch, roh oder pasteurisiert	*Frischkäse*	*mehr oder weniger kräftig oder aromatisch*	*einige Tage bis 1 Monat*
...A volte alle erbe e all'olio d'oliva, latte di capra o mucca, crudo o pastorizzato	formaggio fresco	più o meno pronunciato o aromatico	da qualche giorno a un mese
...Small cheeses, some with herbs and olive oil, goats or cows milk, raw or pasteurized	*fromage frais*	*characteristic, aromatic flavours*	*from a few days up to 1 month*
12. VALMAGGIA : dans le Locarnese, Campo la Torba, Zania... constitué avec 1/3 lait de chèvre, 2/3 lait de vache.	mi-dure	corsé à piquant	3 à 4 mois
... im Locarnese, hergestellt aus 1/3 Ziegenmilch und 2/3 Kuhmilch.	*halb-hart*	*sehr kräftig bis pikant*	*3 bis 4 Monate*
... nel Locarnese, 1/3 latte di capra, 2/3 latte di mucca.	semidura	da saporito a piccante	3 a 4 mesi
... from Locarnese, made with 1/3 goats milk, 2/3 cows milk.	*semi-hard*	*full-bodied, piquant*	*3-4 months*

Le vignoble suisse

La production vinicole suisse, est estimée à 1,2 million
d'hectolitres, moitié en vins blancs, moitié en vins rouges. Le relief
tourmenté du pays rend difficile l'exploitation du vignoble, mais
assure une grande variété de climats et de terroirs (voir page 79).
Cépage blanc typique de Suisse romande et peu cultivé ailleurs,
le Chasselas est sensible à toute nuance de terroir
et de vinification, d'où une grande variété de caractères
selon les régions. Pinot, Gamay et Merlot
sont les principaux cépages rouges cultivés dans le pays.
La réglementation d'« Appellation d'Origine Contrôlée »,
dans le cadre des ordonnances fédérales sur la viticulture et sur
les denrées alimentaires, est de la compétence des cantons.
Elle existe déjà dans les cantons d'Argovie, Fribourg, Genève, Neuchâtel,
Schaffhouse, Tessin, Vaud, Valais et la région du lac de Bienne.
1998 et 2000 sont les meilleurs millésimes récents

Das Schweizer Weinanbaugebiet

Die Weinproduktion in der Schweiz wird auf 1,2 Millionen
Hektoliter, je zu 50 % Weisswein und Rotwein geschätzt. Die
Topographie der Schweiz macht den Weinanbau zwar schwierig,
sorgt jedoch für eine grosse Vielfalt verschiedener Klimazonen
und Böden (Siehe Seite 79). Der Chasselas, eine typische weisse
Rebsorte aus der Westschweiz, die woanders kaum angebaut wird,
reagiert sehr unterschiedlich auf den Boden und die Verarbeitung
des Weins. Daher variert der Charakter dieses Weins sehr stark
je nach Region, in der er angebaut wird. Blauburgunder,
Gamay und Merlot sind die wichtigsten roten Rebsorten.
Die Regelung zur kontrollierten Ursprungsbezeichnung, im
Rahmen der Wein-und Lebensmittelverordnung, wurde vom
Bund an die Kantone übertragen und existiert schon für die
Kantone Aargau, Freiburg, Genf, Neuenburg, Schaffhausen,
Tessin, Waadt, Wallis und die Region Bielersee.
1998 und 2000 sind die besten letzten Jahrgänge

La Svizzera vinicola

La produzione vinicola svizzera è stimata a 1,2 milioni d'ettolitri,
la metà dei quali di vino bianco e l'altra metà di vino rosso.
Il rilievo accidentato del paese rende difficoltosa l'attività vitivinicola,
ma assicura una grande varietà di climi e terreni (Vedere pagina 79).
Vitigno bianco tipico della Svizzera romanda e poco coltivato
altrove, lo Chasselas è sensibile a tutte le sfumature del terreno
e della vinificazione ; da ciò deriva una grande varietà
di caratteristiche. Pinot, Gamay e Merlot sono i principali vitigni
rossi coltivati nel paese. La normativa sulla "Denominazione
d'Origine Controllata", nell'ambito delle disposizioni federali sulla
viticoltura e sui generi alimentari, è di competenza dei cantoni, ma
già esiste, nei cantoni di Argovia, Friburgo, Ginevra, Neuchâtel,
Sciaffusa, Ticino, Vaud, Vallese e nella regione del lago di Bienne.
1998 e 2000 sono le migliori annate recenti

Swiss Wine

Swiss wine production is estimated at 1.2 million hectolitres per year, half white wine and half red wine.
The tortuous relief of the country makes cultivation of vineyards difficult but ensures a great variation in climate and soil (See page 79).
The Chasselas, a typical white Swiss grape little grown elsewhere, is sensitive to the slightest variation in soil or fermentation; hence its noticeable change in character according to the region in which it is grown. Pinot, Gamay and Merlot are the main red grapes grown in the country
Under federal regulation for viticulture and foodstuffs, each district is responsible for the administration of the "Appellation d'Origine Contrôlée". It already exists in the districts of Aargau, Friburg, Geneva, Neuchâtel, Schaffhausen, Ticino, Valais, Vaud and the region of Bienne
1998 and 2000 are the best of the recent vintages

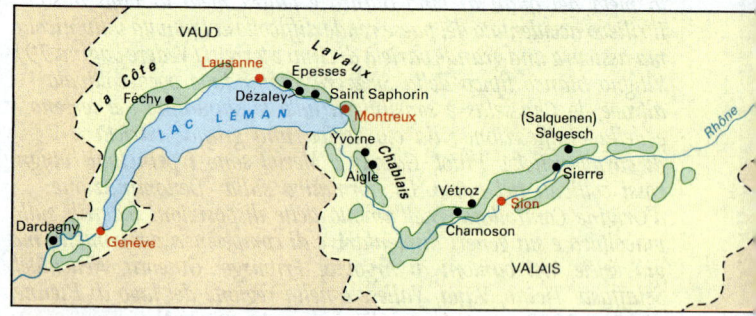

Principaux vins et spécialités régionales
Wichtigste Weine und regionale Spezialitäten
Principali vini e specialità regionali
Main wines and regional specialities

Principaux cépages Wichtigste Rebsorten Principali vitigni Main grape stock (*)	Caractéristiques Charakteristiken Caratteristiche Characteristics	Mets et principales spécialités culinaires régionales Gerichte und wichtigste regionale kulinarische Spezialitäten Vivande e principali specialità culinarie regionali Food and main regional culinary specialities
GENÈVE (Genf) (GE)		
Chasselas (b)	fruité, léger, frais *fruchtig, leicht, mundig frisch*	Poissons du lac (omble chevalier), Fondue, Gratin genevois *Süsswasserfische (Saibling), Käse-Fondue, Genfer Auflauf*
Gamay (r)	frais, souple, fruité *mundig frisch, zart, fruchtig*	Viandes blanches, Ragoût de porc (fricassée) Longeole au marc (saucisse fumée) *helles Fleisch, Schweinsragout (Frikassee), « Longeole » (geräucherte Wurst)*
GRAUBÜNDEN (Grisons) (Grigioni) (GR)		
Blauburgunder (Pinot noir) (r)	velouté *körperreich, samtig*	Bœuf en daube – *Bündner Beckribraten,* Viande de bœuf séchée des Grisons – *Bündnerfleisch*
NEUCHÂTEL (Neuenburg) (NE)		
Chasselas, Chasselas sur lie (b)	nerveux *feine Säure*	Palée : Féra du lac de Neuchâtel *Felchen aus dem Neuenburgersee*
Pinot noir (r) *(Blauburgunder)*	bouqueté, racé *blumig, rassig*	Viandes rouges *dunkles Fleisch*
Œil de Perdrix (rosé de Pinot noir) *Rosé von Blauburgunder*	vif *anregend-frisch*	Tripes à la Neuchâteloise *Kutteln nach Neuenburger Art*
TICINO (Tessin) (TI)		
Merlot bianco (b)	fruité, frais, léger *fruchtig, frisch, leicht fruttato, fresco, leggero*	Poissons d'eau douce *Süsswasserfische*
Merlot (r)	corsé, équilibré *kräftig, ausgeglichen robusto, equilibrato*	Viandes rouges, Gibier à plumes, fromages, Polpettone (viandes hachées aromatisées) *dunkles Fleisch, Wildgeflügel, Käse, « Polpettone » (gewürztes Hackfleisch)*

(*) (b) (w) : blanc, weiss, bianco, white   (r) : rouge, rot, rosso, red

Principaux cépages *Wichtigste Rebsorten* Principali vitigni *Main grape stock* (*)	Caractéristiques *Charakteristiken* Caratteristiche *Characteristics*	Mets et principales spécialités culinaires régionales *Gerichte und wichtigste regionale kulinarische Spezialitäten* Vivande e principali specialità culinarie regionali *Food and main regional culinary specialities*
TICINO (Tessin) (TI)		
Merlot rosato (rosé)	fruité, frais *fruchtig, mundig frisch* fruttato, fresco	Poissons d'eau douce, Pesci in carpione (Fera en marinade) *Süsswasserfische, Pesci in carpione, Felchen in einer Marinade*
VALAIS (Wallis) (VS)		
Fendant (Chasselas) (b)	rond, équilibré, fruité, parfois perlant *füllig, ausgeglichen, fruchtig, gelegentlich perlend*	Poissons, Raclette, Filets de truite *Fische, Raclette, Forellenfilets*
Petite Arvine (b)	certains secs, d'autres doux *einige trocken, andere mild*	Vins secs : Poissons, fromages de chèvre *Trockene Weine : Fische, Ziegenkäse*
Amigne (b)	corsé, sapide, parfois sec, très souvent doux *kräftig, harmonisch, voll, manchmal trocken, oft mild*	Vins doux : Foie gras, desserts *Milde Weine : Ente-, Gänseleber, Desserts*
Johannisberg (b) (Sylvaner)	sec ou doux *trocken oder mild*	
Malvoisie flétrie (Pinot gris vendanges tardives, *Grauburgunder Beerenauslese*) (b)	moelleux, riche *weich, rund gehaltvoll*	Vin d'apéritif et de dessert, *Aperitif- und Dessert-Wein* Foie Gras *Ente-, Gänseleber*
Dôle (assemblage de Pinot noir et de Gamay) *(Mischung aus Blauburgunder und Gamay)* (r)	robuste, ferme, bouqueté *robust, verschlossen, bukettreich*	Assiette valaisanne (viande séchée, jambon et fromage) *Walliserteller (Trockenfleisch, Schinken, Hobel-, und Bergkäse)*
Cornalin (r)	corsé, tanique *kräftig, gerbstoffhaltig*	Gibiers : cerf, chevreuil, sanglier *Wild : Hirsch, Reh, Wildschwein* Fromages - *Käse*
Humagne rouge	charnu, généreux *kernig, edel*	

(*) (b) (w) : *blanc, weiss, bianco, white*   (r) : *rouge, rot, rosso, red*

Principaux cépages / Wichtigste Rebsorten / Principali vitigni / Main grape stock (*)	Caractéristiques / Charakteristiken / Caratteristiche / Characteristics	Mets et principales spécialités culinaires régionales / Gerichte und wichtigste regionale kulinarische Spezialitäten / Vivande e principali specialità culinarie regionali / Food and main regional culinary specialities
VAUD (Waadt) (VD)		
Chasselas (b)	équilibré, fruité *ausgeglichen fruchtig*	Truite, brochet, perche ; Fondue (vacherin et gruyère) *Forelle, Hecht, Egli, Käse-Fondue (Vacherin und Greyerzer)*
Salvagnin (r) (assemblage de Pinot noir et de Gamay) *(Mischung aus Blauburgunder und Gamay)*	harmonieux, velouté *harmonisch, samtig*	Viandes blanches, Papet vaudois (poireaux, p. de terre, saucissons) *helles Fleisch, Waadtländer Papet (Lauch, Kartoffeln, Würste)*
ZÜRICH (ZH)		
SCHAFFHAUSEN (Schaffhouse) (SH)		
THURGAU (Thurgovie) (TG)		
SANKT-GALLEN (Saint-Gall) (SG)		
AARGAU (Argovie) (AG)		
Riesling-Sylvaner (w)	parfum délicat, léger, sec *feines Aroma, leicht, trocken*	Zürich- und Bodenseefische *Poissons des lacs de Zurich et Constance*
Blauburgunder (Pinot noir) (r)	léger, aromatique *leicht, aromatisch*	Cochonailles. *Deftige Wurstwaren* Eminçé de veau *Geschnetzeltes Kalbfleisch* Potée aux choux, *Zürcher Topf (verschiedene Fleischsorten mit Kohl)* Assiette bernoise (viandes diverses, choucroute, choux, haricots, pommes de terre) *Berner Platte (verschiedene Fleischsorten Sauerkraut, Kohl, Bohnen, Kartoffeln)*

(*) (b) (w) : *blanc, weiss, bianco, white* (r) : *rouge, rot, rosso, red*

Les établissements à étoiles
Die Stern-Restaurants
Gli esercizi con stelle
Starred establishments

❀ ❀ ❀

Crissier (VD)	Hôtel de Ville
Montreux / Brent (VD)	Le Pont de Brent

❀ ❀

Basel (BS)	Bruderholz
Cossonay (VD)	Cerf
Cully (VD)	Aub. du Raisin
Ftan (GR)	Haus Paradies
Klosters (GR)	Walserhof
Küsnacht (ZH)	Petermann's Kunststuben
Sankt Moritz/Champfèr (GR)	Jöhri's Talvo
Satigny / Peney-Dessus (GE)	Domaine de Châteauvieux
Sierre / Corin-de-la-Crête (VS)	La Côte
Uetikon am See (ZH)	Wirtschaft zum Wiesengrund
Vevey (VD)	Denis Martin
Vufflens-le-Château (VD)	L'Ermitage

❀

Altnau (TG)	Urs Wilhelm's Rest.
Anières (GE)	Auberge de Floris
Aran (VD)	Guillaume Tell
Arbon (TG)	Frohsinn
Ascona / Losone (TI)	Dell'Enoteca
Bäch (SZ)	Zur Faktorei
Baden/Dättwil (AG)	Pinte
Basel (BS)	Les Quatre Saisons
Basel (BS)	Der Teufelhof
Basel / Riehen (BS)	Schürmann's
Bellinzona (TI)	Orico
Bern (BE)	Wein und Sein
Bulle / La Tour-de-Trême (FR)	de la Tour
Burg im Leimental (BL)	Bad-Burg
Burgdorf (BE)	Emmenhof
Crans-Montana (VS)	Host. du Pas de l'Ours
Davos-Wolfgang / Laret (GR)	Hubli's Landhaus
Dielsdorf (ZH)	Zur Sonne
Euthal (SZ)	Bürgi's Burehof
Flüh (SO)	Martin
Flüh (SO)	Zur Säge
Fribourg / Bourguillon (FR)	Les Trois Tours
Gattikon (ZH)	Sihlhalde

Genève (GE)	*Le Béarn*
Genève (GE)	*Buffet de la Gare des Eaux-Vives*
Genève (GE)	*Les Continents*
Genève (GE)	*Le Cygne*
Genève (GE)	*Le Neptune*
Genève / Cologny (GE)	*Aub. du Lion d'Or*
Genève / Lully (GE)	*La Colombière*
Genève/ Petit-Lancy (GE)	*Host. de la Vendée*
Genève/Thônex (GE)	*Le Cigalon*
Greppen (LU)	*Rigi*
Gstaad (BE)	*Chesery*
Haegendorf (SO)	*Lampart's Art of Dining*
Hurden (SZ)	*Adler-Markus Gass*
Küsnacht (ZH)	*Ermitage am See*
Laax / Sagogn (GR)	*Da Veraguth Carnetg*
Lausanne (VD)	*La Grappe d'Or*
Lausanne (VD)	*A la Pomme de Pin*
Lausanne (VD)	*La Table du Palace*
Locarno (TI)	*Centenario*
Lömmenschwil (SG)	*Thuri's Blumenau*
Lugano / Sorengo (TI)	*Santabbondio*
Magden (AG)	*Pöschtli*
Martigny (VS)	*Le Gourmet*
Mels (SG)	*Schlüssel*
Menzingen (ZG)	*Löwen*
Le Mont-Pèlerin (VD)	*Le Trianon*
Montreux / Clarens (VD)	*L'Ermitage*
Nebikon (LU)	*Adler*
Neuchâtel / Saint-Blaise (NE)	*Au Boccalino*
Niedergösgen (SO)	*Zum Schloss Falkenstein*
Le Noirmont (JU)	*Georges Wenger*
Nürensdorf (ZH)	*Zum Bären*
Oensingen (SO)	*Frohsinn*
Olten / Trimbach (SO)	*Traube*
Orsières (VS)	*Les Alpes*
La Punt-Chamues-Ch. (GR)	*Chesa Pirani*
Rehetobel (AR)	*Zum Gupf*
Saas-Fee (VS)	*Waldhotel Fletschhorn*
Sankt Moritz (GR)	*Jörimann's Refugium*
Santa Maria (GR)	*Piz Umbrail*
Schaffhausen (SH)	*Rheinhotel Fischerzunft*
Schwyz/Steinen (SZ)	*Adelboden*
Sion / Vex (VS)	*L'Argilly*
Solothurn (SO)	*Zum Alten Stephan*
Sonceboz (BE)	*Cerf*
Stein am Rhein (SH)	*Sonne*
Sugnens (VD)	*Aub. de Sugnens*
Taverne (TI)	*Motto del Gallo*
Thörigen (BE)	*Löwen*
Triesen (FL)	*Schatzmann*
Vacallo (TI)	*Conca Bella*
Verbier (VS)	*Roland Pierroz*
Vevey / Saint Légier (VD)	*Le Petit*
Vouvry (VS)	*Aub. de Vouvry*
Walchwil (ZG)	*Sternen*
Weesen (SG)	*Fischerstube*
Weite (SG)	*Heuwiese*
Wigoltingen (TG)	*Taverne zum Schäfli*

"Bib Gourmand"

Repas soignés à prix modérés

Sorgfältig zubereitete, preiswerte Mahlzeiten

Pasti accuarti aprezzi contenuti

Good food at moderate prices

🙂 Repas

Aeschi b. Spiez / Aeschiried (BE)	*Panorama*
Airolo (TI)	*Forni*
Anières (GE)	*Auberge de Floris (au Bistrot)*
Apples (VD)	*Aub. de la Couronne (au Café)*
Basel (BS)	*Au Violon*
Bätterkinden (BE)	*Krone (im Dorfbeizli)*
Bellinzona (TI)	*Castelgrande (al Grottino San Michele)*
Bellinzona (TI)	*Sasso Corbaro*
Bern (BE)	*Kirchenfeld*
Bern / Liebefeld (BE)	*Landhaus (in der Taverne Alsacienne)*
Birmenstorf (AG)	*Zum Bären (in der Gaststube)*
Bonaduz (GR)	*Grischunata*
Bottmingen (BL)	*Basilicum*
Bülach (ZH)	*Zum Goldenen Kopf*
Bulle / La Tour-de-Trême (FR)	*Rest. de la Tour (à la Brasserie)*
Cadro (TI)	*La Torre del Mangia*
La Chaux-de-Fonds (NE)	*Orologio*
Cossonay (UD)	*Fleur de sel*
Courgenay (JU)	*Boeuf*
Courgenay (JU)	*Aub. de la Diligence (à la Brasserie)*
Crans-Montana (VS)	*Host. du Pas de l'Ours (au Bistrot des Ours)*
Crans-Montana (VS)	*Miedzor*
Ebnat-Kappel (SG)	*Post*
Ennetbürgen (NW)	*Flugfeld*
Escholzmatt (LU)	*Rössli (im Chrüter Gänterli)*
Fribourg (FR)	*Aub. de Zähringen (à la Brasserie)*
Fribourg (FR)	*La Grotta*
Gals (BE)	*Zum Kreuz*
Genève (GE)	*Bistrot du Bœuf Rouge*
Genève (GE)	*Victoria*
Genève / Chambésy (GE)	*Relais de Chambésy*
Genève / Cologny (GE)	*Aub. du Lion d'Or (au Bistro)*
Genève / Petit-Lancy (GE)	*Host. de la Vendée (au Bistro)*
Gerlafingen (SO)	*Frohsinn*
Gerzensee (BE)	*Bären*
Grächen (VS)	*Bärgji-Alp*
Grindelwald (BE)	*Fiescherblick*
Interlaken (BE)	*Stocker's Degusta*
Intragna (TI)	*Stazione « da Agnese »*
Joux (Vallée de) / Les Bioux (VD)	*Trois Suisses*
Kandersteg (BE)	*Ruedihus*
Laax (GR)	*Straussennest*
Lauerz (SZ)	*Rigiblick (im Restaurant)*

Lausanne (VD)	*A la Pomme de Pin (au Café)*
Leytron / Montagnon (VS)	*du Soleil*
Lugano / Massagno (TI)	*Grotto della Salute*
Lugano-Paradiso (TI)	*Calprino*
Luzern (LU)	*Galliker*
Mammern (TG)	*Schiff*
Meiringen	*Victoria*
Mels (SG)	*Waldheim*
Mendrisio / Salorino (TI)	*Grotto La Balduana*
Mézières (VD)	*Du Jorat*
Montreux / Chamby (VD)	*Aub. de Chaulin*
Münchenbuchsee (BE)	*Moospinte (in der Gaststube)*
Netstal (GL)	*Schwert (im Glarnerstübli)*
Neuchâtel (NE)	*du Banneret*
Niedergösgen (SO)	*Schloss Falkenstein (im Bistro)*
Oensingen (SO)	*Frohsinn (in der Gaststube)*
Ollon (VD)	*Hôtel de Ville*
Orbe (VD)	*Guignard*
Orsières (VS)	*Hôtel des Alpes (à la Brasserie)*
Orvin / Les Prés-d'Orvin (BE)	*Le Grillon*
La Plaine (GE)	*Les Platanes*
Poschiavo (GR)	*Suisse*
Prosito (TI)	*La Cachette*
Reichenbach (BE)	*Bären*
Riedholz (SO)	*Post*
Riedholz / Attisholz (SO)	*Attisholz (in der Gaststube)*
Ried-Muotathal (SZ)	*Adler*
Riken (AG)	*Rössli (im Beizli)*
Saint-Cergue (VD)	*Hôtel de la Poste*
Samnaun-Ravaisch (GR)	*Hohmann*
Sankt Niklausen (OW)	*Alpenblick (in der Kräuterstube)*
Sarnen / Kägiswil (OW)	*Adler (in der Gaststube)*
Satigny (GE)	*Café de Peney*
Schaffhausen (SH)	*Theater Restaurant*
Scuol (GR)	*Traube*
Sedrun (GR)	*La Cruna*
Sierre / Venthône (VS)	*Le Château de Venthône*
Sils-Maria / Plaun da Lej (GR)	*Murtaröl*
Solothurn (SO)	*Zum alten Stephan (in der Stadtbeiz)*
Stans	*Zur Linde (im Feldschlösschen)*
Stans (NW)	*Rosenburg*
Steinhausen (ZG)	*Zur Linde (im Carpe Diem)*
Sullens (VD)	*Auberge Communale*
Thun / Hünibach (BE)	*Chartreuse*
Thörigen (BE)	*Nik's Wystube*
Ulmiz (FR)	*Jäger*
Urnäsch (AR)	*Sonne (in der Bauernstube)*
Utzenstorf (BE)	*Bären*
Verbier (VS)	*Le Sonalon*
Vevey /Chardonne (VD)	*A la Montagne*
Vevey / Jongny (VD)	*Les 3 Suisses*
Villars-sur-Ollon / Plambuit (VD)	*Plambuit*
Vouvry (VS)	*Auberge de Vouvry (au Bistrot)*
Wil (SG)	*Hof zu Wil*
Zermatt (VS)	*Zum See*
Zug (ZG)	*Rathauskeller (im Bistro)*
Zürich (ZH)	*Caduff's Wine loft*
Zürich (ZH)	*Barometer*
Zürich (ZH)	*Rosaly's*
Zürich (ZH)	*Vorderer Sternen*

"Bib Hôtel"

Bonnes nuits à petits prix
Hier übernachten
Sie gut und preiswert
Un buon riposo a prezzi contenuti
Good accommodation
at moderate prices

 ch

Airolo (TI)	*Forni*
Arbon (TG)	*Seegarten*
Arnegg (SG)	*Ilge*
Bad Ragaz (SG)	*Rössli*
Bassersdorf (ZH)	*Cuba Libre*
Beinwil am See (AG)	*Seehotel*
	Hallwil
Bellwald (VS)	*Bellwald*
Bergün (GR)	*Bellaval*
Bern, Oberbottigen (BE)	*Bären*
Bettlach (SO)	*Urs + Viktor*
Blatten im Lötschental (VS)	*Edelweiss*
Blatten b. Naters (VS)	*Blattnerhof*
Bonaduz ((GR)	*Grischunata*
Bosco Gurin (TI)	*Walser*
Breil (GR)	*Alpina*
Bremgarten (AG)	*Sonne*
Brig, Naters (VS)	*Alex*
Brunnen (SZ)	*Elite*
Burgdorf (BE)	*Berchtold*
Buriet (SG)	*Schiff*
Champex (VS)	*Belvédère*
Charmey (FR)	*L'Etoile*
Coinsins (VD)	*Aub. de la Réunion*
Davos, Sertig Dörfli (GR)	*Walserhuus*
Degersheim (SG)	*Wolfensberg*
Delémont (JU)	*La Tour Rouge*
Disentis Muster (GR)	*Cucagna*
Disentis Muster (GR)	*Montana*
Dürrenroth (BE)	*Kreuz und Bären*
Emmetten (NW)	*Seeblick*
Entlebuch (LU)	*Drei Könige*
Eschikofen (TG)	*Thurtal*
Fiesch, Fieschertal (VS)	*Alpenblick*
Fuldera (GR)	*Staila*
Genève (GE)	*Bel'Espérance*
Genève, Thônex (GE)	*de Villete*
Golino (TI)	*Ca'Vegi*
Grächen (VS)	*Alpin*
Grächen (VS)	*Hanniga*
Grächen (VS)	*Walliserhc*
Grub (AR)	*Bäre*
Guarda (GR)	*Val Tuc*
Güttingen (TG)	*Seemöu*
Heiligkreuz (LU)	*Heiligkreu*
Hildisrieden (LU)	*Roten Löwe*
Huttwil (BE)	*Mohre*
Ilanz (GR)	*Lukmanie*
Langnau i. Emmental (BE)	*Hirsche*
Le Locle (NE)	*Trois Ro*
Madiswil (BE)	*Bäre*
Martigny (VS)	*Forclaz Tourin*
Martigny, Ravoire (VS)	*Ravoir*
Menzberg (LU)	*Menzber*
Mörigen (BE)	*Seeblic*
Mühledorf (SO)	*Kreu*
Muri (AG)	*Ochse*
Müstair (GR)	*Liu*
Neftenbach (ZH)	*Löwe*
Olivone (TI)	*Arcobalen*
Onnens (VD)	*Bellevu*
Origlio, Carnago (TI)	*Desert*
Ovronnaz (VS)	*L'Ardèv*
Porrentruy (JU)	*Bellevu*
Poschiavo (GR)	*Suiss*
Rapperswil (SG)	*Jako*
Rorschach, Rorschacherberg (SG)	
	Rebstoc
Santa Maria i. M. (GR)	*Alpin*
Schaan (FL)	*Lind*
Schmerikon (SG)	*Strandhot*
Sedrun (GR)	*La Crun*

Sedrun (GR)	*Soliva*	Thyon-les-Collons,	
Seengen (AG)	*Hallwyl*	Les Collons (VS)	*La Cambuse*
Sempach Station (LU)	*Sempacherhof*	Triesenberg (FL)	*Kulm*
Sion (VS)	*Rhône*	Triesenberg (FL)	*Martha Buehler*
Sion, Granois		Vaduz (FL	*Mühle*
(VS)	*Château de la Soie*	Vissoie (VS)	*Anniviers*
Sumiswald (BE)	*Bären*	Wattwil (SG)	*Löwen*
Sumiswald, Lüderenalp (BE)	*Lüderenalp*	Wermatswil (ZH)	*Puurehuus*
Thun, Hünibach		Wildegg (AG)	*Aarhof*
(BE)	*Chartreuse*	Worb (BE)	*Zum Löwen*

✽ ✽ ✽	*Les étoiles*	
✽ ✽	*Die Sterne*	
✽	*Le stelle*	
	The stars	

Repas / Menu / Pasto
40/50

"Bib Gourmand"
Repas soignés à prix modérés
Sorgfältig zubereitete preiswerte Mahlzeiten
Pasti accurati a prezzi contenuti
Good food at moderate prices

ch / Zim / Cam
87/190

"Bib Hôtel"
Bonnes nuits à petits prix
Hier übernachten Sie gut und preiswert
Un buon riposo a prezzi contenuti
Good accommodation at moderate prices

L'agrément
Annehmlichkeit
Amenità e tranquillità
Peaceful atmosphere and setting

Carte de voisinage : voir à la ville choisie
Stadt mit Umgebungskarte
Città con carta dei dintorni
Town with a local map

Map:

CRISSIER ✽✽✽
Apples
Vufflens-le-Ch⁽ᵉ⁾ ✽✽ XXXX
Lausanne ✽ 🏨 XXXX
Puidoux
Aran ✽
Grandvaux
Chardonne
Mont-Pèlerin ✽ 🏨
Jongny
Cully ✽✽
Saint-Légier ✽
Blonay
BRENT ✽✽✽
Les Avants
Vevey ✽✽
Chamby
Clarens XXX ✽
Glion 🏨
Montreux
Caux
LAC LÉMAN
Évian
Thonon
N 5
A 9
Leysin
Vouvry ✽
FRANCE

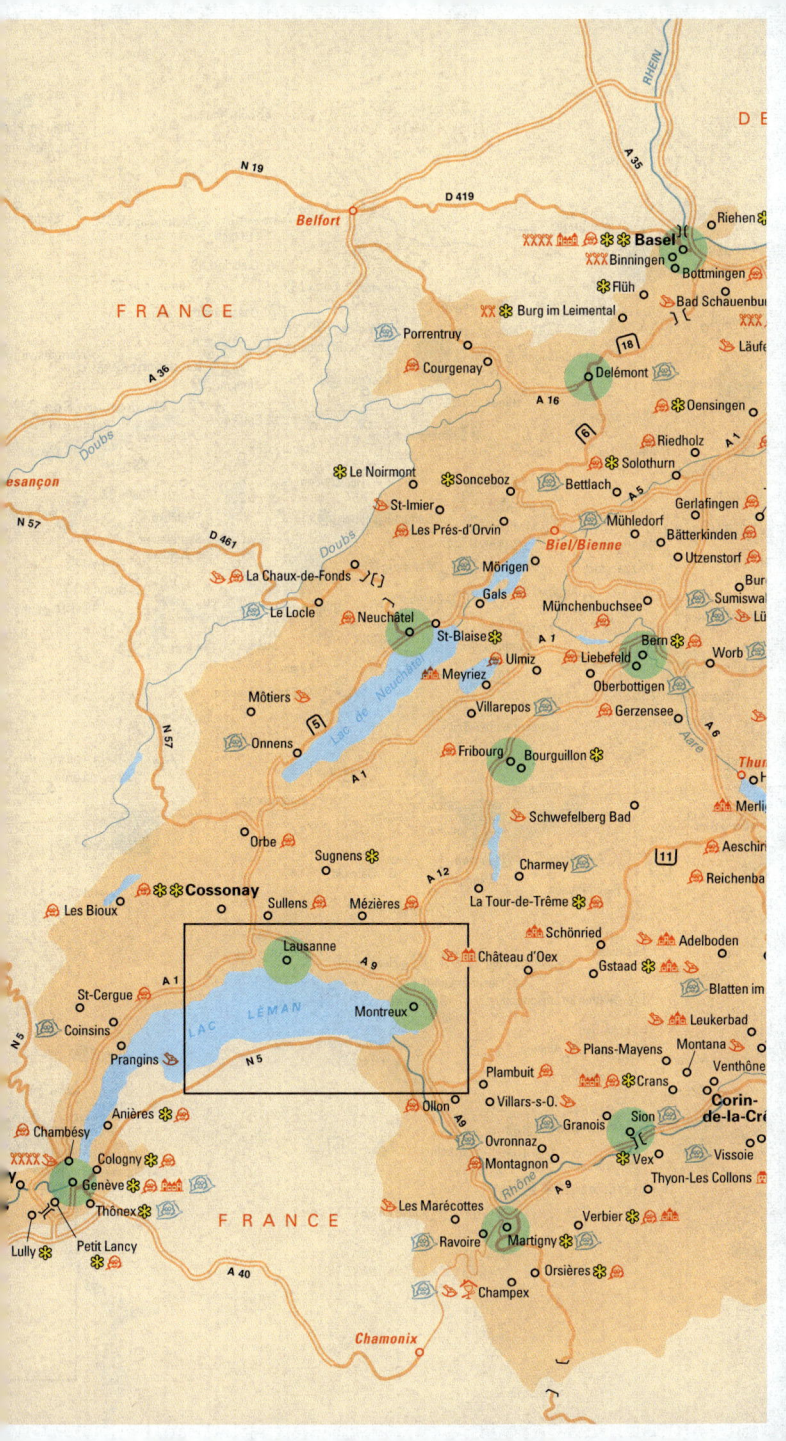

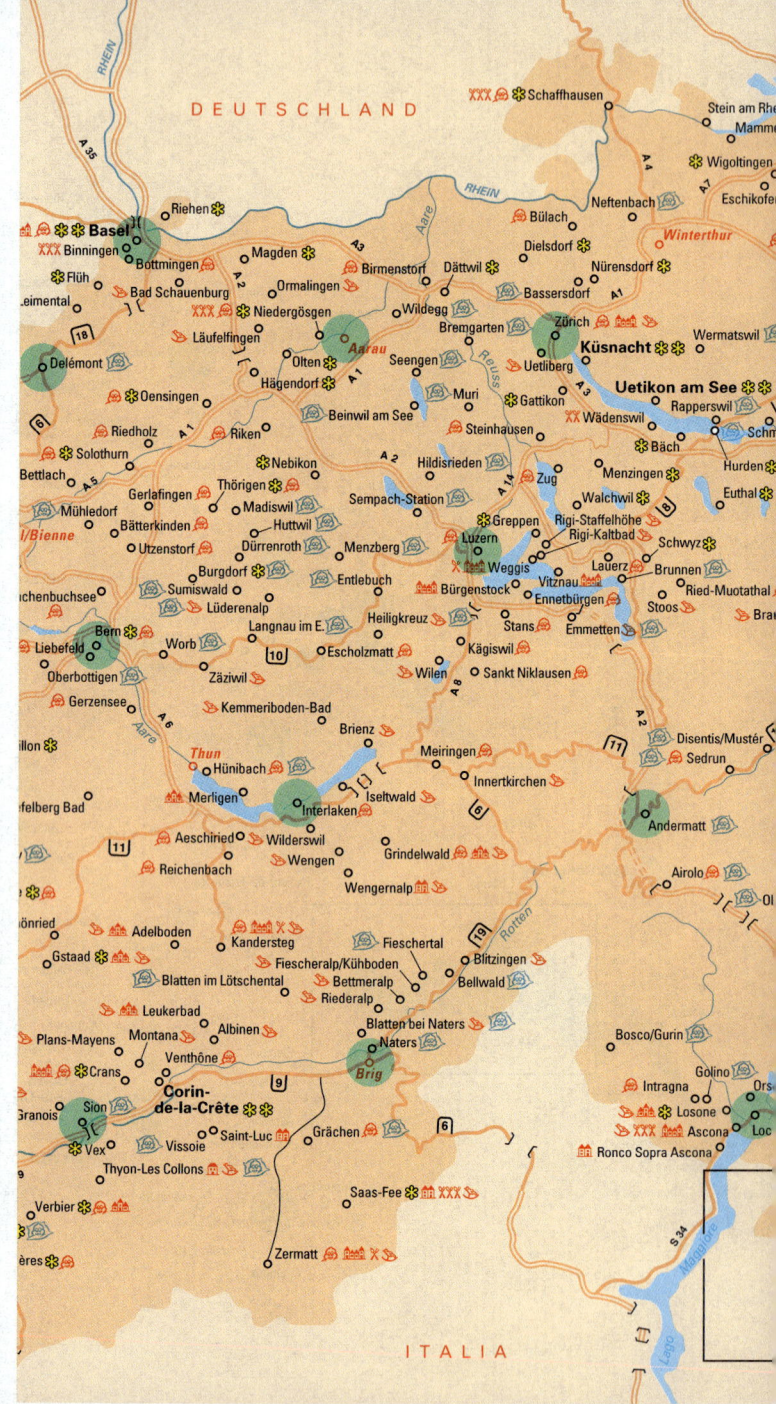

Villes
classées par ordre alphabétique
Les renseignements sont exprimés dans la langue principale parlée sur place.

Städte
in alphabetischer Reihenfolge
Die Informationen sind in der lokalen Sprache angegeben.

Città
in ordine alfabetico
Le informazioni sono indicati nella lingua che si parla in prevalenza sul posto.

Towns
in alphabetical order
Information is given in the local language.

AARAU

AARAU 5000 [K] Aargau (AG) 216 ⑰ – 15 299 Ew. – Höhe 383.
Ausflugsziel : Schloss Hallwil★ über ③ : 18 km.
🏌 Entfelden in Oberentfelden, ✉ 5036, ✆ 0627 238 984, Fax 0627 238 43
über ④ : 4 km ; 🏌 Heidental in Stüsslingen, ✉ 4655 (März - No
✆ 0622 858 090, Fax 0622 858 091, Süd-West : 9 km über Erlinsbac
Stüsslingen.

Lokale Veranstaltungen
04.07 : "Maienzug", alter Brauch
19.09 : "Bachfischet", alter Brauch und Volksfest.

🛈 Aarauinfo Verkehrsbüro, Graben 42, ✆ 0628 247 624, mail@aarauinfo.c
Fax 0628 247 750.

⊛ Rathausgasse 2, ✆ 0628 382 100, Fax 0628 382 109.

⊛ Tellistr. 55, ✆ 0628 360 404, Fax 0628 360 405.

Bern 78 ④ – Basel 56 ① – Luzern 47 ④ – Zürich 47 ②

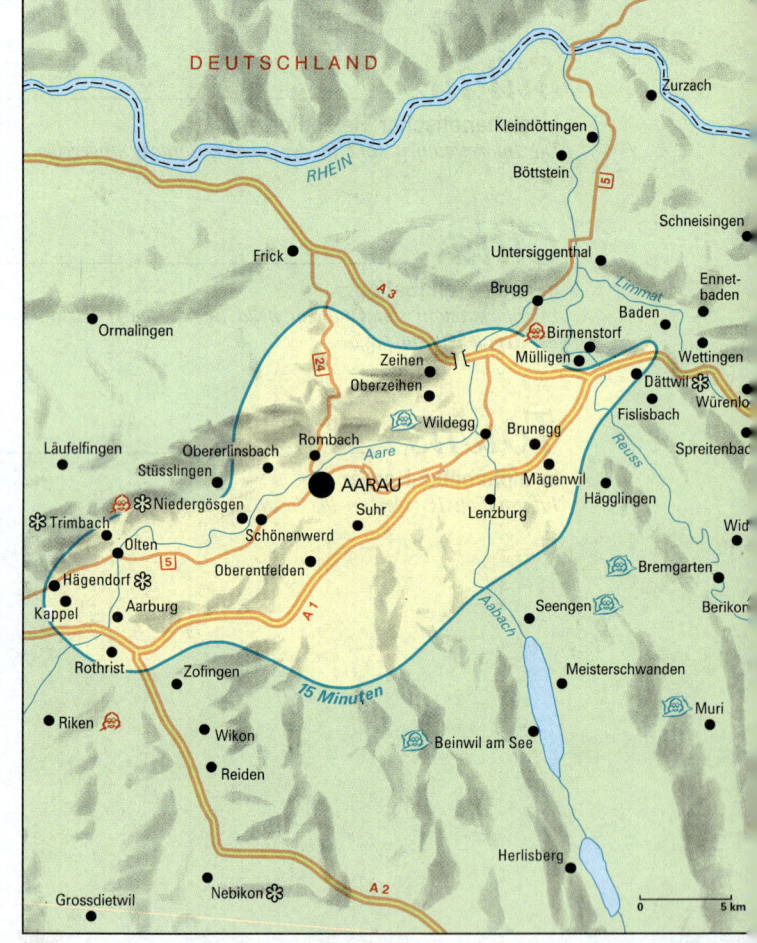

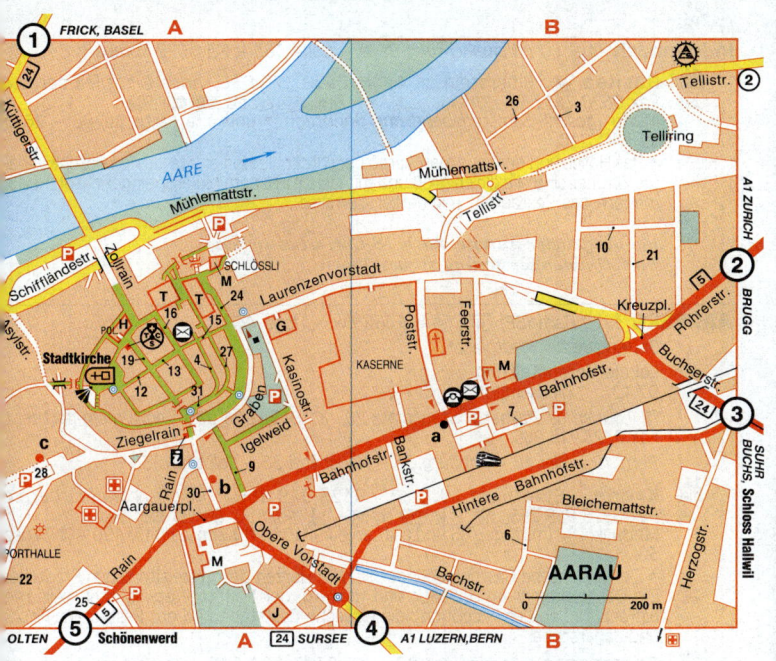

umattweg . . . . **B** 3	Kronengasse . . . . **A** 13	Schönwerderstr. . . . . **A** 25
rbergasse . . . . **A** 4	Laurenzentorgasse . . . . . . **A** 15	Sengelbachweg . . . . **B** 26
ey-Herose-Strasse . . . . . . **B** 6	Metzgergasse . . . . **A** 16	Storchengasse . . . . **A** 27
iterstrasse . . . . **B** 7	Rathausgasse . . . . **A** 19	Viehmarktplatz . . . . **A** 28
ntere Vorstadt . . . . **A** 9	Rössligutstrasse . . . . **B** 21	Vordere
nzikerstrasse . . . . **B** 10	Schachenallee . . . . **A** 22	Vorstadt . . . . **A** 30
rchgasse . . . . **A** 12	Schlossplatz . . . . **A** 24	Zwischen den Toren . . . . . **A** 31

Aarauerhof, Bahnhofstr. 68, ℘ 0628 378 300, *aarauerhof@bestwestern.ch*, *Fax 0628 378 400*, 🍴 – 📶, ⇌Zim, 🍽 Rest, 📺 🅿 – 🛋 15/45. ⒶⒺ ⓄⒹ ⓂⒸ 𝘝𝘐𝘚𝘈 ❄ Rest **B** a
geschl. 22. Dez. - 3. Jan. – **Le Méd** *(geschl. auch 12. Juli - 11. Aug., Samstag und Sonntag)* **Menu** *28* - 44/70 und à la carte 48/84 – **Grand Café :** **Menu** *21* und à la carte 35/73 – **81 Zim** ⌇ 165/275.

♦ Im Geschäftshotel gegenüber dem Bahnhof werden die Zimmer laufend renoviert. Einrichtung und technische Ausstattung sind den Bedürfnissen der Gäste angepasst. Mediterrane Gerichte im Le Méd. Das Grand Café im gemütlichen Bistro-Stil.

Chez Jeannette, Vordere Vorstadt 17, ℘ 0628 227 788, *info@chez-jeannett e.ch, Fax 0628 226 212,* 🍴 – ⒶⒺ ⓄⒹ ⓂⒸ 𝘝𝘐𝘚𝘈 **A** b
geschl. 21. Juli - 12. Aug. und Sonntag – **1. Etage : Menu** *25* - 75/125 und à la carte 58/114.

♦ Über eine steinerne Wendeltreppe gelangt man in das in zwei Räume geteilte Restaurant, in dem gutbürgerliche Gerichte in traditioneller Art und Weise zubereitet werden.

Mürset, Schachen 18, ℘ 0628 221 372, *restaurant@muerset.ch*, *Fax 0628 242 988,* 🍴 – ⒶⒺ ⓄⒹ ⓂⒸ 𝘝𝘐𝘚𝘈 **A** c
Alte Stube : Menu *34* - 42 (mittags)/85 und à la carte 56/89 – **Brasserie : Menu** *19.50* und à la carte 44/77 – **Weinstube : Menu** *19.50* - 60 (abends) und à la carte 46/87.

♦ Die Alte Stube ist ein vollständig in Holz gehaltener, schöner Speiseraum mit origineller, leicht rustikaler Dekoration. Das Angebot ist zeitgemäss. Die Brasserie ist typisch eingerichtet und auch das Repertoire entspricht dem Rahmen.

AARAU

in Rombach über ① : 1 km Richtung Basel – Höhe 383 – ✉ 5022 Rombach :

🏨 **Basilea** [M], Bibersteinstr. 4, ☎ 0628 273 636, hotel@basilea-aaru.c
Fax 0628 273 539, 🍴, 🌿 – 🛗, ⚡ Zim, 📺 ♿, AE ⓘ ⓜ VISA
Menu (geschl. Samstagabend und Sonntag) 17 und à la carte 36/86 – **26 Zi**
⌂ 140/210.

  • Das Hotel, von dem aus man Aarau überblickt, liegt in einem kleinen Geschäftshau
  Die Zimmer sind alle gleich groß und mit lachsfarbenem Mobiliar eingerichtet. Hell u
  modern das Restaurant mit netter Terrasse.

Bei verspäteter Anreise, nach 18 Uhr, ist es sicherer,
Ihre Zimmerreservierung zu bestätigen.

AARBERG 3270 Bern (BE) 216 ⑭ – 3 452 Ew. – Höhe 449.

Sehenswert : *Stadtplatz*★.
Lokale Veranstaltung
07.12 : "Chlousemärit".

🛈 Tourismus Aarberg, Stadtplatz 29, ☎ 0323 926 060, vva@mein-partner.c
Fax 0323 919 965.

Bern 19 – Biel 15 – Fribourg 36 – Neuchâtel 35 – Solothurn 31.

🏨 **Krone**, Stadtplatz 29, ☎ 0323 919 966, info@krone-aarberg.c
Fax 0323 919 965, 🍴 – 🛗 📺 📞 🅿 – 🔔 15/150. AE ⓘ ⓜ VISA
Menu 17 - 42 (mittags)/85 und à la carte 49/101 – **19 Zim** ⌂ 115/190 – ½ P Zusc
30.

  • Der historische Gasthof befindet sich im Herzen des mittelalterlichen Städtcher
  Die Deluxezimmer im 3. Stock sind modern, der Hauptteil etwas älter, teils rec
  einfach. Neben der Reception : die einfache Gaststube und das Restaurant Fische
  und Jägerstube.

✕✕ **Commerce**, Stadtplatz 20, ☎ 0323 924 545, commerce@kobru.c
Fax 0323 924 520, 🍴 – AE ⓜ VISA, 🚭 Rest
geschl. 23. Feb. - 2. März, 20. Juli - 3. Aug., Sonntag und Montag – **Menu** (Tisc
bestellung erforderlich) 15 - 45/95.

  • Über die Gartenwirtschaft gelangt man in die Gaststube, wo mittags Tagestell
  serviert werden. Dahinter das gediegene à la carte-Restaurant mit mündlich em
  fohlenem Menu.

✕✕ **Bahnhof**, Bahnhofstr. 5, ☎ 0323 924 888, Fax 0323 924 704, 🍴 – 🅿 AE (
ⓜ VISA
geschl. 2 Wochen im Frühling, 3 Wochen im Sept., Sonntag und Montag – **Menu** (n
Menu) (abends Tischbestellung erforderlich) 17 - 65 (mittags)/95.

  • Der heimelige Gastraum wird immer neu dekoriert. Hier schlägt der Chef Gerich
  und Menus vor, die in der Küche mit viel Liebe zubereitet werden. Wechselnde A
  stellungen.

AARBURG 4663 Aargau (AG) 216 ⑯ – 6 204 Ew. – Höhe 412.

Bern 65 – Aarau 18 – Basel 53 – Luzern 48 – Solothurn 34.

🏨 **Krone**, Bahnhofstr. 52, ☎ 0627 915 252, info@krone-aarberg.c
Fax 0627 913 105 – ⚡ Zim, 📺 📞 ⬅ 🅿 – 🔔 15/80. AE ⓘ ⓜ VISA
geschl. 3. - 15. Jan., 15. Juli - 6. Aug. – **Menu** (geschl. Montag) 16.50 - 36 (mittags)/
und à la carte 47/100 – **25 Zim** ⌂ 145/200 – ½ P Zuschl. 40.

  • Das Haus liegt gegenüber dem Bahnhof. Drei der Zimmer sind im Lo
  XV Stil elegant eingerichtet, die übrigen in einer gehobenen, rustikalen Schweiz
  Machart. Gediegen eingerichtet zeigt sich das Restaurant.

✕✕ **Bären**, Städtchen 16, ☎ 0627 916 840, Fax 0627 916 821, 🍴 – AE
ⓜ VISA
geschl. Samstagabend und Sonntag – **Menu** 16 - 59 und à la carte 35/84.

  • Der Eingang in das ortstypische Dorfgasthaus öffnet den Weg zur rustikalen Ga
  stube und zum Bistro. Dahinter liegt das gehobenere Stübli mit kleinem klassische
  Angebot.

L'ABBAYE Vaud 217 ② – voir à Joux (Vallée de).

ABTWIL 9030 Sankt Gallen (SG) 216 ㉑ - Höhe 658.

Bern 196 - Sankt Gallen 6 - Bregenz 45 - Frauenfeld 47 - Konstanz 36.

Säntispark, Wiesenbachstr. 5, ℘ 0713 131 111, hotel@saentispark.ch, Fax 0713 131 113, 🌳 - 🛗, ⇌ Zim, TV ☎ & 🚗 P - 🛁 15/80. AE ⓘ ⓜⓞ VISA. ✕ Rest

Gourmet : Menu 35 (mittags)/78 (abends) und à la carte 55/86 - *Parkrestaurant* : Menu 22 und à la carte 39/73 - **72 Zim** ⇌ 180/260.

◆ Das Hotel liegt neben dem grössten Freizeitpark der Schweiz. Der Eintritt ist im Arrangement inbegriffen. Identisch geschnittene, helle Zimmer bieten dem Gast viel Platz. Das Gourmet ist im Stil der 80er Jahre eingerichtet. Etwas einfacher : das Parkrestaurant.

ord : 3 km - ✉ 9030 Abtwil :

Panoramahotel Säntisblick ⚘, Grimm 27, ℘ 0713 132 525, mail@panorama-saentisblick.ch, Fax 0713 132 526, ≤ Säntis und Glarner Alpen, 🌳, 🌲 - TV video ☎ P. AE ⓘ ⓜⓞ VISA JCB

Menu (geschl. Montag) 24 - 48/78 und à la carte 43/96 - **14 Zim** ⇌ 150/250 - ½ P Zuschl. 45.

◆ Der Landgasthof liegt über dem Dorf in absolut ruhiger Umgebung und bietet einen herrlichen Blick über St. Gallen, den Säntis und die Glarner Alpen. Einfache Zimmer. Restauranträume in Biedermeier und rustikal, Wintergarten mit Panoramasicht.

ADELBODEN 3715 Bern (BE) 217 ⑯ - 3650 Ew. - Höhe 1356 - Wintersport : 1 350/2 300 m ✯4 ✯17 ✯.

Sehenswert : Engstligenfälle★★★ - Lage★★.

🛈 Adelboden Tourismus, Dorfstr. 23, ℘ 0336 738 080, info@adelboden.ch, Fax 0336 738 092.

Bern 70 - Interlaken 49 - Fribourg 104 - Gstaad 81.

Parkhotel Bellevue ⚘, ℘ 0336 738 000, info@parkhotel-bellevue.ch, Fax 0336 738 001, ≤ Berge, 🌳, Wellness-Center, 🛁, ⇌, ▨, ▨, 🌲, 🏌 - 🛗 ⇌ TV ☎ P. AE ⓜⓞ VISA. ✕ Rest

geschl. Mai - **Menu** 42/74 und à la carte 34/82 - **45 Zim** ⇌ 170/390, Vorsaison ⇌ 125/300, 5 Suiten - ½ P Zuschl. 30.

◆ Ein Hotel mit gepflegter Gartenanlage, ruhig am Wald gelegen. Herrliche Natur, geschmackvoll eingerichtete Zimmer und eine eindrucksvolle Wellnessabteilung erwarten Sie ! Das Restaurant ist im Stil eines klassischen Speisesaals gestaltet.

Ramada-Treff Hotel Regina, Dorfstr. 7, ℘ 0336 738 383, regina-adelboden@ramada-treff.ch, Fax 0336 738 380, ≤, 🌳, ⇌, 🌲 - 🛗, ⇌ Zim, TV ☎ 🚗 P. AE ⓘ ⓜⓞ VISA. ✕ Rest

16. Dez. - 21. April und 2. Juni - Mitte Okt. - **La Tosca** - italienische Küche - (nur Abendessen) Menu à la carte 53/82 - **91 Zim** ⇌ 180/390, Vorsaison ⇌ 105/260 - ½ P Zuschl. 30.

◆ Das Hotel wurde 1990 nach einem Brand renoviert und der obere Teil neu aufgebaut. Die mit dunklem Holz funktionell möblierten Zimmer variieren nur in Grösse und Lage. La Tosca gefällt mit südlichem Flair und ebensolcher Küche.

Sporthotel Adler, Dorfstr. 19, ℘ 0336 734 141, adler.adelboden@bluewin.ch, Fax 0336 734 239, ≤, 🌳, ⇌, - 🛗 TV ☎ & P. AE VISA. ✕ Rest

17. Nov. - 21. April und 5. Juni - 26. Okt. - **Menu** (geschl. Mittwoch von Mitte Nov. - Mitte Dez.) 17.50 - 45/68 und à la carte 35/84 - **43 Zim** ⇌ 125/280, Vorsaison ⇌ 93/200 - ½ P Zuschl. 38.

◆ Das schöne Chalethotel liegt im Ortszentrum. Seine Zimmereinrichtung ist modernrustikal, vollständig in Arvenholz gehalten und mit zeitgemässen Accessoires ausgestattet. Im traditionellen Stil zeigt sich das Restaurant.

Beau-Site, Dorfstr. 5, ℘ 0336 732 222, hotelbeausite@bluewin.ch, Fax 0336 733 333, ≤, 🌳, ⇌, - 🛗, ⇌ Zim, TV ☎ 🚗 P. AE ⓘ ⓜⓞ VISA

Mitte Dez. - Mitte April und Ende Mai - Mitte Okt. - **Menu** 21 - 52 und à la carte 45/84 - **38 Zim** ⇌ 120/330, Vorsaison ⇌ 100/220 - ½ P Zuschl. 25.

◆ Die Quartiere des am Dorfrand gelegenen Ferienhotels sind meist mit hellen Holzmöbeln funktionell ausgestattet und alle mit Balkon versehen. Besonders geräumig : die Südzimmer. An den Salon der Reception anschliessend : das unterteilte Restaurant.

ADELBODEN

Bristol ⊗, Obere Dorfstr. 6, ☎ 0336 731 481, bristol@bluewin.c
Fax 0336 731 650, ≤, 🍽, 🌿 – 🛗, ⇌ Zim, 📺 video 🅿 AE ⓜ VISA. ※ Rest
geschl. 28. April - 24. Mai und 20. Okt. - Dez. – **Menu** 15.50 - 43 und à la carte 51/7
– **31 Zim** ⊆ 140/270, Vorsaison ⊆ 100/220 – ½ P Zuschl. 35.

• In ruhiger Lage oberhalb der Kirche finden Reisende ein gepflegtes Domizil, desse
Zimmer freundlich im rustikalen Stil möbliert und zeitgemäss ausgestattet sin
Im Sommer ergänzt eine Terrasse zum Garten das neuzeitlich gestalte
Restaurant.

Bären, Dorfstr. 22, ☎ 0336 732 151, hotel@baeren-adelboden.c
Fax 0336 732 190, ≤, 🍽, ⇌ – 🛗 📺 🚗. AE ① ⓜ VISA JCB
20. Dez. - 6. April und 7. Juni - 16. Nov. – **Menu** (geschl. Donnerstag ausser Hoc
saison) 22 - 42/60 und à la carte 38/88 – **14 Zim** ⊆ 130/280, Vorsaison ⊆ 75/1(
– ½ P Zuschl. 38.

• 1569 wurde der Bären als erster Gasthof Adelbodens erbaut. Heute finden Bes
cher in den mit hellem Holz eingerichteten Zimmern ein sympathisches Heim auf Ze
Im Parterre befindet sich die rustikale Gaststube des Hauses.

Waldhaus-Huldi, Dorfstr. 77, ☎ 0336 731 531, info@waldhaushuldi.
Fax 0336 732 843, ≤ Berge, 🍽, 🌿 – 🛗 📺 🅿 AE ① ⓜ VISA. ※ Rest
21. Dez. - 6. April und 31. Mai - 11. Okt. – **Menu** (nur ½ Pens. für Hotelgäste) – **50 Zi**
⊆ 85/310, Vorsaison ⊆ 69/250 – ½ P Zuschl. 35.

• Die beiden Chalets mit schönem Bergblick liegen am Ende des Dorfes. I
Waldhaus sind die Zimmer mit massiven Eichenmöbeln, im Huldi mit Arve ebenfa
gemütlich eingerichtet. Mit dunklem Mobiliar wurde die Rôtisserie Le Tartare rustik
gestaltet.

Alpenblick, Dorfstr. 9, ☎ 0336 732 773, Fax 0336 732 598, ≤, 🍽 – 🅿 AE ⓒ
VISA. ※
geschl. 15. Juni - 15. Juli, 20. Nov. - 8. Dez., Dienstag in Zwischensaison und Mont.
– **Menu** 19 - 85 und à la carte 51/90.

• Schöner Parkettboden, moderne, stoffbezogene Polsterstühle und gut eing
deckte Tische prägen das Ambiente in diesem Restaurant. Imposant : die Aussic
auf die Umgebung.

ADLIGENSWIL 6043 Luzern (LU) 216 ⑱ – 4944 Ew. – Höhe 540.
Bern 117 – Luzern 6 – Aarau 53 – Schwyz 33 – Zug 30.

Rössli, Dorfstr. 1, ☎ 0413 701 030, info@roessli-adligenswil.ch, Fax 0413 706 81
🍽 – 🅿 AE ⓜ VISA
geschl. 13. - 26. Feb., 16. - 30. Juli, Mittwochabend und Donnerstag – **Menu** 16.5
38 (mittags)/68 und à la carte 42/89.

• Das schöne Dorfgasthaus liegt im Ortskern. Durch die rustikale Gaststube erreic
man das gehobene Restaurant im ländlichen Stil mit Cheminée und Somme
terrasse.

ADLISWIL 8134 Zürich (ZH) 216 ⑱ – 15 379 Ew. – Höhe 451.
Bern 130 – Zürich 9 – Aarau 52 – Luzern 51 – Rapperswil 32 – Schwyz 48.

Ibis M, Zürichstr. 105, 1 km Richtung Zürich, ☎ 017 118 585, hotelibis@bluewin.(
Fax 017 118 586, 🍽 – ⇌ Zim, 📧 Rest, 📺 ☏ ☆ 🅿 AE ① ⓜ VISA
Menu 16.50 und à la carte 26/65 – ⊆ 15 – **73 Zim** 119.

• Der moderne Flachbau ist etwas ausserhalb des Ortes an der Strasse Richtu
Zürich gelegen. Die Zimmer von einheitlicher Grösse sind mit hellem Ibis-Mobiliar e
gerichtet.

AESCH 4147 Basel-Landschaft (BL) 216 ④ – 9801 Ew. – Höhe 318.
Bern 102 – Basel 10 – Delémont 28 – Liestal 22.

Gasthof zur Mühle M, Hauptstr. 61, ☎ 0617 561 010, mail@muehle-aesch.(
Fax 0617 561 000, 🍽 – 🛗 📺 ☆ ⇌, ⚑ 15/80. AE ① ⓜ VISA
geschl. 24. - 31. Dez. – **Menu** 18.50 - 35 (mittags)/65 und à la carte 44/92 – **18 Z**
⊆ 120/220.

• Das moderne Hotel im Zentrum des Ortes bietet seinen Gästen praktisc
Zimmer, einheitlich mit hellem Holz eingerichtet. Auch für Tagungen stehen die pa
senden Räume bereit. Bistroähnlich gestaltetes Restaurant - mit Terrasse hinter
Haus.

AESCH

Landgasthof Klus, Klusstr. 178, West : 2 km, ☎ 0617 517 733, Fax 0617 517 734, 🍽 – 🅿, 🆎 VISA
geschl. Feb. 2 Wochen, Montag und Dienstag – **Menu** 25 - 62/89 und à la carte 63/106.
♦ Die schöne Lage des Hauses in der Äscher Klus, von Weinbergen umgeben, lädt nicht nur Wanderer zum Ausruhen in das elegante Restaurant oder in die Gaststube ein.

AESCHI BEI SPIEZ 3703 Bern (BE) 217 ⑦ – 1 918 Ew. – Höhe 859.
Bern 45 – *Interlaken* 23 – Brienz 42 – Spiez 5 – Thun 15.

Aeschi Park ⚜, Dorfstrasse, ☎ 0336 559 191, info@aeschipark.ch, Fax 0336 559 192, ≤ Thunersee und Berge, 🍽, ≦ – 🛗 📺 ❦ ⇐ 🅿 – 🔨 40. AE ① ✪ VISA. ✶ Rest
Menu 17 - 29 (mittags)/45 und à la carte 42/83 – **43 Zim** ⌷ 130/200, 6 Suiten – ½ P Zuschl. 35.
♦ Vom Hotel aus hat man eine wundervolle Aussicht auf den Thunersee und die Berge. Die Zimmer sind in hellem Massivholz möbliert und verfügen meist über einen Balkon. Gepflegtes Restaurant mit schönem Ausblick.

in Aeschiried Süd-Ost : 3 km – Höhe 1 000 – ✉ 3703 Aeschi bei Spiez :

Panorama, Scheidmatti, ☎ 0336 542 973, info@restaurantpanorama.ch, Fax 0336 542 940, ≤ Berge, 🍽 – 🅿 AE ① ✪ VISA
geschl. 31. März - 15. April, 23. Juni - 15. Juli, 27. Okt. - 6. Nov., Montag von März bis Juni sowie Sept. bis Jan. und Dienstag – **Gourmet :** **Menu** 18 und à la carte 43/72 – **Restaurant** - Pastaspezialitäten - **Menu** 57 und à la carte 50/97.
♦ Das Haus mit Sommerterrasse liegt auf einem Plateau und bietet schöne Bergsicht. Moderne Ausstattung kennzeichnet die Einrichtung des Gourmet-Restaurants. Im Restaurant werden unter anderem hausgemachte Pastagerichte zubereitet.

AESCHIRIED Bern 217 ⑦ – siehe Aeschi bei Spiez.

AGARN 3951 Wallis (VS) 217 ⑯ ⑰ – 804 Ew. – Höhe 650.
Bern 179 – *Brig* 27 – Aosta 125 – Montreux 95 – Sion 26.

Central, Dorfstrasse, ☎ 0274 731 495, info@central-wallis.ch, Fax 0274 734 494, 🍽 – 🛗 📺 🅿. ✶ Rest
Menu 18 - 25 und à la carte 33/94 – **15 Zim** ⌷ 95/150 – ½ P Zuschl. 25.
♦ Das Hotel mit den schönen Holzbalkonen findet man mitten im kleinen Dorf. Die Zimmer von unterschiedlicher Grösse sind einheitlich mit dunklem Eichenholzmobiliar eingerichtet. Im Parterre befindet sich die rustikale Gaststube, dahinter der kleine Speisesaal.

AGARONE 6597 Ticino (TI) 219 ⑧ – alt. 350.
Bern 257 – *Locarno* 14 – Bellinzona 11 – Lugano 39.

Grotto Romitaggio, ☎ 0918 591 577, marcopara@swissonline.ch, Fax 0918 591 600, 🍽 – AE ✪ VISA
chiuso lunedì (mezzogiorno solo in alta stagione) – **Pasto** (prenotare) 18 - 55 ed alla carta 44/72.
♦ Grotto ticinese dall'ambiente ospitale grazie ai tavoli in legno massiccio ed al crepitio del fuoco nel camino. Cucina tradizionale e, in estate, grigliate all'aperto.

AIGIEZ Vaud 217 ③ – rattaché à Orbe.

AGNO 6982 Ticino (TI) 219 ⑧ – 3 558 ab. – alt. 274.
Bern 284 – *Lugano* 6 – Bellinzona 29 – Locarno 41.

La Perla, via Pestarizo 2, ☎ 0916 111 010, info@hotellalaperla.ch, Fax 0916 111 020, 🍽, ✶ – 🛗, ↤ cam, 📺 🅿 – 🔨 15/180. AE ① ✪ VISA JCB. ✶
Pasto 40 (mezzogiorno) ed alla carta 55/90 – **96 cam** ⌷ 180/275 – ½ P sup. 50.
♦ Accanto all'aeroporto, albergo di tono commerciale e congressuale. Ampie camere luminose, di buon confort. Preferite quelle sul giardino. Ambiente intimo al ristorante, pur vocato all'attività banchettistica ; grande terrazza esterna. Carta tradizionale.

AIGLE 1860 Vaud (VD) 217 ⑭ – 7 532 h. – alt. 404.

Montreux, ℘ 0244 664 616, Fax 0244 666 047.
Bern 100 – Montreux 16 – Evian-les-Bains 37 – Lausanne 42 – Martigny 32 – Thono
les-Bains 47.

Nord, 2 r. Colomb, ℘ 0244 681 055, info@hoteldunord.ch, Fax 0244 681 056 –
TV. AE ① ⓜⓢ VISA
Repas (fermé dim. midi et jeudi) 16 - 35 et à la carte 31/84 – **19 ch** ⇌ 109/20
– ½ P suppl. 28.
• Le café, situé à l'entrée de l'hôtel, fait office de réception. Les chambres, spacieuse
et dotées de meubles en bois foncé, sont adaptées à une clientèle d'affaires. À l'heur
du repas, dégustez une cuisine traditionnelle soignée, dans sa salle à manger.

AIROLO 6780 Ticino (TI) 218 ⑪ – 1 726 ab. – alt. 1 142 – Sport invernali : 1 175/2 250
₅ 2 ≰ 4 ₰.

Dintorni : Strada★★ del passo della Novena Ovest – Strada★ del San Gottardo No
verso Andermatt e Sud-Est verso Giornico – Museo nazionale del San Gottardo★
Val Piora★ : Est 10 km.

ⓘ Leventina Turismo, ℘ 0918 691 533, info@leventinaturismo.c
Fax 0918 692 642.
Bern 188 – Andermatt 26 – Bellinzona 60 – Brig 73.

Motta M, via S. Gottardo, ℘ 0918 692 211, info@hotelmotta.c
Fax 0918 692 225, 😀 – 📞, ▤ rist, TV 🛎 ⚕ 📞 – 🅰 20. AE ① ⓜⓢ VISA
chiuso dal 27 aprile al 8 maggio e dal 19 ottobre al 6 novembre – **Pasto** 17 - 29 é
alla carta 44/87 – **28 cam** ⇌ 125/190 – ½ P sup. 26.
• Stabile completamente rifatto e integrato al centro commerciale "Motta". Stile t
il rustico e il moderno che si ripete nelle spaziose camere. Un ambiente conter
poraneo e sobrio caratterizza il ristorante. Terrazza esterna molto animata d'estat

Forni, via Stazione, ℘ 0918 691 270, info@forni.ch, Fax 0918 691 523, ≤ – 📞
📞 – 🅰 15/40. AE ① ⓜⓢ VISA JCB
chiuso dal 27 ottobre al 4 dicembre – **Pasto** (chiuso mercoledì da gennaio ad apri
20 - 30/78 ed alla carta 55/95 – **20 cam** ⇌ 90/180 – ½ P sup. 30.
• Ubicato nella parte bassa del paese, di fronte alla stazione, offre camere tut
diverse per dimensioni, arredate con mobili chiari e funzionali. Nella sala da pran
classica viene proposta una cucina a carattere regionale, rivisitata in chiave moder

ALBINEN Wallis 217 ⑯ – siehe Leukerbad.

ALDESAGO Ticino 219 ⑧ – vedere Lugano.

ALLSCHWIL 4123 Basel-Landschaft (BL) 216 ④ – 18 207 Ew. – Höhe 287.
Bern 106 – Basel 6 – Belfort 62 – Delémont 48 – Liestal 26 – Olten 52.

Rössli, Dorfplatz 1, ℘ 0614 811 155, hotel@roessli-allschwil.ch, Fax 0614 818 54
😀 – TV 📞 – 🅰 15/80. AE ⓜⓢ VISA
Menu 19 - 45 (mittags)/85 und à la carte 57/103 – **23 Zim** ⇌ 185/245.
• Das Haus steht im Zentrum eines Vorortes von Basel nicht weit von Wäldern u
Weihern. Es warten zweckmässige Zimmer mit funktionellem Holzmobiliar auf d
Gast. Hell eingerichtetes Restaurant mit Sommerterrasse zur Strasse.

Mühle, Mühlebachweg 41, ℘ 0614 813 370, muehle_allschwil@hotmail.co
Fax 0614 838 395, 😀 – AE ⓜⓢ VISA
geschl. 2. - 9. Feb. und 20. Juli - 3. Aug., Sonntag und Montag – **Menu** 22 - ½
(mittags)/98 und à la carte 59/114.
• Das Fachwerkhaus mit der historischen Hostienmühle a. d. 17. Jh. hat sich sei
urtümliche Gemütlichkeit bewahrt. Müllerstube und Buurestube verbreiten rustika
Atmosphäre.

ALPNACH 6055 Obwalden (OW) 217 ⑨ – 4 959 Ew. – Höhe 452.
Bern 97 – Luzern 14 – Altdorf 38 – Brienz 40.

Küchler, Brünigstr. 25, ℘ 0416 701 712, 😀 – 📞 ⓜⓢ VISA
geschl. 1. - 12. Jan., Sonntagabend und Montag – **Menu** 17 und à la carte 41/6
• An den kleinen, in Holz gehaltenen Gaststubenbereich schliesst der rustikale à la ca
te-Teil mit geschnitzten Stühlen und massiven Holztischen an. Walliser Spezialität

ALTDORF 6460 K Uri (UR) 218 ① – 8 623 Ew. – Höhe 447.

Sehenswert : *Telldenkmal und Museum.*

🛈 *Tourist Info Uri, Schützengasse 11,* ℘ *0418 720 450, mail@i-uri.ch, Fax 0418 720 451.*

🚉 *Bahnhofstr. 1,* ℘ *0418 704 741, Fax 0418 707 393.*

Bern 152 – Luzern *42 – Andermatt 34 – Chur 133 – Interlaken 92 – Zürich 74.*

Höfli, *Hellgasse 20,* ℘ *0418 750 275, info@hotel-hoefli.ch, Fax 0418 750 295,* 🍽 – |≡|, ⚞ Zim, TV ⚐ & P – ⚐ 15/50. ⚭ VISA

Menu *(geschl. 4. - 22. März, Dienstag und Mittwochabend)* 21 - 70 und à la carte 30/96 – **30 Zim** ⇌ 90/180 – ½ P Zuschl. 30.

◆ Das gut geführte Hotel bietet seinen Gästen Zimmer verschiedener Kategorien - von schlicht-rustikal im Haupthaus bis modern-komfortabel im neueren Gästehaus. Der gastronomische Bereich teilt sich in ein bürgerliches Restaurant und eine Pizzeria.

XX **Goldener Schlüssel** mit Zim, Schützengasse 9, ℘ 0418 712 002, hotel.schlues
sel.altdorf@bluewin.ch, Fax 0418 701 167 – |≡| TV P. AE ⚭ VISA JCB
geschl. 15. Dez. - 15. Jan. – **Menu** *(geschl. Sonntag und Montag)* 18.50 - 56/86 und à la carte 59/102 **21 Zim** ⇌ 120/210 – ½ P Zuschl. 30.

◆ Parkett, Holzmobiliar, Kachelofen und Bilder geben dem Restaurant im 1. Stock des a. d. 18. Jh. stammenden Hauses einen rustikal-eleganten Touch. Gepflegte, praktische Zimmer.

XX **Lehnhof,** Lehnplatz 18, ℘ 0418 701 229, info@lehnhof.ch, Fax 0418 711 810,
🍽 – AE ⓞ ⚭ VISA
geschl. 1. - 15. Jan., Sonntag und Montag – **Primero** (1. Etage) **Menu** 35 (mittags)/92
– **Bistro :** **Menu** 19.50 - 34 (mittags) und à la carte 45/93.

◆ Im ersten Stock des Lehnhofs befindet sich das helle, leicht elegant wirkende Primero - eine mit Büchern bestückte Schrankwand ziert den Raum. Im Bistro : blanke, mit Sets eingedeckte Tische und neuzeitliches Dekor.

ALTENDORF 8852 Schwyz (SZ) 216 ⑲ – 4 372 Ew. – Höhe 412.

Bern 164 – Zürich *39 – Glarus 35 – Rapperswil 7 – Schwyz 34.*

XX **Hecht** ⚓ mit Zim, Seestattstr. 23, ℘ 0554 510 100, info@seehotel-hecht.ch,
Fax 0554 510 101, ≤ Zürichsee, 🍽, ⚐ – TV ⚐ P. AE ⓞ ⚭ VISA. ⚞ Zim
geschl. Sonntag von Okt. bis März – **Menu** 32 - 98 (abends) und à la carte 58/126
– **8 Zim** ⇌ 130/190.

◆ Das Riegelhaus liegt direkt am See. Vom Flur aus gelangt man in das renovierte Restaurant mit Panoramafenstern, die einen schönen Blick über den Zürichsee gestatten.

X **Steinegg,** Steineggstr. 52, ℘ 0554 421 318, Fax 0554 421 318, 🍽 – P. ⚭ VISA
geschl. 30. Dez. - 8. Jan., 26. Mai - 11. Juni, 29. Sept. - 14. Okt., Montag und Dienstag
– **Menu** 36 - 54 (mittags)/96 und à la carte 63/125.

◆ Im ehemaligen Bauernhaus aus dem 18. Jh. speisen Sie in den mit Liebe eingerichteten Stuben mit ihren typischen, niedrigen Decken. Ländliches, modern ausgelegtes Angebot.

ALTNAU 8595 Thurgau (TG) 216 ⑩ – 1 810 Ew. – Höhe 409.

Bern 204 – Sankt Gallen *31 – Arbon 18 – Bregenz 49 – Frauenfeld 37 – Konstanz 12 – Winterthur 54.*

XXX **Urs Wilhelm's Rest.** mit Zim, im Schäfli (neben der Kirche), ℘ 0716 951 847,
❀ Fax 0716 953 105, 🍽 – P. AE ⓞ ⚭ VISA
geschl. 17. Jan. - 14. Feb., Dienstag und Mittwoch – **Menu** (abends Tischbestellung ratsam) 85 (mittags)/148 und à la carte 73/152 – **4 Zim** ⇌ 170/280.

◆ In dem gemütlichen, mit vielen Bildern dekorierten Lokal herrscht eine heimelige Atmosphäre. Raffiniert bereitet Ihnen der Chef feine, klassisch inspirierte Speisen zu.

Spez. Urs Wilhelm's besonderer Salat mit vielen Kräutern und Kalbsmilken (März - Nov.). Garnelenschwänze an rassiger Currysauce. Kalbshaxen Ragoût in kräftiger Sauce

ALT SANKT JOHANN 9656 Sankt Gallen (SG) 216 ㉑ – 1 473 Ew. – Höhe 894 – Wintersport : 900/1 730 m ⚐5 ⚞.

🛈 *Tourist-Info, Hauptstrasse 413,* ℘ *0719 991 888, altstjohann@toggenburg.org, Fax 0719 991 833.*

Bern 215 – Sankt Gallen *53 – Bregenz 57 – Chur 63 – Zürich 83.*

ALT SANKT JOHANN

Schweizerhof, Dorf, ℘ 0719 991 121, info@hotelschweizerhof.ch
Fax 0719 999 028, 😀, 🌳 – |❋| [P] – 🏛 40. ⓂⓈ VISA
19. Dez. - 21. April und 11. Mai - 26. Okt. – **Menu** 28 und à la carte 46/89 – **25 Zim**
🛏 80/160 – ½ P Zuschl. 25.

• Das Haus abseits der Durchgangsstrasse verfügt im Hauptgebäude über Zimmer mit einfachem Holzmobiliar. In der Dépendance sind die Räume etwas anspruchsvoller und geräumiger. Im vorderen Teil der Stube wird nicht eingedeckt, hinten lockt ein schönes Couvert.

Rössli, ℘ 0719 992 460, hotel@roessli-toggenburg.ch, Fax 0719 992 240, 😀
[P]. AE ⓞ ⓂⓈ VISA
geschl. 1. - 12. Dez., 23. Juni - 13. Juli und Mittwoch – **Menu** 22 und à la carte 46/8
– **16 Zim** 🛏 75/180, Vorsaison 🛏 65/150 – ½ P Zuschl. 30.

• Von aussen ist das Hotel mit Schindeln verkleidet. Im Inneren bietet man seine Gästen zum Teil mit Holz getäferte, saubere und mit Standardmobiliar eingerichtet Zimmer. Die Restauration ist in verschiedene Bereiche unterteilt, im Sommer m Gartenterrasse.

Hirschen, ℘ 0719 991 271, Fax 0719 993 834, 😀 – [P]. AE ⓞ ⓂⓈ VISA
geschl. 14. Mai - 4. Juni, 12. Nov. - 3. Dez., Montag und Dienstag in der Zwische saison – **Menu** 17.50 und à la carte 33/57 – **11 Zim** 🛏 65/150 – ½ P Zuschl 20.

• Fünf der Zimmer des familiär geführten Hauses im Zentrum des Toggenburge Ortes sind mit bemalten Bauernmöbeln nett und wohnlich eingerichtet, die übrige recht einfach. Der Gastraum ist mit viel Holz gestaltet, das Buurestübli hat ein schöne Holzdecke.

ALTSTÄTTEN 9450 Sankt Gallen (SG) 216 ㉑ ㉒ – 10 264 Ew. – Höhe 430.

🛈 Tourismusbüro, Bahnhof AB Stadt, ℘ 0717 500 028, sg-rheintal@bluewin.ch Fax 0717 500 024.
Bern 234 – Sankt Gallen 25 – Bregenz 26 – Feldkirch 20 – Konstanz 61.

Frauenhof, Marktgasse 56, ℘ 0717 551 637, frauenhof@bluewin.ch
Fax 0717 551 737, 😀 – |❋| AE ⓞ ⓂⓈ VISA
geschl. 25. Jan. - 3. Feb., Juli - Aug. 3 Wochen, Sonntag und Montag – **Menu** (1. Etag 45/95 und à la carte 51/98 – **Frauenhof-Stube** : Menu 17 - 21 und à la cart 38/69.

• In der ersten Etage des Steinhauses aus dem Jahre 1450 liegt das gedie gen holzvertäferte Restaurant. Die klassischen Speisen sind dem heutigen Tren angepasst. Die Frauenhof-Stube ist eine rustikale Alternative.

AMDEN 8873 Sankt Gallen (SG) 216 ⑳ – 1 538 Ew. – Höhe 908 – Wintersport : 908/1 630 ✠5 ⛷.

🛈 Tourismus Amden-Weesen, Dorfstr. 22, ℘ 0556 111 413, tourismus@amden.ch Fax 0556 111 706.
Bern 192 – Sankt Gallen 66 – Chur 69 – Feldkirch 70 – Luzern 93 – Zürich 67.

in Arfenbül Ost : 3 km – Höhe 1 259 – ✉ 8873 Amden :

Arvenbüel 😀, Arvenbüelstr. 47, ℘ 0556 116 010, info@arvenbuel.ch
Fax 0556 112 101, ≤, 😀, 🛋 – |❋| TV 📞 ⟺. AE ⓞ ⓂⓈ VISA. ✹ Zim
geschl. April, 17. Nov. - 20. Dez. und Montag – **Menu** 28 - 40 und à la carte 31/7
– **21 Zim** 🛏 95/220 – ½ P Zuschl. 38.

• Das Haus liegt idyllisch am Rand des Bergdorfes im Grünen. Die Zimmer sind m dunklem Eichenmobiliar bestückt und unterscheiden sich in Lage und Grösse. Mei mit Balkon. Das Ausflugsrestaurant bietet von seiner Terrasse einen schönen Bli auf die Berge.

Schreiben Sie uns...
Ihre Meinung, sei es Lob oder Kritik, ist stets willkommen.
Jeder Ihrer Hinweise wird durch unsere Inspektoren sorgfältigst
in den betroffen Hotels und Restaurants überprüft. Dank
Ihrer Mithilfe wird Der Rote Michelin-Führer
immer aktueller und vollständiger.
Vielen Dank im voraus !

ANDERMATT 6490 Uri (UR) 218 ① – 1338 Ew. – Höhe 1438 – Wintersport: 1 444/2 963 m ⛷2 ⛷7 ⛷.
Sehenswert: Lage★.
Ausflugsziel: Göscheneralpsee★★ Nord : 15 km – Schöllenen★★ Nord : 3 km.
🚗 Andermatt - Sedrun, Information ✆ (041) 887 12 20.
🛈 Verkehrsbüro, Gotthardstr.2, ✆ 0418 871 454, info@andermatt.ch, Fax 0418 870 185.
Bern 173 – Altdorf 24 – Bellinzona 84 – Chur 89 – Interlaken 91.

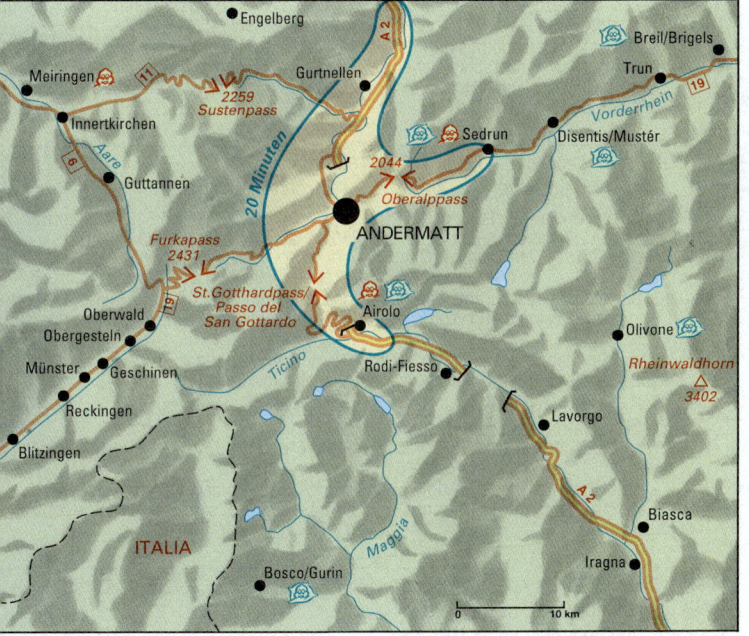

🏨 **3 Könige und Post**, Gotthardstr. 69, ✆ 0418 870 001, hotel@3koenige.ch, Fax 0418 871 666, 🍴, 🛌 – TV ✆ P AE ① MC VISA JCB, ※ Rest
20. Dez. - 21. April und 7. Juni - 19. Okt. – **Menu** 17.50 - 52 (abends) und à la carte 35/95 – **21 Zim** ⌂ 115/230, Vorsaison ⌂ 95/190 – ½ P Zuschl. 40.
 • Das Haus liegt mitten im Dorf an der historischen Reussbrücke, dem ehemaligen Knotenpunkt für Postkutschen bei Alpenüberquerungen. Zimmer mit rustikalem Mobiliar. Einfacher Gastraum und komfortable Stube.

🏨 **Monopol-Metropol**, Gotthardstr. 43, ✆ 0418 871 575, hotel-monopol@bluewin.ch, Fax 0418 871 923, 🍴, 🛌 – 📶 TV ✆ P AE ① MC VISA
21. Dez. - 30. März und 10. Mai - 12. Okt. – **Menu** 19.50 - 49 (abends) und à la carte 44/89 – **33 Zim** ⌂ 105/230, Vorsaison ⌂ 85/190, 4 Suiten – ½ P Zuschl. 40.
 • Gepflegtes Mobiliar prägt den Charakter der Zimmer dieses Hauses. Zum Teil wurden die Räume mit Sitzgruppen ausgestattet. Auch Maisonnette-Suiten stehen zur Verfügung. Die unterteilte Restauration für Hotelgäste und Passanten hat klassischen Charakter.

🏨 **Schlüssel** M, Gotthardstr. 30, ✆ 0418 887 088, hotelschluessel@hotmail.com, Fax 0418 887 089 – 📶 TV ✆ MC VISA ※
geschl. 1. Nov. - 1. Dez. – **Menu** (nur für Hotelgäste) – **24 Zim** ⌂ 65/190, Vorsaison ⌂ 55/150 – ½ P Zuschl. 25.
 • In zentraler Lage finden Reisende dieses solide, im alpenländischen Stil gebaute Domizil. Funktionelle, neuzeitlich ausgestattete Zimmer stehen hier zum Einzug bereit.

ANDERMATT

Zur Sonne, Gotthardstr. 76, ✆ 0418 871 226, sonne.andermatt@bluewin.ch
Fax 0418 870 626, 🍽, ⇔ – 📶 📺 🅿, 🅰🅴 ⓘ ⓜⓔ VISA
21. Dez. - 19. April und 2. Juni - 30. Nov. – **Menu** 17.50 - 37 (abends) und à la carte
36/66 – **20 Zim** ☐ 95/170 – ½ P Zuschl. 33.

♦ Das alte Holzhaus mit schöner Fassade liegt an der Durchgangsstrasse im Ortskern.
Die Zimmer von ordentlicher Grösse sind mit Naturholz rustikal und wohnlich ausgestattet. Zwei ländlich gestaltete Stuben erwarten die hungrigen Gäste.

Kronen, Gotthardstr. 64, ✆ 0418 870 088, info@kronenhotel.ch
Fax 0418 871 838, 🍽, ⇔ – 📶 📺 🅿 – 🏔 35. 🅰🅴 ⓘ ⓜⓔ VISA
geschl. 20. April - 10. Mai und 20. Okt. - 15. Nov. – **Tre Passi : Menu** 17.50 - 59 und
à la carte 34/79 – **43 Zim** ☐ 95/220 – ½ P Zuschl. 35.

♦ Hinter der Fassade mit den Holzfensterläden stehen praktisch ausgestattete Gästezimmer mit unterschiedlichem Mobilar zum Einzug bereit - eine saubere und
gepflegte Unterkunft. Holz, warme Farben und mit Sets eingedeckte Tische prägen
den Stil des Tre Passi.

ANIÈRES 1247 Genève (GE) 217 ⑪ ⑫ – 1854 h. – alt. 410.

Bern 168 – Genève 12 – Annecy 55 – Thonon-les-Bains 25.

Auberge de Floris (Legras), 287 rte d'Hermance, ✆ 0227 512 020, contact@
uberge-de-floris.com, Fax 0227 512 250, ≤ lac, 🍽 – 📶 🅿, 🅰🅴 ⓘ ⓜⓔ VISA
fermé 23 déc. au 6 janv., 20 au 28 avril, 26 oct. au 3 nov., dim. et lundi – **Repas**
58 (midi)/125 et à la carte 98/153 – **Repas** (voir aussi **Le Bistrot** ci-après).

♦ Cet élégant restaurant, garni de sièges de style Louis XVI, vous invite à savourer
une cuisine variant au rythme des saisons, en jouissant d'une très belle vue sur le
lac.
Spéc. Bouillabaisse à la façon du chef (janv. à mai). Nougat de foie gras de canard
aux mendiants (oct. à fév.). Royal au chocolat grand cru

Le Bistrot - **Auberge de Floris**, 287 rte d'Hermance, ✆ 0227 512 020, contact
@ auberge-de-floris.com, Fax 0227 512 250, 🍽 – 📶 🅿, 🅰🅴 ⓘ ⓜⓔ VISA
fermé 23 déc. au 6 janv., 20 au 28 avril, 26 oct. au 3 nov., dim. et lundi – **Repas**
(prévenir) 18 - 37 et à la carte 54/85.

♦ Le bistrot de l'auberge de Floris propose une belle carte à prix attractifs où les
plats changent avec les saisons. Parfois, d'intéressantes semaines à thème sont organisées.

APPENZELL 9050 K Appenzell Innerrhoden (AI) 216 ㉑ – 5535 Ew. – Höhe 789.

Sehenswert : Hauptgasse★.

Ausflugsziel : Hoher Kasten★★ : Panorama★★ Süd-Ost : 7 km und Luftseilbahn
Ebenalp★★ : Seealpsee★★ Süd : 7 km und Luftseilbahn.

🏌 in Gonten, ✉ 9108 (April - Okt.) ✆ 0717 954 060, Fax 0717 954 061, West
4 km.

Lokale Veranstaltung
27.04 : Landsgemeinde.

🛈 Appenzellerland Tourismus, Hauptgasse 4, ✆ 0717 889 641, info@appenzell.ch
Fax 0717 889 650.

Bern 218 – Sankt Gallen 20 – Bregenz 41 – Feldkirch 35 – Konstanz 57.

Säntis, Landsgemeindeplatz, ✆ 0717 881 111, romantikhotelsaentis@bluewin.ch
Fax 0717 881 110, 🍽, ⇔ – 📶, ✳ Zim, 📺 ♿ – 🏔 15/25. 🅰🅴 ⓘ ⓜⓔ VISA ⌧
geschl. Mitte Jan. - Mitte Feb. – **Menu** (1. Etage) 26 - 62/100 und à la carte 50/100
– **37 Zim** ☐ 110/300 – ½ P Zuschl. 35.

♦ Am Landsgemeindeplatz fällt das Hotel mit seiner schön bemalten Appenzeller Holzfassade auf. Geboten werden : moderne Junior Suiten, Romantik- oder Standardzimmer. Das Restaurant ist im regionaltypischen Stil eingerichtet worden.

Appenzell, Hauptgasse 37, am Landsgemeindeplatz, ✆ 0717 881 515, info@hotel-appenzell.ch, Fax 0717 881 551, 🍽 – 📶, ✳ Zim, 📺 🅿, 🅰🅴 ⓘ ⓜⓔ VISA
geschl. 7. - 28. Nov. – **Menu** (geschl. Dienstagmittag) 23 und à la carte 33/68 – **16 Zim**
☐ 130/220 – ½ P Zuschl. 35.

♦ Das Hotel im Appenzeller Stil steht am zentralen Dorfplatz. Die Zimmer sind geräumig, mit rustikalem Massivholz eingerichtet und haben meist eine Sitzecke mit Bistrotisch. Im Restaurant spürt man gediegenes Kaffeehausflair.

APPENZELL

🏨 **Adler** garni, Adlerplatz, ☎ 0717 871 389, info@adlerhotel.ch, Fax 0717 871 365 – |≡|, ⇔ Zim, TV 📞 P AE ① ⓜ VISA
geschl. 3. Feb. - 10. März – **21 Zim** ⊋ 105/190.
 ♦ Das Haus mit eigener Bäckerei/Konfiserie hat Zimmer, die mit dunklem Massivholz eingerichtet sind. Die Appenzeller Stuben strahlen den ortstypischen Charme aus.

✕ **Rössli**, Postplatz, ☎ 0717 871 256, Fax 0717 871 256, 🍽 – AE ① ⓜ VISA
geschl. Mitte Jan. - Mitte Feb., Montag und Dienstag – **Menu** 19 - 39 (mittags)/86 und à la carte 46/93.
 ♦ Die "Beiz", wo das ortsansässige Urgestein neben dem Touristen "jasst" (Karten spielt) !. Hinter der Gaststube schliesst der à la carte Teil mit kleinem regionalem Angebot an.

Schlatt b. Appenzell Nord : 5 km – Höhe 921 – ⊠ 9050 Appenzell :

✕ **Bären** mit Zim, ☎ 0717 871 413, w.rechsteiner@baeren-schlatt.ch, Fax 0717 874 933, ≤ Alpsteinmassiv, 🍽 – TV 📞 P ① ⓜ VISA ⇔ Zim
geschl. 2. - 15. Jan., 7. - 24. Juli, Dienstag und Mittwoch – **Menu** 52 und à la carte 43/72 – **4 Zim** ⊋ 90/160 – ½ P Zuschl. 20.
 ♦ Der Landgasthof liegt am Dorfrand in der Hügellandschaft. Von der Terrasse aus hat man einen Blick auf das Alpsteinmassiv. In zwei Stuben offeriert man ein typisches Angebot.

Weissbad Süd-Ost : 4 km – Höhe 820 – ⊠ 9057 Weissbad :

🏨 **Hof Weissbad** M 🌿, ☎ 0717 988 080, hotel@hofweissbad.ch, Fax 0717 988 090, 🍽, Wellness-Center, ⓕ, ⇔s, ⌇, ⍰, ✻, ✗ – |≡|, ⇔ Zim, TV 📞 ⊚ P – ⌂ 25. AE ① ⓜ VISA ⇔ Rest
Schotte-Sepp Stube (Tischbestellung ratsam) **Menu** 30 - 50 und à la carte 52/90 – **86 Zim** ⊋ 210/380 – ½ P Zuschl. 40.
 ♦ Das Gesundheitshotel ruht am Fusse des Alpsteingebirges in einem idyllischen Dorf. Mit farbigem Mobiliar eingerichtete Zimmer unterstreichen den Charakter des modernen Hauses. Zum Speisen steht die rustikal-elegante Schotte-Sepp-Stube bereit.

Süd-West : 4 km – ⊠ 9050 Appenzell :

🏨 **Kaubad** 🌿, ☎ 0717 874 844, info@kaubad.ch, Fax 0717 871 553, ≤, 🍽, ⇔s, ⍰, ✻ – P – ⌂ 20. AE ① ⓜ VISA ⇔ Rest
geschl. 2. - 28. Dez. 2002, 30. Nov. - 28. Dez. 2003, Montag ausser Hochsaison und auch Dienstag im Jan., Feb. und Nov. – **Menu** 25 - 36 und à la carte 32/69 – **17 Zim** ⊋ 85/150 – ½ P Zuschl. 35.
 ♦ Abseits von Verkehr und Lärm stösst man inmitten von Wiesen auf das Hotel mit schönem Ausblick. Ruhige Zimmer mit dunklem Mobiliar und Sitzecke helfen den Alltag zu vergessen. Das Hotelrestaurant besticht mit schöner Aussicht. Terrasse.

APPLES 1143 Vaud (VD) 217 ② – 1 131 h. – alt. 642.
Bern 128 – Lausanne 24 – Genève 50 – Pontarlier 64 – Yverdon-les-Bains 48.

✕✕✕ **Auberge de la Couronne** M avec ch, ☎ 0218 003 167, Fax 0218 005 328, 🍽 – TV P AE ⓜ VISA
fermé 22 déc. au 7 janv., 27 juil. au 19 août, dim. et lundi – **Repas** 45 (midi)/160 et à la carte 121/157 – **Café** : **Repas** 18 - 40/65 et à la carte 49/80 – **5 ch** ⊋ 100/200.
 ♦ Le patron a transformé la maison communale en plaisante auberge. Salles contemporaines en harmonie avec la délicieuse cuisine ; chambres de même esprit. Le Café, situé dans la partie ancienne de l'auberge, prépare des spécialités suisses à prix raisonnables.

ARAN 1603 Vaud (VD) 217 ⑬ – alt. 468.
Bern 98 – Lausanne 5 – Montreux 18 – Yverdon-les-Bains 42.

✕✕ **Le Guillaume Tell** (Velen), 5 rte de la Petite Corniche, ☎ 0217 991 184, guillaume.tell@bluewin.ch, Fax 0217 993 498, 🍽 – ▤. AE ⓜ VISA
fermé 1er au 15 janv., 18 au 21 avril, 27 juil. au 17 août, Noël, dim. et lundi – **Repas** (prévenir) 34 - 52 (midi)/115 et à la carte 78/115.
 ♦ Pimpante maison rose, dans un petit village du vignoble de la Côte, où le chef concocte des plats "tendance" que vous goûterez dans une salle à manger simple et coquette.
Spéc. Carpaccio de veau au céleri vert et huile d'Argan. Foie de canard chaud en croustade de sésame et vinaigre balsamique. Pigeon en salmis aux lentilles vertes du Puy et jus réduit

ARBON 9320 Thurgau (TG) 216 ⑩ – 13 144 Ew. – Höhe 399.

🛈 Verkehrsverein, Schmiedgasse 6, ℰ 0714 401 380, infoarbon@bluewin.c
Fax 0714 401 381.
Bern 212 – Sankt Gallen 14 – Bregenz 32 – Frauenfeld 45 – Konstanz 27.

🏨 **Metropol**, Bahnhofstr. 49, ℰ 0714 478 282, hotel@metropol-arbon.c
Fax 0714 478 280, ≤ Bodensee, 🍴, 🛁, ≦s, 🌊, 🌿, 🛗 – 📶, ⚞ Zim, 📺 ✆ 🅿
🔥 15/60. 🆎 ⓞ ⓜⓒ 🆅🅸🆂🅰
geschl. 23. Dez. - 6. Jan. – **Gourmet** : Menu 32 und à la carte 50/97 – **Bistro** : Mer
23 und à la carte 34/75 – **42 Zim** 🛏 160/260 – ½ P Zuschl. 35.

◆ Das Haus liegt in der Arboner Bucht direkt am Ufer. Die mit dunklen Möbeln fur
tionell eingerichteten Zimmer auf der Seeseite bieten eine sehr schöne Aussich
Restaurant mit edlem Ambiente und schönem Blick zum See.

🏨 **Seegarten** ⚘, Seestr. 66, ℰ 0714 475 757, info@hotelseegarten.c
Fax 0714 475 758, 🍴, ≦s, 🌿, – 📶 📺 ✆ 🚗 🅿 – 🔥 15/60. 🆎 ⓞ
ⓜⓒ 🆅🅸🆂🅰
geschl. 21. Dez. - 5. Jan. – **Menu** 17.50 und à la carte 44/88 – **42 Zim** 🛏 140/19
– ½ P Zuschl. 35.

◆ Das Haus liegt ruhig, etwas ausserhalb des Ortes, umgeben von Wiesen und Bä
men. Die zweckmässigen Zimmer sind einheitlich mit braunem Standardholzmobili
eingerichtet. Das Restaurant zeigt sich freundlich und modern.

🍽🍽 **Frohsinn** (Surbeck) mit Zim, Romanshornerstr. 15, ℰ 0714 478 484, frohsinn@
❀ ele-net.ch, Fax 0714 464 142, 🍴 – 📺 🅿 🆎 ⓞ ⓜⓒ 🆅🅸🆂🅰
geschl. (ausser Hotel und Braukeller) 24. - 28. Dez., 21. Jan. - 1. Feb., 15. Juli - 9. Au
Sonntag und Montag – **Rest. Martin Surbeck** (nur Menu) **Menu** 61/130 – **Bistro
Menu** 28 und à la carte 53/90 – **Braukeller** : Menu 14.50 und à la carte 42/84
13 Zim 🛏 115/175.

◆ In gemütlichem Rahmen mit Komfort können Sie erlesene Lustbarkeiten, die in ein
kreativen Cuisine du marché geradezu komponiert werden, mit einem guten Tropfe
geniessen. Eine legere Alternative : das Bistro.
Spez. Tomaten-Muschelsuppe mit Vanilleöl und Meerwasserschaum (Herbst). Im C
venöl pochierte Scampi mit frischen Mandeln und jungen Zwiebeln (Sommer). A
Stück gebratene Milchlammschulter mit sauren Weinbeeren (Frühling)

🍽🍽 **Römerhof** 🅼 mit Zim, Freiheitsgasse 3, ℰ 0714 473 030, info@gasthausroe
erhof.ch, Fax 0714 473 031, 🍴 – 📺 ✆ 🅿 🆎 ⓞ ⓜⓒ 🆅🅸🆂🅰 ❀
geschl. 26. Jan. - 3. Feb. und 20. Juli - 4. Aug. – **Menu** (geschl. Sonntagabe
und Montag) 35 - 69/98 und à la carte 61/105 – **10 Zim** 🛏 120/180 – ½ P Zusch
35.

◆ Das restaurierte Riegelhaus aus dem 16. Jh. mit moderner Einrichtung war früh
Teil der Stadtmauer. Nun finden Sie die Terrasse dort. Moderne Speisen in nette
Ambiente.

ARDON 1957 Valais (VS) 217 ⑮ – 2 315 h. – alt. 488.
Bern 160 – Martigny 21 – Montreux 59 – Sion 9.

🏠 **Relais du Petit Bourg**, 31 route du Simplon, ℰ 0273 068 600, ch_roch@b
❀ ewin.ch, Fax 0273 068 601, 🍴 – 📶 📺 🅿 – 🔥 15/60. 🆎 ⓞ ⓜⓒ 🆅🆂
❀ rest
Repas (fermé dim. soir et lundi) 17 - 58/90 et à la carte 68/94 – **32 ch** 🛏 70/14
– ½ P suppl. 18.

◆ Cet hôtel, posté sur la traversée du bourg, abrite des chambres modernes, d
salles de conférence et une grande salle des fêtes aménagée dans l'ancien ciné
local. Les repas au restaurant du Relais sont synonymes de bonne chaire à prix mod
rés.

🍽 **Coq en Pâte**, 291 rte Cantonale, ✉ 1963 Vetroz, ℰ 0273 462 23
❀ Fax 0273 462 122, 🍴 – 🅿 ⓜⓒ 🆅🅸🆂🅰
fermé 15 janv. au 4 fév., dim., lundi et fériés – **Repas** 15 - 55 et à la car
42/78.

◆ Par un accueil convivial, vous vous sentirez un peu comme un "coq en pâte" dar
ce restaurant bâti aux portes d'Ardon. La lecture de la carte vous mettra l'eau à
bouche !

ARFENBÜHL Sankt Gallen 216 ⑳ – siehe Amden.

ARLESHEIM 4144 Basel-Landschaft (BL) 216 ④ – 8 605 Ew. – Höhe 330.

Sehenswert : Stiftskirche★.

Bern 103 – Basel 7 – Baden 68 – Liestal 23 – Olten 49 – Solothurn 72.

Zum Ochsen M, Ermitagestr. 16, ℘ 0617 065 200, gasthof@ochsen.ch, Fax 0617 065 254 – 🛏, ⇔ Zim, 📺 ⇐ ⇒ – 🔑 15/40. 🖭 ⓞ ⓜⓢ 𝕍𝕀𝕊𝔸
Menu (geschl. 13. Juli - 3. Aug.) 25 - 54 (mittags)/98 und à la carte 56/116 – **35 Zim** ⇄ 144/255 – ½ P Zuschl. 45.

♦ Das moderne Gasthaus liegt an einem ruhigen Platz im Zentrum des Dorfes. Die Zimmer unterschiedlicher Grösse sind alle mit hellen, massiven Einbaumöbeln ausgestattet. Das Restaurant wirkt rustikal mit heimischem Ulmentäfer und Holzdecke.

ARNEGG 9212 Sankt-Gallen (SG) 216 ㉑ – Höhe 621.

Bern 196 – Sankt Gallen 16 – Bregenz 54 – Frauenfeld 37 – Konstanz 30.

Ilge mit Zim, Bischofszellerstr. 336, ℘ 0713 885 900, ilge-arnegg@access.ch, Fax 0713 885 951, 🍽 – 🛏 📺 🅿 🖭 ⓞ ⓜⓢ 𝕍𝕀𝕊𝔸 ⇔ Zim
Menu 19 - 98 und à la carte 50/112 – **14 Zim** ⇄ 95/160.

♦ Ein kleiner Glockenturm schmückt das traditionsreiche Hotel, das Ihnen mit zeitgemäss ausgestatteten Zimmern einen sorglosen Aufenthalt garantiert. Der Romantik-Lindengarten ergänzt bei schönem Wetter die Gastronomie des Hauses.

AROLLA 1986 Valais (VS) 219 ③ – alt. 2 003 – Sports d'hiver : 1 980/2 900 m ⭐6 ⭑.

🅱 Office du Tourisme, ℘ 0272 831 083, info@arolla.com, Fax 0272 832 270.

Bern 192 – Sion 39 – Brig 90 – Martigny 69 – Montreux 108.

du Pigne, ℘ 0272 831 165, hotel.pigne@bluewin.ch, Fax 0272 831 464, ≤, 🍽 – 📺 ⇐ 🅿 🖭 ⓞ ⓜⓢ 𝕍𝕀𝕊𝔸
fermé 6 nov. au 13 déc. et merc. hors sais. – **Repas** 16 - 29/49 (soir) et à la carte 30/76 – **9 ch** ⇄ 93/180 – ½ P suppl. 33.

♦ Chalet jouxtant une petite galerie marchande, au cœur d'un village fréquenté par les amateurs d'air pur. Chambres calmes, lambrissées, de style alpin ou actuel. Grand restaurant qui s'ouvre sur un coin carnotset. Cuisine traditionnelle et plats valaisans.

AROSA 7050 Graubünden (GR) 218 ⑤ – 2 342 Ew. – Höhe 1 739 – Wintersport : 1 800/2 653 m ⭐3 ⭐13 ⭑.

Sehenswert : Lage★★★ – Weisshorn★★ mit Seilbahn.

Ausflugsziel : Strasse von Arosa nach Chur★ über ① - Strasse durch das Schanfigg★ über ①.

🎿 (Juni - Mitte Okt.) ℘ 0813 774 242, Fax 0813 774 677.

Lokale Veranstaltungen
12.04 - 13.04 : Höchster Guggentreff Europas
05.12 - 14.12 : Aroser Humor-Festival.

🅱 Arosa Tourismus, Poststrasse, ℘ 0813 787 020, arosa@arosa.ch, Fax 0813 787 021.

Bern 278 ① – Chur 31 ① – Davos 102 ① – St. Moritz 119 ①

Stadtplan siehe nächste Seite

Tschuggen Grand Hotel M ⭐, Sonnenbergstrasse, ℘ 0813 789 999, tschuggen@arosa.ch, Fax 0813 789 990, ≤ Arosa und Berge, 🍽, Wellness-Center, 🎽,
≘s, 🟦, – 🛏, ⇔ Zim, 📺 ⇐ 🏋 🅿 ⇒ – 🔑 25. 🖭 ⓞ ⓜⓢ 𝕍𝕀𝕊𝔸
⇔ Rest AZ a
7. Dez. - 30. März – **La Vetta** - italienische Küche - (nur Abendessen) **Menu** à la carte 73/124 – **La Provence** (nur Mittagessen) **Menu** 18 et à la carte 39/92 – **Bündnerstube** (nur Abendessen) **Menu** à la carte 45/111 – **130 Zim** ⇄ 365/700, Vorsaison ⇄ 315/620, 3 Suiten – ½ P Zuschl. 35.

♦ Ein moderner Bau in schöner, ruhiger Lage mit Blick auf Arosa und die Berge bietet sich mit neuzeitlichen Zimmern und Suiten mit gekalktem Eichenmobiliar zur Erholung an. Im gediegenen La Vetta sowie auf der Terrasse serviert man italienische Gerichte.

AROSA

Arosa Kulm, ☎ 0813 788 888, info@arosakulm.ch, Fax 0813 788 889, ≤ Berg, ♨, Wellness-Center, 🛁, ≦s, 🔲, 🏊, ✕ – 📶 📺 ✆ 🚳 🅿 – 🅶 15/60. 🆎 🛇 🆐 VISA. ⌘ Rest — AZ
Anfang Dez. - 20. April und 21. Juni - 14. Sept. – **Ahaan Thaû** - thailändische Küche (geöffnet Anfang Dez. - Ende März ; geschl. Sonntag und mittags) Menu à la cart 54/102 – **Taverne** (nur Abendessen) Menu 35 und à la carte 46/106 – **Muntanel** (nur Mittagessen) Menu 19.50 und à la carte 33/87 – **123 Zim** ⚏ 260/600, Vorsaisc ⚏ 140/350, 14 Suiten – ½ P Zuschl. 20.

◆ Am Ende der Skipisten befindet sich das Kulm Hotel, das einen schönen Blick auf die Berge bietet. Die neueren Zimmer im Ostbau sind mit hellem Einbaumobiliar ausgestattet. Authentisch dekoriert zeigt sich das Ahaan Thai. Rustikal : die Taverne.

Waldhotel National ⚘, ☎ 0813 785 555, info@waldhotel.c Fax 0813 785 599, ≤ Arosa und Berge, Wellness-Center, ≦s, 🔲, 🏊 – 📶, 🛇 Zim 📺 ✆ 🅿 – 🅶 15/100. 🆎 🛇 🆐 VISA. ⌘ Rest — BY
7. Dez. - 20. April und 15. Juni - 20. Sept. – **Menu** (siehe auch **Kachelofa-Stübli**) **Fondue Hütte** - Fondue und Käsespezialitäten - (geschl. im Sommer und Freita; (nur Abendessen) Menu à la carte zirka 47 – **94 Zim** ⚏ 240/470, Vorsaisc ⚏ 220/410 – ½ P Zuschl. 25.

◆ Das Haus liegt oberhalb des Ortes mit schönem Blick über die Bergwelt. Die Zimme mit Balkon haben eine wohnliche Atmosphäre und sind mit Arvenmobiliar eingericht tet. Schweizer Käsespezialitäten probieren Sie in den Fondue-Hütte.

Excelsior ⚘, ☎ 0813 771 661, info@hotel-excelsior.ch, Fax 0813 771 66 ≤ Berge und Arosa, ≦s, 🔲 – 📶 📺 ✆ 🅿. 🆎 🛇 🆐 VISA. ⌘ Rest — BZ
6. Dez. - 21. April – **Menu** 48 und à la carte 54/97 – **75 Zim** ⚏ 155/520, Vorsaisc ⚏ 130/330 – ½ P Zuschl. 30.

◆ Das ruhig gelegene Haus bietet eine schöne Aussicht in die Umgebung. Ein Teil de Zimmer ist renoviert und mit modernem Mobiliar bestückt, der andere älter mit dunklen Möbeln. Im Speisesaal mit Panoramafenstern erklingt zum Diner zweimal wöchentlich das Piano.

Blatter's Bellavista ⚘, Untere Waldpromenade, ☎ 0813 786 666, info@bl terbellavista.ch, Fax 0813 786 600, ≤ Berge, ≦s, 🔲 – 📶 📺 🚗 🅿 – 🅶 25. 🆎 🛇 🆐 VISA. ⌘ Rest — BZ
13. Dez. - 14. April – **Menu** (nur Abendessen) à la carte 51/88 – **80 Zim** ⚏ 260/40 Vorsaison ⚏ 175/310 – ½ P Zuschl. 30.

◆ Am oberen Ortsrand finden Sie das Hotel in ruhiger Lage. Der grösste Teil de Zimmer ist mit gediegenem Eichenholzmobiliar wohnlich ausgestattet. Speisesaal ur Stube mit schönem Arventäfer und geschnitzter Decke.

Hof Maran ⚘, in Maran, Nord : 2 km, ☎ 0813 785 151, hofmaran@arosa.c Fax 0813 785 100, ≤ Berge, ♨, 🛁, ≦s, 🏊, ✕ – 📶 📺 ✆ 🚳 – 🅶 30. 🆎 🆐 VISA. ⌘ Rest — BY
14. Dez. - 6. April und 14. Juni - 13. Sept. – **Menu** 26 - 88 (abends) und à la carte 51/11 – **57 Zim** ⚏ 110/370, Vorsaison ⚏ 75/250 – ½ P Zuschl. 30.

◆ In erhöhter Lage am Golfplatz bietet das Haus absolute Erholung. Die mehr oder weniger rustikalen Zimmer unterscheiden sich hauptsächlich in Grösse ur Zuschnitt. Essen Sie gemütlich im Fonduestübli, in der Stüva oder auf der rustikale Veranda.

Arve Central, Hubelstrasse, ☎ 0813 785 252, info@arve-central.c 🚗 Fax 0813 785 250, ≤, ♨, ≦s – 📶 📺 ✆ 🚗 – 🅶 30. 🆎 🛇 🆐 VISA — BZ
geschl. 22. April - 23. Mai – **Menu** (geschl. Montag - Dienstag im Nov.) 18.50 - 96 ur à la carte 46/110 – **47 Zim** ⚏ 154/308, Vorsaison ⚏ 93/184 – ½ P Zuschl. 31.

◆ Dieses Haus bietet Zimmer, die in ortstypischer Manier in Arve wohnlich eingerichte sind und teilweise über einen Balkon verfügen. Die Lage unterhalb der Promenad ist günstig. In gemütliche Nischen ist das Arvenstübli unterteilt.

Cristallo, Poststrasse, ☎ 0813 786 868, cristalloarosa@swissonline.c 🚗 Fax 0813 786 869, ≤ Untersee und Berge, ≦s – 📶 📺 ✆. 🆎 🛇 🆐 VISA — BZ
30. Nov. - 20. April und 26. Juni - 20. Sept. – **Le Bistrot** : Menu 16.50 - 66/88 ur à la carte 51/106 – **36 Zim** ⚏ 175/410, Vorsaison ⚏ 115/250 – ½ P Zuschl. 40.

◆ Das Hotel ist unweit des Untersees gelegen und offeriert Ihnen Zimmer, d mit unterschiedlichem Mobiliar nett eingerichtet sind. Hübsch : die Südzimme mit Balkon. Das gemütliche Restaurant ist mit getrockneten Blumensträusse dekoriert.

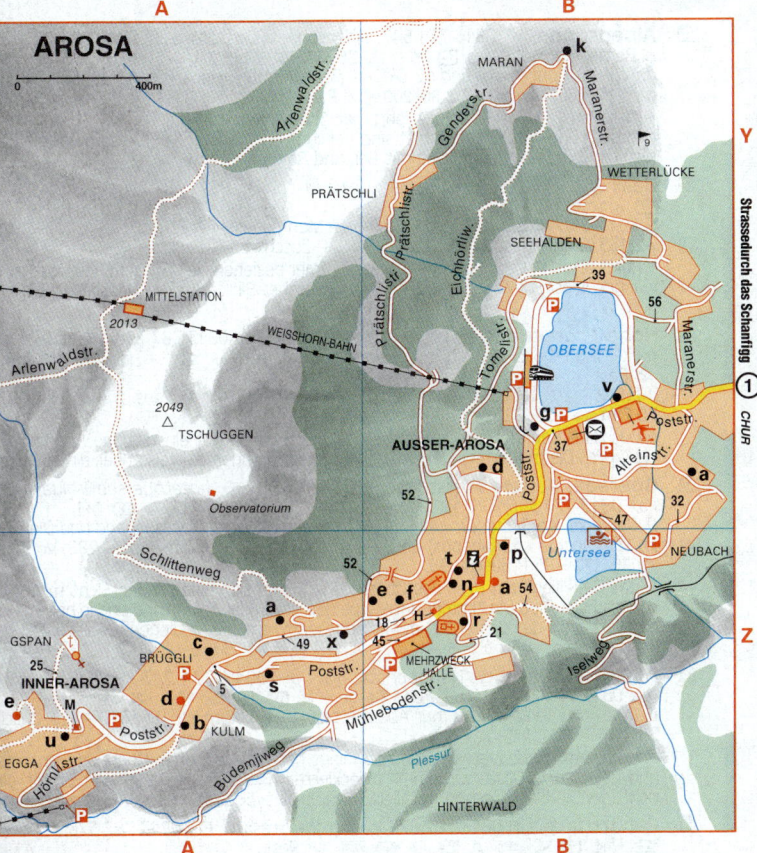

A			
rüggli Platz	**AZ** 5	Neubachstrasse	**BYZ** 32
ohe		Oberseeplatz	**BY** 37
Promenade	**BZ** 18	Oberseepromenade	**BY** 39
ubelstrasse	**BZ** 21	Schulhausstrasse	**BZ** 45
rchweg	**AZ** 25	Seewaldstrasse	**BZ** 47
B			
Sonnenbergstrasse	**ABZ** 49		
Untere Waldpromenade	**BYZ** 52		
Unterseestrasse	**BYZ** 54		
Waldstrasse	**BY** 56		

🏨 **Posthotel**, Oberseepromenade, ✆ 0813 785 000, mail@posthotel-arosa.ch, Fax 0813 774 043, ≤ Obersee und Berge, 🍴, 🛁 – 🛗 📺 🅿 – 🔒 20. AE ⓪ ⓜⓒ VISA
BY g
6. Dez. - 21. April und 15. Juni - 28. Sept. – **Grill zur Alten Post** : Menu 25 - 45/110 und à la carte 48/114 – **Peking** - chinesische Küche - (nur Abendessen) **Menu** 55/110 und à la carte 46/84 – **63 Zim** ⌑ 220/480, Vorsaison ⌑ 190/420 – ½ P Zuschl. 40.

♦ Der Clou : Die schöne Dachterrasse, von wo aus der Blick ungehindert schweifen kann. Die Zimmer überzeugen mit Stilmöbeln in rustikal oder mit weissem Furnier. Das Hauptlokal des Posthotels ist rustikal eingerichtet. Chinesisch essen Sie im Peking.

🏨 **Hohenfels** 🌲, Hohe Promenade, ✆ 0813 770 101, info@hohenfels.ch, Fax 0813 771 489, ≤ Arosa und Berge, 🛁 – 🛗 📺 🅿. AE ⓪ ⓜⓒ VISA. ❀ Rest
BZ n
7. Dez. - 22. April – **Menu** (nur Abendessen) à la carte zirka 75 – **51 Zim** ⌑ 145/310, Vorsaison ⌑ 120/260 – ½ P Zuschl. 35.

♦ In ruhiger Hanglage steht das im Bauhausstil errichtete Hotel für einen erholsamen Aufenthalt. Die Zimmer sind mit zweckmässigen Möbeln ausgestattet und haben teils Terrassen.

AROSA

Alpensonne, ☎ 0813 771 547, alpensonne@swissonline.ch, Fax 0813 773 47(
≤ Berge, 🍽, ☛ – 🛗 📺 🅿 – 🛁 25. AE ① ⓜ VISA JCB   AZ
geschl. 20. April - 1. Juli und 12. Okt. - 1. Dez. – **Menu** 20 und à la carte 39/92 – **33 Zir**
🛏 145/360, Vorsaison 🛏 80/200 – ½ P Zuschl. 30.
• Das Haus an der Ortsdurchfahrt hat Zimmer, die mit unterschiedlichen Möbel
praktisch und nett ausgestattet sind - einige verfügen auch über einen Balkon. Rus
tikal gibt sich das Restaurant mit Bar und Sonnenterrasse.

Belri 🐾, ☎ 0813 787 280, belri@bluewin.ch, Fax 0813 787 290, ≤ Berge, 🍽
📺 🚗 🅿 ⓜ VISA. 🚫 Rest   AZ
9. Dez. - 26. April und 29. Juni - 20. Sept. – **Menu** (nur ½ Pens. für Hotelgäste) – **18 c**
🛏 135/270, Vorsaison 🛏 120/240 – ½ P Zuschl. 25.
• Rustikal mit Arvenholz eingerichtete Zimmer beziehen Sie in diesem Haus, das ruh
in Inner-Arosa, unweit der Skilifte liegt. Hübscher Blick auf den "Hausberg" Tschu₵
gen.

Hohe Promenade M 🐾, Hohe Promenade, ☎ 0813 787 700, hopro@blue\
n.ch, Fax 0813 787 707, ≤ Arosa und Berge, ☛ – 🛗 📺. ⓜ VISA
🚫 Rest   BZ
14. Dez. - 20. April und 22. Juni - 30. Aug. – **Menu** (nur ½ Pens. für Hotelgäste) –
30 Zim 🛏 130/320, Vorsaison 🛏 90/220 – ½ P Zuschl. 25.
• Das Haus befindet sich am oberen Ortsrand und bietet eine schöne Aussicht au
die Gipfel. Die modern eingerichteten Zimmer verfügen teilweise über einen Balko

Obersee, Äussere Poststrasse, ☎ 0813 771 216, hotel.obersee@bluewin.cl
Fax 0813 774 566, ≤ Obersee und Berge, 🍽 – 🛗 📺. AE ① ⓜ VISA   BY
9. Dez. - 21. April und 22. Juni - 11. Okt. – **Menu** (geschl. Montagabend und Diensta
im Sommer) 23 - 52 (abends) und à la carte 41/105 – **21 Zim** 🛏 99/288, Vorsaisc
🛏 75/170 – ½ P Zuschl. 35.
• Das Haus liegt am Ufer des Obersees, auf den sich eine schöne Sicht mit Ber₵
panorama auftut. Die Zimmer unterscheiden sich in der Grösse und sind in hellem Ho
möbliert. Von der Gaststube etwas abgesetzt liegt der gediegen-rustikale Teil de
Restaurants.

Allegra Isla 🐾, Neubachstr. 30, ☎ 0813 771 213, isla@arosa.cl
Fax 0813 774 442, ≤ Arosa und Berge – 🛗 📺. ① ⓜ VISA. 🚫 Rest   BY
6. Dez. - 14. April – **Menu** (nur Abendessen) 40 – **47 Zim** 🛏 150/310 – ½ P Zuscl
35.
• An einem sonnenverwöhnten Hang liegt das Haus zwischen Ober- und Unterse
und heißt seine Gäste willkommen. Lackiertes Arvenholz bestimmt die Zimmerei₵
richtung. Die kleine, schön getäferte Stube ist typisch für diese Alpenregion.

Panarosa 🐾, ☎ 0813 787 575, panarosa@arosa.ch, Fax 0813 787 570, ≤ Berg₵
☛ – 🛗 📺 🍴 🚗 🅿. AE ① ⓜ VISA. 🚫 Rest   AZ
1. Dez. - 20. April und 14. Juni - 18. Okt. – **Menu** (nur ½ Pens. für Hotelgäste) (gescl
mittags) – **31 Zim** 🛏 165/370, Vorsaison 🛏 87/220 – ½ P Zuschl. 35.
• Viele Spazier- und Wanderwege sind in unmittelbarer Nähe dieses Hauses ihre
Anfang. Die Zimmer sind mit älterem hellem Holzmobiliar zweckmässig eingerichte

Sonnenhalde 🐾 garni, Sonnenbergstrasse, ☎ 0813 771 531, hotelsonnenha\
e@bluewin.ch, Fax 0813 774 455, ≤ Berge, ☛ – 📺 🅿. AE ① ⓜ VISA   AZ
29. Nov. - 21. April und 28. Juni - 10. Okt. – **21 Zim** 🛏 120/244, Vorsaison 🛏 80/16
• Das Chaletbauhaus weiss mit hell möblierten Zimmern in ausreichender Grösse zu gefa
len. Die ruhige Lage oberhalb des Ortes spricht für sich.

Gspan 🐾, ☎ 0813 771 494, gspan@bluewin.ch, Fax 0813 773 608, ≤ Arosa u₵
Berge, 🍽 – 📺 🍴 🚗 🅿. ⓜ VISA   AZ
9. Dez. - 21. April und 11. Juli - 19. Okt. – **Menu** (geschl. Montagabend und Diensta
im Sommer) 18 - 60 (abends) und à la carte 41/100 – **15 Zim** 🛏 135/260, Vorsaisc
🛏 80/190.
• Im Jahre 1621 wurde das Gspan im typischen Schweizer Chaletstil erbaut. Heut
kann man seinen Gästen gemütliche, individuelle Zimmer mitten im Skigebiet anbie
ten. Einfaches Restaurant und Grillhütte neben der Skipiste.

XXX **Kachelofa-Stübli** - Waldhotel National, ☎ 0813 785 555, info@waldhotel.c\
Fax 0813 785 599, 🍽 – AE ① ⓜ VISA
Menu (geschl. abends im Sommer) 25 - 78/120 (abends) und à la carte 70/127.
• Im mittleren Hausbereich befindet sich ein elegant-rustikales Restaurant. Mittag
werden Gerichte mit regionalem Charakter angeboten, abends liegt die klassisch
Karte auf.

AROSA

Stueva-Cuolm - Trattoria Toscana, ⌀ 0813 788 890, info@arosakulm.ch, Fax 0813 788 889, 🍴 – AE ① ⓜⓔ VISA AZ d
Anfang Dez. - Ende März - **Menu** - italienische Küche - (Tischbestellung ratsam) (mittags kleine Karte) 16.50 - 90/130 (abends) und à la carte 57/117.
* Schon fast auf der Skipiste, 200 m vom Hotel Kulm entfernt, stossen Sie auf das schön gestaltete Restaurant mit rustikaler Einrichtung und italienisch ausgelegtem Angebot.

Bajazzo, Poststrasse, im Casino, ⌀ 0813 772 115, bajazzoarosa@bluewin.ch, Fax 0813 770 675 – AE ① ⓜⓔ VISA BZ a
geschl. Juni, Nov., Montag und Dienstagmittag im Sommer – **Menu** - italienische Küche - 25 - 38 (mittags)/96 und à la carte 48/134.
* Das modern gestaltete, leicht geschwungene Lokal im Casinogebäude bietet auf seiner Karte Gerichte, die an die italienische Küche angelehnt sind. Entsprechend die Weine.

ARZIER 1273 Vaud (VD) 217 ⑪ ⑫ – 1 745 h. – alt. 842.
Bern 146 – Genève 35 – Lausanne 42 – Lons-le-Saunier 82 – Yverdon-les-Bains 66.

Bel Horizon ⌂, route de Saint-Cergue, ⌀ 0223 661 520, belhor@bluewin.ch, Fax 0223 662 402, ≤, 🍴 – ℗ ① ⓜⓔ VISA
fermé 19 oct. au 3 nov. et 25 au 28 déc. – **Repas** (fermé jeudi) 16 - 25/55 et à la carte 31/76 – **7 ch** ⏏ 60/120 – ½ P suppl. 20.
* Aux abords d'Arzier, ce chalet vous reçoit dans une ambiance familiale. Les chambres lambrissées sont le plus souvent munies d'un balcon et d'une ravissante vue sur les Alpes. Mignonne salle de restaurant flambante neuve où l'on mitonne des mets traditionnels.

Ecrivez-nous...
Vos louanges comme vos critiques seront examinées avec le plus grand soin.
Nous reverrons sur place les informations que vous nous signalez.
Par avance merci !

ASCONA 6612 Ticino (TI) 219 ⑦ ⑧ – 4 977 ab. – alt. 210.
Dintorni : Circuito di Ronco★★ per strada di Losone X – Isole de Brissago★ Z.
📍 ⌀ 0917 912 132, Fax 0917 910 706, Est : 1,5 km Y
📍 Gerre Losone ad Losone, ✉ 6616, ⌀ 0917 851 090, Fax 0917 851 091, nord-ovest : 5 km per Losone e strada Centovalli.
Manifestazioni locali
27.06 - 06.07 : New Orleans Jazz Ascona (NOYA)
28.08 - 14.10 : Settimane musicali.
🛈 Ente turistico Lago Maggiore, Casa Serodine, ⌀ 0917 910 091, buongiorno @maggiore.ch, Fax 0917 851 941.
Bern 269 ② – Locarno 3 ② – Bellinzona 23 ② – Domodossola 51 ① – Lugano 43 ②

Pianta pagina a lato

Castello del Sole ⌂, via Muraccio 142 (est : 1 km), ⌀ 0917 910 202, castello sole@bluewin.ch, Fax 0917 921 118, 🍴, Wellness-Center, 🛁, ⚲, ≋, ⬚, 🌲, ⚒, 🏌, – ⛃ TV 📞 ⚙ 🚴 ℗ AE ① ⓜⓔ VISA JCB. ⚘
29 marzo - 26 ottobre – **Locanda Barbarossa** : Pasto 35 - 48 (mezzogiorno)/95 ed alla carta 74/116 – **79 cam** ⏏ 460/680, 4 suites – ½ P sup. 45.
* Casa padronale di fine Ottocento, ubicata in riva al lago in un grande parco con vigneto. Camere da mille e una notte. L'angolo elegante dentro il "Castello" propone una cucina moderna mentre la sala del "Tre Stagioni" dà sull'esterno dove c'è anche il grill.

Eden Roc M ⌂, via Albarelle 16, ⌀ 0917 857 171, info@edenroc.ch, Fax 0917 857 143, ≤ lago, 🍴, Wellness-Center, 🛁, ⚲, ≋, ⬚, 🌲, 🚤, ⬓ – ⛃, 📞 cam, ≡ TV 📞 ⚙ 🚴 ⌬ ℗ – 🚗 150. AE ① ⓜⓔ VISA JCB. ⚘ rist Y r
Pasto 58 (mezzogiorno)/76 ed alla carta 62/118 – **La Brezza** (chiuso dal 1° gennaio al 5 aprile, 2 settimane fine nov. e a mezzogiorno) **Pasto** 95 ed alla carta 93/186 – **50 cam** ⏏ 340/740, 32 suites – ½ P sup. 50.
* Ad accogliervi, l'elegante e luminosa hall in marmo chiaro. Tre piscine e l'incantevole terrazza sul lago completano lo charme. Cucina classica francese e sinfonie di sapori da gustare nell'ambiente chic dell'Eden Roc.

111

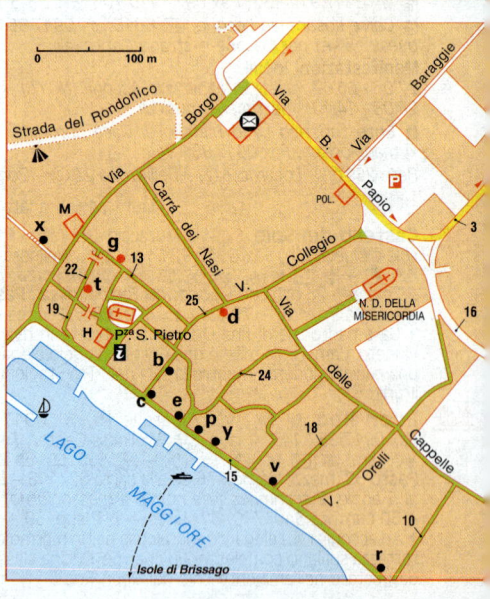

ASCONA

Borgo (Via)	Z
Buona Mano (Strada della)	Z 3
Circonvallazione (Via)	Y 4
Collina (Strada)	Y 6
Collinetta (Strada)	Y 7
Franscini (Via)	Y 9
Ghiriglioni (Vicolo dei)	Z 10
Losone (Via)	X 12
Maggiore (Contrada)	Z 13
Motta (Piazza G.)	Z 15
Muraccio (Via)	Z 16
Pasini (Vicolo)	Z 18
Pecore (Strada delle)	Z 19
Querce (Via delle)	Y 21
S. Pietro (Passaggio)	Z 22
S. Sebastiano (Via)	Z 24
Sacchetti (Vicolo)	Z 25
Schelcie (Via)	Y 27
Scuole (Via delle)	Y 28
Signore in Crocce (Via)	Y 30

I nomi delle principali vie commerciali sono scritti in rosso all'inizio dell'indice toponomastico delle piante di città.

112

ASCONA

Giardino, via Segnale (Est : 1,5 km per via Muraccio), ℘ 0917 858 888, welcome@giardino.ch, Fax 0917 858 899, Wellness-Center, – cam, cam, rist
15 marzo - 15 novembre – **Pasto** (vedere anche rist. **Aphrodite**) – **Osteria Giardino** (chiuso a mezzogiorno e martedì) **Pasto** 70 ed alla carta 61/106 – **56 cam** 490/730, 16 suites – ½ P sup. 40.
* Dimenticate la realtà ed apprezzate la vera "vie en rose" ! Lasciatevi viziare e non preoccupatevi più di nulla nella splendida cornice del giardino mediterraneo. Per i pasti ambiente raffinato, intimo (30 posti) e un sublime giardino d'inverno.

Park Hotel Delta, via Delta 137, ℘ 0917 857 785, hotel@delta-ascona.ch, Fax 0917 857 735, – 60. rist X a
16 marzo - 29 novembre – **Triangolo : Pasto** 35 - 55 (mezzogiorno)/95 ed alla carta 62/113 – **41 cam** 340/630, 9 suites – ½ P sup. 50.
* Situato nel grande giardino con piscina che sorge nella suggestiva cornice del delta tra Locarno ed Ascona. Ampie camere eleganti di diversi stili. La sera atmosfera addolcita dal suono di un piano nel raffinato ristorante.

Castello, piazza G. Motta, ℘ 0917 910 161, castello-seeschloss@bluewin.ch, Fax 0917 911 804, rist Z r
aprile - ottobre – **De Ghiriglioni : Pasto** 24 - 48/78 ed alla carta 60/95 – **45 cam** 184/548 – ½ P sup. 38.
* A ricordare il castello del 1250 restano le torri, in parte d'origine. Qui le camere, quasi tutte affrescate, hanno un'atmosfera particolare ma...nessun fantasma ! Grazioso e classico il ristorante. A pranzo, servizio in terrazza.

Ascolago, via Albarelle 6, ℘ 0917 912 055, hotel@ascolago.ch, Fax 0917 914 226, – rist, Y s
chiuso dal 10 novembre al 20 dicembre – **Pasto** (chiuso anche dal 3 gennaio al 5 marzo e lunedì da marzo a maggio) 56 (mezzogiorno)/92 ed alla carta 57/115 – **17 cam** 280/390, 5 suites – ½ P sup. 45.
* Se non vi bastassero le acque del lago approfittate della piscina semi coperta. Gran parte delle camere ha il proprio balcone che dà sul giardino e sul lago. D'estate si mangia sull'accurata e tranquilla terrazza ove assaporare una cucina classica francese.

Ascona, via Collina, ℘ 0917 851 515, booking@hotel-ascona.ch, Fax 0917 851 530, ≤ Ascona e lago, – rist, 15/200. rist X d
chiuso dal 6 gennaio al 6 marzo – **Al Grotto** (chiuso domenica sera) **Pasto** 18 - 45 ed alla carta 47/91 – **67 cam** 171/414.
* Sopraelevato sulla città, dispone di un magnifico giardino con piscina da cui godere di un'ottima vista sul lago. Camere tutte diverse per stile e dimensioni. Al ristorante la cucina è d'impronta tradizionale e non tralascia i prodotti nostrani.

Ascovilla, via Albarelle 15, ℘ 0917 854 141, reservation@ascovilla.ch, Fax 0917 854 400, – cam, – 25. rist Y a
15 marzo - 2 novembre – **Pasto** 45 ed alla carta 45/95 – **52 cam** 195/330, 5 suites – ½ P sup. 35.
* In zona tranquilla dà su due giardini ognuno con piscina. Dalla hall abbellita da marmi si accede alle camere in parte rinnovate, in legno di quercia e di colori vari.

Mulino, via delle Scuole 17, ℘ 0917 913 692, welcome@hotel-mulino.ch, Fax 0917 910 671, – 60. rist Y m
16 marzo - 30 ottobre – **Pasto** 33 - 49 ed alla carta 48/108 – **32 cam** 150/300 – ½ P sup. 32.
* Hotel sito in un quartiere residenziale vicino al centro. La maggior parte delle camere è spaziosa con un arredamento pratico e moderno. Dalla reception dell'hotel, accedete alla sala da pranzo che si apre su una terrazza estiva. Cucina attuale.

Sasso Boretto, via Locarno 45, ℘ 0917 869 999, sasso-b@sutter-hotels.com, Fax 0917 869 900, – 35. rist X c
chiuso dal 2 gennaio al 1° marzo – **Pasto** 25 - 50 (sera) ed alla carta 52/104 – **44 cam** 220/360 – ½ P sup. 40.
* Lungo la strada che conduce al centro, hotel di taglio tradizionale che dispone di ampie camere, chiare e luminose dai diversi colori ! L'offerta culinaria è piuttosto tradizionale ma si differenzia da quella standard, per turisti.

ASCONA

Tamaro, piazza G. Motta 35, ☎ 0917 854 848, ascona@hotel-tamaro.ch, Fax 0917 912 928, ≤, 🌿 – 📶, ✱ rist, 📺 – 🦽 20. AE ① ⓂⓄ VISA Z
2 marzo - mezzo novembre – **Pasto** alla carta 40/92 – **51 cam** ☲ 110/290 – ½ P sup. 33.
 • Varcate la soglia ed ammirate le bellezze fiorite della corte interna! Le camere variano tra loro per il mobilio, di volta in volta in stile o rustico. Una vetrata ha reso la corte interna dell'hotel un giardino d'inverno adibito a ristorante colmo di fiori.

Carcani Mövenpick Ⓜ, piazza G. Motta, ☎ 0917 851 717, hotel.carcani@movenpick.com, Fax 0917 851 718, ≤, 🌿 – 📶, ✱ cam, 📺 📞 AE ① ⓂⓄ VISA JCB
chiuso dal 13 al 30 gennaio e da mezzo novembre a mezzo dicembre – **Pasto** alla carta 38/76 – **30 cam** ☲ 125/255.
 • Direttamente sulla passeggiata, rilassatevi e godetevi la vista dalla terrazza adiacente. Camere funzionali e moderne. Chiedete quelle con vista lago : più grandi ! La carta del ristorante propone la classica offerta arricchita di sapori locali.

Al Porto, piazza G. Motta, ☎ 0917 858 585, info@alporto-hotel.ch, Fax 0917 858 586, ≤, 🌿, ☂ – 📶, ✱ rist, 📺. AE ① ⓂⓄ VISA Z
Pasto (chiuso mercoledì da novembre a febbraio) 36/59 ed alla carta 45/96 – **36 cam** ☲ 124/290 – ½ P sup. 36.
 • Insieme di quattro antiche case ticinesi, la principale sulla passeggiata. La maggior parte delle camere dà sulla corte interna o sul giardino. Dal piccolo balcone al primo piano del ristorante, vista sublime sulla piazza. Specialità locali rivisitate.

Schiff - Battello, piazza G. Motta 21, ☎ 0917 912 533, mail@hotel-schiff-ascona.ch, Fax 0917 921 315, ≤, 🌿 – 📶 ✱ 📺 📞 🚗. AE ⓂⓄ VISA JCB Z
chiuso dal 20 novembre al 20 dicembre e dal 7 gennaio al 15 febbraio – **Pasto** (chiuso lunedì dal 5 novembre al 1º marzo) 19.50 ed alla carta 42/71 – **16 cam** ☲ 160/260 – ½ P sup. 32.
 • Edificio che sorge proprio sul lungolago. Dalla reception si accede alle funzionali camere, in parte più moderne ed ammobiliate in legno chiaro, in parte più rustiche. Il ristorante propone piatti di stampo tradizionale e locale, secondo l'offerta stagionale.

Michelangelo 🌿, via Collina 81, ☎ 0917 918 042, michelangelo@ticino.com, Fax 0917 916 732, ≤, 🌿, ⬚ – 📶 📺 🚗. AE ① ⓂⓄ VISA. ✱ rist Y
chiuso dal 1º novembre al 27 dicembre e dal 4 gennaio al 1º febbraio – **Pasto** (chiuso mercoledì ed a mezzogiorno) 47 ed alla carta 52/87 – **17 cam** ☲ 180/300 – ½ P sup. 35.
 • Piccolo hotel molto personalizzato ; camere con mobilio in stile o più attuale. La piscina può esser usata anche d'inverno, grazie ad una copertura mobile. Il patio del ristorante è la cornice ideale per assaporare una cucina mediterranea con proposte di pesce.

Riposo 🌿, scalinata della Ruga 4, ☎ 0917 913 164, info@hotel-riposo.ch, Fax 0917 914 663, 🌿, ⬚ – 📺 🚗. P. ⓂⓄ VISA. ✱ rist
24 marzo - 25 ottobre – **Arlecchino** (chiuso mercoledì) **Pasto** 25 - 39 ed alla carta 47/79 – **32 cam** ☲ 150/290 – ½ P sup. 25.
 • Vecchia costruzione ricca di fascino. Camere personalizzate rendono l'atmosfera davvero speciale. Sublime vista su Ascona dal roof garden e piscina...sul tetto ! Nella corte interna, sotto i fiori del vecchio glicine, per apprezzare una cucina locale.

Golf senza rist, vicolo Sacchetti 2, ☎ 0917 910 035, info@golf-garni.ch, Fax 0917 910 055, 🛠, ≘ – 📶 📺 video. AE ① ⓂⓄ VISA Z
16 marzo - ottobre – **21 cam** ☲ 125/250.
 • Albergo situato nel centro storico in una stradina laterale, pedonale. Ambiente rustico, essenziale e pratico così come le camere dal taglio più contemporaneo.

Al Faro, piazza G. Motta 27, ☎ 0917 918 515, info@hotel-al-faro.ch, Fax 0917 916 577, ≤, 🌿 – 📺. AE ① ⓂⓄ VISA
16 febbraio - ottobre – **Pasto** (chiuso martedì da marzo ad aprile) 28 ed alla carta 51/88 – **9 cam** ☲ 140/240 – ½ P sup. 28.
 • Lungo la passeggiata, in zona pedonale. Possibile l'accesso con l'auto per chi alloggerà in una delle 9 camere, piccole, accoglienti e ben arredate. L'ambiente rustico del ristorante è l'ideale per una pizza dal forno a legna o le proposte di cucina italiana.

Sport Ⓜ senza rist, via Locarno 25, ☎ 0917 910 031, garnisport@hotmail.com, Fax 0917 910 074 – 📶 📺 📞 🚗. AE ⓂⓄ VISA X
16 marzo - 27 ottobre – **19 cam** ☲ 100/190.
 • Un albergo mignon per dimensioni, gusti e prezzi ! In prossimità del centro città, troverete reception e sala colazione al secondo piano. Camere e bagni piccoli ma moderni.

ASCONA

🏠🏠🏠 **Aphrodite** - *Hotel Giardino*, via Segnale (1,5 km per via Muraccio), ℘ 0917 858 888, welcome@giardino.ch, Fax 0917 858 899, 🍽, 🌳 – 🐾 🚗 🅿. 🆎 ① ⓜ VISA. ✂
15 marzo - 16 novembre – **Pasto** *39* - 68 (mezzogiorno)/128 ed alla carta 73/136.
♦ Ambiente elegante per il ristorante dell'hotel Giardino. Cucina variata, classica ed elaborata da gustare nella gradevole atmosfera mediterranea dell'ameno giardino fiorito.

🍽🍽 **della Carrà**, Carrà dei Nasi, ℘ 0917 914 452, risto.carra@bluewin.ch, Fax 0917 914 452, 🍽 – 🆎 ① ⓜ VISA Z g
chiuso dal 17 novembre al 14 dicembre e domenica escluso la sera da Pasqua a ottobre – **Pasto** 75 ed alla carta 55/96.
♦ Grazioso ristorante rustico che sorge nella città vecchia la cui entrata dà su una corte interna. Cucina di taglio tradizionale a cui si aggiungono specialità alla piastra.

🍽🍽 **Hostaria San Pietro**, Passaggio San Pietro 6, ℘ 0917 913 976, 🍽 – ✂ 🎞.
🆎 ① ⓜ VISA Z t
chiuso dal 6 gennaio al 6 febbraio e lunedì – **Pasto** *22* - 39/58 (mezzogiorno) ed alla carta 46/80.
♦ Piccola e raffinata osteria, situata nella parte vecchia della città, in una stradina laterale. La cucina è tradizionale con offerte regionali a prezzi favorevoli.

🍽🍽 **Da Ivo**, via Collegio 7, ℘ 0917 916 093, alcormano@econophone.ch, Fax 0917 913 393, 🍽 – ✂ 🎞. 🆎 ⓜ VISA Z d
chiuso dal 3 gennaio al 13 febbraio e lunedì (in inverno) – **Pasto** (coperti limitati - prenotare) 45/120 ed alla carta 51/97.
♦ Ambiente rustico per questo locale arricchito, all'interno, dal camino e dai tavoli in granito. Piatti della cucina locale oltre a ricette italiane. Si consiglia di prenotare.

▪ **Losone** *Nord-Ovest : 2 km per* ① X – *alt.* 240 – ✉ 6616 Losone :

🏛 **Losone** 🌿, via dei Pioppi 14, ℘ 0917 857 000, info@albergolosone.ch, Fax 0917 857 007, 🍽, 🏖, ≋, 🌳, ✂ – 🛗, ✂ rist, 📺 🐾 ♿ 🎾 🅿 – 🚗 150. 🆎 ① ⓜ VISA. ✂ rist X h
21 marzo - 31 ottobre – **Pasto** 64 (sera) ed alla carta 53/97 – **77 cam** ⇌ 235/420 – ½ P sup. 49.
♦ Nel verde dei campi, un po' fuori Losone, struttura ideale per tutta la famiglia con immenso giardino, piscina e zoo. Ampie camere di stile mediterraneo. Al ristorante ambiente solare, dalle forti tinte ; bella terrazza e piscina. Offerta classica.

🏛 **Elena** 🌿, senza rist, via Gaggioli 25, ℘ 0917 916 326, Fax 0917 922 922, ≋, 🌳 – 📺 🅿.
16 marzo - 30 ottobre – **20 cam** ⇌ 150/190.
♦ Costruzione che sorge in una tranquilla zona residenziale. Godetevi le calde serate estive sotto le arcate, di fronte alla piscina ed al giardino con le palme.

🍽🍽 **Osteria Dell'Enoteca**, contrada Maggiore 24, ℘ 0917 917 817, enoteca@nikk
✿ o.ch, Fax 0917 917 817, 🍽 – 🅿. 🆎 ① ⓜ VISA. ✂
chiuso dal 1° gennaio al 15 marzo, lunedì e martedì – **Pasto** (solo menu) (coperti limitati - prenotare) 58 (mezzogiorno)/115.
♦ Nel cuore del centro storico, casa colonica dall'ambiente rustico-signorile il cui fresco pergolato vi accoglie in estate. Cucina creativa, personalizzata.
Spec. Pasta fatta in casa. Sella d'agnello di Sisteron. Zuppa di fragole con sorbetto di cioccolato bianco

🍽 **Centrale**, via Locarno 2, ℘ 0917 921 201, lcarioni@freesurf.ch, 🍽 – 🅿. 🆎 ①
ⓜ VISA
chiuso dal 29 dicembre al 5 gennaio, dal 1° al 24 agosto, domenica, sabato e giorni festivi a mezzogiorno – **Pasto** *18* ed alla carta 43/73.
♦ Voglia di sfuggire al turismo e di assaporare la proverbiale accoglienza ticinese uesto ristorante fa al caso vostro. Ottima cucina casalinga a prezzi accessibilissimi.

▪ **sulla strada Panoramica di Ronco** *Ovest : 3 km :*

🏛 **Casa Berno** 🌿, ✉ 6612 Ascona, ℘ 0917 913 232, hotel@casaberno.ch, Fax 0917 921 114, ≤ Lago Maggiore e monti, 🍽, 🏖, ≋, 🌳, ✂ – 🛗 📺 🐾 🅿 – 🚗 35. 🆎 ① ⓜ VISA. ✂ rist
aprile - ottobre – **Pasto** 60 (sera) ed alla carta 44/98 – **62 cam** ⇌ 238/465 – ½ P sup. 20.
♦ Beneficiate della posizione privilegiata delle colline sopra al lago per ammirare i dintorni. Le eleganti camere alternano uno stile moderno ad uno più tradizionale. Il ristorante panoramico offre una ricca cucina e gustosa.

ASPI BEI SEEDORF Bern 216 ⑭ – siehe Seedorf.

ASUEL 2954 Jura (JU) 216 ⑭ – 238 h. – alt. 573.
Bern 87 – Delémont 19 – Basel 46 – Belfort 49 – Montbéliard 46.

X **Au Cheval Blanc**, ℘ 0324 622 441, Fax 0324 623 253, 斎 – P. ⓜ VISA. ⚞
fermé lundi et mardi – **Repas** 16 - 72 et à la carte 52/78.
• Dans un petit village, restaurant champêtre réchauffé par un âtre. De la terrasse vous pouvez veiller sur vos enfants jouant sur la place. Cuisine française.

aux Rangiers Sud : 5 km par rte de Delémont – alt. 859 – ✉ 2954 Asuel :

🏨 **Les Rangiers** M, ℘ 0324 266 651, Fax 0324 267 937, 斎 – 📶 TV P. ⓜ VISA
fermé 20 déc. au 20 janv. – **Repas** (fermé mardi) 16 et à la carte 35/67 – **11 ch**
⇋ 80/130 – ½ P suppl. 25.
• Le col est plutôt calme depuis qu'on a construit l'autoroute. Petite adresse bien utile, avec des chambres fonctionnelles de création récente. Arrêtez-vous au restaurant de l'hôtel les Rangiers : un repas classique vous y attend sur la terrasse ensoleillée.

à la Caquerelle Sud : 5 km par rte de La Chaux-de-Fonds – ✉ 2954 Asuel :

⚞ **La Caquerelle**, ℘ 0324 266 656, Fax 0324 267 317, 斎, 🐎 – P. – 🐕 20. ① ⓜ VISA JCB
fermé 28 janv. au 28 fév. – **Repas** (fermé jeudi d'oct. à avril et merc.) 16 et à la carte 32/63 – **10 ch** ⇋ 53/108 – ½ P suppl. 20.
• Cette maison en pleine campagne est idéale pour se reposer en famille : pré aménagé en terrain de "swing golf" et jeux pour enfants. Chambres fraîches. De mise simple, le restaurant de la Caquerelle propose des recettes traditionnelles dans un cadre convivial.

ATTISHOLZ Solothurn 216 ⑮ – siehe Riedholz.

ATTISWIL 4536 Bern (BE) 216 ⑮ – 1 360 Ew. – Höhe 467.
Bern 44 – Basel 62 – Langenthal 20 – Solothurn 7.

XX **Bären**, Oltenstr. 4, ℘ 0326 371 535, gasthof-baeren@bluewin.ch
Fax 0326 372 888, 斎 – P. AE ① ⓜ VISA
geschl. Montag – **Menu** 17.50 - 45 (mittags)/80 und à la carte 37/90.
• Der schöne Landgasthof liegt mitten im Dorfzentrum. Vorne die urchige Attiswiler-, dahinter die Bärenstube, eine renovierte Scheune, wo ebenfalls gutbürgerliche Kost angeboten wird.

AU 9358 Sankt Gallen (SG) 216 ㉒ – Höhe 405.
Bern 232 – Sankt Gallen 28 – Altstätten 12 – Bregenz 15 – Dornbirn 11 – Feldkirch 2 – Konstanz 51.

X **Isebähnli** mit Zim, Rheinstr. 3, ℘ 0717 475 888, Fax 0717 475 889, 斎 – TV AE ① ⓜ VISA
geschl. 8. - 30. März – **Coq d'Or** (geschl. Samstagmittag, Sonn- und Feiertage abend) **Menu** 32 - 49/65 und à la carte 49/88 – **3 Zim** ⇋ 85/140 – ½ P Zuschl. 25.
• Das Coq d'Or liegt an einer Bahnlinie. Im hellen, durch Holzrundbögen unterteilten Lokal kann man Speisen von einer klassischen Karte bestellen.

AUBONNE 1170 Vaud (VD) 217 ⑫ – 2 601 h. – alt. 502.
Bern 129 – Lausanne 25 – Genève 40 – Montreux 56 – Yverdon-les-Bains 48.

XX **Le Manoir**, 20 r. du Chêne, ℘ 0218 087 111, Fax 0218 087 111, 斎, 🐎 – P. ⓜ VISA
fermé 28 déc. au 21 janv., 18 au 24 avril, sam. midi, dim. soir et lundi – **Repas** 20 39 (midi)/96 et à la carte 63/100.
• Un magnifique jardin borde la terrasse de cette maison de maître du 18e s. Les élégantes salles à manger aux teintes pastel s'accordent avec le classicisme de la cuisine.

XX **L'Esplanade**, 42 r. du Chêne, ℘ 0218 085 250, esplanade.aubonne@bluewin.ch Fax 0218 087 109, ≤ lac, 斎 – AE ① ⓜ VISA
fermé 23 au 25 déc., 30 déc. au 15 janv., dim. soir, mardi soir et merc. – **Repas** 18.50 44/64 (soir) et à la carte 48/90.
• Depuis la terrasse ou la véranda de ce pavillon du 17e s., le regard embrasse un superbe panorama sur le lac Léman. Répertoire traditionnel assorti de mets au goût du jour.

AUGIO 6547 Grigioni (GR) 218 ⑬ – alt. 1034.
Bern 279 – Sankt Moritz 160 – Bellinzona 32 – Chur 122 – San Bernardino 49.

Cascata, 0918 281 312, rigonallicascata@bluewin.ch, ≤, ♣ – AE ⓘ ⓜ VISA
chiuso dal 6 gennaio al 1° febbraio e lunedì – **Pasto** 15 - 24 ed alla carta 28/52 – **10 cam** ⌑ 50/120 – ½ P sup. 20.
♦ Alberghetto che sorge in un piccolo e idilliaco villaggio di montagna, nei pressi di una cascata. Camere dal confort semplice con un certo charme. Ristorante rustico che ben si integra nella realtà locale. A tavola i prodotti dell'azienda agricola familiare.

AUSSERBERG 3938 Wallis (VS) 217 ⑰ – Höhe 1008.
Bern 184 – Brig 17 – Andermatt 107 – Saas Fee 33 – Sion 52.

Sonnenhalde , 0279 462 583, sonnenhalde@active.ch, Fax 0279 461 805, ≤, ♣ – ⓘ TV P AE ⓜ VISA. ♣ Rest
geschl. 30. Jan. - 28. Feb. – **Menu** (geschl. Mittwoch und Donnerstag von Nov. - Jan.) 23 und à la carte 51/92 – **15 Zim** ⌑ 80/148 – ½ P Zuschl. 36.
♦ Das Haus liegt am oberen Dorfrand und bietet von der Sonnenterrasse Ausblick auf die Walliser Alpen. Die modernen Zimmer sind mit hellem Mobiliar funktionell eingerichtet. Im rustikalen Restaurant kümmert man sich um das leibliche Wohl der Gäste.

AUVERNIER Neuchâtel 216 ⑫ ⑬ – rattaché à Neuchâtel.

Les AVANTS Vaud 217 ⑭ – rattaché à Montreux.

AVENCHES 1580 Vaud (VD) 217 ⑤ – 2510 h. – alt. 475.
Voir : Musée romain★ Musée romain de Vallon : mosaïques★★.
Manifestation locale
04.07 - 18.07 : Festival d'opéra aux arènes d'Avenches : La Flûte enchantée.
ℹ Office du Tourisme, 3 pl. de l'Église, 0266 769 922, info@avenches.ch, Fax 0266 753 393.
Bern 40 – Neuchâtel 37 – Fribourg 18 – Lausanne 58.

Couronne M, 20 r. Centrale, 0266 755 414, couronneavenches@vtx.ch, Fax 0266 755 422, ♣, – ⓘ, ♣ rest, TV – ♣ 15/50. AE ⓘ ⓜ VISA
fermé 26 déc. au 3 fév. – **Repas** (fermé dim. soir et merc. soir sauf juil. - août) 15 - 45 (midi)/89 et à la carte 46/82 – **12 ch** ⌑ 140/210 – ½ P suppl. 35.
♦ Maison de caractère nichée au cœur de la cité historique. Peintures contemporaines et couleurs pastel embellissent les chambres, résolument à la page. Son restaurant vous accueille dans un cadre moderne et chaleureux. Dégustations de vins dans la cave voûtée.

Lacotel, Les Joncs, Nord : 3 km par rte de Salavaux, 0266 753 444, lacotel@l acotel-avenches.ch, Fax 0266 751 188, ♣, ≈, ⊥, ♣ – TV ✆ P – ♣ 15/40. AE ⓘ ⓜ VISA
fermé 15 déc. au 31 janv. – **Repas** 95 et à la carte 54/98 – **Brasserie : Repas** 17.50 - 53 et à la carte 43/80 – **40 ch** ⌑ 120/170 – ½ P suppl. 38.
♦ À 300 mètres du lac et près d'une zone de loisirs, hôtel aux chambres fonctionnelles à prix intéressants. Salles de séminaire en annexe. Le restaurant propose des plats classiques. Pour plus de décontraction, choisissez la Brasserie du Lacotel.

des Bains, 1 rte de Berne, 0266 753 660, zurcher@restaurantdesbains.ch, Fax 0266 751537, ♣, – P AE ⓘ ⓜ VISA
fermé 16 mars au 2 avril, 31 août au 16 sept., dim. soir et lundi – **Repas** 17 - 55/90 et à la carte 62/109.
♦ Si la visite des proches arènes romaines vous a mis en appétit, venez vous rassasier dans cette salle néo-rustique dont le nom évoque les anciens thermes d'Aventicum.

BAAR 6340 Zug (ZG) 216 ⑱ – 19166 Ew. – Höhe 444.
Bern 137 – Luzern 32 – Rapperswil 31 – Sursee 51 – Zürich 28.

Ibis M garni, Bahnhofstr. 15, 0417 667 600, h2981@accor-hotels.com, Fax 0417 667 676 – ⓘ ♣ ⌸ TV ✆. AE ⓘ ⓜ VISA
⌑ 15 – **66 Zim** 116/145.
♦ Neben praktisch ausgestatteten Gästezimmern mit Ibis-Standard schätzen vor allem Geschäftsreisende auch die Bahnhofsnähe dieses Hotels.

BÄCH 8806 Schwyz (SZ) 216 ⑲ – Höhe 411.
Bern 157 – Zürich 32 – Glarus 42 – Rapperswil 9 – Schwyz 32.

XX **Zur Faktorei** (Frau Büeler), Seestr. 41, ℘ 017 840 316, Fax 017 861 849,
❀ 🄿 AE ⓄⒹ ⓂⓄ VISA
geschl. 22. Dez. - 7. Jan., 27. Juli - 19. Aug., 28. Sept. - 14. Okt., Sonntag, Montag un
Dienstag – **Menu** - Fischspezialitäten - (Tischbestellung ratsam) à la carte 41/11.
♦ Die ehemalige Salzfaktorei mit rustikaler Einrichtung diente früher der Salzve
teilung Richtung Schwyz. Heute werden hier gekonnt zubereitete Fischspezialitäte
dargeboten.
Spez. Langustinen mit frischen, hausgemachten Nüdeli. Fischgratin im Kartoffelpu
reekranz. Steinbuttfilet grilliert auf einem Rahm-Lauchbett

XX **Seeli**, Seestr. 189, ℘ 017 840 307, Fax 017 847 325, ❀ – 🄿 AE Ⓞ ⓂⓄ VISA JC
geschl. 24. Dez. - 6. Jan., Sonntag und Montag – **Menu** - Fischspezialitäten - (Tisc
bestellung ratsam) 57/96 und à la carte 58/112.
♦ Das typische Zürcher Riegelhaus liegt direkt am See. Die vier historischen Stube
mit gehobenem Komfort sind über eine Aussentreppe zu erreichen. Klassische Kart
mit Fisch.

BADEN 5400 Aargau (AG) 216 ⑥ ⑦ – 15 984 Ew. – Höhe 396 – Kurort.
Sehenswert : Lage★ – Altstadt★ : Blick★ von der Hochbrücke Z.
Museum : Stiftung "Langmatt" Sydney und Jenny Brown★ Y.
🏊 in Schinznach Bad, ✉ 5116 (April - Okt.) ℘ 0564 431 226, Fax 0564 433 48.
über ④ : 14 km.
🛈 Info Baden, Bahnhofplatz 1, ℘ 0562 008 383, info@baden.ag.ch
Fax 0562 008 382.
❀ Theaterplatz 3, ℘ 0562 037 979, Fax 0562 037 980.
Bern 105 ③ – Aarau 27 ③ – Basel 65 ④ – Luzern 66 ③ – Zürich 24 ②

Stadtplan siehe gegenüberliegende Seite

🏛 **du Parc**, Römerstr. 24, ℘ 0562 031 515, office@duparc.ch, Fax 0562 220 79.
❀ – |৹| , 🛏 Zim, TV ☎ &, 🚗 – 🍴 15/60. AE Ⓞ ⓂⓄ VISA JCB   Y
geschl. 23. Dez. - 2. Jan. - **Grill** : Menu 25 - 45 (mittags) und à la carte 56/96 – **106 Zir**
🛏 195/280 – ½ P Zuschl. 40.
♦ Am Rand des Zentrums finden Sie das rote Haus. Die modernen Studios sind m
dunklem elegantem Holz gestaltet, die restlichen Zimmer, auch dunkel möbliert, si
etwas älter. Gediegenes Ambiente umgibt Sie im Grill.

🏨 **Atrium-Hotel Blume** ⟨≫⟩, Kurplatz 4, ℘ 0562 225 569, info@blume-baden.ch
Fax 0562 224 298, 💂 – |৹| TV ☎. AE Ⓞ ⓂⓄ VISA JCB   Y
geschl. 22. Dez. - 5. Jan. – **Menu** 49 und à la carte 39/72 – **34 Zim** 🛏 140/250
½ P Zuschl. 35.
♦ Das Hotel hat einen atriummähnlichen Innenhof und eine Einrichtung im Stil de
Jahrhundertwende. Schöne moderne Zimmer, aber auch etwas ältere zeitgemäss
stehen zur Auswahl. Um das Atrium herum wurde das Restaurant angelegt.

XX **Goldener Schlüssel**, Limmatpromenade 29, ℘ 0562 109 290, info@goldene
chluessel.ch, Fax 0562 109 291, ❀ – AE Ⓞ ⓂⓄ VISA   Y
geschl. 3 Wochen Juli - August, Samstagmittag, Sonntag und Montag – **Menu** 20
100 (abends) und à la carte 54/111.
♦ Viel dunkles Holz und ein rustikaler Charakter kennzeichnen diese nette gastlich
Adresse. Passend zum Interieur : die mit Stoffläufern belegten Tische.

X **Isebähnli**, Bahnhofstr. 10, ℘ 0562 225 758, ❀ – AE Ⓞ ⓂⓄ VISA   Z
geschl. Sonntag und Montag – **Menu** 25 und à la carte 43/81.
♦ Mittags wird im Gastraum mit typischer Brasserie-Einrichtung nur ein reduzierte
Angebot serviert. Am Abend erweiterte Bistrokarte. Im Innenhof liegt ein Garter
restaurant.

in Ennetbaden Nord-Ost : 2 km Richtung Freienwil – Höhe 359 – ✉ 5400 Baden 1 :

XX **Hertenstein**, Hertensteinstr. 80, ℘ 0562 211 020, info@hertenstein.ch
Fax 0562 211 029, ≤ Baden, ❀ – 🄿 AE Ⓞ ⓂⓄ VISA
geschl. Feiertage am Abend, Sonntag und Montag – **Menu** 55 und à la carte 62/10
♦ Das Haus liegt erhöht über Baden und ermöglicht von der Terrasse einen schöne
Ausblick über den Ort. Im Lokal kann man Speisen von einer gutbürgerlichen Kart
auswählen.

BADEN

Bäderstrasse .... Y
Badstrasse .... YZ
Bahnhofstrasse .... YZ
Bruggerstrasse .... YZ
Cordulaplatz .... Z 3
Ehrendinger-
  strasse .... YZ
Gartenstrasse .... Y 4
Gstühlstrasse .... Z 6
Haselstrasse .... Y
Kronengasse .... Z 7
Kurplatz .... Y 9
Landstrasse .... Y
Promenade .... YZ
Mellingerstrasse ...... Z
Neuenhoferstrasse .... Z
Oberdorfstrasse .... Y
Delrainstrasse .... Z
Parkstrasse .... Y
Römerstrasse .... Y
Rütistrasse .... Z
Schartenstrasse .... Z 10
Schlossbergplatz ...... Z
Schulhausplatz .... Z 12
Seminarstrasse .... Z
Sonnenbergstrasse .... YZ
Stadtturmstrasse ...... YZ
Theaterstrasse .... Z 13
Untere Halde .... Z 15
Weite Gasse .... Z 16
Wettingerstrasse ...... Z

in Dättwil Süd-West über ③ : 3,5 km – Höhe 432 – ✉ 5405 Baden 5 :

XXX **Pinte** (Bühlmann), Sommerhaldenstr. 20, ✆ 0564 932 030, mail@pinte.ch, Fax 0564 931 466, 🍽 – 🅿 AE ⓘ MC VISA
geschl. 24. Dez. - 5. Jan., 12. - 27. April, 27. Sept. - 12. Okt., Samstag, Sonn- und Feiertage – **Bacchusstube** (Tischbestellung ratsam) **Menu** 59 (mittags)/140 und à la carte 80/144 – **Pinte** : Menu 20 und à la carte 58/114.
♦ In der Scheune des stattlichen Bauernhauses befindet sich nun die Bacchusstube. In dem eleganten Lokal kann man wie ein Gott in klassischer Speise und edlem Trank schwelgen. Die legere Pinte lockt mit modern-rustikalem Flair und schattigem Garten. **Spez.** Filet von Wolfsbarsch auf jungem Gemüse mit Ruccolapesto. Angus-Rindsfiletpyramide mit Gänseleber und Kartoffelstroh. Sommerrehrücken mit schwarzem Trüffel (Juli - Sept.)

Die in diesem Führer angegebenen Preise folgen
der Entwicklung der allgemeinen Lebenshaltungskosten.
Lassen Sie sich bei der Zimmerreservierung den endgültigen
Preis vom Hotelier mitteilen.

BAD RAGAZ 7310 Sankt Gallen (SG) 218 ④ – 4829 Ew. – Höhe 502 – Kurort.
Ausflugsziel : Taminaschlucht★★ Süd-West.
☗ (März - Nov.) ℘ 0813 033 717, Fax 0813 033 727.
Lokale Veranstaltung
04.05 : Maibär, alter Brauch.
🛈 Bad Ragaz Tourismus, Maienfelderstr. 5, ℘ 0813 021 061, info@badragaz-tourismus.ch, Fax 0813 026 290.
Bern 227 – Chur 24 – Sankt Gallen 76 – Vaduz 24.

🏨 **Grand Hotel Quellenhof** ⑊, ℘ 0813 033 030, reservation@resortragaz.c Fax 0813 033 033, ≤, 佘, ☗, Wellness-Center, 【๑, ≤s, 〭, ◨, ※, ₳, 🐾 – 🛏 ⇆ Zim, 🟰 Rest, 📺 ✆ 🕭 🚗 – 🔏 15/100. 🅰🅴 ◉ ◍ 🆅🅸🆂🅰 JCB. 🛇 Rest
Bel - Air : **Menu** à la carte 79/150 – **97 Zim** ⌚ 440/640, 9 Suiten – ½ P Zuschl. 6!
♦ Ein Neubau, der mit klassischem Luxus beeindruckt. Ein elegantes Thermalbad in römischen Stil mit modernem Health- und Beauty-Center und komfortable Suite stehen bereit. Das Restaurant bietet in edler Speiseraum in unaufdringlichen Rottöne

🏨 **Grand Hotel Hof Ragaz** M ⑊, ℘ 0813 033 030, reservation@resortragaz.c Fax 0813 033 033, ≤, 佘, ☗, Wellness-Center, 【๑, ≤s, 〭, ◨, ※, ₳, 🐾 – 🛏 🟰 Rest, 📺 ✆ 🕭 🚗 – 🔏 15/150. 🅰🅴 ◉ ◍ 🆅🅸🆂🅰 JCB. 🛇
Menu (siehe auch Rest. *Aebtestube*) – *Zollstube :* **Menu** 26 - 63 und à la carte 39/9 – **127 Zim** ⌚ 275/480, 6 Suiten – ½ P Zuschl. 45.
♦ Die schönen Zimmer dieses Hauses verteilen sich auf das stimmungsvolle Palais un den Neubau mit Superior-Ausstattung. Elegantes Thermalbad mit Wellnessbereic Urchige Atmosphäre erlebt man in der rustikalen Zollstube.

🏨 **Tamina,** Am Platz 3, ℘ 0813 028 151, info@hotel-tamina.ch, Fax 0813 022 30 佘, 🚗 – 🛏 📺 🚗 – 🔏 30. 🅰🅴 ◉ ◍ 🆅🅸🆂🅰
Locanda : **Menu** 45 (abends) und à la carte 46/88 – *Brasserie :* **Menu** 16.50 un à la carte 38/81 – **37 Zim** ⌚ 180/340, 7 Suiten – ½ P Zuschl. 40.
♦ Das klassische Hotelgebäude am Dorfplatz verfügt über Zimmer, die teils im Jugend stil mit weissem Holzmobiliar, teils aber auch in rustikalem Naturholz eingerichtet sin Ein Bijou aus der Belle Epoque : die Locanda mit gemütlicher Gartenterrasse.

🏨 **Schloss Ragaz** ⑊, Süd-Ost : 1,5 km Richtung Landquart, ℘ 0813 022 355, inf @hotelschlossragaz.ch, Fax 0813 026 226, 佘, 〭, 🐾 – 🛏 ⇆ 📺 ✆ 🕭 🄿 🅴 🄲 ◍ 🆅🅸🆂🅰 🛇 Rest
geschl. 14. Nov. - 21. Dez. – **Menu** 28 - 36 (mittags)/70 und à la carte 38/89 – **58 Zi** ⌚ 120/302 – ½ P Zuschl. 29.
♦ Das Hotel liegt ruhig im herrlichen Park, angrenzend an die Kuranlagen. Die Zimme im Schloss sind teils mit Möbeln im ländlichen Stil, im Pavillon moderner eingerichte Ein schöner saalartiger Raum fungiert als Restaurant.

🏨 **Sandi,** ℘ 0813 034 500, hotelsandi@bluewin.ch, Fax 0813 034 501, 佘, 🚗 – 📺 ✆ 🕭 🄿 🅰🅴 ◉ ◍ 🆅🅸🆂🅰
geschl. Dezember – **Menu** 18.50 und à la carte 36/75 – **54 Zim** ⌚ 95/250 – ½ Zuschl. 30.
♦ Ein grosser Teil der Zimmer dieses in der Nähe des Bahnhofs gelegenen Hause wurde renoviert und mit braunem Mobiliar wohnlich ausgestattet. Ein Plus : de grosse Garten. Speisesaal und rustikale Gaststube mit Terrasse.

🏨 **Ochsen** M garni, Bartholoméplatz 4, ℘ 0813 307 920, ochsen@spin.c Fax 0813 307 921, 佘, 🚗 – 🛏 📺 ✆ 🕭 ◍ 🆅🅸🆂🅰
geschl. 14. Juli - 5. Aug. – **10 Zim** ⌚ 90/180.
♦ Hinter der roten Fassade des nach dem Brand wieder aufgebauten Hauses stehen fü die Gäste modern ausgestattete, in dezenten Farben gehaltene Räume zur Verfügun

🏨 **Rössli,** Freihofweg 3, ℘ 0813 023 232, kellenberger@spin.ch, Fax 0813 004 28 佘 – 🛏 📺 🕭 🄿 🅰🅴 ◉ ◍ 🆅🅸🆂🅰
geschl. 22. Dez. - 13. Jan. und 6. - 22. Juli – **Menu** (geschl. 23. Dez. - 13. Jan., Sonnta und Montag) 17 - 52 (mittags)/82 und à la carte 49/98 – **11 Zim** ⌚ 73/166 – ½ Zuschl. 25.
♦ Das kleine Hotel im Ortszentrum beherbergt sie in hellen, in Pastellgelb gehaltene modernen Zimmern. Grosse Gemälde mit Weinlandschaften dienen als Dekor. Da einfache Restaurant hat eine nette Terrasse.

🏨 **Torkelbündte** garni, Fläscherstr. 21 a, ℘ 0813 004 466, info@torkelbuendte.c Fax 0813 004 479 – 📺 🄿 🅰🅴 ◉ ◍ 🆅🅸🆂🅰
geschl. 20. - 26. Dez. – **12 Zim** ⌚ 86/162.
♦ Das kleine, von der Strasse zurückversetzte Haus hat Zimmer, die mit dunklem Star dardholzmobiliar einfach ausgestattet sind und teilweise über einen Balkon verfüge

BAD RAGAZ

🏨 **Poltéra** garni, Pizolstr. 29, ℰ 0813 022 501, *info@hotelpoltera.ch*, Fax 0813 023 646 – 🛗 📺 🅿 🆎 🆎 💳 *VISA*
geschl. 1. - 24. Dez. und 1. - 17. April – **18 Zim** 🛏 90/160.
• Der Zweckbau an der Ausfallstrasse von Bad Ragaz hat Zimmer mit älterer, doch sehr gut gepflegter dunkler Holzmöblierung. Frühstücksraum mit Musik, schöner Wintergarten.

XXX **Aebtestube** - *Grand Hotel Hof Ragaz*, ℰ 0813 033 030, *reservation@resortragaz.ch*, Fax 0813 033 033 – 🚗 🅿 🆎 ⓞ 🆎 💳 *VISA* 🄹🄲🄱
geschl. 7. Juli - 5. Aug., Sonntag und Montag – **Menu** (Tischbestellung ratsam) 123 und à la carte 88/139.
• Das gehobene Restaurant im ehemaligen Palast der Stadthalterei aus dem 18. Jh. bietet mit viel Holz eine beinahe intime Atmosphäre. Klassische, mediterran geprägte Küche.

XX **Löwen,** Löwenstr. 5, ℰ 0813 021 306, *gasth.loewen@bluewin.ch*, Fax 0813 307 201, 🍴 – 🆎 ⓞ 🆎 💳 *VISA*
geschl. 23. März - 13. April, 26. Okt. - 16. Nov., Sonntag und Montag – **Menu** 19.50 - 84 (abends) und à la carte 44/112.
• Hinter der gemütlichen Gaststube befindet sich im Haus, das hübsch an der Tamina liegt, das gehobene neo-rustikale Restaurant mit schöner Holzdecke.

BAD SCHAUENBURG Basel-Landschaft 216 ④ – siehe Liestal.

BAGGWIL Bern 216 ⑭ – siehe Seedorf.

BÂLE Basel-Stadt 216 ④ – voir à Basel.

BALGACH 9436 Sankt Gallen (SG) 216 ㉒ – 4 027 Ew. – Höhe 410.
Bern 240 – *Sankt Gallen* 31 – Altstätten 8 – Bregenz 18 – Lustenau 6.

XX **Bad Balgach** mit Zim, Hauptstr. 73, ℰ 0717 271 010, *hotel@badbalgach.ch*, Fax 0717 271 011, 🍴 – 📺 🅿 🆎 ⓞ 🆎 💳 *VISA* ⚡Zim
geschl. 2. - 16. Jan. und Samstagmittag – **Menu** 50 (mittags)/88 und à la carte 54/107 – **10 Zim** 🛏 115/170.
• Das historische Haus aus dem Jahre 1834 hat zwei Gaststuben. Der eine Raum mit blanken Tischen, die rustikale Stube mit gutem Gedeck. Solides Standardangebot.

BALLWIL 6275 Luzern (LU) 216 ⑰ – 2 175 Ew. – Höhe 515.
Bern 110 – *Luzern* 15 – Aarau 39 – Baden 48 – Cham 17 – Zürich 56.

X **Zur Sonne,** Dorfstr. 13, ℰ 0414 481 318, *zur.sonne@swiss-window.ch*, Fax 0414 482 118, 🍴 – 🅿 🆎 🆎 💳 *VISA*
geschl. 2. - 10. März., 27. Juli - 18. Aug., Sonntag und Montag – **Menu** 17 - 52 (mittags)/115 und à la carte 45/124.
• Das Wirtshaus liegt im Zentrum des Dorfes. Im Gastraum wie im kleinen Stübli werden Gerichte von der klassischen Karte mit Rohprodukten vom benachbarten Bauern serviert.

BALSTHAL 4710 Solothurn (SO) 216 ⑮ – 5 589 Ew. – Höhe 499.
Ausflugsziel : Passwanggipfel : Panorama★★ Nord : 14 km.
Bern 53 – *Basel* 48 – Solothurn 22 – Zürich 80.

🏨 **Kreuz,** Falkensteinerstr. 1, ℰ 0623 868 888, *kreuz@seminarhotelkreuz.ch*, Fax 0623 868 889, 🍴 – 🛗 📺 📞 ♿ 🅿 – 🏛 15/130. 🆎 ⓞ 🆎 💳 *VISA*
Menu 24 - 32 (mittags) und à la carte 49/118 – **80 Zim** 🛏 109/180.
• Das Hotel besteht aus vier einzelnen Gebäuden. Die Zimmer im Rössli sind ländlich, die des Motels modern mit dunklem Furnier, die im Kornhaus mit hellem Holz eingerichtet. Verschiedene Restaurants und eine Terrasse erwarten den Gast.

BALZERS Fürstentum Liechtenstein 216 ㉑ ㉒ – Höhe 370 – siehe Seite 507.

BANCO-NEROCCO Ticino 219 ⑧ – vedere Bedigliora.

BASEL (BÂLE)

4000 K Basel-Stadt (BS) 216 ④ – 166 009 Ew. – Höhe 277

Bern 100 ⑤ – Aarau 56 ⑤ – Belfort 79 ⑦ – Freiburg im Breisgau 72 ① – Schaffhausen 99 ⑤.

🛈 Basel Tourismus, Schifflände, ℘ 0612 686 868, info@baseltourismus.ch, Fax 0612 686 870 BY (Adresseänderung vorgesehen in 2003).
⚙ Steinentorstr. 13, ℘ 0612 059 999, Fax 0612 059 970 BZ.
⊛ Birsigstr. 4, ℘ 0612 723 933, Fax 0612 813 657 BZ.
✈ EuroAirport, ℘ 0613 253 111, Basel (Schweiz) über zollfreie Strasse 8 km und in Saint-Louis (Frankreich), ℘ (0033) 389 90 31 11 T.

Fluggesellschaften
Swiss International Air Lines Ltd., ℘ 0848 852 000.
British Airways EuroAirport ℘ 0613 252 511, Fax 0613 252 952.

Lokale Veranstaltung
10.02 – 12.02 : Fasnacht, "Morgenstraich".

🏌 in Hagenthal-le-Bas, ✉ F-68220 (März-Nov.) Süd-West : 10 km. ℘ (0033) 389 68 50 91, Fax (0033) 389 68 55 66.

Sehenswert : Zoologischer Garten★★★ AZ – Altstadt★ : Münster★★ CY, Blick★ von der Pfalz, Fischmarktbrunnen★ BY, Alte Strassen★ BY – Hafen T : Blick★ von der Aussichtsterrasse auf dem Siloturm der Schweizerischen Reederei AX **G** – Rathaus★ BY **H**.

Museen : Kunstmuseum★★★ CY – Museum der Kulturen★ BY **M¹** – Historisches Museum★★ BY – Antikenmuseum und Sammlung Ludwig★★ CY – Basler Papiermühle★ DY **M⁶** – Haus zum Kirschgarten★ BZ – Museum Jean Tinguely★ T **M⁸**.

Ausflugsziele : Römische Ruinen in Augst★★ Süd-Ost : 11 km – St.-Chrischona-Kapelle★ : 8 km über ② – Wasserturm Bruderholz★ U – Riehen 6 km über ② : Fondation Beyeler★★, Spielzeugmuseum★.

***Die im** Michelin-Führer
verwendeten Zeichen und Symbole haben-
dünn oder **fett** gedruckt, rot oder schwarz -
jeweils eine andere Bedeutung.
Lesen Sie daher die Erklärungen aufmerksam durch.*

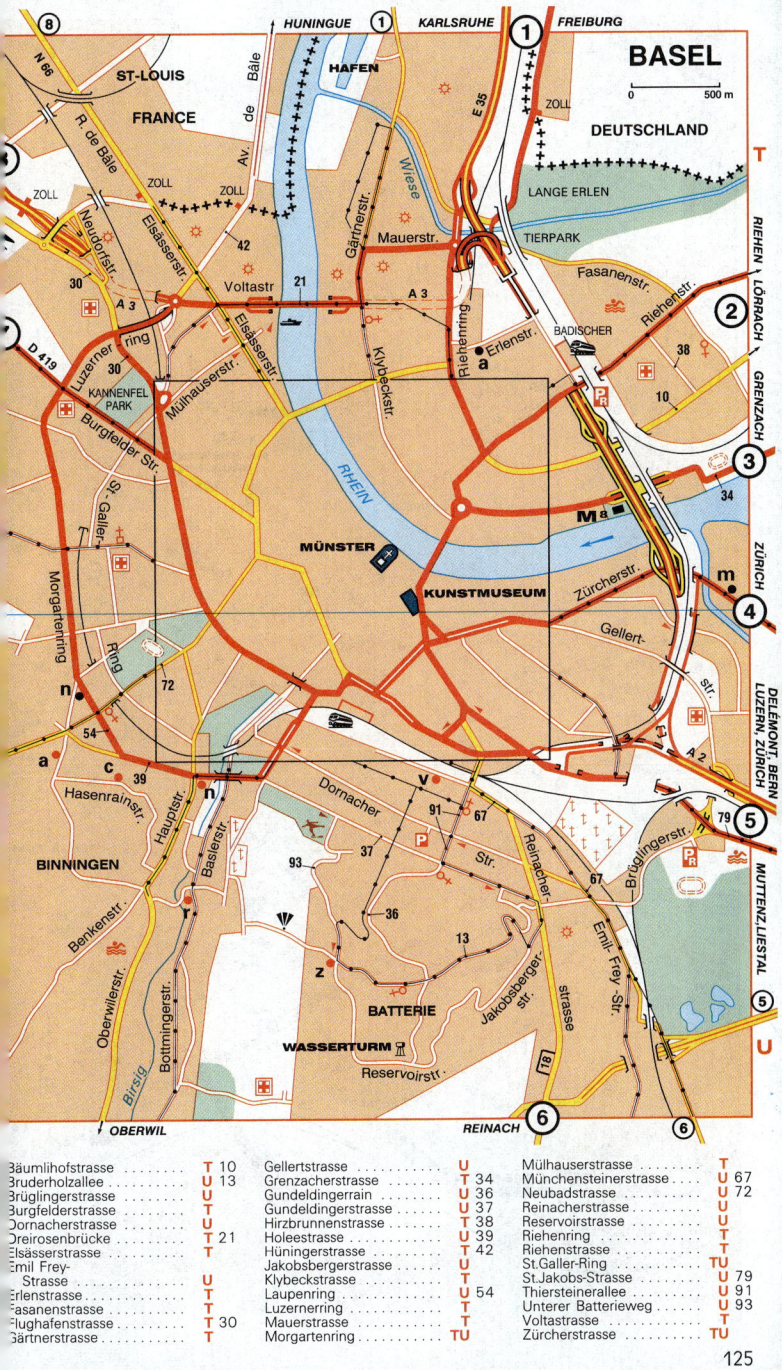

Street	Ref
Bäumlihofstrasse	T 10
Bruderholzallee	TU
Brüglingerstrasse	U 13
Burgfelderstrasse	T
Dornacherstrasse	UT
Dreirosenbrücke	T 21
Elsässerstrasse	T
Emil Frey-Strasse	T
Erlenstrasse	UT
Fasanenstrasse	T
Flughafenstrasse	T 30
Gärtnerstrasse	T
Gellertstrasse	U
Grenzacherstrasse	TU 34
Gundeldingerrain	U 36
Gundeldingerstrasse	U 37
Hirzbrunnenstrasse	T 38
Holeestrasse	T 39
Hüningerstrasse	T 42
Jakobsbergerstrasse	U
Klybeckstrasse	T
Laupenring	U 54
Luzernerring	TU
Mauerstrasse	T
Morgartenring	TU
Mülhauserstrasse	T
Münchensteinerstrasse	U 67
Neubadstrasse	T 72
Reinacherstrasse	U
Reservoirstrasse	U
Riehenring	T
Riehenstrasse	T
St.Galler-Ring	T
St.Jakobs-Strasse	U 79
Thiersteinerallee	U
Unterer Batterieweg	U 91
Voltastrasse	T
Zürcherstrasse	TU

125

BASEL

Street	Grid
Aeschenvorstadt	CYZ
Alemannengasse	DY 3
Andreas-Heusler-Strasse	DZ 4
Andreasplatz	BY 5
Augustinergasse	BY 6
Barfüsserplatz	BY 7
Bäumleingasse	CY 9
Bernoullistrasse	ABY 12
Brunngässlein	CYZ 15
Centralbahnplatz	BZ 16
Centralbahnstrasse	BZ 18
Claraplatz	CX
Drahtzugstrasse	CX 19
Dufourstrasse	CY 22
Eisengasse	BY 24
Erdbeergraben	BZ 25
Falknerstrasse	BY 27
Fischmarktplatz	BY 28
Freie Strasse	BY
Gemsberg	BY 31
Gerbergasse	BY
Greifengasse	BCY 33
Innere Margarethen-strasse	BZ 43
Isteinerstrasse	DX 45
Kannenfeldstrasse	AX 46
Klingentalstrasse	CX 48
Klosterberg	BZ 49
Kohlenberg	BY 51
Kohlenberggasse	BY 52
Leonhardsgraben	BY 55
Leonhardsstrasse	BY 57
Lindenhofstrasse	CZ 58
Luftgässlein	CY 60
Marktgasse	BY 61
Marktplatz	BY
Marschalken-strasse	AZ 63
Messeplatz	DX 64
Mühlenberg	CDY 66
Münsterberg	BY 69
Münsterplatz	BY 70
Peter Merian-Strasse	CZ 73
Riehentorstrasse	CY 75
Rümelinsplatz	BY 76
St. Alban-Graben	CY 78
Schaffhauserrheinweg	DY 81
Schneidergasse	BY 82
Spalengraben	BY 84
Spalenvorstadt	BY 85
Stadthausgasse	BY 87
Steinentorstrasse	BZ 88
Steinenvorstadt	BYZ
Streitgasse	BY 90
Theaterstrasse	BY 92
Unterer Heuberg	BY 93
Wettsteinstrasse	CY 94

Es ist empfehlenswert, in der Hauptsaison und vor allem in Urlaubsorten, Hotelzimmer im voraus zu bestellen.

BASEL

 Drei Könige, Blumenrain 8, ✉ 4001, ☎ 0612 605 050, *info@drei-koenige-bas l.ch*, Fax 0612 605 060, ≤, ☞ – 🛗, ⇔ Zim, 🍴 Zim, 📺 ✆ – 🛎 15/50. AE ⓞ ⓜ VISA JCB
BY
Rôtisserie des Rois : Menu 62 (mittags)/149 und à la carte 85/194 – **König brasserie** : Menu 21 - 25 (mittags) und à la carte 57/109 – ⏤ 32 – **82 Zim** 285/70 6 Suiten.
♦ Altes, traditionsreiches Grandhotel am Rheinufer. Die geräumigen Zimmer sind m original Stilmöbeln eingerichtet. Hier logierten schon Berühmtheiten wie Theodo Herzl. Noble Rôtisserie und Terrasse mit legendärem Rheinblick. Günstiger : die König brasserie.

 Swissôtel Basel Ⓜ, Messeplatz 25, ✉ 4021, ☎ 0615 553 333, *reservations asel@swissotel.com*, Fax 0615 553 970, ⇌s, 🏊 – 🛗, ⇔ Zim, 🍴 📺 ✆ & ⇌ 🛎 15/35. AE ⓞ ⓜ VISA JCB
DX
Menu 16.50 - 26 (mittags) und à la carte 46/84 – ⏤ 30 – **230 Zim** 520/57 8 Suiten.
♦ Das weitläufige Gebäude - direkt am Messegelände gelegen - bietet dem Geschäft reisenden speziell in den frisch renovierten Deluxezimmern modernsten Komfort. Da Restaurant gibt sich modern im Bistrostil.

 Hilton Ⓜ, Aeschengraben 31, ✉ 4002, ☎ 0612 756 600, *basel@hilton.c* Fax 0612 756 650, ⇌s, 🏊 – 🛗 ⇔ 🍴 📺 ✆ & ⇌ – 🛎 15/300. AE ⓞ ⓜ VI JCB
CZ
Wettstein : Menu 29 - 39 und à la carte 54/113 – ⏤ 30 – **204 Zim** 420/64 10 Suiten.
♦ Unweit des Bahnhofs finden Sie den stilistisch mit den benachbarten Hä sern harmonierenden Zweckbau. Moderne Zimmer, an den Bedürfnissen de Geschäftsreisenden orientiert. Das Wettstein ist ein im englischen Stil gehaltene Lokal im Untergeschoss.

Radisson SAS, Steinentorstr. 25, ✉ 4001, ☎ 0612 272 727, *info.basel@radi onsas.com*, Fax 0612 272 828, 🏋, ⇌s, 🏊 – 🛗 ⇔ Zim, 🍴 📺 ✆ & ⇌ 🛎 15/150. AE ⓞ ⓜ VISA JCB
BZ
Steinenpick (Brasserie) Menu 18.50 und à la carte 50/102 – ⏤ 29 – **205 Zi** 535/675.
♦ Schlichte Eleganz strahlt die - wie der grösste Teil der Zimmer - kürzlich renovierte Halle aus. Die nach innen gelegenen Räume sind ruhig, die strassenseitigen gut isolier Ein freundliches Umfeld finden Sie im Steinenpick.

Victoria Ⓜ, Centralbahnplatz 3, ✉ 4002, ☎ 0612 707 070, *hotel-victoria@b ehotels.ch*, Fax 0612 707 077, ☞, 🏋 – 🛗 ⇔ 🍴 📺 ✆ ⇌ – 🛎 15/80. AE ⓞ ⓜ VISA JCB
BZ
Le Train Bleu : Menu 19 - 45 (mittags)/75 und à la carte 51/90 – ⏤ 20 – **107 Zi** 340/440.
♦ Mit einer groZügigen, offen angelegten Halle empfängt Sie dieses schöne Hot direkt am Bahnhof. Die Zimmer überzeugen mit modernstem Komfort ur geschmackvoller Einrichtung. Modern-elegant, mit dekorativen Kunstobjekten : L Train Bleu.

Europe Ⓜ, Clarastr. 43, ✉ 4005, ☎ 0616 908 080, *hotel-europe@balehotels.c* Fax 0616 908 880, – 🛗, ⇔ Zim, 🍴 📺 ✆ ⇌ – 🛎 15/120. AE ⓞ ⓜ VI JCB
CX
Menu (siehe auch Rest. **Les Quatre Saisons**) – **Bajazzo** (Brasserie) Menu 19.50 ur à la carte 45/76 – ⏤ 20 – **158 Zim** 330/450.
♦ Das Geschäftshotel beim Messeplatz hat klimatisierte, funktione gestaltete Zimmer mit modernem Mobiliar und bietet auch für Tagunge ausreichend Platz. Die Brasserie Bajazzo erfreut durch ihr frisches, moderne Dekor.

Basel Ⓜ, Münzgasse 12, Am Spalenberg, ✉ 4001, ☎ 0612 646 800, *receptio @hotel-basel.ch*, Fax 0612 646 811, ☞ – 🛗, ⇔ Zim, 🍴 Zim, 📺 ✆ 🅿 – 🛎 25. ⓞ ⓜ VISA JCB
BY
Brasserie Steiger : Menu 18.50 und à la carte 37/71 – ⏤ 14 – **72 Zim** 225 340.
♦ In der Fussgängerzone der Altstadt ruhig gelegenes Hotel mit Parkservic und eleganten, topmodernen Zimmern. Für geschäftlich und privat Reisend geeignet. Die modern eingerichtete Brasserie sorgt für das leibliche Wohl de Gäste.

BASEL

Euler und Central, Centralbahnplatz 14, ✆ 0612 758 000, *reservation@hoteleuler.ch*, Fax 0612 758 050, 🍴 – 🏢, 🚭 Zim, 📺 ☎ – 🅿 15/45. AE ① ⓜⓞ VISA JCB
Le Jardin (*geschl. Samstag und Sonntag*) **Menu** 39 (mittags) und à la carte 50/100 – ⌑ 25 – **68 Zim** 485/605.   BZ m
◆ In direkter Nähe zum Bahnhof liegt dieses Stadthaus, das schon seit 135 Jahren für traditionelle Hotelkultur steht. Sie beziehen geschmackvolle Zimmer und stilvolle Suiten. Eine schöne Wandmalerei ziert das elegante Restaurant Le Jardin.

Central 🏠, Küchengasse 7, ✆ 0612 758 500, *hotelcentral@hoteleuler.ch*, Fax 0612 758 050 – 📺 ☎. AE ① ⓜⓞ VISA JCB   BZ c
23 Zim ⌑ 190/285 – ½ P Zuschl. 30.
◆ Als Alternative zum Hotel Euler bietet das Hotel Central seinen Gästen etwas schlichtere, funktionell eingerichtete Gästezimmer.

Palazzo 📺 garni, Grenzacherstr. 6, ✉ 4058, ✆ 0616 906 464, *hotel-palazzo@bluewin.ch*, Fax 0616 906 410, 🛁 – 🏢 🚭 🍴 📺 ☎ 🚗. AE ① ⓜⓞ VISA   DY e
30 Zim ⌑ 260/380.
◆ Das moderne Hotel verfügt unter anderem über eine Indoor Golfanlage. Zur Strasse hin klimatisierte Zimmer. Nach hinten - zum kleinen Garten hin gelegen - der Wintergarten.

St. Gotthard 📺 garni, Centralbahnstr. 13, ✉ 4002, ✆ 0612 251 313, *reception@st-gotthard.ch*, Fax 0612 251 314 – 🏢 🚭 📺 ☎ &. AE ① ⓜⓞ VISA JCB   BZ f
103 Zim ⌑ 223/406.
◆ Beim Bahnhof wurde aus zwei Hotels eines. Nach erfolgten Umbauten bietet man Zimmer an, die zeitlos in hellem Holz eingerichtet sind und über gute Schallisolierung verfügen.

Der Teufelhof 📺, Leonhardsgraben 47, ✉ 4051, ✆ 0612 611 010, *info@teufelhof.com*, Fax 0612 611 004 – 🏢 ☎ – 🅿 20. AE ① ⓜⓞ VISA   BY g
geschl. 22. Dez. - 6. Jan. – **Menu** (siehe auch Rest. **Der Teufelhof**) – **29 Zim** ⌑ 190/350, 4 Suiten.
◆ Im Kunsthotel werden die Zimmer im 3-Jahres-Turnus neu gestaltet. Im Galeriehotel sehen sie wechselnde Kunstausstellungen. Vinothek zwischen alten Stadtmauerfundamenten.

Merian 📺, Rheingasse 2, ✉ 4005, ✆ 0616 851 111, *kontakt@merian-hotel.ch*, Fax 0616 851 101, ≼, 🍴 – 🏢, 🚭 Zim, 📺 ☎ 🚗 – 🅿 15/80. AE ① ⓜⓞ VISA JCB   BY b
Café Spitz - Fischspezialitäten - **Menu** *19.50* – 54/82 und à la carte 57/97 – **63 Zim** ⌑ 235/320 – ½ P Zuschl. 34.
◆ Traditionsreiches Haus direkt am Rheinufer. Die flusseitigen, ruhiger gelegenen Zimmer gewähren einen schönen Ausblick auf das Grossbasler Ufer und das Basler Münster. Das Café Spitz lockt mit Fischgerichten und sonniger Rheinterrasse.

Dorint 📺, Schönaustr. 10, ✉ 4058, ✆ 0616 957 000, *info.basbas@dorint.com*, Fax 0616 957 100 – 🏢, 🚭 Zim, 📺 ☎ & 🚗 – 🅿 15/80. AE ① ⓜⓞ VISA JCB, 🍴 Rest   T a
Olive Tree : **Menu** *18 -* 26 (mittags) und à la carte 45/76 – ⌑ 22 – **171 Zim** 360/435 – ½ P Zuschl. 30.
◆ Die modernen, funktionellen Zimmer mit groYen Schreibflächen und guter Technik sowie die Nähe zu Messe und Kongresszentrum machen das Hotel für Geschäftsreisende interessant.

BildungsZentrum 21 📺, Missionsstr. 21, ✉ 4055, ✆ 0612 602 121, *info@bildungszentrum-21.ch*, Fax 0612 602 122, 🍴, 🌲 – 🏢 🚭 📺 ☎ & 🅿 – 🅿 15/90. AE ① ⓜⓞ VISA. 🍴   AY a
Menu (*nur für Hotelgäste*)(*abends*) 25 – **69 Zim** ⌑ 165/275.
◆ Dieses Domizil am Rande der Innenstadt - ein altes, renoviertes Missionshaus - liegt in einer grossen Grünanlage. Hier beziehen Sie moderne, funktionelle Gästezimmer.

Drachen, Aeschenvorstadt 24, ✉ 4010, ✆ 0612 702 323, *info@drachen.ch*, Fax 0612 702 324, 🍴 – 🏢, 🚭 Zim, 📺 ☎ 🚗. AE ① ⓜⓞ VISA JCB   CY z
Menu - italienische Küche - à la carte 51/110 – **43 Zim** ⌑ 280/380.
◆ Das Haus liegt am Rande des Stadtzentrums bei den Basler Grossbanken in einem Einkaufskomplex. Schöne und aufwendige Illusionsmalereien zieren Zimmer und Flure. Zwei Restaurants - gehoben und rustikal - bieten eine Vielfalt italienischer Speisen.

BASEL

Rochat, Petersgraben 23, ✉ 4051, ☏ 0612 618 140, *info@hotelrochat.c*
Fax 0612 616 492, 😋 – 🛗, ✌ Zim, 📺 ✆ – 🏊 15/75. AE ⓘ ⓜ
VISA BY
Menu (alkoholfrei) 15 und à la carte 30/59 – **50 Zim** ⊇ 135/210 – ½ P Zuschl. 2
• Im Namen des Genfer Pfarrers Louis-Lucien Rochat, Gründer des Blauen Kreuze
wird das Hotel heute wie vor 100 Jahren, unter neuzeitlichen Bedingungen, alk
holfrei geführt. Nettes Restaurant mit Gartensitzplatz.

Wettstein garni, Grenzacherstr. 8, ✉ 4058, ☏ 0616 906 969, *hotel-wettste*
@bluewin.ch, Fax 0616 910 545 – 🛗 ✌ 📺 AE ⓘ ⓜ VISA DY
40 Zim ⊇ 240/350.
• Neben dem Palazzo liegt das Hotel mit funktionell eingerichteten Zimmer
und hellem Frühstücksraum. In den umliegenden Gebäuden Appartements f
Dauermieter.

Münchnerhof, Riehenring 75, ✉ 4058, ☏ 0616 917 780, *info@muenchner*
f.ch, Fax 0616 911 490, 😋 – 🛗 📺 ♿. AE ⓘ ⓜ VISA JCB CX
Menu (geschl. 8. - 28. Dez.) 16 und à la carte 37/84 – **33 Zim** ⊇ 264/387.
• Ein Stadthaus am Messegelände, dessen Zimmer ausreichend gross, frisc
renoviert und mit hellem Holzmobiliar praktisch ausgestattet sind. Moderr
Badezimmer. Im unterteilten Hotelrestaurant werden bürgerliche Speise
angeboten.

Metropol garni, Elisabethenanlage 5, ✉ 4002, ☏ 0612 067 676, *hotel@metr*
pol-basel.ch, Fax 0612 067 677 – 🛗 ▭ 📺 ✆. AE ⓘ ⓜ VISA BZ
geschl. 20. Dez. – 6. Jan. – **46 Zim** ⊇ 240/325.
• Nicht weit von Bahnhof und Stadtzentrum gelegen, bietet das Hotel zumei
modern renovierte Zimmer und im 8. Stock einen Frühstücksraum mit schöner Pa
oramasicht über Basel.

Balade Ⓜ, Klingental 8, ✉ 4058, ☏ 0616 991 919, *info@hotel-balade.c*
Fax 0616 991 920, 😋 – 🛗, ✌ Zim, 📺 ✆ ♿ 🚗. AE ⓘ ⓜ VIS
✽ Zim BX
geschl. 24. Dez. - 7. Jan. – **Menu** (geschl. Samstagmittag und Sonntagmittag) 18 - 4
(mittags)/69 und à la carte 42/98 – ⊇ 15 – **24 Zim** 170/250.
• Das moderne Gebäude mit der roten Fassade - nahe Stadt- und Münstermuseu
- beherbergt schlicht gestaltete und praktisch ausgestattete Gästezimmer. Zu
Halle hin offenes Restaurant im Bistrostil.

Spalentor garni, Schönbeinstr. 1, ✉ 4056, ☏ 0612 622 626, *info@hotelspale*
tor.ch, Fax 0612 622 629 – 🛗 ✌ 📺 ✆. ⓜ VISA AY
geschl. 20. Dez. – 5. Jan. – **40 Zim** ⊇ 245/305.
• Ein modernes Stadthotel in zentraler Lage nahe dem namengebende Spalento
Saubere und neuzeitlich ausgestattete Gästezimmer mit Laminatfussboden stehe
zum Einzug bereit.

Steinenschanze garni, Steinengraben 69, ✉ 4051, ☏ 0612 725 353, *info@*
einenschanze.ch, Fax 0612 724 573, 🌲 – 🛗 📺 ✆. AE ⓘ ⓜ VISA BY
geschl. 16. Dez. – 5. Jan. – **54 Zim** ⊇ 180/250.
• Nicht weit von der Innenstadt bietet ihnen diese Adresse schlichte, praktisch ei
gerichtete Zimmer. An warmen Sommertagen geniesst man das Frühstück auf d
Gartenterrasse.

Bâlegra, Reiterstr. 1, ✉ 4054, ☏ 0613 067 676, *info@balegra.c*
Fax 0613 067 677 – 🛗 📺 🏊 15. AE ⓘ ⓜ VISA U
Menu 16 und à la carte 35/71 – **26 Zim** ⊇ 170/300 – ½ P Zuschl. 25.
• Das gut erreichbare Hotel mit hellen, funktionell möblierten Zimmern liegt an de
Ringstrasse, 10 Minuten vom Stadtzentrum entfernt. In der Nähe : grosszügige Grü
anlagen.

Au Violon, im Lohnhof 4, ✉ 4051, ☏ 0612 698 711, *auviolon@iprolink.c*
Fax 0612 698 712, 😋 – 🛗. AE ⓜ VISA BY
geschl. 22. Dez - 10. Jan.; Rest auch 1. - 7. Juli, Montag, Sonn- und Feiertag
Menu 20 und à la carte 42/80 – ⊇ 14 – **20 Zim** 90/180.
• Ehemaliges Untersuchungsgefängnis der Stadt Basel mit Lift direkt vom Barfü
serplatz zur Reception. Eine ebenso spezielle wie auch günstige Unterkunft im Herze
von Basel. An Stelle eines Blechnapfes erwarten Sie ein nettes Gedeck und gut zube
reitetes Essen.

BASEL

XXXXX ❀❀ **Bruderholz,** Bruderholzallee 42, ✉ 4059, ✆ 0613 618 222, *bruderholz@bluew in.ch, Fax 0613 618 203*, 🍽, 🌳 – 🅿, AE ⓘ ⓜ VISA JCB U z
geschl. 2. - 17. März, Sonntag und Montag (ausser Messen) – **Menu** 68 (mittags)/195 und à la carte 122/202.
  ◆ Ein imposantes Herrenhaus oberhalb Basels, klassisch-komfortabel eingerichtet und mit schönem Blumengarten, empfiehlt sich mit kreativen Menus für den wahren Geniesser.
  Spez. Carpaccio de crustacés et ses beignets aux herbes aromatiques. Feuilleté à la truffe noire du Périgord et son coulis au vieux Porto (Nov. - März). La tarte tatin aux poires et glace aux épices à "Leckerli de Bâle" (Sept. - Nov.)

XXX ❀ **Les Quatre Saisons** - *Hotel Europe*, Clarastr. 43 (1. Etage), ✉ 4005, ✆ 0616 908 720, *hotel-europe@balehotels.ch, Fax 0616 908 880* – 🛏, AE ⓘ ⓜ VISA JCB, 🍽 – *geschl. 27. Juli - 24. Aug. und Sonntag (ausser Messen)* – **Menu** 63 (mittags)/160 und à la carte 84/145. CX k
  ◆ Modern gestyltes Restaurant im 1. Stock des Europe, wo sich der Gast von geschultem Servicepersonal mit internationalen Genüssen auf hohem Niveau verwöhnen lassen kann.
  Spez. Queues de langoustines sur zéphir de petits pois à l'huile d'olive. Caneton glacé au caramel d'épices. Parfait de Moscato d'Asti mousseux à la vanille de Tahiti aux fraises des bois

XXX ❀ **Der Teufelhof** - *Hotel Der Teufelhof*, Leonhardsgraben 47, ✉ 4051, ✆ 0612 611 010, *info@teufelhof.com, Fax 0612 611 004*, 🍽 – ⇌, AE ⓘ ⓜ VISA BY g
geschl. 22. Dez. - 6. Jan. – **Bel Etage** *(Samstagmittag, Sonntag und Montag (ausser Messen)* **Menu** 75 (mittags)/180 und à la carte 89/165 – **Weinstube** : **Menu** 70 und à la carte 71/100.
  ◆ In den gediegenen Stuben mit schönem Parkett erwartet sie eine moderne, äusserst kreative Küche. Eine grosse Auswahl an ausgesuchten Weinen rundet das Ess-Kulturerlebnis ab. Durch den Innenhof erreicht man die gemütliche Weinstube mit einfacherer Karte.
  Spez. Zackenbarschfilet mit Krustentiertartar gratiniert, Ingwerrisotto mit braisiertem Chicorée. Pyrenäenmilchlamm mit Bärlauchjus, Gnocchi und Auberginen-Chutney. Tongabohnen-Soufflé mit Karamelisierter Baby Ananas und Moscato-Eis

XXX **Zum Schützenhaus,** Schützenmattstr. 56, ✉ 4051, ✆ 0612 726 760, *restaurant@schuetzenhaus-basel.ch, Fax 0612 726 586*, 🍽 – 🚗, AE ⓘ ⓜ VISA – **Gartensaal** *(geschl. 26. - 31. Dez.)* **Menu** 57/67 und à la carte 68/131.
  ◆ Das historische Zunfthaus beherbergt den mit Holzvertäfelung und nettem Dekor klassisch-rustikal gestalteten Gartensaal sowie eine schlichtere Brasserie - beide mit Terrasse. AY d

XX **Chez Martig fine bouche,** Spalenring 163, ✉ 4055, ✆ 0612 836 363, *info@chez-martig.ch, Fax 0612 836 364*, 🍽 – 🛏, AE ⓘ ⓜ VISA AY b
geschl. 13. Juli - 5. Aug., Sonntag und Montag – **Menu** 25 - 50 (mittags)/120 und à la carte 74/139.
  ◆ Dieses persönlich geführte Restaurant liegt in der Nähe des Schützenmattparks. In einem gepflegten, klassisch-eleganten Ambiente bittet man seine Gäste zu Tisch.

XX **Zum Goldenen Sternen,** St. Alban-Rheinweg 70, ✉ 4052, ✆ 0612 721 666, *info@sternen-basel.ch, Fax 0612 721 667*, 🍽 – AE ⓘ ⓜ VISA JCB DY b
geschl. 23. - 30. Dez. – **Menu** 26 - 59/89 und à la carte 59/115.
  ◆ Inmitten alter Fachwerkhäuser liegt das Bürgerhaus am Rhein. Die Speiseräume haben teilweise wunderschöne Holzdecken. Hübsch : die Terrassen vor und hinter dem Haus.

XX **Chez Donati,** St. Johanns-Vorstadt 48, ✉ 4056, ✆ 0613 220 919, *Fax 0613 220 981*, 🍽 – *geschl. 9. - 17. März, 13. Juli - 11. Aug., Sonntag und Montag* – **Menu** - italienische Küche - 24.50 und à la carte 70/123. BX g
  ◆ Das Innere des alten Hauses zeigt sich im klassischen Stil des ausgehenden 19. Jahrhunderts. Kronleuchter, Bilder, Stuck und viel Holz verleihen dem Raum eine elegante Note.

XX **Charon,** Schützengraben 62, ✉ 4051, ✆ 0612 619 980, *Fax 0612 619 909* – 🛏, AE ⓘ ⓜ VISA JCB AY s
geschl. 1. Juli - 3. Aug., Sonntag und Montag von Okt. - April, Samstag - Sonntag von Mai - Sept. und Feiertage – **Menu** 30 - 95 (abends) und à la carte 62/110.
  ◆ Ein kleines sympathisches Restaurant mit Bistro-Ambiente und hübscher Pflanzendekoration. Häufig wechselndes, auf ausgewählten Frischprodukten basierendes Angebot.

BASEL

Hong Kong, Riehenring 91, ✉ 4058, ✆ 0616 918 814, *info@restaurant-hong ong.ch*, Fax 0616 918 836, 🍽 – AE ⓪ ⓶ VISA JCB   CX
geschl. Weihnachten, Ostern und Juli – **Menu** - chinesische Küche - 19.50 - 5 (mittags)/86 und à la carte 54/98.

• Von Kanton bis Szechuan ! Der Gast kann hier aus einem breitgefächerte Angebot an chinesischen Spezialitäten wählen. Das Ambiente ist typisc fernöstlich.

St. Alban-Stübli, St. Alban-Vorstadt 74, ✉ 4052, ✆ 0612 725 415 Fax 0612 740 488, 🍽 – AE ⓪ ⓶ VISA   DY
geschl. 24. Dez. - 8. Jan., 26. Juli - 4. Aug., Samstag (ausser abends von Sept. - Jur und Sonntag – **Menu** (mittags nur kleine Karte) (Tischbestellung ratsam) 28.50 - 4 (mittags)/78 und à la carte 56/120.

• Im gemütlichen ortstypischen Stübli oder im Garten geniesst man traditionelle gu' bürgerliche Gerichte. Danach führt der Weg die Treppe hinauf ins kleine Zigarrer zimmer.

Zur Schuhmachernzunft, Hutgasse 6 (1. Etage), ✉ 4001, ✆ 0612 612 09 *mschneiteràdigi-com.ch*, Fax 0612 612 591 – ▪ AE ⓪ ⓶ VISA   BY
geschl. 22. Dez. - 5. Jan., 30. Juni - 18. Aug., Samstag, Sonntag (ausse Messen und Fasnacht) – **Menu** (Tischbestellung ratsam) 85 und à la cart 67/121.

• Im 1. Stock eines alten Stadthauses finden Sie dieses freundich geführte Resta rant. Die alte Holztäfelung, viele Bilder, ein Flügel und ein gutes Couvert prägen da Ambiente.

Sakura, Centralbahnstr. 14, ✉ 4051, ✆ 0612 720 505, Fax 0612 953 989 – ▪ AE ⓪ ⓶ VISA JCB 🍽   BZ
geschl. Juli - Aug. 6 Wochen, Samstagmittag, Sonn- und Feiertage – **Teppanyak** - japanische Küche - **Menu** 64/114 und à la carte 35/91 – **Yakitori**: Menu 17 - 47/8 und à la carte 56/103.

• Das Lokal steht im Zeichen der aufgehenden Sonne. Im Bahnhofsgebäude gele gen, lädt es mit japanischer Höflichkeit lächelnd zu fernöstlichen Genüssen ei. Vor Ihren Augen werden im Teppanyaki die Speisen von flinken Köchen kunstvo präsentiert.

St. Alban-Eck, St. Alban-Vorstadt 60, ✉ 4052, ✆ 0612 710 320, *pluess@st-ban-eck.ch*, Fax 0612 738 609 – AE ⓪ ⓶ VISA   CY
geschl. 11. Juli - 11. Aug., Samstagmittag und Sonntag – **Menu** 24 - 42 (mittags)/8 und à la carte 62/104.

• Das alte Eckhaus mit Fachwerkfassade liegt in einer ruhigen Wohngegend in Rhein nähe. Viel Holz gibt dem Lokal seinen bürgerlich-rustikalen Charakter.

Gundelingerhof, Hochstr. 56, ✉ 4053, ✆ 0613 616 909, *dlambelet@blue in.ch*, Fax 0613 618 399, 🍽 – AE ⓪ ⓶ VISA   U
geschl. 24. Dez. - 3. Jan., Samstagmittag und Montag – **Menu** (mittags nur kleir Karte) 28 - 52 (mittags)/98 und à la carte 56/102.

• In dem hellen, freundlichen Quartierrestaurant kann man aus einem ansprechende Angebot sowohl an Speisen, wie auch an ausgesuchten Weinen wählen.

Am Hübeli, Hegenheimerstr. 35, ✉ 4055, ✆ 0613 811 422, *info@am-huebeli.ch* Fax 0613 811 420, 🍽 – AE ⓪ ⓶ VISA   AY
geschl. 24. Dez. - 4. Jan., 22. Juli - 2. Aug., Samstagmittag, Sonntag un Montag – **Menu** (mittags kleine Karte) 23 - 56 (mittags)/110 und à la cart 65/114.

• In einem schlichten, bürgerlich gestalteten Raum mit Holvertäfelung serviert ma seinen Gästen aus frischen Produkten zubereitete Speisen. Kleine begrünte Inner hofterrasse.

in Riehen über ② : 5 km – Höhe 288 – ✉ 4125 Riehen :

Schürmann's, Äussere Baselstr. 159, ✆ 0616 431 210, Fax 0616 431 211, 🍽 AE ⓪ ⓶ VISA
geschl. 10. - 15. März, 8. - 20. Sept., Montag (ausser grossen Messen), Samstagmitta und Sonntag – **Menu** 60 (mittags)/130 und à la carte 82/140.

• Im modernen Restaurant mit wechselnden Bilderausstellungen und auf der Gar tenterrasse werden aus frischen Zutaten kreierte, wohlschmeckende Speisenfolge angeboten.
Spez. Jamòn de Jabugo Iberico mit Olivenbrickblättern. Spezialitäten mit weisser Albatrüffel (Nov. - Dez.). Badische Spargeln (April - Juni)

BASEL

Birsfelden Ost über ④ : 3 km – Höhe 260 – ✉ 4127 Birsfelden :

🏨 **Alfa,** Hauptstr. 15, ✆ 0613 156 262, alfa.birsfelden@bluewin.ch, Fax 0613 156 263 – 🛗 📺 ✆ 🅿 – 🛁 15/80. AE ① ⑩ VISA   T m
Menu (geschl. Sonntag und Montag) 22 (mittags) und à la carte 39/103 – **54 Zim** ⊇ 105/220.
 • In 15 Minuten erreichen Sie von hier aus das Zentrum mit der Strassenbahn. Die funktionellen Zimmer des Hauses bieten eine günstige Alternative zu den Stadthotels.

XX **Waldhaus** 🌳 mit Zim, Ost : 2 km Richtung Rheinfelden, ✆ 0613 130 011, Fax 0613 789 720, 🍽, 🐕 – 📺 ⇔ 🅿 – 🛁 15/30. AE ① ⑩ VISA. ✻ geschl. 23. Dez. - 14. Jan., Sonntagabend und Montag – **Menu** 20 - 55/66 und à la carte 54/101 – **8 Zim** ⊇ 125/190.
 • Idyllisch ist die Lage dieses schönen Fachwerkhauses in einer Parkanlage am Rheinufer. Für Kinder ist ein Spielplatz vorhanden, Spaziergänge in der nahen Hard bieten sich an.

Muttenz über ⑤ : 4,5 km – Höhe 271 – ✉ 4132 Muttenz :

🏨🏨 **Baslertor** [M], St. Jakobs-Str. 1, ✆ 0614 655 555, hotel-baslertor@balehotels.ch, Fax 0614 655 550, 🍽, 🏋 – 🛗, ✻ Zim, 📺 ✆ ⇔ – 🛁 15/20. AE ① ⑩ VISA
Menu (geschl. Samstag und Sonntag) (nur Abendessen) à la carte zirka 48 – ⊇ 10 – **43 Zim** 270/330, 4 Suiten.
 • Im grossen Gebäudekomplex mit Einkaufszentrum stehen moderne Zimmer mit grosszügigem Platzangebot, wie auch Appartements mit vollständig eingerichteter Küche zur Verfügung.

Binningen 2 km U – Höhe 284 – ✉ 4102 Binningen :

XXX **Schloss Binningen,** Schlossgasse 5, ✆ 0614 212 055, wdammann@schloss-binningen.ch, Fax 0614 210 635, 🍽 – 🅿. AE ① ⑩ VISA   U r
geschl. 1. - 17. Feb., Sonntag und Montag (ausser Messen und Feiertage) – **Menu** 32 - 50 (mittags)/98 und à la carte 73/128.
 • Dinieren im Empire Salon, ein trautes tête-à-tête in der Schlossstube und vieles mehr ist in dem alten, stilvoll eingerichteten Rittersaal in einer Parkanlage möglich.

XXX **Alte Waage - Chez Armin,** Hauptstr. 1, ✆ 0614 215 500, info@chez-armin.ch, Fax 0614 215 502, 🍽 – AE ① ⑩ VISA   U n
geschl. 17. Juli - 13. Aug., Dienstag und Mittwoch – **Menu** 49 (mittags)/140 und à la carte 87/137.
 • Einen Schritt vor den Toren Basels stösst man auf das verkehrsgünstig gelegene, freundlich-elegante Restaurant mit klassischem Angebot und vielfältigen Spezialitäten.

XXX **The Castle,** Hasenrainstr. 59, ✆ 0614 212 430, welcome@thecastle.ch, Fax 0614 217 709, ≤ – 🅿. AE ① ⑩ VISA   U c
geschl. 25. -30. Dez., 7. - 27. Juli, Samstagmittag, Montag und Dienstag – **Menu** 52 (mittags)/95 und à la carte 88/125.
 • Parkett, Gemälde und ein gutes Couvert tragen zum eleganten, englisch inspirierten Stil des durch Säulenbögen unterteilten Restaurants bei. Beeindruckender Blick über Basel !

XX **Gasthof Neubad** mit Zim, Neubadrain 4, ✆ 0613 020 705, gasthof.neubad@datacomm.ch, Fax 0613 028 116, 🍽 – ✻ Zim, 📺 🅿. AE ⑩ VISA   U a
geschl. 1. - 15. März und Mittwoch – **Menu** 22 - 50 (mittags) und à la carte 41/114 – **6 Zim** ⊇ 125/240.
 • 1742 begann die Geschichte dieses schönen Hauses als Bade- und Gasthof. Heute speist man hier gutbürgerlich, auch im hübschen Gartenrestaurant.

BASSECOURT 2854 Jura (JU) 216 ⑭ – 3 444 h. – alt. 478.
Bern 76 – *Delémont* 11 – Basel 56 – Biel 41 – Montbéliard 57.

⚓ **Croix Blanche,** 51 r. Colonel Hoffmeyer, ✆ 0324 267 189, Fax 0324 266 049, 🍽 ⚓ – 📺 🅿 – 🛁 50. AE ① ⑩ VISA JCB
fermé 25 juil. au 4 août – **Repas** (fermé sam. midi - également le soir de juil. à août - et dim.) 15 - 22 et à la carte 39/75 – **9 ch** ⊇ 75/140 – ½ P suppl. 20.
 • Vous trouverez cette grande "maison du pays" sur la traversée du village. Elle abrite des chambres un peu désuètes mais bien tenues, et un salon en mezzanine. Le restaurant, rustique, prépare des grillades, la spécialité "maison" ou des plats traditionnels.

BASSERSDORF 8303 Zürich (ZH) 216 ⑱ ⑲ – 7 152 Ew. – Höhe 455.
Bern 136 – Zürich 15 – Aarau 58 – Sankt Gallen 78 – Schaffhausen 40.

Cuba Libre M, Winterthurerstr. 1, ℘ 018 365 200, bassersdorf@cubacuba.ch
Fax 018 365 227, 😊 – ⧉, ↤ Zim, ⒯ ℅. AE ⓞ VISA. ⌇ Zim
Menu - karibische Küche - (nur Abendessen) à la carte 48/94 – **Tres Amigos** - me
xikanische Küche - **Menu** 16.50 und à la carte 36/77 – **13 Zim** ⌇ 135/155.
 ◆ Die durchschnittlich grossen Zimmer dieses zentral gelegenen Gasthofs - mit hellem
 neuzeitlichem Holzmobiliar eingerichtet - bieten moderne Technik und wohnliche
 Atmosphäre. Die Einrichtung des Restaurants passt zum karibisch-mexikanischen
 Speisenangebot.

BÄTTERKINDEN 3315 Bern (BE) 216 ⑮ – 2 630 Ew. – Höhe 472.
Bern 24 – Biel 33 – Burgdorf 14 – Olten 45 – Solothurn 11.

Krone mit Zim, Bahnhofstr. 1, ℘ 0326 653 434, info@kronebaetterkinden.ch
Fax 0326 653 483, 😊 – ⧉ ⒯ ℅. AE ⓞ ⓜ VISA
geschl. Mittwoch – **Menu** (Trendrestaurant) 15 - 75 und à la carte 38/72 – ⌇ 1
– **3 Zim** 90/160.
 ◆ In dieser rustikalen Trendadresse kommen Sie in den Genuss kulturell-kulinarischer
 Veranstaltungen. Das Beizli bietet sorgfältig zubereitete Gerichte traditioneller Her
 kunft.

BAUEN 6466 Uri (UR) 218 ① – 228 Ew. – Höhe 440.
Sehenswert : *Lage*★.
Bern 164 – Luzern 50 – Altdorf 11.

Zwyssighaus, ℘ 0418 781 177, Fax 0418 781 077, ≤ See und Berge, 😊 – ⓓ
ⓞ ⓜ VISA
geschl. 24. Feb. - 12. März, Nov. - 15. Dez., Montag und Dienstag – **Menu** (Tisch
bestellung ratsam) 74/92 und à la carte 49/96.
 ◆ Heimelige Atmosphäre herrscht im Geburtshaus des Komponisten der Schweizer
 Nationalhymne, Alberik Zwyssig. Von hier aus hat man auch einen schönen Blick au
 See und Berge.

BAUMA 8494 Zürich (ZH) 216 ⑲ – 4 204 Ew. – Höhe 639.
Bern 163 – Zürich 40 – Frauenfeld 38 – Rapperswil 22 – Winterthur 25.

Heimat mit Zim, Seewadel, Richtung Rapperswil : 1 km, ℘ 0523 861 166
Fax 0523 862 560, 😊 – ↤ Zim, ⒯ ℅. AE ⓞ ⓜ VISA
geschl. 8. Jan. - 16. Feb. – **Menu** (geschl. Montag) (nur Abendessen ausser Samsta
und Sonntag) 78 und à la carte 35/80 – **14 Zim** ⌇ 70/150 – ½ P Zuschl. 28.
 ◆ Der Landgasthof befindet sich ausserhalb des Ortes. Links vom Eingang liegt d
 einfache Gaststube, dahinter das rustikale Restaurant. In beiden Lokalen gutbürge
 liche Karte.

BEATENBERG 3803 Bern (BE) 217 ⑦ – 1 266 Ew. – Höhe 1 150.
Sehenswert : Niederhorn★★.
Lokale Veranstaltungen
24.08 : Alphorntreffen
19.09 : "Chästeilet", Volksfest.

🛈 Tourist-Center, Hälteli, ℘ 0338 411 818, info@beatenberg.ch
Fax 0338 411 808.
Bern 66 – Interlaken 10 – Brienz 28.

Dorint Blüemlisalp ⚐, ℘ 0338 414 111, info@dorint.ch, Fax 0338 414 14
≤ Thunersee und Berneralpen, ⚐, ⧉ – ⧉ ⒯ ⚐ ⇐ ℗ – 🎿 15/80. AE ⓞ ⓜ
VISA. ⌇ Rest
Menu 18.50 - 30 (mittags)/41 und à la carte 41/89 – **30 Zim** ⌇ 136/245, 105 Suite
– ½ P Zuschl. 40.
 ◆ Das ruhige Hotel mit Blick auf Thunersee und Alpen stellt seinen Gästen Studio
 mit hellem Einbaumobiliar und wohnlich eingerichtete Maisonnette-Appartement
 zur Verfügung. Grosses, frisch renoviertes Restaurant.

BEATENBERG

n Waldegg Ost : 1 km – Höhe 1 200 – ✉ 3802 Waldegg :

- **Beausite** 🕭, ☏ 0338 411 941, ferien@hotel-beausite.ch, Fax 0338 411 943, ← Jungfraugebiet, 🍴 – AE ⓘ MC VISA. ✻ Rest
  geschl. 27. April 9. Mai und 15. Nov. - 18. Dez. – **Menu** (geschl. Mittwoch) (nur kleine Karte) 17 - 38 (abends) und à la carte 29/52 – **11 Zim** ⊆ 65/134 – ½ P Zuschl. 26.
  - Die Zimmer dieses Hotels sind mit neo-rustikalen Bauernmöbeln nett eingerichtet. Auf die schöne Lage mit Blick auf das Jungfraugebiet weist schon der Name des Hauses hin. Einfaches Restaurant mit Terrasse.

- **Eiger** 🕭 garni, ☏ 0338 411 212, hotel-eiger@bluewin.ch, Fax 0338 411 756, ← Jungfraugebiet – P. AE MC VISA. ✻
  geschl. 1. - 26. Dez., 10. - 30. März und 28. April - 9. Mai – **6 Zim** ⊆ 65/140.
  - Ein regionstypisches, holzverkleidetes Chalet, das vor allem Urlauber anspricht, die eine familiäre, private Atmosphäre vorziehen. Auch für Kleinseminare gut geeignet.

BECKENRIED 6375 Nidwalden (NW) **217** ⑩ – 2 868 Ew. – Höhe 435 – Wintersport : 435/1 920 m ⸗1 ⸗8.

Lokale Veranstaltungen
02.06 - 23.06 : klassische Konzerte
07.12 : "Samichlaus Märcht und Umzug".

🛈 Tourismusbüro, Seestr. 1, ☏ 0416 203 170, info@beckenried.ch, Fax 0416 203 205.

Bern 135 – Luzern 22 – Andermatt 39 – Brienz 57 – Schwyz 34 – Stans 12.

- **Sternen**, Buochserstr. 54, ☏ 0416 245 555, seehotel-sternen@bluewin.ch, Fax 0416 245 556, ← Vierwaldstättersee, 🍴, 🛶, 🈁, 🕭 – 🛗 TV 📞 P. AE ⓘ MC VISA. ✻ Rest
  geschl. 7. - 20. Jan. – **Menu** 21 - 44 und à la carte 40/73 – **45 Zim** ⊆ 120/200 – ½ P Zuschl. 45.
  - Ein eigener Fährbetrieb gehört zu diesem schön gelegenen Seehotel. Die Zimmer sind mit hellem Naturholz ausgestattet und bieten teils einen Ausblick auf Wasser und Berge. Sie speisen in verschiedenen rustikalen Stuben oder auf der Terrasse.

- **Nidwaldnerhof**, Dorfstr. 12, ☏ 0416 205 252, nidwaldnerhof@bluewin.ch, Fax 0416 205 264, ← Vierwaldstättersee, 🍴, 🕭 – 🛗 TV 📞 ⇔ P. AE ⓘ MC VISA
  geschl. Jan. – **Menu** 18.50 und à la carte 44/84 – **20 Zim** ⊆ 130/190 – ½ P Zuschl. 32.
  - Eine der Annehmlichkeiten dieses Hauses ist seine Lage direkt am See. Die Zimmer sind mit einfachem hellem Holzmobiliar zweckmässig eingerichtet. Die Restauration ist in Stube, Wintergarten und eine grosse Seeterrasse unterteilt.

BEDIGLIORA 6981 Ticino (TI) **219** ⑧ – 488 ab. – alt. 615.
Bern 290 – Lugano 14 – Bellinzona 37 – Locarno 50 – Varese 26.

Banco-Nerocco Nord : 2 km – alt. 582 – ✉ 6981 Banco :

- **Osteria la Palma**, ☏ 0916 081 118, 🍴 – P. AE VISA. ✻
  chiuso dal 25dicembre al 2 gennaio, febbraio, martedì sera (salvo luglio ed agosto) e mercoledì – **Pasto** alla carta 37/67.
  - Costruzione di campagna con una piccola sala ed un più grande servizio estivo all'aperto, sotto un fiorito pergolato in legno. Pochi piatti genuini, tipicamente ticinesi.

BEGNINS 1268 Vaud (VD) **217** ⑫ – 1 294 h. – alt. 541.
Bern 129 – Lausanne 34 – Champagnole 61 – Genève 29.

- **Auberge de l'Ecu Vaudois** avec ch, 1 rte de Saint-Cergue, ☏ 0223 664 975, Fax 0223 664 963, 🍴 – 🛗 TV 🚿 P. – 🈁 15/120. AE ⓘ MC VISA
  Rest : fermé dim. soir et lundi – **Repas** 46 (midi)/92 et à la carte 63/103 – **Café** : **Repas** 16 et à la carte 52/76 – **5 ch** ⊆ 100/225.
  - L'ancienne auberge communale, désormais rénovée, offre de faire escale dans sa charmante salle à manger pour un repas soigné. Chambres modernes. Brasserie contemporaine, à l'entrée de l'Écu Vaudois, complétée par deux caveaux et le "Carnotzet des Vignerons".

BELALP Wallis 217 ⑱ – siehe Blatten bei Naters.

BEINWIL AM SEE 5712 Aargau (AG) 216 ⑰ – 2 572 Ew. – Höhe 519.
Bern 100 – Aarau 22 – Luzern 31 – Olten 36 – Zürich 53.

XX **Seehotel Hallwil** M ⌂ mit Zim, Seestr. 79, ℘ 0627 658 030, hotel@seehotl-hallwil.ch, Fax 0627 658 040, <, ≋, TV, 📞, 🚗, P, ▲ 60. AE ① ⓜⓞ VISA
※ Rest
geschl. 24. Dez. - 13. Jan. – **Menu** (geschl. Montag von Okt. - April) 45 (mittags)/9 und à la carte 51/95 – **12 Zim** ⇌ 115/175 – ½ P Zuschl. 45.
♦ Zwei ruhig am See gelegene Gebäude bilden das Hotel. Die im motelartigen Neuba untergebrachten Zimmer sind modern mit heller Einrichtung und haben alle eine Balkon.

BELLEVUE Genève 217 ⑪ – rattaché à Genève.

Scriveteci...
Le vostre critiche e i vostri apprezzamenti saranno esaminati
con la massima attenzione. Verificheremo
personalmente gli alberghi e i ristoranti che
ci vorrete segnalare
Grazie per la collaborazione !

BELLINZONA 6500 C Ticino (TI) 218 ⑫, 219 ⑧ – 16 757 ab. – alt. 240.

Vedere : Castelli★ : castello di Montebello★, ≤★ dal castello di Sasso Corbaro.
Manifestazioni locali
27.02 - 04.03 : "Rabadan" corteo mascherato ed animazione carnevalesca
28.04 - 06.06 : Pianoforte, festival pianistico.

🅘 Ente turistico di Bellinzona e dintorni, Palazzo La Posta, viale Stazione 18
℘ 0918 252 131, info@bellinzonaturismo.ch, Fax 0918 214 120.

✤ viale Stazione 32, ℘ 0918 216 160, Fax 0918 216 150.
Bern 247 – Locarno 20 – Andermatt 84 – Chur 115 – Lugano 28.

🏠 **Unione**, via Generale Guisan 1, ℘ 0918 255 577, info@hotel-unione.ch
Fax 0918 259 460, ≋ – |≡|, ✂ cam, ▤ rist, TV, 📞 – ▲ 15/120. AE ① ⓜⓞ VISA
※ rist
chiuso dal 22 dicembre al 19 gennaio – **Da Marco** (chiuso domenica) **Pasto** 29 - 37/6 ed alla carta 47/73 – **33 cam** ⇌ 165/215 – ½ P sup. 30.
♦ Ubicato lungo la strada principale, comodo hotel indicato anche per una clien tela d'uomini d'affari. Camere funzionali e dal confort attuale. Il ristorant propone una carta tradizionale con orientamento internazionale, in un ambient semplice.

XXX **Castelgrande**, Salita al Castello, ℘ 0918 262 353, info@castelgrande.ch
Fax 0918 262 365, ≋ – ▤. AE ① ⓜⓞ VISA JCB
chiuso lunedì – **Pasto** 40 (mezzogiorno)/119 ed alla carta 77/130 – **Grottin San Michele** (chiuso la sera dal 31 dicembre al 31 marzo) Pasto 16 ed alla cart 39/75.
♦ Lasciatevi sorprendere dal modernissimo ristorante racchiuso nel contest medievale del castello. Cucina raffinata e ampia scelta di vini. Una bella alternativ al Ristorante Castelgrande il grotto San Michele che propone una cucina tradiz onale.

XX **Orico** (Albrici), via Orico 13, ℘ 0918 251 518, info@locandaorico.ch
Fax 0918 251 519 – AE ① ⓜⓞ VISA ※
chiuso dal 2 al 7 gennaio, dal 20 luglio al 20 agosto, domenica e lunedì – **Pasto** 28 38 (mezzogiorno)/95 ed alla carta 76/111.
♦ Un locale attraente, piccolino, con due sale curate ed eleganti dove lasciarsi stupir da una cucina italiana ricercata e ricca d'inventiva.
Spec. Fegato d'anatra, ventaglio di asparagini verdi salvatici, vinaigrette al tartuf nero (primavera). Code di scampi, ventaglio fine di pomodori, peretti e cetrioli (estate Quaglia di Dombes disossata e farcita (autunno - inverno)

BELLINZONA

Corona, via Camminata 5, ✆ 0918 252 844, Fax 0918 252 148, 🍽 – AE ① ◎ VISA. ✼
chiuso domenica – **Pasto** 16 - 23 (mezzogiorno) ed alla carta 36/70.
♦ Nel cuore dell'incantevole centro storico della città, "coronate" la vostra golosità ! Ristorante semplice, frequentato dagli habitués. Linea di cucina tradizionale.

Osteria Sasso Corbaro, Salita al Castello Sasso Corbaro, Est : 4km, ✆ 0918 255 532, athosluzzi@bluewin.ch, Fax 0918 250 349, 🍽 – 🅿. ◎ VISA. ✼
chiuso dal 15 dicembre al 13 febbraio, domenica sera e lunedì – **Pasto** (prenotare) alla carta 56/75.
♦ Dimenticate il presente nell'amena cornice medievale del più alto dei tre castelli : in estate mangiate nella stupenda corte interna. Cucina di stampo locale.

Pedemonte, via Pedemonte 12, ✆ 0918 253 333, Fax 0918 253 333, 🍽 – ◎ VISA
chiuso una settimana in gennaio, dal 7 luglio al 25 agosto, sabato mezzogiorno e lunedì – **Pasto** (prenotare) 15 ed alla carta 56/75.
♦ Ambiente intimo per cenette "tête-à-tête". Scoprite i nuovi sapori della lista letta a voce, creati con prodotti locali, rispettando il susseguirsi delle stagioni.

Osteria Malakoff, Carrale Bacilieri 10, Ravecchia (presso dell'ospedale), ✆ 0918 254 940, Fax 0918 263 714 – ① ◎ VISA
chiuso dal 1º al 12 gennaio, agosto, domenica e giorni festivi – **Pasto** 18 - 35 (mezzogiorno)/68 ed alla carta 49/79.
♦ A pranzo menù fisso ma la sera apprezzate le numerose proposte alla carta, più elaborate, in questo simpatico locale a conduzione familiare.

ll'autostrada N2 (direzione Nord) Sud-Ovest : 2 km :

Mövenpick Benjaminn Ⓜ senza rist, Area di servizio Bellinzona Sud, ✉ 6513 Monte Carasso, ✆ 0918 570 171, hotel.benjamin@moevenpick.com, Fax 0918 577 635 – 🛗 ⇤ TV 🔥 🅿 – 🔔 20. AE ① ◎ VISA
⌑ 16 – **55 cam** 110/160.
♦ Tappa ideale per chi viaggia in direzione del Gottardo : vi si accede unicamente dall'area di servizio Bellinzona sud. Camere tutte identiche, funzionali e ben isolate.

Carasso Nord-Ovest : 2 km – ✉ 6503 Carasso :

Osteria Nord, via alle Torri 15, ✆ 0918 262 095, 🍽 – ⇤ 🅿. ◎ VISA. ✼
chiuso dal 1º al 20 gennaio, dal 10 al 20 agosto, sabato a mezzogiorno, domenica e martedì – **Pasto** 14 - 60 (mittags)/80 ed alla carta 45/75.
♦ Piccola ed accogliente osteria dall'ambiente semplice, rustico che propone piatti della cucina italiana, rielaborati con un pizzico di fantasia.

ELLWALD 3997 Wallis (VS) **217** ⑱ – 462 Ew. – Höhe 1 560.
Bern 157 – Brig 26 – Domodossola 89 – Interlaken 103 – Sion 79.

Bellwald Ⓜ ✼, ✆ 0279 701 283, info@hotel-bellwald.ch, Fax 0279 701 284, ≤ Berge und Rhonetal, 🍽 – TV 🔥 🅿 AE ① ◎ VISA
16. Dez. - 19. April und 21. Mai - 31. Okt. – **Menu** (geschl. Montag in Mai und Juni) 26 - 58 und à la carte 40/86 – **16 Zim** ⌑ 115/170, Vorsaison ⌑ 90/140 – ½ P Zuschl. 30.
♦ Die zwei ruhig gelegenen Chalets befinden sich auf einer Hochterrasse im Ort und bieten einen schönen Ausblick auf das Rhonetal und die Berge. Zimmer mit hellem Holzmobiliar. Rustikales Holz prägt das Ambiente im Restaurant.

ELPRAHON Bern **216** ⑭ – rattaché à Moutier.

ERGÜN (BRAVUOGN) 7482 Graubünden (GR) **218** ⑮ – 507 Ew. – Höhe 1 372.
Bern 291 – Sankt Moritz 32 – Chur 54 – Davos 39.

Bellaval ✼ garni, ✆ 0814 071 209, bellaval@berguen.ch, Fax 0814 072 164, ≤, 🍽 – ⇤ TV 🅿. AE ◎ VISA. ✼
geschl. 23. März - 27. April und 1. Nov. - 8. Dez. – **7 Zim** ⌑ 65/160.
♦ Dieses nette kleine Hotel beherbergt Sie in geräumigen Zimmern, die mit hellem Naturholz und Laminatboden modern und funktionell eingerichtet sind - mit Balkon oder Terrasse.

BERIKON 8965 Aargau (AG) ②①⑥ ⑱ – 4 393 Ew. – Höhe 550.
Bern 114 – Aarau 36 – Baden 17 – Dietikon 14 – Wohlen 12 – Zürich 18.

Stalden mit Zim, Friedlisbergstr. 9, ℘ 0566 331 135, hotel@stalden.com Fax 0566 337 188, 🍴 – 📺 🅿, AE 🌕 🌟 Zim
geschl. 30. Jan. - 12. Feb., 7. Juli - 3. Aug., Montag und Dienstag – **Menu** 19.5 (mittags)/72 und à la carte 45/80 – **10 Zim** ⊑ 65/110.
♦ Der Gasthof liegt versteckt am Ende des Ortes. Im netten Umfeld des Restauran oder auf der Terrasse können sie moderne Gerichte mit asiatischem Einfluss genie sen.

BERLINGEN 8267 Thurgau (TG) ②①⑥ ⑨ – 761 Ew. – Höhe 403.
Bern 184 – Sankt Gallen 67 – Frauenfeld 20 – Konstanz 16 – Schaffhausen 34 Singen 23.

Seehotel Kronenhof [M], Seestr. 101, ℘ 0527 625 400, info@seehotel-kro nhof.ch, Fax 0527 625 481, ≤ Bodensee, 🍴, ⌂, ⇌, 🐾, 🛗 – 🛏 📺 📞 & 🅿 🅰 15/100. AE ⓪ 🌕 VISA
geschl. 13. Dez. - 25. Jan. – **Menu** (geschl. 29. Nov. - 28. Feb.) 20 - 65 (abends) un à la carte 43/85 – **47 Zim** ⊑ 160/260 – ½ P Zuschl. 38.
♦ Direkt am Ufer befindet sich das Neubau-Hotel. Die Zimmer mit schönem Blick a den Untersee sind im gleichen Stil, mit neuzeitlich-zweckmässigen Möbeln eing richtet. Als Restaurant fungiert ein modern eingerichteter Raum.

BERN (BERNE)

3000 K Bern (BE) 2|1|7 ⑥ – 122 484 Ew. – Höhe 548

Biel 35 ① – Fribourg 34 ③ – Interlaken 59 ② – Luzern 111 ② – Zürich 125 ①.

🛈 Tourist Center, Im Bahnhof, ℘ 0313 281 212, info-res@bernetourism.ch, Fax 0313 281 277 DY.
   Tourist Center, Am Bärengraben.
❀ Thunstr. 63, ℘ 0313 563 434, Fax 0313 563 435 FZ.
♣ Theaterplatz 13, ℘ 0313 113 813, Fax 0313 112 637 EZ.
✈ Bern-Belp, ℘ 0319 602 111, Fax 0319 602 212 BX.

Fluggesellschaft
Swiss International Air Lines Ltd., ℘ 0848 852 000.

Lokale Veranstaltungen
28.04 – 04.05 : Internationales Jazzfestival.
24.11 : Zwiebelmarkt.

ᵣ₁₈ Blumisberg in Wünnewil ✉ 3184 (Mitte März-Mitte Nov.) ℘ 0264 963 438 Fax 0264 963 523. Süd-West 18 km über ③.
ᵣ₉ in Oberburg ✉ 3414 (März-Nov.) ℘ 0344 241 030, Fax 0344 241 034, Nord-Ost : 20 km Richtung Burgdorf.

Sehenswert : Alt-Bern★★ : Marktgasse★ DZ, Zeitglockenturm★ EZ **C**, Kramgasse★ EZ, Ausblicke★ von der Nydeggbrücke FY, Bärengraben★ FZ, Münster St. Vinzenz★ EZ : Bogenfeld★★, Rundblick★★ vom Turm EZ – Rosengarten FY : Blick★ auf die Altstadt – Botanischer Garten★ DY – Tierpark im Dählhölzli★ BX – Bruder-Klausenkirche★ BX **B**.

Museen : Kunstmuseum★★ : Paul-Klee-Sammlung★★ DY – Naturhistorisches Museum★★ EZ – Bernisches Historisches Museum★★ EZ – Schweizerisches Alpines Museum★★ EZ – Museum für Kommunikation★ EZ.

Ausflugsziele : Gurten★★ AX.

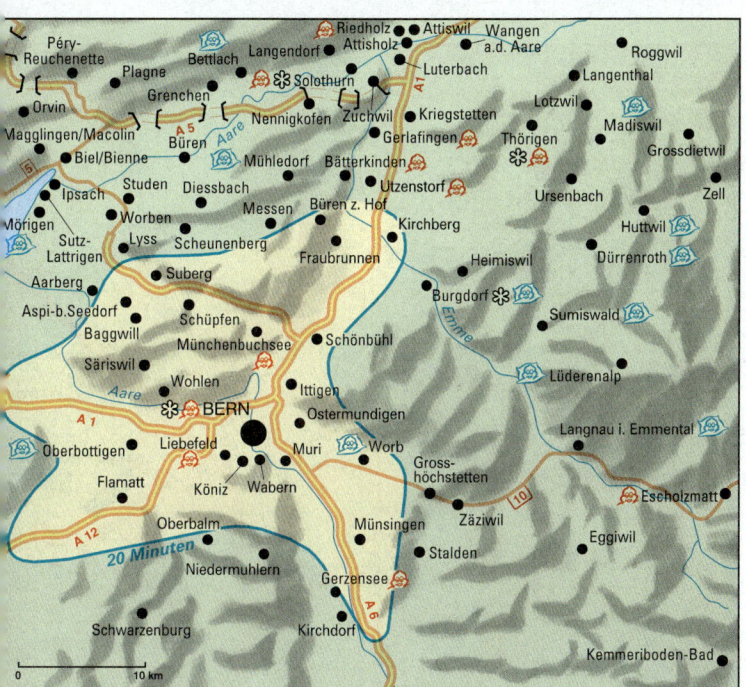

Bellevue Palace, Kochergasse 3, ✉ 3001, ℘ 0313 204 545, *direktion@bellevue-palace.ch*, Fax 0313 114 743, ≤, 😊 – 📳 📺 📞 ♿ – 🛎 15/240. 🆎 ① ⓜ 💳 JCB. ✇ Rest – **Menu** (siehe auch Rest. ***Bellevue-Grill/La Terrasse***) – **115 Zim** ⏏ 350/540, 15 Suiten.
EZ p
♦ Ein Hauch von Noblesse durchzieht dieses direkt neben dem Bundeshaus gelegene Luxushotel. Die Kombination von Moderne und Klassik machen das Haus zu einer exklusiven Residenz.

Schweizerhof, Bahnhofplatz 11, ✉ 3011, ℘ 0313 268 080, *info@schweizerhof-bern.ch*, Fax 0313 268 090 – 📳, ↹ Zim, 🟰 Zim, 📺 📞 – 🛎 15/120. 🆎 ① ⓜ 💳 JCB – **Menu** (siehe auch Rest. ***Schultheissenstube*** und ***Jack's Brasserie***) – **78 Zim** ⏏ 310/495, 6 Suiten.
DY e
♦ Ein Altstadtgebäude gegenüber dem Bahnhof. Die grossen Zimmer sind unterschiedlich im Schnitt, teils mit elegantem dunklem Mobiliar, teils mit älteren Stilmöbeln eingerichtet.

Allegro 🅼, Kornhausstr. 3, ✉ 3013, ℘ 0313 395 500, *allegro@kursaal-bern.ch*, Fax 0313 395 510, ≤ Bern und Alpen, 😊, 🏋, ≋ – 📳, ↹ Zim, 📺 📞 ♿ 🅿 – 🛎 15/1500. 🆎 ① ⓜ 💳 JCB
EY a
Meridiano (geschl. Montag, Sonn- und Feiertage) **Menu** 60 (mittags)/135 und à la carte 70/124 – ***Allegretto :*** **Menu** 18.50 und à la carte 42/82 – ***Carrousel :*** **Menu** 18.50 - 45 und à la carte 39/88 – ⏏ 25 – **171 Zim** 215/340.
♦ Eines der neuesten und interessantesten Hotels der Stadt vereinigt unterschiedliche Stilrichtungen – von modern bis trendig-japanisch – unter seinem Dach. Modernelegant gibt sich das Hauptrestaurant Meridiano. Allegretto mit Schauküche.

Innere Enge ⚘, Engestr. 54, ✉ 3012, ℘ 0313 096 111, *info@zghotels.ch*, Fax 0313 096 112, 😊 – 📳, ↹ Zim, 📺 📞 ♿ 🅿 – 🛎 20. 🆎 ① ⓜ 💳 JCB
Menu 22 - 50 (mittags)/68 und à la carte 45/103 – ⏏ 20 – **26 Zim** 210/310 – ½ P Zuschl. 50.
AX n
♦ Ein ruhiges Haus fast im Grünen. Die Zimmer mit elegantem Mobiliar und provenzalischer Farbgebung. Sie frühstücken im historischen Pavillon. Stadtbekannter Jazzkeller. Einladend : Café und Restaurant im Bistro-Brasseriestil.

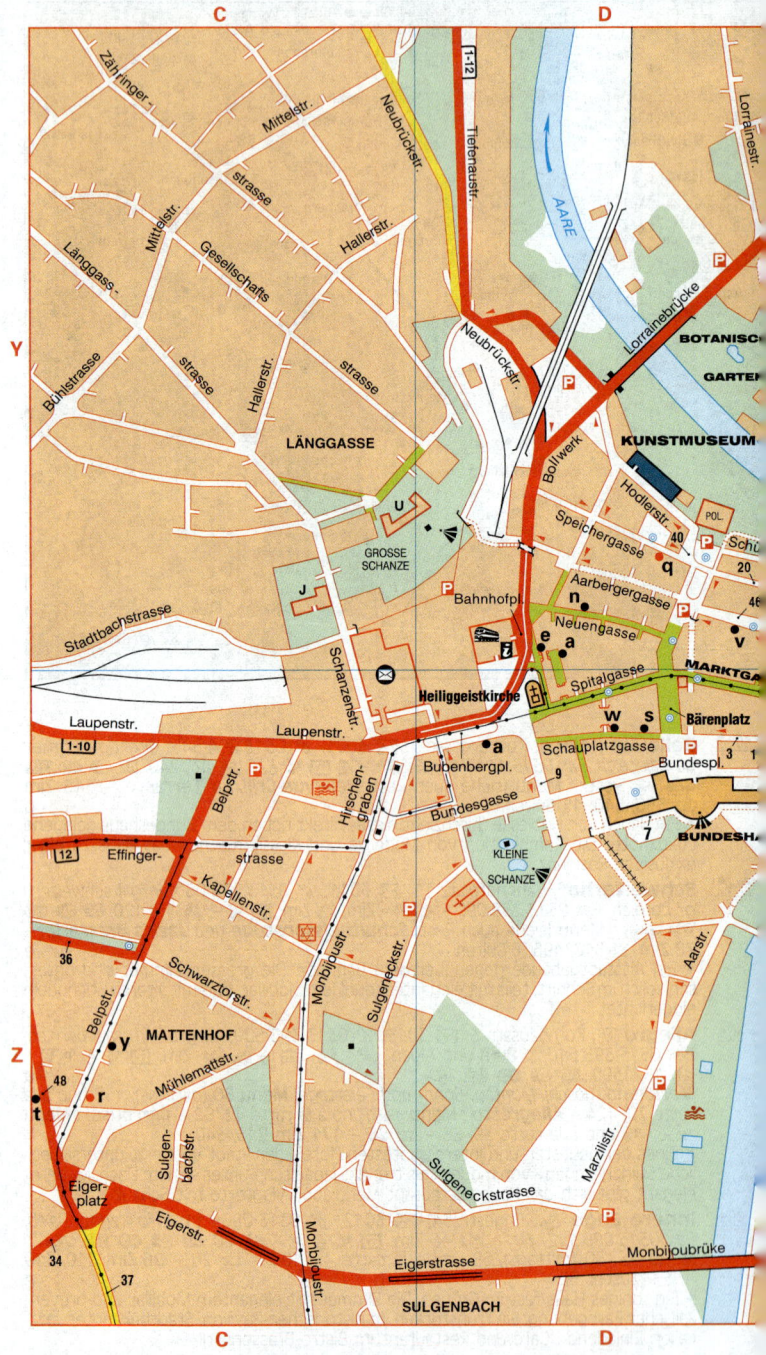

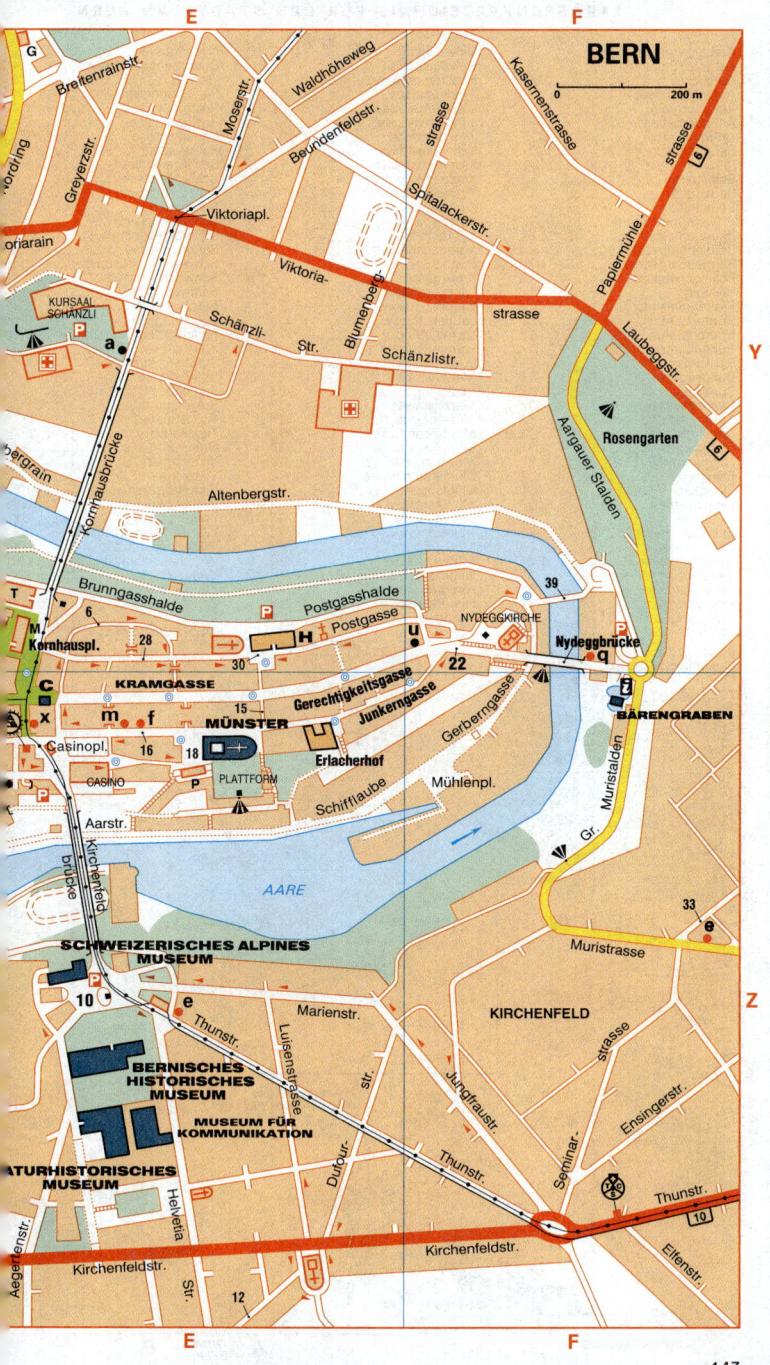

STRASSENVERZEICHNIS FÜR DEN STADTPLAN BERN

Street	Ref		Street	Ref		Street	Ref
Aarbergergasse	DY		Helvetiaplatz	EZ 10		Nydeggasse	FY
AargauerStalden	FY		Helvetiastrasse	EZ		Ostermundigenstrasse	BX
Aarstrasse	DEZ		Hirschengraben	CZ		Ostring	BX
Aegertenstrasse	EZ		Holderstrasse	DY		Papiermühlestrasse	BX
Altenbergrain	DEY		Jubiläumsstrasse	EZ 12		Postgasse	EY
Altenbergstrasse	EFY		Jungfraustrasse	EZ		Postgasshalde	EY
Amthausgasse	DEZ 3		Junkerngasse	EFZ		Rathausgasse	EY
Bahnhofplatz	DY		Kapellenstrasse	CZ		Rathausplatz	EY
Bärenplatz	**DZ**		Kasernenstrasse	FY		Schanzenstrasse	CYZ
Belpstrasse	CZ		Kirchenfeldbrücke	EZ		Schänzlistrasse	EY
Bernstrasse	AX		Kirchenfeldstrasse	EFZ		Schauplatzgasse	DZ
Bernstrasse (Ostermundigen)	BX		Kirchstrasse	AX		Schiffaube	EY
Beundenfeldstrasse	EFY		Kochergasse	DEZ 13		Schlossstrasse	AX
Bethlehemstrasse	AX 4		Könizstrasse	AX		Schosshaldenstrasse	FZ
Blumenbergstrasse	EFY		Kornhausbrücke	EY		Schüttestrasse	DEY
Bollingenstrasse	BX		**Kramgasse**	**EZ**		Schwarzenburgstrasse	CZ
Bollwerk	DY		Kreuzgasse	EZ 15		Schwarztorstrasse	CZ
Breitenrainstrasse	EY		Längassstrasse	CY		Seftigenstrasse	CZ
Brunngasse	EY 6		Laubeggstrasse	FY		Seminarstrasse	FZ
Brunngasshalde	EY		Laupenstrasse	CZ		Speichergasse	DY
Bubenbergplatz	DZ		Lorrainebrücke	DY		Spitalackerstrasse	EFY
Bühlstrasse	CY		Lorrainestrasse	DY		**Spitalgasse**	**DZ**
Bundesgasse	DZ		Luisenstrasse	EZ		Stadtbachstrasse	CY
Bundesplatz	DZ		Marienstrasse	EZ		Standstrasse	BX
Bundesterrasse	DZ 7		**Marktgasse**	**DEZ**		Sulgenbachstrasse	CZ
Casinoplatz	EZ		Marzilistrasse	DZ		Sulgeneckstrasse	CDZ
Christoffelgasse	DZ 9		Mittelstrasse	CY		Thunstrasse	EFZ
Dalmaziquai	DZ		Monbijoubrücke	DZ		Tiefenaustrasse	DY
Dufourstrasse	EZ		Monbijoustrasse	CZ		Untertorbrücke	FY
Effingerstrasse	CZ		Moserstrasse	EY		Viktoriaplatz	EY
Eigerplatz	CZ		Mühlemattstrasse	CZ		Viktoriarain	EY
Eigerstrasse	CDZ		Mühlenplatz	FZ		Viktoriastrasse	EFY
Elfenstrasse	FZ		Münstergasse	EZ 16		Waisenhausplatz	DY
Ensingerstrasse	FZ		Münsterplatz	EZ 18		Waldhöheweg	EY
Gerberngasse	EYZ		Muristalden	FZ		Weissensteinstrasse	AX
Gerechtigkeitsgasse	CY		Muristrasse	FZ		Winkelriedstrasse	BX
Gesellschaftsstrasse	EY		Murtenstrasse	AX 19		Worblaufenstrasse	BX
Greyerzstrasse	AX		Nägeligasse	DY 20		Worbstrasse	BX
Halenstrasse	AX		Neubrückstrasse	CDY		Zähringerstrasse	CY
Hallerstrasse	CY		Neuengasse	DY		Zeughausgasse	DY
			Nordring	EY		Zieglerstrasse	CZ

144

BERN

🏨 **Savoy** garni, Neuengasse 26, ✉ 3011, ℰ 0313 114 405, info@zghotels.ch, Fax 0313 121 978 – |≼| ⇔ TV 📞 AE ⓪ ⓶ VISA JCB　　　　　　　DY n
🖙 20 – **56 Zim** 195/295.
  ◆ Das Berner Altstadthaus befindet sich in der Fussgängerzone. Die Zimmer sind von guter Grösse, frisch und geschmackvoll mit moderner Technik eingerichtet.

🏨 **Bristol** M garni, Schauplatzgasse 10, ✉ 3011, ℰ 0313 110 101, reception@bristolbern.ch, Fax 0313 119 479 – |≼| ⇔ TV 📞 AE ⓪ ⓶ VISA JCB　　DZ w
92 Zim 🖙 190/300.
  ◆ Das alte renovierte Stadthaus beherbergt Sie in modernen Zimmern mit hellem Massivholzmobiliar. Die kleine Sauna teilt man sich mit dem Hotel Bern.

🏨 **Bären** M garni, Schauplatzgasse 4, ✉ 3011, ℰ 0313 113 367, reception@baerenbern.ch, Fax 0313 116 983 – |≼| ⇔ TV 📞 AE ⓪ ⓶ VISA JCB　　　　DZ s
57 Zim 🖙 190/300.
  ◆ Nur einen Steinwurf vom Bundesplatz entfernt gelegenes Hotel mit modern eingerichteten Zimmern und guter, kompletter Ausstattung für Geschäftsreisende.

🏨 **Belle Epoque**, Gerechtigkeitsgasse 18, ✉ 3011, ℰ 0313 114 336, info@belle-epoque.ch, Fax 0313 113 936 – |≼|, ⇔ Zim, TV 📞 AE ⓪ ⓶ VISA JCB　　FY u
Menu (nur Abendessen) (geschl. Sonntag und Montag) à la carte 46/97 – 🖙 15 – **17 Zim** 225/320.
  ◆ Ein Haus mit Charme ! Von der schönen Reception bis in die geschmackvoll eingerichteten Zimmer trifft man auf viele Jugendstilelemente und auf interessante Originale. Im Restaurant erinnert das Ambiente an die Zeit der "Belle Epoque".

🏨 **Bern**, Zeughausgasse 9, ✉ 3011, ℰ 0313 292 222, hotelbern@hotelbern.ch, Fax 0313 292 299, 🍴 – |≼|, ⇔ Zim, TV ♨ 🗘 15/120. AE ⓪ ⓶ VISA JCB
Kurierstube (geschl. Juli und Sonntag) **Menu** 33 (mittags)/68 und à la carte 51/110 – **7 Stube** : **Menu** 16.50 und à la carte 36/88 – **100 Zim** 🖙 230/320.　　　EY b
  ◆ Im Zentrum situiert und stolz den Namen der Stadt und des Kantons tragend, bietet das Altstadthaus neben Zimmern mit funktionellem Mobiliar auch gute Seminarmöglichkeiten. Die Kurierstube ist klassisch-elegant eingerichtet. 7-Stube mit traditioneller Karte.

🏨 **Ambassador**, Seftigenstr. 99, ✉ 3007, ℰ 0313 709 999, ambassador@fassbind-hotels.ch, Fax 0313 714 117, ≤, 🛥, 🏊, – |≼|, 🍴 Rest, TV 📞 ⇔ P – 🗘 15/150. AE ⓪ ⓶ VISA JCB, 🚫 Rest – **Menu** 17 und à la carte 38/72 – **Teppan Taishi** - japanische Küche - **Menu** 84 und à la carte 55/92 – 🖙 18 – **97 Zim** 160/220 – ½ P Zuschl. 28.
  ◆ Dieses am Stadtrand gelegene Haus bietet helle Zimmer. Nicht nur die gepflegten Steingärten vermitteln geschäftlich wie privat Reisenden eine kühle japanische Atmosphäre. Im Pavillon befindet sich das Hotelrestaurant. Japanisch kocht man im Teppan Taishi.　　　　　　　　　　　　　　　　　　　　　　　　　　　　　AX v

🏨 **City** M garni, Bubenbergplatz 7, ✉ 3011, ℰ 0313 115 377, city-ab@fassbind-hotels.ch, Fax 0313 110 636 – |≼| TV AE ⓪ ⓶ VISA JCB　　　　　　　DZ a
🖙 18 – **58 Zim** 128/203.
  ◆ Das Hotel liegt in unmittelbarer Nähe des Bahnhofs. Die modernen Zimmer sind mit schlichten, zeitlosen Möbeln ausgestattet und haben durchweg Parkettboden.

🏨 **Kreuz**, Zeughausgasse 41, ✉ 3011, ℰ 0313 299 595, hotelkreuz@swissonline.ch, Fax 0313 299 596, 🛁 – |≼|, ⇔ Zim, TV 📞 – 🗘 15/120. AE ⓪ ⓶ VISA JCB
Menu (1. Etage) (geschl. 21. Dez. - 11. Jan., 5. Juli - 12. Aug., Samstag und Sonntag) 17.50 und à la carte 32/59 – **100 Zim** 🖙 145/210.　　　　　　　　　DY v
  ◆ Das Kongresshotel Kreuz hat grösstenteils neuzeitliche, mit dunklem Holzmobiliar ausgestattete Zimmer. Es stehen auch verschiedene Seminarräume zur Verfügung.

🏨 **Astoria**, Zieglerstr. 66, ✉ 3014, ℰ 0313 786 666, info@astoria-bern.ch, Fax 0313 786 600, 🍴 – |≼|, ⇔ Zim, TV P – 🗘 15/50. AE ⓪ ⓶ VISA JCB, 🚫 Rest
Menu (geschl. 22. Dez. - 6. Jan., Samstagmittag, Sonn- und Feiertage) 18.50 und à la carte 33/66 – **63 Zim** 🖙 95/195.　　　　　　　　　　　　　　　　CZ t
  ◆ Dem hellen Empfangsbereich mit Sitzgruppe schliesst sich der Frühstücksraum an. Die in dunklem Holz gehaltenen Zimmer weisen moderne Technik auf und sind schallisoliert. Das Restaurant ist neuzeitlich im Bistrostil gestaltet.

🏨 **Jardin**, Militärstr. 38, ✉ 3014, ℰ 0313 330 117, info@hotel-jardin.ch, Fax 0313 330 943, 🍴 – |≼| TV P – 🗘 15/80. AE ⓪ ⓶ VISA　　　　　　BX w
Menu (geschl. Juli, Samstagabend und Sonntag) 16 und à la carte 29/72 – **18 Zim** 🖙 104/141 – ½ P Zuschl. 16.
  ◆ Das familiär geführte Haus liegt in einem Wohnquartier am Rande des Kasernenareals. Die Zimmer sind schlicht, gepflegt und mit neuzeitlicher Technik ausgestattet. Quartierrestaurant mit einfacher Karte.

145

BERN

La Pergola garni, Belpstr. 43, ⊠ 3007, ℘ 0313 819 146, *info@hotel-lapergola.c*
Fax 0313 815 054 – |≱| ⇆ TV P. AE MC VISA
geschl. 21. Dez. - 5. Jan. – **55 Zim** ⊇ 120/170. CZ

♦ Sie betreten das Haus durch die moderne Empfangshalle mit Sitzgruppe, an d sich der Frühstücksraum anschliesst. Die Zimmer sind mit funktionalen Möbeln ei gerichtet.

Bellevue Grill / Bellevue Terrasse - *Hotel Bellevue Palace*, Kochergasse
⊠ 3001, ℘ 0313 204 545, *direktion@bellevue-palace.ch*, *Fax 0313 114 743*,
– ▤. AE ① MC VISA JCB. ⋇ EZ
Grill : geschl. mittags ; Terrasse : geschl. abends im Winter – **Menu** 36 - €
(mittags)/119 und à la carte 72/118.

♦ Auch Politiker aus dem nahen Bundeshaus speisen im Sommer auf der Terras mit Ausblick auf Aare und Alpen oder im eleganten Restaurant, im Winter im ged genen Grill.

Schultheissenstube - *Hotel Schweizerhof*, Bahnhofplatz 11 (1. Etage), ⊠ 301
℘ 0313 268 080, *info@schweizerhof-bern.ch*, *Fax 0313 268 090* – AE ①
VISA JCB DY
geschl. Juli - Aug., Samstag, Sonn- und Feiertage – **Menu** 39 - 75 (mittags)/140 u à la carte 113/156.

♦ Im 1. Stock des Schweizerhofs. Ein kleiner Raum mit gutem Couvert. Nach hint die schöne rustikale Simmentalerstube mit gemütlicher, originaler Einrichtung.

Scala, Schweizerhofpassage 7, ⊠ 3011, ℘ 0313 264 545, *antimo@ristorante cala.ch, Fax 0313 264 546* – AE ① MC VISA JCB DY
geschl. Juli, Montag ausser Dez. und Sonntag – **Menu** à la carte 55/94.

♦ Hell und modern im italienisch-eleganten Stil präsentiert sich das im ersten Stc einer Geschäftspassage gelegene Restaurant - Parkettboden unterstreicht das net Ambiente.

Jack's Brasserie - *Hotel Schweizerhof*, Bahnhofplatz 11, ⊠ 301
℘ 0313 268 080, *info@schweizerhof-bern.ch*, *Fax 0313 268 090* – ▤. AE ①
VISA JCB DY
Menu 33 - 60 (mittags) und à la carte 60/119.

♦ Das im Stil einer gehobenen Brasserie mit Polsterbänken eingerichtete Lo liegt im Parterre des Hotels Schweizerhof. Separater Eingang, modernes Küche angebot.

Kirchenfeld, Thunstr. 5, ⊠ 3005, ℘ 0313 510 278, *Fax 0313 518 416*, ☼ –
① MC VISA EZ
geschl. Sonntag und Montag – **Menu** 17.50 - 45 (mittags)/62 und à la carte 48/8

♦ Das im Stil des Neubarock erbaute Haus birgt in seinen Mauern ein Café mit "Gär und einen abgesetzten Hauptraum. In beiden Teilen werden gut zubereitete Speis serviert.

Wein und Sein (Blum), Münstergasse 50, ⊠ 3011, ℘ 0313 119 844, *blum@ einundsein.ch* – MC VISA. ⋇ EZ
geschl. 20. Juli - 11. Aug., Sonntag und Montag – **Menu** (nur Abendessen) (Tisc bestellung erforderlich) (nur Menu) 88.

♦ In einem für Bern so typischen, neu eingerichteten Kellerrestaurant mit Weinb serviert man am Abend dem Feinschmecker ein interessantes, täglich wechselnc Menu.

Spez. Berner Trüffel (Aug. - Nov.). Wild aus der Sommerjagd (Juni - Aug.). Lebl chensouffle mit Sauerrahmglace

Frohsinn, Münstergasse 54, ⊠ 3011, ℘ 0313 113 768, *frohsinn-bern@bluev .ch, Fax 0313 112 052*, ☼ – AE ① MC VISA JCB EZ
geschl. 13. Juli - 10. Aug., Sonntag und Montag – **Menu** 18.50 - 78 und à la car 40/95.

♦ Frohen Sinnes verlässt man dieses typische Berner Altstadtrestaura nachdem man im rustikal eingerichteten, heimeligen Gastraum seine Mahlz genossen hat.

Lorenzini, Theaterplatz 5, ⊠ 3011, ℘ 0313 117 850, *info@lorenzini.c Fax 0313 123 038*, ☼ – AE ① MC VISA EZ
geschl. Sonn- und Feiertage – **Menu** - italienische Küche - 17 - 26 (mittags) und à carte 47/98.

♦ Nicht weit vom Bundeshaus entfernt liegt das im Bistro-Brasseriestil eingerichte italienische Restaurant mit eleganten "Salotti" und schöner Innenhofterrasse.

BERN

Gourmanderie Moléson, Aarbergergasse 24, ⊠ 3011, ☎ 0313 114 463, *info@moleson-bern.ch*, *Fax 0313 120 145*, 🍽 – AE ⓘ ⓜ VISA   DY q
geschl. Sonn- und Feiertage – **Menu** 25 - 55 und à la carte 48/96.
   ♦ "Tafeln wie zu Grossmutters Zeiten" ist das Motto des Altstadtrestaurants, in dem traditionelle Berner Küche auf Platten angerichtet wird. Im 1. Stock die Greyerzer Stube.

Frohegg, Belpstr. 51, ⊠ 3007, ☎ 0313 822 524, *Fax 0313 822 527*, 🍽 – AE ⓘ ⓜ VISA   CZ r
geschl. Sonntag – **Menu** (Tischbestellung ratsam) 17 - 49 (mittags)/58 und à la carte 43/91.
   ♦ Der unterteilte Gastraum des Quartierrestaurants in einem Aussenbezirk ist ansprechend eingerichtet und hat eine kleine Terrasse zum Hinterhof. Einfaches günstiges Angebot.

Schosshalde, Kleiner Muristalden 40, ⊠ 3006, ☎ 0313 524 523, *Fax 0313 521 091*, 🍽 – 🅿 AE ⓘ ⓜ VISA   FZ e
geschl. 14. Juli - 10. Aug., Samstagmittag und Sonntag – **Menu** - italienische Küche - (Tischbestellung ratsam) 14.50 - 60 und à la carte 46/92.
   ♦ Ein kleiner, gemütlicher Speiseraum mit italienischem Dekor erwartet die hungrigen Gäste. Das Speiseangebot ist umfangreich und bietet viele Fischgerichte.

Brasserie Bärengraben, Muristalden 1, ⊠ 3006, ☎ 0313 314 218, *brasseriebaerengraben@freesurf.ch*, *Fax 0313 312 560* – AE ⓘ ⓜ VISA   FY q
Menu (Tischbestellung ratsam) 18.50 - 36 und à la carte 38/94.
   ♦ Eine der beliebtesten und typischsten Brasserien der Stadt ist im historischen Zollhäuschen untergebracht. Von der Nydeggbrücke hat man einen schönen Blick auf die Altstadt.

Ittigen *Nord-Ost : 6 km – Höhe 529* – ⊠ 3063 Ittigen :

Arcadia, Talgut-Zentrum 34, ☎ 0319 216 030, *arcadia@arcadia-ittigen.ch*, *Fax 0319 247 112*, 🍽 – ▬ AE ⓘ ⓜ VISA
geschl. Montag – **Menu** - italienische Küche - 19.50 - 62 (abends) und à la carte 43/85.
   ♦ Im gediegenen, hellen Ambiente des Speisesaals werden italienische Spezialitäten mit angepasstem Weinangebot serviert. Im Sommer kann man unter den Arkaden speisen.

auf der Autobahn A1 *Nord-Ost : 8 km – Höhe 529* – ⊠ 3063 Ittigen :

Grauholz Ⓜ garni, ☎ 0319 151 212, *grauholz@spectraweb.ch*, *Fax 0319 151 213*, 🍽 – 📶 ⥃ 📺 ⚡ ☎ 🅿 – 🛋 25. AE ⓘ ⓜ VISA
62 Zim ☑ 130/180.
   ♦ Der moderne, ausserhalb gelegene Rundbau ist nur von der Autobahn A1 aus zu erreichen. Die Zimmer sind zeitgemäss und mit hellem, funktionellem Holzmobiliar eingerichtet.

Ostermundigen *Ost : 5 km - BX – Höhe 558* – ⊠ 3072 Ostermundigen :

Bären, Bernstr. 25, ☎ 0319 391 010, *welcome@baeren-ostermundigen.ch*, *Fax 0319 391 020*, 🍽 – 📺 ⚡ 🅿 – 🛋 15/80. AE ⓘ ⓜ VISA JCB   BX k
Wintergarten : **Menu** 25 - 35 (mittags) und à la carte 40/79 – **Grotto** - italienische Küche - *(geschl. 30. Juni - 10. Aug., Samstag und Sonntag)* **Menu** 69 und à la carte 44/86 – **26 Zim** ☑ 110/185.
   ♦ Der Landgasthof in der Nähe des Stadtzentrums strahlt bürgernahe Atmosphäre aus. Die rustikal eingerichteten Zimmer sind funktionell, im Obergeschoss frisch renoviert. Der Wintergarten ist modern gestaltet. Typisches Ambiente im Grotto.

Muri *Süd-Ost : 3,5 km - BX – Höhe 560* – ⊠ 3074 Muri bei Bern :

Sternen, Thunstr. 80, ☎ 0319 507 111, *info@sternenmuri.ch*, *Fax 0319 507 100* – 📶 ⥃ 📺 ⚡ ⇌ 🅿 – 🛋 15/120. AE ⓘ ⓜ VISA   BX a
Menu 21 - 37 (mittags) und à la carte 38/74 – **44 Zim** ☑ 160/220.
   ♦ Das Haus im ländlichen Berner Stil steht im Zentrum des Dorfes. Die Zimmer im Haupthaus sind mit dunklem Mobiliar rustikal ausgestattet, die des Anbaus hell und funktionell.

BERN

in Wabern Süd : 5 km Richtung Belp - BX – Höhe 560 – ✉ 3084 Wabern :

XX **Maygut,** Seftigenstr. 370, ☎ 0319 613 981, info@maygut.ch, Fax 0319 610 09
🍽 – 🄿 AE ⓞ 💳 VISA   BX
Kreidolfstube : Menu 48 (mittags)/89 à la carte 56/108 – **Gaststube** : Mer
17.50 und à la carte 32/86.

♦ Den Eingang zur rustikal-eleganten Kreidolfstube finden Sie hinter der Konfis
riethéke des typischen Berner Gutshauses. Sie wählen aus einem klassischen Spe
seangebot. Einfacher : die Gaststube.

XX **Bären-Lautrec** mit Zim, Seftigenstr. 259, ☎ 0319 612 757, info@baeren-laut
c.ch, Fax 0319 614 746, 🍽 – 🛗 📺 🄿 AE ⓞ 💳 VISA. ❀ Zim   BX
Rest. geschl. Samstag, Sonn- und Feiertage – **Lautrec-Bistro** : Menu 50 (mittags)/
und à la carte 36/69 – **Gaststube** : Menu 16.50 und à la carte 37/90 – 🛏 11 – **3 Zi**
90/120.

♦ In der gediegenen, hell wirkenden Lautrec Stube ist der Maler mit Bildern und au
dem Dekorstil allgegenwärtig. Dem interessierten Gast bietet man zeitgemäs
Gerichte an. Laut und lebendig geht es vor allem mittags in der rustikalen Gaststul

in Liebefeld Süd-West : 3 km Richtung Schwarzenburg - AX – Höhe 563 – ✉ 3097 L
befeld :

XX **Landhaus,** Schwarzenburgstr. 134, ☎ 0319 710 758, Fax 0319 720 249, 🍽 –
🙂 AE ⓞ 💳 VISA. ❀   AX
geschl. Sonntag, Montag und Feiertage – (Tischbestellung ratsam) **Rôtisserie** : Mer
88 und à la carte 75/114 – **Taverne Alsacienne** : Menu 17.50 47 (abends) und
la carte 45/82.

♦ Die ehemalige Landvogtei aus dem Jahre 1641 beinhaltet eine in Holz möblier
Rôtisserie mit internationaler Karte. Im alten Cognaskeller lagert eine gute Wei
auswahl. Die Taverne Alsacienne offeriert Elsässer Spezialitäten in rustikalem Umfe

X **Haberbüni,** Könizstr. 175, ☎ 0319 725 655, info@haberbueni.c
Fax 0319 725 745, 🍽 – 🄿 AE ⓞ 💳 VISA   AX
geschl. Samstagmittag und Sonntag – **Menu** (Tischbestellung ratsam) 19.50 - 51/
und à la carte 41/86.

♦ Im renovierten Dachstock (Bühni) des Bauernhauses lässt es sich gut "habere"(e
sen). Nehmen sie an der Bar in modern-rustikalem Rahmen den Apéro aus dem gut
Weinangebot.

in Köniz Süd-West : 4 km Richtung Schwarzenburg – Höhe 572 – ✉ 3098 Köniz :

🏠 **Sternen** M, Schwarzenburgstr. 279, ☎ 0319 710 218, sternenkoeniz@rel-rut
hi.ch, Fax 0319 718 684, 🍽 – ⋈ Rest, 📺 📞 ☜ 🄿 AE ⓞ 💳 VISA   AX
Menu 16.50 und à la carte 30/67 – **20 Zim** 🛏 115/184.

♦ Renoviertes Haus in einem Vorort. Die Zimmer sind mit hellem, modernem Ho
mobiliar eingerichtet und verfügen über zeitgemässe Technik. Tramanschluss
unmittelbarer Nähe. Das Restaurant gefällt mit neuzeitlicher Einrichtung.

in Oberbottigen West : 9 km über Bern Bümpliz – ✉ 3019 Bern 19 :

🏠 **Bären** ❀, Matzenriedstr. 35, ☎ 0319 261 424, hotel@baeren-oberbottigen.c
Fax 0319 261 425, 🍽 – 🛗 📺 ♿ 🄿 AE ⓞ 💳 VISA
geschl. 1. - 16. Jan. – **Menu** (geschl. Sonntag und Montag) 17.50 und à la carte 45/
– **12 Zim** 🛏 115/170.

♦ Ein typischer renovierter Berner Landgasthof in ruhiger Lage. Die Gäste wohn
in Zimmern, die mit hellen Naturholzmöbeln modern und zugleich rustikal eingericht
sind. Man speist in der getäferten Gaststube oder im rustikalen Restaurant.

BERNECK 9442 Sankt Gallen (SG) 216 ㉒ – 3 343 Ew. – Höhe 427.
Bern 246 – Sankt Gallen 36 – Altstätten 11 – Bregenz 21 – Dornbirn 14 – Feldkirch 2

XX **Ochsen,** Neugasse 8, ☎ 0717 474 721, info@ochsen-berneck.c
Fax 0717 474 725, 🍽 – AE ⓞ 💳 VISA. ❀
geschl. 13. Juli - 4. Aug. und Donnerstag – **Zunftstube** (1. Etage) **Menu** 34 -
(mittags)/82 und à la carte 46/101 – **Dorfstübli** : Menu 21 und à la carte 34/6

♦ Die Zunftstube im 1. Stock des Ochsens ist ein heller Raum mit schönen dunkl
Deckenbalken und solidem Mobiliar. Die Tische werden hübsch in Weiss gedeckt. D
Dorfstübli ist das einfachere Restaurant mit rustikalem Umfeld.

ETTLACH 2544 Solothurn (SO) 216 ⑭ – 4660 Ew. – Höhe 441.
Bern 35 – Delémont 60 – Basel 82 – Biel 14 – Solothurn 9.

Urs + Viktor, Solothurnstr. 35, ℘ 0326 451 212, walker@ursundviktor.ch, Fax 0326 451 893, 🍽 – 📶, ✸ Zim, 📺 ✆ ⚙ 🅿 – 🛁 15/70. 🆎 ⓜ 🆅 ✸ Zim
Menu 16.50 - 40 (mittags) und à la carte 39/84 – **75 Zim** 🛏 90/180 – ½ P Zuschl. 30.

• Der alte Landgasthof mit Tavernenrecht seit 1542 hat einen neueren Anbau und beherbergt in funktionellen Zimmern geschäftlich wie privat Reisende zu günstigen Konditionen. Sie speisen in der Gaststube, im St. Ursesäli oder auf der Gartenterrasse.

ETTMERALP 3992 Wallis (VS) 217 ⑱ – Höhe 1950 – ✈ – Wintersport : 1 900/2 700 m ⛷ 4 ⛷ 9.
🛈 Bettmeralp Tourismus, ℘ 0279 286 060, info@bettmeralp.ch, Fax 0279 286 061.
Bern 160 – Brig 14 – Andermatt 83 – Domodossola 80 – Sion 67.

mit Luftseilbahn ab Betten FO erreichbar

La Cabane Ⓜ 🌿 garni, ℘ 0279 274 227, lacabane@bettmeralp.ch, Fax 0279 274 440, ≤, 🛁 – 📶 📺. 🆎 ⓞ ⓜ 🆅. ✸
31. Nov. - 30. April und 1. Juli - 14. Okt. – **12 Zim** 🛏 195/330.
• Das moderne Hotel liegt ruhig am Ende des Dorfes und überzeugt mit einer geschmackvollen rustikalen Einrichtung. Die grossen Zimmer mit Parkettboden bieten wohnlichen Komfort.

Bettmerhof 🌿, ℘ 0279 286 210, hotel@bettmerhof.ch, Fax 0279 286 215, ≤ Berge und Tal, 🍽 – 📺. ⓜ 🆅. ✸ Zim
15. Dez. - 27. April und 22. Juni - 25. Okt. – **AlpuTräff :** Menu 18 und à la carte 42/79 – **Picco Bello** (Pizzeria) (geschl. Sonntag) (im Sommer nur Abendessen) **Menu** à la carte 35/78 – **21 Zim** 🛏 120/260, Vorsaison 🛏 80/180 – ½ P Zuschl. 35.
• Sie finden das Haus am Rande des Dorfes, am Ende der Skipisten. Die Zimmer sind wohnlich eingerichtet und verfügen teils über Balkone mit Sicht auf Berge und Tal. Heimelige Atmosphäre umgibt Sie im AlpuTräff. Im Picco Bello gibt's Pizza aus dem Holzofen.

Alpfrieden, ℘ 0279 272 232, mail@alpfrieden.ch, Fax 0279 271 011, ≤ Berge, 🍽 – 📺. 🆎 ⓞ ⓜ 🆅. ✸ Zim
15. Dez. - 19. April und 30. Juni - 19. Okt. – **Menu** 19.50 - 32 (mittags)/50 und à la carte 42/104 – **22 Zim** 🛏 130/310, Vorsaison 🛏 90/200 – ½ P Zuschl. 35.
• Das Hotel ist im traditionellen Chaletstil gebaut und liegt im Dorfzentrum. Die hell getäferten Zimmer sind mit Massivholzmobiliar rustikal eingerichtet. Das Restaurant hat eine schöne Terrasse.

Waldhaus 🌿, ℘ 0279 272 717, waldhaus@bettmeralp.ch, Fax 0279 273 338, ≤ Berge, 🍽, 🛁 – 📺. 🆎 ⓞ ⓜ 🆅. ✸ Rest
16. Dez. - 24. April und 16. Juni - 14. Okt. – **Menu** 46 (abends) und à la carte zirka 55 – **19 Zim** 🛏 135/320, Vorsaison 🛏 95/260 – ½ P Zuschl. 30.
• Direkt am Waldrand liegt dieses Hotel in traumhafter Ruhe. Frisch und gemütlich gestaltete Zimmer ermöglichen dem Gast einen Aufenthalt in heimeliger Atmosphäre. Im Restaurant speisen Sie in rustikalem Rahmen.

EVER 7502 Graubünden (GR) 218 ⑮ – 603 Ew. – Höhe 1714 – Wintersport : ⛷.
🛈 Tourismusverein, Staziun, ℘ 0818 524 945, Fax 0818 524 917.
Bern 339 – Sankt Moritz 11 – Chur 76 – Davos 63.

Chesa Salis 🌿, Bügls Svot 2, ℘ 0818 524 838, reception@chesa-salis.ch, Fax 0818 524 706, 🍽, 🍴 – 📶 📺 🚗. 🆎 ⓞ ⓜ 🆅. ✸ Rest
21. Dez. - 6. April und 7. Juni - 19. Okt. – **Menu** 61/85 (abends) und à la carte 51/105 – **17 Zim** 🛏 173/332, Vorsaison 🛏 137/263 – ½ P Zuschl. 49.
• Das Engadiner Patrizierhaus aus dem 16. Jh. liegt ruhig am Dorfrand und hat eine schöne rustikale Einrichtung. Die Zimmer sind liebevoll mit Originalmöbeln ausgestattet. Sie speisen in den drei ländlichen Stuben im 1. Stock oder im Grill.

Ihre Meinung über die von uns empfohlenen Restaurants, deren Spezialitäten sowie die angebotenen regionalen Weine, interessiert uns sehr

BEX 1880 Vaud (VD) 217 ⑭ – 5 611 h. – alt. 411.
Voir : Mine de sel★.
Bern 112 – Martigny 20 – Évian-les-Bains 37 – Lausanne 49 – Sion 46 – Thonon-les-Bains 56.

Le Cèdre M, 24 av. de la Gare, ℘ 0244 630 111, cedre@hotel-cedre.c Fax 0244 634 288, 🍴 – 🛗, ✳ ch, 📺 ☏ 🚗 P – 🏊 15/80. 🅰🅴 ⓓ ⓜⓒ 🆅🅸🆂🅰
Repas (fermé Noël, lundi midi, dim. et fériés) 17 et à la carte 41/80 – **37 c** ⊇ 150/180, 3 suites – ½ P suppl. 38.

◆ Ce récent immeuble, construit autour d'un cèdre centenaire du Liban, répond vos attentes de bien-être. Chambres contemporaines de belle taille. Il héberge au une agréable salle de restaurant à l'ambiance feutrée, présentant une carte cour et classique.

rte de Saint-Maurice Sud : 2,5 km

Le St-Christophe avec ch, ℘ 0244 852 977, Fax 0244 852 445, 🍴 – 📺 P. ⓓ ⓜⓒ 🆅🅸🆂🅰, ✳ rest
fermé Noël, 6 au 30 juil., dim. et lundi – **Repas** 65 (midi)/140 et à la carte 99/1 – **La Tourelle** : **Repas** 50 et à la carte 42/72 – **10 ch** ⊇ 90/130.

◆ Ferme du 18e s. abritant une superbe table : vieilles pierres, belle charpente, œuvr d'art. Cuisine actuelle reflétant toute la fantaisie du chef. Chambres de plain-pie Un peu à l'écart, la Tourelle propose un léger répertoire traditionnel.

BIASCA 6710 Ticino (TI) 218 ⑫ – 5 853 ab. – alt. 304.
Dintorni : Malvaglia : campanile★ della chiesa Nord : 6 km.
🅹 Ente Turistico Biasca e Riviera, Contrada Cavalier Pellanda 4, ℘ 0918 623 32 info@biascaturismo.ch, Fax 0918 624 269.
Bern 227 – Andermatt 64 – Bellinzona 24 – Brig 111 – Chur 131.

Al Giardinetto, via A. Pini 21, ℘ 0918 621 771, info@algiardinetto.c Fax 0918 622 359, 🍴 – 🛗, ✳ cam, 📺 🚗 P – 🏊 15. 🅰🅴 ⓓ ⓜⓒ 🆅🅸🆂🅰
Pasto -Pizzeria - 15 - 22 (mezzogiorno) ed alla carta 41/74 – **La Barchetta** (chiu dal 15 giugno al 31 agosto, lunedì, martedì e a mezzogiorno salvo domenica) **Pas** 28 - 49/75 ed alla carta 47/83 – **23 cam** ⊇ 125/175 – ½ P sup. 28.

◆ Direttamente in centro, lungo un asse trafficato. Camere di buona ampiezz arredate con mobilio funzionale. Accanto al ristorante-pizzeria dell'hotel, il rist rante alla carta propone un'ampia scelta culinaria orientata piuttosto sul pesc Cantina ticinese.

BIEL (BIENNE) 2500 Bern (BE) 216 ⑭ – 49 802 Ew. – Höhe 437.
Sehenswert : Altstadt★ BY.
Museum : Schwab★ AY M¹.
Ausflugsziel : St. Petersinsel★★ Süd-West – Taubenlochschlucht★ über ② : 3 k
Lokale Veranstaltung
27.06 - 29.06 : "Braderie", Volksfest.
🅹 Tourismus Biel Seeland, Bahnhofplatz 12, ℘ 0323 227 575, outlet@bsinfo.c Fax 0323 237 757.
🆎 Aarbergstr. 95, ℘ 0323 287 050, Fax 0323 287 059.
🆎 Aarbergstr. 29, ℘ 0323 231 525, Fax 0323 237 169.
Bern 35 ③ – Basel 91 ① – La Chaux-de-Fonds 44 ① – Montbéliard 96 ① – Neuch tel 35 ④ – Solothurn 22 ②

Stadtplan siehe gegenüberliegende Seite

Elite M, Bahnhofstr. 14, ✉ 2501, ℘ 0323 287 777, mail@hotelelite.c Fax 0323 287 770 – 🛗 📺 ☏ – 🏊 15/150. 🅰🅴 ⓓ ⓜⓒ 🆅🅸🆂🅰 🅹🅲🅱 ABZ
Menu (siehe auch Rest. **Rôtisserie de l'Amphitryon**) – **Baramundo** (geschl. Juli - 10. Aug.) **Menu** 14.50 und à la carte 41/67 – **71 Zim** ⊇ 190/320, 3 Suiter ½ P Zuschl. 40.

◆ Das zentral gelegene Haus wurde 1997 renoviert. Die Zimmer unterscheid sich in der Grösse und sind mit modernem, hellem Holzmobiliar funktionell u. wohnlich ausgestattet. Mit neuzeitlichem Design : das neue Restaurant Bar mundo.

BIEL   BIENNE

dam Göuffi-Strasse	R. Adam Göuffi	**BY**	3
ahnhofstrasse	R. de la Gare	**ABZ**	4
özingenstrasse	Rte de Boujean	**BY**	6
rühlstrasse	R. du Breuil	**BY**	7
urggasse	R. du Bourg	**BY**	9
orastrasse	R. de Flore	**BY**	10
reiburgstrasse	R. de Fribourg	**BZ**	12
eneral Guisan-Platz	Pl. du Gén. Guisan	**AZ**	13
erbergasse	R. des Tanneurs	**BY**	15
üterstrasse	R. des Marchandises	**BZ**	16
ndustriegasse	R. de l'Industrie	**ABY**	18
akob Rosius-Strasse	R. Jakob Rosius	**ABY**	19
uravorstadt	Faubourg du Jura	**BY**	21
analgasse	R. du Canal	**BY**	22
arl Stauffer-Strasse	R. Karl Stauffer	**BY**	24
euzplatz	Pl. de la Croix	**BZ**	25
Logengasse	R. de la Loge	**BY**	27
Marktgasse	R. du Marché	**BY**	28
Mittelstrasse	R. du Milieu	**BY**	29
Murtenstrasse	R. de Morat	**BZ**	30
Neumarktplatz	Pl. du Marché-Neuf	**BY**	31
Nidaugasse	R. de Nidau	**BY**	33
Obergasse	R. Haute	**BY**	34
Quellgasse	R. de la Source	**ABY**	36
Reuchenettestrasse	Rte de Reuchenette	**BY**	37
Rüschlistrasse	R. de Rüschli	**ABY**	39
Schüsspromenade	Prom. de la Suze	**AYZ**	40
Silbergasse	R. de l'Argent	**BZ**	42
Spitalstrasse	R. de l'Hôpital	**AYZ**	43
Tschärisplatz	Pl. de la Charrière	**AY**	45
Unionsgasse	R. de l'Union	**ABY**	46
Unterer Quai	Quai du Bas	**AZ**	48
Untergasse	R. Basse	**BY**	49
Zentralplatz	R. Centrale	**BY**	51
Zentralstrasse	R. Centrale	**BZ**	

Die Stadtpläne sind eingeordnet (Norden = oben).

151

BIEL

Golden Tulip Plaza, Neumarktstr. 40, ⌂ 2502, ℘ 0323 286 868, info@gtp
zabiel.goldentulip.nl, Fax 0323 286 869, 🍴 – 📶, ↔ Zim, TV 📞 ♿ 🚗 🅿
🛎 15/150. AE ⓪ ⓜⓞ VISA   BY
Menu 17 - 23 (mittags) und à la carte 40/89 – **105 Zim** ⌂ 240/310.
  ♦ Einheitlich mit dunklem Furnierholzmobiliar funktionell eingerichtete Zimmer ur
  die Lage am Rande der Innenstadt machen das Haus zu einer attraktiven Übernac
  tungsadresse. Seitlich der Lobby befindet sich das neu gestaltete Restaurant.

Atlantis garni, Mittelstr. 10, ⌂ 2502, ℘ 0323 424 411, Fax 0323 424 429 –
TV 📞. AE ⓪ ⓜⓞ VISA. ✂   BY
16 Zim ⌂ 130/240.
  ♦ Dieses kleine, städtische Hotel liegt in einer Seitenstrasse des Zentrums. Die Zimm
  mit ausreichendem Platzangebot sind mit hellem Einbaumobiliar zweckmässig ei
  gerichtet.

Rôtisserie de l'Amphitryon - Hotel Elite, Bahnhofstr. 14, ⌂ 250
℘ 0323 287 777, mail@hotelelite.ch, Fax 0323 287 770 – AE ⓪ ⓜⓞ VISA JCB.
geschl. 13. Juli - 10. Aug. und Sonntag – **Menu** 28 - 45 (mittags)/110 und à la car
59/114.   ABZ
  ♦ Das typische gehobene Stadthotel-Restaurant liegt im Parterre des Hauses und h
  einen eigenen Eingang. In gediegenem Ambiente erhält man Speisen von einer ze
  gemässen Karte.

Opera Prima, Jakob-Stämpflistr. 2, ⌂ 2502, ℘ 0323 420 20
Fax 0323 420 533, 🍴 – 🅿. AE ⓪ ⓜⓞ VISA
geschl. Samstagmittag, Sonntag und Montag – **Menu** - italienische Küche - 28 -
(mittags)/75 und à la carte 57/100.
  ♦ In einem Geschäftshaus am Ende des Stadtparks hat man dieses moderne Resta
  rant mit grossen Fenstern und verglaster Küche eingerichtet. Nett : die locke
  Atmosphäre.

Da Ma'Rita, Dufourstr. 41, ℘ 0323 414 481, Fax 0323 414 482, 🍴 – AE ⓪
VISA   BY
geschl. Samstagmittag und Sonntag – **La Tavola Calda** - italienische Küche - Mer
16 - 49 und à la carte 46/87 – **L'Entrecôte** - Entrecôte Spezialität - **Menu** à la car
zirka 60.
  ♦ Sein Name macht diesem Restaurant alle Ehre : hier serviert man ausschliessli
  Entrecôte Café de Paris. Als Vorbild diente die gleichnamige Adresse in Genf. La Tavo
  Calda ist ein schlicht gestaltetes italienisches Restaurant.

Süd-West Richtung Neuchâtel über ④ : 2 km

Gottstatterhaus, Neuenburgstr. 18, ⌂ 2505 Biel, ℘ 0323 224 052, info@g
ttstatterhaus.ch, Fax 0323 226 046, ≤ Bielersee, 🍴, 🍷 – 🅿. AE ⓪ ⓜⓞ VISA
geschl. 27. Dez. - 16. Jan., 26. Sept. - 12. Okt., Mittwoch und Donnerstag – **Menu** 2
34 (mittags)/52 und à la carte 39/86.
  ♦ In der kleinen, gut gedeckten à la carte-Stube und auf der schönen Terrasse m
  wundervollem Ausblick erhält man traditionelle Gerichte und Fisch aus dem See.

BIENNE Bern 216 ⑭ – voir Biel.

BINII Valais 217 ⑮ – rattaché à Sion.

BINNINGEN Basel-Landschaft 216 ④ – siehe Basel.

BIOGGIO 6934 Ticino (TI) 219 ⑧ – 1535 ab. – alt. 292.
Bern 272 – Lugano 7 – Bellinzona 28 – Locarno 40 – Varese 28.

Grotto Antico, via Cantonale 10, ℘ 0916 051 239, Fax 0916 051 239, 🍴 –
AE ⓪ ⓜⓞ VISA
chiuso Natale – **Pasto** (prenotare) alla carta 55/102.
  ♦ Caseggiato rustico ed allo stesso tempo signorile, risalente al 1800. Immerso r
  verde propone un servizio estivo in terrazza. Piatti di stagione e cucina tradizione

Stazione con cam, via Stazione, ℘ 0916 051 167, Fax 0916 051 167, 🍴, 🌳,
– ↔ rist, TV 🅿. VISA. ✂ cam
chiuso febbraio, domenica sera (luglio ed agosto anche a mezzogiorno) e lunedì
Pasto 23 - 38/58 ed alla carta 41/82 – ⌂ 10 –, 5 suites 80/160 – ½ P sup. 2
  ♦ In estate, accogliente servizio esterno con giardino fiorito. L'offerta gastronomi
  segue la cadenza stagionale ed ha una linea costante di tipo italiano.

BIOGGIO

✂ **Usteria dal Prevat**, via Cademario, (nord-ovest : 1,5 km), ☎ 0916 054 923, 🍽
– 🅿. ⦿ VISA. ✂
chiuso dal 3 al 15 agosto e domenica – **Pasto** (coperti limitati - prenotare) alla carta 42/72.
♦ Osteria di ambiente rustico e familiare in zona verdeggiante, era la casa del prete ; oggi vi manca solo il vin santo. Oltre 120 etichette accompagnano una cucina regionale.

es BIOUX Vaud **217** ② – voir à Joux (Vallée de).

RMENSTORF 5413 Aargau (AG) **216** ⑥ – 2 280 Ew. – Höhe 384.
Bern 95 – Aarau 22 – Baden 6 – Zürich 27 – Luzern 54.

XXX **Zum Bären** mit Zim, Kirchstr. 7, ☎ 0562 014 400, zumbaeren@smile.ch, Fax 0562 014 401, 🍽, 🌳 – 📶 ✂ TV 📞 ⇐ 🅿 – 🛁 30. AE ⦁ ⦿ VISA. ✂ Zim
geschl. 7. - 20. Juli ; Rest. auch Montag – **Orangerie :** Menu 79 und à la carte 57/108
– **Gaststube :** **Menu** 17 und à la carte 42/84 – **8 Zim** 🛏 135/190.
♦ Im Winter knistert ein Feuer im Cheminée der Orangerie, im Sommer geniessen Sie die frische Luft unter einem schützenden Dach - zu jeder Zeit fast so schön wie draussen ! Nostalgisches Ambiente erleben Sie in der urchigen Gaststube.

RSFELDEN Basel-Landschaft **216** ④ – siehe Basel.

SCHOFSZELL 9220 Thurgau (TG), Sankt Gallen (SG) **216** ⑩ – 5 518 Ew. – Höhe 506.
🛏 in Waldkirch, ✉ 9205, ☎ 0714 346 767, Fax 0714 346 768, Richtung Gossau : 9 km.
Bern 199 – Sankt Gallen 22 – Frauenfeld 35 – Konstanz 24 – Romanshorn 18.

XX **MuggensturM**, Thurfeldstr. 16, Richtung Niederhelfenschwil : 1,5 km,
☎ 0714 221 247, restaurant@muggensturm.ch, Fax 0714 226 447, 🍽 – 🅿 AE ⦁
⦿ VISA. ✂
geschl. 26. Jan. - 3. Feb., 1 Woche Mitte Juli, 28. Sept. - 13. Okt., Sonntag und Montag
– **Menu** 85 (abends) und à la carte 53/106.
♦ Im schönen Riegelbau, einem ehemaligen Bauernhof aus dem 17. Jh., werden in gemütlich-rustikalem Umfeld Gerichte von klassischer Karte mit modernen Einflüssen serviert.

SSONE 6816 Ticino (TI) **219** ⑧ – 769 ab. – alt. 274.
Bern 282 – Lugano 9 – Bellinzona 38 – Locarno 50 – Varese 30.

🏨 **Campione**, via Campione 62 (Nord : 2 km), ☎ 0916 401 616, info@hotel-campione.ch, Fax 0916 401 600, ≤ lago e monti, 🍽, 🏊 – 📶 TV 📞 ⇐ – 🛁 35. AE ⦁
⦿ VISA JCB
chiuso dal 30 novembre al 26 dicembre – **All'Arco** (chiuso mercoledì e in inverno lunedì - venerdì a mezzogiorno) **Pasto** 24 - 38 ed alla carta 31/74 – **34 cam** 🛏 112/234, 5 suites – ½ P sup. 35.
♦ Dal bordo della bella piscina e dalle ampie camere classiche, arredate con gusto, godrete di un'imperdibile vista sul lago e i monti. Rinnovato di recente, ristorante moderno e luminoso con servizio estivo sulla terrazza panoramica.

🏨 **La Palma**, piazza Borromini, ☎ 0916 498 406, info@bordognaweb.com, Fax 0916 496 769, ≤ lago, 🍽 – 📶 TV. AE ⦁ ⦿ VISA. ✂ rist
Pasto 65 ed alla carta 42/100 – 🛏 10 – **12 cam** 89/135 – ½ P sup. 30.
♦ Comodamente raggiungibile, offre un bel servizio estivo sulla terrazza-giardino in riva al lago da cui si gode di un'ottima vista. Carta italiana e camere a disposizione.

XX **Ticino** con cam, piazza Borromini 21, ☎ 0916 495 150, Fax 0916 495 150, 🍽 –
TV. AE ⦁ ⦿ VISA
chiuso dal 26 febbraio al 12 marzo e mercoledì – **Pasto** - specialità di mare - 32 - 40 (mezzogiorno)/92 ed alla carta 65/114 – 🛏 18 – **6 cam** 70/140.
♦ Nella casa natale di Francesco Borromini, propone una carta a base di pesce di lago e di mare, servito nella bella sala. Sei camere moderne e luminose a disposizione !

BISSONE

Elvezia, via Cantonale 5, ℘ 0916 497 374, Fax 0916 497 368, 🍴 – 🅿, 🆎 ⓞ
🍴 VISA
chiuso dal 15 gennaio al 4 marzo e lunedì – **Pasto** 19.50 ed alla carta 50/75.
◆ Due sale, una invernale, più elegante e una primaverile, piena di luminosità nonc
uno spazio all'esterno, vi accoglieranno per apprezzare una cucina di stampo tr
dizionale.

BIVIO 7457 Graubünden (GR) ₂₁₈ ⑭ ⑮ – 259 Ew. – Höhe 1 799.
Bern 305 – Sankt Moritz 22 – Chiavenna 59 – Chur 65 – Davos 87.

Post, Julierroute, ℘ 0816 591 000, mail@hotelpost-bivio.ch, Fax 0816 591 00
⇔ – 🛗 🅿, 🆎 ⓞ 🆆 VISA
geschl. Mai - Mitte Juni und Nov. – **Menu** 25 und à la carte 29/86 – **45 Zi**
⊇ 115/230 – ½ P Zuschl. 34.
◆ Der historische Gasthof liegt an der Durchgangsstrasse von der Lenzerheide zu
Julierpass nach St. Moritz. Die Zimmer im Haupthaus sind mit rustikalen Holzmöbe
ausgestattet. Einfache Gaststube und gehobener Speiseraum mit gut gedeckt
Tischen.

BLATTEN IM LÖTSCHENTAL 3919 Wallis (VS) ₂₁₇ ⑰ – 323 Ew. – Höhe 1 540.
Bern 208 – Brig 38 – Domodossola 55 – Sierre 34 – Sion 49.

Edelweiss ⌂, ℘ 0279 391 363, hoteledelweiss@rhone.ch, Fax 0279 391 05
← Tal und Langgletscher, 🍴 – 🛗 📺 🅿, 🆎 🆆 VISA. ✗ Rest
geschl. 22. April - 24. Mai und Donnerstag in der Zwischensaison – **Menu** 40 (abend
und à la carte 31/66 – **22 Zim** ⊇ 110/210 – ½ P Zuschl. 33.
◆ Das Chalet befindet sich in ruhiger Lage im hinteren Dorfteil. Alle Zimmer, auss
den älteren Familienzimmern, sind mit hellem, rustikalem Mobiliar eingerichtet. Ei
einfache nette Gaststube mit Terrasse erwartet Sie zum Essen.

BLATTEN BEI MALTERS Luzern (LU) ₂₁₆ ⑰ – ✉ 6102 Malters.
Bern 115 – Luzern 7 – Aarau 55 – Altdorf 45 – Interlaken 66.

Krone 🅼, ℘ 0414 980 707, info@krone-blatten.ch, Fax 0414 980 701, 🍴 –
🆎 ⓞ 🆆 VISA
geschl. 16. Feb. - 3. März, 27. Juli - 11. Aug., Sonntag und Montag – **Menu**
(mittags)/98 und à la carte 57/102 – **Gaststube : Menu** 19.50 und à la carte 50/8
◆ Das Restaurant im völlig erneuerten Gasthof ist von schlichter Eleganz. Der Gast h
die Möglichkeit im Lokal oder auf der Terrasse von einer zeitgemässen Karte zu wä
len. Ungezwungene Atmosphäre herrscht in der Gaststube.

BLATTEN BEI NATERS 3914 Wallis (VS) ₂₁₇ ⑱ – Höhe 1 322 – Wintersper
1 300/3 100 m ≰1 ≰9.
🅱 Belalp Tourismus, ℘ 0279 216 040, info@belalp.ch, Fax 0279 216 041.
Bern 172 – Brig 10 – Andermatt 85 – Domodossola 70 – Sion 64.

Blattnerhof 🅼, ℘ 0279 238 676, blattnerhof@belalp.ch, Fax 0279 230 254,
🍴, 🌳 – ✗ Zim, 📺 🅿, 🆎 🆆 VISA
geschl. 22. April - 1. Juni und 19. Okt. - 12. Dez. – **Menu** 25 (mittags)/69 und à
carte 46/91 – **21 Zim** ⊇ 95/170 – ½ P Zuschl. 30.
◆ Das renovierte Haus stammt aus der Pionierzeit und bietet neben seiner zentrale
Lage in unmittelbarer Nähe der Luftseilbahn modern ausgestattete Gästezimme
Eine Gartenterrasse mit Grilladen und Kinderspielplatz ergänzt das Restaurant.

auf Belalp mit Luftseilbahn und 30 Min. Spaziergang erreichbar :

Belalp ⌂, ℘ 0279 242 422, hotel.belalp@belalp.ch, Fax 0279 243 095, ← Berg
und Aletschgletscher, 🍴 – 🛗 25
Mitte Dez. - Mitte April und Mitte Juni - Mitte Okt. – **Menu** à la carte zirka 45 – **23 Zi**
⊇ 90/160 – ½ P Zuschl. 30.
◆ Das sehr ruhig gelegene Berghotel mit sensationellem Blick auf die Walliser Alpe
und den nahegelegenen Aletschgletscher, bietet funktionelle Zimmer mit einfache
Komfort. Restaurant mit Panoramaterrasse.

BLAUSEE-MITHOLZ Bern ₂₁₇ ⑰ – siehe Kandersteg.

LITZINGEN 3981 Wallis (VS) 217 ⑱ – 104 Ew. – Höhe 1 296.
Bern 141 – Andermatt 51 – Brig 24 – Interlaken 87 – Sion 77.

Castle M, Nord : 2,5 km, ℘ 0279 701 700, hotel.castle@rhone.ch, Fax 0279 701 770, ≤ Rhonetal und Berge, 🛖, ⇌, 🏊 – 🛗, ↔ Zim, TV 📞 🚗 P. AE ① ⓜ VISA. ✄ Rest
15. Dez. - 19. April und 16. Juni - 18. Okt. – **Schlossrestaurant :** (geschl. Montag im Oktober) **Menu** 58/100 und à la carte 48/99 – **34 Zim** ⌂ 145/290 – ½ P Zuschl. 48.
  ◆ Eine sehr ruhige Übernachtungsmöglichkeit finden Sie in diesem, hoch über dem Dorf gelegenen Hotel. Die Studios und Appartements bieten viel Platz und guten Komfort. Elegante Einrichtung und schöne Terrasse sind die Vorzüge des Schlossrestaurants.

LONAY Vaud 217 ⑭ – rattaché à Vevey.

LUCHE Valais 217 ⑯ – rattaché à Crans-Montana.

es BOIS 2336 Jura (JU) 216 ⑬ – 1 007 h. – alt. 1 029.
Bern 81 – Delémont 49 – Biel/Bienne 46 – La Chaux-de-Fonds 13 – Montbéliard 73.

Auberge de l'Ours, 18 Milieu du Village, ℘ 0329 611 445, Fax 0329 611 445 – ⓜ VISA
fermé 27 juil. au 12 août, mardi midi, dim. soir et lundi – **Repas** 15 - 54 et à la carte 43/86.
  ◆ Tout respire la campagne dans ce petit restaurant jurassien, qu'il s'agisse de la coquette salle ou de la cuisine traditionnelle du marché teintée d'un accent régional.

ONADUZ 7402 Graubünden (GR) 218 ④ – 2 444 Ew. – Höhe 659.
Bern 255 – Chur 14 – Andermatt 80 – Davos 59 – Vaduz 51.

Grischunata mit Zim, Versamerstr. 5, ℘ 0816 411 174, welcome@grischunata -hotel.ch, Fax 0816 411 655, 🛖 – 🛗 TV 📞 P. AE ① ⓜ VISA
Rest : geschl. Sonntag – **Spettacolo :** Menu 29 - 39 (mittags)/72 und à la carte 49/96 – **Grischunata** - Bündner Spezialitäten - **Menu** 17 - 39 (mittags) und à la carte 46/69 – **15 Zim** ⌂ 75/140, 4 Suiten – ½ P Zuschl. 35.
  ◆ Hinter der kleinen Hotelbar findet man das mit Kirscholzmobiliar elegant eingerichtete Spettacolo. Ausser wechselnden Aktionen serviert man neuzeitliche Gerichte. Im rustikalen Grischunata steht sorgfältig Zubereitetes aus dem Bündnerland im Vordergrund.

Alte Post mit Zim, Versamerstr. 1, ℘ 0816 411 218, btheus@netcomag.ch, Fax 0816 412 932, 🛖 – TV P. – 🏛 50. AE ① ⓜ VISA JCB
geschl. Jan. - 5. Feb. – **Menu** (geschl. Dienstag von Nov. - März und Mittwoch) 18.50 und à la carte 39/82 – **13 Zim** ⌂ 70/170 – ½ P Zuschl. 30.
  ◆ Nicht weit vom Ort, wo sich Hinter- und Vorderrhein zum Strom vereinen, trifft man auf das Restaurant, das in Gaststube und à la carte-Bereich unterteilt ist.

ÖNIGEN Bern 217 ⑦ ⑧ – siehe Interlaken.

OSCO GURIN 6685 Ticino (TI) 217 ⑲ ⑳ – 86 ab. – alt. 1 506.
Bern 267 – Andermatt 140 – Brig 190 – Bellinzona 60 – Locarno 41.

Walser, ℘ 0917 590 202, grossalp@bluewin.ch, Fax 0917 590 203, ≤, 🛖, ♨, ⇌ – TV. AE ① ⓜ VISA JCB
chiuso dal 28 aprile al 11 maggio – **Pasto** - Pizzeria - 17 ed alla carta 35/77 – **13 cam** ⌂ 100/140 – ½ P sup. 24.
  ◆ Nel comune più alto del cantone, a 1 506 m.s.m., vi accoglie questo hotel con le sue 13 confortevoli camere. A fine giornata, approfittate di sauna e fitness. Il grande ristorante dell'albergo propone, accanto alla cucina regionale, anche pizze.

Se cercate un hotel tranquillo
consultate prima le carte tematiche dell'introduzione
e trovate nel testo gli esercizi indicati con il simbolo ♨

BOSCO LUGANESE 6935 Ticino (TI) 219 ⑧ – 338 ab. – alt. 443.
Bern 275 – Lugano 10 – Bellinzona 31 – Locarno 43.

Villa Margherita ⌕, ℘ 0916 115 111, margherita.ch@bluewin.c
Fax 0916 115 110, ≤ lago Maggiore, di Lugano e monti, 佘, ☎, ⌑, ⌐, ⚐ – ⎡
🅿 – 🛎 30. AE ⓞ ⓜⓔ VISA. ⌕ rist
16 aprile - 11 ottobre – **Pasto** 78 (sera) ed alla carta 62/129 – **34 cam** ⌑ 240/48
– ½ P sup. 58.

◆ Signorile dimora immersa nella cornice del parco, gode della sublime vis
su lago e dintorni. Le camere, eleganti e discrete, sono state in parte rinnovat
Allo stile classico della sala da pranzo preferite, d'estate, il parco illumina
all'esterno.

BOTTMINGEN 4103 Basel-Landschaft (BL) 216 ④ – 5471 Ew. – Höhe 292.
Bern 105 – Basel 5 – Aarau 60 – Baden 69 – Belfort 67 – Liestal 25.

XXX **Weiherschloss,** Schlossgasse 9, ℘ 0614 211 515, gischig@schlossbottminge
ch, Fax 0614 211 915, 佘, ⚐, AE ⓞ ⓜⓔ VISA
geschl. 23. Dez. - 6. Jan., 1. - 13. März, 20. Juli - 3. Aug., Sonntag und Montag – **Me**
58 (mittags)/120 und à la carte 76/146.

◆ Die im Barockstil renovierte Wasserburg ist der Mittelpunkt einer schönen Par
anlage. Im schlicht-eleganten Restaurant im Stil Louis XVI wird die klassische Kar
aufgelegt.

XX **Basilicum,** Margrethenstr. 1, ℘ 0614 217 070, Fax 0614 238 777, 佘 –
ⓜⓔ VISA
geschl. 24. Dez. - 2. Jan., Samstagmittag, Sonn- und Feiertage – **Menu** 19 - 69 (abenc
und à la carte 54/89.

◆ Im Parterre eines Hochhauses stösst der Gast auf ein modern gestaltetes Resta
rant, das freundlich eingerichtet ist. Die zeitgemässe Karte reicht von regional b
mediterran.

Wenn Sie ein ruhiges Hotel suchen, benutzen
Sie die Übersichtskarte in der Einleitung
oder wählen Sie ein Hotel mit dem entsprechenden Zeichen ⌕

BÖTTSTEIN 5315 Aargau (AG) 216 ⑥ – 3688 Ew. – Höhe 360.
Bern 111 – Aarau 31 – Baden 20 – Basel 59 – Schaffhausen 49.

Schloss Böttstein ⌕, Schlossweg 20, ℘ 0562 691 616, info@schloss-boet
tein.ch, Fax 0562 691 666, 佘 – TV video 🅿 – 🛎 15/30. AE ⓞ ⓜⓔ VISA
Menu (geschl. Montag) 18 - 50 (mittags)/99 und à la carte 60/106 – **39 Zi**
⌑ 100/190 – ½ P Zuschl. 35.

◆ Im schlossartigen Patrizierhaus aus dem Jahre 1615 mit Barockkape
werden die Gäste heute im Annexe in modernen Zimmern mit hellem Holzmobili
untergebracht. Elegante Leuchter und ein schöner Kachelofen zieren das Resta
rant.

BOUDEVILLIERS 2043 Neuchâtel (NE) 216 ⑫ ⑬ – 660 h. – alt. 756.
Bern 58 – Neuchâtel 7 – Biel/Bienne 44 – La Chaux-de-Fonds 15.

La Croisée M, à Malvilliers, ℘ 0328 581 717, croisee@vtx.ch, Fax 0328 581 70
≤, 佘 – TV & 🅿 – 🛎 15/120. AE ⓜⓔ VISA
Repas 12.50 - 42 (midi)/55 et à la carte 32/80 – ⌑ 15 – **26 ch** 90 – ½ P sup
32.

◆ Sur la route conduisant à la "Vue des Alpes" se dresse cette bâtisse moder
alliant bois naturel, béton et baies vitrées. Chambres à tarifs appréciables. Vas
restaurant offrant une perspective sur le Val de Ruz. Grand choix de menus
de spécialités.

BOURGUILLON Fribourg 217 ⑤ – rattaché à Fribourg.

Le BRASSUS Vaud 217 ② – voir à Joux (Vallée de).

BRAUNWALD 8784 Glarus (GL) 218 ② – 453 Ew. – Höhe 1 280 – ✳ – Wintersport :
1 300/2 000 m ⛷6 ⛷2 🎿.
Lokale Veranstaltungen
16.02 : Hornschlittenrennen
05.07 - 11.07 : Sing- und Musikfestwoche – 🛈 Braunwald Tourismus,
℘ 0556 536 585, tourismusinfo@braunwald.ch, Fax 0556 536 586.
Bern 215 – Chur 95 – Altdorf 51 – Glarus 20 – Vaduz 82 – Zürich 90.
    mit Standseilbahn ab Linthal erreichbar

🏨 **Rubschen** 🌿, über Wanderweg in Rubschen : 30 min, ℘ 0556 431 534,
Fax 0556 431 535, ≤ Tal und Berge, 🍽 – 📺 ⦁⦁ 💳. 🍴 Zim
21. Dez. - 19. März und 2. Juni - 19. Okt. – **Menu** à la carte 41/88 – **11 Zim** ⌑ 95/210
– ½ P Zuschl. 40.
◆ In einer autofreien Gegend können Sie hier ungestörte Urlaubstage verleben. Die Gäste werden in teils neuzeitlich möblierten Zimmern mit schöner Aussicht untergebracht. Grosse Gaststube und kleiner, gemütlicher à la carte-Raum mit rustikalem Dekor.

REGANZONA Ticino 219 ⑧ – vedere Lugano.

BRIL (BRIGELS) 7165 Graubünden (GR) 218 ② – 1 289 Ew. – Höhe 1 289 – Wintersport :
1 289/2 418 m ⛷8 🎿.
Lokale Veranstaltungen
22.01 - 26.01 : Hornschlittenrennen (Europacup)
05.07 - 19.07 : Chorwochen – 🛈 Center Turistic, Casa Quader, ℘ 0819 411 331,
info@brigels.ch, Fax 0819 412 444.
Bern 225 – Andermatt 52 – Chur 50 – Bellinzona 112.

🏨 **La Val** 🌿, ℘ 0819 292 626, hotel@laval.ch, Fax 0819 292 627, ≤, 🍽, 🛎, 🏊
– 🛗 📺 🚗 🅿 🆎 ⓞ ⦁⦁ 💳
geschl. 7. April - 15. Mai und 3. Nov. - 12. Dez. – **Menu** 55 und à la carte 34/77 –
32 Zim ⌑ 144/228, Vorsaison ⌑ 112/184 – ½ P Zuschl. 32.
◆ Die beiden unterirdisch miteinander verbundenen, ruhig gelegenen Häuser bieten den Gästen im Annexe grosse Zimmer mit Sitzecke, Balkon und meist mit Küche. Modern-rustikale Stuben bilden das Restaurant.

🏨 **Crestas** 🌿, ℘ 0819 411 131, hotel@crestas.ch, Fax 0819 412 171, ≤, 🍽, 🛎,
🍴 – 🛗 🚗. 🆎 ⓞ 💳. 🍽 Rest
22. Dez. - 19. April und 25. Mai - 18. Okt. – **Menu** 20 - 36 und à la carte 37/82 – **21 Zim**
⌑ 103/194, Vorsaison ⌑ 80/184 – ½ P Zuschl. 24.
◆ Das Haus im Chaletstil empfängt seine Gäste an einer rustikalen Reception mit offenem Kamin und Sitzecke. Die verschieden geschnittenen Zimmer sind mit dunklem Holz möbliert. In der Arvenstube kann der Gast Speisen von einer einfachen Karte wählen.

🏨 **Kistenpass**, ℘ 0819 411 143, kistenpass@swissonline.ch, Fax 0819 411 440,
🛎 ≤ Rheintal und Berge, 🍽, 🍴 – 🛗 🍴 🅿. 🆎 ⓞ ⦁⦁ 💳
geschl. Ende Okt. - Mitte Dez., 21. April - 20. Mai, Dienstag und Mittwoch in der Zwischensaison – **Stiva Cadi** : **Menu** 18.50 - 28 (mittags)/35 und à la carte 44/66 –
35 Zim ⌑ 125/190, Vorsaison ⌑ 80/150 – ½ P Zuschl. 20.
◆ Das Haus liegt am Hang und bietet einen schönen Ausblick auf das Rheintal und die Berge. Das renovierte Drittel der Zimmer ist zeitgemäss eingerichtet. Das Stiva Cadi bietet sich mit verschieden dekorierten Räumen zur Einkehr an.

🏨 **Alpina**, ℘ 0819 411 413, info@alpina-brigels.ch, Fax 0819 413 144, 🍽 – 📺 🅿.
⦁⦁ 💳
🛎 **Menu** 16 und à la carte 25/63 – **10 Zim** ⌑ 68/142, Vorsaison ⌑ 52/108 – ½ P Zuschl.
23.
◆ Das mit Holz verkleidete ältere Haus steht im Ortskern am Kirchplatz. Die acht frisch renovierten Zimmer in der ersten Etage sind mit gutem Mobiliar modern ausgestattet. An die Gaststube schliesst sich das holzgetäfelte Restaurant an.

Die Erläuterungen in der Einleitung helfen Ihnen,
Ihren Roten Michelin-Führer effektiver zu nutzen.

BREMGARTEN 5620 Aargau (AG) 216 ⑰ ⑱ – 5 177 Ew. – Höhe 386.
Bern 108 – Aarau 30 – Baden 20 – Luzern 50 – Zürich 21.

Sonne, Marktgasse 1, ℘ 0566 488 040, hotel@sonne-bremgarten.c
Fax 0566 488 041, ≤, 🍴 – 📶 TV 📞 🚗 – 🔒 15/50. AE ⓘ ⓜ VISA
🏠 Zim
geschl. 24. Dez. - 12. Jan. – **Menu** (geschl. Sonntagabend) 19 - 34 (mittags)/70 ur
à la carte 47/95 – **15 Zim** ⛬ 130/175.
  • Das Altstadthaus, ruhig in der Fussgängerzone gelegen, erwartet seine Besuch
  mit Zimmern, die mit Nussbaummobiliar im Stil der 80er Jahre ausgestattet sind. Zu
  Essen stehen zwei unterschiedlich gestaltete Stuben zur Verfügung.

Les BRENETS 2416 Neuchâtel (NE) 216 ⑫ – alt. 876.
Bern 85 – Neuchâtel 34 – Besançon 79 – La Chaux-de-Fonds 16 – Yverdon l
Bains 67.

du Lac et Rest. du Doubs, Pré du Lac 26, ℘ 0329 321 266, rives-du-dou
@bluewin.ch, Fax 0329 321 239, ≤, 🍴, 🔳 – 🅿 – 🔒 40. AE ⓘ ⓜ VISA
Repas (fermé lundi de nov. à avril) 15 - 26 (midi) et à la carte 29/66 – **15 ch** ⛬ 95/15
– ½ P suppl. 26.
  • Cet imposant chalet, sur la rive du lac des Brenets, renferme des chambres fon
  tionnelles ; réservez l'une des 7 récemment créées. Le restaurant jouit d'une vu
  panoramique et vous mitonne quelques recettes malgaches en "guest star" et de
  tartes affriolantes.

BRENT Vaud 217 ⑭ – rattaché à Montreux.

Les BREULEUX 2345 Jura (JU) 216 ⑬ – 1 348 h. – alt. 1 020.
Bern 71 – Delémont 42 – Belfort 82 – Biel/Bienne 36 – La Chaux-de-Fonds 26
Neuchâtel 39.

Balance, Sud-Ouest : Les Vacheries 9, ℘ 0329 541 413, info@hotelbalance.c
Fax 0329 541 145, 🍴, 🚗 – TV 🅿 – 🔒 100. AE ⓜ VISA
fermé 10 mars au 8 avril – **Repas** (fermé mardi) 17 et à la carte 51/84 – **22 c
⛬ 85/130 – ½ P suppl. 30.
  • Complexe de bâtiments situé en bordure de pâturages. Les chambres sont pr
  tiques et de diverse ampleur. Repos garanti ! Trois salles à manger de style var
  complétées d'un jardin d'hiver et d'une terrasse, composent le restaurant de l'hôt
  de la Balance.

BRIENZ 3855 Bern (BE) 217 ⑧ – 2 989 Ew. – Höhe 566.
Sehenswert : Brienzer Rothorn★★★ – Giessbachfälle★★ – Ballenberg★★, schweiz
risches Freilichtmuseum – Brienzer See★, Nordufer★ – Oltschibachfall★.
🛈 Tourismus Verein Brienz Axalp, Hauptstr. 143, ℘ 0339 528 08
Fax 0339 528 088.
Bern 77 – Interlaken 18 – Luzern 52 – Meiringen 15.

Lindenhof, Lindenhofweg 15, ℘ 0339 522 030, info@hotel-lindenhof.c
Fax 0339 522 040, ≤ Berge und See, 🍴, ☎, 🔳, 🏊 – 📶 TV 📞 🅿 – 🔒 15/4
AE ⓜ VISA 🏠 Rest
geschl. 2. Jan. - 8. März – **Menu** 19 - 60 und à la carte 46/80 – **40 Zim** ⛬ 150/25
– ½ P Zuschl. 40.
  • Die Zimmer dieses im Chaletstil erbauten Hotels verteilen sich auf fünf Gebäu
  - oberhalb des Ortes gelegen. Unterschiedliche Erlebniszimmer, teils mit schöne
  Ausblick. Zum Speisen stehen zur Wahl : das Alpstübli, der Wintergarten oder d
  Terrasse.

Brienzerburli-Löwen, Hauptstr. 11, ℘ 0339 511 241, hotel@brienzerburli.c
Fax 0339 513 841, ≤, 🍴, 🚗 – 📶, 🏠 Rest, TV 🅿 AE ⓘ ⓜ VISA
Menu 20 und à la carte 32/80 – **32 Zim** ⛬ 120/220, 3 Suiten – ½ P Zuschl. 28
  • Das Hotel, im Herzen des Ortes am See gelegen, hat Zugang zur Promenade. D
  Zimmer im Haupthaus sind rustikal in Holz gehalten. Im Löwen stehen Appartemen
  zur Verfügung. Verschiedene Speiselokale werden durch eine schöne Terras
  ergänzt.

BRIENZ

Schönegg garni, Talstr. 8, ☏ 0339 511 113, Fax 0339 513 813,
≤ Brienzersee, 🍽 – 🅿️ 📧 🆅🆂🅰 ⚡
18. April - 31. Okt. – **16 Zim** ⌒ 60/170.
• Zwei ruhig gelegene Chalets gewähren einen schönen Blick über den Brienzersee.
Im einen Haus befindet sich der Frühstücksraum, im anderen die rustikalen Zimmer.

n Giessbach Süd-West : 6 km – Höhe 573 – ✉ 3855 Brienz :

Grandhotel Giessbach ⚜, ☏ 0339 522 525, grandhotel@giessbach.ch,
Fax 0339 522 530, ≤ See und Giessbachfälle, 🍽, 🏊, ✖, ⚡ – 🛗 📺 ♿ 🅿️ –
🔶 15/700. 🅰🅴 ⓞ 🆆🅾 🆅🆂🅰
18. April - 19. Okt. – **Chez Florent** (geschl. Montag) **Menu** 45 (mittags)/135 und à
la carte 79/145 – **Parkrestaurant** : **Menu** 22 - 36 (mittags)/78 und à la carte
56/106 – **70 Zim** ⌒ 160/380 – ½ P Zuschl. 70.
• Die einmalige Lage am See und an den Giessbachfällen sowie die angenehme Ein-
richtung im Stil der Jahrhundertwende geben dem Traditionshaus seinen besonderen
Charme. Im Chez Florent : schlichte Eleganz, ein aufmerksamer Service und eine
schöne Sicht auf den See.

BRIG 3900 Wallis (VS) **217** ⑱ – 11 597 Ew. – Höhe 678.
Sehenswert : Stockalperschloss : Hof★ Z.
Ausflugsziel : Simplonpass★★ über ② : 23 km.
🛈 Brig Tourismus, Bahnhofplatz 1, ☏ 0279 216 030, info@brig-tourismus.ch,
Fax 0279 216 031.
🚉 Bahnhofplatz 1, ☏ 0279 242 300, Fax 0279 216 031.
Bern 167 ① – Andermatt 90 ① – Domodossola 66 ② – Interlaken 110 ③ –
Sion 53 ③

Stadtplan siehe nächste Seite

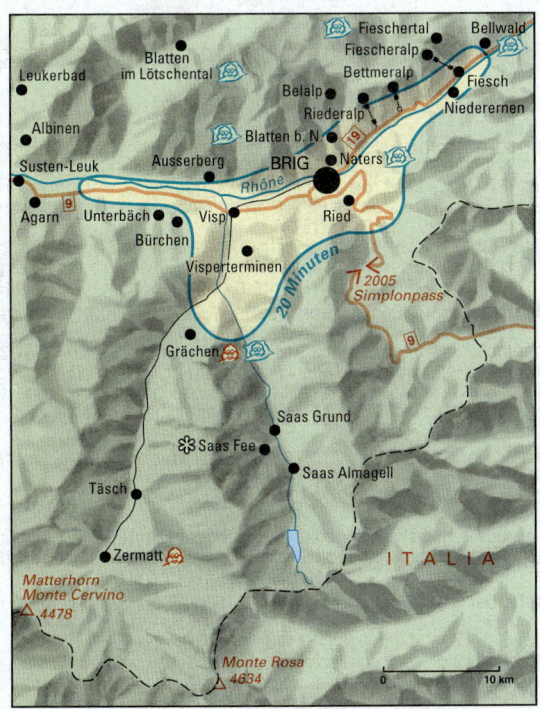

BRIG

Alte Simplonstrasse	Z
Bachstrasse	Z 3
Bahnhofstrasse	YZ 4
Belalpstrasse	Y 6
Chavezweg	Y 7
Dammweg	Y
Englisch-Gruss-Strasse	Z 8
Furkastrasse	YZ
Gliseralee	Z
Glismattenstrasse	Z
Kapuzinerstrasse	Y
Kehrstrasse	Y
Kettelerstrasse	Z
Mariengasse	Z 9
Neue Simplonstrasse	Z
Nordstrasse	Y
Oberer Saltinadamm	Z 12
Rhodaniastrasse	Y
Rhonesandstrasse	Y 13
Saflischstrasse	Y 15
Saltinaplatz	Z 15
Saltinapromenade	YZ 16
Schlossstrasse	Z 18
Schulhausstrasse	Z 19
Sebastiansgasse	Z 21
Sebastiansplatz	Z 22
Spitalweg	Z
Termerweg	Z
Tunnelstrasse	YZ
Überlandstrasse	YZ
Untere Briggasse	Z
Viktoriastrasse	Y 24
Winkelgasse	Z 25
Zenhäusernstrasse	Z

*Benachrichtigen
Sie sofort das Hotel,
wenn Sie ein
bestelltes Zimmer
nicht belegen können.*

Stadthotel Simplon M, Sebastiansplatz 6, ℘ 0279 222 600, simplon@wallis.c
Fax 0279 222 605, 🍴 – 📶, 🍽 Rest, 📺 – 🛏 15/50. AE ① ⓜⓞ VISA   Z
geschl. 6. - 27. Jan. – **Rest. de Ville** (geschl. Montag und Samstagmittag) Menu 5
(mittags)/110 und à la carte 58/98 – **Bistro : Menu** 17 - 25 und à la carte 42/8
– **32 Zim** ⇌ 135/220 – ½ P Zuschl. 25.
  ♦ Das Haus steht im Ortskern, einige Schritte von einem Parkhaus entfernt. Die Zir
  mer des Geschäftshotels sind mit anthrazitfarbenen Möbeln zeitgemäss eingerichte
  Das Rest. de Ville ist im 1. Stock ein nüchtern-eleganter Raum mit edlem Holzdeke

Good Night Inn M, Englischgruss-Str. 6, ℘ 0279 212 100, gni@brig-wallis.c
Fax 0279 212 199, 🍴 – 📶 🍽 📺 📞 🛏 P. AE ① ⓜⓞ VISA   Z
Menu (geschl. Sonntag) 15 und à la carte 31/74 – **100 Zim** ⇌ 83/104 – ½ P Zuschl. 1
  ♦ Das moderne Hotel ist in einem Einkaufszentrum situiert. Die Zimmer von durc
  schnittlicher Grösse sind zeitgemäss mit hellem Buchenholzmobiliar ausgestattet. E
  schickes Lokal im Bistro-Stil mit Bar und gemütlicher Terrasse zeigt sich d
  Restaurant.

du Pont, Marktplatz 1, ℘ 0279 231 502, dupont.brig@datacomm.c
Fax 0279 239 572, 🍴 – 📶 📺 🛏. AE ① ⓜⓞ VISA   Z
geschl. 24. Dez. - 20. Jan. – **Menu** 25 - 50 und à la carte 38/86 – **17 Zim** ⇌ 120/2
– ½ P Zuschl. 27.
  ♦ Das Gebäude liegt beim Marktplatz. Die mit massivem Nussbaummobiliar ausg
  statteten Zimmer unterscheiden sich lediglich in der Grösse und sind funktionell ei
  gerichtet. Getäferte Wände machen das Restaurant gemütlich.

Schlosshotel garni, Kirchgasse 4, ℘ 0279 229 595, schlosshotel@rhone.c
Fax 0279 229 596, 🛋, – 📶 📺 📞 P. AE ① ⓜⓞ VISA   Z
geschl. Nov. - Jan. – **23 Zim** ⇌ 115/170
  ♦ Das Hotel in Nähe des Stockalperpalastes sieht von aussen aus wie ein normal
  Wohnhaus. Im Inneren werden jedoch Zimmer mit rustikalem Nussbaummobiliar ang
  boten.

BRIG

Victoria, Bahnhofstr. 2, ℘ 0279 231 503, hotel_victoria@swissonline.ch, Fax 0279 242 169, 🍴 – 📶 📺 AE ① ⓜ VISA JCB. ※ Rest Y f
geschl. 10. Nov. - 16. Dez. – **Menu** 17 - 45 und à la carte 36/88 – **37 Zim** ⊆ 130/220 – ½ P Zuschl. 35.
♦ Die Zimmer dieses Hauses, das so verkehrsgünstig gegenüber dem Bahnhof liegt, sind einheitlich mit dunklem, zeitgemässem Holzmobiliar funktionell eingerichtet. Das moderne, frisch gestaltete Speiserestaurant hat einen Wintergarten.

Schlosskeller, Alte Simplonstr. 26, ℘ 0279 233 352, Fax 0279 236 975, 🍴 – AE ① ⓜ VISA Z e
geschl. 2. - 16. Jan., 1. - 15. Juli, Sonntagabend und Montag – **Menu** 19 und à la carte 48/92.
♦ Beim Eintreten in das Schloss kommt man zuerst in die Gaststube, wo auch der Zugang zur Terrasse liegt, dahinter das gehobene Restaurant mit alter Holzdecke.

Naters Nord : 1 km – Höhe 673 – ✉ 3904 Naters :

Alex M, Furkastr. 88, ℘ 0279 224 488, hotel.alex@oberwallis.ch, Fax 0279 242 544, 🍴 – 📶, ⇔ Zim, 📺 📞 ✈ 🅿 – 🏊 60. ⓜ VISA
Menu (snack) (nur für Hotelgäste) à la carte zirka 51 – **35 Zim** ⊆ 85/158 – ½ P Zuschl. 28.
♦ Das Hochhaus, das seinen Gästen modern ausgestattete Zimmer zur Verfügung stellt, ist ein idealer Ausgangspunkt für Ausflüge zum Aletschgletscher oder Gotthard.

Bellevue, Bahnhofstr. 27, ℘ 0279 244 446, Fax 0279 242 557 – 📶 📺 🅿. ⓜ VISA
geschl. 2 Wochen Anfang Juli, Sonn- und Feiertage – **Menu** 16.50 und à la carte 36/86 – **9 Zim** ⊆ 80/130 – ½ P Zuschl. 25.
♦ Das Haus liegt im Zentrum des Ortes und hat mit hellem Holzmobiliar funktionell eingerichtete Doppelzimmer, die sich lediglich in der Grösse unterscheiden. Einfaches Tagesrestaurant und moderner à la carte-Bereich mit gutem Gedeck. Y n

Ried über ② : 3,5 km Richtung Simplon – Höhe 901 – ✉ 3911 Ried-Brig :

Mühle 🌿, garni, im Ortsteil Brei, Bleiken 6, ℘ 0279 233 838, hotel_muehle@freeesurf.ch, Fax 0279 243 785, ≤, ⇔ – 📺 🅿 – 🏊 15/120. ⓜ
22 Zim ⊆ 60/140.
♦ Das Haus liegt ruhig oberhalb des Dorfes am Föhrenwald und bietet eine sehr schöne Sicht über das Tal und die Berner Alpen. Die Zimmer sind im Stil der 70er Jahre gehalten.

BRIGELS Graubünden 𝟚𝟙𝟠 ② – siehe Breil.

BRIGNON Valais 𝟚𝟙𝟟 ⑮ – rattaché à Veysonnaz.

BRISSAGO 6614 Ticino (TI) 𝟚𝟙𝟡 ⑦ – 1 781 ab. – alt. 210.
🅱 Ente Turistico, via Leoncavallo 25, ℘ 0917 910 091, buongiorno@maggiore.ch, Fax 0917 851 941.
Bern 275 – Locarno 10 – Bellinzona 30 – Domodossola 62 – Lugano 49 – Verbania 28.

Mirto al Lago, viale Lungolago 2, ℘ 0917 931 328, info@hotel-mirto.ch, Fax 0917 931 333, ≤, 🍴, ≦, 🅟, – 📶, ⇔ rist, 📧 rist, 📺 📞 ⇔ 🅿. ⓜ VISA ※
16 marzo - 26 ottobre – **Vecchio Porto** : **Pasto** 33 (mezzogiorno)/55 ed alla carta 43/86 – **25 cam** ⊆ 120/280 – ½ P sup. 30.
♦ Ubicato direttamente sulla passeggiata, di fronte al lago. Le camere si differenziano tra loro per ampiezza ed arredamento : moderno e dai colori diversi. Dal lungolago, accesso diretto al ristorante, semplice e tutto in legno. Proposte culinarie tradizionali.

Rivabella senza rist, via R. Leoncavallo 43, ℘ 0917 931 137, Fax 0917 932 537, ≤, 🍴, 🐎, 🎣 – 📶 🅿. VISA ※
aprile - ottobre – **18 cam** ⊆ 75/150.
♦ Sito in riva al lago, oltre alla bella struttura offre una spiaggetta di ciottoli privata. Camere d'aspetto semplice ed abbastanza confortevoli.

Osteria al Giardinetto, Muro degli Ottevi 10, ℘ 0917 933 121, 🍴 – AE ① ⓜ VISA
chiuso a mezzogiorno e mercoledì – **Pasto** 70 ed alla carta 54/80.
♦ Antico edificio nel centro del paese è un ristorante per la sera. Intima sala con camino o servizio estivo sotto il piccolo e grazioso patio. Carta interessante ma limitata.

BRISSAGO

a Piodina Sud-Ovest : 3 km – alt. 360 – ✉ 6614 Brissago :

La Favorita ♨, via Ghiridone 5, ☎ 0917 930 040, Fax 0917 930 113, ≤ Lag Maggiore, 🍽, 🛁, 🏊, 🌳 – 🛗 📺 🅿 🆎 🆎 💳 ⚡ rist
chiuso dal 1° gennaio al 1° marzo – **Pasto** (solo per clienti alloggiati) 40 (sera) ed al carta 36/64 – **21 cam** ⚏ 140/160 – ½ P sup. 19.
◆ Costruzione ubicata in posizione dominante sopra il lago Maggiore, in una zor residenziale. Camere arredate con mobilio funzionale, in parte rinnovate.

Osteria Grotto Borei, via Ghiridone, Ovest : 3 km, alt. 850, ☎ 0917 930 19 ≤ lago e monti, 🍽 – 🅿, 🆎 ⚡
chiuso dal 9 dicembre al 14 marzo e giovedì ; dal 27 ottobre al 14 dicembre ; aper solo venerdì sera, sabato e domenica – **Pasto** (prenotare) alla carta 39/67.
◆ Grotto di ambiente familiare, da cui godrete della vista di tutto il lago in un so colpo d'occhio ! Offerta semplice, tipica e cucina rigorosamente casalinga.

BRONSCHHOFEN Sankt Gallen **216** ⑨ – siehe Wil.

BRUGG 5200 Aargau (AG) **216** ⑥ – 9 113 Ew. – Höhe 352.
Bern 101 – Aarau 20 – Basel 55 – Luzern 65 – Waldshut-Tiengen 22 – Zürich 3

Terminus, Bahnhofplatz 1, ☎ 0564 602 525, Fax 0564 418 220 – 🛗 📺 📞 🅿 🚗 🏋 25. 🆎 🆎 💳 ⚡ Zim
geschl. 21. Dez. - 12. Jan. und Rest. auch 18. Juli - 3. Aug. – **Menu** (geschl. Sonnta 18 - 41 und à la carte 33/82 – **53 Zim** ⚏ 115/190.
◆ Das Geschäftshotel liegt direkt gegenüber dem Bahnhof und verfügt über Zimme mit dunklem Holzmobiliar. Bei Interesse zeigt der Chef seine grosse Modelleisenbah Die Restauration umfasst das moderne Café, die Brasserie und den Speisesaal.

Da Lorenzo, Ecke Aarauer- und Fröhlichstrasse, ☎ 0564 411 03 Fax 0564 411 030, 🍽 – 🆎 ⓞ 🆎 💳
geschl. 7. Juli - 2. Aug., Sonntag und Montag – **Menu** - italienische Küche - (Tisc bestellung ratsam) 25 - 48 und à la carte 52/106.
◆ Etwas vom Bahnhof entfernt, dem Gleis folgend, stösst man auf das Restaura mit seiner kleinen, typisch italienischen Stube, wo man Spezialitäten der Toscar geniessen kann.

BRUNEGG 5505 Aargau (AG) **216** ⑰ – 435 Ew. – Höhe 434.
❀ Unterm Schloss, ☎ 0564 644 848, Fax 0564 644 850.
Bern 93 – Aarau 15 – Luzern 61 – Olten 28 – Luzern 61.

Zu den drei Sternen, Hauptstr. 3, ☎ 0628 960 411, info@hotel3sternen.c Fax 0628 962 746, 🍽, 🌳 – 🚭 Zim, 🍴 Rest, 📺 📞 🚗 🅿 – 🏋 15/60. 🆎 ⓞ 🆎 💳 ⚡ Rest
geschl. 14. - 27. April – **Bruneggstube** : **Menu** 44 (mittags)/125 und à la cart 52/107 – **18 Zim** ⚏ 120/198.
◆ Der renovierte Gasthof aus dem 16. Jh. liegt am Ende des Dorfes. Sie beziehe Quartier in Zimmern, die teils mit massiver Eiche, teils mit Fichtenholz eingerichte sind. Die Bruneggstube bietet angenehmes Umfeld und ein Gärtli mit altem Brunne

---

BRUNNEN 6440 Schwyz (SZ) **218** ① – Höhe 439.
Sehenswert : Lage★★ – Die Seeufer★★.
🛈 Brunnen Tourismus, Bahnhofstr. 32, ☎ 0418 250 040, info@brunnento rismus.ch, Fax 0418 250 049.
⚓ Waldstätterquai 2, ☎ 0418 220 607, Fax 0418 220 609.
Bern 156 – Luzern 40 – Altdorf 13 – Schwyz 7.

Seehotel Waldstätterhof M ♨, Waldstätterquai 6, ☎ 0418 250 606, in @waldstaetterhof.ch, Fax 0418 250 600, ≤ Vierwaldstättersee, 🍽, 🛥, 🏊, 🌳, 🍴, 🛁 – 🛗, 🚭 Zim, 📺 📞 🅿 – 🏋 15/150. 🆎 ⓞ 🆎 💳
Rôtisserie : **Menu** 89 und à la carte 61/98 – **Sust-Stube** : **Menu** à la carte 43/8 – **105 Zim** ⚏ 190/430 – ½ P Zuschl. 50.
◆ In schöner Lage wurde dieses Hotel Ende des 19. Jahrhunderts am See erbau Einige Zimmer sind mit grauem, funktionellem, der Grossteil aber mit hellem Mobili ausgestattet. Die Rôtisserie ist das gehobene Restaurant an der Seeseite des Hause

BRUNNEN

🏨 **Elite,** Axenstr. 1, ☎ 0418 201 024, hotelite@bluewin.ch, Fax 0418 205 565, ← Vierwaldstättersee, 🍽 – 📶 📺 AE ⓘ ⓜ VISA
April - Okt., Hotel auch Nov. – **Menu** 25 - 33 und à la carte 34/98 – **45 Zim** ⇌ 95/190 – ½ P Zuschl. 30.
◆ Die Hälfte der Zimmer des Hotels an der Seepromenade ist mit hellem Holz, der Rest mit Eiche oder olivgrünem Rattan eingerichtet. Von der Dachterrasse Sicht auf die Berge. Im 1. Stock liegt das Restaurant mit der hellen, frischen Veranda und schöner Seesicht.

🏨 **Schmid und Alfa,** Axenstr. 5, ☎ 0418 201 882, mail@schmidalfa.ch, Fax 0418 201 131, ←, 🍽 – 📶 📺 AE ⓘ ⓜ VISA
März - Okt. – **Menu** (geschl. Dienstag und Mittwoch von März - Ostern) à la carte 31/62 – **28 Zim** ⇌ 85/180 – ½ P Zuschl. 30.
◆ Die zwei Gebäude befinden sich im Zentrum des Ortes. Die Zimmer im Hotel Schmid sind mit einfachem weissem Mobiliar ausgestattet, die des Alfa moderner, ebenfalls in Weiss. Das schlichte, bürgerliche Restaurant befindet sich im Haus Schmid.

🏨 **Weisses Rössli,** Bahnhofstr. 8, ☎ 0418 201 022, weisses.roessli.brunnen@bluemail.ch, Fax 0418 201 122, 🍽 – 📺. AE ⓘ ⓜ VISA
geschl. 11. März - 2. April und Montag bei Nov. - Ostern – **Menu** 18.50 und à la carte 41/88 – **17 Zim** ⇌ 120/180 – ½ P Zuschl. 30.
◆ Das Gasthaus wurde im 15. Jh. gegründet und 1865 von Ludwig II. bewohnt. Ein Zimmer mit seinem Namen und der Bayerisch-Königlichen Farbwahl blau/weiss/gold erinnern daran. Die Dorfschenke hat sich im Lauf der Zeit zu einem schönen Restaurant entwickelt.

RUSINO ARSIZIO 6827 Ticino (TI) 219 ⑧ – 444 ab. – alt. 276.
Bern 257 – Lugano 21 – Bellinzona 49 – Milano 99.

XX **Chalet San Giorgio** con cam, via Cantonale, ☎ 0919 962 155, Fax 0919 962 155, 🍽, 🌳, ⬇ – 📶. AE ⓜ VISA
chiuso dal 20 dicembre al 28 febbraio e lunedì (salvo la sera in estate) – **Pasto** 80 ed alla carta 48/85 – **3 cam** ⇌ 80/140 – ½ P sup. 30.
◆ Costruzione rustica le cui due sale da pranzo sono accoglienti e curate ; d'estate servizio in riva al lago. Cucina di stampo italiano con proposte classiche e pizza.

BUBENDORF 4416 Basel-Landschaft (BL) 216 ④ ⑤ – 4 307 Ew. – Höhe 360.
Bern 78 – Basel 25 – Aarau 44 – Liestal 5 – Olten 31.

🏨 **Bad Bubendorf,** Kantonsstr. 3, ☎ 0619 355 555, info@badbubendorf.ch, Fax 0619 355 566, 🍽 – 📶, ✻ Zim, 📺 📞 🅿 – 🛗 15/120. AE ⓘ ⓜ VISA
Badhüsli : Menu 44 (mittags)/70 und à la carte 50/92 – **Zum Bott** : Menu 18 und à la carte 40/74 – **29 Zim** ⇌ 135/190.
◆ 1641 wurde die Heilquelle zum ersten Mal amtlich erwähnt und hundert Jahre später das erste Badhaus errichtet. Heute schläft man in modernen, wohnlichen Zimmern. Das Badhüsli ist ein grosser Wintergarten im Stil der Belle Epoque. Zum Bott : mit Kreuzgewölbe.

XX **Murenberg,** Krummackerstr. 4, ☎ 0619 311 454, murenberg@bluewin.ch, Fax 0619 311 846, 🍽 – 🅿. AE ⓘ ⓜ VISA
geschl. 9. - 27. März, 29. Sept. - 16. Okt., Mittwoch und Donnerstag – **Menu** - Fischspezialitäten - 35 - 60/113 und à la carte 49/114.
◆ Das Haus liegt leicht erhöht und zurückversetzt am Dorfeingang. In einem grossen, rustikalen Speisesaal kann der Gast Gerichte von einer monatlich wechselnden Karte wählen.

BUCHBERG 8454 Schaffhausen (SH) 216 ⑦ – 801 Ew. – Höhe 489.
Bern 145 – Zürich 37 – Baden 37 – Schaffhausen 20 – Winterthur 21.

X **Engel,** Dorfstr. 6, ☎ 018 671 919, engel-buchberg@bluewin.ch, Fax 018 671 944, 🍽 – 🅿. ⓜ VISA. ✻
geschl. 1. - 15. Feb., Dienstag und Mittwoch – **Menu** 19.50 – 40 (mittags)/60 und à la carte 50/101.
◆ Das Restaurant liegt in einem ruhigen Dorf. In der Gaststube und im gehobenen Teil mit ländlicher Einrichtung werden Speisen von einer saisonal variierenden Karte serviert.

BUCHS 9470 Sankt Gallen (SG) ᴢ₁₆ ㉑ – 10 202 Ew. – Höhe 447.
  🛈 Tourist Info Werdenberg, Bahnhofstr. 14, ℘ 0817 400 540, verkehrsbue
  @buchsreisen.ch, Fax 0817 505 090.
  Bern 237 – Sankt Gallen 52 – Bregenz 47 – Chur 46 – Vaduz 6.

Buchserhof, Grünaustr. 2, ℘ 0817 557 070, info@buchserhof.c
Fax 0817 557 071, 🍽 – 🛗, 🛏 Zim, 📺 📞 💈 📺 – 🅿 15/40. 🆎 ⓞ 🆖 VISA
Menu 16.50 und à la carte 35/71 – **55 Zim** ☐ 95/188, 4 Suiten – ½ P Zuschl. 2
  ♦ Unweit des Bahnhofs liegt diese praktische Unterkunft. Es stehen mit ältere
  Standardmobiliar zweckmässig ausgestattete Zimmer und grosse Appartements z
  Verfügung. Zum Speisen dient das unterteilte Restaurant.

✕✕ Schneggen, Fallengässli 6, ℘ 0817 561 122, rest.schneggen@bluewin.c
Fax 0817 563 296, ≤, 🍽 – 🅿. 🆎 ⓞ 🆖 VISA
geschl. Weihnachten, Neujahr, 23. Feb. - 9. März, 28. Sept. - 16. Okt., Samstagmitta
Sonntagabend und Donnerstag – **Menu** 24 - 94/120 und à la carte 53/127.
  ♦ Mitten im Wald liegt dieses Lokal auf der Anhöhe oberhalb von Buchs und biet
  von der Terrasse Ausblick auf das Rheintal. Im rustikalen Gastraum : internationa
  Gerichte.

BUCHS 8107 Zürich (ZH) ᴢ₁₆ ⑦ – 4 029 Ew. – Höhe 424.
  Bern 115 – Zürich 21 – Baden 13 – Schaffhausen 56 – Winterthur 34.

✕ Weinberg, Weinbergstr. 1, ℘ 018 440 660, weinberg@info.ch, Fax 018 444 81
🍽 – 🅿. 🆎 ⓞ 🆖 VISA
geschl. Samstagmittag, Sonn- und Feiertage – **Menu** 95 und à la carte 45/113.
  ♦ Das Gasthaus liegt versteckt oberhalb der Kirche. Über eine Treppe erreicht ma
  den getäferten und leicht unterteilten Raum. Auch auf der Terrasse bürgerlich
  Karte.

BUGNAUX Vaud ᴢ₁₇ ⑫ – rattaché à Rolle.

BÜLACH 8180 Zürich (ZH) ᴢ₁₆ ⑦ – 13 777 Ew. – Höhe 428.
  Bern 128 – Zürich 21 – Baden 27 – Schaffhausen 28 – Winterthur 19.

Zum Goldenen Kopf [M], Marktgasse 9, ℘ 018 724 646, mail@zum-golden
-kopf.ch, Fax 018 724 600, 🍽 – 🛗 📺 📞 💈 📺 – 🅿 15/80. 🆎 ⓞ 🆖 VISA. ❊ Re
Menu (geschl. Weihnachten) 19 - 54 (mittags)/120 und à la carte 40/113 – **34 Zi**
☐ 125/225.
  ♦ Der sehr schöne, renovierte Riegelbau mit Erker und Türmchen birgt in seine
  modernisierten Inneren Zimmer mit hellen Schleiflackmöbeln oder funktionelle
  Mobiliar. Eine interessante Karte reicht mam Ihnen im heimeligen Restaurant und i
  Stübli.

BULLE 1630 Fribourg (FR) ᴢ₁₇ ④ ⑤ – 10 861 h. – alt. 771.
  Voir : Musée Gruérien★★.

  🛫 Gruyère à Pont-la-Ville, ✉ 1649 (mars - déc.) ℘ 0264 149 40
  Fax 0264 149 420, Nord-Est, par route de Fribourg - Echarlens : 15 km.
  Manifestations locales
  28.05 - 31.05 : Rencontres théâtrales
  18.06 - 22.06 : Salon des Goûts et Terroirs de Suisse Romande.
  05.09 - 07.09 : Fête Fédérale Musique Populaire.
  🛈 Office du Tourisme, 4 av. de la Gare, ℘ 0269 128 022, tourisme@info-bulle.c
  Fax 0269 128 883.
  ❊ La Gare, ℘ 0269 130 515, Fax 0269 130 513.
  Bern 60 – Fribourg 30 – Gstaad 42 – Montreux 35 – Yverdon-les-Bains 80.

Cheval Blanc [M], 16 rue de Gruyères, ℘ 0269 196 444, cheval.blanc@bluewin.c
Fax 0269 196 443, 🍽 – 🛗 📺 📞 💈 – 🅿 15/60. 🆎 ⓞ 🆖 VISA
fermé 22 déc. au 10 janv. et dim. de juin à août – **Repas** 16 - 45 et à la carte 36/7
– **18 ch** ☐ 98/210 – ½ P suppl. 35.
  ♦ Cette vieille maison bulloise, au cœur de la petite cité, a été rénovée et abri
  des chambres claires, spacieuses et fonctionnelles. Séance de relaxation dans
  jacuzzi ! Le restaurant traditionnel du Cheval Blanc a bénéficié d'une remise e
  forme.

BULLE

Les Alpes, 3 r. Nicolas-Glasson, ℘ 0269 129 292, *info@alpesgruyere.ch*, *Fax 0269 129 992* – 📶, ⚟ ch, 🍽 rest, 📺 ☎. 🆎 ⓘ ⓜⓔ 𝑉𝐼𝑆𝐴 JCB
Repas 15 - 45 et à la carte 35/68 – ➴ 12 – **30 ch** 90/240, 5 suites – ½ P suppl. 30.
♦ À proximité de la gare, hôtel rafraîchi et bien pratique pour les utilisateurs du rail. Les chambres, de mise simple, sont dotées d'une bonne insonorisation. Attablez-vous dans sa salle à l'ambiance "chalet gruyérien" proposant : panini, tapas, plancha, etc.

Le Rallye, 16 rte de Riaz, ℘ 0269 198 040, *hotel.rallye@bluewin.ch*, *Fax 0269 198 044*, 🌿 – 📶 📺 🅿. 🆎 ⓘ ⓜⓔ 𝑉𝐼𝑆𝐴 JCB – **Repas** (fermé dimanche et fériés) 16 et à la carte 34/59 – **22 ch** ➴ 130/200 – ½ P suppl. 25.
♦ Rien ne sert de "speeder" au Rallye : il offre détente au salon-véranda et repos dans ses chambres confortables. Le soir, un tour de piste au dancing s'impose. Le décor gai et moderne du restaurant met en appétit. Sa terrasse ajoute une touche romantique.

XX **Buffet de la Gare**, 1ᵉʳ étage, 3 place de la Gare, ℘ 0269 125 505 – ⓜⓔ 𝑉𝐼𝑆𝐴. ⚟ *fermé dim. soir et lundi* – **Repas** 48 (mittags)/78 et à la carte 46/84.
♦ Vous avez un train à prendre et la faim vous tenaille sauvé, ce restaurant, dans la gare même, vous prépare des plats traditionnels dans la note régionale !

Morlon Nord-Est : 2 km – alt. 751 – ✉ 1638 Morlon :

Le Gruyérien 🍃, ℘ 0269 127 158, *legruyerien@bluewin.ch*, *Fax 0269 121 684*, 🌿 – 🍽 rest, 📺 🅿. 🛁 25. 🆎 ⓘ ⓜⓔ 𝑉𝐼𝑆𝐴
fermé 6 au 31 janv., dim. soir de nov. à avril et mardi – **Repas** 16 - 54 et à la carte 47/89 – **12 ch** ➴ 90/170 – ½ P suppl. 35.
♦ Vous vous sentirez comme à la maison dans ce chalet en harmonie avec la verte Gruyère environnante. Chambres vastes, lambrissées et dotées de balcons. La table du Gruyérien vous soumet une carte qui fait la part belle au gibier pendant la saison de chasse.

La Tour-de-Trême Sud-Est : 2 km – alt. 746 – ✉ 1635 La Tour-de-Trême :

XXX **de la Tour** (Thürler) avec ch., 57 r. Ancien-Comté, ℘ 0269 127 470, *thurler-latour@bluewin.ch*, *Fax 0269 125 998* – 📺. 🆎 ⓘ ⓜⓔ 𝑉𝐼𝑆𝐴 JCB
🏵 *fermé 23 au 30 déc., 21 au 29 avril, 14 juil. au 5 août, dim. soir, lundi et mardi* – **Repas** 58 (midi)/120 et à la carte 79/127 – **Repas** (voir aussi **Brasserie** ci-après) – **5 ch** ➴ 90/150.
♦ Cet établissement sobrement décoré, situé au centre du lieu-dit, vous régale d'une cuisine au goût du jour parfaitement maîtrisée. Quelques chambres à l'étage.
Spéc. Mille-feuille de thon mariné aux truffes et artichauts. Dînette de champignons de la région. Sandre du lac de la Gruyère à la citronelle (juin à oct.)

X **Brasserie** - *Rest. de la Tour*, 57 r. Ancien-Comté, ℘ 0269 127 470, *thurler-latour@bluewin.ch*, *Fax 0269 125 998* – 🆎 ⓘ ⓜⓔ 𝑉𝐼𝑆𝐴 JCB
fermé 23 au 30 déc., 21 au 29 avril, 14 juil. au 5 août, dim. soir, lundi et mardi – **Repas** 17.50 - 26 (midi)/55 et à la carte 41/86.
♦ L'autre formule de la Tour vous fait apprécier, dans un cadre rustique, des recettes plus terre à terre que celles du restaurant gastronomique, à découvrir sans se ruiner.

Le Pâquier Sud : 3 km – alt. 748 – ✉ 1661 Le Pâquier :

XX **Le Castel** 🍃 avec ch, ℘ 0269 127 231, ≤, 🌿 – 🅿. 🆎 ⓘ ⓜⓔ 𝑉𝐼𝑆𝐴
fermé 6 au 22 janv., 1 sem. début sept., dim. soir et lundi – **Repas** 68/110 et à la carte 78/112 – **Café : Repas** 28 - 68 et à la carte 37/66 – **6 ch** ➴ 80/130 – ½ P suppl. 35.
♦ Auberge familiale dont la salle à manger, agrandie d'une partie véranda, s'ouvre sur un délicieux spectacle champêtre. Attrayante cuisine résonnant d'échos français. Décor plus modeste pour Le Café du Castel qui propose une formule plat du jour.

BUOCHS 6374 Nidwalden (NW) 𝟚𝟙𝟟 ⑨ – 4894 Ew. – Höhe 435.
🛈 Verkehrsverein, Beckenriederstr. 7, ℘ 0416 220 055, *info@tourismus-buochs.ch*, *Fax 0416 205 856*.
Bern 130 – Luzern 19 – Altdorf 24 – Cham 41 – Engelberg 23 – Stans 5.

Rigiblick am See 🍃, am Seeplatz 3, ℘ 0416 244 850, *hotelrigiblick@freesurf.ch*, *Fax 0416 206 874*, ≤ Vierwaldstättersee, 🌿 – 📶 📺 ☎ 🅿 – 🛁 15/70. ⓘ ⓜⓔ
geschl. 1. Jan. - 2. Feb. ; Rest. : auch Montag (ausser Juli - Aug.) und Dienstag von Okt. - April – **Menu** 18.50 - 42 (mittags)/75 und à la carte 45/100 – **18 Zim** ➴ 185/265 – ½ P Zuschl. 45.
♦ In schöner, ruhiger Lage am See wurde das Hotel im ortstypischen Stil erbaut. Die Zimmer sind mit solidem dunklen Holzmobiliar und Rattanstühlen ausgestattet. Restaurant und Gaststube mit Terrasse.

BUOCHS

🏛 **Krone** (Gästehaus) Ⓜ garni, Dorfplatz 2, ☏ 0416 200 820, info@kronebuochs.c
Fax 0416 201 729, ⇌s – |❋| TV P – 🛁 15/40. AE ① ⑩ VISA
27 Zim ⇌ 100/160.
♦ Die Zimmer des alten Gasthofs befinden sich im modernen Anbau. Sie wirken se
gepflegt und vermitteln mit heller Naturholzmöblierung eine nüchtern-kühle Atmo
phäre.

BUONAS 6343 Zug (ZG) 216 ⑱ – Höhe 417.
Bern 130 – Luzern 22 – Zug 12 – Zürich 43.

XX **Wildenmann,** ☏ 0417 903 060, wildenmann.buonas@datazug.c
Fax 0417 905 141, ≤ Zugersee, 🍽 – P. AE ① ⑩ VISA
geschl. Jan. - Feb., Sonntag und Montag – **Menu** à la carte 63/104.
♦ Ein typisches altes Zuger Haus beherbergt mehrere gemütliche Stuben, in dene
man eine klassische Speisekarte reicht, die durch zahlreiche Fischgerichte bereiche
wird.

BÜRCHEN 3935 Wallis (VS) 217 ⑰ – 680 Ew. – Höhe 1 340.
Bern 185 – Brig 18 – Sierre 37 – Sion 50 – Zermatt 38.

🏛 **Bürchnerhof** ⚘, in Zenhäusern, Ronalpstr. 86, ☏ 0279 342 434, info@buero
nerhof.ch, Fax 0279 343 417, ≤, 🍽, ⇌s, ⬜, ⚘ – TV ♿ P – 🛁 40. AE ⑩ VIS
⚘
21. Dez. - 15. März und 8. Juni - 25. Okt. – **Menu** (geschl. Montag und Dienstagmitta
in der Zwischensaison) 56/72 und à la carte 48/87 – **19 Zim** ⇌ 121/202 – ½
Zuschl. 38.
♦ Das Haus liegt ruhig oberhalb des Ortes, von der Strasse zurückversetzt und biet
einen schönen Ausblick auf das Tal. Sie beziehen freundlich und wohnlich gestalte
Zimmer. Das einfache Restaurant ist gemütlich und mit viel Liebe zum Detail ei
gerichtet.

BÜREN AN DER AARE 3294 Bern (BE) 216 ⑭ – 3 164 Ew. – Höhe 443.
Bern 26 – Biel 14 – Burgdorf 33 – Neuchâtel 50 – Solothurn 15.

X **Zum Baselstab,** Aareweg 1, an der historischen Holzbrücke, ☏ 0323 511 23
⇌ Fax 0323 515 883, 🍽 – P. ① ⑩ VISA
geschl. 1. - 14. Feb., 25. Sept. - 15. Okt., Donnerstag und Freitagmittag – **Menu** 15.5(
65 und à la carte 40/87.
♦ Das Haus liegt an der alten Holzbrücke über die Aare. Vorne die Terrasse, dahint∈
der Wintergarten und die Gaststube und daneben der à la carte-Bereich. Klassisch
Karte.

BÜREN ZUM HOF 3313 Bern (BE) 216 ⑮ – 396 Ew. – Höhe 506.
Bern 21 – Biel 30 – Burgdorf 12 – Solothurn 16.

X **Rössli,** Limpachstr. 17, ☏ 0317 678 296, herzog@vino-thek.ch, Fax 0317 679 66
⇌ 🍽 – P. AE ① ⑩ VISA
geschl. 24. Sept. - 23. Okt., Mittwoch und Donnerstag – **Menu** 17 - 68 und à la car
36/104.
♦ Im typischen Berner Dorfgasthaus mit Fachwerk liegt linker Hand die einfache Gas
stube mit kleiner Terrasse und nach rechts das ländliche Restaurant. Traditionel
Auswahl.

BURG IM LEIMENTAL 4117 Basel-Landschaft (BL) 216 ③ ④ – 234 Ew. – Höhe 48C
Bern 96 – Basel 22 – Delémont 30 – Liestal 37 – Reinach 88.

XX **Bad-Burg** (Gianora), Badweg 24, ☏ 0617 312 131, gasthaus@bad-burg.c
✿ Fax 0617 312 131, 🍽 – P. AE ① ⑩ VISA
geschl. 1. Jan. - 24. März und Montag – **Menu** 80/140 und à la carte 80/135.
♦ Man spürt die Liebe zum Detail, mit der Ihre Gastgeber ihr Restaurant gesta
tet hben. Die klassischen Kreationen der Küche machen den Besuch zum rundu
angenehmen Erlebnis.
Spez. Eierschwämmli auf Salat (Mai - Aug.). Steinbutt auf Weissweinsauce. Hausge
machter Gugelhupf

URGDORF 3400 Bern (BE) **216** ⑮ – 14 379 Ew. – Höhe 533.
   Ausflugsziel : Aussichtspunkt Lueg★ Nord-Ost : 8,5 km.
   🎿 in Oberburg, ✉ 3414 (März - Nov.) ℘ 0344 241 030, Fax 0344 241 034, Süd : 3,5 km Richtung Langnau.
   🅑 Bahnhofstr. 6, ℘ 0344 239 393, Fax 0344 273 735.
   Bern 23 – Aarau 63 – Basel 85 – Biel/Bienne 41 – Brienz 98 – Luzern 67.

🏨 **Stadthaus** Ⓜ ⸚, Kirchbühl 2, ℘ 0344 288 000, info@stadthaus.ch, Fax 0344 288 008, 🍴 – 🛗, 🚭 Zim, 📺 ✆ 🛆 🅿 – 🔥 15/60. 🆎 ⓞ 🆑 𝗩𝗜𝗦𝗔
La Pendule : Menu 55 (mittags)/98 und à la carte 65/113 – **Stadtcafé :** Menu 16.50 und à la carte 41/86 – **18 Zim** ⇌ 210/365 – ½ P Zuschl. 45.
   ♦ Das renovierte Stadthaus mit geschmackvoller Einrichtung liegt in der verkehrsberuhigten Zone. Die Zimmer mit Ausstattung im Stile Louis XV / XVI bieten viel Platz. Das Pendule dient auch als Frühstücksraum und ist mit Stilmobiliar modern eingerichtet.

🏨 **Berchtold** Ⓜ, Bahnhofstr. 90, ℘ 0344 288 428, info@hotel-berchtold.ch, Fax 0344 288 484, 🍴 – 🛗, 🚭 Zim, 📺 ✆ 🛆 ⇌ – 🔥 15/20. 🆎 ⓞ 🆑 𝗩𝗜𝗦𝗔
Menu 16.50 und à la carte 36/77 – **36 Zim** ⇌ 135/230 – ½ P Zuschl. 35.
   ♦ Das moderne Hotel liegt unweit des Bahnhofs. Die frischen Zimmer unterscheiden sich kaum, bieten viel Platz und sind mit hellem Buchenholzmobiliar zeitgemäss eingerichtet.

XXX **Emmenhof** (Schürch), Kirchbergstr. 70, ℘ 0344 222 275, emmenhofburgdorf
🏵 @tiscalinet.ch, Fax 0344 234 629 – 🅿. 🆎 ⓞ 🆑 𝗩𝗜𝗦𝗔. ⸚
geschl. 13. Juli - 13. Aug., Montag und Dienstag – **Menu** 67 (mittags)/155 und à la carte 72/139 – **Gaststube :** Menu 16.50 - und à la carte 39/66.
   ♦ Das à la carte-Restaurant des Emmenhofs ist grosszügig bestuhlt und hat ein modernes Dekor. In edler Atmosphäre wählen Sie erlesene Gerichte von der zeitgemässen Karte. Die Gaststube hat eine eher rustikale Einrichtung ; das Angebot steht auf einer Tafel.
Spez. Côte de boeuf de l'Emmental. Chasse (Herbst). Poularde de Gruyère poêlée au four

n Heimiswil Ost : 3 km – Höhe 618 – ✉ 3412 Heimiswil :
XX **Löwen**, Dorfstr. 1, ℘ 0344 223 206, daniel.luedi@loewen-heimiswil.ch, Fax 0344 222 635, 🍴 – 🅿. 🆎 ⓞ 🆑 𝗩𝗜𝗦𝗔
geschl. 3. - 18. Feb., 14. Juli - 5. Aug., Montag und Dienstag – **Menu** 16.50 - 75 und à la carte 42/91.
   ♦ Ein historischer Berner Landgasthof, ein Bijou für Heimatkunde, in dem man in diversen authentisch eingerichteten Stuben in die gute alte Zeit versetzt wird.

ÜRGENSTOCK 6363 Nidwalden (NW) **217** ⑨ – Höhe 874.
   🎿 (Mai - Okt.) ℘ 0416 102 434.
   Bern 135 – Luzern 23 – Beckenried 11 – Stans 10.

🏨 **Park Hotel** Ⓜ ⸚, ℘ 0416 129 010, information@buergenstock-hotels.ch, Fax 0416 129 011, ≤ Luzern und Vierwaldstättersee, 🍴, 🎱, ⇌, 💆, 🎾, 🏊, ⛳, 🏌, ⚾ – 🛗 📺 ✆ 🛆 🅿 – 🔥 15/100. 🆎 ⓞ 🆑 𝗩𝗜𝗦𝗔. ⸚ Rest
geschl. 19. Nov. - 28. Dez. – **Le Club** ℘ 0416 129 073 (geschl. Ende Okt. - Anfang Mai und Montag) **Menu** (nur für Hotelgäste) 55 (mittags)/140 und à la carte 88/133 – **da Tintoretto** - italienische Küche - **Menu** 31 - 75 und à la carte 64/122 – **58 Zim** ⇌ 400/660 – ½ P Zuschl. 65.
   ♦ Der Hotelkomplex in absolut ruhiger Lage bietet einen einzigartigen Ausblick. Sie logieren in grossen, geschmackvoll eingerichteten Zimmern mit gekalkten Stilmöbeln. Le Club präsentiert sich in klassischer Eleganz, abends mit Livemusik. Italienisch : da Tintoretto.

🏨 **Waldhotel** ⸚, ℘ 0416 110 383, info@waldhotel-buergenstock.ch, Fax 0416 106 466, ≤ Bergpanorama, 🍴, 🎱, ⇌, 🏊, 🎾 – 🛗 📺 🅿 – 🔥 15/50. 🆎 ⓞ 🆑 𝗩𝗜𝗦𝗔
Menu (geschl. Sonntagabend von Okt. - April) 35/85 und à la carte 39/93 – **55 Zim** ⇌ 112/340 – ½ P Zuschl. 35.
   ♦ Das moderne Hotel liegt sehr ruhig inmitten der Natur und bietet einen exzellenten Panoramablick. Die Zimmer sind teils wohnlich-nobel, teils modern, manche auch einfacher. Frische, kräftige Farben verschönern das grosse Restaurant.

BURIET Sankt Gallen (SG) 216 ㉒ – Höhe 423 – ✉ 9425 Thal.
Bern 228 – Sankt Gallen 21 – Bregenz 15 – Dornbirn 20 – Vaduz 47.

Schiff, Burietstr. 1, ✆ 0718 884 777, hotel@schiff-buriet-rorschach.ch
Fax 0718 881 246, 🍽, 🛁, ≘ – ⇌ Zim, 📺 ⚏ 🅿 – 🚗 20. AE ① ⓜⓒ VISA
Rôtisserie Torggel : Menu 89 und à la carte 62/113 – **Fischer-Bistro** : Mer
19 und à la carte 45/87 – **36 Zim** ⊇ 116/190 – ½ P Zuschl. 35.
◆ Ein traditioneller Landgasthof im Rebbauerndorf. Sie können im chaletähnliche
Anbau praktisch eingerichtete Zimmer mit hellbraun lackiertem Holzmobiliar bezi
hen. Blickfang in der Rôtisserie ist der offene Grill. Das Fischer-Bistro mit Schiff
dekoration.

BURSINEL 1195 Vaud (VD) 217 ⑫ – 335 h. – alt. 434.
Bern 132 – Lausanne 28 – Champagnole 76 – Genève 35.

✗ **A la Clef d'Or** avec ch, ✆ 0218 241 106, Fax 0218 241 759, ≤ lac, 🍽 – 📺
AE ① ⓜⓒ VISA
fermé 6 janv. au 3 fév., dim. soir et lundi – **Repas** 25 - 56 et à la carte 47/88 – ⊇
– **8 ch** 85/200.
◆ Installez-vous à la terrasse de cette auberge communale, établie au sein du vignob
et surplombant le lac. La salle à manger moderne vous présente une carte trad
tionnelle.

BURSINS Vaud 217 ⑫ – rattaché à Rolle.

BUSSIGNY-PRÈS-LAUSANNE 1030 Vaud (VD) 217 ③ – 7 283 h. – alt. 407.
Bern 112 – Lausanne 11 – Pontarlier 63 – Yverdon-les-Bains 31.

Novotel M, 35 rte de Condémine, ✆ 0217 035 959, h0530@accor-hotels.co
Fax 0217 022 902, 🍽, 🛁, 🌳 – 📶, ⇌ ch, 🍽 rest, 📺 ⚏ 🅿 – 🚗 15/100. AE ①
ⓜⓒ VISA
Repas 19 - 35/75 et à la carte 39/70 – ⊇ 20 – **96 ch** 150/185.
◆ Coup de jeune pour cet hôtel proche de l'autoroute, disposant de chambres "te
dance". L'agréable espace englobant jardin, terrasse et piscine, incite à s'adonn
au farniente. Le restaurant, ouvert sur l'extérieur, prépare une cuisine de typ
"formule".

CADEMARIO 6936 Ticino (TI) 219 ⑧ – 579 ab. – alt. 770.
Dintorni : Monte Lema★ - ✽★★ per seggiovia da Miglieglia.
Bern 278 – Lugano 13 – Bellinzona 34 – Locarno 46 – Varese 34.

Cacciatori 🍃, Nord-Est : 1,5 km, ✆ 0916 052 236, info@hotelcacciatori.c
Fax 0916 045 837, ≤, 🍽, 🛁, 🌳 – 📶 📺 🅿 – 🚗 60. AE ① ⓜⓒ VISA
30 marzo - 1º novembre – **Pasto** 20 ed alla carta 42/87 – **30 cam** ⊇ 130/260
½ P sup. 38.
◆ Vecchio grotto rinnovato, ha due tipi di camere : alcune più recenti, altre più rus
che. Tutte sono spaziose e confortevoli. Bel giardino ombreggiato. Due sale da pra
zo ; una ha una grande vetrata che dà sul giardino. Oltre all'offerta tradiziona
pizzeria.

CADRO 6965 Ticino (TI) 219 ⑧ – 1 626 ab. – alt. 456.
Bern 287 – Lugano 10 – Bellinzona 35 – Locarno 48 – Como 39.

✗✗ **Dolceacqua**, via dei Circoli, ✆ 0919 300 285, Fax 0919 300 283, 🍽 – AE ①
VISA
chiuso 2 settimane in agosto, domenica sera e lunedì – **Pasto** 45 (mezzogiorno)/8
ed alla carta 81/114.
◆ Rinnovato di recente, questo ristorante propone una cucina di stampo medite
raneo da assaporare in un ambiente tra il rustico ed il moderno.

✗ **La Torre del Mangia**, via Margherita, ✆ 0919 433 835, torre_del_mangia@
aramail.com, 🍽 – 🅿 ⓜⓒ VISA
chiuso dal 31 dicembre al 9 gennaio, dal 2 al 16 marzo, dal 15 luglio al 17 agost
domenica a mezzogiorno da giugno a settembre e martedì – **Pasto** 56/59 ed a
carta 49/80.
◆ Locale recente sito nella zona residenziale. Sala da pranzo quasi circolare, dominata
una struttura fatta di travi, arredata in stile contemporaneo. Buona cucina regionale

CAGIALLO 6955 Ticino (TI) 219 ⑧ – 542 ab. – alt. 535.
Bern 266 – Lugano 10 – Bellinzona 24 – Locarno 34.

※ **Osteria San Matteo**, ℘ 0919 435 197, Fax 0919 300 541, 😤 – AE ⓪ ⓜ VISA. ※
chiuso gennaio, agosto di volta in volta ultime 2 settimane, domenica e lunedì – **Pasto** (chiuso a mezzogiorno) (coperti limitati - prenotare) 63 ed alla carta 78/101.
♦ Una piacevole sorpresa quest'accogliente osteria dall'ambiente rustico-signorile, racchiusa in un edificio settecentesco nel piccolo borgo. Carta regionale che varia spesso.

CAMORINO 6528 Ticino (TI) 219 ⑧ – 2 240 ab. – alt. 258.
Bern 212 – Locarno 21 – Andermatt 85 – Chur 118 – Lugano 26.

※ **La Bolla**, a Comelina, Sud-Ovest : 1 km, ℘ 0918 576 595, labolla@ticino.com, Fax 0918 582 202, 😤 – 🅿 AE ⓜ VISA
chiuso dal 1° al 6 gennaio, dal 28 luglio al 18 agosto e domenica – **Pasto** 18 - 25 (mezzogiorno)/75 ed alla carta 62/94.
♦ In aggiunta alle proposte di una cucina decisamente d'impronta italiana classica, provate le specialità sarde, da assaporare in un ambiente familiare.

CAPOLAGO 6825 Ticino (TI) 219 ⑧ – 695 ab. – alt. 274.
Bern 288 – Lugano 15 – Bellinzona 43 – Como 16 – Varese 24.

🏠 **Svizzero**, via Scacchi, ℘ 0916 481 975, info@bordognaweb.com, Fax 0916 481 753, 😤 – TV – 🛁 40. AE ⓪ ⓜ VISA. ※
Pasto - pizzeria e specialità fondues - alla carta 41/118 – **23 cam** ⊇ 70/130 – ½ P sup. 25.
♦ Albergo a conduzione familiare che dispone di camere piuttosto piccole, ma arredate in uno stile semplice e funzionale. Accanto alle proposte tradizionali ed alle pizze, una salettina separata farà la gioia degli amanti della fondue !

CARASSO Ticino 218 ⑫ 219 ⑧ – vedere Bellinzona.

CARNAGO Ticino 219 ⑧ – vedere Origlio.

CARONA 6914 Ticino (TI) 219 ⑧ – 700 ab. – alt. 602.
Bern 291 – Lugano 7 – Bellinzona 39 – Locarno 51 – Varese 30.

🏨 **Villa Carona** ⑤ senza rist, ℘ 0916 497 055, info@villacarona.ch, Fax 0916 495 860, ≤, 🚗 – 🅿 AE ⓜ VISA
1° marzo - 2 novembre – **15 cam** ⊇ 135/210, 3 suites.
♦ Nel bellissimo villaggio ricco d'opere d'arte sorge questa villa patrizia a gestione familiare, costruita 200 anni fa. Ampie camere eleganti o più rustiche, alcune affrescate.

CAROUGE Genève 217 ⑪ – rattaché à Genève.

CASLANO 6987 Ticino (TI) 219 ⑧ – 3 439 ab. – alt. 289.
 Lugano ad Magliaso, ⊠ 6983, ℘ 0916 061 557, Fax 0916 066 558.
Bern 288 – Lugano 10 – Bellinzona 33 – Locarno 45.

🏨 **Gardenia** ⑤, via Valle 20, ℘ 0916 118 211, albergo-gardenia@bluewin.ch, Fax 0916 118 210, 😤, 🏊, 🚗 – 🛗 TV ✆ 🅿 AE ⓪ ⓜ VISA ※
chiuso dal 2 gennaio al 15 marzo – **Bacco** (chiuso a mezzogiorno e mercoledì) **Pasto** 69/138 ed alla carta 72/109 – **26 cam** ⊇ 200/410 – ½ P sup. 58.
♦ Edificio del 1800, squisita fusione di antico e moderno, immerso nel verde giardino con piscina in pietra viva. Camere non sempre spaziose, ma confortevoli. Apprezzate la cucina di tendenza nei saloni a volta del ristorante o nel giardino.

XXX **Locanda Estérel** con cam, via Cantonale 40, ℘ 0916 112 120, esterel@bluem ail.ch, Fax 0916 066 202, 😤, 🏊, ↭ cam, TV 🅿 AE ⓪ ⓜ VISA. ※ rist
chiuso dal 10 al 28 febbraio – **Pasto** (chiuso lunedì) 52 (mezzogiorno)/105 ed alla carta 75/96 – **9 cam** ⊇ 140/260 – ½ P sup. 45.
♦ Caratteristico caseggiato di stile signorile : sala da pranzo dall'ambiente conviviale, in cui apprezzare una cucina di stampo francese. Dispone di camere personalizzate.

CASLANO

a Magliaso Nord : 1 km – alt. 290 – ✉ 6983 Magliaso :

 Villa Magliasina 🌿, via Vedeggi 38, ☏ 0916 112 929, mail@villa-magliasina.c
Fax 0916 112 920, 🍴, ⇌, 🏊, 🐎 – 📺 🅿 – 🛗 30. 🅰🅴 ⓞ 🆎 🆅🅸🆂🅰. 🍴 rist
Pasto 24 - 32 (mezzogiorno)/52 ed alla carta 56/90 – **27 cam** ⇌ 190/410 – ½
sup. 52.

♦ Nei pressi del campo da golf, raffinato albergo cinto da un grande giardino fiorit
con piscina. Interni di estrema eleganza che si ripete nelle ampie camere. Per ri
torarvi, scegliete la terrazza o la sofisticata sala da pranzo, immerse nel verde d
golf.

CASTAGNOLA Ticino **219** ⑧ – vedere Lugano.

CAUX Vaud **217** ⑭ – rattaché à Montreux.

CELERINA (SCHLARIGNA) 7505 Graubünden (GR) **218** ⑮ – 1 209 Ew. – Höhe 1 730
Wintersport : 1 720/3 057 m ✦1 ✦7 ⛷.
Lokale Veranstaltungen
01.03 : "Chalandamarz" alter Frühlingsbrauch und Kinderfest
15.08 - 16.08 : New Orleans Jazz Festival.
🅱 Celerina Tourismus, ☏ 0818 300 011, info@celerina.ch, Fax 0818 300 019.
Bern 332 – Sankt Moritz 3 – Chur 90 – Davos 68 – Scuol 60.

Cresta Palace, via Maistra 91, ☏ 0818 365 656, mail@crestapalace.cl
Fax 0818 365 657, ≤, 🍴, Wellness-Center, 🎿, ⇌, 🏊, 🐎, 🍴 – 🛗, 🚭 Zim, 🚗
🛎 🛍 ⇌ 🅿 – 🛗 35. 🅰🅴 ⓞ 🆎 🆅🅸🆂🅰
7. Dez. - 21. April und 21. Juni - 19. Okt. – **Classico** (geschl. Donnerstagabend) Men
40 (mittags)/85 und à la carte 57/113 – **97 Zim** ⇌ 207/545, Vorsaison ⇌ 123/27
3 Suiten – ½ P Zuschl. 45.

♦ Durch den Garten gelangt man in den freistehenden klassischen Bau im Dorfzer
trum. Die Zimmer sind komfortabel eingerichtet - einige wurden kürzlich renovier
Ein mediterran ausgerichtetes Angebot wartet im eleganten Classico.

Chesa Rosatsch 🌿, via San Gian, ☏ 0818 370 101, hotel@rosatsch.cl
Fax 0818 370 100, ≤, 🍴, ⇌, 🐎 – 🛗, 🚭 Zim, 📺 🛎 ⇌ 🅿 🅰🅴 ⓞ 🆎 🆅🅸🆂🅰
geschl. 21. April - 6. Juni – **Stüvas** (nur Abendessen) **Menu** 74 und à la carte 52/1C
– **La Cuort :** Menu 18.50 und à la carte 38/72 – **36 Zim** ⇌ 185/410, Vorsaisc
⇌ 120/280 – ½ P Zuschl. 68.

♦ Das schöne Engadiner Haus mit modern-rustikaler Einrichtung liegt ruhig im Dor
an einer Seitengasse am Inn. Die Zimmer sind mit hellem Arvenholz angenehm au:
gestattet. Rustikal mit Holz vertäfert : die Stüvas. Das La Cuort ist ein moderne
Tagesrestaurant.

Misani, via Maistra 70, ☏ 0818 333 314, info@hotelmisani.ch, Fax 0818 330 93
– 🛗, 🚭 Zim, 📺 🛎 ⇌ 🅿 🅰🅴 ⓞ 🆎 🆅🅸🆂🅰
7. Dez. - 20. April und 15. Juni - 18. Okt. – **Voyage :** (nur Abendessen) **Menu** 72/8
und à la carte 56/98 – **Ustaria :** Menu à la carte 48/96 – **38 Zim** ⇌ 165/29(
Vorsaison ⇌ 135/230.

♦ Ein Hotel mit einem ungewöhnlichen Konzept : Zimmer in drei verschiedenen Grunc
ausstattungen können aus einem Fundus mit Möbeln und Accessoires selbst zu
gerichtet werden. In warmen Farben gestaltet : das Voyage. Das Ustaria ist mit alte
Arvenholz getäfert.

Saluver, via Maistra 128, ☏ 0818 331 314, mail@saluver.ch, Fax 0818 330 681, ⇐
🍴, ⇌, 🐎 – 🛗 📺 🛎 ⇌ 🅿 🅰🅴 ⓞ 🆎 🆅🅸🆂🅰
Menu à la carte 41/108 – **23 Zim** ⇌ 115/230, Vorsaison ⇌ 105/210 – ½ P Zuscr
45.

♦ Das Haus im typischen Engadiner Stil liegt am Rande des Dorfes. Ein Grossteil de
einfachen, mit Arve ausgestatteten Zimmer hat Südlage und dank der Balkone vie
Licht. Ein schöner typischer Kachelofen schmückt das Restaurant.

Stüvetta Veglia mit Zim, ☏ 0818 338 008, romantik.hotel.stuvetta@bluewin.cl
Fax 0818 334 542, 🍴 – 📺 video. 🅰🅴 ⓞ 🆎 🆅🅸🆂🅰
Mitte Dez. - Mitte April und Mitte Juni - Mitte Okt. – **Menu** 28 - 38 (mittags) und
la carte 67/114 – **9 Zim** ⇌ 250/310, Vorsaison ⇌ 170/240 – ½ P Zuschl. 55.

♦ In dem ehemalige Bauernhaus aus dem 17. Jh. hat man ein nettes Restaura
eingerichtet, in dem man beim Essen Gemälde von Schweizer Malern bewundern kan

CÉLIGNY 1298 Genève (GE) 217 ⑪ ⑫ – 649 h. – alt. 391.

Bern 148 – Genève 18 – Saint-Claude 56 – Thonon-les-Bains 53.

Relais de Céligny, 32 ch. du Port (route bord du lac), ℘ 0227 766 061, relais.de.celigny@bluewin.ch, Fax 0227 760 932, ≤, 斎, ⑤, ☞, ⓙ – TV ✆ P. AE ⓞ ⓜ VISA JCB
fermé 23 déc. au 12 janv. – **Repas** - cuisine italienne - 22 - 32 (midi)/75 et à la carte 65/102 – **13 ch** ⊇ 160/260 – ½ P suppl. 45.
• Posté près du lac, hôtel offrant une vue sur flots et montagnes. Vastes chambres de style contemporain, et séances de bronzage sur les transats de la piscine. Le restaurant, aux lignes actuelles, possède une véranda et présente une carte italienne généreuse.

Buffet de la Gare, 25 rte de Founex, ℘ 0227 762 770, buffet.celigny@swissonline.ch, Fax 0227 767 054, 斎, ☞ – P. AE ⓞ ⓜ VISA JCB
fermé 2 au 23 fév., 31 août au 14 sept., dim. et lundi – **Repas** 16.50 – 40 (midi) et à la carte 61/95.
• Les nostalgiques du Charleston seront transportés au temps des "années folles" dans ce restaurant aux allures de bistrot "rétro", décoré d'objets d'époque. Table classique.

Crans-près-Céligny (VD) Nord-Est : 1 km – alt. 394 – ✉ 1299 Crans-près-Céligny :

Cerf avec ch, 2 r. Antoine Saladin, ℘ 0227 762 323, info@hotel-du-cerf.ch, Fax 0227 760 221, 斎 – TV ✆ AE ⓞ ⓜ VISA
Repas 19 - 48 (midi)/100 et à la carte 66/95 – **9 ch** ⊇ 110/170 – ½ P suppl. 35.
• La mairie bâtie au 15ᵉ s. est devenue une charmante auberge. Terrasse environnée de calme où l'on sert des mets traditionnels. Chambres rustiques mais équipement moderne.

CERTOUX Genève 217 ⑪ – rattaché à Genève.

CHAILLY Vaud 217 ⑭ – rattaché à Montreux.

CHAM 6330 Zug (ZG) 216 ⑱ – 13 145 Ew. – Höhe 418.

Alte Steinhauserstr. 1, ℘ 0417 485 788, Fax 0417 485 707.
Bern 131 – Luzern 20 – Zürich 34 – Aarau 50 – Baden 44 – Wädenswil 27 – Zug 8.

Raben, Luzernerstr. 20, ℘ 0417 801 312, erni@raben.ch, Fax 0417 801 138, 斎 – AE ⓞ ⓜ VISA JCB
geschl. 22. Dez. - 6. Jan., 28. Juni - 21. Juli, Sonntag und Montag – **Menu** (1. Etage) 35 - 59 (mittags)/98 und à la carte 43/102.
• Das Restaurant im ersten Stock des Hauses ist rustikal und gemütlich eingerichtet. Eine schöne Holzdecke und Sichtbalken prägen den Raum. Kleine bürgerliche Karte.

CHAMBÉSY Genève 217 ⑪ – rattaché à Genève.

CHAMBY Vaud 217 ⑭ – rattaché à Montreux.

CHAMPÉRY 1874 Valais (VS) 217 ⑭ – 1 130 h. – alt. 1 053 – Sports d'hiver : 1 049/2 360 m ⬍1 ⬍5 ⛷.

Voir : Site★.
🛈 Champéry Tourisme, Résidence L'Opaline, ℘ 0244 792 020, info@champery.ch, Fax 0244 792 021.
Bern 121 – Martigny 35 – Aigle 26 – Évian-les-Bains 50 – Montreux 37 – Sion 60.

NH Champéry Hotel Suisse, Grand Rue, ℘ 0244 790 707, gthotelsuisse@bluewin.ch, Fax 0244 790 709, ≤, 斎 – ᐅ TV ✆ ⚋ P. ⚓ 25. AE ⓞ ⓜ VISA. ⚜ rest
fermé 21 avril au 1ᵉʳ juin et 30 sept. au 15 déc. – **Repas** (½ pens. seul.) (fermé le midi) – **40 ch** ⊇ 148/260, Basse saison ⊇ 100/160 – ½ P suppl. 37.
• Ce chalet au centre de la station, entièrement remis à neuf, abrite des chambres champêtres et accueillantes. Du grand salon sur l'arrière, plaisante vue sur les montagnes.

CHAMPÉRY

National, Grand Rue, ☎ 0244 791 130, hotel.national@champery.c
Fax 0244 793 155, ≤, 斤 – 園 TV P – 益 25. ⓂⓄ VISA. ⁂
fermé 27 avril au 10 mai et 9 au 29 nov. – **Repas** (fermé merc. hors-saison) 1
42 et à la carte 46/79 – **24 ch** ⊇ 137/224, Basse saison ⊇ 95/140 – ½ P supp
35.

• Hôtel du 19ᵉ s. rénové, disposant de chambres claires au confort moderne, orné
de fresques murales. Celles du dernier étage sont mansardées. Le restaurant e
apprécié pour sa cuisine traditionnelle et ses plats régionaux servis dans un cadr
lambrissé.

Beau-Séjour sans rest, ☎ 0244 795 858, info@beausejour-champery.cor
Fax 0244 795 859, ≤, 斤 – 園 TV P. ⓂⓄ VISA
16 déc. au 20 avril et 2 juin au 29 sept. – **20 ch** ⊇ 137/224, Basse saison ⊇ 70/14

• Avenant chalet situé en plein village. De la salle des petits-déjeuners, on contemp
le panorama sur les Dents du Midi. Vastes chambres dotées de meubles rustique

Rose des Alpes ≫, ☎ 0244 791 218, info@rosedesalpes.cor
Fax 0244 791 774, ≤, 斤 – P. AE ⓂⓄ VISA
fermé 23 avril au 14 juil. et 16 sept. au 13 déc. – **Repas** (fermé le midi et en ét
(résidents seul.) – **16 ch** ⊇ 60/190, Basse saison ⊇ 45/150 – ½ P suppl. 32.

• Deux chalets couplés composent cet hôtel-pension aux douillettes chambre
d'esprit alpin. Ouvrez l'œil : vous pourriez bien apercevoir Heidi sur la montagne

Vieux Chalet, ☎ 0244 791 974, Fax 0244 791 980, 斤 – AE ⓄⓂⓄ VISA
fermé lundi hors saison – **Repas** 18 - 41/56 et à la carte 44/89.

• Traditionnel, chaleureux et agreste à souhait, ce "Vieux Chalet" compte parmi l
valeurs sûres de Champéry lorsqu'il s'agit de passer à table. Gentil accueil familia

au Grand-Paradis Sud : 2 km – ✉ 1874 Champéry :

Auberge du Grand-Paradis, ☎ 0244 791 167, grandparadis@bluewin.c
Fax 0244 793 069, 斤 – P. AE ⓂⓄ VISA
16 déc. au 14 avril et 16 juin au 14 oct. – **Repas** - spécialités valaisannes - (ferm
lundi) 25 (midi)/50 et à la carte 39/78.

• Avis aux amateurs de lattes, l'auberge du Grand-Paradis propose, outre une cart
traditionnelle et un coin raclettes au feu de bois, des prestations "skieurs".

CHAMPEX 1938 Valais (VS) 219 ② – alt. 1472.

Environs : La Breya★★ Sud-Ouest par téléphérique.

Manifestation locale
15.03 - 16.03 : Course internationale de chiens de traîneaux.

🛈 Office du Tourisme au Pays du Saint-Bernard, ☎ 0277832 828, info@saint-b
rnard.ch, Fax 0277833 527.

Bern 144 – Martigny 17 – Aosta 62 – Chamonix-Mont-Blanc 54 – Sion 47.

Glacier, ☎ 0277 826 151, info@hotelglacier.ch, Fax 0277 826 150, ≤, 斤, ☎
≋, ⁂ – 園 TV ℭ P. AE ⓄⓂⓄ VISA. ⁂ rest
20 déc. au 16 mars et 17 avril au 15 nov. – **Repas** (fermé jeudi midi et lundi ho
saison) 18 - 36/60 et à la carte 38/75 – **28 ch** ⊇ 100/170 – ½ P suppl. 30.

• On ressent le professionnalisme de la quatrième génération d'hôtes dans cett
bâtisse, postée face au lac. Chambres néo-rustiques, et amples espaces commun
Le restaurant du Glacier prépare des recettes traditionnelles présentées sur ur
carte attrayante.

Belvédère ≫, ☎ 0277 831 114, belvedere@dransnet.ch, Fax 0277 832 57
≤ vallée d'Entremont, 斤 – TV P. ⓂⓄ VISA. ⁂ rest
fermé 30 mars au 13 avril, 1ᵉʳ au 7 juin, 15 nov. au 20 déc. – **Repas** 60 et à la car
39/82 – **9 ch** ⊇ 120/160 – ½ P suppl. 25.

• Là-haut sur la montagne, dans un environnement tranquille, se dresse un accuei
lant chalet aux chambres coquettes, habillées de chaudes boiseries. Vous serez su
jugués par la perspective sur la chaîne du Grand Colombin qu'offre la salle à mange
du Belvédère.

CHAMPFÈR Graubünden 218 ⑮ – siehe Sankt Moritz.

CHARDONNE Vaud 217 ⑭ – rattaché à Vevey.

CHARMEY 1637 Fribourg (FR) 217 ⑤ – 1 528 h. – alt. 891 – Sports d'hiver : 900/1 630 m ⛷1 ⛷6 ⛄.
Manifestations locales
27.09 : 22ème Rindyà, désalpe et marché artisanal
11.10 - 12.10 : Bénichon de la montagne, célèbres courses de charrettes à foin.
🛈 Charmey Tourisme, Les Charrières 1, ☎ 0269 275 580, office.tourisme@charmey.ch, Fax 0269 275 588.
Bern 72 – *Fribourg* 31 – Bulle 12 – Gstaad 48 – Montreux 47 – Thun 58.

Cailler ♨, ☎ 0269 276 262, direction@hotel-cailler.ch, Fax 0269 276 263, ≤, 🍽, ≘s, ※ – 📶 📺 📞 🅿 – 🎗 15/140. 🅰🅴 ⓞ 🆖 VISA JCB
Repas (fermé dim. soir et lundi) 19 - 85/105 et à la carte 45/103 – **51 ch** ⊑ 170/240, 9 suites – ½ P suppl. 40.
♦ Cet hôtel, balançant entre tradition et modernité, assure une quiétude idéale. Petit-déjeuner gruérien avec en prime la montagne en fond naturel ! Double espace de restauration au cadre contemporain : le bistrot et le classique "gastro".

Le Sapin, 25 r. du Centre, ☎ 0269 272 323, office@charmey-le-sapin.ch, Fax 0269 271 244, 🍽 – 📶 📺 📞 🅿 – 🎗 15/60. 🅰🅴 ⓞ 🆖 VISA
Repas 16 - 20 (midi)/38 et à la carte 40/76 – **15 ch** ⊑ 89/148 – ½ P suppl. 25.
♦ Cet hôtel, situé au centre du village, fait un clin d'œil à la coutume : chambres fonctionnelles, en bois clair de style montagnard. Terrasse ombragée. Prenez vos repas au restaurant du Sapin qui interprète un répertoire traditionnel épicé de mets exotiques.

L'Etoile M avec ch, 21 le Centre, ☎ 0269 275 050, g.repond@etoile.ch, Fax 0269 275 055, 🍽 – 📶 📺 📞 🅿. 🅰🅴 ⓞ 🆖 VISA
fermé 1er au 15 nov. et lundi – **Repas** 16 - 40/95 et à la carte 29/85 – **8 ch** ⊑ 80/140 – ½ P suppl. 33.
♦ Bâtisse du 18e s. rénovée. Perchés sur la coquette galerie, vous goûterez une appétissante cuisine française du marché. Belles chambres de style néo-rustique.

CHÂTEAU-D'OEX 1837 Vaud (VD) 217 ⑮ – 3 078 h. – alt. 968 – Sports d'hiver : 1 000/1 650 m ⛷1 ⛷13 ⛄.
Voir : Site★.
Musée : Art populaire du Vieux Pays d'Enhaut★.
Manifestations locales
18.01 - 26.01 : Semaine internationale de ballons à air chaud
09.08 - 12.08 : World Music Festiv'Alpe
🛈 Château-d'Oex Tourisme, La Place, ☎ 0269 242 525, info@chateau-doex.ch, Fax 0269 242 526.
Bern 87 – *Montreux* 49 – Bulle 27 – Gstaad 15 – Lausanne 75 – Thun 67.

Hostellerie Bon Accueil ♨, La Frasse, ☎ 0269 246 320, host-bon-accueil@bluewin.ch, Fax 0269 245 126, ≤, 🍽, 🍽 – 📺 📞 🅿 📞
fermé 12 oct. au 19 déc. – **Repas** (fermé mardi du 1er avril au 1er juil.) 45 (midi)/69 et à la carte 57/104 – **16 ch** ⊑ 145/225, Basse saison ⊑ 125/200 – ½ P suppl. 49.
♦ Ce chalet du 18e s. bénéficie du calme régnant sur les hauteurs du village. Ses chambres lambrissées, blotties sous les charpentes, sont garnies de meubles de style. Restaurant de caractère, propice à la dégustation de plats élaborés.

Ermitage, Le Petit-Pré, ☎ 0269 246 003, piazza.ermitage@bluewin.ch, Fax 0269 245 076, ≤, 🍽 – 📶 📺 🅿. 🅰🅴 ⓞ 🆖 VISA
fermé mardi midi et lundi hors saison (sauf hôtel) – **Repas** 63/100 et à la carte 65/118 – **Bistrot** : **Repas** 45 et à la carte 48/78 – **15 ch** ⊑ 120/200, Basse saison ⊑ 100/180 – ½ P suppl. 35.
♦ En paix avec la nature environnante, le chalet loge des chambres spacieuses, confortables, au mobilier rustique, et dotées de balcons. Sa table présente une carte classique et jouit d'une terrasse panoramique. Spécialités du "Pays d'Enhaut" servies au Bistrot.

L'Etivaz Sud : 7,5 km par rte d'Aigle – alt. 1 144 – ✉ 1831 L'Etivaz :

Chamois, ☎ 0269 246 266, chamois-etivaz@bluewin.ch, Fax 0269 246 016, 🍽, 🍽, ※ – 🎗 50. 🅰🅴 ⓞ 🆖 VISA
fermé 6 au 27 oct., lundi soir et mardi – **Repas** 16 et à la carte 31/73 – **15 ch** ⊑ 40/100 – ½ P suppl. 20.
♦ Le bois est présent sous toutes ses formes dans les chambres comme dans les salons de ce chalet ancien, en bordure de route. Il convient très bien aux budgets modérés. Salle de restaurant à la mode montagnarde et en complément, salle de banquet pour vos fêtes.

La CHAUX-DE-FONDS 2300 Neuchâtel (NE) 216 ⑫ – 36 931 h. – alt. 994.

Musées : *International d'horlogerie*★★ C – *Beaux-Arts*★ B.
Environs : *Route de la Vue des Alpes*★★ par ③ – *Tête de Ran*★★ par ② : 7 km
Vue des Alpes★ par ② : 10 km.

 Les Bois, ✉ 2336 (avril - nov.) ℘ 0329 611 003, Fax 0329 611 017, par ② r
de Saignelégier : 12 km.

Manifestation locale
29.08 - 31.08 : Braderie et Fête de la Montre.

🛈 Tourisme neuchâtelois - Montagnes, Espacité 1, ℘ 0329 196 895, tourism
.montagne@ne.ch, Fax 0329 196 297.

🚗 33 av. Léopold-Robert, ℘ 0329 118 080, Fax 0329 118 081.

Bern 74 ② – *Neuchâtel* 25 ③ – Biel 45 ② – Martigny 163 ② – Montbéliard 67 (
– Pontarlier 54 ④)

Plan page ci-contre

Grand Hôtel Les Endroits, 94 bd des Endroits, par r. du Succès : 2,5 kr
℘ 0329 250 250, contact@hotel-les-endroits.ch, Fax 0329 250 350, ≤, 🌐
🛋, ≘s – 🛗, ⇔ ch, 📺 video 📞 🚻 🏊 🅿 – 🛎 15/200. 🅰🅴 ⓘ
🆅🅸🆂🅰 🅹🅲🅱
Repas 18 - 40 (midi)/82 et à la carte 36/98 – **38 ch** ⇌ 165/340, 4 suites – ½ P supp
35.

◆ Dans la quiétude des champs, hôtel récent convenant aussi bien aux famille
qu'à la clientèle d'affaires. Chambres modernes, à l'image de l'adresse. Spécialité
régionales et cuisine classique sont au menu du restaurant. Terrasse et jeux pou
enfants.

Club, sans rest, 71 r. du Parc, ℘ 0329 141 516, reservations@hotel-club.c
Fax 0329 141 517 – 🛗 ⇔ 📺 📞 🅰🅴 ⓘ 🆅🅸🆂🅰   B
38 ch ⇌ 126/240.

◆ Cet immeuble contemporain, évoquant l'œuvre de Le Corbusier, abrite des cham
bres lumineuses et actuelles. Au dernier étage, salle des petits-déjeuners avec vu
sur la ville.

Fleur de Lys, 13 av. Léopold-Robert, ℘ 0329 133 731, admin@fleur-de-lys.c
Fax 0329 135 851 – 🛗 📺 📞 – 🛎 40. 🅰🅴 ⓘ 🆅🅸🆂🅰. 🛋   C
Repas 18.50 - 55 (midi) et à la carte 38/75 – **29 ch** ⇌ 130/200 – ½ P suppl. 32

◆ Cet édifice du centre-ville, bordant la rue principale, dispose de chambres ins
norisées qui vous permettront de vraies parenthèses détente entre les visites. So
restaurant "trattoria" de belle ampleur est animé du matin au soir : tea-room l'aprè
midi.

L'Orologio, 1 r. A.-M. Piaget, ℘ 0329 681 900, orologio@swissonline.c
Fax 0329 681 916 – 🅿. 🅰🅴 ⓘ 🆅🅸🆂🅰   A
fermé 22 au 29 déc. et dim. – **Repas** 14.50 - 30 (midi)/95 et à la carte 50/86.

◆ Ce restaurant honore l'activité la plus prestigieuse de la Chaux : ses tables sor
conçues comme des vitrines d'horlogerie. Cuisine classique, prix non astronom
ques.

Le Chevreuil, 13 Grandes-Crosettes, par ③ : 3 km, ℘ 0329 134 09
Fax 0329 138 172, ≤, 🌐 – 🅿. 🅰🅴 ⓘ 🆅🅸🆂🅰 🅹🅲🅱   A
fermé dim. soir et lundi – **Repas** 19 - 38/64 et à la carte 41/89.

◆ Maison à façade peinte d'une fresque, entourée de verdure et dotée d'une terrass
panoramique admirant les montagnes et la vallée. Le chef présente une carte tra
ditionnelle.

Le P'tit Paris, 4 r. du Progrès, ℘ 0329 686 533, Fax 0329 681 304, 🌐 – 🅰🅴 ⓘ
🆅🅸🆂🅰   A
fermé 14 juil. au 9 août, dim. et fériés – **Repas** 15 - 55 (soir) et à la carte 45/7

◆ Le plus vieux bistrot de la ville, datant de 1760, vous convie à déguster, dar
sa salle à manger "in", des recettes classiques variant avec les saisons. Sous-s
voûté.

Au Capucin Gourmand, 125 Charrière, ℘ 0329 681 591, Fax 0329 681 59
🌐 – 🅿. 🅰🅴 ⓘ 🆅🅸🆂🅰   A
fermé 4 août, dim soir et lundi – **Repas** 14 - 40/80.

◆ Les amis des chevaux seront aux anges avec ce restaurant intégré au centr
équestre : ses baies vitrées donnent sur le manège ! Alléchante carte régulièremer
renouvelée.

La CHAUX-DE-FONDS

beille (R. de l')	B	3
lexis-Marie Piaget (R.)	AC	4
rsenal (R. de l')	C	6
anneret (R. du)	C	7
aufond (R. de)	C	9
oucherie (R. de la)	C	10
armagnole (Pl. de la)	C	11
asino (R. du)	CB	12
hapelle (R. de la)	C	13
harrière (R.)	A	15
oq (R. du)	C	16
roix-Fédérale (R. de la)	AC	18
ygne (R. du)	B	19
peron (R. de l')	C	21
eur de Lys (Ruelle de la)	C	22
randes-Crosettes (Rte des)	A	23
ranges (R. des)	C	24
uillaume Ritter (R.)	BC	25
dustrie (R. de l')	C	27
ardinière (R.)	B	28
eu (Pl. de)	B	30
e Corbusier (Pl.)	B	31
éopold-Robert (Av.)	BC	
las (Pl. des)	C	32
arronniers (Pl. des)	C	33
uche (R. de la)	AC	34
t-Hubert (R.)	C	36
tand (R. du)	B	37
uccès (R. du)	A	39
emple Allemand (R. du)	AB	40
raversière (R.)	BC	42
ieux-Cimetière (R. du)	C	43
r-Mars (R. du)	BC	45

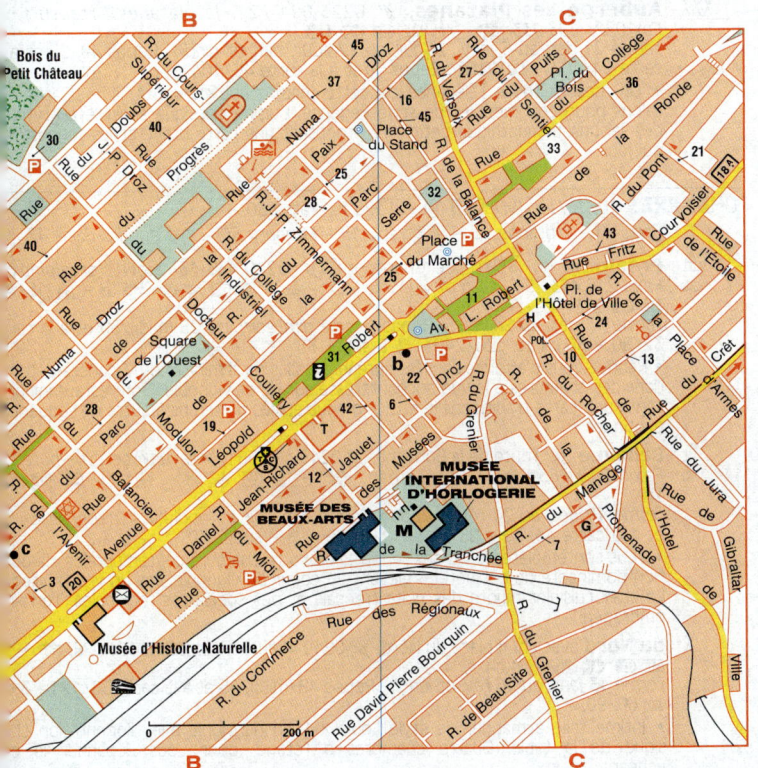

175

La CHAUX-DE-FONDS

au Mont-Cornu Ouest : 4,5 km par rte secondaire

Auberge de Mont-Cornu, 116 Mont-Cornu, ℘ 0329 687 60
Fax 0329 685 412, 🌿, 🐎 – 🅿. AE ⓜ ⓞ VISA
fermé 2 déc. au 28 fév., lundi et mardi – **Repas** 47 et à la carte 40/89.
◆ Cette vaste ferme neuchâteloise restaurée en auberge familiale jouxte un domain
équestre. Cadre champêtre approprié à la dégustation de plats du terroir et de fo
dues.

CHAVANNES DE BOGIS 1279 Vaud (VD) 217 ⑪ – 1 100 h. – alt. 483.

Bern 142 – Genève 19 – Saint-Claude 54 – Thonon-les-Bains 53.

Chavannes-de-Bogis, Les Champs-Blancs, ℘ 0229 608 181, contact@hotel-
avannes.ch, Fax 0229 608 182, ≤, 🌿, ≘s, ⊥, 🐎, ✗ – 📶, ⊁ ch, 📺 📞 🅿
🛴 15/120. AE ⓞ ⓜ ⓞ VISA
Brasserie des Arts : Repas 17.50 – 33 (midi) et à la carte 41/76 – **180 ch** ⊆ 149/23
– ½ P suppl. 35.
◆ Ce complexe hôtelier près de la nature, jouissant d'un beau jardin panoramiqu
avec piscine, reçoit souvent banquets et séminaires. Chambres fraîches, certain
climatisées. La moderne Brasserie des Arts possède une terrasse avec vue sur l
et montagnes.

CHÉSEREX 1275 Vaud (VD) 217 ⑪ – 1 056 h. – alt. 529.

🛞 Bonmont, ℘ 0223 699 900, Fax 0223 699 909.
Bern 150 – Genève 28 – Divonne-les-Bains 13 – Lausanne 43 – Nyon 9.

Auberge Les Platanes, ℘ 0223 691 722, lesplatanes@freesurf.c
Fax 0223 693 033, 🌿 – 🅿. AE ⓞ ⓜ ⓞ VISA
fermé 21 déc. au 6 janv., 26 juil. au 12 août, dim. et lundi – **Repas** 49/95 et à
carte 54/104 – **Le Café :** Repas 20 et à la carte 46/104.
◆ On mesure toute l'élégance de cette maison patricienne du 17e s. dans u
salons bourgeois meublés de style Régence. Cuisine classique sensible au rythm
des saisons. Sympathique petit café proposant une carte brève et les suggestio
du jour.

CHEXBRES 1071 Vaud (VD) 217 ⑭ – 1 928 h. – alt. 580.

Bern 90 – Lausanne 13 – Montreux 13 – Fribourg 60 – Yverdon-les-Bains 47.

Préalpina M, 35 rte de Chardonne, ℘ 0219 463 434, info@prealpina.c
Fax 0219 463 750, ≤ lac et vignobles, 🌿, ≘s – 📶 📺 📞 ♿ 🚗 🅿 – 🛴 15/4
AE ⓜ ⓞ VISA
fermé 13 déc. au 24 fév. – **Repas** (*fermé dim. soir*) 19 – 25 (midi)/59 et à la car
32/90 – **50 ch** ⊆ 120/240 – ½ P suppl. 35.
◆ Rendez-vous d'affaires dans les agréables salles de séminaire ou vacances-déten
dans des chambres à la vue enchanteresse sur lac et vignoble ! Son restaurant pr
sente une carte traditionnelle et des menus épicés de temps à autre de séquenc
exotiques.

Bellevue ⑤, route de la Corniche, ℘ 0219 463 681, bellevue@bellevue-hotel.c
Fax 0219 463 686, ≤ lac Léman, 🌿 – 📶 📺 ♿ 🅿 – 🛴 15. AE ⓞ ⓜ
VISA
fermé 1er déc. au 24 fév. – **Repas** (*fermé dim. soir et lundi hors saison*) 19.50 – 5
et à la carte 43/75 – **23 ch** ⊆ 150/200 – ½ P suppl. 40.
◆ Vous contemplerez le lac des fenêtres de votre chambre contemporaine : la po
tion dominante de cet hôtel, s'élevant au coeur du vignoble, est un vrai privilèg
Le chef cuisinier mijote des plats français et des spécialités régionales. Terrass
ombragée.

du Nord avec ch, 4 place du Nord, ℘ 0219 461 026, Fax 0219 461 026, 🌿 –
AE ⓞ ⓜ ⓞ VISA. ✗ ch
fermé 13 janv. au 16 fév. et lundi – **Repas** 48 (midi)/95 et à la carte 56/121 – **3 c**
⊆ 60/90.
◆ Intime salle à manger de style Louis XVI, en harmonie avec l'orientation cla
sique de la table. Quatre chambres à l'étage, pour vous dépanner le c
échéant.

HIASSO 6830 Ticino (TI) 219 ⑧ – 8016 ab. – alt. 238.

✉ 6836 Serfontana, ℘ 0916 976 767, Fax 0916 976 768.
Bern 298 – Lugano 26 – Bellinzona 54 – Como 6 – Varese 26.

Mövenpick Hotel Touring, piazza Indipendenza 1, ℘ 0916 825 331, *hotel.to uring@moevenpick.com*, Fax 0916 825 661, 🍴 – 🛗 📺 video 📞 ♿ – 🅿 30.
AE ① MC VISA JCB
Gabbiano d'Oro : Pasto 18 ed alla carta 37/87 – ☐ 19 – **60 cam** 130/165.
♦ Albergo con ampie arcate all'esterno, situato nei pressi della stazione, in posizione centrale. Dispone di camere spaziose e funzionali. Al ristorante, una grande sala da pranzo con soffitto intarsiato, dove si offre una carta variata, senza pretese.

Centro senza rist, corso San Gottardo 80, ℘ 0916 834 402, Fax 0916 834 458 –
📺 🚗. AE ① MC VISA
chiuso dal 20 dicembre al 6 gennaio e dal 1° al 24 agosto – – ☐ 7 – **18 cam** 110/150.
♦ Indirizzo per una clientela di carattere prevalentemente commerciale. Camere sobrie, tutte uguali nello stile ed arredate con un mobilio pratico, anni Ottanta.

HIÈTRES Fribourg 217 ⑤ – voir à Kerzers.

CHUR (COIRE)

7000 K Graubünden (GR) 218 ④ – 31 310 Ew. – Höhe 585
Wintersport : 595/2 174 m ⛷ 2

Bern 247 ① – Andermatt 89 ③ – Davos 71 ① – St Moritz 88 ③ – Vaduz 43 ①.

B Chur Tourismus, Grabenstr. 5, ℘ 0812 521 818, info@churtourismus.ch, Fax 0812 529 076 Y.

❀ Grabenstr. 34, ℘ 0812 587 373, Fax 0812 587 374 Z.

▲ Masanserstr. 35, ℘ 0812 529 050, Fax 0812 520 242.

🏌 in Domat/Ems, ✉ 7013 (März-Nov.) ℘ 0816 503 500, golfclub@spin.ch, Fax 0816 503 501, über ③ : 6 km.

Sehenswert : Arosastrasse : Blick★ auf die Stadt Z – Schnitzaltar★ der Kathedrale Z.

Ausflugsziele : Parpaner Rothorn★★ : Blick★★, über ③ : 16 km und Luftseilbahn – Strasse von Chur nach Arosa★ : Strasse durch das Schanfigg★ – Soliser Brücken★, über ③ : 32 km.

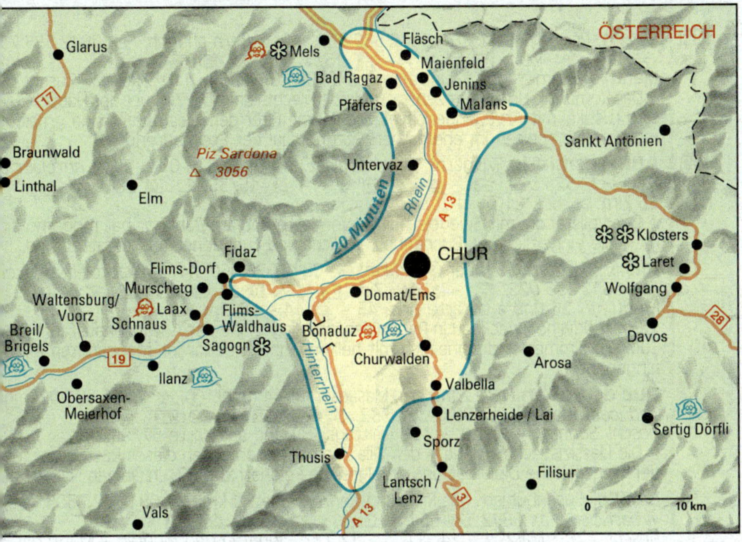

CHUR

Street	Grid	No.
exanderplatz	Y	2
exanderstrasse	Y	
rosastrasse	Z	
ahnhofstrasse	Y	
randisstrasse	Y	
ngadinstrasse	YZ	
ontanaplatz	Z	3
ontanastrasse	Z	
äuggelistrasse	Z	4
oldgasse	Z	
rabenstrasse	YZ	
ürtelstrasse	YZ	6
artbertstrasse	Y	7
errengasse	Z	10
ofstrasse	Z	
rchgasse	Z	
ornplatz	Z	12
upfergasse	Z	
lajoranplatz	Z	13
alixerstrasse	Z	
lasanserstrasse	Y	
ühleplatz	Z	15
bere Gasse	Z	
bere Plessurstrasse	Z	18
ttoplatz	Z	19
ttostrasse	Y	
isterplatz	Z	21
anaterrassstrasse	YZ	
essurquai	Z	
ostplatz	Y	
oststrasse	YZ	
uaderstrasse	Y	
eichsgasse	Z	
t. Luzistrasse	Z	
teinbruchstrasse	Y	
torchengasse	Y	
ntere Gasse	Z	22
azerolgasse	YZ	24
eughausstrasse	Y	27

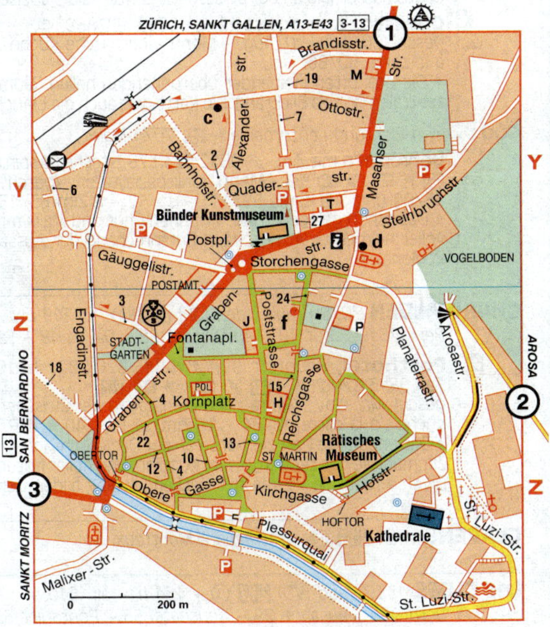

Die Informationen sind in der lokalen Sprache angegeben.

179

CHUR

🏨 **Stern**, Reichsgasse 11, ✆ 0812 585 757, info@stern-chur.ch, Fax 0812 585 75
🍴 – 🛗, Rest, TV 🕭 & P – 🏊 15/40. 🝞 Y
Menu 16 - 25 (mittags)/82 und à la carte 40/98 – **64 Zim** ⚐ 110/250 – ½ P Zuschl. 40
  ◆ Das Romantik-Hotel liegt zentral und doch recht ruhig. Die Zimmer des Haupthaus
  sind rustikal mit Arve eingerichtet. Die Räume über dem Restaurant sind gross ur
  modern. Sie speisen im ehemaligen Sitzungssaal der Freimaurerloge.

🏨 **ABC Terminus** M garni, Bahnhofplatz, ✆ 0812 526 033, abc@hotelabc.c
Fax 0812 525 524, 🝞 – 🛗 TV 🕭 P – 🏊 15/35. AE ⓞ ⓜ VISA JCB Y
36 Zim ⚐ 125/210.
  ◆ Der vollständig mit Spiegelscheiben verglaste Bau am Bahnhof hat moderne Zir
  mer, die einheitlich mit Buchenholz schlicht und funktionell ausgestattet sind.

🏨 **Ibis** M, Richtstr. 19 (über ③ : 1 km), ✆ 0812 526 060, h1720@accor-hotels.com
Fax 0812 535 022, 🝞 – 🛗, Zim, TV 🕭 & P. AE ⓞ ⓜ VISA ✂ Rest
Menu 16 - 26 und à la carte zirka 45 – ⚐ 14 – **56 Zim** 99/129.
  ◆ Der moderne Zweckbau in Pyramidenform liegt nahe der Autobahnausfahrt Chu
  Süd. Die Zimmer sind einheitlich mit hellem Einbaumobiliar im sogenannten IBIS-S
  eingerichtet.

🍴🍴 **Duc de Rohan** (*Villa Zambail*), Masanserstr. 44 (über ①), ✆ 0812 521 022, in
@ducderohan.ch, Fax 0812 524 537, 🝞 – P. AE ⓞ ⓜ VISA
geschl. Sonntag – **Menu** 28 - 38 (mittags)/89 und à la carte 57/99.
  ◆ Die klassizistischen Mauern der Villa Zambail beherbergen dieses Restaurant, de
  der französische Diplomat und erfolgreiche Feldherr des 17. Jh. seinen Namen ga

🍴🍴 **Basilic**, Susenbühlstr. 43, Richtung Lenzerheide : 1 km, ✆ 0812 523 505, trep
@basilic.ch, Fax 0812 521 651, ← Chur, 🝞 – P. AE ⓜ VISA
geschl. 2. - 9. März, 1. - 14. Juli, 5. - 12. Okt., Sonntag und Montag – **Menu** 29 - 3
(mittags)/99 und à la carte 71/130.
  ◆ Oberhalb von Chur - mit schönem Blick auf die Stadt - steht das laubenähnliche Lok
  etwas ausserhalb an der Strasse zur Lenzerheide. Speisen von einer modernen Kart

🍴 **Obelisco**, Vazerolgasse 12, ✆ 0812 525 858, 🝞 – AE ⓞ ⓜ VISA Z
geschl. 20. Juli - 20. Aug. – **Menu** - italienische Küche - 16.50 - 28 (mittags)/59 ur
à la carte 50/86.
  ◆ Die drei offen ineinander übergehenden hellen Räume mit viel Grün haben eine
  zentralen Grill als Blickfang. Die Karte, wie auch die Einrichtung sind typisch italienisc

Süd : *4 km Richtung Lenzerheide* – ✉ 7074 Malix :

🍴🍴 **Belvédère** mit Zim, ✆ 0812 523 378, stecher@spin.ch, Fax 0812 535 214, 🝞
TV P. AE ⓞ ⓜ VISA – **Menu** - Grillspezialitäten - (*geschl. Montag und Dienstag*) 18.5
35/90 und à la carte 59/111 – ⚐ 12 – **8 Zim** 65/150 – ½ P Zuschl. 25.
  ◆ Das schön gelegene Haus zwischen Chur und Malix mit zentralem Cheminéegrill in
  voller heimeliger Atmosphäre. Entsprechend der Ausstattung gibt es Grilladen ur
  Regionales.

CHURWALDEN 7075 *Graubünden* (GR) **218** ④ – *1 249 Ew. – Höhe 1 230*.
Bern 251 – Chur 12 – Andermatt 98 – Davos 48 – Sankt Moritz 67.

🏨 **Posthotel**, Hauptstr. 99, ✆ 0813 820 282, info@posthotel-churwalden.c
Fax 0813 820 281 – TV P. AE ⓞ ⓜ VISA
geschl. Mai, Nov., Montag und Dienstag in der Zwischensaison – **Menu** - italienisch
Küche - à la carte 48/84 – **15 Zim** ⚐ 95/240 – ½ P Zuschl. 39.
  ◆ Das ehemalige Patrizierhaus - an der Ortsdurchfahrt gelegen - bietet seinen Gäste
  Zimmer, die mit zeitgemässem Komfort und heller Naturholzmöblierung überzeuge
  Diverse rustikale Räume mit Deckengewölbe bilden den Restaurantbereich.

CLARENS *Vaud* **217** ⑭ – *rattaché à Montreux*.

Les CLÉES 1356 *Vaud* (VD) **217** ③ – *154 h. – alt. 610*.
Bern 93 – Lausanne 29 – Neuchâtel 55 – Pontarlier 32 – Yverdon-les-Bains 23.

🍴 **Croix-Blanche**, ✆ 0244 419 171, Fax 0244 419 201, 🝞
*fermé 2 au 9 mars, 25 mai au 1ᵉʳ juin, 14 au 28 sept., dim. soir, lundi et dernier mar
du mois* – **Repas** 15 - 38 (midi)/74 et à la carte 66/86.
  ◆ Les Clées ouvrent-elles les portes du château couronnant le rocher ? Une chos
  est sûre, elles donnent accès à une sympathique table dont la carte classique inspir
  confiance.

OINSINS 1267 Vaud (VD) **217** ⑫ – 360 h. – alt. 475.

Bern 139 – Genève 28 – Neuchâtel 98 – Lausanne 35 – Nyon 8 – Saint-Cergue 17.

Auberge de la Réunion, route du Cordex, ☎ 0223 642 301, reunion@freesurf.ch, Fax 0223 646 690, 🍽 – 📺 📞 🅿 AE ① ⓜ VISA. ❄ rest
fermé 2 au 20 janv. – **Repas** (fermé dim. soir d'oct. à fin avril) 17 - 24 (midi)/72 et à la carte 49/82 – **16 ch** ☐ 100/160 – ½ P suppl. 30.

◆ Cette ancienne ferme vaudoise de 1804 fut revisitée et dispose d'un grand confort. Les chambres sont fonctionnelles et de belle ampleur. Traversez le café et vous trouverez la salle à manger servant des mets traditionnels teintés d'accents régionaux.

OINTRIN Genève **217** ⑪ – rattaché à Genève.

OIRE Graubünden **218** ④ – voir à Chur.

OLLA 6951 Ticino (TI) **219** ⑧ – alt. 1057.

Bern 246 – Lugano 18 – Bellinzona 34 – Locarno 48 – Varese 59.

Cacciatori, ☎ 0919 441 768, giovanni@ristorantino.ch, Fax 0919 441 707, 🍽 – ❄
chiuso dal 7 gennaio al 1° aprile, lunedì e martedì – **Pasto** (coperti limitati, prenotare) 58 ed alla carta 64/79.

◆ Piccolo ritrovo familiare in una bella casetta di montagna dagli interni rustici, in posizione panoramica. Cucina tradizionale con specialità ticinesi e della vicina Italia.

OLLOMBEY-LE-GRAND Valais **217** ⑭ – rattaché à Monthey.

---

es COLLONS Valais **217** ⑮ ⑯ – rattaché Thyon - Les Collons.

OLOGNY Genève **217** ⑪ – rattaché à Genève.

OLOMBIER 2013 Neuchâtel (NE) **216** ⑫ – 4796 h. – alt. 490.

Bern 55 – Neuchâtel 7 – Biel 42 – La Chaux-de-Fonds 32 – Lausanne 69 – Morteau 52.

Le Lacustre, 3 allée du Port, ☎ 0328 413 441, s.brigand@bluewin.ch, Fax 0328 414 732, 🍽 – 🅿 AE ① ⓜ VISA
fermé 22 déc. au 5 janv., dim. et fériés – **Repas** 16 - 47/66 et à la carte 36/90.

◆ Des senteurs aguichantes et les bons présages offerts par la carte émoustillent les papilles des clients de ce confortable restaurant aux prix digestes.

OMANO 6949 Ticino (TI) **219** ⑧ – 1633 ab. – alt. 511.

Bern 226 – Lugano 5 – Bellinzona 30 – Como 36 – Locarno 42.

La Comanella ❄, via al Ballo, ☎ 0919 416 571, Fax 0919 426 513, 🍽, ⚓, 🌳
– 📺 🅿 – 🔔 60. AE ⓜ VISA
Pasto 18 - 36 ed alla carta 49/79 – **17 ch** ☐ 135/210 – ½ P sup. 36.

◆ In posizione collinare, tranquilla sorge quest'accogliente albergo con giardino e piscina. Camere ampie e ben arredate, così come gli spazi comuni. D'estate apprezzerete gustose grigliate sotto la tettoia del ristorante che presenta una carta semplice.

ONCHES Genève **217** ⑪ – rattaché à Genève.

ONFIGNON Genève **217** ⑪ – rattaché à Genève.

ONTHEY Valais **217** ⑮ – rattaché à Sion.

COPPET 1296 Vaud (VD) 217 ⑪ ⑫ – 2 366 h. – alt. 394.
Voir : Château★.
Bern 153 – Genève 13 – Lausanne 49 – Saint-Claude 61 – Thonon-les-Bains 48.

du Lac, 51 Grand-Rue, ☏ 0227 761 521, info@hoteldulac.ch, Fax 0227 765 34 ≼, ≾, 🛌 – 🛗 TV 🚗 – 🔒 25. AE ① ⓜ VISA JCB
La Rôtisserie : Repas 57 (midi)/115 et à la carte 73/134 – 🍽 24 – **12 ch** 190/30 7 suites – ½ P suppl. 80.

◆ Sur la traversée du village et au bord de l'eau, ce relais du 17ᵉ s. a su garder u grande noblesse. Il loge de spacieuses chambres au mobilier stylé ou rustique. La rôt serie est dotée d'une cheminée d'époque pour les grillades. Belle terrasse à l'ombr

CORIN-DE-LA-CRÊTE Valais 217 ⑯ – rattaché à Sierre.

CORSEAUX Vaud 217 ⑭ – rattaché à Vevey.

CORTAILLOD 2016 Neuchâtel (NE) 217 ④ – 4 365 h. – alt. 482.
Bern 58 – Neuchâtel 9 – Biel 44 – La Chaux-de-Fonds 34 – Lausanne 65.

Le Vaisseau, à Petit Cortaillod, ☏ 0328 434 477, admin@hotel-le-vaisseau.c Fax 0328 434 475, ≼, ≾ – 🛗 ch, TV 🚗 & 🅿 – 🔒 15/100. AE ① ⓜ VISA
fermé 16 déc. au 5 janv. – **Repas** (fermé sam. et dim. de nov. à fév.) 17 - 45/75 à la carte 39/82 – **22 ch** 🍽 110/230 – ½ P suppl. 40.

◆ Au plus près de la nature entre lac et vignobles, des chambres à quai, à l'abri – mal de mer et gaiement colorées, vous attendent au Vaisseau. Son restaurant vogu entre recettes classiques et spécialités du lac. Cuvée maison provenant de ses vigne

Le Chalet ⚘, 15 r. Chanélaz, ☏ 0328 434 242, infohotellechalet@bluewin.c Fax 0328 434 243, ⛲ – TV 📞 🅿 – 🔒 15/60. AE ① ⓜ VISA JCB ✕
fermé 22 déc. au 12 janv. et dim. – **Repas** 18 - 42/89 et à la carte 38/92 – **20 c** 🍽 70/180 – ½ P suppl. 32.

◆ Au calme d'un quartier résidentiel, hôtellerie familiale composée de deux chale dont les amples chambres renferment des meubles agrestes. Prenez place au resta rant sur de confortables banquettes installées dans les rotondes mi-cloisonnée Cuisine soignée.

Le Buffet d'un Tram, 3 François-Borel, ☏ 0328 422 992, Fax 0328 450 414, ⭐ – 🅿. AE ① ⓜ VISA
fermé Noël, Nouvel An et 10 au 23 fév. – **Repas** 16 et à la carte 40/89.

◆ Perche, homard, fruits de mer et plats plus carnassiers : telle est l'orientatio culinaire de cette table bien sympathique. Invitante terrasse d'été.

COSSONAY 1304 Vaud (VD) 217 ③ – 2 487 h. – alt. 565.
Bern 107 – Lausanne 16 – Fribourg 78 – Genève 62 – Yverdon-les-Bains 28.

Cerf (Crisci), 10 r. du Temple, ☏ 0218 612 608, Fax 0218 612 627 – AE ⓜ V▮
❄❄ fermé 21 déc. au 8 janv., 12 juil. au 7 août, dim. et lundi – **Repas** (voir aussi **La Fle de Sel** ci-après) 75 (midi)/215 et à la carte 111/208.

◆ Maison du 16ᵉ s. mariant joyeusement décor ancien (salle rythmée de piliers garnie de sièges Louis XIII) et répertoire inventif. Plaisir pour les yeux et le palai **Spéc.** Croustillant de langoustine et glace de foie gras. Parmentier d'Osciètre raviole d'encre de seiche. Côte de veau luttée dans un senteurs d'épice

La Fleur de Sel - Cerf, 10 r. du Temple, ☏ 0218 612 608, Fax 0218 612 627 AE ⓜ VISA – fermé 21 déc. au 8 janv., 12 juil. au 7 août, dim. et lundi – **Repas** 17.5 52 et à la carte 54/100.

◆ Ce bistrot de poche partage son entrée avec le restaurant du Cerf. Intérie simple, mais agréable. Petit choix de recettes régionales ; menu assez courtisé.

COURGENAY 2950 Jura (JU) 216 ② ⑬ – 2 099 h. – alt. 488.
Bern 92 – Delémont 24 – Basel 54 – Biel 57 – Montbéliard 38.

de la Gare, ☏ 0324 712 222, Fax 0324 712 212 – TV 🅿. AE ① ⓜ VISA
fermé 6 au 23 janv. – **La Petite Gilberte** (fermé lundi) Repas 14 - 18 (midi) et à carte 33/64 – **7 ch** 🍽 85/150.

◆ Hôtel posté juste en face de la gare. Chambres un peu menues, mais bien ins norisées. Pour plus d'agrément, réservez celle de Gilberte. Cette ancienne chanteus du pays prête son nom au bistrot de l'hôtel : plats régionaux et röstis "à gogo"

COURGENAY

Auberge de la Diligence, 10 Le Bourg, ☏ 0324 711 165, Fax 0324 713 343, 🍽 – 🅿 ⓜ 🆅🅸🆂🅰
fermé lundi et mardi – **Repas** 48/96 et à la carte 59/109 – **Brasserie :** Repas *16.50* et à la carte 29/59.
♦ Petite salle à manger coquette et bucolique où la carte étoffée de spécialités "du coin" met en appétit. Respect de la tradition et du porte-monnaie ! La brasserie est tenue par la direction de la Diligence. Cuisine traditionnelle et plat du jour au déjeuner.

Boeuf avec ch, 7 r. de l'Eglise, ☏ 0324 711 121, hotel-boeuf@bluewin.ch, Fax 0324 711 289, 🍽 – 🅿 🆎 ⓞ ⓜ 🆅🅸🆂🅰
fermé 3 au 16 fév. et merc. – **Repas** *16.50* - 38/68 et à la carte 39/85 – **10 ch** ⌛ 50/120 – ½ P suppl. 30.
♦ Elle fait un "effet bœuf", l'enseigne de cette affaire familiale assisse au milieu du village. Derrière la façade rose : des plats actuels et des chambres rénovées.

OURROUX 2822 Jura (JU) 216 ⑭ – 2 757 h. – alt. 421.
Bern 71 – *Delémont* 2 – Basel 38 – Olten 58 – Solothurn 32.

de l'Ours Ⓜ, 38 r. du 23 juin, ☏ 0324 221 365, Fax 0324 221 964 – 📺 🅿 ⓜ 🆅🅸🆂🅰
Repas *(fermé 26 déc. au 1ᵉʳ janv., merc. soir et dim. sauf fériés)* 16.50 - 35 et à la carte 37/90 – **8 ch** ⌛ 60/130 – ½ P suppl. 18.
♦ Au centre du bourg, maison récemment rénovée vous accueillant dans de belles chambres aux tons pastel, équipées de tout le confort moderne. Faites une pause repas dans son charmant restaurant où vous sera proposé un intéressant répertoire traditionnel.

OURTEMAÎCHE 2923 Jura (JU) 216 ② – 646 h. – alt. 398.
Bern 103 – *Delémont* 35 – Basel 57 – Belfort 31 – Montbéliard 28.

Chez L'Cabri, 23 route Cantonale, ☏ 0324 661 993, Fax 0324 665 371 – 🅿 ⓜ 🆅🅸🆂🅰
fermé 29 janv. au 13 fév. et merc. – **Repas** *17.50* - 34/53 et à la carte 33/80.
♦ Bondirez-vous d'enthousiasme à la vue de la salle agrémentée de poutres et pierres apparentes ou du choix de recettes classiques our sûr, Chez L'Cabri, faut qu'ça saute !

OUSSET 1774 Fribourg (FR) 217 ④ – alt. 484.
Bern 47 – *Neuchâtel* 46 – Fribourg 16 – Lausanne 50 – Yverdon-les-Bains 28.

des Arbognes, Sud-Ouest : 1 km les Arbognes, ☏ 0266 602 484, restaurant.le sarbognes@bluewin.ch, Fax 0266 603 688, 🍽 – 🅿 🆎 ⓞ ⓜ 🆅🅸🆂🅰 🅹🅲🅱
fermé 2 au 12 janv., 28 juil. au 10 août, dimanche soir et lundi – **Repas** *15.50* - 51/75 et à la carte 46/93.
♦ Au cours de vos pérégrinations, prévoyez une halte dans cette auberge de campagne, blottie au creux d'une étroite vallée. Carte traditionnelle ramassée mais prometteuse.

OUVET 2108 Neuchâtel (NE) 217 ③ – 2 867 h. – alt. 734.
Bern 79 – *Neuchâtel* 31 – La Chaux-de-Fonds 36 – Morteau 32 – Pontarlier 29 – Yverdon-les-Bains 39.

L'Aigle, 27 Grand-Rue, ☏ 0328 632 644, hotelaigle@bluewin.ch, Fax 0328 632 189, 🍽, 🌳 – 📺 🅿 – 🔸 80. 🆎 ⓞ ⓜ 🆅🅸🆂🅰
Repas *(fermé dim.)* 17.50 - 39/80 et à la carte 33/78 – **18 ch** ⌛ 115/185 – ½ P suppl. 30.
♦ À mi-chemin de Neuchâtel et de la frontière française, maison ancienne dotée de chambres standardisées de belle ampleur. Terrasse ensoleillée. Le restaurant, à deux pas des prés et de la forêt, fait bonne figure part son élégance et son sérieux en cuisine.

Gare, 14 r. Pierre Dubied, ☏ 0328 631 116 – 🅿 ⓜ 🆅🅸🆂🅰
fermé dim. soir, mardi soir et merc. – **Repas** à la carte 43/79.
♦ Discrète bâtisse abritant une salle à manger feutrée, réchauffée par une cheminée. Des suggestions du jour énoncées oralement complètent les recettes classiques.

CRANS-MONTANA Valais (VS) 217 ⑯ – Sports d'hiver : 1 234/3 000 m ⛷7 ⛷33

Voir : Site★★.

Environs : Bella Lui★★★ par télécabine AY.

🏨 (mai - oct.) ℘ 0274 859 797, Fax 0274 859 798 - AZ.

Manifestation locale

01.02 - 03.02 : Rassemblement international de montgolfières.

Bern 182 ② – Sion 29 ② – Brig 52 ① – Martigny 59 ② – Sierre 14 ①

CRANS

Centrale (R.)	AZ 3
Ehanoun (R. de l')	AZ 9
Elysée Bonvin (R.)	AZ 10
Fleurs des Champs (Rte. de)	ABZ 12
Grand-Place (R. du)	AZ 15
Pont du Diable (R. du)	AZ 19
Prado (R. du)	AZ 21
Sommets de Crans (Rte. des)	BZ 22

MONTANA

Chorecrans (Rte. de)	BY
Comba (Rte. de la)	BY
Crête du Louché (Rte. de la)	BY
Gare (Av. de la)	BY
Louis Antille (R.)	BY
Petit Signal (Rte. du)	BY
Théodore Stéphani (R.)	BY
Transit (Rte. de)	BY

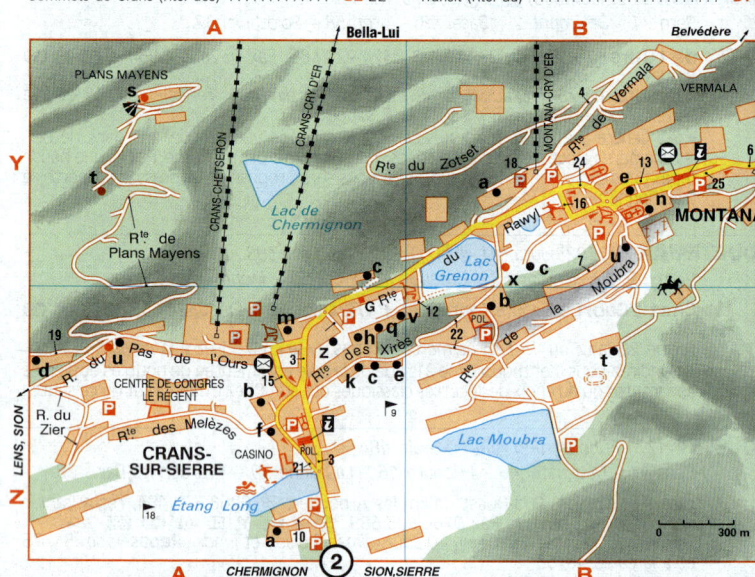

Crans-sur-Sierre 3963 – alt. 1 460.

🛈 Crans-Montana Tourisme, ℘ 0274 850 800, information@crans-montana.c Fax 0274 850 810.

Royal Ⓜ, ℘ 0274 859 595, info@hotel-royal.ch, Fax 0274 859 585, ≼, 🏊 – 📶 📺 ℘ – 🛎 25. AE ① MO VISA JCB. ℘ rest AZ

17 déc. au 14 avril et 16 juin au 29 sept. – **Repas** 50 (midi)/100 et à la carte 75/1 – **50 ch** ⊇ 260/500, Basse saison ⊇ 230/450, 4 suites – ½ P suppl. 55.

◆ Construction entourée d'arbres dont l'intérieur conjugue charme et raffinemer salon orné de peintures et chambres cossues garnies d'un mobilier de style. So restaurant, bourgeoisement décoré, propose un savoureux répertoire culinaire tr ditionnel.

Grand Hôtel du Golf, rue Elysée Bonvin, ℘ 0274 854 242, grand-hotel u-golf@tvs2net.ch, Fax 0274 854 243, ≼, 🏊, 🛁, 🛀, 🔲, 🐎 – 📶 📺 video 📶 – 🛎 15/100. AE ① MO VISA JCB AZ

7 déc. au 21 avril et 2 juin au 30. sept. – **Repas** 45 (midi)/70 et à la carte 72/1 – **72 ch** ⊇ 345/610, Basse saison ⊇ 200/410, 8 suites – ½ P suppl. 60.

◆ Un des plus anciens fleurons hôteliers de la station, posté en bordure du go Certaines chambres sont rénovées ; salons d'une grande beauté. Salle de restaura de style Louis XIII. Une appétissante carte et un joli buffet trône au milieu de la pièc

CRANS-MONTANA

Lindner Golf Hôtel Rhodania ⚘, ℰ 0274 869 292, rhodania@compuserve.com, Fax 0274 869 293, 斤, 乀 – 阝 TV video ℂ 끌 – ⚑ 15/60. ㍻ ⓪ ⓜ VISA. ℅ rest AZ b
18 déc. au 23 mars et 20 juin à fin sept. – **Repas** 22 - 65/130 et à la carte 52/104 – **42 ch** ⌇ 165/450, Basse saison ⌇ 125/370 – ½ P suppl. 50.
♦ Voyage dans le passé, avec escale aux "années folles", pour cet hôtel de style Art déco où vous habiterez des chambres personnalisées. Le soir, détente au piano-bar. Selon vos envies, optez pour la salle à manger au cadre rustique ou pour celle plus classique.

Alpha ⚘, rte du Pont du Diable, ℰ 0274 842 400, hotelalpha@bluewin.ch, Fax 0274 842 410, ≤, 斤, ₲, ≘s, ⌇, 乀 – 阝 TV ℂ ⟺ 끌 – ⚑ 25. ㍻ ⓜ VISA. ℅ rest AZ d
16 déc. au 9 avril et 21 juin au 14 sept. – **Repas** 25 et à la carte 44/92 – **23 ch** ⌇ 160/300, Basse saison ⌇ 90/180 – ½ P suppl. 45.
♦ Construction moderne nichée parmi les sapins. Chambres lambrissées de taille correcte, et studios équipés d'une cuisinette, à louer pour la semaine. Restaurant habillé de boiseries à la mode montagnarde, aménagé au premier niveau de l'hôtel Alpha.

Alpina et Savoy, ℰ 0274 850 900, alpina@swissonline.ch, Fax 0274 850 999, ≤, 斤, ₲, ≘s, ⌇, – 阝 TV ℂ 끌. ㍻ ⓪ ⓜ VISA. ℅ rest AY c
23 déc. - 12 avril et 16 juin - 13 sept. – **Repas** 32 - 48/68 et à la carte 63/95 – **46 ch** ⌇ 200/500, Basse saison ⌇ 140/320 – ½ P suppl. 40.
♦ Au calme de son jardin arboré, hôtel doté de chambres rafraîchies, au plaisant mobilier en bois. La piscine couverte invite à la relaxation. Son lumineux restaurant, sur deux étages, vous apporte chaleur par son cadre et plaisir du palais par ses recettes.

Excelsior ⚘, route des Xirès, ℰ 0274 862 100, excelsiorcrans@swissonline.ch, Fax 0274 862 200, ≤ montagnes, 斤, ₲, ≘s – 阝 TV ℂ 끌. ㍻ ⓪ ⓜ VISA. ℅ rest AZ c
15 déc. au 15 avril et 15 juin au 15 sept. – **Repas** 23 - 45/85 et à la carte 43/74 – **60 ch** ⌇ 171/377, Basse saison ⌇ 136/327 – ½ P suppl. 40.
♦ Le style anglais domine dans le hall feutré de cet hôtel. Un ascenseur avec vue panoramique conduit aux chambres de bonne ampleur. Contemplez de la salle de restaurant un époustouflant spectacle sur les Alpes valaisannes. Cuisine classique.

Eden ⚘, ℰ 0274 859 800, hoteledencrans@bluewin.ch, Fax 0274 814 131, ≤, 斤, 乀 – 阝 TV ℂ 끌. ㍻ ⓜ VISA. ℅ rest AZ h
21 déc. au 30 mars et 21 juin au 9 sept. – **Repas** 20 - 40 (midi)/50 et à la carte 59/87 – **41 ch** ⌇ 180/320, Basse saison ⌇ 130/260 – ½ P suppl. 40.
♦ Vous serez à deux doigts du paradis dans cette élégante bâtisse, entourée d'un paisible îlot de verdure. Salons intimes et chambres spacieuses. Confortablement installés sur des sièges Louis XV du restaurant de l'Eden, vous dégusterez des plats traditionnels.

Elite ⚘, route des Xirès, ℰ 0274 814 301, h.elite@span.ch, Fax 0274 812 421, ≤ sur montagnes, 斤, ⌇, 乀 – 阝 TV ℂ 끌. ㍻ ⓪ ⓜ VISA. ℅ rest AZ e
20 déc. - 21 avril et 15 juin - 13 sept. – **Repas** *(résidents seul.)* – **25 ch** ⌇ 200, Basse saison ⌇ 140 – ½ P suppl. 35.
♦ Au bord du lac, face aux montagnes, une affaire familiale tenue avec bonne humeur. Une vue d'exception s'offre à vous depuis les vastes chambres munies de balcons.

L'Etrier, ℰ 0274 854 400, hotel.etrier@bluewin.ch, Fax 0274 817 610, ≤, 斤, ₲, ≘s, ⌇, – TV ℂ ⟺ 끌 – ⚑ 15/60. ㍻ ⓪ ⓜ VISA. ℅ rest AZ u
fermé mai et nov. – **Repas** 25 - 35/60 et à la carte 64/91 – **40 ch** ⌇ 160/340, Basse saison ⌇ 120/240 – ½ P suppl. 20.
♦ À proximité de courts de tennis et du Palais des congrès, établissement abritant de grandes chambres récemment rénovées et meublées en bois cérusé. Aucun risque de vous sentir à l'étroit dans son vaste restaurant aux murs lambrissés. Spécialités au fromage.

Miedzor, route des Mélèzes, ℰ 0274 859 010, miedzor@bluewin.ch, Fax 0274 859 030, ≤, 斤, – 阝 TV ⟺. ㍻ ⓜ VISA. ℅ rest AZ f
fermé 31 mars au 11 avril, 21 avril au 7 juin et 12 oct. au 6 déc. – **Repas** 20 - 35 (midi)/44 et à la carte 43/75 – **21 ch** ⌇ 145/310, Basse saison ⌇ 120/280 – ½ P suppl. 35.
♦ Une ambiance cordiale règne dans cet hôtel dédié aux amateurs de "swing" : il s'élève face au trou n°1 du golf de Crans ! Chambres soignées. Depuis la table du Miedzor, vous suivrez les évolutions des golfeurs, et savourerez une cuisine à prix modérés.

CRANS-MONTANA

des Alpes, ℘ 0274 854 040, info@hotel-des-alpes.ch, Fax 0274 854 041, 🍴, ⓕ, 🐢 – 🛗 📺 ☏ 🅿 AE ① ⓂⓄ VISA. ⚹ rest AZ
20 déc. au 21 avril et 21 juin au 7 sept. – **Repas** *(résidents seul.)* 25 (midi)/35 – **23** ☕ 140/240, Basse saison ☕ 75/150 – ½ P suppl. 30.

• Selon la saison, l'hôtel domine le golf ou les pistes de ski de fond que vous contem lerez depuis le balcon de votre chambre. Nouveau : fitness, centre de soins et intern Son restaurant, réservé aux résidants, sert des mets traditionnels à l'image du cad

Splendide, ℘ 0274 812 056, mail@hotel-splendide.com, Fax 0274 812 00 ≤, 🐢 – 🛗 📺 ☏ 🅿 AE ① ⓂⓄ VISA. ⚹ rest AZ
20 déc. au 24 avril et 20 juin au 28 sept. – **Repas** *18 -* 28 (midi)/34 et à la carte 28/ – **28 ch** ☕ 95/220, Basse saison ☕ 80/170 – ½ P suppl. 30.

• Adresse familiale entourée de sapins. Chambres meublées en bois cerisier et sal ménageant une perspective sur le majestueux décor alpin. Après une journée spo tive, installez-vous au restaurant du Splendide et reprenez des forces autour d' bon repas.

National, ℘ 0274 812 681, r.national@swissonline.ch, Fax 0274 817 381, 🐢 – 📺 ☏ 🅿 AE ① ⓂⓄ VISA AZ
15 déc. au 21 avril et 1er juin au 19 sept. – **Repas** 25/40 et à la carte 56/90 – **29** ☕ 130/260, Basse saison ☕ 95/160 – ½ P suppl. 30.

• Saturé de ski ? Faites donc un brin de shopping : l'hôtel jouxte le centre de la stat et ses commerces. Chambres fonctionnelles alliant esprit "chalet" et modernité. salle à manger, pour les résidents uniquement, propose un répertoire classique

Hostellerie du Pas de l'Ours 🅼 avec ch, ℘ 0274 859 333, pasdelours@ aischateau.com, Fax 0274 859 334, ≤, 🍴 – 🛗 📺 ☏ 🅿 AE ① ⓂⓄ VISA AZ
fermé mai et nov. – **Repas** *(fermé dim. soir, mardi midi et lundi)* 65 (midi)/150 à la carte 100/160 – **Repas** (voir aussi **Le Bistrot des Ours** ci-après) – **9** ☕ 450/590, Basse saison ☕ 350/490.

• Élégant aménagement contemporain dissimulé derrière la belle façade en b d'un chalet valaisan ancien. Cuisine au goût du jour personnalisée. Chambres doté de cheminées.

Spéc. Gelée de rhubarbe et poire pochée, sorbet au thé vert et riz au lait à la réglis (printemps). Salade de lentilles coraillées aux huîtres et brochette de St. Jacques bois de citronelle (hiver). Poitrine de poulet fermier à la coriandre et citron confit (é

Le Bristrot des Ours - *Hostellerie du Pas de l'Ours*, ℘ 0274 859 333, pasd urs@relaischateaux.com, Fax 0274 859 334, 🍴 – 🅿 AE ① ⓂⓄ VISA
fermé mai, nov., mardi soir, jeudi midi et merc. – Repas à la carte 45/80.

• Le Bistrot des Ours : cadre rustique avec poutres apparentes, agencé sur de niveaux, et plats traditionnels d'inspiration italienne mentionnés sur ardoise.

à Plans Mayens *Nord : 4 km - AY -* ✉ *3963 Crans-sur-Sierre* :

Le Mont-Blanc avec ch, ℘ 0274 813 143, info@hotel-montblanc. Fax 0274 813 146, ≤ Alpes valaisannes, 🍴, 🐢 – 📺 🅿 – 🔒 15. AE ① ⓂⓄ *fermé 15 avril au 15 juin, 1er au 20 déc. ; lundi et mardi en juin et du 15 se au 15 oct.* – **Repas** 36 - 65 (midi)/95 et à la carte 73/136 – **13 ch** ☕ 150/250, Ba saison ☕ 120/220 – ½ P suppl. 75. AY

• Atouts majeurs de cette salle à manger circulaire, perchée sur les hauteurs de station : la vue magnifique sur les cimes valaisannes et sa savoureuse cuisine classiq

La Dent Blanche avec ch, ℘ 0274 811 179, rest.ladentblanche@bluewin Fax 0274 816 698, 🍴 – 📺 🅿 AE ⓂⓄ VISA AY
ouvert 2 déc. au 27 avril, 2 juil. à fin sept. ; fermé lundi hors saison – **Repas** à la ca 59/96 – **6 ch** ☕ 95/150.

• Vous n'aurez pas "les crocs" en sortant de ce plaisant restaurant, bénéficiant d'u situation privilégiée en pleine nature ! Plats régionaux et traditionnels.

Montana *3962 – 2 391 h. – alt. 1 234.*
🅸 *Crans-Montana Tourisme,* ℘ *0274 850 404, information@crans-montana. Fax 0274 850 460.*

Crans-Ambassador, route du Signal, ℘ 0274 854 848, ambassador@b win.ch, Fax 0274 854 849, ≤, 🍴, ⓕ, 🛋, 🏊, – 🛗 📺 video ☏ 🚗 🅿 – 🔒 15/1 AE ① ⓂⓄ VISA. ⚹ rest BY
fermé 1er au 20 déc. – **Repas** 35 - 65 (midi)/75 et à la carte 52/114 – **60** ☕ 240/600, Basse saison ☕ 160/380, 6 suites – ½ P suppl. 60.

• Sur les hauts de Montana, établissement où tout est prévu pour vous refaire santé ou simplement l'entretenir ! Chambres très confortables ; centre de phy thérapie. Vaste restaurant panoramique offrant un répertoire culinaire tradition

CRANS-MONTANA

Aïda Castel ⓢ, ☎ 0274 854 111, info@aida-castel.ch, Fax 0274 817 062, ≤, 斉, 16, ≦s, ⅃, 屏 – 貞 TV ☏ ⇔ – 盃 15/100. ᴁ ⓞ ⓜ VISA BZ b
Repas 55 et à la carte 61/116 – **61 ch** ⇌ 260/400, Basse saison ⇌ 170/230 – ½ P suppl. 40.

♦ La convivialité valaisanne vous accompagnera dans ce typique double chalet aux chambres modernes ou montagnardes. Piscine extérieure chauffée. Fondues, spécialités locales ou recettes classiques es trois salles de l'Aûda Castel satisferont vos envies.

Grand Hôtel du Parc ⓢ, ☎ 0274 814 101, hotel.parc@bluewin.ch, Fax 0274 815 301, ≤ montagnes, 斉, 16, ≦s, ⅗, 🌭 – 貞 TV ☏ 🚶 P – 盃 15/50. ᴁ ⓜ VISA. ⅗ rest BY c
fermé nov. – **Repas** 20 - 45 et à la carte 40/109 – **71 ch** ⇌ 165/420, Basse saison ⇌ 105/250 – ½ P suppl. 45.

♦ Ce havre de paix, bâti au coeur d'un grand parc, surplombe le plateau de Montana : vue inoubliable ! Grandes chambres en constante évolution. Le restaurant dispose de deux salles à manger : l'une bourgeoise, assez vaste, l'autre rustique, plus chaleureuse.

Helvetia Intergolf, route de la Moubra, ☎ 0274 858 888, info@helvetia-intergolf.ch, Fax 0274 858 899, ≤, 斉, ⅃ – 貞 TV ☏ ⇔ P. ᴁ ⓞ ⓜ VISA. ⅗ 14 déc. au 20 avril et 23 juin au 24 oct. – **Repas** (fermé dim. hors saison) (dîner seul.) 53/59 et à la carte 42/93 – **17 ch** ⇌ 260/390, Basse saison ⇌ 130/220, 37 suites – ½ P suppl. 40. BY u

♦ L'hôtel, situé tout près du centre, est exposé plein Sud. Deux types d'hébergement : chambres de belle ampleur ou appartements avec cuisinette. Le restaurant de l'hôtel, sympathique et lumineux, fait face aux ravissantes montagnes. Respect de la tradition.

Mont-Paisible ⓢ, par ① et rte d'Aminona : 2 km, ☎ 0274 802 161, info@montpaisible.ch, Fax 0274 817 792, ≤ vallée et montagnes, 斉, ≦s, ⅗, ⅗ – 貞 TV ☏ P – 盃 60. ᴁ ⓞ ⓜ VISA
Repas 19 - 29 (midi)/42 et à la carte 46/101 – **40 ch** ⇌ 135/252, Basse saison ⇌ 100/176 – ½ P suppl. 30.

♦ La sérénité règne dans ce lieu magique. Des spacieuses chambres, au joli mobilier centenaire, vous admirerez un spectacle magnifique. Les reliefs environnants offrent un cadre majestueux aux repas pris dans la salle du Mont-Paisible. Cuisine simple.

St-Georges, rue du Temple, ☎ 0274 812 414, info@hotel-st-george.ch, Fax 0274 811 670, ≤, 斉, ≦s, ⅃, ⅗ – 貞 TV P – 盃 15. ᴁ ⓞ ⓜ VISA BY n
14 déc. au 20 avril et 8 juin au 17 oct. – **Repas** 25 - 50 (soir) et à la carte 48/107 – **36 ch** ⇌ 150/290, Basse saison ⇌ 90/220 – ½ P suppl. 40.

♦ Dans un lieu tranquille avec vue sur les sommets des Alpes, l'hôtel abrite de fraîches chambres meublées en cerisier et des coins-salons cossus. Décors variés pour chacune des salles de restaurant : romantique, classique, carnotzet... ; faites votre choix !

de la Forêt, par ① : 1,5 km, ☎ 0274 802 131, asmorard@bluewin.ch, Fax 0274 813 120, ≤, 斉, ≦s, ⅃ – 貞 TV ☏ P. ᴁ ⓞ ⓜ VISA. ⅗ rest
22 déc. au 11 avril et 8 juin au 13 sept. – **Repas** 18 - 28 (midi)/35 et à la carte 33/79 – **60 ch** ⇌ 130/210, Basse saison ⇌ 95/140 – ½ P suppl. 30.

♦ Ce chalet ancien transformé en hôtel est bâti au milieu des sapins, à quelques minutes de la station. Chambres de tailles diverses ; bar d'ambiance. Le spacieux restaurant néo-rustique, sur deux niveaux, offre un panorama sur les montagnes.

Primavera, av. de la Gare, ☎ 0274 814 214, info@hotelprimavera.ch, Fax 0274 817 414, 斉 – 貞 TV P – 盃 30. ᴁ ⓞ ⓜ VISA BY e
Repas 20 - 35 et à la carte 50/86 – **32 ch** ⇌ 97/226, Basse saison ⇌ 85/178 – ½ P suppl. 30.

♦ Ce chalet, posté au centre de la station, est parcouru d'un souffle printanier. Vous séjournerez dans des chambres aménagées dans un esprit campagnard. La grande et lumineuse salle à manger de l'hôtel Primavera, prépare des menus réservés aux enfants !

Colorado, par ① et route d'Aminona : 3 km, ☎ 0274 813 271, Fax 0274 813 109, ≦s – 貞 TV ☏ ⇔ P. ᴁ ⓞ ⓜ VISA
8 déc. au 14 avril et 16 juin au 14 oct. – **Channes de Barzettes** (fermé mercredi et le midi) **Repas** 17 - 28/102 et à la carte 46/110 – **16 ch** ⇌ 160/200, Basse saison ⇌ 90/130 – ½ P suppl. 30.

♦ Cet hôtel proche des remontées mécaniques renferme des chambres lambrissées simples mais confortables. Belle vue sur les Alpes valaisannes. Dîner aux chandelles dans une agréable salle montagnarde. Au choix : plats traditionnels ou grillades au feu de bois.

CRANS-MONTANA

Eldorado ⑤, ℘ 0274 811 333, info@hoteleldorado.ch, Fax 0274 819 522, 佘, ♿, ⇌s, ☞ – ⑂ TV P. ⓜⓞ VISA. ⅋ rest AZ
16 déc. au 14 avril et 8 juin au 30 sept. – **Repas** 32 (midi)/38 et à la carte 37/*
– **35 ch** ⇌ 150/240, Basse saison ⇌ 100/190 – ½ P suppl. 28.

♦ Vrai petit trésor caché que ce chalet familial, bâti à l'écart de l'agitation : chambr plaisantes, soins esthétiques, et même jardin d'enfants ! Restaurant égayé de colo actuels, où est proposée une carte assaisonnée selon les goûts des pensionnaire

La Prairie ⑤, route de La Prairie, ℘ 0274 854 141, prairie@bluewin.c Fax 0274 854 142, ≤, 佘, ♨, ☞ – ⑂ TV ☎ ⇐ P – ♿ 15/40. AE ⓞ ⓜⓞ **Repas** 15 - 30 (midi)/52 et à la carte 30/87 – **30 ch** ⇌ 135/240, Basse sais ⇌ 65/160 – ½ P suppl. 30. BZ

♦ L'hôtel jouissant d'une situation tranquille, excentré de Montana et à deux pas lac Moubra, propose des chambres spacieuses. Jardin ensoleillé au bord de la pisci Ambiance musicale et recettes traditionnelles dans une salle, beau panorama da l'autre.

Au Gréni, ℘ 0274 812 443, Fax 0274 817 062 – AE ⓞ ⓜⓞ VISA BY
fermé merc. hors sais. – **Repas** 19 et à la carte 40/98.

♦ Le feu crépitant dans l'âtre de cette salle à manger, au décor alpin, est spécialeme apprécié lorsque le lac Grenon, situé juste en face, est gelé ! Spécialités du pay

à Vermala Nord-Est : 1,5 km - BY – alt. 1680 – ✉ 3962 Montana-Vermala :

Cervin, ℘ 0274 812 180, info@lecervin.com, Fax 0274 801 064, 佘 – P. AE ⓜⓞ VISA. ⅋
fermé lundi et mardi hors saison – **Repas** 25 - 50 (midi)/120 et à la carte 63/1
– **La Bergerie** (fermé 15 mai au 15 déc.) **Repas** 61 et à la carte 55/107.

♦ Magnifique cadre campagnard valaisan pour ce restaurant avec mezzanine, inte prêtant un répertoire culinaire traditionnel. Le dimanche, buffets sur la terrasse. Bergerie compose des mets traditionnels et ravira aussi les amateurs de spécialit locales.

à Bluche Est : 3 km par ① – alt. 1 263 – ✉ 3975 Randogne :

Petit Paradis ⑤, ℘ 0274 812 148, petit.paradis@bluewin.c Fax 0274 810 232, ≤ Alpes valaisannes, 佘 – ⑂ P. AE ⓞ ⓜⓞ VISA fermé nov. – **Repas** 15.50 et à la carte 41/71 – **12 ch** ⇌ 70/130.

♦ Ce chalet, bâti face aux cimes enneigées, devrait combler vos désirs. Ty ques chambres alpines en pin et mélèze. Pour une soirée chaleureuse entre amis, vc apprécierez son restaurant de style montagnard et ses plats exécutés comme le ve la tradition.

CRANS-PRÈS-CÉLIGNY Vaud **217** ⑪ ⑫ – rattaché à Céligny.

CRESSIER 2088 Neuchâtel (NE) **216** ⑬ – 1 860 h. – alt. 436.
Bern 46 – Neuchâtel 11 – Biel 23 – La Chaux-de-Fonds 36.

Croix-Blanche, 12 rte de Neuchâtel, ℘ 0327 571 166, croix-blanche@bluewin. Fax 0327 573 215, 佘 – TV P. AE ⓞ ⓜⓞ VISA. ⅋
Repas (fermé merc.) 15 - 30 (midi)/85 et à la carte 41/90 – **12 ch** ⇌ 80/14(½ P suppl. 20.

♦ Cette maison en bois, près de la route, loge des chambres de mise simple m agréables. Commode pour une courte étape dans la région. Une petite salle à l'entr évoque, par son décor, le Portugal. À table, recettes classiques arrosées de vins cru.

CRÉSUZ 1653 Fribourg (FR) **217** ⑤ – 224 h. – alt. 864.
Bern 70 – Fribourg 29 – Bulle 10 – Gstaad 46 – Montreux 45 – Thun 60.

Le Vieux Chalet ⑤ avec ch, ℘ 0269 271 286, vieux.chalet@bluewin. Fax 0269 272 286, ≤ lac et le Moléson, 佘 – TV P. AE ⓞ ⓜⓞ VISA fermé 6 janv. au 5 fév. et merc. sauf juil. - août – **Repas** à la carte 41/90 – **5** ⇌ 95/165 – ½ P suppl. 35.

♦ Chalet d'alpage abritant une salle à manger, embellie d'une cheminée, où l'on s une cuisine traditionnelle. Petites chambres avec balcon et vue sur le lac et le Molés

RISSIER 1023 Vaud (VD) 217 ③ – 5 756 h. – alt. 470.
Bern 106 – Lausanne 5 – Montreux 28 – Nyon 45 – Pontarlier 64.

Ibis M, 4 ch. de l'Esparcette, ℰ 0216 372 828, h1185@accor-hotels.com, Fax 0216 346 272, 佘 – ⊫ ⇆ TV ✆ ₺ ℙ – 📶 15/100. AE ① MC VISA
Repas 16 - 26 et à la carte environ 45 – ☐ 14 – **113 ch** 109.

 • Hôtel proche de l'autoroute, dans un quartier animé. Ce maillon de la chaîne Ibis a été rafraîchi afin de vous offrir confort et modernisme. Il souffle un petit vent d'actualité sur la carte traditionnelle Ibis via le nouveau concept "La Table".

Hôtel de Ville - Philippe Rochat, 1 r. d'Yverdon, ℰ 0216 340 505, Fax 0216 342 464 – AE ① MC VISA
fermé 23 déc. au 9 janv., 27 juil. au 20 août, dim. et lundi – **Repas** 240/260 et à la carte 140/205.

 • Derrière la façade ancienne, découvrez l'élégant décor renouvelé de ce restaurant, en parfaite harmonie avec le raffinement et l'excellence de sa cuisine.
Spéc. Flamèches de St Jacques aux endives et gingembre à la brunoise de pomme verte, sauce verjutée (automne). Fondant de pomme de terre, céleri et jeunes poireaux aux truffes noires (hiver). Carré de chamois rôti au thym et à la sariette, chou rouge braisé et spätzlis dorés, sauce poivrade (automne)

ROY 1322 Vaud (VD) 217 ③ – 272 h. – alt. 642.
Bern 99 – Lausanne 31 – Pontarlier 41 – Yverdon-les-Bains 20.

Rôtisserie au Gaulois, route Cantonale, ℰ 0244 531 489, au-gaulois@bluewin.ch, Fax 0244 531 227 – ℙ. AE ① MC VISA
fermé 6 au 21 janv., 27 juil. au 19 août, lundi et mardi – **Repas** - grillades - 17 - 55 (midi)/115 et à la carte 59/106.

 • L'âtre en pierre agrémenté cette salle rustique n'est pas seulement décoratif : le chef y grille les viandes sous vos yeux. La carte propose également des plats de poisson.

JLLY 1096 Vaud (VD) 217 ⑬ – 1 748 h. – alt. 391.
Bern 93 – Lausanne 8 – Montreux 15 – Pontarlier 77 – Yverdon-les-Bains 45.

Le Raisin (Blokbergen) avec ch, 1 pl. de l'Hôtel de Ville, ℰ 0217 992 131, raisin@relaischateaux.com, Fax 0217 992 501, 佘 – ⊫, ■ rest, TV ✆. AE ① MC VISA
Repas 89 (midi)/198 et à la carte 95/194 – **La Pinte : Repas** 45 et à la carte 59/127 – ☐ 25 – **9 ch** 250/320 – ½ P suppl. 90.

 • Deux salles à manger (rustique et contemporaine), cuisine inventive aux accents du terroir, chambres personnalisées : les ingrédients d'une maison de caractère. La Pinte mitonne un répertoire classique plus simple qu'au Raisin, cependant sympathique.
Spéc. Cappucino d'écrevisses au vin blanc et à l'estragon. Ile flottante aux asperges. Suprême de pigeon au foie gras truffé

La Gare, 2 place de la Gare, ℰ 0217 992 124, la-gare@isuisse.com, Fax 0217 992 104, 佘 – AE ① MC VISA
fermé Noël, Nouvel An, 25 août au 18 sept., sam. midi et dim. – **Repas** 16 - 26/89 et à la carte 53/100.

 • Apparences trompeuses : vous n'êtes pas dans une salle des pas perdus, mais bien dans une salle à manger ! Cuisine française généreuse mijotée dans le respect de la tradition.

CURE 1265 Vaud (VD) 217 ⑪ – alt. 1 155.
Bern 160 – Genève 41 – Lausanne 56 – Nyon 21 – Les Rousses 4.

Arbez Franco-Suisse M avec ch, ℰ 0223 601 396, hotelarbez@wanadoo.fr, Fax (0033) 384 60 08 59, 佘 – TV ℙ. MC VISA. ✺ rest
fermé 3 nov. au 2 déc., lundi soir et mardi hors saison – **Repas** 33/45 et à la carte 45/103 – **Brasserie : Repas** 15 et à la carte 27/48 – ☐ 10 – **10 ch** 75/85 – ½ P suppl. 34.

 • Agréable restaurant au cadre chaud et confortable servant des plats classiques. Dans certaines chambres, on dort la tête en Suisse et les pieds en France ! La Brasserie, dont l'entrée se trouve en Suisse, propose un choix de plats traditionnels à petits prix.

DÄTTWIL Aargau 216 ⑥ – siehe Baden.

DAVESCO-SORAGNO 6964 Ticino (TI) 219 ⑧ – 1 312 ab. – alt. 393.
Bern 283 – Lugano 6 – Bellinzona 31 – Locarno 44.

✕ **Osteria Gallo d'Oro**, via cantonale 3a, ℘ 0919 411 943, gallodoro@ticino.co
Fax 0919 410 045, 🍽 – 🔲 🅿 AE ① ⓜ VISA
chiuso dal 22 dicembre al 8 gennaio, dal 15 giugno al 1° luglio, domenica e lune
– **Pasto** alla carte 38/76.
 ◆ Sfuggite all'afa estiva e concedetevi un pranzo sotto il fresco pergolato in legno c
 lascia trasparire i fiori di glicine. Proposte del giorno secondo il mercato.

DAVOS 7270 Graubünden (GR) 218 ⑤ – 11 219 Ew. – Wintersport : 1 560/2 844 m ⛷
⛷ 24 ⛸.
Sehenswert : Lage★★★ – Weissfluhgipfel★★ mit Standseilbahn AY – Schatzalp★
– Hohe Promenade★ ABY.
Ausflugsziel : Die Zügenschlucht über ③ und die Flüela★★ über ②.
🏌 in Alvaneu Bad, ✉ 7473 (April - Nov.) ℘ 0814 041 007, Fax 0814 042 382, S
West : 29 km Richtung Tiefencastel. 🏌18 (Mai - Okt.) ℘ 0814 165 63
Fax 0814 162 555 - BZ.
Lokale Veranstaltungen
23.01 - 28.02 : Weltwirtschaft Forum
26.07 - 09.08 : Internationales Musik Festival.
Bern 282 ① – Chur 71 ① – Sankt Moritz 71 ③ – Vaduz 78 ①

Stadtplan siehe gegenüberliegende Seite

Davos Dorf – Höhe 1 560 – ✉ 7260 Davos Dorf.
🅱 Davos Tourismus, Info Büro Davos-Dorf, Bahnhofstrasse, ℘ 0814 152 142, ir
@davos.ch, Fax 0814 152 100 BY.

🏨 **ArabellaSheraton Seehof**, Promenade 159, ℘ 0814 161 212, seehof.dav
@arabellasheraton.com, Fax 0814 166 110, ≤, 🍽, 🄵ₐ, ≘s – 🛗, ✻ Zim, 📺 📞 ⇔
🅿 – 🔬 15/100. AE ① ⓜ VISA
BY
geschl. 10. Mai - 1. Juli – **Stübli** (geschl. Dienstag und Mittwoch von Okt. - Nov.) Me
18 - und à la carte 54/94 – **115 Zim** ⊆ 290/750, Vorsaison ⊆ 190/450, 5 Suite
½ P Zuschl. 45.
 ◆ Hillary Clinton, Shimon Peres und andere Weltgrössen fühlten sich im Seehof
 seiner eleganten Einrichtung wohl. Die Zimmer im Neubau sind frisch renoviert.
 schönes Täfer aus Arvenholz ziert das edel wirkende Stübli - mit Wintergarten.

🏨 **Zauberberg** (Suitenhotel) 🄼 🈁 garni, Salzgäbastr. 5, ℘ 0814 171 717, zau
berg@bluewin.ch, Fax 0814 171 799, ≤, 🄵ₐ, ≘s – 🛗 📺 video 📞 ⇔. AE ①
VISA 🍴
BY
15. Nov. - 20. April –, 13 Suiten ⊆ 580/820.
 ◆ Das nach dem bekannten Roman von Thomas Mann benannte Haus aus der Ja
 hundertwende liegt ruhig über dem Dorf. In 12 Suiten können die Gäste in Lux
 schwelgen.

🏨 **Flüela**, Bahnhofstr. 5, ℘ 0814 101 717, hotel@fluela.ch, Fax 0814 101 718, ≤, 🍽
🄵ₐ, ≘s, 🔲, 🐎 – 🛗 📺 📞 🅿 – 🔬 15/150. AE ① ⓜ VISA 🍴 Rest
BY
24. Nov. - 21. April und 29. Juni - 4. Okt. – **Menu** 34 - 45 (mittags)/98 und à la ca
59/134 – **60 Zim** ⊆ 270/650, Vorsaison ⊆ 225/540, 7 Suiten – ½ P Zuschl. 4
 ◆ In dem Haus mit traditionell-familiärem Charakter kann der Gast zwischen mod
 nen Zimmern, solchen mit gekalktem Einbaumobiliar oder einfachen, rustikaler
 Arve wählen. Im 1. Stock des Flüela befindet sich das gediegen-rustikale Restaur
 mit Terrasse.

🏨 **Meierhof**, Promenade 135, ℘ 0814 168 285, info@meierhof.
Fax 0814 163 982, 🍽, 🄵ₐ, ≘s, 🔲, – 🛗 📺 📞 ⇔ 🅿 AE ① ⓜ
🍴 Rest
BY
24. Nov. - 4. April und 25. Mai - 10. Okt. – **Menu** (geschl. Montag im Sommer) 23 - 68/
und à la carte 45/98 – **67 Zim** ⊆ 185/420, Vorsaison ⊆ 120/230, 9 Suiten –
Zuschl. 30.
 ◆ In Nähe des Dorfzentrums stösst der Feriengast auf den Meierhof, ein mode
 rustikales Haus mit freundlichen, hellen Zimmern, Wellnessbereich und charmant
 Garten. Rustikal und zugleich modern zeigt sich auch der gastronomische Bere

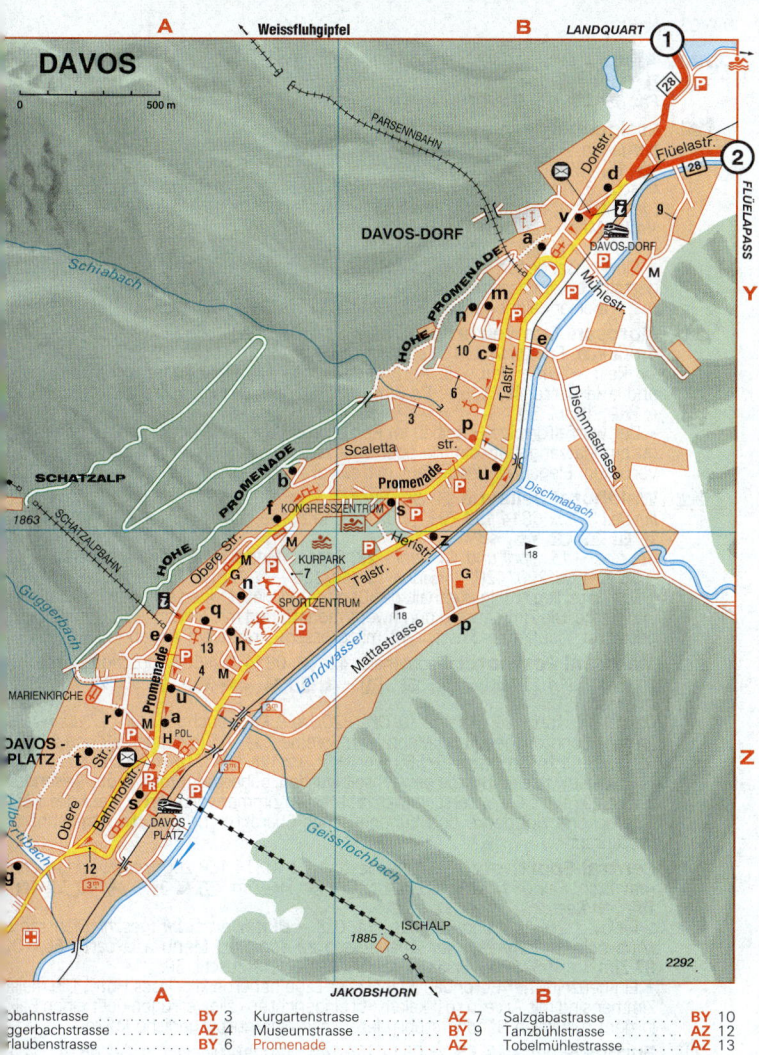

bahnstrasse	**BY** 3	Kurgartenstrasse	**AZ** 7	Salzgäbastrasse	**BY** 10
gerbachstrasse	**AZ** 4	Museumstrasse	**BY** 9	Tanzbühlstrasse	**AZ** 12
laubenstrasse	**BY** 6	*Promenade*	**AZ**	Tobelmühlestrasse	**AZ** 13

Turmhotel Victoria M, Alte Flüelastr. 2, ℰ 0814 175 300, hotel@victoria-da
vos.ch, Fax 0814 175 380, ≤, 🍽, Wellness-Center, ᒪ♨, ⇄, 🛋 – ⧙, ⋈ Zim,
🍽 Rest, TV 📞 ⅙, 🚗 🅿 AE ① ⓂⓄ VISA – geschl. 21. April - 24. Mai und 12. Okt.
- 22. Nov. – **La Terrasse** : Menu 14 - 35 (mittags)/96 und à la carte 43/82 – **76 Zim**
⌥ 195/550, Vorsaison ⌥ 130/300, 6 Suiten – ½ P Zuschl. 35.   **BY d**
♦ Die nicht alltägliche Architektur des Turmhotels verbirgt im Inneren Zimmer, die
mit edlem, in unterschiedlichen Farben gehaltenem Mobiliar nett eingerichtet sind.
La Terrasse - als Wintergarten angelegt - verbindet die beiden Hotelgebäude.

Heidi's & Haui's Bündnerstübli, Dischmastr. 8, ℰ 0814 163 393, hauis-stue
bli@bluewin.ch, Fax 0814 201 154, 🍽 – AE ① ⓂⓄ VISA – geschl. 22. April - Anfang
Juni, November und Mittwoch – **Menu** (nur Abendessen) 88 und à la carte 70/126.
♦ In heimeliger Atmosphäre kann der Liebhaber der klassischen Küche abends sein
Essen in einer zweigeteilten, komplett getäferten Stube mit rustikalem Mobiliar
geniessen.
                                                                              BY e

DAVOS

Davos Platz – Höhe 1540 – ✉ 7270 Davos Platz.
🛈 Davos Tourismus, Promenade 67, ☏ 0814 152 142, info@davos.c
Fax 0814 152 100 **AZ.**

🏨 **Steigenberger Belvédère,** Promenade 89, ☏ 0814 156 000, davos@steig
berger.ch, Fax 0814 156 001, ≤, 🍴, ≋, 🏊, 🌳 – 🛗, ⇆ Zim, 📺 ✆ 🅿 –
🚗 15/100. 🖭 ⓞ ⓜ 🆅🅸🆂🅰. ⊗ Rest **AY**
geschl. 6. April - 27. Juni – **Romeo und Julia / Trattoria** - italienische Küch
(geschl. Montag und im Sommer) (nur Abendessen) **Menu** à la carte 54/111 – **Bist
Voilà :** Menu à la carte 47/75 – **123 Zim** ⇌ 344/715, Vorsaison ⇌ 155/346, 8 Suit
– ½ P Zuschl. 25.
♦ Ein langezogener, imposanter Bau stellt Ihre Residenz dar. Neben meist elega
gestalteten Zimmern zählt auch die schöne Aussicht zu den Annehmlichkeiten des Ha
ses. Auf einer Galerie liegt das Romeo und Julia mit rustikal-gediegener Atmosphäre.

🏨 **Morosani Schweizerhof,** Promenade 50, ☏ 0814 132 626, schweizerhof@
orosani.ch, Fax 0814 134 966, 🍴, ≋, 🏊 – 🛗 📺 ✆ 🅿 – 🚗 25. 🖭 ⓞ ⓜ 🆅
⊗ Rest - Ende Nov. - 5. April und 26. Mai - 4. Okt. – **Menu** 40 (mittags)/
und à la carte 48/105 – **84 Zim** ⇌ 350/460, Vorsaison ⇌ 220/260, 3 Suit
– ½ P Zuschl. 30. **AZ**
♦ Der würfelförmige Hotelbau im Herzen von Davos verfügt über Gästezimmer r
gutem Platzangebot, die alle über eine zweckmässige und praktische Ausstattu
verfügen. Elegantes Restaurant mit stilvollem Mobiliar und gutem Couvert.

🏨 **Waldhotel Bellevue** Ⓜ ⚘, Buolstr. 3, ☏ 0814 153 747, hotel@waldhotel
llevue.ch, Fax 0814 153 799, ≤ Davos und Berge, ≋ 🏊 (Solebad), 🌳 – 🛗
🅿. 🖭 ⓞ ⓜ 🆅🅸🆂🅰. ⊗ **AY**
16. Dez. - 13. April und 14. Juni - 28. Sept. – **Menu** 59/89 und à la carte 57/1
– **53 Zim** ⇌ 220/420, Vorsaison ⇌ 150/300 – ½ P Zuschl. 20.
♦ Das Hotel liegt ruhig oberhalb des Dorfes und bietet einen schönen Blick auf Dav
und Berge. Die Zimmer sind durchwegs modern und mit solidem Buchenmobiliar au
gestattet. Gepflegtes Restaurant mit grossem, kreativem Angebot.

🏨 **Morosani Posthotel,** Promenade 42, ☏ 0814 154 500, posthotel@morosa
ch, Fax 0814 154 501, 🍴, ≋, 🏊 – 🛗 📺 ✆ 🚗 🅿 – 🚗 50. 🖭 ⓞ ⓜ 🆅
⊗ Rest **AZ**
geschl. 13. April - 20. Mai und 10. Okt. - 20. Nov., Rest. auch 21. Mai - 27. Juni – **Me
(geschl. Sonntagabend und Montag im Sommer)** 25 - 45 (mittags)/98 und à la car
62/130 – **114 Zim** ⇌ 245/560, Vorsaison ⇌ 123/256 – ½ P Zuschl. 30.
♦ Wo einst Kutschenpferde gewechselt wurden, beherbergt man heute Reisende a
zeitgemäYe Art. Die unterschiedlich möblierten Zimmer verteilen sich auf drei Häus
Eine schöne Holzdecke und bündnerischer Charakter prägen die Atmosphäre
Restaurant.

🏨 **Central Sporthotel,** Tobelmühlestr. 1, ☏ 0814 158 200, reservation@cen
-davos.ch, Fax 0814 158 300, ≋, 🏊 – 🛗, ⇆ Zim, 📺 ✆ 🅿 – 🚗 40. 🖭 ⓞ
🆅🅸🆂🅰. ⊗ Rest **AZ**
24. Nov. - 20. April und 30. Mai - 11. Okt. – **Bündnerstübli** (geschl. Dienstag u
Mittwoch im Sommer) (nur Abendessen im Sommer) **Menu** à la carte 56/102
97 Zim ⇌ 195/520, Vorsaison ⇌ 158/276 – ½ P Zuschl. 30.
♦ Ein neuzeitlicher Betonbau in zentraler Lage beherbergt dieses Hotel. Die meist
Zimmer sind mit Arve in rustikalem Stil eingerichtet - alle verfügen über einen Balk
In dem rustikalen Bündnerstübli bietet man eine gutbürgerliche Karte.

🏨 **Europe,** Promenade 63, ☏ 0814 154 141, europe@bluewin.ch, Fax 0814 154 1
∞ 🍴, ≋, italienische ✆ 🚗 – 🚗 30. 🖭 ⓞ ⓜ 🆅🅸🆂🅰 **AZ**
Zauberberg - chinesische Küche – (geschl. Mai, Montag und Dienstag im Somm
(nur Abendessen) **Menu** 45 und à la carte 43/89 – **Scala :** Menu 18.50 (mittags) u
à la carte 34/80 – **64 Zim** ⇌ 190/420, Vorsaison ⇌ 125/230.
♦ Nahe der Talstation der Schatzalpbahn liegt eines der ältesten Häuser des Or
Die Zimmer unterscheiden sich in der Gestaltung wie auch in der Ausstattung. In
1. Etage liegt das Zauberberg, ein chinesisches Restaurant. Fast poppig : das Bis
Scala.

🏨 **National,** Obere Strasse 31, ☏ 0814 136 046, national-davos@bluewin.
Fax 0814 131 650, 🍴, 🧖, 🌳 – 🛗 📺 ✆ 🅿. 🖭 ⓞ ⓜ 🆅🅸🆂🅰. ⊗ Rest **AZ**
geschl. 5. April - 31. Mai und 4. Okt. - 25. Nov. – **Mignon :** Menu à la carte 40/
– **65 Zim** ⇌ 168/520, Vorsaison ⇌ 98/260 – ½ P Zuschl. 15.
♦ Von der Lobby Ihres Domizils bringt Sie ein Lift in die richtige Etage. Die Zimr
sind bis ins Detail hübsch eingerichtet und bieten Ihnen guten Wohnkomfort.
Restaurant ist ein kleiner, elegant gestalteter Raum mit gediegener Atmosphä

DAVOS

Cresta Sun, Talstr. 52, ✆ 0814 171 616, *cresta.hotels.davos@spin.ch*, *Fax 0814 171 685*, 🍴, ⚐s, 🅱, 🐟 – 🛗 📺 ☎ 🅿, AE ⓪ ⓜⓞ VISA. ※ Rest   BYZ z
Menu à la carte 29/66 – **45 Zim** ⊑ 230/520, Vorsaison ⊑ 135/264 – ½ P Zuschl. 25.

◆ Das am Ortsrand, nahe dem Golfplatz gelegene Haus verfügt über Zimmer von guter Grösse, die mit hellem, zweckmässigem Einbaumobiliar ausgestattet sind - meist mit Balkon. Helles Restaurant mit Wintergarten.

Kongress Hotel Davos, Promenade 94, ✆ 0814 171 122, *info@hotelkongres s.ch*, *Fax 0814 171 123*, ≼, 🍴, ⚐s, 🐟 – 🛗 📺 ☎ 🅿, AE ⓪ ⓜⓞ VISA
※ Rest   BY s
geschl. April, Mai und Nov. – **Extrablatt** (geschl. Montag im Juni) **Menu** 22 und à la carte 37/85 – **80 Zim** ⊑ 195/390, Vorsaison ⊑ 130/260 – ½ P Zuschl. 30.

◆ Das Gebäude steht an der Hauptstrasse neben dem Kongresszentrum. Die Zimmer mit gutem Platzangebot sind mit Arvenholz funktionell eingerichtet - teils mit Balkon. Die Einrichtung des Extrablatt ist im Stil eines französischen Bistros gehalten.

Sunstar Park und Sunstar ⚑, Parkstr. 1, ✆ 0814 131 414, *davos@sunsta r.ch*, *Fax 0814 131 579*, ⚐s, 🅱, 🐟 – 🛗, ⚑ Zim, 📺 ☎ 🚗 🅿 – 🏛 15/100. AE ⓪ ⓜⓞ VISA JCB. ※ Rest   AZ t
geschl. 7. April - 29. Mai und 20. Okt. - 29. Nov. – **Menu** à la carte 43/83 – **217 Zim** ⊑ 205/420, Vorsaison ⊑ 95/210 – ½ P Zuschl. 35.

◆ Die beiden Häuser aus den 60er Jahren liegen ruhig in einem Park. Die Zimmer sind zum grössten Teil rustikal eingerichtet - mit ordentlichem Platzangebot, viele mit Balkon. Die Racelettestube ergänzt das ländliche Restaurant in der 1. Etage.

Terminus, Talstr. 3, ✆ 0814 149 797, *hotel@bahnhof-terminus.ch*, *Fax 0814 149 798*, ⚐s, 🐟 🅿 🅿 – 🏛 15/90. AE ⓪ ⓜⓞ VISA   AZ s
geschl. Mai – **Zum Goldenen Drachen** - chinesische Küche - **Menu** 42/66 und à la carte 45/78 – **Veltlinerstube** : **Menu** 18.50 und à la carte 48/86 – **53 Zim** ⊑ 165/320, Vorsaison ⊑ 105/210 – ½ P Zuschl. 25.

◆ Das Haus liegt direkt gegenüber dem Bahnhof. Die in der Grösse unterschiedlichen Zimmer sind mit solidem Eichenholzfurnier eingerichtet und verfügen teilweise über Balkone. Der Goldene Drachen zeigt sich typisch chinesisch. Heimelig : die Veltlinerstube.

Larix ⚑, Obere Albertistr. 9, ✆ 0814 131 188, *hotel-larix@bluewin.ch*, *Fax 0814 133 349*, ≼, 🐟 – ⚑ Zim, 📺 ☎ 🅿 ⓪ ⓜⓞ VISA   AZ g
Dez. - Mitte April und Mitte Juli - Anfang Okt. – **Menu** (geschl. Montag und Dienstag im Sommer) (nur Abendessen) à la carte 52/114 – **18 Zim** ⊑ 110/260, Vorsaison ⊑ 65/130 – ½ P Zuschl. 30.

◆ In ruhiger und erhöhter Lage am Ortsausgang finden Sie dieses Chalet-Hotel. Die Zimmer sind unterschiedlich, mit Liebe zum Detail eingerichtet - die Hälfte mit Balkon. Das Restaurant ist nett als Wintergarten angelegt.

Bündnerhof, Sportweg 3, ✆ 0814 100 636, *info@buendnerhof.ch*, *Fax 0814 100 644* – 🛗 📺 ☎ 🅿. AE ⓪ ⓜⓞ VISA   AZ n
30. Nov. - 19. April und 29. Juni - Mitte Okt. – **Menu** (nur Abendessen) 38 und à la carte 39/73 – **25 Zim** ⊑ 127/274, Vorsaison ⊑ 87/174 – ½ P Zuschl. 25.

◆ Das Haus liegt im Zentrum des Dorfes oberhalb der Eisbahn. Die Zimmer des Altbaus sind mit Arvenholz rustikal eingerichtet, die des Neubaus mit Einbaumobiliar. Sie speisen in der heimeligen Gaststube oder im hellen, rustikalen Restaurant.

Cresta Ⓜ, Talstr. 57, ✆ 0814 171 616, *cresta.hotels.davos@spin.ch*, *Fax 0814 171 685*, ⚐s, 🅱 – 🛗, ⚑ Rest, 📺 ☎ 🅿. AE ⓪ ⓜⓞ VISA.
※ Rest   BY u
Menu (nur ½ Pens. für Hotelgäste) – **40 Zim** ⊑ 200/360, Vorsaison ⊑ 125/204 – ½ P Zuschl. 25.

◆ Hier finden Reisende eine gepflegte und solide Unterkunft. Die Hälfte der Zimmer des Hauses wurde komplett renoviert und mit hellem, modernem Einbaumobiliar ausgestattet.

Vinikus, Promenade 119, ✆ 0814 165 979, *Fax 0814 165 978* – AE ⓜⓞ VISA   BY p
geschl. Ende April - Mitte Juni – **Menu** (nur Abendessen) à la carte 59/128.

◆ Das Restaurant ist im Bistrostil gehalten - einen netten Platz finden Sie an einem der an der Fensterfront gelegenen Tische. An der Theke werden Weine und Käse angeboten.

DAVOS

auf dem Weissfluhgipfel : *mit Standseilbahn bis Weissfluhjoch und Gondelbahn erreic bar* – ✉ *7260 Davos Dorf :*

✕ **Bruhin's Weissfluhgipfel** (Höhe 2844), ✉ 7260 Davos Dorf, ✆ 0814 176 64 Fax 0814 176 640, ≤ Bündner Alpen – AE ⓘ ⓜ VISA, ※
24. Nov. - 27. April – **Menu** (nur Mittagessen) 36 und à la carte 44/93.

♦ Von Davos bringt Sie die Seil- und Gondelbahn auf den Weissfluhgipfel. Nach eine zeitgemässen Essen mit Ausblick auf die Bündner Alpen wartet eine schwarze Pist

in Wolfgang *über ① : 4 km – Höhe 1629 – ✉ 7265 Davos-Wolfgang :*

🏨 **Kulm,** ✆ 0814 170 707, info@kessler-kulm.ch, Fax 0814 170 799, ≤, 🍴, ≋
📶 TV ☎ 🅿 AE ⓘ ⓜ VISA JCB
Menu 45 (abends) und à la carte 35/77 – **36 Zim** ⌇ 110/270, Vorsaison ⌇ 70/1 – ½ P Zuschl. 25.

♦ Am Ende der Parsenn Skiregion trifft der Wintersportler auf das Hotel Kulm. Hi stehen mit Landhausmobiliar eingerichtete Gästezimmer zum Auszuruhen bereit. Restaurant wird auch auf der Terrasse stärken Sie sich mit bürgerlichen Speisen.

in Laret *über ① : 6 km – ✉ 7265 Davos-Wolfgang :*

🏨 **Hubli's Landhaus,** Kantonsstrasse, ✆ 0814 171 010, info@hublis.c
Fax 0814 171 011, 🍴, ≋ – TV ☎ 🅿 AE ⓘ ⓜ VISA, ※ Rest
13. Dez. - 13. April und 2. Juni - 19. Okt. – **Menu** (geschl. Dienstagmittag ausser 1 Juli - 29. Aug. und Montag) (im Winter nur Abendessen) (mittags auch kleine Kart 19.50 - 82/125 und à la carte 61/131 – **20 Zim** ⌇ 115/284, Vorsaison ⌇ 85/192 ½ P Zuschl. 25.

♦ Das schöne Landhaus liegt ausserhalb des Dorfes an der Kantonsstrasse. Die Zimm im Annexe sind dem Stil des Hauses angepaYt und mit dunklem Eichenholz möblie Das elegant-rustikale Restaurant mit seiner schönen Decke steht für eine ausg zeichnete Küche.

Spez. Loup de mer au gros sel, sauce aux pistils de safran. Mignon de veau sau aux chanterelles. Carré d'agneau de Davos aux herbes fraîches

in Sertig Dörfli *Süd-Ost über ③ : 9 km – ✉ 7272 Davos Clavadel :*

🏨 **Walserhuus** 🌿, ✆ 0814 106 030, walserhuus@swissonline.c
Fax 0814 106 035, ≤ Berge, 🍴 – TV ☎ 🅿 AE ⓘ ⓜ VISA JCB
Menu 16.50 - 56 (abends) und à la carte 36/89 – **11 Zim** ⌇ 110/190, Vorsais ⌇ 90/170 – ½ P Zuschl. 30.

♦ Das am Ende eines Hochtales gelegene kleine Domizil besticht mit seiner nette modern-rustikalen Einrichtung und einer traumhaften Sicht auf die umgebend Berge. Das komplett getäferte Arvenstübchen und die Gartenterrasse ergänzen d rustikale Restaurant.

DEGERSHEIM 9113 Sankt Gallen (SG) 216 ⑳ – 3968 Ew. – Höhe 799.

🛈 Verkehrsverein, ✆ 0713 711 214.
Bern 211 – *Sankt Gallen* 18 – Konstanz 50 – Winterthur 62.

🏨 **Wolfensberg** 🌿, ✆ 0713 700 202, wolfensberg@neckertal.c
Fax 0713 700 204, ≤, 🍴, ≋, 🌲 – TV ☎ 🅿 – 🛋 15/40. ⓜ VISA
Menu 19 - 42 (mittags) und à la carte 47/87 – **28 Zim** ⌇ 105/186 – ½ P Zuschl. 3

♦ Das Haus liegt ruhig auf einem Hügel am Ortsrand. Die Zimmer sind im Anbau r Kiefernholzmobiliar, im Haupthaus mit hellem funktionellem Einbaumobiliar ausg stattet. Eine einfache Gaststube und ein Speisesaal mit Terrasse bilden den gastr nomischen Bereich.

DELÉMONT 2800 Ⓒ Jura (JU) 216 ⑭ – 11396 h. – alt. 413.

Manifestation locale
05.09 - 07.09 : Fête du peuple jurassien.

🛈 Jura Tourisme, 12 pl. de la Gare, ✆ 0901 123 401, delemont@juratourisme.
Fax 0324 228 781.

✠ 1 r. de la Maltière, ✆ 0324 226 686, Fax 0324 223 726.
✠ Case postalê, ✆ 0324 226 522.
Bern 95 – Basel 46 – Montbéliard 62 – Solothurn 64.

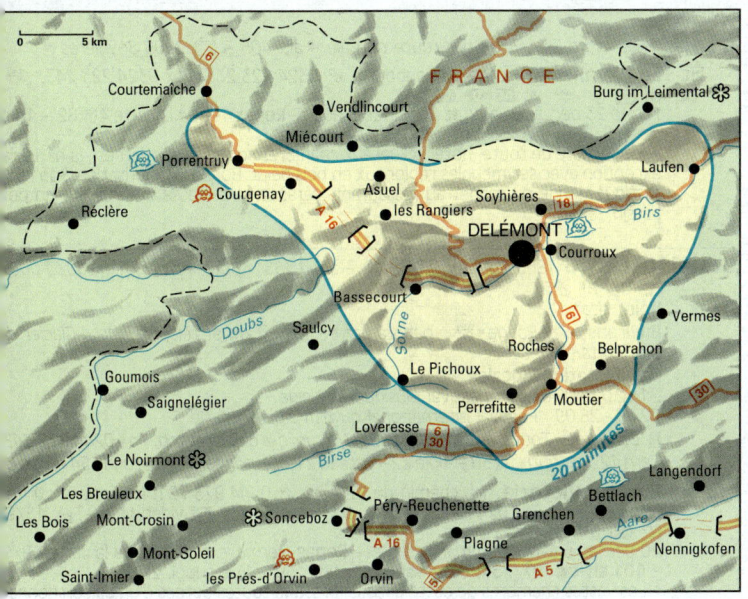

La bonne Auberge, 32 rue du 23 Juin (accès piétonnier), ℘ 0324 221 758, Fax 0324 224 828 – TV, AE ⓄⒺ MO VISA. ※
fermé 2 au 10 janv. – **Repas** (fermé dim. soir et lundi) 16 - 20 (midi) et à la carte 43/77 – **7 ch** ⌑ 120/170 – ½ P suppl. 30.

• Avenante maison séculaire, située dans une rue piétonne de la vieille ville. Les chambres, assez cossues, sont contemporaines et spacieuses. Cuisine traditionnelle servie à l'étage. Au rez-de-chaussée, le café propose une restauration simple et rapide.

La Tour Rouge M, 10 rte de Porrentruy, ℘ 0324 221 218, tour_rouge@bluewin.ch, Fax 0324 231 194, ※ – TV, AE ⓄⒺ MO VISA. ※
Repas (fermé 14 juil. au 6 août, sam. midi et dim.) 16.50 et à la carte 37/80 – **12 ch** ⌑ 110/160 – ½ P suppl. 25.

• Le nom de l'auberge est emprunté à une tour de défense de la ville, jadis peinte en rouge. Elle met à votre disposition des chambres modernes bien équipées. Les amateurs de grillades au feu de bois se presseront au restaurant-rôtisserie de La Tour Rouge.

National sans rest., 25 rte de Bâle, ℘ 0324 229 622, Fax 0324 223 912, ※, ≦s – ⎮⎮ TV ☎ ⓟ. AE ⓄⒺ MO VISA. ※
fermé 20 déc. au 10 janv. – **27 ch** ⌑ 110/165.

• Cet hôtel d'étape, posté à l'entrée de la ville, sur la route de Bâle, reçoit régulièrement des groupes. Ses chambres, rénovées, adoptent des tons pastel.

City, 38 rte de Bâle, ℘ 0324 228 328, Fax 0324 228 327, ※ – ⎮⎮ TV ⓟ. AE ⓄⒺ MO VISA JCB. ※ ch
fermé 28 juil. au 9 août – **Le Bambou** - cuisine chinoise - (fermé mercredi) **Repas** 15 - 28 (midi)/65 et à la carte 37/83 – **15 ch** ⌑ 90/150.

• Adresse amicale près du centre-ville. Chambres de bonne taille situées sur l'arrière, au calme ; certaines sont mansardées. Sa salle à manger "rétro" interprète un répertoire de brasserie. Le bambou est servi à toutes les sauces dans ce restaurant chinois.

du Midi avec ch, 10 pl. de la Gare, ℘ 0324 221 777, sedem94@bluewin.ch, Fax 0324 231 989 – ▣ rest, TV ☎ AE ⓄⒺ MO VISA. ※
fermé 9 avril au 1er mai et merc. – **Salle à manger : Repas** 50/115 et à la carte 74/111 – **Restaurant : Repas** 19.50 - 45 et à la carte 33/96 – **7 ch** ⌑ 95/135 – ½ P suppl. 25.

• L'établissement du Midi abrite deux tables. La Salle à manger saura conquérir vos assiettes par une cuisine classique française. Le Restaurant est fidèle à la tradition des recettes bourgeoises. Le choix et la justesse des prix ne laissent pas indifférent.

DELÉMONT

à Soyhières Nord-Est : 3 km par route de Bâle – alt. 405 – ✉ 2805 Soyhières :

Le Cavalier M, route du Faubourg, ✆ 0324 223 233, Fax 0324 223 243, 🌿
🍴 TV ♿ 🚗 P AE ① ⓜ VISA
fermé 23 déc. au 8 janv. et 20 juil. au 6 août – **Repas** 18 et à la carte 46/82 – **14 c**
⌑ 125/180 – ½ P suppl. 32.
♦ En bordure de route, hôtel actuel aux chambres sobres et modernes ; la n° 15 fa
exception avec ses meubles régionaux en bois peint. Bonne insonorisation. Son cad
rustique donne du cachet au restaurant. Véranda et terrasse ont vue sur un pe
bassin.

Les DIABLERETS 1865 Vaud (VD) **217** ⑮ – alt. 1 155 – Sports d'hiver : 1 200/3 000
⛷ 4 ⛷ 19 🎿.

Voir : site★.

Environs : Sex Rouge★★★ : panorama★★★ Est : 4 km et téléphérique – Glacier d
Diablerets★★ Est.

Manifestations locales
21.12.02 - 08.03.03 : Festival Musique et Neige
22.09 - 28.09 : Festival international du film alpin.

🛈 *Diablerets Tourisme,* ✆ 0244 923 358, info@diablerets.ch, Fax 0244 922 348
Bern 122 – Montreux 38 – Aigle 22 – Gstaad 21 – Lausanne 66 – Martigny 54 – Sion 8

Eurotel Victoria ⚜, chemin du Vernex, ✆ 0244 923 721, lesdiablerets@eu
tel-victoria.ch, Fax 0244 922 371, ≼, 🌿, 🈂, 🆗 – 🍴 TV video ⚓ P – ♨ 15/9
AE ⓜ VISA
20 déc. au 6 avril et 16 mai au 3 oct. – **Repas** *(fermé le midi)* 45 et à la carte 39/
– **101 ch** ⌑ 197/354, Basse saison ⌑ 159/268 – ½ P suppl. 20.
♦ Les vastes chambres de cette bâtisse, presque toutes dotées d'un balcon donna
sur les montagnes, sont appréciées des familles. Comme la robe des vins proposé
l'habillage de la salle à manger de l'Eurotel Victoria montre une forte dominant
la Suisse !

Diablerets, ✆ 0244 920 909, info@hoteldesdiablerets.ch, Fax 0244 922 391,
🌿, 🈂, 🆗, 🚗 – 🍴 TV P – ♨ 15/80. AE ① ⓜ VISA
14 déc. au 14. avril et 2 juin au 29 sept. – **Repas** 18 et à la carte 45/81 – **59 c**
⌑ 163/326, Basse saison ⌑ 138/286 – ½ P suppl. 40.
♦ Situé en hauteur, cet hôtel vous promet un grand bol d'air frais ! Si vous aim
les couleurs, demandez une chambre rénovée. Son restaurant vous accueille da
trois espaces, dont un chaleureux coin café et une salle à manger réservée a
pensionnaires.

Hostellerie Les Sources ⚜, ch. du Vernex, ✆ 0244 920 100, lessources@
luewin.ch, Fax 0244 920 169, ≼, 🌿 – 🍴, ⇆ ch, TV ⚓ ♿ P – ♨ 15/30. AE ⓜ
VISA, ⊘ rest
1ᵉʳ déc. au 14 avril et 26 mai au 19 oct. – **Repas** *(ouvert 1ᵉʳ déc. au 14 avril et 16 ju
au 30 sept.) (fermé midi sauf juil. - août)* 18 - 22 (midi)/32 et à la carte 32/81 – **48 c**
⌑ 105/204, Basse saison ⌑ 86/160 – ½ P suppl. 32.
♦ Mettez-vous au vert dans ce chalet longé par un ruisseau frémissant. Chambr
meublées en pin clair, salons aux étages, terrasse ensoleillée. Les originales tables
manger en pierre des Sources évoquent l'époque médiévale... Des envies de fest
vont naître !

Auberge de la Poste, rue de la Gare, ✆ 0244 923 124, fad@bluewin.c
Fax 0244 921 268, 🌿 – AE ① ⓜ VISA
fermé mai et lundi hors saison – **Repas** 17 et à la carte 37/85.
♦ De Victor Hugo à David Bowie, on ne compte plus les célébrités conquises par ce pitt
resque chalet et sa superbe façade fleurie. Généreuse cuisine aux accents régionaux.

DIELSDORF 8157 Zürich (ZH) **216** ⑦ – 4 459 Ew. – Höhe 429.
Bern 122 – Zürich 22 – Baden 20 – Schaffhausen 57 – Winterthur 35.

Löwen, Hinterdorfstr. 21, ✆ 018 556 161, loewen.dielsdorf@bluewin.c
Fax 018 556 162, 🌿 – 🍴, ⇆ Zim, TV ⚓ ♿ P – ♨ 40. AE ⓜ VISA
geschl. 20. Juli - 4. Aug., Samstagmittag und Sonntag – **Taverne : Menu** 17 -
(mittags)/60 und à la carte 43/97 – **35 Zim** ⌑ 120/215.
♦ Der renovierte Gasthof aus dem 13.Jh. verfügt über gut gepflegte Quartiere - ho
gen Sie nach den neuen Zimmer mit hellem Parkettboden und mattblauem Holzmo
liar. Eine schöne Holzdecke und freigelegte Balken zieren die Taverne.

DIELSDORF

%%% **Zur Sonne** (Gübeli), Bahnhofstr. 1, ☏ 018 531 245, *gast@sonne-dielsdorf.ch*,
Fax *018 532 955* – **P**, **AE** ① **@©** **VISA**
geschl. 1. - 6. Jan., 12. - 21. April, 22. Juli - 11. Aug., Sonntag und Montag – **Menu**
(Tischbestellung ratsam) 20 - 59 (mittags)/110 und à la carte 75/117.
 • Das gepflegte Dorfgasthaus mit Fachwerkelementen liegt mitten im Zentrum. Das Restaurant mit Parkettboden ist mit einer Sichtbalkenwand unterteilt. Gute klassische Gerichte.
Spez. Wolfsbarsch in der Meersalzkruste auf Tomaten-Basilikumrisotto (Frühling). Emmentaler Kalbs T-Bone Steak mit Rotweinjus (Sommer). Schottisches Hirschenentrecôte unter einer Pilzkruste (Winter)

%%% **Bienengarten** mit Zim, Regensbergerstr. 9, ☏ 018 531 217, Fax *018 532 441*,
🍴, 🌲 – 🛗 📺 **P**, **AE** ① **@©**
geschl. über Weihnachten, Neujahr, Ostern und 3. - 19. Okt. – **Menu** *(geschl. Samstagmittag)* (Tischbestellung ratsam) 22 - 65/90 und à la carte 45/108 – **8 Zim**
🍽 165/320.
 • Ein alter Gasthof beherbergt dieses gehobene bürgerliche Restaurant mit nettem Dekor und traditioneller Küche. Zum Übernachten stehen auch einige gepflegte Zimmer bereit.

ESSBACH BEI BÜREN 3264 *Bern* (BE) **216** ⑭ – 837 *Ew.* – *Höhe 457.*
Bern 20 – Biel 10 – Burgdorf 34 – Neuchâtel 47 – Solothurn 18.

%%% **Storchen**, Schmiedgasse 1, ☏ 0323 511 315, *storchen@abcedv.ch*,
Fax *0323 515 306*, 🍴 – ✗ Rest, **P**, **AE** ① **@©** **VISA**
geschl. 23. Dez. - 7. Jan., 21. - 31. Juli, Montag und Dienstag – **Menu** 15 - 55/90 und à la carte 46/92.
 • Neben einer einfachen Gaststube finden Sie hier zwei mit hellem, rustikalem Holzmobiliar frisch gestaltete Stuben. Man serviert seinen Gästen eine klassische Küche.

ESSENHOFEN 8253 *Thurgau* (TG) **216** ⑧ – 3 201 *Ew.* – *Höhe 413.*
Bern 169 – Zürich 57 – Baden 80 – Frauenfeld 22 – Schaffhausen 10.

%%% **Schupfen**, Steinerstr. 501, Ost : 3 km Richtung Stein am Rhein, ☏ 0526 571 042,
Fax *0526 574 544*, ≤ Rhein – **P**, **AE** ① **@©** **VISA**
geschl. 20. Jan. - 21. Feb., Dienstag und Mittwoch – **Menu** à la carte 47/86.
 • Eine schöne Aussicht auf den Rhein bietet dieses im 15. Jh. erbaute Riegelhaus. Im dreifach unterteilten Restaurant offeriert man ein klassisch ausgelegtes Speisenangebot.

%%% **Krone** mit Zim, Rheinstr. 2, ☏ 0526 573 070, Fax *0526 573 087*, ≤ Rhein – 📺 **P**,
AE ① **@©** **VISA**
geschl. 1. - 21. Januar und 16. Juni - 8. Juli – **Menu** *(geschl. Montag und Dienstag)* 35 (mittags) und à la carte 40/88 – **6 Zim** 🍽 105/145 – ½ P Zuschl. 50.
 • Das alte Haus liegt direkt am Rhein, an der historischen Holzbrücke. Neben einer gemütlich-rustikalen Gaststube stehen auch einige einfache Zimmer bereit. Schöne Aussicht !

ETIKON 8953 *Zürich* (ZH) **216** ⑱ – 20 402 *Ew.* – *Höhe 388.*
Bern 113 – Zürich 13 – Aarau 34 – Baden 11 – Luzern 57 – Schaffhausen 60.

🏨 **Conti** M, Heimstr. 41, Industriegebiet Nord, Richtung N1, ☏ 017 458 686, *conti@hotelgast.ch*, Fax *017 458 687*, 🍴 – 🛗, ✗ Zim, 📺 📞 **P**, – 🅿 15/60. **AE** ①
@© **VISA**
Le Conte *(geschl. Sonn- und Feiertage)* **Menu** 42 (mittags)/82 und à la carte 51/96
– **Brasserie** : **Menu** 16 und à la carte 30/81 – 🍽 17 – **68 Zim** 🍽 177/254, 3 Suiten
– ½ P Zuschl. 32.
 • Der moderne Backsteinbau steht im Industriegebiet. Die Hälfte der Zimmer ist neu mit hellem Einbaumobiliar eingerichtet, die anderen etwas älter, doch immer zeitgemäss. Das Le Conte im Parterre des Hauses ist mit modernen Accessoires ausgestattet. Terrasse.

DIETIKON

Sommerau Ticino, Zürcherstr. 72, ☏ 017 454 141, info@sommera ticino.ch, Fax 017 454 488, 🍽 – 📶, ❄ Zim, 📺 🚗 🅿 – 👤 15/60. AE ⓘ MC VISA
Menu - italienische Küche - *19.50* und à la carte 41/98 – **84 Zim** ⇔ 140/230 – ½ Zuschl. 25.

  ♦ Das Hotelgebäude liegt nicht weit vom Zentrum. Ein Drittel der Zimmer ist ga modern mit hellem Holzmobiliar eingerichtet, der Rest etwas älter, aber ste gepflegt. Zum Restaurant gehören die elegante Trattoria Mercato und der Wint garten Giardino Verde.

DIETINGEN Thurgau (TG) 216 ⑧ – Höhe 435 – ✉ 8524 Uesslingen.
Bern 170 – Zürich 50 – Frauenfeld 8 – Konstanz 38 – Sankt Gallen 53 – Scha hausen 23 – Winterthur 15.

XX **Traube,** Schaffhauserstrasse (Süd-West : 1 km), ☏ 0527 461 150, info@trau -dietingen.ch, Fax 0527 461 014, ≤, 🍽 – 🅿. AE ⓘ MC VISA
geschl. 15. Jan. - 6. Feb., 23. - 31. Juli, Mittwoch und Donnerstag – **Menu** 24 - 1 (abends) und à la carte 55/105.

  ♦ Rustikal-elegant ist die Einrichtung des Interieurs in diesem schönen Fachwer Gasthaus aus dem 19.Jh. Hübsch ist auch die Lage des Hauses inmitten der We berge.

Ihre Meinung über die von uns empfohlenen Restaurants,
deren Spezialitäten sowie die angebotenen regionalen Weine,
interessiert uns sehr

DISENTIS/MUSTÉR 7180 Graubünden (GR) 218 ② – 2 209 Ew. – Höhe 1 130 – W tersport : 1 150/3 000 m ✦1 ✦9 ✦.
Sehenswert : Klosterkirche St. Martin★.
🛈 Sedrun Disentis Tourismus, ☏ 0819 204 030, Fax 0819 204 039.
Bern 198 – Andermatt 25 – Altdorf 49 – Bellinzona 85 – Chur 64.

🏨 **Cucagna,** Oberalpstrasse, ☏ 0819 295 555, info@cucagna.ch, Fax 0819 295 5 ≤, 🍽, ≈, ⛴ – ❄ Zim, 📺 🅿 – 👤 30. AE ⓘ MC VISA
geschl. Nov. – **Menu** à la carte 36/84 – **32 Zim** ⇔ 125/240, Vorsaison ⇔ 105/2 4 Suiten – ½ P Zuschl. 35.

  ♦ Die meist grossen Zimmer dieses Etagenhotels - im Erdgeschoss befind sich ein Supermarkt - sind mit dunklen Holzmöbeln und Sitzgelegenheiten frischen Farben gestaltet. Eine schöne Decke ziert jeden der drei Restaura träume.

🏨 **Montana** ⚘, ☏ 0819 474 565, info@montana-disentis.ch, Fax 0819 474 277, 🍽, ⛴, ≈ – ❄ Zim, 📺 🅿 Rest
geschl. 10. - 24. Mai und 11. Okt. - 13 Dez. – **Menu** (nur Abendessen für Hotelgäs – **12 Zim** ⇔ 95/156 – ½ P Zuschl. 30.

  ♦ Das kleine Hotel im Chaletstil liegt von Rasen und Bäumen umgeben ruhig ausserh des Ortes. Die Zimmer sind zeitgemäss hell möbliert, die Appartements gross, r Cheminée.

🏨 **Sax** ⚘, Oberalpstrasse, ☏ 0819 474 448, info@hotelsax.ch, Fax 0819 475 3 ≤ Medelsgletscher, 🍽 – 📺 🅿. AE ⓘ MC VISA
geschl. Nov. – **Menu** 17 - 30 (abends) und à la carte 29/69 – **19 Zim** ⇔ 88/1 Vorsaison ⇔ 75/126 – ½ P Zuschl. 30.

  ♦ Im Sommer ist das Haus von Grün umgeben, im Winter endet hier eine Piste. Neb dem Ausblick auf den Medelsgletscher bietet man Zimmer mit modernem Holzn biliar. Eine einfache Gaststube, drei kleine Speisesäle und eine Terrasse bilden d Restaurantbereich.

🍴 **Alpsu,** via Alpsu, ☏ 0819 475 117, hotelalpsu@bluewin.ch, Fax 0819 474 366 – geschl. 1. - 20. Dez. und 4. - 25. Mai – **Menu** 18 - 54 und à la carte 34/79 – **12 Z** ⇔ 72/130 – ½ P Zuschl. 26.

  ♦ Das Haus mit schöner Fassade liegt im Zentrum des Ortes. Man bietet teils moder Gästezimmer, die mit hellem Tannenholz individuell und rustikal gestaltet sind. speisen in einem neuzeitlich-rustikalen Gastraum mit Holzdecke oder dem modern Restaurant.

OMAT/EMS 7013 Graubünden (GR) 218 ④ – 6 537 Ew. – Höhe 581.
Bern 250 – Chur 7 – Andermatt 82 – Davos 64 – Sankt Moritz 81.

Sternen, via Nova 102, ☏ 0816 332 727, info@golf-gartenhotel-sternen.ch, Fax 0816 334 132, 🍽, 🚗 – 📶 TV P – 🏊 40. AE ① ⓜⓞ VISA
Menu (geschl. Montag) 19.50 - 62 und à la carte 37/85 – **38 Zim** ⌑ 90/190 – ½ P Zuschl. 28.
• Das Hotel steht am Dorfrand Richtung Chur. Die unterschiedlich möblierten Zimmer, teils mit hellem Rosenholz, teils mit weissem Standardmobiliar, bieten alle gleichen Komfort. Rustikale, leicht gehobenen Gaststube und à la carte-Restaurant mit Wintergarten.

OMBRESSON 2056 Neuchâtel (NE) 216 ⑬ – 1 463 h. – alt. 743.
Bern 61 – Neuchâtel 14 – Biel 43 – La Chaux-de-Fonds 30 – Delémont 61.

Hôtel de Commune avec ch, 24 Grand'Rue, ☏ 0328 532 401, info@hoteldombresson.ch, Fax 0328 536 008, 🍽 – TV P AE ① ⓜⓞ VISA. ✄ ch
fermé janv., mardi soir et merc. – **Repas** (fermé 15 déc. au 15 fév.) 22 - 60/105 et à la carte 59/106 – **9 ch** ⌑ 90/150 – ½ P suppl. 60.
• Dans cette maison, nichée au centre du village, vous goûterez une savoureuse cuisine de tradition et séjournerez dans des chambres modestes mais d'un prix très abordable.

ORNACH 4143 Solothurn (SO) 216 ④ – 5 821 Ew. – Höhe 294.
Bern 104 – Basel 14 – Delémont 33 – Liestal 24 – Olten 50 – Solothurn 73.

Engel M, Hauptstr. 22, ☏ 0617 019 660, office@hotel-engel.ch, Fax 0617 019 664, 🍽 – 📶 TV ☎ 🔧 🚗 – 🏊 15/100. AE ① ⓜⓞ VISA
Menu 17.50 - 40 (mittags)/62 und à la carte 45/103 – **17 Zim** ⌑ 140/220.
• Der Gasthof liegt im oberen Dorfteil. Sie haben die Wahl zwischen Standardzimmern mit bemaltem Mobiliar oder den superior Rooms mit dunkler, rustikal-eleganter Einrichtung. Um das leibliche Wohl der Besucher kümmert man sich in verschieden gestalteten Stuben.

ÜBENDORF 8600 Zürich (ZH) 216 ⑲ – 21 757 Ew. – Höhe 440.
Bern 125 – Zürich 5 – Baden 23 – Schaffhausen 45 – Winterthur 23.

Sonnental, Zürichstr. 94, ☏ 018 021 282, info@hotelsonnental.ch, Fax 018 214 191, 🍽 – 📶 TV 🔧 P AE ① ⓜⓞ VISA
Menu 20 - 35 (mittags) und à la carte 38/94 – **81 Zim** ⌑ 140/240.
• Die zwei rosafarbenen Gebäude am Ortsausgang bilden dieses Hotel. Die Zimmer im hinteren Bau sind von mittlerer Grösse und mit praktischem Holzmobiliar eingerichtet. Die Gaststube mit Terrasse ergänzt das elegante Restaurant. Bürgerliche Küche.

ÜDINGEN 3186 Freiburg (FR) 217 ⑤ – 6 677 Ew. – Höhe 596.
Bern 28 – Neuchâtel 42 – Fribourg 6.

Central M, Hauptstr. 25, ☏ 0264 931 348, central@rega-sense.ch, Fax 0264 933 488 – ☰ Rest, TV ① ⓜⓞ VISA. ✄ Zim
Menu - italienische Küche - (geschl. Samstagmittag und Sonntagmittag) 17.50 - und à la carte 37/109 – **16 Zim** ⌑ 133/198.
• An der Durchgangsstrasse ist dieses Haus aus der Jahrhundertwende plaziert. Für Reisende stehen einheitlich gestaltete Zimmer mit dunklem Mobiliar bereit. Ein imposanter Pizzaholzofen aus schwarz-weissem Marmor unterteilt das Restaurant.

Garmiswil, Garmiswil 18, Süd-West : 1,5 km, ☏ 0264 920 130, jungo.garmiswil @bluewin.ch, Fax 0264 920 133, 🍽 – P AE ① ⓜⓞ VISA
geschl. Montag - **Menu** 17 - 44 und à la carte 38/75.
• Am Ortsrand erreicht man über eine gut beschilderte Privatstrasse das grosse Landhaus, wo man Sie in verschiedenen Räume und einem Wintergarten zu Tisch bittet.

UILLIER Vaud 217 ⑫ – rattaché à Nyon.

DÜRNTEN 8635 Zürich (ZH) 216 ⑲ – 5 962 Ew. – Höhe 515.
Bern 157 – Zürich 29 – Rapperswil 8 – Uster 14 – Winterthur 33.

Sonne M, Oberdürntenstr. 1, ℘ 0552 408 576, hotel_sonne@bluewin.c
Fax 0552 408 722, 🍽 – 🛗, ↹ Zim, 🖥 Zim, 📺 video 📞 ♿ ⇔ 🅿 – 🛁 30.
① ⓂⓈ VISA JCB
geschl. 22. Dez. - 7. Jan. ; Rest. auch 27. Juli - 10. Aug. und Sonntag – **Menu** 19 - 1.
und à la carte 45/105 – **30 Zim** ⇌ 120/180 – ½ P Zuschl. 35.
  ◆ Über eine Treppe gelangt man in das Hotel im Dorfzentrum. Die Gäste werden einheitlich mit hellem Holzmobiliar praktisch eingerichteten Zimmern beherbergt. Ei nette Atmosphäre herrscht im gastronomischen Bereich des Hauses.

DÜRRENROTH 3465 Bern (BE) 216 ⑯ – 1 070 Ew. – Höhe 669.
Bern 38 – Olten 37 – Luzern 49 – Thun 49.

Kreuz und Bären M, Dorfstrasse, ℘ 0629 590 060, kreuz@gastro-duerrer
th.ch, Fax 0629 590 089, 🍽, 🛁, ≘s, 🌳 – 🛗, ↹ Zim, 📺 📞 🅿 – 🛁 15/40.
① ⓂⓈ VISA
geschl. 1. - 15. Jan. – **Menu** 16.50 und à la carte 33/98 – **21 Zim** ⇌ 100/170
½ P Zuschl. 45.
  ◆ Der traditionsreiche Landgasthof Bären wurde durch das Gästehaus Kreuz ergän:
Hier beherbergt man moderne Zimmer, die Funktionalität mit wohnlichem Ambien
kombinieren. Teil des Hotelrestaurants ist die gemütliche holzgetäferte Rotherstut

EBIKON 6030 Luzern (LU) 216 ⑰ ⑱ – 11 067 Ew. – Höhe 421.
Bern 116 – Luzern 5 – Aarau 52 – Schwyz 38 – Zürich 51.

Löwen, Dorfstr. 5, ℘ 0414 450 404, loewen.ebikon@bluewin.c
Fax 0414 450 440, 🍽 – 🛗 📺 🅿, 🅰🅴 ① ⓂⓈ VISA. ✂ Zim
geschl. 23. Dez. - 7. Jan. – **Menu** (geschl. Montag) 19.50 - 40 und à la carte 45/88
18 Zim ⇌ 86/142.
  ◆ Der langgezogene Gasthof mit Fachwerkelementen ist an der Durchgangsstras plaziert. Die Zimmer sind mit massivem Eichenholz eingerichtet und bieten einfach
Komfort. Das Restaurant zeigt sich in ländlichem Stil.

EBNAT-KAPPEL 9642 Sankt Gallen (SG) 216 ⑳ – 5 039 Ew. – Höhe 630 – Wintersport
875/1 030 m ⚡1 ⚡.

🅱 Verkehrsbüro, Bahnhof, Ebnaterstr. 4, ℘ 0719 932 911, vvebnat@bluewin.c
Fax 0719 931 010.
Bern 195 – Sankt Gallen 41 – Bregenz 78 – Vaduz 44 – Zürich 63.

Kapplerhof, Kapplerstr. 111, ℘ 0719 927 171, hotel@kapplerhof.c
Fax 0719 927 168, 🍽, ≘s, ⛱, 🌳 – 🛗 📺 ⇔ 🅿 – 🛁 15/200. 🅰🅴 ① ⓂⓈ V
Menu 19.50 und à la carte 47/103 – **49 Zim** ⇌ 165/250 – ½ P Zuschl. 40.
  ◆ Die Zimmer Ihres Domizils, meist mit Balkon, sind zeitgemäss mit hellem, funk onellem Mobiliar ausgestattet. Hinter dem Hotel befindet sich ein gepflegter Ga tenbereich. Als Wintergarten angelegtes Restaurant mit traditioneller Küche.

Post, Ebnaterstr. 6, beim Bahnhof, ℘ 0719 931 772, Fax 0719 931 810, 🍽 –
🅰🅴 ① ⓂⓈ VISA
geschl. 20. Juli - 15. Aug., Sonntag und Montag – **Menu** 18 - 120 und à la carte 47/9
  ◆ In der Gaststube serviert man günstige Speisen von einer kleinen Karte, im Stü bietet man Gerichte aus einer klassischen Auswahl - ergänzt durch mündliche Em fehlungen.

ECHANDENS 1026 Vaud (VD) 217 ⑬ – 2 094 h. – alt. 434.
Bern 111 – Lausanne 10 – Pontarlier 65 – Yverdon-les-Bains 34.

Auberge Communale, 8 place du Saugey, ℘ 0217 023 070, Fax 0217 023 07
🍽 – ⓂⓈ VISA
fermé 23 fév. au 5 mars, 20 juil. au 6 août, mardi et merc. – **Repas** 16 - 50/95
à la carte 46/86.
  ◆ Restaurant à deux entrées donnant accès à deux espaces : le café où l'on sert plat du jour et la salle à manger contemporaine dévolue à la cuisine française.

CUBLENS 1024 Vaud (VD) 217 ⑬ – 9 752 h. – alt. 395.
Bern 107 – Lausanne 7 – Pontarlier 67 – Yverdon-les-Bains 36.

Auberge Communale Le Motty, 6 place du Motty, ℘ 0216 916 545, cont act@lemotty.com, Fax 0216 913 187, 😊 – AE ⓪ ⓜ VISA
fermé 28 déc. au 1er janv., 27 juil. au 11 août, dim. soir et lundi – **Repas** 17 - 54/84 et à la carte 52/85.
- Salle de restaurant rustique s'ouvrant sur une terrasse ombragée où l'on s'attable aux beaux jours. Recettes classiques sans fioriture. Un endroit idéal pour les enfants.

FFRETIKON 8307 Zürich (ZH) 216 ⑲ – Höhe 511.
Bern 153 – Zürich 24 – Rapperswil 27 – Wil 32 – Winterthur 14.

QN-Restaurant, Rikonerstr. 52 - Richtung Autobahn Winterthur, Ost 1 km, ℘ 0523 553 838, qn-bar@bluewin.ch, Fax 0523 553 836, 😊 – 🅿. AE ⓪ ⓜ VISA
geschl. Samstagmittag und Sonntag - **Menu** - italienische Küche - 18.50 - 41 (mittags)/85 und à la carte 45/100.
- Unverkleidete Lüftungsrohre, Plastiken und neuzeitliche Bilder prägen das moderne Ambiente dieser alten, aus dem 17. Jh. stammenden Mühle. Italienisch angehauchte Karte.

GERKINGEN 4622 Solothurn (SO) 216 ⑯ – 2 751 Ew. – Höhe 435.
Bern 58 – Basel 44 – Aarau 22 – Luzern 57 – Solothurn 27.

Mövenpick, Höhenstr. 666, ℘ 0623 891 919, hotel.egerkingen@moevenpick.c om, Fax 0623 891 929, ≤, 😊, 🌲, – ⊕, ⇌ Zim, TV ⚿ & 🅿 – 🛌 15/160. AE ⓪ ⓜ VISA JCB
Menu 38 und à la carte 30/101 – ⌂ 24 - **138 Zim** 230/305.
- Das Hotel liegt über der Autobahn am Ende einer gut beschilderten Privatstrasse. Die Zimmer von guter Grösse sind mit zweckmässigem, hellem Holzmobiliar eingerichtet. In verschiedene Bereiche unterteilt zeigen sich die meist modern gestalteten Restauranträume.

Kreuz Ⓜ mit Zim, Oltnerstr. 71, ℘ 0623 980 333, info@kreuz-egerkingen.ch, Fax 0623 984 340, 😊 – ⊕, ⇌ Zim, TV & ⇌ 🅿 – 🛌 15/60. AE ⓜ VISA ⚿
geschl. 22. Dez. - 6. Jan., 13. - 21. April, Sonntag und Montag (ausser Hotel) – **Cheminée** : **Menu** 27 -110 und à la carte 60/117 – **Luce** : **Menu** 19 und à la carte 41/87 – **8 Zim** ⌂ 165/215.
- Das Cheminée im Parterre eines renovierten Gasthofs ist hübsch im Biedermeierstil eingerichtet - eine Gemäldeausstellung von Corpato ziert die Tiefgarage des Hauses. Das Luce ist eine rustikale Gaststube mit Wintergarten.

GGIWIL 3537 Bern (BE) 217 ⑦ – 2 698 Ew. – Höhe 741.
Bern 35 – Burgdorf 35 – Interlaken 55 – Luzern 75.

Zum Hirschen ⚜, Heidbühl, ℘ 0344 911 091, hotel@hirschenemmental.com, Fax 0344 911 708, 😊, 🌲 – ⊕, ⇌ Zim, TV & 🅿 – 🛌 15/80. AE ⓪ ⓜ VISA
Menu 16.50 - 30 und à la carte 39/76 – **33 Zim** ⌂ 98/165 – ½ P Zuschl. 30.
- Das Haus liegt in einem ruhigen Seitental. Sechs Zimmer im Haupthaus sind mit heller Holzeinrichtung, die restlichen im Annexe mit rustikalen, dunklen Möbeln ausgestattet. Holzdecke und schönes Täfer machen die schlichte Gaststube gemütlich. Mit Terrasse.

GNACH 9322 Thurgau (TG) 216 ⑩ – 4 025 Ew. – Höhe 401.
Bern 209 – Sankt Gallen 20 – Bregenz 41 – Frauenfeld 45 – Konstanz 23.

Seelust, Wiedehorn (Süd-Ost : 1,5 km Richtung Arbon), ℘ 0714 747 575, info@seelust.ch, Fax 0714 747 565, 😊 – ⊕ TV & 🅿 – 🛌 15/70. AE ⓪ ⓜ VISA
Menu 48 (mittags)/67 und à la carte 44/75 – **23 Zim** ⌂ 90/180 – ½ P Zuschl. 30.
- 200 m vom Bodenseeufer entfernt liegt dieser Landgasthof zwischen Obstbäumen. Die Zimmer im Anbau sind mit hellem Naturholz eingerichtet, die des Neubaus mit modernen Möbeln. Im Restaurant und im Obstgarten bewirtet Sie ein freundliches Serviceteam.

EICH
6205 Luzern (LU) 216 ⑰ – 1 247 Ew. – Höhe 516.
Bern 100 – Luzern 19 – Olten 44 – Sursee 14.

im Ortsteil Vogelsang Nord : 2,5 km :

XX **Vogelsang** M ⚘ mit Zim, Eichbergstrasse, ✆ 0414 626 666, mail@vogelsang.
Fax 0414 626 665, ≤ Sempachersee und Berge, 🍴 – 🛗 TV P – 🏊 15/30. ⦿ V
⚘ Zim
geschl. 5. Feb. - 5. März – **Menu** 29 - 48 (mittags)/98 und à la carte 58/114 – **11 Z**
🛏 70/210.
♦ Der Wintergarten ist mit modernem Mobiliar, das Lokal rustikal ausgestattet. V
der Terrasse aus hat man eine schöne Aussicht auf den Sempachersee und die Ber

EINSIEDELN
8840 Schwyz (SZ) 216 ⑲ – 11 995 Ew. – Höhe 881.
Sehenswert : Lage★★ – Klosterkirche★★.
🛁 Ybrig in Studen, ✉ 8845 (Mai - Nov.) ✆ 0554 146 050, Fax 0554 146 052, Sü
Ost über Euthal - Studen : 16 km.
Lokale Veranstaltungen
14.06 - 15.06 : Dixie-Festival
14.09 : Fest der Engelweihe.
🅱 Tourismus Information, Hauptstr. 85, ✆ 0554 184 488, info@einsiedeln.c
Fax 0554 184 480.
Bern 166 – Luzern 51 – Glarus 53 – Schwyz 27.

X **Linde** mit Zim, Schmiedenstr. 28, ✆ 0554 184 848, hotel@linde-einsiedeln.c
Fax 0554 184 849, 🍴 – 🛗 TV ✆ AE ⓞ ⦿ VISA ⚘ Zim
geschl. Nov. und Mittwoch – **Menu** 29 - 38 (mittags)/90 und à la carte 53/110
17 Zim 🛏 125/220 – ½ P Zuschl. 40.
♦ Das Restaurant mit schönem Täfer und typisch ländlichem Dekor bietet dem Ga
Sicht auf die Klosterkirche. Gutbürgerliche Küche, mittags ein günstiges Angebo

ELM
8767 Glarus (GL) 218 ③ – 767 Ew. – Höhe 962 – Wintersport : 1 000/2 100 m ⛷
⛷6 ⛷.
🅱 Touristik-Information, Talstation Laisbach, ✆ 0556 426 067.
Bern 216 – Chur 96 – Altdorf 74 – Andermatt 129 – Glarus 21.

🏨 **Sardona**, ✆ 0556 426 868, sardona@bluewin.ch, Fax 0556 426 869, ≤, 🍴, ≡
🛏 – 🛗 TV ✆ ♿ 🚗 P – 🏊 15/80. AE ⓞ ⦿ VISA
geschl. 20. - 30. April – **Menu** 15.50 - 30/98 und à la carte 35/93 – **66 Zi**
🛏 200/330.
♦ Das Wintersporthotel liegt wenige Meter von der Gondelbahnstation entfernt. D
Zimmer sind teilweise renoviert und wirken mit ihrem modernen Einbaumobiliar hell u
frisch. Rustikales Restaurant mit zeitgemässem Angebot und Glarner Spezialitäten.

🏨 **Bergführer**, ✆ 0556 422 106, bergfuehrer@bluewin.ch, Fax 0556 422 106, ◂
🍴 – TV P ⦿ VISA
geschl. 22. April - 11. Mai und 3. - 28. Nov. – **Menu** (nur im Winter ½ Pens. f.
Hotelgäste) – **8 Zim** 🛏 70/138 – ½ P Zuschl. 22.
♦ Ein geeigneter Ausgangspunkt für Bergtouren oder Wintersport stellt dieses Dom
zil dar. Sie beziehen ein Zimmer mit hellem Holzmobiliar und einfachem Komfort - m
Aussicht.

X **Camperdun**, Egg, ✆ 0556 421 688, Fax 0556 421 479, ≤, 🍴 – P ⓞ ⦿ V
geschl. Ende Nov. - 12. Dez., 25. Juni - 10. Juli, Dienstagabend und Mittwoch (auss
Weihnachten und Ende Jan. - Mitte März) – **Menu** 21 - 48 und à la carte 38/85.
♦ Im Inneren dieses Chalets gelangt man über eine Treppe in das sehr rustikale und äu
serst gemütliche Lokal. Auch auf der Panoramaterrasse nehmen Sie zum Speisen Plat

EMMETTEN
6376 Nidwalden (NW) 217 ⑩ – 1 204 Ew. – Höhe 762.
Bern 140 – Luzern 31 – Andermatt 55 – Brienz 57 – Schwyz 27 – Stans 18.

🏨 **Seeblick** ⚘, Hugenstrasse, ✆ 0416 244 141, info@hotelseeblick.c
Fax 0416 244 242, ≤ Vierwaldstättersee, 🍴, Wellness-Center, 🏋, 🏊, 🧖 – 🛗
⚘ Zim, TV ✆ ♿ P – 🏊 15/180. AE ⓞ ⦿ VISA ⚘ Zim
Menu 25 (mittags) und à la carte 39/74 – **100 Zim** 🛏 107/194 – ½ P Zuschl. 2
♦ Das Hotel liegt ruhig auf einem Hügel über dem Vierwaldstättersee - mit schöner Au
sicht auf die Berge. Die Zimmer im Haupthaus sind modern und hell, im Annexe etwa
älter. Bistro, rustikales Restaurant und eine sehr schöne Terrasse mit Blick auf den Se

NGELBERG 6390 Obwalden (OW) 217 ⑨ – 3 383 Ew. – Höhe 1 000 – Wintersport: 1 262/3 020 m ⸙ 10 ⸙ 16 ⸙.
Sehenswert : Jochpass★★ – Engstlensee★★ – Lage★.
Ausflugsziel : Titlis★★★ Süd mit Luftseilbahn – Schwand★ Nord : 4 km.

⛳ Engelberg-Titlis (Mai - Okt.) ℰ 0416 380 808, Fax 0416 380 809.

🛈 Engelberg-Titlis Tourismus, Tourist Center, Klosterstr. 3, ℰ 0416 397 777, tour ist.center@engelberg.ch, Fax 0416 397 766.

Bern 145 – Andermatt 77 – Luzern 32 – Altdorf 47 – Interlaken 83 – Sarnen 36.

🏨🏨🏨 **Ramada-Treff Hotel Regina Titlis,** Dorfstr. 33, ℰ 0416 372 828, regina-tit lis@ramada-treff.ch, Fax 0416 372 392, ≤, 🛁, ≋s, ⊡ – ▮, ⤻ Zim, 📺 ✆ ⚭ 🛶 ⇔ – 🛋 15/120. 🆎 ⓘ ⓜ 💳
La Strega - italienische Küche - *(geschl. Mai - Juni) (nur Abendessen)* **Menu** 65 und à la carte 52/111 – **Titlis :** Menu 45 (abends) und à la carte 48/103 – **96 Zim** ⤳ 238/416, Vorsaison ⤳ 171/282, 32 Suiten – ½ P Zuschl. 42.

♦ Eine geräumige Halle mit moderner Bar empfängt Sie in diesem gepflegten Hotel im Zentrum. Die Zimmer sind komfortabel ausgestattet und verfügen alle über einen Balkon. La Strega zeigt sich in einem typisch italienischen Stil. Klassisches Ambiente : im Titlis.

🏨🏨 **Schweizerhof** Ⓜ, Dorfstr. 42, ℰ 0416 371 105, schweizerhof.engelberg@blue win.ch, Fax 0416 374 147, ≋s – ▮ 📺 ✆ ⓟ. 🆎 ⓘ ⓜ 💳 🆃
geschl. Nov. – **Menu** *(nur ½ Pens. für Hotelgäste) (geschl. mittags)* – **34 Zim** ⤳ 145/280, Vorsaison ⤳ 100/190 – ½ P Zuschl. 35.

♦ Der klassische Hotelbau verfügt über Zimmer der Kategorien "Standard" und "Deluxe" - stets neuzeitlich und funktionell eingerichtet, teilweise mit Balkon.

🏨🏨 **Waldegg** ⚘, Schwandstr. 91, ℰ 0416 371 822, waldegg@tep.ch, Fax 0416 374 321, ≤ Engelberg und Titlis, 🍽, ≋s, 🛋, – ▮, ⤻ Zim, 📺 ⚭ ⇔ – 🛋 15/60. 🆎 ⓘ ⓜ 💳 ⌀ Rest
20. Dez. - 21. April und 23. Mai - 18. Okt. – **Menu** 78 und à la carte 56/104 – **59 Zim** ⤳ 210/420, Vorsaison ⤳ 152/256 – ½ P Zuschl. 41.

♦ Von dem ruhig über dem Dorf gelegenen Haus hat man eine schöne Sicht auf Engelberg und den Titlis. Die gepflegten Zimmer sind mit unterschiedlichen braunen Möbeln bestückt. Rustikales Restaurant mit hellem Naturholz und Panoramafenster.

🏨🏨 **Spannort,** Dorfstr. 28, ℰ 0416 372 626, info@spannort.ch, Fax 0416 374 477, 🍽, ≋s – ▮ 📺 ✆ ⓟ. 🆎 ⓘ ⓜ 💳 🆃
geschl. 21. April - 6. Juni – **Menu** *(geschl. Montag ausser Feiertage)* 33 - 62/85 und à la carte 49/112 – **20 Zim** ⤳ 130/280, Vorsaison ⤳ 95/210 – ½ P Zuschl. 42.

♦ Das Haus am Rande der Fussgängerzone bietet seinen Gäste wohnliche Zimmer mit grosszügigem Platzangebot, guten Möbeln aus rustikalem Tannenholz und einer Sitzecke. Eine offene Gaststube mit blanken Tischen ergänzt das gemütlich-rustikale Restaurant.

🏨🏨 **Sonnwendhof,** Gerschniweg 1, ℰ 0416 374 575, sonnwendhof@treff-hotels.ch, Fax 0416 374 238, ≤, 🍽, 🛁, ≋s, 🛋, – ▮, ⤻ Zim, 📺 ⇔ – 🛋 25. 🆎 ⓘ ⓜ 💳
Menu *(nur ½ Pens. für Hotelgäste)* – **28 Zim** ⤳ 145/240, Vorsaison ⤳ 115/170 – ½ P Zuschl. 35.

♦ Neben den netten, mit hellen Naturholzmöbeln im Landhausstil ausgestatteten Zimmern zählt auch die Aussicht auf die Berge zu den Annehmlichkeiten des Hauses.

🏨 **Engelberg,** Dorfstr. 14, ℰ 0416 397 979, mail@hotel-engelberg.ch, Fax 0416 397 969, 🍽 – ▮ 📺 ✆ – 🛋 15/40. 🆎 ⓘ ⓜ 💳
geschl. Ende Okt. - Anfang Dez. – **Menu** *(geschl. Donnerstag von Mai - Okt.)* 24 und à la carte 35/100 – **Dorfstübli** (1. Etage) *(geschl. von Mai - Nov., Mittwoch und Donnerstag) (nur Abendessen)* **Menu** 44 und à la carte 34/75 – **20 Zim** ⤳ 149/257, Vorsaison ⤳ 89/177 – ½ P Zuschl. 35.

♦ In der autofreien Zone des Dorfes finden Sie diesen alten Gasthof. Die Zimmer sind teils mit hellem, teils mit dunklem Eichenholz zeitgemäss ausgestattet. Das Restaurant im Erdgeschoss ist ländlich gestaltet und gut eingedeckt - mit Strassencafé.

🏨 **Sunnmatt** garni, Alpenstr. 1, ℰ 0416 372 045, sunnmatt-garni@tep.ch, Fax 0416 371 533, ≤ – ▮ 📺 ⓟ ⓜ 💳 ⌀
geschl. 1. - 28. Mai und 3. Nov. - 5. Dez. – **16 Zim** ⤳ 100/190, Vorsaison ⤳ 85/140.

♦ Das Haus am Rande des Ortes verfügt über Zimmer von unterschiedlicher Grösse, die einheitlich mit hellem Tannenholzmobiliar eingerichtet sind. Vom Balkon Sicht auf die Berge.

ENGELBERG

Crystal, Dorfstr. 45, ℰ 0416 372 122, tabea_e@bluewin.ch, Fax 0416 372 9?
🚗, 🍽, ≘ – 🛗 📺 🅿 – 🛁 15/50. AE ⓘ ⓜ VISA
Menu 18.50 und à la carte 38/99 – **27 Zim** ⊇ 135/240, Vorsaison ⊇ 105/170
½ P Zuschl. 30.

◆ Der zeitgemässe Zweckbau liegt im Ortszentrum nahe dem Bahnhof. Man biet
seinen Gästen funktionelle, mit Wurzelholzmobiliar eingerichtete Zimmer. Das Resta
rant ist teils rustikal, teils hell und nüchtern in der Aufmachung.

ENGES 2073 Neuchâtel (NE) 216 ⑬ – 291 h. – alt. 820.
Bern 50 – Neuchâtel 11 – Biel 36 – La Chaux-de-Fonds 36.

Chasseur 🌿 avec ch, 1 ch. des Clos, ℰ 0327 571 803, hotel-du-chasseur@b
ewin.ch, Fax 0327 571 798, 🍽 – 🅿 – 🛁 40. AE ⓘ ⓜ VISA
fermé 24 fév. au 10 mars – **Repas** (fermé dim. soir et lundi) 16 - 41/87 et à la car
39/94 – **6 ch** ⊇ 80/160 – ½ P suppl. 30.

◆ À l'écart de la route, une table traditionnelle nourrie de saveurs du Jura et assort
de spécialités de gibier en saison, quelques chambres calmes... Un moment de plaisi

---

ENNETBADEN Aargau 216 ⑦ – siehe Baden.

ENNETBÜRGEN 6373 Nidwalden (NW) 217 ⑨ – 3 947 Ew. – Höhe 435.
Bern 130 – Luzern 20 – Altdorf 25 – Engelberg 24 – Sarnen 22.

Flugfeld, Stanserstr. 81, ℰ 0416 200 505, stoeckli.markus@tic.c
Fax 0416 200 500, 🍽 – 🅿. AE ⓜ VISA
geschl. 4. Juli - 8. Aug., Dienstag und Mittwoch – **Menu** 17.50 - 70 und à la car
38/93.

◆ Die Lage beim Flugfeld gab dem Restaurant seinen Namen. Das Innere ist teils
mediterranen Farben gehalten, im Stübli geht es etwas nobler zu. Traditionelle Kart

---

ENTLEBUCH 6162 Luzern (LU) 217 ⑧ – 3 433 Ew. – Höhe 684.
Bern 61 – Luzern 33 – Langnau im Emmental 28.

Drei Könige mit Zim, ℰ 0414 801 227, landgasthof@bluewin.c
Fax 0414 802 827, 🍽 – 📺 📞 ⇔ 🅿 – 🛁 15/150. AE ⓘ ⓜ VISA JCB
geschl. Mittwoch – **Biedermeier-Stube** : Menu 60 und à la carte 57/94 – **Entl
bucher-Stube** : Menu à la carte 41/93 – **13 Zim** ⊇ 80/140 – ½ P Zuschl. 30.

◆ Die Zimmer dieses alten Landgasthofs im Ortszentrum sind zum Teil mit gra
blauem Mobiliar, zum Teil mit rustikaler Eiche, technisch einfach, aber wohnlich au
gestattet. Die Biedermeier-Stube ist im klassischen Stil hell und elegant eingerichte

---

EPTINGEN 4458 Basel-Landschaft (BL) 216 ⑯ – 567 Ew. – Höhe 567.
Bern 66 – Basel 36 – Aarau 30 – Liestal 18 – Olten 17.

Bad Eptingen mit Zim, Hauptstr. 25, ℰ 0622 852 010, badeptingen@swisso
ne.ch, Fax 0622 991 304, 🍽 – 🛗 📺 🅿 – 🛁 50. AE ⓘ ⓜ VISA
Menu 17 - 45 (mittags) und à la carte 41/117 – **16 Zim** ⊇ 110/180.

◆ Der um 1700 erbaute Landgasthof weiss mit liebevoll eingerichteten Zimmer
stilvollen Speisesälen, einer heimeligen Stube und der hübschen Gartenterrasse z
begeistern.

ERLEN 8586 Thurgau (TG) 216 ⑩ – 3 086 Ew. – Höhe 449.
🛈 (April - Nov.) ℰ 0716 482 930, Fax 0716 482 940.
Bern 196 – Sankt Gallen 25 – Bregenz 48 – Frauenfeld 29 – Konstanz 21.

Aachbrüggli mit Zim, Poststr. 8, ℰ 0716 482 626, Fax 0716 482 628, 🍽 – 🅿
🅿. ⓘ ⓜ VISA
geschl. 24. Dez. - 6. Jan. und 20. Juli - 3. Aug. – **Menu** (geschl. Sonntag - Montag) 17
50/88 und à la carte 50/117 – **7 Zim** ⊇ 98/200 – ½ P Zuschl. 35.

◆ Mit Holztäfer und warmen Farben wurde der gastronomische Bereich des zweck
mässig wirkenden weissen Gebäudes gestaltet. Die Übernachtungszimmer sin
schlicht gehalten.

RLENBACH 8703 Zürich (ZH) 216 ⑱ – 4 316 Ew. – Höhe 419.
Bern 136 – *Zürich* 10 – Rapperswil 21 – Winterthur 50 – Zug 50.

XX **Sinfonia**, Bahnhofstr. 29, ℘ 019 100 402, Fax 019 103 762, 🍴 – AE ⓘ ⓜ VISA
geschl. 23. Dez. - 6. Jan., 13. - 21. April, 27. Juli - 18. Aug., Samstagmittag, Sonntag
und Montag - **Menu** - italienische Küche - 29 - 78/90 und à la carte 67/132.
• Gegenüber dem Bahnhof findet der Gast ein Restaurant, das aus zwei hellen, neuzeitlich eingericheteten Stuben mit gutem Couvert besteht. Man serviert italienische Gerichte.

XX **Erlibacherhof**, Seestr. 83, ℘ 019 105 522, info@erlibacherhof.ch,
🛏 Fax 019 103 325, 🍴 – 🅿, AE ⓘ ⓜ VISA
geschl. 15. - 28. Feb., 1. - 24. Okt., Sonntagabend und Montag – **Menu** 19.50 - 90 und
à la carte 59/119.
• Im eleganteren Restaurant des Hotels Erlibacherhof - an der Seestrasse gelegen - kann der Gast in einem ländlichen Lokal Speisen von einer traditionellen Karte wählen.

RMATINGEN 8272 Thurgau (TG) 216 ⑨ – 2 392 Ew. – Höhe 402.
Bern 197 – *Sankt Gallen* 46 – Frauenfeld 30 – Konstanz 11 – Schaffhausen 39.

🏨 **Ermatingerhof** Ⓜ garni, Hauptstr. 82, ℘ 0716 632 020, prisca.maas@ermatingerhof.ch, Fax 0716 632 030 – 📶 ⚡ TV ☏ 🅿 – 🛎 20. AE ⓘ ⓜ VISA
geschl. 20. Dez. - 12. Jan. – **16 Zim** ⇌ 150/230.
• Das Haus mit der gelben Fassade liegt an der Durchgangsstrasse des Dorfes. Die geräumigen Gästezimmer sind mit weissem, elegantem Holzmobiliar eingerichtet.

XX **Fischstube Seetal** mit Zim, Untere Seestr. 60, ℘ 0716 641 414, fischstube@freesurf.ch, Fax 0716 643 214, 🍴 – TV 🅿, AE ⓜ VISA. ✻ Zim
geschl. 15. Okt. - 12. Nov., Dienstag von Sept. bis April und Montag – **Menu** - Fischspezialitäten - à la carte 45/119 – **3 Zim** ⇌ 120/180, 3 Suiten – ½ P Zuschl. 40.
• Die vom Chef am Morgen frisch gefangenen Fische werden dem Gast in der geschmackvoll und mit viel Liebe dekorierten Gaststube serviert. Im Sommer lockt die Gartenterrasse.

XX **Adler** Ⓜ (Gästehaus : 🏨), Fruthwilerstr. 2, ℘ 0716 641 133, Fax 0716 643 011,
🍴, 🛀, 🌳 – 📶 TV ☏ 🅿. AE ⓜ VISA JCB
geschl. 3. Feb. - 2. März – **Menu** (geschl. Montag - Dienstag) 22 - 85/130 und à la carte 44/110 – **10 Zim** ⇌ 95/190 – ½ P Zuschl. 45.
• Der Gasthof aus dem 16. Jh. beherbergte Persönlichkeiten wie Napoleon III. und Hermann Hesse. Heute kann man in drei schönen, holzgetäferten Stuben Traditionelles speisen.

RZENHOLZ Thurgau 216 ⑧ – siehe Frauenfeld.

SCHIKOFEN 8554 Thurgau (TG) 216 ⑨ – Höhe 414.
Bern 174 – *Sankt Gallen* 48 – Frauenfeld 10 – Konstanz 22 – Winterthur 29.

XX **Thurtal** Ⓜ mit Zim, Hauptstr. 19, ℘ 0527 631 754, info@hotel-thurtal.ch,
Fax 0527 631 604, 🍴 – TV 🅿. AE ⓘ ⓜ VISA
geschl. 5. - 22. Jan., 6. - 26. Aug., Mittwoch und Donnerstagmittag – **Menu** 20 - 75
und à la carte 65/100 – **7 Zim** ⇌ 100/160 – ½ P Zuschl. 15.
• Wände in warmen Orangetönen, wechselnde Bilderausstellungen und gut eingedeckte Tische prägen das Ambiente dieser netten Adresse. Hübsche, moderne Gästezimmer mit Parkett.

SCHOLZMATT 6182 Luzern (LU) 217 ⑧ – 3 331 Ew. – Höhe 853.
Bern 43 – Langnau im Emmenthal 13 – Interlaken 53 – Luzern 46 – Thun 37.

X **Rössli**, Hauptstr. 111, ℘ 0414 861 241, Fax 0414 861 211, 🍴 – AE ⓘ ⓜ VISA
geschl. Jan. und Juni jeweils 3 Wochen, Montag und Dienstag – **Jägerstübli** (Tischbestellung erforderlich) **Menu** 80/110 und à la carte 41/87 – **Chrüter Gänterli** :
Menu 17 - und à la carte 41/87.
• Die Stube ist mit Jagdtrophäen geschmückt. Die mündlich empfohlenen Menus sind gewagte Kreationen mit unorthodoxen Bereitungsmethoden, wie mit Strohfeuer Gekochtes. Das Chrüter Gänterli ist eine rustikale und einfach eingedeckte Gaststube.

ESSERTINES-SUR-ROLLE 1186 Vaud (VD) **217** ⑫ – 483 h. – alt. 698.
Bern 137 – Lausanne 33 – Pontarlier 67 – Yverdon-les-Bains 57.

XX **Auberge du Chasseur,** ℘ 0218 283 212, Fax 0218 283 183 – AE ⓪ ⓜ VISA
fermé 20 juil. au 13 août, merc. et les midis sauf sam. - dim. – **Repas** (grillades) et à la carte 52/92.
♦ Pierres apparentes, poutres et cheminée concourent à créer une atmosphère chaleureuse, appréciée par la nombreuse clientèle de l'auberge. Grillades au f de bois.

ESTAVAYER-LE-LAC 1470 Fribourg (FR) **217** ④ – 4 156 h. – alt. 463.
Voir : Choeur★ de l'Église St-Laurent.
Manifestations locales
06.12 - 04.01 : Noël féérique, itinéraire de crèches en plein air
19.04 : Chant du Surrexit, cortège aux flambeaux, ancienne tradition.
23.08 - 24.08 : Bénichon Staviacoise, ancienne coutume populaire.
🛈 Office du Tourisme, place du Midi, ℘ 0266 631 237, office.tourisme@estaver-le-lac, Fax 0266 634 207.
Bern 59 – Neuchâtel 49 – Fribourg 28 – Pontarlier 67 – Yverdon-les-Bains 20.

XX **La Gerbe d'Or,** 5 r. Camus (1ᵉʳ étage), ℘ 0266 631 181, Fax 0266 633 935 – ⓪ ⓜ VISA ⚙
fermé 3 au 9 mars, dim. et lundi – **Repas** 17 - 52/79 et à la carte 46/94.
♦ Vous n'avez qu'un étage à grimper pour atteindre ce restaurant égayé de teint claires... La seule lecture de la carte traditionnelle récompensera votre effort !

au Sud *3 km par route de Payerne et direction Frasses* – ✉ 1470 Lully :

🏨 **Golden Arch Hôtel** Ⓜ *sans rest,* aire de la Rose de la Broye, A1, ✉ 1470 Lu ℘ 0266 648 686, info@goldenarchhotel.com, Fax 0266 648 687, 🛏 – 🏢 ⚙
TV ✆ 🕁 P – 🅰 15/60. AE ⓪ ⓜ VISA
☐ 15 – **80 ch** 99/124.
♦ Cet établissement tout neuf est l'un des premiers hôtels de la chaîne Mc Donald Bonne insonorisation, décor moderne avec des touches "feng shui", équipement dernier cri.

L'ETIVAZ Vaud **217** ⑮ – *rattaché à Château-d'Oex.*

EUTHAL 8844 Schwyz (SZ) **216** ⑲ – Höhe 893.
Bern 173 – Luzern 58 – Einsiedeln 9 – Rapperswil 26 – Schwyz 34.

XX **Bürgi's Burehof,** Euthalerstr. 29, ℘ 0554 122 417, info@buergis.burehof.c
⚙ Fax 0554 125 332 – P. AE ⓜ VISA
geschl. 14. Juli - 7. Aug., Montag und Dienstag ausser Feiertage – **Menu** 39 - (mittags)/128 und à la carte 90/133.
♦ Das schindelgedeckte Bauernhaus aus dem Jahre 1860 beherbergt in der 1. Eta eine helle, rustikale Stube, in der man dem Gast Feines einer klassischen Küche auftisc **Spez.** Lammrücken "Burehof". Spanferkelmetzgete (Mitte November). Wildgerich von Hoch-Ybrig (Saison)

Les ÉVOUETTES 1894 Valais (VS) **217** ⑭ – alt. 375.
Bern 101 – Montreux 14 – Aigle 13 – Lausanne 38 – Monthey 15 – Sion 63.

X **Le Maguet "Aux 7 Nains",** ℘ 0244 812 604, Fax 0244 813 797, 🍴 – P. ⓒ
⚙ VISA
fermé lundi soir et dim. sauf fêtes – **Repas** 18 - 80 et à la carte 62/94.
♦ Petite "maison de pays" gérée en famille... Avec ou sans Blanche-Neige, on assur le patron-chef compose une carte traditionnelle attentive à la fraîcheur des produi

FAOUG 1595 Vaud (VD) **217** ⑤ – 564 h. – alt. 434.
Bern 35 – Neuchâtel 32 – Biel 38 – Fribourg 18 – Lausanne 64.

XX **Les Rochettes** *avec ch,* ℘ 0266 702 277, h.bauer@bluewin.c Fax 0266 701 273, 🍴, 🐟 – TV P. AE ⓪ ⓜ VISA ⚙
fermé 3 sem. en nov., dim. soir sauf juil. à août, mardi midi et lundi – **Repas** 78/1 et à la carte 51/130 – **3 ch** ☐ 195.
♦ Un petit espace "trattoria" précède les salons composant la salle à manger où l sert des mets traditionnels. En été, installez-vous à la terrasse entourée d'un jard

AULENSEE Bern 217 ⑦ – siehe Spiez.

ELBEN-WELLHAUSEN 8552 Thurgau (TG) 216 ⑨ – 2 132 Ew. – Höhe 399.
Bern 169 – Sankt Gallen 51 – Konstanz 25 – Schaffhausen 33 – Winterthur 20 – Zürich 51.

🏨 **Schwanen** M, in Wellhausen, Weinfelderstr. 14, ℰ 0527 660 222, info@landgasthof-schwanen.ch, Fax 0527 660 223, 🌿 – 🛌 Zim, 📺 📞 ♿ 🅿 – 🔔 30. AE ⓄD ⓂⓄ VISA
Menu 19.50 - 38 (mittags) und à la carte 56/97 – **22 Zim** ⊇ 98/200.
♦ Die Zimmer im Haus an der Strasse nach Weinfelden sind geräumig und mit hellem oder mit Stahlrohrmobiliar unterschiedlich ausgestattet, die im Nebenhaus sind etwas kleiner. Ein rustikales Beizli ergänzt das modern eingerichtete Restaurant mit Terrasse.

EUSISBERG 8835 Schwyz (SZ) 216 ⑲ – 3 461 Ew. – Höhe 685.
Bern 160 – Luzern 51 – Zürich 35 – Einsiedeln 12 – Schwyz 26.

🏨 **Panorama** M, Schönfelsstr. 1, ℰ 017 860 000, info@panoramaresort.ch, Fax 017 860 099, ≤ Zürichsee, 🌿, Wellness-Center, 🎿, ≋, 🏊, 🎾 – 📶, 🛌 Zim, 📺 📞 🔒 🅿 – 🔔 15/100. AE ⓄD ⓂⓄ VISA 🍴 Zim
Seasons : Menu 25 - 46/125 und à la carte 57/126 – **116 Zim** ⊇ 220/280 – ½ P Zuschl. 80.
♦ Das Hotel liegt freistehend oberhalb des Zürichsees. Die Zimmer, besonders die Juniorsuiten, bieten viel Platz und modernste Ausstattung. Grosse neuzeitliche Wellnessanlage. Das Seasons ist zum See hin gelegen und zeitgemäss in seiner Gestaltung.

EX-CRASIA Graubünden 218 ⑮ – siehe Sils Maria.

IDAZ Graubünden 218 ③ – siehe Flims Dorf.

IESCH 3984 Wallis (VS) 217 ⑱ – 1 022 Ew. – Höhe 1 062 – Wintersport : 1 062/2 869 m ⛷ 2 ⛷ 7 ❄.
Ausflugsziel : Eggishorn★★★ Nord-West mit Luftseilbahn.
🛈 Fiesch-Fiesertal Tourismus, Furkastrasse, ℰ 0279 706 070, info@fiesch.ch, Fax 0279 706 071.
Bern 150 – Brig 17 – Domodossola 83 – Interlaken 93 – Sion 70.

🏨 **Christania** ♨, ℰ 0279 701 010, hotel@christiania.ch, Fax 0279 701 015, ≤, 🌿, ≋ – 📶 📺 🅿 VISA
21. Dez. - 30. März und 10. Mai - 25. Okt. – **Menu** (geschl. Dienstag und Mittwoch im Mai) 25 und à la carte 37/98 – **22 Zim** ⊇ 190/290, Vorsaison ⊇ 140/230 – ½ P Zuschl. 25.
♦ Neben Zimmern mit dunklem Holzmobiliar und einem ordentlichen Platzangebot zählt auch die ruhige Lage am Rande des Dorfes zu den Annehmlichkeiten dieses Domizils. Zum gastronomischen Bereich des Hauses gehören eine Gaststube und das à la carte-Stübli.

🏨 **Derby** garni, ℰ 0279 712 261, hotel-derby@rhone.ch, Fax 0279 714 282, ≤ – 📺 🅿 ⓂⓄ VISA
21. Dez. - 19. April und 16. Juni - 24. Okt. – **18 Zim** ⊇ 85/140, Vorsaison ⊇ 70/120.
♦ Der Chaletbau ausserhalb des Ortes verfügt über 3 Zimmer mit heller, neuzeitlicher Holzmöblierung. Der Rest ist etwas älter und mit dunklen Möbeln ausgestattet.

In Fieschertal Nord-Ost : 2 km – Höhe 1 043 – ✉ 3984 Fiesch :

🏨 **Alpenblick** M ♨, ℰ 0279 701 660, alpenblick@rhone.ch, Fax 0279 701 665, ≤, 🌿, 🎿, ≋, 🏊, 🎾 – 📶 📺 📞 ♿ 🔒 🅿 – 🔔 25. AE ⓂⓄ VISA 🍴 Rest
geschl. Nov. - 15. Dez. und 22. April - 5. Mai – **Menu** 36 (abends) und à la carte 32/82 – **38 Zim** ⊇ 110/180, Vorsaison ⊇ 90/160 – ½ P Zuschl. 25.
♦ Ruhig am Ende des Tales gelegen, hält diese gastliche Adresse sowohl im Stammhaus als auch im Montana funktionelle, mit hellem Holzmobiliar modern gestaltete Zimmer bereit. In dem schlichten Restaurant serviert man traditionelle Küche.

FIESCH

in Niederernen Süd-Ost : 3 km Richtung Ernen – ✉ 3995 Ernen :

XX **Gommer-Stuba** ⓢ mit Zim, ☏ 0279 712 971, Fax 0279 712 971, ≤, 🍽 – [
P. ⓜⓞ VISA. ⌘ Zim
geschl. Mai, 15. Nov. - 15. Dez., Dienstag in der Nebensaison und Montag – Me
54/85 und à la carte 51/97 – **3 Zim** ⊇ 120/140 – ½ P Zuschl. 40.
* Das ruhig gelegene, kürzlich renovierte Restaurant erstrahlt nun in hellen, frisch
Farben. Im Lokal wie auf der Terrasse mit Bergsicht reicht man eine klassisch
Karte.

in Fiescheralp/Kühboden mit Luftseilbahn erreichbar – Höhe 2 214 – ✉ 39
Fiesch :

Eggishorn ⓢ, ☏ 0279 711 444, hotel-eggishorn@fiesch.ch, Fax 0279 713 67
≤ Berge, 🍽, ⇌ – TV ⓜⓞ VISA
2. Dez. - 29. April und 2. Juli - 14. Okt. – **Menu** 16 - 26 (abends) und à la carte 34/8
– **27 Zim** ⊇ 90/200 – ½ P Zuschl. 26.
* Herrliche Ruhe und eine wunderbare Sicht auf die Berge - das schätzen die Gäs
dieser Adresse. Die teils älteren, teils modernen Zimmer verteilen sich auf zwei Ch
lets. Skifahrer und Wanderer stärken sich im Restaurant oder auf der Terrasse m
Panoramasicht.

FIESCHERALP / KÜHBODEN Wallis 217 ⑱ – siehe Fiesch.

FIESCHERTAL Wallis 217 ⑱ – siehe Fiesch.

FIGINO 6918 Ticino (TI) 219 ⑧ – alt. 295.
Bern 248 – Lugano 11 – Bellinzona 38 – Como 36 – Varese 42.

Ceresio, via Cantonale 73, ☏ 0919 951 129, ceresio.figino@bluewin.c
Fax 0919 951 393, ≤, 🍽 – 🛗 TV ☎ P. AE ⓞ ⓜⓞ VISA
chiuso dal 3 novembre al 7 dicembre – **Pasto** (chiuso mercoledì dal 7 dicembre
30 aprile) 16 - 27/38 ed alla carta 38/75 – **15 cam** ⊇ 110/190 – ½ P sup. 30.
* Accogliente albergo a conduzione familiare in riva al lago Ceresio. Camere spazios
curate ; arredamento dal gusto attuale. Alla sala da pranzo rustica del ristoran
preferite l'ombra del pergolato di vigne, sull'ampia veranda esterna. Cucir
classica.

FILISUR 7477 Graubünden (GR) 218 ⑤ – 510 Ew. – Höhe 1 084.
Bern 290 – Chur 49 – Davos 32 – Sankt Moritz 44.

Rätia ⓢ, Bahnhofstr. 163, ☏ 0814 041 105, hotel.raetia@bluewin.c
Fax 0814 042 353, 🍽, ⌇, ⇌ – P. AE ⓜⓞ VISA
geschl. Mitte März - Mitte April, Mitte Okt. - Mitte Nov. und Montag (ausser Hotel
Juli - Aug.) – **Menu** 19.50 und à la carte 39/76 – **15 Zim** ⊇ 70/140 – ½ P Zusc
25.
* Die ruhige Lage oberhalb der Durchgangsstrasse wie auch die teils mit braune
Holzmöbeln, teils hell und modern ausgestatteten Zimmer sorgen für einen erho
samen Aufenthalt. Sie speisen in der heimeligen Gaststube oder im getäferte
Restaurant - mit Terrasse.

FILZBACH 8757 Glarus (GL) 216 ⑳ – 533 Ew. – Höhe 707.
Bern 195 – Sankt Gallen 71 – Altdorf 86 – Glarus 16 – Luzern 96 – Vaduz 47
Zürich 70.

Römerturm ⓢ, Vordemwald, ☏ 0556 146 262, roemerturm@seminarhote
om, Fax 0556 146 263, ≤ Walensee, 🍽 – 🛗 TV ☎ P. – 🛋 15/60. AE
ⓜⓞ VISA
10. - 23. Feb. und 6. - 19. Okt. – **Menu** 32 - 53 (mittags) und à la carte 48/97 – **34 Zi
⊇ 160/250, 4 Suiten – ½ P Zuschl. 52.
* Das im Chaletstil erbaute Hotel liegt schön am Hang. Die unterschiedlich eing
richteten Zimmer sind mit einer Stereoanlage ausgestattet, die Badezimmer m
Whirlwannen. Eine Terrasse mit Postkartenaussicht auf den Walensee ergänzt da
gepflegte Restaurant.

FILZBACH

Top of Sports ⑤, Kerenzerbergstrasse, ☎ 0556 146 666, *topofsports@szk.ch*, Fax 0556 146 699, ≤ Churfirsten, ⚑ – 🛗 📺 🐾 ⚭ 🅿 – 🏛 15/30. ⓜ ᴠɪsᴀ. ※ Rest
geschl. 1. Jan. - 9. Feb. – **Menu** *(von Montag bis Donnerstag nur für Hotelgäste)* à la carte 31/90 – **23 Zim** ⇆ 110/190 – ½ P Zuschl. 25.
◆ Das ruhig an einer kaum befahrenen Strasse gelegene Haus verfügt über funktionelle Zimmer mit dunklem Holzmobiliar - jedes hat einen Balkon mit Sicht auf die Churfirsten. Die einfache Gaststube und das Restaurant sind beide im Stil der 70er Jahre eingerichtet.

ISLISBACH 5442 Aargau (AG) **216** ⑰ – 4 818 Ew. – Höhe 429.
Bern 105 – Aarau 26 – Baden 6 – Luzern 61 – Zürich 28.

Linde, Niederrohrdorferstr. 1, ☎ 0564 931 280, *info@linde-fislisbach.ch*, Fax 0564 932 733, ⚑, ⚓, ⚘ – ⇌ Zim, 📺 🐾 🅿. 🅰🅴 ⓘ ⓜ ᴠɪsᴀ
geschl. 9. - 23. Feb. und 6. Juli - 3. Aug. – **Menu** *(geschl. Mittwoch)* 18 - 65 und à la carte 44/87 – **29 Zim** ⇆ 120/200.
◆ Das ehemalige Zehntenhaus des Klosters Wettingen liegt im Ortszentrum. Die rustikalen Zimmer im Haupthaus wurden aufgefrischt, im Anbau sind sie hell und modern gestaltet. Das Restaurant teilt sich in verschiedene rustikale Räume mit Holzdecke und Sichtbalken.

LAACH 8416 Zürich (ZH) **216** ⑦ – 1 141 Ew. – Höhe 362.
Bern 161 – Zürich 40 – Baden 59 – Schaffhausen 22 – Winterthur 21.

XX **Sternen**, Hauptstr. 29, ☎ 0523 181 313, *info@sternen-flaach.ch*, Fax 0523 182 140, ⚑ – 🅿. 🅰🅴 ⓘ ⓜ ᴠɪsᴀ
geschl. 19. Jan. - 25. Feb., 14. - 29. Juli, Dienstag (ausser Mai - Juni) und Montag (ausser Feiertage) – **Menu** 24 - 50/74 und à la carte 44/105.
◆ Das zentral gelegene Riegelhaus beherbergt zwei gemütliche Restaurationsräume, in denen man dem Gast eine saisonale traditionelle Speiseauswahl präsentiert.

XX **Ziegelhütte**, West : 1,5 km Richtung Rafz, ☎ 0523 181 521, Fax 0523 182 328, ⚑ – 🅿. 🅰🅴 ⓘ ⓜ ᴠɪsᴀ
geschl. 6. - 21. Jan., Dienstag und Mittwoch – **Menu** 32 - 55 und à la carte 47/75.
◆ In den 4 behaglichen, mit Liebe eingerichteten Stuben serviert man gutbürgerliche Gerichte. Zur Saison sollte man den in der Region angebauten Spargel probieren.

LAMATT 3175 Freiburg (FR) **217** ⑥ – Höhe 532.
Bern 18 – Biel 54 – Fribourg 20 – Neuchâtel 57 – Thun 48.

X **Moléson** mit Zim, Bernstr. 1, ☎ 0317 410 240, Fax 0317 413 376, ⚑ – 📺 🅿. 🅰🅴 ⓘ ⓜ ᴠɪsᴀ. ※ Rest
geschl. Sonntagabend und Montag – **Menu** 19 - 69/90 und à la carte 44/96 – **13 Zim** ⇆ 90/160 – ½ P Zuschl. 20.
◆ Im Erdgeschoss des Hauses befinden sich die heimelige Gaststube und ein stimmungsvoller Speisesaal. Der Gast wählt aus einem traditionellen Speisenangebot.

LÄSCH 7306 Graubünden (GR) **218** ④ – 567 Ew. – Höhe 516.
Bern 223 – Chur 39 – Sankt Gallen 73 – Bad Ragaz 15 – Davos 74.

XX **Adler**, ☎ 0813 026 164, Fax 0813 027 329, ⚑ – 🅰🅴 ⓘ ⓜ ᴠɪsᴀ. ※
geschl. 9. - 23. Feb., 22. Juli - 11. Aug., Mittwoch und Donnerstag – **Menu** à la carte 66/110.
◆ Die 1. Etage des alten Bündner Hauses beherbergt eine Gaststube und ein Stübli - beide Räume sind mit Arventäfer rustikal gestaltet. Man serviert Klassisches und Regionales.

XX **Mühle**, Richtung Maienfeld : 1 km, ☎ 0813 307 770, *hermis.muehle@bluewin.ch*, Fax 0813 307 771, ⚑ – 🅿. 🅰🅴 ⓜ ᴠɪsᴀ
geschl. 5. - 26. Jan., 22. Juni - 6. Juli, Sonntag und Montag – **Menu** 38 (mittags)/80 und à la carte 46/100.
◆ Der Landgasthof liegt unterhalb der Rebberge. In der Gaststube und im Restaurant mit Sichtbalken bewirtet man die Gäste mit regional bezogenen gutbürgerlichen Speisen.

FLÄSCH

✕ **Landhaus,** Ausserdorf 39, ☏ 0813 021 436, Fax 0813 021 883, 🍽 – 🄿
geschl. 15. - 30. Juni, 10. - 23. Nov., Montag und Dienstag – **Menu** à la carte 40/9
• Diese nette kleine Adresse befindet sich im 1. Stock eines regionstypischen Hause
Das ländlich-rustikale Innenleben macht das Lokal gemütlich. Schöne Terrasse a
Weinberg !

FLAWIL 9230 Sankt Gallen (SG) 216 ⑳ – 9361 Ew. – Höhe 611.
Bern 194 – Sankt Gallen 16 – Bregenz 53 – Winterthur 45.

🏨 **Toggenburg,** St. Gallerstr. 2, ☏ 0713 935 566, info@toggi.ch, Fax 0713 935 5
– TV, AE ⓘ ⓜ VISA
geschl. 24. Dez. - 2. Jan. und 26. Juli - 10. Aug. – **Menu** 17 - 55 und à la carte 34/8
– **27 Zim** 🛏 92/150 – ½ P Zuschl. 20.
• Das Haus ist zentral an der Durchgangsstrasse gelegen. Hier beziehen Sie praktisch
Gästezimmer, die einheitlich mit braunen Naturholzmöbeln ausgestattet sind. Ein
einfache Dorfbeiz ergänzt die gehobenere, traditionell gestaltete Flawilerstube.

FLIMS Graubünden (GR) 218 ③ – 2425 Ew. – Wintersport : 1103/3018 m ⛷11 ⛷16
Sehenswert : Cassons Grat★★ – Crap Masegn★.
Lokale Veranstaltung
26.09 - 05.10 : Heissluftballonwoche.
🛈 Alpenarena.ch, Flims Dorf, ☏ 0819 209 200, tourismus@alpenarena.c
Fax 0819 209 201.
Bern 239 – Chur 22 – Andermatt 67 – Bellinzona 118.

Flims-Dorf 7017 – Höhe 1070.

🏨 **Curtgin,** 1 via Sulom, ☏ 0819 113 566, hotelcurtgin@kns.ch, Fax 0819 113 45
🍽, 🌷 – 🛗 TV 🚗
16. Dez. - 19. April und 11. Juni - 14. Okt. – **Menu** (nur ½ Pens. für Hotelgäste) (gesc
mittags) – **26 Zim** 🛏 129/262, Vorsaison 🛏 91/122 – ½ P Zuschl. 30.
• Das Haus im ortstypischen Stil bietet seinen Gästen Zimmer mit ordentlichem Plat
angebot und dunklem Arvenmobiliar. Die nach hinten liegenden Räume haben eine
Balkon.

✕ **Conn,** über Wanderweg 40 min. in Conn oder mit Pferdekutschenfahrt ab Waldhau
Post erreichbar, ☏ 0819 111 231, info@conn.ch, Fax 0819 115 580, ≤ Berge, 🍽
– AE ⓘ ⓜ VISA
21. Dez. - 29. März und 25. Mai - 18. Okt. – **Menu** (nur Mittagessen) à la carte 36/8
• Nach einem Fussmarsch von ca. 45 Min. oder einer Kutschenfahrt gelangt man
das idyllische Maiensäss oberhalb der Rheinschlucht. Man bereitet eine regiona
Küche.

in Fidaz Nord : 1 km – Höhe 1151 – ✉ 7019 Fidaz :

✕ **Fidazerhof** Ⓜ mit Zim, ☏ 0819 113 503, info@fidazerhof.ch, Fax 0819 112 17
≤ Berge und Flimsertal, 🍽, 🍽 – 🛗 TV 📞 🚗 🄿, AE ⓘ ⓜ VISA
geschl. 10. - 27. Juni – **Menu** (geschl. Montag in der Zwischensaison) 28 - 3
(mittags)/75 und à la carte 42/98 – **10 Zim** 🛏 150/260, Vorsaison 🛏 100/200
½ P Zuschl. 42.
• Das Chalet in schöner Aussichtslage bietet einen Blick auf das Flimsertal und d
Berge. Im rustikalen Restaurant mit Holztischen serviert man Speisen der regionale
Art.

Flims-Waldhaus 7018 – Höhe 1103.

🏨 **Park Hotels Waldhaus** 🌳, ☏ 0819 284 848, info@park-hotels-waldhaus.c
Fax 0819 284 858, ≤, 🍽, 🍽, 🏊, 🏊, 🎾, 🎪 – 🛗 TV 📞 🚶 🚗 🄿 – 🛎 15/28
AE ⓘ ⓜ VISA
8. Dez. - 12. April und 2. Juni - 11. Okt. – **La Cena** - italienische Küche - **Menu** 4
(mittags)/92 und à la carte 57/97 – **145 Zim** 🛏 220/600, Vorsaison 🛏 160/49
14 Suiten – ½ P Zuschl. 30.
• Verschiedene ruhig in einem schönen Park gelegene, unterirdisch miteinander ve
bundene Häuser bilden das Waldhaus mit eigenem Hotelmuseum. Stilvoll eingerich
tete Zimmer. Im ehemaligen Casino des Hauses liegt das modern-elegante Restauran
La Cena.

FLIMS

Schweizerhof, ℘ 0819 281 010, *schweizerhof.flims@swiss-window.ch*, Fax 0819 281 011, ≼, 常, ⊆s, ⍁, ⛱, ✗ – 🛗 TV 📞 🅿 AE ⓜ VISA. ✗ Rest
2. Dez. - 31. März und 6. Juni - 27. Sept. – **Menu** *26 -* 42 (mittags)/75 und à la carte 50/90 –* **46 Zim** ⊆ 165/400, Vorsaison ⊆ 130/300, 3 Suiten - ½ P Zuschl. 40.
♦ Das schöne, im viktorianischen Stil erbaute Hotel versprüht den Charme der Belle Epoque. Sie beziehen komfortable Standard- oder Superior-Zimmer - teils mit Jugendstil-Dekor. Stuck, Leuchter und stilvolles Mobiliar prägen den schönen Speisesaal.

Adula, ℘ 0819 282 828, *info@adula.ch*, Fax 0819 282 829, 常, Wellness-Center, ℔, ⊆s, ⍁, ⛱, ✗ – 🛗, ✗ Zim, TV 📞 🚼 ⇔ 🅿 – 🔏 15/50. AE ⓘ ⓜ VISA. ✗ Rest
geschl. 2. Nov. - 5. Dez. – **Barga** *(geschl. auch 21. April - 20. Juni, im Sommer Sonntag, Montag und Dienstag) (nur Abendessen)* **Menu** *108 und à la carte 70/112 –* **La Clav** *- italienische Küche -* **Menu** *20 -* 28 (mittags)/78 und à la carte 53/95 – **96 Zim** ⊆ 260/540, Vorsaison ⊆ 145/310 – ½ P Zuschl. 25.
♦ Das Haus überzeugt mit komfortablen Zimmern, die teils im mediterranen Stil gehalten sind, und einem modernen Wellnessbereich. Beeindruckend : eine Sammlung antiker Truhen. Das Barga präsentiert sich gediegen-rustikal. Eine schlichtere Alternative : La Clav.

des Alpes, ℘ 0819 110 101, *info@hotelalpes.ch*, Fax 0819 113 193, ≼, 常, ℔, ⊆s, ⍁, ⛱ – 🛗, ✗ Zim, TV 📞 ⇔ 🅿 – 🔏 60. AE ⓘ ⓜ VISA
1. Dez. - 20. April und 1. Juni - 26. Okt. – **Menu** *15 -* 70 (abends) und à la carte 49/96 – **80 Zim** ⊆ 160/380, Vorsaison ⊆ 120/250 – ½ P Zuschl. 70.
♦ Eine rustikale Halle empfängt den Gast dieses im Dorfkern plazierten Hotels. Die Zimmer sind zeitgemäss mit Arvenholz ausgestattet und verfügen über Sitzecke und Kitchenette. Helles, in ländlichem Stil gehaltenes Restaurant mit gutem Couvert.

Sunstar Surselva ৯, ℘ 0819 281 800, *flims@sunstar.ch*, Fax 0819 281 801, 常, Wellness-Center, ℔, ⊆s, ⍁, ⛱ – 🛗, ✗ Zim, TV 📞 ⇔ 🅿 AE ⓘ ⓜ VISA JCB. ✗ Rest
20. Dez. - 20. April und 2. Juni - 18. Okt. – **Menu** *55* (abends) und à la carte 34/70 – **81 Zim** ⊆ 165/410, Vorsaison ⊆ 130/300 – ½ P Zuschl. 35.
♦ Der imposante, ruhig zwischen Bäumen gelegene Hotelbau aus der Jahrhundertwende bietet beinahe identische Zimmer, die durchweg mit Arvenholzmobiliar eingerichtet sind. Eine Rötisserie mit schöner Holzdecke und Arventäferung ergänzt den Speisesaal.

Cresta ৯, via Dils Larischs, ℘ 0819 113 535, *cresta@kns.ch*, Fax 0819 113 534, ≼ Flimserstein, ⊆s, ⛱ – 🛗, ✗ Rest, TV ⇔ 🅿 AE ⓘ ⓜ VISA JCB. ✗ Rest
14. Dez. - 20. April und 31. Mai - 9. Okt. – **Menu** *(nur ½ Pens. für Hotelgäste) –* **50 Zim** ⊆ 95/260, Vorsaison ⊆ 75/190 – ½ P Zuschl. 20.
♦ Mehrere Gebäude bilden die in einem ruhigen Garten plazierte Hotelanlage - mit Blick zum Flimserstein. Unterschiedlich eingerichtete Zimmer, von Fichtenholz bis Stilmobiliar.

Waldeck, Hauptstrasse, ℘ 0819 281 414, *info@waldeck.ch*, Fax 0819 281 415, 常, ⊆s – 🛗 TV 📞 ⇔ 🅿 – 🔏 15/30. ⓜ VISA
14. Dez. - 31. März und 31. Mai - 19 Okt. – **Menu** *20 -* 28 (mittags)/80 und à la carte 45/106 – **42 Zim** ⊆ 135/290, Vorsaison ⊆ 115/250 – ½ P Zuschl. 26.
♦ Das im Bündner Stil gebaute Hotel liegt im Dorfzentrum nahe der Post. Die Zimmer von ausreichender Grösse sind einheitlich mit rustikalem Arvenholzmobiliar eingerichtet. Das Restaurant teilt sich in das Dorfbeizli mit Terrasse und das getäferte Arvenstübli.

Mira Val, ℘ 0819 111 250, *info@hotelmiraval.ch*, Fax 0819 112 810, ≼ Flimserstein, 常, ⛱ – 🛗 TV ⇔ 🅿 ⓜ VISA. ✗ Rest
1. Dez. - 13. April und 2. Juni - 12. Okt. – **Menu** *(nur ½ Pens. für Hotelgäste) (geschl. mittags) –* **22 Zim** ⊆ 97/240, Vorsaison ⊆ 77/184 – ½ P Zuschl. 35.
♦ Das Haus, von dem man einen schönen Ausblick auf den Flimserstein hat, beherbergt seine Gäste in rustikalen Zimmern, die mit Arvenholzmöbeln wohnlich eingerichtet sind.

XX **Little China**, Hauptstrasse, ℘ 0819 284 848, *info@park-hotels-waldhaus.ch* – AE ⓘ ⓜ VISA
geöffnet 8. Dez. - 12. April und 2. Juni - 11. Okt. ; geschl. Dienstag – **Menu** *- chinesische Küche - (nur Abendessen)* 55 und à la carte 40/73.
♦ Das Restaurant stimmt Sie mit leicht fernöstlichem Dekor auf chinesische Spezialitäten ein - eine Show-Küche ermöglicht interessante Einblicke.

LIMS-WALDHAUS *Graubünden* **218** ③ *– siehe Flims.*

FLÜELEN 6454 Uri (UR) 218 ① – 1 780 Ew. – Höhe 436.
Bern 152 – Luzern 39 – Altdorf 3 – Andermatt 25 – Schwyz 16.

Hostellerie Sternen, Axenstr. 6, ☏ 0418 750 303, info@bonetti.c
Fax 0418 750 305, 🌿 – 📺 📞 – 🛁 40. AE ⓘ ⓜ VISA JCB
geschl. 8. Feb. - 14. März – **Menu** 29 - 46 (mittags)/88 und à la carte 54/100 – **19 Z**
☐ 120/210 – ½ P Zuschl. 40.
♦ An der Durchgangstrasse im Ortszentrum findet der Reisende dieses kleine Hot
das ihm saubere und sehr gepflegte, mit solidem Holzmobiliar eingerichtete Zimm
bietet. In dem schlicht gestalteten Restaurant nehmen Sie an gut eingedeckt
Tischen Platz.

Flüelerhof, Axenstr. 38, ☏ 0418 711 471, flueelerhof@bluewin.c
Fax 0418 700 014, ≤, 🌿 – 📺 📞 P. AE ⓘ ⓜ VISA
geschl. 23. Dez. - 31. Jan. – **Menu** (geschl. Dienstag) 20 und à la carte 34/78 – **24 Z**
☐ 89/160 – ½ P Zuschl. 45.
♦ Das Haus liegt an der Durchgangstrasse in Richtung Brunnen. Die wohnlichen Zi
mer sind mit einfachem, dunklem Furnierholzmobiliar zweckmässig eingerichtet.
Parterre : Gaststube mit Terrasse und kleiner à la carte-Bereich, im 1. Stock : Pizze
mit Holzofen.

FLÜH 4112 Solothurn (SO) 216 ④ – Höhe 381.
Bern 114 – Basel 11 – Biel 87 – Delémont 36 – Mulhouse 41 – Olten 60 – Solothurn 6

Martin, Hauptstr. 94, ☏ 0617 311 002, restaurant_martin@tiscalinet.c
Fax 0617 311 103, 🌿 – P. AE ⓘ ⓜ VISA
geschl. 3. - 16. März, 29. Sept. - 12. Okt., Sonntag und Montag – **Menu** (Tischbestellu
ratsam) 25 - 75/125 und à la carte 81/157.
♦ Nahe dem Zollhäuschen liegt das Restaurant mit den zwei schön eingerichteten Sp
sesälen. Ausgewählte Produkte werden sorgfältig zu klassischen Gerichten verarbeit
Spez. Salade de langoustine royale. Escalope de foie gras aux fruits de saison. Po
larde de Bresse piquée aux truffes noires (Herbst - Winter).

Zur Säge (Suter), Steinrain 5, ☏ 0617 311 577, suter@saege-flueh.c
Fax 0617 311 463, 🌿 – P. AE ⓘ ⓜ VISA
geschl. Ende Jan. 2 Wochen, Mitte Juli - Mitte Aug., Samstagmittag, Montag u
Dienstag – **Menu** 28 - 51 (mittags)/125 und à la carte 87/140.
♦ In der einfachen, aber gemütlich-rustikalen Stube des Dorfgasthauses ist Holz to
angebend. Alles andere ist einfach ist jedoch die feine klassische Küche.
Spez. Grillierte Scampi auf Limettenrisotto. Gefüllte Grünkohlrouladen auf Kalbsfo
Emmentaler Kalbskotelette mit frischen Waldpilzen

FLÜHLI Luzern (LU) 217 ⑧ – 1 743 Ew. – Höhe 893.
🎿 Flühli-Sörenberg (Mai - Okt.) ☏ 0414 880 118, Fax 0414 880 119, Süd : 2 k
Richtung Sörenberg.
Bern 57 – Luzern 47 – Langnau im Emmental.

Kurhaus, Dorfstr. 3, ☏ 0414 881 166, Fax 0414 882 353, 🌿 – 📺, ≼ Zim, [
P. – 🛁 15/130. AE ⓘ ⓜ VISA
geschl. 30. März - 15. April, 10. - 25. Nov. und Dienstag – **Menu** 16 - 25 und à la car
40/78 – **14 Zim** ☐ 100/170 – ½ P Zuschl. 35.
♦ Das im Dorfzentrum gelegene ehemalige Kurhaus aus dem 19. Jh. bietet Zimme
die - wie das ganze Haus - mit hellem Naturholz im einfach-rustikalen Stil gestalt
sind. Sie speisen in gemütlichen, getäferten Stuben aus der Jahrhundertwende. M
Gartenterrasse.

FLUMSERBERG TANNENBODENALP 8898 Sankt Gallen (SG) 216 ㉑ – Höhe 1 342
Wintersport : 1 390/2 222 m ≰4 ≰14 🎿.
🛈 Touristikverein, ☏ 0817 201 818, info@flumserberg.com, Fax 0817 201 819.
Bern 207 – Sankt Gallen 83 – Chur 58 – Vaduz 64 – Zürich 82.

Tannenboden garni, ☏ 0817 331 122, tannenboden@bluewin.c
Fax 0817 332 458, ≤ Churfirsten, 🌿 – 📺 P. ⓜ VISA 🐕
geschl. 12. Mai - 21. Juni, 20. Okt. - 28. Nov. und Mittwoch im Sommer – **20 Zi**
☐ 98/196, Vorsaison ☐ 70/140.
♦ Neben dem schönem Ausblick auf die Churfirsten bietet das Haus teils renovier
und mit rustikalem Voglauermobiliar ausgestattete, teils auch dunkel möblierte Gä
tezimmer.

FLUMSERBERG TANNENBODENALP

n Flumserberg Tannenheim Süd-Ost : 1,5 km – Höhe 1 215 – ✉ 8897 Flumserberg Tannenheim :

XX **Cafrida** ⊗, mit Zim, ✆ 0817 331 193, hotel@cafrida.ch, Fax 0817 331 555, ≤ Churfirsten und Alvierkette, 🍴 – 🅿 AE ⑩ 🅜 VISA
Ende Nov. - Ende April und Ende Juni - Ende Okt. (geschl. Dienstag ausser Feb. - Mitte März und Montag in der Zwischensaison) **Stübli** (Tischbestellung erforderlich) **Menu** 44 (mittags)/125 und à la carte 57/115 – **Tagesrestaurant** : **Menu** 22 - 55 und à la carte 35/97 – **10 Zim** ⊇ 149/258, Vorsaison ⊇ 112/238 – ½ P Zuschl. 49.
♦ Ein offener Kamin und schön geschmückte Wände unterstreichen den gediegenen Rahmen des Stüblis. Sie wählen von einer traditonellen Karte. Von der Terrasse des Tagesrestaurants blickt man auf die Churfirsten und die Alvierkette.

ORCH 8127 Zürich (ZH) **216** ⑲ – Höhe 689.
Bern 139 – Zürich 14 – Rapperswil 24 – Winterthur 42.

🏨 **Wassberg** ⊗, Wassbergstr. 62, ✆ 019 804 300, info@hotel-wassberg.ch, Fax 019 804 303, ≤ Greifensee, 🍴 – 📱 TV video 📞 🅿 – 🛋 25. AE ⑩ 🅜 VISA
Menu 36 und à la carte 41/95 – **15 Zim** ⊇ 145/254.
♦ Das Hotel liegt ruhig auf einem Hochplateau über dem Greifensee am Waldrand und bietet ein schönes Alpenpanorama. Die Zimmer sind mit neuzeitlichem Holzmobiliar eingerichtet. Die Restauration teilt sich in Bologneserstube mit schöner Sicht und die Weinstube.

a FOULY 1944 Valais (VS) **219** ② – alt. 1605.
Bern 159 – Martigny 32 – Aosta 65 – Chamonix-Mont-Blanc 70 – Sion 60.

🏨 **Edelweiss** ⊗, ✆ 0277 832 621, hotel.edelweiss@st-bernard.ch, Fax 0277 832 820, ≤ glacier de l'À Neuvaz, 🍴, 🧖, 🍴, ✗ – 📱 TV 🅿 AE ⑩ 🅜 VISA, ✗ rest
9 déc. au 29 mars et 2 juin au 9 oct. – **Repas** (fermé lundi hors saison) 18 et à la carte 42/74 – **20 ch** ⊇ 96/148 – ½ P suppl. 25.
♦ L'hôtel, lové au creux de la charmante vallée, offre une vue sur les sommets. Chambres de style chalet moderne et dortoir pour les randonneurs. Restaurant ouvert sur le glacier de l'À Neuvaz vous mitonnant des plats de gibier en période de chasse.

RAUBRUNNEN 3312 Bern (BE) **216** ⑮ – 1576 Ew. – Höhe 496.
Bern 19 – Biel 37 – Burgdorf 20 – Olten 50 – Solothurn 16.

XX **Zum Brunnen,** Bernstr. 6, ✆ 0317 677 216, Fax 0317 678 298, 🍴 – 🅿 AE ⑩ 🅜 VISA
geschl. 2. - 19. Jan., 28. Juli - 10. Aug., Montag und Dienstag – **Menu** - schweizer Spezialitäten - 25 - 39 (mittags)/79 und à la carte 57/108.
♦ Das Restaurant besteht aus der ländlichen Gaststube und den à la carte-Stuben. Hier werden mit regionalen Frischprodukten auch klassische Gerichte zubereitet.

RAUENFELD 8500 K Thurgau (TG) **216** ⑧ ⑨ – 21 059 Ew. – Höhe 405.
🏨 in Lipperswil, ✉ 8564, ✆ 0527 700 405, Fax 0527 700 406, über Kantonalstrasse 1 Richtung Kreuzlingen : 16 km.
Lokale Veranstaltung
22.08 - 24.08 : Grosses Stadtfest (200-Jahr-Jubiläum Hauptstadt und Kanton).
🛈 Tourist Services Stadt und Region Frauenfeld, Bahnhofplatz 75, ✆ 0527 213 128, info@stadt-frauenfeld.ch, Fax 0527 221 064.
Bern 167 – Zürich 46 – Konstanz 30 – Sankt Gallen 47 – Schaffhausen 29 – Winterthur 17.

🏨 **Domicil** M, Oststr. 51 (Ausfahrt Frauenfeld-Ost), ✆ 0527 235 353, info@domicil.ch, Fax 0527 235 354, 🍴 – 📱 🅿 – 🛋 15/50. AE ⑩ 🅜 VISA
geschl. 24. Dezember - 5. Jan. – **Menu** 16.50 - 32 (mittags) und à la carte 43/87 – **48 Zim** ⊇ 125/190 – ½ P Zuschl. 35.
♦ Nicht weit von der Autobahnausfahrt und neben der Pferderennbahn gelegen, bietet dieses neue Hotel moderne Zimmer, die einheitlich mit hellem Mobiliar ausgestattet sind. Modern auch die Gastwirtschaft und der Speisesaal, beide mit Ausgang zur Terrasse.

FRAUENFELD

XX **Zum Goldenen Kreuz** mit Zim, Zürcherstr. 134, ℘ 0527 250 110, beat.jost@oldeneskreuz.ch, Fax 0527 250 120, 🍴 – 📺 📞 🅿 AE ① ⓜⓒ 𝘝𝘐𝘚𝘈
Menu (geschl. Sonntagabend, Montag und im Sommer auch Sonntagmittag) 25 - 5 und à la carte 52/103 – **9 Zim** ⌂ 100/200.
♦ Das Haus, in dem schon Goethe und Gottfried Keller weilten, erhält durch eir guterhaltene, bemalte Holztäferung aus dem 17. Jh. seinen unverwechselbaren, ru tikalen Charme.

in Erzenholz West : 4 km Richtung Schaffhausen – Höhe 385 – ✉ 8500 Frauenfeld :

XX **Zur Hoffnung,** Schaffhauserstr. 266, ℘ 0527 207 722, hoffnungerzenholz@uewin.ch, Fax 0527 207 749, 🍴 – 🅿 AE ⓜⓒ 𝘝𝘐𝘚𝘈
geschl. 27. Jan. - 11. Feb., 21. Juli – 12. Aug., Montag und Dienstag – **Menu** 22 - 9 und à la carte 54/104.
♦ Entweder geht der Gast nach links in die rustikale Stube oder er wendet sich nac rechts in das elegante Restaurant mit dem kleinen Wintergarten. Beide mit klassische Karte.

FREIBURG Freiburg **217** ⑤ – siehe Fribourg.

FRIBOURG (FREIBURG)

1700 C *Fribourg (FR)* **217** ⑤ *– 31 691 h. – alt. 640*

Bern 34 ① *– Neuchâtel 44* ③ *– Biel 50* ① *– Lausanne 71* ④ *– Montreux 61* ④.

🛈 *Fribourg Tourisme, 1 av. de la Gare,* ℰ *0263 213 175, info@fribourg tourism.ch, Fax 0263 223 527* CY.
✤ *21 r. de l'Hôpital,* ℰ *0263 503 939, Fax 0263 503 940* CY.
✤ *10 r. de Romont,* ℰ *0263 418 020, Fax 0263 224 437* CY.

Manifestations locales
16.03 – 23.03 : Festival international de films de Fribourg
04.07 – 20.07 : Festival international de Jazz
19.08 – 24.08 : Rencontres folkloriques internationales

▸₁₈ *Gruyère à Pont-la-Ville,* ✉ *1649 (mars-déc.)* ℰ *0264 149 400, Fax 0264 149 420, Sud : 17 km par rte de Bulle.*
▸₁₈ *à Wallenried,* ✉ *1784,* ℰ *0266 848 480, Fax 0266 848 490, Nord : 10 km par rte de Morat.*

Voir : *Site*★★ *– Vieille ville*★ *– Ville haute*★ *: Hôtel de Ville*★ CY **H**, *cathédrale St-Nicolas*★ DY *: tympan*★★*, stalles*★*, église des Cordeliers* CY *: triptyque*★*, retable*★★*, stalles*★*.*
Musée : *Art et Histoire*★ CY *: groupe de 14 statues*★*.*
Environs : *Barrage de Rossens*★ *Sud : 15 km par* ③.

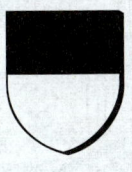

FRIBOURG

Au Parc Hotel M, 37 rte de Villars, ℰ 0264 295 656, info@auparc-hotel.ch, Fax 0264 295 657, 😊, 🛎 – 📶, ✂ ch, 🍽 rest, 📺 video 📞 🚗 🅿 – 🚘 15/130. ᴀᴇ ① ᴍᴄ ᴠɪsᴀ ᴊᴄʙ
AX m
La Coupole - cuisine thaïlandaise - *(fermé mi-juil à mi-août, dim. et lundi)* **Repas** 18 - 26 (midi)/68 et à la carte 40/82 – **La Terrasse** (brasserie) *(fermé dim. soir)* **Repas** 17 - 27 et à la carte 45/90 – **71 ch** ⌑ 200/260 – ½ P suppl. 35.
♦ Établissement confortable, bâti à l'entrée de la ville. Architecture et intérieur contemporains. Salles de séminaire dotées d'équipements complets. La Coupole conjugue esprit moderne et cuisine thaïe. La Terrasse organise chaque quinzaine des journées à thème.

NH Fribourg Hotel M, 14 Grand-Places, ℰ 0263 519 191, nhfribourg@nh-hotels.ch, Fax 0263 519 192, ≤, 😊 – 📶, ✂ ch, 📺 📞 🚗 – 🚘 15/400. ᴀᴇ ① ᴍᴄ ᴠɪsᴀ ᴊᴄʙ
CY e
California : Repas 17 - 29 (midi)/45 et à la carte 41/96 – **122 ch** ⌑ 215/335 – ½ P suppl. 32.
♦ Construction, érigée en plein centre-ville, surplombant la Sarine. Les chambres (beaucoup de "single") sont particulièrement prisées par la clientèle d'affaires. Son restaurant California célèbre la mythique côte Ouest des Etats-Unis... Un western gourmand !

Au Sauvage M, 12 Planche-Supérieure, ℰ 0263 473 060, info@hotel-sauvage.ch, Fax 0263 473 061, 😊 – 📶 📺 📞 ♿. ᴀᴇ ① ᴍᴄ ᴠɪsᴀ, ✂ rest
DY r
Repas *(fermé 2 sem. début janv., 2 sem. en juil., dim. et lundi)* 16 - 48 (midi)/77 et à la carte 46/92 – **17 ch** ⌑ 190/300 – ½ P suppl. 45.
♦ Maison de caractère nichée au cœur de la vieille cité. Un bel escalier design mène aux chambres personnalisées dont le carrelage des salles de bains est décoré à la main. Ses deux petites salles à manger vous accueillent dans un cadre moderne soigné.

Duc Berthold, 5 r. des Bouchers, ℰ 0263 508 100, ducbertholdfribourg@bluewin.ch, Fax 0263 508 181, 🛎 – 📶, 🍽 ch, 📺 video – 🚘 25. ᴀᴇ ① ᴍᴄ ᴠɪsᴀ ᴊᴄʙ
Rest. : fermés sam. midi et dim. – **La Marmite : Repas** 17 - 48 et à la carte 58/101 – **L'Escargot** (brasserie) **Repas** 17 - 48 et à la carte 47/81 – **36 ch** ⌑ 160/240.
♦ Cette noble demeure du 13ᵉ s. porte le nom des ducs fondateurs de la ville. De la confortable et bourgeoise salle de la Marmite, magnifique vue sur la Sarine et le Vieux Fribourg. Menus riches et complexes. L'Escargot propose une petite carte traditionnelle.
DY c

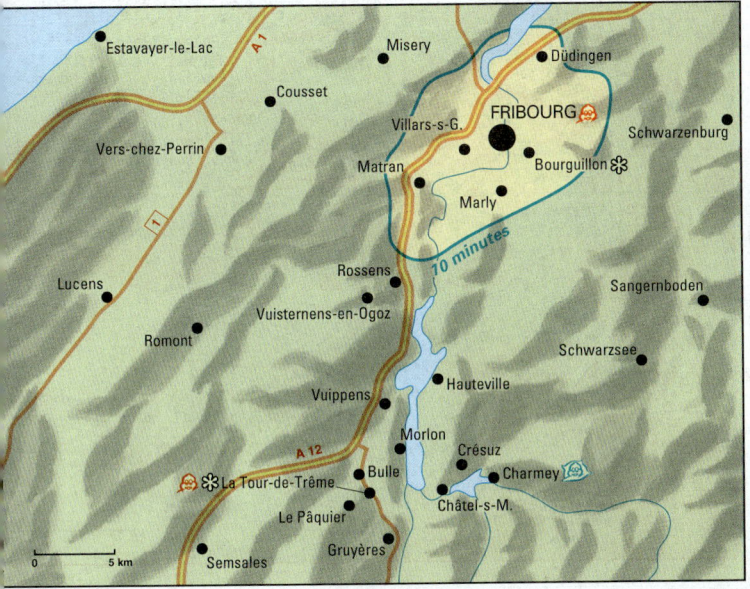

FRIBOURG

Alpes (Rte des)	**CY**	3
Beauregard (Av.)	**BX**	4
Berne (Rte de)	**BX**	6
Château d'Affry (Rte du)	**AX**	7
Europe (Av. de l')	**CY**	8
Gare (Av. de la)	**CY**	9
Georges-Python (Pl.)	**CY**	10
Grand-Fontaine (R. de la)	**CY**	12
Guisan (Av. du Gén.)	**BX**	13
Hôpital (R. de l')	**CY**	15
Industrie (R. de l')	**CZ**	16
Jura (Rte du)	**ABX**	18
Lac Noir (Rte du)	**BX**	19
Lausanne (R. de)	**CY**	
Marly (Rte de)	**BX**	21
Midi (Av. du)	**BX**	22
Neuveville (R. de la)	**CY**	24
Payerne (Rte de)	**AX**	25
Pérolles (Bd de)	**CZ**	
Planche Supérieure	**DY**	26
Préalpes (Rte des)	**AX**	27
Romont (R. de)	**CY**	28
Samaritaine (R. de la)	**DY**	30
St-Jean (Pont de)	**DY**	31
Tavel (Rte de)	**DY**	33
Tivoli (Av. de)	**CY**	34

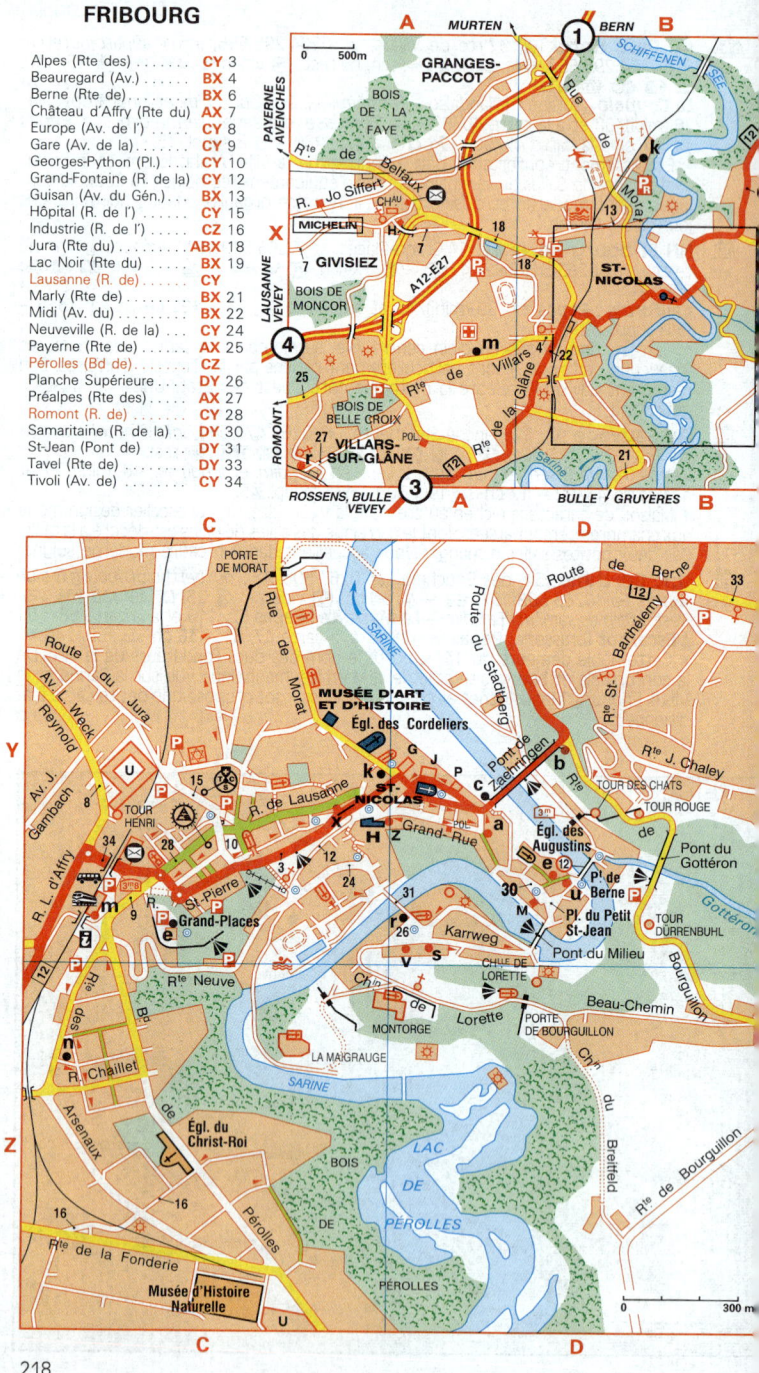

FRIBOURG

🏨 **La Rose,** 1 r. de Morat, ☎ 0263 510 101, info@hoteldelarose.ch, Fax 0263 510 100 – 📶, ✂ ch, 📺 video – 🛁 15/40. AE ⓘ ⓜ VISA JCB   CY k
Repas - cuisine italienne - (fermé lundi) 18 - 35 (midi)/45 et à la carte 41/87 – **40 ch** ⊇ 140/240 – ½ P suppl. 30.
 • Maison séculaire en pierre sise dans le centre historique, près de la cathédrale. Coin salon actuel. Chambres assez spacieuses garnies d'un mobilier homogène. Toute l'Italie réunie au creux de vos assiettes dans la salle à manger de La Rose, sur deux niveaux.

🏨 **Alpha** sans rest, 13 r. du Simplon (2ᵉ étage), ☎ 0263 227 272, info@alpha-hotel.ch, Fax 0263 231 000 – 📶 📺 📞. AE ⓘ ⓜ VISA   CZ n
27 ch ⊇ 140/200.
 • Les chambres de cet hôtel, bâti dans un quartier résidentiel, sont bien insonorisées. Les "couche-tard" peuvent s'offrir une séance au cinéma, installé dans le même bâtiment.

🏨 **Auberge aux 4 Vents,** 124 rte de Grandfey, ☎ 0263 473 600, auberge@aux4vents.ch, Fax 0263 473 610, 🍴, ⛱, ♨ – 📺 📞. ⓜ VISA   BX k
fermé 1ᵉʳ au 3 janv. et 31 mars au 27 avril – **Repas** (fermé mercredi et le midi sauf samedi et dimanche) 52 et à la carte 40/72 – **8 ch** ⊇ 60/240.
 • Site plaisant, accueil familial affable, décor gentiment "kitsch", chambres mignonnes et salon-bibliothèque. Un bon petit point de chute fribourgeois. L'Auberge vous attable dans une véranda moderne en rotonde. Cuisine actuelle de bon aloi, très naturelle.

🍴🍴🍴 **Le Pérolles/P.-A. Ayer,** 18a bd de Pérolles, ☎ 0263 474 030, ayer@leperolles.ch, Fax 0263 474 032, 🍴 – 📶, 🍽 – AE ⓘ ⓜ VISA
fermé Noël, Pâques, 29 mai au 2 juin, 19 au 23 juin, 27 juill. au 18 août, dim. et lundi – **Repas** 38 – 58 (midi)/120 et à la carte 84/139.
 • Table de grande qualité, au goût du jour, qui régalera vos papilles dans un cadre résolument moderne et élégant. L'été, vous aimerez son agréable terrasse entourée de verdure.

🍴🍴 **Grand Pont "La Tour Rouge",** 2 rte de Bourguillon, ☎ 0264 813 248, grand-pont@bluewin.ch, Fax 0264 815 444, 🍴 – AE ⓘ ⓜ VISA. ✂   DY b
fermé dim. soir et merc. – **Repas** 56 (midi)/108 et à la carte 63/120 – **La Galerie** (brasserie) **Repas** 18 - 49/74 et à la carte 45/96.
 • Cette table, postée à l'entrée du pont de Zaehringen, sert une cuisine soignée. Salle à manger cossue, terrasse surplombant la Sarine et perspective sur la ville. La Galerie, café de style néo-rustique, propose un grand choix de recettes à prix raisonnables.

🍴🍴 **Auberge de Zaehringen,** 13 r. de Zaehringen, ☎ 0263 224 236, office@auberge-de-zaehringen.ch, Fax 0263 226 908, ≤ – ⓜ VISA JCB   DY a
fermé dim. et lundi – **La Galerie : Repas** 48 (midi)/99 et à la carte 75/113 – **La Brasserie : Repas** 20 (midi)/47 et à la carte 43/96.
 • Cette maison patricienne, dominant le vieux Fribourg, est un haut lieu de la gastronomie régionale. La Galerie accueille des expositions et concocte une carte étoffée. La Brasserie offre une bonne cuisine à petits prix dans un cadre décontracté.

🍴🍴 **Schild,** 21 Planche-Supérieure, ☎ 0263 224 225, Fax 0263 231 233, 🍴 – AE ⓘ ⓜ VISA   DY s
fermé 29 juil. au 20 août, mardi et merc. – **Repas** 49 (midi)/110 et à la carte 71/117 **Brasserie : Repas** 17.50 et à la carte 46/78.
 • Dans une bâtisse ancienne de la ville basse, restaurants récemment rajeunis, devancés d'une terrasse estivale et prolongés d'un caveau voûté. Carte et menus attrayants. La Brasserie, sa petite sœur, vous concocte d'appétissants plats traditionnels.

🍴 **La Cigogne,** 24 r. d'Or, ☎ 0263 226 834, Fax 0263 226 841, 🍴 – AE ⓜ VISA. ✂
fermé 24 fév. au 11 mars, 1ᵉʳ au 23 sept., dim. et lundi – **Repas** 17 - 22/95 et à la carte 54/111.   DY u
 • Face au pont couvert de Berne, dans un quartier pittoresque du centre, restaurant au décor "tendance" agrandi d'une petite cour intérieure parsemées de tables. Mets actuels.

🍴 **La Grotta,** 5 r. d'Or, ☎ 0263 228 100, d.dula@grotta.ch, Fax 0263 410 701 – ⓜ VISA. ✂   DY e
fermé juil. - août, dim. et lundi – **Repas** (dîner seul.) 47/85 et à la carte 42/62.
 • Dans une coquette ruelle du centre, voici une écurie d'auberge moyenâgeuse convertie en restaurant. Cuisine piémontaise servie dans un cadre rustique chaleureux.

FRIBOURG

※ **L'Epée,** 39 Planche Supérieure, ℘ 0263 223 407, mteufel@vtx.c
Fax 0263 223 407, 🍴 – **MC VISA JCB** DY
fermé Noël, Nouvel An, 20 juil. au 20 août, lundi soir et dim. – **Repas** 15 - 65 et à la carte 40/87.

♦ L'établissement borde une grande place pavée du vieux Fribourg. Des exp sitions d'art contemporain égayent les salles à manger modernes. Cuisine et p attractifs.

※ **Hôtel de Ville,** 6 Grand-Rue (1er étage), ℘ 0263 221 026, Fax 0263 212 714
fermé Noël, 18 au 28 avril, 28 juil. au 18 août, dimanche soir, mardi midi et lund
Repas - cuisine italienne - 14.50 - 17 (midi)/59 et à la carte 33/77. CDY

♦ Le coeur historique recèle plus d'une adresse sympathique. En voici une qui prépa de juteuses spécialités italiennes à choisir sur la carte ou... sur le miroir de salle !

※ **Auberge du Chasseur,** 10 r. de Lausanne, ℘ 0263 225 698, Fax 0263 225 6
– **AE ① MC VISA** – 🍴 CY
fermé lundi – **Repas** - fondue et raclette - 14.50 et à la carte environ 39.

♦ En quête d'une table où tester la fameuse réputation du fromage suisse ne che chez plus : vous goûterez, dans une ambiance couleur locale, diverses raclettes fondues.

à Bourguillon Sud-Est : 2 km – BX – alt. 669 – ✉ 1722 Bourguillon :

XXX **Des Trois Tours** (Bächler), 15 rte de Bourguillon, ℘ 0263 223 069, info@tr
❀ tours.ch, Fax 0263 224 288, 🍴 – **P. AE ① MC VISA**. 🍴 BX
fermé 24 déc. au 4 janv., 15 juil. au 2 août, dim. et lundi – **Repas** (nombre de couver limité - prévenir) 58 (midi)/120 et à la carte 74/123 – **Brasserie** (fermé le soir) Rep 17 - 26 et à la carte 57/90.

♦ Sur les hauts de Fribourg, maison abritant une vaste salle à manger à la fois cla sique et design, bien assortie au style panaché de la cuisine. La Brasserie sert d mets traditionnels revisités façon "tendance" dans une ambiance chic mais déco tractée.

Spéc. Gâteau de foie gras (automne - hiver). Rondelles de saumon et St-Jacques a perles d'Iran (hiver - printemps). Poularde fermière de Gruyère aux truffes du pa (été)

à Marly Sud : par rte de Marly - BX : 4 km – alt. 622 – ✉ 1723 Marly :

🏨 **Grand-Pré** sans rest, 3 imp. du Nouveau-Marché, ℘ 0264 365 060, info@hot -grandpre.ch, Fax 0264 362 150 – 📶 TV 📞 **AE ① MC VISA**
fermé 20 déc. au 3 janv. – **22 ch** 🍽 150/190.

♦ Un séjour au calme vous est promis dans cet hôtel mettant à votre disp sition des chambres classiquement décorées. Parties de billard disputées au co salon.

※ **Le Centre,** 1 r. Pralettes (centre commercial), ℘ 0264 363 355, lecentre@blu
win.ch, Fax 0264 363 356, 🍴 – **AE ① MC VISA**. 🍴
fermé 22 juil. au 19 août, sam. soir, dim. et fériés – **Repas** 16 - 50/72 et à la car 40/69.

♦ Entre deux achats au centre commercial, reprenez quelques forces en goûtant cuisine traditionnelle de ce restaurant aux allures de brasserie moderne.

à Villars-sur-Glâne – alt. 689 – ✉ 1752 Villars-sur-Glâne :

XX **Le Grondin,** 1 rte des Préalpes (gare), par rte de Romont : 4 km - A
℘ 0264 011 919, legrondin@bluewin.ch, Fax 0264 011 922, 🍴 – 🔲 **P. AE (
MC VISA** AX
fermé 18 au 22 avril, 28 juil. au 18 août et dim. – **Repas** 15 - 43/75 et à la car 50/81.

♦ De claires boiseries sculptées ajoutent à l'atmosphère feutrée de cette salle restaurant colorée de tons pastel. Recettes au goût du jour. Terrasse ombragée platanes.

Société Anonyme des Pneumatiques MICHELIN 36 rte Jo Siffert – ✉ 1762 Givisie ℘ 0264 677 111, Fax 0264 661 674 - **AX**

Si le coût de la vie subit des variations importantes,
les prix que nous indiquons peuvent être majorés.
Lors de votre réservation à l'hôtel, faites-vous préciser le prix définitif.

RICK 5070 Argau (AG) 216 ⑤ – 3 805 Ew. – Höhe 360.
Bern 92 – Aarau 16 – Baden 28 – Basel 38 – Schaffhausen 68.

🏨 **Platanenhof**, Bahnhofstr. 21, ☏ 0628 657 171, info@platanenhof.ch, Fax 0628 657 156, 🍴 – 🛗, 🚭 Zim, 📺 📞 🚗 🅿 – 🛎 15/35. 🅰🅴 ⓞ 🆔 VISA geschl. 27. - 30. Dez., 8. - 24. Feb. und 19. Juli - 4. Aug. – **La Volière** : Menu 48 (mittags)/120 und à la carte 67/127 – **24 Zim** 🛏 170/250.
♦ Das teils neu gebaute, teils renovierte Haus liegt nicht weit vom Bahnhof. Die im Anbau befindlichen modernen Zimmer sind mit Furnierholzmobiliar eingerichtet. Hell und freundlich zeigt sich die Atmosphäre im La Volière.

🏨 **Engel**, Hauptstr. 101, ☏ 0628 650 000, mail@engel.frick.ch, Fax 0628 650 001 – 🚭 Rest, 📺 video 📞 🅿 – 🛎 25. 🅰🅴 ⓞ 🆔 VISA
Menu (geschl. Weihnachten) 33 - 85 (abends) und à la carte 55/122 – **Gaststube** : Menu 16 und à la carte 43/99 – **20 Zim** 🛏 98/188 – ½ P Zuschl. 38.
♦ Im hinteren Teil dieses langgezogenen Hotelhauses stehen für Reisende einheitlich mit dunklem Massivholzmobiliar eingerichtete Zimmer bereit. Restaurant mit gediegenem Ambiente.

RUTHWILEN 8559 Thurgau (TG) 216 ⑨ – Höhe 513.
Bern 199 – Sankt Gallen 48 – Frauenfeld 32 – Konstanz 13 – Schaffhausen 41 – Winterthur 49.

🍴 **Haldenhof** mit Zim, Hauptstr. 8, ☏ 0716 641 964, hotel_haldenhof@bluewin.ch, Fax 0716 641 944, ≤ Bodensee, 🍴, 🌳 – 📺 🅿. 🅰🅴 ⓞ 🆔 VISA
geschl. 15. Jan. - 1. März und Dienstag – **Menu** 70 und à la carte 43/111 – **5 Zim** 🛏 80/160.
♦ Das Restaurant im Landgasthaus bietet dank seiner grosszügigen Fensterfront einen schönen Ausblick auf den Untersee und die Insel Reichenau. Gutbürgerliche Gerichte.

RUTIGEN 3714 Bern (BE) 217 ⑦ ⑰ – 6 574 Ew. – Höhe 803 – Wintersport : 1 300/2 300 m ⛷1 ⛷7 🎿.
🛈 Frutigen Tourismus, Dorfstr. 18, ☏ 0336 711 918, Fax 0336 715 421.
Bern 54 – Interlaken 33 – Adelboden 16 – Gstaad 65.

🏨 **National**, Obere Bahnhofstr. 10, ☏ 0336 711 616, Fax 0336 714 015, ≤, 🍴 – 🚭 Rest, 📺 🅿. 🅰🅴 ⓞ 🆔 VISA
geschl. Nov. 3 Wochen – **Menu** (geschl. Mittwoch) 16 und à la carte 31/67 – **20 Zim** 🛏 75/150 – ½ P Zuschl. 28.
♦ Das Hotel in einer Häuserzeile im Zentrum verfügt über Zimmer unterschiedlicher Grösse, die einheitlich mit lackiertem Fichtenholzmobiliar im ländlichen Stil gehalten sind. Ein rustikaler Tea-Room mit Confiserie ergänzt das à la carte-Restaurant.

TAN 7551 Graubünden (GR) 218 ⑦ – 480 Ew. – Höhe 1 648 – Wintersport : 1 650/2 391 m ⛷3.
🛈 Verkehrsverein, ☏ 0818 640 557, Fax 0818 640 537.
Bern 332 – Scuol 8 – Chur 107 – Davos 50 – Sankt Moritz 63.

🏨 **Haus Paradies** (Hitzberger) Ⓜ 🍃, Süd-West : 1 km Richtung Ardez, ☏ 0818 610 808, info@hotelhausparadies, Fax 0818 610 809, ≤ Inntal und Lischanagruppe, 🍴, 🌴, 🌳 – 🛗, 🚭 Rest, 📺 📞 🚗 🅿. 🅰🅴 ⓞ 🆔 VISA
🚫 Rest
14. Dez. - 30. März und 24. Mai - 26. Okt. – **La Bellezza** (geschl. Montag - Dienstag und nur Abendessen Mittwoch - Freitag) (Tischbestellung ratsam) **Menu** 170 und à la carte 112/176 – **Bellavista** (nur Abendessen) **Menu** 58 (mittags)/80 und à la carte 68/106 – **Stüva Paradis** (geschl. Mittwochabend) **Menu** à la carte 66/108 – **17 Zim** 🛏 270/460, Vorsaison 🛏 240/425, 8 Suiten – ½ P Zuschl. 80.
♦ Ihre Residenz überzeugt mit herrlicher Ruhe, komfortablen, modern-eleganten Zimmern und einem phantastischen Blick auf die Umgebung. Edel wirkt das La Bellezza - hier offeriert man aufwendig zubereitete klassische Speisen. Frisch und elegant : das Bellavista.
Spez. Perlhuhn in 2 Gängen serviert (Herbst). Rehrücken vom Sommerbock an Wacholderjus (Sommer). Sisteron Lammrücken an Olivenjus und Frühlingsgemüse (Frühling)

FTAN

🏨 **Engiadina** 🐕, ☏ 0818 640 434, engiadina_ftan@bluewin.ch, Fax 0818 648 64
≤, 🌿, 🚗 – 📺 P. AE ① ⓜ VISA
21. Dez. - 21. April und 7. Juni - 18. Okt. – **Menu** 36 - 43 und à la carte 41/118 – **14 Zi**
⇌ 135/208, Vorsaison ⇌ 101/184 – ½ P Zuschl. 39.
 • Neben einheitlich mit hellem Arvenholzmobiliar eingerichteten Zimmern zäh
auch die ruhige Lage am Dorfrand zu den Annehmlichkeiten dieses kleinen Hote
Klassisch-rustikales Restaurant mit netter Aussichtsterrasse und gutbürgerliche
Angebot.

FULDERA 7533 Graubünden (GR) 218 ⑰ – 127 Ew. – Höhe 1641 – Wintersport : 🎿.
Lokale Veranstaltung
01.03 : Chalandamarz, alter Frühlingsbrauch und Kinderfest.
🛈 Kurverein, Hauptstrasse, ☏ 0818 585 160, info@hotelstaila.c
Fax 0818 585 021.
Bern 344 – Scuol 60 – Chur 119 – Davos 62 – Merano 75 – Sankt Anton am A
berg 118.

🏨 **Staila,** Hauptstrasse, ☏ 0818 585 160, info@hotel-staila.ch, Fax 0818 585 021,
🌿, ≦s, 🚗 – ⋇ Zim, 📺 P. AE ① ⓜ VISA ⋇ Rest
geschl. 22. April - 21. Mai und 3. Nov. - 20. Dez. – **Menu** 46 und à la carte 37/88
17 Zim ⇌ 95/190 – ½ P Zuschl. 34.
 • Der zinnoberrote Landgasthof in diesem friedlichen Dörfchen im Val Müstair biet
seinen Gästen Zimmer, die einfach, aber wohnlich mit solidem Holzmobiliar einge
richtet sind. Arventäfer, -decke und -mobiliar geben dem Restaurant seinen rustikale
Charakter.

FULLY 1926 Valais (VS) 219 ② – 5756 h. – alt. 465.
Bern 134 – Martigny 7 – Montreux 50 – Sion 26.

🏨 **Fully** M, ☏ 0277 463 060, Fax 0277 464 133 – |≋| ≡ 📺 P. AE ① ⓜ
VISA JCB
fermé 22 déc. au 6 janv. – **Repas** (fermé dim. soir et lundi) 52/70 et à la carte 58/7
Brasserie (fermé dim. soir) **Repas** 15 et à la carte 37/72 – **20 ch** ⇌ 75/130
½ P suppl. 25.
 • Au cœur du village, vieille bâtisse rénovée hébergeant des chambres spacieuse
et modernes. C'est aussi le lieu de dégustation des vignerons-éleveurs de Fully. Sal
à manger des années 40, espaces intimes. La Brasserie affiche un style régional d
bon goût.

FÜRIGEN Nidwalden 217 ⑨ – siehe Stansstad.

GALS 2076 Bern (BE) 216 ⑬ – 631 Ew. – Höhe 449.
Bern 42 – Neuchâtel 14 – Biel 22 – La Chaux-de-Fonds 35 – Murten 21.

✕✕ **Zum Kreuz,** Dorfstr. 8, ☏ 0323 382 414, info@kreuzgals.ch, Fax 0323 382 47(
🌿 – P. AE ① ⓜ VISA
geschl. 23. Dez. - 7. Jan., 14. Juli - 5. Aug., Montag und Dienstag – **Menu** 16 - 49/7
und à la carte 64/91.
 • Der Landgasthof an der Dorfstrasse beherbergt neben einem einfachen Café ei
rustikal-elegantes Restaurant mit zum Garten liegender Terrasse. Modern-regional
Karte.

GANDRIA 6978 Ticino (TI) 219 ⑧ – 206 ab. – alt. 274.
Bern 276 – Lugano 5 – Bellinzona 33 – Locarno 45 – Menaggio 23.

🏨 **Moosmann** 🐕, ☏ 0919 717 261, hotel_moosmann@bluewin.ch
Fax 0919 727 132, ≤, 🌿, 🚗 – 📺 P. AE ① ⓜ VISA
2 aprile al 18 ottobre – **Pasto** (chiuso a mezzogiorno) alla carta 40/78 – **29 cam**
⇌ 84/220 – ½ P sup. 34.
 • Ai bordi del Ceresio, albergo di tono familiare con terrazza e giardin
Camere piuttosto spaziose e luminose : preferite quelle fronte lago. La simpatic
sala da pranzo del ristorante è completata dalla terrazza sul lago. Cucina curata
semplice.

ATTIKON 8136 Zürich (ZH) 216 ⑱ – Höhe 510.

Bern 136 – Zürich 11 – Luzern 47 – Zug 20.

XX **Sihlhalde** (Smolinsky), Sihlhaldenstr. 70, ℘ 017 200 927, Fax 017 200 925, 🍴 –
❀ 🅿 AE ⓜ⓪ VISA
geschl. 22. Dez. - 7. Jan., 20. Juli - 11. Aug., Sonntag und Montag – **Menu** (Tischbestellung ratsam) 36 - 115 und à la carte 68/124.
♦ Das Haus liegt versteckt am Ortsrand. In drei traditionellen, individuell eingerichteten Stuben schwelgt der Gast in Genüssen, die er von einer klassischen Karte wählt.
Spez. Agnolotti mit Ochsenschwanz und Perigord-Trüffeln. Kalbsbäckli im Barolo. Rehrücken aus der Sommerjagd

EMPENACH 3215 Freiburg (FR) 217 ⑤ – 276 Ew. – Höhe 508.

Bern 24 – Neuchâtel 30 – Biel 34 – Fribourg 24 – Murten 8.

XX **Zum Kantonsschild** mit Zim, Hauptstr. 24, ℘ 0317 511 111, info@kantonssc
☞ hild.ch, Fax 0317 512 308, 🍴 – TV 🅿 AE ⓞ ⓜ⓪ VISA. ⚹ Zim
Menu (geschl. 27. Jan. - 25. Feb., 14. - 29. Juli, Montag und Dienstag) 16.50 - 45 (mittags)/93 und à la carte 56/110 – ⌒ 15 – **10 Zim** 70/110 – ½ P Zuschl. 45.
♦ Über eine Treppe gelangt man in die frische, einfache Gaststube. Linker Hand liegen die zwei à la carte Stuben mit neuzeitlich-rustikalem Interieur. Bürgerliches Angebot.

GENÈVE (GENF)

1200 C *Genève (GE)* 217 ⑪ *– 174 999 h. – alt. 375*

Bern 164 ① *– Annecy 45* ⑤ *– Grenoble 148* ⑤ *– Lausanne 60* ① *– Lons-le-Saunier 111* ⑦ *– Lyon 151* ⑤

🛈 *Genève Tourisme, 18 r. du Mont-Blanc,* ✆ *0229 097 000, info@geneve-tourisme.ch, Fax 0229 097 075* FY.
  Genève Tourisme, Aéroport niveau Arrivée c/o Amdaco, BT.
  Genève Tourisme, 1 Pont de la Machine, FY.
⊗ *8, cours de Rive 1204 Genève,* GZ, *4, ch. de Blandonnet 1214 Vernier* ✆ *0224 172 030, Fax 0224 172 042* BU.
⚠ *21, r. de la Fontenette 1227 Carouge,* ✆ *0223 422 233, Fax 0223 013 711* CV.
✈ *de Genève,* ✆ *0227 177 111* BT.

Compagnies aériennes
Swiss International Air Lines Ltd., 15 rte de l'Aéroport, ✆ 0848 852 000.
Air France *15 rte de l'Aéroport,* ✆ *0228 278 787, Fax 0228 278 781.*
Alitalia *Genève-Airport,* ✆ *0227 982 080, Fax 0227 885 630.*
British Airways *13 Chantepoulet,* ✆ *0848 801 010, Fax 0229 061 223.*
Lufthansa *rte de Prébois, Cointrin,* ✆ *0229 295 151, Fax 0229 295 144.*

Manifestations locales
01.08 – 10.08 : "Fêtes de Genève", fête populaire avec feux d'artifice.
12.12 – 14.12 : Fête de l'Escalade, fête historique avec cortège.
29.11 – 06.01 : Festival International des Arbres de Noël.

🏌 *à Cologny* DU, ✉ *1223 (mars-déc.)* ✆ *0227 074 800, Fax 0227 074 820.*
🏌 *à Bossey,* ✉ *F-74160 (mars-déc.)* ✆ *(0033) 450 43 95 50, Fax (0033) 450 95 32 57, par rte de Troinex.*
🏌 *à Esery,* ✉ *F-74930 Reignier (mars-déc.)* ✆ *(0033) 450 36 58 70, Fax (0033) 450 36 57 62, Sud-Est : 15 km.*
🏌 *Maison Blanche à Echenevex-Gex,* ✉ *F-01170 (1ᵉʳ mars-15 déc.)* ✆ *(0033) 450 42 44 42, Fax (0033) 450 42 44 43, Nord-Ouest : 17 km.*

Voir : *Rade et les bords du lac*★★ FGY : *vues*★★★ *du quai du Mont-Blanc ; Parcs Mon Repos* GX, *Perle du Lac, Villa Barton*★★ CTU *– conservatoire et jardin botanique*★ : *jardin de rocaille*★★ CT E *– Parc de la Grange*★ CU *– Parc des Eaux-Vives*★ CU *– Palais des Nations*★★ CT *– Vieille ville*★ : *Monument de la Réformation*★ FZ D, *Cathédrale St-Pierre*★ FZ : *tour Nord (panorama*★★*), Site archéologique*★★, *Maison Tavel*★ FZ, *Collections Baur*★ GZ *– Eglise du Christ-Roi : intérieur*★ BV N *– Boiseries*★ *au musée des Suisses à l'étranger* CT M⁴.

Musées : *Ariana*★★ CT M² *– Art et Histoire*★★ GZ *– Histoire naturelle*★★ GZ *– International de la Croix-Rouge et du Croissant-Rouge*★★ CT M³ *– International de l'automobile*★ BT M¹ *– Petit Palais – Art Moderne*★★ GZ.

Excursions : *en bateau sur le lac. Renseignements Cie Gén. de Nav. Jardin Anglais,* ✆ *0223 125 223, Fax 0223 125 225 – Mouettes genevoises, 8 quai du Mont-Blanc,* ✆ *0227 322 944 – Swissboat, 4 quai du Mont-Blanc,* ✆ *0227 324 747.*

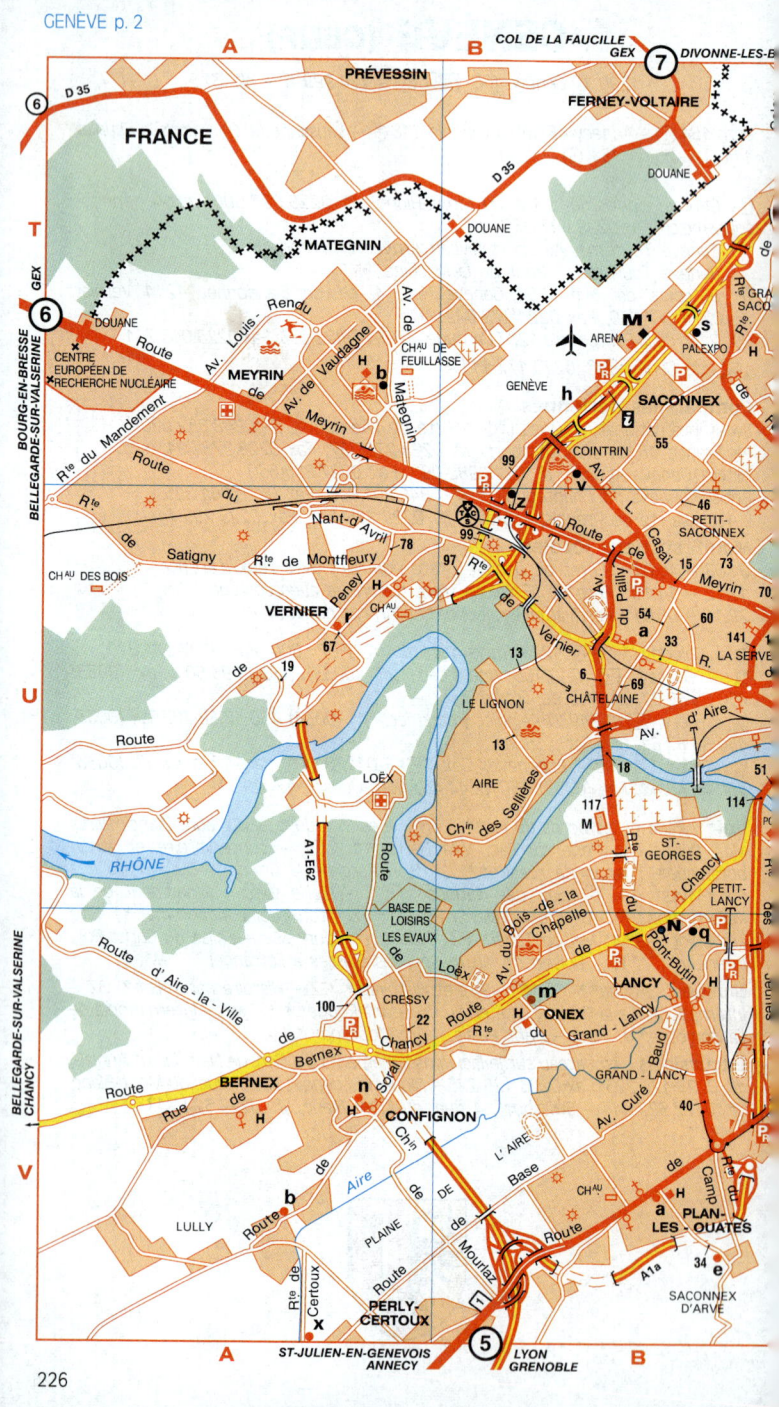

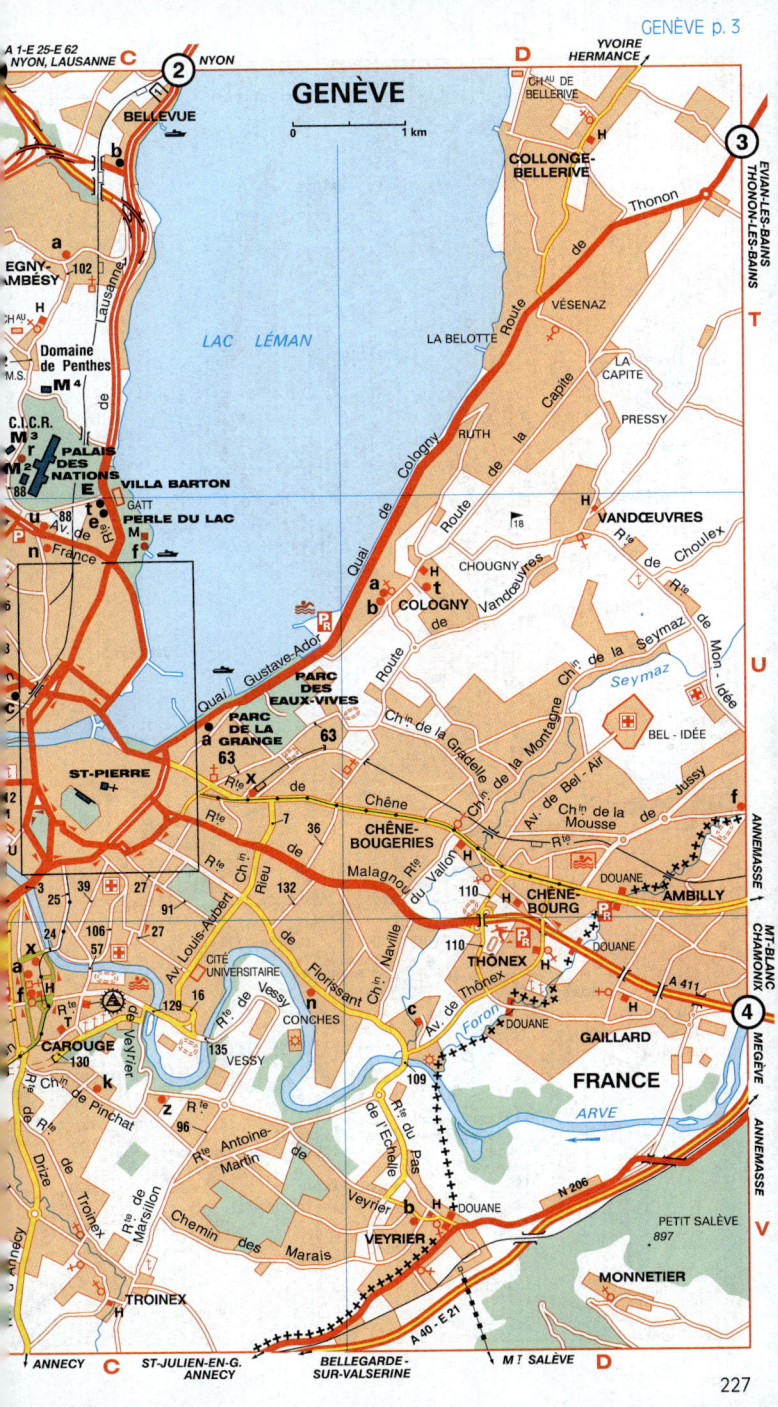

RÉPERTOIRE DES RUES DU PLAN DE GENÈVE

Rue	Code	N°
acias (Pont des)	CU	3
acias (R. des)	BV	4
(Av. de l')	BU	6
e (Av. d')	BU	
e-la-Ville (Rte d')	AV	
(Rte d')	FY	
es (R. des)	BU	
nandier (Av. de l')	CU	7
necy (Rte d')	CV	
toine Martin (Rte)	CV	
pia (Av.)	CT	9
se (Rte de)	ABV	
stions (Prom. des)	FZ	
l-Air (Av. de)	DU	
l-Air (Pl.)	FY	10
rgues (Quai des)	FY	12
rne (R. de)	FY	
rnex (R. de)	AV	
is-de-la-Chapelle (Av. du)	BUV	
is-des-Frères (Rte du)	BU	13
uchet (Carr. du)	BU	15
urg-de-Four (Pl. du)	FZ	14
ut-du-Monde (Rte du)	CV	16
is (R. des)	FX	
tin (Pont)	BU	18
mp (Rte du)	BV	
nada (Rte du)	AU	19
ndolle (R. de)	FZ	21
pite (Rte de la)	DTU	
rabot (Ch. de)	AV	22
rouge (Pont de)	CV	24
rouge (R. de)	CU	25
rtoux (R. de)	AV	
ampel (Ch. de)	CUV	27
ancy (Rte de)	AV	
antepoulet (R. de)	FY	28
apelle (Rte de la)	BCV	30
armilles (R. des)	BU	31
âtelaine (Av. de)	BU	33
êne (Rte de)	CDU	
evaliers-de-Malte (Rte des)	BV	34
evillarde (Ch. de la)	CU	36
oulex (Rte de)	DU	
que (Pl. du)	FZ	37
use (Bd de la)	CU	39
logny (Quai du)	DTU	
lovrex (Rte de)	BT	
mmunes Réunies (Av. des)	BV	40
nfédération (R. de la)	FY	42
ntamines (R. de)	GZ	
rnavin (Pl. de)	FY	43
rraterie (R. de la)	FY	45
udriers (Ch. des)	BU	46
ulouvrenière (Pont de la)	FY	48
oix-d'Or (R. de la)	FY	49
oix-Rouge (R. de la)	FZ	
ré Baud (Av. du)	BV	
eux-Pont (R. des)	BU	51
ize (Rte de)	CV	
ux-Vives (Pl. des)	GZ	52
ux-Vives (R. des)	GY	
mond-Vaucher (Av.)	BU	54
ouard-Claparède (Pl.)	FGZ	
ouard-Sarazin (Ch.)	BT	55
rdinand-Hodler (R.)	GZ	
Ferney (Rte de)	BT	
Florissant (Rte de)	CUV	
Fontenette (Pont de)	CV	57
Fort-Barreau (R. du)	FX	58
France (Av. de)	CU	
Franchises (R. des)	BU	60
Frontenex (Av. de)	GZ	61
Frontenex (Rte de)	CU	63
Gares (R. des)	FX	
Général-Guisan (Quai)	FGY	
Georges-Favon (Bd)	FZ	
Giuseppe-Motta (Av.)	BCU	
Gradelle (Ch. de la)	DU	
Grand-Bureau (R. du)	CV	64
Grand-Lancy (Rte du)	BV	
Grand-Pré (R. du)	CU	66
Grand'Rue	FZ	
Granges (R. des)	FZ	65
Greube (Ch. de la)	AU	67
Gustave Ador (Quai)	GY	
Helvétique (Bd)	FGZ	
Henri-Dunant (Av.)	FZ	
Henry-Golay (Av.)	BU	69
Hoffmann (R.)	BU	70
Italie (R. d')	GZ	72
Jacques Dalcroze (Bd)	FGZ	
James Fazy (Bd)	FY	
Jean-Trembley (Av.)	BU	73
Jeunes (Rte des)	BUV	
Jussy (Rte de)	DU	
Lausanne (R. de)	FX	
Lausanne (Rte de)	CTU	
Loëx (Rte de)	AUV	
Longemalle (Pl.)	FY	76
Louis-Aubert (Av.)	CUV	
Louis-Casaï (Av.)	BTU	
Louis-Pictet (Ch.)	AU	78
Louis-Rendu (R.)	AT	
Lyon (R. de)	BCU	
Mail (Av. du)	FZ	
Malagnou (R. de)	GZ	79
Mandement (Rte du)	AT	
Marais (Ch. des)	CV	
Marché (R. du)	FY	81
Marsillon (R. de)	CV	
Mategnin (Av. de)	AT	
Meyrin (Rte de)	AT	
Moillebeau (R. de)	BU	82
Molard (Pl. du)	FY	84
Mon-Idée (Rte de)	DU	
Mont-Blanc (Pont du)	FY	
Mont-Blanc (Quai du)	FGY	
Montagne (Ch. de la)	DU	
Mont-Blanc (R. du)	FY	85
Montbrillant (R. de)	FX	
Montfleury (Rte de)	AU	
Monthoux (R. de)	FXY	87
Mourlaz (Ch. de)	ABV	
Mousse (Ch. de la)	DU	
Nant-d'Avril (Rte du)	ATU	
Naville (Ch.)	DV	
Neuve (Pl.)	FZ	
Pailly (Av. du)	BU	
Paix (Av. de la)	CTU	88
Pâquis (R. des)	FXY	
Pas-de-l'Echelle (Rte du)	DV	
Peney (Rte de)	AU	
Pépinière (R. de la)	FY	90
Peschier (Av.)	CU	91
Philippe Plantamour (R.)	GX	
Philosophes (Bd des)	FZ	
Pictet de Rochemont (Av.)	GZ	93
Pierre Fatio (R.)	GYZ	94
Pinchat (Ch. de)	CV	
Place-Verte (Rte de la)	CV	96
Plainpalais (Rond-Point de)	FZ	
Pont-Butin (Rte du)	BUV	
Pont-d'Arve (Bd du)	FZ	
Poussy (Ch. de)	BU	97
Pré-Bois (Rte de)	BTU	99
Pré-Marais (Rte du)	AV	100
Pregny (Rte de)	CT	102
Promenades (Bd des)	CV	103
Rhône (R. du)	FGY	
Rieu (Ch.)	CU	
Rive (R. de)	FGZ	
Rive (Rond-Point de)	GZ	105
Roseraie (Av. de la)	CV	106
Rousseau (R.)	FY	
Satigny (Rte de)	AU	
Scie (R. de la)	GY	
Sellières (Ch. des)	BU	
Servette (R. de la)	BCU	108
Seymaz (Ch. de la)	DU	
Sierne (Pont de)	DV	109
Soral (Rte de)	AV	
Sous-Moulin (Rte de)	DUV	110
St-Georges (Bd de)	CU	112
St-Georges (Pont de)	BU	114
St-Georges (Rte de)	BU	117
St-Julien (Rte de)	BCV	
St-Léger (R.)	FZ	118
Temple (R. du)	FY	120
Terrassière (R. de la)	GZ	121
Terreaux-du-Temple (R. des)	FY	123
Théâtre (Bd du)	FZ	124
Thônex (Av. de)	DV	
Thonon (Rte de)	DT	
Tour (Bd de la)	FZ	126
Tranchées (Bd des)	GZ	
Troinex (Rte de)	CV	
Turrettini (Quai)	FY	127
Val d'Arve (Pont de)	CV	129
Val d'Arve (Rte du)	CV	130
Valais (Rte du)	FX	
Vallon (Rte du)	DU	
Vandœuvres (Rte de)	DU	
Vaudagne (Av. de)	AT	
Velours (Rte de)	CU	132
Vernier (Rte de)	BU	
Versonnex (R.)	GY	133
Vessy (Pont de)	CV	135
Vessy (Rte de)	CV	
Veyrier (Rte de)	CV	
Vibert (Av.)	BV	136
Vidollet (R. du)	CU	138
Villereuse (R. de)	GZ	139
Voltaire (R.)	CU	140
Wendt (Av.)	BU	141
Wilson (Quai)	GX	
22-Cantons (Pl. des)	FY	142

es plans de villes sont disposés le Nord en haut.

Liste alphabétique des hôtels et restaurants
Alphabetisches Hotel- und Restaurantverzeichnis
Elenco alfabetico degli alberghi e ristoranti
Alphabetical list of hotels and restaurants

- 15 Alain Lavergnat
- 10 Amphitryon
- 16 Ange du dix vins (L')
- 8 Angleterre
- 12 Armures (Les)

- 12 Béarn (Le)
- 8 Beau-Rivage
- 12 Bel'Espérance
- 8 Bergues (Des)
- 17 Bistro (Host. de la Vendée)
- 15 Bistro de Cologny (Le)
- 11 Bistrot du Bœuf Rouge
- 13 Brasserie Lipp
- 13 Brasserie Victoria
- 9 Bristol
- 13 Buffet de la Gare des Eaux-Vives

- 16 Café de Certoux
- 13 Café de l'Hôtel de Ville
- 15 Café de la Réunion
- 18 Canonica
- 13 Cavalieri
- 10 Chat Botté (Le)
- 16 Cheval Blanc (Carouge)
- 17 Cheval Blanc (Vernier)
- 12 Churchill
- 15 Cigalon (Le)
- 12 Cigogne (La)
- 15 Closerie (La)
- 17 Colombière (La)
- 12 Comédie
- 17 Confignon (Aub. de)
- 14 Continents (Les)
- 9 Cornavin
- 18 Crowne Plaza
- 10 Cygne (Le)
- 9 Edelweiss

- 10 Eden
- 11 Entrecôte Couronnée (L')

- 10 Grand Pré

- 10 Ibis
- 14 Intercontinental

- 11 Jacky (Chez)

- 14 Lion d'Or (Aub. du)

- 17 Maison Rochette
- 8 Mandarin Oriental du Rhône
- 9 Midi (Du)
- 10 Mon-Repos
- 9 Montbrillant (Le)
- 11 Mövenpick Cendrier
- 17 Mövenpick Genève

- 11 Neptune (Le)
- 18 NH Geneva Airport Hotel
- 8 Noga Hilton
- 9 Novotel Genève Centre

- 16 Olivier de Provence (L')

- 13 Patio (Le)
- 11 Perle du Lac (La)
- 13 Perron (Le)
- 16 Pinchat (Aub. de)
- 16 Place (La)
- 8 Président Wilson

- 17 Ramada Park Hotel
- 14 Relais de Chambésy
- 14 Réserve (La)
- 8 Richemond (Le)
- 13 Roberto

- 11 Sagano
- 13 Sénat (Le)
- 9 Sofitel
- 10 Suisse
- 10 Strasbourg
- 12 Swissôtel Genève Métropole

- 11 Thai Phuket
- 12 Tiffany
- 16 Tour (Aub. de la)
- 12 Touring Balance
- 11 Tsé Yang

- 15 Vallon (Le)
- 16 Vendée (Host. de la)
- 14 Vieux-Bois
- 15 Villette (De)

- 9 Warwick

LE GUIDE VERT MICHELIN SUISSE

Paysages, monuments
Routes touristiques
Géographie
Histoire, Art
Itinéraires de visite
Plans de villes et de monuments.

GENÈVE p. 8

Rive droite (Gare Cornavin - Les Quais) :

🏨 **Des Bergues,** 33 quai des Bergues, ⌂ 1201, ℘ 0229 087 000, info@hotelo bergues.com, Fax 0229 087 090, 🍽 – 📶, ⊛ ch, 🖥 ch, 📺 ☎ – 🚗 15/190. ⓐⓔ ⓓ ⓜⓞ 𝗩𝗜𝗦𝗔 ⓙⓒⓑ
p. 4 **FY**
Repas (voir aussi rest. **Amphitryon** ci-après) – **Le Pavillon** : Repas 31 - 49 (mi et à la carte 68/115 – ⌒ 39 – **110 ch** 595/1025, 12 suites.
  ♦ Près du centre financier, lieu apprécié de la haute société. Chambres de style Lou Philippe ou Directoire, certaines sont rénovées et orientées vers le lac. Sa brasser de luxe propose un buffet chaud-froid au déjeuner et une carte classique le sc

🏨 **Le Richemond,** 8-10 r. Adhémar-Fabri, ⌂ 1201, ℘ 0227 157 000, reservati @richemond.ch, Fax 0227 157 001, ≤, 🍽, 🎰, – 📶 🖥 📺 ☎ 🚗 – 🚗 15/20 ⓐⓔ ⓓ ⓜⓞ 𝗩𝗜𝗦𝗔 ⓙⓒⓑ
p. 4 **FY**
Le Gentilhomme - cuisine libanaise - (fermé sam. midi et dim.) Repas 35 (midi) et à la carte 59/94 – **Le Jardin** - cuisine italienne - Repas 35 - 55 et à la carte 96/1 – ⌒ 37 – **86 ch** 450/790, 12 suites – ½ P suppl. 82.
  ♦ Palace du 19ᵉ s. situé près du lac. Cadre raffiné. Chambres personnalisées re fermant des meubles anciens. Sa brasserie, le Gentilhomme, offre une cuisine lit naise. Le Jardin présente un décor recherché dans une ambiance "chandelles" et u carte attractive.

🏨 **Mandarin Oriental du Rhône,** 1 quai Turrettini, ⌂ 1201, ℘ 0229 090 0C mogva-reservations@mchg.com, Fax 0229 090 010, ≤, 🍽, 🎰, 📶, – 📶, ⊛ c 🖥 📺 ☎ ⚕ 🚗 – 🚗 15/150. ⓐⓔ ⓓ ⓜⓞ 𝗩𝗜𝗦𝗔 ⓙⓒⓑ ⚒
p. 4 **FY**
Repas (voir aussi rest. **Le Neptune** ci-après) – **Café Rafael** ℘ 0229 090 005 Rep 37 - 55 (midi)/68 et à la carte 63/107 – ⌒ 35 – **180 ch** 510/930, 12 suites.
  ♦ Emplacement central, sur la rive droite du Rhône. Somptueuses chambres garni d'un mobilier Art déco et de salles de bains en marbre. Une atmosphère plaisan règne au Café Rafael. Concoctée avec des produits du terroir, la cuisine est légè et diversifiée.

🏨 **Noga Hilton,** 19 quai du Mont-Blanc, ⌂ 1201, ℘ 0229 089 081, gvahitwfb@ ilton.com, Fax 0229 089 090, ≤, 🍽, 🎰, 📶, 🏊, – 📶, ⊛ ch, 🖥 📺 ☎ ⚕ 🚗 15/800. ⓐⓔ ⓓ ⓜⓞ 𝗩𝗜𝗦𝗔 ⓙⓒⓑ
p. 4 **GY**
Repas (voir aussi rest. **Le Cygne** ci-après) – **La Grignotière** : Repas 27 et à la car 55/100 – ⌒ 38 – **401 ch** 465/780, 9 suites.
  ♦ Grande bâtisse sur la rive du Léman. Vastes chambres de style avant-gardist Casino, boutiques, et relaxation dans la piscine, sont là pour vous. Sa brasserie, Grignotière, vous accueille dans un environnement BCBG décontracté. Terras panoramique.

🏨 **Président Wilson,** 47 quai Wilson, ⌂ 1201, ℘ 0229 066 666, resa@hotelp lson.com, Fax 0229 066 667, ≤, 🍽, 🎰, 📶, 🏊, – 📶, ⊛ ch, 🖥 📺 ☎ 🚗 🚗 15/600. ⓐⓔ ⓓ ⓜⓞ 𝗩𝗜𝗦𝗔 ⓙⓒⓑ
p. 4 **GX**
L'Arabesque - cuisine libanaise - Repas 65/95 et à la carte 52/80 – **Le Spice'** Repas 55(midi)/110 et à la carte 83/140 – **Pool Garden** (mai à sept.) Repas ! (midi)/65 et à la carte 70/109 – ⌒ 40 – **227 ch** 610/780, 9 suites.
  ♦ Décoration en bois noble et marbre pour cet hôtel aux chambres modernes et bi aménagées donnant sur le lac. L'Arabesque, un délice de spécialités libanaises. Spice's Café mitonne un moment de détente sur le thème du cirque. Le Pool Garde idéal l'été.

🏨 **Beau-Rivage,** 13 quai du Mont-Blanc, ⌂ 1201, ℘ 0227 166 666, info@beau ivage.ch, Fax 0227 166 060, ≤, 🍽, – 📶, ⊛ ch, 🖥 📺 ☎ – 🚗 15/120. ⓐⓔ ⓓ ⓜⓞ 𝗩𝗜𝗦𝗔 ⓙⓒⓑ
p. 4 **FY**
Repas (voir aussi rest. **Le Chat Botté** ci-après) – **Le Patara** (fermé 22 déc. au 5 jan 18 au 21 avril, sam. midi et dim. midi) 0227 315 566 - cuisine thaïlandaise - Rep 21 - 85 et à la carte 61/113 – ⌒ 37 – **87 ch** 395/860, 6 suites.
  ♦ Face au lac, maison dirigée par la même famille depuis 1865. Ambiance "rétro" ma raffinée dans les chambres. Élégant atrium orné de colonnades et d'une fontaine. I Patara vous fait découvrir les saveurs de la cuisine thaïe dans un cadre chaleureu

🏨 **Angleterre** Ⓜ, 17 quai du Mont-Blanc, ⌂ 1201, ℘ 0229 065 514, angleter @rchmail.com, Fax 0229 065 502, ≤, 🎰, 📶, – 📶, ⊛ ch, 🖥 video ☎ 🚗 🚗 15/35. ⓐⓔ ⓓ ⓜⓞ 𝗩𝗜𝗦𝗔
p. 4 **FGY**
Windows : Repas 55/110 et à la carte 60/123 – ⌒ 37 – **45 ch** 580/890.
  ♦ Au bord du Léman, cette demeure se distingue par son cachet. Elle abrite des char bres au décor "british" et un bar "Library" conçu comme une bibliothèque. Le Te Roux, table conviviale et salon de thé, sert des plats "tendance" ou des "snack" grignoter.

GENÈVE p. 9

Sofitel, 18-20 r. du Cendrier, ✉ 1201, ℰ 0229 088 080, *h1322@accor-hotels.com*, Fax 0229 088 081, 🍴 – 📶, ✱ ch, 🔲 📺 video 📞, 🅰🅴 ⓘ ⓜⓞ 𝑉𝐼𝑆𝐴 𝐽𝐶𝐵, ✱ rest
p. 4 FY t
Repas 22 - 45 et à la carte 62/94 – ☐ 35 – **95 ch** 420/530.
♦ Hôtel du centre-ville disposant de chambres personnalisées, meublées en style Louis XVI ou rustique. Son "plus" : le salon avec coin cheminée et pianiste le soir. Son restaurant prépare des recettes classiques et offre le farniente sur la terrasse l'été.

Bristol, 10 r. du Mont-Blanc, ✉ 1201, ℰ 0227 165 700, *bristol@bristol.ch*, Fax 0227 389 039, 𝐈ₒ, ≘ – 📶, ✱ ch, 🔲 📺 📞 – 🎾 15/100. 🅰🅴 ⓘ ⓜⓞ 𝑉𝐼𝑆𝐴 𝐽𝐶𝐵, ✱ rest
p. 4 FY w
Repas 22 - 48 (midi)/85 et à la carte 52/101 – ☐ 31 – **95 ch** 375/570, 5 suites – ½ P suppl. 48.
♦ À quelques encablures des quais, le Bristol présente un hall cossu, des chambres spacieuses et rénovées. Fitness, sauna et hammam sont à votre disposition. La lumineuse salle à manger du Bristol, décorée d'une touche Louis XV, donne sur un agréable jardinet.

Warwick, 14 r. de Lausanne, ✉ 1201, ℰ 0227 168 000, *resa.geneva@warwickhotels.com*, Fax 0227 168 001 – 📶, ✱ ch, 🔲 📺 video 📞 – 🎾 15/150. 🅰🅴 ⓘ ⓜⓞ 𝑉𝐼𝑆𝐴 𝐽𝐶𝐵
p. 4 FY c
Les 4 Saisons *(fermé 23 déc. au 5 janv., 15 juil. au 4 août, sam. sauf soir d'oct. à avril et dim.)* **Repas** 27 - 42 (midi)/62 et à la carte 72/121 – **La Bonne Brasserie :** Repas à la carte 39/84 – ☐ 29 – **167 ch** 360/525.
♦ Devant la gare, hôtel idéal pour les groupes de touristes et les séminaires. Chambres actuelles et pratiques. L'ambiance feutrée et confortable des 4 Saisons convient à tous types d'agapes. La Bonne Brasserie, "bistrot parisien", sert un grand choix de mets.

Novotel Genève Centre, 19 r. de Zürich, ✉ 1201, ℰ 0229 099 000, *HBl33@accor-hotel.com*, Fax 0229 099 001 – 📶, ✱ ch, 🔲 📺 📞 🚗 – 🎾 15/80. 🅰🅴 ⓘ ⓜⓞ 𝑉𝐼𝑆𝐴 𝐽𝐶𝐵
p. 4 FX s
Repas 17 - 29 (midi)/46 et à la carte 39/74 – ☐ 25 – **194 ch** 250/410, 12 suites.
♦ Ce nouveau-né de la chaîne Novotel, situé dans la rue "rose" de Genève, est prisé par la clientèle d'affaires pour le confort moderne de ses chambres. Le restaurant propose une formule internationale adaptée à tous les goûts.

Le Montbrillant, 2 r. de Montbrillant, ✉ 1201, ℰ 0227 337 784, *contact@montbrillant.ch*, Fax 0227 332 511, 🍴 – 📶, ✱ ch, 📺 📞 ♿ 🅿 – 🎾 15/50. 🅰🅴 ⓘ ⓜⓞ 𝑉𝐼𝑆𝐴 𝐽𝐶𝐵
p. 4 FY b
Repas 19 - 38/78 et à la carte 60/100 – **Café de la Gare :** Repas 17 et à la carte 43/76 – ☐ 20 – **82 ch** 190/350 – ½ P suppl. 48.
♦ À deux pas de la gare, vous séjournerez dans un cadre agreste, avec pierres apparentes dans les chambres. À louer : studios équipés d'une cuisinette. Selon vos envies, optez pour le restaurant gastronomique ou le Café de la gare, style "brasserie parisienne".

du Midi, 4 pl. Chevelu, ✉ 1201, ℰ 0225 441 500, *info@hotel-du-midi.ch*, Fax 0225 441 520, 🍴 – 📶, 🔲 ch, 📺 📞 ♿. 🅰🅴 ⓘ ⓜⓞ 𝑉𝐼𝑆𝐴
p. 4 FY v
Repas *(fermé sam. et dim.)* 25 - 45 et à la carte 46/86 – ☐ 22 – **89 ch** 220/400.
♦ Sur une petite place près du lac, l'hôtel abrite des chambres confortables et pratiques. Le soir, détendez-vous au salon sur les notes mélodieuses du pianiste. Le restaurant, orné de banquettes et à l'atmosphère intime, vous propose des recettes classiques.

Edelweiss, 2 pl. Navigation, ✉ 1201, ℰ 0225 445 151, *edelweiss@manotel.com*, Fax 0225 445 199 – 📶, ✱ ch, 🔲 📺 📞. 🅰🅴 ⓘ ⓜⓞ 𝑉𝐼𝑆𝐴 𝐽𝐶𝐵
p. 4 FX a
Repas *(fermé Noël, janv. et le midi)* 47/69 et à la carte 40/89 – **42 ch** ☐ 226/276 – ½ P suppl. 30.
♦ Établissement dont la devanture donne une bonne idée de l'aménagement intérieur : un vrai chalet suisse ! Chambres confortables. Salle à manger chaleureuse, conçue en mezzanine, où vous goûterez leurs spécialités fromagères dans une ambiance musicale.

Cornavin, Ⓜ sans rest, place de la Gare, ✉ 1201, ℰ 0227 161 212, *cornavin@assbind-hotels.ch*, Fax 0227 161 200 – 📶 ✱ 🔲 📺 📞 – 🎾 60. 🅰🅴 ⓘ ⓜⓞ 𝑉𝐼𝑆𝐴 𝐽𝐶𝐵
p. 4 FY a
☐ 18 – **162 ch** 232/410.
♦ Tintin en personne aurait séjourné dans cet hôtel (voir l'Affaire Tournesol) aux chambres bien insonorisées et climatisées. Dans le hall trône la plus grande horloge du monde.

GENÈVE p. 10

Grand Pré sans rest, 35 r. du Grand-Pré, ✉ 1202, ☎ 0229 181 111, info@g ndpre.ch, Fax 0227 347 691 – 🛗 📺 ⚒ – 🅿 25. AE ① MC VISA JCB
fermé 21 déc. au 4 janv. – **89 ch** ⊐ 258/360.   p. 3 CU

♦ Au cœur du quartier regroupant les organisations internationales, hôtel do de chambres de bonne ampleur, au mobilier actuel ; demandez-en une sur la co au calme.

Eden, 135 r. de Lausanne, ✉ 1202, ☎ 0227 163 700, eden@eden. Fax 0227 315 260 – 🛗 📺 video ⚒ – 🅿 20. AE ① MC VISA JCB   p. 3 CU
Repas (fermé 21 déc. au 4 janv., 21 juil. au 10 août, sam. et dim.) 18 - 32 et à la car 34/64 – **54 ch** ⊐ 210/285 – ½ P suppl. 30.

♦ Maison régulièrement améliorée, faisant face au Palais des Nations. Les chambr aménagées classiquement, sont claires et fonctionnelles. Sa salle de restaurant e particulièrement appréciée par la clientèle du quartier, à l'heure du déjeuner.

Mon-Repos, 131 r. de Lausanne, ✉ 1202, ☎ 0229 093 909, reservations@ rge.ch, Fax 0229 093 993, 🌿 – 🛗, ⚒ ch, 📺 video ⚒ 🚗. AE ①
VISA JCB   p. 3 CU
Repas (fermé 23 déc. au 5 janv., sam. et dim.) 19 - 37 et à la carte 49/86 – **85** ⊐ 205/250 – ½ P suppl. 35.

♦ Cet hôtel, contemplant le parc Mont Repos, vous accueille dans des chamb égayées de tissus colorés : vous ne sauriez résister à leur charme ! Après une jo née harassante, laissez-vous séduire par le cadre convivial de son restaurant.

Strasbourg sans rest, 10 r. Pradier, ✉ 1201, ☎ 0229 065 800, info@hotel-asbourg-geneva.ch, Fax 0227 384 208 – 🛗 ⚒ 📺. AE ①
VISA ⚒   p. 4 FY
51 ch ⊐ 190/260.

♦ À deux pas de la gare et du parking Cornavin, bâtisse rénovée dont les chamb sont peu spacieuses, mais fonctionnelles. Chaleureux hall habillé de boiseries.

Suisse sans rest, 10 pl. de Cornavin, ✉ 1201, ☎ 0227 326 630, reservation otel-suisse.ch, Fax 0227 326 239 – 🛗 📺 ⚒. AE ① MC VISA JCB   p. 4 FY
57 ch ⊐ 210/280.

♦ Avis aux amateurs du train, cette adresse vous sera utile. Un ascenseur déco en trompe-l'œil conduit à la salle des petits-déjeuners et aux chambres récemme restaurées.

Ibis M sans rest., 10 r. Voltaire, ✉ 1201, ☎ 0223 382 020, h2154@accor-ho s.com, Fax 0223 382 030 – 🛗 ⚒ 📺 ⚒. AE ① MC VISA   p. 3 CU
⊐ 14 – **65 ch** 129.

♦ Cet hôtel, entièrement rénové, est représentatif de la nouvelle génération I Confort moderne dans les chambres équipées d'un mobilier aux lignes épurées

XXXX **Le Chat Botté** - *Hôtel Beau-Rivage*, 13 quai du Mont-Blanc, ✉ 120 ☎ 0227 166 920, info@beau-rivage.ch, Fax 0227 166 060, 🌿 – 🟰. AE ①
VISA JCB   p. 4 FY
Repas 60 (midi)/145 et à la carte 90/142.

♦ Prestigieux restaurant de l'hôtel Beau-Rivage, au cadre adouci de coule pastel. Cuisine empreinte de saveurs authentiques et terrasse très courue à la b saison.

XXXX **Amphitryon** - *Hôtel des Bergues*, 33 quai des Bergues, ✉ 1201, ☎ 0229 087 0 info@hoteldesbergues.com, Fax 0229 087 090 – 🟰. AE ① MC VISA JCB p. 4 FY
fermé 10 août au 1er sept., sam., dim. et fériés – **Repas** 67 (midi)/115 et à la ca 87/152.

♦ Table gastronomique de l'hôtel Des Bergues. Atmosphère feutrée, cadre éclat rehaussé d'un mobilier de style : l'Amphitryon présente une carte actuelle.

XXXX **Le Cygne** - *Hôtel Noga Hilton*, 19 quai du Mont-Blanc, ✉ 1201, ☎ 0229 089 0 gvahitwfb@hilton.com, Fax 0229 089 090, ≤ – 🟰. AE ① MC
JCB ⚒   p. 4 GY
fermé 1er au 7 janv., 28 mars au 4 avril et 11 juil. au 1er août – **Repas** 61 (midi)/ et à la carte 71/158.

♦ Restaurant de luxe, situé au 1er étage de l'hôtel Noga Hilton. Tout en admiran rade de Genève, dégustez des mets variant au rythme des saisons dans une ambia "cosy".

Spéc. Filet de féra du lac, quenelle légère aux écrevisses glacées à la citronnelle. P sillade de grenouilles et escargots, risotto de boulghour au cresson. Suprême canette laquée aux épices, polenta aux raisins

GENÈVE p. 11

Le Neptune - *Hôtel Mandarin Oriental du Rhône*, 1 quai Turrettini, ⊠ 1201, ℰ 0229 090 006, *mogra-reservations@mohg.com, Fax 0229 090 010*, 😀 – 🍽. AE ① ⓂⓄ VISA JCB. ✻
p. 4 **FY r**
fermé 21 au 30 déc., 26 juil. au 17 août, sam., dim. et fériés – **Repas** 68/130 et à la carte 99/148.

♦ L'espace restauration, résolument contemporain, de l'hôtel Mandarin Oriental du Rhône s'agrémente de fresques à la gloire du dieu de la mer. Recettes au goût du jour.

Spéc. Velouté crémeux d'araignée de mer à la cardamome, croustillant de parmesan et jabugo (oct. - déc.). Rougets vendangeurs en tête à tête, biscuit au basilic, salade de fenouil et vinaigrette de légumes (juin - sept.). Omble chevalier ou perche meunière du lac Léman, jeunes carottes toutes épices (janv. - déc.).

Tsé Yang, 19 quai du Mont-Blanc, ⊠ 1201, ℰ 0227 325 081, *Fax 0227 310 582*, ≼ – 🍽. AE ① ⓂⓄ VISA JCB
p. 4 **GY e**
Repas - cuisine chinoise - 45 (midi)/135 et à la carte 71/167.

♦ Élégante salle à manger décorée à l'orientale et compartimentée par des cloisons en bois sculpté. Savourez des spécialités chinoises tout en profitant de la vue sur le Léman.

La Perle du Lac, 126 r. de Lausanne, ⊠ 1202, ℰ 0229 091 020, *info@perledulac.ch, Fax 0229 091 030*, ≼ lac, 😀, 🌳 – 🅿 – 🎗 15/60. AE ① ⓂⓄ VISA. ✻
p. 3 **CU f**
fermé 23 déc. au 25 janv. et lundi – **Repas** 65 (midi)/115 et à la carte 90/135.

♦ Bordé d'une large terrasse panoramique, ce chalet centenaire jouit d'une situation privilégiée au milieu d'un parc face au lac. Tons vifs dans la plus moderne des deux salles.

Mövenpick Cendrier, 17 r. du Cendrier, ⊠ 1201, ℰ 0227 325 030, *restaurant.cendrier@moevenpick.com, Fax 0227 319 341* – 🍽. AE ① ⓂⓄ VISA JCB
p. 4 **FY g**
Repas 19 et à la carte 31/82.

♦ Restaurant, voisin des quais, proposant plusieurs formules dans des décors appropriés. Découvrez le "Beef Corner", les spécialités de poissons ou encore la cuisine du monde.

Thai Phuket, 33 av. de France, ⊠ 1202, ℰ 0227 344 100, *Fax 0227 344 240* – 🍽. AE VISA
p. 3 **CU u**
fermé sam. midi – **Repas** - cuisine thaïlandaise - 17 - 35 (midi)/90 et à la carte 39/91.

♦ Ambiance "couleur locale" et cadre résolument asiatique dans ce restaurant thaïlandais où vous serez servis par des hôtesses en tenue traditionnelle.

Chez Jacky, 9 r. Necker, ⊠ 1201, ℰ 0227 328 680, *restaurant@chezjacky.ch, Fax 0227 311 297*, 😀 – 🍽. AE ① ⓂⓄ VISA
p. 4 **FY p**
fermé 21 déc. au 5 janv., 19 juil. au 10 août, sam. et dim. – **Repas** 19 - 41 (midi)/88 et à la carte 60/90.

♦ Dans une rue calme, petit restaurant façon bistrot "années cinquante" égayé d'un plaisant aquarium. On y sert une cuisine au goût du jour.

Bistrot du Boeuf Rouge, 17 r. Alfred-Vincent, ⊠ 1201, ℰ 0227 327 537, *Fax 0227 314 684* – AE ① ⓂⓄ VISA JCB
p. 4 **FY z**
fermé sam. et dim. – **Repas** - cuisine lyonnaise - 18 - 37 (midi)/52 et à la carte 50/92.

♦ À proximité des grands hôtels, une typique "brasserie parisienne" avec zinc, banquettes et miroirs. Spécialités lyonnaises et suggestions. Bonne adresse pour les gourmands.

L'Entrecôte Couronnée, 5 r. des Pâquis, ⊠ 1201, ℰ 0227 328 445, *Fax 0227 328 446* – AE ① ⓂⓄ VISA
p. 4 **FY j**
fermé 25 déc. au 2 janv., sam. midi et dim. – **Repas** 25 - 55 et à la carte 55/78.

♦ Ici souffle encore l'esprit genevois ! Dans une ambiance "bistrot" admirez les lithographies et peintures exposées aux murs et laissez vaguer votre curiosité pour cette ville.

Sagano, 86 r. de Montbrillant, ⊠ 1202, ℰ 0227 331 150, *Fax 0227 332 755*, 😀 – 🍽. AE ⓂⓄ VISA JCB
p. 3 **CU n**
fermé sam. midi et dim. – **Repas** - cuisine japonaise - 40 (midi)/90 et à la carte 46/119.

♦ Soif d'exotisme après une journée où vous serez resté sur votre faim ; venez goûter la cuisine japonaise dans ce restaurant agréablement pourvu de tatamis et de tables basses.

GENÈVE p. 12
Rive gauche (Centre des affaires) :

Swissôtel Genève Métropole, 34 quai Général-Guisan, ✉ 120
℘ 0223 183 200, reservations.geneva@swissotel.com, Fax 0223 183 300, ≼,
🍴 – 🛗 🖃 📺 video ✆ – 🏋 15/120. AE ⓘ ⓜ VISA   p. 4 GY
Le Grand Quai : Repas 29 et à la carte 57/129 – ⊇ 35 – **119 ch** 470/790, 8 suite
 • Bâtisse faisant face au fameux jet d'eau. Elle propose des chambres encore cla
siques, dispose d'une terrasse panoramique sur le toit et d'une salle de fitne
Sa charmante brasserie Le Grand Quai concocte un vaste répertoire répondant
toutes vos attentes.

La Cigogne, 17 pl. Longemalle, ✉ 1204, ℘ 0228 184 040, cigogne@bluewin.
Fax 0228 184 050 – 🛗 🖃 📺 AE ⓘ ⓜ VISA. ✄   p. 4 FGY
Repas (fermé sam. et dim. midi en juil. - août) 42 - 62 (midi)/115 et à la carte 80/1
– **47 ch** ⊇ 350/560, 5 suites.
 • Maison de caractère, située dans la vieille ville, dont les chambres sont habité
de l'illusion des temps passés. Certaines renferment des pièces de collection. Tab
classique offrant un choix étendu de plats, à l'atmosphère "rétro" intime et accue
lante.

Les Armures 🌿, 1 r. du Puits-Saint-Pierre, ✉ 1204, ℘ 0223 109 17
armures@span.ch, Fax 0223 109 846, 🌴 – 🛗 🖃 📺 video ✆. AE ⓘ
VISA ✄   p. 4 FZ
Repas (fermé Noël, Nouvel An et Pâques) 18 - 50 et à la carte 36/87 – **28**
⊇ 340/510.
 • Élégante demeure rustique du 17e s., nichée au cœur du vieux Genève. Meubl
anciens et poutres apparentes dans chambres décorées avec goût. Vous dégustei
des recettes traditionelles dans un cadre pittoresque. Point d'orgue : la fondue ser
au carnotset.

Tiffany Ⓜ, 1 r. des Marbriers, ✉ 1204, ℘ 0227 081 616, info@hotel-tiffany.
Fax 0227 081 617 – 🛗, 🖃 ch, 📺 ✆. AE ⓘ ⓜ VISA JCB   p. 4 FZ
Repas (fermé Noël, Nouvel An et Pâques) 21 - 44 (midi) et à la carte 51/90 – **46**
⊇ 225/350 – ½ P suppl. 36.
 • Séjournez dans des chambres modernes aux salles de bains ornées de fresqu
Discret salon-bar de style anglais ; fitness et solarium pour se délasser ; salle m
timédia. La sympathique salle à manger de l'hôtel présente un cadre Belle Époq

Touring Balance sans rest., 13 pl. Longemalle, ✉ 1204, ℘ 0228 186 262, to
ingbalance@bluewin.ch, Fax 0228 186 261 – 🛗 🖃 📺 ✆ – 🏋 15/40. AE ⓘ
VISA. ✄   p. 4 GY
58 ch ⊇ 215/270.
 • À deux pas du lac, l'hôtel recèle un beau décor intérieur. Depuis qu'il s'est pla
sous l'aile protectrice de La Cigogne, il bénéficie d'un effort constant de rénovati

Churchill sans rest, 15 r. du Simplon, ✉ 1207, ℘ 0225 918 888, hotelchurchill@
uewin.ch, Fax 0225 918 878 – 🛗 ✄ 📺 video ✆. AE ⓘ ⓜ VISA   p. 3 CU
35 ch ⊇ 169/264.
 • Hôtel pratique pour qui souhaite poser ses valises près du lac. Chambres fonctionn
les à géométrie variable. Le "check in" se passe sous l'œil sourcilleux de Churchill.

Bel'Espérance sans rest, 1 r. de la Vallée, ✉ 1204, ℘ 0228 183 737, belesp@sv
alvationarmy.org, Fax 0228 183 773 – 🛗 ✄ 📺. AE ⓘ ⓜ VISA. ✄ p. 4 GZ
fermé 25 au 30 déc. – **39 ch** ⊇ 95/150.
 • Engageante bâtisse entièrement rénovée et située dans une petite rue tranqui
Chambres de diverses tailles équipées d'un mobilier standard.

Comédie sans rest, 12 r. de Carouge, ✉ 1205, ℘ 0223 222 324, info@hote
omedie.ch, Fax 0223 222 323 – 🛗 ✄ 📺 ✆. AE ⓘ ⓜ VISA   p. 4 FZ
28 ch ⊇ 150/250.
 • Les chambres de ce petit hôtel central sont aménagées aux 5e, 6e et 7e étaç
d'un immeuble récent. Leur mise est simple ; celles côté cour sont plus tranquil

XXX **Le Béarn** (Goddard), 4 quai de la Poste, ✉ 1204, ℘ 0223 210 02
❀ Fax 0227 813 115 – 🖃. AE ⓘ ⓜ VISA   p. 4 FY
fermé 17 au 23 fév., 14 juil. au 24 août, les sam. (sauf le soir d'oct. à mai) et d
– **Repas** 65 (midi)/190 et à la carte 103/163.
 • Depuis plus de 20 ans, les gourmets se succèdent dans cette élégante salle
manger où ils viennent savourer une cuisine classique de qualité.
Spéc. Soufflé de truffes fraîches (déc. à fév.). Filet d'omble chevalier infusé au thy
citronné, jus de pomme et pamplemousse (été). Friand de ris de veau et foie gr
aux pointes d'asperges (printemps)

GENÈVE p. 13

XX **Roberto,** 10 r. Pierre-Fatio, ✉ 1204, ℘ 0223 118 033, Fax 0223 118 466 – 🖃.
AE ⓜ VISA
p. 4 GZ e
fermé 25 déc. au 1ᵉʳ janv., sam. soir (et midi de juil. - août) et dim. – **Repas** - cuisine italienne - à la carte 64/126.

• Vaste restaurant agrandi par des glaces murales. Vous pourrez y dîner aux chandelles dans une ambiance intime et apprécier leurs spécialités italiennes.

XX **Le Sénat,** 1 r. Emile-Yung, ✉ 1205, ℘ 0223 465 810, Fax 0223 475 476, 🍴 –
🖃. AE ⓞ ⓜ VISA
fermé sam. et dim. – **Repas** 21 - 50/65 et à la carte 65/93.
p. 4 FZ r

• Un peu à l'écart du centre, près d'une place animée, restaurant d'esprit "rétro" baignant dans une atmosphère conviviale. Recettes intéressantes et variées.

XX **Le Patio,** 19 bd Helvétique, ✉ 1207, ℘ 0227 366 675, Fax 0227 864 074 – AE
ⓞ ⓜ VISA
p. 4 GZ b
fermé 24 déc. au 6 janv., sam. et dim. – **Repas** 26 et à la carte 66/105.

• Une des deux modernes salles à manger est aménagée en jardin d'hiver. Les saveurs provençales de la carte peuvent s'accompagner judicieusement d'un vin au verre.

XX **Cavalieri,** 7 r. Cherbuliez, ✉ 1207, ℘ 0227 350 956, Fax 0227 358 595 – AE ⓞ
ⓜ VISA
p. 4 GY g
fermé 12 juil. au 11 août et lundi – **Repas** - cuisine italienne - 30/60 (midi) et à la carte 58/139.

• Boiseries et tableaux président au cadre de cette salle à manger décorée à l'italienne. Côté table : appétissant éventail de plats originaires de la péninsule.

X **Buffet de la Gare des Eaux-Vives** (Labrosse), 7 av. de la Gare des Eaux-Vives,
✉ 1207, ℘ 0228 404 430, catchall@lebuffet.ch, Fax 0228 404 431, 🍴 –
ⓜ VISA
p. 3 CU x
fermé 23 déc. au 6 janv., 28 juil. au 11 août, sam. sauf le soir de sept. à juin, dim. et fériés – **Repas** 24 - 48 (midi)/75 et à la carte 69/100.

• Un "buffet de la gare" qui sort du lot : sobre intérieur résolument contemporain, fresque évoquant le chemin de fer, terrasse estivale à quai et cuisine dans l'air du temps.
Spéc. Laperau confit à l'échalote de printemps et roquette sauvage (printemps-été). Fraîcheur de foie gras et jeunes poireaux, feuilles tendres de moutarde. Dos de cabillaud en risotto de coquillages et courgettes, jus à l'ail frais (printemps-été)

X **Brasserie Victoria,** 2 r. Bovy-Lysberg, place du Cirque, ✉ 1204,
℘ 0228 071 199, Fax 0228 071 198 – 🖃. AE ⓞ ⓜ VISA JCB
p. 4 FZ z
fermé 11 juil. au 18 août, sam. de mai à sept. et dimanche – **Repas** (prévenir) 18 et à la carte 48/94.

• Cette table animée est agrémentée de boiseries et de peintures aux tons rosés. À l'étage, la "Bibliothèque", plus discrète, se destine principalement aux groupes.

X **Brasserie Lipp,** 8 r. de la Confédération (2ᵉ étage), ✉ 1204, ℘ 0223 111 011,
lipp@swissonline.ch, Fax 0223 120 104, 🍴 – ✂ 🖃. AE ⓞ
ⓜ VISA
p. 4 FY f
fermé Noël – **Repas** 28 - 57/85 et à la carte 48/100.

• Restaurant typé "brasserie parisienne", au 2ᵉ étage d'une galerie marchande. Bel assortiment de fruits de mer, susceptible de calmer petites et grosses faims jusqu'à 0 h 45 !

X **Café de l'Hôtel de Ville,** 39 Grand-Rue, ✉ 1204, ℘ 0223 117 030,
Fax 0223 121 887, 🍴 – AE ⓞ ⓜ VISA JCB
p. 4 FZ u
fermé Noël et Nouvel An – **Repas** 18 et à la carte 42/99.

• Demandez l'Hôtel de Ville et vous trouverez le café ! À l'intérieur : photos de célébrités, bibelots, et le comptoir des habitués. Au menu : spécialités genevoises.

X **Le Perron,** 5 r. du Perron, ✉ 1204, ℘ 0223 113 108, Fax 0223 113 163, 🍴 –
AE ⓞ ⓜ VISA
p. 4 FZ n
fermé 24 déc. au 2 janv. et dim. – **Repas** 19 et à la carte 45/85.

• Sa terrasse ombragée connaît une forte activité "café". Au déjeuner, le service est effectué d'un pas allègre, et le soir l'ambiance est plus sereine. Répertoire traditionnel.

Environs au Nord :

Palais des Nations - CT :

Intercontinental, 7-9 ch. du Petit-Saconnex, ✉ 1209, ☎ 0229 193 939, *ge va@interconti.com, Fax 0229 193 838,* ≤, 🏞, ₺, ≘s, ⛱ - |‡|, ⇆ ch, ▤ TV ♿ 🚗 P - 🎤 15/400. AE ⓓ MC VISA JCB. ✈ rest p. 2 BT
Repas (voir aussi rest. ***Les Continents*** ci-après) – ***La Pergola*** ☎ 0229 193 3 **Repas** *26* - 47 (midi) et à la carte 62/98 – ☕ 27 – **285 ch** 480/850, 60 suites
◆ Voisin du Palais des Nations, les chefs d'État viennent volontiers dans cet hô idéal pour les conférences. Chambres régulièrement modernisées. Véritable jar d'hiver, La Pergola offre d'appétissants buffets. L'été, réservez une table en bord piscine.

Les Continents - ***Hôtel Intercontinental***, 7-9 ch. du Petit-Saconnex, ✉ 12 ☎ 0229 193 350, *geneva@interconti.com, Fax 0229 193 838* – ▤ P. AE ⓓ MC JCB. ✈ p. 2 BT
fermé Noël à Nouvel An, sam. et dim. – **Repas** 61 (midi)/130 et à la ca 79/137.
◆ Au rez-de-chaussée de l'Intercontinental, luxueux restaurant habillé de boise et éclairé de lustres en cristal, en parfait accord avec sa belle cuisine française
Spéc. Royale de foie gras de canard et chutney d'abricots. Dos de turbot grillé, c au four et artichauts poivrade sautés à cru. Suprême de pintade gauloise rôti au till pommes émiettées au citron

Vieux-Bois, (Ecole Hôtelière), 12 av. de la Paix, ✉ 1202, ☎ 0229 192 426, *r aurant@vieux-bois.ch, Fax 0229 192 428,* 🏞 – P. AE ⓓ VISA. ✈ p. 3 CT
fermé 23 déc. au 6 janv., 14 juil. au 14 août, sam., dim. et fériés – **Repas** *(fer le soir) 26* - 47/90 et à la carte 56/95.
◆ Ce pavillon datant du 18e s. abrite aujourd'hui l'École Hôtelière de Genève. étudiants, encadrés par des professionnels, y préparent des recettes dans l'air temps.

à Chambésy *5 km - CT – alt. 389 – ✉ 1292 Chambésy :*

Relais de Chambésy, 8 pl. de Chambésy, ☎ 0227 581 105, *Fax 0227 580 2* 🏞 – AE ⓓ MC VISA JCB p. 3 CT
fermé 21 déc. au 13 janv., sam. et dim. – **Repas** *21* - 35 (midi)/80 et à la carte 54/ – ***Le Bistrot :*** **Repas** *17.50* - 31 (midi) et à la carte 36/64.
◆ Sur la place du village, authentique auberge campagnarde comprenant tr coquettes salles où vous seront servies de goûteuses assiettes classiques. Les bc ses plus légères et les envies de simplicité opteront pour le Bistrot péparant des p traditionnels.

à Bellevue *par rte de Lausanne : 6 km - CT – alt. 380 – ✉ 1293 Bellevue :*

La Réserve M, 301 rte de Lausanne, ☎ 0229 595 959, *info@lareserve Fax 0229 595 960,* ≤, 🏞, Wellness-Center, ₺, ≘s, ⛱, ⛱, 🎾, ✂, 🌳, ⚓ - ▤ TV ☎ ♿ 🚸 🚗 P. AE ⓓ MC VISA JCB p. 3 CT
Repas à la carte 46/115 – ***Tsé Fung :*** **Repas** à la carte 65/165 – ☕ 32 – 590/990, 17 suites.
◆ Ce luxueux hôtel, totalement rénové, abrite des chambres modernes, avec terra admirant pour la plupart le parc et la splendide piscine. Son restaurant sert des m actuels aux accents méditerranéens. La cuisine du Tsé Fung fait honneur à la Ch

à l'Est par route d'Evian :

à Cologny *3,5 km - DU – alt. 432 – ✉ 1223 Cologny :*

Auberge du Lion d'Or (Byrne/Dupont), 5 pl. Pierre-Gautier, ☎ 0227 364 4 *liondor@maxess.ch, Fax 0227 867 462,* 🏞 – AE ⓓ MC VISA JCB p. 3 DU
fermé 21 déc. au 6 janv., 12 au 27 avril, sam. et dim. – **Repas** 68 (midi)/160 e la carte 109/154 – **Repas** (voir aussi ***Bistro de Cologny*** ci-après).
◆ Une superbe perspective sur le lac et les montagnes vous est offerte dans ce élégante salle à manger garnie de sièges Louis XVI. Alléchants menus et suggesti
Spéc. Marinade de loup de mer, huile d'olive à la vanille, poivres épicés et fruits la passion. Poêlée de filets de rouget, hachis de pommes de terre, jus de rôti tomates séchées et olives noires. Filets mignons de veau panés à la poudre d'aman et pistaches, jus au vinaigre de vin vieux et porto

La Closerie, 14 pl. du Manoir, ℘ 0227 361 355, Fax 0227 000 119, 😊 – AE ⓘ
ⓂⒸ VISA   p. 3 DU t
fermé mi-juil. à mi-août, mardi midi et lundi – **Repas** 18 - 35 (midi) et à la carte 58/117.

♦ L'auberge borde la petite place communale. Dans un décor moderne rehaussé de boiseries et de fresques, le chef vous propose une carte d'inspiration italienne.

Le Bistro de Cologny - *Auberge du Lion d'Or*, 5 pl. Pierre-Gautier, ℘ 0227 365 780, liondor@maxess.ch, Fax 0227 867 462, 😊 – AE ⓘ ⓂⒸ
VISA JCB   p. 3 DU a
fermé 21 déc. au 6 janv., 12 au 27 avril, sam. et dim. – **Repas** 23 - 42 (midi) et à la carte 58/96.

♦ Pendant du Lion d'Or, ce bistrot récemment rénové présente un cadre chaleureux et d'intéressants arguments culinaires : de quoi satisfaire son appétit à prix digestes.

à l'Est par route d'Annemasse :

Thônex *Sud-Est : 5 km* - DU – *alt. 414* – ✉ 1226 Thônex :

Le Cigalon (Bessire), 39 rte d'Ambilly, à la douane de Pierre-à-Bochet, ℘ 0223 499 733, jmbessire@le-cigalon.ch, Fax 0223 499 739, 😊 – 🅿 AE ⓘ
ⓂⒸ VISA   p. 3 DU f
fermé 22 déc. au 1er janv., 8 au 11 juin, 13 juil. au 11 août, dim. et lundi – **Repas** 23 - 44 (midi)/99 et à la carte 76/119.

♦ Amateurs de cuisine iodée, avant de traverser la frontière, arrêtez-vous à cette adresse : vous serez séduits par sa carte ramassée mettant le poisson à l'honneur.
Spéc. Fines tranches de brochet du Léman marinées à crues (été). Velouté de racines de cerfeuil aux oeufs de harengs (automne - hiver). Agneau des Pyrénées rôti aux épices d'Orient (printemps)

De Villette 🌿 avec ch, 55 rte de Villette, ℘ 0227 890 470, Fax 0227 890 471, 😊 – 📺 video. ⓘ ⓂⒸ VISA. ※ ch   p. 3 DV c
Repas *(fermé sam. midi, dim. soir et lundi)* 20 - 39 (midi)/86 et à la carte 49/92 – **9 ch** ⊊ 160.

♦ Services en argenterie et glaces murales s'harmonisent à la cuisine classique préparée par ce restaurant, établi dans un hameau. En période de chasse, gibier suggéré.

au Sud :

Conches *Sud-Est : 5 km* - DV – *alt. 419* – ✉ 1231 Conches :

Le Vallon, 182 rte de Florissant, ℘ 0223 471 104, Fax 0223 476 381, 😊 – 🅿 AE
ⓂⒸ VISA   p. 3 CV n
fermé 24 déc. au 5 janv., 18 au 27 avril, 22 juin au 13 juil., sam. et dim. – **Repas** 34 et à la carte 60/96.

♦ Sympathique cadre d'esprit "bistrot" offrant le coup d'oeil sur les cuisines. Mignon : des petits chevalets posés sur les tables vous présentent la carte.

Veyrier *6 km* - DV – *alt. 422* – ✉ 1255 Veyrier :

Café de la Réunion, 2 ch. Sous-Balme, ℘ 0227 840 798, laporte@iprolink.ch, Fax 0227 843 859, 😊 – AE ⓘ ⓂⒸ VISA   p. 3 DV b
fermé 21 déc. au 5 janv., 12 au 27 avril, 11 au 19 oct., sam. et dim. – **Repas** (prévenir) 20 - 49 (midi)/95 et à la carte 88/109.

♦ Prenez place dans ce restaurant de style rustique avec poutres et pierres apparentes, pour goûter la formule déjeuner ou penchez-vous le soir sur un attrayant répertoire.

Vessy *par route de Veyrier : 4 km* - CV – *alt. 419* – ✉ 1234 Vessy :

Alain Lavergnat, 130 rte de Veyrier, ℘ 0227 842 626, Fax 0227 841 334, 😊
– 🅿 AE ⓘ ⓂⒸ VISA. ※   p. 3 CV z
fermé 22 déc. au 6 janv., 18 au 28 avril, 27 juil. au 10 août, dim. et lundi – **Repas** 60 (midi)/93 et à la carte 75/131 – **Le Bistrot de la Guinguette** : **Repas** 19 - 50 (midi) et à la carte 53/97.

♦ Composée d'une salle à manger au décor rustique et d'un jardin d'hiver, cette ancienne villa genevoise mitonne une cuisine soignée. L'espace brasserie, le Bistrot de la Guinguette, propose, exclusivement au déjeuner, une restauration plus simple.

GENÈVE p. 16

à Carouge 3 km - CV – alt. 382 – ✉ 1227 Carouge :

XX **Auberge de Pinchat** avec ch, 33 ch. de Pinchat, ☏ 0223 423 0
Fax 0223 002 219, 🍽 – TV P. AE MC VISA   p. 3 CV
fermé 20 déc. au 4 janv., 12 au 22 avril et 10 août au 1er sept. – **Repas** *(fermé a et lundi)* 40 (midi)/96 et à la carte 72/124 – **5 ch** ⇌ 120/145.

• Sobriété et tradition sont les maîtres-mots de cette auberge bourgeoise pourv à la belle saison, d'une agréable terrasse. Quelques chambres à disposition.

XX **L'Olivier de Provence,** 13 r. Jacques- Dalphin, ☏ 0223 420 4
🍴 Fax 0223 428 880, 🍽 – AE ① MC VISA JCB   p. 3 CV
fermé 22 déc. au 5 janv., sam. sauf le soir de sept. au 21 juin, dim. et fériés – **Re** 45 (midi)/98 et à la carte 77/109 – **Le Bistrot : Repas** 16.50 - 28 (midi)/36 et carte 41/67.

• Cheminée, poutres au plafond et murs en pierres apparentes donnent du caract à cette demeure datant en partie du 18e s. L'espace Bistrot, situé à l'entrée de l'Oliv de Provence, présente un sympathique menu ainsi que des spécialités provença

X **L'Ange du Dix Vins,** 31 r. J. Dalphin, ☏ 0223 420 318, ange10vins@bluewin.
🍴 Fax 0223 420 205 – AE ① MC VISA   p. 3 CV
fermé 18 au 27 avril, 26 juil. au 17 août, sam. (sauf le soir de sept. à déc.) et dim. – **Re** 25 - 46 (midi)/75 et à la carte 69/107 – **Le Bistrot : Repas** 18 et à la carte 47/83.

• La décoration varie selon l'inspiration du patron qui offre le choix de dix crus verre, comme son nom l'indique, et des mets bourgeois à la page. Amateurs whiskies installez-vous au comptoir du Bistrot et dégustez une cuisine roborat

X **Auberge du Cheval Blanc,** 15 pl. d'Armes, ☏ 0223 436 161, Fax 0223 436 0
🍽 – 🍴 AE ① MC VISA   p. 3 CV
fermé 23 déc. au 10 janv., mardi midi et lundi – **Repas** (bistrot) 22 - 39 (midi)/65 à la carte 46/92.

• Le directeur a agrémenté lui-même cette vieille auberge d'affiches de cinéma. S cialités lyonnaises et fruits de mer complètent une carte résolument "tendanc

à Saconnex d'Arve 6 km - BV – alt. 440 – ✉ 1228 Plan-les-Ouates :

XX **Auberge de la Tour,** 106 rte des Chevaliers de Malte, ☏ 0227 711 0
🍴 Fax 0227 713 329, 🍽 – P. AE ① MC VISA   p. 2 BV
fermé sam. midi, dim. soir et lundi – **Repas** 18 - 41 (midi)/78 et à la carte 62/

• Petites salles à manger agrestes égayées de fresques murales, où vous jongle entre recettes classiques et spécialités du Sud-Ouest de la France : foie gras, cassou

à Plan-les-Ouates 5 km - BV – alt. 403 – ✉ 1228 Plan-les-Ouates :

XX **La Place,** 143 rte de St-Julien, ☏ 0227 949 698, Fax 0227 944 009, 🍽 – AE
MC VISA   p. 2 BV
fermé 28 déc. au 13 janv., 26 juil. au 11 août, sam. et dim. – **Repas** (le midi préve 35 - 70 (midi)/115 et à la carte 66/121.

• Sur un axe fréquenté, petit café néo-rustique d'allure engageante. Pour déjeuner conseil : réservez, la formule carte-menu marche fort ! Cuisine classique et inventiv

à Certoux 9 km - AV – alt. 425 – ✉ 1258 Perly :

XX **Café de Certoux,** 133 rte de Certoux, ☏ 0227 711 032, b.livron@cafe-cer
🍴 x.com, Fax 0227 712 843, 🍽 – P. AE MC VISA, ⌘   p. 2 AV
fermé 23 déc. au 6 janv., 14 juil. au 4 août, dim. et lundi – **Repas** (prévenir) 19 46 (midi)/85 et à la carte 64/111.

• Auberge régionale en phase avec la campagne environnante. En coulisses, le pat se concentre sur un répertoire au goût du jour allégé et varié.

au Petit-Lancy 3 km - BV – alt. 426 – ✉ 1213 Petit-Lancy :

🏨 **Hostellerie de la Vendée,** 28 ch. de la Vendée, ☏ 0227 920 411, info@
❀ dee.ch, Fax 0227 920 546, 🍽 – 🛗 ▣ TV 📞 🚗 – 🛎 15/60. AE
MC VISA   p. 2 BV
fermé 22 déc. au 6 janv. et à Pâques – **Repas** *(fermé sam. midi, dim. et fériés)* (midi)/150 et à la carte 70/134 – **Repas** (voir aussi **Bistro** ci-après) – **34** ⇌ 175/305.

• Au sein d'un quartier paisible, hôtel disposant de chambres garnies d'un mob soigné en bois sombre. Une véranda aménagée à la façon d'un jardin d'hiver prolo l'élégante salle à manger du restaurant gastronomique de l'Hostellerie de la Venc
Spéc. Escalope de foie gras de canard aux asperges, émulsion au lard (printem Noisettes de chevreuil rôties, sauce poivrade et persillée de champignons (autom Délice de fromage blanc aux framboises (été)

GENÈVE p. 17

Bistro - *Hostellerie de la Vendée*, 28 ch. de la Vendée, ☏ 0227 920 411, Fax 0227 920 546, 斎 – 圓. 巫 ① ⓜ ⓥⓘⓢⓐ p. 2 **BV** q
fermé 22 déc. au 6 janv., Pâques, sam. midi, dim. et fériés – **Repas** *19* - 38/48 et à la carte 44/88.
♦ Le bistrot de la Vendée compose une carte sympathique à prix digestes et les menus "vins compris" ont du succès. Terrasse bichonnée par la main verte du fils du propriétaire.

Confignon 7 km - **AV** - alt. 435 – ✉ 1232 Confignon :

Auberge de Confignon ⚘ *avec ch*, 6 place de l'Église, ☏ 0227 571 944, Fax 0227 571 889, ≤, 斎 – 𝐓𝐕. 巫 ⓜ ⓥⓘⓢⓐ p. 2 **AV** n
Repas *(fermé dim. soir et lundi)* 16.50 - 45 (midi)/110 et à la carte 61/127 – **12 ch** ⟙ 140/300.
♦ Cette auberge, ménageant une perspective sur Genève, est installée dans une aile de l'Hôtel de Ville. Vaste salle à manger champêtre et chambres modernes récemment rénovées.

Lully 8 km - **AV** - alt. 430 – ✉ 1233 Bernex :

La Colombière (Lonati), 122 rte de Soral, ☏ 0227 571 027, Fax 0227 576 549, 斎 – 𝐏. 巫 ⓜ ⓥⓘⓢⓐ p. 2 **AV** b
ⓢ *fermé 22 déc. au 13 janv., 23 août au 22 sept., sam. et dim.* – **Repas** (nombre de couverts limité - prévenir) 45 (midi)/110 et à la carte 68/110.
♦ Cette pittoresque ferme ancienne, à l'intérieur campagnard, rencontre une vive fréquentation due à une cuisine inventive et raffinée proposée à des prix non prohibitifs.
Spéc. Pressé de thon rouge de la Méditerranée aux herbes aromatiques et gros sel. Gnocchi au beurre blanc, jus de légumes, truffe noire et gros sel. Confit de homard du Maine aux "Oreilles de Nuages", piment et gingembre (en saison)

Onex 5 km - **BV** - alt. 431 – ✉ 1213 Onex :

Maison Rochette, 127 rte de Chancy, ☏ 0227 790 444, *infos@maisonrochet te.ch*, Fax 0228 790 445, 斎, ⟗ – 𝐏 – 🍽 15/20. 巫 ① ⓜ ⓥⓘⓢⓐ p. 2 **BV** m
fermé 22 déc. au 5 janv., sam. et dim. – **Repas** 42 (midi)/89 et à la carte 47/97 – **Café** : **Repas** *19* - 39 (soir) et à la carte 38/69.
♦ Une tourelle octogonale signale ce café-restaurant jouxtant un parc aménagé en centre d'équitation. Les préparations sont classiques, à l'image du décor de la salle. Pour un repas plus simple, sans fioriture, nous vous invitons au Café dans un cadre "bistrot".

à l'Ouest :

Vernier 4 km - **BU** - alt. 448 – ✉ 1214 Vernier :

Au Cheval Blanc, 74 r. du Village, ☏ 0223 410 280, Fax 0227 830 995, 斎 – 巫 ① ⓜ ⓥⓘⓢⓐ p. 2 **AU** r
fermé 2 sem. déc. à janv., 3 sem. juil. à août, sam. et dim. – **Repas** *24* - 42/96 et à la carte 64/110.
♦ Terrasse en façade et sobre salle à manger contemporaine. Sur le seuil, alléchants parfums annonciateurs d'une cuisine traditionnelle épanouie.

Cointrin par rte de Meyrin : 4 km - **BTU** - alt. 428 – ✉ 1216 Cointrin :

Mövenpick Genève, 20 rte de Pré-Bois, ☏ 0227 987 575, *hotel.geneva@moe venpick.com*, Fax 0227 910 284, 🛋, ≘, 🎋, 🌀 ch, 🖥 𝐓𝐕 🎧 & 🚗 – 🍽 15/400. 巫 ① ⓜ ⓥⓘⓢⓐ ⓙⓒⓑ p. 2 **BU** a
La Brasserie *(fermé juil. - août et dim.)* **Repas** 42 (midi) et à la carte 45/111 – **Kamome** - cuisine japonaise - *(fermé 15 juil. au 15 août, sam. midi, lundi midi et dim.)* **Repas** *21* - 32 (midi)/110 et à la carte 45/96 – ⟙ 29 – **344 ch** 430/560, 6 suites.
♦ Proche de l'aéroport, vous disposez de salons, bars, boutiques et salles équipées pour les conférences. Les chambres sont toutes rénovées. Deux espaces restauration : la Brasserie, et le Kamome au goût du Soleil Levant avec le teppanyaki, les sushis... etc !

Ramada Park Hotel, 75-77 av. Louis-Casaï, ☏ 0227 103 000, *resa@ramadapa rkhotel.ch*, Fax 0227 103 100, 🛋, ≘, 🎋, 🌀 ch, 🖥 𝐓𝐕 🎧 & 🚗 – 🍽 15/550. 巫 ① ⓜ ⓥⓘⓢⓐ ⓙⓒⓑ. ⚘ rest p. 2 **BT** v
La Récolte : **Repas** *17* - 31 et à la carte 43/109 – ⟙ 27 – **302 ch** 190/430, 6 suites – ½ P suppl. 31.
♦ Voisin de l'aéroport, hôtel proposant toutes sortes de commodités : kiosque, coiffeur, spacieuses salles de réunions, chambres modernes. Décor contemporain pour la Récolte qui en supplément de l'attractive carte organise des quinzaines à thème.

GENÈVE p. 18

※※ Canonica, à l'aéroport 2ᵉ étage, ℘ 0227 177 676, restaurant@canonica.co
Fax 0227 987 768, ⇐ – ▤. AE ◉ ⦿ VISA   p. 2 BT
Plein Ciel (fermé dim. sauf le midi du 15 sept. au 15 juin et sam.) **Repas** 55 (midi)/
et à la carte 62/125 – **Café Bréguet** (fermé le soir sauf week-end en été) **Rep**
32 (midi)/46 et à la carte 38/75.
  ◆ Choisissez l'un des deux restaurants du Canonica, au 2ᵉ étage de l'aéroport, pc
  admirer décollages et atterrissages. La cuisine du Plein Ciel ne manque pas de souffl
  Le Café, lui, est aménagé autour d'un Breguet Atlantic que vous pourrez visite

à Meyrin par rte de Meyrin : 5 km - **AT** – alt. 445 – ✉ 1217 Meyrin :

🏨 NH Geneva Airport Hotel, 21 av. de Mategnin, ℘ 0229 899 000, nhgene
airport@nh-hotels.ch, Fax 0229 899 999 – ▯, ⇄ ch, ▤ TV 📞 ⟺ – 🚗 15/6
AE ◉ ⦿ VISA JCB   p. 2 AT
Repas 16 - 27 (midi)/59 et à la carte 41/77 – ⇌ 25 – **189 ch** 330/390.
  ◆ Architecture extérieure circulaire en briques rouges, révélatrice de la modern
  intérieure. Chambres fonctionnelles toutes semblables. Son restaurant d'hôtel, arr
  nagé à la façon d'un jardin d'hiver, propose une cuisine classique.

Palais des Expositions : 5 km - **BT** – alt. 452 – ✉ 1218 Grand-Saconnex :

🏨 Crowne Plaza, 26 voie de Moëns, ℘ 0227 470 202, reservations@cpgeneva.
Fax 0227 470 303, 𝔽ₛ, ⇌, ▯ – ▯, ⇄ ch, ▤ TV 📞 &, ⟺ – 🚗 15/180. AE ◉
⦿ VISA   p. 2 BT
L'intervista - cuisine italienne - (fermé sam. midi) **Repas** 20 et à la carte 53/95
⇌ 30 – **305 ch** 370/600.
  ◆ Près de l'aéroport, hôtel "à l'américaine" offrant, entre autres, salles de conférer
  équipées, chambres contemporaines et fitness-club. L'Intervista, récemme
  repensé, s'adonne aux recettes italiennes. Originalité : sa carte sous forme de journ

---

GENF Genf **217** ⑪ – siehe Genève.

GERLAFINGEN 4563 Solothurn (SO) **216** ⑮ – 4 733 Ew. – Höhe 452.
Bern 30 – Biel/Bienne 29 – Solothurn 6 – Sursee 48.

※ Frohsinn, Obergerlafingerstr. 5, ℘ 0326 754 477, rest.frohsinn@regio32.
Fax 0326 754 482, ☕ – ℗. ◉ ⦿ VISA. ⋇
geschl. 22. Juli - 4. Aug., Sonntag und Montag – **Menu** – österreichische Spezialitäte
(geschl. abends von Dienstag bis Donnerstag) 14.50 - 54 (mittags)/92 und à la car
41/88.
  ◆ Hier finden Sie österreichische Gastlichkeit und ein optimales Preis-Leistungsve
  hältnis. In der Küche wird Traditionelles aus dem östlichen Nachbarland sorgfäl
  zubereitet.

GEROLDSWIL 8954 Zürich (ZH) **216** ⑱ – 4601 Ew. – Höhe 403.
Bern 117 – Zürich 15 – Aarau 38 – Baden 11 – Dietikon 6 – Luzern 63.

🏨 Hostellerie Geroldswil M, Am Dorfplatz, Huebwiesenstr. 36, ℘ 017 478 78
info@hostellerie-geroldswil.ch, Fax 017 478 888, ☕ – ▯, ⇄ Zim, TV 📞 ⟺
🚗 15/200. AE ◉ ⦿ VISA. ⋇ Rest
Costa d'Oro - italienische Küche - (geschl. Sonn- und Feiertage) **Menu** 32 und à
carte 49/96 – **Osteria Barbarossa :** **Menu** 18.50 und à la carte 41/90 – **72 Z**
⇌ 130/220 – ½ P Zuschl. 25.
  ◆ Das Hotel beherbergt Gäste in Zimmern, von denen der grösste Teil renoviert u
  mit hellem Mobiliar funktionell eingerichtet wurde. Das gehobenere Costa d'Oro
  ein modernes Restaurant. In der Osteria Barbarossa geht es rustikal zu.

GEROLFINGEN Bern (BE) **216** ⑭ – Höhe 502 – ✉ 2575 Täuffelen.
Bern 42 – Neuchâtel 29 – Biel 10 – Solothurn 31.

※※ Züttel, Hauptstr. 30, ℘ 0323 961 115, zuettel@evard.ch, Fax 0323 961 053,
– ℗. AE ◉ ⦿ VISA
geschl. Ende Okt. 2 Wochen, Mittwoch und Donnerstag – **Menu** 17.50 - 35 (mittags)/
und à la carte 45/89.
  ◆ Betritt man das Haus gelangt man in direkt in das einfache Bistro mit Bar. Li
  liegt das Schwanenstübli, rechts das gehobene Gourmetrestaurant.

ERSAU 6442 Schwyz (SZ) 218 ① – 1972 Ew. – Höhe 435.
Sehenswert: *Lage*★★.
🛈 Verkehrsbüro, Poststr. 1, ✆ 0418 281 220, tourisme@gersau.ch, Fax 0418 282 230.
Bern 162 – Luzern 33 – Altdorf 20 – Einsiedeln 39 – Gersau 12.

Müller, Seestr. 26, ✆ 0418 281 919, info@hotelmueller.ch, Fax 0418 281 962, ← Vierwaldstättersee, 斤, 16, ⛱ – 🛗 📺 ✆ 🚗 🅿. – 🅿 15/50. AE ⓞ ⓜⓒ VISA
geschl. 15. Nov. - 1. März – **Menu** *(geschl. Montag)* à la carte 42/111 – **28 Zim** ⌑ 163/226 – ½ P Zuschl. 48.
♦ Das neuzeitliche Hotel ist nur durch die Uferstraße vom Vierwaldstättersee getrennt. Hier beziehen Sie helle, zeitgemäße Gästezimmer mit Balkon, die alle zum See hin liegen. Ein Bistro ergänzt das gepflegte kleine, klassisch-bürgerlich gastaltete Restaurant.

Seehof - Du Lac, Seestrasse (Richtung Brunnen), ✆ 0418 298 300, info@seehof-gersau.ch, Fax 0418 298 384, ← Vierwaldstättersee, 斤, 🚗, 🅿. – 🛗 📺 🅿. AE ⓞ ⓜⓒ VISA. 🞨 Rest
Menu *(geschl. Okt. - 1. Mai)* 50 (abends) und à la carte 44/88 – **24 Zim** ⌑ 118/210.
♦ Die zwei Gebäude liegen an der Seestrasse. Die Zimmer im Haupthaus sind hell und funktionell, im Nebenhaus gross und modern, jedoch alle zum See und viele mit Balkon. Seitlich der Reception liegt das einfache Restaurant mit grossen Panoramafenstern.

Schwert, Seestr. 29, ✆ 0418 281 134, info@schwert-gersau.ch, Fax 0418 282 262, ← Vierwaldstättersee, 斤, 🅿. – 📺 🅿. AE ⓞ ⓜⓒ VISA
Menu 19 - 57 und à la carte 44/76 – **11 Zim** ⌑ 115/220 – ½ P Zuschl. 35.
♦ Die modernen, in frischen Farben gehaltenen Zimmer dieses Hotels haben Balkone, die einen sehr schönen Ausblick auf den Vierwaldstättersee gestatten. Außer im Restaurant mit rustikaler Einrichtung können Sie auch auf der Seeterrasse Platz nehmen.

Tübli, Dorfstr. 12, ✆ 0418 281 234, hotel-tuebli.schmid@mythen.ch, Fax 0418 282 258, 斤, – 📺 🅿. AE ⓞ ⓜⓒ VISA
geschl. 28. Okt. - 16. Nov., Dienstag und Mittwoch von Sept. - Juni – **Menu** 18.50 und à la carte 36/78 – **9 Zim** ⌑ 85/130 – ½ P Zuschl. 26.
♦ Der Landgasthof, ein Bauernhaus mit schöner Holzfassade aus dem 18. Jh., liegt in der Dorfmitte. Die Zimmer sind teilweise mit rustikalen, bemalten Bauernmöbeln eingerichtet. Die Gaststube vermittelt dank der vielen ausgestellten Pokale ländliche Atmosphäre.

est : *3 km Richtung Luzern* – ✉ 6442 Gersau :

Rotschuo ⚘, Seestr. 159, ✆ 0418 282 266, rotschuo@bluewin.ch, Fax 0418 282 270, ← Vierwaldstättersee, 斤, ⛱, 🏊, 🚗, 🎾 – 🛗, ✳ Zim, 📺 ✆ 🅿. – 🅿 15/100. AE ⓞ ⓜⓒ VISA
geschl. 12. Dez. - 15. Jan. – **Fischerstube** : Menu à la carte 45/106 – **61 Zim** ⌑ 163/226 – ½ P Zuschl. 48.
♦ Das Hotel steht ruhig in einem exotischen Park nicht weit vom Ufer. Die Zimmer mit schönem Blick auf den See sind mit rustikalem Holzmobiliar eingerichtet. Im vorderen Gebäude befindet sich die in drei helle, frische Stuben aufgeteilte Restauration.

ERZENSEE 3115 Bern (BE) 217 ⑥ – 905 Ew. – Höhe 647.
Bern 23 – Fribourg 38 – Langnau im E. 27 – Thun 16.

Bären, Dorfstr. 9, ✆ 0317 811 421, Fax 0317 814 235, 斤 – 🅿. AE ⓜⓒ VISA
geschl. 15. Feb. - 6. März, 20. Juli - 10. Aug., Mittwoch und Donnerstag – **Menu** 18.50 - 60 und à la carte 53/89.
♦ Im gut unterhaltenen Riegelhaus werden Gäste entweder in der Stube oder im gut eingedeckten, rustikalen à la carte Teil bewirtet. Günstiges bürgerliches Angebot.

GESCHINEN 3981 Wallis (VS) 217 ⑲ – 92 Ew. – Höhe 1 340.
Bern 132 – Andermatt 56 – Brig 35 – Interlaken 76 – Sion 87.

✕ **Baschi,** Furkastrasse Nord-Ost : 1 km, ℘ 0279 732 000, Fax 0279 732 000, 🍴
 P. ⓦⓈ VISA
 geschl. 28. April - 30. Mai, 30. Okt. - 15. Dez. und Sonntag im Sommer – **Menu** (Gr
 à la carte 37/79.
 ♦ Das Haus mit zentraler Terrasse liegt an der Durchgangsstrasse. In einem rustikal
 Raum stehen massive Holztische und der Grill, auf dem fast alle Speisen zubereit
 werden.

GIESSBACH Bern 217 ⑧ – siehe Brienz.

GILLY 1182 Vaud (VD) 217 ⑫ – 740 h. – alt. 486.
Bern 135 – Lausanne 31 – Genève 33 – Nyon 13.

✕ **Rôtisserie du Central,** ℘ 0218 241 183, info@larotisserie.ch, 🍴 – P. ⓦⓈ V
 fermé 23 déc. au 4 janv., 19 juil. au 5 août, lundi et mardi – **Repas** - grillades - 1
 55 et à la carte 54/85.
 ♦ Auberge familiale au centre du village. Spécialité de la maison : les plats prépar
 au grill, installé au milieu de la salle à manger rustique. Ambiance conviviale.

GIRENBAD BEI TURBENTHAL Zürich ZH 216 ⑲ – Höhe 740 – ✉ 8488 Turbenth
Bern 157 – Zürich 36 – Frauenfeld 27 – Rapperswil 35 – Winterthur 17.

🏠 **Gyrenbad** M 🌿, ℘ 0523 851 566, info@gyrenbad.ch, Fax 0523 852 457, ≤, 🍴
 ⚒ 15/40
 geschl. 22. Feb. - 9. März – **Menu** (geschl. Dienstag) 15.50 und à la carte 34/78 – **7 Zi**
 ⌑ 90/140.
 ♦ Umgeben von Wald und Wiesen findet man in diesem Landgasthof die Ruhe, c
 man für einen erholsamen Schlaf braucht. Sämtliche Zimmer sind in hellem Holz e
 gerichtet. Besonders Ausflugsgäste schätzen das Lokal mit seiner Sonnenterrass

GISWIL 6074 Obwalden (OW) 217 ⑧ ⑨ – 3 459 Ew. – Höhe 485 – Wintersport : 1 350/1 8
 ≴ 4.
 🛈 Tourismusbüro, Brünigstr. 80, ℘ 0416 751 760, giswil-tourismus@ify.c
 Fax 0416 751 746.
Bern 96 – Luzern 29 – Altdorf 53 – Andermatt 73 – Interlaken 39 – Sarnen 1

🏨 **Krone,** Brünigstr. 92, ℘ 0416 752 424, kronegiswil@bluewin.ch, Fax 0416 752 56
 🍴, ⇌, 🍴, ✕, – 📱, ✳ Zim, 📺 P. – ⚒ 15/80. AE ⓞ ⓦⓈ VISA. 🍽
 geschl. 3. März - 4. April ; Rest. auch : Dienstag und Mittwoch von Nov. - März
 Kronenstube : **Menu** 48 und à la carte 38/80 – **Beiz :** **Menu** 20 und à la carte 33/
 – **70 Zim** ⌑ 100/140 – ½ P Zuschl. 25.
 ♦ Dieses Domizil besteht aus Haupthaus und meheren Gästehäusern - überall find
 Sie solide und funktionelle, mit hellem Holzmobiliar eingerichtete Zimmer. Alter Ho
 boden, Hussenstühle, moderne Bilder und Kunstgegenstände prägen die elegar
 Kronenstube.

✕✕ **Bahnhof** mit Zim, Brünigstr. 48, ℘ 0416 751 161, info@bahnhofgiswil.c
 Fax 0416 752 457, 🍴, 🍴 – 📺 & P. AE ⓞ ⓦⓈ VISA JCB
 geschl. 23. Dez. - 24. Jan. ; Rest. : auch Montag und Dienstag – **Landauer :** **Me**
 43 (mittags)/98 und à la carte 55/90 – **Reblaube :** **Menu** 19.50 - 39 und à la car
 33/75 – **10 Zim** ⌑ 80/140 – ½ P Zuschl. 34.
 ♦ Der Landauer ist ein rustikales, gemütliches Lokal mit massiven Deckenbalken u
 Sichtmauern. Das einfachere Restaurant Reblaube ist im Stil eines gehobenen Caf
 eingerichtet.

Süd : 2 km – ✉ 6074 Giswil :

🏨 **Landhaus** 🌿, Brünigstr. 200, ℘ 0416 751 313, hotel@landhaus-giswil.c
 Fax 0416 752 232, ≤, 🍴, ⇌, 🎝, 🍴 – ➡, ✳ Zim, 📺 ✆ – ⚒ 15/60. AE
 ⓦⓈ VISA
 Zum Melchtaler : **Menu** 69/89 und à la carte 48/96 – **Landbeiz :** **Menu** 17 u
 à la carte 34/88 – **46 Zim** ⌑ 125/195 – ½ P Zuschl. 40.
 ♦ Das Hotel liegt oberhalb des Ortes. Die Zimmer von ausreichender Grösse sind mit h
 lem, rustikalem Holzmobiliar zweckmässig eingerichtet. Die zwei gemütlichen à la cart
 Stuben werden Melchtaler- und Brünigstube genannt. Einfach ist der Stil der Landbe

_ARUS (GLARIS) 8750 K *Glarus (GL)* 216 ⑳ – 5 753 Ew. – Höhe 472.
  Sehenswert : *Lage*★.
  ⊛ Hauptstr. 20, ℘ 0556 453 376,
  Fax 0556 453 370.
  Bern 195 – Chur 75 – Sankt Gallen 71 – Buchs 66 – Schwyz 68 – Zürich 70.

  Sonnegg, Asylstr. 30, beim Krankenhaus, ℘ 0556 401 192, *rest.sonnegg@blue win.ch*, Fax 0556 408 106, 佘 – P. AE ⓪ ⓶ VISA
  geschl. Juli 3 Wochen, Dienstagabend und Mittwoch – **Menu** 18.50 - 48 (mittags)/82 und à la carte 58/94.
  ♦ Eintretend in die Gaststube mit nur drei Tischen, gelangt man in einen angenehm eingerichteten Raum mit davorliegender kleiner Terrasse. Klassisches Saisonangebot.

_ATTBRUGG Zürich 216 ⑱ – *siehe Zürich.*

_ION Vaud 217 ⑭ – *rattaché à Montreux.*

_OSCA 6525 Ticino (TI) 218 ⑫ – 524 ab. – alt. 259.
  Bern 242 – Locarno 25 – Andermatt 79 – Bellinzona 7 – Gordevio 35 – Lugano 35.

  Lessy, ℘ 0918 291 941, 佘 – P. AE ⓪ ⓶ VISA. ❋
  chiuso dal 3 al 10 marzo, dal 28 luglio al 18 agosto, domenica sera e lunedì – **Pasto** alla carta 36/62.
  ♦ Sita accanto alla chiesa romanica di S. Giovanni, osteria con bel dehors per l'estate. Sala da pranzo semplice, ornata da un caminetto, dove apprezzare una cucina casalinga.

_CKHAUSEN Zürich 216 ⑱ – *siehe Zürich.*

_LDACH 9403 Sankt Gallen (SG) 216 ㉑ – 8 525 Ew. – Höhe 447.
  Bern 217 – Sankt Gallen 13 – Bregenz 29 – Konstanz 35 – Vaduz 57.

  Villa am See, Seestr. 64, ℘ 0718 455 415, Fax 0718 455 416, ≤ Rorschach und See, 佘 – P. AE ⓪ ⓶ VISA
  geschl. 24. Dez. - 7. Jan., 7. - 15. April, 7. - 22. Juli, 6. - 21. Okt., Montag und Dienstag – **Menu** 42 – 89 und à la carte 56/120.
  ♦ In den schönen Räumen der komplett renovierten Villa oder auf der romantischen Gartenterrasse am Seeufer mit traumhafter Sicht geniesst man die gutbürgerlichen Speisen.

_LDSWIL Bern 217 ⑦ – *siehe Interlaken.*

_LINO 6656 Ticino (TI) 219 ⑦ – alt. 270.
  Bern 277 – Locarno 12 – Bellinzona 32 – Lugano 51.

  Relais al Pontevecchio ⑤, al Ponte, ℘ 0917 856 161, Fax 0917 856 160, ≤, 佘, ⊶ – TV P. AE ⓶ VISA
  2 marzo al 31 ottobre – **Pasto** alla carta 40 – **13 cam** ⊇ 180/280 – ½ P sup. 38.
  ♦ In riva alla Melezza sorge questo albergo dagli interni eleganti, in stile provenzale. Camere personalizzate con mobili di buona fattura. Dopo un tuffo nel fiume, assaporate un pranzo nella bella sala del ristorante, nel giardino d'inverno o in terrazza.

  Cà Vegia ⑤ senza rist, ℘ 0917 961 267, Fax 0917 962 407, ⊶ – TV P. ❋
  2 marzo - 31 ottobre – **12 cam** ⊇ 80/155.
  ♦ Tipica casa patrizia ticinese ; la facciata è ornata da un bell'affresco e da una cornice d'edera. Interni sistemati con gusto e accoglienti. Camere funzionali ; due sono nuove.

  Madonna, via Nazionale, ℘ 0917 961 695, *alvaro.w@bluewin.ch*, Fax 0917 961 953, 佘 – AE ⓪ ⓶ VISA
  16 marzo al 29 ottobre – **Pasto** (chiuso martedì ed a mezzogiorno) (prenotare) 65.
  ♦ Ubicato all'entrata del piccolo villaggio, presenta un ambiente rustico, arricchito all'interno da suppellettili del mondo contadino. Un solo menù che cambia ogni giorno.

GONTEN 9108 Appenzell Innerrhoden (AI) 216 21 – 1 432 Ew. – Höhe 902.
 ᙭ Appenzell (April - Okt.) ℘ 0717 954 060, Fax 0717 954 061.
 Bern 219 – Sankt Gallen 25 – Appenzell 6 – Bregenz 46 – Winterthur 69.

XX **Bären** mit Zim, Hauptstrasse, ℘ 0717 954 010, info@hotel-baeren-gonten.
 Fax 0717 954 019, 🍽 – 🅿, AE ⓞ MC VISA
 geschl. April, Sonntagabend und Montag – **Menu** 26 - 78/106 und à la carte 43/1
 – **15 Zim** ⌂ 88/158 – ½ P Zuschl. 38.
 ♦ In dem netten Appenzellerhaus aus dem 17. Jh. bittet man seine Gäste in ein
 unterteilten, für die Region typischen Stube zu Tisch. Gerne können Sie hier au
 übernachten.

GOPPENSTEIN 3915 Wallis (VS) 217 ⑰ – Höhe 1 217.
 🚗 Coppenstein - Kandersteg, Information ℘ 0279 391 169.
 Bern 193 – Brig 29 – Interlaken 139 – Sierre 25 – Sion 40.

GORDEVIO 6672 Ticino (TI) 218 ⑪ – 798 ab. – alt. 312.
 Bern 276 – Locarno 10 – Bellinzona 30 – Lugano 50.

X **Uno Più** M 🍽 con cam, ℘ 0917 531 012, unopiu@freesurf.c
 Fax 0917 532 658, 🍽 – 🅿, AE ⓞ MC VISA, ⚑
 chiuso dal 16 dicembre al 1º marzo e lunedì – **Pasto** (prenotare) alla carta 42/6
 6 cam ⌂ 98/176 – ½ P sup. 30.
 ♦ Situato nel centro del paese, sala da pranzo in stile ticinese come, del resto,
 proposte della cucina. Disponibilità di alcune camere, sobrie e funzionali.

GOSSAU 9200 Sankt Gallen (SG) 216 21 – 16 624 Ew. – Höhe 638.
 Bern 199 – Sankt Gallen 10 – Bregenz 47 – Konstanz 38 – Vaduz 78.

XXX **Ochsen**, St. Gallerstr. 31, ℘ 0713 852 531, ochsen-gossau@bluewin.
 🍃 Fax 0713 850 823, 🍽 – 🚗, 🅿, AE ⓞ MC VISA
 geschl. Donnerstag – **Menu** 49 (mittags)/75 und à la carte 47/98 – **Triangel :** Me
 19.50 und à la carte 43/83.
 ♦ In der ersten Etage finden zu sie eine Stube, in der Gäste in elegantem Rahmen a
 schweren Polstermöbeln zu Tisch sitzen. Das Triangel im Erdgeschoss ist ein g
 besuchtes Tagesrestaurant im Bistrostil.

XX **Sonne** mit Zim, St. Gallerstr. 22, ℘ 0713 851 651, sonne.gossau@bluewin.
 🍃 Fax 0713 859 022, – TV 🅿, AE ⓞ MC VISA
 geschl. 21. Juli - 10. Aug. – **Menu** (geschl. Sonntag) 17.50 und à la carte 52/95 – **8 Z**
 ⌂ 80/160.
 ♦ Gediegene Galsträume, sympathisch und gemütlich eingerichtet, mit Holztäferu
 und gutem Couvert, oder eine kleine Beiz im Eingangsbereich laden zu internationa
 Gerichten.

Nord-West : 4 km Richtung Niederbüren :

XX **Henessenmühle**, ✉ 9200 Gossau, ℘ 0713 851 509, Fax 0713 852 265, 🍽
 🅿, AE MC VISA
 geschl. 24. - 26. Dez., 3. - 26. Feb., 28. Juli - 6. Aug., 6. - 22. Okt., Dienstag und Mittwc
 – **Menu** à la carte 52/112.
 ♦ Es klappert die Mühle am rauschenden Bach ! Das war im 13. Jh. ! Heute kann m
 in gemütlich-rustikalen Stuben oder im Gastraum klassische Gerichte mit trendige
 Einfluss essen.

GOTTLIEBEN Thurgau 216 ⑨ – siehe Kreuzlingen.

La GOULE Jura 216 ⑬ – rattaché à Le Noirmont.

GOUMOIS 2354 Jura (JU) 216 ⑬ – 114 h. – alt. 496.
 Bern 80 – Delémont 45 – Biel 46 – La Chaux-de-Fonds 35 – Montbéliard 52.

X **Le Theusseret**, à l'Ouest : 2,5 km, ℘ 0329 511 451, Fax 0329 511 451, ≤, 🍽
 – 🅿, AE MC VISA
 fermé déc. à fév. et merc. – **Repas** à la carte 27/59.
 ♦ Du Doubs longeant cette maison, les truites n'ont qu'un saut à faire pour s'allong
 dans vos assiettes ! Outre le choix de plats régionaux, elles sont la spécialité du li

RÄCHEN

3925 Wallis (VS) 217 ⑰ – 1 412 Ew. – Höhe 1 617 – Wintersport : 1 617/2 920 m ⛷ 2 ≰ 11 ⛷.

🛈 Grächen Tourismus, Dorfplatz, ✆ 0279 556 060, info@graechen.ch, Fax 0279 556 066.

Bern 199 – *Brig* 33 – *Sion* 67.

Walliserhof, Dorfplatz, ✆ 0279 561 122, walliserhof@rhone.ch, Fax 0279 562 922, ≤, 🍽, 🛁, ☎ – 🛗 📺 ☕ 🅿. 🆎 ⓪ ⓜ VISA
Menu 26 - 30 und à la carte 38/81 – **25 Zim** ☕ 90/220, Vorsaison ☕ 80/140 – ½ P Zuschl. 28.
• Das schöne Walliser Haus am Dorfplatz bietet Zimmer von guter Grösse, die individuell, mit klassischem Holzmobiliar wohnlich eingerichtet sind. Das Restaurant im Erdgeschoss wirkt mit Holzdecke und typisch lokaler Dekoration gemütlich.

Alpina 🅼 🍽, ✆ 0279 562 626, alpina@rhone.ch, Fax 0279 562 926, 🍴, ☎ – 🛗 📺 🅿. ⓜ
geschl. Mitte Okt. - 15. Dez. – **Olympia** (geschl. mittags von Montag - Freitag) **Menu** 28 und à la carte 42/83 – **34 Zim** ☕ 80/220, Vorsaison ☕ 60/160 – ½ P Zuschl. 28.
• Am oberen Dorfrand steht ein modernes Hotel in ruhiger Lage. Die Zimmer im Haupthaus wie im Capri sind mit Arvenholz-Mobiliar frisch eingerichtet. Hinter der Reception befindet sich das rustikale, gemütliche Restaurant Olympia.

Grächerhof 🍽, ✆ 0279 562 515, info@graecherhof.ch, Fax 0279 562 542, ≤, 🍴, ☎ – 📺. 🆎 ⓪ ⓜ VISA. ⁂ Rest
22. Dez. - 25. April und 29. Mai - 24. Okt. – **Menu** 19.50 - 40/79 und à la carte 46/105 – **22 Zim** ☕ 131/276, Vorsaison ☕ 116/242, 3 Suiten – ½ P Zuschl. 30.
• Das Haus liegt in der verkehrsberuhigten Zone und beherbergt seine Gäste in Zimmern, die zum grössten Teil mit hellem Holzmobiliar zeitgemäss eingerichtet sind. Das Lokal ist unterteilt in einfaches Tagesrestaurant und gediegene Rôtisserie.

Hannigalp, ✆ 0279 562 555, info@hannigalp.ch, Fax 0279 562 855, ≤, 🍴, ☎, 🏊, ⁂ – 🛗 📺. ⓜ VISA
21. Dez. - 21. April und 15. Juni - 17. Okt. – **Menu** 37 (abends) und à la carte 38/77 – **21 Zim** ☕ 100/170, Vorsaison ☕ 90/150 – ½ P Zuschl. 25.
• Das Hotel liegt etwas ausserhalb des Familienferienortes. Die teilweise getäfelten Zimmer im Haupthaus, wie im Chalet sind mit hellem, frischem Holzmobiliar ausgestattet. Hinter der Reception schliesst das kleine à la carte-Restaurant an.

Elite 🍽, ✆ 0279 561 612, elite.graechen@reconline.ch, Fax 0279 561 682, ≤, 🍴, ☎ – 🛗 📺 🅿. 🆎 ⓪ ⓜ VISA. ⁂ Rest
20. Dez. - 20. April und 14. Juni - 30. Sept. – **Menu** (nur Abendessen) 35 und à la carte 35/79 – **24 Zim** ☕ 95/170, Vorsaison ☕ 85/150 – ½ P Zuschl. 26.
• Das Ferienhotel in ruhiger Hanglage hat Zimmer von guter Grösse, die mit dunklem Eichenholzmobiliar praktisch eingerichtet sind und über einen Balkon verfügen. Das Restaurant ist ein einfacher, rustikaler Raum mit freien Balken.

Bärgji-Alp, in Bärgji, Nord : 2,5 km über Bergstrasse erreichbar, ✆ 0279 561 577, Fax 0279 562 995, ≤ Berge, 🍴 – ⓜ VISA
geschl. 27. April - 15. Juni und 26. Okt. - 14. Dez. ausser Samstagabend, Sonntagmittag und Feiertage – **Menu** 24 - 65 und à la carte 42/82.
• Über eine schmale Bergstrasse erreicht man, am besten zu Fuss, das rustikale Restaurant. Belohnt wird man mit dem schönen Blick und einer günstigen und guten regionalen Küche.

RANDVAUX

1091 Vaud (VD) 217 ⑬ – 1 849 h. – alt. 565.

Bern 93 – *Lausanne* 8 – *Montreux* 16 – Yverdon-les-Bains 46.

Relais de la Poste, 10 rte de Crétaz, ✆ 0217 991 633, Fax 0217 991 716, ≤ lac et vignoble, 🍴 – 🅿. 🆎 ⓪ ⓜ VISA
Repas 18 - 58/98 et à la carte 56/125.
• De la magie plein les yeux grâce à la vue exceptionnelle sur le vignoble et le Léman dont jouit ce restaurant, niché sur les hauts du village. Carte attrayante.

Le Pointu, 10 Grand'Rue, ✆ 0217 994 333, Fax 0217 994 334 – 🆎 ⓪ ⓜ VISA
fermé 21 déc. au 17 janv., 19 au 28 avril, 26 juil. au 19 août, lundi midi, sam. et dim. – **Repas** (nombre de couverts limités - prévenir) 18 - 62/110 et à la carte 64/94.
• Mieux vaut réserver si vous voulez trouver place dans cette petite maison qui bénéficie d'une bonne cote locale. Intéressant répertoire classique et prix modérés.

RANOIS

Valais 217 ⑮ – rattaché à Sion.

GRELLINGEN 4203 Basel-Landschaft (BL) 216 ④ – 1 636 Ew. – Höhe 322.
Bern 102 – Basel 20 – Delémont 28 – Liestal 30.

Zur Brücke, Bahnhofstr. 4, ℰ 0617 411 236, rest.bruecke@bluewin.c
Fax 0617 411 082 – P. MC VISA
geschl. 9. - 18. März, 28. Juli - 10. Aug., Montag - Dienstag jeweils abends und Sonnt
– **Menu** 30 - 45 (mittags)/75 und à la carte 41/91.
• Das ältere Gebäude an der Brücke birgt in seinem Inneren eine sehr kleine Gaststub
daneben das Stübli und die schön gedeckte Laube. Traditionelle Karte mit v
Fisch.

GRENCHEN 2540 Solothurn (SO) 216 ⑭ – 15 973 Ew. – Höhe 440.
Lokale Veranstaltungen
28.03 - 30.03 : Zauberkongress, Magischer Ring
23.08 : Drehorgelfestival.

🛈 Grenchen Tourismus, Centralstr. 12, ℰ 0326 443 211, grenchentourismus@
mx.ch, Fax 0326 443 211.

⊛ Centralstr. 12, ℰ 0326 443 211, Fax 0326 443 211.

Bern 34 – Delémont 58 – Basel 80 – Biel 11 – Solothurn 11.

Krebs mit Zim, Bettlachstr. 29, ℰ 0326 522 952, info@hotelkrebs.c
Fax 0326 522 985, 🍴 – 🛗 TV 📞 AE ⓘ MC VISA %
Menu (geschl. 20. - 30. Dez., Mitte Juli - Mitte Aug., Samstag und Sonntag) 19.5
39/56 (mittags) und à la carte 65/115 – **18 Zim** 🛏 75/160.
• Die unterteilte Restauration in dem unscheinbaren Stadthaus überrascht n
guter Weinkarte, klassischer Speisenauswahl und einem riesigen Zigarrenso
timent.

GREPPEN 6404 Luzern (LU) 216 ⑱ – 737 Ew. – Höhe 460.
Bern 139 – Luzern 19 – Altdorf 42 – Cham 17 – Schwyz 28 – Zürich 50.

Rigi (Tuor), Dorfstr. 15, ℰ 0413 903 191, Fax 0413 903 190, 🍴 – P. AE
MC VISA
geschl. 1. - 14. Jan., 9. Juni - 1. Juli, Montag und Dienstag – **Menu** 22 - 105 und à
carte 59/111.
• Das Speiselokal im Landgasthof aus dem Jahre 1750 ist in mehreren rustikale
gemütlichen holzgetäferten Stuben mit heimeliger Atmosphäre untergebracht. Kla
sische Karte.
Spez. Ganz gebratener Steinbutt (Wildfang) mit Zitronen-Schnittlauchsauce. Kot
lette vom "Rigi-Kalb" im Ofen gebraten. Allerlei vom Muotathaler Gitzi mit Kräute
gebraten (Frühling)

St. Wendelin mit Zim, Seestrasse, ℰ 0413 903 016, st.wendelin@bluewin.c
Fax 0413 903 916, < Vierwaldstättersee, 🍴, 🏔, 🌊, 🎣 – TV P. AE
MC VISA
geschl. 23. Dez. - 8. Jan. – **Menu** (geschl. Dienstag) 18.50 - 40 (mittags)/85 und à
carte 54/97 – **8 Zim** 🛏 80/170 – ½ P Zuschl. 45.
• Der 400 Jahre alte Gasthof liegt ausserhalb des Ortes und bietet einen schön
Blick auf den Vierwaldstättersee. Im rustikalen Lokal liegt eine klassische Karte n
Fisch auf.

GRIMENTZ 3961 Valais (VS) 217 ⑯ – 454 h. – alt. 1 570 – Sports d'hiver : 1 570/2 900
🎿 1 ⛷ 10 🛷.

🛈 Office du Tourisme, ℰ 0274 751 493, grimentz@sierre-anniviers.c
Fax 0274 752 891.
Bern 191 – Sion 38 – Brig 55.

Alpina 🏔, ℰ 0274 761 616, alpina@espaceinfo.ch, Fax 0274 761 617, <, 🍴
🛗 – 🛗 TV 📞 P. ⓘ MC VISA % ch
15 déc. au 20 avril et 1er juin au 15 oct. – **Repas** 17 - 39/85 et à la car
43/85 – **28 ch** 🛏 135/260, Basse saison 🛏 95/170, 4 Suites – ½
suppl. 10.
• Au pied des pistes de ski, l'hôtel abrite quatre chalets mitoyens. Les chambr
sont pratiques, très "couleur locale" et l'accueil amical. Le restaurant se compo
d'une salle panoramique et d'une terrasse d'été. Cuisine française et val
sanne.

GRIMENTZ

Alamarenda ⌂, ☏ 0274 752 626, alamarenda@vtx.ch, Fax 0274 752 527, ≤,
🍽, ⇌, 🏇 – 📶, ↻ ch, 📺 🅿 🆎 ⓪ ⓜⓔ 🆅🅸🆂🅰 ❀ rest
15 déc. au 26 avril et 15 juin au 17 oct. – **Repas** *(fermé dim. soir) (en hiver dîner
seul. sauf week-end)* 18 et à la carte 38/80 – **32 ch** ⇌ 130/270, Basse saison
⇌ 95/179 – ½ P suppl. 25.
• Établissement typique de la région sachant entretenir une bonne ambiance. À
l'étage, les chambres sont d'ampleur disparate. Le restaurant, composé d'une salle
à la vue superbe et d'une terrasse estivale, sert des mets flirtant avec les saveurs
locales.

*Si vous êtes retardé sur la route, dès 18 h,
confirmez votre réservation par téléphone,
c'est plus sûr... et c'est l'usage.*

RINDELWALD 3818 Bern (BE) **217** ⑧ – 3876 Ew. – Höhe 1034 – Wintersport :
1 034/2 501 m ≰2 ≰16 🎿.
Sehenswert : *Lage*★★.
Ausflugsziel : *Jungfraujoch*★★★ *mit Zahnradbahn* – *Faulhorn*★★★ - *Männlichen*★★★
– *First*★★ *mit Sessellift* – *Bachsee*★★ – *Gletscherschlucht*★★.
Lokale Veranstaltungen
12.01 - 18.01 : World Snow Festival (Schneeskulpturen-Wettbewerb)
16.06 - 21.06 : Landart Festival (Kunstwerke in wilder Natur-Wettbewerb).
24.06 + 20.07 : Auf dem Männlichen : Bergfrühlingsfest + Trachtenfest.
🛈 *Grindelwald Tourismus,* ☏ *0338 541 212, touristcenter@grindelwald.ch,
Fax 0338 541 210.*
Bern 77 – Interlaken 20 – Brienz 38 – Spiez 36.

Grand Hotel Regina, ☏ 0338 548 600, *info@grandregina.ch,*
Fax 0338 548 666, ≤ Eiger, 🍽, 🛀, ⇌, ♨, 🔲, 🏇, 🏌 – 📶 📺 📞 🚗 🅿 – 🎾 60.
🆎 ⓪ ⓜⓔ 🆅🅸🆂🅰 🅹🅲🅱. ❀ Rest
geschl. 7. Okt. - 15. Dez. – **Pendule d'Or :** *Menu* 60/80 *und à la carte* 58/156 – ⇌ 35
– **92 Zim** 400/540, Vorsaison 295/430, 8 Suiten – ½ P Zuschl. 100.
• Ein traditionsreiches Haus, in dem der Gast in einfacheren älteren, aber auch in
modernen und stilvoll eingerichteten Zimmern und Suiten logiert. Sammlung alter
Penduleluhren. Das Pendule d'Or beeindruckt mit eleganter Einrichtung.

Romantik Hotel Schweizerhof, ☏ 0338 532 202, *schweizerhof@grindelwa
ld.ch, Fax 0338 532 004,* ≤ Eiger, 🍽, 🛀, ⇌, 🔲, 🏇 – 📶 📺 📞 🅿 🆎 ⓪ ⓜⓔ 🆅🅸🆂🅰
❀ Rest
20. Dez. - 31. März und 31. Mai - 6. Okt. – **Schmitte :** *Menu* 18 - 48/90 *(abends) und
à la carte* 50/90 – **41 Zim** ⇌ 238/476, Vorsaison ⇌ 195/390, 9 Suiten – ½ P Zuschl.
20.
• Im schönen Chalet im regionalen Stil nächtigen die aufmerksam betreuten Gäste
in wohnlichen, rustikal eingerichteten Zimmern und geniessen die Sicht auf den Eiger.
Klein aber fein : elegant mit passendem rustikalen Dekor gibt sich das Restaurant
Schmitte.

Belvedere, ☏ 0338 545 454, *belvedere@grindelwald.ch, Fax 0338 535 323,*
≤ Eiger, 🛀, ⇌, 🔲, 🏇 – 📶 ↻, 🍽 Rest, 📺 📞 🅿 – 🎾 60. 🆎 ⓪ ⓜⓔ 🆅🅸🆂🅰 🅹🅲🅱.
❀ Rest
geschl. 20. Okt. - 12. Dez. – *Menu* 55 *(abends) und à la carte* 52/100 – **55 Zim**
⇌ 250/470, Vorsaison ⇌ 195/380 – ½ P Zuschl. 35.
• Auffälliger Hotelbau nicht weit vom Ortszentrum. Die meist sehr modernen Zimmer
sind elegant mit hellem Holzmobiliar eingerichtet. Auch einfachere Zimmer mit dunk-
len Möbeln. Hinter der Lobby mit Stilmöbeln befindet sich der angenehm gestaltete
Speisesaal.

Kreuz und Post, Dorfstrasse, ☏ 0338 545 492, *kreuz-post@bluewin.ch,
Fax 0338 545 499,* ≤ Eiger, 🍽, ⇌ – 📶, ↻ Zim, 📺 📞 🅿 – 🎾 20. 🆎 ⓪ ⓜⓔ 🆅🅸🆂🅰
❀ Rest
geschl. 8. April - 28. Mai – *Menu* 16.50 45 *(abends) und à la carte* 40/100 – **42 Zim**
⇌ 145/390, Vorsaison ⇌ 110/220 – ½ P Zuschl. 40.
• Durch Flure mit original Stichen, Bildern und antiken Möbeln gelangt man in
grosse Zimmer, die mit hellen Möbeln rustikal-modern eingerichtet sind. Der Gast
kann sowohl im à la carte-Restaurant, aber auch im schönen rustikalen Challistübli
speisen.

249

GRINDELWALD

Kirchbühl, ✆ 0338 533 553, hotel@kirchbuehl.ch, Fax 0338 533 518, ← Eig und Grindelwaldgletscher, 🍽, ⇌s – 📶 TV 📞 ♿ ⇌ P – 🅰 25. AE ⓄⒸ ⓂⒸ V̄
※ Rest
geschl. 19. Okt. - 12. Dez. – **La Marmite** : Menu 65 und à la carte 45/94 – **Hilt Stübli** : Menu 19 - 45 und à la carte 38/82 – **49 Zim** ⇌ 190/350, Vorsais ⇌ 145/290, 10 Suiten – ½ P Zuschl. 38.
♦ Das gut geführte Haus überzeugt durch seine ruhige, leicht erhöhte Lage mit her chem Blick auf den Eiger. Die Zimmer im Chaletbau sind meist hell und rustikal möblie Das La Marmite verfügt über eine Panoramaterrasse. Rustikal gibt sich das Hilty-Stüb

Bodmi M, Terrassenweg, ✆ 0338 531 220, hotel@bodmi.c Fax 0338 531 333, ← Eiger und Grindelwaldgletscher, 🍽 – 📶 TV 📞 ⇌ P. AE Ⓜ VISA JCB
20. Dez. - 5. April und 29. Mai - 25. Okt. – **Menu** (geschl. jeweils Mittwoch im Juni u Ende Sept. - Mitte Okt.) 70 und à la carte 42/104 – **20 Zim** ⇌ 183/282, Vorsais ⇌ 140/216 – ½ P Zuschl. 35.
♦ Das Chalet liegt äusserst ruhig in wunderbarer Aussichtslage und beherbergt sei Gäste in grossen Zimmern mit verschiedenfarbigen modern-rustikalen Holzmöbe und Sitzecken. Ländlich gehaltenes Restaurant.

Parkhotel Schoenegg, ✆ 0338 541 818, schoenegg@grindelwald.c Fax 0338 541 819, ← Eiger und Berge, ⤴, ⇌s, 🏊 – 📶 ↭ ⇌ P. AE Ⓞ VISA. ※ Rest
21. Dez. - 21. April und 9. Juni - 11. Okt. – **Menu** (nur ½ Pens.) (geschl. mittags, **50 Zim** ⇌ 160/300, Vorsaison ⇌ 150/280 – ½ P Zuschl. 25.
♦ In aller Ruhe im Garten den schönen Ausblick auf den Eiger und die Berge geniess und danach im grossen Zimmer, das rustikal und doch zeitgemäss eingerichtet i erholen.

Caprice M, ✆ 0338 543 818, caprice@grindelwald.ch, Fax 0338 543 81 ← Eiger, 🍽, ⇌s, 🏊 – TV P. AE Ⓜ VISA. ※ Rest
geschl. 26. April - 16. Mai und 19. Okt. - 12. Dez. – **Menu** (nur ½ Pens. für Hotelgäs (nur Abendessen) – **23 Zim** ⇌ 145/354, Vorsaison ⇌ 125/264 – ½ P Zuschl. 20
♦ Die ruhige Lage oberhalb des Ortes, die auch Sicht auf den Eiger ermöglicht, läs den Gast zufrieden in seinem hellen modernen Zimmer mit rustikaler Einrichtu schlummern.

Gletschergarten, Dorfstrasse, ✆ 0338 531 721, gletschergarten@grindelwa .ch, Fax 0338 532 957, ← Fiescherhörner und Grindelwaldgletscher, ⇌s – ↭ Rest, TV P. AE Ⓞ Ⓜ VISA. ※ Rest
21. Dez. - 22. März und 29. Mai - 4. Okt. – **Menu** (nur ½ Pens. für Hotelgäste) – **26 Zi** ⇌ 135/260, Vorsaison ⇌ 120/240 – ½ P Zuschl. 35.
♦ Im Chalet mit heimeliger Atmosphäre geniesst man den Ausblick auf die Fiescherhö ner und den Gletscher. Die Zimmer sind teils dunkel, teils hell und neuzeitlich möblier

Eiger, Dorfstrasse, ✆ 0338 543 131, hotel@eiger-grindelwald.c Fax 0338 543 130, ← Eiger, 🍽, ⇌s – ↭ TV ⇌ P. AE Ⓞ Ⓜ VISA JCB
Barry's : Menu 14.50 und à la carte 38/86 – **48 Zim** ⇌ 175/340, Vorsais ⇌ 120/230 – ½ P Zuschl. 35.
♦ Im Zentrum gelegen, bietet dieses Haus einen schönen Blick auf den Eiger. D meisten Zimmer sind renoviert, hell und frisch mit rustikalem Mobiliar eingerichte teils älter. Im stimmungsvollen Erlebnisrestaurant Barry's strahlt viel Holz Gemü lichkeit aus.

Fiescherblick, Dorfstrasse, ✆ 0338 545 353, hotel@fiescherblick.c Fax 0338 545 350, ←, 🍽 – ↭ TV 📞 P. AE Ⓞ Ⓜ VISA ※ Rest
22. Dez. - 30. März und 18. Mai - 18. Okt. – **Menu** (nur Abendessen) 35/85 und à carte 45/111 – **25 Zim** ⇌ 155/270, Vorsaison ⇌ 135/230 – ½ P Zuschl. 40.
♦ Die Zimmer im Stammhaus des Chalets sind mit hellem Holz rustikal und gemütli gestaltet, im hinteren Hausteil einfacher und noch älter, doch alle mit Balkon. D à la carte-Restaurant liegt mit Terrasse entlang der Strasse.

Sunstar, Dorfstrasse, ✆ 0338 547 777, grindelwald@sunstar.c Fax 0338 547 770, ←, 🍽, ⇌s, 🏊, 🏊, ※ – ↭ TV ⇌ P – 🅰 15/45. AE Ⓜ VISA
19. Dez. - 12. April und 26. Mai - 11. Okt. – **Adlerstube** : Menu 18 - 25 (mittags)/ und à la carte 50/100 – **Älpli** : Menu 14 - 19 und à la carte 32/76 – **178 Zi** ⇌ 170/390, Vorsaison ⇌ 145/340, 30 Suiten – ½ P Zuschl. 35.
♦ Die Zimmer in den zwei Gebäuden, die den Hotelkomplex bilden, sind - bei gute Platzangebot - einheitlich mit rustikalem Pinienholzmobiliar wohnlich gestaltet. D Adlerstube ist ein rustikales Lokal, das geschmackvoll eingerichtet ist.

GRINDELWALD

Derby, am Bahnhof, ℘ 0338 545 461, *derby@grindelwald.ch*, Fax *0338 532 426*, ≼, 🍴 – 📶 📺 🅿 🆎 ⓞ ⓜⓢ 💳 JCB
geschl. 1. Nov. - Mitte Dez. – **Menu** 20 und à la carte 43/87 – **70 Zim** ⚏ 132/258, Vorsaison ⚏ 112/208 – ½ P Zuschl. 32.

◆ Mit Engagement wird dieses Haus geführt : Die älteren Zimmer werden laufend renoviert, die neuen Zimmer sind mit hellen massiven Kiefernholzmöbeln hell und frisch eingerichtet. In mehrere rustikale Stuben unterteilte Restauration.

Alpenhof 🅼 ⚘, ℘ 0338 535 270, *info@alpenhof.ch*, Fax *0338 531 915*, ≼ Eiger, 🍴 – 📶 📺 🅿 🆎 ⓜⓢ 💳 JCB
geschl. Nov. – **Menu** *(nur Abendessen)* 38 und à la carte 37/97 – **13 Zim** ⚏ 140/280, Vorsaison ⚏ 100/190, 4 Suiten – ½ P Zuschl. 32.

◆ Der moderne Chaletbau oberhalb des Zentrums bietet einen schönen Blick auf den Eiger. Die gemütlichen Zimmer mit massivem Fichtenholz laden zum Ausruhen ein. Abends kann der Hotelgast aber auch der Passant in der kleinen rustikalen Gaststube essen.

Chalet Hotel alte Post ⚘, Dorfstrasse, ℘ 0338 534 242, *altepost@grindelwald.ch*, Fax *0338 534 288*, ≼, 🍴, ≋ – 📶 📺 🅿 🆎 ⓞ ⓜⓢ 💳 JCB
geschl. 20. Okt. - 20. Dez. und 22. April - 9. Mai – **Menu** *(geschl. Mittwoch)* 20 und à la carte 46/80 – **17 Zim** ⚏ 140/280, Vorsaison ⚏ 80/200.

◆ Dieser ruhig gelegene Familienbetrieb bietet Ihnen hinter seiner regionstypischen Fassade ländlich eingerichtete Zimmer mit wohnlicher Atmosphäre. Der Restaurantbereich ist im rustikalen Stil gehalten.

Central Hotel Wolter 🅼, Dorfstrasse, ℘ 0338 543 333, *wolter@grindelwald.ch*, Fax *0338 543 339*, ≼, 🍴 – 📶 📺 📞 🅿 – 🏋 40. 🆎 ⓞ ⓜⓢ 💳 JCB. ※ Rest
geschl. 3. Nov. - 18. Dez. – **Menu** 15 - 21 (mittags) und à la carte 39/76 – **39 Zim** ⚏ 125/230, Vorsaison ⚏ 85/190 – ½ P Zuschl. 30.

◆ Nicht weit vom Bahnhof finden Sie dieses gut geführte Hotel. Hier wohnen Sie in behaglichen, hellen Zimmern - teils mit Balkon und schöner Aussicht. Im neuzeitlich-rustikalen Restaurant bietet man eine traditionelle Küche.

Alpina ⚘, ℘ 0338 533 333, *hotel@alpina-grindelwald.ch*, Fax *0338 533 376*, ≼ Eiger, 🍴, 🍂 – 📶 📺 🅿 🆎 ⓜⓢ 💳 JCB. ※ Zim
geschl. Dienstag – **Menu** 16 - 39 (abends) und à la carte 34/78 – **34 Zim** ⚏ 110/250, Vorsaison ⚏ 85/200 – ½ P Zuschl. 30.

◆ In ruhiger Lage, mit Blick auf den Eiger, wohnt man in diesem Haus in unterschiedlich grossen, meist mit neuem, hellem Mobiliar eingerichteten Zimmern. Einfach eingerichtete Gaststube im Eingangsbereich.

Steinbock 🅼, Dorfstrasse, ℘ 0338 538 989, *steinbock@grindelwald.ch*, Fax *0338 538 998*, 🍴 – 📶 📺 ♿ 🅿 🆎 ⓞ ⓜⓢ 💳
Pizzeria da Salvi : **Menu** à la carte 39/86 – **20 Zim** ⚏ 125/250, Vorsaison ⚏ 95/210.

◆ Das hübsche, teils mit Holz verkleidete Chalet liegt im Zentrum von Grindelwald und beherbergt sehr gepflegte Zimmer mit funktionellem Mobiliar und neuzeitlicher Technik. Malereien italienischer Küstendörfer zieren die Wände des modern gestalteten Restaurants.

Hirschen, Dorfstrasse, ℘ 0338 548 484, *hirschen.grindelwald@bluewin.ch*, Fax *0338 548 480*, ≼ – 📶 📺 🅿 🆎 ⓜⓢ. ※ Rest
geschl. 4. Nov. - 18. Dez. – **Menu** *(geschl. auch 22. April - 16. Mai und Donnerstag)* 18 - 36 und à la carte 32/86 – **28 Zim** ⚏ 135/260, Vorsaison ⚏ 90/190 – ½ P Zuschl. 30.

◆ Die Zimmer in einem der ältesten Hotels des Ortes sind zum Wohle des Gastes laufend in Veränderung, die des Haupthauses wurden mit hellem Fichtenholz modern eingerichtet. Das Restaurant ist im lokalen Stil dekoriert.

Grindelwalderhof 🅼 garni, Dorfstrasse, ℘ 0338 544 010, *gwh@tcnet.ch*, Fax *0338 544 019*, ≼ Eiger – 📶 📺 🚗. 🆎 ⓞ ⓜⓢ 💳 JCB
geschl. Anfang Nov. - 9. Dez. – **16 Zim** ⚏ 160/250, Vorsaison ⚏ 90/150, 3 Suiten.

◆ Der Hotelbereich thront über verschiedenen Geschäften im Zentrum des Dorfes. Die Zimmer, meist mit Balkon, sind mit hellen, rustikalen Massivholzmöbeln eingerichtet.

GRINDELWALD

Glacier, Endweg 10, ☏ 0338 531 004, info@glacierhotel.c
Fax 0338 535 004, ≤ Eiger und Berge, 🍴 – 📺 ✆ ♿ 🅰🅴 🕐 🆘 VISA JCB. ⊗ Re
geschl. 22. April - 17. Mai und 20. Okt.- 16. Nov. – **Menu** (geschl. Montag in der Zw
schensaison) à la carte 31/82 – **17 Zim** ⊑ 105/200, Vorsaison ⊑ 90/180 – ½
Zuschl. 33.
♦ Die geräumigen Südzimmer des ruhig gelegenen Chalets sind hell mit Holzmobili
eingerichtet, die Nordzimmer sind dagegen etwas kleiner. Die Restauration beste
aus der rustikalen Gaststube und dem gehobenerem Speisesaal für Hotelgäste.

GROSSDIETWIL 6146 Luzern (LU) **216** ⑯ – 835 Ew. – Höhe 574.
Bern 61 – Aarau 40 – Burgdorf 37 – Langenthal 13 – Luzern 40 – Olten 33.

Löwen, Sandgrubenstr. 1, ☏ 0629 271 424, zettelphilipp@bluewin.c
Fax 0629 272 639, 🍴 – ♿ 🅰🅴 🕐 🆘 VISA
geschl. 30. Dez. - 12. Jan., 21. Juli - 10. Aug., Sonntagabend, Montag und Diensta
mittag – **Löwensäli : Menu** 18.50 - 46 (mittags)/85 und à la carte 45/87 – **Gas
stube : Menu** 16.50 und à la carte 32/62.
♦ Im stattlichen Landgasthof aus dem 15. Jh. kann der Gast seinen Hunger in ein
kleinen Stube mit Biedermeiermöbeln, dem Löwensäli stillen. Die Gaststube im Löwe
ist ein kleines, ländlich eingerichtetes Lokal.

GROSSHÖCHSTETTEN 3506 Bern (BE) **217** ⑦ – 3 098 Ew. – Höhe 743.
Bern 18 – Burgdorf 22 – Luzern 76 – Thun 21.

Sternen mit Zim, Bernstr. 4, ☏ 0317 102 424, Fax 0317 102 425, 🍴 – 📺 ♿
🆘 VISA
Menu (geschl. 21. Juli - 5. Aug., Montag und Dienstag) 18.50 - 56 und à la carte 39/9
– **8 Zim** ⊑ 75/130 – ½ P Zuschl. 35.
♦ Der Gast kann in verschiedenen Räumen von der klassischen Karte wählen. Das Lok
ist in die typische Bernerstube, den rustikalen Arventeil und den Wintergarten unte
teilt.

in Zäziwil Ost : 2 km – Höhe 680 – ✉ 3532 Zäziwil :

Appenberg, ☏ 0317 904 040, seminare@appenberg.cor
Fax 0317 904 050, 🍴, 🎾 – 🏢 ✆ ♿ ♿ – 🅰 15/60. 🅰🅴 🆘 VISA
geschl. 15. Dez. - 27. Dez. – **Menu** (geschl. Sonntagabend) 16 - 26 (mittags)/85 u
à la carte 42/76 – **Spycher** - Grilladen - (geschl. Sonntag und Montag) (nur Aben
essen) **Menu** à la carte 40/67 – **45 Zim** ⊑ 89/152 – ½ P Zuschl. 29.
♦ Eine hübsche Ferienanlage, deren Herzstück das schöne, im traditionellen Stil m
Holzfront erbaute Haupthaus ist. Nette Zimmer, teils neuzeitlich, teils rustikal. Abse
vom Haupthaus das Restaurant Spycher : hier wurden früher die Lebensmittel ge
gert.

GRUB 9035 Appenzell Ausserrhoden (AR) **216** ㉒ – 1 029 Ew. – Höhe 813.
Bern 225 – Sankt Gallen 17 – Altstätten 27 – Bregenz 23 – Herisau 22.

Bären mit Zim, Halten 112, Richtung Eggersriet : 1 km, ☏ 0718 911 355, info@
aeren-grub.ch, Fax 0718 916 309, 🍴 – 📺 ♿ – 🅰 40. 🅰🅴 🆘 VISA. ⊗ Zim
geschl. 13. Juli - 3. Aug., Montag und Dienstagmittag – **Menu** 19.50 - 70/99 (abenc
und à la carte 56/101 – **6 Zim** ⊑ 65/120 – ½ P Zuschl. 35.
♦ Neben der Gaststube, in welcher auch Tagesgerichte serviert werden, gibt es e
kleines Stübli mit gutem Gedeck, in dem der Gast von der klassischen Karte bestelle
kann.

GRUYÈRES 1663 Fribourg (FR) **217** ⑤ – 1 412 h. – alt. 830.
Voir : Château★★ : chapes★.
Manifestation locale
27.07 : Journée "Cors des alpes" @ Gruyères-Moléson.
🅱 Office du Tourisme Gruyères-Moléson, ☏ 0269 211 030, tourisme@gruyeres.c
Fax 0269 213 850.
Bern 65 – Fribourg 35 – Gstaad 38 – Lausanne 50 – Montreux 40 – Yverdon-le
Bains 84.

GRUYÈRES

Hostellerie St. Georges, ☎ 0269 218 300, hostellerie-st-georges@swissonline.ch, Fax 0269 218 339, ≤ remparts et montagnes, 🍽, 🚗 – 📺 ✆ – 🛁 15/100. AE ① ⓜ VISA
fév. au 26 oct. – **Repas** (fermé dim. soir et lundi hors saison) 25 - 55 et à la carte 47/95 – **14 ch** ☐ 160/280 – ½ P suppl. 40.
♦ Au cœur de la cité médiévale, hôtel doté de chambres rustiques. Pour mieux apprécier le séjour, demandez-en une avec une belle perspective. Son restaurant admire les remparts de la ville-musée et les Préalpes, tout en mitonnant des recettes traditionnelles.

Hôtel de Ville, ☎ 0269 212 424, info@hoteldeville.ch, Fax 0269 213 628, 🍽, 📺. AE ① ⓜ VISA JCB. ❄ ch
fermé 30 déc. au 6 fév. – **Repas** 17.50 - 29/59 et à la carte 34/92 – **8 ch** ☐ 120/300 – ½ P suppl. 30.
♦ Lors de votre excursion en Gruyère, envisagez une étape dans cet établissement aux chambres pas très grandes, mais sympathiquement aménagées. Le bistrot, récemment ouvert, revêt un bois clair et possède des chaises de style Bidermeier. Répertoire classique.

Hostellerie des Chevaliers ❄ (en annexe : 🏠), ☎ 0269 211 933, admin@gruyeres-hotels.ch, Fax 0269 212 552, 🍽 – 📺 P. AE ① ⓜ VISA JCB
fermé 4 janv. au 12 fév. – **Repas** (fermé dim. soir et lundi) 45/83 et à la carte 50/101 – **34 ch** ☐ 180/260 – ½ P suppl. 45.
♦ Le restaurant sert une cuisine française, mais l'une des salles forme une terrasse couverte panoramique. Les chambres sont correctement meublées et équipées.

Fleur de Lys avec ch, ☎ 0269 212 108, hotelfleurdelys@bluewin.ch, Fax 0269 213 605, 🍽 – 📺. AE ① ⓜ VISA JCB
fermé fév. et lundi de nov. à Pâques – **Repas** 31 et à la carte 41/103 – **11 ch** ☐ 125/165 – ½ P suppl. 40.
♦ À l'entrée du village, cette maison possède plusieurs terrasses agréables, une chaleureuse salle à manger, un typique carnotzet et des chambres rustiques ou actuelles.

Auberge de la Halle, ☎ 0269 212 178, admin@gruyeres-hotels.ch, Fax 0269 213 313 – AE ① ⓜ VISA JCB
Repas (fermé mardi soir et merc.) 19.50 - 33/43 et à la carte 38/87.
♦ Restaurant niché au centre de la cité. La salle principale, une rotonde habillée de boiseries, fait face à la vallée. Cuisine traditionnelle épicée de spécialités régionales.

STAAD 3780 Bern (BE) **217** ⑮ – Höhe 1050 – Wintersport : 1 000/3 000 m ✦6 ✦35 ❄.
Sehenswert : Lage★★★.
🏌 Gstaad-Saanenland (Ende Mai - Okt.) ☎ 0337 484 030, Fax 0337 484 038.
Lokale Veranstaltungen
05.07 - 13.07 : Allianz Suisse Tennis Open
18.07 - 06.09 : Menuhin Festival.
🛈 Gstaad Saanenland Tourismus, Promenade, ☎ 0337 488 181, gst@gstaad.ch, Fax 0337 488 183.
Bern 88 – *Interlaken* 68 – Aigle 48 – Fribourg 73 – Lausanne 88 – Montreux 64 – Spiez 59.

Palace ❄, ☎ 0337 485 000, palace@gstaad.ch, Fax 0337 485 001, ≤ Gstaad und Berge, 🍽, Wellness-Center, 🏋, ⚽, 🏊, 🎾, 🚗, ❄ – 📺 video ✆ 🚗 P – 🛁 15/150. AE ① ⓜ VISA. ❄ Rest
19. Dez. - 22. März und Mitte Juni - Ende Sept. – **Menu** 90 (mittags)/110 und à la carte 82/184 – **93 Zim** ☐ 590/1210, Vorsaison ☐ 390/880, 7 Suiten – ½ P Zuschl. 90.
♦ Das schlossähnliche Gebäude mit schöner Terrasse thront über dem Ort. Exklusive Zimmer und Suiten voller Luxus und Eleganz lassen kaum Wünsche offen. Der gastronomische Bereich wurde mit viel Holz im Chaletstil gestaltet.

Grand Hotel Park ❄, Wispilestrasse, ☎ 0337 489 800, info@grandhotelpark.ch, Fax 0337 489 808, ≤, 🍽, Wellness-Center, 🏋, ⚽, 🏊 🎾 (Solebad), 🚗, 🎾 – 📺 video 🚗 P – 🛁 15/120. AE ① ⓜ VISA. ❄ Rest
13. Dez. - 6. April und 9. Juni - 22. Sept. – **Menu** 58 (mittags)/118 und à la carte 78/151 – **91 Zim** ☐ 790/1110, Vorsaison ☐ 560/890, 8 Suiten – ½ P Zuschl. 55.
♦ Gediegenheit und Exklusivität begegnen Ihnen hier auf Schritt und Tritt. Auch die herrliche Lage mit Ausblick spricht für dieses traditionsreiche Haus. Verschiedene Restaurants von rustikal-elegant bis edel erwarten den anspruchsvollen Gast.

GSTAAD

Le Grand Chalet, Neueretstrasse, ℘ 0337 487 676, hotel@grandchalet.∎
Fax 0337 487 677, ≤ Saanenland und Berge, 🍴, 🛁, 🚿, 🏊, 🐎 – 📺 ✆ ∎
P. AE ① MO VISA JCB
19. Dez. - 23. März und 29. Mai - 12. Okt. – **La Bagatelle** (Tischbestellung ratsa∎
Menu 38 - 55 (mittags)/120 und à la carte 53/142 – **21 Zim** ⊇ 300/530, Vorsais∎
⊇ 170/370, 4 Suiten.

◆ Das schöne Chalet mit der eigentümlichen Giebelkonstruktion steht allein vor imp∎
santer Bergkulisse. Besonders geräumig : die hell und rustikal eingerichteten Sü∎
zimmer. La Bagatelle ist ein gemütliches Restaurant mit Panoramaterrasse.

Bernerhof, ℘ 0337 488 844, info@bernerhof-gstaad.ch, Fax 0337 488 840, ∎
≘s, ⊠ – ⌯ 📺 ✆ – ∎
geschl. 16. Nov. - 12. Dez. – **Menu** 19.50 - 31 (mittags)/65 und à la carte 34/108∎
Blun-Chi - chinesische Küche - *(geschl. auch 13. April - 9. Mai)* **Menu** 17 - 45/72 u∎
à la carte 49/94 – **34 Zim** ⊇ 188/376, Vorsaison ⊇ 125/210, 11 Suiten – ½ P Zusc∎
35.

◆ Das Haus liegt in der Fussgängerzone. Die Zimmer, durchweg von guter Grös∎
sind teils mit neuem, aber auch mit älterem Holzmobiliar eingerichtet. Ein betc∎
rustikales Restaurant. Im Blun-Chi kommt fernöstliche Stimmung auf.

Arc-en-ciel, ℘ 0337 484 343, arcenciel@gstaad.ch, Fax 0337 484 353, 🍴, ∎
⊠, 🐎 – ⌯ ⋈ 📺 ✆ ∎ P. 🏊 15/55. AE ① MO VISA
Menu 21 und à la carte 38/96 – **36 Zim** ⊇ 192/337, Vorsaison ⊇ 106/245, 6 Suit∎
– ½ P Zuschl. 35.

◆ Gleich hinter dem Regenbogen, nämlich am Ortsrand steht das Haus mit dem f∎
benfrohen Namen. Die meist renovierten Zimmer sind mit hellem Mobiliar zwec∎
mässig eingerichtet. Das Restaurant verfügt über einen grossem Nichtraucherteil u∎
einen Wintergarten.

Gstaaderhof, Hauptstrasse, ℘ 0337 486 363, gstaaderhof@gstaad.c∎
Fax 0337 486 360, ≤, 🍴, ≘s, 🐎 – ⌯ 📺 ✆ ∎ – 🏊 30. AE ① MO V∎
※ Rest
15. Dez. - 30. März und 11. Mai - 25. Okt. – **Menu** 19 - 28 (mittags)/43 und à la car∎
43/85 – **Saagi-Stübli** - Grill- und Fonduespezialitäten - *(nur im Winter) (nur Aber∎
essen)* **Menu** à la carte zirka 48 – **64 Zim** ⊇ 168/326, Vorsaison ⊇ 112/216 – ½∎
Zuschl. 30.

◆ Das Hotel befindet sich in einem Geschäftshaus am Rand des Zentrums. Funktior∎
eingerichtete Zimmer und ein gutes Freizeitangebot gehören zu den Vorzügen dies∎
Adresse. Das Restaurant befindet sich in der ehemaligen Mühlenkammer. Rustika∎
das Saagi-Stübli.

Alphorn, Gsteigstr. 62, ℘ 0337 484 545, office@gstaad-alphorn.c∎
Fax 0337 484 546, ≤, 🍴, ≘s – ⌯ 📺 ∎ P. AE MO VISA
Menu 14.50 - 50/82 und à la carte 40/89 – **28 Zim** ⊇ 124/288, Vorsaison ⊇ 94/2∎
– ½ P Zuschl. 30.

◆ Das im regionalen Stil gehaltene Chalet mit Ausblick bietet den Gästen renovier∎
Zimmer, die mit hellem, rustikalem Massivholzmobiliar wohnlich eingerichtet sind. D∎
unterteilte Restauration wurde kürzlich aufgefrischt.

Posthotel Rössli, Promenade, ℘ 0337 484 242, hotel.roessli@bluewin.c∎
Fax 0337 484 243, 🍴 – 📺 AE ① MO VISA
geschl. Mitte April - Mitte Mai – **Menu** *(geschl. auch Mittwoch und Donnerstag in c∎
Zwischensaison)* 18 - 30 und à la carte 35/81 – **18 Zim** ⊇ 220/310, Vorsais∎
⊇ 90/210 – ½ P Zuschl. 33.

◆ Da das Gasthaus beim Brand 1870 als einziges stehen blieb, bezeichnet man es∎
das älteste Haus des Ortes. Die Zimmer sind rustikal mit dunklem Eichenmobiliar e∎
gerichtet. Die Alti Poscht ist ein gemütliches, mit Jagdtrophäen dekoriertes Lok∎

Chesery (Speth), Chesery Platz, ℘ 0337 442 451, chesery@gstaad.c∎
Fax 0337 448 947, 🍴 – ∎ P. AE ① MO VISA
geöffnet 13. Dez. - 19. April und 14. Juni - 4. Okt. ; geschl. Dienstag in Nebensais∎
und Montag – **Menu** *(Dienstag bis Donnerstag nur Abendessen)* 64 (mittags)/156 u∎
à la carte 90/154.

◆ Um das zentrale Cheminée wurde das edel-rustikale Restaurant konzipiert. Im r∎
schöner Glasmalerei dekorierten Lokal geniessen Sie klassische, aber auch region∎
Kochkunst.

Spez. La soupe froide aux tomates, concombres et médaillons de homard bleu (ét∎
Le bar de ligne en croûte de gros sel. Le cabri du "Saanenland" rôti au four, légum∎
et morilles fraîches (printemps)

GSTAAD

XX Olden mit Zim, Promenade, ℘ 0337 443 444, info@hotelolden.com, Fax 0337 446 164, 🍽, – 📺 video 📞 🚗 🅿 AE ① ⑩ VISA
geschl. 6. April - 16. Mai und 19. Okt. - 14. Nov. – **Menu** 36 und à la carte 89/173 – **La Cave** (geöffnet: 20. Dez. - 8. März; geschl.: Montag und Dienstag im Jan.) **Menu** à la carte 89/162 – **16 Zim** ⇆ 380/500, Vorsaison ⇆ 200/380.

• Die aufwendig bemalte Fassade des alten Hauses im Zentrum fällt gleich auf. Im Inneren finden Sie ein schönes rustikales Restaurant und sehr hübsch gestaltete Zimmer. Nur im Winter geöffnet : das kleine, behagliche La Cave.

Schönried Nord : 7 km Richtung Zweisimmen – Höhe 1231 – ⊠ 3778 Schönried :

Ermitage-Golf, Hauptstrasse, ℘ 0337 486 060, ermitagegolf@gstaad.ch, Fax 0337 486 067, ≤ Berge, 🍽, Wellness-Center, ₤₆, 🌊, ≋, 🏊 (Solebäder), 🌳, ❀ – 🛗, ✂ Rest, 📺 📞 🚗 🅿 🅿 AE ① ⑩ VISA, ❀ Rest
15. Dez. - 25. Okt. – **Da Capo** - italienische Küche - (geöffnet Dez. - April ; geschl. Sonntag und Montag) (nur Abendessen) **Menu** à la carte 60/110 – **Chuchichäschtli : Menu** à la carte 59/118 – **Fondue Spycher** - Käsespezialitäten - (geöffnet Dez. - April ; geschl. Montag und Dienstag) (nur Abendessen) **Menu** à la carte 40/88 – **67 Zim** ⇆ 330/590, Vorsaison ⇆ 200/330 – ½ P Zuschl. 45.

• Das grosse, originell bemalte Chalet verfügt über eine elegant-rustikale Einrichtung mit edlen Zimmern in unterschiedlicher Größe. Hinter der Lobby liegt das Da Capo. Das Chuchichäschtli ist elegant dekoriert. Rustikal-gemütlich ist der Fondue-Spycher.

Alpenrose, Hauptstrasse, ℘ 0337 446 767, info@hotelalpenrose.ch, Fax 0337 446 712, ≤ Berge, 🍽, ≋s – 🛗 📺 📞 ♿ 🚗 🅿 AE ① ⑩ VISA
geschl. 26. Okt. - 20. Dez. – **Azalée** (geschl. Montag und Dienstagmittag) **Menu** 39 - 58(mittags)/189 und à la carte 84/180 – **J. P.'s Churrascaria** (geschl. Mittwoch) **Menu** 18 und à la carte 46/98 – **20 Zim** ⇆ 245/490, Vorsaison ⇆ 155/340 – ½ P Zuschl. 50.

• Eine rustikal-elegante Einrichtung bestimmt das Interieur dieses im traditionellen Stil erbauten Hotels. Die rückwärtigen Zimmer sind recht gross und haben alle Balkone. Elegant wirkt das Restaurant. Als Blickfang in J.P.'s Churrascaria dient der offene Grill.

Saanenmöser Nord : 9 km Richtung Zweisimmen – Höhe 1269 – ⊠ 3777 Saanenmöser :

Golfhotel Les Hauts de Gstaad, ℘ 0337 486 868, golfhotel@tcnet.ch, Fax 0337 486 800, ≤ Berge, 🍽, ₤₆, ≋s, 🌳 – 🛗 📺 📞 🚗 🅿 – 🎗 15/100. AE ① ⑩ VISA
geschl. 12. Nov. - 15. Dez. – **Belle Epoque** : **Menu** à la carte 70/130 – **Bärengraben** : **Menu** à la carte 46/117 – **56 Zim** ⇆ 270/610, Vorsaison ⇆ 150/350 – ½ P Zuschl. 25.

• Ein Chalet mit Seminarbereich und Anbau, in dem 25 Zimmer entstanden sind, die allergikerfreundlich mit Terracottafliesen und italienischem Landhausstil eingerichtet sind. Das Belle Epoque strahlt gehobenes Ambiente aus. Rustikal : der Bärengraben.

Hornberg ⌂, ℘ 0337 486 688, hornberg@gstaad.ch, Fax 0337 486 689, ≤, 🍽, ≋s, 🌊, 🏊, 🌳 – 📺 📞 🚗 🅿 – 🎗 15/25. AE ① ⑩ VISA. ❀ Rest
2. Dez. - 5. April und 8. Mai - 18. Okt. – **Menu** 66/75 (abends) und à la carte 39/91 – **37 Zim** ⇆ 210/490, Vorsaison ⇆ 185/410 – ½ P Zuschl. 30.

• Die Zimmer sind teils gemütlich mit geschnitztem Arvenholz eingerichtet, die anderen mit Kiefer. Ruhen sie in der groYen Gartenanlage aus. Das Restaurant setzt sich aus der ländlichen Gaststube und dem rustikal-eleganten Speisesaal für Hotelgäste zusammen.

Lauenen Süd : 6,5 km – Höhe 1250 – ⊠ 3782 Lauenen :

Alpenland ⌂, Rohrbrücke, Süd : 1 km, ℘ 0337 653 434, hotel@alpenland.ch, Fax 0337 653 464, ≤ Berge, 🍽 – 🛗 📺 🚗 🅿 AE ① ⑩ VISA
geschl. 17. Nov. - 11. Dez., Mittwoch in der Zwischensaison – **Menu** à la carte 37/81 – **20 Zim** ⇆ 140/290, Vorsaison ⇆ 105/220 – ½ P Zuschl. 35.

• Das ortstypische Chalet liegt ruhig ausserhalb des Ortes in der Nähe der Skilifte. Die hellen Gästezimmer sind mit Naturholzmöbeln wohnlich eingerichtet. Eine Terrasse mit schönem Bergblick ergänzt das Restaurant.

GSTAAD

in Saanen Nord-West : 3 km – Höhe 1010 – ✉ 3792 Saanen :.
Sehenswert : Chalets★ – Wandmalereien★ in der Kirche

Steigenberger, auf der Halten, Ost : 2 km, ✆ 0337 486 464, gstaad@steige
berger.ch, Fax 0337 486 466, ← Saanen und Gstaad, 🍴, Ló, ≘s, 🟦, 🐎 – 🛗
↔ Zim, 📺 🎿 ⇔ 🅿 – 🔒 15/100. 🄰🄴 ① 🅾🅾 🌃 🛇 Rest
geschl. Nov. - 13. Dez. – **Menu** à la carte 50/116 – **125 Zim** ⇌ 240/480, Vorsaiso
⇌ 143/286, 8 Suiten – ½ P Zuschl. 62.
• Hier wohnen Sie in Quartieren von guter Grösse, die mit solidem Eichenmobiliar i
Chaletstil ausgerüstet sind und alle über einen Balkon verfügen. Schöner Fitnes
bereich. Frischer, heller Speisesaal und rustikales à la carte Restaurant.

Alpine Lodge 🅼, Wyssmülleriweg, ✆ 0337 484 151, info@alpinelodge.c
Fax 0337 484 152, ←, 🍴, Ló, ≘s, 🟦, 🐎 – 🛗 📺 📞 ⇔ 🅿 – 🔒 80. 🄰🄴
🅾🅾 🛇
Mitte Dez. - Ende April und Mitte Mai - Mitte Okt. – **Menu** 38 und à la carte 45/8
– **25 Zim** ⇌ 199/318, Vorsaison ⇌ 119/198 – ½ P Zuschl. 10.
• Neben modernen und freundlichen Zimmern - alle mit Computer und freiem Inte
netzugang, einige als Themenzimmer - bietet dieses Trend-Hotel auch viele Outdo
Aktivitäten an. Helles, neuzeitliches Restaurant mit groYen Holztischen und Kor
stühlen.

Saanerhof, ✆ 0337 441 515, hotel@saanerhof.ch, Fax 0337 441 323, 🍴 – 🄳
🅿
geschl. Mitte Nov. - Mitte Dez. und April – **Menu** 17 - 35 und à la carte 34/97 – **23 Zi**
⇌ 120/220, Vorsaison ⇌ 80/160 – ½ P Zuschl. 35.
• Der ältere Gasthof, nicht weit vom Bahnhof gelegen, bietet seinen Gästen Zimme
die mit hellem Holzmobiliar rustikal und gemütlich eingerichtet sind. Das Beizli, n
blanken Holztischen und die ländliche Stube sind die beiden Lokale des Hotels.

Landhaus, Haupstrasse, ✆ 0337 484 040, landhaus-saanen@bluewin.c
Fax 0337 484 049 – 🛗 📺 🅿. 🄰🄴 ① 🅾🅾 🛇
geschl. Mitte Mai - Mitte Juni und Donnerstag – **Menu** 17 und à la carte 33/87
18 Zim ⇌ 110/220, Vorsaison ⇌ 90/180 – ½ P Zuschl. 30.
• Trotz seines Namens liegt das Haus im Zentrum des Ortes. Die mit hellem, lackiert
Kiefernholzmobiliar ausgestatteten Zimmer verfügen über ausreichenden Platz.
vorderen Teil der rustikalen Gaststube fällt der Stammtisch ins Auge, hinten ist e
gedeckt.

Sonnenhof, in Unterbord, Nord-Ost : 3 km, ✆ 0337 441 023, Fax 0337 441 03
← Gstaad und Berge, 🍴 – 🅿. ① 🅾🅾 🛇
geschl. Mai - Mitte Juni, Nov. - Mitte Dez., Mittwoch und in der Zwischensaison au
Dienstag – **Menu** (Tischbestellung ratsam) 28 - 52 (mittags)/95 und à la car
60/117.
• Von der wunderschönen Sonnenterrasse aus hat man einen phänomenalen Ausbli
auf Gstaad und die Berge. Aus der Küche kommen schmackhaft zubereitete Speise

---

GUARDA 7545 Graubünden (GR) **218** ⑥ – 176 Ew. – Höhe 1653.
Bern 318 – *Scuol* 19 – Chur 94 – Davos 42 – Merano 122 – Sankt Anton am A
berg 107 – Sankt Moritz 51.

Meisser 🐾, Dorfstr. 42, ✆ 0818 622 132, info@hotel-meisser.c
Fax 0818 622 480, ←, 🍴, 🐎 – 📞 🅿. 🄰🄴 ① 🅾🅾 🛇
21. Dez. - 15. März und 29. Mai - 1. Nov. – **Menu** 26 - 65 (abends) und à la carte 58/9
– **19 Zim** ⇌ 143/319, 4 Suiten – ½ P Zuschl. 40.
• Die ehemaligen Engadiner Bauernhäuser aus dem 17. Jh. liegen ruhig und biet
vom Garten des Haupthauses einen schönen Ausblick. Die Zimmer sind gemütli
eingerichtet. Das Panoramarestaurant mit Blick auf die Bergwelt ist mit Holz a
gestattet.

Piz Buin 🐾, Dorfstr. 21, ✆ 0818 613 000, info@pizbuin.ch, Fax 0818 613 0
←"Unteregadiner Dolomiten", 🍴, ≘s, 🐎 – 📺 📞 🅿. ① 🅾🅾 🛇
geschl. 8. - 23. Jan. und 10. März - 6. Juni – **Menu** (geschl. Mittwoch von Nov. - Mä
22 - 45 (abends) und à la carte 43/68 – **22 Zim** ⇌ 86/182 – ½ P Zuschl. 25.
• Die wunderbare Sicht auf die Unteregadiner Dolomiten lässt das Bergsteige
herz höher schlagen. In Zimmern mit Arven- und Tannenholz ruht man gemütli
Nach Ausflügen gibt es doch kaum etwas schöneres als in typischem Umfeld regiona
Gerichte zu essen.

GUARDA

- **Val Tuoi**, Chasa 56, ℰ 0818 622 470, pensionvaltuoi@bluewin.ch, Fax 0818 622 407, ≤ – 📺 🅿 🕪 VISA. ⌘ Rest
geschl. 12. - 19. Jan., 27. April - 25. Mai und 3. Nov. - 21. Dez. – **Menu** (nur Abendessen für Hotelgäste) – **13 Zim** ⊇ 58/150 – ½ P Zuschl. 24.
  * In gemütlich eingerichtetete Zimmern mit Arven- und Fichtenholz, kann der Gast im schön bemalten Haus ausruhen. Im rustikalen Restaurant gibt es Abendessen für Pensionsgäste.

UDO 6515 Ticino (TI) 218 ⑫ 219 ⑧ – 688 ab. – alt. 218.
Bern 265 – Locarno 13 – Bellinzona 7 – Lugano 32.

- **Osteria Brack** con cam, via delle Vigne, ℰ 0918 591 254, Fax 0918 592 098, ≤, 佘, ⌇ – 📺 🅿 🆎 🕪 VISA. ⌘ rist
dal 1º marzo a fine novembre – **Pasto** (chiuso martedi, mercoledi ed a mezzogiorno) alla carta 41/72 – **7 cam** ⊇ 110/190 – ½ P sup. 45.
  * In zona collinare e verdeggiante è la meta ideale per gli amanti della pasta, rigorosamente fatta in casa ! Si consiglia di prenotare. Alcune camere dal confort soddisfacente.

UNTEN 3654 Bern (BE) 217 ⑦ – Höhe 560.
Bern 36 – Interlaken 15 – Brienz 35 – Spiez 19 – Thun 9.

- **Hirschen am See**, Seestrasse, ℰ 0332 529 292, hotel@hirschen-thunersee.ch, Fax 0332 529 293, ≤ See, 佘, ⌇ₛ, 佘 – ⑃ – 🅿 – 🛁 25. 🆎 ① 🕪 VISA JCB
geschl. 6. Jan. - 6. März – **Le Pavillon : Menu** 49/89 und à la carte 57/106 – **Panorama : Menu** 14.50 und à la carte 38/89 – **65 Zim** ⊇ 105/370 – ½ P Zuschl. 35.
  * Von Terrasse und Garten des Hotels hat man einen wundervollen Ausblick über den Thunersee. Die Gäste wohnen in mit Holzmobiliar in hellen Naturtönen eingerichteten Zimmern. Elegant gibt sich das Le Pavillon. Rustikal ist der Stil im Panorama.

URTNELLEN 6482 Uri (UR) 218 ① – 652 Ew. – Höhe 738.
Bern 170 – Andermatt 16 – Altdorf 22 – Chur 104.

- **Gotthard** mit Zim, ℰ 0418 851 110, sichers-gotthardhotel@bluewin.ch, Fax 0418 850 310, 佘 – 🅿 🆎 ① 🕪 VISA
geschl. 23. Dez. - 5. Jan., 3. März - 12. April, Montag und Dienstag – **Menu** 24 - 32 (mittags)/50 und à la carte 49/92 – **11 Zim** ⊇ 90/140 – ½ P Zuschl. 40.
  * Hinter einer teils holzverkleideten Fassade verbirgt sich ein in ländlichem Stil eingerichtetes Restaurant mit gut eingedeckten Tischen. Einfache, saubere Gästezimmer.

UTTANNEN 3864 Bern (BE) 217 ⑨ – 389 Ew. – Höhe 1 060.
Bern 100 – Andermatt 67 – Brig 67 – Interlaken 43.

n der Grimselpass Strasse Süd : 6 km

- **Handeck** , ℰ 0339 823 611, grimselhotels@kwo.ch, Fax 0339 823 605, ≤, 佘, ⌇ₛ, 佘 – 🅿 – 🛁 15/45. 🆎 ① 🕪 VISA. ⌘ Rest
6. Mai - 18. Okt. – **Gourmet : Menu** 45 (mittags)/88 und à la carte 52/116 – **Haslistube : Menu** 17 - 22 (mittags) und à la carte 38/84 – **30 Zim** ⊇ 115/180 – ½ P Zuschl. 35.
  * Das Haus liegt oberhalb der Pass-Strasse und bietet den Gästen Ausblick auf die Berge. Die Zimmer der 2. Etage wurden renoviert und mit Naturholzmobiliar eingerichtet. Im Gourmet isst man mit Bergsicht. Die Haslistube ist ein rustikal-gemütlicher Ort.

ÜTTINGEN 8594 Thurgau (TG) 216 ⑩ – 1 320 Ew. – Höhe 410.
Bern 12 – Sankt Gallen 29 – Bregenz 51 – Konstanz 12 – Winterthur 52.

- **Seemöwe**, Hauptstr. 54, ℰ 0716 951 010, seemoewe@seemoewe.ch, Fax 0716 952 874, ≤, 佘, ⌇ – ⌇ Zim, 📺 🅿 🆎 ① 🕪 VISA
geschl. Nov. und Montag von Dez. - Feb. – **Menu** 14.50 - 39 und à la carte 35/81 – **13 Zim** ⊇ 90/180 – ½ P Zuschl. 27.
  * Dieses am Ende des Ortes gelegene Domizil mit seinen wohnlichen, leicht rustikal möblierten Zimmern ist ein idealer Ausgangspunkt für Wanderungen und Fahrradtouren. Von dem nett eingerichteten Restaurant aus hat man eine schöne Sicht auf Wiesen und Felder.

HÄGENDORF 4614 Solothurn (SO) 216 ⑯ – 4 281 Ew. – Höhe 428.
Bern 59 – Aarau 20 – Basel 46 – Luzern 62 – Solothurn 30.

XXX **Lampart's Art of Dining**, Oltnerstr. 19, ℘ 0622 097 060, info@artofdining.
Fax 0622 097 061, 🍽 – 🅿 AE ⓘ ⓜ VISA
geschl. Weihnachten, 1. - 6. Jan. 13. Juli - 10. Aug. (ausser Bistro), Sonntag und Mont
– **Menu** (1. Etage) 56 (mittags)/125 und à la carte 90/162 – **Bistro** : Menu
(mittags) und à la carte 43/92.

• Im eleganten Restaurant mit geschmackvoller Inneneinrichtung im modern
Landhausstil werden Speisen von einer guten, innovativen, klassisch-französisch
Karte gereicht. Das Bistro im Erdgeschoss mit Sichtsteinmauer wechselt öfter se
Dekor.

Spez. Duett von der Entenleber. Bretonischer Hummer mit Nudelblättern, konfiert
Tomaten, und Saubohnen auf Fenchelgemüse. Schokoladen "Alptraum"

HÄGGLINGEN 5607 Aargau (AG) 216 ⑰ – 1961 Ew. – Höhe 475.
Bern 101 – Aarau 23 – Baden 17 – Wohlen 9 – Zürich 37.

X **Central**, Oberdorfstr. 2, ℘ 0566 241 151, info@central-haegglingen.c
Fax 0566 241 660, 🍽 – AE ⓘ ⓜ VISA
geschl. 15. Sept. - 5. Okt., Sonntag und Montag – **Menu** 15.50 - 45 (mittags)/93 u
à la carte 40/93.

• Hinter der ockerfarbenen Fassade des Gasthauses liegen eine einfache Gaststu
und daneben der weiss eingedeckte à la carte-Teil des Restaurants.

HAUTE-NENDAZ 1997 Valais (VS) 217 ⑮ – 5 389 h. – alt. 1 255 – Sports d'hive
1 255/3 330 m ✓2 ✓17 ✗.

🅱 Nendaz Tourisme, ℘ 0272 895 589, info@nendaz.ch, Fax 0272 895 583.
Bern 169 – Sion 16 – Martigny 46 – Montreux 85.

🏠 **Le Déserteur**, ℘ 0272 882 455, ledeserteur@bluewin.ch, Fax 0272 883 814,
🍽 – TV 🅿 AE ⓘ ⓜ VISA
fermé mai et nov. – **Repas** 15 - 20/48 et à la carte 39/88 – **25 ch** ⌑ 100/200, Bas
saison ⌑ 80/160 – ½ P suppl. 30.

• Le Déserteur : surnom d'un peintre, aux origines inconnues, réfugié à Nendaz
19e s. Sur les hauts de la station, chalet abritant des chambres confortables. S
restaurant loge une salle campagnarde ouverte sur la vallée, et un carnotzet po
les fondues.

X **Le Grenier**, ℘ 0272 882 440, Fax 0272 881 080, 🍽 – AE ⓜ VISA
16 déc. - 21 avril et 15 juin - 11 oct. ; fermé dim. en juin, sept. et oct. – **Repas** 1
25 (midi)/65 et à la carte 33/82.

• Le télécabine se trouve juste en face : la promenade digestive est toute trouvé
Les hautes chaises baroques ajoutent au cachet de la salle à manger. Plats trad
tionnels.

X **Osteria il Trullo**, ℘ 0272 885 500, Fax 0272 884 175, 🍽 – AE
ⓜ VISA
21 déc. au 19 avril et 6 juil. au 19 oct. – **Repas** - cuisine italienne - (fermé lundi)
la carte 41/85.

• Les couleurs de la salle à manger, le décor typique des Pouilles, le toit rond
"trullo" du four à pizzas, la carte transalpine... Et pourquoi pas le soleil du Mezzogior
90

HAUTERIVE Neuchâtel 216 ⑬ – rattaché à Neuchâtel.

HAUTEVILLE 1648 Fribourg (FR) 217 ⑤ – 447 h. – alt. 720.
Bern 50 – Fribourg 16 – Bulle 12 – Gstaad 54 – Montreux 44 – Vevey 39.

X **Au Lion d'Or**, Au Nord par rte de la Roche : 1 km, ℘ 0269 151 551, 🍽 – 🅿
ⓘ ⓜ VISA
fermé 13 janv. au 13 fév. et lundi – **Repas** 14 et à la carte 28/70.

• Adresse agréable aux abords du village : chalet de caractère datant du 17[e]
dont l'intérieur paysan est typiquement fribourgeois. Dans l'assiette, cuisine tra
ditionnelle.

EIDEN 9410 Appenzell Ausserrhoden (AR) 216 ㉒ – 4 061 Ew. – Höhe 794.
🛈 Appenzellerland Tourismus, Tourist Information, Bahnhofstr. 2, ℘ 0718 983 300, heiden@appenzell.ch, Fax 0718 983 309.
Bern 228 – Sankt Gallen 19 – Bregenz 21 – Herisau 25 – Konstanz 49.

Heiden M, Seeallee 8, ℘ 0718 981 515, info@hotelheiden.ch, Fax 0718 981 555, ≤, 🌲, ≘s, 🏊, 🐎 – 🛗, ⚹ Zim, TV ♿ P – 🚗 25. AE ⓘ ⓜ VISA
Menu 14.50 - 28 (mittags) und à la carte 38/85 – **66 Zim** ⇌ 160/320 – ½ P Zuschl. 35.
• Die Zimmer des Hauses sind mit freundlichem Mobiliar modern eingerichtet. Die nordseitigen haben Panoramafenster mit Blick auf den See, die anderen liegen zum Park. Das helle Restaurant ist einfach gestaltet und hat eine schöne Terrasse.

Weid, Weidstr. 43, ℘ 0718 912 874, Fax 0718 915 686, ≤, 🌲 – P. ⓘ ⓜ VISA
geschl. 3. - 19. März, 29 Sept. - 15. Okt., Montag und Dienstag – **Menu** 19.50 - 50/75 und à la carte 42/89.
• Das Restaurant im oberen Dorfteil hat eine schöne Aussichtslage. Die Speisekarte wird von Forellen aus eigener Zucht dominiert, weist aber auch Fleischgerichte auf.

Die in diesem Führer angegebenen Preise folgen
der Entwicklung der allgemeinen Lebenshaltungskosten.
Lassen Sie sich bei der Zimmerreservierung den endgültigen
Preis vom Hotelier mitteilen.

EILIGKREUZ 6166 Luzern (LU) 217 ⑧ – Höhe 1 127.
Bern 64 – Luzern 40 – Langnau im Emmental 34 – Olten 58.

Heiligkreuz ⚘, ℘ 0414 842 309, hotel.kurhaus.heiligkreuz@bluewin.ch, Fax 0414 841 008, ≤ Napf und Umgebung, 🌲, 🛁, ≘s – 🛗 TV P – 🚗 50.
geschl. 11. Nov. - 7. Dez., Sonntagabend und Montag – **Menu** 16.50 und à la carte 27/74 – **22 Zim** ⇌ 77/144 – ½ P Zuschl. 25.
• Das Haus liegt sehr ruhig neben der kleinen Kirche des Wallfahrtsortes und bietet einen wundervollen Ausblick auf den Napf und Umgebung. Zimmer mit rustikalen Holzmöbeln. Das ländlich-bürgerliche Restaurant verfügt über eine schöne Terrasse.

EILIGKREUZ Sankt Gallen 216 ㉑ – siehe Mels.

EIMISWIL Bern 216 ⑮ – siehe Burgdorf.

ERBLINGEN Schaffhausen 216 ⑧ – siehe Schaffhausen.

ERGISWIL 6052 Nidwalden (NW) 217 ⑨ – 4 907 Ew. – Höhe 449.
🛈 Verkehrsbüro, Seestr. 24, ℘ 0416 301 258, hergiswil@inbox.ch, Fax 0416 301 258.
Bern 120 – Luzern 7 – Interlaken 63 – Stans 6.

Pilatus, Seestr. 34, ℘ 0416 323 030, info@pilatushotel.ch, Fax 0416 323 031, ≤ Vierwaldstättersee, 🌲, 🛁, ≘s, 🏊, 🐎, ⚓ – 🛗 TV ☎ P – 🚗 15/100. AE ⓘ ⓜ VISA. ⚹ Rest
Menu 18 und à la carte 37/96 – **68 Zim** ⇌ 115/265 – ½ P Zuschl. 28.
• Mit guter Lage, ausgezeichnetem Blick auf den Vierwaldstättersee und der schönen Seeterrasse zieht das Hotel Gäste an, die in Zimmern mit dunklen Holzmöbeln übernachten. Im rustikalen Restaurant erhält der Besucher Gerichte von einer traditionellen Karte.

du Lac, Seestr. 76, ℘ 0416 304 242, info@dulac-luzern.ch, Fax 0416 304 250, ≤ Vierwaldstättersee, 🌲, 🐎, ⚓, ☎ – TV P. AE ⓘ ⓜ VISA
Rest. Français : Menu 36 - 49 (mittags)/94 und à la carte 54/117 – **Bistro :** Menu 23 und à la carte 37/106 – **17 Zim** ⇌ 90/195.
• Das Haus hat einen schönen Garten am Seeufer. Die Zimmer sind oft mit Balkon und mit Rattanmöbeln ausgestattet und geben den Blick auf den See frei. Hell gestaltetes Restaurant Français. Modern dekoriertes Bistro.

HERGISWIL

Brünig, Seestr. 13, ℘ 0416 324 242, info@hotel-bruenig.ch, Fax 0416 324 2..
🍴 – 📶 📺 ☎ 🅿 – 🛁 15/60. AE ⓘ MC VISA. ❋ Zim
Menu 19.50 - 42 (abends) und à la carte 38/87 – **20 Zim** ⌷ 110/160, 3 Suiter
½ P Zuschl. 42.
• Das Hotel liegt in der Nähe des Bahnhofes. Die Zimmer der ersten Etage sind r
älteren, in der zweiten mit einfachen Naturholzmöbeln zweckmässig eingericht
Hinter dem neuzeitlichen, einfach gestalteten Restaurant schliesst der Schlosske
an.

HERISAU 9100 K Appenzell Ausserrhoden (AR) 216 ㉑ – 15 786 Ew. – Höhe 771.

ℹ Touristik Information, Oberdorfstr. 24, ℘ 0713 533 035, Fax 0713 533 0..
✥ Am Obstmarkt 7, ℘ 0713 530 970, Fax 0713 530 975.
Bern 203 – *Sankt Gallen* 10 – Bregenz 47 – Konstanz 42 – Winterthur 54.

Herisau M, Bahnhofstr. 14, ℘ 0713 548 383, info@hotelherisau.c
Fax 0713 548 380, 🍴, ⛲, ☎ – 📶 ❋ Zim, 📺 ☎ ♿ ⇔ 🅿 – 🛁 15/50. AE (
MC VISA
Menu (geschl. Sonntag) 15.50 - 38 (mittags)/69 und à la carte 33/66 – ⌷ 15 – **33 Z**
125/200 – ½ P Zuschl. 28.
• Privat- wie auch Geschäftsreisende können in diesem Haus im Appenzellerland
geräumigen Zimmern mit gutem, modernem Mobiliar übernachten. Die Robert W
ser-Stube ist eine Art Wintergarten.

HERLISBERG 6028 Luzern (LU) 216 ⑰ – 228 Ew. – Höhe 737.
Bern 102 – *Aarau* 33 – Luzern 16 – Zürich 68.

XX **Herlisberg,** ℘ 0419 301 280, wirtshaus.herlisberg@kaktus.ch, Fax 0419 303 66
≤ See und Berge, 🍴 – 🅿. AE ⓘ MC VISA
geschl. Feb. – **Menu** 22 - 52 (mittags)/108 und à la carte 61/110.
• Das ehemalige Bauernhaus aus dem 18. Jh. hat eine Terrasse mit wundervolle
Ausblick auf den See und die Berge. Das Lokal ist stilentsprechend eingerichtet.

HERMANCE 1248 Genève (GE) 217 ⑫ – 785 h. – alt. 381.
Bern 180 – *Genève* 16 – Annecy 59 – Saint-Claude 80 – Thonon-les-Bains 36.

XX **Auberge d'Hermance** ⌁ avec ch, 12 r. du Midi, ℘ 0227 511 368, info@h
el-hermance.ch, Fax 0227 511 631, 🍴 – 📺. AE ⓘ MC VISA
fermé 23 déc. au 7 janv. – **Repas** 18 - 68/120 et à la carte 79/146 – **5 ch** ⌷ 150/2
• Auberge au coeur de la cité médiévale. Côté "resto" : beau cadre rustique
terrasse ombragée, cuisine au goût du jour personnalisée. Côté "dodo" : chambr
coquettes.

HERRLIBERG 8704 Zürich ZH 216 ⑱ ⑲ – 4909 Ew. – Höhe 445.
Bern 132 – *Zürich* 12 – Rapperswil 19 – Winterthur 38 – Zug 36.

Nord-Ost : 1,5 km Richtung Forch :

X **Buech,** Forchstr. 267, ✉ 8704 Herrliberg, ℘ 019 151 010, restaurantbuech@
luewin.ch, Fax 019 152 049, ≤ See und Berge, 🍴 – AE ⓘ MC VISA
geschl. 23. Dez. - 3. Jan., 3. - 23. Feb., 1. - 17. Okt., Montag und Dienstag – **Me**
à la carte 52/93.
• Der Stadtmüde wird von der schönen Terrasse mit grandiosem Blick über den S
und die Berge angezogen. In rustikal-gemütlichen Stuben serviert man von einer kl
nen Karte.

HERSCHMETTLEN Zürich (ZH) 216 ⑲ – Höhe 540 – ✉ 8626 Ottikon.
Bern 152 – *Zürich* 30 – Rapperswil 8 – Uster 18 – Winterthur 32.

X **Weinschenke,** ℘ 019 351 264, Fax 019 351 264, 🍴 – 🅿. AE ⓘ MC VISA
geschl. 22. - 31. Dez., 10. - 23. Feb., Montag und Dienstag – **Menu** 17 - 38 (mittags)/
und à la carte 34/93.
• Das Restaurant im kleinen Landgasthof hat ein rustikales Interieur mit Sichtbalke
In gemütlicher Atmosphäre serviert man Speisen von einer klassischen Karte.

HILDISRIEDEN 6024 Luzern (LU) 216 ⑰ – 1 720 Ew. – Höhe 687.
🚉 Sempachersee (März - Nov.) ☎ 0414 627 171, Fax 0414 627 172.
Bern 100 – Luzern 13 – Aarau 36 – Baden 48 – Cham 33 – Sursee 12.

Zum roten Löwen, Luzernerstr. 3, ☎ 0414 603 366, info@hotel-roter-loewen.ch, Fax 0414 601 053, 🍽 – 🛗 📺 ⚒ 🅿 – 🔔 15/200. 🆎 ⓞ ⓜ 𝑉𝐼𝑆𝐴
geschl. Weihnachten und 23. Juli - 7. Aug. **Menu** (geschl. Sonn- und Feiertage jeweils abends und Mittwoch) 18.50 - 29 (mittags)/53 und à la carte 33/73 – **18 Zim** ☐ 90/180 – ½ P Zuschl. 30.
♦ Die Zimmer unterscheiden sich in der Grösse und sind ansonsten durchgängig mit lackiertem Kirschholzmobiliar funktionell eingerichtet. Die Restauration des alten Gasthauses besteht aus einer gemütlichen Wirtschaft und der rustikal gestalteten Götschi-Stube.

HILTERFINGEN Bern 217 ⑦ – siehe Thun.

HINWIL 8340 Zürich (ZH) 216 ⑲ – 9 077 Ew. – Höhe 575.
Bern 154 – Zürich 30 – Rapperswil 11 – Schwyz 43.

Hirschen M, Zürichstr. 2, ☎ 019 389 050, Fax 019 389 051, 🍽 – 📺 🅿 – 🔔 15/150. 🆎 ⓞ ⓜ 𝑉𝐼𝑆𝐴
Menu 18.50 - und à la carte 40/89 – **10 Zim** ☐ 87/140 – ½ P Zuschl. 40.
♦ Der ca. 300 Jahre alte Gasthof liegt im Zentrum des Ortes. Zimmer von ausreichender Grösse, mit modernem, hellem Holzmobiliar und funktioneller Einrichtung warten auf Gäste. Einfache Gaststube mit einem zusätzlichen, modern gestalteten à la carte-Teil.

HORGEN 8810 Zürich (ZH) 216 ⑱ – 16 865 Ew. – Höhe 409.
Bern 146 – Zürich 21 – Luzern 47 – Schwyz 41.

Golden Tulip Seehotel Meierhof M garni, Bahnhofstr. 4, ☎ 017 289 191, mail@seehotel-meierhof.ch, Fax 017 289 292, ≤, 🍽 – 🛗 📺 ⚒ 🅿 – 🔔 15/100. 🆎 ⓞ ⓜ 𝑉𝐼𝑆𝐴
107 Zim ☐ 175/305.
♦ In dem Geschäftshotel nahe dem Bahnhof mit hellen, modern eingerichteten Zimmern geniesst man vom Frühstücksraum im 5. Stock eine wunderbare Panoramasicht auf den Zürichsee.

HORN 9326 Thurgau (TG) 216 ⑩ – 2 376 Ew. – Höhe 403.
Bern 220 – Sankt Gallen 12 – Bregenz 28 – Frauenfeld 50 – Konstanz 33 – Winterthur 71.

Bad Horn, Seestr. 36, ☎ 0718 415 511, badhorn@paus.ch, Fax 0718 416 089, ≤ Bodensee, 🍽, 🈚, 🏊, 🛠 – 🛗, 🍴 Rest, 📺 ⚒ 🅿 – 🔔 15/60. 🆎 ⓞ ⓜ 𝑉𝐼𝑆𝐴, ❌ Rest
Rest. geschl. Feb. – **Captains Grill** : **Menu** 38 (mittags)/99 und à la carte 55/98 – **Glogge-Stube** : **Menu** 20 und à la carte 41/92 – **56 Zim** ☐ 115/290.
♦ In diesem Haus kann man von mehr als der Hälfte der Zimmer, die mit edlen Mahagonimöbeln eingerichtet sind, den schönen Blick auf den See geniessen. Der Captains Grill ist einem alten Luxusliner nachempfunden. Die einfachere Glogge-Stube liegt zum See hin.

HORW Luzern 216 ⑰ – siehe Luzern.

HÜNIBACH Bern 217 ⑦ – siehe Thun.

HURDEN Schwyz (SZ) 216 ⑲ – Höhe 411 – ✉ 8640 Rapperswil.
Bern 162 – Zürich 37 – Rapperswil 2 – Schwyz 32.

Rössli ♨, Hurdnerstr. 137, ☎ 0554 162 121, roessli-hurden@bluewin.ch, Fax 0554 162 125, ≤ See, 🍽 – 🛗 ⚒ 🅿, 🆎 ⓞ ⓜ 𝑉𝐼𝑆𝐴
geschl. 2. - 10. Jan. – **Menu** 35 - 53 (mittags)/115 und à la carte 74/132 – **22 Zim** ☐ 115/200.
♦ Die Gebäude liegen am Ufer und haben eine schöne Gartenterrasse mit ausgezeichnetem Seeblick. Zwei Zimmertypen, einfachere mit dunklem und frischere mit hellem Naturholz. Im Obergeschoss befindet sich die Restauration mit rustikal eingerichteten Stuben.

HURDEN

Adler - Markus Gass, Hurdnerstr. 143, ☏ 0554 104 545, Fax 0554 101 12
≤ See, 🌿 – 🖃 🅿. AE ⓪ ⓜⓒ VISA
geschl. Montag und Dienstag – **Menu** (Tischbestellung ratsam) 45 - 75/135 und à
carte 90/151.
• Das Restaurant ist sehr modern und ganz in weiss gehalten - Bilder zieren die Wänd
Hier serviert man eine gute klassische Küche. Schöne Gartenterrasse mit Blick auf de
See !
Spez. Dreierlei Entenleber mit Sommeraromen. Königstauben-Crepinette auf Ro
marin-Polenta an Balsamicojus. Passionsfrucht-Soufflé mit seinem Sorbet

HUTTWIL 4950 Bern (BE) 216 ⑯ – 4 742 Ew. – Höhe 638.
Bern 48 – Luzern 42 – Olten 38 – Thun 63.

Mohren, Marktgasse 5, ☏ 0629 622 010, info@mohren-huttwil.cor
Fax 0629 622 011, 🌿, 🌾 Zim, 📺 ⓕ 🅿 – 🚗 15/150. AE ⓪ ⓜⓒ VISA
Menu (geschl. 20. Juli - 5. Aug. und Montag) 14.50 - 25 (mittags) und à la carte 31/8
– **36 Zim** ⚏ 90/160 – ½ P Zuschl. 25.
• Der Dorfgasthof im Ortszentrum bietet seinen Übernachtungsgästen gros
Zimmer, die mit hellem Massivholzmobiliar gut eingerichtet sind. Das rustika
Restaurant mit Natursteinmauern und dunklen Sichtbalken strahlt Gemütlichke
aus.

HÜTTWILEN 8536 Thurgau (TG) 216 ⑧ – 1 351 Ew. – Höhe 455.
Bern 174 – Zürich 53 – Frauenfeld 8 – Konstanz 38 – Schaffhausen 32 – Winte
thur 24.

Sonne, Hauptstrasse, ☏ 0527 471 232, Fax 0527 471 232 – 🅿. ⓜⓒ VISA
geschl. 28. Jan. - 12. Feb., 24. Juli - 13. Aug., Dienstag und Mittwoch – **Menu** 18 - 35/8
und à la carte 45/98.
• Beim Betreten des Landgasthofes stösst man linker Hand auf die einfache Gas
stube und nach rechts auf das rustikale à la carte-Stübli mit Sichtsteinmauern. Kla
sische Küche.

ILANZ 7130 Graubünden (GR) 218 ③ – 2 293 Ew. – Höhe 698.
Bern 203 – Chur 34 – Bad Ragaz 53 – Disentis 32.

Lukmanier 🅼, Via S. Clau Sura 11, ☏ 0819 256 144, lukmanier@span.c
Fax 0819 256 241, ≤, 🌿, 🍲 – 🛗, 🌾 Zim, 📺 🚗 🅿 – 🚗 40. AE ⓜⓒ VIS
🍽 Rest
Menu (geschl. 1. Nov. - 26. Dez. und Montag) 20 und à la carte 35/81 – **33 Zi**
⚏ 100/200 – ½ P Zuschl. 35.
• Das im modernen Chaletstil gehaltene Hotel bietet seinen Gästen Zimmer von gut
Grösse, die mit massivem Arvenholzmobiliar zeitgemäss eingerichtet sind. Die Resta
ration ist ein gehobenes, rustikales Lokal mit schöner Holzdecke.

Casutt, Glennerstr. 20, ☏ 0819 251 131, hotel@hotelcasutt.c
Fax 0819 254 147, 🌿 – 🅿. ⓜⓒ VISA
geschl. 27. April - 28. Juni, 3. Nov. - 25. Dez. und Sonntag – **Menu** (nur Abendesse
à la carte 32/69 – **16 Zim** ⚏ 80/150 – ½ P Zuschl. 30.
• Das ältere Gebäude befindet sich im unteren Dorfteil. Die Zimmer, alle m
antiken Holztruhen, sind teils rustikal und teils auch modern mit weissem Mobili
gestaltet. Das klar strukturierte, helle Restaurant verfügt über einen lauschige
Garten.

ILLNAU 8308 Zürich (ZH) 216 ⑲ – Höhe 517.
Bern 145 – Zürich 24 – Rapperswil 26 – Wil 50 – Winterthur 14.

Rössli mit Zim, Kempttalstr. 52, ☏ 0523 461 117, gasthof@roessli-illnau.c
Fax 0523 461 307, 🌿 – 📺 🅿. – 🚗 15/120. AE ⓪ ⓜⓒ VISA
geschl. 21. Juli - 3. Aug. – **Menu** 17 - 48 (mittags)/98 und à la carte 56/113 – **6 Zi**
⚏ 110/180.
• Der Gasthof liegt im Dorfzentrum. Neben der einfachen Gaststube da
Restaurant mit lauschigem Garten, wo unter Bäumen ein Apéro getrunken werde
kann.

IMMENSEE 6405 Schwyz (SZ) 216 ⑱ – Höhe 460.
Bern 138 – Luzern 18 – Cham 16 – Einsiedeln 38 – Schwyz 22.

Zum Schlüssel, Tieftalweg 2, ℘ 0418 504 814, webbruno@aol.com, Fax 0418 507 414, ≤, 斎, 🍴 - 🅿, ⓐ ⓜⓞ 𝗩𝗜𝗦𝗔
geschl. 2. - 16. Feb., 9. - 22. März, Mittwoch (ausser Sommer) und Donnerstag – **Menu** 16.50 - 35 und à la carte 52/111.
♦ In der Schlüsselstube mit herrlichem Blick über den Zugersee sitzen einkehrende Gäste in gediegen-rustikalem Ambiente. Lassen Sie sich von diesem Panorama einfangen!

INNERTKIRCHEN 3862 Bern (BE) 217 ⑨ – 938 Ew. – Höhe 630.
Bern 90 – Andermatt 56 – Brig 75 – Interlaken 36.

auf der Engstlenalp : Nord-Ost : 17 km über Privatstrasse (im Winter nur per mehrstündiger Skiwanderung erreichbar) – Höhe 1 835 – ⊠ 3862 Innertkirchen :

Engstlenalp ⌕, ℘ 0339 751 161, hotel@engstlenalp.ch, Fax 0339 751 361, 斎 – 🅿. ⌘ Rest
(im Winter Reservation erforderlich) – **Menu** 18 und à la carte 30/75 – **30 Zim** ⌒ 55/160 – ½ P Zuschl. 25.
♦ Die idyllische Lage auf einer Alp in totaler Ruhe prädestiniert dieses Hotel für Bergsteiger und Wanderer. Die modernen Zimmer sind bei einfachem Komfort hell eingerichtet. Rustikale, neue Gaststube mit fantastischer Aussichtsterrasse.

INTERLAKEN 3800 Bern (BE) 217 ⑦ ⑧ – 5 056 Ew. – Höhe 564.
Sehenswert : Höheweg★★ : Aussicht★★★ ABY – Ansicht★★ der Kirche von Unterseen AY B.
Ausflugsziel : Jungfraujoch★★★ mit Bahn – Schynige Platte★★ über ② : 2,5 km und Zahnradbahn – Harderkulm★★ mit Standseilbahn BY – Heimwehfluh★ AZ.
⛳₁₈ in Interlaken-Unterseen (April - Okt.) ℘ 0338 236 016, Fax 0338 234 203, West : 2 km Richtung Gonten über Seestrasse AY.

Lokale Veranstaltungen
19.06 - 06.09 : "Wilhelm Tell" Freilichtspiele (1-2 Mal pro Woche)
17.08 - 31.08 : Interlakner Musikfestwoche.
🛈 Tourismus organisation, Höheweg 37, ℘ 0338 265 300, mail@interlakentouris m.ch, Fax 0338 265 375.
Bern 59 ③ – Luzern 68 ① – Montreux 149 ③ – Sion 163 ③

Victoria-Jungfrau, Höheweg 41, ℘ 0338 282 828, interlaken@victoria-jungfr au.ch, Fax 0338 282 880, ≤, 斎, 🆘, Wellness-Center, 🅵🅱, ≋s, ▢, 🌠 - 🕻 🅃🅅 ✆ &
🏃 ⇐ - 🏛 15/250. 🅰🅴 ⓪ ⓜⓞ 𝗩𝗜𝗦𝗔 𝗝𝗖𝗕   AY g
Menu (siehe auch Rest. **La Terrasse und Jungfrau Brasserie**) – **La Pastateca** - Pastaspezialitäten - **Menu** à la carte 43/80 – ⌒ 37 – **184 Zim** 530/720, 28 Suiten – ½ P Zuschl. 110.
♦ Eines der grossen, traditionellen Luxushotels, an der berühmten Höhenmatte gelegen und mit imposantem Bad bestückt. Es bietet anspruchsvollen Gästen jeglichen Komfort. Schwarz und Weiß sind die dominierenden Farben im modern gestylten Pastateca.

Lindner Grand Hotel Beau Rivage, Höheweg 211, ℘ 0338 267 007, beaur ivage@email.ch, Fax 0338 267 008, ≤, 斎, 🅵🅱, ≋s, ▢, 🐎 – 🕻, 🍴 Rest, 🅃🅅 ✆
🅿 - 🏛 15/80. 🅰🅴 ⓪ ⓜⓞ 𝗩𝗜𝗦𝗔. ⌘ Rest   BY t
geschl. 2. Nov. - 21. Feb. – **La Bonne Fourchette** : Menu 65/89 und à la carte 66/121 – **101 Zim** ⌒ 240/480 – ½ P Zuschl. 65.
♦ Das traditionsreiche Grand Hotel besticht durch seine Lage in einem schönen Park sowie durch Zimmer, Suiten und Appartements, die auch Anspruchsvollen Komfort nach MaY bieten. La Bonne Fourchette ist mit schwerem Stilmobiliar elegant eingerichtet.

Metropole, Höheweg 37, ℘ 0338 286 666, mail@metropole-interlaken.ch, Fax 0338 286 633, ≤ Jungfraumassiv, 斎, ≋s, ▢ – 🍴, ✻ Zim, 🅃🅅 ✆ ⇐ 🅿 –
🏛 15/80. 🅰🅴 ⓪ ⓜⓞ 𝗩𝗜𝗦𝗔 𝗝𝗖𝗕   AY u
Bellini (1. Etage) **Menu** 19 - 30 (mittags)/115 und à la carte 51/101 – **Top o Met** (18. Etage) **Menu** 19 und à la carte 37/78 – ⌒ 25 – **95 Zim** 195/360 – ½ P Zuschl. 55.
♦ Wie ein Mahnfinger der Baukultur der 70er Jahre dominiert dieses Hotel das Bild des Ortes. Die Zimmer mit Südbalkon bieten einen grandiosem Blick auf Interlaken und Jungfrau. Helles Interieur bestimmt den Rahmen im Restaurant Il Bellini.

INTERLAKEN

Interlaken, Höheweg 74, ✆ 0338 266 868, *interlakenhotel@bluewin.ch*
Fax 0338 266 869, 🍴, ⊆s, 🌿 – 📶, ⇔Zim, 📺 ✆ 🅿 – 🛋 15/60. AE ⓘ
VISA JCB   BY
il giardino : Menu 24 und à la carte 36/89 – **Lotus** - chinesische Küche - *(gesc
Dienstag von Dez. - April)* **Menu** 17 - 35/58 und à la carte 44/85 – **60 Zim** ⊇ 195/3
– ½ P Zuschl. 75.

◆ Das älteste Hotel Interlakens, die ehemalige Klosterherberge, hat keine Klause
aber Räume, die mit dunklem Holzmobiliar ausgestattet sind. Vier nette Ant
Zimmer ! Neu gestalteten wurde das Restaurant il giardino. Chinesisch gibt sich c
Restaurant Lotus.

Royal - St. Georges, Höheweg 139, ✆ 0338 227 575, *info@royal-stgeorges.c
Fax 0338 233 075*, ≤, ⊆s, 🌿 – 📶 📺 🅿. AE ⓘ ⓜⓒ VISA JCB. ✵ Rest   BY
Hotel : geschl. Nov. - 28. Dez. ; Rest. : geöffnet April - Okt. – **Menu** 40 und à la car
44/83 – **72 Zim** ⊇ 185/300, 3 Suiten – ½ P Zuschl. 40.

◆ Eine stuckverzierte Halle mit schönem Treppenaufgang empfängt Sie in diese
klassischen Hotelbau a. d. J. 1907. Die Zimmer präsentieren sich teils im Jugends
teils modern. Hohe Decken, Leuchter und Parkettboden bilden im Restaurant ein
stivollen Rahmen.

Stella, Waldeggstr. 10, ✆ 0338 228 871, *info@stella-hotel.ch*, Fax 0338 226 67
🍴, 🏊 – 📶 📺 video ✆ 🅿. AE ⓘ ⓜⓒ VISA   AZ
geschl. Feb. - März 2 Wochen – **Stellambiente** : Menu 23 (mittags)/90 und à la car
50/114 – **30 Zim** ⊇ 199/368 – ½ P Zuschl. 48.

◆ Am Rand des Zentrums gelegen, bietet das Haus Zimmer an, die grösstenteils ren
viert und mit hellem Holzmobiliar und bunten Stoffbezügen modern eingerichtet w
den. Das Restaurant Stellambiente ist hell und klar strukturiert.

National Jungfraustr. 46, ✆ 0338 223 621, *info@national-interlaken.c
Fax 0338 227 361*, 🍴 – 📶 📺 🅿 – 🛋 25. AE ⓘ ⓜⓒ VISA
✵ Rest   AY
geschl. Nov. – **Menu** *(nur ½ Pens. für Hotelgäste)* – **46 Zim** ⊇ 180/360 – ½ P Zusc
50.

◆ Die Gäste des National wohnen in Zimmern ähnlichen Zuschnitts, die sich ledigli
in der Grösse unterscheiden und mit dunklem Einbaumobilar ausgestattet sind.

du Nord, Höheweg 70, ✆ 0338 275 050, *mail@hotel-dunord.c
Fax 0338 275 055*, ≤, 🍴 – 📶 📺 ✆ 🅿. AE ⓘ ⓜⓒ VISA JCB   BY
Im Gade (Tischbestellung ratsam) **Menu** 19 - 26(mittags)/57 und à la carte 47/1
– **46 Zim** ⊇ 175/300 – ½ P Zuschl. 36.

◆ Das Hotel in einem klassischem Gebäude am Ende der Höhenmatte gelegen, biet
seinen Gästen unterschiedlich eingerichtete Zimmer mit durchwegs zeitgemässe
Komfort an. Das Restaurant Im Gade ist mit typischer Dekoration und Täfer rusti
eingerichtet.

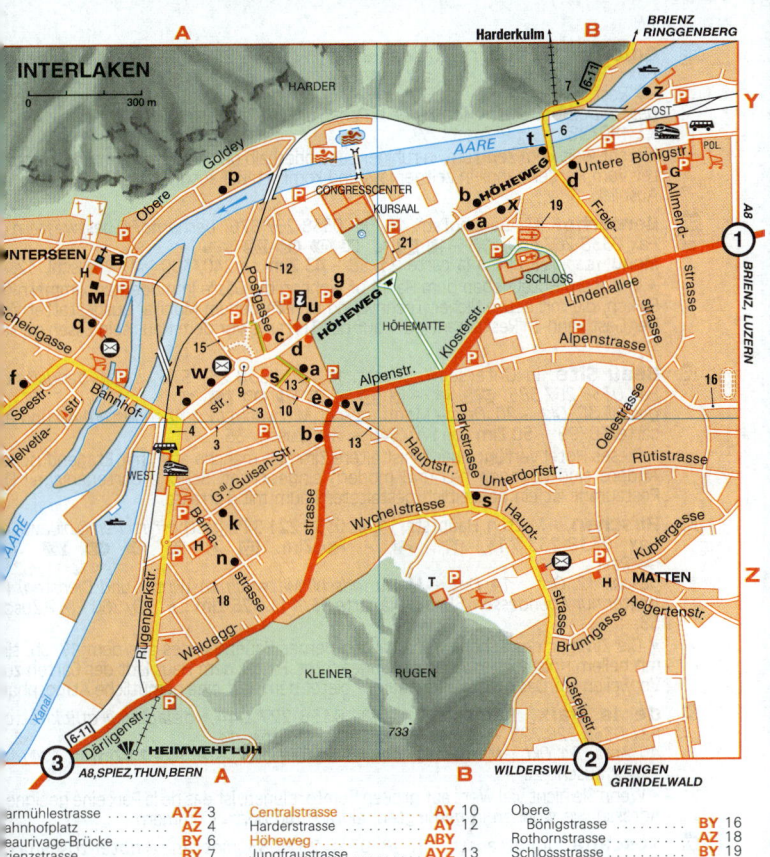

armühlestrasse	**AYZ** 3	Centralstrasse	**AY** 10	Obere	
ahnhofplatz	**AZ** 4	Harderstrasse	**AY** 12	Bönigstrasse	**BY** 16
eaurivage-Brücke	**BY** 6	Höheweg	**ABY**	Rothornstrasse	**AZ** 18
ienzstrasse	**BY** 7	Jungfraustrasse	**AYZ** 13	Schlossstrasse	**BY** 19
entralplatz	**AY** 9	Marktgasse	**AY** 15	Strandbadstrasse	**BY** 21

du Lac, Höheweg 225, ℰ 0338 222 922, dulac@bluewin.ch, Fax 0338 222 915, ≤, 🍴 – 🛗, ↹ Zim, TV 📞 & P. AE ⓘ ⓂⓄ VISA JCB. ℅ Rest BY z
April - Okt. – **Menu** *(geschl. Mittwoch in April und Okt.)* 38 (abends) und à la carte 45/95 – **38 Zim** ⇆ 220/330 – ½ P Zuschl. 30.

♦ Das Haus liegt an der Aare direkt bei der Bootsanlegestelle. Die meisten Zimmer sind einheitlich mit dunklem Furnier, andere mit Nussbaumholz oder rustikal eingerichtet. Abends kann der Gast im seeseitig gelegenen Restaurant speisen.

Krebs, Bahnhofstr. 4, ℰ 0338 227 161, hotelkrebs@bluewin.ch, Fax 0338 232 465, 🍴 – 🛗, ↹ Zim, TV P. AE ⓘ ⓂⓄ VISA JCB. ℅ Rest AY w
Hotel : 29. April - 18. Okt.; Rest. : 1. Mai - 1. Okt. – **Menu** 18.50 - 49 (abends) und à la carte 42/102 – **49 Zim** ⇆ 150/310 – ½ P Zuschl. 40.

♦ In zentraler Lage, unweit des Bahnhofs liegt das Hotel mit besten Voraussetzungen für einen gelungenen Aufenthalt. Sämtliche Gästezimmer sind individuell eingerichtet. Einfaches Restaurant mit rustikaler Stube.

Villa Europe garni, Höheweg 94, ℰ 0338 227 141, info@villaeurope.ch, Fax 0338 229 341, 🍴 – 🛗 TV P – 🏦 50. ⓂⓄ VISA JCB BY d
geschl. Nov. – **40 Zim** ⇆ 123/286 – ½ P Zuschl. 35.

♦ Das schmucke Jugendstilhaus liegt in einem Wohngebiet nahe dem Ostbahnhof. Der GroYteil der Zimmer ist hübsch im Laura Ashley-Stil gestaltet. GroYer Garten hinter dem Haus.

INTERLAKEN

Goldey ⑤, Obere Goldey 85, ℘ 0338 264 445, info@goldey.c
Fax 0338 264 440, ≤, ⇔, ☞ – 🛗 📺 🅿 – 🏊 25. 🕮 ⓘ 🚾 🚻
🛏 Rest AY
geschl. Dez. und Jan. – **Menu** (nur ½ Pens. für Hotelgäste) (nur Abendessen) – **41 Zi**
☑ 190/280 – ½ P Zuschl. 32.

◆ Nicht weit vom Zentrum, in ruhiger Lage oberhalb der Aare, schläft der Gast beh
tet vom Hardermännli in zeitgemäss und komfortabel ausgestatteten Zimmern m
Ausblick.

Bernerhof M, Bahnhofstr. 16, ℘ 0338 267 676, bernerhof@bestwestern.c
Fax 0338 267 660, 🍴 – 🛗 📺 📞. 🕮 ⓘ 🚾 🚻 🎴 AY
Menu 16.50 - 25 und à la carte 23/58 – **43 Zim** ☑ 240/300 – ½ P Zuschl. 32.

◆ In diesem Hotel neben dem Bahnhof wohnen die Gäste in modernen Zimmern m
Balkon, die mit neuzeitlicher Technik und lachsfarbenem Mobiliar ausgestattet sir
Der Gast kann im Restaurant oder auf der Terrasse vor dem Haus sein Essen genie
sen.

Beau Site, in Unterseen, Seestr. 16, ℘ 0338 267 575, info@beausite.c
Fax 0338 267 585, 🍴, ☞ – 🛗 📺 🅿. 🕮 ⓘ 🚾 🚻. 🛏 AY
geschl. 30. Okt. - 20. Dez. – **Menu** (geschl. Mittwoch) (nur Abendessen) 48 und à
carte 38/99 – **50 Zim** ☑ 170/345 – ½ P Zuschl. 35.

◆ Dieses Hotel verfügt über meist ältere Zimmer, manche auch mit Etagendusche
Andere sind dagegen hell und modern eingerichtet. Schöne Gartenanlage! D
Restaurant ist ein neuzeitlich gestalteter Raum mit Terrasse.

Hirschen, in Matten, Hauptstr. 11, ℘ 0338 221 545, gasthofhirschen@bluewin.c
Fax 0338 233 745, 🍴, ☞ – ↩ Zim, 📺 🅿. 🕮 ⓘ 🚾 🚻
🛏 Rest BZ
geschl. 12. Okt. - 14. Dez. – **Menu** (geschl. Mittwoch im Winter und Dienstag) (
Winter nur Abendessen) 65 und à la carte 53/111 – **25 Zim** ☑ 120/260 – ½ P Zusc
38.

◆ Die Zimmer des schönen ehemaligen Berner Bauernhauses aus dem 17. Jh. si
mit hellem Holzmobiliar wohnlich eingerichtet. Hinter dem Haus lädt der Garten zu
Verweilen ein. Das rustikale Restaurant bietet dem Gast eine gemütliche Atmosphä

de la Paix, Bernastr. 24, ℘ 0338 227 044, delapaix@quicknet.c
Fax 0338 228 728 – 🛗 ↩ 📺 🅿. 🕮 ⓘ 🚾 🚻. AZ
16. April - 31. Okt. – **Menu** (nur Abendessen für Hotelgäste) 30 – **21 Zim** ☑ 120/18
– ½ P Zuschl. 26.

◆ Wenn Sie nicht viel Wert auf großen Komfort legen, ist das de la Paix eine geeigne
Adresse. Sie wohnen in gepflegten, einfach möblierten Zimmern.

Toscana, Jungfraustr. 19, ℘ 0338 233 033, toscana@hotel-toscana.c
Fax 0338 233 551, 🍴 – 🛗, ↩ Zim, 📺 🚗 🅿. 🕮 🚾 🚻. 🛏 Zim AY
geschl. 6. Jan. - 28. Feb. und Sonntag von Okt. - April – **Menu** 16.50 und à la car
31/74 – **23 Zim** ☑ 150/220 – ½ P Zuschl. 34.

◆ Das Hotel liegt in der kleinen Fussgängerzone des Ortes. Die Zimmer, 1990 erste
sind mit dunklem zweckmässigem Holzmobiliar nach neuzeitlichen Aspekten eing
richtet. Nach vorne liegt die Restauration des Hauses, die in verschiedene Stube
aufgeteilten ist.

Rössli, in Unterseen, Hauptstr. 10, ℘ 0338 227 816, roessli.hotels@bluewin.c
Fax 0338 229 616, 🍴 – 📺 🅿. 🕮 ⓘ 🚾 🚻 🎴 AY
geschl. 1. Nov. - 20. Dez. – **Menu** (geschl. Montag ausser Juni - Sept. und Sonnta
15.50 - 39/44 und à la carte 38/77 – **25 Zim** ☑ 85/170 – ½ P Zuschl. 25.

◆ Die Zimmer des in Unterseen gelegenen Hauses, teils mit Balkon, sind mit heller
funktionellem Einbaumobiliar zweckmässig ausgestattet. Rustikales Restaurant m
Sichtbalken und regionalem Dekor.

Savoy garni, Alpenstr. 2, ℘ 0338 281 670, savoy@tcnet.ch, Fax 0338 281 671
🛗 📺. 🕮 ⓘ 🚾 🚻. 🛏 AY
geschl. 15. Nov. - 25. Dez. und Montag von Jan. - 15. April – **26 Zim** ☑ 140/2C

◆ Auf der Rückseite der Höhenmatte gelegen, bietet dieses Hotel seinen Gäste
einheitlich mit Furnierholzmöbeln zweckmässig ausgestattete Zimmer.

Lötschberg garni, General-Guisanstr. 31, ℘ 0338 222 545, hotel@lotschberg.c
Fax 0338 222 579 – 🛗 📺 🅿. 🕮 ⓘ 🚾 🚻 🎴 AZ
geschl. 3. Jan. - 1. Feb. und 10. Nov. - 18. Dez. – **24 Zim** ☑ 90/175.

◆ Die Zimmer des Haupthauses sind mit weissem Mobiliar modern und funktion
ausgestattet. Im Annexe stehen Appartements, teils mit Kitchenette zur Verfügur

INTERLAKEN

XXXX **La Terrasse** - *Hotel Victoria-Jungfrau*, Höheweg 41, ☏ 0338 282 828, *interlaken
@ victoria-jungfrau.ch, Fax 0338 282 880* – AE ⓘ ⓜ VISA. ℅   AY g
Menu *(nur Abendessen)* 115 und à la carte 82/147.
• Exklusive Atmosphäre mit Kristallüstern und eleganten Steinfußboden erwartet Sie.
Allabendlich kommen Sie hier in den Genuß französischer Küche mit Pianobegleitung.

XX **Jungfrau Brasserie** - *Hotel Victoria-Jungfrau*, Höheweg 41, ☏ 0338 282 828,
interlaken@ victoria-jungfrau.ch, Fax 0338 282 880, 🍴 – AE ⓘ ⓜ VISA   AY g
Menu - schweizer Spezialitäten - à la carte 50/101.
• Jahrhunderte altes Parkett, schöne Nußbaumtische und elegante Bestuhlung im
Zusammenspiel mit behutsam restaurierter Architektur geben diesem Ort ein ein-
zigartiges Gepräge.

XX **Schuh**, Höheweg 56, ☏ 0338 229 441, *schuh@tic.ch, Fax 0338 229 427*, 🍴
   ✕. AE ⓘ ⓜ VISA JCB   AY d
Menu 18 und à la carte 33/106.
• Über den Eingang der bekannten Confiserie gelangt man in das grosse Restaurant.
Die gutbürgerlichen Gerichte werden in klassischem Ambiente oder auf der Terrasse
serviert.

X **Stocker's Degusta**, Centralstr. 3, ☏ 0338 220 029, *Fax 0338 220 029*, 🍴
ⓜ VISA   AY s
geschl. abends ausser Freitag - Samstag ; Montag und Dienstag – **Menu** *(abends nur
Menu)* (Tischbestellung erforderlich) 80 und à la carte 52/94.
• Das Restaurant liegt im ehemaligen Chäs-Dörfli. Im Innenhof versteckt befindet sich
ein kleines Holzhaus, in dem Gäste dank der heimeligen Atmosphäre gerne verweilen.

X **Spice India**, Postgasse 6, ☏ 0338 210 091, *vaneesh@ spice-india.net,
Fax 0338 210 092*, 🍴 – AE ⓘ ⓜ VISA   AY c
geschl. 1. Nov. - 24. Dez. und Montag (ausser Abend von Mai - Aug.) – **Menu** - indische
Spezialitäten - à la carte 42/75.
• Die gepflegte Einrichtung des in der Fussgängerzone gelegenen Restaurants - solide
Polsterstühle und schönes Parkett - sowie der Tandoori-Ofen wurden aus Indien
importiert.

▪ **Goldswil** *Nord-Ost : 2 km – Höhe 626 – ✉ 3805 Goldswil :*

Schönegg, Hauptstrasse, ☏ 0338 221 543, *info@gasthof-schoenegg.ch,
Fax 0338 228 357*, 🍴, 🍴 – 📶 📺 ℗. VISA
geschl. 1. - 24. Dez. – **Menu** *(geschl. Mittwoch)* 14.50 und à la carte 31/68 – **15 Zim**
🛏 80/140 – ½ P Zuschl. 25.
• Das Haus befindet sich in schöner Aussichtslage ausserhalb des Ortes. Die Zimmer
sind bei bescheidenem Raumangebot mit hellem Kiefernholzmobiliar eingerichtet. Die
Gaststube ist dem rustikalen Chaletstil des Hauses angepasst.

▪ **Bönigen** *über ① : 2 km – Höhe 568 – ✉ 3806 Bönigen :*

Seiler au Lac ⚘, ☏ 0338 289 090, *seileraulac@ bluewin.ch, Fax 0338 223 001*,
← Brienzersee, 🍴, 🍴 – 📶, ✕ Zim, 📞 ♿ ℗. AE ⓘ ⓜ VISA. ℅ Rest
geschl. 10. Jan. - 20. Feb. und 1. Nov. - 20. Dez. – **Menu** *(geschl. Montag)* 24 - 58 und
à la carte 43/100 – **42 Zim** 🛏 145/340 – ½ P Zuschl. 30.
• Am Seeufer liegt dieses gut geführte Hotel mit herrlichem Panorama. Die Gäs-
tezimmer sind groYzügig geschnitten und verfügen fast alle über bequeme Sitz-
gruppen. Hinter dem gediegenen Speisesaal folgt das kleine à la carte-Lokal.

Seehotel ⚘, Seestr. 22, ☏ 0338 270 770, *info@seehotelterrasse.ch,
Fax 0338 270 771*, ←, 🍴 – 📶 📺 📞 ℗ – 🔹 40. AE ⓘ ⓜ VISA. ℅
2. März - 22. Dez. – **La Terrasse** *(geschl. Donnerstag)* **Menu** à la carte 45/95 – **40 Zim**
🛏 101/230 – ½ P Zuschl. 33.
• Das familiär geführte Haus bietet Ihnen einen erholsamen Aufenthalt in schöner
Lage. Die Zimmer sind im Neubau mit Massivholz - im Stammhaus mit Kiefernmöbeln
eingerichtet. Das Restaurant La Terrasse macht seinem Namen alle Ehre : Schöne
Terrasse am Seeufer !

▪ **Wilderswil** *über ② : 4 km – Höhe 584 – ✉ 3812 Wilderswil :*

Berghof ⚘, ☏ 0338 227 566, *info@hotel-berghof.ch, Fax 0338 228 968*,
← Eiger, Mönch und Jungfrau, 🍴, 🍴 – 📶 📺 ♿ ℗. AE ⓘ ⓜ VISA. ℅ Rest
19. Okt. - 20. Dez. – **Menu** *(nur ½ Pens. für Hotelgäste) (mittags geschl.)* – **40 Zim**
🛏 90/236 – ½ P Zuschl. 26.
• Eiger, Mönch und Jungfrau direkt vor Augen - umgeben von dieser herrlichen
Bergkulisse logieren Sie in mit Kiefernholz oder braunen Furniermöbeln eingerich-
teten Zimmern.

INTERLAKEN

Schlössli, 🌙, ☏ 0338 221 216, hsw@bluewin.ch, Fax 0338 221 26
← Jungfraumassiv, 🍽, 🚗 – 📶 TV 🅿 AE ① MC VISA JCB
geschl. Jan. 2 Wochen, Montag von Nov. - März – **Menu** 18 - 43 und à la carte 36/
– **20 Zim** ⊇ 80/180 – ½ P Zuschl. 25.
  ◆ Von der Panoramaterrasse und dem Garten des ruhigen Hauses wie auch von d
  Hälfte der frischen Zimmer hat der Gast einen ungetrübten Ausblick auf d
  Jungfraumassiv. Das rustikale Restaurant lädt zum Verweilen ein.

Alpenblick, Oberdorf, ☏ 0338 283 550, info@hotel-alpenblick.c
Fax 0338 283 551, 🚗 – ↔ Zim, TV 🅿 – 🛁 20. AE ① MC VISA
geschl. 3. Nov. - 1. Dez – **Menu** (siehe auch Rest. **Alpenblick**) – **34 Zim** ⊇ 158/2
– ½ P Zuschl. 38.
  ◆ Die auf mehrere Häuser verteilten Zimmer sind individuell, jedoch durchweg rusti
  eingerichtet. Manche von ihnen verfügen über einen Balkon.

Bären, am Bärenplatz, ☏ 0338 283 151, info@baeren.ch, Fax 0338 283 152, 🍽
🍴, 🚗 – ↔ Rest, TV 🅿 AE ① MC VISA
geschl. 4. Nov. - 13. Dez. – **Menu** 17 - 38 und à la carte 35/82 – **50 Zim** ⊇ 150/2
– ½ P Zuschl. 34.
  ◆ Der traditionelle Berner Landgasthof liegt im oberen Teil des Dorfzentrums u
  bietet Ihnen eine Vielzahl verschiedenster Zimmertypen. Neben der Reception bef
  det sich das à la carte-Restaurant mit schönem Täfer.

Rest. Alpenblick - *Hotel Alpenblick*, Oberdorf, ☏ 0338 283 550, info@hotel
penblick.ch, Fax 0338 283 551, 🍽 – AE ① MC VISA, ↔
geschl. 3. Nov. - 1. Dez., Montag und Dienstag – **Menu** 25 - (mittags)/148 und
la carte 74/139.
  ◆ Seit über 40 Jahren wird hier Gastfreundschaft gepflegt : Gerne lassen sich Bes
  cher in den verschiedenen rustikal eingerichteten Stuben des Landgasthofes ve
  wöhnen.

INTRAGNA 6655 Ticino (TI) **219** ⑦ – 886 ab. – alt. 342.
Bern 276 – *Locarno* 10 – Bellinzona 30 – Domodossola 39 – Lugano 50 – Verbania

Antico e Intragna 🌙, ☏ 0917 961 107, paris@nikko.ch, Fax 0917 963 1
🍽, 🍴, 🏊, 🚗 – 📶 TV 🅿 AE ① MC VISA
marzo - ottobre – **Pasto** 30 ed alla carta 33/68 – **38 cam** ⊇ 110/170 – ½ P sup. 3
  ◆ Hotel diviso in due : l'"Antico" dotato di camere arredate con mobilio in querc
  a 20 metri, l'"Intragna" con piscina, giardino e camere più spaziose. Gustate paste
  risotti nella sala da pranzo o sulla terrazza di questa casa di quattrocento anni.

Stazione "Da Agnese" con cam, piazzale Fart, ☏ 0917 961 212, da.agnese@
luewin.ch, Fax 0917 963 133, ≤, 🍽, 🏊, 🚗 – ↔ cam, TV 🅿 AE ① MC VISA
aperto marzo - novembre e chiuso martedì e mercoledì – **Pasto** 18.50 -
(mezzogiorno)/95 ed alla carta 51/95 – ⊇ 17 – **11 cam** 120/240, 5 suites.
  ◆ A 15 minuti da Locarno con la leggendaria Centovallina fate una tappa dall'Agne
  per gustare una cucina tradizionale in un ambiente familiare e conviviale.

IPSACH 2563 Bern (BE) **216** ⑭ – 3230 Ew. – Höhe 435.
Bern 37 – Basel 96 – La Chaux-de-Fonds 55 – Neuchâtel 35 – Solothurn 28.

Schlössli M, Ispachstr. 13, ☏ 0323 322 626, info@schloessli-ipsach.c
Fax 0323 322 627 – 📶, ↔ Zim, TV ☏ 🚗 🅿 – 🛁 15/50. AE ① MC VISA, ↔ Re
Menu 18.50 - 33 und à la carte 44/99 – **45 Zim** ⊇ 159/290.
  ◆ In dem schlossähnlichen Neubau am Ortseingang werden die Gäste in moderne
  beinahe identischen Zimmern mit hellem Mobiliar und frischen Farben beherbergt. M
  Terracottaboden, Korbstühlen und hübschen Vorhängen hat das Restaurant ein sü
  liches Ambiente.

IRAGNA 6707 Ticino (TI) **218** ⑫ – 495 ab. – alt. 305.
Bern 230 – *Andermatt* 67 – Bellinzona 20 – Brig 108 – Lugano 53.

Grotto Angela - Da Giacinto, ☏ 0918 622 956, Fax 0918 624 598, 🍽,
– ♿ 🅿 VISA, ↔
chiuso dal 26 dicembre al 12 gennaio e martedì sera – **Pasto** alla carta 41/73.
  ◆ Tipico grotto ai margini del paese in zona verdeggiante è la tappa ideale ne
  giornate estive per godere del fresco sotto la pergola. Salumi e vino di produzio
  propria.

SELTWALD 3807 Bern (BE) 217 ⑧ – 419 Ew. – Höhe 566.
Bern 67 – Interlaken 11 – Brienz 15 – Luzern 59.

🏠 **Chalet du Lac** ♨, ☎ 0338 458 458, abegglen@dulac-iseltwald.ch, Fax 0338 458 459, ≤ See und Berge, 🍴 – 📺 📞 🅿 – 🚗 20. AE ① ⓜ VISA
geschl. 6. Jan. - Feb. – **Menu** (geschl. Montag ausser Juli - Sept.) à la carte 46/88 – **21 Zim** ⚡ 135/240 – ½ P Zuschl. 35.
♦ Die Gäste ruhen in unterschiedlichen Zimmern, alle mit hervorragender Sicht auf See und Berge, die rustikal aber auch modern in Lila eingerichtet sind. Das Restaurant ist in verschiedene, dem Stil des Hauses entsprechende Stuben und die Seeterrasse unterteilt.

🍴 **Bellevue** ♨ mit Zim, ☎ 0338 451 110, iseltwald@silencehotel-bellevue.ch, Fax 0338 451 277, ≤ See und Berge, 🍴, 🛁 – 📺 🅿. AE ① ⓜ VISA JCB
geschl. 6. - 31. Jan. und 17. Nov. - 12. Dez. – **Menu** - Fisch- und Grillspezialitäten - (geschl. Dienstag ausser Mitte Juli - Mitte Sept. und Mittwoch von Okt. - April) 28 - 54 (mittags)/95 und à la carte 57/115 – **11 Zim** ⚡ 86/172 – ½ P Zuschl. 36.
♦ Kehren Sie ein in die idyllische Lokalität und geniessen Sie dank grosser Panoramafenster und herrlicher Sonnenterrasse die Aussicht auf den glitzernden blauen Brienzersee.

ITTIGEN Bern 216 ⑮ – siehe Bern.

JENINS Graubünden 218 ④ – siehe Maienfeld.

JONA Sankt Gallen 216 ⑲ – siehe Rapperswil.

JONGNY Vaud 217 ⑭ – rattaché à Vevey.

JOUX (Vallée de) Vaud (VD) – Sports d'hiver : 1 015/1 476 m ⛷10 🎿.
Voir : Dent de Vaulion★★★ – Route de Burtigny à Begnins : vues★★.
🛈 Vallée de Joux Tourisme, rue de l'Orbe 8, 1347 Le Sentier, ☎ 0218 451 777, otvj@valleedejoux.ch, Fax 0218 455 008.

L'Abbaye 1344 Vaud (VD) 217 ② – 1 215 h. – alt. 1 020.
Bern 121 – Lausanne 40 – Les Rousses 26 – Vallorbe 10.

🏠 **Hôtel de Ville**, ☎ 0218 411 393, hotelabbaye@bluewin.ch, Fax 0218 411 686, ≤, 🍴 – 📳 📺 🅿. ⓜ VISA. ✂
fermé 12 au 27 avril et 11 au 26 oct. – **Repas** 17 - 42/60 et à la carte 41/83 – **14 ch** ⚡ 100/150 – ½ P suppl. 40.
♦ Près de la berge du lac, hôtel doté d'une grande terrasse. Chambres garnies d'un mobilier en bois clair, d'où vous pourrez observer les voiliers. Salle à manger rustique ; un vivier annonce la couleur : les poissons du lac frétillent d'impatience !

Les Bioux 1346 Vaud (VD) 217 ② – alt. 1 023.
Bern 126 – Lausanne 45 – Les Rousses 22 – Vallorbe 15.

🏠 **Trois Suisses**, ☎ 0218 455 508, Fax 0218 456 031, ≤, 🍴, 🌳 – 📺 🅿. AE ⓜ VISA. ✂ rest
fermé 23 déc. au 10 janv., 2 sem. fin avril, mardi soir et merc. sauf juil. - août – **Repas** 17 - 62 et à la carte 35/86 – **10 ch** ⚡ 70/120 – ½ P suppl. 35.
♦ Hôtellerie familiale que caractérise la simplicité et la bonne humeur. Bonne ampleur des chambres campagnardes, modestement meublées mais néanmoins confortables. Salle de restaurant au charme désuet, tourné vers le lac de Joux ; goûteuse cuisine du pays.

Le Brassus 1348 Vaud (VD) 217 ② – alt. 1 022.
Bern 132 – Lausanne 52 – Les Rousses 16 – Vallorbe 21.

🏠 **de la Lande**, ☎ 0218 454 441, info@hotellalande.com, Fax 0218 454 540, 🍴, 🌳 – 📳 📺 📞 🅿 – 🚗 15/80. AE ① ⓜ VISA JCB
Repas 16 et à la carte 39/80 – **32 ch** ⚡ 105/155 – ½ P suppl. 35.
♦ Cet ancien relais de poste de 1570, devenu un hôtel, vous accueille dans des chambres diversement agencées. Certaines sont en cours de rénovation. Le restaurant est embelli de sièges stylés Louis XIII. Petite carte de brasserie étoffée d'un choix de fondues.

JOUX (Vallée de)

Le Pont 1342 Vaud (VD) 217 ② – alt. 1 008.
Bern 119 – Lausanne 39 – Les Rousses 29 – Vallorbe 8.

La Truite, 4 r. de la Poste, ☎ 0218 411 771, hoteltruite@bluewin.c
Fax 0218 411 929, 🍽 – 📺 – 🅿 25. AE ⓘ ⓜⓞ VISA
fermé 1ᵉʳ déc. au 17 janv., lundi et mardi en hiver – **Repas** 19 - 35/52 et à la car
44/83 – **20 ch** ⇌ 95/180 – ½ P suppl. 35.
♦ Bâtisse régionale postée en bout de lac. Chambres claires et confortables, habillé
de lambris et décorées dans la note montagnarde. Salle à manger agreste
conviviale que fréquentent nombre d'habitués et qui sert une petite carte tra
tionnelle.

KÄGISWIL Obwalden 217 ⑨ – siehe Sarnen.

KANDERSTEG 3718 Bern (BE) 217 ⑯ ⑰ – 1 149 Ew. – Höhe 1 176 – Wintersport
1 176/2 000 m ⛷1 ⛷6 ⛷.
Sehenswert : Lage★.
Ausflugsziel : Oeschinensee★★★ – Klus★★.
Lokale Veranstaltungen
18.01 - 19.01 : Schlittenhunderennen
27.07 : Schäferfest auf dem Gemmipass.
🚗 Kandersteg - Goppenstein, Information ☎ 0336 751 899.
🛈 Kandersteg Tourismus, Hauptstrasse, ☎ 0336 758 080, info@kandersteg.ch.
Bern 66 – Interlaken 45 – Montreux 156 – Sion 219.

Royal Park Hotel, Hauptstrasse, ☎ 0336 758 888, royal@rikli.cor
Fax 0336 758 880, ≤, 🍽, Wellness-Center, 🏋, ≦s, 🏊, 🏊, ❊, 🐕 – 🛗 📺 🕻
AE ⓘ ⓜⓞ VISA JCB. ❊ Rest
16. Dez. - 31. März und 31. Mai - 30. Sept. – **Menu** (abends Tischbestellung erfo
derlich) à la carte 58/135 – **28 Zim** ⇌ 480/680, Vorsaison ⇌ 300/400 – ½ P Zusc
90.
♦ Ein aussergewöhnliches Luxushotel, ein sympathisches Ferienhotel im St
eines herrschaftlichen Berner Landsitzes. Sie erleben ein Haus mit großem Komfo
und Eleganz. Das klassische Restaurant ermöglicht Ihnen festliches Dinieren in cha
manter Ambiance.

Waldhotel Doldenhorn ❦, in Vielfalle : 1,5 km Süd, ☎ 0336 758 181, dol
nhorn@compuserve.com, Fax 0336 758 185, ≤, 🍽, ≦s, 🛌 – 🛗, ❊ Zim, 📺
🅿 – 🅿 20. AE ⓘ ⓜⓞ VISA
geschl. 30. März - 14. April, 5. Nov. - 14. Dez. und Rest. Dienstag ausser Hochsaiso
– **Au Gourmet** (am Wochenende Tischbestellung ratsam) **Menu** 80/115 und à
carte 61/90 – **Burestube** : **Menu** à la carte 39/64 – **29 Zim** ⇌ 145/310, Vorsaiso
⇌ 115/260, 5 Suiten – ½ P Zuschl. 45.
♦ Ein kleines Schmuckstück in ruhiger Lage : Geschmackvolle Zimmer und ein gepfle
ter Wellness-Bereich vermitteln wohltuende Entspannung. Gediegene Eleganz durc
weht das Restaurant Au Gourmet. Honigfarbenes Holz verleiht der Burestube Gemü
lichkeit.

Alfa Soleil, Hauptstrasse, ☎ 0336 758 484, hotel@alfasoleil.c
Fax 0336 758 485, ≤, 🍽, 🏋, ≦s, 🛌, 🛌 – 🛗 📺 🅿 – 🅿 15/20. AE ⓘ ⓜⓞ V
JCB. ❊ Rest
La Stella (geschl. 10. April - 10. Mai, 25. Okt. - 19. Dez., Mittwochmittag und Do
nerstag) **Menu** 75 (abends) und à la carte 39/99 – **35 Zim** ⇌ 98/196, Vorsaiso
⇌ 82/170 – ½ P Zuschl. 34.
♦ Die Gäste werden in verschiedenen Zimmern beherbergt. Teilweise sind s
mit dunklem Holz eher zweckmässig ausgestattet - aber auch oft mit Stilmöbe
gemütlich eingerichtet. Rustikale Atmosphäre herrscht im Restaurant L
Stella.

Adler, Hauptstrasse, ☎ 0336 758 010, chaletadler@bluewin.ch, Fax 0336 758 01
≤, 🍽, ≦s, 🛌 – 🛗, ❊ Rest, 📺 🕻 🕭 🅿 – 🅿 25. AE ⓘ ⓜⓞ VISA
geschl. 25. Nov. - 27. Dez. – **Menu** 24 - 32/72 und à la carte 36/101 – **24 Zi**
⇌ 110/220, Vorsaison ⇌ 100/200 – ½ P Zuschl. 30.
♦ Ein Chalet im Herzen von Kandersteg : Die Zimmer unterteilen sich in zwei Arte
sei es mit dunklem oder hellem Holzmobiliar, mit oder ohne Whirlpool. An d
Gaststube, in der auch mal gejasst wird, schliesst sich das Restaurant mit schöne
Terrasse an.

KANDERSTEG

🏨 **Blümlisalp**, Hauptstrasse, ☏ 0336 751 844, info@hotel-bluemlisalp.ch, Fax 0336 751 809, ≤, 🌳, ≦s, 🚗 – 🛗 📺 🅿 ⓘ 🆎 💳
21. Dez. - 31. März und 16. Mai - 31. Okt. – **Menu** (geschl. Montag) 52/78 und à la carte 38/93 – **24 Zim** ⇌ 145/230, Vorsaison ⇌ 85/200 – ½ P Zuschl. 32.
♦ Von Ihren Gästezimmern genießen Sie einen herrlichen Ausblick. Diese sind alle einheitlich mit hellem zweckmässigem Holzmobiliar und einfacher Technik ausgestattet. Die Restauration besteht aus zwei Stuben mit einfachem Gedeck und dem Cafe.

🏨 **Bernerhof**, Hauptstrasse, ☏ 0336 758 875, hotel@bernerhof.ch, Fax 0336 758 877, ≤, 🌳, ≦s – 🛗 📺 📞 🚗 🅿 – 🔒 30. 🆎 ⓘ 🆎 💳
geschl. April – **Menu** (geschl. Donnerstag in der Zwischensaison) 20 und à la carte 34/88 – **45 Zim** ⇌ 100/205, Vorsaison ⇌ 90/180 – ½ P Zuschl. 32.
♦ Der ältere Chaletbau mit Ausblick befindet sich am Dorfeingang. Unterschiedlich gestaltete Zimmer, teils mit hellem Einbaumobiliar aber auch mit Eiche stehen zur Verfügung. Ortstypische, einfach-rustikal eingerichtete Gaststube mit gemütlichem Ambiente.

🍴 **Ruedihus** 🛏 mit Zim, in Vielfalle, Süd : 1,5 km, ☏ 0336 758 181, doldenhorn@compuserve.com, Fax 0336 758 185, ≤, 🌳 – 🅿
Rest. geschl. Mittwoch – **Biedermeier Stuben** - schweizer Spezialitäten - (am Wochenende Tischbestellung ratsam) **Menu** 50 und à la carte 41/67 – **Chäs- und Wystube** : **Menu** 24 und à la carte 33/62 – **9 Zim** ⇌ 130/260 – ½ P Zuschl. 45.
♦ In der ehemaligen Umspannstelle für Postkutschenpferde aus dem 18. Jh. werden die Gäste in zwei schönen Biedermeierstuben ausschliesslich mit Schweizer Spezialitäten bewirtet. Im Erdgeschoss des unter Denkmalschutz stehenden Holzhauses geht es rustikal zu.

Blausee-Mitholz Nord : 4 km – Höhe 974 – ✉ 3717 Blausee-Mitholz :

🍴 **Blausee** 🅼 mit Zim, im Naturpark Blausee, über Spazierweg : 5 min. erreichbar, ☏ 0336 723 333, info@blausee.ch, Fax 0336 723 339, ≤, 🌳 – 🔒 15/40. 🆎 ⓘ 🆎 💳
geschl. 6. - 21. Jan. – **Menu** 49 (mittags)/92 und à la carte 48/97 – **17 Zim** ⇌ 110/188 – ½ P Zuschl. 59.
♦ Das wunderschöne intensive Blau des kleinen Sees gibt dem renovierten Haus, im Naturpark gelegen, den Namen - speisen Sie in dieser einmaligen Oase der Ruhe.

APPEL 4616 Solothurn (SO) 216 ⑯ – 2 480 Ew. – Höhe 427.
Bern 58 – Aarau 20 – Basel 39 – Luzern 61 – Olten 6.

🍴🍴 **Kreuz** mit Zim, Mittelgäustr. 20, ☏ 0622 160 316, mail@kreuz-kappel.ch, Fax 0622 160 013, 🌳, 🚗 – 📺 📞 🅿 🆎 🆎 💳
Menu (geschl. 24. Dez. - 8. Jan., 22. Juli - 6. Aug., Dienstag und Mittwoch) 16 - 48 (mittags) und à la carte 40/105 – **7 Zim** ⇌ 80/120.
♦ Der alte Landgasthof birgt in seinem Inneren eine rustikale Gaststube sowie einen klassischen Speisesaal. Wählen Sie selbst, wo Sie lieber Ihr Essen einnehmen möchten.

ASTANIENBAUM Luzern 217 ⑨ – siehe Luzern.

EHLHOF Zürich 216 ⑲ – siehe Stäfa.

EMMERIBODEN-BAD Bern (BE) 217 ⑦ – siehe Schangnau.

EMPRATEN Sankt Gallen 216 ⑲ – siehe Rapperswil.

ERNS 6064 Obwalden (OW) 217 ⑨ – 5 141 Ew. – Höhe 569.
Bern 104 – Luzern 21 – Altdorf 41 – Brienz 34.

Sand Nord-Ost : 2 km – Höhe 575 – ✉ 6064 Kerns :

🏨 **Kernserhof** 🛏, Obermattli, ☏ 0416 606 868, kernserhof@swissonline.ch, Fax 0416 608 569, ≤, 🌳 – 🛗 📺 🅿 – 🔒 30. ⓘ 🆎 💳
geschl. 28. Jan. - 5. März und Montag ausser Hotel in der Hochsaison – **Menu** 22 - 27 (mittags)/45 und à la carte 41/83 – **35 Zim** ⇌ 100/200 – ½ P Zuschl. 30.
♦ Das Haus steht in ruhiger Lage oberhalb von Kerns. Die Gäste werden in einfachen Zimmern, die mit dunklem Holzmobiliar eingerichtet sind, beherbergt. Im Restaurant dominiert der Wintergarten, der mit Rattanmöbeln bestuhlt ist.

KERZERS (CHIÈTRES) 3210 Freiburg (FR) 217 ⑤ – 3 765 Ew. – Höhe 443.
Bern 24 – Neuchâtel 25 – Biel 25 – Fribourg 26 – Solothurn 41.

Bären, Burgstatt 7, ☏ 0317 555 118, baeren.kerzers@bluewin.c
Fax 0317 557 893, 🍴 – 🅿 AE ⓓ ⓜⓒ VISA
geschl. 28. Jan. - 10. Feb., 15. - 28. Juli, Sonntagabend und Montag (ausser Apr.
Mai) – **Menu** 17 - 37/57 und à la carte 49/89.
• Ein schöner Gasthof - im Stil eines Freiburger Landhauses. Man empfän
seine Gäste in verschiedenen Räumen, die mit Jagdtrophäen dekorie
sind.

KESTENHOLZ 4703 Solothurn (SO) 216 ⑯ – 1 510 Ew. – Höhe 453.
Bern 55 – Basel 54 – Aarau 32 – Luzern 64 – Solothurn 24.

Eintracht mit Zim, Neue Strasse 109, ☏ 0623 932 463, eintracht@datacomm.c
Fax 0623 932 423, 🍴 – 📺 🅿 AE ⓓ ⓜⓒ VISA. ✂ Zim
geschl. 3. - 16. Feb., 14. - 27. Juli, Sonntagabend und Montag – **St. Peter-Stube**
Menu 48 (mittags)/78 und à la carte 53/97 – **Gaststube** : **Menu** 17 - 58 (abend
und à la carte 41/86 – **4 Zim** ⊡ 70/140.
• Der Landgasthof, seit 150 Jahren in Familienbesitz, liegt im Zentrum des Do
fes. In der rustikalen St. Peter-Stube können Gerichte von der klassischen Kar
verzehrt werden. Die einfachere Gaststube gibt Gästen die Möglichkeit, günstig
essen.

*Es ist immer sicherer, eine Zimmerreservierung schrifftlich
oder per Fax zu bestätigen.*

KILCHBERG 8802 Zürich (ZH) 216 ⑱ – 7 183 Ew. – Höhe 424.
Bern 132 – Zürich 7 – Aarau 53 – Luzern 52 – Rapperswil 35.

Chez Fritz, Seestr. 195b, ☏ 017 152 515, info@chezfritz.ch, Fax 017 152 5
≤ Zürichsee, 🍴, 🈴 – 🅿 AE ⓓ ⓜⓒ VISA
geschl. 24. Dez. - 2. Jan. und Sonntag von Nov. - April – **Menu** 26 - 48 (mittags)/
und à la carte 71/114.
• Das Haus liegt direkt am Seeufer, mit einer schönen Terrasse und wundervolle
Ausblick auf den Zürichsee. In dem modernen Lokal serviert man zeitgemäss zub
reitete Speisen.

Oberer Mönchhof, Alte Landstr. 98, ☏ 017 154 006, guggisberg@moench
f.ch, Fax 017 151 657, ≤, 🍴 – 🅿 AE ⓜⓒ VISA
geschl. 10. Feb. - 2. März, 6. - 19. Okt. und Mittwoch – **Menu** 19.50 - 50 (mittags) u
à la carte 51/91.
• Ein schönes altes Riegelhaus oberhalb des Sees beherbergt dieses Restaura
Neben dem leicht gehobenen, getäferten Stübli, bietet auch das Beizli einige net
Plätze.

KIRCHBERG 3422 Bern (BE) 216 ⑮ – 4 760 Ew. – Höhe 509.
Bern 23 – Biel 41 – Burgdorf 6 – Solothurn 18.

Sunnehof garni, Hauptstr. 19a, ☏ 0344 452 310, Fax 0344 456 903 – 📺 📞
AE ⓓ ⓜⓒ VISA
13 Zim ⊡ 120/170.
• In einem unscheinbaren Haus stehen für Gäste Zimmer von ausreichender Grös
zur Verfügung. Sie sind mit einfachem Mobiliar eingerichtet und haben meist ei
kleine Küche.

KIRCHDORF 3116 Bern (BE) 217 ⑥ – 774 Ew. – Höhe 610.
Bern 28 – Fribourg 37 – Langnau im Emmental 28 – Thun 12.

Spycher, Dorf 48, ☏ 0317 811 834, restaurant@spycher.ch, Fax 0317 812 0
– 🅿 AE ⓓ VISA
geschl. Dienstag von Juni bis Sept., Sonntag und Montag – **Menu** (nur Abendesse
(Tischbestellung erforderlich)(nur Menu) 130.
• Ein gediegenes Gourmetmenu in gemütlicher Atmosphäre, davor der Apéro in d
Küche und hinterker inmitten schöner Musikboxen den Abend ausklingen lassen, w
will man mehr ?

LEINDÖTTINGEN 5314 Aargau (AG) 216 ⑥ – Höhe 323.

Bern 112 – Aarau 32 – Basel 60 – Freiburg im Breisgau 85 – Luzern 76 – Zürich 40.

✗ **Linde** mit Zim, Hauptstr. 27, ℘ 0562 451 350, info@linde-kleindoettingen.ch, Fax 0562 451 228, 🍽 – TV. AE ⓘ MC VISA JCB
Menu (geschl. 27. Juli - 10. Aug. und Sonntag) 24 - 45 (mittags)/95 und à la carte 47/108 – ⌂ 14 – **15 Zim** 40/140.
♦ Zwei schöne Räume und eine einfache Gaststube bilden die Restauration dieses Landgasthofes, in welcher der Hungrige Gerichte aus einem klassischen Angebot auswählen kann.

LOSTERS 7250 Graubünden (GR) 218 ⑤ – 3 894 Ew. – Höhe 1 191 – Wintersport : 1 191/2 844 m ⛷8 ⛷22 ⛷.

Sehenswert : *Lage*★★.

🛈 Klosters Tourismus, Alte Bahnhofstrasse 6, ℘ 0814 102 020, info@klosters.ch, Fax 0814 102 010.

Bern 268 – Chur 58 – Davos 14 – Vaduz 64.

🏨 **Vereina** M, Landstr. 179, ℘ 0814 102 727, klosters@vereinahotel.ch, Fax 0814 102 728, ≤, 🍽, Wellness-Center, 🛋, ≘s, 🏊, 🐎 – 🛗 TV 📞 ⇔. AE ⓘ MC VISA
geschl. 21. April - 27. Juni – **Menu** (geschl. Montag und Dienstagmittag vom 27. Juni - 13. Juli und 18. Aug. - 20. Dez.) 32 - 49 (mittags)/129 und à la carte 61/138 – **11 Zim** ⌂ 290/450, Vorsaison ⌂ 190/375, 14 Suiten – ½ P Zuschl. 49.
♦ Das neu gebaute Hotel verfügt über einen sehr schönen Wellnessbereich. Die modernen Zimmer, hauptsächlich Suiten, sind mit stilvollem Mobiliar eingerichtet. Durch die elegant-rustikalen Stuben gelangt man in einen Wintergarten mit mediterranem Flair.

🏨 **Alpina**, Bahnhofstr. 1, ℘ 0814 102 424, hotel@alpina-klosters.ch, Fax 0814 102 425, 🍽, Wellness-Center, 🛋, ≘s, 🏊 – 🛗 TV 📞 ⇔ – 🅰 25. AE ⓘ MC VISA
geschl. 22. April - 6. Juni – **Menu** 19 - 31 (mittags)/108 und à la carte 66/131 – **35 Zim** ⌂ 230/416, Vorsaison ⌂ 122/240, 6 Suiten – ½ P Zuschl. 55.
♦ Das Hotel im regionalen Stil liegt gegenüber dem Bahnhof und nahe der Talstation. Ein Teil der Zimmer ist modern und hell, der andere rustikal gestaltet. Gemütliches Restaurant mit Terrasse, das in einem gediegen-rustikalen Stil gehalten ist.

🏨 **Albeina** 🌿, Boscaweg 7, ⌂ 7252, ℘ 0814 232 100, mail@albeinahotel.ch, Fax 0814 232 121, ≤, 🍽, Wellness-Center, ≘s, 🏊, 🐎, ✗ – 🛗 TV 📞 ⇔ 🅿 AE ⓘ MC VISA ✗ Zim
16. Dez. - 20. April und 14. Juni - 12. Okt. – **Menu** à la carte 46/94 – **64 Zim** ⌂ 180/380, Vorsaison ⌂ 85/270 – ½ P Zuschl. 20.
♦ Ruhig gelegen, mit Garten und Ausblick, bietet dieses Hotel im Chaletstil Zimmer, die mit rustikalem Weichholzmobiliar eingerichtet sind und oft einen Balkon haben. Wählen Sie zwischen Speisesaal und der Bündnerstube, die vollständig in Arvenholz gehalten ist.

🏨 **Pardenn** 🌿, Monbielerstr. 18, ℘ 0814 232 020, hotel@pardenn.ch, Fax 0814 232 021, ≤ Klosters und Berge, 🍽, ≘s, 🏊, 🐎 – 🛗 TV 📞 ⇔ 🅿 – 🅰 20. AE ⓘ MC VISA ✗ Rest
20. Dez. - 29. März und 21. Juni - 13. Sept. – **Grill Room** (nur Abendessen) **Menu** 77 und à la carte 70/123 – **Taverna** - italienische Küche - (nur Mittagessen) **Menu** 28 und à la carte 44/93 – **65 Zim** ⌂ 195/430, Vorsaison ⌂ 125/290 – ½ P Zuschl. 30.
♦ Das oberhalb des Ortes gelegene Haus bietet einen sehr schönen Ausblick über Klosters und die Berge. Die Zimmer mit Schleiflackmobiliar haben meist einen Balkon. Rustikal gediegenen gibt sich der Grill Room. Zum Mittagessen trifft man sich in der Taverna.

🏨 **Sport**, Landstr. 95, ℘ 0814 233 030, info@hotel-sport.ch, Fax 0814 233 040, ≤, 🍽, ≘s, 🏊, 🐎, ✗ – 🛗 TV 📞 ⇔ 🅿 – 🅰 70. AE ⓘ MC VISA ✗
Mitte Dez. - 25. April und 14. Juni - 17. Okt. – **Menu** 15 und à la carte 37/81 – **45 Zim** ⌂ 150/360, Vorsaison ⌂ 120/140 – ½ P Zuschl. 15.
♦ Die vier unterirdisch verbundenen Gebäude begrenzen ein ansprechendes Freizeitgelände mit Tennis, Streichelzoo,... Einfache Zimmer von guter Grösse stehen zur Verfügung. Im Haus befindet sich ein rustikales Restaurant und eine Bar mit ländlichem Charakter.

KLOSTERS

🏨 **Chesa Grischuna,** Bahnhofstr. 12, ℘ 0814 222 222, hotel@chesagrischuna.
⊜ Fax 0814 222 225, 🍽 – 📺 ✆ 🅿, 🆎 ⓘ ⓜⓔ VISA
20. Dez. - 20. April und 5. Juli - 18. Okt. – **Menu** 19 - 35 (mittags)/89 und à la ca
59/135 – **25 Zim** ☐ 215/400, Vorsaison ☐ 120/220 – ½ P Zuschl. 45.
◆ Die Fresken und Holzmalereien des Hotels im regionalen Stil wurden von einh
mischen Künstlern wie Alois Carigiet geschaffen. Zimmer mit gemütlich rustika
Einrichtung. Auch das Restaurant wurde mit viel Liebe gestaltet.

🏨 **Sporthotel Kurhaus,** Landstr. 24, ✉ 7252, ℘ 0814 224 441, kurhaus@spin.
⊜ Fax 0814 224 609, 🍽 – 📺 🅿, ⓜⓔ VISA. ✱ Rest
9. Dez. - 22. April und 8. Juni - 19. Okt. – **Menu** (geschl. Mittwoch und Donnerst
mittag im Sommer) 14.50 - 47 und à la carte 48/90 – **30 Zim** ☐ 100/280, Vorsais
☐ 55/140 – ½ P Zuschl. 20.
◆ Die meisten Zimmer des Hauses sind mit dunklen Eichenholzmöbeln eingericht
Fragen Sie bei Ihrer Reservierung nach den renovierten Zimmern. Das Restaura
besteht aus der derb-ländlicher Gaststube und dem grossem à la carte-Bereich

XXX **Walserhof** (Bolliger) mit Zim, Landstr. 141, ℘ 0814 102 929, walserhof@blue
✿✿ n.ch, Fax 0814 102 939, <, 🍽, ⇔ – 🛗 📺 ✆ ⇔, 🆎 ⓘ VISA
5. Dez. - 20. April und 22. Juni - 18. Okt. – **Menu** (geschl. Dienstag im Sommer)
(mittags)/175 und à la carte 79/166 – **11 Zim** ☐ 220/410, Vorsaison ☐ 140/3
3 Suiten – ½ P Zuschl. 78 (nur im Sommer).
◆ Zum Glück ist dieses schöne Haus nicht nur für Prinz Charles reserviert, sonde
auch Gäste mit weniger blauem Blut können die klassische Küche auf höchste
Niveau geniessen.
Spez. Soupe de noces de la vallée du Prättigau. Carré d'agneau des Grisons au thy
Japonais aux fruits rouges et sorbet

XX **Alte Post,** Doggilochstr. 136, ℘ 0814 221 716, alteposteuja@bluewin.
Fax 0814 223 807, 🍽 – 🅿, 🆎 ⓘ ⓜⓔ VISA – geschl. 22. April - 4. Juni, 20. Okt -
Dez., Montag und Dienstag – **Menu** 75/85 und à la carte 47/102.
◆ Das Restaurant ist in einen hüttenartigen Bereich mit offenem Kamin und Grill sov
in einen elegant- rustikalen Abschnitt mit geschnitzter Holzdecke unterteilt.

XX **Rustico** M mit Zim, Landstr. 194, ℘ 0814 221 246, rustico@bluewin.c
Fax 0814 225 355, 🍽, ⇔ – 📺 ✆ 🅿, 🆎 ⓘ ⓜⓔ VISA. ✱ Zim
geschl. Juni und 17. - 30. Nov. – **Menu** (geschl. Donnerstag im Sommer) 25 - 98 u
à la carte 61/120 – **11 Zim** ☐ 180/296, Vorsaison ☐ 110/210 – ½ P Zuschl. 6
◆ Im modern-rustikalen Restaurant oder auf der Speiseterrasse im 1. Stock wählt m
aus einer zeitgemässen internationalen Auswahl. Geschmackvolle moderne kleine Zi
mer.

KLOTEN Zürich **216** ⑦ – siehe Zürich.

KÖNIZ Bern **217** ⑥ – siehe Bern.

KONOLFINGEN 3510 Bern (BE) **217** ⑥ ⑦ – 4 449 Ew. – Höhe 728.
Bern 24 – Fribourg 57 – Langnau im Emmenthal 15 – Thun 19.

in Stalden West : 1 km – Höhe 654 – ✉ 3510 Konolfingen :

🏨 **Schloss Hünigen** M ⚘, ℘ 0317 912 611, hotel@schlosshuenigen.co
⊜ Fax 0317 912 731, 🍽, Wellness-Center, 🏋, ⇔, 🈺 – 🛗, ⇄ Zim, 📺 ✆ & 🅿
🅿 15/80. 🆎 ⓘ ⓜⓔ VISA. ✱ Rest – **Menu** (geschl. Sonntagabend und Montag)
27 (mittags) und à la carte 47/87 – **54 Zim** ☐ 130/230 – ½ P Zuschl. 35.
◆ Das ruhig in einem schönen Schlosspark gelegene Gebäude bietet dem Gast ve
schieden eingerichtete Zimmer mit modernster Ausstattung, im Haupthaus mit sch
nen Kassettendecken. Das Restaurant Rosarium ist hell und freundlich gestaltet

KRATTIGEN 3704 Bern (BE) **217** ⑦ – 859 Ew. – Höhe 742.
Bern 50 – *Interlaken* 26 – Kandersteg 26 – Spiez 8 – Thun 19.

🏨 **Bellevue-Bären,** Hauptstrasse, ℘ 0336 556 144, Fax 0336 546 17
⊜ < Thunersee, 🍽 – 🛗 📺 🅿 🅿 – 🅿 50. 🆎 ⓘ ⓜⓔ VISA
geschl. Anfang Dez. 2 Wochen – **Menu** (geschl. Montag ausser abends im Juli - Au
14 - 38 und à la carte 39/75 – **25 Zim** ☐ 85/160 – ½ P Zuschl. 25.
◆ Das Chalet bietet für seine Gäste neben einer herrlichen Sicht auf den Thuners
ältere Zimmer mit brauner einfacher Holzmöblierung sowie etwas neuere mit helle
Mobiliar. Das rustikale Restaurant besticht durch seine groYe Fensterfront.

REUZLINGEN 8280 Thurgau (TG) 216 ⑨ ⑩ – 16 714 Ew. – Höhe 402.
27 in Lipperswil, ✉ 8564, ✆ 0527 700 405, Fax 0527 700 406, über Kantonalstrasse 1 Richtung Frauenfeld : 14 km.

Lokale Veranstaltung
09.08 : Seenachtfest.

🛈 *Kreuzlingen Tourismus, Hauptstr. 39, ✆ 0716 723 840, tourismus@kreuzlingen.ch, Fax 0716 774 940.*

⊛ *Hauptstr. 39, ✆ 0716 774 949, Fax 0716 774 940.*

🅐 *Hauptstr. 1a, ✆ 0716 773 838, Fax 0716 773 835.*

Bern 194 – Sankt Gallen 38 – Bregenz 56 – Frauenfeld 27 – Konstanz 3.

XX **Seegarten,** Promenadenstr. 40, am Yachthafen, ✆ 0716 882 877, *restaurant@seegarten.ch,* Fax 0716 882 944, 🍴 – 🅿. 🆎 ① 🅜🅞 VISA
geschl. 22. - 28. Dez., 20. Jan. - 9. Feb., Dienstag von Sept. bis April und Montag – **Salon Admiral :** Menu 69 und à la carte 65/133 – **Tagesrestaurant :** Menu 29 - 98 und à la carte 46/108.
♦ Über einen versteckten Eingang gelangt man in den Salon Admiral. Klein aber fein lautet die Devise in diesem eleganten und charmant geführten Restaurant. Sachlich präsentiert sich das Tagesrestaurant.

XX **Schloss Seeburg,** Seeweg 5, ✆ 0716 884 775, Fax 0716 884 763, ≤ Bodensee, 🍴 – 🅿. 🆎 ① 🅜🅞 VISA
geschl. 10. Feb. - 7. März, Mittwoch von Sept. - Mai und Dienstag – **Menu** 27 - 56/79 und à la carte 49/94.
♦ Nach kurzem Spaziergang durch den Park stösst man auf das Seeschloss mit Terrasse, die einen schönen Blick auf den Bodensee zulässt. Kleines Restaurant, traditionelle Karte.

XX **Jakobshöhe,** Bergstr. 46, ✆ 0716 700 888, *jakobshoehe@bluewin.ch,* Fax 0716 700 889 – 🍽 🅿. 🆎 ① 🅜🅞 VISA
geschl. 14. Juli - 6. Aug., Montag und Dienstag – **Menu** 28 - 86 und à la carte 53/103.
♦ Im modernisierten Gasthof werden in zwei netten Stuben, die mit elegantem Holzmobiliar eingerichtet sind und schöne Täferdecken haben, klassische Gerichte serviert.

XX **Schloss Brunnegg,** Brunneggstrasse, ✆ 0716 723 636, *schlossbrunnegg@bluewin.ch,* Fax 0716 723 631, 🍴 – 🅿. ✽
geschl. 2. - 16. Feb., 18. - 27. April, 5. - 19. Okt., Dienstag und Mittwoch – **Menu** (nur Abendessen ausser Sonntag) 72/92.
♦ Wenn man die Treppe im Schlösschen aus dem 14. Jh. hinaufsteigt, kommt man in das lange, gewölbeartige Restaurant, das im modernen Stil eingerichtet ist.

■ **Tägerwilen** *Nord-West : 4 km Richtung Schaffhausen – Höhe 420 – ✉ 8274 Tägerwilen :*

🏛 **Trompeterschlössle** 🅼 ✽, Konstanzerstr. 123, am Zoll, ✆ 0716 693 131, *hotel@trompeterschloessle.ch,* Fax 0716 693 133, 🍴 – ⇔ Zim, 📺 🅿. 🆎 ① 🅜🅞 VISA
geschl. 23. Dez. - 24. Jan. – **Menu** (geschl. Donnerstag vom 16. Okt. - 14. April) 17.50 - 29/69 und à la carte 39/74 – **17 Zim** ⌑ 99/170 – ½ P Zuschl. 30.
♦ Direkt an der Grenze befindet sich das Trompeterschlössle. Modern eingerichtet, mit Nussbaumholzmobiliar ausgestattete Zimmer erwarten den Gast. Ob in der Gaststube oder im gehobeneren à la carte-Restaurant - Sie werden sich wohlfühlen.

XX **Zum Steinbock,** Hauptstr. 85, ✆ 0716 691 172, *f.bischof@datacomm.ch,* Fax 0716 691 752, 🍴 – 🅿. 🆎 ① 🅜🅞 VISA
geschl. 21. Juli - 4. Aug., Sonntag und Montag – **Le Pavillon :** Menu 33 - 42 (mittags)/76 und à la carte 50/100 – **Gaststube :** Menu 17.50 und à la carte 35/80.
♦ Das Le Pavillon befindet sich im Anbau - in dem wintergartenähnlichen, modern eingerichteten Lokal sitzen die einkehrenden Gäste gerne. In der holzgetäfelten Gaststube geht es rustikaler zu.

■ **Gottlieben** *Nord-West : 4 km Richtung Schaffhausen – Höhe 402 – ✉ 8274 Tägerwilen :*

🏨 **Drachenburg und Waaghaus** ✽, Am Schlosspark, ✆ 0716 667 474, *info@drachenburg.ch,* Fax 0716 667 499, ≤, 🍴, 🛁, – 📺 🅿. 🔑 15/60. 🆎 ① 🅜🅞 VISA. ✽ Rest
geschl. Weihnachten – **Menu** 28 - 68/95 und à la carte 48/128 – **60 Zim** ⌑ 140/390.
♦ Die schönen Fachwerkhäuser liegen direkt am Seeufer. In verschiedenen Gebäuden logiert man in individuell gestalteten Zimmern mit stilvoller Einrichtung. Wählen Sie zwischen dem gediegenen Restaurant im ersten Stock und der rustikaleren Drachenburg.

KREUZLINGEN

Romantik Hotel Krone ⟡, Seestr. 11, ☎ 0716 668 060, krone@romantik tel.ch, Fax 0716 668 069, ≤, 🍴 – 📶 📺 🅿 – 🛁 25. AE ① ⓂⓄ VISA
geschl. 5. Jan. - 11. Feb. – **Menu** 28 - 48 (mittags)/95 und à la carte 72/119 – **25 Z** ⊇ 130/300.
• Das historische Gebäude befindet sich an der engsten Stelle des Bodensees in ruhig Lage. Gäste logieren in dem freundlichen Familienbetrieb in gepflegten Zimmern. Restaurant oder lieber die sonnige Terrasse am Wasser - Sie haben die Wahl.

KRIEGSTETTEN 4566 Solothurn (SO) ²¹⁶ ⑮ – 1 110 Ew. – Höhe 455.
Bern 31 – Biel 29 – Solothurn 5.

Sternen, Hauptstr. 61, ☎ 0326 756 111, sternen@bluewin.ch, Fax 0326 756 0.
🍴, 🚗 – 📶 ⇆ 📺 ☎ & 🅿 – 🛁 15/80. AE ① ⓂⓄ VISA
geschl. 3. - 17. Feb. – **Menu** 59 (mittags)/110 und à la carte 54/115 – **Gaststub Menu** 18.50 und à la carte 39/94 – **23 Zim** ⊇ 185/300 – ½ P Zuschl. 59.
• Die Zimmer in dieser Herberge unterscheiden durch Zuschnitt, Lage und Ausstattung. Wählen Sie zwischen Räumen mit Biedermeiermobiliar und rustikaler Einrichtung. Klein aber fein gibt sich das Restaurant. Rustikal eingerichtet ist die gemütlic Gaststube.

KRIENS Luzern (LU) ²¹⁶ ⑰ – siehe Luzern.

KÜSNACHT 8700 Zürich (ZH) ²¹⁶ ⑱ – 12 177 Ew. – Höhe 415.
Bern 133 – Zürich 8 – Aarau 54 – Einsiedeln 43 – Luzern 64.

Sonne Ⓜ, Seestr. 120, ☎ 019 141 818, reception@sonne.ch, Fax 019 141 800,
🍴, 🚗 – 📶 📺 ☎ 🅿 – 🛁 15/80. AE ① ⓂⓄ VISA. ⌘ Rest
Sonnengalerie : Menu 30 - 59 (mittags)/98 und à la carte 58/111 – **Buurestub Menu** 19.50 und à la carte 45/86 – **40 Zim** ⊇ 185/275.
• Das Seehotel mit eleganter Einrichtung beherbergt Gäste in geräumigen Zimmer in denen die historische Bausubstanz gut mit modernen Installationen und Dekor h. moniert. Geschmackvoll und modern : die Sonnengalerie. Galeriestube mit schöne Täfer und Bildern.

Ermitage am See Ⓜ mit Zim, Seestr. 80, ☎ 019 144 242, info@ermitage.c
Fax 019 144 243, ≤ Zürichsee, 🍴, 🚗, 🛍 – 📶 📺 ☎ 🅿 AE ① ⓂⓄ VISA. ⌘ Re
Menu 65 (mittags)/175 und à la carte 107/170 – **22 Zim** ⊇ 195/410, 4 Suite
• Das Landhaus in wunderbarer Lage am Seeufer mit Terrasse und Garten biet seinen Gästen einen schönen Blick über den Zürichsee sowie ein elegantes Interie **Spez.** Tapas aux saveurs méditerranéennes. Salade de homard au caviar de feno et petite tartine à la purée d'olive. Moelleux du chocolat noir, crème amaretto cerise au jus

Petermann's Kunststuben, Seestr. 160, ☎ 019 100 715, petermannskuns ben@bluewin.ch, Fax 019 100 495, 🍴 – ☰ 🅿 AE ① ⓂⓄ VISA
geschl. 9. - 22. Feb., 24. Aug. - 13. Sept., Sonntag und Montag – **Menu** (am Aber Tischbestellung ratsam) 38 - 78 (mittags)/195 und à la carte 112/221.
• Klassische Küche kreativ zelebriert, in eleganten Räumen oder im kleinen schön Gärtchen perfekt präsentiert - dann wissen Sie, Sie sind bei Petermann's in Küsnach **Spez.** Cassolette d'écrevisses pattes rouges, girolles et cappucino de pois gourmand Le cochon de lait d'Ormalingen au chutney d'abricots, sauce aux épices. Marmela de pommes vertes légèrement acidulée, fraises des bois et frappé au lait de co

Wolga - Wolga, Hörnlistr. 16, ☎ 019 144 080, wolga@wolga.ch, Fax 019 144 08
🍴 – ☰ 🅿 AE ① ⓂⓄ VISA
geschl. 14. Juli - 11. Aug. und Montag – **Menu** - russische Küche - (nur Abendesse 98 und à la carte 62/108.
• Sie müssen ein bischen suchen um dieses sympathische Restaurant zu finden. Ab der Aufwand lohnt sich : In elegantem Ambiente erfreut man Sie mit russische Spezialitäten.

Zum Trauben, Untere Wiltisgasse 20, ☎ 019 104 855, 🍴 – 🅿 AE ① ⓂⓄ V
geschl. 23. Dez. - 3. Jan., 22. Juli - 18. Aug., Sonntag und Montag – **Menu** - italienisc Küche - à la carte 57/103.
• Das im Ortskern gelegene kleine zweigeteilte Restaurant, im hinteren Teil etw moderner gestaltet, bietet den Gästen einfache italienische Küche mit marktfrisch Produkten.

KÜSNACHT

Chez Crettol, Cave Valaisanne, Florastr. 22, ℘ 019 100 315, Fax 019 100 315 – AE ⓪ ⓜ VISA
geschl. 21. Dez. - 6. Jan. und 15. Juni - 1. Sept. – **Menu** - Walliser Fondue und Raclettespezialitäten – *(nur Abendessen)* (Tischbestellung ratsam) und à la carte 46/93.
♦ In der gemütlichen Stube liegt der Käse für den netten Raclette-Plausch am offenen Kamin schon parat. Neben der urtypischen Walliser Spezialität gibt es auch Käsefondues.

ÜSSNACHT AM RIGI 6403 Schwyz (SZ) 216 ⑱ – 10 944 Ew. – Höhe 435.
℘ 0418 507 060, Fax 0418 507 041.
Bern 136 – *Luzern* 16 – Schwyz 25 – Zürich 47.

Du Lac-Seehof, Seeplatz 6, ℘ 0418 501 012, jtrutmann@bluewin.ch, Fax 0418 501 022, ≤, 斧, ⓤ – ⧖ Zim, TV P. AE ⓪ ⓜ VISA
geschl. 3. - 15. Feb. und 15. Okt. - 30. Nov. – **Menu** *(geschl. Dienstag und Mittwoch von Okt. - 15. Mai)* 65 und à la carte 44/86 – **12 Zim** ⊇ 130/200 – ½ P Zuschl. 32.
♦ Das Hotel liegt neben der Schiffsanlegestelle direkt am See. Einige Zimmer sind mit Stilmöbeln, der Rest zweckmässig mit dunklem Eichenholzmobiliar eingerichtet. Ob in der hellen Seehof-Stube oder in der dunkler gehaltenen Veranda - Sie haben die Wahl.

Adler, Hauptplatz 9, ℘ 0418 501 025, Fax 0418 501 036 – AE ⓪ ⓜ VISA
geschl. 9. - 28. Feb., 22. Juni - 18. Juli, Sonntag *(ausser mittags im Winter)* und Montag – **Menu** 17.50 - 56 und à la carte 45/74.
♦ Neben der einfachen Gaststube liegt der gemütlich rustikale Speisesaal mit origineller Dekoration. In heimeliger Atmosphäre erhält der Gast eine klassische Karte.

AX 7031 Graubünden (GR) 218 ③ – 1 162 Ew. – Höhe 1 023 – Wintersport : 1 023/3 018 m ⟱ 11 ⟲ 16 ⧗.
ℹ alpenarena.ch, ℘ 0819 208 181, tourismus@alpenarena.ch, Fax 0819 208 182.
Bern 234 – *Chur* 27 – Andermatt 62.

Bellaval, via Falera 112, ℘ 0819 214 700, info@hotelbellaval.ch, Fax 0819 214 855, ≤, 🛏, 斧 – TV P. ⓜ VISA. ⁒ Rest
Dez. - 23. April und 11. Juni - Mitte Okt. – **Menu** *(nur ½ Pens für Hotelgäste)* – **27 Zim** ⊇ 89/230, Vorsaison ⊇ 79/136 – ½ P Zuschl. 20.
♦ Die Zimmer dieses im Ortszentrum gelegenen Hotels sind teils mit hellem Arvenholz, teils mit dunklem Mobiliar rustikal eingerichtet und bieten ausreichend Platz.

Laax-Murschetg Nord : 2 km – ✉ 7032 Laax :

Laaxerhof, via Mulania, ℘ 0819 208 200, laaxerhof@bluewin.ch, Fax 0819 208 210, ≤, 斧, 🛏, ⬜, 斧 – ⧖ TV ⧓ P – ⧖ 15/80. AE ⓪ ⓜ VISA
geschl. Nov. – **Menu** 13.50 - 20 (mittags) und à la carte 47/96 – **92 Zim** ⊇ 205/400, Vorsaison ⊇ 160/240 – ½ P Zuschl. 35.
♦ In dem imposanten Gebäude im Chaletstil übernachten die Gäste in Zimmern, Appartements und Suiten, die mit solidem Mobiliar wohnlich eingerichtet sind - meist mit Balkon. Die Restauration teilt sich in Gaststube und gehobeneren à la carte-Bereich.

Sporthotel Signina, ℘ 0819 279 000, sporthotelsignina@alpenarena.ch, Fax 0819 279 001, ≤, 斧, Wellness-Center, 🛁, 🛏, ⬜, 斧, ⁒ – ⧖ TV ⧓ ⧓ P – ⧖ 15/50. AE ⓪ ⓜ VISA. ⁒ Rest
9. Nov. - 27. April und 1. Juni - 28. Sept. – **Menu** 17 (mittags)/59 und à la carte 41/77 – **83 Zim** ⊇ 110/340, Vorsaison ⊇ 90/300 – ½ P Zuschl. 45.
♦ Die Zimmer Ihres Domizils - im Haupthaus mit Balkon - sind alle mit Arvenmöbeln wohnlich eingerichtet, der grösste Teil wurde aufgefrischt und zeigt sich fast modern. Mit Holz getäfertes Restaurant und Speisesaal mit Terrasse.

Salums Ost : 2 km – ✉ 7031 Laax :

Straussennest, via Salums, ℘ 0819 215 971, Fax 0819 216 851, ≤ Signinakette, 斧 – ⓪ ⓜ VISA. ⁒
geschl. 11. Nov. - 12. Dez., 28. April - 27. Mai, Montag ausser Feiertage und Dienstag in Zwischensaison – **Menu** 26.50 - 59/89 und à la carte 47/102.
♦ Ein rustikales Lokal im regionalen Stil mit heimeliger Atmosphäre, nach hinten der eingedeckte Teil. Terrasse mit wundervollem Blick auf die Signinakette. Regionale Speisen.

LAAX

in Sagogn Süd : 2 km – Höhe 779 – ✉ 7152 Sagogn :

XXX **Da Veraguth Carnetg,** ✆ 0819 216 464, Fax 0819 213 698, 🍴 – 🅿. AE
✥ VISA
geschl. Mai, Nov., Montag und Dienstag. – **Menu** 26 - 58 (mittags)/140 und à la ca
71/144.
* Das hübsch gelegene Bündner Haus mit schöner rustikal-eleganter Einrichtung
tet dem Geniesser sorgfältig zubereitete regionale und klassische Spezialitäten. O
tenterrasse !
Spez. Hilda Veraguth's Capuns. Junger Steinbutt ganz gebraten auf Kefen und Tor
ten mit Zitronengrasssauce. Rindsfiletgulasch nach Art des Hauses

auf dem Crap Masegn mit Luftseilbahn erreichbar – Höhe 2 477 – ✉ 7032 Laax
X **Das Elephant,** ✆ 0819 277 390, ≤ Berge, 🍴 – AE ① ◎ VISA
20. Dez. - 27. April – **Menu** (nur Mittagessen) (Tischbestellung ratsam) à la ca
41/93.
* Nur mit der Gondelbahn zu erreichen ist das in 2500 m Höhe gelegene Restaura
Bei beeindruckendem Blick über die Berge reicht man eine kleine Karte mit Tag
empfehlungen.

LACHEN 8853 Schwyz (SZ) 216 ⑲ – 6 256 Ew. – Höhe 417.
Bern 166 – Zürich 41 – Altdorf 57 – Chur 84 – Schwyz 37.

🏨 **Al Porto** M, Hafenstr. 4 (am Bootshafen), ✆ 0554 517 373, welcome@alpor
com, Fax 0554 517 374, ≤, 🍴 – 🛗, ⇔ Zim, 🖵 TV video ✆ – 🏊 15/100. AE
◎ VISA
Menu à la carte 68/112 – **Trattoria** : Menu 24 und à la carte 42/83 – **17 Z**
⇌ 192/320.
* Die Lage am Hafen gab dem Hotel seinen Namen. Die topmodern eingerichtet
Zimmer mit sehr guter technischer Ausstattung wurden von Pierro Bissoni gestalt
Mit Designerinventar und verglaster Showküche präsentiert sich das mode
elegante Restaurant.

XX **Pöstli,** Mittlere Bahnhofstr. 4, ✆ 0554 421 291, poestli.lachen@bluewin.
Fax 0554 421 552, 🍴 – AE ① ◎ VISA
geschl. 3. - 16. Feb., 27. Juli - 11. Aug., Sonntag und Montag – **Menu** 34 - 102/1
und à la carte 75/132.
* Im eleganten, im Jugendstil eingerichteten Restaurant mit weissem Marmorbo
geniessen die Gäste klassische, durch asiatische Einflüsse modern interpretie
Gerichte.

LAI Graubünden 218 ④ – siehe Lenzerheide.

LAMONE 6814 Ticino (TI) 219 ⑧ – 1 630 ab. – alt. 319.
Bern 237 – Lugano 6 – Bellinzona 26 – Locarno 39 – Varese 30.

XX **La Rupe di San Zeno da Lucia,** via Cantonale, ✆ 0919 662 140, franco.p
oni@bluewin.ch, Fax 0919 309 022 – 🖵 ◎ VISA
chiuso dal 1º al 7 gennaio, dal 7 luglio al 26 agosto, lunedì e martedì – **Pasto** (p
notare la sera) 20 ed alla carta 44/74.
* Le origini cremonesi della padrona si ritrovano nei solidi piatti della cucina lombar
da gustare in un ambiente dallo stile "passe-partout" ma dall'atmosfera convivia

LANGENBRUCK 4438 Basel-Landschaft (BL) 216 ⑮ ⑯ – 945 Ew. – Höhe 710.
Bern 62 – Basel 39 – Liestal 20 – Luzern 69 – Olten 13.

XX **Bären** mit Zim (Gästehaus : 12 Zim 🏨 M), Hauptstr. 10, ✆ 0623 901 414, ir
@baeren-langenbruck.ch, Fax 0623 901 971, 🍴 – TV ✆ 🚗 🅿 – 🏊 15/40.
① ◎ VISA
geschl. Weihnachten – **Menu** 23 - 60 (abends)/95 und à la carte 46/114 – **24 Z**
⇌ 90/180.
* Der Landgasthof ist unterteilt in eine rustikal-einfache Gaststube und ein gel
beneres, elegantes Restaurant. In einem Gästehaus finden Sie zeitgemässe, funk
onelle Zimmer.

LANGENDORF Solothurn 216 ⑮ – siehe Solothurn.

ANGENTHAL 4900 Bern (BE) 216 ⑯ – 14 241 Ew. – Höhe 472.

✉ Melchnaustr. 1, ☎ 0629 221 230, Fax 0629 220 987.
Bern 46 – Aarau 36 – Burgdorf 24 – Luzern 65 – Olten 23 – Solothurn 24.

Bären M, St. Urbanstr. 1, ☎ 0629 191 717, info@baeren-langenthal.ch, Fax 0629 191 718, 😀 – 🛗 📺 ✆ ♿ 🅿 – 🍽 15/150. AE ① ⓜ VISA JCB
(geschl. Feiertage) – **Menu** 21 und à la carte 49/87 – **33 Zim** 🛏 135/250 – ½ P Zuschl. 40.
♦ Der renovierte Gasthof aus dem 17. Jh. hat einen beeindruckend schönen Barocksaal. Die Zimmer sind in unterschiedlichen Pastelltönen gehalten und neuzeitlich eingerichtet. Parkettboden und freundliches Interieur sorgen im Restaurant für Atmosphäre.

Roggwil *Nord-Ost : 2 km über alte Zürcherstrasse – Höhe 456 –* ✉ *4914 Roggwil :*

Zum Ochsen, Brennofenstr. 11, ☎ 0629 291 135, alscha@gmx.ch, Fax 0629 297 064, 😀 – 📺 🅿 AE ⓜ VISA
geschl. 13. Feb. - 2. März, 22. Juli - 10. Aug., Dienstagabend und Mittwoch – **Menu** 19.50 - 52 (mittags)/90 und à la carte 34/107 – **7 Zim** 🛏 55/150.
♦ Neben einer einfachen Gaststube verfügt das Haus über einen gehobeneren Speisesaal. Beide Räume sind in rosa bis pinkfabenen Tönen gehalten. Traditionelle Karte.

ANGNAU IM EMMENTAL 3550 Bern (BE) 217 ⑦ – 8 790 Ew. – Höhe 673.

Sehenswert : *Dürsrütiwald*★.

🛈 Pro Emmental, Schlossstr. 3, ☎ 0344 024 252, info@emmental.ch, Fax 0344 025 667.
Bern 31 – Interlaken 63 – Luzern 63 – Solothurn 45.

Hirschen, Dorfstr. 17, ☎ 0344 021 517, info@hirschen-langnau.ch, Fax 0344 025 623, 😀, 🏊 – 🛗 📺 ✆ 🅿 AE ① ⓜ VISA
Menu (geschl. 3. - 24. Jan., Montag und Dienstagmittag) 17 und à la carte 41/82 – **18 Zim** 🛏 100/180 – ½ P Zuschl. 19.
♦ Die Zimmer in dem ansprechenden Gasthof sind sehr wohnlich mit massivem Kiefernholzmobiliar eingerichtet. Teilweise bieten Sie viel Platz und haben eine Sitzecke. Gaststube und à la carte-Restaurant mit Täfer und gemütlichem Ambiente.

Zum Goldenen Löwen, Güterstr. 9 (Transitstrasse), ☎ 0344 026 555, info@emmental-langnau.ch, Fax 0344 021 196, 😀 – 🅿 ⓜ VISA
geschl. 19. Juli - 10. Aug., Samstagmittag und Sonntag – **Menu** 16 - 54/74 und à la carte 38/81.
♦ Das Haus beherbergt ein Bistro mit regionalem Angebot sowie eine bürgerlich-rustikale Stube mit einem Wintergarten als à la carte-Restaurant - hier bietet man auch Menus.

ANTSCH (LENZ) 7083 Graubünden (GR) 218 ④ – 516 Ew. – Höhe 1 294.

Bern 268 – Chur 25 – Andermatt 111 – Davos 35 – Sankt Moritz 53.

La Tgoma mit Zim, ☎ 0816 811 278, latgoma@spin.ch, Fax 0816 812 279 – AE ① ⓜ VISA
geschl. Mai, Nov., Montag und Dienstagmittag – **Menu** 15.50 - 70 und à la carte 47/112 – **8 Zim** 🛏 75/140 – ½ P Zuschl. 30.
♦ Diese gastliche Adresse teilt sich in einen rustikalen Bereich und das eigentliche Restaurant, in dem man dem Besucher Gerichte von der klassischen Karte auftischt.

ARET Graubünden 218 ⑤ – siehe Davos.

AUENEN Bern 217 ⑮ – siehe Gstaad.

AUERZ 6424 Schwyz (SZ) 216 ⑱ – 877 Ew. – Höhe 460.

Bern 145 – Luzern 29 – Altdorf 22 – Schwyz 7.

Rigiblick, Seestr. 9, ☎ 0418 115 466, rigiblick@freesurf.ch, Fax 0418 118 313, ≤ Lauerzersee, 😀, 🛗 – 🅿 AE ① ⓜ VISA
geschl. 27. Jan. - 7. März und Montag von Okt. - April – **Pavillon :** Menu 48/105 und à la carte 57/123 – **Restaurant :** Menu 19 - 45 und à la carte 46/113.
♦ Direkt am Ufer des Lauerzersees finden Sie diese Adresse. Der Pavillon ist elegant eingerichtet - von der Terrasse hat man sehr schönen Blick auf den See. Klassische Karte. Im Restaurant serviert man sorgfältig zubereitete traditionelle Gerichte.

LAUERZ

× **Rössli**, Seestr. 3, ℘ 0418 111 702, Fax 0418 111 788 – AE ⓪ ⓜ VISA. ※
geschl. 9. Juli - 15. Aug., Mittwoch (ausser von Mitte Sept. - Mitte Nov.) und D
nerstag – **Menu** 22 und à la carte 44/103.
* An die Gaststube - hier serviert man mittags vor allem Tagesteller - schliesst s
der eingedeckte Bereich mit einem gutbürgerlichen Angebot und einer grossen Fis
karte an.

LÄUFELFINGEN 4448 Basel-Landschaft (BL) 216 ⑯ – 1 243 Ew. – Höhe 559.
Bern 71 – Aarau 23 – Basel 36 – Liestal 18 – Luzern 65 – Olten 10.

🏠 **Bad Ramsach** ⌇, Nord-Ost : 2 km, ℘ 0622 851 515, hotel@bad-ramsach.
Fax 0622 851 500, ≤ Tal, 🍴, 🎬, ≋, 🔲 – 🛗 📺 ⌇ ⌇ 🅿 – 🛁 15/30. AE ⓪
VISA
geschl. 16. Dez. - 13. Jan. – **Menu** 25 - 75 und à la carte 45/96 – **70 Zim** ⌇ 150/2
– ½ P Zuschl. 30.
* Die absolut ruhige Lage, eine schöne Aussicht auf das Tal und solide, mit hell
Holzmobiliar eingerichtete Zimmer mit Balkon sind Annehmlichkeiten dieser Adres
Saalartiges Restaurant in bürgerlichem Stil.

× **Rosengarten**, Hauptstr. 16, ℘ 0622 991 121, info@rosen-garten.
⌇ Fax 0622 995 131, 🍴 – 🅿 ⓜ VISA. ※
geschl. 3. - 17. März., Montag und Dienstag – **Menu** 19.50 und à la carte 34/86
* Der à la carte-Bereich dieses Landgasthofs ist in einem zeitgemässen Stil gestal
und offeriert eine klassische Karte. In der 1. Etage befindet sich ein Grillroom.

LAUFEN 4242 Basel-Landschaft (BL) 216 ④ – 4 911 Ew. – Höhe 355.
Bern 84 – Basel 28 – Delémont 18 – Liestal 37 – Olten 48 – Solothurn 50.

🏠 **Central** Ⓜ, Röschenzstr. 3, ℘ 0617 616 103, info@central-laufen.
⌇ Fax 0617 616 981, 🍴 – 🛗 📺 🅿 AE ⓪ ⓜ VISA
geschl. 23. Dez. - 5. Jan. – **Menu** 15.50 und à la carte 31/80 – **21 Zim** ⌇ 100/1
– ½ P Zuschl. 30.
* Im Neubau dieses am Rande der Altstadt gelegenen Hotels bietet man seinen Gäst
Zimmer, die mit Parkettboden und hellem, gutem Holzmobiliar zeitgemäss ein
richtet sind. Gaststube im regionstypischen ländlichen Stil.

LAUSANNE

1000 ⓒ *Vaud (VD)* **217** ③ ⑬ *– 114 889 h. – alt. 455*

Bern 101 ① *– Fribourg 71* ② *– Genève 60* ⑤ *– Montreux 25* ③ *– Sion 93* ② *– Yverdon-les-Bains 32* ⑦*.*

🛈 *Lausanne Tourisme-Information, 4, pl. de la Navigation, ℘ 0216 137 373, information@lausanne-tourisme.ch, Fax 0216 168 647* DZ
Lausanne Tourisme-Information, 9 pl. de la Gare AY*.*
✹ *28 av. des Figuiers, ℘ 0216 135 252, Fax 0216 135 251* V*.*
✪ *9 av. de Rumine, ℘ 0213 312 722, Fax 0213 312 729* CY*.*

Compagnie aérienne
Swiss International Air Lines Ltd., *26 r. de Bourg, ℘ 0213 432 222, Fax 0213 432 239.*

Manifestations locales
09.06 – 22.06 et oct. ou déc. : Béjart Ballet Lausanne.
01.07 : Athletissima, meeting international d'athlétisme.
04.07 – 12.07 : Festival de la Cité, théâtre, musique, jazz, danse.

🏌 *au Chalet-à-Gobet, (avril-nov.) ℘ 0217 848 484, Fax 0217 848 480, Nord-Est 6 km.*
🏌 *Domaine du Brésil à Goumoens-le-Jux, ✉ 1376 (mars-nov.) ℘ 0218 822 420, Fax 0218 822 421, par* ⑦ *: 20 km direction Echallens-Goumoens-la-Ville.*

Voir : *Cathédrale*★★ BCX : *vue*★ *de la tour* BCX *– Le Signal : vue*★★ U *– Parc de Montriond : vue*★★ AY *– Ouchy*★★ DZ *: vues*★★ *des quais et du sentier du bord du lac – Collection de l'Art brut*★ AX*.*

Musée : *Olympique*★★ DZ*.*

Excursions : *en bateau sur le lac. Renseignements : Cie Gén. de Navigation, 17 av. de Rhodanie, ℘ 0848 811 848*

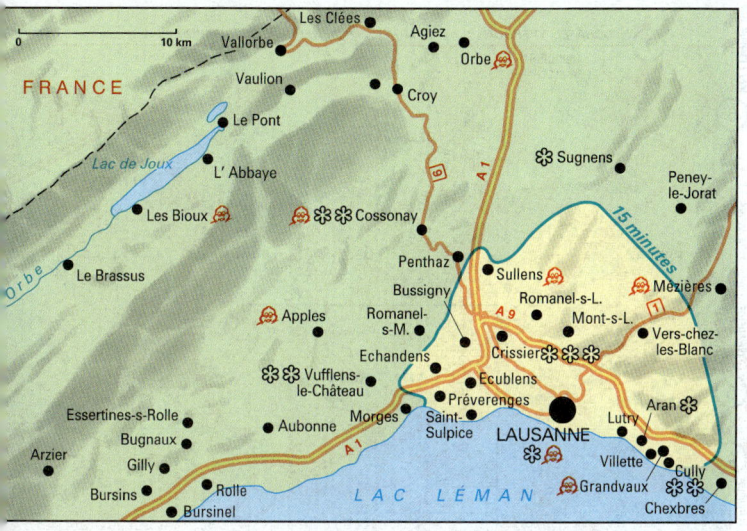

Lausanne Palace, 7 r. Grand-Chêne, ✉ 1002, ℘ 0213 313 131, *reservation@lausanne-palace.ch*, Fax 0213 232 571, ≤ lac, 🍴, Wellness-Center, 🏋, 🏊, 🛁 – 🛗 🍽 📺 📞 🚗 – 🔑 15/150. AE ① MC VISA JCB BY b
Repas (voir aussi *La Table du Palace* ci-après) – **Grand-Chêne** (brasserie) **Repas** 25 - 45 et à la carte 56/107 – **Côté Jardin** *(fermé le soir d'oct. à mai)* **Repas** 55 et à la carte 62/91 – ☐ 35 – **142 ch** 370/570, 8 suites – ½ P suppl. 65.
♦ Près du quartier animé, propriété d'exception offrant une vue superbe sur le Léman. Chambres élégantes. Belle piscine, centre wellness. Décor ''brasserie parisienne'' pour le Grand-Chêne ; carte attrayante. Côté Jardin : formule buffets et éventail de grillades.

Paix, 5 av. Benjamin-Constant, ✉ 1003, ℘ 0213 107 171, *info@hoteldelapaix.net*, Fax 0213 107 172, ≤ – 🛗, 🍴 ch, 🍽 rest, 📺 📞 ♿ 🚗 – 🔑 15/300. AE ① MC VISA
La Paix Restaurant : Repas 25 – 44/54 et à la carte 52/93 – **104 ch** ☐ 360/470, 5 suites.   CY c
♦ Quatre générations ont veillé sur ce palace de la vieille ville. Confort raffiné dans de vastes chambres aux tons pastel progressivement rénovées. La salle à manger du la Paix Restaurant vient de faire peau neuve : les modes évoluent et les décors aussi !

Victoria sans rest, 46 av. de la Gare, ✉ 1003, ℘ 0213 420 202, *info@hotelvictoria.ch*, Fax 0213 420 222, 🏋, 🏊 – 🛗 🍴 🍽 📺 📞 – 🔑 25. AE ① MC VISA JCB
fermé 23 déc. au 4 janv. – **51 ch** ☐ 190/360.   BY m
♦ Hôtel dont les paliers en mezzanine, surplombant un patio à colonnades d'un assez bel effet, donnent accès à d'amples chambres climatisées, au mobilier varié mais choisi.

Alpha-Palmiers M, 34 r. Petit-Chêne, ✉ 1003, ℘ 0215 555 999, *alpha@fhotels.ch*, Fax 0215 555 998, 🏋, 🏊 – 🛗, 🍴 ch, 🍽 📺 📞 – 🔑 15/80. AE ① MC VISA JCB   BY g
Le Jardin Thaï *(fermé dim. et lundi)* **Repas** 22 et à la carte 63/97 – **Brasserie Repas** 17.50 et à la carte 47/93 – ☐ 27 – **187 ch** 240/340.
♦ Décor avant-gardiste féerique : jardin japonais au cœur de l'hôtel, chambres spacieuses à la vue plongeante sur les palmiers, bambous, etc. Le Jardin Thaï vous propose les saveurs de l'Asie dans un cadre moderne, et la Brasserie sert des mets au goût du jour.

Mirabeau, 31 av. de la Gare, ✉ 1003, ℘ 0213 414 243, *reservation@mirabeau.ch*, Fax 0213 414 242, 🍴 – 🛗, 🍴 ch, 📺 – 🔑 15/60. AE ① MC VISA JCB CY y
Repas 26 - 49 et à la carte 42/81 – **74 ch** ☐ 155/305 – ½ P suppl. 29.
♦ À un jet de vapeur de la gare, bâtisse du 19ᵉ s. aux chambres fonctionnelles et régulièrement actualisées. Pensée dans un style ''brasserie cossue'', la salle à manger du Mirabeau s'ouvre sur une terrasse appréciée en été. '' Le plus'' : petite carte de la mer.

Bellerive (Quai de)	**V** 12	Grey (Av. du)	**U** 37	Ouchy (Quai d')	**V**
Bergières (Av. des)	**U** 15	Levant (Ch. du)	**V** 46	Provence (Av. de)	**U**
Borde (R. de la)	**U** 18	Marc Dufour (Av.)	**V** 54	Sallaz (Av. de la)	**U**
Chablais (Av. du)	**U** 21	Mont-d'Or (Av. du)	**V** 60	Tivoli (Av. de)	**U**
Chocolatière (Ch. de la)	**U** 25	Montoie (Av. de)	**V** 63	Vallombreuse	
Denantou (Av. du)	**V** 31	Morges (Av. de)	**U** 64	(Av. de la)	

🏨 **Agora** Ⓜ sans rest, 9 av. du Rond-Point, ✉ 1006, ✆ 0216 171 211, agora@ssbind-hotels.ch, Fax 0216 162 605 – 🛗 ⥮ 🖥 📺 🚗 🅿 – 🛋 15/60. 🆎 ⓞ 𝗩𝗜𝗦𝗔   AY

☕ 18 – **81 ch** 187/217.

• Hôtel central posté derrière la gare. Chambres actuelles de taille satisfaisante, b insonorisées. Utile pour la clientèle d'affaires : un salon équipé d'ordinateurs.

🏨 **City** Ⓜ sans rest, 5 r. Caroline, ✉ 1003, ✆ 0213 202 141, city@fassbind-hotels Fax 0213 202 149 – 🛗 📺 📞 – 🛋 30. 🆎 ⓞ 🅼🅾 𝗩𝗜𝗦𝗔   CX

☕ 18 – **51 ch** 157/189.

• Établissement du centre-ville bordant un carrefour. Réception installée au p mier étage. Les chambres, au mobilier homogène, sont dotées de tout le conf moderne.

🏨 **Tulip Inn** Ⓜ sans rest, 8 ch. du Cerisier, ✉ 1004, ✆ 0216 461 625, recept @tulipinnlausanne.ch, Fax 0216 461 637 – 🛗 ⥮ 📺 📞 🚗 – 🛋 15. 🆎 ⓞ 𝗩𝗜𝗦𝗔   U

59 ch ☕ 150/240.

• Près du palais de Beaulieu, édifice constitué de deux bâtiments reliés par une gale Chambres menues mais pratiques, pourvues de meubles de série, et récemm rénovées.

LAUSANNE

Élite sans rest, 1 av. Sainte-Luce, ✉ 1003, ℘ 0213 202 361, info@elite-lausanne.ch, Fax 0213 203 963, 🐎 – 🛗 ✦ TV 📞 P. AE ① MC VISA JCB
33 ch ⊇ 135/250.
BY v

◆ Au-dessus de la gare, dans un quartier tranquille, affaire rondement menée proposant des chambres fonctionnelles. Certaines sont réservées aux non-fumeurs.

Voyageurs sans rest, 19 r. Grand St. Jean, ✉ 1003, ℘ 0213 199 111, voyageurshotels@compuserve.com, Fax 0213 199 112 – 🛗 ✦ TV 📞. AE ① MC VISA JCB
33 ch ⊇ 130/185.
BX a

◆ En zone semi-piétonne, hôtel simple mais commode pour une courte étape à Lausanne. Chambres fraîches et bien tenues. Vaste salle des petits-déjeuners à l'étage.

XXX **La Table du Palace** - *Lausanne Palace*, 7 r. Grand-Chêne, ✉ 1002, ℘ 0213 232 131, reservation@lausanne-palace.ch, Fax 0213 232 571, ≤, 🍽 – 🚾. AE ① MC VISA JCB
BY b
fermé 27 juil. - 11 août, lundi en juil. - août, sam. midi de sept. à juin et dim. – **Repas** 65 (midi)/130 et à la carte 81/142.

◆ Conforme à l'esprit du Lausanne Palace auquel elle appartient, cette nouvelle salle à manger, prolongée d'une véranda paronamique, est dévolue à une cuisine inventive soignée.
Spéc. Capuccino de morilles, pommes virgules et lard sec. Bar sauvage cuit en croûte de sel d'aromates, réduction de béarnaise et tomates mi-fumées. Ventre de pigeon frotté d'épices à tajine, maïs et carottes à l'huile d'Argan, crème de dattes.

XXX **La Grappe d'Or** (Baermann), 3 Cheneau-de-Bourg, ✉ 1003, ℘ 0213 230 760, la.grappe.dor@bluewin.ch, Fax 0213 232 230 – AE ① MC VISA. ✦
CX s
fermé sam. midi et dim. – **Repas** 65 (midi)/178 et à la carte 102/160.

◆ Cheminée et poutres apparentes président au cadre chaleureux de cette maison plusieurs fois centenaire. Laissez-vous tenter par le chariot des desserts, spécialité du chef.
Spéc. Omble chevalier du lac (fév. - oct.). La coquille St-Jacques vivante marinée (sept. - janv.). Chevreuil d'été (juin - août.)

XXX **San Marino**, 20 av. de la Gare, ✉ 1003, ℘ 0213 129 369, san-marino-lausanne@bluewin.ch, Fax 0213 238 664, 🍽 – 🚾. AE ① MC VISA JCB
BY t
fermé sam. midi et dim. – **Repas** 55 (midi)/165 et à la carte 72/159.

◆ Parmi les meilleurs restaurants italiens de la ville : salle à manger de style Louis-Philippe, lustres en verre de Murano et carte à dominantes toscane et vénitienne.

XX **Au Canard Pékinois,** 16 pl. Chauderon, ✉ 1003, ℘ 0213 290 323, Fax 0213 290 328, 🍽 – AE ① MC VISA
AX d
fermé Noël et dim. – **Repas** - cuisine chinoise - 17.50 - 38 (midi)/86 et à la carte 51/118.

◆ Grande salle de restaurant revêtue de boiseries et égayée d'un grand aquarium. L'enseigne et les meubles d'origine chinoise ne font pas mystère de l'orientation de la cuisine.

XX **Kwong-Ming,** 74 av. de Cour, ✉ 1007, ℘ 0216 178 525, Fax 0216 178 526 – 🚾. AE ① MC VISA JCB. ✦
V d
fermé sam. midi – **Repas** - cuisine chinoise - 26 - 110/150 et à la carte 65/135.

◆ Faim de dépaysement ; un typique décor asiatique et une multitude de recettes chinoises vous attendent dans cet honorable restaurant. Buffets au déjeuner.

XX **Le Saint François,** 5 place Saint-François, ✉ 1003, ℘ 0213 211 369, info@banquets-et-saveurs.ch, Fax 0213 211 367, 🍽 – 🚾. AE ① MC VISA JCB
BX e
fermé dim. et fériés – **Repas** (Brasserie) 19 - 42 (midi)/85 et à la carte 45/109.

◆ Au cœur du vieux Lausanne, restaurant aménagé au-dessus d'une belle confiserie. Élégante salle à manger style "brasserie années 30". Carte attractive étoffée de suggestions.

XX **Café du Théâtre,** 12 av. du Théâtre, ✉ 1005, ℘ 0213 515 115, rest.theatre@bluewin.ch, Fax 0213 515 116, 🍽 – 🚾. AE ① MC VISA
CY a
Repas (fermé dim.) 17.50 - 51/65 et à la carte 36/96.

◆ Après une soirée théâtrale, venez vous rassasier autour de cette table. La salle est spacieuse et claire. Quand le soleil montrera son nez, profitez de la superbe terrasse.

XX **Maï Thaï,** 5 r. Caroline, ✉ 1003, ℘ 0213 238 910, Fax 0213 230 113 – AE ① MC VISA
CX r
fermé Noël, 1ᵉʳ au 3 janv., sam. midi et dim. – **Repas** - cuisine thaïlandaise - 29 - 48/92 et à la carte 48/95.

◆ Dans un quartier commerçant, adresse appréciée de la clientèle locale séduite par le décor d'inspiration thaïe et la carte explorant le patrimoine culinaire du Triangle d'or.

LAUSANNE

Acacias (Av. des)	**BY**	3
Ale (R. de l')	**ABX**	4
Alpes (Av. des)	**CY**	
Avant-Poste (R. de l')	**CY**	7
Beau-Séjour (R.)	**BCY**	
Beaulieu (Av.)	**AX**	
Beauregard (Av.)	**AY**	9
Bellefontaine (R.)	**CY**	
Benjamin Constant (Av.)	**BCY**	13
Bergières (Av. des)	**AX**	
Bessières (Pont)	**CX**	
Béthusy (Av. de)	**CX**	
Borde (R. de la)	**BX**	16
Boston (Ch. de)	**AX**	19
Bourg (R. de)	**BCX**	
Bugnon (R. du)	**CX**	
Calvaire (Ch. du)	**CX**	
Cèdres (Ch. des)	**AX**	
César Roux (R. du Dr.)	**CX**	
Charles Monnard (R.)	**CY**	22
Château (Pl. du)	**CX**	23
Chauderon (Pl.)	**AX**	
Chauderon (Pont)	**AX**	
Cheneau-de-Bourg	**CX**	24
Cité-Derrière (R.)	**CX**	27
Collonges (Av.)	**AX**	28
Cour (Av. de)	**AY**	
Croix-Rouges (Ch. des)	**AX**	30
Davel (Av.)	**BX**	
Échallens (Av. d')	**AX**	
Édouard Dapples (Av.)	**ABY**	
Fleurettes (Ch. des)	**AY**	
Floréal (Av.)	**AY**	
Florimont (Av. de)	**CY**	
France (Av. de)	**AX**	
Gare (Av. de la)	**BCY**	
Gare (Pl. de la)	**ABY**	
Genève (R. de)	**ABX**	
Georgette (Av.)	**CY**	33
Grancy (Bd de)	**ABY**	
Grand Pont	**BX**	
Grand-Chêne (R. du)	**BXY**	36
Haldimand (R.)	**BX**	
Harpe (Av. de la)	**AY**	
Jean-Jacques Mercier (Av.)	**AX**	37
Jomini (Av.)	**AX**	39
Jules Gonin (Av.)	**ABX**	
Jura (R. du)	**AX**	
Jurigoz (Av. de)	**CY**	42
Jurigoz (Quai de)	**BY**	43
Juste Olivier (Av.)	**CY**	
Langallerie (R. de)	**CX**	45
Longeraie (Ch. de)	**CY**	48
Louis Ruchonnet (Av.)	**AXY**	
Louve (R. de la)	**BX**	49
Lucinge (Ch. de)	**CY**	
Madeleine (R.)	**BX**	51
Marc Dufour (Av.)	**AX**	52
Marterey (R.)	**CX**	55
Mauborget (R.)	**BX**	57
Maupas (R. du)	**AX**	
Mercerie (R.)	**BX**	
Messidor (Ch.)	**CY**	
Midi (R. du)	**BY**	
Milan (Av. de)	**AY**	
Milan (Pl. de)	**AY**	
Mon Repos (Av.)	**CY**	
Mont-d'Or (Av. du)	**AY**	
Mont-Tendre (Ch. du)	**AY**	61
Montagibert (Av.)	**CX**	
Montbenon (Pl. de)	**AX**	
Montchoisi (Av. de)	**BY**	
Morges (Av. de)	**AX**	
Mornex (R.)	**ABY**	66
Ouchy (Av. d')	**BY**	
Ours (Pl. de l')	**CX**	
Paix (R. de la)	**CY**	69
Palud (Pl. de la)	**BX**	70
Pépinet (Pl.)	**BX**	72
Petit-Chêne (R. du)	**BY**	
Petit-Valentin (R. du)	**BX**	73
Pierre Decker (Av.)	**CX**	75
Pierre Viret (R.)	**BX**	76
Pont (R. du)	**BX**	78
Riant-Mont (Av. de)	**BX**	81
Riponne (Pl. de la)	**BX**	
Rond-Point (Av. du)	**A**	
Rosiers (Ch. des)	**A**	
Rôtillon (R. du)	**BC**	
Rue Centrale	**BC**	
Rue Neuve	**B**	
Rumine (Av. de)	**B**	
St-François (Pl.)	**B**	
St-François (R.)	**B**	
St-Laurent (R.)	**B**	

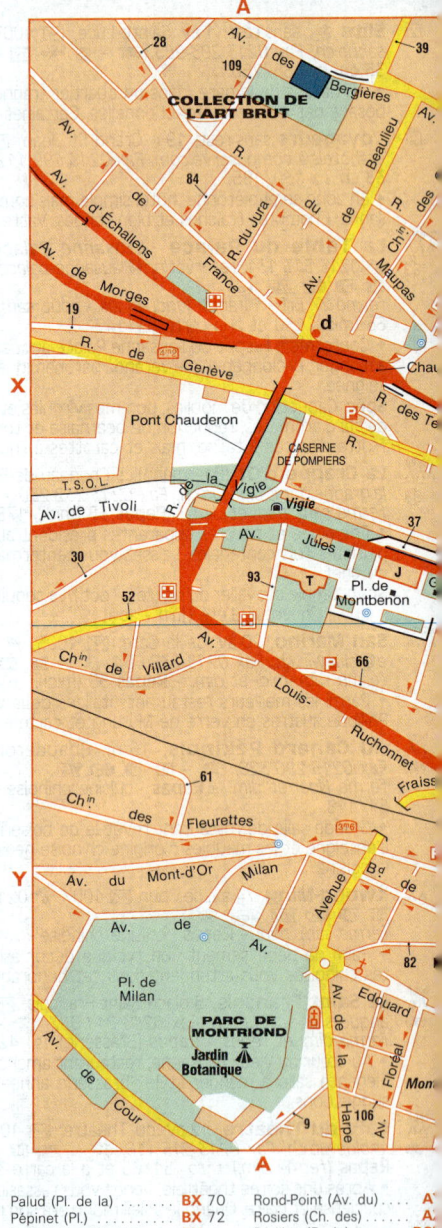

286

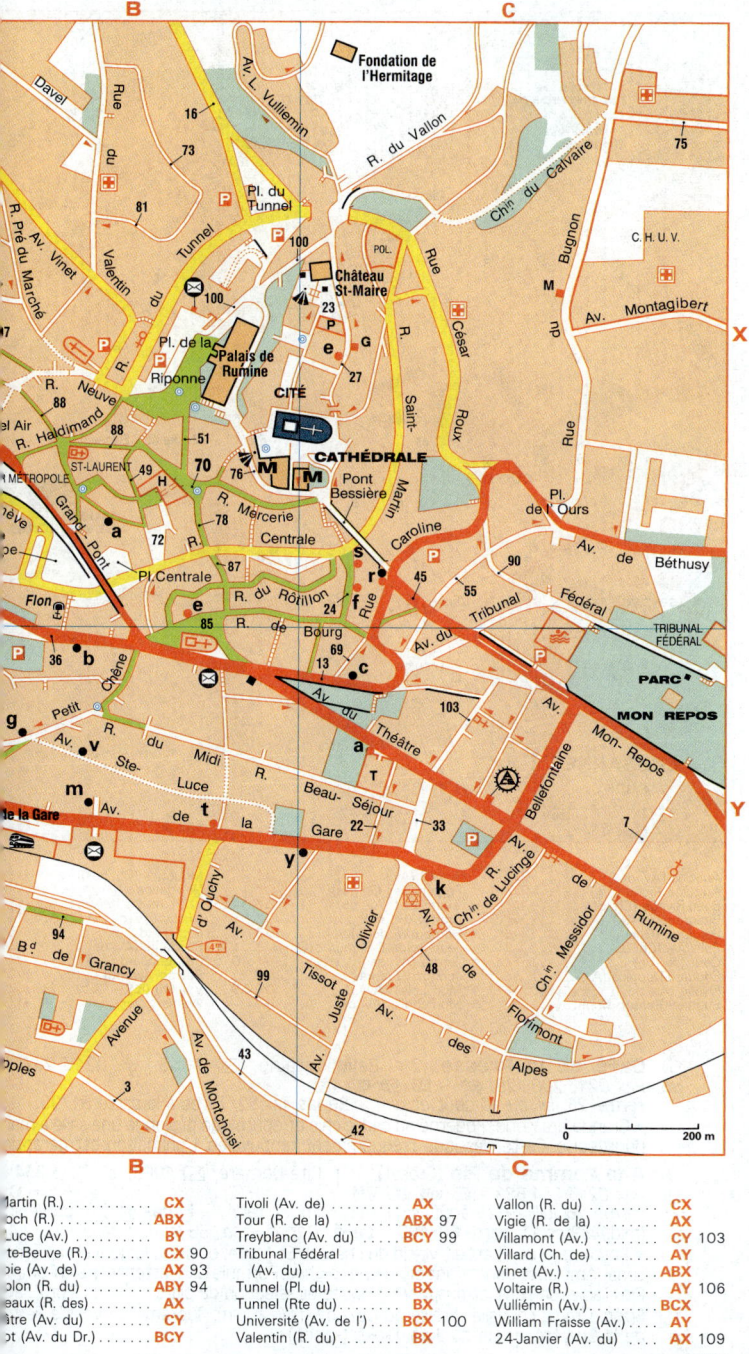

Martin (R.) .... **CX**	Tivoli (Av. de) .... **AX**	Vallon (R. du) .... **CX**
...och (R.) .... **ABX**	Tour (R. de la) .... **ABX** 97	Vigie (R. de la) .... **AX**
...Luce (Av.) .... **BY**	Treyblanc (Av. du) .... **BCY** 99	Villamont (Av.) .... **CY** 103
...te-Beuve (R.) .... **CX** 90	Tribunal Fédéral	Villard (Ch. de) .... **AY**
...ie (Av. de) .... **AX** 93	(Av. du) .... **CX**	Vinet (Av.) .... **ABX**
...olon (R. du) .... **ABY** 94	Tunnel (Pl. du) .... **BX**	Voltaire (R.) .... **AY** 106
...eaux (R. des) .... **AX**	Tunnel (Rte du) ...... **BX**	Vulliémin (Av.) .... **BCX**
...tre (Av. du) .... **CY**	Université (Av. de l') .. **BCX** 100	William Fraisse (Av.) .. **AY**
...ot (Av. du Dr.) ...... **BCY**	Valentin (R. du) ...... **BX**	24-Janvier (Av. du) ... **AX** 109

287

Acacias (Av. des) . . . . **DZ**	Floréal (Av.) . . . . **DZ**	Mouettes (Ch. des) . . . . **DZ**
Auguste Pidou (Ch.) . . . . **DZ** 6	Fontenailles (R. des) . . . . . . **DZ**	Navigation
Beau-Rivage (Ch. de) . . . . . . **DZ**	Grammont (Av. du) . . . . **DZ** 34	(Pl. de la) . . . . **DZ**
Beauregard (Av.) . . . . **DZ** 9	Grancy (Bd de) . . . . **DZ**	Ouchy (Av. d') . . . . **DZ**
Belgique (Quai de) . . . . **DZ**	Harpe (Av. de la) . . . . **DZ**	Port (Pl. du) . . . . **DZ**
Bellerive (Ch. de) . . . . **DZ**	Jean-Pascal-Delamuraz (Q.) . . **DZ**	Rhodanie (Av. de) . . . . . **DZ**
Cour (Av. de) . . . . **DZ**	Jordils (Av. des) . . . . **DZ** 40	Rod Edouard (Av.) . . . . . **DZ**
Edouard-Dapples (Av.) . . . . . **DZ**	Jurigoz (Quai de) . . . . **DZ**	Servan (Av. du) . . . . **DZ**
Elysée (Av. de l') . . . . **DZ**	Mon Loisir (Av.) . . . . **DZ** 58	Voltaire (R.) . . . . **DZ**
Eugène-Grasset (Ch.) . . . . . . **DZ**	Montchoisi (Av. de) . . . . **DZ**	Warnery (Av.) . . . . **DZ**

✕ **Café de la Presse**, 2 r. Bellefontaine, ✉ 1003, ☎ 0213 234 1
Fax 0213 200 129, 🍽 – AE ① MC VISA
fermé 26 juil. au 10 août et dim. – **Repas** *17* - 52/76 et à la carte 51/90.
 ◆ Grande brasserie moderne au cadre chic et épuré que prolonge une salle à mar
bourgeoise. Carte classique fréquemment renouvelée. L'animation est garantie

✕ **A la Pomme de Pin** (Croset), 11 r. Cité-Derrière, ✉ 1005, ☎ 0213 234 6
Fax 0213 234 682 – AE ① MC VISA
fermé 26 juil. au 25 août, sam. midi, dim. et fériés – **Repas** (le soir prévenir
(midi)/89 et à la carte 60/100 – **Café : Repas** *17.50* - 36 (midi) et à la carte 44,
 ◆ Restaurant de quartier, voisin du château St-Maire, où siège le gouvernement
tonal. Ambiance bon enfant et cuisine soignée. Formule Café attenante à la Pomm
Pin. Tables serrées, atmosphère enjouée et sélection de plats élaborés à prix sag
Spéc. Omble chevalier braisé au Dézaley (fév. à juin). Suprême de volaille ferm
de la Gruyère au vin du Jura. Gibier (saison).

LAUSANNE

La Petite Grappe, 15 Cheneau-de-Bourg, ⊠ 1003, ℱ 0213 118 414, *la-petite-grappe@bluewin.ch*, Fax 0213 232 230 – 📺, 🆔 VISA　　　　　　　　　　　　CX f
fermé dim. – **Repas** 19.50 - 42 (midi)/99 et à la carte 52/114.

● Ce restaurant, bordant une rue semi-piétonne, vous accueille dans une salle à manger de style bistrot contemporain agencée sur deux niveaux. Cuisine au goût du jour.

Chalet Suisse, Signal de Sauvabelin, Nord : 4 km, ⊠ 1018, ℱ 0213 122 312, *chaletsuisse@cdmgroup.ch*, Fax 0213 122 401, ≤, 🍽 – AE ① 🆔 VISA　　U f
fermé 17 fév. au 2 mars – **Repas** 17 - 45 et à la carte 33/83.

● Trop loin, trop haute, la montagne retrouvez-en l'ambiance chaleureuse juste au-dessus de Lausanne, dans ce chalet typique présenté à l'Exposition universelle de 1964.

Ouchy

Beau-Rivage Palace ⚜, 17 pl. du Port, ⊠ 1006, ℱ 0216 133 333, *reservation@brp.ch*, Fax 0216 133 334, ≤ lac, 🛁, ≘s, 🏊, ⚒, 🔱 – 🛗 📺 🚗 🅿 AE ① 🆔 VISA JCB　　DZ a
Repas (voir aussi rest. **La Rotonde** et **Café Beau-Rivage** ci-après) – 🍽 36 – **162 ch** 395/740, 7 suites.

● Sorti transfiguré d'une cure de jouvence réussie, ce palace, posté face au lac, se caractérise par sa somptuosité. Mobilier choisi dans les chambres et salons.

Angleterre et Résidence, 15 pl. du Port, ⊠ 1006, ℱ 0216 133 434, *resi@brp.ch*, Fax 0216 133 435, ≤, 🍽, 🏊, 🌳 – 🛗, 📺 ch, 📺 🚗 🅿 AE ① 🆔 VISA　　DZ f
Repas 55/75 et à la carte 63/95 – 🍽 25 – **74 ch** 270/410 – ½ P suppl. 55.

● Des travaux sont entrepris pour la refonte des espaces communs. L'établissement, agrandi du rachat de l'hôtel voisin, a fait peau neuve depuis peu. Son élégante salle à manger est meublée dans le style Louis XVI. Cuisine traditionnelle élaborée.

Royal-Savoy, 40 av. d'Ouchy, ⊠ 1006, ℱ 0216 148 888, *royal-savoy@bluewin.ch*, Fax 0216 148 878, ≤, 🍽, 🛁, ≘s, 🏊, 🌳, 🔱 – 🛗 📺 🚗 🅿 – 🎉 15/80. AE ① 🆔 VISA　　DZ d
Le Jardin : **Repas** 22 - 42/86 et à la carte 48/97 – 🍽 24 – **98 ch** 290/420, 9 suites – ½ P suppl. 45.

● La famille royale d'Espagne résida dans cette demeure, havre de paix entouré d'un magnifique jardin. Tradition et style habitent les chambres. Le Jardin donne un ton classique par ses plats et ses salons en enfilade. En été, profitez du véritable jardin.

Mövenpick, 4 av. de Rhodanie, ⊠ 1006, ℱ 0216 127 612, *hotel.lausanne@movenpick.com*, Fax 0216 127 611, ≤, 🍽, 🛁, ≘s – 🛗, ⋈ ch, 📺 rest, 📺 🚗 – 🎉 15/200. AE ① 🆔 VISA JCB　　DZ e
La Pêcherie (*fermé 11 juil. au 10 août et sam. midi*) **Repas** 35 et à la carte 56/101 – **Brasserie le Général** : **Repas** 30 - 55 et à la carte 33/74 – 🍽 23 – **258 ch** 330/375, 7 suites.

● Cet hôtel, face au port de plaisance, est prisé par la clientèle d'affaires pour le modernisme de ses chambres. Le restaurant La Pêcherie vous invite à savourer les plaisirs de la mer dans un cadre intime. Cuisine classique et grillades à la brasserie.

Meliá Carlton Boutique Hotel 🅼, 4 av. de Cour, ⊠ 1007, ℱ 0216 130 707, *melia.carlton@solmelia.com*, Fax 0216 130 710, 🍽 – 🛗, ⋈ ch, 📺 🚗 – 🎉 15/40. AE ① 🆔 VISA ⋈　　DZ h
L'Ardoise : **Repas** 20 - 72 et à la carte 46/86 – 🍽 24 – **35 ch** 240/350, 9 suites.

● Près du centre, bel hôtel sortant tout juste d'une cure de jouvence qui a pris soin de conserver le décor de 1900. Chambres modernes mais peu spacieuses. L'Ardoise est une charmante et petite table proposant des recettes actuelles épicées de mets espagnols.

Port 🅼, 5 pl. du Port, ⊠ 1006, ℱ 0216 120 444, *leport@vtx.ch*, Fax 0216 120 445, 🍽 – 🛗, ⋈ ch, 📺 🚗 – 🎉 15. AE ① 🆔 VISA. ⋈ ch　　DZ g
fermé 21 déc. au 26 janv. – **Repas** (*fermé dim. soir de nov. à fin avril*) 22 - 36 (midi)/78 et à la carte 39/94 – **22 ch** 🍽 160/230 – ½ P suppl. 40.

● L'hôtel, situé au bord du Léman, a été rénové de "A à Z". Cachées derrière une coquette façade, les chambres, de bonne ampleur, jouissent d'un confort moderne. Le restaurant, qui dispose d'une terrasse face au lac, est réputé pour sa cuisine traditionnelle.

LAUSANNE

🏨 **Aulac,** 4 pl. de la Navigation, ✉ 1006, ☏ 0216 131 500, aulac@cdmgroup.
Fax 0216 131 515, 🍴 – 📶, 🛏 ch, 📺 📞 – 🅿 15/120. ⓐ ⓓ ⓜⓞ 🆅🅸🆂🅰 🇯🇨🇧 DZ
Le Pirate : Repas 17 et à la carte 35/69 – **84 ch** ⊆ 175/260 – ½ P suppl. 30
♦ Bâtisse nichée derrière le château d'Ouchy mais très proche du port de plaisan
Chambres toutes identiques. Pirates, n'envahissez pas le restaurant de l'hôte
l'apparence d'une caravelle : réservez une table à l'avance pour essayer sa ca
classique !

XXXX **La Rotonde** - *Hôtel Beau-Rivage Palace*, 17 pl. du Port, ✉ 1006, ☏ 0216 133 3
reservation@brp.ch, Fax 0216 133 334, ≤, 🍴 – 🔲. ⓐ ⓓ ⓜⓞ 🆅🅸🆂🅰 🇯🇨🇧 DZ
fermé sam. midi – **Repas** 58 (midi)/130 et à la carte 98/138.
♦ De la place du port, un ascenseur privé permet d'accéder au restaurant gast
nomique du Beau-Rivage. Salle à manger en demi-lune, mobilier Louis XVI, pianiste
soir.

XX **Café Beau Rivage** - *Hôtel Beau-Rivage Palace*, Place Général-Guisan, ✉ 100
☏ 0216 133 330, reservation@brp.ch, Fax 0216 133 334, 🍴 – 🔲. ⓐ ⓓ ⓜⓞ
🇯🇨🇧 DZ
Repas 26 - 75 (soir) et à la carte 55/106.
♦ La luxueuse brasserie du Beau-Rivage s'abrite sous des arcades. Salle feutrée
moderne. En saison, laissez-vous tenter par le banc d'écailler. Cuisine attrayant

X **Le Lacustre,** 1 quai Jean-Pascal Delamuraz, ✉ 1006, ☏ 0216 174 200, info
e-lacustre.ch, Fax 0216 174 290, ≤, 🍴 – ⓐ ⓓ ⓜⓞ 🆅🅸🆂🅰 DZ
fermé 15 déc. au 14 fév. et lundi du 14 fév. au 31 mars – **Repas** 18.50 - 25 (midi)/
et à la carte 41/78.
♦ Avant d'embarquer pour la traversée du Léman, attablez-vous dans la salle ou
la terrasse du Lacustre qui jouit d'une vue exceptionnelle. Cadre désuet mais ta
attractive.

au Mont-sur-Lausanne Nord, par route d'Yverdon : 5 km – alt. 702 – ✉ 1052 Mo
sur-Lausanne :

XX **Auberge Communale,** Place du Petit-Mont, ☏ 0216 532 231, info@auber
-du-mont.ch, Fax 0216 532 233, 🍴 – 🅿. ⓐ ⓓ ⓜⓞ
fermé 22 fév. au 2 mars, 26 juil. au 18 août, dim. et lundi (sauf fériés) – **Repas**
45/72 et à la carte 45/93.
♦ Située au cœur du village, cette auberge, appartenant à la commune, abrite u
salle de restaurant de style contemporain. Répertoire culinaire classique.

au Chalet-à-Gobet par rte de Bern ① et direction Epalinges : 6 km – ✉ 1000 Lausa
ne 25 :

XXX **Le Berceau des Sens,** (Ecole Hôtelière de Lausanne), ☏ 0217 851 221, ber
audessens@ehl.ch, Fax 0217 851 121 – 🔲 🅿. ⓐ ⓜⓞ 🆅🅸🆂🅰. 🚫
fermé 15 déc. au 4 fév., juil., sam. et dim. – **Repas** (fermé le soir) (réservation o
gatoire) 42 et à la carte 47/73.
♦ Le futur "gratin" de la gastronomie suisse fait ses gammes à cette enseigne dépe
dant de l'École hôtelière de Lausanne. Cuisine au goût du jour et cave d'épicuri.

LAUTERBRUNNEN 3822 Bern (BE) 217 ⑰ – 2 745 Ew. – Höhe 797.

Sehenswert : Staubbachfall★★ Nord.
Ausflugsziel : Lauterbrunnental★★★ – Trümmelbachfälle★★★ Süd.
🛈 Lauterbrunnen Tourismus, Bahnhofplatz, ☏ 0338 568 568, Fax 0338 568 5
Bern 69 – Interlaken 12 – Brienz 30 – Kandersteg 55.

🏨 **Silberhorn** 🌿, ☏ 0338 562 210, info@silberhorn.com, Fax 0338 554 213,
🍴, 🈂 – 🛏 Rest, 📺 📞 🅿. ⓐ ⓓ ⓜⓞ 🆅🅸🆂🅰 🇯🇨🇧
geschl. 23. April - 5. Mai und 2. Nov. - 18. Dez. – **Menu** 14.50 - 17 (mittags) und à
carte 35/79 – **34 Zim** ⊆ 90/180 – ½ P Zuschl. 25.
♦ Neben einfachen, rustikalen Zimmern in dem ruhig gelegenen Haupthaus - teils
Balkon - bietet man drei neue und modern ausgestattete Gästezimmer im Nebenha
Wer es hell und luftig liebt, nimmt zum Essen im Wintergarten Platz.

🏨 **Schützen,** Dorfstrasse, ☏ 0338 552 032, info@hotelschuetzen.co
Fax 0338 552 950, ≤, 🍴 – 📶, 🛏 Zim, 📺 🅿. ⓐ ⓓ ⓜⓞ 🆅🅸🆂🅰
geschl. 20. Nov. - 20. Dez. – **Menu** 22 und à la carte 38/74 – **20 Zim** ⊆ 100/1
– ½ P Zuschl. 24.
♦ In dem alten Chalet erwarten Sie unterschiedlich gestaltete Zimmer, teils mit Balko
meist mit einfachem Holzmobiliar eingerichtet, einige wenige mit hellen Voglauern
beln. Hinter der Gaststube schließt sich das à la carte-Stübli mit massiven Holztischen

AVEY-VILLAGE 1892 Vaud (VD) 217 ⑭ – alt. 450 – Stat. thermale.
Bern 114 – Martigny 17 – Aigle 19 – Lausanne 51 – Montreux 30.

Grand Hotel des Bains ⑤, à Lavey-les-Bains, Sud : 2 km, ✉ 1892 Lavey-les-Bains, ℘ 0244 861 515, grand.hotel@lavey-les-bains.ch, Fax 0244 861 517, 斎, Wellness-Center, ≦ ≡ (thermales), ♨, ▲ – ⓘ ⓣⓥ ❤ & ⓟ ⓟ – 益 15/60. 亞 ⓞ ⓥⓘⓢⓐ
Repas (buffets seul.) 42 – **74 ch** ⊇ 140/310 – ½ P suppl. 35.
• Le centre "wellness" entièrement refait et les chambres rafraîchies de cet hôtel participeront à votre envie de bien-être. Deux salles de restauration : une grande pour les curistes et l'autre doté d'un unique buffet pour la clientèle de passage.

AVORGO 6746 Ticino (TI) 218 ⑫ – alt. 615.
Bern 220 – Andermatt 49 – Bellinzona 38 – Brig 94.

Alla Stazione, via Cantonale, ℘ 0918 651 408, e.crosetti@freesurf.ch, Fax 0918 623 934 – ⓟ 亞 ⓞ ⓞ ⓥⓘⓢⓐ
chiuso dal 2 al 6 gennaio, dal 23 giugno al 14 luglio, domenica sera e lunedì – **Pasto** (coperti limitati - prenotare) 15 - 28 (mezzogiorno)/65 ed alla carta 54/80.
• Simpatico indirizzo la cui cucina leggera è di stampo regionale con accenti mediterranei. Le piccole dimensioni della sala da pranzo impongono di riservare !

ENK 3775 Bern (BE) 217 ⑯ – 2 439 Ew. – Höhe 1 068 – Wintersport : 1 068/2 200 m ⭐3 ⭐15 ⭐.
Sehenswert : Iffigenfall★.
Lokale Veranstaltungen
04.01 - 05.01 : Internationales Schlittenhunderennen
11.07 - 20.07 : Lenker Jazz-Tage.
24.08 - 06.09 : Internationale musikalische Sommer-Akademie.
🛈 Tourist Center, Rawylstrasse, ℘ 0337 333 131, info@lenk.ch, Fax 0337 332 027.
Bern 84 – Interlaken 66 – Montreux 88 – Spiez 55.

Simmenhof Ⓜ, Nord : 2 km, ℘ 0337 363 434, simmenhof@bluewin.ch, Fax 0337 363 436, ≤, 斎, Wellness-Center, Ⅰ⑥, ≦s, ≦, ≡, ☞ – ⓘ, ⤺ Zim, ⓣⓥ ❤ & ☜ ⓟ 亞 ⓞ ⓞ ⓥⓘⓢⓐ
6. Dez. - 27. April und 23. Mai - 9. Nov. – **Menu** 17 - 33/79 und à la carte 45/93 – **40 Zim** ⊇ 135/290, Vorsaison ⊇ 110/220 – ½ P Zuschl. 42.
• Die Zimmer dieses etwas ausserhalb des Ortes gelegenen Hotels sind von guter Grösse und mit zeitgemässer Technik sowie hellem, massivem Holzmobiliar modern-rustikal gestaltet. Die Gaststuben sind nach Schweizer Regionen benannt und entsprechend dekoriert.

Sporthotel Betelberg, Rawylstrasse, ℘ 0337 363 333, sporthotel@lenk.ch, Fax 0337 363 330, ≤, 斎, Ⅰ⑥, ≦s, ≦, ≡, ☞ – ⓘ ⓟ 亞 ⓞ ⓞ ⓥⓘⓢⓐ. ⌘ Rest
geschl. 21. April - 19. Mai und 19. Okt. - 3. Nov. – **Menu** 54 und à la carte 35/86 – **41 Zim** ⊇ 106/212, Vorsaison ⊇ 86/172 – ½ P Zuschl. 30.
• Das Haus liegt inmitten eines herrlichen Gartens mit Schwimmbad, großem Schachfeld und einem beleuchteten Beachvolleyballplatz. Praktisch eingerichtete Zimmer ! Im gemütlichen Restaurant kümmert man sich auch liebevoll um die kleinen Gäste.

Wildstrubel, Lenkstr. 8, ℘ 0337 363 111, info@wildstrubel.ch, Fax 0337 333 151, ≤, 斎, ≦s, ≡, ☞ – ⓘ ⓣⓥ ⓟ ⓞ ⓞ ⓥⓘⓢⓐ
19. Dez. - 20. April und 24. Mai - 18. Okt. – **Menu** 18 - 28 (mittags)/52 und à la carte 40/89 – **46 Zim** ⊇ 108/216, Vorsaison ⊇ 91/192 – ½ P Zuschl. 35.
• Das im regionstypischen Chalet-Stil erbaute Haus beherbergt Sie in solide möblierten Zimmern - zur Südseite mit Holzbalkonen. Für Erholung sorgt auch der neue Saunabereich. Klassisch gestaltetes Restaurant mit gut eingedeckten Tischen.

Kreuz, ℘ 0337 331 387, kreuz.lenk@bluewin.ch, Fax 0337 331 340, ≤, 斎, ≦s, ≡ – ⓘ, ⤺ Zim, ⓣⓥ & ⓟ – 益 40. 亞 ⓞ ⓞ ⓥⓘⓢⓐ
Menu 13 und à la carte 31/87 – **84 Zim** ⊇ 153/270, Vorsaison ⊇ 113/230 – ½ P Zuschl. 41.
• Die Zimmer Ihres Domizils sind mit solidem, meist grauem Mobiliar praktisch eingerichtet - einige sind etwas rustikaler mit Kiefernholz gestaltet - teils mit Balkon. Zum Speisen stehen Säumer-Stube, Kreuzstube und Buffet zur Wahl.

ENZ Graubünden 218 ④ – siehe Lantsch.

LENZBURG 5600 Aargau (AG) **216** ⑰ – 7 361 Ew. – Höhe 406.
Bern 93 – Aarau 12 – Baden 16 – Luzern 45 – Zürich 36.

Krone M, Kronenplatz 20, ✆ 0628 866 565, mail@krone-lenzburg.c
Fax 0628 866 500, 斧, ⇌, 🅂, – ⫴, ↔ Zim, TV ✆ 🚗 – 🄰 15/200, AE ⓘ
VISA JCB
geschl. 22. - 29. Dez. – **Charly : Menu** 22 - 39 (mittags)/76 und à la carte 50/1
– **69 Zim** ⇌ 170/220.
♦ Der aus 3 Gebäuden bestehende Gasthof liegt am Rand des Ortskerns. Die Zimm
wurden laufend renoviert und sind modern und funktionell mit hellem Holzmobil
ausgestattet. Nischen, Erker und eine schöne Täferung machen das Charly gemü
lich.

Ochsen, Burghaldenstr. 33, ✆ 0628 913 776, info@ochsen-lenzburg.c
Fax 0628 914 302, 斧 – TV ✆ P – 🄰 15/80, AE ⓘ ⓜ VISA
geschl. 22. Dez. - 6. Jan. – **Ochsenstube** (geschl. Sonntag und Montag) **Menu** 23 u
à la carte 49/102 – **20 Zim** ⇌ 145/200.
♦ Helles Mobiliar und eine funktionelle Ausstattung erwarten den Gast in d
drei neuen Zimmern. Die übrigen Quartiere sind etwas älter und mit dunklere
Holz eingerichtet. Die Ochsenstube zeigt sich teils rustikal, teils gediegen-gemü
lich.

Die im Michelin-Führer
verwendeten Zeichen und Symbole haben-
*dünn oder **fett** gedruckt, rot oder schwarz -*
jeweils eine andere Bedeutung.
Lesen Sie daher die Erklärungen aufmerksam durch.

LENZERHEIDE (LAI) 7078 Graubünden (GR) **218** ④ – Höhe 1 476 – Wintersport
1 476/2 865 m ⟅3 ⟅31 ⟅.
Sehenswert : Lage★★.
🏌18 (Juni - Okt.) ✆ 0813 851 313, Fax 0813 851 319, Süd : 2 km.
Lokale Veranstaltung
25.01 - 26.01 : Internationales Schlittenhunderennen.
🄱 Tourismusverein Lenzerheide-Valbella, Voa principala 68, ✆ 0813 851 12
info@lenzerheide.ch, Fax 0813 851 121.
Bern 263 – Chur 19 – Andermatt 105 – Davos 41 – Sankt Moritz 59.

Schweizerhof M, Voa principala, ✆ 0813 852 525, info@schweizerhof-lenz
heide.ch, Fax 0813 852 626, 斧, Wellness-Center, 🄵, ⇌, 🅂, 斧, ✗ – ⫴ TV
⫳ 🚗 P – 🄰 15/80, AE ⓘ ⓜ VISA
Allegra : Menu 17.50 und à la carte 41/93 – **Boccalino** - italienische Küche - (gesc
in Zwischensaison) (nur Abendessen) **Menu** à la carte 41/93 – **32 Zim** ⇌ 250/44
Vorsaison ⇌ 150/290 – ½ P Zuschl. 48.
♦ Ein grosser Gebäudekomplex bildet das moderne Hotel, das mit gut eingerichte
Zimmern überzeugt. Für die ganz Kleinen : ein eigener Kindergarten. Zum Alleg
gehören die alte Bündnerstube und das gemütliche Stübli. Südländisch, im Bistrost
das Boccalino.

Sporthotel Dieschen ⟅, ✆ 0813 852 022, hotel.dieschen@bluewin.c
Fax 0813 852 021, ≤, 斧, ⇌ – ⫴ TV ✆ 🚗 P, AE ⓘ ⓜ VISA, ✗ Rest
8. Dez. - 20. April und 7. Juni - 25. Okt. – **Menu** 21 - 36 und à la carte 36/90 – **42 Z**
⇌ 145/300, Vorsaison ⇌ 80/140 – ½ P Zuschl. 15.
♦ Die Zimmer dieses ruhig, ausserhalb des Dorfes gelegenen Sporthotels sind
Haupthaus hell und rustikal ausgestattet, im Nebenhaus älter und dunkel möblie
Ländliches, gemütliches Restaurant mit Terrasse.

Spescha M, Hauptstr. 60, ✆ 0813 846 263, info@hotel-spescha.c
Fax 0813 845 140, 斧, ⇌ – ⫴ TV 🚗 – 🄰 20, ⓘ ⓜ VISA
geschl. Mai – **Menu** 20 - 32/46 und à la carte 43/80 – **11 Zim** ⇌ 185/296, Vorsais
⇌ 90/144, 4 Suiten – ½ P Zuschl. 35.
♦ Das moderne, familiär geführte Haus liegt im Zentrum. Die mit Tannenholzm
biliar hell eingerichteten Zimmer mit wohnlicher Sitzecke sind zeitgemä
ausgestattet. Im Restaurant strahlen Kachelöfen und Stabellen Gemütlichke
aus.

LENZERHEIDE

Sunstar, Voa Sporz 8, ✆ 0813 858 888, lenzerheide@sunstar.ch, Fax 0813 858 899, 斎, ⇌s, ⊠ – 🛗 TV ⇌ P, AE ⓪ ⓜⓔ VISA. ⚘ Rest
15. Dez. - 31. März und 8. Juni - 11. Okt. – **Menu** 17.50 und à la carte 42/82 – **93 Zim** ⊇ 185/390, Vorsaison ⊇ 95/190 – ½ P Zuschl. 35.

♦ Das Hotel nahe der Eisbahn bietet den Gästen teilweise renovierte Zimmer mit Balkon, die mit hellem Fichtenholzmobiliar ausgestattet und in kräftigen Farben gehalten sind. Ein rustikales Interieur und Sichtbalken prägen die Restauration.

Collina, Val Sporz 9, ✆ 0813 841 817, info@hotelcollina.ch, Fax 0813 846 209, 斎, ⇌s – 🛗 TV ⇌ P, ⓜⓔ VISA
geschl. Nov. - 15. Dez. und 23. April - 6. Juni – **Menu** 19 - 58 (abends) und à la carte 53/89 – **24 Zim** ⊇ 147/294, Vorsaison ⊇ 98/196 – ½ P Zuschl. 35.

♦ Die Zimmer im Haupthaus sind mit hellem Naturholzmobiliar ausgestattet, dunkler gestaltet sind die Appartements in dem durch einen unterirdischen Gang verbundenen Annexe. Eine schöne Holzdecke ziert das rustikale Restaurant in der 1. Etage.

Sporz Süd-West : 2,5 km – ✉ 7078 Lenzerheide/Sporz :

Guarda Val ⚘, Voa Sporz, ✆ 0813 858 585, hotel@guardaval.ch, Fax 0813 858 595, ≤, 斎, ⇌s, ≋, ⚘ – TV video ✆ P – 🦌 30. AE ⓪ ⓜⓔ VISA JCB
geschl. 22. April - 30. Mai – **Guarda Val** (geschl. auch Nov. - 20. Dez.) Menu 89 und à la carte 83/133 – **Crap Naros :** Menu 18 - 45 und à la carte 59/85 – **17 Zim** ⊇ 240/380, Vorsaison ⊇ 190/340, 17 Suiten – ½ P Zuschl. 50.

♦ Das schöne ehemalige Maiensäss mit dazugehörenden Bauernhäusern und Ställen präsentiert sich dem Gast als angenehmes, komfortables Domizil - inmitten der ruhigen Bergwelt. Dunkle alte Holzbalken unterstreichen den gediegen-rustikalen Charakter des Restaurants.

Valbella Nord : 3 km – Höhe 1 546 – ✉ 7077 Valbella :

Posthotel M ⚘, Voa principala 11, ✆ 0813 851 212, posthotelvalbella@swiss online.ch, Fax 0813 851 213, ≤, 斎, ⇌s, ⊠, ≋ – 🛗 TV ⚘ ⇌ P – 🦌 20. AE ⓪ ⓜⓔ VISA
15. April - 10. Dez. – **Gourmet Stoiva** (geschl. Montag und Dienstag) (nur Abendessen) **Menu** 99 und à la carte 69/134 – **Mamma Mia** (Pizzeria) **Menu** 18 - 35 und à la carte 39/83 – **18 Zim** ⊇ 200/360 – ½ P Zuschl. 48.

♦ Das moderne Hotel, im Ortszentrum gelegen, offeriert seinen Gästen ausreichend grosse Zimmer, die mit naturbelassenen Fichtenholzmöbeln wohnlich eingerichtet sind. Stilmöbel geben dem rustikal gestalteten Gourmet Stoiva einen eleganten Touch.

Valbella Inn ⚘, Voa Selva, ✆ 0813 843 636, hotel@valbellainn.ch, Fax 0813 844 004, ≤, 斎, 🎳, ⇌s, ⊠, ≋, ⚘ – 🛗 TV ✆ 👪 ⇌ P – 🦌 15/130. AE ⓪ ⓜⓔ VISA. ⚘ Rest
7. Dez. - 20. April und 2. Juni - 19. Okt. – **Menu** 18.50 - 22 (mittags)/45 und à la carte 44/101 – **28 Zim** ⊇ 188/290, Vorsaison ⊇ 123/190, 23 Suiten.

♦ Das im Chaletstil gebaute Haus in ruhiger Lage hat Zimmer und Appartements, die meist über Balkon und kleine Kitchenette verfügen. Die Räume sind mit Lerchenholz eingerichtet. In hellen Farben gestaltetes Restaurant mit Aussichtsterrasse.

Seehof M ⚘, Voa davos Lai 26, ✆ 0813 843 535, hotel@seehof-valbella.ch, Fax 0813 843 488, ≤, 斎, ⇌s – 🛗 TV ⇌ P, AE ⓜⓔ VISA
15. Dez. - 22. März und 17. April - 25. Okt. – **Menu** 22 - 78 und à la carte 58/118 – **26 Zim** ⊇ 170/312, Vorsaison ⊇ 133/206 – ½ P Zuschl. 46.

♦ In ruhiger Lage an der Seeuferstrasse liegt dieses Haus. Hier beziehen Sie moderne, wohnliche Zimmer mit massiven Arvenholzmöbeln - die Balkone bieten einen schönen Ausblick. Eine regionstypische Gaststube ergänzt das Restaurant.

Waldhaus am See M, Voa principala 5, ✆ 0813 850 202, waldhausvalbella@b luewin.ch, Fax 0813 850 200, ≤, 斎 – 🛗 TV ✆ ⇌ P, AE ⓪ ⓜⓔ VISA
16. Dez. - 9. April und 13. Mai - 19. Okt. – **Menu** 32 und à la carte 44/83 – **42 Zim** ⊇ 160/370, Vorsaison ⊇ 100/240 – ½ P Zuschl. 25.

♦ In dem am Heidsee gelegenen modernen Ferienhotel stehen für Gäste grosse, mit Arvenholzmobiliar gemütlich eingerichtete Zimmer zum Übernachten bereit - auf Wunsch mit Balkon. In Holz gehaltenes Restaurant und Speisesaal mit Aussichtsterrasse.

LEUKERBAD (LOÈCHE-LES-BAINS) 3954 Wallis (VS) 2|1|7 ⑯ ⑰ – 1 536 Ew. – Höhe 1 4
– Wintersport : 1 411/2 580 m ⛷4 ⛷10 ⛷ – Kurort.
Lokale Veranstaltung – 27.07 : Schäferfest auf der Gemmi.
🛈 Leukerbad Tourismus, Rathausstrasse, ℘ 0274 727 171, info@leukerbad.
Fax 0274 727 151.

Bern 192 – Brig 44 – Interlaken 154 – Sierre 24 – Sion 39.

Les Sources des Alpes ⚑, Tuftstr. 17, ℘ 0274 722 000, sources@relaiso
teaux.com, Fax 0274 722 001, ≤, 🌿, Wellness-Center, 🐾, 🟦 🟦 (Therm
bäder), 🐾, ♣ – 🛗, 🍽 Rest, 📺 📞 🚗 AE ⓘ MO VISA JCB. 🍴 Rest
geschl. 9. Nov. - 20. Dez. – **La Malvoisie :** Menu 80 und à la carte 70/116 – **26 Z**
🛏 360/550, Vorsaison 🛏 290/470, 4 Suiten – ½ P Zuschl. 62.
◆ Neben grossen, mit hellen Rattanmöbeln geschmackvoll und komfortabel eing
richteten Zimmern zählt die absolut ruhige Lage mit Ausblick zu den Vorzügen dies
Hotels. In dem hellen, vornehm gestalteten Restaurant sitzt man angenehm
Nischen und Erkern.

Lindner Hotels, Dorfplatz, ℘ 0274 721 000, info@lindnerhotels.c
Fax 0274 721 001, 🌿, 🏋, 🟦 🟦 (Thermalbad), 🐾, 🍴 – 🛗 🍽 📺 📞 🄿 ⓅR
🚗 15/70. AE ⓘ MO VISA JCB. 🍴 Rest
Sacré Bon (geschl. 20. April - Anfang Juni, Mittwoch von Juni - 15. Juli und vom 1
Nov. - 20. Dez.) **Menu** 37 - 73 und à la carte 42/98 – **136 Zim** 🛏 160/370, Vorsais
🛏 140/330 – ½ P Zuschl. 40.
◆ Drei unterirdisch miteinander verbundene Häuser bilden diese Adresse - mit direkte
Zugang zur Alpentherme. Die grosszügigen Zimmer sind mit elegantem Massivh
möbliert. Das Sacré Bon - mit Terrasse - teilt sich in Raucher- und Nichtraucherbereic

Bristol 🅼 ⚑, Rathausstr. 51, ℘ 0274 727 500, bristolleuk@bluewin.
Fax 0274 727 552, ≤, 🌿, Wellness-Center, 🛁, 🏋, 🟦 🟦 (Thermalbäder), 🐾,
– 🛗, 🍽 Zim, 📺 📞 🚗 🄿 🚗 45. AE ⓘ MO VISA. 🍴 Rest
Menu 55/85 und à la carte 48/81 – **79 Zim** 🛏 160/310, Vorsaison 🛏 140/25
½ P Zuschl. 55.
◆ Die zwei Gebäude mit grossem schönem Garten-Poolbereich sind ruhig am Dorfra
gelegen. Die Zimmer des Haupthauses sind modern möbliert, die im Annexe hell a
gestattet.

Regina Terme ⚑, Klibenstr. 19, ℘ 0274 722 525, reginaterme@rhone.
Fax 0274 722 526, ≤, 🌿, 🏋, 🟦 🟦 (Thermalbad), 🐾, ♣ – 🛗 📺 🄿 AE
MO VISA JCB. 🍴 Rest – geschl. 3 Wochen Ende April - Mitte Mai und 2. Nov. -
Dez. – **Menu** (nur ½ Pens. für Hotelgäste) (nur Abendessen) – **62 Zim** 🛏 125/3
Vorsaison 🛏 110/280 – ½ P Zuschl. 35.
◆ Die beiden Hotelgebäude sind durch einen Gang mit dem zentralen Badepavillon v
bunden. Der Gast ruht in grossen Zimmern mit schönem Ausblick, meist auch mit Balk

Waldhaus-Grichting ⚑, Promenade 17, ℘ 0274 703 232, info@hotel-wa
aus.ch, Fax 0274 704 525, ≤, 🌿 – 🛗 📺 🄿 MO VISA. 🍴 Rest
geschl. 23. April - 29. Mai – **Menu** (geschl. Mittwoch von Juni - Mitte Juli und von N
- Mitte Dez.) 18.50 - 20 (mittags)/45 und à la carte 43/95 – **16 Zim** 🛏 222, Vorsais
🛏 196 – ½ P Zuschl. 28.
◆ Das ruhig ausserhalb des Zentrums gelegene Chalet beherbergt seine Gäste
Zimmern mit hellem rustikalem Massivholzmobiliar und behaglicher Atmosphä
Gemütliches, rustikal-elegantes Restaurant mit Aussichtsterrasse.

Grichting und Badner-Hof, Kurparkstr. 13, ℘ 0274 727 711, badnerhof@
ichting-hotels.ch, Fax 0274 702 269, ≤, 🌿, 🛁, 🏋 🟦 (Solbad), ♣ – 🛗, 🍽 Z
📺 🄿 ⓘ MO VISA. 🍴 Rest
geschl. 1. - 20. Dez. – **La Terrasse :** Menu 18 - 20 (mittags)/36 und à la carte 37/
– **42 Zim** 🛏 125/270, Vorsaison 🛏 95/220, 4 Suiten – ½ P Zuschl. 39.
◆ Die beiden Chalets liegen einander gegenüber. Zahlreiche Zimmer sind neu renovi
worden. Sportbegeisterte erfreuen sich am gepflegten Fitnessbereich. Im La Terras
verwöhnt man Sie beim Essen mit dezenter Livemusik.

Parkhotel Zayetta ⚑, Promenade 7, ℘ 0274 727 060, parkhotel@gricht
-hotels.ch, Fax 0274 727 065, ≤, 🌿, 🐾 – 🛗 📺 📞 ♿ 🚗 🄿 MO VISA
geschl. 3. Nov. - 22. Dez. – **Opus One** (geschl. Montag von April - Juni) **Menu**
22(mittags)/45 und à la carte 43/98 – **45 Zim** 🛏 150/310, Vorsaison 🛏 100/2
– ½ P Zuschl. 35.
◆ Das Gebäude mit eigenwilliger Architektur steht ruhig am unteren Dorfrand. Säm
liche Zimmer verfügen über eigene Liegeterrassen - fragen Sie nach den renovier
Räumen. Das Opus-One wirkt dank einer groYen Fensterfront hell und frisch - r
Terrasse.

LEUKERBAD

Römerhof, Rathausstr. 16, ☏ 0274 701 921 (Rest : 0274 704 370), *roemerhof
@bluewin.ch*, Fax 0274 703 492 (Rest : 0274 704 171), ≤, 🍽 – 🛗 📺 🚗 🅿 AE
MC VISA
geschl. 1. Juni - 1. Juli (nur Hotel) – **Menu** - italienische Küche - *18* - 28 (mittags) und
à la carte 37/84 – **30 Zim** ⊇ 95/194, Vorsaison ⊇ 80/174 – ½ P Zuschl. 30.
• Die Zimmer Ihres Domizils sind teils mit hellem Holzmobiliar, teils mit dunklen Massivholzmöbeln eingerichtet. Dem Haus vorgelagert : eine Aussichtsterrasse. Schlicht gestaltetes Restaurant im Erdgeschoss.

Albinen *Süd : 6 km – Höhe 1274 –* ⊠ *3955 Albinen :*

Rhodania ≫, ☏ 0274 731 589, *info@rhodania-albinen.ch*, Fax 0274 734 140,
≤ Rhonetal, 🍽 – ⊁ Zim, 🅿 AE MC VISA
geschl. 23. Juni - 11. Juli und 24. Nov. - 19. Dez. – **Menu** (geschl. Donnerstagmittag
von Jan. - Juni und Mittwoch) *18* - 27 und à la carte 32/73 – **12 Zim** ⊇ 65/130 –
½ P Zuschl. 25.
• Das Chalet befindet sich ausserhalb des Dorfes in absolut ruhiger Lage. Die Gästezimmer bieten einfachen Komfort und strahlen Gemütlichkeit aus. Das Restaurant hat eine schöne Panoramaterrasse mit Bick auf das Rhonetal.

EYSIN *1854 Vaud (VD)* **217** ⑭ *– 2 724 h. – alt. 1 268 – Sports d'hiver : 1 268/2 200 m* ≼2
≼15 ⛷

Voir : *Site*★★.

Manifestation locale
*20.06 - 22.06 : Leysin Music Panorama, festival de musique folklorique au sommet
de la Berneuse.*

🛈 *Leysin Tourisme, place Large,* ☏ *0244 942 244, info@leysin.ch,
Fax 0244 941 616.*

*Bern 117 – Montreux 33 – Aigle 17 – Genève 118 – Lausanne 59 – Martigny 49 –
Spiez 93.*

Classic Hôtel M, ☏ 0244 930 606, *reception@classic-hotel.ch*,
Fax 0244 930 693, ≤, 🍽 – 🛗, ⊁ ch, 📺 📞 ♿ 🚗 🅿 – 🎿 15/250. AE ⓞ MC
VISA JCB
fermé mi-nov. à mi-déc. – **Repas** *(fermé avril et nov.) 18* - 30 (midi)/40 et à la carte
40/92 – **115 ch** ⊇ 139/288, Basse saison ⊇ 124/238 – ½ P suppl. 40.
• Hôtel fréquenté par la clientèle d'affaires, à son aise dans les chambres au confort moderne et les salles de séminaire dotées d'équipements de pointe. La salle à manger jouit d'une belle vue sur les cimes rocheuses et les bas versants boisés. Carte classique.

Le Grand Chalet ≫, à Feydey, Ouest : 1 km, ☏ 0244 930 101, *hotel.grand-c
halet@bluewin.ch*, Fax 0244 941 614, ≤ Dents du Midi et Les Diablerets, 🍽 – 🛗 📺
📞 🅿 AE ⓞ MC VISA
16 déc. au 14 avril et 16 mai au 14 oct. – **Repas** *17* - 28/39 et à la carte 39/92 –
30 ch ⊇ 125/200, Basse saison ⊇ 95/160 – ½ P suppl. 22.
• Chalet, à flanc de montagne, donnant sur les dents du Midi et les fières murailles des Diablerets. Chambres ensoleillées avec petit coin salon. Tranquillité assurée. Restaurant rustique, salle réservée aux fondues et terrasse panoramique.

La Paix "Au Vieux-Pays", ☏ 0244 941 375, Fax 0244 941 375, ≤, 🍽, 🚗 –
AE MC VISA
7 déc. au 21 avril et 11 mai au 28 sept. – **Repas** *(fermé merc.) 17.50* - 25/31 et à
la carte 36/69 – **17 ch** ⊇ 51/128, Basse saison ⊇ 46/118 – ½ P suppl. 23.
• Sur la traversée du village, authentique chalet de la Belle Époque, parfait pour les budgets modérés. Charme du passé préservé dans les douillettes chambres lambrissées. Joli aperçu de l'éventail culinaire helvétique dans la coquette salle à manger de l'hôtel.

u sommet de la Berneuse *accès par télécabine – alt. 2 000*

La Berneuse "Kuklos", (au 1er étage), ⊠ 1854 Leysin, ☏ 0244 943 141, *kukl
os@teleleysin.ch*, Fax 0244 943 140, ≤ montagnes et vallée du Rhône – AE ⓞ MC
VISA
fermé 1er nov. au 15 déc. – **Repas** *(fermé sam. soir. de juil. à août) 24* - 36 (midi) et
à la carte 37/82.
• Un lieu incontournable au terminus du télécabine : vivez le grand frisson dans cette salle tournante offrant un panorama vertigineux sur les Alpes et la vallée du Rhône !

LEYTRON 1912 Valais (VS) 217 ⑮ – 2 122 h. – alt. 497.
Bern 144 – Martigny 16 – Montreux 62 – Sion 16.

XX **Les Vergers,** ✆ 0273 063 062, vergersdelice@bluewin.ch, Fax 0273 068 047,
– 🅿. AE ⓘ ⓜ VISA
fermé dim. soir et mardi – **Repas** 50/80 et à la carte 54/88 – **Café : Repas** 15
à la carte 31/78.
• Vieille maison blottie auprès de l'église du village. Par le modeste café, on accè
à la fraîche salle à manger principale, au cadre sagement moderne. Ambiance loca
dans le Café à l'esprit rustique. Plats traditionnels, spécialités, du coin et fondu

à Montagnon Nord-Ouest : 3 km par rte d'Ovronnaz – alt. 786 – ✉ 1912 Leytron :

XX **du Soleil,** ✆ 0273 062 571, Fax 0273 063 077, ≤ montagnes, 😋 –🅿. AE ⓘ ⓜ Vi
fermé 23 déc. au 7 janv., 23 juin au 15 juil., dim. soir, mardi midi et lundi – **Rep**
(le week-end prévenir) 48/92 et à la carte 77/88 – **Brasserie : Repas** 15 - 22/
et à la carte 50/88.
• Au cœur des vignes, auberge familiale agrémentée d'une terrasse dominant la vall
du Rhône. Jolie vue, cuisine goûteuse et prix ''mini'' ! La Brasserie s'adresse aux am
teurs de bonne chaire : région et tradition en toute simplicité ! Salle divisée en boxes.

LIEBEFELD Bern 217 ⑥ – siehe Bern.

LIECHTENSTEIN (FÜRSTENTUM) 216 ㉑ ㉒ – siehe Seite 505.

LIESTAL 4410 K Basel-Landschaft (BL) 216 ④ ⑤ – 12 695 Ew. – Höhe 327.
Sehenswert : Altstadt★.
Ausflugsziel : Oltingen★ Süd-Ost : 20 km.
🛈 Tourismus Information, Kasernenstr. 5, ✆ 0619 215 857, hpmeyer@da
comm.ch, Fax 0619 215 857.
Bern 82 – Basel 20 – Aarau 41 – Baden 59 – Olten 28 – Solothurn 51.

Engel M, Kasernenstr. 10, ✆ 0619 278 080, engel-liestal@swissonline.c
Fax 0619 278 081, 😋 – 📶, ↺ Zim, 🛏 Zim, 📺 ✆ ♿ – 🍽 15/200. AE ⓘ ⓜ V
Menu 18.50 - 80 und à la carte 44/95 – **50 Zim** ⇌ 180/250.
• Ein neuerer Anbau mit schlichter Fassade ergänzt das ursprüngliche Gasthaus. F
Gäste stehen modern und funktionell ausgestattete Zimmer in freundlichen Farb
bereit. Das Restaurant unterteilt sich in Le Papillon, Raphael's und die Taverne.

in Bad Schauenburg Nord-West : 4 km – Höhe 486 – ✉ 4410 Liestal :

Bad Schauenburg ⚘, Schauenburgstr. 75, ✆ 0619 062 727, hotel@badsch
enburg.ch, Fax 0619 062 700, ≤, 😋, ♨ – 📶 📺 ✆ 🅿 – 🍽 30. AE ⓘ ⓜ VISA,
geschl. 20. Dez. - 15. Jan. und Sonntagabend – **Menu** 55 (mittags)/90 und à la car
75/112 – **34 Zim** ⇌ 150/220 – ½ P Zuschl. 55.
• Das schöne klassische Gebäude in reizvoller, absolut ruhiger Lage mit hübsche
Park bietet Gästezimmer, die mit hellem, solidem Holzmobiliar funktionell ausgesta
tet sind. Das Restaurant ist teils gemütlich-rustikal, teils als Wintergarten angeleg

---

LIGERZ 2514 Bern (BE) 216 ⑬ – 521 Ew. – Höhe 434.
Bern 44 – Neuchâtel 26 – Biel 12 – La Chaux-de-Fonds 45 – Solothurn 33.

Kreuz, Hauptstr. 17, ✆ 0323 151 115, kreuz-ligerz@bluewin.c
Fax 0323 152 814, ≤, 😋, ♨, 🚣, 📶 – 📶 📺 ♿ 🅿. AE ⓘ ⓜ VISA, ⚘
geschl. 20. Dez. - 16. Jan. – **Menu** (geschl. Dienstag von Okt. - März und Montag)
und à la carte 40/74 – **16 Zim** ⇌ 140/205.
• Das historische Haus a. d. 16. Jh. verfügt über Garten und Seeanschluss. Im 1. Sto
bietet man Ihnen Zimmer mit Holzmöbeln, in der 2. Etage neuere Räume mit Sta
rohrbetten. Gemütlich-rustikales Restaurant mit schöner Terrasse am Ufer.

LINDAU 8315 Zürich (ZH) 216 ⑲ – 3 874 Ew. – Höhe 530.
Bern 142 – Zürich 21 – Kloten 9 – Rapperswil 33 – Winterthur 11.

XX **Rössli,** Neuhofstr. 3, ✆ 0523 451 151, roesslilindau@datacomm.c
Fax 0523 451 126, 😋 – 🅿. AE ⓘ ⓜ VISA
geschl. Weihnachten, 16. Jan., Ostern, 8. - 30. Juni, Sonntag und Montag – **Mer**
28 - 41 (mittags)/135 und à la carte 72/138.
• Sie haben die Wahl : Neben einer Gaststube beherbergt das alte Zürcher Riegelha
das rustikale Rössli-Stübli sowie das elegante Linden-Stübli.

NTHAL 8783 Glarus (GL) 218 ② – 1 280 Ew. – Höhe 648.
Bern 212 – Chur 92 – Glarus 17 – Sankt Gallen 88 – Zürich 87.

est 3,5 km Richtung Klausenpass :

Bergli, ⊠ 8783 Linthal, ℘ 0556 433 316, gasthaus@bergli.gl, Fax 0556 433 344, ≤ Linthal und Berge, 🍽, 🐴 – **P**
geöffnet Ende April - Ende Okt. ; geschl. Mittwoch und Donnerstag (ausser Feiertage)
Menu (nur Mittagessen) 18.50 - 30/49 und à la carte 33/59 – **4 Zim** ⊊ 80/130 – ½ P Zuschl. 35.

• Das ruhig gelegene Gasthaus, von dessen Terrasse man hat nicht nur das Linthal und die Berge sieht, sondern auch das Klausenrennen historischer Rennwagen, hat gemütliche Zimmer. Sie speisen im rustikalen Restaurant oder auf der Aussichtsterrasse.

OCARNO 6600 Ticino (TI) 218 ⑪ ⑫ 219 ⑦ ⑧ – 14 465 ab. – alt. 205 – Sport invernali : a Cardada : 1 350/1 672 m.

Vedere : Lago Maggiore★★★ BZ – ≤★★ dall'Alpe di Cardada Nord per funivia – Monte Cimetta★★ : ☀★ Nord per seggiovia AY – Santuario della Madonna del Sasso★ : ≤ AY per via ai Monti della Trinità o per funicolare (6 km).

Dintorni : Circuito di Ronco★★ : ≤★★ sul lago dalla strada per Losone e Ronco – Itinerario nella Vallemaggia★★ (Maggia : affreschi★ della chiesa di Santa Maria delle Grazie) – Itinerario nella Val Verzasca★ (Corippo★, Brione : affreschi★ della chiesa) – Itinerario nelle Centovalli★.

🛬 ad Ascona, ⊠ 6612, ℘ 0917 912 132, Fax 0917 910 706, per ② : 6,5 km
🛬 Gerre Losone ad Losone, ⊠ 6616, ℘ 0917 851 090, Fax 0917 851 091, ovest : 6 km per strada Centovalli.

Manifestazioni locali
26.03 - 30.03 : Camelie a Locarno
06.08 - 16.08 : Festival internazionale del Film.

🅱 Ente Turistico Lago Maggiore, via B.Luini 3, ℘ 0917 910 091, buongiorno@maggiore.ch, Fax 0917 851 941.

🅰 Piazza Grande 5, ℘ 0917 517 572, Fax 0917 519 557.

🅰 via Trevani 5, ℘ 0917 514 671, Fax 0917 518 068.

Bern 266① – Lugano 40① – Andermatt 103① – Bellinzona 20① – Domodossola 49③

Reber au Lac ≫, viale Verbano 55, ⊠ 6600 Muralto, ℘ 0917 358 700, info@hotel-reber.ch, Fax 0917 358 701, ≤, 🍽, 🐎, 🏊, 🐴, ✵, 🎾 – 📶, ✺ rist, 📺 ⟺, 💳 – 🔔 15/50. AE ⓘ 🎴 VISA. ✵ rist   BY s
2 marzo - 8 novembre – **Grill** : Pasto 48 (mezzogiorno)/90 ed alla carta 57/126 – **61 cam** ⊊ 255/500 – ½ P sup. 45.

• Un bell'edificio, invitante, gradevolmente ubicato sulla passeggiata in riva al lago e dotato di un'amena terrazza fiorita. Ampie camere, diverse per dimensioni e stile. L'ambiente rustico del ristorante propone però una cucina classica di stampo francese.

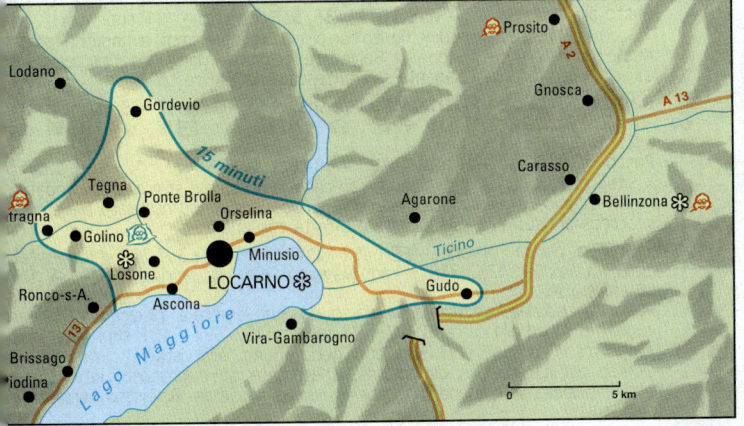

Ballerini (Via F.)	**BY** 3	Collegiata		
Balli (Via F.)	**BZ** 4	(Via della)	**BY** 9	
Cittadella		Grande (Piazza)	**ABZ**	
(Via)	**AZ** 7	Motta (Via della)	**AZ** 10	

Municipio (Via del)	**BY**
Ramogna (Via)	**BZ**
S. Antonio (Via)	**AZ**
Vallemaggia (Via)	**AZ**

Belvedere M, via ai Monti della Trinità 44, ✉ 6601, ☏ 0917 510 363, i@belvedere-locarno.com, Fax 0917 515 239, ≤ locarnese e monti, 🍽, 🛋, ≋s, 🍽 – 🛗, ⚜ cam, 🍴 rist, TV 📞 🚗 📶 – 🔨 15/160. AE ① ⓂⓒⓈ VISA. ⚜ r
L'Affresco (1° piano) (chiuso a mezzogiorno) **Pasto** alla carta 34/94 – *La Locanda*
Pasto alla carta 34/72 – **75 cam** ⇌ 235/336, 5 suites – ½ P sup. 40.

♦ Scorgete la città dal giardino fiorito con piscina. Camere ampie e moderne : prefer quelle con vista lago e balcone. Al "Belvedere" colmate un languore al bar della "Loc da" oppure preferite l'elegante sala affrescata dell'"Affresco". AY

Ramada-Treff La Palma, viale Verbano 29, ☏ 0917 353 636, palma@rama -treff.ch, Fax 0917 353 616, ≤, 🍽, ≋s – 🛗, ⚜ cam, TV 📶 – 🔨 150. AE ① VISA. ⚜ rist
Pasto 16.50 - 48 ed alla carta 45/98 – **68 cam** ⇌ 175/420 – ½ P sup. 39. BY

♦ Situato di fronte al lago, albergo con camere di diverso stile alcune arredate c mobili in cuoio, funzionali altre con mobili più classici, di legno intarsiato. Dall'ampia si accede al ristorante, d'impronta e offerta culinaria italiana.

Muralto, piazza Stazione 8, ✉ 6602 Muralto, ☏ 0917 357 777, info@hoteln alto.com, Fax 0917 357 778, ≤ Lago Maggiore, 🍽 – 🛗, 🍴 rist, TV 📞 – 🔨 15/ AE ① ⓂⓒⓈ VISA. ⚜ rist BY
Pasto (chiuso dal 5 gennaio al 1° marzo, dal 9 novembre al 19 dicembre et a m zogiorno) 61 ed alla carta 52/97 – **77 cam** ⇌ 152/392 – ½ P sup. 43.

♦ Sito tra la stazione ed il lungolago, gode di una bella vista sui dintorni. Came diverse tra loro per le dimensioni. Il ristorante offre proposte interessanti cucina ticinese ed italiana rivisitate in chiave moderna. Bellissima terrazza s passeggiata.

LOCARNO

Ramada-Treff Hotel Arcadia, lungolago Motta, ☎ 0917 561 818, *arcadia@r amada-treff.ch*, Fax 0917 561 828, ≤, 😊, 🛁, ≋, ☰ – 📶, ⚡ cam, 🛏 cam, 📺 🔆, 🚗, AE ① ⓜ VISA, 🍴 rist BZ
chiuso dal 3 novembre al 23 dicembre e dal 2 gennaio al 1° marzo – **Pasto** 16 ed alla carta 42/88 – **57 cam** ⇌ 170/360, 33 suites – ½ P sup. 38.
♦ Costruzione funzionale, in centro, di fronte al lago Maggiore. Le spaziose camere sono attuali, luminose, arredate con mobilio di legno chiaro. Ristorante totalmente rinnovato ed ambiente fresco, piacevole. Cucina tradizionale con forti accenti regionali.

Du Lac Ⓜ senza rist, via Ramogna 3, ☎ 0917 512 921, *dulac@assolo.net*, Fax 0917 516 071, ≤ – 📶 ⚡ 📺, AE ① ⓜ VISA BZ d
31 cam ⇌ 130/225.
♦ Proprio nel centro cittadino, hotel con camere diverse per dimensioni, dagli arredi pratici e moderni. Al primo piano, sala per la colazione da cui si accede ad una terrazza.

Pestalozzi, via Cattori 4, ☎ 0917 599 505, *info@hotelpestalozzi.ch*, Fax 0917 519 645, 😊 – 📶 📺 ♿ 🅿 – 🚗 20. AE ① ⓜ VISA BZ b
Universo *(chiuso Natale e domenica mezzogiorno esclusi i giorni festivi)* **Pasto** 14.50 ed alla carta 38/81 – **51 cam** ⇌ 140/200, 3 suites – ½ P sup. 35.
♦ Ubicato in una stradina laterale, nei pressi di Piazza Grande. Preferite le camere al quarto piano, più luminose ed in parte con angolo salotto. Al piano terra del Pestalozzi, il ristorante propone una cucina centrata soprattutto su pasta e pizza.

Rio senza rist, via Collegiata 1, ☎ 0917 436 331, *rio@cybernet.ch*, Fax 0917 436 333 – 📶 📺 ♿ 🅿 AE ① ⓜ VISA JCB BY t
chiuso dal 7 dicembre al 21 gennaio – **14 cam** ⇌ 125/215.
♦ Costruzione Liberty, nei pressi della stazione. Belle camere, spaziose e tutte di colori diversi, arredate con mobili di legno massiccio, allestite in maniera accogliente.

Dell'Angelo, Piazza Grande, ☎ 0917 518 175, *info@hotel-dell-angelo.ch*, Fax 0917 518 256, 😊 – 📶 📺, AE ① ⓜ VISA AZ a
Pasto 15 ed alla carta 36/82 – **55 cam** ⇌ 105/200 – ½ P sup. 28.
♦ Posto alla fine di Piazza Grande, visibile dalla terrazza al quarto piano. Camere semplici, ammobiliate con funzionali arredi in quercia. Al ristorante provate le pizze, cotte nel forno a legna! Specialità ticinesi ed italiane.

Millennium senza rist, via Dogana Nuova 2, ☎ 0917 596 767, *info@millennium -hotel.ch*, Fax 0917 596 768 – 📶 📺 📞 AE ① ⓜ VISA, 🔆 BZ e
10 cam ⇌ 270/290.
♦ Era una casa tanto carina...Di fronte all'imbarcadero, lasciatevi viziare in questa piccola bomboniera, familiare e personalizzata! Camere mignon, confortevoli e curate.

Piccolo Hotel senza rist, via Buetti 11, ☎ 0917 430 212, *piccolo@ticino.com*, Fax 0917 432 198 – 📶 📺 ♿ ⓜ VISA BY r
16 marzo - 14 novembre – **21 cam** ⇌ 85/165.
♦ Piccolo... indirizzo simpatico e familiare, situato in una stradina laterale non lontano dal centro. Camerette arredate con mobilio bianco, di stile mediterraneo.

Zurigo, viale Verbano 9, ✉ 6602 Muralto, ☎ 0917 357 788, *info@hotelmuralto .com*, Fax 0917 357 778, ≤, 😊 – 📶, ⚡ rist, 📺 📞 AE ① ⓜ VISA BY w
solo albergo : chiuso dal 6 gennaio al 1° marzo e dal 27 ottobre al 23 dicembre
Le Bistro : **Pasto** 20 - 68 ed alla carta 41/81 – **27 cam** ⇌ 149/252 – ½ P sup. 35.
♦ Costruzione classica. Camere non molto grandi, fresche, con letti in ottone. Lasciatevi avvolgere dal candore dell'arredamento, rigorosamente bianco. Al ristorante sul lago carta italiana-regionale con "un petit plus" rispetto alle offerte ordinarie.

Villa Palmiera, via del Sole 1, ✉ 6600 Muralto, ☎ 0917 431 441, *shv@swissh otels.ch*, Fax 0917 430 320, 😊, 🛱 – 📶, ⚡ rist, 📺 ♿ VISA BY f
albergo : 21 marzo - 9 novembre ; rist. : 26 marzo - 24 giugno e 26 luglio - 24 ottobre
Pasto *(chiuso a mezzogiorno) (solo per clienti alloggiati)* – **32 cam** ⇌ 85/190 – ½ P sup. 32.
♦ Indirizzo simpatico, familiare, ha subito un lifting generale che si estende anche all'esterno. Camere non molto ampie e con mobilio essenziale. Ristorante dell'omonimo alberghetto, semplice e curato come tutto l'insieme. Offerta culinaria lineare e grill.

Camelia, via G.G. Nessi 9, ✉ 6602 Locarno-Muralto, ☎ 0917 430 021, *hotel@c amelia.ch*, Fax 0917 430 022, 😊, 🛱 – 📶, ☰ rist, 📺 ♿ ⓜ – 🚗 40. AE ① ⓜ VISA, 🔆 rist BY a
16 febbraio - 15 novembre – **Pasto** *(solo per clienti alloggiati)* – **41 cam** ⇌ 96/172 – ½ P sup. 25.
♦ Lasciatevi avvolgere dall'atmosfera Liberty di questa vecchia villa ristrutturata negli anni. Propone nuove camere, essenziali e ben arredate in stile moderno.

LOCARNO

XXX ❄ Centenario (Perriard), lungolago Motta 17, ☏ 0917 438 222, 🍴 – 🖃, AE ⓘ VISA. ⌘
BY
chiuso dal 2 al 23 febbraio, dal 1° al 21 luglio, domenica e lunedì – **Pasto** (prenota 58/130 ed alla carta 80/136.

◆ Costruzione discreta lungo la passeggiata. La carta è orientata verso la cuc francese con un tocco di originalità che la distingue dall'offerta tradizionale.
Spec. Salade tiède de langoustines aux mangues. Pigeon du Maine au foie gras. Souf au citron et coulis de fruits

XX La Cittadella con cam, via Cittadella 18, ☏ 0917 515 885, info@cittadella. Fax 0917 517 759 – 🖃 rist, TV, AE ⓘ ⓜⓞ VISA. ⌘ cam
AZ
chiuso domenica in giugno-luglio e lunedì escluso albergo – **Pasto** - specialità pesce - (1° piano) 76 ed alla carta 68/102 – **La Trattoria** : Pasto 22 ed alla car 49/90 – **10 cam** ⇌ 100/160.

◆ Vecchia casa di stile rustico ed elegante, con travi a vista anche nelle poc camere a disposizione. Offerta tradizionale, orientata sul pesce. Un ambiente tipico alla Trattoria del Cittadella per una cucina di stampo italiano c l'immancabile pizza !

X Boccalino, via della Motta 7, ☏ 0917 519 681, ristorante@ilboccalino. Fax 0917 519 681, 🍴 – ⌘, AE ⓘ ⓜⓞ VISA. ⌘
AZ
chiuso dal 2 al 30 gennaio, dal 20 giugno al 10 luglio, mercoledì, giovedì e mezzogiorno – **Pasto** - cucina vegetariana con pesce - 72/97 ed alla car 56/108.

◆ Antica casa signorile un po' nascosta in centro città : cercatela bene ! Una cuc assolutamente vegetariana e creativa a cui vengono associati solo pesce e vin biologico !

X Antica Osteria, via dei Pescatori 8, ✉ 6600 Muralto, ☏ 0917 438 794, 🍴 – ⌘ ⓜⓞ VISA
BY
chiuso natale, martedì ed i mezzogiorni di lunedì e mercoledì – **Pasto** 29 (mezz giorno) ed alla carta 43/84.

◆ In una stradina laterale non lontana dalla stazione. Indirizzo simpatico e accoglient a conduzione familiare, propone una cucina tipicamente locale.

ad Orselina Nord : 2 km ABY – alt. 406 – ✉ 6644 Orselina :

🏨 Orselina ⌘, via Santuario 10, ☏ 0917 357 350, hotel@orselina.co Fax 0917 357 351, ≤ Locarnese, 🍴, 🛌, ≘s, ⌇, 🏊, 🌳, ⚒ – 🛗, ⌘ rist, TV ⇌ P. ⓘ ⓜⓞ VISA. ⌘
AY
23 febbraio - 1° novembre – **Pasto** (solo per clienti alloggiati) 26 - 55 (sera) – **78 ca** ⇌ 208/476 – ½ P sup. 25.

◆ Ambiente familiare per quest'albergo il cui giardino esotico a terrazze è co pleto di piscina. Camere diverse per stile e dimensioni. Le due sale ristoran riservate la sera ai clienti dell'albergo, vi accolgono a pranzo per gustare u cucina tradizionale.

🏨 Mirafiori, via al Parco 25, ☏ 0917 431 877, info@mirafiori.ch, Fax 0917 437 7 ≤, 🍴, ≘s, ⌇, 🌳 – 🛗 TV P. AE ⓘ ⓜⓞ VISA. ⌘ rist
AY
11 marzo - 31 ottobre – **Pasto** 38 (sera) ed alla carta 42/80 – **25 cam** ⇌ 120/2 – ½ P sup. 26.

◆ Allungati attorno alla piscina, lasciatevi trasportare verso mete lontane dal profun intenso dei fiori esotici i cui colori ravvivano anche le moderne camere. La gradevo terrazza del ristorante dà sul giardino da cui si gode una vista imperdibile.

🏨 Stella, via al Parco 14, ☏ 0917 436 681, info@hotelstella.ch, Fax 0917 436 68 ≤ Locarnese, 🍴, ⌇, 🌳 – 🛗, ⌘ rist, TV P. ⓜⓞ VISA. ⌘ rist
AY
2 marzo - 3 novembre – **Pasto** 17 - 25 ed alla carta 29/53 – **34 cam** ⇌ 103/1 – ½ P sup. 25.

◆ Situato nella parte superiore di Locarno, dispone di un bel giardino fiorito e piscina. Camere e bagni totalmente rinnovati e arredati con mobilio moderno. Anda fino alla terrazza e cenate cercando la vostra "Stella" ! Cucina tradizionale.

XX Il Paradiso, via al Parco 7, ☏ 0917 434 645, Fax 0917 438 758, 🍴 – AE ⓘ VISA
AY
chiuso da metà novembre a metà dicembre, mercoledì (salvo la sera da luglio ottobre) e martedì – **Pasto** 58 ed alla carta 51/110.

◆ Un bel ristorantino molto ben curato sia per la cucina, di stampo tradiziona ed elaborata, che per gli arredi, di stile classico-signorile. Bella anche la terraz esterna.

LOCARNO

Minusio per ① : 2 km – alt. 246 – ✉ 6648 Minusio :

Esplanade Ⓜ ⚜, via delle Vigne 66, ☏ 0917 358 585, reservations@esplanad e.ch, Fax 0917 358 586, ≤ lago Maggiore e monti, 🍴, Wellness-Center, 🛠, 🛁, 🛀, ⚜, 🌡 – 📶, 🚫 rist, 📺 📞 🚗 🅿 – 🔒 15/140. 🅰🅴 ⓘ 🆎 𝗩𝗜𝗦𝗔. 🚫 rist
17 marzo al 6 novembre – **Pasto** 22 - 35 (mezzogiorno)/54 ed alla carta 48/80 – **74 cam** ⇌ 200/460 – ½ P sup. 38.
◆ Struttura del 1913 in stile Liberty, totalmente rinnovata. Oltre a moderne infrastrutture, offre un grande centro wellness e tutto per la vostra salute. La sala da pranzo classica e la terrazza dell'albergo vi faranno scoprire una cucina di tono francese.

Alba Ⓜ senza rist, via Simen 58, ☏ 0917 358 888, albahotel@bluewin.ch, Fax 0917 358 899, ≤, 🛁, 🌳 – 📶 📺 📞 🚗. 🅰🅴 🆎 𝗩𝗜𝗦𝗔
36 cam ⇌ 130/230.
◆ Albergo dalle linee architettoniche d'avanguardia che si prolungano nell'altrettanto moderna sala per le colazioni. Belle camere spaziose : preferite quelle a sud, con balcone.

Remorino ⚜ senza rist, via Verbano 29, ☏ 0917 431 033, albergo@remorino.ch, Fax 0917 437 429, ≤, 🛁, 🌳 – 📶 📺 🅿. 🅰🅴 🆎 𝗩𝗜𝗦𝗔
8 marzo - 26 ottobre – **25 cam** ⇌ 135/268.
◆ Dalla piccola reception, aperta, accedete direttamente alla terrazza ed al giardino. Camere arredate con mobilio di legno scuro, rustico e, allo stesso tempo, pratico.

Navegna ⚜, via alla Riva 2, ☏ 0917 432 222, hotel@navegna.ch, Fax 0917 433 150, ≤, 🍴, 🛁 – 📶 🚫 cam, 🍽 rist, 📺 🅿. 🆎 𝗩𝗜𝗦𝗔. 🚫 rist
Albergo : 13 aprile - 15 novembre ; Rist. : 13 aprile - 26 dicembre – **Pasto** (chiuso martedì salvo dal 15 giugno al 15 settembre) 68 (sera) ed alla carta 48/82 – **20 cam** ⇌ 100/240 – ½ P sup. 28.
◆ Sito proprio in riva al lago. Camere non molto grandi arredate con mobili chiari e testate dei letti foderate con tessuto abbinato ai tendaggi. Col sole preferite la terrazza ombreggiata alla bella sala da pranzo. Proposte interessanti di cucina tradizionale.

Minusio Ⓜ senza rist, via Esplanade 6, ☏ 0917 431 913, info@hotelminusio.ch, Fax 0917 437 704, ≤, 🛁 – 📶 🚫 📺 🚗 🅿. 🅰🅴 🆎 𝗩𝗜𝗦𝗔
marzo - novembre – **24 cam** ⇌ 130/200.
◆ Moderna costruzione con al pianoterra la piccola reception da cui si accede alla sala da pranzo. Camere funzionali, con arredi dalle chiare tonalità.

LOCLE 2400 Neuchâtel (NE) **216** ⑫ – 10 413 h. – alt. 925.
Musée : Horlogerie★.
Environs : Saut du Doubs★★★ Nord.
🛈 Tourisme neuchâtelois Montagnes, 31 r. Daniel-Jeanrichard, ☏ 0329 314 330, lelocle@croisitour.ch, Fax 0329 314 506.
Bern 81 – Neuchâtel 32 – Besançon 76 – La Chaux-de-Fonds 9 – Yverdon-les-Bains 62.

Trois Rois Ⓜ, 29 r. du Temple, ☏ 0329 322 100, hoteldestroisrois@bluewin.ch, Fax 0329 315 872, 🍴 – 📶, 🚫 ch, 📺 🚗 – 🔒 80. 🅰🅴 ⓘ 🆎 𝗩𝗜𝗦𝗔 𝗝𝗖𝗕
fermé 20 déc. au 5 janv., 17 au 29 avril et 1 sem. début août – **Repas** (fermé sam. et dim.) 18 - 51 et à la carte 46/85 – **40 ch** ⇌ 108/169 – ½ P suppl. 28.
◆ Immeuble en verre, érigé en plein centre-ville. Chambres pratiques et actuelles. Petite fantaisie au dernier étage : salle de réunion en rotonde, sous charpente apparente. Le restaurant comprend une brasserie et une salle à manger avec une carte plus élaborée.

La Croisette, 10 r. du Marais, ☏ 0329 313 530, lacroisette@bluewin.ch, Fax 0329 313 550 – 🅿. 🅰🅴 ⓘ 🆎 𝗩𝗜𝗦𝗔 𝗝𝗖𝗕
fermé du 14 juil. au 10 août sauf Brasserie – **Repas** (fermé dim.) 65/120 (soir) et à la carte 72/108 – **Brasserie : Repas** 16 et à la carte 50/88.
◆ On se croirait à Cannes ! Décor méditerranéen de bon goût, égayé d'une fresque murale et de meubles en rotin ainsi qu'une carte classique française. Spacieux cadre contemporain pour la Brasserie animée. À l'arrière, coin salon-bar et grande salle de réunion.

Chez Sandro, 4 r. de la Gare, ☏ 0329 314 087, sandro@chez-sandro.ch, Fax 0329 314 040 – 🅰🅴 ⓘ 🆎 𝗩𝗜𝗦𝗔
fermé 12 juil. au 10 août et dim. – **Repas** 16 - 59/98 et à la carte 50/98.
◆ Restaurant intime offrant le choix à ses clients entre des recettes issues de l'hexagone et des spécialités italiennes, toutes préparées de façon artisanale et soignée.

Le LOCLE

au Prévoux Sud-Ouest : 3,5 km par rte de la Brévine – alt. 1079 – ✉ 2413 Le Prévou

XXX **Auberge du Prévoux,** ✆ 0329 312 313, Fax 0329 315 037, 🍴 – 🅿, AE ⦿
fermé 2 au 10 mars et dim. soir – **Repas** 44 (midi)/121 et à la carte 92/133
Brasserie : Repas 15 - 38 et à la carte 39/86.
* Cette salle de restaurant cossue, agrémentée d'une cheminée et d'un mobilier
style, invite à la découverte d'une carte qui ne manque pas de souffle. La Brasse
possède une entrée indépendante de l'Auberge. Cadre rustique et réperto
traditionnel.

LODANO 6678 Ticino (TI) 218 ⑪ – 188 ab. - alt. 341.
Bern 242 – Locarno 16 – Andermatt 115 – Bellinzona 35 – Lugano 54.

🏠 **Ca'Serafina** ⌕ senza rist, ✆ 0917 565 060, info@caserafina.co
Fax 0917 565 069, 🍴 – TV, ⦿ VISA
29 marzo - 25 ottobre – **5 cam** ⊇ 120/190.
* Nel cuore del tranquillo paesino sorge questa tipica casa ticinese in sasso, co
pletamente ristrutturata e graziosissima. Offre solo cinque camere ma molto be
e spaziose.

LOÈCHE-LES-BAINS Valais 217 ⑯ ⑰ – voir à Leukerbad.

LÖMMENSCHWIL 9308 Sankt Gallen (SG) 216 ⑩ – Höhe 543.
Bern 210 – Sankt Gallen 11 – Bregenz 47 – Konstanz 30 – Winterthur 61.

XXX **Thuri's Blumenau** (Maag), Romanshornerstr. 2, ✆ 0712 983 57
❀ Fax 0712 984 590, 🍴 – 🅿, AE ⦿ VISA
geschl. 2. - 10. März, 13. - 21. Juni, Sonntag und Montag – **Menu** 85 und à la car
74/116.
* Im gediegen-rustikalen Stübli mit dunklem Täfer und Aquarellen werden de
Geniesser meist regionale Gerichte aus marktfrischen Grundprodukten - kreativ zu
reitet - kredenzt.
Spez. Carpaccio von den Riesenforelle aus dem Bodensee mit Ingwer (Frühling - So
mer). Gefüllter Haselnusszander auf Brunnenkressepuree (Frühling). Die besten St
cke vom Mörschwiler Spanferkel mit Knusperschwarte

LOSONE Ticino 218 ⑪, 219 ⑦ – vedere Ascona.

LOTZWIL 4932 Bern (BE) 216 ⑯ – 2 349 Ew. – Höhe 502.
Bern 50 – Aarau 40 – Burgdorf 24 – Luzern 65 – Olten 27 – Solothurn 28.

🏠 **Bad Gutenburg,** Huttwilstr. 108, 1 km Richtung Huttwil, ✆ 0629 168 040, in
@ bad-gutenburg.ch, Fax 0629 168 045, 🍴 – 📶 TV ♿ 🅿 – 🔔 15/120. AE ⦿
VISA JCB
geschl. 6. - 12. Jan. und 14. Juli - 3. Aug. – **Menu** (geschl. Sonntagabend und Monta
16.50 - 58 und à la carte 32/71 – **19 Zim** ⊇ 90/140 – ½ P Zuschl. 30.
* Das ehemalige Kurbad-Hotel verfügt über eine eigene Bahnstation. Die Zimmer d
Hauses sind mit modernem braunen Massivholzmobiliar funktionell eingericht
Behaglich-gediegenes Turmstübli mit dunklem Täfer - ergänzt durch eine einfache
Gaststube.

LOURTIER 1948 Valais (VS) 219 ② – alt. 1080.
Environs : Barrage de Mauvoisin★★★ Sud-Est : 11,5 km.
🛈 Office du Tourisme du Val de Bagnes, 1934 Le Châble, ✆ 0277 761 68
bagnestourisme@verbier.ch, Fax 0277 761 661.
Bern 150 – Martigny 23 – Orsières 17 – Sion 53 – Verbier 9.

⛷ **La Vallée,** ✆ 0277 781 175, info@vallee.ch, Fax 0277 781 604, 🍴, 🍴 –
🅿, AE ⦿ ⦿ VISA. ⌦ ch
fermé 17 juin au 12 juil. et 21 oct. au 6 nov. – **Repas** (fermé mardi et merc. hc
saison) 16 - 58 et à la carte 30/72 – **17 ch** ⊇ 65/170 – ½ P suppl. 25.
* Chalet abritant divers types de logement : appartements tout confort, chambr
accueillantes mais à l'équipement sanitaire limité, et dortoirs pour les randonneu
La salle à manger rustique affine sa carte avec des spécialités au fromage. Ambian
familiale.

OVERESSE 2732 Berne (BE) 216 ⑭ – 315 h. – alt. 765.
Bern 55 – Delémont 32 – Basel 75 – Biel 21 – Saignelégier 21 – Solothurn 37.

XX **du Cerf**, au Village, ℰ 0324 812 232, Fax 0324 811 198, 🍽 – 🅿 AE ⓘ ⓜⓞ VISA. ⚞
fermé 23 déc. au 2 janv., 21 juil. au 10 août, mardi soir et merc. – **Repas** (prévenir) 13 - 66 et à la carte 42/81.
• Cette ancienne ferme réhabilitée vous reçoit dans une salle de restaurant au décor champêtre soigné. Répertoire culinaire traditionnel. Adresse familiale.

UCENS 1522 Vaud (VD) 217 ④ – 2 120 h. – alt. 493.
à Vuissens, ✉ 1486 (avril - nov.) ℰ 0244 333 300, Fax 0244 333 304, nord : 7 km par route Combremont - Estavayer-le-Lac.
Bern 63 – Fribourg 33 – Lausanne 32 – Montreux 43 – Payerne 15 – Yverdon-les-Bains 36.

🏨 **La Couronne**, 1 Grand-Rue, ℰ 0219 069 515, Fax 0219 069 540, 🍽 – 📺 🅿 AE ⓘ ⓜⓞ VISA
Repas (fermé juil., dim. et lundi) 19.50 - 40/70 et à la carte 41/87 – **9 ch** ☐ 87/168 – ½ P suppl. 35.
• L'établissement, qui borde la place centrale du village, propose des chambres fonctionnelles dotées de meubles en bois clair. De chaudes boiseries ajoutent à l'intimité de la salle à manger. En façade une terrasse d'été offre la vue sur le château du cru.

X **Gare** avec ch, 13 av. de la Gare, ℰ 0219 068 148, hotelgare.suter@praznet.ch, Fax 0219 068 204, 🍽 – 🅿 ⓜⓞ VISA
Repas (fermé 23 déc. au 6 janv., 27 juil. au 18 août, dim. et lundi) 17 - 35 (midi)/94 et à la carte 51/90 – **7 ch** ☐ 45/135.
• Cette adresse sans prétention vous permettra aussi bien de vous restaurer que de vous reposer : salle de restaurant agrémentée de peintures modernes et chambres simples.

UCERNE Luzern 216 ⑰ – voir à Luzern.

ÜDERENALP Bern 216 ⑯ – siehe Sumiswald.

LUGANO

6900 Ticino (TI) 219 ⑧ – 25 872 ab. – alt. 273

Bern 271 ① – Bellinzona 28 ① – Como 30 ④ – Locarno 40 ① – Milano 78 ④

🛈 Lugano Turismo, Palazzo Civico, Piazza della Riforma, ℘ 0919 133 232, info@lugano-tourism.ch, Fax 0919 227 653 Z.
❀ via S. Balestra 3, ℘ 0919 116 565, Fax 0919 116 566 AV.
⊕ via Dufour 1, ℘ 0919 220 121, Fax 0919 236 969 AV.
✈ di Agno Sud-Ovest : 6 km ℘ 0916 101 606, Fax 0916 101 620.

Compagnie aeree
Swiss International Air Lines Ltd., ℘ 0848 852 000.
Alitalia Piazza Cioccaro 11, ℘ 0919 234 565, Fax 0919 220 565.

Manifestazioni locali
aprile – giugno : Lugano Festival, concerti di musica classica.
10.07 – 12.07 : "Estival Jazz" festival internazionale.
28.08 – 31.08 : Lugano Blues to Bop Festival.

⛳₁₈ a Magliaso, ✉ 6983, ℘ 0916 061 557, Fax 0916 066 558, per ⑤ : 10 km.

Vedere : Lago★★ BX – Parco Civico★★ ABX – Affreschi★★ nella chiesa di Santa Maria degli Angioli Z – Villa Favorita★★ BX.

Dintorni : Monte San Salvatore★★★ 15 mn di funicolare AX – Monte Generoso★★★ 15 km per ③ e treno – Monte Brè★★ Est : 10 km o 20 mn di funicolare BV – ≤ ★★ dalla strada per Morcote – Morcote★★ per ③ : Sud 8 km – Monte Tamaro ≤ ★ per ④ : Nord-Ovest 15 km e cabinovia da Rivera-Monte Lema★ per ⑤ Nord-Ovest 17 km e per cabinovia Carona Sud 4 km : affreschi★ della chiesa di San Giorgio – Melide Sud 7 km : Swissminiatur★.

Navigazione : Informazioni Società Navigazione Lago di Lugano, viale Castagnola 12, ℘ 0919 715 223, Fax 0919 712 793.

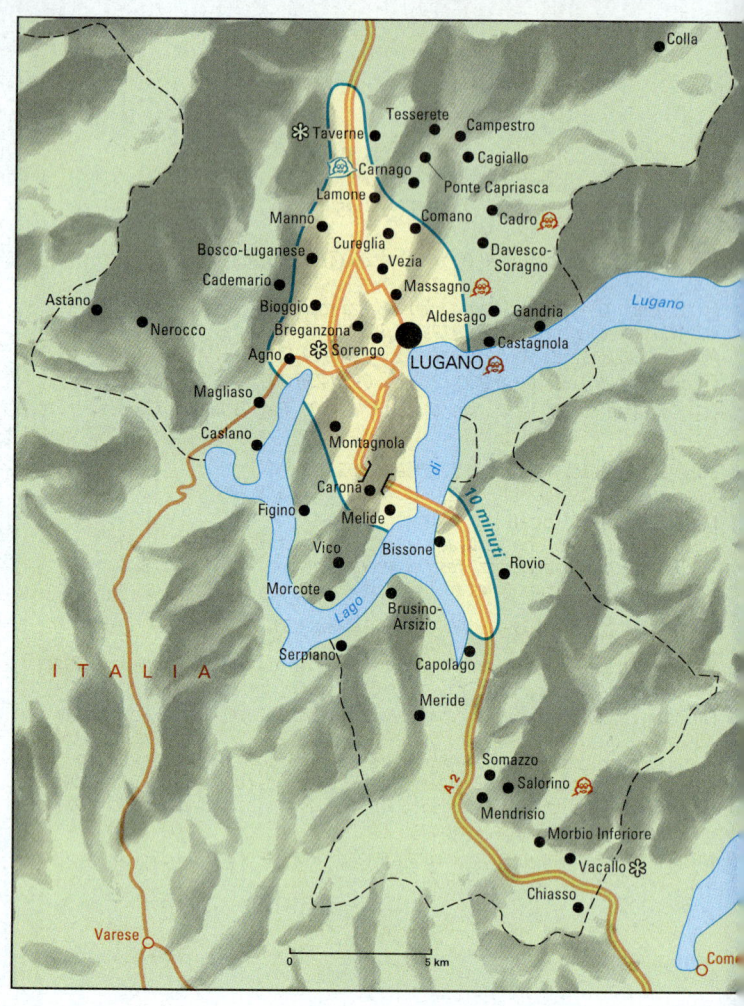

*Der Rote MICHELIN-Hotelführer : EUROPE
für Geschäftsreisende und Touristen.*

Pour les grands voyages d'affaires ou de tourisme,
Guide Rouge MICHELIN : EUROPE.

Per i vostri viaggi d'affari o di turismo,
La Guida Rossa MICHELIN : EUROPA.

LUGANO

Splendide Royal, riva Caccia 7, ✆ 0919 857 711, info@splendide.⋯
Fax 0919 857 722, ≤ lago e monti, 🛎, 🏊, – 📶 📺 📞 🚗 🅿 – 🔒 15/80.
🎴 ① 🆗 VISA JCB. ✂ rist
AX
Pasto 42 - 72 ed alla carta 75/167 – **90 cam** ⇌ 450/650, 6 suites – ½ P sup.

♦ Antica villa adibita ad hotel da oltre 100 anni ; recente aggiunta di un'ala nuc⋯
ma la parte vecchia è più elegante e raffinata. Sublime vista sul lago. Il ristoran⋯
riprende il lussuoso stile dell'albergo e nell'arredamento e nella cucina di linea classi⋯

Grand Hotel Villa Castagnola 🌿, viale Castagnola 31, ✉ 6906 Luga⋯
Cassarate, ✆ 0919 732 555, info@villa-castagnola.ch, Fax 0919 732 550, ≤, 🛎
Wellness-Center, 🎿, 🛎, 🏊, 🏞, ❀, 🎯, 🌊, – 📶, 📺 cam, 📺 📞 🚗 🅿 – 🔒 15/⋯
🎴 ① 🆗 VISA JCB. ✂
BX
Le Relais : Pasto 56 (mezzogiorno)/98 ed alla carta 66/106 – **Arté** (al lag⋯
✆ 0919 734 800 (chiuso dal 7 al 11 gennaio, dal 4 al 8 marzo, dal 3 al 18 agos⋯
domenica e lunedì) **Pasto** 55 (mezzogiorno)/98 ed alla carta 68/105 – **75 ca**⋯
⇌ 330/550, 18 suites – ½ P sup. 65.

♦ Ambiente vellutato per questo hotel sito in un giardino dalla flora subtropica⋯
Arredi di stile garantiscono un'amenità totale nelle lussuose camere. Assaporate u⋯
cucina riattualizzata nella signorile sala da pranzo del Relais o nel ristorante "Art⋯

Principe Leopoldo e Residence 🌿, via Montalbano 5, ✆ 0919 858 855, ⋯
@leopoldohotel.com, Fax 0919 858 825, ≤ lago e monti, 🎿, 🛎, 🏊, 🏞, ❀ –
📺 📞 🚗 🅿 – 🔒 15/250. 🎴 ① 🆗 VISA JCB.
AX
Pasto (vedere rist. **Principe Leopoldo**) – **33 cam** ⇌ 560/685, 6 suites.

♦ Villa patrizia della fine del XIX sec. ubicata in zona verdeggiante, i cui interni sc⋯
impreziositi da un mobilio di classe. Ampie camere rivolte verso il golfo di Luga⋯

Residence 🏨 🌿, via Montalbano 5, ✆ 0919 858 855, info@leopoldohot⋯
om, Fax 0919 858 625, 🛋, 🛎, 🏊, 🏞, ❀ – 📶, ✄ cam, 📺 cam, 📺 📞 🚗
🎴 ① 🆗 VISA JCB. ✂ rist
AX
10 aprile - ottobre – **Café Leopoldo :** Pasto alla carta 67/101 – **32 ca**⋯
⇌ 450/555, 6 suites.

♦ Immerso nel verde e non lontano dalla villa Principe Leopoldo. Camere spazio⋯
arredamento moderno e di buon gusto. Sala prima colazione ; le proposte della ca⋯
rappresentano però una simpatica alternativa al ristorante gastronomico del Princ⋯
Leopoldo.

Grand Hotel Eden, riva Paradiso 1, ✉ 6902 Lugano-Paradiso, ✆ 0919 859 2⋯
info@edenlugano.ch, Fax 0919 859 250, ≤ lago e circondario, 🛋, 🛎, 🏊, 🏞,
– 📶, ✄ cam, 📺, 📺 📞 🚗 🅿 – 🔒 15/150. 🎴 ① 🆗 VISA
AX
L'Oasis : Pasto 37 - 68 ed alla carta 76/119 – **110 cam** ⇌ 280/550, 7 suites⋯
½ P sup. 65.

♦ Camere eleganti o più sobrie ripartite tra due strutture collegate tra loro. Terraz⋯
solarium sul lago con piscina di acqua salina. Bella vista del bacino lacustre dalla vetra⋯
o dalla terrazza del ristorante. Cucina classica e variata.

Parco Paradiso 🅼, via Carona 27, ✉ 6902 Lugano-Paradiso, ✆ 0919 931 1⋯
info@parco-paradiso.com, Fax 0919 931 011, ≤ lago, monti e città, 🛋, 🎿, 🛎
🏊, 🏞 – 📶, ✄ cam, 📺 📞 🚗 🅿 – 🔒 40. 🎴 ① 🆗 VISA JCB. ✂ rist AX
La Favola : Pasto 60 ed alla carta 63/111 – **16 cam** ⇌ 230/330, 49 suites⋯
½ P sup. 50.

♦ Struttura moderna, sita nella parte alta della città ; giardino d'inverno. Gran⋯
camere o suites, quasi tutte rivolte verso il lago e con balconi. Vista paradisiaca. Ol⋯
alla sala da pranzo, la terrazza con vista permette di gustare una cucina moder⋯

Lugano Dante 🅼 senza rist, piazza Cioccaro 5, ✆ 0919 105 700, info@hote⋯
uganodante.com, Fax 0919 105 777 – 📶 ✄ 📺 📞 🚗 – 🔒 15/100. 🎴 ⋯
🆗 VISA JCB. ✂
Y
80 cam ⇌ 170/320, 3 suites.

♦ Edificio di fine Ottocento situato nel centro città e riportato al suo antico splendo⋯
Ampie camere tutte rinnovate e climatizzate, arredate con mobilio di qualità.

De la Paix, via Cattori 18, ✉ 6900 Lugano-Paradiso, ✆ 0919 606 060, rece⋯
on@delapaix.ch, Fax 0919 606 066, 🛋, 🏊 – 📶, ✄ cam, 📺 📞 🚗 🅿
🔒 15/250. 🎴 ① 🆗 VISA JCB. ✂
AX
Neptune (chiuso dal 1° novembre al 15 marzo e mezzogiorno) **Pasto** alla carta 50/⋯
Al Barilotto (grill/pizzeria) **Pasto** 18 ed alla carta 44/82 – **131 cam** ⇌ 225/31⋯
½ P sup. 50.

♦ Ubicato sull'arteria che conduce verso l'autostrada, propone due tipi di came⋯
uno più modesto. Ideale per congressi. All'ambiente rustico del Barilotto, si co⋯
rappone l'elegante ristorante alla carta dell'Hotel de la Paix per una cucina moder⋯

LUGANO

Holiday Inn M, via Geretta 15, ✉ 6902 Lugano-Paradiso, ☎ 0919 863 838, *holidayinn.lugano@alliancealberghi.com*, *Fax 0919 863 839*, 斎, ㎮, ≘s, ☒, ▨ – ≡, ※ cam, ▣ TV ℓ ⇔ – ♨ 25. ☒ ◐ ◯ VISA. ※ rist   AX v
Nelson : **Pasto** 37 ed alla carta 62/85 – ☲ 19 – **92 cam** 220/290.

◆ Ristrutturato di recente, offre camere dal mobilio moderno e funzionale. Approfittate della vista che si gode dalla piscina su terrazza panoramica. Il bar caffé propone una ristorazione basata su una cucina classica con sfumature francesi ma senza pretese.

Bellevue au Lac, riva A. Caccia 10, ✉ 6902 Lugano-Paradiso, ☎ 0919 943 333, *info@hotelbellevue.ch*, *Fax 0919 941 273*, ≤, 斎, ☒ – ≡ TV ℓ P. ☒ ◯ VISA   AX e
chiuso gennaio - febbraio – **Pasto** alla carta 40/106 – **69 cam** ☲ 165/370 – ½ P sup. 53.

◆ Albergo che sorge sul lungolago di Lugano. Camere rinnovate ; alcune offrono una bella vista sul lago. Interni confortevoli senza fasto. Un arredamento rustico caratterizza il ristorante con veranda. Cucina tradizionale, di stampo italiano.

du Lac, riva Paradiso 3, ✉ 6902 Lugano-Paradiso, ☎ 0919 864 747, *dulac@dulac.ch*, *Fax 0919 864 748*, ≤ lago e monti, 斎, ≘s, ☒, ⇌, ▣ – ≡ ※ TV P. ☒ ◐ ◯ VISA. ※   AX u
chiuso dal 5 gennaio al 13 marzo – **L'Arazzo** : **Pasto** alla carta 59/100 – **53 cam** ☲ 170/380 – ½ P sup. 43.

◆ Costruzione cubica, confortevole, di fronte al Ceresio. Dispone di una terrazza sul lago con piscina. Bellissima vista sul golfo e sui monti circostanti. Ristorante moderno con sala da pranzo da cui si domina il lago. Cucina classica, d'ispirazione francese.

Ticino ⚘, piazza Cioccaro 1, ✉ 6901, ☎ 0919 227 772, *romantikhotelticino@ticino.com*, *Fax 0919 236 278* – ≡ ※ ※ cam, ▣ ℓ ⇔. ☒ ◐ ◯ VISA JCB. ※   Y z
chiuso gennaio – **Pasto** *(chiuso sabato e domenica a mezzogiorno)* alla carta 66/136 – **18 cam** ☲ 320/490 – ½ P sup. 65.

◆ Edificio del XIV sec. con eleganti decorazioni. Camere personalizzate ; una parte dà sull'atrio ricco di piante verdi che cadono a cascata. Il ristorante è uno dei più vecchi del centro : piccola sala con muri parzialmente ricoperti in mogano. Cucina classica.

International au Lac, via Nassa 68, ☎ 0919 227 541, *info@hotel-international.ch*, *Fax 0919 227 544*, 斎, ☒, ⇌ – ≡, ▣ cam, TV ⇔. ☒ ◐ ◯ VISA. ※ rist   Z b
6 aprile al 26 ottobre – **Pasto** 17 - 30 (mezzogiorno)/38 ed alla carta 36/79 – **79 cam** ☲ 185/298 – ½ P sup. 30.

◆ Accanto alla chiesetta di Santa Maria degli Angeli sorge questo complesso dotato di terrazza con piscina. Camere di stile tradizionale, alcune climatizzate. Sala da pranzo con un arredamento classico per una proposta culinaria di carattere tradizionale.

Delfino, via Casserinetta 6, ✉ 6902 Lugano-Paradiso, ☎ 0919 859 999, *benvenuti@delfinolugano.ch*, *Fax 0919 859 900*, 斎, ☒ – ≡ ※, ▣ rist, TV ℓ ⇔ – ♨ 25. ☒ ◐ ◯ VISA. ※ rist   AX a
chiuso dal 1° dicembre al 3 febbraio – **Pasto** 18 - 20 (mezzogiorno)/51 ed alla carta 56/81 – **50 cam** ☲ 140/250 – ½ P sup. 30.

◆ Albergo familiare, un po' decentrato, è stato totalmente rinnovato. Le splendide zone comuni si aprono sulla terrazza solarium con piscina. Il luminoso ristorante offre una cucina semplice oppure grigliate da gustare proprio a bordo piscina.

Albatro M, via Clemente Maraini 8, ☎ 0919 210 921, *info@albatro.ch*, *Fax 0919 210 927*, 斎, ☒, ⇌ – ≡ ※ ▣ TV ℓ ⇔. ☒ ◐ ◯ VISA JCB. ※ rist   Z n
Pasto alla carta 38/71 – **40 cam** ☲ 145/240 – ½ P sup. 32.

◆ Costruzione moderna, munita di giardino con piscina, meta di molti uomini d'affari grazie alla sua posizione centrale. Camere funzionali e ben insonorizzate. Ristorante di taglio contemporaneo, sobrio. Propone una carta locale con accenti italiani.

Parkhotel Villa Nizza ⚘, via Guidino 14, ✉ 6902 Lugano-Paradiso, ☎ 0919 941 771, *hotelnizza@swissonline.ch*, *Fax 0919 941 773*, ≤ lago e monti, 斎, ☒ – ≡, ※ rist, TV ℓ P. ☒ ◯ VISA JCB. ※ rist   AX f
chiuso dal 2 al 28 marzo e dal 26 ottobre al 28 novembre – **Pasto** *(carta snack)* 45 (sera) ed alla carta 47/110 – **25 cam** ☲ 150/260 – ½ P sup. 35.

◆ In posizione collinare, tranquilla, domina il golfo di Lugano. Ottima vista sui dintorni. Belle camere accoglienti e tutte diverse. Al ristorante troverete anche piatti preparati con prodotti biologici di produzione propria ; Merlot della casa.

LUGANO

- 🏨 **Federale**, via Paolo Regazzoni 8, ℘ 0919 100 808, info@hotel-federale.c
  Fax 0919 100 800, 🍴, 🛋, ⚓ – |$| TV ✆ ⚓, AE ⓘ ⓜ VISA. ✄ rist   Y
  chiuso dal 16 dicembre al 31 gennaio – **Pasto** 18 - 29/42 ed alla carta 36/79 – **43 ca**
  ☑ 150/250 – ½ P sup. 33.
  - Hotel a conduzione familiare, non è lontano dalla stazione e dal centro. Off
  camere tradizionali, senza fronzoli ; preferite quelle sul davanti. Il locale rispecc
  la genuina gestione diretta dell'albergo. Aperto solo la sera, propone una car
  semplice.

- 🏨 **Alba**, via delle Scuole 11, ✉ 6902 Lugano-Paradiso, ℘ 0919 943 731, lhauri@
  uewin.ch, Fax 0919 944 523, 🍴, ⚓, 🍴 – |$| TV ✆. AE ⓘ ⓜ VISA. ✄ rist AX
  Pasto (solo ½ pens. per clienti alloggiati) – **21 cam** ☑ 130/220 – ½ P sup. 30.
  - Ricavato da un'ex villa ubicata nel centro, dispone di un giardino fiorito dalla veg
  tazione lussureggiante. Le camere sono spaziose e dal gusto classico.

- 🏨 **Nassa** senza rist, via Nassa 62, ℘ 0919 107 060, hotel.nassa@bluewin.c
  Fax 0919 107 061, ≤ – |$| ≡ TV ⚓. AE ⓜ VISA   Z
  21 cam ☑ 130/220.
  - Situato in un piccolo edificio del centro storico, retrostante il lungolago. Da u
  minuscola hall d'entrata si accede alle camere, dignitose e di buone dimensioni.

- 🍴🍴🍴 **Principe Leopoldo** - *Hotel Principe Leopoldo*, via Montalbano 5, ℘ 0919 858 85
  info@leopoldohotel.com, Fax 0919 858 825, ≤ lago e dintorni, 🍴 – 🅿. AE ⓘ ⓒ
  VISA. JCB. ✄   AX
  Pasto 48 - 62 (mezzogiorno)/135 ed alla carta 89/161.
  - In estate, all'interno sontuoso della sala dell'Hotel "Principe Leopoldo", prefer
  la terrazza, molto conviviale. Cucina ricca e creativa, con influenze italiane e fra
  cesi.

- 🍴🍴🍴 **Al Portone**, viale Cassarate 3, ℘ 0919 235 511, Fax 0919 716 505 – AE ⓘ ⓒ
  VISA. ✄   BX
  chiuso dal 1° al 19 gennaio, dal 20 luglio al 17 agosto, domenica e lunedì – **Pas**
  (coperti limitati - prenotare) 58 (mezzogiorno)/150 ed alla carta 92/148.
  - Uno degli ultimi locali tradizionali, dall'interno rustico-elegante. Cucina contemp
  ranea, connubio tra gli ingredienti scelti con cura e la passione dello chef.

- 🍴🍴 **Parco Saroli**, viale Stefano Franscini 8, ℘ 0919 235 314, ristorante.saroli@bl
  win.ch, Fax 0919 228 805, 🍴 – ≡. AE ⓘ ⓒ VISA   AV
  chiuso dal 24 dicembre al 6 gennaio, dal 18 al 21 aprile, dal 26 luglio al 17 agost
  sabato, domenica e giorni festivi – **Pasto** 18 - 60 ed alla carta 46/99.
  - Elegante ristorante la cui architettura interna è moderna come, d'altronde, que
  esterna, opera del famoso architetto Botta. Cucina tradizionale con un'impronta it
  liana.

- 🍴🍴 **Al Faro**, riva Paradiso 36, ✉ 6902 Lugano-Paradiso, ℘ 0919 945 141, info@
  rdognaweb.com, Fax 0919 930 094, – ≡ 🅿. AE ⓘ ⓒ VISA. ✄   AX
  chiuso lunedì – **Pasto** - specialità di mare - alla carta 63/129.
  - Ai piedi del San Salvatore, locale dal tono elegante ed in stile marinaro, propo
  una cucina di carattere mediterraneo basata soprattutto su specialità di pesce
  mare.

- 🍴🍴 **Scala**, via Nassa 29, ℘ 0919 220 958, ristorantescala@ticino.co
  Fax 0919 237 542, 🍴 – ✄ ≡. AE ⓘ ⓒ VISA. ✄   Z
  chiuso dal 1° al 10 gennaio e domenica – **Pasto** 29 - 40 (mezzogiorno) ed alla car
  60/116.
  - Locale ben situato, vicino al lago, dall'ambiente signorile i cui tavoli sono piuttos
  ravvicinati. Cucina tradizionale che segue il ritmo delle stagioni.

- 🍴🍴 **Cyrano**, corso Pestalozzi 27, ℘ 0919 222 182, info@bistrotcyrano.c
  Fax 0919 222 282, 🍴 – AE ⓘ ⓒ VISA   Y
  chiuso dal 1° al 17 agosto, sabato, domenica e giorni festivi – **Pasto** 22 - 46 ed a
  carta 35/76.
  - Ristorante moderno, luminoso. La cucina, regionale ed italiana, è basata sulle offer
  stagionali ed è ricercata. Un pizzico di creatività accompagna tutti i piatti !

- 🍴🍴 **Tinello del Parco Ciani (Mövenpick)**, piazza Indipendenza
  ℘ 0919 238 656, restaurant.parcociani@moevenpick.com, Fax 0919 235 974, 🍴
  – ≡. AE ⓘ ⓒ VISA JCB   Y
  Pasto 19.50 ed alla carta 39/88.
  - Ubicazione particolarmente gradevole all'entrata del Parco Civico nel quale,
  estate, potete usufruire del servizio all'aperto. Carta variata.

LUGANO

Osteria Ticinese Da Raffaele, via Pazzalino 19, ✉ 6962 Viganello, ✆ 0919 716 614, 🌿 – AE ⓜ VISA   BV f
chiuso dal 28 luglio al 22 agosto, sabato a mezzogiorno e domenica – **Pasto** - specialità della griglia - (prenotare) 16 ed alla carta 44/84.

• Locale dall'ambiente caratteristico a conduzione familiare. Proposte originali con largo uso della griglia e dei prodotti del mercato. In estate servizio anche esterno.

Locanda del Boschetto, via Boschetto 8 (Cassarina), ✆ 0919 942 493, Fax 0919 944 495, 🌿 – 🛏 cam, P. AE ⓘ ⓜ VISA   AX b
chiuso dal 10 al 25 novembre e lunedì – **Pasto** - specialità della griglia - (prenotare la sera) alla carta 43/92.

• Caseggiato rustico a due passi dal centro. Nella bella stagione servizio esterno in luogo ombreggiato : ideale per gustare grigliate di pesce in un ambiente tradizionale.

Bottegone del vino, via Magatti 3, ✆ 0919 227 689 – AE ⓘ ⓜ VISA   Y f
chiuso domenica e giorni festivi – **Pasto** alla carta 55/72.

• Grandi tavolate apparecchiate per tutti vi faranno apprezzare l'atmosfera conviviale che vi regna. Formaggi e salumi nostrani nonché pietanze calde a prezzi simpatici.

Osteria Calprino, via Carona 28, ✉ 6902 Lugano-Paradiso, ✆ 0919 941 480, calprino@ticino.com – ⓜ VISA   AX n
chiuso dal 2 al 17 agosto e mercoledì – **Pasto** (coperti limitati - prenotare) 20 - 22 (mezzogiorno) ed alla carta 38/75.

• L'indirizzo da avere! Ideale per gustare i tipici prodotti ticinesi primi fra tutti la polenta cotta sul fuoco del camino, nonché i vini locali. La prenotazione è d'obbligo.

Vezia *Nord : 3,5 km AV – alt. 368 –* ✉ *6943 Vezia :*

Vezia, via San Gottardo 32, ✆ 0919 663 631, motel@motel.ch, Fax 0919 667 022, 🏊, 🌿 – 🛏 cam, 🍽 rist, 📺 ⚐ ⬚ P. AE ⓘ ⓜ VISA   AV e
albergo : chiuso dal 21 dicembre al 20 gennaio ; rist : chiuso dal 1° novembre al 1° marzo – **Pasto** *(chiuso a mezzogiorno)* 18.50 - 25 ed alla carta 25/63 – ⊑ 12 – **50 cam** 99/189 – ½ P sup. 35.

• La tappa ideale per chi è di passaggio! Le camere sono confortevoli ed alcune sono provviste del proprio garage. Giardino con piscina. L'ambiente semplice caratterizza il ristorante del Motel Vezia, con un giardino d'inverno integrato. Aperto la sera.

Lugano-Castagnola *Est : 3 km BX – alt. 325 –* ✉ *6976 Castagnola :*

Carlton Villa Moritz ⚘, via Cortivo 9, ✆ 0919 713 812, hotel@carlton-villa-moritz.ch, Fax 0919 713 814, ≤, 🌿, 🏊, 🌿 – 🛗 ⬚ AE ⓜ VISA. ✂   BX a
30 marzo al 25 ottobre – **Pasto** 22 - 34 (mezzogiorno) ed alla carta 37/61 – **48 cam** ⊑ 120/216 – ½ P sup. 30.

• Due edifici separati dalla terrazza con piscina sorgono in una verdeggiante zona residenziale. Camere disparate ; preferite quelle rinnovate. Ambiente classico nella sala da pranzo ; servizio estivo nel giardino fiorito. Offerta culinaria tradizionale.

d Aldesago *Est : 6 km BV verso Brè – alt. 570 –* ✉ *6974 Aldesago :*

Colibrì, via Bassone 7, ✆ 0919 714 242, hotel.colibri@swissonline.ch, Fax 0919 719 016, ≤ lago e città di Lugano con dintorni, 🌿, 🏊, 🌿 – 🛗, 🛏 rist, 📺 P – 🏛 30. AE ⓜ VISA. ✂ rist   BV a
chiuso gennaio e febbraio – **Pasto** 24 - 42 ed alla carta 35/78 – **30 cam** ⊑ 125/250 – ½ P sup. 35.

• Città e lago in un solo colpo d'occhio dalla piscina, dalle terrazze panoramiche e dalle camere ampie e luminose di questo albergo sul monte Bré. Ottima anche la vista che si gode dalla sala da pranzo e dalla terrazza del ristorante. Carta tradizionale.

Sorengo *Ovest : 3 km AX – alt. 350 –* ✉ *6924 Sorengo :*

Santabbondio (Dalsass), via Fomelino 10, ✆ 0919 932 388, santabbondio@bluewin.ch, Fax 0919 943 237, 🌿 – P. AE ⓘ ⓜ VISA. ✂   AX g
chiuso dal 2 al 15 gennaio, domenica e lunedì – **Pasto** (prenotare) 55 (mezzogiorno)/174 ed alla carta 102/157.

• Ambiente elegante in cui gustare una raffinata cucina mediterranea a cui non manca un tocco di creatività. In estate il servizio si svolge sulla simpatica terrazza all'ombra.
Spec. Il timballo di riso Venere con cappesante all'olio d'oliva Videlle (inverno). L'agnello di latte dei Pirenei alla mediterranea (primavera). La spuma di cioccolato all'olio d'oliva con fragoline di bosco (estate)

LUGANO

a Breganzona Ovest : 4 km – alt. 435 – ✉ 6932 Breganzona :

Villa Marita ⚜, via Lucino 49, ☎ 0919 660 561, Fax 0919 681 118, ≤, 🍴,
🍴 – TV P. 🆚
chiuso gennaio – **Pasto** (solo ½ pens. per clienti alloggiati) – **20 cam** ⚌ 90/180
½ P sup. 25.   AX
* Piccolo e piacevole hotel a conduzione familiare con un magnifico giardino fior
e piscina sul retro. Le camere sono accoglienti e confortevoli.

a Montagnola Ovest : 5 km – alt. 472 – ✉ 6926 Montagnola :

Grotto Cavicc, via ai Canvetti (Nord : 1 km), ☎ 0919 947 995, 🍴 – P. 🆚
aperto aprile - ottobre ; chiuso martedì escluso luglio ed agosto – **Pasto** alla ca
29/62.
* Scegliete la panchina su cui si sedeva Herman Hesse. D'estate è assicurato il servi
estivo sulla grande terrazza all'aperto. Cucina tipica, griglia e... buon vino !

a Massagno Nord-Ovest : 2 km AV – alt. 349 – ✉ 6900 Massagno :

Grotto della Salute, via dei Sindacatori 4, ☎ 0919 660 476, 🍴 – P. AE 🆚
chiuso dal 20 dicembre al 18 gennaio, dal 9 al 24 agosto, sabato e domenica – **Pas**
(coperti limitati - prenotare) 26 ed alla carta 42/71.
* Caratteristico grotto ombreggiato da platani quasi centenari ove gustare u
buona cucina stagionale con ricette legate al territorio. Prezzi interessanti. AV

LULLY Genève **217** ⑪ – rattaché à Genève.

LÜSCHERZ 2576 Bern (BE) **216** ⑬ – 438 Ew. – Höhe 446.

Bern 41 – Neuchâtel 22 – Biel 16 – La Chaux-de-Fonds 42 – Murten 20.

3 Fische, Hauptstr. 29, ☎ 0323 381 221, 3.fische@bluewin.ch, Fax 0323 381 20
🍴 – P. AE ① 🆚
geschl. 6. - 30. Jan., 2. - 18. Sept., Mittwoch und Donnerstag – **Menu** (am Abe
Tischbestellung ratsam) 49/98 und à la carte 53/113.
* In der ehemaligen Klostertaverne bewirtet man seine Gäste in der Taverne r
Tannentäfer und beeindruckendem Kachelofen, in der Gaststube und im Säli.

Zum Goldenen Sternen, Hauptstr. 33, ☎ 0323 381 223, w.bruggisser@fre
urf.ch, Fax 0323 382 402 – P. 🆚
geschl. 3. - 25. Feb., Montag (ausser Mai - Okt.) und Dienstag – **Menu** 16.50 - 69/
und à la carte 46/102.
* In dem schönen Berner Haus kann der Gast in der rustikalen Stube essen oder
à la carte-Bereich Speisen einer regional geprägten Karte mit vorwiegend Fische
richten wählen.

LUTERBACH 4542 Solothurn (SO) **216** ⑮ – 3 107 Ew. – Höhe 433.

Bern 38 – Basel 67 – Biel/Bienne 25 – Langenthal 22.

Park Forum Wylihof M ⚜ garni, beim Golfplatz Wylihof, ☎ 0326 813 43
parkforum@wylihof.ch, Fax 0326 813 435, 🏊 – ✱ TV 📞 P. AE ① 🆚
geschl. 15. Dez. - 20. Jan. – **16 Zim** ⚌ 190/235.
* Die geschmackvoll renovierte Villa mit Gästehaus ist inmitten einer schönen Par
anlage plaziert - eine moderne kleine Adresse, die mit netten Zimmern überzeu

LUTRY 1095 Vaud (VD) **217** ⑬ – 8 251 h. – alt. 402.

Bern 97 – Lausanne 4 – Montreux 19 – Genève 71 – Yverdon-les-Bains 41.

Le Rivage M, rue du Rivage, ☎ 0217 967 272, info@hotelrivagelutry.c
Fax 0217 967 200, ≤, 🍴 – 🛗 TV 📞 – 🅿 15/45. AE ① 🆚
fermé 7 janv. au 11 fév. – **Repas** (fermé mardi sauf juin à sept.) 18.50 - 25 (midi)
à la carte 41/90 – **33 ch** ⚌ 135/230 – ½ P suppl. 30.
* Hôtel fraîchement rénové dont la terrasse ombragée borde le lac. Touc
contemporaine sur l'ensemble, lambris sombres et pierres apparentes dans les char
bres. La modernité domine au restaurant, doté d'une cheminée, de tableaux, e
Cuisine au goût du jour.

Auberge de Lavaux, à La Conversion, 97 rte du Landar, ☎ 0217 912 9C
Fax 0217 916 809, 🍴 – P. 🆚
fermé 23 déc. au 6 janv., 26 mai au 2 juin, 22 sept. au 13 oct., dim. et lundi – **Rep**
55 (midi)/125 et à la carte 76/115 – **Le Bistrot : Repas** 18 - 65 et à la carte 54/1
* Dans cette auberge traditionnelle, une végétation luxuriante envahit tant la sa
à manger-véranda que la vaste terrasse, prisée à la belle saison. Le Bistrot, plaisa
café, évoque une petite galerie de peinture avec ses toiles d'artistes locaux.

LUGANO

Osteria Ticinese Da Raffaele, via Pazzalino 19, ✉ 6962 Viganello, ℘ 0919 716 614, 🍴 – AE MC VISA BV f
chiuso dal 28 luglio al 22 agosto, sabato a mezzogiorno e domenica – **Pasto** - specialità della griglia - (prenotare) 16 ed alla carta 44/84.

♦ Locale dall'ambiente caratteristico a conduzione familiare. Proposte originali con largo uso della griglia e dei prodotti del mercato. In estate servizio anche esterno.

Locanda del Boschetto, via Boschetto 8 (Cassarina), ℘ 0919 942 493, Fax 0919 944 495, 🍴 – ↔ 🅿 AE ① MC VISA AX b
chiuso dal 10 al 25 novembre e lunedì – **Pasto** - specialità della griglia - (prenotare la sera) alla carta 43/92.

♦ Caseggiato rustico a due passi dal centro. Nella bella stagione servizio esterno in luogo ombreggiato : ideale per gustare grigliate di pesce in un ambiente tradizionale.

Bottegone del vino, via Magatti 3, ℘ 0919 227 689 – AE ① MC VISA Y f
chiuso domenica e giorni festivi – **Pasto** alla carta 55/72.

♦ Grandi tavolate apparecchiate per tutti vi faranno apprezzare l'atmosfera conviviale che vi regna. Formaggi e salumi nostrani nonché pietanze calde a prezzi simpatici.

Osteria Calprino, via Carona 28, ✉ 6902 Lugano-Paradiso, ℘ 0919 941 480, calprino@ticino.com – MC VISA AX n
chiuso dal 2 al 17 agosto e mercoledì – **Pasto** (coperti limitati - prenotare) 20 - 22 (mezzogiorno) ed alla carta 38/75.

♦ L'indirizzo da avere ! Ideale per gustare i tipici prodotti ticinesi primi fra tutti la polenta cotta sul fuoco del camino, nonché i vini locali. La prenotazione è d'obbligo.

Vezia *Nord : 3,5 km AV – alt. 368 –* ✉ *6943 Vezia :*

Vezia, via San Gottardo 32, ℘ 0919 663 631, motel@motel.ch, Fax 0919 667 022, ⌕, 🌳, – ↔ cam, 🍽 rist, 📺 & ⇔ 🅿 AE ① MC VISA AV e
albergo : chiuso dal 21 dicembre al 20 gennaio ; rist : chiuso dal 1° novembre al 1° marzo – **Pasto** *(chiuso a mezzogiorno)* 18.50 - 25 ed alla carta 25/63 – ⌂ 12 – **50 cam** 99/189 – ½ P sup. 35.

♦ La tappa ideale per chi è di passaggio ! Le camere sono confortevoli ed alcune sono provviste del proprio garage. Giardino con piscina. L'ambiente semplice caratterizza il ristorante del Motel Vezia, con un giardino d'inverno integrato. Aperto la sera.

Lugano-Castagnola *Est : 3 km BX – alt. 325 –* ✉ *6976 Castagnola :*

Carlton Villa Moritz ⍺, via Cortivo 9, ℘ 0919 713 812, hotel@carlton-villa-moritz.ch, Fax 0919 713 814, ≤, 🍴, ⌕, – 🛗 ⇔ AE MC VISA ❄ BX a
30 marzo al 25 ottobre – **Pasto** 22 - 34 (mezzogiorno) ed alla carta 37/61 – **48 cam** ⌂ 120/216 – ½ P sup. 30.

♦ Due edifici separati dalla terrazza con piscina sorgono in una verdeggiante zona residenziale. Camere disparate ; preferite quelle rinnovate. Ambiente classico nella sala da pranzo ; servizio estivo nel giardino fiorito. Offerta culinaria tradizionale.

ad Aldesago *Est : 6 km BV verso Brè – alt. 570 –* ✉ *6974 Aldesago :*

Colibrì, via Bassone 7, ℘ 0919 714 242, hotel.colibri@swissonline.ch, Fax 0919 719 016, ≤ lago e città di Lugano con dintorni, 🍴, ⌕, 🌳 – 🛗, ↔ rist, 📺 🅿 – 🔔 30. AE MC VISA ❄ rist BV a
chiuso gennaio e febbraio – **Pasto** 24 - 42 ed alla carta 35/78 – **30 cam** ⌂ 125/250 – ½ P sup. 35.

♦ Città e lago in un solo colpo d'occhio dalla piscina, dalle terrazze panoramiche e dalle camere ampie e luminose di questo albergo sul monte Brè. Ottima anche la vista che si gode dalla sala da pranzo e dalla terrazza del ristorante. Carta tradizionale.

Sorengo *Ovest : 3 km AX – alt. 350 –* ✉ *6924 Sorengo :*

Santabbondio (Dalsass), via Fomelino 10, ℘ 0919 932 388, santabbondio@bluewin.ch, Fax 0919 943 237, 🍴 – 🅿 AE ① MC VISA ❄ AX g
chiuso dal 2 al 15 gennaio, domenica e lunedì – **Pasto** (prenotare) 55 (mezzogiorno)/174 ed alla carta 102/157.

♦ Ambiente elegante in cui gustare una raffinata cucina mediterranea a cui non manca un tocco di creatività. In estate il servizio si svolge sulla simpatica terrazza all'ombra.
Spec. Il timballo di riso Venere con cappesante all'olio d'oliva Videlle (inverno). L'agnello di latte dei Pirenei alla mediterranea (primavera). La spuma di cioccolato all'olio d'oliva con fragoline di bosco (estate)

LUGANO

a Breganzona *Ovest : 4 km – alt. 435 –* ✉ *6932 Breganzona :*

Villa Marita ⚜, via Lucino 49, ☏ 0919 660 561, Fax 0919 681 118, ≤, 🍴,
– 📺 🅿 ⓜⓞ VISA
chiuso gennaio – **Pasto** *(solo ½ pens. per clienti alloggiati) –* **20 cam** ⌧ 90/180
½ P sup. 25. **AX**
* Piccolo e piacevole hotel a conduzione familiare con un magnifico giardino fior
e piscina sul retro. Le camere sono accoglienti e confortevoli.

a Montagnola *Ovest : 5 km – alt. 472 –* ✉ *6926 Montagnola :*

Grotto Cavicc, via ai Canvetti (Nord : 1 km), ☏ 0919 947 995, 🍴 – 🅿 ⓜⓞ
aperto aprile - ottobre ; chiuso martedì escluso luglio ed agosto – **Pasto** alla car
29/62.
* Scegliete la panchina su cui si sedeva Herman Hesse. D'estate è assicurato il servi
estivo sulla grande terrazza all'aperto. Cucina tipica, griglia e... buon vino !

a Massagno *Nord-Ovest : 2 km* **AV** *– alt. 349 –* ✉ *6900 Massagno :*

Grotto della Salute, via dei Sindacatori 4, ☏ 0919 660 476, 🍴 – 🅿 AE ⓜⓞ
chiuso dal 20 dicembre al 18 gennaio, dal 9 al 24 agosto, sabato e domenica – **Pas**
(coperti limitati - prenotare) 26 ed alla carta 42/71.
* Caratteristico grotto ombreggiato da platani quasi centenari ove gustare u
buona cucina stagionale con ricette legate al territorio. Prezzi interessanti. **AV**

LULLY *Genève* **217** ⑪ *– rattaché à Genève.*

LÜSCHERZ *2576 Bern (BE)* **216** ⑬ *– 438 Ew. – Höhe 446.*
Bern 41 – Neuchâtel 23 – Biel 16 – La Chaux-de-Fonds 42 – Murten 20.

3 Fische, Hauptstr. 29, ☏ 0323 381 221, 3.fische@bluewin.ch, Fax 0323 381 2(
🍴 – 🅿 AE ⓞ ⓜⓞ VISA
geschl. 6. - 30. Jan., 2. - 18. Sept., Mittwoch und Donnerstag – **Menu** (am Abe
Tischbestellung ratsam) 49/98 und à la carte 53/113.
* In der ehemaligen Klostertaverne bewirtet man seine Gäste in der Taverne r
Tannentäfer und beeindruckendem Kachelofen, in der Gaststube und im Säli.

Zum Goldenen Sternen, Hauptstr. 33, ☏ 0323 381 223, w.bruggisser@fre
urf.ch, Fax 0323 382 402 – 🅿 AE ⓜⓞ VISA
geschl. 3. - 25. Feb., Montag (ausser Mai - Okt.) und Dienstag – **Menu** 16.50 - 69/
und à la carte 46/102.
* In dem schönen Berner Haus kann der Gast in der rustikalen Stube essen oder
à la carte-Bereich Speisen einer regional geprägten Karte mit vorwiegend Fischg
richten wählen.

LUTERBACH *4542 Solothurn (SO)* **216** ⑮ *– 3 107 Ew. – Höhe 433.*
Bern 38 – Basel 67 – Biel/Bienne 25 – Langenthal 22.

Park Forum Wylihof Ⓜ ⚜ garni, beim Golfplatz Wylihof, ☏ 0326 813 4?
parkforum@wylihof.ch, Fax 0326 813 435, 🏋 – ⚞ 📺 📞 🅿 AE ⓞ ⓜⓞ VISA
geschl. 15. Dez. - 20. Jan. – **16 Zim** ⌧ 190/235.
* Die geschmackvoll renovierte Villa mit Gästehaus ist inmitten einer schönen Par
anlage plaziert - eine moderne kleine Adresse, die mit netten Zimmern überzeu

LUTRY *1095 Vaud (VD)* **217** ⑬ *– 8 251 h. – alt. 402.*
Bern 97 – Lausanne 4 – Montreux 19 – Genève 71 – Yverdon-les-Bains 41.

Le Rivage Ⓜ, rue du Rivage, ☏ 0217 967 272, info@hotelrivagelutry.c
Fax 0217 967 200, ≤, 🍴 – ⚞ 📺 📞 – 🏋 15/45. AE ⓞ ⓜⓞ VISA
fermé 7 janv. au 11 fév. – **Repas** *(fermé mardi sauf juin à sept.)* 18.50 - 25 (midi)
à la carte 41/90 – **33 ch** ⌧ 135/230 – ½ P suppl. 30.
* Hôtel fraîchement rénové dont la terrasse ombragée borde le lac. Touc
contemporaine sur l'ensemble, lambris sombres et pierres apparentes dans les cha
bres. La modernité domine au restaurant, doté d'une cheminée, de tableaux, e
Cuisine au goût du jour.

Auberge de Lavaux, à La Conversion, 97 rte du Landar, ☏ 0217 912 9(
Fax 0217 916 809, 🍴 – 🅿 ⓜⓞ VISA
fermé 23 déc. au 6 janv., 26 mai au 2 juin, 22 sept. au 13 oct., dim. et lundi – **Rep**
55 (midi)/125 et à la carte 76/115 – **Le Bistrot** **:** **Repas** 18 - 65 et à la carte 54/1?
* Dans cette auberge traditionnelle, une végétation luxuriante envahit tant la sa
à manger-véranda que la vaste terrasse, prisée à la belle saison. Le Bistrot, plaisa
café, évoque une petite galerie de peinture avec ses toiles d'artistes locaux.

LUZERN (LUCERNE)

6000 K *Luzern (LU)* 216 ⑰ *– 57 023 Ew. – Höhe 439*

Bern 111 ⑤ *– Aarau 47* ⑤ *– Altdorf 40* ③ *– Interlaken 68* ③ *– Zürich 56* ⑤

🛈 *Luzern Tourismus, Zentralstr. 5, ℘ 0412 271 717, luzern@luzern.org, Fax 0412 271 718* DZ.
Burgerstr. 22, ℘ 0412 296 929, Fax 0412 296 930 CZ.
Schachenweidstr. 46, 6030 Ebikon, ℘ 0414 203 333, Fax 0414 221 212.

Lokale Veranstaltungen
27.02 – 05.03 : Fasnacht.
15.08 – 19.09 : Internationale Musikfestwochen (Klassik).

am Dietschiberg, ✉ 6006 (April-Nov.) ℘ 0414 209 787, Fax 0414 208 248, Nord-Ost : 4 km über Dietschbergstrasse BX ;
Sempachersee in Hildisrieden, ✉ 6024 (März-Nov.) ℘ 0414 627 171, Fax 0414 627 172. Autobahn Richtung Basel, Ausfahrt Sempach : 18 km.

Sehenswert : *Lage*★★★ *– Altstadt und Seeufer*★★ *: Altes Rathaus*★*, Weinmarkt*★ CZ, *Jesuitenkirche St. Franz Xaver : Innenraum*★ CZ, *Kapellbrücke*★ DZ, *Hofkirche* DY *: Innenraum*★ *– Uferstrassen* DY *: Ausblicke*★★ *vom Schweizerhofquai und Nationalquai* DY *– Dietschiberg*★★ *(mit Standseilbahn)* BX *– Panorama*★ DY *– Museggmauer : Aussicht*★ CDY *– Gütsch*★ AX.
Museum : *Verkehrshaus der Schweiz*★★★ *über* ②.
Ausflugsziele : *Pilatus*★★★ *: 15 km über* ③ *und Zahnradbahn – Rigi*★★★ *: 24 km über* ② *und Zahnradbahn.*
Schiffahrten : *Informationen bei der Schiffahrtsgesellschaft, Werftestr. 5, ℘ 0413 676 767.*

Baselstrasse	**CZ** 3	Kapellgasse	**CDZ**	Mühlenplatz	**CZ** 28
Bundesstrasse	**CDZ** 7	Kapellplatz	**DZ** 18	Pfistergasse	**CZ** 30
Denkmalstrasse	**DY** 10	Kornmarkt	**CZ** 19	Pilatusstrasse	**CDZ**
Europaplatz	**DZ** 12	Kornmarktgasse	**CZ** 21	Rössligasse	**CZ** 31
Gerbergasse	**DY** 13	Kramgasse	**CZ** 22	St. Leodegar Strasse	**DY** 33
Grendel	**DY** 15	Löwengartenstrasse	**DY** 25	Theilinggasse	**CY** 36
Hirschplatz	**CZ** 16	Morgartenstrasse	**DZ** 27	Weggisgasse	**CZ** 39

Les renseignements sont donnés dans la langue
principale parlée sur place.

317

LUZERN

des Balances ⑤, Weinmarkt, ✉ 6005, ✆ 0414 182 828, info@balances.c
Fax 0414 182 838, ≤, 😊 – 📶, 📺 ✆ – 🔔 15/45. AE ① ⓜ VISA JCB. ✂ Res
Rotes Gatter : Menu 23 - 89 und à la carte 47/113 – **54 Zim** ⇌ 210/395, 3 Suit
– ½ P Zuschl. 45.   **CZ**

◆ Ruhig zwischen Fußgängerzone und Reuss liegt dieses Hotel mit der im Stil von Ha
Holbein bemalten Fassade. Hier beziehen Sie gut ausgestattete Zimmer mit Ausblick.
Roten Gatter hat man altes Gemäuer mit zeitgemässem Dekor gelungen kombiniert.

Wilden Mann ⑤, Bahnhofstr. 30, ✉ 6007, ✆ 0412 101 666, mail@wilden-
ann.ch, Fax 0412 101 629, 😊 – 📶, ✂ Zim, 📺 ✆ – 🔔 15/45. AE ① ⓜ VISA JC
Menu 22 - 45 (mittags)/59 und à la carte 49/110 – **50 Zim** ⇌ 200/370 – ½ P Zusc
48.

◆ Die Zimmer des ruhig gelegenen, aus 7 Altstadthäusern zusammengesetzten Hote
aus dem 16. Jh. sind unterschiedlich im Zuschnitt und mit Stilmöbeln geschmackv
eingerichtet. Gehoben-rustikales à la carte-Restaurant - ergänzt durch eine einf
chere Gaststube.   **CZ**

Astoria 🅼, Pilatusstr. 29, ✉ 6003, ✆ 0412 268 888, info@astoria-luzern.c
Fax 0412 104 262, 😊 – 📶 🍽 📺. AE ① ⓜ VISA   **CZ**
Menu (siehe auch Rest. **Thai Garden**) – **Latino** (Tischbestellung ratsam) **Menu** 2
62 und à la carte 41/108 – **La Cucina** - italienische Küche - (geschl. Samstag u
Sonntag jeweils mittags) **Menu** 20 - 65 (abends) und à la carte 62/95 – **196 Zi
⇌ 210/370.

◆ Die Zimmer dieses Hotels wurden alle 1999 renoviert, haben Parkettboden und sir
modern mit hellem, funktionellem Holzmobiliar und Einbauschränken ausgestatte
Latino : lebhaftes Lokal mit originellem Ambiente. Eine schöne antike Holzdecke zie
das La Cucina.

Continental-Park 🅼, Murbacherstr. 4, ✉ 6002, ✆ 0412 289 050, hotel@c
ntinental.ch, Fax 0412 289 059, 😊 – 📶, ✂ Zim, 🍽 📺 ✆ ☕ ← – 🔔 15/12
AE ① ⓜ VISA JCB   **DZ**
Menu - italienische Küche - 15 und à la carte 47/79 – **92 Zim** ⇌ 220/360 – ½
Zuschl. 35.

◆ Am Zentrumsrand neben einem kleinen Park gelegen, bietet dieses moderne Stac
hotel mit hellem Buchenholzmobiliar gut ausgestattete Zimmer von angenehm
Grösse. Sie speisen im Bellini oder im gehobeneren, ebenfalls modern eingerichte
Locanda Ticinese.

Monopol, Pilatusstr. 1, ✉ 6002, ✆ 0412 264 343, mail@monopolluzern.c
Fax 0412 264 344 – 📶, 🍽 Rest, 📺 – 🔔 15/40. AE ① ⓜ VISA JCB   **DZ**
Arbalète (geschl. Sonntag) **Menu** 39(mittags)/75 und à la carte 51/105 – **73 Zi
⇌ 270/400 – ½ P Zuschl. 35.

◆ Hinter der schönen Jugendstilfassade des traditionellen Hotels am Bahnhof behe
bergt man seine Gäste in meist mit Ahornmobiliar zeitgemäss eingerichteten, gerä
migen Zimmern. Im Arbalète nehmen Sie auf bequemen Polsterstühlen oder gemü
lichen Sofas Platz.

Cascada 🅼, Bundesplatz 18, ✉ 6003, ✆ 0412 268 088, info@cascada.c
Fax 0412 268 000, ✂ Zim, 📺 ☕ – 🔔 15/40. AE ① ⓜ VISA JCB   **DZ**
Bolero - spanische Küche - (geschl. Samstag und Sonntag jeweils mittags) **Menu** 18
27 (mittags)/53 und à la carte 44/78 – **65 Zim** ⇌ 160/300 – ½ P Zuschl. 45.

◆ Dieses moderne Geschäftshotel bietet nicht nur dem beruflich Reisenden Zimme
die funktionell und praktisch eingerichtet sind und zeitgemässen Komfort biete
Parkettboden, dunkles Mobiliar und farbenfrohes Dekor prägen das Bolero.

Krone 🅼 ⑤ garni, Weinmarkt 12, ✉ 6004, ✆ 0414 194 400, kroneluzern@b
stwestern.ch, Fax 0414 194 490 – 📶 📺 ✆ ☕. AE ① ⓜ VISA JCB   **CZ**
25 Zim ⇌ 180/280.

◆ Hinter der schön bemalten Fassade dieses beim Weinmarkt plazierten Hauses erwa
ten Sie moderne, farblich unterschiedlich gestaltete Zimmer mit hellem Holzmobilia

Baslertor garni, Pfistergasse 17, ✉ 6003, ✆ 0412 492 222, info@baslertor.c
Fax 0412 492 233, 🏊 – 📶 📺 ✆. AE ⓜ VISA   **CZ**
⇌ 15 – **30 Zim** 125/200.

◆ In diesem Altstadthaus mit kleinem Pool - nahe der Reuss gelegen - findet der Gas
Zimmer individueller Grösse und Ausstattung, teils mit Deckenventilator.

NH Luzern Hotel 🅼, Friedenstr. 8, ✆ 0414 183 333, nhluzern@nh-hotels.c
Fax 0414 183 535 – 📶, ✂ Zim, 📺 ✆. AE ① ⓜ VISA. ✂ Rest
Menu 18.50 und à la carte 34/64 – **110 Zim** ⇌ 205/365.

◆ Zeitgemässer Komfort in modern gestalteten Zimmern zeichnet dieses Hotel au
Es liegt am Rande der City und heisst auch Gruppenreisende herzlich willkommer

LUZERN

Waldstätterhof, Zentralstr. 4, ⊠ 6003, ✆ 0412 271 271, *hotelwaldstaetterh of@bluewin.ch*, Fax 0412 271 272, 🍴 – 🛗 📺 ☎ ♿ – 🏊 15/40. AE ⓪ ◎ VISA
Menu (alkoholfrei) 18 und à la carte 33/48 – **80 Zim** ⊇ 160/250 – ½ P Zuschl. 28.
 ◆ Die Zimmer des Hauses zeigen sich in individueller Machart: teils mit modernem Holzmobiliar, teils auch mit dunklem Ahorn, Stilmobiliar oder bunt als Designerzimmer. Im Erdgeschoss liegt das schlichte Hotelrestaurant.
 DZ y

Magic Hotel M garni, am Kornmarkt / Brandgässli 1, ✆ 0414 171 220, *mail@m agic-hotel.ch*, Fax 0414 171 221 – 🛗 📺 ☎. AE ⓪ ◎ VISA JCB. ✄
13 Zim ⊇ 170/270.
 CZ n
 ◆ Der Name lässt schon etwas Besonderes vermuten: modern und geschmackvoll nach Themen gestaltet präsentieren sich die Zimmer dieses versteckt liegenden Altstadthauses.

Hofgarten M, Stadthofstr. 14, ⊠ 6006, ✆ 0414 108 888, *hotel@hofgarten.ch*, Fax 0414 108 333, 🍴 – 🛗 📺 ☎ 🚗. AE ⓪ ◎ VISA
Menu - vegetarische Küche - 20 und à la carte 46/78 – **18 Zim** ⊇ 215/400.
 DY d
 ◆ In dem Riegelhaus a. d. 13. Jh. verbindet sich Altes mit Neuem: Die Zimmer sind modern und stilvoll eingerichtet, teils mit Messingbetten oder mit zeitgemässem Holzmobiliar. Im Erdgeschoss des Hauses befindet sich das bistroartige Restaurant - mit Hofgarten.

Rebstock M, St. Leodegar-str. 3, ⊠ 6006, ✆ 0414 103 581, *rebstock@herew eare.ch*, Fax 0414 103 917, 🍴 – 🛗 📺 ☎ 🚗 🅿. AE ⓪ ◎ VISA JCB
Menu 26 und à la carte 41/80 – **30 Zim** ⊇ 190/320.
 DY n
 ◆ Kein Zimmer gleicht dem anderen in diesem renovierten Riegelhaus aus dem 12. Jh. Alle sind stilvoll eingerichtet, mal modern mit Messingbett, mal rustikal mit Bauernmöbeln. Sie haben die Wahl: Beizli, rustikale Hofstube oder wintergartenartige Hofecke.

Drei Könige garni, Bruchstr. 35, ⊠ 6003, ✆ 0412 480 480, *hotel@drei-koenig e.ch*, Fax 0412 480 490 – 🛗 📺 ☎. AE ⓪ ◎ VISA JCB
67 Zim ⊇ 120/280.
 CZ w
 ◆ Dieses schöne Haus, Anfang des vorigen Jahrhunderts erbaut, bietet Gästezimmer, die mit funktionellem grauem Mobiliar ausgestattet sind und über eine Sitzecke verfügen.

Zum Weissen Kreuz 🌿, Furrengasse 19, ⊠ 6004, ✆ 0414 188 220, *wkreuz @tic.ch*, Fax 0414 188 230 – 🛗 📺. AE ⓪ ◎ VISA JCB. ✄
geschl. Weihnachten – **Menu** - italienische Küche - à la carte 44/72 – **22 Zim** ⊇ 150/195.
 CZ v
 ◆ In dem ruhig zwischen Reuss und Fussgängerzone gelegenen Altstadthaus werden Gäste in Zimmern, die mit massivem Eichenholzmobiliar ausgestattet sind, untergebracht. Im Restaurant offeriert man Holzofenpizza, Pasta und weitere typisch südländische Gerichte.

Goldener Stern, Burgerstr. 35, ⊠ 6003, ✆ 0412 275 060, *hotel@goldener-st ern.ch*, Fax 0412 275 061 – 🛗 📺 ☎. AE ⓪ ◎ VISA JCB
Menu 17 und à la carte 32/87 – **14 Zim** ⊇ 110/170.
 CZ r
 ◆ Das gut erhaltene Haus aus dem 16. Jh. wird familiär geführt. Die Zimmer, unterschiedlich in Zuschnitt und Einrichtung, stellen eine praktische Übernachtungsmöglichkeit dar. In der ersten Etage befindet sich ein einfaches Restaurant, im Parterre die Gaststube.

Old Swiss House, Löwenplatz 4, ⊠ 6004, ✆ 0414 106 171, *osh@tic.ch*, Fax 0414 101 738, 🍴 – AE ⓪ ◎ VISA JCB
geschl. 17. Feb. - 13. März und Montag – **Menu** 45 (mittags)/75 und à la carte 63/134.
 DY w
 ◆ In dem schönen Riegelhaus befindet sich eine gemütliche Gaststube mit rustikalem Dekor und Butzenscheiben. Im Säli steht ein alter Kachelofen von 1636. Klassische Karte.

Thai Garden - *Hotel Astoria*, Pilatusstr. 29, ⊠ 6003, ✆ 0412 106 161, *info@a storia-luzern.ch*, Fax 0412 104 262 – ▤. AE ⓪ ◎ VISA
geschl. Samstag und Sonntag jeweils mittags – **Menu** - thailändische Küche - (Tischbestellung ratsam) 20 - 33 (mittags) und à la carte 67/96.
 CZ q
 ◆ Typisches Dekor, Götterstatuen und ein kleiner, von exotischen Pflanzen umrahmter Teich verleihen diesem Restaurant fernöstliches Flair.

La Ratatouille, St. Karli-Quai 9, ⊠ 6004, ✆ 0414 107 156 – ▤. AE ⓪ ◎ VISA
geschl. 22. Dez. - 6. Jan., 26. Juli - 18. Aug., Sonntag, Montag und Feiertage – **Menu** (Tischbestellung ratsam) à la carte 57/95.
 CZ f
 ◆ In einem kleinen, hellen, frisch gestalteten und grosszügig bestuhlten Lokal kann der Gast täglich wechselnde Menus von einer Schiefertafel wählen.

LUZERN

Galliker, am Kasernenplatz, Schützenstr. 1, ✉ 6003, ✆ 0412 401 002, 🖼 – ⓘ ⓜ 𝐕𝐈𝐒𝐀 JCB – *geschl. 15. Juli - 9. Aug., Sonntag und Montag* – **Menu** (Tisc bestellung ratsam) *18* und à la carte 44/86.
CZ
♦ Beim Betreten dieses Wirtshauses aus dem 17. Jh. fühlt man sich gut 50 Jah zurückversetzt. Dekor und Gerichte wie aus Mutters Kochtopf unterstreichen dies Eindruck.

Bodu, Kornmarkt 5, ✉ 6004, ✆ 0414 100 177, Fax 0414 104 135 – AE ⓜ V **Menu** *19* und à la carte 38/80.
♦ Das Haus zum Raben beherbergt drei Stuben : zwei sind als Bistro-Brasserie e gerichtet, eine ist mit altem Holz rustikal gehalten. Brasserie-Angebot.
CZ

Nord-Ost : *4 km Richtung Dietschiberg :*

Schlössli Utenberg, Utenberg 643, ✉ 6006, ✆ 0414 200 022, *postmaster@ chloessli-utenberg.ch,* Fax 0414 200 024, ≤ Luzern und Vierwaldstättersee, 🖼 – AE ⓘ ⓜ 𝐕𝐈𝐒𝐀 – *geschl. 24. Feb. - 11. März, Montag und Dienstag* – **Menu** *22* - (mittags)/92 und à la carte 57/94.
BX
♦ Das spätbarocke Landgut aus dem 18. Jh. liegt in einem schönen Park mit Sicht a See und Berge - alte chinesische Gemälde zieren das Restaurant. Zeitgemässe Küch

Ost *über ② : 4 km Richtung Meggen :*

Hermitage 🅼 ⌛, Seeburgstr. 72, ✉ 6006, ✆ 0413 758 181, *info@hermit e-luzern.ch,* Fax 0413 758 182, ≤ Vierwaldstättersee, Pilatus und Luzern, 🖼, 𝐈 ⇌, 🅼, 🔄, ✂, 🅹, – 𝐒, ✂ Zim, 📺 video ✆ & 𝐏 – 🅐 15/70. AE ⓘ ⓜ V JCB – ***Quatre Saisons :*** **Menu** *29* - 44 und à la carte 49/100 – **50 Zim** ⌚ 295/3 – ½ P Zuschl. 45.
♦ Das ruhig am See gelegene Hotel verfügt im Annexe über moderne, im Haupthâ über neuzeitliche Zimmer, die mit hellem Mobiliar oder Rattanmöbeln komfortal eingerichtet sind. Zum Quatre Saison gehört eine Seeterrasse mit herrlicher Aussic

Seeburg (Annexe Chalet Gardenia : 🏨, 🅼), Seeburgstr. 61, ✉ 600 ✆ 0413 755 555, *mail@hotelseeburg.ch,* Fax 0413 755 550, ≤ Vierwaldstätterse Pilatus und Berge, 🖼, ⇌, 🅼, 🔄, 🅹, – 𝐒 📺 ✆ 𝐏. AE ⓘ ⓜ 𝐕𝐈𝐒𝐀 *geschl. 27. Jan. - 16. März* – **Menu** *21* - 29 (mittags)/89 und à la carte 44/99 – **53 Zi** ⌚ 220/340, 4 Suiten – ½ P Zuschl. 35.
♦ Die Zimmer des Hauses sind einheitlich in Stil und Komfort, ausgestattet mit helle Holzmobiliar. Im Annexe finden Sie luxuriösere, individuell gestaltete Räume. In ve schiedene Bereiche gegliederter Restaurantbereich mit Seeterrasse.

in Kastanienbaum *Süd-Ost : 4 km über Langensandstrasse* - **BX** – *Höhe 435* – ✉ 60* *Kastanienbaum :*

Seehotel Kastanienbaum ⌛, St. Niklausenstr. 105, ✆ 0413 400 340, *see tel@kastanienbaum.ch,* Fax 0413 401 015, ≤ Vierwaldstättersee, 🖼, ⇌, 🌊, 🅼 🔄, 🅹 – 𝐒 📺 ✆ 𝐏 – 🅐 15/40. AE ⓘ ⓜ 𝐕𝐈𝐒𝐀. ✂ Rest *geschl. 22. Dez. - 10. Jan.* – **Menu** *26* - 42 (mittags)/68 und à la carte 52/96 – **42 Z** ⌚ 245/360 – ½ P Zuschl. 35.
♦ Das Hotel liegt ruhig in der Horwer Bucht. Die meisten Zimmer - sie sind geräum und komfortabel mit Rattan möbliert - bieten einen schönen Blick über den Vierwal stättersee. Das Hotelrestaurant wird ergänzt durch eine wunderschöne Seeterrass

in Horw *Süd : 3 km – Höhe 442* – ✉ *6048 Horw :*

Seehotel Sternen ⌛, Winkelstr. 46, ✆ 0413 482 482, *info@seehotel-ster n.ch,* Fax 0413 482 483, ≤ Vierwaldstättersee, 🖼, 🅼, 🔄, 🅹 – 𝐒 📺 ✆ 🅐 15/80. AE ⓘ ⓜ 𝐕𝐈𝐒𝐀 *geschl. 17. Feb. - 10. März* – **Venus** (geschl. Montag ausser Feiertage) **Menu** *19.5* 58/68 und à la carte 50/119 – **25 Zim** ⌚ 170/290.
♦ Ruhig direkt am Ufer gelegen, bietet das Hotel einen wundervollen Ausblick üb den Vierwaldstättersee. Die grossen Zimmer sind mit dunklem Holzmobiliar eing richtet. Eine Terrasse ergänzt das Restaurant Venus.

Schwendelberg, Süd-West : 5 km Richtung Schwendelberg, ✆ 0413 403 54 *ming@schwendelberg.ch,* Fax 0413 407 540, ≤ Vierwaldstättersee und Berge, 🖼 – 𝐏. ⓜ 𝐕𝐈𝐒𝐀 *geschl. 17. Feb. - 6. März, Mittwoch von 1. Okt. - 20. April und Dienstag* – **Menu** *2* 56 und à la carte 44/100.
♦ Das Chalet am Pilatushang bietet einen schönen Blick über den Vierwaldstätterse und die Berge. Im rustikalen Gastraum werden zeitgemässe Speisen serviert. Pa oramaterrasse.

LUZERN

Kriens Süd : 4 km – Höhe 492 – ✉ 6010 Kriens :

🏨 **Ibis** Ⓜ garni, Kuonimatt-Industriestr. 13, ✆ 0413 494 949, h2982@accor-hotels.com, Fax 0413 494 900 – 📶 📺 📞 ♿ 🚗 🅿 – 🛁 15/50. 🆎 ⓞ ⓜⓔ 💳
☕ 14 – **69 Zim** 🛏 130.
♦ Das Hotel befindet sich im Industriegebiet, in einem Gebäudekomplex mit Kinos und Geschäften. Die Zimmer sind mit bunten Möbeln im Ibis-Stil eingerichtet.

auf der Autobahn A2 Nord-West : 10 km – ✉ 6023 Rothenburg :

🏨 **Express by Holiday Inn** Ⓜ garni, Raststätte Luzern-Neuenkirch A2, ✆ 0412 882 828, info@holidayinn.ch, Fax 0412 882 929 – 📶, ❄ Zim, 📺 ♿ 🅿 – 🛁 15/35. 🆎 ⓞ ⓜⓔ 💳
60 Zim 🛏 150.
♦ Eine ideale Übernachtungsadresse für erschöpfte Autofahrer : In diesem unmittelbar an der Autobahn plazierten Hotel stehen für Reisende helle, moderne Zimmer bereit.

LYSS 3250 Bern (BE) 𝟐𝟏𝟔 ⑭ – 10 277 Ew. – Höhe 444.
Bern 22 – Biel 10 – Burgdorf 32 – Neuchâtel 40 – Solothurn 26.

🏨 **Weisses Kreuz**, Marktplatz 15, ✆ 0323 870 740, info@kreuz-lyss.ch, Fax 0323 870 749, 🌳 – 📶, ❄ Zim, 📺 ♿ 🅿 🅿 – 🛁 15/120. 🆎 ⓞ ⓜⓔ 💳
Menu 17.50 - 65 und à la carte 42/94 – **27 Zim** 🛏 85/180 – ½ P Zuschl. 40.
♦ Die Zimmer im Neubau dieses Hotels sind mit weissem Furnierholz einfach gestaltet, die im Stammhaus sind zweckmässig mit hellem Kiefermobiliar eingerichtet. Die Restauration teilt sich in die rustikale Kreuzstube, die Gaststube und die Terrasse.

🍴🍴 **Post**, Bahnhofstr. 17, ✆ 0323 879 955, restaurantpost@besanet.ch, Fax 0323 853 502 – 🍽 🅿 ⓜⓔ 💳
Le Gourmet : **Menu** 45 (mittags)/75 und à la carte 45/113 – **Lotos** - chinesische Küche - (geschl. Samstagmittag) **Menu** 21 und à la carte 41/75 – **La Terrasse** : **Menu** 16 und à la carte 37/73.
♦ Einer der gastronomischen Bereiche der Post ist das Le Gourmet. Hier bittet man seine Gäste in einem angenehm gediegenen Ambiente zu Tisch. Modern und doch typisch chinesisch im Dekor : das Lotos. Als Wintergarten angelegt : La Terrasse.

🍴 **Schwanen**, Hauptstr. 17, ✆ 0323 841 218, Fax 0323 847 489, 🌳 – 🅿 🆎 ⓞ ⓜⓔ 💳
geschl. 24. Dez. - 7. Jan., 28. Juli - 11. Aug., Sonntag und Montag – **Menu** 17 - 58 (mittags)/89 und à la carte 42/100.
♦ Im Bistro trifft man sich in ungezwungener Atmosphäre zum Essen und Trinken. Dahinter schliesst sich ein moderner, gut eingedeckter Restaurant-Bereich an.

à Suberg Süd-Ost : 3 km Richtung Bern – Höhe 470 – ✉ 3262 Suberg :

🍴🍴 **Zum Goldenen Krug**, Bernstr. 61, ✆ 0323 891 330, info@goldener-krug.ch, Fax 0323 891 315, 🌳 – 🅿 🆎 ⓞ ⓜⓔ 💳
geschl. 22. Juli - 9. Aug., Sonntag und Montag – **Menu** 16 - 44 (mittags)/105 und à la carte 48/110.
♦ In dem schönen Fachwerkhaus finden Sie eine ländliche Gaststube mit traditionellem Angebot und die ganz in Holz gehaltene à la carte-Stube mit klassischer Karte.

MACOLIN (MAGGLINGEN) Berne 𝟐𝟏𝟔 ⑭ – voir Magglingen.

MADISWIL 4934 Bern (BE) 𝟐𝟏𝟔 ⑯ – 2 040 Ew. – Höhe 534.
Bern 47 – Luzern 70 – Olten 26 – Solothurn 31.

🍴🍴 **Bären** mit Zim, Kirchgässli 1, ✆ 0629 577 010, gasthof@baeren-madiswil.ch, Fax 0629 577 012, 🌳, 🌿 – ❄ Zim, 📺 ♿ 🅿 🆎 ⓞ ⓜⓔ 💳
Menu (geschl. Sonntagabend und Montag) 21 - 48/95 und à la carte 52/84 – **11 Zim** 🛏 105/170 – ½ P Zuschl. 30.
♦ In dem typischen Berner Landgasthof mit Velogarten finden Radfahrer, aber auch andere Reisende ein nettes, in unterschiedlichen Pastelltönen gehaltenes Zimmer. Gastronomie hat hier mehrere Gesichter : wählen Sie zwischen verschiedenen gemütlichen Stuben.

🍴🍴 **Bahnhof**, Steingasse 17, ✆ 0629 652 702, bahnhof-madiswil@bluewin.ch, Fax 0629 653 865, 🌳 – 🅿 🆎 ⓞ ⓜⓔ 💳
geschl. 23. Juli - 7. Aug., Dienstag und Mittwoch – **Menu** 15 - 45/70 und à la carte 36/86.
♦ Das Dorfgasthaus liegt zurückversetzt von der Durchgangsstrasse. In dem im Stil der 70er Jahre gehaltenen Restaurant wählt der Gast von einer gutbürgerlichen Karte.

MADULAIN 7523 Graubünden (GR) **218** ⑮ ⑯ – 182 Ew. – Höhe 1697.
Bern 322 – Sankt Moritz 14 – Chur 80 – Davos 57 – Scuol 49.

XX **Stüva Colani** mit Zim, ℘ 0818 541 771, stueva-colani@bluewin.c
Fax 0818 541 485, ≤, 🍴 – TV P. AE ⓘ MC VISA. ✳ Zim
geschl. Mitte April - Mai ; Rest. auch Dienstag und Mittwoch – **Menu** 98/165 und
la carte 86/137 – **Tavolino** (Pastagerichte und Grilladen) **Menu** 19 und à la car
41/85 – **16 Zim** ⚏ 100/245 – ½ P Zuschl. 58.
• Unweit von St. Moritz liegt dieses typische Engadiner Haus mit Sgraffiti. Entspr
chend nett sind die modernen Räumlichkeiten und der Empfang der engagierten Ga
geber. Im Tavolino sind die Pastagerichte und die Grilladen auf dem Papierset notie

MAGDEN 4312 Aargau (AG) **216** ⑤ – 2 959 Ew. – Höhe 329.
Bern 94 – Basel 22 – Aarau 38 – Baden 47 – Rheinfelden 3.

XXX **Pöschtli** (Rossal) mit Zim, Maispracherstr. 2, ℘ 0618 411 125, info@poeschtli.c
🕸 Fax 0618 411 160, 🍴 – ✳ Zim, P. AE ⓘ MC
geschl. 5. - 12. Jan., 13. Juli - 3. Aug., Sonntagabend und Montag – **Menu** 26 -
(mittags)/175 und à la carte 73/137 – **4 Zim** ⚏ 150/250.
• Durch den rückwärtigen Eingang gelangt man in die zwei kleinen, eleganten Stuben,
denen man Sie mit ausgewählten Schlemmermenus - zeitgemäss zubereitet - verwöh
Spez. Gebratenes Goldbrassenfilet mit Fenchel und getrockneten Tomaten. Kalb
rücken in der Kräuterkruste gebraten. Rückenfilet von Sommerreh an Cassissau
(Mai - Sept.).

MÄGENWIL 5506 Aargau (AG) **216** ⑰ – 1 449 Ew. – Höhe 416.
Bern 93 – Aarau 15 – Baden 12 – Luzern 56 – Zürich 37.

XX **Bären,** Hauptstr. 24, ℘ 0628 961 165, info@baeren-maegenwil.c
Fax 0628 961 150, 🍴 – P. AE ⓘ MC VISA – geschl. Weihnachten, 30. Juli - 26. Au
Montag und Dienstag – **Menu** 24 - 54 (mittags)/105 und à la carte 54/119.
• In dem Landgasthof nehmen Sie in der rustikalen Bäreschür Platz - eine ehemalig
renovierte Scheune mit Sichtbalken und zeitgemässer Einrichtung. Klassische Kar

MAGGLINGEN (MACOLIN) 2532 Bern (BE) **216** ⑭ – Höhe 873.
Bern 43 – Biel 8 – Neuchâtel 42 – Solothurn 28.

XX **Au Vieux Suisse,** Hauptstr. 206, ℘ 0323 225 040, info@vieuxsuisse.c
Fax 0323 225 040, 🍴 – P. AE ⓘ MC VISA
geschl. 23. Dez. - 7. Jan. und Montag – **Menu** 32 (mittags)/72 und à la carte 43/8
• An einen rustikalen Gaststuben-Bereich schliesst sich der Speisesaal mit helle
Wintergarten an. In gemütlicher Atmosphäre reicht man eine klassische Karte

MAGLIASO Ticino **219** ⑧ – vedere Caslano.

MAIENFELD 7304 Graubünden (GR) **218** ④ – 2 288 Ew. – Höhe 504.
🅑 Tourismus Bündner Herrschaft, Städtli 9, ℘ 0813 025 858, info@buendner
rrschaft.ch, Fax 0813 301 913.
Bern 228 – Chur 25 – Davos 57 – Vaduz 16.

XX **Schloss Brandis,** ℘ 0813 022 423, info@schlossbrandis.ch, Fax 0813 026 22
🍴 – P. – 🎓 15/80. AE ⓘ MC VISA
geschl. 14. Juli - 6. Aug. – **Rittersaal :** Menu 80 und à la carte 47/120 – **Turm
restaurant :** Menu à la carte 55/98.
• Im Turm des ehemaligen Schlosses Brandis befindet sich der mit Lift erreic
bare, herb-ländliche Rittersaal mit Holzbalken und Steinmauern. Romantischer Schlos
garten. Das einfachere Turmrestaurant dient in erster Linie zum gemütlichen Hock.

in Jenins Süd-West : 2 km – Höhe 633 – ⊠ 7307 Jenins :

♨ **Zur Bündte,** Hauptstr. 68, ℘ 0813 021 223, hotelzurbuendte@bluewin.c
Fax 0813 026 485, 🍴 – P. AE ⓘ MC VISA
geschl. 27. Jan. - 17. Feb., 24. Nov. - 15. Dez. und Montag von Dez. - März – **Men
à la carte 40/75 – **9 Zim** ⚏ 80/150 – ½ P Zuschl. 30.
• Inmitten der Weinberge der Bündner Herrschaft findet der Gast in eher kleine
rustikal eingerichteten Zimmern mit einfachem Komfort seine wohlverdiente Nach
ruhe. Bei schönem Wetter ergänzt eine grosse Sommerterrasse das traditionell ei
gerichtete Restaurant.

ALANS 7208 Graubünden (GR) 218 ④ – 1923 Ew. – Höhe 536.
Bern 232 – Chur 21 – Bad Ragaz 9 – Davos 54.

Weisskreuz M mit Zim, Rathausgasse, ✆ 0813 228 161, info@weisskreuz.com, Fax 0813 228 162, 🍴 – 🛗 TV P. AE ① ⓜ VISA
Rest.: geschl. Montag - Dienstag – **Ratsherrenstube** (nur Abendessen) **Menu** 95 und à la carte 52/131 – **Malanserstube**: **Menu** 75/98 und à la carte 45/91 – **11 Zim** ⇌ 130/240.
◆ In der ersten Etage des renovierten Gasthofs befinden sich zwei elegant eingerichtete Stuben mit altem Täfer. Hier reicht man eine interessante, regional beeinflusste Karte. Eine schlichtere Alternative: die Malanserstube.

Krone mit Zim, ✆ 0813 221 455, Fax 0813 223 643 – 🛗 P. AE ① ⓜ VISA. ❀ geschl. 18. Dez. - 10. Jan., 9. Juli - 7. Aug., Mittwoch und Donnerstag – **Menu** 19.50 und à la carte 34/94 – **11 Zim** ⇌ 75/150.
◆ Der Gasthof, vermutlich aus dem 17. Jh., wartet neben der Gaststube mit zwei gemütlich-rustikalen Stuben auf, die mit schönem Täfer versehen sind. Traditionelle Küche.

ALBUN Fürstentum Liechtenstein 216 ㉒ – siehe Seite 507.

MALOJA 7516 Graubünden (GR) 218 ⑮ – Höhe 1815 – Wintersport: 1 817/2 200 m ⛷3 ⛷.
Sehenswert: Turm Belvedere: Ausblick★.

🛈 Kur- und Verkehrsverein, Hauptstrasse, ✆ 0818 243 188, info@maloja.ch, Fax 0818 243 637.
Bern 334 – Sankt Moritz 17 – Chur 84 – Davos 83 – Sondrio 95.

Schweizerhaus, ✆ 0818 382 828, hallo@maloja-schweizerhaus.ch, Fax 0818 382 829, ≤, 🍴, ⇌ – TV 📞 ⇌ P. AE ① ⓜ VISA. ❀ Rest 21. Dez. - 21. April und 15. Juni - 18. Okt. – **Menu** 33 - 49 und à la carte 44/97 – **31 Zim** ⇌ 115/270, Vorsaison ⇌ 85/200 – ½ P Zuschl. 32.
◆ Ein Teil der Zimmer dieses schönen Holzhauses aus dem 19. Jh. sind mit Kirschbaummöbeln zeitgemäss eingerichtet, andere mit hellem Naturholz - alle von guter Grösse. Rustikale, mit Holz getäferte Gaststuben.

Maloja Kulm, Hauptstr. 1, ✆ 0818 243 105, malojakulm@gr-net.ch, Fax 0818 243 466, ≤, 🍴, ⛷, ⇌ – 🛗 TV ⇌ P – 🛎 25. AE ① ⓜ VISA. ❀ Rest 22. Dez. - 20. April und 12. Mai - 12. Okt. – **Menu** 24 - 42 und à la carte 44/84 – **22 Zim** ⇌ 105/224 – ½ P Zuschl. 29.
◆ Am südlichen Ortsrand, an der Passhöhe des Malojas, gegenüber dem Aussichtspunkt steht das Hotel, in dem man Ihnen mit Arvenholz zeitgemäss ausgestattete Zimmer bietet. Leicht rustikaler, gemütlicher Speisesaal.

MAMMERN 8265 Thurgau (TG) 216 ⑨ – 584 Ew. – Höhe 412.
Bern 182 – Zürich 62 – Frauenfeld 17 – Konstanz 25 – Stein am Rhein 5 – Winterthur 33.

Schiff M ❀ mit Zim, Seestr. 3, ✆ 0527 412 444, Fax 0527 414 868, 🍴, 🛶 – TV 📞 P. VISA
geschl. 23. Dez. - 11. Feb., 30 Sept. - 13. Okt. und Montag – **Menu** à la carte 40/115 – **7 Zim** ⇌ 130/200.
◆ In dem Riegelhaus bewirtet man die Gäste in zwei Stuben mit Holztäfelung aus dem 18. Jh. Ob im Haus oder auf der Terrasse - man reicht eine traditionelle Karte mit viel Fisch.

MANNENBACH 8268 Thurgau (TG) 216 ⑨ – Höhe 400.
Bern 190 – Sankt Gallen 49 – Frauenfeld 24 – Konstanz 14 – Steckborn 6 – Winterthur 41.

Seehotel Schiff M ❀, Seestr. 4, ✆ 0716 634 141, info@seehotel-schiff.ch, Fax 0716 634 150, ≤ Bodensee, 🍴, 🛶, 🚤 – 🛗 TV P – 🛎 15/60. AE ① ⓜ VISA
geschl. 3. - 21. Jan. – **Menu** 17.50 - 52/62 und à la carte 44/89 – **18 Zim** ⇌ 120/215 – ½ P Zuschl. 35.
◆ Ruhig und abseits der Strasse am Seeufer gelegen, bietet das Haus einen schönen Blick über den Untersee. Die Gäste werden in Zimmern mit modernem Mobiliar untergebracht. Das nüchterne Restaurant besticht durch eine groYe Fensterfront.

MANNO 6928 Ticino (TI) 219 ⑧ – 1 041 ab. – alt. 344.
Bern 247 – Lugano 6 – Bellinzona 23 – Locarno 47.

✕ **Grotto dell'Ortiga**, Strada Regina 35, ℘ 0916 051 613, Fax 0916 053 704, ⋯
– ⋯
chiuso dal 20 dicembre al 3 febbraio, dal 22 al 30 giugno, domenica e lunedì – **Pas**
(chiuso mezzogiorno) alla carta 35/57.
♦ Caseggiato rustico con servizio estivo sotto un fresco pergolato. Apprezzate
buona cucina con piatti della tradizione "povera" italiana di varie regioni a pre⋯
simpatici !

Les MARÉCOTTES Valais 219 ① – rattaché à Martigny.

MARLY Fribourg 217 ⑤ – rattaché à Fribourg.

MARTIGNY 1920 Valais (VS) 219 ① ② – 13 956 h. – alt. 467.
 Voir : Fondation Pierre Gianadda★★ Z – Verrière★ de l'Hôtel de Ville Y – Tour de
 Bâtiaz : vue★ Y.
 Environs : Pont du Gueuroz★★ par ④ : 5 km.
 Manifestation locale
 05.10 - 06.10 : Combat de reines à l'amphithéâtre romain.
 🛈 Office du Tourisme, 9 pl. Centrale, ℘ 0277 212 220, info@martignytourism.c⋯
 Fax 0277 212 224.
 ⊛ 9 Place Centrale, ℘ 0277 212 220, Fax 0277 212 224.
 Bern 127 ① – Aosta 69 ③ – Chamonix-Mont-Blanc 42 ③ – Montreux 43 ①
 Sion 30 ①

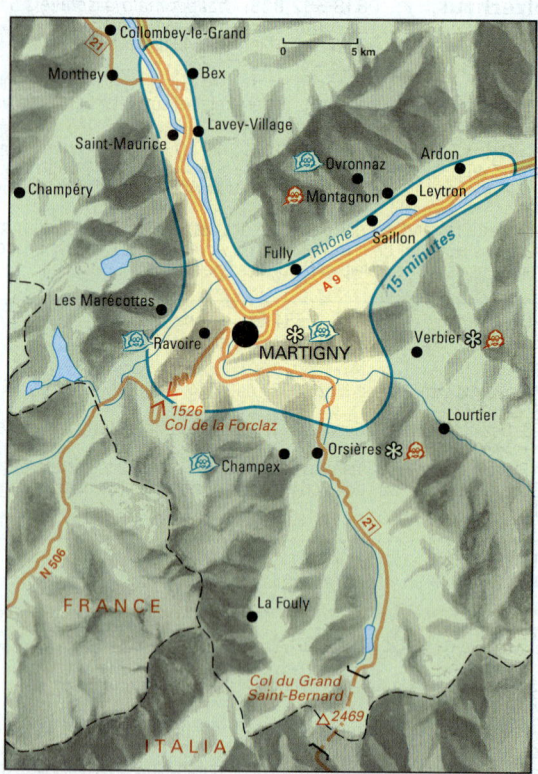

MARTIGNY

pes (R. des)	Y	3
tiaz (R. de la)	Y	4
ntrale (Pl.)	Y	6
llège (R. du)	Y	7
lly (Av. de)	Y	9
and-St-Bernard (Av. du)	Y	
pital (R. de l')	Y	10
aladière (R. de la)	Y	12
noir (R. du)	Y	13
di (Pl. du)	Y	15
uvilles (Av. des)	Y	16
rd (R. du)	Y	18
tits-Epineys (R. des)	Y	19
aisance (Pl. de)	Y	21
aisance (R. de)	Y	22
ste (R. de la)	Y	24
-Borvey (R. de)	Z	25
me (Pl. de)	Y	27
-Théodule (R.)	Z	28
rfrête (R. de)	Z	30

🏛 **du Parc** Ⓜ 🛇, 20 av. des Prés-Beudin par ①, ☏ 0277 201 313, info@hoteldu parc.ch, Fax 0277 201 314, 🍽, 🛁, ⇌, 🐕 – 🛗, ⇌ ch, 📺 video 📞 ♿ 🚗 🅿 – 🛠 15/350. 🆎 ⓞ 🆎 **VISA**
Repas 17.50 - 23 (midi) et à la carte 37/70 – **108 ch** ⇌ 130/230, 6 suites – ½ P suppl. 28.

♦ Architecture de caractère réussissant l'alliance du béton, du verre et de l'acier. Chambres modernes et multiples salles de réunion appréciées par la clientèle d'affaires. Restaurant contemporain se doublant d'un vaste espace modulable pour les banquets.

🏛 **Forum,** 74bis av. du Grand Saint-Bernard, ☏ 0277 221 841, info@le-gourmet.ch, Fax 0277 227 925 – 🛗, ⇌ ch, 📺 🅿. 🆎 ⓞ 🆎 **VISA**   Z a
Repas (voir aussi rest. **Le Gourmet** ci-après) – **Brasserie** (fermé dim.) **Repas** 44 (midi) et à la carte 52/94 – **29 ch** ⇌ 98/210 – ½ P suppl. 32.

♦ Cette bâtisse, voisine de la jolie placette du Bourg et de la pittoresque rue du même nom, abrite des chambres d'esprit rustique. Certaines sont revêtues de boiseries. La sobre et confortable Brasserie prépare une cuisine misant sur la simplicité.

🏛 **La Porte d'Octodure,** route du Grand-Saint-Bernard par ③ : 2 km, ✉ 1921 Martigny-Croix, ☏ 0277 227 121, contact@porte-octodure.ch, Fax 0277 222 173, 🍽, 🛁, ⇌ – 🛗, ⇌ ch, 📺 📞 ♿ 🅿 – 🛠 15/150. 🆎 ⓞ 🆎 **VISA** 🛇
Repas 17 - 41 et à la carte 43/104 – **Toscana** - cuisine italienne - (fermé midi) **Repas** à la carte 41/83 – **56 ch** ⇌ 140/230 – ½ P suppl. 35.

♦ L'hôtel borde la voie historique du col du Grand-Saint-Bernard. Chambres standards dont une partie dotée de murs en pierres apparentes. Salle à manger conviviale avec terrasse. Exotisme au Jungle Bar. La Toscana, charmant caveau de spécialités de la "Botte".

MARTIGNY

Forclaz Touring, 15 r. du Léman, ☏ 0277 222 701, hotel.forclaz-touring@
cable.ch, Fax 0277 224 179, ⇔ – 📶, 🍴 rest, 📺 🅿 🆎 ⓞ 🆎 VISA
Repas *(fermé mi-juil. à mi-août, dim. et lundi)* 16 - 24 (midi)/64 et à la carte 40/
– **100 ch** ⇆ 110/170 – ½ P suppl. 25.

* Ce double immeuble moderne s'élevant, en centre-ville, loge une centaine de cha
bres rénovées, offrant deux styles contrastés : rustique ou actuel. Le restaura
perché au sommet de l'hôtel, jouit du coup d'œil sur les Alpes et la vallée du Rhô

Stand, 41 av. du Grand-Saint-Bernard, ☏ 0277 221 506, Fax 0277 229 506, ⇔
📶 🅿 🆎 VISA, ⌀ rest
fermé 20 déc. au 10 janv. et merc. de nov. à juin – **Repas** 18 - 24 et à la carte 35/
– **32 ch** ⇆ 65/100 – ½ P suppl. 20.

* Adresse utile et familiale, en bordure de route. Préférez les chambres situées s
l'arrière, plus calmes. La table de l'hôtel, de style classique et agrandie d'un jard
d'hiver, présente, entre autres, des spécialités du Valais et ses fameux vins.

Transalpin, route du Grand-Saint-Bernard par ③ : 2 km, ✉ 1921 Martigny-Cro
☏ 0277 221 668, letransalpin@bluewin.ch, Fax 0277 220 668, 🍴 – 🍴 rest, 📺
🆎 ⓞ 🆎 VISA
Repas 16 - 30/40 et à la carte 38/82 – **25 ch** ⇆ 70/110 – ½ P suppl. 22.

* Idéal pour les touristes souhaitant faire étape au pied du Grand-Saint-Bernard, s
l'illustre voie transalpine. Chambres classiques ou champêtres. Le restaurant miton
des recettes traditionnelles et la formule pâtes-pizzas est proposée dans la partie ca

XXX **Le Gourmet** (Vallotton) - *Hôtel Forum*, 74bis av. du Grand St. Bernar
☏ 0277 221 841, info@le-gourmet.ch, Fax 0277 227 925 – 🍴 🅿 🆎 ⓞ 🆎 VI
fermé dim. et lundi – **Repas** 80 (midi)/182 et à la carte 113/140.

* La table de référence de Martigny vous reçoit dans une élégante salle habillée
boiseries. Registre culinaire au goût du jour, fréquemment renouvelé.

Spéc. Brochette de langoustines et ris de veau, salade d'artichauts violets et jeun
carottes (été). Escalope de foie gras chaud à la rhubarbe, pistaches au caramel
cardamome (été). Timbale de homard à l'estragon, riz noir juteux, beurre infusé a
essences de crustacés (été)

XX **Kwong Ming**, rue du Nord, place de Rome (1er étage), ☏ 0277 224 51
Fax 0277 223 993, 🍴 – 🍴 🆎 ⓞ 🆎 VISA
fermé Noël – **Repas** - cuisine chinoise - 18 - 42 (midi)/95 et à la carte 44/119.

* Un décor chinois raffiné vous attend dans ce restaurant, installé au premier étag
d'une galerie marchande. La carte, illustrée de photos, vous mettra l'eau à la bouch

X **Les Trois Couronnes**, 8 pl. du Bourg, ☏ 0277 232 114, ad3c@bluewein.c
Fax 0277 232 156, 🍴 🆎 VISA
fermé 23 fév. au 9 mars, 10 août au 24 sept., dim. et lundi – **Repas** 19 - 42/54
à la carte 30/65.

* Une demeure historique datant du 17e s. sert de cadre à cette respectable tab
jouant la carte de la tradition. Décor rustico-contemporain, à la croisée des chemin

X **Au Chapiteau Romain**, 51 r. du Bourg, ☏ 0277 220 057 – 🆎 ⓞ 🆎 VISA
fermé 3 sem. en août et dim. – **Repas** 14 et à la carte 50/71.

* Dans la façade de cette vieille maison, on a trouvé des vestiges datant de l'époq
romaine. À l'étage, trois salles plaisantes dont une aménagée en wagon-restaurar

X **Les Touristes**, 1 r. de l'Hôpital, ☏ 0277 229 598, fredfred@omedia.ch, 🍴 –
ⓞ 🆎 VISA
fermé 29 juin au 21 juil., dim. de juin à août et lundi – **Repas** - cuisine italienne - 1
30/55 et à la carte 32/89.

* Au cœur de la petite cité fière de son origine romaine, adresse vouée à la cuisi
italienne, tant au café où trône le four à pizzas que dans la salle à manger principa

X **Loup Blanc**, 12 pl. Centrale, ☏ 0277 235 252, fredfred@omedia.c
Fax 0277 235 252, 🍴 – 🆎 ⓞ 🆎 VISA
Repas 18 - 30 (midi)/50 et à la carte 28/72.

* Avis aux mordus de plats transalpins : si vous avez les crocs, soyez rassurés, le Lou
Blanc saura y remédier. Cadre et ambiance un peu "trendy". Vins mûris dans la "botte

route du Col de la Forclaz par ③ : 3 km :

XX **Sur le Scex "Le Virage"**, route de la Forclaz, ✉ 1921 Martigny-Comb
☏ 0277 221 153, Fax 0277 233 510, ≤ Martigny et vallée du Rhône – 🅿 🆎 VI
fermé 24 fév. au 13 mars, 23 juin au 14 juil., mardi soir et merc. – **Repas** 26 - 48/5
et à la carte 39/74.

* Il serait dommage de manquer ce virage : vous seriez privés de la vue imprenab
sur Martigny et la vallée du Rhône dont jouissent les deux salles du restaurant !

MARTIGNY

Ravoire par ③ rte du Col de la Forclaz : 10 km – alt. 1172 – ✉ 1928 Ravoire :

🏠 **Ravoire** ⚜, ☏ 0277 222 302, Fax 0277 232 160, ≤ Vallée du Rhône et montagnes, 🍴 – TV P. AE ⓘ MC VISA
fermé 1er au 27 déc. – **Repas** 15 - 48/60 et à la carte 50/83 – **26 ch** ☕ 90/150 – ½ P suppl. 30.
♦ Air pur et tranquillité caractérisent cet établissement offrant aussi un superbe panorama. Chambres modernes meublées en bois clair. Salle à manger agreste complétée d'un espace brasserie-pizzeria et d'une terrasse dressée l'été en façade de l'hôtel.

ux Marécottes par ④ et rte de Salvan : 10 km – alt. 1032 – Sports d'hiver : 1 110/2 200 m ⚡1 ⚡5 – ✉ 1923 Les Marécottes :
🛈 Office de Tourisme Salvan-Les Marécottes, Place de la Télécabine, ☏ 0277 613 101, info@salvan.ch, Fax 0277 613 103

🏠 **Aux Mille Étoiles** ⚜, ☏ 0277 611 666, mille.etoiles@omedia.ch, Fax 0277 611 600, ≤, 🍴, ⚡, ≋, 🏊, 🌳 – 🛌, ✳ rest, TV ☎ P – 🏛 25. AE ⓘ MC VISA
21 déc. au 20 avril et 25 mai au 30 oct. – **Repas** (fermé le midi du lundi au jeudi hors saison) 19 - 51/56 et à la carte 39/80 – **25 ch** ☕ 130/300 – ½ P suppl. 35.
♦ Véritable séjour sur une autre planète dans ce chalet où règne une authentique ambiance montagnarde ! Chambres lambrissées, piscine intérieure creusée dans la roche. Restaurant campagnard, divisé en plusieurs espaces intimes, servant des mets classiques.

ASSAGNO Ticino **219** ⑧ – vedere Lugano.

ATRAN 1753 Fribourg (FR) **217** ⑤ – 1 251 h. – alt. 610.
Bern 38 – *Fribourg* 6 – Biel 55 – Lausanne 64 – Montreux 53.

🍽 **Auberge du Tilleul** avec ch, 12 rte de l'Eglise, ☏ 0264 021 745, Fax 0264 022 864, 🍴 – ✳ ch, P. MC VISA, ✳ ch
fermé 23 fév. au 13 mars, 27 juil. au 13 août, mardi soir et merc. – **Repas** 16 - 60 et à la carte 45/83 – **5 ch** ☕ 75/130.
♦ Imposante auberge jouxtant l'église. Terrasse ombragée et salle à manger rustique où l'on sert des saveurs traditionnelles. Vaste salle de banquet. Chambres insonorisées.

ATZENDORF 4713 Solothurn (SO) **216** ⑮ – 1 250 Ew. – Höhe 501.
Bern 58 – *Basel* 50 – Olten 25 – Solothurn 27.

🍽 **Sternen** mit Zim, Dorfstr. 41, ☏ 0623 941 674, landgasthof.sternen@bluewin.ch, Fax 0623 941 821, 🍴 – TV P – 🏛 15/80. AE ⓘ MC VISA
geschl. 14. Juli - 1. Aug., Dienstag und Mittwoch – **Menu** 15.50 - 42 (mittags)/79 und à la carte 44/93 – **3 Zim** ☕ 75/130.
♦ Das Gourmet dieses Landgasthofs ist gediegen eingerichtet und bietet dem Gast Speisen von einer gutbürgerlichen Karte an - in der einfachen Gaststube ein kleines Angebot.

EGGEN 6045 Luzern (LU) **216** ⑱ – 5 887 Ew. – Höhe 472.
Bern 118 – *Luzern* 7 – Cham 19 – Olten 60 – Schwyz 30.

🏠 **Balm**, Balmstr. 3, ☏ 0413 771 135, info@balm.ch, Fax 0413 772 383, ≤, 🍴, 🌳, ⚡ – TV ☎ 🚗 P – 🏛 20. AE ⓘ MC VISA
Menu (geschl. 3. Jan. - 3. Feb. und Montag) 18.50 - 45 (mittags)/72 und à la carte 45/111 – **20 Zim** ☕ 150/200.
♦ Nicht weit von Luzern entfernt findet man dieses nahe dem See gelegene Hotel, das seine Gäste in verschiedenfarbenen modernen oder rustikalen älteren Zimmern beherbergt. Eine einfache Gaststube ergänzt den grossen, gediegenen Speisesaal.

EILEN 8706 Zürich (ZH) **216** ⑲ – 11 274 Ew. – Höhe 420.
Bern 141 – *Zürich* 16 – Luzern 72 – Sankt Gallen 75.

🍽 **Zur Burg**, Nord-Ost : 2 km Richtung Burg, ☏ 019 230 371, info@burg-meilen.ch, Fax 019 236 744, 🍴 – P. AE ⓘ MC VISA
Menu 24 - 49 (mittags)/76 und à la carte 55/98.
♦ Das Zürcher Riegelhaus aus dem 16. Jh. liegt oberhalb des Sees. In 3 kleinen gemütlichen Stuben mit Täfer und modernen Bildern bietet man Speisen von der klassischen Karte an.

327

MEILEN

in Obermeilen Richtung Rapperswil – Höhe 413 – ✉ 8706 Meilen :

Hirschen am See, Seestr. 856, ☏ 019 250 500, reservation@hirschen-meilen.c
Fax 019 250 501, ≼ Zürichsee, 🍴 – 📺 AE ① ◐ VISA
Menu (geschl. Montag von Jan. - April) 30 - 39 (mittags)/85 und à la carte 62/10
– **Taverne** : Menu – und à la carte 38/87 – **16 Zim** ⊇ 100/250 – ½ P Zuschl. 5
♦ Die modernen, mit hellem, solidem Mobiliar wohnlich eingerichteten Zimmer de
Hauses - mit gutem Platzangebot - liegen zum grössten Teil Richtung See. Das el
gante à la carte-Restaurant teilt sich in zwei rustikale Stuben. Taverne mit gemü
licher Atmosphäre.

MEIRINGEN 3860 Bern (BE) **217** ⑧ – 4 637 Ew. – Höhe 595 – Wintersport : 595/2 433
⛷ 6 ⛷ 10 ⛷.

Sehenswert : Lage★.

Ausflugsziel : Aareschlucht★★ Süd-Ost : 2,5 km – Rosenlauital★★ Süd-West
Planplatten★★ mit Luftseilbahn dann Gondelbahn – Rosenlaui : Gletscherschlucht
Süd-West : 10 km – Reichenbachfälle★ Süd : 1 km und Standseilbahn.

🛈 Alpen Region Brienz-Meiringen-Hasliberg, Bahnhofstr. 22, ☏ 0339 725 050, in
@alpenregion.ch, Fax 0339 725 055.

Bern 86 – Andermatt 64 – Brienz 15 – Interlaken 29 – Luzern 49.

Parkhotel du Sauvage, Bahnhofstr. 30, ☏ 0339 714 141, info@sauvage.c
Fax 0339 714 300, 🍴, 🌳 – 📱 📺 📞 🅿️ – 🛗 15/100. AE ① ◐ VISA. ※ Rest
Menu 15.50 und à la carte 35/84 – **75 Zim** ⊇ 140/310 – ½ P Zuschl. 38.
♦ Hier können Sie ein Mystery-Weekend im Sinne von Sherlock Holmes erleben : Nebe
unterschiedlich eingerichteten Zimmern beherbergt das Haus ein Museum de
berühmten Detektivs. Restaurant mit internationalem Angebot.

Victoria M, Bahnhofplatz 9, ☏ 0339 721 040, info@victoria-meiringen.c
Fax 0339 721 045, 🍴 – 📱 📺 📞 🅿️ AE ① ◐ VISA
geschl. 22. April - 22. Mai – **Menu** (geschl. Dienstag - Mittwoch von Nov. - 20. Dez
19 - 80 und à la carte 48/91 – **18 Zim** ⊇ 130/240 – ½ P Zuschl. 35.
♦ Das Haus am Bahnhof wurde frisch renoviert. Die Zimmer sind dementsprecher
sehr modern mit Mahagoniparkett, stoffbezogenen Betten und neuzeitlicher Techn
ausgestattet. Helles à la carte-Restaurant und Cafe mit Terrasse.

Alpin Sherpa, Bahnhofstr. 3, ☏ 0339 725 252, info@alpinsherpa.c
Fax 0339 725 200, 🍴, ≘ – 📱, ⇌ Zim, 📺 🚗 – 🛗 15/50. AE ① ◐
VISA JCB
Menu 18 - 28/38 und à la carte 33/66 – **56 Zim** ⊇ 120/220 – ½ P Zuschl. 35.
♦ Sherpa Tenzing wird man kaum mehr treffen, aber die übrigen Berggänger übe
nachten in Zimmern mit guter Grösse, die mit hellem Mobiliar rustikal ausgestatte
sind. Blickfang in dem mit Holz eingerichteten Restaurant ist ein grosser offene
Kamin.

zum Alpbach M, Kirchgasse 17, ☏ 0339 711 831, info@alpbach.c
Fax 0339 714 478, ≘ – 📱, ⇌ Zim, 📺 🅿️ ◐ VISA. ※ Zim
geschl. 3. Nov. - 2. Dez. – **Menu** 20 - 29 (mittags)/40 und à la carte 40/86 – **35 Zi**
⊇ 120/220 – ½ P Zuschl. 29.
♦ Liebevoll führt Familie Gerber ihr sympathisches Hotel im Herzen von Meiringe
Sie offeriert den Gästen Zimmer, die praktisch eingerichtet und groYzügig geschni
ten sind. Nach umfangreicher Renovierung erstrahlt die Restauration in neuen
gemütlichem Glanz.

MEISTERSCHWANDEN 5616 Aargau (AG) **216** ⑰ – 1 979 Ew. – Höhe 505.
Bern 109 – Aarau 28 – Luzern 32 – Wohlen 10 – Zürich 37.

Seerose M, Süd : 1,5 km Richtung Aesch, ☏ 0566 766 611, hotel@seerose.c
Fax 0566 766 610, ≼ Hallwilersee, 🍴, 🏊 – ⇌ Zim, 📺 📞 🅿️ – 🛗 15/60. AE ①
◐ VISA
Menu 30 - 44 (mittags)/85 und à la carte 47/98 – **19 Zim** ⊇ 145/280 – ½ P Zusch
45.
♦ Der Namen des Hauses läßt bereits die Lage am Seeufer sowie den tollen Ausblic
auf den Hallwylersee vermuten. Geräumige, moderne Zimmer mit schöner rustikale
Einrichtung. Holz und Steinboden schaffen ein nettes Ambiente im Restauarnt. Gross
Terrasse.

ELIDE 6815 Ticino (TI) 219 ⑧ – 1492 ab. – alt. 274.
  Vedere : Svizzera in miniatura★.
  🛈 Lugano Turismo, stazione FFS, ✆ 0916 496 383, info@lugano-tourism.ch, Fax 0916 495 613.
  Bern 278 – Lugano 7 – Bellinzona 35 – Como 24 – Locarno 47.

Del Lago M, Lungolago Motta 9, ✆ 0916 497 041, welcome@hotel-dellago.ch, Fax 0916 498 915, ≤ lago e monti, 🍽, 🏊, 🛗 – 🛗 TV. AE ① MC VISA
Seafood Restaurant : Pasto 75 (sera) ed alla carta 51/93 – **15 cam** ⊐ 130/260.
♦ Lungo la passeggiata, godete del panorama sul Ceresio dalla bella terrazza. Camere rinnovate molto eleganti dal design contemporaneo. Ristorante in stile Art Déco dove vien servita una cucina di carattere moderno, proposta anche sulla terrazza in riva al lago.

Seehotel Riviera, Lungolago Motta 7, ✆ 0916 497 912, riviera@smile.ch, Fax 0916 496 761, ≤ lago e monti, 🍽, 🏊, 🛗, – 🛗 TV. AE ① MC VISA. ❄ rist
28 marzo - 1° novembre – **Pasto** alla carta 30/75 – **27 cam** ⊐ 140/200 – ½ P sup. 25.
♦ Grazie alla posizione, godete di una vista imperdibile su lago e monti. Camere diverse per dimensioni ma non per livello di confort. La vetrata aperta sul lago rende luminosa la sala da pranzo, totalmente rinnovata di recente.

Renz M senza rist, via al Doyro 26, ✆ 0916 401 040, hotel-renz@bluewin.ch, Fax 0916 401 049, – TV video 📞 🚗 🅿 AE ① MC VISA
14 cam ⊐ 80/160.
♦ Albergo che è stato rinnovato nel corso degli anni. Camere dotate di pavimenti in marmo portoghese e di mobili funzionali che conferiscono al tutto un aspetto moderno.

Se dopo le h 18,00 siete ancora in viaggio
confermate la vostra prenotazione telefonicamente,
è più sicuro... ed è consuetudine

ELS 8887 Sankt Gallen (SG) 216 ㉑ 218 ④ – 7726 Ew. – Höhe 487.
Bern 218 – Sankt Gallen 74 – Chur 34 – Davos 69 – Vaduz 21.

Schlüssel (Kalberer), Oberdorfstr. 5, ✆ 0817 231 238, Fax 0817 237 133, 🍽 – 🅿 AE ① MC VISA
geschl. 17. Feb. - 10. März, 14. Juli - 4. Aug., Sonntag und Montag – **Nidbergstube** (1. Etage) **Menu** 62 (mittags)/139 und à la carte 76/155 – **Bistro** : Menu 19.50 - 62 und à la carte 36/100.
♦ Die Nidbergstube ist ein schönes Restaurant im Biedermeierstil. Umgeben von gemütlicher Atmosphäre serviert man Ihnen feine Kreationen einer klassischen Küche. Eine schlichtere Alternative zur Nidbergstube stellt das Bistro dar.
Spez. Doppelte Kraftbrühe mit Kalbstafelspitz. Weisstanner Bachforellen Pot-au-feu mit Tomatenessenz. Geschmorte Kalbsbacken an Rotweinsauce mit Kartoffel - Rosmarinpüree.

Waldheim, West : 4 km über Weisstannenstrasse, ✆ 0817 231 256, Fax 0817 232 533, ≤ Alvierkette, 🍽 – 🅿 ① MC VISA
geschl. 6. - 28. Jan., 14. Juli - 5. Aug., Montag und Dienstag – **Menu** 70 und à la carte 42/91.
♦ Im Erdgeschoss des Hauses nimmt der Gast an einem gut eingedeckten Tisch Platz. Eine Gaststube und die Terrasse mit Sicht auf die Alvierkette ergänzen das Restaurant.

Heiligkreuz Nord : 2 km – Höhe 487 – ✉ 8888 Heiligkreuz :

Stiva Antica, über Kantonsstrasse : 2 km Richtung Walenstadt, ✆ 0817 233 766, stivaantica@bluewin.ch, Fax 0817 233 766, 🍽 – 🅿 AE ① MC VISA
geschl. 25. Aug. - 18. Sept., Mittwoch und Donnerstag – **Menu** 22 - 33 (mittags)/75 und à la carte 54/89.
♦ Das ehemalige Bauernhaus wurde im regionalen Patrizierstil renoviert und dient nun als Restaurant. In kleinen rustikalen Stuben bittet man seine Gäste zu Tisch.

MENDRISIO 6850 Ticino (TI) 219 ⑧ – 5 965 ab. – alt. 355.
Manifestazioni locali
17.04 - 18.04 : Processioni storiche – 26.09 - 28.09 : Sagra dell'Uva.
🛈 Mendrisio Turismo, via Angelo Maspoli 15, ℰ 0916 465 761, info@mendris ourism.ch, Fax 0916 463 348.
Bern 295 – Lugano 24 – Bellagio 40 – Bellinzona 48 – Como 14 – Varese 20.

Morgana, via C. Maderno 12, ℰ 0916 462 355, morganahotel@swissonline. Fax 0916 464 264, 😊 , 🍽 – 🍴 rist, 📺 📞 🆎 ⓓ ⓜⓞ 𝗩𝗜𝗦𝗔 JCB, ✄
chiuso natale e dal 13 al 26 gennaio – **Pasto** - specialità fondues - 32 ed alla car 39/64 – **16 cam** ⊇ 115/170.
♦ Presso l'uscita dell'autostrada, piccola struttura familiare rinfrescata di recente. camere, omogenee, presentano tutte le comodità. Ampia scelta di fondue o pia tradizionali al ristorante, da gustare nelle due sale da pranzo rustiche e su due liv

Stazione, piazza Stazione, ℰ 0916 462 244, albergostazione@ticino.cc Fax 0916 468 227, 😊 – 🛗 📺 🆎 ⓓ ⓜⓞ 𝗩𝗜𝗦𝗔 JCB, ✄
Pasto (chiuso domenica sera) 26 ed alla carta 52/94 – **20 cam** ⊇ 120/160 – ½ sup. 40.
♦ Non lontano dalla stazione è stato totalmente rinnovato. La proposta culinari tipica per la regione. Possibilità di alloggio in camere funzionali.

Ateneo del Vino, via Pontico Virunio 1, ℰ 0916 300 636, Fax 0916 300 63 ✄, 🆎 ⓓ ⓜⓞ 𝗩𝗜𝗦𝗔, ✄
chiuso dal 1º al 10 gennaio, dal 27 luglio al 18 agosto, lunedì a mezzogiorno, domer ed i giorni festivi – **Pasto** 20 ed alla carta 50/84.
♦ Ubicato nel bel centro storico della cittadina accanto all'enoteca, offre due moder salette ristorante dove, ai vini, viene abbinata una piccola scelta di piatti quotidi

sulla strada per il Monte Generoso Nord : 13 km :

Grotto La Balduana, ✉ 6872 Salorino, ℰ 0916 462 528, momcilovic@fr urf.ch, Fax 0916 460 852, ≤ Vallata, 😊 – ✄
chiuso 15 dicembre al 15 marzo e martedì – **Pasto** à la carte 32/53.
♦ Buona cucina genuina da apprezzare nell'ambiente casalingo di questo caseggi rustico con servizio estivo in terrazza-giardino che offre una bella vista sulla vall

MENZBERG 6125 Luzern (LU) 216 ⑯ – Höhe 1016.
Bern 78 – Luzern 36 – Brienz 90 – Olten 46 – Thun 86.

Menzberg 😊, ℰ 0414 931 816, hotel-menzberg@bluewin. Fax 0414 931 441, ≤ Mittelland, Jura, 😊 – 🛗 📺 📞 📞 – 🧖 25. 🆎 ⓜⓞ 𝗩𝗜𝗦𝗔
geschl. 17. Feb. - 7. März, 7. - 25. Juli und Montag – **Menu** 18 - 43 (mittags)/75 u à la carte 41/97 – **23 Zim** ⊇ 110/177 – ½ P Zuschl. 45.
♦ Das Kurhaus aus dem Jahre 1834 liegt ruhig in den Bergen und bietet einen schör Ausblick auf das Luzerner Hinterland. Unterschiedlich eingerichtete Zimmer ste bereit. Schlicht gestaltetes Restaurant und einfache Gaststube mit Aussichtsterras

MENZINGEN 6313 Zug (ZG) 216 ⑱ – 4440 Ew. – Höhe 807.
Bern 140 – Luzern 36 – Einsiedeln 34 – Rapperswill 32 – Schwyz 28 – Zug 6.

Löwen (Frau Döscher), Holzhäusernstr. 2, ℰ 0417 551 115, info@loewen-me ngen.ch, Fax 0417 551 429 – 🆎 ⓓ ⓜⓞ 𝗩𝗜𝗦𝗔
geschl. 20. Juli - 3. August, Sonntag und Montag – **Menu** (Tischbestellung rats 38 (mittags)/105 und à la carte 57/123.
♦ In der 1. Etage des Gasthofs aus dem 16. Jh. befindet sich das rustikale Lokal gemütlicher Atmosphäre - historische Portraits und gemalte Naturbilder zieren Wände.
Spez. Riesencrevetten gebraten auf kleinem Lauchgemüse. Kalbskotelett mit R marin gebraten, Bratkartoffeln. Frischer Steinbutt an Champagnersauce

MERIDE 6866 Ticino (TI) 219 ⑧ – 327 ab. – alt. 582.
Bern 310 – Lugano 27 – Bellinzona 55 – Varese 18.

Antico Grotto Fossati, ℰ 0916 465 606, Fax 0916 465 606, 😊 – 📞 🆎 𝗩𝗜𝗦𝗔, ✄ – chiuso dal 23 dicembre al 15 gennaio, dal 3 al 12 marzo, dal 25 al 31 agc e dal 3 al 12 novembre – **Pasto** (chiuso martedì-mercoledì da novembre ad m e lunedì) alla carta 31/56.
♦ Una bella mangiata "alla ticinese" nella verde cornice attorno al caseggiato rust con servizio estivo sulla terrazza alberata. Dopo pranzo rilassatevi giocando a boc

ERLIGEN 3658 Bern (BE) 217 ⑦ – Höhe 568.
Bern 40 – Interlaken 11 – Brienz 31 – info@beatus.ch, Fax 0332 513 676, ≤ Thunersee

Beatus 🌿, ℰ 0332 528 181, info@beatus.ch, Fax 0332 513 676, ≤ Thunersee und Berge, 🍴, 🏋, 🈴, 🏊, 🛁 (Solbad), 🧖, 🄿, 🄳 – 🛗 📺 video 🅚 🄿 – 🅰 15/50. AE ⓞ ⓜⓢ 🆅🆂🅰 ※ Rest
Bel Air : Menu 95 und à la carte 59/116 – **75 Zim** ⊇ 450/600 – ½ P Zuschl. 45.
◆ Neben der ruhigen Lage am See zählen helle, freundliche Zimmer - wohnlich und mit Geschmack eingerichtet - zu den Annehmlichkeiten dieses Domizils. Die Orangerie, das gediegene Bel Air und der Speisesaal bilden die Restauration. Schöne Seeterrasse.

du Lac, Seestr. 584, ℰ 0332 513 731, seehotel@merligen-hoteldulac.ch, Fax 0332 511 208, ≤ Thunersee und Niesen, 🍴, 🈴, 🧖, 🚝, 🄳 – 🛗 📺 🄿 AE ⓞ ⓜⓢ 🆅🆂🅰 geschl. 1. Dez. - 15. Feb. – **Menu** à la carte zirka 50 – **25 Zim** ⊇ 110/300 – ½ P Zuschl. 35.
◆ In dem am See gelegenen Hotel stehen für Gäste praktische Zimmer mit weissbraunem Mobiliar bereit - meist mit Balkon und einen schönen Blick auf Thunersee und Niesen. Gaststube, Restaurant und eine sehr schöne Seeterrasse.

ERLISCHACHEN 6402 Schwyz (SZ) 216 ⑱ – Höhe 436.
Bern 120 – Luzern 10 – Aarau 59 – Schwyz 26 – Zug 23.

Schloss Hotel 🌿, Luzernerstr. 204, ℰ 0418 545 454, schloss-hotel@bluewin.ch, Fax 0418 545 466, ≤, 🈴, 🉑, 🧖, 🚝 – 🛗 📺 🅚 🄿 – 🅰 15/50. AE ⓞ ⓜⓢ 🆅🆂🅰
Menu (siehe auch Rest. **Swiss Chalet**) – **63 Zim** ⊇ 189/264 – ½ P Zuschl. 44.
◆ Das Hotel besteht aus drei Gebäuden und einem angenehmen Garten am See. Die Zimmer sind mit Eichenholzmobiliar gut eingerichtet und strahlen rustikale Atmosphäre aus.

Swiss Chalet - Schloss Hotel, ℰ 0418 545 454, schloss-hotel@bluewin.ch, Fax 0418 545 466, 🍴 – 🍽 🄿 AE ⓞ ⓜⓢ 🆅🆂🅰
geschl. 2. Jan. - 20. Feb. – **Menu** 29 - 44/86 und à la carte 41/101.
◆ Ein schönes Bauernhaus aus dem 17. Jh. beherbergt dieses Restaurant. In verschiedenen behaglichen Stuben mit rustikaler Einrichtung findet der Gast ein nettes Plätzchen.

ESSEN 3254 Solothurn (SO) 216 ⑭ – 973 Ew. – Höhe 505.
Bern 22 – Biel 22 – Burgdorf 22 – Olten 52 – Solothurn 20.

Sonne, Sonnenweg 2, ℰ 0317 655 211, rhynpia@swissonline.ch, Fax 0317 655 712, 🍴 – 🄿 AE ⓞ ⓜⓢ 🆅🆂🅰 – geschl. 31. Jan. - 6. Feb., Mittwoch und Donnerstag – **Menu** 17 - 42 (mittags)/80 und à la carte 38/88.
◆ In dem Riegelhaus aus dem Jahre 1825 laden die Gaststube, die rustikale Buurestube sowie das gemütliche Jägerstübli zum Verweilen ein. Gutbürgerliche Küche.

EYRIEZ Freiburg 217 ⑤ – siehe Murten.

EYRIN Genève 217 ⑪ – rattaché à Genève.

EZIÈRES 1083 Vaud (VD) 217 ④ – 965 h. – alt. 740.
Bern 82 – Fribourg 48 – Lausanne 19 – Montreux 30 – Yverdon-les-Bains 32.

du Jorat, Grand'Rue, ℰ 0219 031 128, auberge.du.jorat@bluewin.ch, Fax 0219 033 914, 🍴 – ⓞ ⓜⓢ 🆅🆂🅰
fermé 31 déc. au 12 janv., 19 au 22 avril, 7 au 25 juil., dim. soir, lundi et mardi midi – **Repas** 17 - 37 (midi)/68 et à la carte 58/94.
◆ Nous vous invitons à une halte dans cette maison typique du pays, sur la traversée du village. Cuisine attrayante tant par le goût de ses préparations que par ses prix.

ÉCOURT 2946 Jura (JU) 216 ③ – 450 h. – alt. 485.
Bern 101 – Delémont 31 – Basel 48 – Belfort 36 – Porrentruy 8 – Sainte-Ursanne 14.

La Cigogne 🄼, r. Principale, ℰ 0324 622 424, Fax 0324 622 462 – 🛗 📺 🅚 🄿 – 🅰 25. AE ⓞ ⓜⓢ 🆅🆂🅰
Repas (fermé 21 au 28 déc. et lundi soir) 18 (midi)/40 et à la carte 30/63 – **13 ch** ⊇ 85/140 – ½ P suppl. 28.
◆ Petit hôtel posté en retrait de la route principale. Récemment, se sont ajoutées de nouvelles chambres, meublées dans un style actuel. Son restaurant vous convie à déguster les spécialités du coin ou des mets plus classiques dans un cadre volontairement épuré.

MINUSIO Ticino 218 ⑫, 219 ⑧ – vedere Locarno.

MIRALAGO Grigioni 218 ⑬ – vedere Le Prese.

MISERY 1721 Fribourg (FR) 217 ⑤ – 1 225 h. – alt. 584.
Bern 46 – Fribourg 10 – Neuchâtel 38 – Lausanne 65.

XX **Misery**, ℘ 0264 751 152, Fax 0264 751 152, 🍴 – 🅿. AE ⓜ VISA
fermé 23 déc. au 7 janv., 24 août au 9 sept., lundi et mardi – **Repas** 17.50 - 69/
et à la carte 44/88.
♦ La grande salle à manger de cette table vient de faire peau neuve, et cela sau
aux yeux : tableaux modernes, couleurs claires... Ambiance décontractée.

MOLLIS 8753 Glarus (GL) 216 ⑳ – 2 972 Ew. – Höhe 450.
Bern 187 – Sankt Gallen 63 – Chur 68 – Glarus 7 – Vaduz 54.

XX **Zum Löwen** mit Zim, Bahnhofstr. 2, ℘ 0556 121 333, h_schenkel@bluewin.
Fax 0556 121 552, 🍴 – TV 🅿. AE ① ⓜ VISA
geschl. Juli 3 Wochen, Sonntagabend und Montag – **Menu** 17 - 48 (mittags)/95 u
à la carte 43/99 – **5 Zim** ⊑ 78/126.
♦ Neben einer rustikalen, heimeligen Gaststube befindet sich in diesem Riegelha
auch ein mit Biedermeiermöbeln eingerichtetes à la carte-Restaurant. Zeitgemäs
Gerichte.

MONTAGNOLA 6926 Ticino 219 ⑧ – vedere Lugano.

MONTAGNON Valais 217 ⑮ – rattaché à Leytron.

MONTANA Valais 217 ⑯ – voir Crans-Montana.

MONT-CROSIN Berne 216 ⑬ – rattaché à Saint-Imier.

MONTEZILLON Neuchâtel (NE) 216 ⑫ – alt. 761 – ✉ 2205 Montmollin.
Bern 59 – Neuchâtel 11 – La Chaux-de-Fonds 32 – Yverdon-les-Bains 50.

L'Aubier ♨, ℘ 0327 322 211, contact@aubier.ch, Fax 0327 322 200, ≤ lac
les Alpes – 🛗, ⇌ ch., ⇌ rest, ✆ & 🅿 – 🔔 15/80. AE ⓜ VISA
fermé 6 au 20 fév. et dim. soir - lundi de janv. à mars – **Repas** 16 - 41/59 et à
carte 36/68 – **25 ch** ⊑ 125/220 – ½ P suppl. 35.
♦ Venez vous ressourcer dans cette ferme à l'atmosphère résolument "natur
Chambres amples et sobres. Panorama sur le lac et les Alpes. Au restaurant, l'esp
"bio" se retrouve également dans le choix des produits et des recettes qui co
posent vos assiettes.

MONTHEY 1870 Valais (VS) 217 ⑭ – 13 986 h. – alt. 420.
🛈 Office du Tourisme, 3 pl. Centrale, ℘ 0244 757 963, Fax 0244 757 949.
✪ 3 place Centrale, ℘ 0244 757 959, Fax 0244 757 949.
Bern 112 – Martigny 24 – Évian-les-Bains 38 – Gstaad 55 – Montreux 23 – Sion

X **Les Crochets**, 3 ruelle des Anges, ℘ 0244 712 340, lescrochets@bluewin.ch –
① ⓜ VISA. ⇌
fermé 20 au 23 avril, 29 mai au 2 juin, 26 juil. au 18 août – **Repas** 17 - 22 (midi)/
et à la carte 35/88.
♦ La salle à manger traditionnelle et l'espace brasserie de cette adresse, située d
rière la poste, oeuvrent dans le même esprit culinaire : carte mince mais appétissan

à Collombey-le-Grand Nord-Est : 3,5 km par rte d'Aigle – alt. 391 – ✉ 1868 Collomb
le-Grand :

X **Les Îles**, rue de l'Épinette, ℘ 0244 727 050, Fax 0244 727 256, 🍴 – 🅿. AE
ⓜ VISA
fermé 26 fév. au 12 mars, 28 juil. au 13 août, dim. soir, mardi soir et merc. – **Rep**
18 - 45/85 et à la carte 40/86.
♦ Accueillante table contemporaine s'ouvrant sur une plaisante terrasse. Vins
assiettes classiques sont présentés avec un soin particulier.

MONT-PÈLERIN 1801 Vaud (VD) 217 ⑭ – alt. 806.

Voir : vue ★★.

Bern 83 – Montreux 18 – Fribourg 54 – Lausanne 23 – Vevey 11.

Le Mirador M, ℘ 0219 251 111, mirador@attglobal.net, Fax 0219 251 112, ≤ lac et montagnes, 😐, Wellness-Center, 🛋, ≘s, 🏊, 🔲, 🐎, ✕ – 🛗, ⚡ ch, 🍽 ch, 📺 video, 🚗, 🅿 – 🅰 15/60. AE ① ⓜ VISA
Repas (voir aussi rest. **Le Trianon** ci-après) – **Le Patio** (brasserie) **Repas** 28 - 47 et à la carte 51/114 – **82 ch** 🛏 460/780 – ½ P suppl. 80.

◆ Vivez un véritable rêve en séjournant dans cet hôtel à la vue magnifique sur le Léman et les Alpes. Chambres standards ou contemporaines. Wellness. Près de la piscine du Mirador, brasserie au ''look'' jardin d'hiver donnant sur une agréable terrasse.

Le Trianon - *Hôtel Le Mirador*, ℘ 0219 251 111, mirador@attglobal.net, Fax 0219 251 112, ≤ lac et montagnes, 😐 – 🍽.
fermé mardi midi et lundi – **Repas** 55 (midi)/150 et à la carte 96/190.

◆ Restaurant gastronomique de l'hôtel Mirador. Deux niveaux offrent un panorama idyllique. Le soir, la magie s'installe avec les rives illuminées et l'ambiance du piano-bar. **Spéc.** Cocotte de légumes de saison à l'huile d'olive et copeaux de parmesan. Pavé de sandre cuit croustillant sur la peau, mousseline de pommes de terre à l'ail doux. Panneuqet de fraises et rhubarbe caramélisé et sorbet au persil.

Hostellerie chez Chibrac ≫ avec ch, 1 ch. du Gort, ℘ 0219 226 161, franc ischibrac@chezchibrac.ch, Fax 0219 229 388, 😐, 🐎 – 🛗 📺 ⚡ 🅿 ⓜ VISA JCB
fermé 23 déc. au 6 janv. – **Repas** (*fermé dim. soir et lundi d'oct. à juin*) 16 - 48/120 et à la carte 56/94 – **9 ch** 🛏 125/175 – ½ P suppl. 48.

◆ Ancienne ferme, très calme, à l'entrée du village. Table champêtre proposant des spécialités vaudoises et les desserts de la patronne. Chambres au charme désuet.

Au Chalet, ℘ 0219 222 761, mirador@attglobal.net, Fax 0219 222 769, ≤, 😐 – AE ① ⓜ VISA
Repas à la carte 28/65.

◆ A l'arrivée du funiculaire, voici un sympathique restaurant de recettes suisses. Chalet au cadre rustique, complété d'une terrasse à la vue prenante sur lac et montagne.

MONTREUX 1820 Vaud (VD) 217 ⑭ – 21 969 h. – alt. 406.

Voir : Site★★ – *Terrasse de l'église paroissiale* : vue★★ *d'ensemble* DZ.

Environs : *Rochers de Naye*★★★ *par train à crémaillère* - BV – *Château de Chillon*★★ : site★★ et vue★★ *du donjon* BX – *Les Pléiades*★★ *Nord* : AV – *Col de Sonloup* : vue★ *Est* : *9 km* BV.

🛩 à Aigle, ✉ 1860, ℘ 0244 664 616, Fax 0244 666 047, par ① : 12 km 🏌 Les Coullaux à Chessel, ✉ 1846, ℘ 0244 812 246, Fax 0244 816 646, par ① et route d'Evian : 13 km.

Manifestation locale
04.07 - 19.07 : Montreux Jazz Festival.

🛈 *Montreux-Vevey Tourisme, 5 r. du Théâtre*, ℘ *0219 628 484, info@mvtouris m.ch, Fax 0219 628 486.*

Bern 90 ③ – Genève 91 ③ – Lausanne 23 ③ – Martigny 43 ①

Plans pages suivantes

Montreux Palace, 100 Grand-Rue, ℘ 0219 621 212, sales@montreux-palace.c om, Fax 0219 621 717, ≤, 😐, Wellness-Center, 🛋, ≘s, 🏊, 🔲 – 🛗 ⚡ 🍽 📺 ⚡, 🚗, 🅿 – 🅰 15/650. AE ① ⓜ VISA JCB, 🐎 rest **CY k**
Le Jaan (*fermé le midi*) **Repas** à la carte 63/160 – **La Brasserie du Palace** : **Repas** 21 et à la carte 36/87 – 🛏 29 – **215 ch** 300/700, 20 suites – ½ P suppl. 70.

◆ Palace de 1906, face au lac. Salons Belle Époque et chambres confortables ; superbe wellness. Le Jaan, agencé dans une véranda début du 20ᵉ s., propose une cuisine au goût du jour. La Brasserie du Palace vous invite dans un luxueux cadre typiquement 1900.

Royal Plaza, 97 Grand-Rue, ℘ 0219 625 050, info@royalplaza.ch, Fax 0219 625 010, ≤ lac, 😐, 🛋, ≘s, 🔲, 🏊 – 🛗 ⚡ 🍽 📺 video ⚡, 🚗, 🅿 – 🅰 15/150. AE ① ⓜ VISA JCB **CY h**
La Croisette (*fermé dim. midi*) **Repas** 22 - 65/102 et à la carte 61/119 – **Café du Lac** : **Repas** 18 et à la carte 46/69 – 🛏 25 – **143 ch** 295/595, 6 suites – ½ P suppl. 90.

◆ Voisin du centre des Congrès, cet hôtel à la vue imprenable sur le Léman a été rafraîchi. Chambres confortables et espace conférence. Ses deux restaurants dotés de belles terrasses vous proposent l'ambiance ''Croisette'' ou les pieds dans l'eau au Café du Lac.

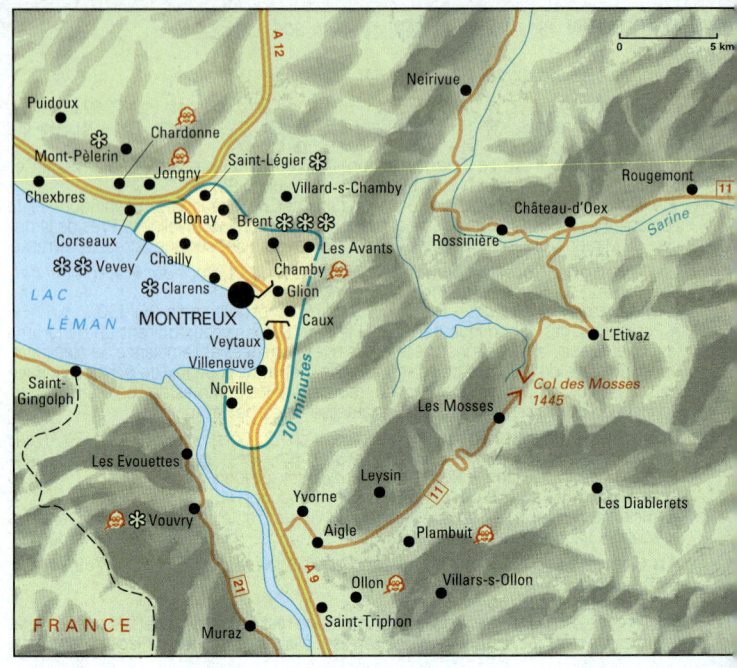

Eden au Lac, 11 r. du Théâtre, ℘ 0219 660 800, eden@montreux.
Fax 0219 660 900, ≤, 😊, ₤₆, ≊s, 🐎 – 🛉, 🍽 rest, TV video 📞 – 🛄 15/1
AE ① ⓜⓞ VISA JCB
fermé 15 déc. au 15 janv. – **La Terrasse : Repas** 19.50 - 40 (midi)/89 et à la ca
50/97 – **105 ch** ⇌ 230/410 – ½ P suppl. 49.
 ♦ Face aux flots, palace de style victorien aux chambres spacieuses aliant meub
anciens et confort moderne. Équipements de pointe dans les salles de réunion. D
un secteur très animé, la salle à manger en rotonde classique est dotée d'une agréa
terrasse.

Eurotel Riviera, 81 Grand-Rue, ℘ 0219 634 951, eurotelriviera@euriv
Fax 0219 635 392, ≤ lac, 😊, 🎱, – 🛉, ✂ rest, 🍽 rest, TV 📞 🚗 – 🛄 15/1
AE ① ⓜⓞ VISA JCB
Bel Horizon (ouvert mai - oct.) **Repas** 36 - 46/57 et à la carte 44/88 – **Mata**
Repas 19 et à la carte 34/80 – **175 ch** ⇌ 200/340 – ½ P suppl. 45.
 ♦ Les chambres de bonne ampleur de cet hôtel-tour, jouissant d'une vue étendue s
lac et ses berges. Ponton d'amarrage. Savourez les recettes françaises du Bel Hori
tout en admirant le panorama. Le Matara, lui, est apprécié pour sa carte traditionnell

Grand Hôtel Suisse Majestic, 43 av. des Alpes, ℘ 0219 663 333, hotel@
isse-majestic.ch, Fax 0219 663 300, ≤, 😊 – 🛉, ✂ ch, TV video 📞 – 🛄 15/1
AE ① ⓜⓞ VISA
Repas 19 - 24 (midi) et à la carte 39/80 – **139 ch** ⇌ 170/350 – ½ P suppl. 3
 ♦ Ce palace de 1870, bâti entre gare et lac, vous accueille par un superbe hall
déco. Chambres vastes et deux nouvelles suites avec jacuzzi. Restaurant au ca
rappelant l'Orient Express ; vaste terrasse côté lac. Plats classiques et de "brasser

Golf - Hôtel René Capt, 35 r. de Bon Port, ℘ 0219 662 525, golf-hotel@mont
x.ch, Fax 0219 630 352, ≤, 😊, 🐎 – 🛉 TV 📞 P – 🛄 40. AE ① ⓜⓞ VISA JCB. ✂
2 mars au 29 nov. – **Repas** 32 (midi)/42 et à la carte 49/92 – **72 ch** ⇌ 185/
– ½ P suppl. 39.
 ♦ Imposant établissement au bord du lac. Son cadre de style bourgeois vient d'ê
rénové. Magnifique et reposant jardin. Le restaurant de l'hôtel du Golf est aménagé
une authentique véranda, début de siècle. Essayez son répertoire culinaire tradition

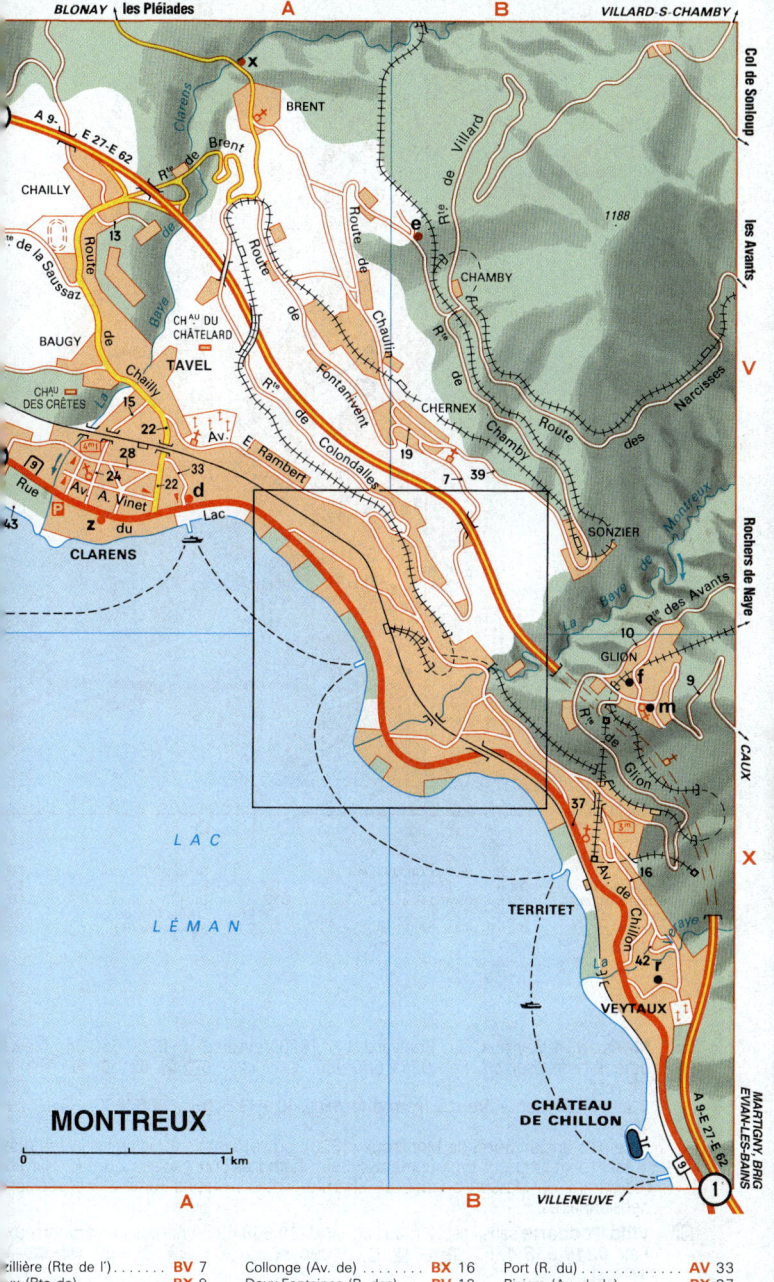

illière (Rte de l') .... BV 7	Collonge (Av. de) .... BX 16	Port (R. du) .... AV 33
ux (Rte de) .... BX 9	Deux-Fontaines (R. des) ... BV 19	Riviera (Av. de la) .... BX 37
mp-Fleuri (Rte de) .... BX 10	Gambetta (R.) .... AV 22	Sonzier (Rte de) .... BV 39
âtaigniers (Rte des) ..... AV 13	Grammont (R. du) ...... AV 24	Veraye (R. de) .... BX 42
telard (Av. du) .... AV 15	Mayor-Vautier (Av.) ..... AV 28	Villas-du-Bochet (Q. des) .. AV 43

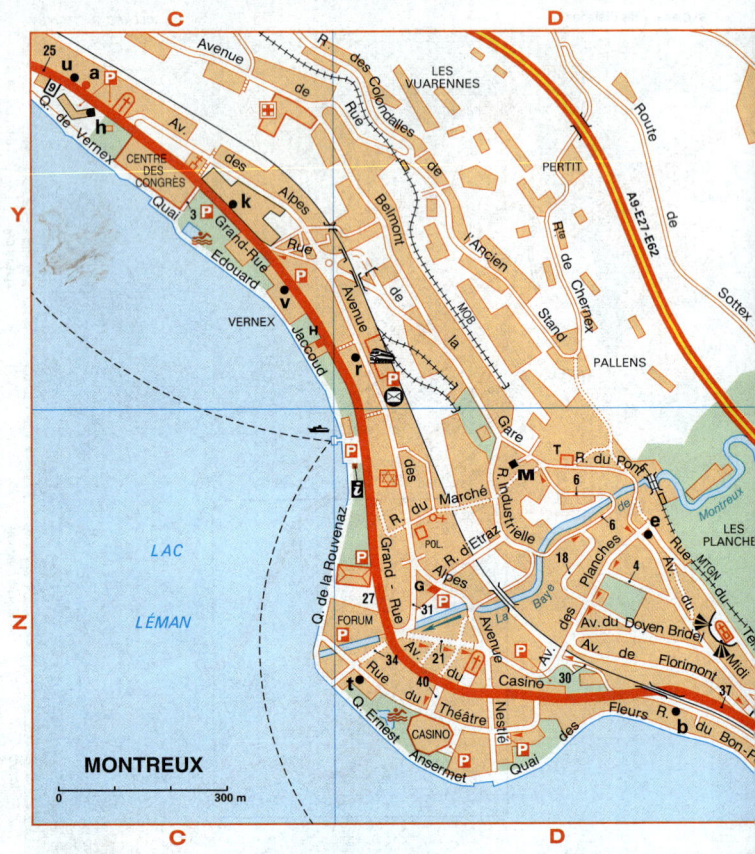

Alex Emery (R.)	**CY** 3	Église Catholique		National (Ch. du)	**DZ**
Amandiers (Av. des)	**DZ** 4	(R. de l')	**DZ** 21	Paix (R. de la)	**DZ**
Anciens Moulins (R. des)	**DZ** 6	Grand-Rue	**DYZ**	Quai (R. du)	**DZ**
Chantemerle (Av. de)	**DZ** 12	Lac (R. du)	**CY** 25	Riviéra (Av. de la)	**DZ**
Corsaz (R. de la)	**DZ** 18	Marché (Pl. du)	**DZ** 27	Strawinsky (R.)	**DZ**

🏨 **Masson**, à Veytaux, 5 r. Bonivard, ⊠ 1820 Veytaux, ✆ 0219 660 044, seve
nd@hotelmasson.ch, Fax 0219 660 036, 📶, 🌿 – 📺 🅿 AE ⓘ ⓂⓄ VISA
✖ rest   BX
2 avril - 31 oct. - **Repas** (fermé le midi) 40 – **31 ch** ☐ 180/260 – ½ P su
40.
• Le plus ancien hôtel de Montreux (1828), où séjournaient les aristocrates rus
présente un intérieur typiquement suisse. Chambres bourgeoises. Agréable jardi
restaurant du Masson dégage un charme "rétro". Cuisine familiale appréciée
pensionnaires.

🏨 **Villa Toscane** sans rest, 2 r. du Lac, ✆ 0219 638 421, villatoscane@ montreux
Fax 0219 638 426, 📶 – 🛗 📺 video 🅫 ♿ 🅿 – 🔏 30. AE ⓘ ⓂⓄ
✖ rest   CY
46 ch ☐ 170/310.
• Charmante villa Art nouveau de 1909, ornée ici et là de vitraux d'époque, témo
du brillant passé de la station. Chambres personnalisées.

MONTREUX

Auberge des Planches, 2 r. du Temple, ℘ 0219 634 973, bmelchor@span.ch, Fax 0219 632 311 – 🛗 📺 ✆ 🆗 🆅🆂🅰 ⚹ ch DZ e
fermé 10 janv. au 10 fév. – **Don Chico** - cuisine mexicaine - (fermé dim. et le midi) **Repas** à la carte 52/95 – **36 ch** ⬜ 90/160.

• Cet hôtel, perché sur les hauteurs du vieux Montreux, dispose de chambres actuelles et bien insonorisées, à la décoration mexicaine. Repas plein de piquant dans la salle à manger voûtée de ce restaurant mexicain. Don Chico, pero non chico !

XXX **L'Ermitage** (Krebs) ⚘ avec ch, à Clarens, 75 r. du Lac, ✉ 1815 Clarens, ℘ 0219 644 411, ermitage.krebs@bluewin.ch, Fax 0219 647 002, ≤ lac, 🍽, 🌳,
📶 – 📺 ✆ 🅿 🆎 ⓞ 🆗 🆅🆂🅰 🅹🅲🅱 AV z
fermé 22 déc. au 23 janv. – **Repas** (fermé dim. et lundi de sept. à mai) 35 - 65 (midi)/180 et à la carte 139/176 – **7 ch** ⬜ 200/300.

• Grande villa et jardin bordant le lac, au cœur de Clarens où J.-J. Rousseau situe l'action de la Nouvelle Héloïse. Chambres lumineuses. Ponton d'amarrage. Belle cuisine.

Spéc. Filets de féra du lac à la moutarde et livèche (mai - juin). La tomate farcie de grenouilles à la crème de thym (août). Bouchons vaudois en crème de pralin et fraises des bois.

XX **Kwong Ming**, 114 Grand-Rue, ℘ 0219 612 170, Fax 0219 612 188 – 🍽. 🅰🅴 ⓞ
🆗 🆅🆂🅰 CY a
fermé sam. midi – **Repas** - cuisine chinoise - 26 - 110/150 et à la carte 65/135.

• Salle à manger sino-orientale, avec cages d'oiseaux suspendues au plafond. Aux "woks", deux chefs préparent une cuisine originaire des régions de Pékin, Canton et Szetchuan.

XX **Maï Thaï**, à Clarens, 40 r. du Lac, ✉ 1815 Clarens, ℘ 0219 642 536, maithaiclarens@urbanet.ch, Fax 0219 648 123, 🍽 – 🅰🅴 ⓞ 🆗 🆅🆂🅰 🅹🅲🅱 AV d
fermé lundi sauf juillet et août – **Repas** - cuisine thaïlandaise - 20 - 35 (midi)/79 et à la carte 41/116.

• Décor et saveurs culinaires mettent à l'honneur la Thaïlande, dans ces deux salles à manger qui communiquent entre elles par une passerelle en bois veillant sur un jardinet.

Chamby Nord : 5 km AV – alt. 749 – ✉ 1832 Chamby :

X **Auberge de Chaulin**, route de Cornaux, ℘ 0219 644 618, auberge.de.chaulin@bluewin.ch, Fax 0219 644 671, ≤, 🍽 – 🅿 🆗 🆅🆂🅰 AV e
fermé sam. midi, dim. soir et lundi – **Repas** (nombre de couverts limité - prévenir) 15 - 40 (midi)/65 et à la carte 41/95.

• Maison régionale postée en bordure de route. Salle à manger rustique disposant d'une véranda couverte. Goûteuse cuisine à prix intéressants : les clés du succès réunies.

Villard-sur-Chamby Nord : 7 km – alt. 1 000 – ✉ 1832 Villard-sur-Chamby :

X **du Montagnard**, 2 rte de Vallon, ℘ 0219 643 684, Fax 0219 648 349, 🍽 – 🅿.
🅰🅴 ⓞ 🆗 🆅🆂🅰
fermé janv., fév., lundi et mardi – **Repas** (prévenir) 27/82 et à la carte 36/94.

• Cette ferme du 17e s. est appréciée pour son ambiance folklorique et musicale animant les soirées de ce restaurant champêtre, surmonté d'une mezzanine.

ux Avants Nord : 8 km – alt. 970 – ✉ 1833 Les Avants :

de Sonloup ⚘, au Col de Sonloup : 2,5 km, ℘ 0219 643 431, hotel.sonloup@bluewin.ch, Fax 0219 643 480, ≤, 🍽 – 🛗 📺 🅿 – 🔔 25. 🆗 🆅🆂🅰
fermé 30 nov. au 4 avril – **Repas** (fermé merc. sauf juil. - août et dim. soir) 17 - 23 (midi)/54 et à la carte 35/74 – **21 ch** ⬜ 65/160 – ½ P suppl. 35.

• Havre de paix niché dans un site naturel, cet hôtel renferme des chambres de style montagnard, souvent dotées d'un salon. Accès en voiture ou train MOB. La salle à manger sert de cadre à la dégustation d'une cuisine régionale ou classique. Terrasse ombragée.

X **Auberge de la Cergniaulaz**, par Col de Sonloup et rte d'Orgevaux : 3.5 km, ℘ 0219 644 276, Fax 0219 646 483, 🍽 – 🆗 🆅🆂🅰
fermé fév., mars, lundi et mardi – **Repas** (prévenir) à la carte 46/92.

• Ce restaurant, isolé en montagne, comporte deux petites salles chaleureusement habillées de boiseries et de photos du Tibet. Ardoise de suggestions. Terrasse en pleine nature.

MONTREUX

à Glion Nord-Est : 5 km - BX – alt. 688 – ✉ 1823 Glion :

Victoria ⚘, ✆ 0219 628 282, victoria@worldcom.ch, Fax 0219 628 292, ≤ Léman et Montreux, 斧, 16, ≋, 🏊, ✗, 🏋 – 🛗 📺 🅿 – 🚗 15/80. 🆎 ⓓ 🌐
VISA
Repas 42 - 75 et à la carte 74/112 – **56 ch** ⊋ 200/370, 3 suites – ½ P suppl. 7
◆ L'hôtel, entouré d'un superbe parc ombragé et fleuri, domine le Léman et Montreu Raffinement des chambres, beau mobilier, charme et intimité du lieu. Elégante sa à manger. Dans l'assiette, attrayante cuisine française. Grande et belle terrasse d'é

Alpes Vaudoises, 15 r. du Bugnon, ✆ 0219 632 076, hotelalp@montreux.c Fax 0219 635 694, ≤, 斧, 🏊, 🍴 – 🛗 📺 – 🚗 25. 🆎 ⓓ 🌐 **VISA**. ✗ rest BX
1ᵉʳ avril - 31 oct. – **Repas** 18 - 38 et à la carte 42/71 – **48 ch** ⊋ 110/190 – ½ suppl. 34.
◆ L'hôtel, perché au-dessus de Montreux, est accessible par la route ou le trair crémaillère. Vous séjournerez dans des chambres fonctionnelles de tailles divers Vaste et lumineuse salle de restaurant de style Louis XV. Terrasse panoramique fa aux Alpes.

à Caux Est : 9 km - BX – alt. 1054 – ✉ 1824 Caux :

Hostellerie de Caux ⚘ avec ch, 31 rte des Monts, ✆ 0219 612 591, info@ ostelleriedecaux.ch, Fax 0219 612 592, ≤, 斧, 🍴 – 🅿 🆎 ⓓ 🌐 **VISA**. ✗ ch fermé 6 au 26 oct., mardi soir et merc. – **Repas** 16 et à la carte 38/81 – 8 ⊋ 80/160 – ½ P suppl. 36.
◆ Amoureux des paysages de montagne, voici un accueillant chalet, situé s les hauteurs du village. Coquettes chambres de petite taille. Cuisine du terroir.

Buffet de la Gare, 2 r. du Panorama, ✆ 0219 631 630, fay@bluewin.c Fax 0219 631 640, ≤, 斧 – 🅿 🆎 🌐 **VISA**
fermé 2 au 28 nov. ; lundi et mardi sauf juil. – **Repas** 16.50 - et à la carte 37/8
◆ Ici, la passion du patron - les instruments de musique - s'affiche sur les murs gagne même la salle lorsqu'il joue du cor ou du piano. Recettes classiques, produ "bio".

à Brent Nord-Ouest : 7 km - AV – alt. 569 – ✉ 1817 Brent :

Le Pont de Brent (Rabaey), 4 rte de Blonay, ✆ 0219 645 230, rabaey@blu in.ch, Fax 0219 645 530 – 🟰 🅿 🆎 🌐 **VISA** AV
fermé 22 déc. au 6 janv., 13 juil. au 4 août, dim. et lundi – **Repas** 90 (midi)/230 à la carte 126/206.
◆ Avenante maison régionale dont l'élégant décor intérieur met en scène une som tueuse cuisine personnalisée, foisonnante de saveurs exquises. Un enchantement palais !
Spéc. Noix de ris de veau aux truffes noires, tagliatelles à la farine de châtaig (automne - hiver). Fantaisie de lapin du pays aux olives (printemps - été). Paillard a poires caramélisées et fruits secs (hiver)

Les pages explicatives de l'introduction
vous aideront à mieux profiter de votre **Guide Rouge Michelin**

MONT-SOLEIL Berne 216 ⑬ – rattaché à Saint-Imier.

MONT-SUR-LAUSANNE Vaud 217 ③ – rattaché à Lausanne.

MORAT Fribourg 217 ⑤ – voir à Murten.

MORBIO INFERIORE 6834 Ticino (TI) 219 ⑧ – 4120 ab. – alt. 360.
Bern 306 – Lugano 26 – Bellagio 47 – Bellinzona 54 – Como 20 – Varese 26.

Locanda del Ghitello, Parco della Breggia, Sud : 1,5 km (uscita Chiasso No dietro il supermercato), ✆ 0916 822 061, Fax 0916 822 941, 斧 – 🅿 🌐 **VISA**. ✗ chiuso giugno 2 settimane, febbraio - marzo 2 settimane, sabato a mezzogior domenica sera e mercoledì – **Pasto** (coperti limitati - prenotare) 19 - 38/87 ed a carta 68/96.
◆ Un vecchio mulino restaurato con gusto situato in fondo ad una valle accanto centro commerciale "Balerna". Sotto il gazebo o nella sala interna, gustate la delica cucina.

ORCOTE 6922 Ticino (TI) 219 ⑧ – 678 ab. – alt. 280.

Vedere : Località★★ – Santuario di Santa Maria del Sasso ; affreschi★.
Dintorni : Strada per Lugano : ≤★★.
Bern 282 – Lugano 11 – Bellinzona 39 – Como 28 – Varese 34.

🏨 **Carina Carlton**, via Cantonale, ℰ 0919 961 131, Fax 0919 961 929, ≤ lago, 🍽️, 🏊, 🐾 – TV. AE ① ME VISA
7 marzo - 26 ottobre – **Pasto** alla carta 46/111 – **19 cam** ☲ 165/250, 3 suites – ½ P sup. 46.
♦ Elegante albergo, ben situato sul Ceresio ; dalla terrazza si gode di una bella vista. Camere signorili e arredate con mobili di buona fattura. Sala da pranzo molto accogliente e terrazza sul lago, per una cucina tradizionale con sapori della regione.

Vico Nord-Est : 4 km – alt. 432 – ⊠ 6921 Vico-Morcote :

XXX **Bellavista** M ⚡ con cam, strada da Vigh 2, ℰ 0919 961 143, Fax 0919 961 288, ≤ lago e monti, 🍽️ – 🛗 TV. AE ① ME VISA JCB
chiuso dal 15 dicembre al 15 febbraio – **Pasto** (chiuso martedì a mezzogiorno e lunedì) (prenotare) 75 ed alla carta 48/127 – ☲ 10 – **11 cam** 150/200.
♦ Il tocco moderno dato ad un'antica casa, vi sorprenderà piacevolmente. Il grazioso ristorante è completato dalla terrazza con splendida vista. Eleganti camere a disposizione.

X **La Sorgente**, ℰ 0919 962 301, ristorante@lasorgente.ch, Fax 0919 961 865, ≤, 🍽️ – ME VISA
chiuso natale, febbraio, lunedì e martedì (escluso luglio - agosto) – **Pasto** (solo la sera escluso sabato e domenica) 55 ed alla carta 41/83.
♦ Bel localino rustico, con una piccola sala ospitale a cui si aggiunge un grande spazio estivo all'aperto. Cucina leggera e gustosa di tipo tradizionale.

ORGARTEN Zug 216 ⑱ ⑲ – siehe Oberägeri.

ORGES 1110 Vaud (VD) 217 ⑬ – 13 754 h. – alt. 380.

Voir : Quai : vue★ sur le lac Z – Musée : Alexis-Forel★★ Z M.

Manifestations locales
début avril - mi-mai : Fête de la Tulipe
17.06 - 22.06 : Morges-sous-Rire, festival international d'humour.

🅱 Office du Tourisme, rue du Château, ℰ 0218 013 233, info@morges-tourism.ch, Fax 0218 013 130.
Bern 117 ① – Lausanne 11 ① – Genève 49 ② – Pontarlier 68 ① – Yverdon-les-Bains 37 ①

MORGES

MORGES

Mont-Blanc, 1 quai du Mont-Blanc, ☎ 0218 048 787, montblancaulac@bluew ch, Fax 0218 015 122, ≤ lac, 斎 – 🛗, ⇌ ch, 📺 ✆ – 🏋 15/50. ᴁ ⓞ ⓜ
Les Guérites (1er étage) (fermé Noël) **Repas** 17.50 - 42(midi)/85 et à la carte 43/
– **Le Pavois** : **Repas** 17.50 - 24 (midi)/44 et à la carte 34/91 – **46 ch** ⇌ 152/2
– ½ P suppl. 35.
 ♦ Élégante maison du 19e s. abritant d'assez grandes chambres sachant évolu toutes sont tournées vers le lac. Le cadre de la salle à manger est soigné et sa cuisi ne manque pas de souffle. Le Pavois, doté d'une terrasse d'été, adopte un "loc plus actuel.

La Couronne, 88 Grand-Rue, ☎ 0218 014 040, couronotel@bluewin.c Fax 0218 021 297, 斎 – 🛗 📺 ✆ – 🏋 50. ᴁ ⓞ ⓜ ᴠɪsᴀ
Le Servagnin : **Repas** 21 - 42/79 et à la carte 56/87 – **Café Grand-Rue** : Rep 18,50 et à la carte 34/67 – **32 ch** ⇌ 138/198 – ½ P suppl. 32.
 ♦ Bâtisse postée en centre-ville, dans une rue piétonne. Les chambres sont for tionnelles et bien tenues. Le Servagnin, restaurant gastronomique, est installé da une salle voûtée de style caveau. Le café Grand-Rue dégage, quant à lui, une ambian de bistrot.

Savoie, 7 Grand-Rue, ☎ 0218 012 155, savoie@span.ch, Fax 0218 010 329, 斎 🛗 📺, ᴁ ⓞ ⓜ ᴠɪsᴀ. ⌀ rest
fermé 23 déc. au 5 janv. – **Repas** (fermé dim.) 19 - 25/92 et à la carte 41/89 – **14** ⇌ 130/190 – ½ P suppl. 29.
 ♦ Accueil des clients au bar de l'hôtel. Chambres pratiques, toutes identiques. U adresse utile à prix sages, dans une rue interdite à la circulation. Habillage de lamb pour la grande salle de restaurant. Choix intéressant de menus avec des plats loca

Le Petit Manoir, 8 av. Paderewski, ☎ 0218 024 235, Fax 0218 012 508, 斎,
ᴁ ⓜ ᴠɪsᴀ
fermé 26 déc. au 8 janv., 21 juil. au 18 août, dim. et lundi – **Repas** 17 - 52/94 e la carte 59/94.
 ♦ Demeure patricienne du 17e s. agrémentée d'un jardin à la française. Carte s sonnière à découvrir dans une salle à manger de style Louis XV dotée d'un plafo peint.

Le Léman "Chez Racheter", 61 r. Louis-de-Savoie, ☎ 0218 012 18 Fax 0218 012 237, 斎 – ᴁ ⓜ ᴠɪsᴀ
fermé fév. et mardi – **Repas** 17.50 - 62/72 et à la carte 52/89.
 ♦ Dans le vieux quartier où se concentrent les commerces, voici un restaurant co prenant une salle ouverte sur le Léman et les Alpes, un café et une salle de banqu

MÖRIGEN Bern (BE) 216 ⑭ – 742 Ew. – Höhe 481 – ✉ 2572 Sutz.
Bern 29 – Neuchâtel 28 – Biel 8 – Solothurn 32.

Seeblick 🅼, Hauptstr. 2, ☎ 0323 970 707, Fax 0323 970 708, ≤ Bielersee, 斎 🛗, ⇌ Zim, 📺 ✆ ♿ 🅿. ᴁ ⓞ ⓜ ᴠɪsᴀ
geschl. 23. Dez. - 13. Jan. und Montag – **Menu** 15.50 und à la carte 41/87 – **12 Z** ⇌ 125/170.
 ♦ Freundliche Farbtöne bestimmen die Atmosphäre in den modern eingerichtet Zimmern dieses direkt am Bielersee gelegenen, neuzeitlichen Hotelbaus. Das Resta rant hat verschiedene Bereiche, teils verbunden mit der schönen Seeterrasse.

MORLON Fribourg 217 ⑤ – rattaché à Bulle.

MORSCHACH 6443 Schwyz (SZ) 218 ① – 837 Ew. – Höhe 645.
Bern 155 – Luzern 41 – Altdorf 15 – Brunnen 4 – Schwyz 9.

Swiss Holiday Park 🅼 ⌀, ☎ 0418 255 050, info@swissholidaypark.c Fax 0418 255 060, ≤, 斎 – 🛗, ⇌ Zim, 📺 ✆ ⚇ ⇌ – 🏋 15/120. ᴁ ⓞ ⓜ
Schwyzer Stube (geschl. Sonntag und Montag) (nur Abendessen) **Menu** à la car 48/88 – **Silk Road No 88** - asiatische Küche - (geschl. Dienstag und Mittwoch) (n Abendessen) **Menu** 55 und à la carte 47/84 – **Panorama** : **Menu** 35/44 und à carte 38/105 – **116 Zim** ⇌ 216/270, 7 Suiten – ½ P Zuschl. 35.
 ♦ Die ruhige Lage in einem grossen Ferien- und Freizeitpark macht dieses Hotel einer attraktiven Urlaubsadresse. Sie wohnen in modernen, geräumigen Zimmern r Polstergruppe. Die Schwyzer Stube präsentiert sich hell und modern-rustikal in c Aufmachung.

340

MOSSES 1862 Vaud (VD) 217 ⑮ – alt. 1435 – Sports d'hiver : 1 450/1 870 m ⟪13 ⟫.

🛈 Office du Tourisme, Les Fougères, ✆ 0244 911 466, otm@lesmosses.ch, Fax 0244 911 024.

Bern 132 – Montreux 44 – Aigle 30 – Genève 136 – Lausanne 72 – Martigny 56 – Spiez 73.

Relais Alpin, au col des Mosses, ✆ 0244 911 631, hotel.relaisalpin@bluewin.ch, Fax 0244 912 013, ≤, 🍽 – 📺 ✆ 🅿 ⓐⓔ ⓜⓞ 𝚅𝙸𝚂𝙰
fermé 31 mars au 30 avril et 27 oct. au 19 déc. – **Repas** 16 - 26 (midi) et à la carte 41/73 – **47 ch** ⇌ 70/150, Basse saison ⇌ 60/130 – ½ P suppl. 25.
◆ Sur la traversée de la station, chalet à la façade ornée de balcons en bois découpé. Chambres amples et agrestes ; demandez-en une rénovée. Le décor du restaurant révèle un attachement aux années 70. Carte étoffée de spécialités régionales et italiennes.

ÔTIERS 2112 Neuchâtel (NE) 217 ③ – 848 h. – alt. 735.
Bern 82 – Neuchâtel 31 – La Chaux-de-Fonds 38 – Pontarlier 27 – Yverdon-les-Bains 32.

des Six Communes, 1 rue Centrale, ✆ 0328 612 000, sixcommunes@valtra.ch, Fax 0328 615 039, 🍽 – ⓜⓞ 𝚅𝙸𝚂𝙰
fermé 5 au 21 avril, mardi soir et mercredi – **Repas** 14.50 et à la carte 35/65.
◆ Cette bâtisse du 16ᵉ s. fut à l'origine un marché couvert appartenant à six communes voisines. Murs anciens, meubles et éclairage modernes, et terrasse sous les arcades.

OUTIER 2740 Berne (BE) 216 ⑭ – 7 923 h. – alt. 529.
🛈 Jura bernois Tourisme, 26 av. de la Liberté, ✆ 0324 936 466, Fax 0324 936 156.
Bern 79 – Delémont 16 – Biel 38 – Solothurn 48.

des Gorges, 26 r. des Gorges, ✆ 0324 931 669, Fax 0324 934 959 – 📺 ✆ 🅿 ⓐⓔ ⓘ ⓜⓞ 𝚅𝙸𝚂𝙰. 🍽
Repas (fermé lundi) 16 et à la carte 30/75 – **14 ch** ⇌ 85/145.
◆ Hôtel situé à l'entrée de Moutier, sur un axe passant. Chambres bien insonorisées et équipées d'un mobilier fonctionnel. Pizzas, pâtes et mets traditionnels composent la carte du restaurant de l'hôtel où vous serez accueillis dans une salle au décor champêtre.

Cheval Blanc, 52 r. Centrale, ✆ 0324 931 044, Fax 0324 934 421 – 📺 🅿 ⓜⓞ 𝚅𝙸𝚂𝙰
fermé dim. – **Repas** (fermé 24 déc. au 3 janv. et 14 juil. au 4 août) 15 et à la carte 30/61 – **10 ch** ⇌ 85/140 – ½ P suppl. 18.
◆ Petite adresse familiale, proche du centre-ville, proposant des chambres pas très grandes, mais coquettes et confortables. Le restaurant du Cheval Blanc travaille en toute simplicité, fournissant une prestation sans prétention dans un cadre classique.

Roches Nord : 3 km par route de Delémont – 235 h. – alt. 498 – ✉ 2762 Roches :

Auberge du Cheval Blanc, 15 r. principale, ✆ 0324 931 180, Fax 0324 936 227, 🍽 – 🅿 ⓐⓔ ⓘ ⓜⓞ 𝚅𝙸𝚂𝙰
fermé 23 au 26 déc., 13 juil. au 5 août, dim. soir, lundi soir et mardi – **Repas** 16 - 36 (midi)/64 et à la carte environ 50.
◆ Pour une fois, laissez le patron choisir à votre place ! Ici, pas de carte, pas d'habitude : chaque jour, on vous annonce un menu différent pour le déjeuner et pour le dîner.

Belprahon Est : 2,5 km, par route de Balsthal – alt. 630 – ✉ 2744 Belprahon :

La Croix Fédérale, ✆ 0324 933 281, Fax 0324 932 727, 🍽 – 🅿
fermé 15 juil. - 6 août, mardi et merc. – **Repas** 14 et à la carte 32/74.
◆ Maison villageoise de style régional, perchée sur les hauts de Moutier. Une affaire de famille proposant plats du jour et répertoire traditionnel, en toute modestie.

Perrefitte Ouest : 2,5 km – alt. 578 – ✉ 2742 Perrefitte :

de l'Etoile, ✆ 0324 931 017, fabien.merillat@restaurant-etoile.ch, Fax 0324 931 075, 🍽 – 🅿 ⓐⓔ ⓘ ⓜⓞ 𝚅𝙸𝚂𝙰
fermé 25 déc. au 7 janv., 20 juil. au 12 août, dim. et lundi – **Repas** 17 - 50/72 et à la carte 33/81.
◆ L'établissement a bénéficié d'un "lifting" : salle à manger moderne aménagée à la façon d'un jardin d'hiver. Assiettes françaises enrichie de mets internationaux.

MÜHLEDORF 4583 Solothurn (SO) 216 ⑮ – 346 Ew. – Höhe 570.
Bern 29 – Biel 23 – Burgdorf 24 – Olten 47 – Solothurn 15.

※ **Kreuz** mit Zim, Hauptstr. 5, ℘ 0326 611 023, mail@kreuz-muehledorf.c
Fax 0326 611 130, 🍽, 🌳 – 📺 ℅ 🅿, 🆎 ⓞ ⓜ VISA
Menu (geschl. 3. - 17. Feb. und 29. Sept. - 13. Okt.) 16.50 - 55 und à la carte 37/
– **6 Zim** ⎕ 95/175.
◆ Neben einer rustikalen Gaststube und weiteren gemütlichen Räumlichkeiten st
hen in diesem ruhig gelegenen Gasthof auch einige Zimmer zum Übernacht
bereit.

MÜLLHEIM-WIGOLTINGEN 8554 Thurgau (TG) 216 ⑨ – Höhe 412.
Bern 179 – Sankt Gallen 42 – Frauenfeld 15 – Konstanz 16 – Winterthur 30.

※※ **Wartegg**, Müllheimerstr. 3, beim Bahnhof, ℘ 0527 700 808, info@langasthof
artegg.ch, Fax 0527 631 725, 🍽 – 🅿, ⓞ ⓜ VISA
geschl. 27. Jan. - 5. Feb., 21. Juli - 7. Aug., Dienstag und Mittwoch – **Menu** 28 -
(mittags)/85 und à la carte 46/117.
◆ Hinter dem kleinen Gaststubenbereich schliesst sich das elegante à la cart
Restaurant an. In dem mit Biedermeiermöbeln eingerichteten Raum reicht man e
klassische Karte.

MÜLLIGEN 5243 Aargau (AG) 216 ⑥ – 789 Ew. – Höhe 368.
Bern 103 – Aarau 25 – Baden 5 – Luzern 58 – Zürich 27.

※※ **Müli**, Mülirain 1, ℘ 0562 251 154, info@mueli-muelligen.ch, Fax 0562 252 058,
⎔ – 🅿, 🆎 ⓞ ⓜ VISA, ✂
geschl. 3. - 9. Feb., 21. Juli - 10. Aug., Montag und Dienstag – **Menu** 15 - 45 (mittags/
und à la carte 67/121.
◆ Dieses idyllisch am Reussufer plazierte Haus stammt aus dem 12. Jh. In der Ga
stube oder im à la carte-Restaurant serviert man eine klassischen Küche, mode
interpretiert.

MÜNCHENBUCHSEE 3053 Bern (BE) 216 ⑭ – 8 865 Ew. – Höhe 557.
Bern 9 – Biel 26 – Burgdorf 20 – Neuchâtel 52 – Solothurn 34.

※※ **Moospinte**, Richtung Wiggiswil : 1 km, ℘ 0318 690 113, moospinte@swissor
e.ch, Fax 0318 695 413, 🍽 – 🅿, 🆎 ⓞ ⓜ VISA
geschl. 9. Feb. - 3. März., 21. Sept. - 6. Okt., Sonntag und Montag – **Menu** (Tisc
bestellung ratsam) 56 (mittags)/155 und à la carte 72/142 – **Gaststube** : **Men**
la carte 48/89.
◆ In dem typischen Berner Gasthof aus dem Jahre 1840 nehmen die Gäs
in zwei schönen Stuben Platz. Hier serviert man saisonbezogene, region
Gerichte. In der Gaststube speist man in gemütlichem Umfeld. Mit Gartent
rasse.

※※ **Häberli's Schützenhaus**, Oberdorfstr. 10, ℘ 0318 688 988, info@haeberl
om, Fax 0318 688 989, 🍽 – 🅿, 🆎 ⓞ ⓜ VISA JCB
geschl. Weihnachten – **Le Gourmet** : **Menu** 75 (mittags)/115 und à la carte 58/
– **Brasserie** : **Menu** 17.50 - 22 und à la carte 37/96.
◆ Das leicht gehobene Le Gourmet bietet eine kleine Auswahl gutbürgerlicher à
carte-Gerichte. Bei schönem Wetter sitzt man auch nett auf der Terrasse. Typisc
Brasserie mit Jugendstil-Dekor.

MÜNCHWILEN 9542 Thurgau (TG) 216 ⑨ – 591 Ew. – Höhe 518.
Bern 174 – Zürich 55 – Frauenfeld 13 – Wil 4 – Winterthur 25.

🏨 **Münchwilen** Ⓜ garni, Schmiedstr. 5, ℘ 0719 693 131, info@hotel-muenchw
n.ch, Fax 0719 693 132, ⎔ – 📶 ⎔ 📺 ℅ & ⇌ – 🅰 40. 🆎 ⓞ ⓜ VISA
55 Zim ⎕ 125/175.
◆ In dem Neubau werden die Gäste in modernen Zimmern untergebrac
die mit solidem Kirschholzmobiliar ausgestattet und in warmen Farben gehalt
sind.

*Die wichtigsten Einkaufsstraßen sind im Straßenindex
der Stadtpläne in* rot *gekennzeichnet*

ÜNSINGEN 3110 Bern (BE) 217 ⑥ – 10 072 Ew. – Höhe 531.
Bern 17 – Fribourg 51 – Langnau im Emmental 33 – Thun 15.

Löwen, Bernstr. 28, ℘ 0317 243 111, loewen@smile.ch, Fax 0317 243 110, 🍴
– TV P – 🛁 15/40, AE ① ⓪ VISA
Menu 16 - 48 (mittags)/76 und à la carte 44/92 – **18 Zim** ⊑ 115/180 – ½ P Zuschl. 30.
◆ Die Zimmer im Haupthaus sind mit dunklem Holz eingerichtet - masssive Dachbalken schaffen Atmosphäre. In einer renovierten Scheune beziehen Sie hell möblierte Räume. Gaststube, rustikale Löwenstube und das wintergartenähnliche Läubli bilden das Restaurant.

ÜNSTER 3985 Wallis (VS) 217 ⑲ – 466 Ew. – Höhe 1 390 – Wintersport : 1 390/1 665 m ⚜1 ⚜.
🛈 Münster-Geschinen Tourismus, Furkastrasse, ℘ 0279 731 745, muenster-geschinen@goms.ch, Fax 0279 731 783.
Bern 135 – Andermatt 58 – Bellinzona 99 – Brig 32 – Interlaken 78 – Sion 85.

Landhaus, ℘ 0279 732 273, landhaus@goms.ch, Fax 0279 732 464, ≤, 🍴, 🚗
– 🛗 TV 🐾 P ① ⓪ VISA. ⚜ Zim
geschl. 2. - 22. Dez. und 1. April - 10. Mai – **Menu** (geschl. Montag in der Zwischensaison) 23 - 59 und à la carte 33/93 – **28 Zim** ⊑ 120/220, Vorsaison ⊑ 100/170 – ½ P Zuschl. 35.
◆ Die auf drei Chalets verteilten Zimmer sind mit dunklen Eichenfurniermöbeln eingerichtet und verfügen über eine Couch, die Doppelzimmer haben zudem einen Balkon mit Ausblick. Das Restaurant zeigt sich hell und rustikal, im Stil einer ländlichen Gaststube.

UNTELIER Freiburg 217 ⑤ – siehe Murten.

MURAZ Valais 217 ⑮ – rattaché à Sion.

URI 5630 Aargau (AG) 216 ⑰ ⑱ – 6 070 Ew. – Höhe 458.
Bern 111 – Aarau 33 – Luzern 32 – Zürich 29.

Ochsen, Seetalstr. 16, ℘ 0566 641 183, ochsen-muri@bluewin.ch, Fax 0566 645 615, 🍴 – 🛗 TV P AE ① ⓪ VISA
Menu (geschl. 27. Juli - 11. Aug., Sonntagabend und Montag) 18 - 48 (mittags)/82 und à la carte 53/97 – **11 Zim** ⊑ 75/170 – ½ P Zuschl. 25.
◆ Die Zimmer des im Dorfzentrum gelegenen Gasthauses sind mit hellgrauem Mobiliar neuzeitlich und zweckmässig ausgestattet und bieten ausreichend Platz. An die rustikale Gaststube schliesst sich das kleine, gemütliche à la carte-Stübli an.

Adler M, Marktstr. 5, ℘ 0566 755 454, info@adler-muri.ch, Fax 0566 755 400, 🚗 – 🛗 🍴 AE ① ⓪ VISA JCB
Menu 17.50 und à la carte 41/84 – **17 Zim** ⊑ 110/220 – ½ P Zuschl. 29.
◆ Die Zimmer des Hauses sind modern, mit weissem Bett und grossem Schrank und teils mit Kitchenette zweckmässig ausgestattet und bieten mehr als ausreichend Platz. Ein modernes Bistro und ein à la carte-Bereich mit Glasdecke bilden die Restauration.

URI BEI BERN Bern 217 ⑥ – siehe Bern.

ÜRREN 3825 Bern (BE) 217 ⑰ – 427 Ew. – Höhe 1 639 – Wintersport : 1 650/2 970 m ⚜2 ⚜8.
Sehenswert : Lage★★.
Ausflugsziel : Schilthorn★★★ West mit Luftseilbahn – Sefinenfall★ Süd.
🛈 Tourist Information, ℘ 0338 568 686, info@muerren.ch, Fax 0338 568 696.
Bern 74 – Interlaken 71 – Grindelwald 21 – Spiez 33.
mit Standseilbahn ab Lauterbrunnen erreichbar

Eiger ⚜, ℘ 0338 565 454, info@hoteleiger.com, Fax 0338 565 456, ≤ Eiger, Mönch und Jungfrau, 🍴, 🏊, 🎾 – 🛗, ⚜ Zim, TV 📞 – 🛁 15. AE ① ⓪ VISA. ⚜
19. Dez. - 29. März und 15. Juni - 20. Sept. – **Menu** 49 (abends) und à la carte 42/104
– **35 Zim** ⊑ 260/400, Vorsaison ⊑ 190/300, 12 Suiten – ½ P Zuschl. 30.
◆ Die ruhige Lage in dem autofreien Ort - mit Blick auf Eiger, Mönch und Jungfrau - sowie die wohnlichen Zimmer sind Annehmlichkeiten dieses sympathischen Hotels. Im unteren Teil des Hauses findet man das rustikale Restaurant. Sonnenterrasse !

MÜRREN

Bellevue-Crystal, ℰ 0338 551 401, bellevue-crystal@bluewin.c Fax 0338 551 490, ≤ Berge, 余, ⛳ – ⇔ Zim, TV ℰ. AE ① VISA JCB
geschl. 1. - 15. Dez. und 21. April - 1. Juni (Rest. : - 15. Juni) – **Menu** à la carte 33/ – **17 Zim** ⊃ 135/230, Vorsaison ⊃ 95/190 – ½ P Zuschl. 30.
• Das Hotel liegt recht zentral im Ort - ganz in der Nähe : eine Skiabfahrt und Standseilbahn ins Skiegebiet. Sie beziehen freundliche Zimmer mit hellem Naturho mobiliar. Teil des Restaurants ist ein nettes, rustikales Stübli.

Edelweiss, ℰ 0338 565 600, edelweiss@muerren.ch, Fax 0338 565 6 ≤ Eiger, Mönch und Jungfrau, 余 – 🛗 TV, M⊙ VISA
22. Dez. - 21. April und 30. Mai - 4. Okt. – **Menu** (im Sommer nur Abendessen Hotelgäste) 21 und à la carte 44/77 – **24 Zim** ⊃ 130/240, Vorsaison ⊃ 95/170 ½ P Zuschl. 30.
• Die ruhige Lage am Rande des Mürrener Plateaus, der Blick auf Eiger, Mönch u Jungfrau sowie mit Arve oder Furnierholz möblierte Zimmer sprechen für die Adresse. Hotelrestaurant mit traditioneller Küche.

Alpenruh, ℰ 0338 568 800, alpenruh@schilthorn.ch, Fax 0338 568 8 ≤ Eiger und Jungfrau, 余, ⛄ – 🛗, ⇔ Zim, TV. AE ① M⊙ VISA JCB. ⚞ Rest
Menu (geschl. Nov.) 14.50 - 75 und à la carte 33/86 – **26 Zim** ⊃ 130/260, Vorsais ⊃ 90/180 – ½ P Zuschl. 35.
• Wenige Schritte von der Luftseilbahnstation entfernt liegt das Chalet, dem Zimmer mit hellem Holzmobiliar und schönem Blick auf Eiger und Junfr zum Einzug bereitstehen. Frisch wirkendes, rustikales Restaurant mit Aussich terrasse.

Jungfrau, ℰ 0338 554 545, mail@hoteljungfrau.ch, Fax 0338 554 549, 余 – 🛗, ⇔ Zim, TV ♿ – 🏊 25. AE ① M⊙ VISA JCB. ⚞
15. Dez. - 5. April und 2. Juni - 27. Sept. – **Menu** (nur Abendessen) 54 – **29 Z** ⊃ 155/290, Vorsaison ⊃ 95/190 – ½ P Zuschl. 34.
• Das ruhig gelegene Haus mit dem eigentümlichen Türmchen beherber seine Gäste in Zimmern, die mit hellem Furnierholzmobiliar praktisch eingericht sind. Im Restaurant Gruebi wie auch auf der Terrasse serviert man traditione Küche.

MURSCHETG Graubünden **218** ③ – siehe Laax.

MURTEN (MORAT) 3280 Freiburg (FR) **217** ⑤ – 5470 Ew. – Höhe 448.

Sehenswert : Altstadt★★ – Stadtmauer★.
Lokale Veranstaltungen
01.03 - 03.03 : Fasnacht
22.06 : Solennität (zur Erinnerung an die Schlacht bei Murten im Jahre 1476).

🅱 Murten Tourismus, Franz. Kirchgasse 6, ℰ 0266 705 112, info@murtentou mus.ch, Fax 0266 704 983.
Bern 31 – Neuchâtel 28 – Biel 34 – Fribourg 16.

Stadtplan siehe gegenüberliegende Seite

Weisses Kreuz, Rathausgasse 31, ℰ 0266 702 641, info@weisses-kreuz.c Fax 0266 702 866, ≤, 余 – TV – 🏊 15/100. AE ① M⊙ VISA
geschl. Hotel : 15. Dez. - 15. Jan. ; Rest. : 15. Dez. - 31. Jan. – **Menu** 50 (mittags)/ und à la carte 51/96 – **27 Zim** ⊃ 140/280 – ½ P Zuschl. 50.
• Die zwei miteinander verbundenen Altstadthäuser bieten dem Gast unterschiedli eingerichtete Zimmer - von modern bis stilvoll, teils auch in italienischem Desig Neben zwei klassischen Speisesälen im 1. Stock bietet sich auch eine schöne Pan ramaterrasse an.

Schiff, Ryf 53, ℰ 0266 702 701, info@hotel-schiff.ch, Fax 0266 703 531, ≤, – TV ℰ – 🏊 15/35. AE ① M⊙ VISA
Lord Nelson (geschl. Mittwoch und Donnerstag ausser Mai - Sept.) **Menu** 48/86 u à la carte 49/105 – **15 Zim** ⊃ 140/280 – ½ P Zuschl. 48.
• Am Hafen, unterhalb der Altstadt gelegen, bietet dieses Haus eine schöne Sic sowie einfachere, praktische, teils klassische, mit Stilmöbeln eingerichtete Zi mer. Das Lord Nelson erinnert an einen alten, gediegenen englischen Club. Terras in Ufernähe.

MURTEN

e Freiburgstrasse .... **Z**
hnhofstrasse .... **Z**
rnstrasse .... **Y** 3
benbergstrasse ...... **Z** 4
rgunderstrasse ...... **Z** 6
utsche
Kirchgasse .... **Y** 7
achstrasse .... **Z** 9
anz. Kirchgasse ...... **Y** 10
eiburgstrasse .... **Z**
uptgasse .... **YZ**
pital (R. de l') ...... **Z** 12
ngmatt .... **Y** 13
usannestrasse .... **Z**
eylandstrasse .... **YZ**
a Pury .... **YZ**
ehlstrasse .... **YZ** 15
ffor .... **Y**
thausgasse .... **Y** 16
f. .... **YZ**
hulgasse .... **Z** 17
rliplatz .... **Z** 18
lerweg .... **Z**

enachrichtigen
e sofort das Hotel,
enn Sie ein
estelltes Zimmer
cht belegen können.

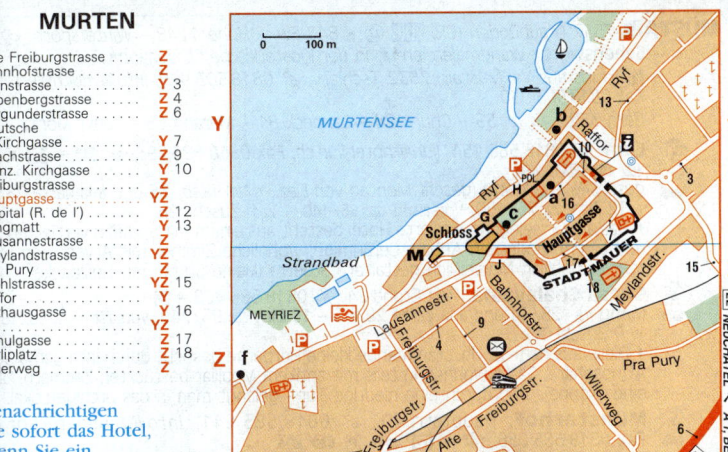

Murtenhof, Rathausgasse 3, ☎ 0266 729 030, info@murtenhof.ch, Fax 0266 729 039, ≤, 😀 – 📺 📞 🚗 – 🛏 25. 🖭 ⓘ 🆎 𝗩𝗜𝗦𝗔   **Y** c
Menu (geschl. 1. Jan. - 1. März und Montag) 19 und à la carte 39/87 – **21 Zim** ⊇ 110/200 – ½ P Zuschl. 35.
• Das Patrizierhaus a. d. 16. Jh. liegt neben dem Schloss dieses malerischen Ortes. Die Zimmer sind unterschiedlich gestaltet und bieten ausreichenden Komfort, teils mit Sicht. Die Terrasse und ein rustikalerer Raum ergänzen das zum See hin gelegene Restaurant.

n Muntelier Nord-Ost : 1 km – Höhe 438 – ⊠ 3286 Muntelier :

Seepark 🅼 garni, Muntelierstr. 25, ☎ 0266 726 666, office@hotel-seepark.ch, Fax 0266 726 677 – 🛗 ✳ 📺 📞 ♿ 🚗 🅿 – 🛏 15/220. 🖭 ⓘ 🆎 𝗩𝗜𝗦𝗔
34 Zim ⊇ 149/298.
• Direkt an der Sprachgrenze liegt dieser moderne Bau aus Granit und Glas. Nicht nur Geschäftsreisende schätzen die frisch wirkenden, geräumigen Gästezimmer.

Bad Muntelier 🌊, ☎ 0266 702 262, info@hotel-bad-muntelier.ch, Fax 0266 704 374, ≤, 😀, 🍽, 🎱 – 📺 🅿 – 🛏 15/50. 🖭 ⓘ 🆎 𝗩𝗜𝗦𝗔
geschl. 20. Dez. - 1. Feb. – **Menu** (geschl. Montag ausser Mitte Mai - Mitte Okt.) 33 (mittags)/62 und à la carte 55/109 – **22 Zim** ⊇ 150/250 – ½ P Zuschl. 45.
• Neben der ruhigen Lage am See zählen die in einem Anbau untergebrachten, einheitlich gestalteten und geräumigen Zimmer zu den Annehmlichkeiten des Hotels. Zur Restauration gehören schöne à la carte-Räume, Grillroom und eine Seeterrasse.

n Meyriez Süd-West : 1 km – Höhe 445 – ⊠ 3280 Murten :

Vieux Manoir au Lac 🌊, 18 r. de Lausanne, ☎ 0266 786 161, welcome@vieuxmanoir.ch, Fax 0266 786 162, ≤ See, 😀, 🏇, 🍽, 🏊, 🎱 – 🛗 📺 📞 🅿 – 🛏 15/30. 🖭 ⓘ 🆎 𝗩𝗜𝗦𝗔   **Z** f
geschl. 8. Dez. - 14. Feb. – **Menu** 36 - 46 (mittags)/138 und à la carte 74/143 – **33 Zim** ⊇ 390/470 – ½ P Zuschl. 75.
• Dieses anmutige, elegante Landhaus liegt etwas ausserhalb in einem schönen Park am See. Geschmackvoll eingerichtete Zimmer überzeugen mit angenehmem Wohnkomfort. Das helle, gediegene Restaurant wie auch die Terrasse bieten eine wunderschöne Sicht.

Unsere Hotel-, Reiseführer und Straßenkarten ergänzen sich.
Benutzen Sie sie zusammen.

MÜSTAIR 7537 Graubünden (GR) 218 ⑰ – 840 Ew. – Höhe 1 248 – Wintersport :
Sehenswert : Wandmalereien★★ in der Klosterkirche St. Johann★.
🛈 Tourismus Val Müstair, 7532 Tschierv, ✆ 0818 503 929, info@muenstertal.c
Fax 0818 503 930.
Bern 352 – Scuol 59 – Chur 128 – Landeck 81 – Merano 65 – Sankt Moritz 72

Liun, ✆ 0818 585 154, liun@hotel-liun.ch, Fax 0818 586 293, ≤, – 📺
geschl. Nov. – **Menu** (geschl. Montag von Dez. - Mai) 16.50 - 35 und à la carte 28/
– **12 Zim** ⌑ 75/150, Vorsaison ⌑ 65/140 – ½ P Zuschl. 25.
♦ Das am Ortseingang plazierte Hotel besteht aus einem mit Sgraffiti verzierten T
und einem modernen Anbau. Geräumige, wohnliche Zimmer mit Arven- und Fic
tenholzmobiliar. Neuzeitlich gestaltete Stüetta (kleine Stube) mit Holzdecke.

Chasa Chalavaina, Plaz Grond 24, ✆ 0818 585 468 –
Menu 19 - 28/44 und à la carte 29/53 – **15 Zim** ⌑ 95/210, Vorsaison ⌑ 65/180
½ P Zuschl. 25.
♦ Diese aus dem 12. Jh. stammende kleine Herberge besticht durch ihre gemütlic
Atmosphäre. Gäste wohnen in teils mit antikem Mobiliar bestückten Zimmern. Üb
eine Treppe - und durch eine niedrige Tür - gelangt man in das urchige Lokal.

Münsterhof, Hauptstr. 40, ✆ 0818 585 541, info@muenstherhof.c
Fax 0818 585 058, – 📺
geschl. 7. Jan. - 7. Feb. ; Mittwoch und Sonntagabend im Winter – **Menu** 19.50 und à
carte 33/75 – **16 Zim** ⌑ 75/140, Vorsaison ⌑ 65/120, 3 Bungalows – ½ P Zuschl. 2
♦ Das 1887 gebaute Haus liegt im Kern des malerischen Ortes. Hier beziehen Sie net
Zimmer, die mit antikem Arvenholzmobiliar und schön getäferten Wänden ausg
stattet sind. Speisesaal für Hotelgäste und Gaststube mit einfacher Karte.

MUTTENZ Basel-Landschaft 216 ④ – siehe Basel.

NÄFELS 8752 Glarus (GL) 216 ⑳ – 3 956 Ew. – Höhe 440.
Sehenswert : Prunkgemächer★★ im Freulerpalast★.
🛈 Verkehrsverein, im Dorf 1, ✆ 0556 122 188, Fax 0556 124 325.
Ⓐ Wohnparadies, ✆ 0556 184 080, Fax 0556 184 556.
Bern 187 – Sankt Gallen 63 – Chur 68 – Glarus 8 – Vaduz 54.

Schwert mit Zim, im Dorf 20, ✆ 0556 184 280, info@giorgio.c
Fax 0556 124 353 –
geschl. 2. - 9. Jan., 14. Juli - 3. Aug., Sonntagabend und Montag – **Menu** 95 und
la carte 58/94 – **7 Zim** ⌑ 75/150.
♦ Das schöne Gasthaus liegt im Ortszentrum. In einem mit Täfer verkleideten Lokal m
gemütlichem Ambiente kann der Gast Gerichte von der gutbürgerlichen Karte speise

NÄNIKON 8606 Zürich (ZH) 216 ⑲ – Höhe 457.
Bern 141 – Zürich 16 – Rapperswil 23 – Sankt Gallen 67 – Winterthur 25.

Zum Löwen, Zürichstr. 47, ✆ 019 423 355, Fax 019 423 356, –
geschl. 22. Dez. - 2. Jan., 11. - 25. Mai, 14. - 28. Sept., Samstagmittag, Sonntag u
Montag – **Menu** 25 - 60 (mittags)/115 und à la carte 67/121.
♦ Das Riegelhaus beherbergt eine im Bistrostil eingerichtete Stube, in der nebe
traditionellen auch Speisen mit asiatischer und mediterraner Prägung zu haben sin

NATERS Wallis (VS) 217 ⑱ – rattaché à Brig.

NEBIKON 6244 Luzern (LU) 216 ⑯ – 2 160 Ew. – Höhe 487.
Bern 78 – Aarau 32 – Baden 53 – Luzern 37 – Olten 22.

Adler, Hauptstr. 4, ✆ 0627 562 122, gasthof.adler@bluewin.c
Fax 0627 563 280, –
geschl. 25. Feb. - 1. März, 22. Juli - 15. Aug., Dienstag und Mittwoch – **Menu**
(mittags)/155 und à la carte 73/139 – **Gaststube** : Menu 16 und à la carte 40/8
♦ In zwei edlen Stuben, dem Säli und dem Stübli, die mit schönem Täfer Gemütlichke
ausstrahlen, schwelgen die Gäste in einer guten Auswahl der Französischen Küche. Ei
facher ist die Gaststube mit einem interessanten Angebot an traditionellen Speisen.
Spez. Krebse aus hiesigen Gewässern. Balchen aus dem Sempachersee. Ganzes Kalb
nierli am Tisch tranchiert.

EFTENBACH 8413 Zürich (ZH) **216** ⑧ – Höhe 415.
Bern 147 – Zürich 27 – Baden 47 – Konstanz 49 – Schaffhausen 25 – Winterthur 7.

Löwen, Zürichstr. 37, ℘ 0523 151 044, herter@swissonline.ch, Fax 0523 151 045,
🍴 – TV P. MC VISA
geschl. 9. - 16. Feb. und 20. Juli - 3. Aug. – **Menu** (geschl. Sonntag und Montag) 15.50
und à la carte 42/74 – **10 Zim** ⌑ 90/140 – ½ P Zuschl. 20.
◆ Das Haus mit Fachwerk hat neuzeitlich ausgestattete und mit hellem zweckmässigem Furnierholzmobiliar eingerichtete Gästezimmer, die über moderne Technik verfügen. Die gemütliche Gaststube oder das Stübli stehen für Sie bereit.

EIRIVUE 1668 Fribourg (FR) **217** ⑮ – 310 h. – alt. 760.
Bern 70 – Montreux 48 – Fribourg 40 – Gstaad 26 – Lausanne 60 – Yverdon-les-Bains 73.

Auberge du Lion d'Or avec ch, ℘ 0269 281 105, lion-dor@bluewin.ch,
Fax 0269 281 136 – TV. AE ① MC VISA
fermé 8 au 22 janv., 11 juin au 2 juil., mardi soir (sauf juil. - août) et merc. – **Repas**
16 - 49/54 et à la carte 38/81 – **7 ch** ⌑ 60/98 – ½ P suppl. 20.
◆ Cette affaire familiale sortie requinquée d'une récente cure de jouvence dispose d'une petite salle à manger classiquement agencée et de quelques chambres meublées en pin.

ENNIGKOFEN Solothurn **216** ⑮ – siehe Solothurn.

ETSTAL 8754 Glarus (GL) **216** ⑳ – 2 826 Ew. – Höhe 458.
Bern 161 – Sankt Gallen 67 – Chur 66 – Schwyz 47 – Zürich 63.

Schwert mit Zim, Molliserstr. 7, ℘ 0556 407 766, schwert.netstal@bluewin.ch,
Fax 0556 409 010, 🍴 – 📶, 🍽 Rest, TV ✆ P. – 🛁 15/80. AE ① MC VISA
geschl. 26. Jan - 2. Feb., 15. Juli - 3. Aug., Sonntagabend und Montag – **Wiggis Stube** :
Menu 31 - 49 (mittags)/87 und à la carte 63/109 – **Glarner Stübli** : **Menu** 17 und
à la carte 51/95 – **10 Zim** ⌑ 80/130 – ½ P Zuschl. 45.
◆ Die Wiggis Stube ist das gehobene à la carte Restaurant. In modern-rustikalem Rahmen hat der Gast die Wahl zwischen klassischen und zeitgemässen Gerichten. Im Glarner Stübli - mit Biedermeier-Einrichtung - gibt es regionale Gerichte.

NEUCHÂTEL (NEUENBURG)

2000 C *Neuchâtel (NE)* 216 ⑬ – *31 639 h. – alt. 440*

Bern 49 ① *– Biel 35* ② *– La Chaux-de-Fonds 25* ③ *– Pontarlier 59* ③ *– Yverdon-les-Bains 40* ②.

🛈 *Tourisme neuchâtelois, Hôtel des Postes* ✆ *0328 896 890, tourisme. neuchatelois@ne.ch, Fax 0328 896 296* CZ.
✪ *1 r. Pourtalès / av. 1er Mars,* ✆ *0327 298 181, Fax 0327 298 182* CZ.
✪ *8 Faubourg du Lac,* ✆ *0327 258 122, Fax 0327 247 886* CZ.

Manifestation locale
28.09 – 30.09 : Fête des vendanges, grand cortège et corso fleuri.

🚡₁₈ *à Chaumont,* ✉ *2072 Saint-Blaise (avril-mi-nov.)* ✆ *0327 535 550, Fax 0327 532 940, par* ① *: 9 km.*

Voir : *Quai Osterwald : vues*★★ BZ *– Ville ancienne*★ BZ *– Collégiale*★ BZ.

Musées : *Art et Histoire*★★ *: automates*★★ *; collection Strübin*★ CZ *– Ethnographie*★ AZ.

Excursions : *croisières sur le lac. Renseignements : Société de Navigation sur les lacs de Neuchâtel et Morat, Port de Neuchâtel,* ✆ *0327 299 600, Fax 0327 299 601.*

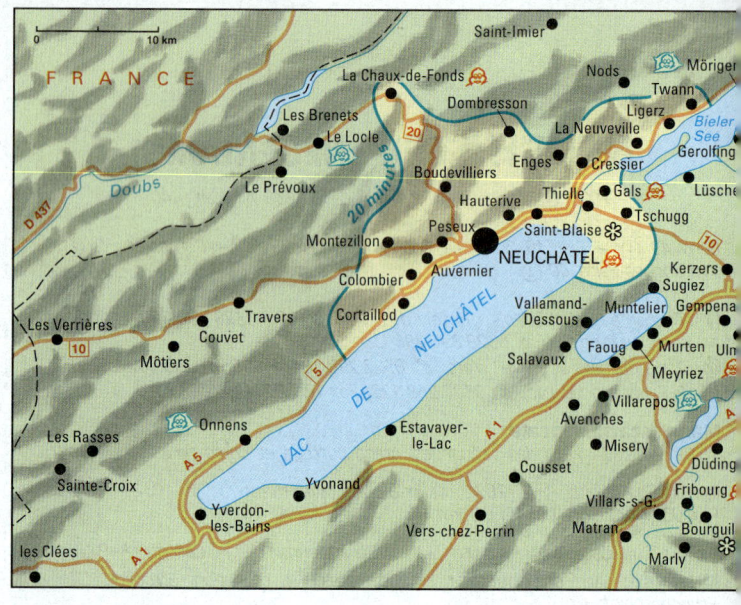

Beau-Rivage M, 1 Esplanade du Mont-Blanc, ✆ 0327 231 515, reception@b u-rivage-hotel.ch, Fax 0327 231 616, ≤ lac, 😊 – 🛗, ⇔ ch, 🖭 📺 ✆ ℗
🏊 15/110. AE ⊙ ⓜ VISA JCB
BZ
Repas 21 - 49 (midi)/95 et à la carte 64/110 – ⊋ 22 – **65 ch** 320/450 – ½ P sup 55.

• Contemplez le ballet des mouettes depuis les baies de l'hôtel, posté en bordu du lac. Salon cossu et chambres aux tons clairs. L'espace restauration, au décor insp du style Régence, se complète d'une verrière-véranda : cadre soigné et cuisine savo reuse.

Beaulac M, 2 Esplanade Léopold-Robert, ✆ 0327 231 111, hotel@beaulac. Fax 0327 256 035, ≤ lac, 😊, ⇌, 🛋 – 🛗, ⇔ ch, 📺 ✆ & ℗ – 🏊 15/200. AE
ⓜ VISA JCB
CZ
Repas 18 - 45 et à la carte 45/105 – ⊋ 18 – **85 ch** 185/320 – ½ P suppl. 35
• Située sur le port de plaisance, bâtisse jouissant d'une vue splendide sur les ea Chambres spacieuses aux tons pastel et bien insonorisées. Son restaurant offre répertoire sans artifice servi dans une enfilade de salons. Son "plus" : formu buffets.

La Maison du Prussien ⑤, 11 r. des Tunnels, sud-ouest par r. de Sai Nicolas **AZ**, ✆ 0327 305 454, info@hotel-prussien.ch, Fax 0327 302 143, 😊, – 📺 video ✆ ℗ – 🏊 15. AE ⊙ ⓜ VISA
fermé 22 déc. au 8 janv. et 13 juil. au 6 août – **Repas** (fermé dim.) 18 - 28 (midi)/ et à la carte 61/106 – **10 ch** ⊋ 130/300 – ½ P suppl. 43.
• Dans les gorges du Vauseyon, hôtel romantique abritant de belles chambres décor d'origine conservé, avec poutres apparentes et tomettes. La salle à mang de La Maison du Prussien, coiffée d'une verrière, vous soumet un choix de recett au goût du jour.

Alpes et Lac M, 2 pl. de la Gare, ✆ 0327 231 919, hotel@alpesetlac. Fax 0327 231 920, ≤ ville et lac, 😊 – 🛗 📺 ✆ ℗ – 🏊 45. AE ⊙ ⓜ VISA J **Repas** (fermé le midi) (fermé 20 déc. au 10 janv., sam. et dim.) 18 - 35 et à la car 42/59 – **30 ch** ⊋ 125/210.
CY
• Demeure de 1872 admirant la ville et le lac. La plupart des chambres orientent le regard vers les flots. Son restaurant moderne se pare de chaises colorées. Vous pourrez en profiter qu'à midi : le soir, il est réservé aux banquets.

NEUCHÂTEL

Touring au Lac, 1 place Numa-Droz, ℘ 0327 255 501, touring.au.lac@worldcom.ch, Fax 0327 258 243, 🍽 – 📶 TV – 🛋 40. AE ① MO VISA JCB   CZ k
Repas 18 - 28/42 et à la carte 37/90 – **42 ch** ⊆ 125/210 – ½ P suppl. 28.

• Les vastes chambres de cet hôtel, offrant une échappée sur le lac, ont été rafraîchies depuis peu et équipées de meubles fonctionnels en laminé couleur bois. Sa salle à manger est agrandie d'une terrasse couverte. Suggestions de plats de viandes.

Hôtel DuPeyrou, 1 av. du Peyrou, ℘ 0327 251 183, info@dupeyrou.ch, Fax 0327 240 628, 🍽, 🌳 – 🅿. AE ① MO VISA. ✻   CYZ n
fermé 23 au 30 déc., 2 au 6 janv., 16 fév. au 3 mars, dim. et lundi sauf fériés – **Repas** 21 - 40 (midi)/129 et à la carte 67/114.

• Ce petit palais du 18ᵉ s. et son joli jardin d'agrément appartinrent au financier Du Peyrou, ami de J.-J. Rousseau. Cuisine au goût du jour relevée d'une pincée de fantaisie.

La Maison des Halles, 4 r. du Trésor, ℘ 0327 243 141, maison-des-halles@bluewin.ch, Fax 0327 213 084, 🍽 – AE MO VISA. ✻   BZ e
Repas (1ᵉʳ étage) (fermé juil. à août, sam. midi, dim. et lundi) 20 - 47 (midi)/114 et à la carte 64/109 – **Le Café des Halles : Repas** 17.50 - 40/43 et à la carte 34/88.

• Cette demeure Renaissance, cantonnée de tourelles et nichée au cœur du Vieux Neuchâtel, appartient à l'histoire de la ville. Beau choix de mets. Voûtes et poutres apparentes veillent sur la salle à manger du Café des Halles, récemment rénovée.

Le Banneret, 1 r. Fleury (1ᵉʳ étage), ℘ 0327 252 861, Fax 0327 254 630, 🍽 – AE MO VISA JCB   BZ a
fermé 21 déc. au 5 janv., 18 au 27 avril, 26 sept. au 1ᵉʳ oct., dim. et fériés – **Repas** - cuisine italienne - 18 - 52/78 et à la carte 58/82.

• Maison de ville du 17ᵉ s. remarquable par sa façade en bois bien préservée. Savoureuse cuisine italienne servie dans une salle embellie de tableaux naïfs.

Au Bateau, Port de la ville, ℘ 0327 248 800, jaecky@aubateau.ch, Fax 0327 248 801, ≤, 🍽 – 🍽. AE ① MO VISA JCB   CZ v
fermé lundi – **Repas** 17 - 25 (midi)/79 et à la carte 50/98.

• Recettes marines à goûter dans cette originale brasserie aménagée sur un bateau amarré à quai. Son plaisant décor intérieur évoque sans surprise l'univers aquatique.

du Marché, 4 place des Halles, ℘ 0327 232 330, Fax 0327 232 333, 🍽 – AE ① MO VISA   BZ s
fermé dim. d'oct. à juin – **Repas** (1ᵉʳ étage) 15 - 55 et à la carte 47/87.

• Restaurant intime de style rustique bordant l'oblongue place des Halles, cœur animé de la ville ancienne. Sa carte de brasserie ne manque pas de souffle.

Hauterive par ① : 5 km – alt. 490 – ✉ 2068 Hauterive :

Les Vieux Toits ♨ sans rest, 20 r. de la Croix d'Or, ℘ 0327 534 242, hotel@vieux-toits.ch, Fax 0327 532 452 – TV 📞 🅿. AE ① MO VISA
fermé 15 déc. au 19 janv. – **10 ch** ⊆ 94/187.

• Un sympathique accueil familial vous est réservé dans cette maison de village où vous habiterez de grandes chambres meublées avec soin et parfois mansardées.

Auberge d'Hauterive, 9 r. de la Croix d'Or, ℘ 0327 531 798, auberge-hauterive@bluewin.ch, Fax 0327 530 277, 🍽 – 🅿. AE ① MO VISA. ✻
fermé lundi – **Repas** 18 - 50 (midi)/120 et à la carte 87/118.

• Bâtisse du 17ᵉ s. aux volets peints, abritant un café aux accents champêtres et une salle à manger plus typée, agrémentée d'un âtre. Table soignée, ensemble de caractère.

Saint-Blaise par ① : 5 km – alt. 464 – ✉ 2072 Saint-Blaise :

Au Boccalino (Frôté), 11 av. Bachelin, ℘ 0327 533 680, Fax 0327 531 323 – 🍽 🅿. AE ① MO VISA
fermé 22 déc. au 13 janv., 13 juil. au 18 août, 21 déc. au 12 janv., dim. et lundi – **Repas** (nombre de couverts limité - prévenir) 68 (midi)/190.

• La devanture avant-gardiste de cet établissement précède un élégant restaurant au cadre contemporain, complété d'un petit espace bistrot. Belle cuisine gastronomique.

Spéc. Tartare de féra aux courgettes et vinaigre balsamique (printemps). Carré de veau aux navets croquants et cumin (été). Joue de bœuf au pinot noir (hiver).

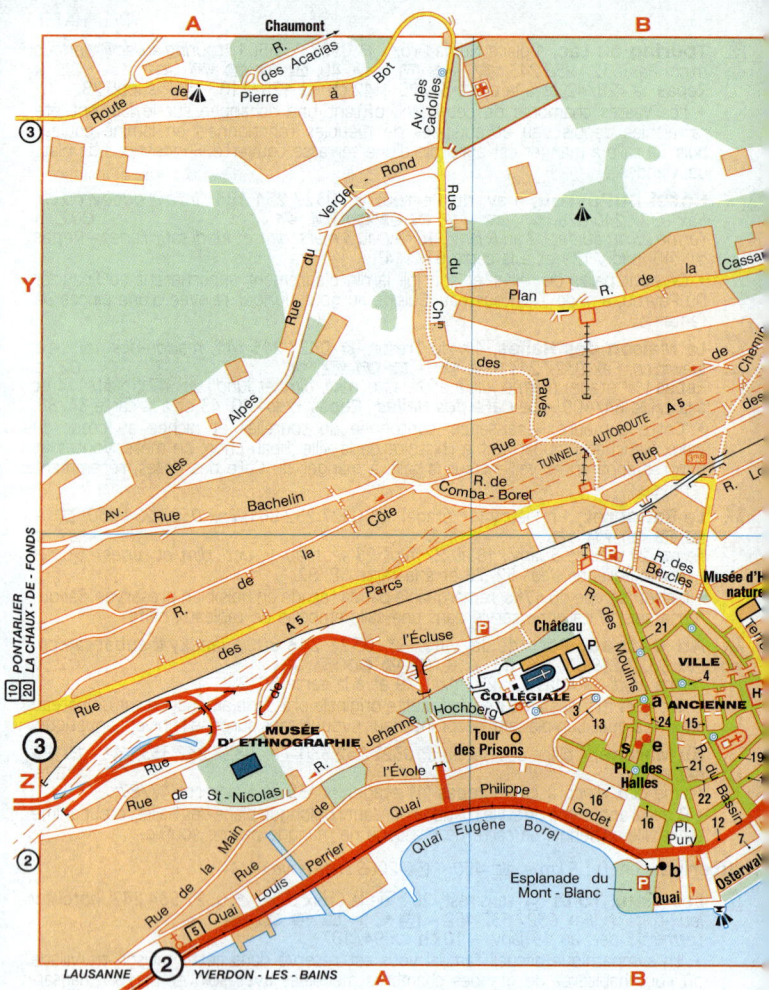

XX **Cheval Blanc** avec ch, 18 Grand Rue, ℘ 0327 533 007, Fax 0327 533 006,
TV P. AE ① MC VISA
fermé 23 déc. au 22 janv. et mardi – **Repas** 68/152 et à la carte 68/141 – **11**
≏ 118/180 – ½ P suppl. 40.
♦ Vénérable auberge familiale où l'on trouve encore le gîte - une dizaine de chambr
sobrement équipées - et, surtout, le couvert dans une salle à manger embourgeois

à Auvernier par ② : 5 km - alt. 492 - ✉ 2012 Auvernier :

XX **du Poisson**, ℘ 0327 316 231, lepoisson-auvernier@bluewin.c
Fax 0327 304 190, – AE ① MC VISA
Repas (1er étage) *(fermé 24 déc. au 7 janv., dim. soir, mardi midi et lundi)* 45/89
à la carte 51/97 – **Brasserie : Repas** 16 et à la carte 41/78.
♦ Cette adresse jouit de la vue sur Auvernier et le lac. La salle est lumineuse
décorée de toiles modernes mettant en valeur son mobilier design. La Brasserie,
cadre actuel égayé de couleurs vives, vous présentera une courte carte.

NEUCHÂTEL

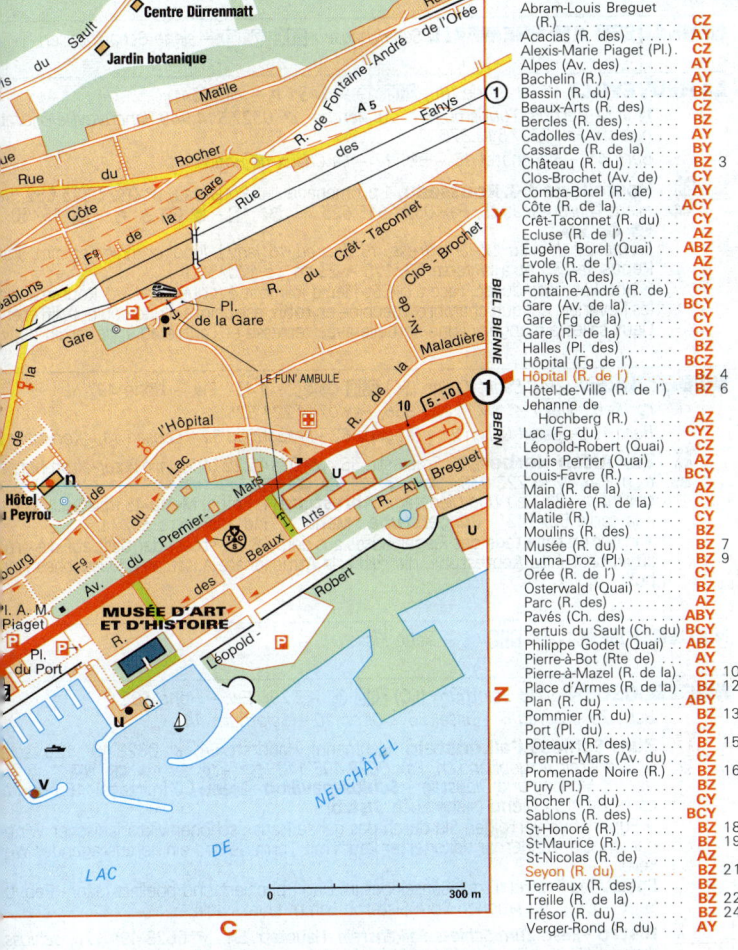

Street	Ref
Abram-Louis Breguet (R.)	CZ
Acacias (R. des)	AY
Alexis-Marie Piaget (Pl.)	CZ
Alpes (Av. des)	AY
Bachelin (R.)	AY
Bassin (R. du)	BZ
Beaux-Arts (R. des)	CZ
Bercles (R. des)	BZ
Cadolles (Av. des)	AY
Cassarde (R. de la)	BY
Château (R. du)	BZ 3
Clos-Brochet (Av. de)	CY
Comba-Borel (R. de)	AY
Côte (R. de la)	ACY
Crêt-Taconnet (R. du)	CY
Ecluse (R. de l')	AZ
Eugène Borel (Quai)	ABZ
Evole (R. de l')	AZ
Fahys (R. des)	CY
Fontaine-André (R. de)	CY
Gare (Av. de la)	BCY
Gare (Fg de la)	CY
Gare (Pl. de la)	CY
Halles (Pl. des)	BZ
Hôpital (Fg de l')	BCZ
Hôpital (R. de l')	BZ 4
Hôtel-de-Ville (R. de l')	BZ 6
Jehanne de Hochberg (R.)	AZ
Lac (Fg du)	CYZ
Léopold-Robert (Quai)	CZ
Louis Perrier (Quai)	AZ
Louis-Favre (R.)	BCY
Main (R. de la)	AZ
Maladière (R. de la)	CY
Matile (R.)	CY
Moulins (R. des)	BZ
Musée (R. du)	BZ 7
Numa-Droz (Pl.)	BZ 9
Orée (R. de l')	CY
Osterwald (Quai)	BZ
Parc (R. des)	AZ
Pavés (Ch. des)	ABY
Pertuis du Sault (Ch. du)	BCY
Philippe Godet (Quai)	ABZ
Pierre-à-Bot (Rte de)	AY
Pierre-à-Mazel (R. de la)	CY 10
Place d'Armes (R. de la)	BZ 12
Plan (R. du)	ABY
Pommier (R. du)	BZ 13
Port (Pl. du)	CZ
Poteaux (R. des)	BZ 15
Premier-Mars (Av. du)	CZ
Promenade Noire (R.)	BZ 16
Pury (Pl.)	BZ
Rocher (R. du)	CY
Sablons (R. des)	BCY
St-Honoré (R.)	BZ 18
St-Maurice (R.)	BZ 19
St-Nicolas (R. de)	AZ
Seyon (R. du)	BZ 21
Terreaux (R. des)	BZ
Treille (R. de la)	BZ 22
Trésor (R. du)	BZ 24
Verger-Rond (R. du)	AY

Peseux par ③ et rte de Pontarlier : 3,5 km – alt. 545 – ✉ 2034 Peseux :

Auberge du Grand Pin, 2 pl. de la Fontaine, ☎ 0327 317 707, grandpinmoos er@bluewin.ch, Fax 0327 317 398, 🌿 – 🅿. 🆎 ⓘ ⓜ 🆅🅸🆂🅰
fermé 13 juil. au 4 août, dim. et lundi – **Repas** 55 (midi)/128 **Au P'tit pignon** : Repas 22 – 24 (midi)/48 et à la carte 51/90.
♦ L'auberge cossue offre un choix étendu de menus, à découvrir autour de tables rondes bien espacées. En léger contrebas de la salle principale s'ouvre un accueillant caveau. "Au petit pignon", salle à manger-véranda, propose des plats du jour, au déjeuner.

Si vous cherchez un hôtel tranquille,
consultez d'abord les cartes de l'introduction
ou repérez dans le texte les établissements indiqués avec le signe 🖐.

NEUENBURG Neuenburg 216 ⑬ – siehe Neuchâtel.

NEUHAUSEN AM RHEINFALL Schaffhausen 216 ⑦ ⑧ – siehe Schaffhausen.

La NEUVEVILLE 2520 Berne (BE) 216 ⑬ – 3 131 h. – alt. 434.
🛈 Jura Bernois Tourisme, 4 r. du Marché, ℘ 0327 514 949, laneuveville@jurabernois.ch, Fax 0327 512 870.
Bern 45 – Neuchâtel 16 – Biel 17 – La Chaux-de-Fonds 41.

🏨 **Hostellerie J.-J. Rousseau,** 1 promenade J.-J. Rousseau, ℘ 0327 523 652, hostellerie@jjrousseau.ch, Fax 0327 515 623, ≤, 🍴, 🛗 – 🛏 📺 & 🅿 – 🔔 15/50. 🝙 🝚 VISA
fermé 20 déc. au 12 janv. (rest. 16 déc. au 16 janv.), lundi en hiver et dim. soir
Repas 18 - 35 et à la carte 52/125 – **23 ch** ⇌ 170/300.
♦ Hôtel au bord du lac, face à l'île St-Pierre joliment évoquée par J.-J. Rousseau dans les Rêveries. Chaque chambre, meublée en rotin, est peinte d'une couleur différente. Deux salles à manger : l'une actuelle avec terrasse et l'autre au style jardin d'hiv

---

NIEDERBÜREN 9246 Sankt Gallen (SG) 216 ⑳ ㉑ – 1 432 Ew. – Höhe 497.
🛈 (Feb. - Dez.) ℘ 0714 221 856, Fax 0714 221 825.
Bern 191 – Sankt Gallen 21 – Bregenz 62 – Frauenfeld 32 – Gossau 11 – Konstanz

🍴 **Zur Alten Herberge,** Staatsstr. 35, ℘ 0714 222 091, info@zur-alten-herberge.ch, Fax 0714 222 039, 🍴 – 🅿 📧 🝙 🝚 VISA JCB. ✻
geschl. 1. - 22. Feb. und Dienstag – **Abtestube** (1. Etage) **Menu** 45 (mittags)/60 und à la carte 56/122 – **Bürgerstube** : **Menu** 17 und à la carte 33/71.
♦ In der ersten Etage des Riegelhauses aus dem 18. Jh. stösst der Gast auf die gross zügig bestuhlte Aebtestube, die rustikale Atmosphäre ausstrahlt. Klassisches Angebot.

NIEDERERNEN Wallis 217 ⑱ – siehe Fiesch.

NIEDERGÖSGEN 5013 Solothurn (SO) 216 ⑯ – 3 796 Ew. – Höhe 382.
Bern 75 – Aarau 6 – Basel 56 – Olten 10 – Solothurn 44.

🍴🍴🍴 **Zum Schloss Falkenstein** (Eichmann), Hauptstr. 54, ℘ 0628 491 126, schloss.falkenstein@ruebliland.ch, Fax 0628 495 142, 🍴 – 🅿 📧 🝙 🝚 VISA
❀ *geschl. Montag und Dienstag* – **Schlosspavillon** : **Menu** 60 (mittags)/183 und à la carte 84/154 **Menu** (siehe auch **Bistro**).
♦ Superlative verfolgen Sie durch das ganze Haus : schöner viktorianischer Winter garten, ein wunderbar dekorierter Raum mit Terrasse und ein herausragender Wei keller.
Spez. Alba Trüffel (Okt.). Gänseleber im Duo : pochiert und poeliert (Jan. - Feb. u Sept. - Okt.). Variationen vom Sisteron Lamm (Juni - Juli)

🍴 **Bistro** - *Rest. Zum Schloss Falkenstein,* Hauptstr. 54, ℘ 0628 491 126, schloss. lkenstein@ruebliland.ch, Fax 0628 495 142 – 🅿 📧 🝙 🝚 VISA
geschl. Montag und Dienstag – **Menu** 17.50 - 60 und à la carte 51/86.
♦ Im älteren Gebäudeteil stösst der Gast auf ein rustikales Bistro mit ansprechende Holzdekor und einem kleinen, aber feinen Angebot. Abends wird auch Fondue Ch noise serviert.

NIEDERMUHLERN 3087 Bern (BE) 217 ⑥ – 513 Ew. – Höhe 845.
Bern 15 – Fribourg 36 – Langnau im Emmental 43 – Thun 26.

🍴🍴 **Bachmühle,** ℘ 0318 191 702, restaurant@bachmuehle.ch, Fax 0318 197 82
🍴 – 🅿 📧 🝙 🝚 VISA
geschl. 2. - 22. Jan., 27. Juli - 20. Aug., Montag, Dienstag und mittags ausser Samst. und Sonntag – **Menu** 66/115 und à la carte 59/108.
♦ In dem schönen Fachwerkhaus, einer ehemaligen Mühle, können Sie zwischen de eleganten Restaurant und der rustikalen Burestube wählen.

NIEDERRÜTI Zürich 216 ⑦ – siehe Winkel.

354

NEDERUZWIL 9244 Sankt Gallen (SG) **216** ⑳ – Höhe 514.
Bern 198 – Sankt Gallen 23 – Bregenz 62 – Konstanz 43 – Winterthur 47.

Ochsen mit Zim, Bahnhofstr. 126, ℰ 0719 517 255, hotel.ochsen@tiscalinet.ch, Fax 0719 518 173, 🍴 – 📺 🅿 🆎 ⓞ 🆎 🆎
Bel Etage (1. Etage) **Menu** 35 - 55 (mittags)/85 und à la carte 46/101 – **Restaurant** : Menu 18 und à la carte 42/92 – **9 Zim** ⌑ 60/130.
♦ Das gehobene à la carte-Restaurant Bel Etage im Obergeschoss hat eine lange Fensterfront und ist grosszügig bestuhlt. Das Speisenangebot ist breitgefächert und international. Im Erdgeschoss ergänzt eine einfache Gaststube das Restaurant mit Terrasse.

NODS 2518 Berne (BE) **216** ⑬ – 650 h. – alt. 892.
Bern 53 – Neuchâtel 20 – Biel 19 – La Chaux-de-Fonds 36.

Cheval-Blanc, ℰ 0327 512 251, info@cheval-blanc.ch, Fax 0327 515 755, 🍴 – 📺 🆎 – **Repas** (fermé merc. et jeudi) 18.50 - 33/43 et à la carte 30/79 – **13 ch** ⌑ 90/140 – ½ P suppl. 30.
♦ Galopez vers ce petit hôtel bâti au centre du village dans le style de la région : d'amples chambres dotées de meubles en bois foncé vous attendent ! La salle à manger du Cheval-Blanc fournit un service culinaire traditionnel arrosé de petits vins locaux.

Le NOIRMONT 2340 Jura (JU) **216** ⑬ – 1 550 h. – alt. 969.
Bern 77 – Delémont 42 – Biel 42 – La Chaux-de-Fonds 20 – Montbéliard 66.

Soleil, 18 r. de la Rauracie, ℰ 0329 531 111, Fax 0329 531 162, 🍴 – 🛗 📺 🅿. 🆎 ⓞ 🆎 🆎
fermé 22 déc. au 6 janv. et 10 mars au 14 avril – **Repas** (fermé mardi) 17.50 - 40 (midi)/53 et à la carte 43/92 – **16 ch** ⌑ 75/170 – ½ P suppl. 30.
♦ Pimpante façade sur la traversée de la bourgade. Chambres fonctionnelles de diverses tailles et précieuse collection de pendules. Opterez-vous pour la salle à manger où trône une meule à grains ou pour le salon Napoléon spécialité : champignons des bois.

Georges Wenger avec ch, 2 r. de la Gare, ℰ 0329 576 633, georges-wenger @swissonline.ch, Fax 0329 576 634, 🍴, 🌿 – 🍽 rest, 📺 📞 🅿. 🆎 ⓞ 🆎 🆎 🆎
fermé 23 déc. au 4 fév. – **Repas** (fermé lundi et mardi) 35 - 60 (midi)/190 et à la carte 108/173 – **5 ch** ⌑ 280/350 – ½ P suppl. 75.
♦ Élégant restaurant dont le raffinement du décor n'a d'égal que celui de la cuisine, talentueusement personnalisée. Pour l'étape, chambres spacieuses aménagées avec goût.
Spéc. Morilles fraîches farcies aux asperges (printemps). Agneau des Franches-Montagnes en botte de foin (été). Gibier (automne).

NOVILLE 1845 Vaud (VD) **217** ⑭ – 633 h. – alt. 374.
Bern 96 – Montreux 8 – Aigle 12 – Lausanne 37 – Sion 63.

L'Etoile, ℰ 0219 601 058, etoile_noville@hotmail.com, Fax 0219 604 338, 🍴 – 🅿. 🆎 🆎
fermé 27 janv. au 28 fév., lundi et mardi – **Repas** 16 - 50/78 et à la carte 49/85.
♦ Ressource familiale située à côté d'une ferme. Deux belles terrasses vous accueillent pour les beaux jours : calme et verdure aux alentours. Cuisine française servie.

NÜRENSDORF 8309 Zürich (ZH) **216** ⑲ – 4 425 Ew. – Höhe 505.
🍴 Breitenloo (April - Okt.) ℰ 018 364 080, Fax 018 371 085.
Bern 140 – Zürich 19 – Bülach 14 – Kloten 6 – Rapperswil 36 – Winterthur 13.

Zum Bären mit Zim, Alte Winterthurerstr. 45, ℰ 018 383 636, Fax 018 383 646, 🍴 – 📺 🍴 🅿. 🆎 ⓞ 🆎 🆎
Führungswechsel auf Ende März vorgesehen ! geschl. 21. Dez. - 6. Jan., 20. Juli - 11. Aug., Samstagmittag (ausser Beizli), Sonntag und Montag – **Menu** 58 (mittags)/140 und à la carte 76/147 – **Beizli : Menu** 23 - 49 (abends) und à la carte 56/92 – **14 Zim** ⌑ 170/220.
♦ Das traditionsreiche, gut erhaltene Gasthaus lockt Gourmets mit kreativ zubereiteten Gerichten aus der modernen Französischen Küche. Lassen sie sich einfach verführen.
Spez. Gebratene Entenleber auf karamelisiertem Apfel (Herbst). Medaillons vom Sommerreh auf Banyuls-Jus (Sommer). Filet vom Pyrenäen-Milchkalb mit Morcheln (Frühling).

NYON 1260 Vaud (VD) ❷❶❼ ⑫ – 15 964 h. – alt. 406.

Voir : Promenade des vieilles murailles★ A Château de Prangins★★.

🏌 Domaine Impérial à Gland, ✉ 1196 (avril - déc.) ✆ 0229 990 600, F
0229 990 606, par ① : 4 km,.

Manifestations locales

21.04 - 27.04 : Visions du Réel, festival international du cinéma documentaire
22.07 - 27.07 : "Paléo" Festival de rock et de folk international.

🛈 Nyon Région Tourisme, 7 av. Viollier, ✆ 0223 616 261, tourism@nyon.
Fax 0223 615 396.

Bern 144 ③ – *Genève* 25 ② – Lausanne 40 ① – Lons-le-Saunier 91 ③ – Thon
les-Bains 60 ②

NYON

Alfred-Cortot (Av.)	**A** 2
Alpes (Quai des)	**B**
César-Soulié (R.)	**B**
Château (Pl. du)	**AB** 3
Clémenty (Rte de)	**A**
Colombière (R. de la)	**B** 4
Combe (R. de la)	**A** 6
Cordon (Rte du)	**A**
Crève-Coeur (Ch. de)	**A** 7
Gare (R. de la)	**A** 9
Gare (R. de la)	**A** 10
Genève (Rte de)	**A** 12
Grand' Rue	**A**
Jura (Prom. du)	**A** 13
Juste-Olivier (R.)	**A** 15
Lausanne (Rte de)	**B** 16
Louis-Bonnard (Quai)	**A**
Marchandises (R. des)	**AB** 17
Morâche (R. de la)	**A** 18
Perdtemps (Av. de)	**A** 19
Perdtemps (Pl.)	**A**
Porcelaine (R. de la)	**B** 21
Reverdil (Av.)	**A**
Rive (R. de)	**B**
St-Cergue (Rte de)	**A**
St-Jean (R.)	**B**
Viollier (Av.)	**A**
Vy-Creuse (R. de la)	**B** 24

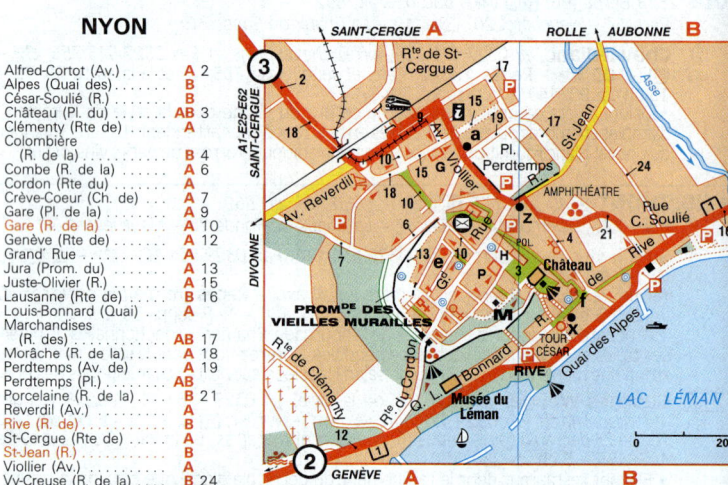

🏨 **Beau-Rivage**, 49 r. de Rive, ✆ 0223 654 141, hotelbeaurivagenyon@bluewin.
Fax 0223 654 165, ≤, 🛋 – 🛗 📺 ✆ 🅿 – 🔧 15/80. 🆎 ⓞ 🆎 🆅🅸🆂🅰   B
La Véranda : Repas 50 (midi)/140 et à la carte 72/109 – **45 ch** ⛌ 180/380, 5 suit
– ½ P suppl. 45.

◆ Cette bâtisse, située à mi-chemin du château et du lac, date pour partie de la
du 15ᵉ s. Elle renferme des chambres garnies d'un mobilier Art nouveau. La lumineu
salle à manger-véranda du Beau Rivage s'ouvre "plein cadre" sur le Léman. Car
élaborée.

🏨 **Ambassador** sans rest, 26 r. St-Jean, ✆ 0229 944 848, hotelambassador@b
win.ch, Fax 0229 944 860 – 🛗 📺. 🆎 ⓞ 🆎 🆅🅸🆂🅰. ✄   AB
19 ch ⛌ 150/360.

◆ Sur la place centrale de la ville, petit hôtel qui ne passe pas inaperçu avec
coquette façade d'un rose soutenu, égayée de volets blancs. Installations rénové

🏨 **Alpes**, 1 av. Viollier, ✆ 0223 614 931, desalpes@bestwestern.c
Fax 0223 623 563 – 🛗 🍴 📺 ✆ – 🔧 15/80. 🆎 ⓞ 🆎 🆅🅸🆂🅰 🅹🅲🅱   A
fermé dim. – **Repas** 16 - 25 (midi)/43 et à la carte 42/79 – **53 ch** ⛌ 140/190
½ P suppl. 30.

◆ Demeure régionale du 18ᵉ s., se dressant au centre de Nyon. Demandez une c
grandes chambres récemment relookées dans un style actuel. Le vaste resta
rant de l'hôtel des Alpes, au décor bourgeois très sobre, propose un réperto
traditionnel.

✗ **Café du Marché**, 3 r. du Marché, ✆ 0223 623 500, Fax 0223 623 500, 🍽
ⓞ 🆎 🆅🅸🆂🅰   A
fermé 24 déc. au 2 janv., 1ᵉʳ au 18 août et dim. – **Repas** - cuisine italienne - 18 - 38/
et à la carte 66/114.

◆ Mamma mia, la cucina italiana ! Elle vaut le déplacement, dans ce restaurant
centre décoré de tableaux représentant des paysages vaudois.

NYON

Maître Jaques, 2 r. des Moulins, ☎ 0223 612 834, Fax 0223 612 834, 🍽 – AE
🅱 f
◎ VISA
fermé 16 au 24 fév., 12 au 27 oct., dim. soir et lundi – **Repas** 18 - 42 et à la carte 49/90.
♦ Cet accueillant restaurant familial borde une rue piétonne agrémentée d'une charmante fontaine. Des artistes locaux y exposent régulièrement leurs peintures.

Duillier Nord : 3 km par rte d'Aubonne – alt. 469 – ✉ 1266 Duillier :

Auberge de l'Etoile, 13 r. du Château, ☎ 0223 612 812, g.rossetti@bluewin.ch, Fax 0223 622 353, 🍽 – TV P. AE ⓞ ◎ VISA
fermé 22 déc. au 7 janv. – **Repas** *(fermé sam. midi et dim. soir d'oct. à avril)* 18 - 43 (midi)/80 et à la carte 45/86 – **17 ch** ⌒ 95/130 – ½ P suppl. 30.
♦ Maison régionale, voisine du château, gérant l'exploitation viticole attenante. Chambres lambrissées de diverses tailles. On joue sur toutes les notes au restaurant de l'Étoile : plats classiques, saisonniers, charbonnades. Belle terrasse dominant le vignoble.

Prangins par ① : 2 km – alt. 417 – ✉ 1197 Prangins :

La Barcarolle M ⚓, rte de Promenthoux, ☎ 0223 657 878, barcarolle@bluewin.ch, Fax 0223 657 800, ≤, 🍽, ⌒, 🔥, 🎱 – 📶, ⚡ ch, 📺 🛎 🏥 P – 🚪 15/120. AE ⓞ ◎ VISA. ⚓
fermé 20 déc. au 5 janv. – **Repas** 19 - 39 (midi)/99 et à la carte 61/106 – **36 ch** ⌒ 220/390, 3 suites – ½ P suppl. 50.
♦ Hôtel situé face au lac. Les chambres sont calmes et au goût sûr. Confortable salon de détente formant un tandem avec le bar très "british". Son restaurant possède deux salles au cadre contemporain. Vous découvrirez une carte courte mais étonnante.

BERÄGERI 6315 Zug (ZG) 216 ⑱ – 4 708 Ew. – Höhe 737.
Bern 151 – Luzern 40 – Rapperswil 33 – Schwyz 17 – Zug 12.

Gulm, Gulmstr. 62, ☎ 0417 501 248, gasthof@gulm.ch, Fax 0417 504 299, ≤ Ägerisee, 🍽 – P AE ⓞ ◎ VISA
geschl. Weihnachten, 3. - 18. Feb., 6. - 21. Okt., Montag und Dienstag – **Menu** - italienische Küche - 24 - 39 (mittags)/110 und à la carte 69/122.
♦ Oberhalb des Dorfes, in schöner Hanglage mit Blick über den Ägerisee, befindet sich dieses Gasthaus mit Wintergarten-Restaurant, in dem italienische Speisen serviert werden.

Hirschen, Morgartenstr. 1, ☎ 0417 501 619, hirschen.oberaegeri@bluewin.ch, Fax 0417 508 619, 🍽 – P AE ⓞ ◎ VISA. ⚓
geschl. 14. Juli - 5. Aug., Sonntagabend und Montag – **Menu** 18.50 - 48 (mittags)/102 und à la carte 54/111.
♦ Unweit der Kirche liegt diese Adresse, die ihre Besucher in einer Gaststube und im hellen, modern gestalteten à la carte-Restaurant mit Schweizer Küche empfängt.

Morgarten Süd-Ost : 4 km Richtung Schwyz – Höhe 729 – ✉ 6315 Morgarten :

Morgarten mit Zim, am Ägerisee, ☎ 0417 501 291, hotel_morgarten@bluewin.ch, Fax 0417 505 949, ≤, 🍽, 🎱 – 📺 P. ◎ VISA
geschl. 22. Dez. - 23. Jan., Donnerstag (ausser Juli - Sept.) und Mittwoch – **Menu** 17.50 - 51 und à la carte 35/86 – **10 Zim** ⌒ 85/140 – ½ P Zuschl. 25.
♦ Im hellen, zeitgemäss eingerichteten Restaurant, im Sommer auch auf der Seeterrasse mit Ausblick, kann der Gast ein Gericht von der traditionellen Karte bestellen.

BERBALM 3096 Bern (BE) 217 ⑥ – 875 Ew. – Höhe 804.
Bern 11 – Fribourg 28 – Langnau im Emmental 44 – Thun 32.

Bären, Oberbalmstr. 219, ☎ 0318 490 160, 🍽 – P. AE ⓞ ◎ VISA
geschl. 8. - 24. Juli, Dienstagabend und Mittwoch – **Menu** 15 - 45 (mittags)/69 und à la carte 30/75.
♦ Das hübsche Fachwerkhaus empfängt seine Gäste mit einem nett gestalteten Restaurant und einem gemütlichen Stübli. Die bürgerliche Karte gilt für beide Teile.

OBERBIPP 4538 Bern (BE) 216 ⑮ – 1 398 Ew. – Höhe 490.
Bern 44 – Basel 56 – Langenthal 13 – Solothurn 15.

🏠 **Eintracht**, Oltenstr. 1, ✆ 0326 361 276, hoteleintracht@bluewin.c
Fax 0326 361 279, 🍽 – TV P. AE ① ⓂⓄ VISA
geschl. 21. Dez. - 5. Jan., 18. Juli - 3. Aug. und Sonntag – **Menu** 16 und à la carte 41/1
– **9 Zim** ⊆ 93/140 – ½ P Zuschl. 26.
• Die Zimmer in diesem Haus am Ortsrand sind grosszügig geschnitten, mit braune
Holzmobiliar zeitgemäss und funktionell eingerichtet und verfügen über moder
Technik. Gaststube und Restaurant mit traditionellem Angebot.

OBERBOTTIGEN Bern 217 ⑥ – siehe Bern.

OBERENTFELDEN 5036 Aargau (AG) 216 ⑯ ⑰ – 6 580 Ew. – Höhe 415.
Bern 78 – Aarau 4 – Baden 28 – Basel 58 – Luzern 46 – Solothurn 49.

XX **Zum Bad** mit Zim, Aarauerstr. 57, Richtung Unterentfelden, ✆ 0627 377 070, ga
hofbad@yahoo.de, Fax 0627 377 080, 🍽 – 🛗 TV P. AE ① ⓂⓄ
Nuova Italia - italienische Küche - **Menu** 40 und à la carte 42/102 – **Pizzeria :** Mer
à la carte zirka 39 – **4 Zim** ⊆ 120/170.
• Die wenigen Zimmer, die Ihre Gastgeber Ihnen in diesem kleinen Hotel zur Ve
fügung stellen, sind modern in Grautönen gehalten und bieten aktuellen Komfo
Das Nuova Italia ist grosszügig bestuhlt und hat als Blickfang ein grosses An
pasti-Buffet.

OBERERLINSBACH 5016 Aargau (AG) 216 ⑯ – 638 Ew. – Höhe 430.
Bern 81 – Aarau 5 – Basel 48 – Luzern 54 – Zürich 51.

XXX **Hirschen** mit Zim, Hauptstr. 125, ✆ 0628 573 333, mailbox@hirschen-erlinsba
.ch, Fax 0628 573 300, 🍽, 🍴 – 🛗 TV P. 🛋 15/35. AE ① ⓂⓄ
geschl. 23. Dez. - 8. Jan. – **Menu** 23 - 55 (mittags)/ 135 und à la carte 56/142 – **16 Z**
⊆ 130/220.
• Vielfältig ist hier das gastronomische Angebot : von der edlen Von Felten Stu
bis zum legeren Bistro reicht die Palette. Eine Attraktion ist der begehbare Weinkell

OBERGESTELN 3981 Wallis (VS) 217 ⑲ – 247 Ew. – Höhe 1 353.
Ausflugsziel : Nufenenpass★★ Süd-Ost : 15 km.
🌊 Source du Rhône (Mai - Okt.) ✆ 0279 734 400, Fax 0279 734 401.
🛈 Obergoms Tourismus, 3999 Oberwald, ✆ 0279 733 232, info@obergoms.c
Fax 0279 733 233.
Bern 129 – Andermatt 52 – Brig 38 – Interlaken 72 – Sion 91.

🏨 **St. Hubertus** Ⓜ 🐕, ✆ 0279 732 828, hotel.hubertus@bluewin.c
Fax 0279 732 869, ≤, 🍽, ✦, ≋, 🗆, 🛏, 🍴 – 🛗 TV ♿ ⌖ P. – 🛋 15/5
AE ① ⓂⓄ VISA
geschl. 23. März - 1. Juni und 26. Okt. - 23. Nov. – **Menu** à la carte 43/80 – **20 Zi**
⊆ 150/240, 9 Suiten – ½ P Zuschl. 30.
• Das Hotel liegt ruhig ausserhalb des Dorfes und ist Teil der Überbauung. Die Zir
mer sind eher nüchtern, mit hellem, zweckmässigem Mobiliar funktionell ausgesta
tet. Hinter der Reception liegen die Gaststube und der helle Wintergarten.

🏠 **Grimsel**, ✆ 0279 731 156, info@hotelgrimsel.ch, Fax 0279 731 750, 🍽 – TV
AE ① ⓂⓄ VISA
geschl. 1. April - 1. Juni und 19. Okt. - 30. Nov. – **Menu** 19 - 27 und à la carte 35/6
– **12 Zim** ⊆ 65/130 – ½ P Zuschl. 27.
• Das kleine Chalet liegt am Eingang des Dörfchens, das seinen ganz eigenen Ba
stil hat. Ein Teil der Zimmer ist etwas älter, etliche sind in hellem Holz modern ei
gerichtet. Eine schattige Terrasse ergänzt Gaststube und Restaurant.

OBERHOFEN Bern 217 ⑦ – siehe Thun.

OBERMEILEN Zürich 216 ⑲ – siehe Meilen.

OBERSAXEN MEIERHOF 7134 Graubünden (GR) 218 ③ – 830 Ew. – Höhe 1 302 – Wintersport : 1 281/2 310 m ⛷8 ⛷.
🛈 Verkehrsverein, ℘ 0819 332 222.
Bern 241 – Chur 46 – Andermatt 69.

Central, ℘ 0819 331 323, info@central-obersaxen.ch, Fax 0819 331 022, 🍽 –
📶 📺 🅿 ⓜ VISA. ✗ Zim
16. Dez. - 24. April und 2. Juni - 1. Nov. – **Menu** 19.50 und à la carte 39/97 – **25 Zim** 🛏 98/216, Vorsaison 🛏 67/174 – ½ P Zuschl. 23.
♦ Neben der Kirche des Weilers finden Sie dieses Hotel. Die Zimmer sind mit Arvenholz eingerichtet, bieten einfachen Komfort und verfügen über eine kleine Sitzecke. Eine schöne Holzdecke schmückt das neo-rustikale Restaurant.

OBERSCHAN 9479 Sankt Gallen (SG) 216 ㉑ – Höhe 676.
Bern 225 – Sankt Gallen 59 – Bad Ragaz 17 – Buchs 14 – Feldkirch 28 – Rapperswil 70.

🍴 **Mühle**, Grossbünd 2, ℘ 0817 831 904, muehle-oberschan@freesurf.ch, Fax 0817 831 314, 🍽 – 🅿 ⓜ VISA
geschl. 16. - 26. Feb., 28. Juli - 10. Aug., Dienstag und Mittwoch – **Menu** 50 und à la carte 40/81.
♦ Das Haus besteht aus einer 500-jährigen Maismühle und einem Anbau, in dem sich die rustikale Gaststube befindet. Das gehobene Stübli liegt im Museum. Traditionelle Küche.

OBERWALD 3999 Wallis (VS) 217 ⑲ – 292 Ew. – Höhe 1 370 – Wintersport : 1 390/2 080 m ⛷6 ⛷. – **Ausflugsziel** : Gletsch★★ Nord : 6 km – Grimselpass★★ Nord : 11,5 km – Rhonegletscher★★ : Eisgrotte★ Nord : 13 km.
🚂 Oberwald - Realp, Information, ℘ 0279 731 141.
🛈 Obergoms Tourismus, ℘ 0279 733 232, info@obergoms.ch, Fax 0279 733 233.
Bern 127 – Andermatt 50 – Brig 40 – Interlaken 70 – Sion 93.

Ahorni Ⓜ 🐾, ℘ 0279 732 010, info@ahorni.ch, Fax 0279 732 032, 🍽 – 📶,
✗ Zim, 📺 🅿 🆎 ✗ Rest
geschl. 23. März - 5. Juni und 26. Okt. - 28. Nov. – **Menu** - italienische Küche - 18 - 44 und à la carte 38/77 – **17 Zim** 🛏 105/190, Vorsaison 🛏 90/150 – ½ P Zuschl. 35.
♦ Etwas versteckt liegt das Haus ruhig am Waldrand. Es hat Zimmer, die beinahe einheitlich mit gutem, hellem Mobiliar im Stil eines Businesshotels eingerichtet sind. Die Gaststube und das à la carte-Restaurant sind modern und hell ausgestattet.

OBERWIL 4104 Basel-Landschaft (BL) 216 ④ – 9 433 Ew. – Höhe 297.
Bern 100 – Basel 7 – Baden 68 – Belfort 82 – Solothurn 71.

🍴 **Ochsen**, Hauptstr. 12, ℘ 0614 012 619, Fax 0614 012 821 – 🅿 ⓜ VISA
geschl. 29. Juli - 9. Aug., Sonntagabend (Juli - Aug. auch Sonntagmittag) und Montag – **Menu** 19 - 49 (mittags)/75 und à la carte 61/100.
♦ Der Landgasthof ist unterteilt in einen vorderen Teil mit Gaststube und das gehobene Nebenzimmer. Neben Tagesgerichten offeriert man hier wie dort klassische Speisen.

OENSINGEN 4702 Solothurn (SO) 216 ⑮ – 4 399 Ew. – Höhe 462.
Bern 51 – Basel 50 – Aarau 28 – Luzern 64 – Solothurn 20.

Lindemann zum Kreuz, Hauptstr. 67, ℘ 0623 962 988, info@lindemann.ch, Fax 0623 963 043, 🍽 – 📶, ✗ Zim, 📺 🅿 – 🅰 15/70. ⓞ ⓜ VISA
geschl. 19. Juli - 4. Aug. – **Menu** 19 - 37 (mittags)/85 und à la carte 48/101 – **23 Zim** 🛏 90/180 – ½ P Zuschl. 28.
♦ Die Zimmer des Landgasthofes wurden zur Hälfte neu mit hellem, funktionellem Mobiliar eingerichtet und bieten ausreichend Platz. Die älteren sind in der Gestaltung ähnlich. Sichtbalken und derbes Holzmobiliar sorgen im Restaurant für rustikale Stimmung.

🍴🍴 **Frohsinn** (Derungs), Hauptstr. 29, ℘ 0623 961 152, frohsinn@tiscalinet.ch, Fax 0623 961 354 – 🅿 🆎 ⓞ ⓜ VISA
❀ geschl. 1. - 21. Feb., 26. Juli - 14. Aug., Sonntag und Montag – **Menu** 54 (mittags)/96 und à la carte 55/101 **Menu** (siehe auch **Gaststube**).
♦ Teils im traditionellen, teils im wintergartenähnlichen Stil gestaltet ist dieses Restaurant, in dem man sich an einer schnörkellosen, aromenreichen Küche erfreuen kann.
Spez. Gebratene Gänseleber auf Bramata. Entenbrust mit Honig an Duftreis. Bündnerspezialitäten.

OENSINGEN

Gaststube - *Rest. Frohsinn*, Hauptstr. 29, ☎ 0623 961 152, Fax 0623 961 354,
- 🅿, AE ⓘ ⓜ VISA
geschl. 1. - 21. Feb., 26. Juli - 14. Aug., Sonntag und Montag – **Menu** 15 und à la car 39/92.
- ♦ Im linken Hausteil befindet sich die einfache Gaststube, in der neben Bündner Küch sorgfältig zubereitete, preiswerte Mahlzeiten traditioneller Art serviert werden.

OERLIKON Zürich 216 ⑱ – siehe Zürich.

OLIVONE 6718 Ticino (TI) 218 ⑫ – 863 ab. – alt. 893.

Dintorni : Chiesa del Negrentino★ a Prugiasco : affreschi★★ Sud : 8 km e 30 mn piedi AR – Strada★ del passo del Lucomagno ovest.
Bern 248 – Andermatt 65 – Bellinzona 46 – Chur 103.

Arcobaleno, ☎ 0918 721 362, Fax 0918 722 744, 🍽, 🛁, ≋ – 🛗, 🚭 rist, 📺
🅿, AE ⓘ ⓜ VISA JCB
chiuso dal 15 al 30 aprile e dal 1º al 15 novembre – **Pasto** (chiuso martedì) 18 € alla carta 33/70 – **23 cam** ⇌ 90/140 – ½ P sup. 25.
- ♦ Albergo totalmente ristrutturato, situato ai piedi del Lucomagno. Offre came molto carine con arredo pratico. Godetevi anche la sauna ed il solarium. L'accoglien sala da pranzo vi invita a gustare delle proposte di cucina regionale.

Olivone e Posta, ☎ 0918 721 366, Fax 0918 721 687, ≤, 🍽, – 🚭 rist, 📺
– 🎪 30. AE ⓘ ⓜ VISA. 🌂 rist
chiuso lunedì e martedì da ottobre a maggio – **Pasto** 18 - 35 (mezzogiorno) ed a carta 46/88 – **25 cam** ⇌ 80/130 – ½ P sup. 25.
- ♦ Fate una sosta prima di affrontare il passo del Lucomagno. Piccole ma funzion camere arredate con mobilio in legno chiaro. Dalla zona ricevimento si accede al b e, di lì, al ristorante in stile rustico. Propone una carta semplice e tradizionale.

OLLON 1867 Vaud (VD) 217 ⑭ – 6 180 h. – alt. 468.

Bern 105 – Montreux 21 – Évian-les-Bains 42 – Gstaad 48 – Lausanne 46 – Ma tigny 27 – Thonon-les-Bains 51.

Hôtel de Ville avec ch, ☎ 0244 991 922, Fax 0244 992 354, 🍽 – 🛗 📺 – 🎪 2
ⓜ VISA – fermé 23 déc. au 16 janv., mardi et merc. sauf mi-juil. à mi-août – **Repa** 18 - 55 et à la carte 34/78 – **7 ch** ⇌ 70/100.
- ♦ Bâtisse régionale abritant une belle salle à manger discrètement voûtée où l'on e aux petits soins pour vous : accueil chaleureux, cuisine savoureuse, prix compétitif

OLTEN 4600 Solothurn (SO) 216 ⑯ – 16 497 Ew. – Höhe 396.

Ausflugsziel : Panorama★ beim Säli-Schlössli Süd-Ost : 5 km über ②.
🏌 Heidental in Stüsslingen, ✉ 4655 (März - Nov.) ☎ 0622 858 09 Fax 0622 858 091, Nord-Ost : 11 km über Winznau-Lostorf-Stüsslingen.
ℹ Info Olten, Klosterplatz 21, ☎ 0622 123 088, olten@ekoreisen.c Fax 0622 127 018.
✳ Dornacherstr. 10, ☎ 0622 073 636, Fax 0622 073 637.
⊛ Ringstr. 1, ☎ 0622 052 055, Fax 0622 052 059.
Bern 65 ② – Aarau 13 ① – Basel 46 ③ – Luzern 53 ② – Solothurn 34 ③

Plan page ci-contre

Arte Ⓜ, Riggenbachstr. 10, ☎ 0622 866 800, arte@konferenzhotel.c Fax 0622 866 810 – 🛗, 🚭 Zim, 📺 📞 🍽 – 🎪 15/120. AE ⓘ ⓜ VISA
Menu 18 - 38 und à la carte 36/79 – **78 Zim** ⇌ 140/240 – ½ P Zuschl. 25.
- ♦ Das Kongresshotel liegt in günstiger Entfernung zum Bahnhof. Die Gäste übe nachten in Zimmern von guter Grösse, mit modernem Mobiliar funktionell ein gerichtet sind. Offenes Restaurant mit neuzeitlichem Dekor.

Olten, Bahnhofstr. 5, ☎ 0622 963 030, sleep@tophotelolten.c Fax 0622 964 004, 🍽 – 🛗, 🚭 Zim, 📺 📞 ♿ 🚗 – 🎪 15/100. AE ⓘ ⓜ VISA Z
geschl. 22. Dez. - 5. Jan. – **Menu** (nur Mittagessen) (geschl. Sonntag) 19.50 - 32 un à la carte 41/94 – **32 Zim** ⇌ 150/180 – ½ P Zuschl. 35.
- ♦ Modern gestaltete Zimmer mit Sitzecke finden Sie in diesem gut ausgestatte Hotel in Altstadtnähe, das über eine Ladenpassage mit dem Bahnhof verbunden is Brasserie mit traditioneller schweizerischer Küche.

OLTEN

rauerstrasse .... Z 3
rburgerstrasse ...... Z
e Brücke .... Z
nthausquai .... YZ
hnhofbrücke .... Y
hnhofquai .... Y
hnhofstrasse .... Z 4
slerstrasse .... YZ
lchenstrasse .... YZ
rnacherstrasse ..... YZ
hrweg .... Y
edhofweg .... Y
burgstrasse .... Y
sgerstrasse .... Y
bergstrasse .... Y
gmattstrasse .... Y 6
uptgasse .... Z 7
usmattrain .... Z 9
belistrasse .... Z 10
efonplatz .... Z 12
rastrasse .... Z
chgasse .... Z 13
sterplatz .... Z
nradstrasse .... Z 15
berngasse .... Z
artin Disteli
 Strasse .... Z 16
hlegasse .... Z 18
nzingerplatz .... Z 19
ngstrasse .... YZ
merstrasse .... YZ 21
tzmattweg .... Z 22
hützenmatte .... Z
lothurnerstrasse ... Z 24
italstrasse .... Y 25
nnwaldstrasse ..... Z
terführungsstrasse . Z 27
egelfeldstrasse .... Y

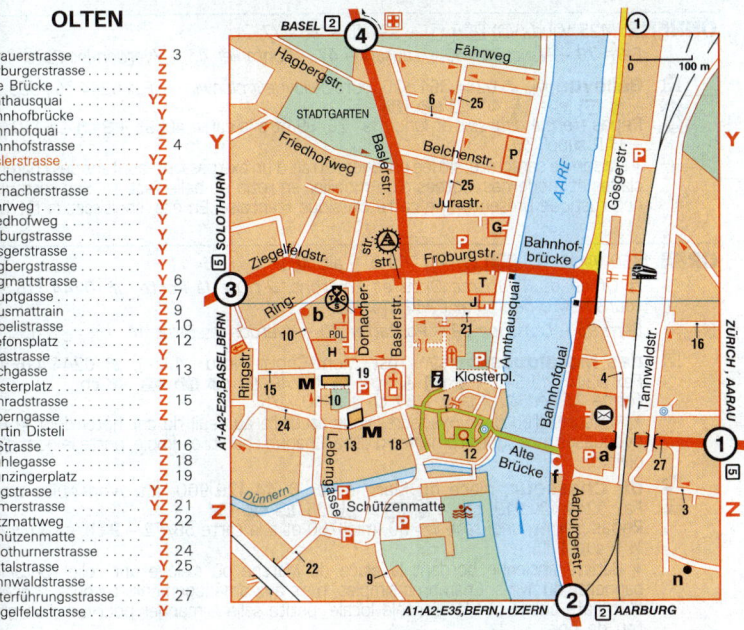

XX **Traube** (Sgier), in Trimbach, über ④ Baslerstr. 211, ✉ 4632 Trimbach, ℘ 0622 933 050, traube@gmx.ch, Fax 0622 930 150 – P, AE ①, MC VISA
geschl. 23. Feb. - 5. März, 20. Juli - 14. Aug., Sonntag und Montag – **Menu** 18.50 - 54 (mittags)/137 und à la carte 63/129.
• Die Gastronomie ist zweigeteilt : eine einfache, nette Gaststube mit kleinem Angebot und das hübsche eigentliche Restaurant mit klassischer Karte und guter Weinauswahl.
Spez. Israelische warme Entenleber auf Rhabarber. Zanderfilet auf Auberginenkaviar an Curryschaum. Aargauer Lammrückenfilet im Kartoffelmantel

XX **Zum Goldenen Ochsen,** Ringstr. 23, ℘ 0622 121 935, ochsen@olten.ch, Fax 0622 122 384, 🌿 – AE ① MC VISA   Z b
geschl. 19. Juli - 4. Aug., Sonntagabend (von Juni - Aug. auch mittags) und Montag – **Menu** 18.50 - 49 (mittags)/107 und à la carte 55/113.
• Der unterteilte Gastraum - teils als freundliches Bistro, teils als luftiger Wintergarten gestaltet - wird durch eine mit Wein bewachsene, lauschige Gartenlaube ergänzt.

XX **Walliserkanne,** Aarburgerstr. 6, ℘ 0622 964 476, Fax 0622 964 472, 🌿 – AE ① MC VISA   Z f
geschl. 31. März - 3. April, 29. Sept. - 12. Okt., Samstagmittag, Sonntagabend und Montag – **Menu** 17.50 - 49 (mittags)/105 und à la carte 53/101.
• Im rustikalen Restaurant neben der alten Holzbrücke kann der Gast in ländlichem Ambiente speisen. Auf der Terrasse an der Aare findet man weitere nette Sitzplätze.

XX **Felsenburg,** Aarauerstr. 157 über ①, ℘ 0622 962 277, Fax 0622 961 376, 🌿 – P, AE ① MC VISA JCB
geschl. 14. Juli - 13. Aug., Dienstag und Mittwoch – **Menu** 18 und à la carte 46/108.
• Über eine Aussentreppe betritt der Gast die drei Stuben, die im Stil der 70er Jahre gehalten sind. Man kann aus einem klassischen oder italienischen Angebot aussuchen.

NEX Genève 217 ⑪ – rattaché à Genève.

ONNENS 1425 Vaud (VD) ᴢ|1|7 ③ – 392 h. – alt. 477.
  Bern 79 – Neuchâtel 30 – Lausanne 47 – Pontarlier 43 – Yverdon-les-Bains 10

  Bellevue [M], ℘ 0244 361 326, hotelbellevue@bluewin.ch, Fax 0244 361 393,
  – 📶 📺 🅿 – 🍴 40. 🅰🅴 🌐 🆅🅸🆂🅰
  Repas (fermé dim. soir et lundi) 16 - 26/89 et à la carte 40/96 – **9 ch** ⇌ 110/1
  – ½ P suppl. 30.
  ♦ Maison de caractère, située en léger retrait d'un axe passant, abritant des chamb
  claires et modernes, dotées d'un mobilier en rotin de belle facture. Son restaura
  néo-rustique présente une carte classique française. En été, choisissez la terrass

ORBE 1350 Vaud (VD) ᴢ|1|7 ③ – 4 709 h. – alt. 483.
  🄱 Office du Tourisme Orbe et Environs, 2 r. de la Poste, ℘ 0244 415 2
  tourisme@orbe.ch, Fax 0244 415 266.
  Bern 93 – Lausanne 29 – Pontarlier 40 – Yverdon-les-Bains 14.

  des Mosaïques 🍃 sans rest, Mont-Choisi (Nord : 1 km), ℘ 0244 416 2
  Fax 0244 411 514 – 📶 📺 ♿ 🅿 – 🍴 15/40. 🅰🅴 🌐 🆅🅸🆂🅰 ⊁ ch
  fermé 23 déc. au 7 janv. – **37 ch** ⇌ 110/175.
  ♦ Mercure, dieu des voyageurs, vous accueille au seuil de cet hôtel dont le n
  évoque les mosaïques romaines d'Urba. Chaque chambre, ample, porte le nom d'u
  divinité.

  du Chasseur, place du Marché, ℘ 0244 429 900, a.troyon@bluewin.
  Fax 0244 429 919, 🍽 – 🍴 25. 🅰🅴 🌐 🆅🅸🆂🅰
  Repas (fermé lundi soir) 17 - 30 (midi)/60 et à la carte 38/72 – **9 ch** ⇌ 80/12
  ½ P suppl. 15.
  ♦ Bâtisse ancienne bordant la place du Marché où s'élève une jolie fontaine
  banneret du 18e s. Chambres simples, mais aux aménagements récents. Précéc
  d'un café animé par la clientèle locale, petite salle à manger pourvue d'un gri
  feu de bois.

  Guignard, 17 Grand-Rue (1er Etage), ℘ 0244 411 524, traiteur@guignard-des
  rts.com, Fax 0244 417 587, 🍽 🌐 🆅🅸🆂🅰
  fermé 24 fév. au 4 mars, 21 juil. au 13 août, lundi et mardi – **Repas** (ouvert le n
  seul. sauf vend. et sam. ouvert midi et soir) 19 - 49 (midi)/98 et à la carte 54/!
  ♦ Au-dessus de la fameuse confiserie et de son salon de thé, vous goûterez, par
  la végétation luxuriante du jardin d'hiver, une savoureuse cuisine escortée de grar
  desserts.

à **Agiez** Ouest : 2,5 km – alt. 520 – ✉ 1352 Agiez :

  Le Normand 🍃 avec ch, ℘ 0244 411 545, lenormand@bluewin.
  Fax 0244 417 587, 🍽 – 📺 🅿 🅰🅴 🌐 🆅🅸🆂🅰
  fermé 26 déc. au 7 janv., 7 au 29 juil., lundi et mardi – **Repas** 18 - 35 (midi)/68
  à la carte 38/84 – ⇌ 10 – **5 ch** 60/100 – ½ P suppl. 30.
  ♦ Une atmosphère sympathique règne dans cette auberge familiale dont le resta
  rant campagnard se divise en deux parties distinctes. Carte traditionnelle et régiona

ORIGLIO 6945 Ticino (TI) ᴢ|1|9 ⑧ – 1 174 ab. – alt. 453.
  Bern 267 – Lugano 9 – Bellinzona 24 – Como 39 – Locarno 36.

a **Carnago** Est : 1 km – ✉ 6945 Origlio :

  Origlio Country Club, via Cantonale, ℘ 0919 454 646, info@hoteloriglio.
  Fax 0919 451 031, 🍽 🍴 🏊 🎾 🌲 🍽 – 📶 ⊁ cam, 🍽 rist, 📺 📡 🅿
  🍴 15/80. 🅰🅴 🌐 🆅🅸🆂🅰 ⊁ rist
  Pasto 25 - 35 (mezzogiorno) ed alla carta 47/90 – **58 cam** ⇌ 175/370 – ½ P s
  50.
  ♦ Costruzione ben inserita nel contesto naturale della zona che offre am
  camere luminose, rinnovate o in corso di esserlo. La terrazza sul giardino è u
  simpatica alternativa alla graziosa sala da pranzo ; sorprendente carta di stam
  francese.

  Deserto con cam, via Tesserete, ℘ 0919 451 216, info@deserto.
  Fax 0919 455 072, 🍽 🌲 – 📺 🅿 🅰🅴 🌐 🆅🅸🆂🅰
  Pasto alla carta 49/94 – **12 cam** ⇌ 94/196 – ½ P sup. 32.
  ♦ Locanda dall'ambiente rustico che propone una cucina di gusto regionale con sp
  cialità alla griglia. In estate approfittate del fresco sotto i pampini della vite.

RMALINGEN 4466 Basel-Landschaft (BL) 216 ⑤ – 1835 Ew. – Höhe 425.
Bern 83 – Aarau 24 – Baden 42 – Basel 31 – Liestal 13 – Solothurn 52.

Farnsburg ⊗ mit Zim, Farnsburgstr. 194, Nord : 3 km, ℘ 0619 859 030, land gasthof@farnsburg.ch, Fax 0619 859 031, 🍴, 🚗 – 🅿 – 🛏 30. 🛇
geschl. 21. Dez. - 5. Jan., 17. Feb. - 16. März, 23. Juli - 4. Aug., Sonntagabend, Montag und Dienstag – **Menu** 78/98 und à la carte 54/95 – **4 Zim** ⊇ 80/150.
♦ Der Landgasthof liegt absolut ruhig ausserhalb des Ortes bei einem Bauernhof. Die Gäste können im gemütlichen, rustikalen Restaurant regionale Spezialitäten bestellen.

RSELINA Ticino 219 ⑦ ⑧, 218 ⑪ – vedere Locarno.

RSIÈRES 1937 Valais (VS) 219 ② – 2 756 h. – alt. 902.
Bern 145 – Martigny 18 – Aosta 51 – Montreux 61 – Sion 48.

Terminus, ℘ 0277 832 040, terminus@dransnet.ch, Fax 0277 833 808, 🍴 – 📺 ♿ 🚗 🅿 AE ⓘ ⓜ VISA. 🛇
fermé 6 au 29 janv. et jeudi hors saison – **Repas** 17 - 35 (midi)/55 et à la carte 33/63 – **25 ch** ⊇ 80/120 – ½ P suppl. 28.
♦ Adresse du centre-ville. Réparties dans deux bâtiments, les chambres, d'ampleur suffisante, sont toutes aménagées à peu près de la même façon, dans un style actuel. Salle à manger "jardin d'hiver" agréable. Repas simple mais plaisant, ambiance décontractée.

Les Alpes (Joris), avec ch, ℘ 0277 831 101, les.alpes@dransnet.ch, Fax 0277 833 878 – AE ⓘ ⓜ VISA
fermé 16 au 27 déc., 14 juin au 17 juil., mardi et merc. – **Repas** 102/152 – **Repas** (voir aussi **Brasserie** ci-après) – **5 ch** ⊇ 43/80.
♦ Cet ancien relais de diligences de 1750, bordant la place principale, abrite une élégante salle décorée de peintures, où s'est servie une cuisine du marché réalisée avec brio. **Spéc.** Groin de porc au foie gras truffé (hiver). Boudin noir maison, pommes confites et caillette de porc. Découpé de chamois de la région, extraction de sureau (automne)

Brasserie - Rest. **Les Alpes,** ℘ 0277 831 101, les.alpes@dransnet.ch, Fax 0277 833 878, 🍴 – AE ⓘ ⓜ VISA
fermé 16 au 27 déc., 14 juin au 17 juil., mardi et merc. – **Repas** 26 - 60 et à la carte 48/100.
♦ Dans la seconde formule des Alpes : la Brasserie au décor local, on mitonne de savoureux petits plats à la fois régionaux et traditionnels, à prix étudiés.

RVIN 2534 Berne (BE) 216 ⑭ – 1 215 h. – alt. 668.
Bern 40 – Delémont 58 – Biel 9 – La Chaux-de-Fonds 49 – Neuchâtel 38 – Solothurn 28.

Cheval Blanc, rte de Frinvillier 1, ℘ 0323 581 282, Fax 0323 582 006 – 🅿 ⓜ
fermé 20 juil. - 17 août, dim. soir et lundi – **Repas** 13 - 55/120 (soir) et à la carte 40/73.
♦ Cette sympathique petite auberge, postée à l'entrée du village, renferme deux salles à manger rustiques. Répertoire culinaire classique mûrement concocté.

ux Prés-d'Orvin Nord-Ouest : 4 km – alt. 1 033 – ✉ 2534 Les Prés-d'Orvin :

Le Grillon, ℘ 0323 220 062, ≤, 🍴 – 🅿
fermé 7 juil. au 5 août, lundi et mardi – **Repas** (prévenir) 16 - 48 (midi)/98 et à la carte 42/89.
♦ Deux salles de restaurant au cadre simple. Carte traditionnelle et fondues alléchantes, mais osez le menu gastronomique : vous vous ferez réellement plaisir sans vous ruiner !

STERFINGEN 8218 Schaffhausen (SH) 216 ⑦ – 364 Ew. – Höhe 440.
Bern 147 – Zürich 50 – Baden 59 – Schaffhausen 20.

Bad Osterfingen, Zollstrasse, Süd : 1 km, ℘ 0526 812 121, Fax 0526 814 301, 🍴 – 🅿
geschl. 19. Jan. - 16. Feb., 13. - 27. Juli, Montag und Dienstag – **Menu** 63 und à la carte 43/85.
♦ Das Weingut aus dem 15. Jh. bietet den Gästen ausser dem schönen Gartenrestaurant unter alten Kastanien Stuben mit Steinmauern, Sichtbalken und Täfer. Traditionelles Angebot.

OSTERMUNDIGEN Bern 217 ⑥ – siehe Bern.

OTTENBACH 8913 Zürich (ZH) 216 ⑱ – 2 218 Ew. – Höhe 421.
Bern 126 – Zürich 24 – Aarau 8 – Luzern 35 – Schwyz 45.

XX **Reussbrücke,** Muristr. 32, ℘ 017 601 161, info@reussbrücke.co
Fax 017 601 250, ≤, 💐 – 🅿️ AE ⓘ ⓜⓞ VISA
Menu 45 (mittags)/95 und à la carte 65/136.
• Ob Sie das Restaurant, den Pavillon, den Wintergarten mit Blick auf die Reuss od
im Sommer den Garten bevorzugen, überall offeriert man Ihnen eine zeitgemä
Karte.

OTTIKON BEI KEMPTTHAL 8307 Zürich (ZH) 216 ⑲ – Höhe 578.
Bern 144 – Zürich 23 – Frauenfeld 28 – Schaffhausen 38 – Winterthur 10.

XX **Zur Traube,** Kyburgstr. 17, ℘ 0523 451 258, Fax 0523 451 413, 💐 – 🅿️ AE
VISA. 💐
geschl. Jan. 1 Woche, Aug. 3 Wochen und Montag – **Menu** 25 - 58 (mittags)/98 u
à la carte 63/101.
• In der gemütlichen Stube des Bauernhauses aus dem 19. Jh. herrscht dank schör
Holzdecke, Täfer und Sichtbalken eine charmant-rustikale Atmosphäre.

OUCHY Vaud 217 ⑬ – rattaché à Lausanne.

OVRONNAZ 1911 Valais (VS) 217 ⑮ – alt. 1 350 – Sports d'hiver : 1 400/2 600 m ✦ 1 ≸
🎿.
🛈 Office du Tourisme, ℘ 0273 064 293, info@ovronnaz.ch, Fax 0273 068 141.
Bern 149 – Martigny 26 – Montreux 65 – Sion 26.

🏨 **L'Ardève** 🔸, à Mayens-de-Chamoson, Est : 2 km, ℘ 0273 052 525, ardeve@
media.ch, Fax 0273 052 526, ≤ vallée, 💐, 🐎 – 🛗 📺 📞 🅿️ – 🚶 15/80. AE ⓘ
ⓜⓞ VISA
fermé 24 nov. au 13 déc. – **Repas** 17.50 - 52/79 et à la carte 45/97 – **15**
🛏 110/190 – ½ P suppl. 15.
• Vue époustouflante dans ce chalet contemporain faisant face aux Alpes val
sannes ! Ambiance montagnarde dans les chambres lambrissées, surtout au dern
étage. De larges baies vitrées illuminent le confortable restaurant de l'Ardèv
Registre français.

Le PÂQUIER Fribourg 217 ④ ⑤ – rattaché à Bulle.

PAYERNE 1530 Vaud (VD) 217 ④ – 7 243 h. – alt. 452.
Voir : Intérieur★★ de l'Église abbatiale★.
🛏₈ ℘ 0266 624 220, Fax 0266 624 221.
Manifestation locale
07.03 - 10.03 : Brandons, fête populaire.
🛈 Office du Tourisme, 1 place Général Guisan, ℘ 0266 606 161, tourisme.pay
ne@mcnet.ch, Fax 0266 607 126.
Bern 53 – Neuchâtel 50 – Biel 56 – Fribourg 23 – Lausanne 47 – Yverdon-les-Bains 2

à Vers-chez-Perrin Sud : 2,5 km par rte Fribourg/Romont – alt. 530 – ✉ 1551 Ve
chez-Perrin :

XX **Auberge de Vers-chez-Perrin** avec ch, ℘ 0266 605 846, Fax 0266 605 8
💐 – 📺 🅿️ ⓜⓞ VISA
fermé 28 juil. au 11 août – **Repas** (fermé dim. soir et lundi soir) 18.50 - 65/89 et
la carte 35/79 – **7 ch** 🛏 100/160 – ½ P suppl. 35.
• Dans un cadre verdoyant, restaurant rustique, un brin feutré, où vous tendr
l'oreille pour faire votre choix parmi les menus suggérés oralement. Petites chambr
pratiques.

PENEY dessus et dessous Genève 217 ⑪ – rattaché à Satigny.

ENEY-LE-JORAT 1059 Vaud (VD) 217 ③ – 290 h. – alt. 845.
Bern 81 – Lausanne 17 – Montreux 43 – Pontarlier 66 – Yverdon-les-Bains 26.

Auberge du Cheval Blanc, ℘ 0219 033 008, burette@bluewin.ch, Fax 0219 033 468 – P. AE ① ⓜ VISA
fermé 10 au 25 fév., 4 au 26 août, lundi et mardi – **Repas** 18 - 56/94 et à la carte 33/107.
◆ Petite auberge de village abritant un café au cadre campagnard et une accueillante salle à manger où font bon ménage recettes classiques et attrayante sélection de vins.

ENTHAZ 1303 Vaud (VD) 217 ③ – 1310 h. – alt. 488.
Bern 95 – Lausanne 11 – Cossonay 5 – Yverdon-les-Bains 26.

La Treille, 13 ch. de la Treille, ℘ 0218 627 120, info@treille.ch, Fax 0218 627 064, 🌳 – 🍽. AE ① ⓜ VISA
fermé 24 déc. au 6 janv., dim. et lundi – **Repas** - cuisine italienne - 17 - 48/99 et à la carte 82/98.
◆ Endroit bien choisi pour parfaire ses connaissances sur la cuisine italienne : toutes les régions de la "botte" sont représentées dans les divers menus proposés.

ERREFITTE Berne 216 ⑭ – rattaché à Moutier.

ÉRY-REUCHENETTE 2603 Berne (BE) 216 ⑭ – 1351 h. – alt. 646.
Bern 47 – Delémont 45 – Biel 12 – Solothurn 28.

La Truite avec ch, 5 rte de Reuchenette, ℘ 0324 851 410, Fax 0324 851 421, 🌳 – TV P. ⓜ VISA
fermé 1ᵉʳ au 20 janv. et 14 juil. au 15 août – **Repas** (fermé lundi soir et mardi) 13.50 - 52/66 et à la carte 32/79 – **12 ch** ⇌ 78/114 – ½ P suppl. 18.
◆ Cette maison, classiquement aménagée, a bénéficié, il y a peu, d'une rénovation. Table traditionnelle de bon aloi. Chambres personnalisées garnies d'un mobilier de qualité.

ESEUX Neuchâtel 216 ⑫ ⑬ – rattaché à Neuchâtel.

ETIT-LANCY Genève 217 ⑪ – rattaché à Genève.

FÄFFIKON 8808 Schwyz (SZ) 216 ⑲ – Höhe 412.
🏌 Nuolen in Wangen, ✉ 8855 (März - Nov.) ℘ 0554 505 760, Fax 0554 505 761, Ost : 14 km Richtung Lachen-Nuolen.
Bern 117 – Zürich 36 – Rapperswil 5 – Schwyz 30.

Seedamm Plaza M, Seedammstr. 3, ℘ 0554 171 717, info@seedamm-plaza.ch, Fax 0554 171 718, 🌳, 🏋, ⇌, 🛗, ⚜ Zim, 🍽 Zim, TV 📞 🛋 🚗 P – 🏛 15/230. AE ① ⓜ VISA JCB. ⚜ Rest
Nippon Sun - japanische Küche - (geschl. 14. Juli - 10. Aug., Samstagmittag, Sonn- und Feiertage jeweils mittags) **Menu** 34 (mittags)/54 und à la carte 49/93 – **Plätzli** : **Menu** 17.50 - 27 (mittags) und à la carte 37/79 – **142 Zim** ⇌ 175/310.
◆ Am Fusse des Seedammes finden Sie ein neues Konferenzhotel, dessen moderne und funktionelle Ausstattung dem Geschäftsreisenden in allen Belangen entgegenkommt. Ein topmodernes Umfeld asiatischen Stils erwartet Sie im Nippon Sun.

Schiff M, Unterdorfstr. 21, ℘ 0554 161 718, info@schiff-pfaeffikon.ch, Fax 0554 161 719, ≤, 🌳, 🛗 – ⚜ Zim, TV 📞 P. AE ① ⓜ VISA
Menu 22 und à la carte 43/88 – **29 Zim** ⇌ 98/189.
◆ Eine nette Adresse : Die Zimmer im Haupthaus sind hell und freundlich mit Naturholzmobiliar eingerichtet, die neuen sind moderner, mit Parkett, einige auch im japanischen Stil. Das Restaurant verfügt über eine schöne Gartenterrasse zum See hin.

Zum Rathaus, Rathausweg 14/am Hafen, ℘ 0554 102 450, info@zumrathaus.ch, Fax 0554 107 140, ≤, 🌳 – AE ⓜ VISA
geschl. 27. Dez. - 5. Jan. – **Menu** (geschl. Sonntag - Montag) 38 - 74 und à la carte 69/122 – **Bistro** (geschl. Sonntag von Okt. - April) **Menu** 24 und à la carte 47/78.
◆ In der ersten Etage des ehemaligen Rathauses aus dem 15. Jh. kann der Gast in einem gediegenen Saal mit Butzenscheiben und Steinsäulen aus dem kreativen Speisenangebot wählen. Moderne Gastronomie in ehrwürdigen Mauern : das Bistro.

PFÄFFIKON 8330 Zürich (ZH) 216 ⑲ – 9 285 Ew. – Höhe 547.
Bern 151 – Zürich 30 – Rapperswil 20 – Sankt Gallen 60 – Winterthur 20.

XX **Krone**, Seestr. 1, ℰ 019 505 253, Fax 019 511 366, 🈂, – AE ⓪ ⓜⓞ VISA
geschl. Sonntag und Montag – **Menu** - italienische Küche - 17 - 50 (mittags)/98 u
à la carte 61/103.
♦ Das zentral gelegene, im regionalen Stil erbaute Haus beherbergt ein rustika
Restaurant, das mit einer breitgefächerten italienischen Speisekarte lockt.

LE PICHOUX Berne (BE) 216 ⑭ – alt. 728 – ✉ 2716 Sornetan :.
Bern 67 – Delémont 19 – Biel 32 – Solothurn 48.

XX **La Couronne** avec ch, ℰ 0324 849 128, 🈂, 🈲 – P. ⓜⓞ VISA. ⚭
fermé 23 déc. au 18 janv., 11 au 25 juin, mardi soir et merc. – **Repas** (nombre
couverts limité - prévenir) 64/140 et à la carte 68/123 – **5 ch** ⊆ 110/160.
♦ Bois et et pierres apparentes président au cadre rustique du restaurant, perc
au point culminant de la pittoresque route du Pichoux. Petites chambres simples m
soignées.

PIODINA Ticino 219 ⑦ – vedere Brissago.

PLAGNE 2536 Berne (BE) 216 ⑭ – 376 h. – alt. 869.
Bern 43 – Delémont 52 – Biel 8 – Solothurn 24.

X **Au Vieux Grenier**, ℰ 0323 581 530, au.vieux.grenier@bluewin.ch, 🈂 – P.
VISA. ⚭ – fermé 14 juil. au 3 août, lundi et mardi – **Repas** 15 et à la carte 29/7
♦ Surplombant le village, ce chalet vous reçoit dans une ambiance familiale. Vo
dégusterez, dans un cadre agreste, des plats alliant la tradition au savoir-faire loc

La PLAINE 1283 Genève (GE) 217 ⑪ – alt. 356.
Bern 167 – Genève 15 – Bellegarde-sur-Valserine 24 – Divonne-les-Bains 28.

X **Les Platanes**, 92 rte de la Plaine, ℰ 0227 541 960, 🈂 – ⓜⓞ VISA
fermé 20 déc. au 8 janv., 25 mars au 10 mai, 25 août au 10 sept., dim. et lund
Repas (nombre de couverts limité - prévenir) 15 - 45 et à la carte 52/75.
♦ Petit restaurant au sobre décor, situé à proximité de la frontière. Sa goûteu
cuisine française préparée selon les arrivages du marché ne vous dégonfle pas
portefeuille.

PLAMBUIT Vaud 217 ⑭ – rattaché à Villars-sur-Ollon.

PLAN-LES-OUATES Genève 217 ⑪ – rattaché à Genève.

PLANS-MAYENS Valais 217 ⑯ – rattaché à Crans-Montana.

PLAUN DA LEJ Graubünden 218 ⑮ – siehe Sils Maria.

Le PONT Vaud 217 ② – voir à Joux (Vallée de).

PONT-DE-LA-MORGE Valais 217 ⑮ – rattaché à Sion.

PONTE BROLLA Ticino (TI) 219 ⑦ – alt. 258 – ✉ 6652 Tegna :.
Bern 271 – Locarno 5 – Bellinzona 25 – Lugano 45 – Verbania 42.

XX **Da Enzo**, ℰ 0917 961 475, Fax 0917 961 392, 🈂 – ⚭ P. AE ⓪ ⓜⓞ VISA
chiuso dal 15 gennaio al 1º marzo, giovedì a mezzogiorno e mercoledì – **Pasto** (pr
notare) 52 (mezzogiorno)/85 ed alla carta 80/108.
♦ Casa ticinese in sasso con una bella terrazza : accomodatevi ai tipici tavoli in grani
coperti in parte da volte, in parte da alberi. Cucina attuale ed enoteca in cantin

X **Centovalli** Ⓜ con cam, ℰ 0917 961 444, centovalli@freesurf.c
Fax 0917 963 159, 🈂 – ⚭ rist, TV P. AE ⓜⓞ VISA. ⚭ – chiuso dal 22 dicembre a
marzo – **Pasto** (chiuso lunedì e martedì) 25 ed alla carta 42/78 – **9 cam** ⊆ 115/185
♦ Due sale da pranzo rustico-moderne, una adibita anche a giardino d'inverno, vi danr
il benvenuto per apprezzare una scelta piccola ma stuzzicante di proposte ticinesi.

ONTRESINA 7504 Graubünden (GR) 218 ⑮ – 1858 Ew. – Höhe 1774 – Wintersport : 1 800/2 978 m ⛷ 3 ⛷ 8 ⛷.

Sehenswert : *Lage*★★.

Ausflugsziel : *Belvedere di Chünetta*★★★ Süd-Ost : 5 km – *Diavolezza*★★★ Süd-Ost : 10 km und Luftseilbahn – *Muottas Muragl*★★ Nord : 3 km und Standseilbahn – *Piz Lagalb*★★ Süd-Ost : 11 km und Luftseilbahn.

Lokale Veranstaltungen
01.03 : *"Chalandamarz" alter Frühlingsbrauch und Kinderfest*
28.03 - 06.04 : *Snow and Symphony, Musikfestival.*

🛈 Kur- und Verkehrsverein, Kongresszentrum Rondo, ✆ 0818 388 300, info@pontresina.com, Fax 0818 388 310.

Bern 336 – Sankt Moritz 7 – Chur 78 – Davos 66 – Merano 136.

Grand Hotel Kronenhof ⚐, via Maistra, ✆ 0818 303 030, info@kronenhof.com, Fax 0818 303 031, ≤ Berge, ⛻, ⛲, ⛱, ⚒, ✕ – 🛗 📺 🏋 🛌 🅿 – 🚗 15/60. 🆎 ⓞ ⓜ VISA. ✕ Rest
20. Dez. - 30. April und 28. Juni - 21. Sept. – **Kronenstübli** : Menu 98 und à la carte 77/135 – **77 Zim** ⛌ 250/585, Vorsaison ⛌ 220/520, 4 Suiten – ½ P Zuschl. 60.
♦ Das Grand Hotel neubarocker Prägung sticht jedem Besucher sofort ins Auge. Neben eleganten Salons mit schöner Deckenmalerei wartet man mit modern eingerichteten Zimmern auf. Im Restaurant Kronenstübli gibt es zwei Stuben mit angenehmem Ambiente.

Walther, via Maistra, ✆ 0818 393 636, info@hotelwalther.ch, Fax 0818 393 637, ≤, ⛲, Wellness-Center, 🏋, ⛻, ⛱, ⚒, ✕ – 🛗 📺 🏋 🚗 🅿 🆎 ⓞ ⓜ VISA. ✕
19. Dez. - 20. April und 14. Juni - 4. Okt. – **Stüva Bella** : Menu 75 und à la carte 63/116 – **71 Zim** ⛌ 300/610, Vorsaison ⛌ 155/420 – ½ P Zuschl. 40.
♦ Am Ortsende gelegen, bietet dieses imposante Gebäude mit eleganter Einrichtung meist helle, im rustikalen Stil geschmackvoll eingerichtete Zimmer, die zum Verweilen einladen. Die schöne Stüva Bella wird mit klassischer Eleganz ihrem Namen vollauf gerecht.

Saratz Ⓜ, via Maistra, ✆ 0818 394 000, info@saratz.ch, Fax 0818 394 040, ≤, ⛲, ⛻, ⛱, ⚒, ✕, 🐾 – 🛗 📺 🏋 🛌 🏃 🅿 🅿 – 🚗 30. 🆎 ⓞ ⓜ VISA
6. Dez. - 5. April und 13. Juni - 19. Okt. – **Menu** (nur Abendessen) à la carte 54/84 – **Pitschna Scena** : Menu à la carte 34/75 – **92 Zim** ⛌ 342/480, Vorsaison ⛌ 224/380 – ½ P Zuschl. 60.
♦ Ein wirklich besonderes Haus mit wechselnden Kunstausstellungen. Die Designerzimmer sind modernst eingerichtet, die renovierten im Altbau verspühen einen eigenen Charme. Parkettboden und hohe Decken geben dem Speisesaal einen klassischen Anstrich.

Allegra Ⓜ garni, via Maistra, ✆ 0818 389 900, info@allegrahotel.ch, Fax 0818 389 999 – 🛗 📺 🏋 🅿. ⓜ VISA
geschl. *3. Mai - 6. Juni und 19 Okt. - 12. Dez.* – **52 Zim** ⛌ 180/330, Vorsaison ⛌ 135/260.
♦ Zimmer mit unverbauter Aussicht, die nach fernöstlichen Feng Shui Grundsätzen eingerichtet sind machen das Haus attraktiv. Open-end-Frühstück für Langschläfer !

Schweizerhof, via Maistra, ✆ 0818 420 131, hotel@schweizerhofpontresina.ch, Fax 0818 427 988, ⛲, ⛻, ⛱, 🏋 🚗 – 🚗 25. 🆎 ⓞ ⓜ VISA
14. Dez. - 20. April und 14. Juni - 11. Okt – **Menu** 51 und à la carte 47/89 – **70 Zim** ⛌ 180/400, Vorsaison ⛌ 130/310 – ½ P Zuschl. 47.
♦ Das Gebäude liegt im Ortszentrum an der Hauptstrasse. Die Zimmer sind bei guter Grösse unterschiedlich ausgestattet, die Mehrzahl modern, meist auch mit Balkon. Speisesaal mit neuem Wintergarten und Terrasse sowie rustikales à la carte-Restaurant.

Rosatsch und Residence, via Maistra, ✆ 0818 389 800, hotelrosatschpontresina@bluewin.ch, Fax 0814 277 778, Wellness-Center, 🏋, ⛻, ⛱, ⚒ – 🛗 📺 🏋 🚗 – 🚗 30. ⓜ VISA
2. Dez. - 26. April und 8. Juni - 18. Okt. – **Bündnerstube** : Menu *18* - 28 und à la carte 44/89 – **81 Zim** ⛌ 156/352, Vorsaison ⛌ 132/292, 8 Suiten – ½ P Zuschl. 30.
♦ Die Zimmer des Haupthauses sind modern und hell mit Arvenholz gestaltet, im durch Garten und Wellnessbereich getrennten Annexe sind sie älter, jedoch sehr gross und wohnlich. Regionale Spezialitäten gibt es in der Bündnerstube.

PONTRESINA

Sporthotel, via Maistra, ℘ 0818 389 400, pontresina-sport@bluewin.
Fax 0818 389 401, 🍽 🍴 🚗 – 🛗 📺 📞 🚗 🅿 – ⚜ 15/80. AE ① ⓜ VI.
geschl. Hotel : 1. - 7. Dez. und 19. April - 7. Juni – **Sport-Stübli** (geschl. Samstag u.
Sonntag von 1. - 7. Dez. und 19. April - 7. Juni) **Menu** 21 - 40 (abends) und à la car
37/93 – **85 Zim** ☑ 135/320, Vorsaison ☑ 110/270 – ½ P Zuschl. 30.
 ◆ Bevor man in einem der einfachen älteren oder komfortableren Arven-Zimmer
die Daunen fällt, bietet sich der Saunabereich auf dem Dach mit Terrasse zum Relax
an. Im Sportstübli oder im Gartenrestaurant kümmert man sich um das leibliche Wo

Müller, via Maistra 100, ℘ 0818 393 000, info@hotel-mueller.c
Fax 0818 393 030, ≤, 🍽, 🚗 – 🛗 📺 📞 🅿. AE ① ⓜ VISA. 🚫 Rest
16. Dez. - 19. April und 2. Juni - Ende Okt. – **Arvenstübli** (geschl. Montag) **Menu**
(abends) und à la carte 37/78 – **35 Zim** ☑ 135/250, Vorsaison ☑ 95/200 – ½
Zuschl. 35.
 ◆ Das traditionsreiche Haus - im ortsüblichen Stil gebaut - liegt im Zentrum. Die ze
gemäss ausgestatteten Zimmer sind mit heller Arve oder mit Kiefernholz möblie
Zur Strasse hin liegt das Arvenstübli, das auch als Bar dient.

Steinbock, ℘ 0818 393 626, info@steinbock-pontresina.ch, Fax 0818 393 62
🍽, 🚗 – 📺 📞 🅿. AE ① ⓜ VISA
Colani Stübli : Menu 48 (abends) und à la carte 38/95 – **29 Zim** ☑ 175/340, V
saison ☑ 110/250 – ½ P Zuschl. 20.
 ◆ In dieser ehemaligen Umspannstation für Postkutschenpferde wohnt man
rustikalen Arvenholzzimmern. Die Nutzung der Infrastruktur des Hotels Walther
inbegriffen. Hell, frisch und typisch für die Region wirken die Gasträume d
Colani Stübli.

Albris, via Maistra, ℘ 0818 388 040, hotel@albris.ch, Fax 0818 388 050, 🍽, F
⇌, 🚗 – 🛗, ✂ Rest, 📺 🅿 🅿 AE ① ⓜ VISA
8. Dez. - 20. April und 9. Juni - 19. Okt. – **Kochendörfer : Menu** 40 - 49 und à la car
44/129 – **33 Zim** ☑ 150/300, Vorsaison ☑ 125/240 – ½ P Zuschl. 40.
 ◆ Am Ende des Ortes liegend, bietet dieses familiär geführte Haus seinen Gäst
einheitliche, in hellem Arvenholz gehaltene Zimmer von ausreichender Grösse u
Komfort. Im Kochendörfer ist man stolz auf die eigene Konditorei und die ang
botenen Fischgerichte.

Post, via Maistra 74, ℘ 0818 389 300, info@hotelpost-pontresina.c
Fax 0818 389 301, ≤, 🍽, ⇌ – 📺 📞 🚗. AE ① ⓜ VISA. 🚫 Rest
geschl. 10. April - 12. Juni – **Menu** (Snack-Angebot) à la carte 26/70 – **37 Z**
☑ 145/290, Vorsaison ☑ 115/220 – ½ P Zuschl. 25.
 ◆ Man hat die Wahl zwischen einfachen Zimmern mit dunkler Einrichtung, komfo
tableren mit Massivholz oder rustikalen mit Arvenholz. Die Räume mit Südb
kon haben schöne Sicht. Der Speisesaal ist mit Polstermöbeln eingerichtet, im Tage
restaurant gibt es Snacks.

Bernina, via Maistra, ℘ 0818 388 686, info@hotelbernina.ch, Fax 0818 388 68
≤, 🍽, ⇌, 🚗 – 🛗 📺 📞 🚗. AE ① ⓜ VISA. 🚫 Rest
15. Dez. - 11. April und 15. Juni - 14. Okt. – **Menu** 44 (abends) und à la carte 34/
– **44 Zim** ☑ 110/260, Vorsaison ☑ 90/240 – ½ P Zuschl. 35.
 ◆ An der Hauptstrasse liegt dieses Hotel, dessen Zimmer teilweise oder komple
renoviert wurden und mit rustikalen Einrichtungselementen ausstaffiert sind. Ei
fache Gaststube und helles, rustikales Stübli.

Chesa Mulin garni, ℘ 0818 388 200, info@chesa-mulin.ch, Fax 0818 388 230,
🚗 – 🛗 📺 📞 ♿ 🚗. AE ① ⓜ VISA. 🚫
21. Dez. - 26. April und 7. Juni - 18. Okt – **30 Zim** ☑ 140/250, Vorsaison ☑ 110/1
 ◆ Mit netter Atmosphäre und wohnlichen, in hellem Holz möblierten Zimmern
dieses Domizil dem ländlichen Charakter der Gegend angepasst. In der Nähe: Loipe
Bus und Skilift.

Süd-Ost Richtung Berninapass :

Morteratsch ⚓, ca 5 km, ✉ 7504 Pontresina, ℘ 0818 426 313, mail@mor
ratsch.ch, Fax 0818 427 258, ≤, 🍽 – 🅿. AE ⓜ VISA
15. Dez. - 20. April und 8. Juni - 17. Okt. – **Menu** 20 und à la carte 42/85 – **15 Zi**
☑ 115/205, Vorsaison ☑ 95/185 – ½ P Zuschl. 35.
 ◆ Das Haus liegt einsam am Ende des Tales unterhalb des zurückweichenden gleic
namigen Gletschers. Von den einfach eingerichteten Zimmern geniesst man die Sic
auf die Berge. Im Restaurant kann man die vorbeifahrenden Züge des Bernina Expre
beobachten.

ORRENTRUY 2900 Jura (JU) 216 ② – 6 718 h. – alt. 423.

La Largue à F-Mooslargue, ✉ 68580 (mars - nov.) ℘ (0033) 389 07 67 67, Fax (0033) 389 25 62 83, Nord-Est : 21 km.

🛈 Jura Tourisme, 5 Grand-Rue, ℘ 0901 123 402, porrentruy@juratourisme.ch, Fax 032 4 665 043.

Bern 96 – Delémont 28 – Basel 50 – Belfort 37 – La Chaux-de-Fonds 64 – Solothurn 77.

Belvédère, 61 rte de Bure (près hôpital), ℘ 032 4 662 561, hotel.belvedere.porrentruy@bluewin.ch, Fax 032 4 662 553, ≤, 🌳 – 📺 📞 🅿 🌐 VISA
fermé 23 déc. au 15 janv., 30 août au 10 sept. – **Repas** (fermé mardi) 18 (midi) et à la carte 36/78 – **8 ch** ⇔ 60/130 – ½ P suppl. 25.

♦ Postée en bordure de route, bâtisse rose pâle abritant des chambres un peu désuètes, mansardées au second étage. La salle à manger rustique, précédée d'un bar, donnent sur la campagne via de larges baies vitrées et vous propose une petite carte traditionnelle.

Bellevue Ⓜ avec ch, 46 rte de Belfort, ℘ 032 4 665 544, Fax 032 4 667 191, 🌳 – 📺 🅿 – 🏊 30. 🅰🅴 ⓘ 🌐 VISA. ❀ rest
fermé 24 déc. au 7 janv. – **Repas** 49/91 et à la carte 58/91 – **Brasserie** : **Repas** 18 et à la carte 35/83 – **10 ch** ⇔ 85/160 – ½ P suppl. 30.

♦ Le même esprit, fraîcheur et modernité, se retrouve dans la salle de restaurant comme dans les chambres. Terrasse surplombant la ville, avec vue sur les montagnes. La brasserie du Bellevue vous recevra avec prévenance et vous cuisinera des mets classiques.

OSCHIAVO 7742 Grigioni (GR) 218 ⑯ – 3 622 ab. – alt. 1 014.

Dintorni : Alp Grüm★★★ Nord : 18 km e treno.

Manifestazione locale
25.07 - 26.07 : "Listen up the music", internationales Jazz Festival.

🛈 Ente Turistico Valposchiavo, via Piazza Comunale 39, ℘ 081 8 440 571, info@valposchiavo.ch, Fax 081 8 441 027.

Bern 369 – Sankt Moritz 40 – Chur 111 – Davos 99 – Merano 143 – Sondrio 40.

Suisse, via da Mez 151, ℘ 081 8 440 788, hotel@suisse-poschiavo.ch, Fax 081 8 441 967, 🌳 – 🛗 📺 🅿 – 🏊 15/80. 🅰🅴 ⓘ 🌐 VISA
chiuso dal 21 ottobre al 14 dicembre – **Pasto** 45 (sera) ed alla carta 44/75 – **27 cam** ⇔ 99/198 – ½ P sup. 30.

♦ In centro al paese, stabile dall'interno molto accogliente grazie all'impiego del legno. Camere funzionali e fresche ; alcune rinnovate. Due salette e la sala per banchetti vi accolgono per assaporare una cucina particolarmente curata a prezzi interessanti.

RANGINS Vaud 217 ⑫ – rattaché à Nyon.

RATTELN 4133 Basel-Landschaft (BL) 216 ④ – 14 910 Ew. – Höhe 290.

Bern 89 – Basel 11 – Baden 57 – Lörrach 19 – Olten 37.

Höfli, Schauenburgerstr. 1, ℘ 061 8 213 240, rest@hoefli.ch, Fax 061 8 213 248, 🌳
geschl. 2 Wochen Feb. - März, 3 Wochen Juli - Aug., Sonntag und Montag – **Menu** 25 - 45 (mittags)/90 und à la carte 58/101.

♦ Das nicht nur äusserlich, sondern auch mit seiner gemütlich-rustikalen Inneneinrichtung ansprechende Haus empfängt die Gäste mit zeitgemässer Karte in zwei kleinen Stuben.

e PRESE 7746 Grigioni (GR) 218 ⑯ – alt. 965.

Bern 373 – Sankt Moritz 44 – Chur 115 – Davos 103 – Merano 147 – Sondrio 36.

Le Prese, ℘ 081 8 440 333, info@hotelleprese.com, Fax 081 8 440 835, ≤, 🌳, 🏊, ❀, 🎾, 🅿 – 🛗 📺 🅿 🅰🅴 ⓘ 🌐 VISA. ❀ rist
metà maggio - metà ottobre – **Pasto** 65 (sera) ed alla carta 54/101 – **28 cam** ⇔ 157/308 – ½ P sup. 40.

♦ D'estate godetevi il parco ombreggiato ai bordi del lago, in un'atmosfera distesa che si prolunga nei saloni su, su fino alle ospitali camere. Scegliete tra la graziosa sala da pranzo o la riva del lago per delle proposte culinarie classiche.

Le PRESE

🏨 **La Romantica**, via Principale, ☏ 0818 440 383, hotellaromantica@bluewin.
Fax 0818 441 033, 🍽, 𝐅♨, 🌳 – 🛗 📺 🅿 AE ① ⓂⓄ VISA
chiuso dal 1° novembre al 1° febbraio, lunedì e martedì da febbraio ad aprile
Giardino : Pasto 38/45 ed alla carta 45/73 – **25 cam** ⇌ 94/166 – ½ P sup. 2

♦ Sito in centro al paese. Camere tradizionali, fresche : preferite quelle all'ultimo pia
arredate con mobilio rustico. La terrazza col grill, la sala da pranzo o il salone p
banchetti vete solo l'imbarazzo della scelta ! Specialità di pesce.

a Miralago Sud-Est : 3 km – alt. 965 – ✉ 7743 Miralago :

🏨 **Miralago**, ☏ 0818 392 000, info@miralago.ch, Fax 0818 392 001, 🍽 – 📺 vide
ⓂⓄ VISA
chiuso novembre – **Pasto** (chiuso lunedì e martedì da dicembre a marzo) 42 ed a
carta 37/80 – **8 cam** ⇌ 120/200 – ½ P sup. 30.

♦ In posizione gradevolissima, sorge questa costruzione restaurata in uno stile att
ale. Graziose camere tutte personalizzate. Alla calda atmosfera della sala in legr
preferite in estate il fresco sasso del grottino a volte.

Les PRÉS-D'ORVIN Berne **216** ⑬ – rattaché à Orvin.

PRÉVERENGES 1028 Vaud (VD) **217** ⑬ – 4 056 h. – alt. 411.
Bern 119 – Lausanne 9 – Genève 51 – Montreux 32 – Pontarlier 70.

🏨 **Auberge du Chasseur**, 10 rte d'Yverdon, ☏ 0218 114 333, chasseur@wor
com.ch, Fax 0218 114 335, 🍽 – ⇌ ch, 📺 📞 🅿 ⓂⓄ VISA
Repas (fermé dim. soir et samedi) 18 - 98 et à la carte 32/111 – **12 ch** ⇌ 130/1
– ½ P suppl. 25.

♦ Cette maison vous offre d'accueillantes chambres fonctionnelles. À l'étage, vo
trouverez aussi un salon feutré propice à la détente. Les deux fils de la fam
s'affairent aux fourneaux, mitonnant des plats traditionnels à déguster dans un cad
intime.

✕✕ **La Plage** 🏖 avec ch, 5 av. de la Plage, ☏ 0218 030 793, info.pultau@hotel-l
lage.ch, Fax 0218 012 535, ≤, 🍽, ⬇ – 📺 📞 AE ① ⓂⓄ VISA ✕ rest
fermé 23 déc. au 13 janv., 17 au 24 fév. ; dim. soir et lundi du 15 sept. au 30 av
– **Repas** 16 - 59 (midi)/120 et à la carte 76/127 – **8 ch** ⇌ 145/195 – ½ P sup
35.

♦ Ce restaurant, en lisière de la belle promenade du lac, se compose d'un café, d'u
salle bourgeoise et d'une terrasse. Recettes bien tournées. Chambres fonctionnelle

---

Le PRÉVOUX Neuchâtel **216** ⑫ – rattaché à Le Locle.

PROSITO 6526 Ticino (TI) **218** ⑫ – alt. 271.
Bern 196 – Locarno 32 – Andermatt 69 – Bellinzona 13 – Brig 119.

✕ **La Cachette**, ☏ 0918 631 123, 🍽 – ⇌. AE ⓂⓄ VISA. ✕
chiuso dal 1° al 6 gennaio, dal 28 luglio al 27 agosto e lunedì – **Pasto** (prenotar
62 ed alla carta 49/78.

♦ Nel cuore del paese, bel caseggiato rustico dall'interno stile bistrot, signorile, o
assaporare una cucina tradizionale ma rielaborata in chiave moderna. Ottima cantir

---

PUIDOUX 1070 Vaud (VD) **217** ⑭ – 2 324 h. – alt. 667.
🚂 Lavaux (avril - déc.) ☏ 0219 461 414, Fax 0219 463 626, Nord : 1 km au lac ʋ
Bret.
Bern 91 – Montreux 18 – Fribourg 61 – Lausanne 14 – Yverdon-les-Bains 48.

✕✕ **Auberge de la Tonnelle**, à la Gare, ☏ 0219 461 106, latonnelletm@hotma
com, Fax 0219 462 808, 🍽 – 🅿 AE ① ⓂⓄ VISA
fermé 24 déc. au 29 janv., mardi et merc. sauf mai à sept. – **Repas** (menu uniqu
16.50 (café) - 52 (midi)/100.

♦ Auberge à voisinage ferroviaire agrémentée d'un jardin. Décor intérieur fréquer
ment renouvelé. Un seul menu proposé oralement. La cuisine préparée fait preuv
d'imagination.

PUIDOUX

Puidoux-Gare *Sud-Ouest* – ✉ *1070 Puidoux-Gare :*

Signal de Chexbres, chemin du Signal, 1 km par route zone industrielle, ☎ 0219 460 505, info@hotelsignal.ch, Fax 0219 460 515, ≤ lac, 🍴, 🏊, ≤s, 🔲, 💆, 🎾, – 🛗 📺 ☎ 🅿 – 🏌 15/50. AE ⓘ ⓜⓞ VISA
mars - déc. – **Repas** 24 - 35 (midi)/82 et à la carte 62/95 – **70 ch** ⚌ 129/300 – ½ P suppl. 40.

♦ Dans un parc, hôtel jouissant d'une grande tranquillité et d'une vue magnifique sur le Léman et les Alpes. Petit à petit, ils refont les chambres. En été, le restaurant, élégamment sobre, est transposé sur la terrasse ensoleillée. Carte française.

JLLY *Vaud* **217** ⑬ – *rattaché à Lausanne.*

PUNT-CHAMUES-CH. *7522 Graubünden (GR)* **218** ⑮ – *683 Ew.* – *Höhe 1 697.*
Bern 315 – *Sankt Moritz 14* – *Chur 66* – *Davos 53* – *Scuol 48.*

Adler, Dorfstr. 36, ☎ 0818 512 060, relax@hoteladler.ch, Fax 0818 512 061, 🍴 – 📺 ☎ 🚗 🅿. AE ⓘ ⓜⓞ VISA
6. Dez. - 20. April und 7. Juni - 18. Okt. – **Menu** - italienische Küche - *(geschl. Montag im Sommer)* à la carte 57/109 – **11 Zim** ⚌ 145/300, Vorsaison ⚌ 115/260.

♦ Aus diesem alten Engadiner Haus a. d. 16. Jh. ist ein sympathisches kleines Hotel geworden, das für seine Gäste hübsche, modern-rustikal eingerichtete Zimmer bereithält. Ländlich gestaltetes Restaurant mit viel Holz und gemauertem Pizza-Holzofen.

Chesa Plaz, garni, ☎ 0818 512 100, info@chesa-plaz.ch, Fax 0818 512 113, ≤s, 🍴 – 🛗 📺 🅿. ⓜⓞ ✱
7. Dez. - 25. April und 2. Juni - 25. Okt. – **13 Zim** ⚌ 110/260.

♦ Das schöne Engadiner Bauernhaus liegt ruhig an einem Bach. Neben zeitgemässen Zimmern prägen Kreuzgewölbe, Sichtbalken und historische Türen den Charakter des Hauses.

Chesa Pirani (Bumann), Hauptstrasse, ☎ 0818 542 515, bumann@chesapirani.ch, Fax 0818 542 557 – 🅿. AE ⓘ ⓜⓞ VISA
geöffnet 5. Dez. - 20. April und 5. Juni - 11. Okt. ; geschl. Sonntag und Montag in der Zwischensaison – **Menu** 88 (mittags)/188 und à la carte 74/134.

♦ In dem elegant-rustikal eingerichteten Patrizierhaus a. d. 18. Jh. kann der Geniesser zwischen 2 regionalen Menus wählen, mit internationalen Einflüssen modern interpretiert.

Spez. Gebratene Saiblinge, Forellen und Aeschen aus dem Inn (Sommer). Menu mit Schweizer Safran aus Mund im Wallis. Safranspaghetti mit Hummer "Façon du Patron"

AFZ *8197 Zürich (ZH)* **216** ⑦ – *3 323 Ew.* – *Höhe 424.*
Bern 155 – *Zürich 35* – *Baden 54* – *Konstanz 71* – *Schaffhausen 17.*

Zum Goldenen Kreuz mit Zim, Landstr. 15, ☎ 018 690 424, ma@kreuz-rafz.ch, Fax 018 690 423, 🍴 – 📺 ☎ 🅿 – 🏌 15/80. AE ⓜⓞ VISA
Menu 25 - 50 (mittags) und à la carte 53/110 – **10 Zim** ⚌ 115/170 – ½ P Zuschl. 28.

♦ In dem wunderschönen Riegelhaus aus dem 17. Jh. bewirtet man seine Gäste in verschiedenen gemütlichen Stuben. Bei traditionellen Gerichten geniesst man das Ambiente.

Bahnhöfli, Bahnhofstr. 90, ☎ 018 692 500, restaurant@bahnhoefli-rafz.ch, Fax 018 693 330, 🍴 – 🅿. AE ⓘ ⓜⓞ VISA
geschl. 23. Feb. - 11. März, 20. Juli - 12. Aug., Montag und Dienstag – **Menu** 18.50 - 85 und à la carte 51/108.

♦ Wie der Name schon vermuten lässt, liegt das Haus etwas ausserhalb, am Bahnhof. Auf schönen Holztischen in einer teilgetäferten Stube reicht man zeitgemäss bereitete Speisen.

---

es RANGIERS *Jura* **216** ⑭ – *rattaché à Asuel.*

RAPPERSWIL 8640 Sankt Gallen (SG) 216 ⑲ – 7 198 Ew. – Höhe 409.

 Nuolen in Wangen, ⊠ 8855 (März - Nov.), ℰ 0554 505 760, Fax 0554 505 76
Süd-Ost : 18 km Richtung Pfäffikon-Lachen-Nuolen.

 Tourist Information, Fischmarktplatz 1, ℰ 0552 205 757, information@rapp
swil.ch, Fax 0552 205 750.

 Seestr. 6, ℰ 0552 218 888, Fax 0552 218 889.

Bern 164 – Zürich 39 – Sankt Gallen 59 – Schwyz 34 – Winterthur 40.

Schwanen, Seequai 1, ℰ 0552 208 500, reservation@schwanen.
Fax 0552 107 777, < Zürichsee, – , TV, – , 15/150. AE ⓘ V
Le Jardin (geschl. 7. - 30. Jan.) **Menu** 28 - 47 (mittags)/128 und à la carte 65/1
– **Piano Bar** (im Winter nur Abendessen) **Menu** 59/85 und à la carte 57/115 –
– **25 Zim** 185/310.

♦ Das Gebäude liegt in der auffallend schönen Häuserzeile an der Seepromenade.
ansprechenden Zimmern mit solider Einrichtung geniesst man die wunderbare A
sicht. Schön : das sehr elegant wirkende, grosszügig bestuhlte Le Jardin.

Hirschen garni, Fischmarktplatz 7, ℰ 0552 206 180, sleep@hirschen-rapp
swil.ch, Fax 0552 206 181 – , TV, , AE ⓘ VISA
geschl. 20. Dez. - 3. Jan – **14 Zim** 125/195.

♦ Das kleine Hotel, nahe Fischmarktplatz und See gelegen, bietet moderne, individu
und mit Geschmack eingerichtete Zimmer. Alles andere als ein nüchternes Geschäf
hotel !

Speer , Bahnhofplatz 5, ℰ 0552 208 900, info@hotel-speer.c
Fax 0552 208 989, , , Zim, Zim, TV, , AE ⓘ VISA
geschl. Weihnachten – **Back + Brau Classic** : **Menu** 18.50 und à la carte 35/68
56 Zim 157/197 – ½ P Zuschl. 36.

♦ Gegenüber dem Bahnhof finden geschäftlich wie privat Reisende in diesem Ho
mit weisser Fassade und Südbalkonen ein praktisches Zuhause auf Zeit. Imposan
Braukessel dienen im Back + Brau Classic der Dekoration.

Jakob, Hauptplatz 11, ℰ 0552 200 050, info@jakob-hotel.ch, Fax 0552 200 05
, , Zim, TV, – , 20. AE ⓘ VISA
geschl. Weihnachten und 1. - 15. Jan. – **Menu** 16.50 und à la carte 41/62 – **20 Z**
 92/154 – ½ P Zuschl. 30.

♦ Nicht weit unterhalb des Schlosses befindet sich dieses kürzlich renovierte Ha
Die Zimmer bieten einfachen, zweckmässigen Komfort und sind mit grauen Möbe
eingerichtet. Das moderne Restaurant im Bistrostil hat eine Terrasse zum autofrei
Hauptplatz.

XX **Villa Aurum**, Alte Jonastr. 23, ℰ 0552 207 282, Fax 0552 207 289, – .
ⓘ VISA
geschl. 23. Feb. - 10. März, 20. Juli - 7. Aug., Sonntagabend und Montag – **Me**
(Tischbestellung ratsam) 89 und à la carte 63/103.

♦ In der komplett umgebauten Herrschaftsvilla serviert man in vier hellen, mode
eingerichteten Räumen und auf der ruhigen Gartenterrasse zeitgemässe Küche.

XX **Bellevue** mit Zim, Marktgasse 21, ℰ 0552 206 630, hotel_bellevue@bluewin.c
Fax 0552 206 633, <, – , TV, , AE ⓘ VISA
geschl. 22. Dez. - 15. Jan. und Mittwoch – **Tante Charlotte** (1. Etage) - Fischsp
zialitäten - **Menu** 25 und à la carte 48/93 – **9 Zim** 110/190.

♦ Im Restaurant Tante Charlotte an der Seepromenade sollte man von der gross
Auswahl an Fischgerichten profitieren ; bei Sonne natürlich auf der Terrasse.

in Kempraten Nord : 1 km Richtung Rüti – Höhe 412 – ⊠ 8640 Kempraten :

X **Weinhalde** mit Zim, Rebhalde 9, ℰ 0552 106 633, info@weinhalde.c
Fax 0552 111 772, <, , , TV, , , AE ⓘ VISA
geschl. 2 Wochen Jan. - Feb. – **Menu** 19.50 - 48 (mittags)/98 und à la carte 44/1
– **12 Zim** 95/220 – ½ P Zuschl. 35.

♦ Ob in einem der verschiedenen Gasträume oder auf der Terrasse, eine Karte mi
klassischen Gerichten liegt auf. Ruhige, zeitgemäss ausgestattete Zimmer erwart
den Gast.

X **Krone** mit Zim, Rütistr. 6, ℰ 0552 205 200, gasthaus-krone@info.c
Fax 0552 205 209, , Zim, TV, , , AE ⓘ VISA
geschl. 28. Juli - 11. Aug. – **Menu** (geschl. Sonntagabend und Montag) 16.50 - 4
(mittags)/65 und à la carte 56/114 – **5 Zim** 90/150.

♦ Mit gelben Pastelltönen wurde das unweit vom Stadtzentrum gelegene Restaura
ansprechend gestaltet. Auf der Karte finden Sie in traditioneller Weise zubereite
Gerichte.

RAPPERSWIL

Jona *Ost : 1 km – Höhe 433 –* ✉ *8645 Jona :*

XX **Frohberg** ॐ mit Zim, Frohbergstr. 65, Richtung Rüti, ✆ 0552 107 227, *gastho f.frohberg@swissonline.ch*, Fax 0552 105 315, ≤ Rapperswil und Zürichsee, 🍴 – TV
✆ P. AE ① ⓜ VISA
geschl. 27. Dez. - 16. Jan. und Dienstag – **Menu** *38* - 44 (mittags)/83 und à la carte 54/112 – **12 Zim** ⊇ 125/190.
• Etwas ausserhalb auf einer Anhöhe liegend, bietet das Frohberg eine schöne Sicht auf Rapperswil und das Umland, vor allem von der Terrasse, aber auch vom Wintergarten aus.

XX **Kreuz** mit Zim, St. Gallerstr. 30, ✆ 0552 255 353, *info@gasthof-kreuz.ch*, Fax 0552 255 354, 🍴 – TV ✆ P – 🅰 15/200. AE ① ⓜ VISA
Atrium : Menu 37 (mittags)/70 und à la carte 49/84 – **Ofemaxx :** Menu *19* und à la carte 33/73 – **8 Zim** ⊇ 120/180.
• Im Atrium blickt man auf den Innenhof mit einem kleinen, fast idyllisch wirkenden Teich. Im Sommer können Sie auch auf der dortigen Terrasse essen. Das Ofenmaxx lockt mit original Elsässer Flammkuchen und anderen Holzofen-Gerichte.

es RASSES *Vaud* 217 ③ *– rattaché à Sainte-Croix.*

AVOIRE *Valais* 219 ① *– rattaché à Martigny.*

EALP 6491 Uri (UR) 217 ⑳ *– Höhe 1 538.*
🚗 Realp - Oberwald, Information, ✆ (041) 887 14 46.
Bern 183 – Altdorf 44 – Andermatt 10 – Bellinzona 94 – Interlaken 84.

ECKINGEN 3998 Wallis (VS) 217 ⑲ *– 416 Ew. – Höhe 1 315.*
🛈 Reckingen Tourismus, ✆ 0279 741 216, Fax 0279 741 215.
Bern 137 – Andermatt 61 – Brig 30 – Interlaken 81 – Sion 82.

🏛 **Blinnenhorn,** ✆ 0279 742 560, *blinnenhorn@rhone.ch*, Fax 0279 742 565, ≤,
🍴 – TV ✆ ⇌ P. ⓜ VISA
geschl. 4. - 25. Dez. und 15. Mai - 1. Juli – **Menu** *16* und à la carte 30/82 – **17 Zim** ⊇ 92/174 – ½ P Zuschl. 30.
• Hinter der für die Region typischen Holzfassade mit Südbalkonen befinden sich in dunklem Eichenholz rustikal möblierte Zimmer, die ausreichend Platz und Komfort bieten. Im Stil einer einfachen Gaststube zeigt sich das Restaurant des Hauses.

EGENSDORF 8105 Zürich (ZH) 216 ⑱ *– 14 117 Ew. – Höhe 443.*
Bern 121 – Zürich 11 – Baden 19 – Luzern 63 – Schaffhausen 56 – Winterthur 34.

🏨 **Mövenpick,** Zentrum, ✆ 018 715 111, *hotel@movenpick-regensdorf.ch*, Fax 018 715 011, 🍴 – 🛗, ⚥ Zim, 🖥 TV ✆ & ⇌ P. 🅰 15/800. AE ①
ⓜ VISA
Menu à la carte 37/96 – ⊇ 25 – **149 Zim** 310/350.
• Der grosse Gebäudekomplex im Stadtzentrum bietet seinen Gästen klimatisierte, meist renovierte und modern eingerichtete Zimmer mit guter technischer Ausstattung. Das Hauptrestaurant wurde neu eingerichtet. In modernem Umfeld kann man hier speisen.

🏨 **Trend** M, Eichwatt 19, ✆ 018 708 888, *info@trend-hotel.ch*, Fax 018 708 899, 🍴 – 🛗, ⚥ Zim, TV video ✆ ⇌ – 🅰 15/80. AE ① ⓜ VISA
Menu (geschl. Feiertage) *20* - 38 (mittags) und à la carte 46/104 – ⊇ 26 – **63 Zim** 215/295, 4 Suiten – ½ P Zuschl. 38.
• Das Hotel ist in einem neuzeitlichen Geschäftshaus untergebracht. Modern in unterschiedlichen Farben ausgestattete, mit soliden Einbaumöbeln bestückte Zimmer stehen bereit. Aus der Küche kommt eine interessante Auswahl von "cross over"-Gerichten.

🏛 **Hirschen** M, Watterstr. 9, ✆ 018 432 222, *hirschen@access.ch*, Fax 018 432 233, 🍴 – 🛗 TV & ⇌ P. AE ⓜ VISA
Menu *19* - 70 und à la carte 47/90 – **30 Zim** ⊇ 125/220.
• Im kürzlich komplett renovierten Gasthof wohnt man in modernen Zimmern unterschiedlicher Grösse, die mit hellen, gediegenen Holzmöbeln zweckmässig eingerichtet sind. Gemütliche, lebendige Gaststube und rustikales, geschmackvoll dekoriertes Restaurant.

REHETOBEL 9038 Appenzell Ausserrhoden (AR) 216 21 – 1682 Ew. – Höhe 958.
Bern 224 – Sankt Gallen 19 – Appenzell 27 – Bregenz 28 – Konstanz 51.

Zum Gupf mit Zim, auf dem Bergrücken, Nord-Ost : 2 km, ℘ 0718 771 1
Fax 0718 771 510, ✱ Appenzellerland, Berge und Bodensee, 🍽, 🍷 – ⇔ Zim,
P. **MC** **VISA**
geschl. Feb., 15. - 31. Aug., Sonntag und Montag – **Menu** (Tischbestellung ratsa
68 (mittags)/165 und à la carte 99/149 – **5 Zim** ⊇ 120/230.
 ◆ Traumhaft gelegen, bietet dieses wunderschöne Appenzellerhaus mit eigener Vie
wirtschaft und modernem Weinkeller eine ausgezeichnete Küche - lassen Sie s
überraschen !
Spez. Offene Lasagne mit glasierten Langustinen und Spargeln. Gupf-Spanferkel ga
gebraten mit Kräutern und Pfifferlingen. Poeliertes Kalbskotelett mit Estragon u
Makkaronitimbale.

REICHENBACH 3713 Bern (BE) 217 ⑦ – 3311 Ew. – Höhe 706.
Bern 47 – Interlaken 26 – Gstaad 58 – Kandersteg 19.

Bären mit Zim, Dorfplatz, ℘ 0336 761 251, baeren.reichenbach@bluewin.
Fax 0336 762 744, 🍽 – **TV** **P**. **AE** **①** **MC** **VISA**
geschl. 6. - 14. Jan., 30. Juni - 15. Juli, 20. - 18. Nov., Montag und Dienstag
Menu 19 - 69 und à la carte 43/104 – **3 Zim** ⊇ 80/150 – ½ P Zuschl. 50.
 ◆ Die schönen Stuben des alten Berner Hauses aus dem 16. Jh. sind behaglich-ländli
eingerichtet. Hier geniesst man traditionelle, sorgfältig zubereitete Mahlzeiten.

REIDEN 6260 Luzern (LU) 216 ⑯ – 4013 Ew. – Höhe 458.
Bern 75 – Aarau 24 – Baden 46 – Luzern 38 – Olten 17.

Lerchenhof, Mehlsecken, Wiggermatte 2, ℘ 0627 581 222, Fax 0627 581 5
🍽 – **P**. 🛠 15/50. **AE** **①** **MC** **VISA**
geschl. 24. Feb. - 4. März, 14. Juli - 5. Aug., Montag und Dienstag – **Menu** 16 und
la carte 37/89.
 ◆ Nicht weit von der Autobahnausfahrt, am Kanal gelegen, bekommt der Gast in d
verschiedenen traditionell dekorierten Räumen Speisen einer bürgerlichen Auswa
angeboten.

in Wikon Nord : 3 km – Höhe 463 – ✉ 4806 Wikon :

Bahnhof, Bahnhofstr. 44, ℘ 0627 510 313, Fax 0627 513 345, 🍽 – **P**. **AE**
VISA
geschl. Sonntag und Montag – **Menu** 17.50 - 48 (mittags)/99 und à la carte 48/9
 ◆ Im Ortsteil Brittnau, gegenüber dem Bahnhof, kann man seinen Tagesteller in d
Gaststube, sein gutbürgerliches Gericht im gehobenen Restaurant bestellen.

RHEINAU 8462 Zürich (ZH) 216 ⑧ – 1338 Ew. – Höhe 372.
Bern 152 – Zürich 43 – Baden 63 – Schaffhausen 13 – Winterthur 25.

Hirschen, Sandackerstr. 1, ℘ 0523 191 262, Fax 0523 191 262, 🍽 – **P**. **AE**
MC **VISA**
geschl. 22. Feb. - 10. März, 5. - 22. Okt., Montag und Dienstag – **Menu** - Fischsp
zialitäten - 46 (mittags)/72 und à la carte 47/102.
 ◆ Direkt an der Zollschranke am Rhein passiert man diesen traditionsreichen Gastho
bevor man die Schweiz verlässt oder ins Land einreist. Probieren Sie die Fischgericht

RHEINFELDEN 4310 Aargau (AG) 216 ⑤ – 10335 Ew. – Höhe 285 – Kurort.
🛈 Tourismus Rheinfelden, Am Zähringerplatz, ℘ 0618 330 525, tourismus@r
nfelden.ch, Fax 0618 330 529.
Bern 93 – Basel 21 – Aarau 37 – Baden 46.

Park-Hotel am Rhein M, Roberstenstr. 31, ℘ 0618 366 633, park-ho
@kurzentrum.ch, Fax 0618 366 634, ≤, 🍽, 🏊 – 📶, ⇔ Zim, **TV** ♿ **P**. 🛠 15/3
AE **①** **MC** **VISA**
Bellerive : **Menu** 43 (mittags) und à la carte 55/103 – **Park-Café** : **Menu** 19 -
(mittags) und à la carte 33/71 – **45 Zim** ⊇ 200/326 – ½ P Zuschl. 40.
 ◆ Die Einrichtungen des mit dem Hotel verbundenen Kurzentrums stehen teils gra
zur Verfügung. Auch die unterschiedlich möblierten Zimmer tragen zur Erholung d
Gastes bei. Im Restaurant Bellerive geniesst man beim Essen den Blick in den herrlich
Park.

RHEINFELDEN

Eden ⌘, Froneggweg 3, bei dem Feldschlösschenareal, ☎ 0618 362 424, *info@hoteleden.ch*, Fax 0618 362 400, ⚐, ⌘ ⌘ (Solbad), ⚐, ♣ – ⌘ 📺 📞 – ⌘ 15. AE ① ⓜ VISA. ✂ Rest
Menu *24* und à la carte zirka 42 – **13 Zim** ⌘ 200/300 – ½ P Zuschl. 35.
♦ Ruhig liegt das Hotel im Grünen. Die Zimmer sind unterschiedlich, doch immer zeitgemäss und wohnlich eingerichtet. Das Haus verfügt über ein Solebad mit Innen- und Aussenpool. Hinter der modernen Hotelhalle liegt der ansprechend helle Speisesaal.

Schützen, Bahnhofstr. 19, ☎ 0618 362 525, *Fax 0618 362 536*, ⚐ ⌘ (Solbad), ⚐ – ⌘, ✂ Zim, 📺 📞 – ⌘ 15/60. AE ① ⓜ VISA
Menu *19* - 26 (mittags) und à la carte 35/79 – **35 Zim** ⌘ 160/250.
♦ Das klassische Gebäude der Jahrhundertwende bietet seinen Gästen neben funktionell ausgestatteten Zimmern unter anderem auch ein kleines öffentliches Kellertheater. Die hellen Räume des Restaurants strahlen eine ungezwungene Atmosphäre aus.

Schiff am Rhein M, Marktgasse 58, ☎ 0618 362 222, *info@hotelschiff.ch*, Fax 0618 362 200, ≤, ⚐ – ⌘, ✂ Zim, 📺 – ⌘ 15/45. AE ① ⓜ VISA
Menu *19.50* und à la carte 43/95 – **46 Zim** ⌘ 140/190 – ½ P Zuschl. 35.
♦ Direkt an Rhein und Zoll gelegen, bietet Ihnen das Hotel komplett renovierte, modern ausgestattete Zimmer, teils auch mit Aussicht auf den Fluss. Neu gestaltet präsentiert sich das in verschiedene Bereiche gegliederte Restaurant.

Schlossgarten, Feldschlösschenstr. 32 (auf dem Brauerei Feldschlösschenareal), ☎ 0618 369 010, *astrid.thoma@bluewin.ch*, Fax 0618 369 019, ≤, ⚐, ⚐ – 📞 AE ① ⓜ VISA
geschl. 22. Dez. - 8. Jan., Samstag und Sonntag – **Menu** 42 (mittags)/128 und à la carte 64/124 – *Wirtschaft Braustube :* **Menu** *17.50* und à la carte 40/86.
♦ Vor den Toren der traditionsreichen Feldschlösschenbrauerei finden Sie dieses neu gestaltete Restaurant mit Wintergarten, Gartenrestaurant und schöner Aussicht. Traditionelle Gaststube mit neuer Bar.

Ed's Weinbistro, Brodlaube 23, ☎ 0618 331 233, *mail@edsweinbistro.ch*, Fax 0618 331 230, ⚐ – AE ① ⓜ VISA JCB
geschl. 1. - 27. Feb., Sonntag und Montag – **Menu** (nur Abendessen) à la carte 63/106.
♦ Der Name lässt's schon vermuten, steif und förmlich geht es hier sicher nicht zu. In gemütlichem, ungezwungenem Ambiente werden moderne internationale Gerichte serviert.

Ihre Meinung über die von uns empfohlenen Restaurants,
deren Spezialitäten sowie die angebotenen regionalen Weine,
interessiert uns sehr

CKEN *8726 Sankt Gallen (SG)* **216** ⓴ – Höhe 792.
Bern 173 – *Sankt Gallen* 42 – Glarus 32 – Rapperswil 19.

Zum Schweizerhaus mit Zim, Wattwilerstr. 2, ☎ 0552 841 022, *schweizerhaus-ricken@bluewin.ch*, Fax 0552 845 131, ⚐ – 📺 📞 AE ⓜ VISA
geschl. 25. Jan. - 2. Feb., 4. - 20. Juli, Dienstagabend und Mittwoch – **Menu** *19.50* - 56 (abends) und à la carte 39/84 – **3 Zim** ⌘ 65/120.
♦ Der traditionelle Gasthof mit Schindelfassade, an der Ortsdurchfahrt gelegen, empfängt nicht nur Stammgäste. In hellen, renovierten Räumen serviert man bürgerliche Kost.

ED BEI BRIG *Wallis* **217** ⓲ – siehe Brig.

ED-MUOTATHAL *6436 Schwyz (SZ)* **218** ① – Höhe 567.
Bern 159 – *Luzern* 45 – Altdorf 28 – Einsiedeln 35 – Glarus 77 – Schwyz 9.

Adler, Hauptstrasse, ☎ 0418 301 137, *jann-adler@mythen.ch*, Fax 0418 302 713 – 📞 AE ① ⓜ VISA
geschl. 22. Dez. - 1. Jan., 13. Juli - 13. Aug., Sonntag und Montag – **Menu** *17.50* - 58 und à la carte 36/93.
♦ Das ländliche Gasthaus liegt in einem kleinen, romantischen Tal. Dem hungrigen Gast serviert man einfache, mit Sorgfalt zubereitete Gerichte, auch für den kleinen Geldbeutel.

RIEDERALP 3987 Wallis (VS) **217** ⑱ – Höhe 1930 – ✈ – Wintersport : 1 900/2 335
❄3 ⭐6.
Sehenswert : Lage★.
Ausflugsziel : Aletschgletscher★★★ Nord-Ost mit Sessellift – Moosfluh★★ Nord-
mit Gondelbahn.
🛁₉ (Juni - Okt.) ℘ 0279 272 932, Fax 0279 272 923.
🅱 Riederalp Tourismus, Bahnhofstrasse, ℘ 0279 286 050, info@riederalp.
Fax 0279 286 051.
Bern 164 – Brig 11 – Andermatt 88 – Sion 63.
mit Luftseilbahn ab Mörel erreichbar

Valaisia Ⓜ 🍴 garni, ℘ 0279 284 488, art.furrer@rhone.ch, Fax 0279 284 4
≤ Berge, ⛱, 🏊 – 🛗 📺 📞, AE ① ⓜ VISA, 🚭
21. Dez. - 24. April und 28. Juni - 18. Okt. – **20 Zim** 😴 150/430, Vorsaison 😴 110/3
◆ Dieses sehr ruhig gelegene Haus mit wunderbarer Sicht auf die Walliser Alp
gehört zu den Art Furrer Hotels. Die grossen Zimmer sind gediegen mit Mahog
möbliert.

Walliser Spycher 🍴, ℘ 0279 272 223, mail@walliser-spycher.
Fax 0279 273 149, ≤ Berge und Tal, 🍽, ⛱, 🏊 – 🛗 📺, ⓜ VISA
15. Dez. - 15. April und 15. Juni - 15. Okt. – **Menu** 16 - 76 (abends) und à la carte 43/1
– **18 Zim** 😴 190/320, Vorsaison 😴 85/220 – ½ P Zuschl. 35.
◆ Die Aussicht kann man wohl nur als traumhaft bezeichnen. Aber auch die absolu
Stille und die meist mit soliden Nussholzmöbeln eingerichteten Zimmer sind gro
Pluspunkte. Die rustikale Gaststube und das gehobene Restaurant bieten ein net
Ambiente.

Art Furrer 🍴, ℘ 0279 284 488, art.furrer@rhone.ch, Fax 0279 284 4
≤ Berge, 🍽, ⛱, 🏊 – 🛗 📺 📞, AE ① ⓜ VISA, 🚭
21. Dez. - 24. April und 28. Juni - 18. Okt. – **Menu** (geschl. Montag im Sommer)
32 (mittags)/54 und à la carte 44/99 – **24 Zim** 😴 135/330, Vorsaison 😴 80/22
½ P Zuschl. 35.
◆ Vielleicht wedelt der legendäre Art Furrer gerade an Ihrem Balkon zum Aprés
an der Bar vorbei. Wenn nicht, der Blick auf die Berge und die Ruhe entschädig
für alles. In dem sehr rustikal gestalteten Restaurant kann man auch tanzen.

Edelweiss Ⓜ 🍴, ℘ 0279 273 737, info@edelweiss-riederalp.c
Fax 0279 273 739, ≤, 🍽 – 🛗 📺 📞, ⓜ VISA, 🚭 Zim
19. Dez. - 30. April und 26. Juni - 31. Okt. – **Da Vinci** - italienische Küche - (gesc
Montag im Sommer) **Menu** 19.50 - 44/65 – **10 Zim** 😴 120/300, Vorsaison 😴 90/2
4 Suiten – ½ P Zuschl. 35.
◆ Der Chaletbau im ortsüblichen Stil liegt neben dem Kinderskilift. Die geräumig
Zimmer sind mit hellen Massivholzmöbeln rustikal und wohnlich eingerichtet. S
balkone. Im modern gestalteten Da Vinci deckt man den Tisch mit italienischen Sp
zialitäten.

Alpenrose, ℘ 0279 284 545, alpenrose@rhone.ch, Fax 0279 284 555, ≤ Ber
und Tal, 🍽, 🛗 📺, AE ① ⓜ VISA, 🚭
14. Dez. - 24. April und 13. Juli - 18. Okt. – **Walliser Kanne** (nur Abendessen) (gesc
20. April - 20. Dez.) **Menu** 54 und à la carte 42/99 – **Pizzeria** - italienisccche Küch
(geschl. Dienstag im Sommer) **Menu** à la carte 37/81 – **Röstikeller** (nur Abendess
(geschl. 20. April - 20. Dez.) **Menu** à la carte 34/75 – **20 Zim** 😴 125/300, Vorsais
😴 85/200, 8 Suiten – ½ P Zuschl. 20.
◆ Am Rande des Hochplateaus liegt dieses Haus. Aus unterschiedlich eingerichtet
Zimmern geniesst man das wundervolle Alpenpanorama. Neu : ein Anbau mit Suit
Das gehobene Restaurant Walliser Kanne überzeugt mit gemütlicher, rustikaler Sti
mung.

RIEDHOLZ 4533 Solothurn (SO) **216** ⑮ – 1511 Ew. – Höhe 474.
Bern 38 – Basel 66 – Langenthal 22 – Olten 31 – Solothurn 6.

Post, Baselstr. 23, ℘ 0326 222 710, rest.post@tiscalinet.ch, Fax 0326 215 0
🍽 – 🅿
geschl. 30. Jan - 11. Feb., 17. Juli - 6. Aug., Donnerstagmittag und Mittwoch – **Me**
15 und à la carte 35/67.
◆ In der seit mehr als 150 Jahren in Familienbesitz befindlichen Post geniesst m
preiswerte, sorgfältig bereitete regionale Gerichte in ungezwungenem Ambient

RIEDHOLZ

Attisholz *Süd-Ost : 1 km – Höhe 452 – ⊠ 4533 Riedholz :*

XXX **Attisholz,** Attisholzstr. 3, ℘ 0326 230 606, info@restaurant-attisholz.ch, Fax 0326 230 607, 🍴 – 🅿, AE ⓘ ⓜ VISA
geschl. 22. Dez. - 7. Jan., 14. Juli - 5. Aug., Montag und Dienstag – **Menu** 50 (mittags)/94 und à la carte 59/115 – **Gaststube : Menu** 17 und à la carte 38/93.
♦ Hinter der hübschen Fassade dieses ehemaligen Bades a. d. 18. Jh. erwarten Sie ein aufmerksamer Service und ein elegantes Ambiente - mit idyllischer Gartenterrasse. Die gepflegte Gaststube stellt eine nette Alternative zum Restaurant Attisholz dar.

EHEN *Basel-Stadt* 216 ④ *– siehe Basel.*

GI KALTBAD 6356 Luzern (LU) 216 ⑱ – Höhe 1438 – 🚠.
Ausflugsziel : *Rigi-Kulm*★★★ *– Felsenweg*★★.
Lokale Veranstaltung
20.07 : *Alphornbläsertreffen.*
🛈 Rigi-Tourismus/Verkehrsbüro Rigi, ℘ 0413 971 128, rigi-tourismus@bluewin.ch, Fax 0413 971 982.
Bern 142 – Luzern 22 – Cham 20 – Schwyz 31.
mit Zahnradbahn ab Vitznau oder mit Luftseilbahn ab Weggis erreichbar

🏠 **Bergsonne** ⚘, ℘ 0413 998 010, info@bergsonne.ch, Fax 0413 998 020, ≤ Vierwaldstättersee und Bergpanorama, 🍴, 📶 📺 🕭, AE ⓜ VISA
19. Dez. - 16. März und 10. Mai - 2. Nov. – **Menu** (geschl. Dienstag im Sommer) 78/118 und à la carte 65/128 – **17 Zim** ⊇ 100/220 – ½ P Zuschl. 55.
♦ In grosser Höhe, fast in den Wolken, verwöhnt man Sie mit absoluter Ruhe. Die einfachen, aber gemütlichen Zimmer sind zum Teil mit dem Holz aus alten Berghütten eingerichtet. Reservieren sie in einer der gemütlich-rustikalen Stuben Ihren Fensterplatz !

Rigi Staffelhöhe *mit Zahnradbahn ab Vitznau erreichbar – Höhe 1552 – ⊠ 6356 Rigi Kaltbad :*

🏠 **Edelweiss** ⚘, ℘ 0413 998 800, edelweiss-rigi@bluewin.ch, Fax 0413 971 136, ≤ Vierwaldstättersee und Alpen, 🍴, 🛌, ≋, – ✜ Zim, 📺 – 🛁 15/80. AE ⓜ VISA JCB
Menu 24 - 36 (mittags)/56 und à la carte 39/89 – **27 Zim** ⊇ 100/240 – ½ P Zuschl. 35.
♦ Kein Lärm stört die traumhafte Stille, nichts versperrt die wunderbare Sicht ins Tal oder auf die Berge. Dies sind nur zwei Gründe in diesem abgelegenen Hotel zu logieren. Sie speisen im rustikalen Restaurant oder auf der Terrasse.

KEN 4853 Aargau (AG) 216 ⑯ – Höhe 441.
Bern 55 – Aarau 26 – Burgdorf 38 – Luzern 54 – Olten 13 – Solothurn 31.

XX **Rössli,** Gass 1, ℘ 0629 261 421, roessli@boowald.ch, Fax 0629 264 367, 🍴 – 🅿.
AE ⓘ ⓜ VISA
geschl. 27. Jan. - 3. Feb., 7. - 22. Juli, 29. Sept. - 6. Okt., Sonntagabend und Montag – **Arvenstube : Menu** 49 (mittags)/119 und à la carte 43/97 – **Beizli : Menu** 17 - 49 (mittags) und à la carte 38/80.
♦ In dem Bauernhaus mit Backsteinfassade kann der Geniesser in der gemütlichen kleinen Arvenstube aus einem gehobenen zeitgemässen Angebot wählen. Im Beizli stehen sorgfältig gekochte traditionelle Gerichte - bereitet aus hiesigen Produkten - zur Auswahl.

RIPPE 1278 Vaud (VD) 217 ⑪ – 944 h. – alt. 530.
Bern 152 – Genève 24 – Divonne-les-Bains 7 – Lausanne 48 – Nyon 9.

X **Auberge de l'Etoile** avec ch, 4 r. des 4 Fontaines, ℘ 0223 671 202, Fax 0223 671 221, – 🅿, ⓜ VISA. ✄ ch
fermé 22 fév. au 5 mars, 3 sem. fin juil. à début août, mardi midi et lundi – **Repas** 18 - 85 et à la carte 43/83 – ⊇ 12 – **3 ch** 52/95.
♦ Ancienne auberge communale où vous goûterez, dans un cadre sagement rustique, une cuisine traditionnelle simple. Chambres sans luxe mais accueillantes, refaites depuis peu.

377

RISCH 6343 Zug (ZG) **216** ⑱ – 7 218 Ew. – Höhe 417.
Bern 131 – Luzern 20 – Zug 14 – Zürich 40.

🏨 **Waldheim,** Rischerstr. 27, ☎ 0417 997 070, waldheim@waldheim.
Fax 0417 997 079, ≤ Zugersee, 🍴, 🛏, 🛋, 📺, 🛎, 🅿 – 🛌 15/30. ⓐⓔ
ⓜⓒ VISA
geschl. 1. Feb. - 4. März (ausser Hotel) und 23. - 29. Dez. – **Menu** 42 - 56 (mittag
109 und à la carte 58/103 – **Bistro : Menu** 27 und à la carte 37/77 – **34 Z**
🛏 130/270.

• Neben wohnlichen Zimmern im Haupthaus, bietet man im neueren Anbau ger
mige, komfortabler ausgestattete Räume in Kirschholz, teils mit Balkon/Terrasse z
See. Elegantes Restaurant mit schöner Gartenterrasse. Modernes Bistro mit Ho
täferung und Kachelofen.

ROCHES Berne **216** ⑭ – alt. 498 – rattaché à Moutier.

RODI-FIESSO 6772 Ticino (TI) **218** ⑪ – alt. 942.
Bern 210 – Andermatt 38 – Bellinzona 49 – Brig 85.

XX **Dazio Grande** con cam, ☎ 0918 746 060, daziogrande@ticino.co
Fax 0918 746 061, 🍴, 🛋 – 🛎, 🍴 rist, 🅿 – 🛌 80. ⓐⓔ ⓜⓒ VISA
chiuso dal 24 dicembre al 28 febbraio, lunedì da settembre a giugno e martedì
novembre ad aprile – **Pasto** 16 ed alla carta 39/74 – **5 cam** 🛏 75/120 – ½ P s
20.

• Bell'edificio del XVI sec., era un'antica dogana. Totalmente rinnovato, ha manten
diversi affreschi e boiserie d'origine nelle sale da pranzo. Oggi include anche
museo.

ROGGWIL Bern **216** ⑯ – siehe Langenthal.

ROLLE 1180 Vaud (VD) **217** ⑫ – 4 131 h. – alt. 402.
🏌 Signal de Bougy à Bougy-Villars, ✉ 1172 (mars - nov.) ☎ 0218 215 9
Fax 0218 215 965, Nord : 6 km route du Signal de Bougy.
🛈 Office du Tourisme, 1bis Grand-Rue, ☎ 0218 251 535, tourisme@rolle.
Fax 0218 251 131.
Bern 132 – Lausanne 28 – Champagnole 76 – Genève 35.

🏨 **Hostellerie du Château,** 16 Grand-Rue, ☎ 0218 223 262, Fax 0218 223 2
🍴 – 📺, 🛎, ⓐⓔ ⓞ ⓜⓒ VISA, 🍴
fermé 23 déc. au 5 janv. – **Repas** 22 - 35/63 et à la carte 44/77 – **10 ch** 🛏 17
300.

• Marchez sur les pas de Voltaire en faisant vous aussi étape dans cette bâti
ancienne dont les chambres sont de style contemporain. Vaste hall sous verrière. S
à manger décorée avec goût et réchauffée par une cheminée. Carte traditionne
développée.

à Bursins Ouest : 4,5 km – alt. 473 – ✉ 1183 Bursins :

XXX **Auberge du Soleil,** ☎ 0218 241 344, Fax 0218 241 844, ≤, 🍴 – 🅿. ⓐⓔ
VISA, 🍴
fermé 22 déc. au 13 janv., 18 au 22 avril, 27 juil. au 18 août, dim. et lund
Repas 58 (midi)/140 et à la carte 68/132 – **Le Café : Repas** 19.50 et à la ca
54/98.

• Niché au cœur du village, ce restaurant rénové paraît plus moderne que jam
sous ses nouvelles couleurs. Répertoire soigné sensible au rythme des saisons.
Café, plaisant bistrot, propose le plat du jour et une carte plus simple. Terrasse d'é

à Bugnaux Nord-Ouest : 4 km – alt. 605 – ✉ 1180 Rolle :

XX **Auberge de Bugnaux,** route du Vignoble, ☎ 0218 251 682, ziegbug@blu
n.ch, Fax 0218 255 004, ≤ lac Léman, 🍴 – 🅿
fermé 18 déc. au 22 janv., lundi et mardi – **Repas** (prévenir) 26 - 45 (midi)/150
à la carte 54/100.

• En plein vignoble, cette table design et sa terrasse vous offrent une v
splendide sur le Léman. Pas de carte : chaque jour sont composés des menus d
férents.

MAINMÔTIER 1323 Vaud (VD) 217 ② ③ – 413 h. – alt. 673.
  Voir : Église★.
  Environs : Dent de Vaulion★★★ Est : 22 km.
  Bern 100 – Lausanne 33 – Champagnole 69 – Pontarlier 43 – Yverdon-les-Bains 22.

Au Lieutenant Baillival sans rest., ✆ 0244 531 458, micha.blanc@bluewin.ch, Fax 0244 531 830, 🐎 – 🅿, 🆎 🆅🆂🅰
  6 ch ⊑ 85/150.
  ◆ Adresse atypique que cette demeure du 17ᵉ s. aux aménagements intérieurs préservés. Chambres de caractère garnies de meubles anciens. Ambiance "guest house".

Saint-Romain, place du Bourg, ✆ 0244 531 120, Fax 0244 531 838, 🍽 – 📺 🆎 🆅🆂🅰
  fermé merc. et jeudi d'oct. à mai – **Repas** 18.50 - 65 et à la carte 45/97 – **10 ch** ⊑ 75/178 – ½ P suppl. 36.
  ◆ Au centre du bourg, maison du 15ᵉ s. dont le nom honore saint Romain, fondateur de l'abbaye locale. Chambres au cadre "bonbonnière champêtre", décorées de bibelots anciens. La salle à manger, également rustique, prépare une cuisine traditionnelle.

MANEL-SUR-LAUSANNE 1032 Vaud (VD) 217 ③ – 3 022 h. – alt. 591.
  Bern 95 – Lausanne 7 – Genève 68 – Montreux 38 – Yverdon-les-Bains 26.

A la Chotte, 19 ch. du Village, ✆ 0216 461 012, eric.romieu@bluewin.ch, Fax 0216 485 474, 🍽 – 📺 📞 🆎 ⓘ 🆎 🆅🆂🅰
  Repas (fermé 10 au 24 août, dim. et lundi) 17 et à la carte 39/87 – **14 ch** ⊑ 115/165 – ½ P suppl. 35.
  ◆ Dans un village tranquille à quelques minutes de Lausanne, ferme typiquement vaudoise de 1804 renfermant de spacieuses chambres néo-rustiques bien équipées. La vaste salle à manger campagnarde vous fait savourer : fondues au fromage, plats de brasserie, etc.

MANEL-SUR-MORGES 1122 Vaud (VD) 217 ③ – 418 h. – alt. 454.
  Bern 121 – Lausanne 17 – Morges 6 – Nyon 35.

Auberge de la Treille, route de Cossonay, ✆ 0218 699 119, Fax 0218 698 338, 🍽 – 🅿, 🆎 ⓘ 🆎 🆅🆂🅰
  fermé 14 au 20 avril, 1ᵉʳ au 28 sept., lundi et mardi – **Repas** 16 - 52 (midi)/90 et à la carte 49/96.
  ◆ Ce restaurant, sur la traversée de cette bourgade, vous convie à goûter ses recettes françaises dans son agreste salle ou sur sa terrasse ombragée d'une belle treille.

MANSHORN 8590 Thurgau (TG) 216 ⑩ – 8 913 Ew. – Höhe 399.
  ᵣ₈ in Erlen, ✉ 8586 (April - Nov.) ✆ 0716 482 930, Fax 0716 482 940, West : Richtung Frauenfeld : 12 km.
  🅱 Tourist Information, im Bahnhof, ✆ 0714 633 232, touristik@romanshorn.ch, Fax 0714 611 980.
  Bern 211 – Sankt Gallen 20 – Bregenz 38 – Frauenfeld 42 – Konstanz 21.

Park-Hotel Inseli 🌿, Inselstr. 6, ✆ 0714 668 888, info@inseli.ch, Fax 0714 668 877, ≤, 🍽, 🛁, 🈂 – 🛗, 🆎 Zim, 📺 📞 🅿 – 🏛 15/50. 🆎 ⓘ 🆎 🆅🆂🅰 🐎
  geschl. Weihnachten – **Rôtisserie** : Menu 65 und à la carte 51/99 – **Panorama** : Menu à la carte 44/73 – **39 Zim** ⊑ 140/265 – ½ P Zuschl. 48.
  ◆ In schöner Lage, nicht weit von See und Schloss entfernt, bezieht der Gast eines der ruhigen Zimmer mit Aussicht - mit dunklem Mobiliar schlicht und praktisch ausgestattet. Leicht gehoben : die Rôtisserie. Das Panorama bietet einen Blick auf See und Park.

MBACH Aargau 216 ⑯ ⑰ – siehe Aarau.

379

ROMONT 1680 Fribourg (FR) ²¹⁷ ④ – 3 826 h. – alt. 764.

  Voir : Site★ – Chœur★ de la Collégiale N.-D.-de-l'Assomption.
  Manifestation locale
  18.04 : Procession des Pleureuses.

  🛈 Office du Tourisme, 112 r. du Château, ☏ 0266 523 152, office.tourisme@mont.ch, Fax 0266 524 777.

  Bern 56 – Fribourg 26 – Lausanne 37 – Montreux 39 – Yverdon-les-Bains 45.

  Auberge Le Lion d'Or, 38 Grand-Rue, ☏ 0266 522 296, Fax 0266 521 840, – TV, AE ① ⓜ VISA
  Repas 17 - 48/68 et à la carte 48/96.
  ♦ Maison ancienne devancée d'un gracieux perron vous invitant à pénétrer dans salle à manger rustique, elle-même prolongée d'une terrasse grande ouverte sur prés.

  Dans ce guide
  un même symbole, un même mot,
  imprimé en rouge ou en noir, en maigre ou en gras,
  n'ont pas tout à fait la même signification.
  Lisez attentivement les pages explicatives.

RONCO SOPRA ASCONA 6622 Ticino (TI) ²¹⁹ ⑦ – 684 ab. – alt. 355.

  Vedere : Posizione pittoresca★★.

  Dintorni : Circuito di Ronco★★ : ≤★★ sul lago Maggiore dalla strada di Losone, ve Locarno.

  🛈 Ente Turistico Lago Maggiore, ☏ 0917 910 091, buongiorno@maggiore. Fax 0917 851 941.

  Bern 274 – Locarno 9 – Bellinzona 29 – Lugano 48 – Stresa 49.

  La Rocca ⌂, Sud : 1 km, ✉ 6613 Porto Ronco, ☏ 0917 915 344, hotel@la cca.ch, Fax 0917 914 064, ≤ Lago Maggiore e isole di Brissago, 🍴, Ⅰ⌂, ☐, – 🏨, ⥄ rist, TV, P, AE ① ⓜ VISA JCB, ⌘
  6 aprile al 19 ottobre – **Pasto** 58 (sera) ed alla carta 53/102 – **21 cam** ⌂ 195/4 – ½ P sup. 30.
  ♦ Grazie alla posizione favorevole si gode di una vista così bella che vi sembrerà toccar con mano le magnifiche isole di Brissago. Camere moderne. La terraz giardino panoramica vi permetterà di apprezzare una cucina classica, così come splendida veduta.

  Ronco, piazza della Madonna 1, ☏ 0917 915 265, hotel-ronco@ticino.cc Fax 0917 910 640, ≤ Lago Maggiore, 🍴, ☐, ⋈, – ⥄ rist, TV, AE ① VISA, ⌘ cam
  16 marzo al ottobre – **Pasto** 56 ed alla carta 44/90 – **20 cam** ⌂ 100/240 – ½ sup. 30.
  ♦ Provvisto di una bella terrazza panoramica con piscina da cui approfitta della splendida vista. Camere uniformi, funzionali ; "côté" lago, hanno tutte un b concino. Per il ristorante, uno stile rustico che associa la tradizione alle specialità griglia.

  Della Posta ⌂, con cam, via Ciseri, ☏ 0917 918 470, lupi@cybernet. Fax 0917 914 533, ≤ Lago Maggiore, 🍴, – ⥄ rist, TV, AE ⓜ VISA
  chiuso dal 11 novembre al 19 dicembre e dal 7 gennaio al 31 gennaio – **Pasto** (chiu mercoledì dal 20 ottobre al 20 marzo) 51/72 ed alla carta 59/100 – **4 c** ⌂ 130/230.
  ♦ Terrazza davvero carina che offre un'imperdibile veduta del Lago Maggiore godere anche dal ristorante. Cucina mediterranea con predilezione per piatti a b di pesce.

RORSCHACH 9400 Sankt Gallen (SG) ²¹⁶ ⑩ ⑪ – 8 780 Ew. – Höhe 399.
  Lokale Veranstaltung
  11.08 - 16.08 : Internationales Sandskulpturen-Festival.

  🛈 Tourist Information, Hauptstr. 63, ☏ 0718 417 034, info@tourist-rorschach Fax 0718 417 036.

  Bern 221 – Sankt Gallen 12 – Bregenz 25 – Konstanz 33.

RORSCHACH

Parkhotel Waldau, Seebleichestrasse, Ost : 1 km Richtung Rheineck, ℘ 0718 550 180, info@parkhotel-waldau.ch, Fax 0718 551 002, ≼, 斎, ほ, ≼s
☒ (Solbad), ℀, ♨ – ﹩, TV, ✆ P – 🅰 15/60. AE ① ⓶ VISA JCB
Menu 28 (mittags)/60 und à la carte 46/104 – **41 Zim** ⊑ 130/205 – ½ P Zuschl. 35.
• Dieses stattliche Gebäude, recht ruhig in einem Park gelegen, bietet Zimmer unterschiedlicher Grösse, die mit rustikalem Stilmobiliar klassisch eingerichtet sind. Das Restaurant ist im Stil einer Rôtisserie dekoriert und verfügt über eine Gartenterrasse.

Mozart, Hafenzentrum, ℘ 0718 444 747, info@mozart-rorschach.ch, Fax 0718 444 748 – ﹩, ⇄ Zim, TV ✆ 🚗 – 🅰 15/30. AE ①
⓶ VISA
Menu - Snack - 18.50 und à la carte zirka 49 – **33 Zim** ⊑ 125/200 – ½ P Zuschl. 35.
• Die Einrichtung der Zimmer dieses zentral gelegenen Hotels soll an die Zeit des grossen Musikers erinnern. Weisse Schleiflackstilmöbel mit dunkelroten Polstern dominieren. Das Jugendstilcafé glänzt mit Snacks und vor allem mit seiner Confiserie.

Rorschacherberg Süd : 3 km Richtung Lindau und Spital – Höhe 470 – ✉ 9404 Rorschacherberg :

Rebstock M, Thalerstr. 57, ℘ 0718 552 455, info@rebstock.ch, Fax 0718 557 320, ≼ Bodensee, 斎, 🌿 – ﹩ TV ✆ 🚗 P – 🅰 25. ⓶ VISA
geschl. 23. Dez. - 18. Jan. – **Menu** (geschl. Sonntag) 17.50 und à la carte 33/76 – **25 Zim** ⊑ 110/185 – ½ P Zuschl. 30.
• Dieses alteingesessene Ferienhotel hat eine besonders schöne Lage oberhalb des Bodensees zu bieten. Sie schlafen in geräumigen hell und rustikal eingerichteten Zimmern. Ein moderner Wintergarten ergänzt das neo-rustikale Restaurant.

Schloss Wartegg M, ℘ 0718 586 262, schloss@wartegg.ch, Fax 0718 586 260, ≼ Bodensee, 斎, ≼s, 🌿, ♨ – ﹩, ⇄ Zim, ✆ & P – 🅰 25. ⓶ VISA
geschl. 24. Jan. - 8. Feb. – **Menu** 23 - 59 (abends) und à la carte 40/80 – **27 Zim** ⊑ 130/225.
• Im eigenen schönen Park mit Rosengarten gelegen, bietet dieses imposante, komplett renovierte Schloss aus dem 16. Jh. einfache, mit Naturhölzern modern ausgestattete Zimmer. Schlichte klare Linien findet man im Restaurant.

RORSCHACHERBERG Sankt Gallen 216 ㉑ ㉒ – siehe Rorschach.

ROSSENS 1728 Fribourg (FR) 217 ⑤ – 1 114 h. – alt. 710.
Bern 47 – Fribourg 14 – Montreux 46 – Thun 77 – Yverdon 63.

Barrage, 83 rte du Barrage, ℘ 0264 119 941, barrage@bluewin.ch, Fax 0264 119 940, 斎 – TV ✆ P. ⓶ VISA
fermé 22 fév. au 3 mars, 8 au 22 août, merc. soir et dim. soir – **Repas** 15.50 - 58/105 et à la carte 37/97 – ⊑ 10 – **9 ch** 80/125 – ½ P suppl. 26.
• Sur la place principale de Rossens, corpulent chalet blotti sous un toit lambrissé en forme d'arche. Confort simple dans les chambres. Accueil avenant. Le restaurant est tenu par un couple dont l'origine argentine se devine au choix des viandes proposées.

ROSSINIÈRE 1836 Vaud (VD) 217 ⑮ – 498 h. – alt. 922.
Bern 82 – Montreux 60 – Bulle 24 – Gstaad 18 – Lausanne 71 – Thun 68.

Elite ⌂, ℘ 0269 245 212, Fax 0269 245 234, ≼, 斎 – P. ⓶ VISA
fermé nov. et mardi – **Repas** 15.50 et à la carte environ 37 – **10 ch** ⊑ 60/120 – ½ P suppl. 25.
• Chalet vaudois bâti sur les hauts du village. Refait depuis peu, ses aménagements intérieurs respirent le neuf. Chambres modestes mais chaleureuses. La salle à manger, comme l'ensemble, adopte un style rustique. Cuisine simple épicée de touches régionales.

ROSSRÜTI Sankt Gallen 216 ⑨ – siehe Wil.

ROTHENBURG Luzern 216 ⑰ – siehe Luzern.

ROTHRIST
4852 Aargau (AG) 216 ⑯ – 6 868 Ew. – Höhe 407.
Bern 66 – Aarau 20 – Basel 54 – Luzern 49.

Ibis, Helblingstr. 9, ☏ 0627 940 666, h1057@accor-hotels.com, Fax 0627 942 3
🍴 – 📶, 🛏 Zim, 📺 ✆ ♿ 🅿 – 🔒 15/80. AE ① ⓜⓞ VISA
Menu 16 - 26 und à la carte 37/55 – ☐ 14 – **64 Zim** 99/119.
• Die Zimmer dieses Hotels, das nicht weit von der Autobahnausfahrt an der Hau
strasse liegt, werden laufend renoviert und bieten zeitgemässen, einfachen St
dardkomfort.

ROUGEMONT
1659 Vaud (VD) 217 ⑮ – 929 h. – alt. 992 – Sports d'hiver : 992/2 15(
⛷ 3 ⛷ 2 ⛷.
Manifestation locale
28.05 - 31.05 : Festival de musique ancienne "La Folia".
🛈 Office du Tourisme, Bâtiment Communal, ☏ 0269 251 166, info@rougemont
Fax 0269 251 167.
Bern 95 – Montreux 57 – Bulle 35 – Gstaad 8 – Lausanne 82 – Thun 59.

Valrose, Place de la Gare, ☏ 0269 258 146, info@valrose.ch, Fax 0269 258 8
🍴 – 📺 ♿ AE ① ⓜⓞ VISA
fermé 8 au 27 mai, 30 oct. au 2 déc. et mardi – **Repas** 16 - 24 (midi)/80 et à la ca
26/85 – **16 ch** ☐ 95/150, Basse saison ☐ 65/138 – ½ P suppl. 20.
• Aux portes de la gare, adresse familiale sans prétention : un esprit "pension" ani
les chambres de cet hôtel. Un vaste choix de mets traditionnels vous attend dans la s
de restaurant "années 70", complétée d'une petite salle champêtre pour les fondu

ROVIO
6821 Ticino (TI) 219 ⑧ – 631 ab. – alt. 500.
Bern 289 – Lugano 16 – Bellinzona 45 – Como 21.

Park Hotel ⚜, ☏ 0916 497 372, sabino@easyclub.ch, Fax 0916 497 963, ≤ l:
e monti, 🍴 ♨ ≘s, ⛱, – **Pasto** 23 - 25/55 ed alla carta 44/70 – **50 cam** ☐ 120/2
– ½ P sup. 20.
• In posizione tranquilla, approfittate della terrazza-giardino con sublime vista su l:
e monti. Otto junior suites recenti molto confortevoli, così come le camere. Il
torante propone una cucina tradizionale da apprezzare nel magnifico scenario
parco.

RÜMLANG
8153 Zürich (ZH) 216 ⑦ ⑱ – 5 355 Ew. – Höhe 430.
Bern 129 – Zürich 14 – Baden 27 – Schaffhausen 49 – Winterthur 27.

Golden Arch Hotel Zürich Airport M garni, Flughofstr. 75, ☏ 018 288 6
infozh@goldenarchhotel.com, Fax 018 288 687, ♨ – 📶, 🛏 Zim, 📺 ✆ ♿
🅿 AE ① ⓜⓞ VISA
☐ 15 – **211 Zim** 189/214.
• Ideal für Geschäftsleute ! Modernes Design in frischen Farben, "Easy-Check-i
-out", eine sehr gute Technik und der Shuttle-Service zum Flughafen überzeug
Mit McDonald's.

Airôtel Rümlang garni, Glattalstr. 178, ☏ 018 177 777, airotel@airport-hotel
Fax 018 177 795 – 📶 📺 ⓢ 🅿 AE ① ⓜⓞ VISA
34 Zim ☐ 130/240.
• Mit dunklen Holzmöbeln zweckmässig möblierte Zimmer bieten sich an, wenn r
eine praktische Übernachtungsmöglichkeit in der Nähe des Zürcher Flughafens su

RÜSCHLIKON
8803 Zürich (ZH) 216 ⑱ – 4 650 Ew. – Höhe 433.
Bern 133 – Zürich 8 – Wädenswil 20 – Zug 24.

Belvoir M ⚜, Säumerstr. 37, ☏ 017 046 464, info@belvoirhotel.
Fax 017 046 465, ≤ Zürichsee, 🍴 – 📶, 📺 Rest, 📺 ✆ ⓢ 🅿 – 🔒 15/140.
① ⓜⓞ VISA. 🍴 Rest
geschl. 24. Dez. - 5. Jan. – **Säumergrill : Menu** 38 - 52 (mittags)/92 und à la ca
57/102 – **Rüschlikerstube : Menu** 18.50 und à la carte 40/83 – **26 Zim** ☐ 210/3
• In dem kürzlich renovierten Geschäftshotel mit grossen, gut ausgestatteten Zi
mern geniessen Sie Ruhe, modernen Komfort und einen schönen Blick auf den Zür
see. Die Panoramafenster des eleganten Säumergrills gestatten einen weiten E
aufs Wasser.

TI 8630 Zürich (ZH) 216 ⑲ – 10 810 Ew. – Höhe 482.
 in Bubikon, ⊠ 8608, ℘ 0552 532 353, Fax 0552 532 354, West : 4 km Richtung Hombrechtikon.
Bern 162 – Zürich 32 – Rapperswil 5 – Uster 17 – Winterthur 34.

Laufenbach, Gmeindrütistr. 1b, ℘ 0552 510 100, hot.laufenbach@bluewin.ch, Fax 0552 510 150, 余, ₭, ⊇, ☞ – ⌸ TV ❦ ﬨ P – 茶 15/40. ÆE ① ⓶ VISA
Menu (geschl. 10. - 17. Feb., 14. Juli - 4. Aug. und Montagmittag) à la carte 39/85 – **88 Zim** ⊆ 99/169.
♦ Drei Gebäude - aus verschiedenen Bauetappen stammend - bieten helle, zweckmässig ausgestattete Zimmer, teils mit kleinen, recht angenehmen Terrassen oder Balkon. Im vorderen Haus befindet sich das einfache Restaurant mit leicht rustikaler Einrichtung.

Die im Michelin-Führer
verwendeten Zeichen und Symbole haben-
*dünn oder **fett** gedruckt, rot oder schwarz -*
jeweils eine andere Bedeutung.
Lesen Sie daher die Erklärungen aufmerksam durch.

ANEN Bern 217 ⑮ – siehe Gstaad.

ANENMÖSER Bern 217 ⑮ – siehe Gstaad.

AS ALMAGELL 3905 Wallis (VS) 219 ⑤ – 422 Ew. – Höhe 1672 – Wintersport : 1 672/2 300 m ⛷2 ⛷4 ⛸.
🅑 Verkehrsbüro, Dorfplatz, ℘ 0279 586 644, Fax 0279 586 645.
Bern 202 – Brig 35 – Sierre 55 – Sion 71 – Zermatt 41.

Sport ♨, ℘ 0279 572 070, info@hotelsport.ch, Fax 0279 573 370, ≤, 余 – ⌸, ↮ Zim, TV P. ⓶ VISA
21. Dez. - 23. April und 25. Juni - 30. Sept. – **Menu** 42 (abends) und à la carte 37/64 – **19 Zim** ⊆ 82/154, Vorsaison ⊆ 72/134 – ½ P Zuschl. 20.
♦ In dem abgelegenen Chalet mit schöner Aussicht übernachtet man in ruhigen, frisch wirkenden Zimmern, die mit Kiefernholzmöbeln eingerichtet sind und ausreichend Platz bieten. Mit gemütlichem Speisesaal für Hotelgäste, rustikaler Gaststube und Terrasse.

AS FEE 3906 Wallis (VS) 219 ④ – 1 604 Ew. – Höhe 1798 – ✈ – Wintersport : 1 800/3 500 m ⛷7 ⛷19.
Sehenswert : Höhenlage★★★ – Mittelallalin★★★ – Längfluh★★★ – Egginerjoch★★ – Hannig★.
Ausflugsziel : Plattjen★★ mit Luftseilbahn.
Lokale Veranstaltungen
28.06 - 05.07 : International Alpine Music Festival
10.08 - 22.08 : Musica Romântica, klassische Festwochen.
🅑 Saas-Fee Tourismus, ℘ 0279 581 858, to@saas-fee.ch, Fax 0279 581 860.
Bern 201 – Brig 34 – Sierre 54 – Sion 70 – Zermatt 40.

Stadtplan siehe nächste Seite

Ferienart Walliserhof, ℘ 0279 581 900, info@ferienart.ch, Fax 0279 581 905, 余, Wellness-Center, ₭, ≘s, ⊇ – ⌸ TV ❦ ﬨ – 茶 250. ÆE ① ⓶ VISA
⋇ Rest   Z a
geschl. 4. Mai - 6. Juni – **Fee Stube** (geschl. 27. April - 12. Juli und 14. Sept. - 19. Dez.) (nur Abendessen) **Menu** 54 und à la carte 39/82 – **Le Mandarin** - asiatische Küche - (geschl. 27. April - 12. Juli, 14. Sept. - 19. Dez., Dienstag im Sommer und Montag) (nur Abendessen) **Menu** 38/91 und à la carte 50/98 – **Del Ponte** - italienische Küche - (geschl. Dienstag im Herbst) **Menu** à la carte 43/82 – **84 Zim** ⊆ 281/676, Vorsaison ⊆ 177/494 – ½ P Zuschl. 20.
♦ Eine gemütliche Halle empfängt Sie in diesem schönen, imposanten Chalet. Für Erholung sorgen geräumige, rustikal gestaltete Zimmer und der grosse, moderne Wellnessbereich. Die Fee Stube präsentiert sich in leicht moderner Aufmachung. Fernöstlich : Le Mandarin.

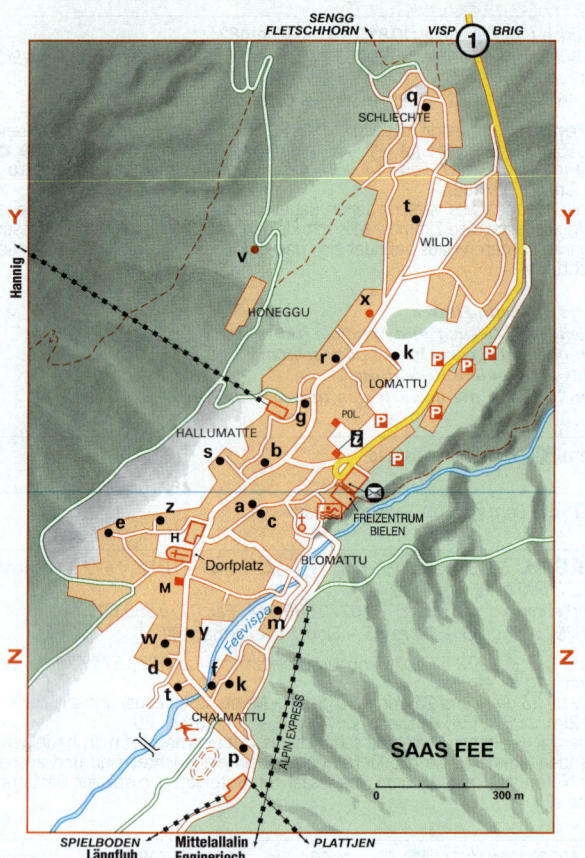

- **Schweizerhof** M, ☎ 0279 587 575, info@schweizerhof-saasfee
  Fax 0279 575 110, ≤, Wellness-Center, ≘, 🛏 – 🛗 TV 📞 – 15/200
  ① ⓜ VISA JCB. ※
  geschl. 1. Mai - 10. Juni – **Hofsaal** (im Sommer nur ½ Pens. für Hotelgäste) (ge:
  Samstag) Menu à la carte 44/93 – **Grotto** (geschl. 1. Mai - 15. Juni und Sams
  (nur Abendessen) Menu à la carte 50/99 – **44 Zim** ⚏ 265/600, Vorsaison ⚏ 165/
  – ½ P Zuschl. 35.
  ♦ Der Schweizerhof ist ein Gebäude im ortsüblichen Chaletstil. Grosse, helle, mod
  und komfortabel ausgestattete Zimmer sowie ein Wellnessbereich erwarten
  Gast. Elegant und stilvoll wirkt der Hofsaal. Einfacher und rustikal dekoriert gibt
  das Grotto.

- **Beau-Site**, ☎ 0279 581 560, hotel.beau-site@saas-fee.ch, Fax 0279 581 565
  ≘, 🛏 – 🛗 TV ① ⓜ VISA ※ Zim
  15. Dez. - 25. April und 15. Juni - 27. Sept. – **La Ferme** (geschl. Mai) Menu 19
  und à la carte 40/97 – **Fee Chäller** (geschl. Montag und Dienstag ausser im Wir
  Menu à la carte 36/93 – **29 Zim** ⚏ 193/376, Vorsaison ⚏ 135/200, 3 Suite
  ½ P Zuschl. 45.
  ♦ Im traditionsreichen Hotel aus dem 19. Jh. finden Sie sowohl in den behaglich
  gerichteten Zimmern wie auch im Speisesaal schöne handgeschnitzte Saaser Mö
  Das rustikale La Ferme strahlt wohlige Wärme aus. Urchig und echt walliserisch :
  Fee Chäller.

SAAS FEE

Metropol, ☏ 0279 571 001, metropol@saas-fee.ch, Fax 0279 572 085, ≤, 舍, ⇋, ☒ – ☱ 📺 ✆ – ♨ 25. 🅰🅴 ⓞ ⓜⓞ 🆅🅸🆂🅰. ℅ Rest   Z c
geschl. 30. April - 15. Juni und 30. Sept. - 1. Nov. – **Menu** 42 (mittags)/62 und à la carte 49/101 – **52 Zim** ⊑ 200/430, Vorsaison ⊑ 130/280 – ½ P Zuschl. 30.
♦ Im Herzen des Wintersportortes gelegen, bietet dieses Haus neuzeitlich und funktionell ausgestattete Zimmer, die geschäftlich wie auch privat Reisende schätzen. In angenehmen gelben Pastelltönen gehaltenes modernes Restaurant.

Allalin, ☏ 0279 571 815, hotel.allalin@saas-fee.ch, Fax 0279 573 115, ≤, 舍, ⇋, 🏊 – ☱ 📺. 🅰🅴 ⓞ ⓜⓞ 🆅🅸🆂🅰   Y r
Walliserkanne (geschl. 30. April - 1. Juni und 20. Okt. - 1. Dez.) **Menu** 23 - 47 (abends)/79 und à la carte 34/86 – **27 Zim** ⊑ 195/205, Vorsaison ⊑ 103/130 – ½ P Zuschl. 26.
♦ Die Zimmer und Appartements des ursprünglich als Appart-Hotel konzipierten Hauses im Ortskern sind von guter Grösse und haben neben hellen Massivholzmöbeln eine Ledercouch. Schöne handgeschnitzte Saaser Möbel und Balken zieren die Walliserkanne.

Berghof Ⓜ ⚐ garni, ☏ 0279 572 484, hotel.berghof@saas-fee.ch, Fax 0279 574 672, ≤, 🎿 (nur im Winter), ⇋ – ☱, ⥶ Zim, 📺 – ♨ 60. ⓜⓞ 🆅🅸🆂🅰 🅹🅲🅱   Z w
30 Zim ⊑ 115/250, Vorsaison ⊑ 70/150.
♦ Langeweile kommt hier mit dem Freizeitbereich oder mit der Bar/Dancing im Keller mit eigener Bierbrauerei sicher nicht auf. Erholung findet man in hellen, modernen Zimmern.

Artemis Ⓜ garni, ☏ 0279 573 201, info@artemis-saasfee.ch, Fax 0279 576 000, ≤ – ☱ 📺 ✆ – ♨ 30. 🅰🅴 ⓜⓞ 🆅🅸🆂🅰. ℅   Y g
geschl. 30. April - 27. Juni – **26 Zim** ⊑ 130/220, Vorsaison ⊑ 85/150.
♦ Die mit hellbraunem Eschenholz frisch und modern eingerichteten Zimmer des Hotels an der Dorfstrasse haben neben Balkonen meist auch eine Sitzecke zum Verweilen anzubieten.

Saaserhof, ☏ 0279 573 551, info@saaserhof.ch, Fax 0279 572 883, ≤, ⇋ – 📺. 🅰🅴 ⓞ ⓜⓞ 🆅🅸🆂🅰. ℅ Rest   Z d
geschl. 1. Mai - Mitte Juni – **Menu** (geschl. Dienstag im Sommer) (nur Abendessen) 37/49 (abends) und à la carte 53/104 – **39 Zim** ⊑ 200/450, Vorsaison ⊑ 100/240 – ½ P Zuschl. 35.
♦ Das Haus mit Sicht auf die Berge beherbergt seine Gäste teils in hellen modernen, teils in etwas älteren, rustikaler und dunkler eingerichteten Räumen. Im Restaurant wurde im schönen ortstypischen Stil viel Holz verarbeitet.

Alpin Ⓜ, ☏ 0279 571 577, hotel.alpin@saas-fee.ch, Fax 0279 573 419, ≤ – ☱ 📺 ✆. 🅰🅴 ⓞ ⓜⓞ 🆅🅸🆂🅰. ℅   Z m
geschl. 1. Mai - 30. Juni – **Menu** (nur ½ Pens. für Hotelgäste) – **20 Zim** ⊑ 135/270, Vorsaison ⊑ 95/190 – ½ P Zuschl. 25.
♦ Das in zwei Bauetappen komplett renovierte Hotel neben der Luftseilbahn bietet in zeitgemäss gestalteten Zimmern, oft auch mit Sitzecke ausgestattet, ausreichend Platz.

Chalet Cairn ⚐, ☏ 0279 571 550, au_chalet_cairn@saas-fee.ch, Fax 0279 573 380, ≤, 舍 – ⥶ Zim, 📺. 🅰🅴 ⓞ ⓜⓞ 🆅🅸🆂🅰. ℅   Z e
geschl. 27. April - 14. Juni und 21. Sept. - 22. Nov. – **Menu** (nur ½ Pens. für Hotelgäste) (mittags geschl.) – **16 Zim** ⊑ 110/250, Vorsaison ⊑ 85/180 – ½ P Zuschl. 30.
♦ Im schönen, sehr ruhig gelegenen, familiär geführten Chalet wird bei gemütlich-rustikaler Inneneinrichtung Behaglichkeit und das Wohlbefinden des Gastes gross geschrieben.

Gletscherblick Ⓜ ⚐ garni, ☏ 0279 581 630, fam.schaden@gletscherblick-garni.ch, Fax 0279 581 635, ≤, 🛀, ⇋ – ☱ 📺 ✆. 🅰🅴 ⓜⓞ 🆅🅸🆂🅰. ℅   Y q
Dez. - April und Juli - Sept. – **19 Zim** ⊑ 105/180, Vorsaison ⊑ 85/140.
♦ Die sehr ruhige Lage, die Sicht - nicht nur auf den Gletscher - und die modernen, mit hellen Holzmöbeln ausgestatteten Zimmer sind die wichtigsten Attribute dieses Hauses.

Bristol Ⓜ, ☏ 0279 581 212, bristol@saas-fee.ch, Fax 0279 581 213, ≤, 舍, 🎿 – ☱ 📺 ✆. 🅰🅴 ⓞ ⓜⓞ 🆅🅸🆂🅰 🅹🅲🅱   Z t
geschl. 15. Mai - 20. Juni – **Menu** 20 - 42 und à la carte 39/81 – **19 Zim** ⊑ 125/250, Vorsaison ⊑ 100/200 – ½ P Zuschl. 25.
♦ Von den Balkonen geniesst man beim Rauschen des Baches die Sicht auf die umliegende Bergwelt. Moderne Zimmer mit hellem Furnierholzmobiliar. Neo-rustikale Gaststube und Speisesaal für die Pensionsgäste.

SAAS FEE

Ambiente 〽 ⚘, ℘ 0279 589 110, *hotel.ambiente@saas-fee.c*
Fax 0279 589 120, 🛏, 🍴 – 🛗 TV 📞 AE ⦿ VISA ✂ Rest   Z
14. Dez. - 4. Mai und 28. Juni - 21. Sept. – **Menu** *(nur ½ Pens. für Hotelgäste)* – **24 Z**
🛏 *134/268, Vorsaison* 🛏 *102/204* – ½ P Zuschl. 25.
* Auch hier wurde erst kürzlich renoviert, was sich in der hellen modernen Zi
mereinrichtung und den teils mit Jacuzzi-Wannen ausgestatteten Badezimme
widerspiegelt.

Mistral, ℘ 0279 589 210, *info@hotel-mistral.ch, Fax 0279 589 211*, ≤, 🍴 –
📞 AE ⦿ ⦿ VISA JCB ✂ Zim   Z
geschl. 5. Mai - 28. Juni – **Menu** *(geschl. Mittwoch von Okt. - Nov.)* 19.50 - 38 und
la carte 41/85 – **13 Zim** 🛏 125/280, *Vorsaison* 🛏 95/230 – ½ P Zuschl. 25.
* In dem am Dorfende, oberhalb eines Baches gelegenen kleinen Ferienhotel finc
der Gast wohnliche, solide möblierte Zimmer mit schöner Aussicht. Rustikales Resta
rant.

Waldesruh, ℘ 0279 572 232, *hotel.waldesruh@saas-fee.ch, Fax 0279 571 4*
≤, 🍴, 🛏 – 🛗 TV 📞 AE ⦿ VISA JCB
2. Dez. - 29. April und 16. Juni - 30. Okt. – **Menu** 19 und à la carte 38/73 – **25 Z**
🛏 133/246, *Vorsaison* 🛏 88/166 – ½ P Zuschl. 25.
* Nur ein paar Schritte trennen dieses Haus von der Gondelbahn. In Zimmern r
massiven Naturholzmöbeln geniesst man vor allem nach Süden hin auf dem Balk
die Bergsonne. Restaurant mit grosser Terrasse und traditioneller Küche.

Imseng 〽 garni, ℘ 0279 581 258, *Fax 0279 581 255*, ≤ – 🛗 TV ⦿ VISA JCB Z
geschl. 25. Nov. - 9. Dez. und 12. - 25. Mai – **12 Zim** 🛏 124/219, *Vorsaison* 🛏 82/1
* Im ortstypischen Stil gebaut, liegt dieses zeitgemäss eingerichtete kleine Hotel
Zentrum und bietet Sicht auf die umliegenden Berge. Eigene Bäckerei/Konditorei n
Café.

Alphubel ⚘, ℘ 0279 571 112, *hotel.alphubel@saas-fee.ch, Fax 0279 571 7*
≤ Saas Fee und Berge, 🍴 – 🛗 TV 📞 AE ⦿ ⦿ VISA JCB   Y
22. Dez. - 29. April und 16. Juni - 30. Okt. – **Menu** *(nur ½ Pens. für Hotelgäste)* – **34 Z**
🛏 133/246, *Vorsaison* 🛏 88/166 – ½ P Zuschl. 25.
* Trotz zentraler Lage hat man von diesem familienfreundlichen, in grösseren Teil
renovierten Haus einen sehr schönen Blick auf Saas Fee und die Berge.

Etoile ⚘, ℘ 0279 581 550, *info@hotel-etoile.ch, Fax 0279 581 555*, ≤, 🍴, ≤
🍴 – 🛗 TV AE ⦿ ⦿ VISA JCB ✂ Rest   Y
22. Dez. - 25. April und 21. Juni - 10. Okt. – **Menu** *(nur ½ Pens. für Hotelgäste)* – **22 Z**
🛏 95/200, *Vorsaison* 🛏 75/170 – ½ P Zuschl. 23.
* In dem ausserhalb und ruhig gelegenen Haus mit schöner Aussicht logiert der Ga
in modernen Zimmern mit zeitgemässem Komfort. Im Speisesaal mittags kleine Snac
karte.

Carpe Diem ⚘, ℘ 0279 571 333, *info@hotelcarpediem.ch, Fax 0279 571 4*
≤, 🍴 – 🛗 AE ⦿ ⦿ VISA JCB ✂ Rest   Y
geschl. 20. April - 1. Juni – **Menu** *(nur ½ Pens. für Hotelgäste)* – **18 Zim** 🛏 110/22
Vorsaison 🛏 85/170 – ½ P Zuschl. 28.
* Das im regionstypischen Stil erbaute Hotel berherbergt seine Gäste in gepflegt
Zimmern verschiedener Kategorien. Ein schönes Bergpanorama umgibt Sie.

XXX **Waldhotel Fletschhorn** (Irma Dütsch) ⚘ mit Zim, (über Wanderweg Richtu
❀ Sengg : 30 Min.), ℘ 0279 572 131, *hotel.fletschhorn@saas-fee.c*
Fax 0279 572 187, ≤ Berge und Saas-Tal, 🍴, 🍴 – TV 📞 AE ⦿ ⦿ VISA
15. Dez. - 26. April und 15. Juni - 25. Okt. – **Menu** *(mittags auch kleine Karte)* 145/1
und à la carte 95/140 – **15 Zim** 🛏 200/300 – ½ P Zuschl. 90.
* Hochstehende Küche ist keine Männerdomäne : Frau Dütsch beweist es ! Wec
selnde Ausstellungen moderner Kunst im Restaurant auf der Waldlichtung hoch üb
dem Saaser Tal.
Spez. Carré d'agneau alpestre. Poularde de Gruyères au foin, mousseline au safr
de Mund. Fleur de pomme au sucre filé, glace caramel.

XX **Swiss Chalet** 〽 mit Zim, ℘ 0279 573 535, *swisschalet@saas-fee.c*
Fax 0279 571 507, 🍴 – 🛗 AE ⦿ ⦿ VISA JCB   Y
Hotel : geschl. 1. - 20. Mai ; Rest. : geschl. 1. Mai - 15. Juni und Nov. – **Menu** *(gesc*
Sonntag) (nur Abendessen) 70/115 und à la carte 47/109 - 7 Suites 🛏 95/19C
½ P Zuschl. 45.
* Ausser den Appartements bietet dieses ortstypische Chalet ein Restaurant r
schöner modern-rustikaler Einrichtung, in dem Sie klassisch bereitete Gerichte ess
können.

SAAS FEE

Hohnegg M ⚐ mit Zim, (von der Kirche aus über Wanderweg : 20 Min.), ☏ 0279 572 268, info@hohnegg.ch, Fax 0279 571 249, ≤ Berge, 🍽, ⌂, ≘s, 🚗 – 🛗, ⇝ Zim, TV. AE MC VISA   Y v
Menu (15. Dez. - 26. April, 15. Juni - 20. Okt.) (geschl. Sonntagabend und Montag) (mittags auch kleine Karte) 25 - 32 (mittags)/120 und à la carte 52/100 – **8 Zim** ⊆ 140/280, Vorsaison ⊆ 95/190 – ½ P Zuschl. 59.
 ◆ Mittags etwas für den kleinen Hunger, abends das Gourmet-Menu, dann in einem der geschmackvollen, modern-rustikal eingerichteten Zimmer die heimelige Atmosphäre geniessen.

AAS GRUND 3910 Wallis (VS) 219 ⑤ – 1 237 Ew. – Höhe 1 562 – Wintersport : 1 560/3 200 m ⤒2 ⚡5 ⚐.
Sehenswert : Mattmark★★.
Ausflugsziel : Hohsaas★★★ mit Luftseilbahn.
🛈 Saas Grund Tourismus, ☏ 0279 581 157, info@saas-grund.ch, Fax 0279 581 159.
Bern 198 – Brig 31 – Sierre 51 – Sion 67 – Zermatt 37.

Touring ⚐, ☏ 0279 572 127, hotel.touring@rhone.ch, Fax 0279 571 519, ≤, ⌂, ≘s, 🅂 – 🛗 ⇝ Rest, TV P. MC VISA. ⊘
21. April und 16. Juni - 19. Sept. – **Menu** (nur ½ Pens. für Hotelgäste) – **15 Zim** ⊆ 78/166 – ½ P Zuschl. 24.
 ◆ Auf dem Weg nach Saas Fee noch einen kurzen Zwischenstop einlegen ;1Ldvann hat man hier die Gelegenheit, in einfachen, recht ruhigen Zimmern mit schöner Aussicht zu übernachten.

Dom, Hauptstrasse, ☏ 0279 572 233, hotel.dom@rhone.ch, Fax 0279 573 331, 🍽 – 🛗 TV P. AE ⓘ MC VISA. ⊘ Rest
15. Dez. - 25. April und 25. Mai - 24. Okt. – **Menu** 18 - 37 (mittags) und à la carte 31/69 – **18 Zim** ⊆ 110/180, Vorsaison ⊆ 60/140 – ½ P Zuschl. 25.
 ◆ Im einfachen, familiär geführten Hotel im Zentrum kann der Gast in Zimmern schlafen, die mit unterschiedlichen Holzmöbeln rustikal gestaltet sind und meist einen Balkon haben. Mit Gaststube, gemütlichem Säli und Terrasse.

ACONNEX D'ARVE Genève 217 ⑪ – rattaché à Genève.

AGOGN Graubünden 218 ③ – siehe Laax.

AIGNELÉGIER 2350 Jura (JU) 216 ⑬ – 2 079 h. – alt. 982 – Sports d'hiver : ⚐.
Manifestations locales
25.01 - 26.01 : Courses internationales de chiens de traineaux et fête du chien nordique
08.08 - 10.08 : Marché concours national de chevaux, courses campagnardes, cortège folklorique.
🛈 Jura Tourisme, 6 place du 23 Juin, ☏ 0901 123 400, saignelegier@juratourisme.ch, Fax 0329 521 955.
Bern 72 – Delémont 36 – Biel/Bienne 37 – La Chaux-de-Fonds 26 – Montbéliard 60.

de la Gare et du Parc, Gruère 4, ☏ 0329 511 121, mail@hotelgareparc.ch, Fax 0329 511 232, 🍽, 🚗 – TV P. ⚐ 40. AE MC VISA
fermé 15 mars au 27 avril – **Repas** (fermé merc. et jeudi de nov. à avril) 14.50 - 68/113 et à la carte 31/98 – **17 ch** ⊆ 100/220, 4 suites – ½ P suppl. 35.
 ◆ Cette grande bâtisse se situe au cœur de la bourgade. Les chambres, de taille convenable, mettent l'accent sur le fonctionnel ; celles de l'annexe sont plus modestes. Les événements locaux font déborder d'activité le restaurant voué aux plats traditionnels.

l'Est 11 km par le Bémont, Montfaucon et Pré Petitjean :

Voyageurs, au Bois-Derrière, ✉ 2877 Le Bémont, ☏ 0329 551 171, freddorest@swissonline.ch, Fax 0329 551 422, 🍽 – P. ⓘ MC VISA
fermé 1er au 17 avril, 3 au 27 nov., mardi et merc. – **Repas** 18.50 et à la carte 30/69.
 ◆ Pour les adeptes du retour aux sources : imposante maison immergée en pleine nature, abritant deux salles rustiques et servant une cuisine à base de produits biologiques.

SAILLON 1913 Valais (VS) **217** ⑮ – 1503 h. – alt. 522 – Stat. thermale.
Voir : Ancien donjon : point de vue★.
Bern 143 – Martigny 13 – Montreux 59 – Sion 20.

Bains de Saillon M, au centre thermal, ℘ 0277 431 112, hoteldesbains@urfeu.ch, Fax 0277 443 292, ≤, ☆, Wellness-Center, ♨, ⇌s, ≋ (thermale ♨, ♃ – ⧫ TV ⚐ P – ⚐ 15/40. AE ① MC VISA
Repas 20 - 55 et à la carte 43/74 – **70 ch** ⇌ 150/285 – ½ P suppl. 45.
• L'hôtellerie n'est qu'une des diverses activités de ce complexe gérant aussi centre thermal, des boutiques et la location d'appartements. Amples chambr modernes. Le restaurant se divise en deux salles dont une réservée aux pensionnair

Vieux-Bourg, ℘ 0277 441 898, info@lejardin.ch, Fax 0273 065 734, ☆, MC VISA
fermé 6 au 17 janv. et lundi – **Repas** - cuisine fromagère - 36/66 et à la carte 37/7
• Cette vieille maison en pierre, située au centre du village, étoffe copieusement carte traditionnelle de spécialités à base de fromage.

SAINT-BLAISE Neuchâtel **216** ⑬ – rattaché à Neuchâtel.

SAINT-CERGUE 1264 Vaud (VD) **217** ⑪ – 1617 h. – alt. 1047 – Sports d'hive 1037/1678 m ≰8 ⚐.
🛈 Office du Tourisme, Place Sy-Vieuxville, ℘ 0223 601 314, tourism@st-cergue.c Fax 0223 602 474.
Bern 160 – Genève 41 – Lausanne 56 – Nyon 21.

Poste avec ch, route de Nyon, ℘ 0223 601 205, hotelposte@bluewin.c Fax 0223 602 712, ☆ – TV. AE ① MC VISA
fermé 1er au 10 déc., 26 mai au 10 juin, lundi soir et mardi – **Repas** 15 - 60 et à carte 37/83 – **8 ch** ⇌ 66/117 – ½ P suppl. 30.
• Restaurant ayant pour atout majeur son appétissante cuisine classique françai. Sobre pièce au plafond lambrissé : vous ne serez pas distrait de votre assiette

---

SAINTE-CROIX 1450 Vaud (VD) **217** ③ – 4155 h. – alt. 1066.
Voir : Les Rasses★ : site★★.
Environs : Le Chasseron★★★ Nord-Ouest : 8,5 km – Mont de Baulmes★★ Sud : 4,5 k – L'Auberson : Collection★ de pièces à musique anciennes au musée Baud, Oues 4 km.
🛈 Office du Tourisme Ste Croix/Les Rasses, 6 rue Neuve, ℘ 0244 542 7(ot@ste-croix.ch, Fax 0244 543 212.
Bern 98 – Neuchâtel 50 – Lausanne 54 – Pontarlier 21 – Yverdon-les-Bains 20.

aux Rasses Nord-Est : 3 km – alt. 1183 – ✉ 1452 Les Rasses :

Grand Hôtel ⚐, ℘ 0244 541 961, grandhotelrasses@bluewin.c Fax 0244 541 942, ≤ Alpes, ☆, ♨, ⇌s, ≋, ♨, ✗ – ⧫ TV P – ⚐ 15/80. MC VISA ✗ rest
fermé 2 au 15 déc. et 14 au 27 avril – **Repas** 22 - 30/70 et à la carte 34/77 – **40** ⇌ 88/228 – ½ P suppl. 32.
• Imposante construction séculaire ayant pour magnifique toile de fond la chaîne c Alpes. Chambres au cadre baroque espagnol, certaines restaurées. Le vaste resta rant, de 1914, a conservé son cachet d'origine. Recettes traditionnelles. Nouve pizzeria.

SAINT-GALL St. Gallen **216** ㉑ – voir à Sankt Gallen.

SAINT-GINGOLPH 1898 Valais (VS) **217** ⑭ – 691 h. – alt. 390.
Bern 107 – Montreux 20 – Aigle 19 – Évian-les-Bains 18 – Martigny 44 – Sion

Le Rivage ⚐, Quai Isaac de Rivaz, ℘ 0244 827 030, info@rivage.c Fax 0244 827 031, ≤, ☆ – TV P. AE ① MC VISA, ✗
hôtel : fermé 15 déc. au 1er mars et lundi soir du 15 sept. au 15 avril ; rest. : fer 15 déc. au 8 fév. et lundi soir du 15 sept. au 15 avril – **Repas** 16 - 45/55 et à la car 40/78 – **14 ch** ⇌ 90/160 – ½ P suppl. 35.
• Au bord du lac, l'hôtel recèle deux bâtiments : l'un héberge de petites chambr claires et fraîches, l'autre abrite le restaurant. La salle à manger se prolonge d'u terrasse d'été bien exposée. Carte classique nourrie de spécialités de poissons du l

SAINT-GINGOLPH

Villa Eugénie, bord du lac, Est : 2 km, ℘ 0244 812 176, villa.eugenie@bluewin.ch, Fax 0244 812 285, ≤ lac, 佘, ⬇ – 🅿. AE ⓘ ⓜⓞ VISA
fermé 1er janv. au 21 fév. ; dim. soir, lundi et mardi sauf juil. - août – **Repas** 45 (midi)/98 et à la carte 57/102.
• Un aquarium et des peintures modernes égayent cette salle dont la plupart des tables, disposées près des fenêtres, permettent de jouir de la vue sur le lac. Agréable terrasse.

SAINT-IMIER 2610 Berne (BE) 216 ⑬ – 4598 h. – alt. 793.

Environs : Chasseral★★★ Sud-Est : 13 km.

🛈 Jura Bernois Tourisme, 6 r. du Marché, ℘ 0329 412 663, saintimier@jurabernois.ch, Fax 0329 411 435.

Bern 64 – Delémont 50 – Neuchâtel 28 – Biel 29 – La Chaux-de-Fonds 16 – Montbéliard 78.

Erguël, 11 r. Dr. Schwab, ℘ 0329 412 264, mobrecht@worldcom.ch, Fax 0329 412 264 – TV 🅿. ⓜⓞ VISA
fermé Noël, 20 juil. au 10 août et dim. soir – **Repas** 14 - 48 (midi)/80 et à la carte 53/86 – **7 ch** ⇌ 70/154 – ½ P suppl. 20.
• Cet hôtel, sur la traversée du village, vous réserve un accueil familial. Chambres menues mais lumineuses et équipées d'un mobilier de série. Le restaurant est classiquement aménagé. Au sous-sol, un petit caveau reçoit les soirées gastronomiques à thème.

à Mont-Soleil Nord : 4,5 km – alt. 1173 – ⊠ 2610 Mont-Soleil :

Auberge de la Crèmerie ⑤, ℘ 0329 412 369, Fax 0329 412 369, ≤, 佘 – TV ✆ 🅿
Repas (fermé lundi et mardi) 17 et à la carte 40/82 – **5 ch** ⇌ 90/140.
• Petite et amicale auberge pour un séjour au grand calme. Les chambres sont de mise simple mais assez grandes. À savoir : possibilité de studios équipés. Le restaurant abrite deux salles, l'une rustique, l'autre plus actuelle, pour une cuisine traditionnelle.

Le Manoir, ℘ 0329 412 377, lemanoir@bluewin.ch, Fax 0329 412 977, ≤, 佘 – 🅿. ⓜⓞ VISA
fermé dim. soir et lundi – **Repas** 16 - 42 (midi)/98 et à la carte 62/92.
• Jolie bâtisse entourée d'une nature verdoyante, face au Chasserial. L'école est terminée : n'effacez surtout pas le tableau noir, vous ne sauriez plus quel plat choisir !

à Mont-Crosin Nord-Est : 5 km – alt. 1180 – ⊠ 2610 Mont-Crosin :

Auberge Vert Bois ⑤ avec ch, ℘ 0329 441 455, vert-bois@bluewin.ch, Fax 0329 441 970, ≤ – TV 🅿. AE ⓘ ⓜⓞ VISA
fermé 6 au 30 janv. ; Rest. : mardi de nov. à avril, dim. soir et lundi – **Veranda** : Repas 50 (midi)/80 et à la carte 59/89 – **Brasserie** : Repas 22 et à la carte 33/76 – **5 ch** ⇌ 90/140 – ½ P suppl. 40.
• Ce chalet moderne, isolé en pleine nature, abrite un surprenant jardin d'hiver "jaune et alu". On y propose des chambres fonctionnelles. La véranda sert des mets recherchés. La Brasserie présente un choix plus simple et plus abordable que sa grande sœur.

Villeret Est : 2 km – alt. 763 – ⊠ 2613 Villeret :

L' Éléphant, 9 r. Principale, ℘ 0329 417 241, Fax 0329 417 248 – ⓜⓞ VISA
fermé 15 juil. au 15 août et mercredi – **Repas** - cuisine thaïlandaise - 15 - 55/65 et à la carte 45/80.
• Un éléphant, ça peut tromper énormément... Mais faites confiance à celui-ci pour vous aider à percer les secrets de la cuisine thaïlandaise : vous ne serez pas déçu.

SAINT-LÉGIER Vaud 217 ⑭ – rattaché à Vevey.

SAINT-LÉONARD Valais 217 ⑯ – rattaché à Sion.

SAINT-LUC 3961 Valais (VS) 217 ⑯ – 349 h. – alt. 1 650 – Sports d'hiver : 1 650/3 026 ✶ 1 ✶ 8.

Voir : *Vue*★★.

🛈 Office du Tourisme, ℘ 0274 751 412, saint-luc@sierre-anniviers.c Fax 0274 752 237.

Bern 188 – Sion 35 – Brig 52 – Martigny 65 – Montreux 104.

Bella Tola ⑤, r. Principale, ℘ 0274 751 444, info@bellatola.c Fax 0274 752 998, ≤, 佘, ≦s, 毎 – ⌷ TV ☏ 🏠 🅿 ⓜ VISA
fermé 28 avril au 20 juin et 27 oct. au 20 déc. – **Repas** *(fermé 7 avril au 20 ju et 6 oct. au 20 déc.)* 17 - 46/86 (soir) et à la carte 51/93 – **31 Zim** ⊇ 130/29C ½ P suppl. 40.
• Ambiance de la Belle Époque dans cet hôtel ayant conservé son charme d'anta Les chambres, personnalisées, ont des meubles de style. Deux salles à manger a plafonds ornés de fresques. L'une sert des mets valaisans, l'autre offre une car diversifiée.

La Poste, route principale, ℘ 0274 751 508, Fax 0274 751 501, ≤, 佘 – ⓜ VISA
fermé 1er au 18 déc. et mai – **Repas** 20 - 30 (midi)/49 et à la carte 43/86.
• À l'entrée du village, salle de restaurant chaleureusement lambrissée où vous atte dent recettes traditionnelles et spécialités régionales.

SAINT-MAURICE 1890 Valais (VS) 217 ⑭ – 3 594 h. – alt. 422.

Voir : *Trésor*★★ *de l'abbaye* – *Clocher*★ *de l'Église abbatiale* – *Grotte aux Fées : vue de la terrasse du restaurant* – *Site*★.

🛈 St Maurice Tourisme, 1 av. des Terreaux, ℘ 0244 854 040, tourisme@st-m rice.ch, Fax 0244 854 080.

Bern 112 – Martigny 16 – Montreux 28 – Sion 42.

Dent-du-Midi, 1 av. Simplon, ℘ 0244 851 209, 佘 – ⌷ TV 🖂 ³ ⓜ VISA
fermé janv. – **Repas** 14 - 18 (midi) et à la carte 37/69 – **12 ch** ⊇ 75/140 – ½ P sup 20.
• Adresse familiale située en centre-ville, aux abords d'un parc boisé. Les chambr proposées sont petites, mais accueillantes. Le restaurant est sympathique part son répertoire culinaire traditionnel, son cadre bourgeois et sa mise en pla aérée.

Lafarge, pl. de la Gare, ℘ 0244 851 360, lafarge@bluewin.ch, Fax 0244 851 9 佘 – ⇌ rest, 🅿 AE ⓞ ⓜ VISA
fermé 23 déc. au 4 janv., 27 juil. au 12 août, lundi soir et dim. – **Repas** 18 - 50/1 et à la carte 67/102.
• L'ancien hôtel de la Gare est devenu un restaurant disposant d'une salle manger principale et d'un bar-brasserie. Carte attractive évoluant au rythme d saisons.

Casabaud, Les Cases sud : 1 km, ℘ 0244 851 185, info@casabaud.c Fax 0244 851 195, 佘 – 🅿 AE ⓞ ⓜ VISA
fermé 27 juil. au 17 août, mardi soir et merc. – **Repas** 17.50 - 38 (midi)/75 et à carte 48/88.
• Dans un hameau, construction moderne abritant une salle à manger de style sag ment design. La carte offre un petit choix de plats classiques.

SAINT-SULPICE 1025 Vaud (VD) 217 ⑬ – 2 931 h. – alt. 397.

Voir : *Église*★ *et son site*★.

Bern 123 – Lausanne 7 – Genève 54 – Pontarlier 73 – Yverdon-les-Bains 43.

Pré Fleuri, 1 r. du Centre, ℘ 0216 912 021, prefleuri@bluewin.c Fax 0216 912 020, 佘, ⌇, 毎 – TV 🖂 🅿 AE ⓞ ⓜ VISA
5 mai au 24 oct. – **Repas** *(fermé le midi) (résidents seul.)* 41 et à la carte 51/7 **17 ch** ⊇ 145/210 – ½ P suppl. 41.
• Chambres cossues munies de balcons, beau jardin fleuri, piscine... Un héb gement plaisant vous invitant à ralentir le pas et à poser votre bagage ici, le tem d'un séjour. Le soir la salle à manger s'ouvre aux résidents et offre des mets tr ditionnels.

SAINT-SULPICE

XXX **Hostellerie du Débarcadère** 🌿 avec ch, 7 ch. du Crêt, ☏ 0216 943 333, deba rcadere@swissonline.ch, Fax 0216 915 079, ≤, 🍽️, 🌿, 📶 – 🛏️ 📺 📠 – ⚖️ 15. 🅰️🅴
🆔 💳
fermé 20 déc. au 9 janv., dim. de nov. à fév. et sam. midi – **Repas** 29 - 54 (midi)/131 et à la carte 87/146 – 🍽️ 24 – **15 ch** 160/350 – ½ P suppl. 87.
• Jardin d'hiver résolument tourné vers le lac, goûteuses recettes renouvelées à chaque saison et amples chambres aménagées avec soin... Mon tout ? Une adresse à retenir.

X **L'Abordage,** 67 av. du Léman, ☏ 0216 952 500, Fax 0216 952 501, 🍽️ – 📠
🆔 💳
fermé 1 sem. en fév., 2 sem. en oct., mardi soir et merc. – **Repas** 33 (midi)/66 et à la carte 45/87.
• Face au Léman, restaurant contemporain avec une terrasse très prisée quand le soleil est au rendez-vous. Recettes traditionnelles et spécialités de truites.

AINT-TRIPHON 1867 Vaud (VD) 217 ⑭ – alt. 405.
Bern 104 – Montreux 20 – Aigle 7 – Lausanne 46 – Martigny 23.

X **Auberge de la Tour,** ☏ 0244 991 214, aubergedelatour@tpp24.ch,
🍽️ Fax 0244 991 218, 🍽️ – 📠 🅰️🅴 ◉ 🆔 💳
fermé lundi et mardi – **Repas** 17 - 62/89 et à la carte 67/101.
• Dans ce coquet village, une haie de cyprès isole cet établissement de l'animation de la rue. Salles à manger pimpantes où l'on sert une petite carte traditionnelle.

Si le coût de la vie subit des variations importantes,
les prix que nous indiquons peuvent être majorés.
Lors de votre réservation à l'hôtel, faites-vous préciser le prix définitif.

ALAVAUX 1585 Vaud (VD) 217 ⑤ – alt. 439.
Bern 41 – Neuchâtel 31 – Fribourg 24 – Lausanne 64 – Yverdon-les-Bains 37.

XX **du Pont,** ☏ 0266 771 309, restaurantdupont.salavaux@freesurf.ch,
🍽️ Fax 0266 773 009, 🍽️ – 📠 🅰️🅴 ◉ 🆔 💳
fermé 15 déc. au 15 janv., lundi et mardi – **Repas** 18.50 - 55/120 et à la carte 63/91.
• Affaire familiale située au centre de la localité, face au pont franchissant la Broye. Le décor du café célèbre le vignoble local. Celui de la salle principale est plus sobre.

ALGESCH (SALQUENEN) Valais 217 ⑯ – siehe Sierre.

ALORINO Ticino 219 ⑧ – vedere Mendrisio.

AMEDAN 7503 Graubünden (GR) 218 ⑮ – 2 766 Ew. – Höhe 1 709 – Wintersport : 1 850/3 303 m ✦ 1 ✦ 4 ✦.
Sehenswert : Lage★.
🏌️ Engadin-Samedan (Ende Mai - Mitte Okt.) ☏ 0818 510 466, Fax 0818 510 467.
🚂 Samedan - Thusis, Information ☏ (081) 852 54 04.
🅱️ Samedan Tourismus, Plazzet 21, ☏ 0818 510 060, info@samedan.ch, Fax 0818 510 066.
Bern 336 – Sankt Moritz 7 – Chur 74 – Davos 61.

🏨 **Bernina,** Plazzet 20, ☏ 0818 521 212, hotel-bernina@bluewin.ch, Fax 0818 523 606, ≤, 🍽️, 🛁, 🍴, 🎭, – 📶 📺 🚗 📠 🅰️🅴 ◉ 🆔 💳 🅹🅲🅱
🐕 Rest
Hotel : 20. Dez. - 20. April und 7. Juni - 11. Okt. ; Rest. : 6. Dez. - 20. April und 7. Juni - 25. Okt. – **Menu** - italienische Küche - 28 - 38/50 und à la carte 48/95 – **56 Zim** 🍽️ 140/330, Vorsaison 🍽️ 125/300 – ½ P Zuschl. 50.
• Das schöne klassische Gebäude beherbergt seine Gäste in rustikalen, etwas einfacheren Arvenholzzimmern oder in mit hellem Massivholz komfortabler ausgestatteten Räumen. Mit gediegenem Speisesaal für Pensionsgäste und elegantem à la carte-Restaurant.

SAMEDAN

Chesa Quadratscha, ☏ 0818 511 515, info@quadratscha.c
Fax 0818 511 516, ≤, ≘s, 🅇, 🚗, ✗ – 🛗, ⇌ Zim, 📺 ✆ 🚗 P, AE ⓘ ⓜ Vi
✗ Rest
Menu (nur ½ Pens. für Hotelgäste) – **29 Zim** ⊆ 170/320, Vorsaison ⊆ 150/28C
½ P Zuschl. 40.
  • Im Chesa Quadratscha tragen neben gepflegten, funktionellen (teils Nichtrauche
Zimmern auch Freizeiteinrichtungen zu einem erholsamen Aufenthalt bei. Vier h
und frisch wirkende, getäferte Gaststuben mit rustikaler Einrichtung.

Donatz, via Plazzet 15, ☏ 0818 524 666, hoteldonatz@dplanet.c
Fax 0818 525 451 – 🛗 📺 🚗 P, AE ⓘ ⓜ VISA
geschl. 20. April - 10. Juni – **La Padella** (geschl. Dienstagmittag und Montag) **Menu**
und à la carte 58/112 – **32 Zim** ⊆ 110/220, Vorsaison ⊆ 90/180 – ½ P Zuschl. 40.
  • Man findet das Hotel im verkehrsberuhigten Dorfzentrum. Der Gast nächtigt h
in mit hellbraunen Naturholzmöbeln zeitgemäss eingerichteten Zimmern. Der Nar
des Restaurants La Padella ist Programm : Aus der Bratpfanne kommen die meist
der gebotenen Speisen.

Golf Hotel des Alpes, San Bastiaun 25, ☏ 0818 510 300, hotel-des-alpes@
uewin.ch, Fax 0818 510 338, 🚗 – 📺 ✆ 🚗 P, 🛁 30. AE ⓘ ⓜ VISA. ✗ Re
geschl. 26. Okt. - 7. Dez. – **Menu** 18 - 38 und à la carte 43/97 – **40 Zim** ⊆ 107/2C
Vorsaison ⊆ 99/198 – ½ P Zuschl. 35.
  • Den Ortskern Richtung St. Moritz durchfahrend, trifft man auf dieses Hotel, desse
unterschiedlich eingerichtete Zimmer bei ausreichender Grösse zeitgemässen Kor
fort bieten. Mit gediegenem Speisesaal ; à la carte-Gerichte gibt es in der einfacher
Gaststube.

SAMNAUN 7563 Graubünden (GR) **218** ⑦ – 787 Ew. – Höhe 1846 – Wintersporr
1846/2872 m ⇟5 ⇞36 ⇠.
Lokale Veranstaltung
27.04 - 03.05 : Frühlingsschneefest (internationale Topstars).
🛈 Samnaun-Tourismus, Chasa Riva, ☏ 0818 685 858, info@samnaun.c
Fax 0818 685 652.
Bern 385 – Scuol 38 – Chur 142 – Landeck 52 – Sankt Anton am Arlberg 80.

Chasa Montana, ☏ 0818 619 000, info@hotelchasamontana.c
Fax 0818 619 002, ≤, 🚗, Wellness-Center, 🛁, ≘s, 🅇 – 🛗 📺 ✆ 🛇 🚗 P,
🛁 40. AE ⓘ ⓜ VISA
geschl. 19. Okt. - 29. Nov. – **Menu** 20 - 30 (mittags) und à la carte 42/92 – **47 Z**
⊆ 310/596, Vorsaison ⊆ 124/236, 6 Suiten – ½ P Zuschl. 50.
  • Im schönen stattlichen Hotel, das Zimmer mit gutem, zeitgemässem Komfc
bietet, kann der Gast vom angenehmen Wellnessbereich mit Hallenbad in römische
Stil profitieren. Restaurant mit Holzofen für Pizza und traditonellem à la cart
Bereich.

Post, ☏ 0818 619 200, posthotel@hangl.ch, Fax 0818 619 293, ≤, 🚗, 🛁, ≘
– 🛗 📺 🚗 P, AE ⓘ ⓜ VISA. ✗ Rest
Menu (Mai, Juni und Nov. nur Mittagessen) 23 (mittags)/37 und à la carte 43/65
52 Zim ⊆ 194/344, Vorsaison ⊆ 70/120 – ½ P Zuschl. 25.
  • Die im regionalen Stil erbaute Post hat im Nebenhaus helle, komplett renovierte u
dementsprechend modern ausgestattete Zimmer ; die älteren mit gutem Standar
komfort. Mit Restaurant in klassisch-rustikalem Rahmen und gutbürgerlicher Küche.

Waldpark M ⇲ garni, ☏ 0818 618 310, info@waldpark.ch, Fax 0818 618 3
≤, ≘s, 🚗 – 🛗 📺 P, AE ⓘ ⓜ VISA
geschl. Mai - Nov. – **20 Zim** ⊆ 138/278, Vorsaison ⊆ 117/178.
  • Im etwas erhöht am Ortsrand liegenden Haus findet man Ruhe und eine schö
Aussicht. Auch die wohnlichen, modern mit rustikalem Fichtenholz möblierten Zimm
empfehlen sich.

in Samnaun-Ravaisch Nord-Ost : 1,5 km – Höhe 1800 – ✉ 7563 Samnaun :

Homann, ☏ 0818 685 130, homann@bluewin.ch, Fax 0818 685 625, ≤, 🚗, ≊
– 🛗 📺 P
30. Nov. - 3. Mai und 2. Juli - 14. Sept. – **Menu** 15 - 32/69 und à la carte 39/88
30 Zim ⊆ 120/236, Vorsaison ⊆ 60/196 – ½ P Zuschl. 25.
  • Im Ortsteil Ravaisch liegt dieses Hotel, das seine Gäste in verschieden grossen, te
mit dunklen Eichenmöbeln, teils mit Arvenholz eingerichteten Zimmern beherber
Angenehmer Speisesaal und Restaurant mit sorgfältig zubereiteten, preisgünstigr
Gerichten.

SAMNAUN

Samnaun-Laret Nord-Ost : 3,5 km – Höhe 1747 – ✉ 7562 Samnaun-Compatsch :

Laret M, ℰ 0818 685 129, info@laret.ch, Fax 0818 685 259, ≤, ⛲, ≦s –
 TV 🚗. AE ⓘ ⓜⓞ VISA. ❀ Rest
geschl. 5. Mai - 28. Juni und 13. Okt. - 6. Dez. – **Menu** *à la carte 30/64 –* **10 Zim**
⌂ *124/192, Vorsaison* ⌂ *54/90 – ½ P Zuschl. 15.*
◆ Im Hotel, ausserhalb von Samnaun am Hang gelegen, geniesst man die Ruhe und die Sicht. Einfache, mit hellen Möbeln rustikal eingerichtete Zimmer. In verschieden eingerichteten Räumen oder auf der sonnigen Terrasse serviert man traditionelle Gerichte.

AN BERNARDINO *6565 Grigioni (GR)* 218 ⑬ *– alt. 1607 – Sport invernali : 1626/2525 m*
🛷 1 ⛷ 7 ⛸.
Manifestazione locale
22.02 - 23.02 : corsa internazionale di cane da slitta.
🛈 *San Bernardino Vacanze,* ℰ *0918 321 214, Fax 0918 321 155.*
Bern 286 – Sankt Moritz *107 – Bellinzona 48 – Chur 70.*

Brocco e Posta, ℰ 0918 321 105, brocco-e-posta@bluewin.ch, Fax 0918 321 342, ⛲, ≦s, 🔲, 🔥 – TV 🅿. AE ⓘ ⓜⓞ VISA. ❀ rist
20 dicembre - 20 aprile e 15 giugno - 19 ottobre – **Pasto** *26 ed alla carta 44/93 –*
37 cam ⌂ *100/190, Bassa stagione* ⌂ *82/150 – ½ P sup. 35.*
◆ Ubicato in centro, questo stabile d'inizio Novecento offre delle funzionali camere di gusto classico nell'arredamento e dal confort adeguato. Il ristorante presenta una carta semplice e un ambiente rustico. In estate è accessibile anche la terrazza esterna.

AND *Obwalden* 217 ⑨ *– siehe Kerns.*

ANGERNBODEN *1738 Bern (BE)* 217 ⑥ *– Höhe 1005.*
Bern 50 – Fribourg *24 –* Interlaken *67 – Thun 41.*

Hirschen, ℰ 0264 191 158, hirschen.sangernboden@bluewin.ch, Fax 0264 193 958, ⛲ – 🅿. AE ⓘ ⓜⓞ VISA. ❀
geschl. Anfang Jan. - Mitte Feb., Montag und Dienstag – **Menu** *29 - 68/88 und à la carte 54/97.*
◆ Hat man die kurvenreiche Strecke über den "Gurniggel" noch vor sich oder hat sie gerade hinter sich gebracht, ein Halt zur Essenszeit im Hirschen empfiehlt sich allemal.

ANKT ANTÖNIEN *7246 Graubünden (GR)* 218 ⑤ *– 247 Ew. – Höhe 1420.*
Bern 252 – Chur *46 – Bad Ragaz 35 – Davos 32.*

Madrisajoch, ℰ 0813 305 353, info@madrisajoch.ch, Fax 0813 305 354, ⛲, ≦s – 🅿. AE ⓜⓞ VISA
(geschl. Mittwoch) – **Menu** *à la carte 31/89 –* **9 Zim** ⌂ *72/144 – ½ P Zuschl. 25.*
◆ Das gegenüber der Kirche gelegene, im regionalen Stil erbaute Haus bietet dem Gast des abgelegenen Dorfes helle, renovierte Zimmer mit einfachem Komfort. Vor einer Fahrt ins Tal mit hauseigenen Trottinettes sollte man sich im rustikalen Restaurant stärken.

SANKT GALLEN (SAINT-GALL)

9000 K *Sankt Gallen (SG)* 216 ㉑ *– 69 836 Ew. – Höhe 668*

Bern 209 ④ – Bregenz 36 ① – Konstanz 40 ① – Winterthur 59 ④.

🛈 *St. Gallen-Bodensee Tourismus, Bahnhofplatz 1a,* ✆ *0712 273 737, info@st.gallen-bodensee.ch, Fax 0712 273 767* B.

✉ *Poststr. 18,* ✆ *0712 271 960, Fax 0712 222 882* B.

🅐 *Sonnenstr. 6,* ✆ *0712 446 324, Fax 0712 445 254* C.

Fluggesellschaft
Swiss International Air Lines Ltd. *Marktplatz 25,* ✆ *0712 273 939, Fax 0712 273 949.*

🚉₁₈ *in Niederbüren,* ✉ *9246 (Feb.-Dez.)* ✆ *0714 221 856, Fax 0714 221 825, West : 24 km.*

🚉₂₇ *in Waldkirch,* ✉ *9205,* ✆ *0714 346 767, Fax 0714 346 768, über Ausgang Gossau, Richtung Bischofszell : 20 km.*

Sehenswert : *Stiftsbibliothek*★★★ C *– Kathedrale*★★ BC : *Chor*★★★ *– Altstadt*★★ : *Spisergasse*★ C, *Gallusstrasse : Haus "Zum Greif"*★ BC, *Schmiedgasse : Haus "Zum Pelikan"*★ BC.

Museen : *Textilmuseum* B : *Sammlung Iklé und Jacoby*★★ *– Historisches Museum*★ C.

Ausflugsziele : *Dreilinden*★ A *– Tierpark Peter und Paul : Aussicht*★ *auf Sankt Gallen, Nord über Tannenstrasse 3 km* A.

Schreiben Sie uns...
Ihre Meinung, sei es Lob oder Kritik, ist stets willkommen.
Jeder Ihrer Hinweise wird durch unsere Inspektoren sorgfältigst
in den betroffenen Hotels und Restaurants überprüft. Dank
Ihrer Mithilfe wird Der Rote Michelin-Führer
immer aktueller und vollständiger.
Vielen Dank im voraus!

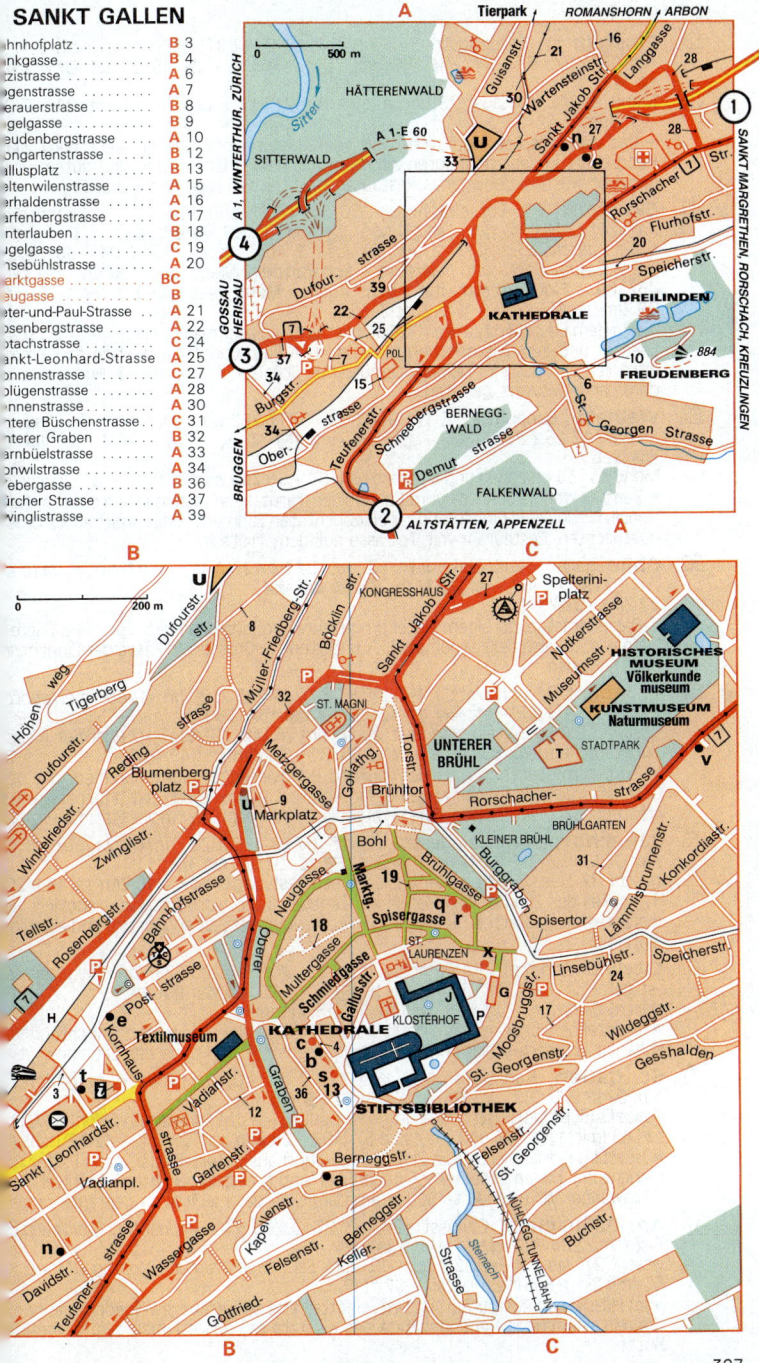

SANKT-GALLEN

Einstein [M], Berneggstr. 2, ✉ 9001, ☎ 0712 275 555, *hotel@einstein.c*
Fax 0712 275 577, 🍴 – 🛗, ✱ Zim, 📺 ☎ 🚗 P – 🛁 15/50. AE ⓘ ⓜ Vi
✲ Rest
Menu 29 - 42 (mittags)/78 und à la carte 52/100 – 🍽 22 – **65 Zim** 240/370
½ P Zuschl. 42.
• Das stattliche Gebäude, nicht weit vom Klosterviertel gelegen, beherbergt sein
Kundschaft in sehr gepflegten Zimmern mit solider Einrichtung und gutem Plat
angebot. Rustikal-gediegenes Restaurant mit Dachschräge und Sichtbalken.

Ekkehard [M], Rorschacherstr. 50, ☎ 0712 240 444, *info@ekkehard.c*
Fax 0712 240 474, 🍴 – 🛗 📺 ☎ – 🛁 15/250. AE ⓘ ⓜ VISA
Hotel : geschl. 23. - 30. Dez. und 19. Juli - 3. Aug. ; Rest. : geschl. 23. - 30. Dez,
Juli - 3. Aug., Sonn- und Feiertage – **Schalander** : Menu 19.50 - 36 und à la car
46/100 – **Ekkardolino** - italienische Küche - Menu 19.50 und à la carte 36/77
29 Zim 🍽 175/235 – ½ P Zuschl. 35.
• Von diesem Geschäftshotel am Rande des Zentrums hat man es nicht weit zum Stac
theater und zum Historischen Museum. Helle, durchdacht eingerichtete Zimm
erwarten den Gast. Im kleinen, gemütlichen Schalander wird auch Kulinarisches a
dem Lande Mozarts geboten.

Walhalla, Bahnhofplatz, ✉ 9001, ☎ 0712 282 800, *info@hotelwalhalla.c*
Fax 0712 282 890, 🍴 – 🛗, ✱ Zim, 📺 ☎ ♿ – 🛁 15/40. AE ⓘ ⓒ
VISA JCB
Menu 25 - 35 (mittags) und à la carte 34/87 – **56 Zim** 🍽 180/320 – ½ P Zuschl. 3
• Zentral, wenige Schritte vom Bahnhof entfernt, kann man in schon älteren, fun
tionell mit dunklem Einbaumobiliar eingerichteten Zimmern von ausreichender Grös
übernachten. Restaurant mit Terrasse auf dem Trottoir.

Gallo garni, Sankt-Jakobstr. 62, ☎ 0712 427 171, *info@hotel-gallo.c*
Fax 0712 427 161 – 🛗 📺 ☎ P. AE ⓘ ⓜ VISA
24 Zim 🍽 175/240.
• Das ehemalige, zu einem Hotel umgebaute Wohnhaus beherbergt seine Gäste
Zimmern, die sich bei zeitgemässer Ausstattung in Grösse und Farbe der Einrichtur
unterscheiden.

Metropol, Bahnhofplatz 3, ✉ 9001, ☎ 0712 283 232, *info@hotel-metropol.c*
Fax 0712 283 200, – 🛗 ✱ 📺 ☎. AE ⓘ ⓜ VISA. ✲ Rest
geschl. 25. Dez. - 2. Jan. und Rest. auch vom 28. Juli - 9. Aug. – **O Premier** (gesc
Sonntag) **Menu** 22/85 und à la carte 36/81 – **33 Zim** 🍽 148/220 – ½ P Zuschl. 3
• In diesem Stadthotel werden laufend Renovierungen vorgenommen, um de
Geschäftsreisenden einen angemessenen Komfort und eine der Zeit angepasste Au
stattung zu gewährleisten. Eine sympathische Atmosphäre umgibt Sie im O Premie

Jägerhof, Brühlbleichestr. 11, ☎ 0712 455 022, *info@jaegerhof.c*
Fax 0712 452 612, 🍴 – 🛗, ✱ Zim, 📺 ☎. AE ⓘ ⓜ VISA
geschl. 22. Dez. - 5. Jan. – **Menu** (siehe auch Rest. **Jägerhof**) – **19 Zim** 🍽 185/28
• Ein Teil der Zimmer des Hotels am Zentrumsrand wurde kürzlich renoviert un
individuell ausgestattet. Die anderen wurden auch der Zeit angepasst, sind allerdin
einfacher.

CityWeissenstein [M] garni, Davidstr. 22, ☎ 0712 280 628, *info@weissenste
-st-gallen.ch, Fax 0712 280 630* – 🛗 📺 ☎ P. AE ⓘ ⓜ VISA. ✲
geschl. Feiertage – **23 Zim** 🍽 130/205, 3 Suiten.
• In einfachen, aber mit dem nötigen Komfort und einer modernen Einrichtung ve
sehenen Zimmern schläft man im CityWeissenstein am Rande des Zentrums.

St. Gallen, Bankgasse 12, ☎ 0712 276 100, *info@hotel-st-gallen.c*
Fax 0712 276 180, – 🛗 📺 – 🛁 25. AE ⓘ ⓜ VISA
Angelis (1. Etage) (Tischbestellung erforderlich) *(geschl. Sonntag und Montag)* **Mer
23 - 49 (mittags)/108 und à la carte 57/102 – **24 Zim** 🍽 150/240 – ½ P Zuschl. 4
• Hotel im Klosterviertel. Die Zimmer im Haupthaus unterscheiden sich in Alter u
Einrichtung. Die im Pförtnerhof gegenüber sind grosszügiger, haben Fachwerk u
Whirlwanne. Mit einer Prise Süden empfängt Sie das mediterran geprägte Angel

Am Gallusplatz, Gallusstr. 24, ☎ 0712 233 330, *gallusplatz@bluewin.c*
Fax 0712 234 987, 🍴 – AE ⓘ ⓜ VISA
geschl. 27. Jan. - 2. Feb., 28. Juli - 10. Aug., Samstagmittag und Montag – **Menu** 2
56 (mittags)/85 und à la carte 62/112.
• Im klassischen Restaurant, das im Hauptteil eine alte Kreuzgewölbedecke aufwei
und ein ehemaliges Nebengebäude des Klosters ist, serviert man eine bürgerlic
Küche.

SANKT-GALLEN

XX **Neubad,** Bankgasse 6, ✆ 0712 228 683, burri-lutz@dplanet.ch,
🍴 Fax 0712 228 068, 🌿 – AE ① ⓜ VISA   B c
geschl. Samstag und Sonntag – **Menu** (1. Etage) (Tischbestellung erforderlich) 36 -
54 (mittags)/98 und à la carte 56/111 – **Bistro** : **Menu** 17 und à la carte
49/105.

♦ Besondere Beachtung verdient in dieser rustikal-gediegenen Stube des alten
Gasthauses die schräge, gotische Holzdecke, deren Balken von Herzblättern geziert
werden.

XX **Jägerhof** - Hotel Jägerhof, ✆ 0712 455 022, info@jaegerhof.ch,
Fax 0712 452 612, 🌿. AE ① ⓜ VISA. 🌿   A e
geschl. 22. Dez. - 5. Jan., 13. Juli - 10. Aug., Samstagmittag, Sonn- und Feiertage –
Menu 24 - 60 (mittags)/98.

♦ In neuzeitlichem, hellem Ambiente nehmen Sie an gut eingedeckten Tischen auf
Korbstühlen Platz. Aus Bio-Produkten bereitet man ein interessantes Speiseangebot.

XX **Zum Schlössli,** Zeughausgasse 17, am Spisertor (1. Etage), ✆ 0712 221 256, schl
oessli@spt.ch, Fax 0712 221 206, 🌿 – AE ① ⓜ VISA   C x
geschl. 12. Juli - 4. Aug., Samstag und Sonntag – **Menu** 21 - 48 (mittags) und à la carte
59/104.

♦ Von den schönen historischen Sälen und Stuben des Bürgerhauses aus dem 16. Jh.
mit alten massiven Steinmauern sind es nur wenige Schritte zum weltberühmten St.
Galler Kloster.

XX **Alt Guggeien,** Kesselhaldenstr. 85 (über ① : 5 km), ✉ 9016, ✆ 0712 881 210,
alt.guggeien@bluewin.ch, Fax 0712 881 811, ≤ Bodensee und Umgebung, 🌿 – 🅿.
AE ⓜ VISA
geschl. Jan. - Feb. 3 Wochen, Montag und Dienstag – **Menu** 32 - 41 (mittags)/91 und
à la carte 51/95.

♦ Die sehr schöne Sicht auf den Bodensee und die Umgebung entschädigt für die
Suche nach diesem nicht leicht zu findenden, fast ländlich anmutenden Haus nahe
der Stadt.

X **Engeli's,** Brühlgasse 30, ✆ 0712 233 332, engelis@bluewin.ch, Fax 0712 233 350,
🌿 – AE ① ⓜ VISA   C r
geschl. Sonntag – **Menu** 44 (mittags)/108 und à la carte 59/105.

♦ Im versteckt liegenden, nicht für die Stadt fast als typisch zu bezeichnenden, gutbe-
suchten Restaurant im modernen Bistrostil wird auf zwei Etagen ein trendiges Ange-
bot aufgelegt.

X **Stadtkeller,** im Spisermarkt, Brühlgasse 28, ✆ 0712 208 780, engelis@bluewin.
ch, Fax 0712 233 350 – AE ⓜ VISA   C q
geschl. 14. Juli - 9. Aug. – **Menu** (geöffnet Donnerstag, Freitag und Samstag jeweils
abends) 68/108 und à la carte 56/103.

♦ In den Gemäuern des 500 Jahre alten Kreuzgewölbekellers, im Stile einer
Brasserie eingerichtet und nur durch Kerzen beleuchtet, wählt man aus einem moder-
nen Angebot.

ANKT MORITZ 7500 Graubünden (GR) **218** ⑮ – 5 045 Ew. – Höhe 1 775 – Wintersport :
1 856/3 303 m ⛷ 5 ⛷ 18 ⛷ – Kurort.

Sehenswert : Lage★★★.

Museen : Engadiner Museum★ X M¹ – Segantini Museum : Werden, Sein, Vergehen★
X M².

Ausflugsziel : Piz Nair★★ – Julier- (über ②) und Albulastrasse★ (über ①) : Bergüner
Stein★ ; Samedan★ ; Celerina/Schlarigna★.

✈ in Samedan, ✉ 7503 (Ende Mai - Mitte Okt.) ✆ 0818 510 466,
Fax 0818 510 467, Nord-Ost : 5 km.

Lokale Veranstaltungen

23.01 - 26.01 : Cartier Polo World Cup on Snow

11.03 - 15.03 : Gourmet Festival.

09.02, 16.02 und 23.02 : "White Turf" internationale Pferderennen.

01.03 : "Chalandamarz" alter Frühlingsbrauch und Kinderfest.

🛈 Kur- und Verkehrsverein, via Maistra 12, ✆ 0818 373 333, information@stmo
ritz.ch, Fax 0818 373 377.

Bern 329 – Chur 88 – Davos 71 – Scuol 63.

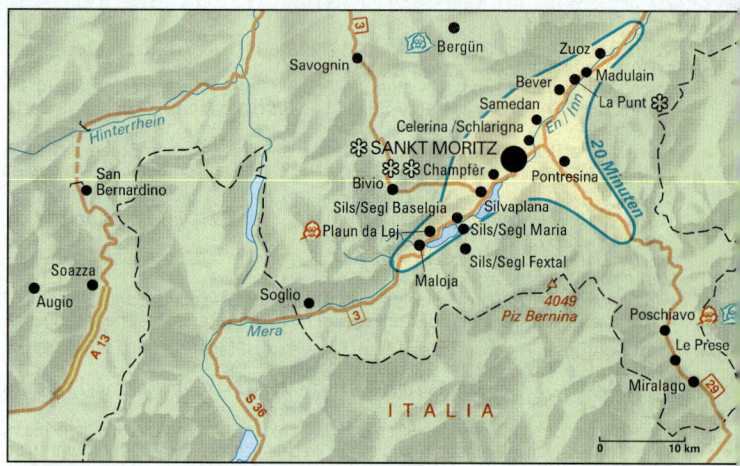

Kulm ⟨⟩, via Veglia 18, ☏ 0818 368 000, info@kulmhotel-stmoritz.c Fax 0818 368 001, ≤ St. Moritz, See und Berge, ⚘, ⛱, Wellness-Center, 🛁, ≤ 🏊, 🐎, ✕, 🦽 – ⬚, 🛏Zim, 📺 📞 🚻 🏃 🚗 🅿 – 🍽 15/150. AE ⓘ ⓜ V JCB, ✕ Rest
9. Dez. - 5. April und 30. Juni - 14. Sept. – **Rôtisserie des Chevaliers** (geöffnet Winter) (nur Abendessen) **Menu** à la carte 68/158 – **The Pizzeria** (geschl. Mont im Sommer) **Menu** à la carte 55/122 – **Chesa al Parc** : Menu à la carte 48/1(– **185 Zim** ⊇ 370/840, Vorsaison ⊇ 220/455, 3 Suiten – ½ P Zuschl. 25.
◆ Ruhig, in einem schönen Park liegend, bietet das erste Haus am Platz neben de grossen Wellnessbereich alles, was der anspruchsvolle Gast von einem Luxushot erwartet. Klassisches à la carte-Angebot in der elegant-rustikalen Rôtisserie des Ch valiers.

Badrutt's Palace, via Serlas 27, ☏ 0818 371 000, reservations@palac st-moritz.ch, Fax 0818 372 697, ≤ See und Berge, ⚘, Wellness-Center, 🛁, ≤ 🏊, 🐎, ✕ – ⬚ 📺 📞 🚻 🏃 🚗 🅿 – 🍽 15/200. AE ⓘ ⓜ V ✕ Rest
6. Dez. - 5. April und 28. Juni - Mitte Sept. – **Le Relais** (nur Abendessen) **Menu** à carte 74/177 – **Trattoria** (nur Abendessen) **Menu** à la carte 79/192 – **189 Z** ⊇ 790/2110, Vorsaison ⊇ 310/860, 20 Suiten – ½ P Zuschl. 98.
◆ Dieses Wahrzeichen der Engadiner Luxushotellerie liegt im Ortskern. Die Einrichtu der Zimmer, die laufend der Zeit angepasst werden, unterscheidet sich teils no markant. Le Relais mit sehr moderner, farbenfroher Inneneinrichtung.

Suvretta House ⟨⟩, via Chasellas 1 (Süd West : 2 km über via Somplaz ☏ 0818 363 636, info@suvrettahouse.ch, Fax 0818 363 737, ≤ Tal und Berge, ⚘ Wellness-Center, 🛁, ≤, 🏊, ✕, 🦽 – ⬚ 📺 📞 🏃 🚗 🅿 – 🍽 15/100. AE ⓜ Ⅵ ✕ Rest
15. Dez. - 5. April und 28. Juni - 6. Sept. – **Menu** (nur Abendessen) 80 und à la car 57/163 – **210 Zim** ⊇ 340/1250, Vorsaison ⊇ 195/790 – ½ P Zuschl. 35.
◆ In dem stilvollen Haus in einer schönen Park- und Berglandschaft mit wunderbar Sicht auf die umliegenden Berge wurde in den letzten Jahren umfangreich renovie Kinderrestaurant für die Kleinen, die Eltern wählen zwischen Speisesaal und Clu restaurant.

Carlton M ⟨⟩, via Johannes Badrutt 11, ☏ 0818 367 000, info@carlton-stm itz.ch, Fax 0818 367 001, ≤ St. Moritz, See und Berge, ⚘, Wellness-Center, 🛁, ≤ 🏊 – ⬚ 📺 📞 🏃 🚗 🅿 – 🍽 15/200. AE ⓘ ⓜ Ⅵ ✕ Rest
14. Dez. - 4. April und 14. Juni - 26. Sept. – **Tschinè** : **Menu** 85 (abends) und à carte 60/105 – **99 Zim** ⊇ 360/830, Vorsaison ⊇ 190/500, 6 Suiten – ½ P Zusc 25.
◆ Auch dieses klassische Hotel mit moderner, elegant in weiss gehaltener Innene richtung ist ruhig gelegen und bietet eine wunderbare Sicht auf die Umgebung. Bee druckende Sammlung von Bildern der modernen Kunst im stilvollen, klar strukt rierten Tschiné.

SANKT MORITZ

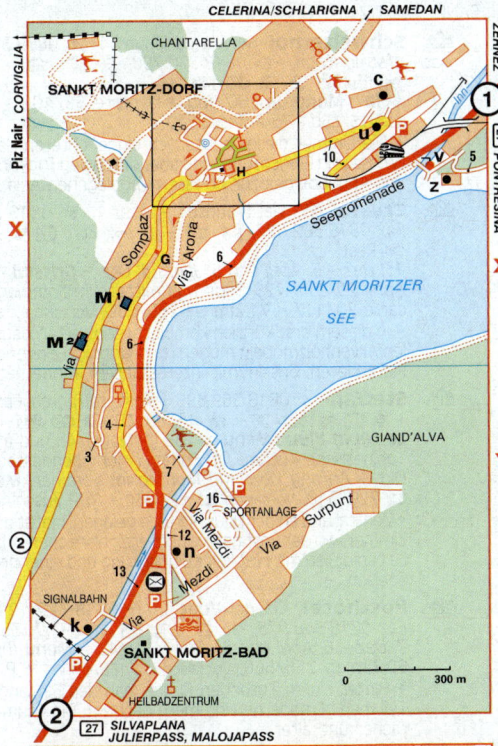

rona (Via)	X
ruons (Via)	XY 3
agn (Via dal)	XY 4
im Lej (Via)	X 5
revas (Via)	XY 6
dains (Via)	Y 7
aistra (Via)	Z
ezdi (Via)	Y
ulin (Pl. dal)	Z
ulin (Via)	Z 9
osta Veglia (Pl. da la)	Z 10
uadrellas (Via)	Z
osatsch (Via)	Y 12
an Gian (Via)	Y 13
coula (Pl. da)	Z 15
ela (Via)	Y 16
eepromenade	XY
erlas (Via)	Z
erletta	Z
omplaz (Via)	XY
tredas (Via)	Z 18
urpunt (Via)	Y
nus (Via)	Z
raunter Plazzas (Via)	Z 19
eglia (Via)	Z
out (Via)	Z 21

erienreisen wollen gut
orbereitet sein.
ie Strassenkarten
nd Führer von Michelin
eben Ihnen Anregungen
nd praktische Hinweise
ur Gestaltung Ihrer Reise :
treckenvorschläge,
uswahl und
esichtigungsbedingungen
er Sehenswürdigkeiten,
nterkunft, Preise... u. a. m.

🏨 **Monopol** Ⓜ, via Maistra 17, ✆ 0818 370 404, office@monopol.ch, Fax 0818 370 405, ≤ St. Moritz und Berge, 🍴 Wellness-Center, 🛁 ≋ ⊠ – 🛗 Z f
📺 🅿 AE ① ⓜⓞ VISA JCB, ❌ Rest
15. Dez. - 29. März und 16. Mai - 4. Okt. – **Grischuna** - italienische Küche - *(Tischbestellung ratsam) (geschl. auch 16.- 29. Mai und Sonntag im Sommer)* **Menu** 22 -112 (abends) und à la carte 78/137 – **66 Zim** ☑ 245/550, Vorsaison ☑ 155/350 – ½ P Zuschl. 40.
♦ Modern eingerichtete Zimmer mit elegantem Holzmobiliar. Beeindruckender Blick auf St. Moritz und die Berge vom ansprechenden Wellnessbereich auf dem Hoteldach. Mit modernem, hell und angenehm rustikal gestalteten Restaurant Grischuna.

SANKT MORITZ

Schweizerhof M, via dal Bagn 54, ℰ 0818 370 707, reservation@schweize ofstmoritz.ch, Fax 0818 370 700, ≤, 常, ⇌s – ⫴, ⱻ Zim, 📺 📞 ⅙ ⇌ P ☒ 15/30. ⓐⓔ ⓞ ⓜⓞ ⓥⓘⓢⓐ ⓙⓒⓑ
Acla : Menu 18 - 60 und à la carte 56/108 – **84 Zim** ⊇ 285/620, Vorsais ⊇ 175/350 – ½ P Zuschl. 40.

♦ Die Zimmer dieses neuzeitlich eingerichteten Hauses unterscheiden sich leicht Grösse und Einrichtung, sind aber durchweg funktionell und zeitgemäss ausgestatte Das Angebot des zur Strasse hin gelegenen Acla ist traditionell.

Crystal M, via Traunter Plazzas 1, ℰ 0818 362 626, stay@crystalhotel.c Fax 0818 362 627, ⓕ₆, ⇌s – ⫴, ⱻ Zim, 📺 📞 – ☒ 15/50. ⓐⓔ ⓞ ⓜⓞ ⓥⓘⓢⓐ ⓙⓒ ✂ Rest
13. Dez. - 5. April und 5. Juni - 4. Okt. – **Grissini** - italienische Küche - (21. Dez. April, 20. Juni - 28. Sept. und mittags im Sommer) **Menu** 25 (mittags)/85 und à carte 70/117 – **71 Zim** ⊇ 280/550, Vorsaison ⊇ 170/300 – ½ P Zuschl. 40.

♦ In diesem erst kürzlich komplett renovierten Haus übernachtet der Gast in mit h len Arvenholzmöbeln modern und wohnlich eingerichteten Zimmern, die ausreiche Platz bieten. Grissini mit interessantem, modern-italienischem Speiseangebot.

Steffani, ℰ 0818 369 696, info@steffani.ch, Fax 0818 369 717, 常, ⇌s, ⚊, – ⫴ 📺 📞 ⇌ P – ☒ 15/80. ⓐⓔ ⓞ ⓜⓞ ⓥⓘⓢⓐ
Le Lapin Bleu : Menu 27 - 33 (mittags)/48 und à la carte 37/113 – **Le Mandar** - chinesische Küche - (im Sommer nur Abendessen) (geschl. Ende April - Ende Ju Okt. - Anfang Dez. und Montag im Sommer) **Menu** à la carte 47/87 – **62 Zi** ⊇ 220/510, Vorsaison ⊇ 155/350 – ½ P Zuschl. 40.

♦ Zentral und an der Hauptstrasse gelegen, bietet das Haus zeitgemäss ausgestatte Zimmer, wo der Gast nach einem ereignisreichen Urlaubstag erholsamen Schlaf finde Le Lapin Bleu mit rustikaler Einrichtung und einer breiten Auswahl an gutbürgerliche Speisen.

Posthotel, via dal Vout 3, ℰ 0818 322 121, info@posthotel-stmoritz.c Fax 0818 338 973, ≤, ⇌s – ⫴ 📺 ⇌ – ☒ 35. ⓐⓔ ⓞ ⓜⓞ ⓥⓘⓢⓐ ✂ Rest
7. Dez. - 6. April und 25. Mai - 14. Okt. – **Menu** (nur Abendessen für Hotelgäste) **60 Zim** ⊇ 255/560, Vorsaison ⊇ 165/380 – ½ P Zuschl. 35.

♦ Hinter einem Torbogen findet man den Eingang zum Hotel, in dessen vordere Teil man in modernen Zimmern nächtigt. Die Räume im hinteren Teil sind etwas e facher und älter.

La Margna, via Serlas 5, ℰ 0818 366 600, info@lamargna.ch, Fax 0818 366 6C ≤, 常, ⇌s, – ⫴ 📺 – ☒ 15/40. ⓐⓔ ⓞ ⓜⓞ ⓥⓘⓢⓐ ✂ Rest
15. Dez. - 30. März und 1. Juni - 4. Okt. – **Menu** 19 - 52 (abends) und à la carte 50/1C – **62 Zim** ⊇ 200/450, Vorsaison ⊇ 150/340 – ½ P Zuschl. 40.

♦ Durch die schöne Halle mit Kreuzgewölbedecke schreitend, begibt sich der Urlaub gast in sein Zimmer, das mit Naturholzmöbeln - meist mit Sitzecke - rustikal gestalt ist. Rustikales Stüvetta und gepflegter, klassischer Speisesaal.

Waldhaus am See ⚐, via Dim Lej 6, ℰ 0818 366 000, waldhaus.am.see@b ewin.ch, Fax 0818 366 060, ≤ St. Moritz, See und Berge, ⇌s – ⫴ 📺 video 📞 ⇌ P. ⓐⓔ ⓞ ⓜⓞ ⓥⓘⓢⓐ ✂ Rest
Menu à la carte 31/87 – **51 Zim** ⊇ 185/400, Vorsaison ⊇ 125/270 – ½ P Zuschl. 1

♦ Außer der ruhigen Lage am See und der wohl schönsten Sicht auf den mondän Wintersportort findet man hier wohnliche, im regionalen Stil eingerichte Arvenholzzimmer. Restaurant mit begehbarem Humidor und riesiger Auswahl a Whiskys.

Albana, via Maistra 6, ℰ 0818 366 161, albana@bluewin.ch, Fax 0818 366 16 ⓕ₆, ⇌s – ⫴ 📺 📞 ⓐⓔ ⓞ ⓜⓞ ⓥⓘⓢⓐ ⓙⓒⓑ ✂ Rest
Grill (geschl. Nov.) (im Sommer nur Abendessen) **Menu** 18 - 70 und à la carte 70/13 – **74 Zim** ⊇ 285/530, Vorsaison ⊇ 155/350 – ½ P Zuschl. 35.

♦ Besondere Erwähnung verdient die hauseigene Sammlung an Jagdtrophäen. Wä rend die Zimmer in den oberen Stockwerken renoviert wurden, sind die übrigen no älteren Datums. Im neu gestalteten Grill serviert man Gerichte aus einer interna onalen Auswahl.

Eden ⚐ garni, via Veglia 12, ℰ 0818 308 100, edenstmoritz@bluewin.c Fax 0818 308 101, ≤ St. Moritz und Berge – ⫴ 📺 📞 P. ⓜⓞ ⓥⓘⓢⓐ ⓙⓒⓑ
13. Dez. - 14. April und 13. Juni - 15. Okt. – **35 Zim** ⊇ 208/405, Vorsaison ⊇ 124/23

♦ Nicht nur von der schönen Sommerterrasse, sondern auch vom gemütlichen Au enthaltsraum und den verschieden eingerichteten Zimmern hat man eine traumhaf Aussicht.

SANKT MORITZ

Nolda und Noldapark, via Crasta 3 / via G. Segantini 51, ☎ 0818 330 575, *info @nolda.ch, Fax 0818 338 751,* ≤, ƒ₆, ≦s, 🖼 – 🛗 📺 ⇔ 🅿, 🅰🅴 🆎 VISA JCB. ℅ Rest   Y k
15. Dez. - 20. April und 15. Juni - 18. Okt. – **Menu** 40 (abends) und à la carte 40/77 – **63 Zim** ⊇ 180/440, Vorsaison ⊇ 120/200, 8 Suiten – ½ P Zuschl. 40.

♦ Das Noldapark überzeugt mit Wellneseinrichtungen und Suiten ; im Nolda, ca. 5 Gehminuten entfernt, sind der Empfang und die etwas einfacheren Standardzimmer untergebracht. Das renovierte à la carte-Restaurant liegt im Nolda.

Languard ℅ garni, via Veglia 14, ☎ 0818 333 137, *languard@bluewin.ch, Fax 0818 334 546,* ≤ St. Moritz und Berge – 🛗 📺 ✆ 🅿, 🅰🅴 🅞 🆎 VISA JCB   Z t
7. Dez. - 26. April und 6. Juni - 25. Okt. – **22 Zim** ⊇ 140/360, Vorsaison ⊇ 85/200.

♦ Das kleine Familienhotel liegt ruhig im oberen Ortsteil. Aus verschieden eingerichteten Zimmern bietet sich dem Gast eine sehr schöne Sicht auf St. Moritz und die Berge.

Corvatsch, via Tegiatscha 1, ☎ 0818 375 757, *corvatsch@bluewin.ch, Fax 0818 375 758,* 😊 – 🛗 📺 ✆ 🚻 ⇔ 🅿, 🅰🅴 🅞 🆎 VISA JCB. ℅ Zim   Y n
1. Dez. - 20. April und 31. Mai - 18. Okt. – **Menu** 23 - 48 (abends) und à la carte 45/81 – **26 Zim** ⊇ 160/280, Vorsaison ⊇ 105/190 – ½ P Zuschl. 38.

♦ Vom älteren Gebäude hat man es nicht weit zum "Lej da San Murezzan". Einfache und gemütlich mit rustikalem Massivholz eingerichtete Zimmer empfangen den Erholungsuchenden. Im Restaurant mit typischer Stube und Terrasse auf dem Trottoir.

XX **Jörimann's Refugium,** via Dim Lej 1, ☎ 0818 333 000, *Fax 0818 333 232,* 😊
ξ₃ – 🅰🅴 🅞 🆎 VISA   X v
geschl. 28. April - 31. Mai, 2. Nov. - 4. Dez., Mittwoch und Donnerstag von Juni - Mitte Juli und Ende Aug. - Ende Okt. – **Menu** (Tischbestellung erforderlich) 60 (mittags)/185 und à la carte (nur mittags) 72/152.

♦ In dem modern-rustikal eingerichteten Lokal wählt der Feinschmecker am Abend sein kreatives Gourmetmenu. Mittags serviert man aus einem etwas einfacheren à la carte-Angebot.
Spez. Variationen von der Gänseleber. Rücken vom Engadiner Kräuterlamm. Harmonie von der Holunderblüte

XX **Meierei** 🅼 ℅ mit Zim, Nord-Ost : Über Seepromenade und Spazierweg (via Dim Lej X. Zufahrt mit dem Auto für Hotelgäste gestattet), ☎ 0818 333 242, *info@hotel-meierei.ch, Fax 0818 338 838,* ≤ Berge, 😊, ≦s, 🐎 – 📺 ✆ 🅿, 🅰🅴 🅞 🆎 VISA
21. Dez. - 6. April und 22. Juni - 28. Sept. – **Menu** (geschl. Montagmittag) 22 - 40 (abends) und à la carte 50/93 – **8 Zim** ⊇ 150/320, Vorsaison ⊇ 115/250 – ½ P Zuschl. 40.

♦ In den schönen, modernen Zimmern oder im Restaurant mit Terrasse geniesst man in traumhafter Berglandschaft die absolute Ruhe und die wunderbare Sicht auf die Berge.

X **Chasellas,** via Suvretta 22 (Süd-West : 2,5 km über via Somplaz Y), ☎ 0818 333 854, *Fax 0818 344 300,* ≤, 😊 – 🅰🅴 🅞 🆎 VISA
15. Dez. - 5. April und 28. Juni - 20. Sept. – **Menu** (mittags nur kleine Karte) (Tischbestellung ratsam) 110 (abends) und à la carte 63/131.

♦ Während sich hier mittags die Skifahrer auf der Terrasse einfach verpflegen, herrscht am Abend gemütliches Ambiente beim Verzehr von gutbürgerlichen Gerichten.

uf der Corviglia mit Standseilbahn erreichbar :

XX **Mathis Food Affairs,** (Höhe 2488 m), ☎ 0818 336 355, *info@mathisfood.ch, Fax 0818 338 581,* ≤ Berge und Tal, 😊 – 🅰🅴 🅞 🆎 VISA
1. Dez. - 21. April (nur Mittagessen) (im Sommer nur Self-Service) – **La Marmite** : **Menu** à la carte 51/168 – **Brasserie** : **Menu** à la carte 40/98.

♦ Im La Marmite beweist Herr Mathis : Man kann auch in einem Skigebiet auf 2488 Metern Höhe auf gehobenem Niveau einem anspruchsvolleren Gaumen gerecht werden. Einfacher geht es in der lebendigen Brasserie zu.

SANKT MORITZ

in Champfèr Süd-West : 3 km – Höhe 1820 – ⊠ 7512 Champfèr :

Chesa Guardalej, ✆ 0818 366 300, info@chesa-guardalej.ch, Fax 0818 366 3C ≤, 佘, Wellness-Center, 14, ≤s, 🖼, 🚗 – 🗐 TV ✆ ⇔ ℙ – 🏊 15/40. 🅰🅔 ⓒ 🅜🅒 𝐕𝐈𝐒𝐀. ℅ Rest
Hotel und Rest. Jenatsch geschl. 22. April. - 18. Juni – **Jenatsch** (n. Abendessen) Menu 65 und à la carte 55/101 – **Stüva dal Postigliu** (geschl. 27. April - 2. Juni und Sonntag - Montag vom 3. - 18. Juni) Menu und à la carte 49/104 – **91 Zim** ⇌ 375/660, Vorsaison ⇌ 170/340, 4 Suiten ½ P Zuschl. 55.
• Im Haupthaus und den 5 Nebengebäuden - alle im regionalen Stil gebaut und unte irdisch miteinander verbunden - wohnt man in hellen, wohnlich gestalteten Zimmer Geschmackvolles Jenatsch mit klassischem Angebot. Stüva dal Postigliun mit rus kaler Einrichtung.

Jöhri's Talvo, via Gunels 15, ✆ 0818 334 455, info@talvo.ch, Fax 0818 330 56 佘 – 🄿, 🅰🅔 ⓒ 🅜🅒 𝐕𝐈𝐒𝐀. ℅
19. Dez. - 4. April, 19. Juni - 11. Okt. – **Menu** (geschl. im Winter Montag und Dien: tagmittag ausser Hochsaison ; im Sommer Montag und Dienstag) 82 (mittags)/18 und à la carte 110/198.
• In diesem sehr schönen, mit Geschmack renovierten Bündnerhaus aus dem 17. J kann sich der Geniesser ganztägig mit kreativ zubereiteten Gerichten verwöhne lassen.
Spez. Lauwarmer Hummersalat an altem Balsamessig. Bouillabaisse "Talvo". Sch koladen-Variation.

SANKT NIKLAUSEN 6066 Obwalden (OW) **217** ⑨ – Höhe 839.
Bern 107 – Luzern 24 – Altdorf 48 – Cham 46 – Engelberg 34 – Sarnen 6 Stans 12.

Alpenblick, Melchtalerstrasse, ✆ 0416 601 591, ≤ Bergpanorama, 佘 – 🄿. ⓒ 🅜🅒 𝐕𝐈𝐒𝐀
geschl. 24. - 31. Dez., 1 Woche Februar, 3 Wochen Juli - Aug., Montag und Diensta – **Menu** (Tischbestellung ratsam) 60/109 – **Kräuterstube :** Menu 17.50 - 54 und la carte 31/84.
• Das hell und freundlich wirkende Haus bewirtet seine Gäste in einem gediegen Stübli, in dem eine zeitgemässe, internationale Karte aufliegt. Auch von d Kräuterstube eine schöne Sicht auf die Berge. Sorgfältig zubereitete traditione Speisen.

SANKT PELAGIBERG 9225 Thurgau (TG) **216** ⑩ – Höhe 570.
Bern 197 – Sankt Gallen 12 – Bregenz 45 – Frauenfeld 43 – Konstanz 32 – W terthur 52.

Sankt Pelagius, (hinter der Kirche) St. Pelagibergstr. 76, ✆ 0714 331 43 wirtschaft-st.pelagius@bluewin.ch, Fax 0714 331 440 – 🄿. 🅰🅔 ⓒ 🅜🅒 𝐕𝐈𝐒𝐀
geschl. 16. - 31. März, 14. - 27. Juli, Montag und Dienstag – **Menu** (Tischbestellur erforderlich) 120 und à la carte 60/130.
• Einen schönen Aufenthalt verspricht das angenehme Ambiente diese Restaurants. Den Gast erwarten Zubereitungen einer klassischen französische Küche.

SANKT PETERZELL 9127 Sankt Gallen (SG) **216** ⑳ – 1244 Ew. – Höhe 701.
Bern 207 – Sankt Gallen 24 – Appenzell 23 – Buchs 54 – Rapperswil 35 – Winte thur 58.

Rössli, Dorf 27, ✆ 0713 771 215, info@roessli-peterzell.ch, Fax 0713 771 759, 佘 – 🄿. 🅰🅔 ⓒ 🅜🅒 𝐕𝐈𝐒𝐀 𝐉𝐂𝐁
geschl. Weihnachten, 26. Jan. - 11. Feb., 5. - 12. April, 5. - 22. Juli, 4. - 11. Okt., Monta und Dienstag – **Menu** 17 - 108 und à la carte 43/151.
• In diesem ziemlich abgelegenen Haus wählt der Hungrige die Gaststube zum Verze eines einfachen Gerichtes oder das Restaurant, falls gutbürgerliche Speisen bevo zugt werden.

Benutzen Sie die **Grünen** *Michelin-Reiseführer,*
wenn Sie eine Stadt oder Region kennenlernen wollen.

ANTA MARIA I. M. 7536 Graubünden (GR) 218 ⑰ – 389 Ew. – Höhe 1 388 – Wintersport: 🎿.

🛈 Tourismus Sta. Maria-Valchava, ℰ 0818 585 727, Fax 0818 586 297.

Bern 348 – Scuol 63 – Chur 138 – Davos 73 – Merano 69 – Sankt Moritz 69.

Schweizerhof, ℰ 0818 585 124, hotel.schweizerhof.santa-maria@bluewin.ch, Fax 0818 585 009, ≤, 🌳, 🍽 – 🛗, ⇌ Rest, 📺 🅿 🆎 ⓞ ⑳ 𝒱𝐼𝒮𝒜. ※ Rest
geschl. 16. Nov. - 20. Dez. und 7. - 31. Jan. - **Menu** 37 (abends) und à la carte 40/65 – **27 Zim** ⇌ 110/250 – ½ P Zuschl. 30.

* Das klassische, 1903 eröffnete Hotel mit zwei schönen Salons und beeindruckender Aussicht beherbergt die Gäste in einfach eingerichteten Zimmern von unterschiedlicher Grösse. Restaurantbereich mit Speisesaal, zwei rustikalen Stuben und einer Terrasse.

Alpina, ℰ 0818 585 117, alpina@santamaria.ch, Fax 0818 585 697, 🌳 – 🛗 📺 ⇌ 🅿 ⑳ 𝒱𝐼𝒮𝒜
geschl. 10. Nov. - 20. Dez. - **Menu** 17.50 - 27 (mittags) und à la carte 28/66 – **18 Zim** ⇌ 85/180 – ½ P Zuschl. 15.

* In diesem ehemaligen Patrizierhaus an der Ortsdurchfahrt übernachtet der Gast in ausreichend geräumigen, mit soliden Naturholzmöbeln ausgestatteten Zimmern. Ländliche Gaststube und mit Arvenholz getäfertes Restaurant.

Crusch Alba, ℰ 0818 585 106, Fax 0818 586 149, 🌳, 🍽 – ⇌ Zim, 📺 ℰ ⑳
Menu (geschl. Samstag und Sonntag) à la carte 26/65 – **13 Zim** ⇌ 76/128 – ½ P Zuschl. 25.

* Die Zimmer des im 15. Jh. im regionalen Stil gebauten Hauses im Dorfkern sind mit ihrer rustikalen Einrichtung zwar einfach, aber nicht ohne Charme gemütlich eingerichtet. Kleines, mit altem Arvenholz gestaltetes Stübli mit antiken Einrichtungsgegenständen.

XX **Piz Umbrail** (Wanninger) mit Zim, Via Maistra 41, ℰ 0818 585 505, info@pizumbrail.ch, Fax 0818 586 150 – ⇌ Zim, 📺 ℰ. 🆎 ⑳ 𝒱𝐼𝒮𝒜. ※ Rest
21. Dez. - 9. Jan. und 19. April - Anfang Nov. - **Menu** (Tischbestellung ratsam) 120 und à la carte 62/114 – **3 Zim** ⇌ 100/180 – ½ P Zuschl. 65.

* Eine alte Pferdestation aus dem 17. Jahrhundert : Sowohl die Cuschina Naira mit offenem Kamin als auch die zeitgemässe Küche verdienen Ihre besondere Beachtung. **Spez.** In Bergkräutern marinierter Lammrücken mit Bärlauchpesto (April - Juni). Kartoffel-Trüffelravioli (Juli - Okt.). Wild aus einheimischer Jagd (Sept. - Nov.).

ÄRISWIL 3044 Bern (BE) 216 ⑭ – Höhe 640.

Bern 15 – Biel 27 – Fribourg 40 – Neuchâtel 47.

XX **Zum Rössli**, Staatsstr. 125, ℰ 0318 293 373, kaufmann@roessli-saeriswil.ch, Fax 0318 293 873, ≤, 🌳 – 🅿 🆎 ⓞ ⑳ 𝒱𝐼𝒮𝒜
geschl. 15. - 28. Feb., 7. - 29. Juli, Dienstag von Okt. - Juni, Sonntag von Juli - Sept. und Montag - **Menu** 16.50 - 36 (mittags)/78 und à la carte 43/91.

* Im Berner Bauernhaus a. d. 19. Jh. hat man die Wahl zwischen den gemütlichen, rustikalen Stuben und dem modernen Wintergarten mit schöner Aussicht. Traditionelle Küche.

ARNEN 6060 K Obwalden (OW) 217 ⑨ – 9 231 Ew. – Höhe 473.

🛈 Sarnen Tourismus, Hofstr. 2, ℰ 0416 665 040, info@sarnen-tourism.ch, Fax 0416 665 045.

🏌 Brünigstr. 131, ℰ 0416 620 991, Fax 0416 620 994.

Bern 106 – Luzern 20 – Altdorf 44 – Brienz 34.

Krone, Brünigstr. 130, ℰ 0416 660 909, hotelkrone@bluewin.ch, Fax 0416 660 910, 🌳 – 🛗, ⇌ Zim, 📺 ♿ 🅿 – 🪑 15/200. 🆎 ⓞ ⑳ 𝒱𝐼𝒮𝒜
Les Quatre Saisons (geschl. Sonntag) **Menu** 44/91 und à la carte 54/107 – **Huang Guan** - chinesische Küche - (geschl. 15. Juli - 13. Aug., Montag und Dienstag) **Menu** 18.50 - 52/95 und à la carte 46/93 – **Batzenhof :** **Menu** 17.50 - und à la carte 37/90 – **59 Zim** ⇌ 150/210 – ½ P Zuschl. 35.

* Das Hotel liegt an der Hauptstrasse im Ortszentrum. Durch eine helle, moderne Halle gelangen Sie in solide und funktionell ausgestattete Gästezimmer, teils mit Balkon. Teils klassisch, teils rustikal : Les Quatre Saisons. Asiatisches Dekor ziert das Huang Guan.

SARNEN

XX **Zum Landenberg,** Jordanstr. 1, ℰ 0416 601 212, *gasthaus-zum-landenberg@luewin.ch*, Fax 0416 601 256, 😊 – AE ① ◎ VISA. ※
geschl. 2. - 23. März, Sonntag und Montag – **Andiamo :** Menu 19.50 und à la car
41/99.

• Das Haus Zum Landenberg beherbergt das Restaurant Andiamo - über eine Au
sentreppe erreicht der Gast dieses modern gestaltete Restaurant.

in Kägiswil *Nord : 3,5 km – Höhe 484 –* ✉ *6056 Kägiswil :*

XX **Adler,** Brünigstr. 7, ℰ 0416 667 755, *adler.kaegiswil@bluewin.c*
Fax 0416 667 756, 😊 – P. AE ① ◎ VISA
geschl. 25. Feb. - 5. März, 29. Juli - 13. Aug., Dienstagabend und Mittwoch – **Stübl
Menu** 38 (mittags)/85 und à la carte 57/87 – **Gaststube :** Menu 17 und à la car
36/79.

• Im hinteren Bereich des Restaurants werden im à la carte-Teil moderne, aufwend
bereitete Speisen serviert. Über die seitliche Terrasse betritt der Gast das rustika
Stübli, wo ihn eine regional geprägte Auswahl an sorgfältig zubereiteten Gericht
erwartet.

in Wilen *Süd-West : 3 km – Höhe 506 –* ✉ *6062 Wilen :*

🏨 **Wilerbad** M ※, ℰ 0416 627 070, *wilerbad@tic.ch*, Fax 0416 627 08
⇐ Sarnersee und Berge, 😊, ≋, 🏛, – 📺 📞 P – 🛎 15/100. AE ① ◎ V
Taptim Thai - thailändische Küche – **Menu** 17 - 72 (abends) und à la carte 45/84
Vivaldi : Menu 18 - 32 (mittags) und à la carte 40/89 – **57 Zim** ⊆ 120/240
½ P Zuschl. 38.

• Das moderne Geschäftshotel liegt sehr ruhig oberhalb des Sees. Die geräumig
Zimmer bieten neben der Aussicht eine funktionelle Einrichtung mit zeitgemässe
Komfort. Vivaldi mit Terrasse, die einen schönen Blick auf den Sarnersee und d
Berge gewährt.

SATIGNY 1242 Genève (GE) **217** ⑪ – 2 509 h. – alt. 485.
*Bern 170 – Genève 11 – Bellegarde-sur-Valserine 33 – Divonne-les-Bains 23 – Oyo
nax 63.*

à Peney-Dessus *Sud : 3 km par rte de Dardagny et voie privée –* ✉ *1242 Satigny :*

XXXX **Domaine de Châteauvieux** (Chevrier) ※ avec ch, ℰ 0227 531 511, *chat
❀❀ uvieux@bluewin.ch*, Fax 0227 531 924, ⇐, 😊, – 📺 📞 P – 🛎 15. AE ① ◎ V
fermé 22 déc. au 6 janv., 20 au 28 avril et 27 juil. au 11 août – **Repas** *(fermé di
et lundi)* 86 (midi)/210 et à la carte 168/233 – **17 ch** ⊆ 175/395.

• Au cœur du vignoble, ancienne ferme aménagée en hostellerie campagnar
Luxueuse salle à manger propice à la dégustation d'une exquise cuisine arrosée
crus prestigieux.
Spéc. Le homard breton rôti sur un risotto à la truffe blanche d'Alba (oct. - nov
Le porcelet de la ferme d'Ormalingen rôti et laqué aux fèves et jus réduit à la sariett
Gibier (fin sept. - début janv.).

à Peney-Dessous *Sud : 3 km –* ✉ *1242 Satigny :*

X **Café de Peney,** 130 rte d'Aire-la-Ville, ℰ 0227 531 755, Fax 0227 531 760, 😊
– AE ① ◎ VISA
fermé 21 déc. au 6 janv. et 27 juil. au 11 août – **Repas** (prévenir) 19 - 50/82 et
la carte 63/92.

• Deux salles au sympathique "look" bistrot, un jardin d'hiver et une terrasse dress
dans la cour intérieure : voici pour le cadre. Côté table : carte et prix attractifs.

SAULCY 2873 Jura (JU) **216** ⑬ ⑭ – 271 h. – alt. 910.
Bern 75 – Delémont 21 – Basel 67 – Biel 40 – La Chaux-de-Fonds 42.

🏨 **Bellevue,** ℰ 0324 334 532, Fax 0324 334 693, ⇐, 😊 – 📺 P – 🛎 15. [
◎ VISA
fermé fév., mardi et merc. sauf juil. - sept. – **Repas** 14 et à la carte 36/78 – **11 c
⊆ 70/150 – ½ P suppl. 30.

• Belle bâtisse offrant une vue sur la vallée et les monts du Jura. Chambres pe
sonnalisées, certaines dotées de lits à baldaquin. Le restaurant, sur deux niveaux, e
empreint d'un charme agestre. Le chef vous concocte des mets traditionnels.

SAVOGNIN 7460 Graubünden (GR) 218 ⑭ – 944 Ew. – Höhe 1 210 – Wintersport : 1 210/2 713 m ⤓2 ⤒13 ⛷.
Lokale Veranstaltungen
01.03 : "Chalandamarz" alter Frühlingsbrauch und Kinderfest.
🛈 Savognin Tourismus im Surses, Stradung, ☏ 0816 591 616, ferien@savognin.ch, Fax 0816 591 617.
Bern 290 – Sankt Moritz 39 – Chur 49 – Davos 40.

🏨 **Bela Riva,** veia Grava 1, ☏ 0816 842 425, info@bela-riva.ch, Fax 0816 843 505, 👁 ☕ – 📺 📞 🅿 AE ⓜⓞ VISA
geschl. 1. Juni - 1. Juli, 17. Nov. - 6. Dez., Montag und Dienstag in der Zwischensaison – **Menu** 13.50 - 125 (abends) und à la carte 60/108 – **13 Zim** ⇌ 105/220, Vorsaison ⇌ 65/170 – ½ P Zuschl. 30.
♦ Dieses im regionalen Chaletstil gebaute Hotel offeriert seinen Gästen einfache, mit rustikalem Naturholzmobiliar zweckmässig eingerichtete Zimmer von ausreichender Grösse. Ländliche Gaststube mit traditionellem Angebot.

🏨 **Romana,** Veia Davos Tga Clo 2, ☏ 0816 841 544, info@hotel-romana.ch, Fax 0816 843 707, ☕ – 📺 🅿 ⓘ ⓜⓞ VISA
8. Dez. - 21. April und 29. Mai - 31. Okt. – **Menu** (geschl. Dienstag in der Zwischensaison) (nur Abendessen) à la carte 46/88 – **13 Zim** ⇌ 110/210, Vorsaison ⇌ 65/130 – ½ P Zuschl. 30.
♦ In diesem familiär geführten Haus im unteren Dorfteil übernachtet man in mit hellen Holzmöbeln etwas verschieden eingerichteten Zimmern mit Standardkomfort. Vielfältige Gastronomie : einfache Gaststube, gemütlich-rustikale Pizzeria und gehobenes Restaurant.

SCHAAN Fürstentum Liechtenstein 216 ㉒ – siehe Seite 508.

SCHAFFHAUSEN (SCHAFFHOUSE)

8200 K *Schaffhausen (SH)* 216 ⑦ ⑧ *– 33 274 Ew. – Höhe 404*

Bern 158 ④ *–* Zürich *50* ④ *– Baden 69* ④ *– Basel 99* ④ *– Konstanz 56* ② *– Tuttlingen 53* ①*.*

🯄 *Schaffhausen Tourismus, Fronwagplatz 4,* ✆ *0526 255 141, info@schaffhausen-tourismus.ch, Fax 0526 255 143* A.
✾ *Vordergasse 32,* ✆ *0526 300 000, Fax 0526 300 009* B.
🅐 *Schwertstr. 6* ✆ *0526 242 874, Fax 0526 300 740* A.

🛏 *Rheinblick in Lottstetten-Nack,* ✉ *D-79807 (Feb.-Nov.)* ✆ *(0049) 77 45 92 960, Fax (0049) 77 45 92 96 13, über* ④ *dann Lottstetten, Nack : 19 km*
🛏 *Obere Alp in Stühlingen,* ✉ *D-79780 (April-Nov.)* ✆ *(0049) 77 03 92 030, Fax (0049) 77 03 92 03 18, über* ① *: 20 km.*

Sehenswert : *Altstadt*★ *: Aussichtspunkt*★*, Vordergasse*★ B.
Museum : *Museum zu Allerheiligen*★ B **M¹** *– Hallen für neue Kunst* B **M²**.
Ausflugziel : *Rheinfall*★★ *über* ③ *oder* ④.

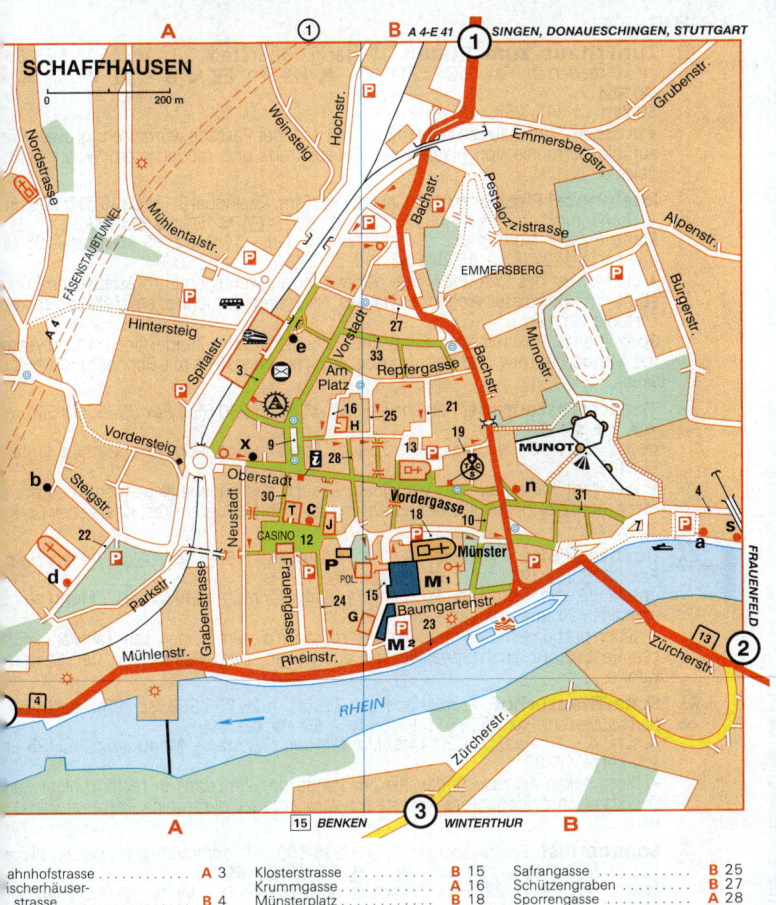

ahnhofstrasse	**A** 3	Klosterstrasse	**B** 15	Safrangasse	**B** 25
ischerhäuser-		Krummgasse	**A** 16	Schützengraben	**B** 27
strasse	**B** 4	Münsterplatz	**B** 18	Sporrengasse	**A** 28
reierplatz	**B** 7	Pfarrhofgasse	**B** 19	Tanne	**A** 30
ronwag Platz	**A** 9	Pfrundhausgasse	**B** 21	Unterstadt	**B** 31
oldsteinstrasse	**B** 10	Promenadenstrasse	**A** 22	Vorstadt	**A**
errenacker	**A** 12	Rheinuferstrasse	**B** 23	Vordergasse	**AB**
irchhofplatz	**B** 13	Rosengasse	**A** 24	Webergasse	**B** 33

Bahnhof, Bahnhofstr. 46, ✉ 8200, ✆ 0526 241 924, *mail@hotelbahnhof.ch*, Fax 0526 247 479 – 🛗, ⚞ Zim, 📺 ✆ 🅿 – 🛁 15/60. AE ⓘ ⓜ⊙ VISA **A e**
geschl. 24. Dez. - 2. Jan. und Rest. auch 27. Jan. - 8. Feb. – **Menu** 17 und à la carte 38/84 – **52 Zim** ⚏ 150/270 – ½ P Zuschl. 35.
◆ Wie der Name schon vermuten lässt, liegt dieses Hotel gegenüber dem Bahnhof. Die Zimmer werden laufend renoviert ; dementsprechend unterschiedlich ist deren Ausstattung. Einfaches Restaurant mit moderner Einrichtung und massiver Holzbalkendecke.

Promenade, Fäsenstaubstr. 43, ✆ 0526 307 777, *hotel.promenade@swissonline.ch*, Fax 0526 307 778, 🌳, ⚞s, 🎾 – 🛗 📺 ✆ 🅿 – 🛁 15/30. AE ⓘ ⓜ⊙ VISA **A b**
geschl. 22. Dez. - 10. Jan. – **Menu** 31 und à la carte 35/86 – **37 Zim** ⚏ 126/225 – ½ P Zuschl. 28.
◆ Das Hotel liegt ausserhalb des Zentrums relativ ruhig in einer Wohngegend. Die mit hellen Furnierholzmöbeln zweckmässig eingerichteten Zimmer haben meist eine kleine Sitzecke. Kleines, bürgerlich dekoriertes Restaurant.

SCHAFFHAUSEN

Zunfthaus zum Rüden M garni, Oberstadt 20, ☏ 0526 323 63
info@rueden.ch, Fax 0526 323 637 – 📶, ⇌ Zim, TV 📞 ♿ – 🏔 15/40. AE ⓘ
MC VISA
30 Zim ⊆ 145/250.
♦ In diesem Zunfthaus aus dem 18. Jh. mit schöner Fassade wurde sehr grosser We
auf die Harmonie von historischer Bausubstanz und modernstem Wohnkomfo
gelegt.

Rheinhotel Fischerzunft (Jaeger) mit Zim, Rheinquai 8, ☏ 0526 320 505, in
@fischerzunft.ch, Fax 0526 320 513, ≤, 🌂 – TV 📞 AE ⓘ MC VISA
Menu (geschl. Montag und Dienstag vom 8. Jan. - 31. März) 95 (mittags)/195 u
à la carte 122/183 – **10 Zim** ⊆ 190/330.
♦ Ein Meister des "Yin und Yang", einer sehr aufwendigen Euro-Asiatischen Küch
steht am Herd dieses eleganten Hauses. Nach dem Essgenuss empfehlen sich kor
fortable Zimmer.
Spez. Bento Box mit vier asiatischen Köstlichkeiten. Zanderfilet an Currysau
mit Mango-Chutney und Reis. Neuseeländisches Rindsfilet mit Bohnen und Gewür
sauce

Theaterrestaurant, Herrenacker 23, ☏ 0526 250 558, Fax 0526 250 594, ≲
– 🅿. AE ⓘ MC VISA
geschl. 24. - 30. Dez., 13. Juli - 3. Aug., Sonntag und Montag – **Menu** à la car
55/105.
♦ Was liegt näher, als sich vor einem Besuch des danebenliegenden Theaters i
modernen, gleichnamigen Restaurant ein sorgfältig zubereitetes, klasssiches Geric
zu gönnen.

Gerberstube, Bachstr. 8, ☏ 0526 252 155, info@gerberstube.c
Fax 0526 243 193, 🌂 – AE ⓘ MC VISA
geschl. 26. Jan. - 10. Feb., 20. Juli - 11. Aug., Sonntag und Montag – **Menu** 38 - 5
(mittags)/94 und à la carte 61/139.
♦ Neben gutbürgerlichen Speisen serviert man in diesem kleinen, sehr familiär gefüh
ten Restaurant auch Spezialitäten aus Italien, dem Heimatland der Besitze
familie.

Schaffhauserhof, Promenadenstr. 21, ☏ 0526 255 800, schaffhauserhof@
haffhausen.ch, Fax 0526 255 830, 🌂 – AE ⓘ MC VISA
geschl. 4. - 17. Feb., 7. - 20. Okt., Montag und Dienstag – **Menu** 19.50 - 52/95 u
à la carte 44/96.
♦ Diese solide Adresse finden Sie am Rande des Zentrums in recht ruhiger Lag
Das klassisch eingerichtete Restaurant wird ergänzt durch eine Terrasse vor de
Haus.

Sommerlust, Rheinhaldenstr. 8, ☏ 0526 300 060, sommerlust@swissworld.co
Fax 0526 300 061, 🌂, 🌳 – 🅿. 🏔 30. AE MC VISA
geschl. 27. Jan. - 27. Feb., Dienstag und Mittwoch – **Menu** 27 und à la car
56/88.
♦ Man nennt sich nicht nur Kulturgaststätte, sondern man wird mit Konzerten u
Kunstausstellungen seinem Namen auch gerecht. Der Essgenuss kommt allerdin
auch nicht zu kurz.

in Herblingen über ① : 3 km – ✉ 8207 Schaffhausen 7 :

Hohberg M, Schweizersbildstr. 20, ☏ 0526 434 249, hotel.hohberg@swisswo
.com, Fax 0526 431 400, 🌂 – ⇌ Zim, TV 📞 🅿. AE ⓘ MC VISA
Menu 18 und à la carte 37/97 – **19 Zim** ⊆ 115/190.
♦ Will man etwas ausserhalb der Stadt übernachten, empfiehlt sich das Hotel Hohbe
mit seinen verschieden eingerichteten, jedoch durchweg modernen Zimmern. Bei
Essen kann man in der nur durch eine Glasscheibe abgetrennten Reithalle dem Tra
ning zusehen.

in Neuhausen am Rheinfall über ④ : 2 km – Höhe 397 – ✉ 8212 Neuhause
am Rheinfall :

Rosenburg, Schaffhauserstr. 27, ☏ 0526 722 644, Fax 0526 723 605, 🌂 –
AE ⓘ MC VISA
geschl. 24. - 30. Dez., 20. Juli - 11. Aug., Sonntag und Montag – **Menu** (Tischbestellur
ratsam) 38 (mittags)/68 und à la carte 51/101.
♦ Hinter einer unscheinbaren Fassade verbirgt sich dieses bürgerliche Restaurar
in welchem man neben traditionellen Speisen auch asiatische Spezialitäte
zubereitet.

CHANGNAU 6197 Bern (BE) 217 ⑦ – 953 Ew. – Höhe 933.
Bern 55 – Langnau im E. 26 – Luzern 63 – Thun 20.

Kemmeriboden-Bad Süd-Ost : 8 km – Höhe 979 – ✉ 6197 Schangnau :

Kemmeriboden-Bad ⑤, ✆ 0344 937 777, hotel@kemmeriboden.ch, Fax 0344 937 770, ≤, 佘, 庞 – 劇 TV ✆ & P – ▲ 40. AE ① ⑩ VISA
geschl. 9. - 27. Dez. – **Menu** (geschl. Montag von Nov. - April und Sonntagabend) 25 - 49 (abends) und à la carte 41/80 – **29 Zim** ⇌ 101/196 – ½ P Zuschl. 45.

◆ Der schöne alte Landgasthof liegt eingebettet in eine idyllische Alpenlandschaft am Ende des Tales. Die meisten Zimmer sind renoviert und bieten zeitgemässen Komfort. Mit einfacher Wirtschaft und zwei mit hellem Holz rustikal und gemütlich gestalteten Stuben.

CHEUNENBERG Bern (BE) 216 ⑭ – Höhe 487 – ✉ 3251 Wengi b. Büren.
Bern 21 – Biel/Bienne 14 – Burgdorf 28 – Neuchâtel 42 – Solothurn 26.

Sonne, ✆ 0323 891 545, sonne-scheunenberg@bluewin.ch, Fax 0323 891 536, 佘, 庞 – P. AE ① ⑩ VISA
geschl. Weihnachten, 10. Feb. - 5. März, 15. - 23. Sept., Montag und Dienstag – **Menu** 17 - 55 (mittags)/129 und à la carte 77/146.

◆ Schon die Lage in dem kleinen Weiler und die typische Fassade des alten Berner Bauernhauses stimmen auf den Genuss von interessanten Gerichten in den angenehmen Stuben ein.

CHLARIGNA Graubünden 218 ⑮ – siehe Celerina.

CHLATT B. APPENZELL Appenzell Innerrhoden 216 ㉑ – siehe Appenzell.

CHMERIKON 8716 Sankt Gallen (SG) 216 ⑲ ⑳ – Höhe 408.
Bern 177 – Zürich 45 – Frauenfeld 54 – Glarus 27 – Sankt Gallen 51.

Strandhotel M ⑤, Allmeindstrasse, ✆ 0552 825 600, info@strand-hotel.ch, Fax 0552 824 571, ≤, 佘 – TV ✆. AE ⑩ VISA
Menu - italienische Küche - (geschl. 10. Jan. - 20. Feb. und Donnerstag ausser Juni bis Sept.) à la carte 47/85 – **12 Zim** ⇌ 120/160.

◆ Mit schöner Aussicht : Im direkt am See ruhig gelegenen Hotel kann der Gast in Zimmern und Appartements, die geschmackvoll im mediterranen Stil renoviert wurden, übernachten. Grosse Terrasse und rustikales Restaurant.

CHNEISINGEN 5425 Aargau (AG) 216 ⑦ – 1 234 Ew. – Höhe 485.
Bern 127 – Aarau 47 – Baden 10 – Schaffhausen 61 – Zürich 32.

Alpenrösli, in Mittelschneisingen, Dorfstr. 26, ✆ 0562 411 901, Fax 0562 411 914, 佘 – ① ⑩ VISA
geschl. 8. April - 1. Mai, 27. Sept. - 15. Okt., Dienstag und Mittwoch – **Menu** 17.50 - 70 und à la carte 51/96.

◆ Im Alpenrösli, im Ortsteil Mittelschneisingen gelegen, kann der Hungrige in verschiedenen, ländlich dekorierten Räumen sein Gericht aus einer bürgerlichen Karte wählen.

CHÖNBÜHL 3322 Bern (BE) 216 ⑮ – Höhe 526.
Bern 12 – Biel 30 – Burgdorf 12 – Neuchâtel 50 – Solothurn 26.

Schönbühl mit Zim, Alte Bernstr. 11, ✆ 0318 596 969, info@gasthof-schoenbuehl.ch, Fax 0318 596 905, 佘, 庞 – 劇 ↔ TV P – ▲ 15/60. ① ⑩ VISA
geschl. 21. - 27. Dez. und Mittwoch – **Menu** 17.50 - 75 und à la carte 40/95 – **12 Zim** ⇌ 99/159 – ½ P Zuschl. 25.

◆ Im Zentrum des Ortes finden Sie diesen traditionellen Berner Landgasthof a. d. 19. Jh. - behagliche Stuben laden hier zum Verweilen ein. Einfache, saubere Zimmer.

SCHÖNENWERD 5012 Solothurn (SO) 216 ⑯ – 4717 Ew. – Höhe 379.
Museum : Schuhmuseum★★.
Bern 74 – Aarau 5 – Baden 31 – Basel 55 – Luzern 52 – Solothurn 43 – Zürich 4

Storchen, Oltnerstr. 16, ℘ 0628 584 747, info@hotelstorchen.c
Fax 0628 584 700, 🍴 – 🛗, ↹ Zim, 🍽 Rest, 📺 📞 🅿 – 🏊 15/200. 🆎 (
🔵 VISA
geschl. Weihnachten - Neujahr – **à la cARTe** : Menu 45 (mittags) und à la car
46/95 – **Giardino** : Menu 17 und à la carte 38/89 – **30 Zim** ⊇ 143/225 – ½ P Zusc
30.

• In diesem soliden Geschäftshotel an der Hauptstrasse stehen funktionell ausg
stattete Gästezimmer zum Einzug bereit, die meist über ein gutes Platzangebot ve
fügen. Modern zeigt sich das à la cARTe. Im Giardino bietet man italienische ur
bürgerliche Speisen.

SCHÖNRIED Bern 217 ⑮ – siehe Gstaad.

SCHÜPFEN 3054 Bern (BE) 216 ⑭ – 3181 Ew. – Höhe 519.
Bern 15 – Biel 19 – Burgdorf 25 – Neuchâtel 48 – Solothurn 37.

Bahnhof, Bernstr. 7, ℘ 0318 791 108, h.fritsch@bluewin.ch, Fax 0318 720 13
🍴 – 📺 🅿 – 🏊 15. 🆎 🔵 VISA
Menu (geschl. Donnerstag) 15 und à la carte 30/82 – **10 Zim** ⊇ 95/140 – ½ P Zusc
25.

• Wie der Name schon vermuten lässt, kann man gegenüber dem kleinen Bahnh
in modernen, mit hellen Furnierholzmöbeln zweckmässig eingerichtete
Zimmern übernachten. Mit einfacher, rustikaler Gaststube und gehobenerem Resta
rantteil.

SCHWÄGALP Appenzell Ausserrhoden (AR) 216 ㉑ – Höhe 1352 – ✉ 9107 Urnäsch.
Ausflugsziel : Säntis★★★ Ost mit Luftseilbahn.
Bern 212 – Sankt Gallen 31 – Appenzell 22 – Buchs 42 – Herisau 21 – Rapperswil 4

Schwägalp ⋙, ℘ 0713 656 600, kontakt@saentisbahn.ch, Fax 0713 656 6C
≤ Säntis, 🍴 – 🛗 📺 📞 🅿. 🆎 🔵 VISA
Menu 22 und à la carte 32/92 – **28 Zim** ⊇ 95/165 – ½ P Zuschl. 37.

• Das grosse Haus mit Holzfassade ist Ausgangspunkt zur Fahrt auf den Säntis. Diese
kann man auch von den funktionell mit einfachen Holzmöbeln eingerichteten Zir
mern bewundern. Grosse Terrasse und schlichtes Restaurant unterhalb des Alps
einmassivs.

SCHWARZENBURG 3150 Bern (BE) 217 ⑤ ⑥ – Höhe 792.
🅱 Verkehrsbüro, Dorfplatz 22, ℘ 0317 311 391, Fax 0317 313 211.
Bern 19 – Fribourg 17 – Thun 31.

Sonne, Dorfplatz 3, ℘ 0317 312 121, info@sonne-schwarzenburg.c
Fax 0317 311 651, 🍴 – 🛗, ↹ Zim, 📺 📞 🅿. 🆎 ⓞ 🔵 VISA
Menu (geschl. Sonntag) 16 - 56 und à la carte 38/86 – **19 Zim** ⊇ 90/150 – ½ P Zusc
30.

• Im Herzen des Schwarzenburgerlandes gelegen, ist dieses Hotel ein günstiger Au
gangspunkt um die Umgebung zu erkunden. Die hellen Zimmer sind zweckmäss
ausgestattet.

SCHWARZSEE 1711 Freiburg (FR) 217 ⑤ – Höhe 1050 – Wintersport : 1050/1750
⛷ 2.
Sehenswert : Lage★.
Lokale Veranstaltungen
22.06 : Schwingfest Schwarzsee
21.08. - 30.08. : Country Festival.
🅱 Tourismusbüro, ℘ 0264 121 313, info@schwarzsee-tourismus.c
Fax 0264 121 339.
Bern 42 – Fribourg 27 – Montreux 75 – Thun 54.

SCHWARZSEE

Primerose au Lac, ℘ 0264 127 272, information@hotel-primerose.com, Fax 0264 127 273, ≤ Schwarzsee und Berge, 🍴, 🛌, 🛋, 🛁 - 📞 📺 ♨ 🚶 🚗
P - 🏊 15/80. AE ⓘ ⓜ VISA. ❀ Rest
geschl. Ende Nov. - 20. Dez. und April – **Menu** 19 - 25/85 und à la carte 43/105 – **50 Zim** 🏠 160/250 – ½ P Zuschl. 43.

◆ Nachdem man den wunderschönen Ausblick vom Balkon seines ruhigen, geräumigen Zimmers genossen hat, steht einer ausgiebigen Erkundung der Freiburger Alpen nichts mehr im Wege. Holzofenpizza und bürgerliche Küche.

Bad, ℘ 0264 121 104, info@badschwarzsee.ch, Fax 0264 121 822, ≤, 🍴 –
📺 P. ⓜ VISA
geschl. 15. Nov. - 15. Dez. – **Menu** 22 und à la carte 51/96 – **20 Zim** 🏠 80/140 – ½ P Zuschl. 35.

◆ Nah am See, oberhalb der neuen öffentlichen Freizeitanlage, kann der Erholungsuchende hier in einfachen, rustikal ausgestatteten Zimmern mit schöner Aussicht übernachten. Typisch dekoriertes Restaurant und Terrasse.

Wenn Sie ein ruhiges Hotel suchen, benutzen Sie die Übersichtskarte in der Einleitung oder wählen Sie ein Hotel mit dem entsprechenden Zeichen ⚜

SCHWEFELBERG BAD Bern (BE) **217** ⑥ – Höhe 1 398 – ✉ 1738 Sangernboden.
Bern 61 – Interlaken 58 – Fribourg 35 – Thun 31.

Romantik Hotel Schwefelberg-Bad, ℘ 0264 198 888, info@schwefel bergbad.ch, Fax 0264 198 844, ≤, 🍴, 🛌, 🛋, 🏊, ✱, ♨, 🌡 - 📞 📺 ♨ P. ⓜ VISA. ❀
geschl. 22. April - 15. Mai und 27. Okt. - 27. Dez. – **Menu** 15.50 - 40/75 und à la carte 38/114 – **35 Zim** 🏠 145/290 – ½ P Zuschl. 25.

◆ Schon im 16. Jh. wurden die romantisch in einer schönen Alpenlandschaft gelegenen Schwefelquellen genutzt. Das Hotel bietet sehr ruhige Zimmer mit gutem Komfort. Idyllische Speiseterrasse und rustikales Restaurant.

SCHWYZ 6430 K Schwyz (SZ) **218** ① – 13 620 Ew. – Höhe 501.

Sehenswert: Bundesbriefarchiv★ A – Kanzel★ der Pfarrkirche St. Martin B.
Ausflugsziel: Rigi-Scheidegg★★ über ② : 12 km und Luftseilbahn – Strasse zum Ibergeregg-Pass★ : Ibergeregg : Aussicht★ Ost über Rickenbachstrasse Ost : 11,5 km – Höllochgrotte★ Süd-Ost über Grundstrasse : 16 km.

🛈 Infostelle Schwyz, Oberer Steisteg 14, ℘ 0418 101 991, infoschwyz@wbs.ch, Fax 0418 193 488.

❀ Bahnhofstr. 3, ℘ 0418 174 646, Fax 0418 174 601.

Bern 154 ② – Luzern 37 ② – Altdorf 19 ① – Einsiedeln 27 ③ – Glarus 68 ③

SCHWYZ

ahnhofstrasse	A
rundstrasse	B
auptplatz	B 3
errengasse	A
irzengasse	B 4
Maria Hilfe Strasse	A 6
ostplatz	B 7
eichsgasse	B 8
eichsstrasse	B 9
ickenbachstrasse	B
iedstrasse	AB
t. Martinsstrasse	A
chmiedgasse	AB 10
chulgasse	B 11
chützenstrasse	B 12
edlergasse	B 13
onnenplätzli	B
trehlgasse	B 15

Die Stadtpläne
ind eingenordet
Norden = oben).

413

SCHWYZ

Wysses Rössli, Hauptplatz 3, ☎ 0418 111 922, info@roessli-schwyz.c
Fax 0418 111 046, 🍴 – 🛗, ⇥ Zim, 📺 ⚒ ♿ ⇌ – 🅿 15/30. 🆎 ⓒ
🆗 VISA
geschl. 22. Dez. - 6. Jan. – **Turmstube** : Menu 37/75 und à la carte 42/99
Wirtschaft : Menu 19 - 27 und à la carte 38/88 – **27 Zim** ⇌ 140/240 – ½ P Zusch
30.

◆ Das unter Denkmalschutz stehende Gasthaus liegt neben dem schönen Rathaus a
Dorfplatz. Die Zimmer bieten viel Platz und ausreichenden Wohnkomfort. Turmstub
mit Täfer a. d. 17. Jh. und klassischem Angebot. Einfacher, aber lebendig geht's
der Wirtschaft zu.

Richtung Einsieden Nord-West über ③ : 5,5 km – ✉ 6422 Steinen :

Adelboden (Wiget), Schlagstrasse, ☎ 0418 321 242, franz.wiget@bluewin.c
Fax 0418 321 942, ≤, 🍴 🆎 ⓒ 🆗 VISA
geschl. 18. Feb. - 6. März, 22. Juli - 7. Aug., Sonntag und Montag – **Menu** 5
(mittags)/130 und à la carte 85/139.

◆ Folgt man der Kantonsstrasse nach Pfäffikon, ist das alte Bauernhaus mit de
schönen, heimeligen Stuben kaum zu verfehlen. Besondere Beachtung verdient c
zeitgemässe Küche.
Spez. Gänseleber auf vier Arten mit Bitterorangen Marmelade. Muotathaler Rehr
cken mit Portweinkirschen und Selleriepüree (Herbst). Karamelisiertes Apfeltartelet
mit Rosmarin

SCUOL (SCHULS) 7550 Graubünden (GR) 218 ⑦ – 2 134 Ew. – Höhe 1 244 – Wintersport 1 244/2 783 m ≰2 ≰9 ≼ – Kurort.

Sehenswert : *Lage*★.
Ausflugsziel : *Strasse nach Ardez★ West – Kreuzberg★ : Ansicht★★ von Schlo
Tarasp über ② : 6 km.*

🏌 in Vulpera, ✉ 7552 (Ende Mai - Anfang Okt.) ☎ 0818 649 68
Fax 0818 649 689.
Lokale Veranstaltung
01.03 : "Chalandamarz" alter Frühlingsbrauch und Kinderfest.
🅱 Scuol Information, ☎ 0818 612 222, info@scuol.ch, Fax 0818 612 223.
Bern 330 ② – Chur 106 ② – Davos 49 ① – Landeck 614 ① – Merano 105 ②
Sankt Moritz 62 ②

Stadtplan siehe nächste Seite

Belvedere, Stradun 330, ☎ 0818 610 606, belvedere@spin.c
Fax 0818 610 600, ≤, 🍴, ≘s, 🏊, 🌳 – 🛗, ⇥ Zim, 📺 ⚒ 🅿 – 🅿 15/30. 🆎 ⓒ
🆗 VISA. ⌘ Rest
geschl. 21. April - 25. Mai – **Menu** (nur Abendessen im Sommer) 52/85 und à la car
51/103 – **60 Zim** ⇌ 135/330, Vorsaison ⇌ 120/300 – ½ P Zuschl. 20.

◆ Neben den modernen, komplett renovierten Zimmern findet man auch ältere m
einfacher, rustikaler Einrichtung vor. Einladend präsentiert sich die Halle mit Bar u
Salon. Helles, mit Arvenholztäfer rustikal gestaltetes Restaurant.

Altana 🅼, Via Staziun 496, ☎ 0818 611 111, hotel@altana.ch, Fax 0818 611 11
≤, 🍴, 🌳 – 🛗 📺 ⚒ ♿ ⇌ 🅿 🆎 ⓒ 🆗 VISA
15. Dez. - 29. März und 6. Juni - 25. Okt. – **Menu** 23 – 54 (abends) und à l
carte 42/97 – **22 Zim** ⇌ 160/320, Vorsaison ⇌ 135/270, 2 Suiten – ½ P Zusch
30.

◆ Unterhalb des Bahnhofs gelegen, offeriert dieses Hotel seinen Gästen Zimme
verschiedener Grösse, die mit massiven Erlenholzmöbeln und moderne
Ausstattung aufwarten. Das Restaurant präsentiert sich in hellen, frische
Farben.

Engiadina 🅼 ⌘, Rablüzza 152, ☎ 0818 641 421, engiadina-scuol@bluewin.c
Fax 0818 641 245 – ⇥ 📺 ⚒ 🆗 VISA. ⌘ Zim
Hotel : 14. Dez. - 21. April und 29. Mai - 25. Okt. ; Rest : 14. Dez. - 29. März, 18. Ju
- 18. Okt. ; geschl. Sonntag und Montag – **Gourmet-Stübli** (nur Abendessen) (Tisc
bestellung erforderlich) (nur Menu) **Menu** 83 – **Ustaria** : Menu à la carte zirka 4
– **12 Zim** ⇌ 180/254, Vorsaison ⇌ 120/224 – ½ P Zuschl. 75.

◆ Das schöne Engadiner Haus aus dem 16. Jh. liegt ruhig im alten Dorfkern. In beha
lichen, modern im rustikalen Stil eingerichteten Zimmern geniesst der Gast sein
Aufenthalt. Holzgetäfertes Gourmet-Stübli mit angenehmem Ambiente. Heimelig
Ustaria.

Chasa Belvair M, Stradun, ☏ 0818 612 500, *info@belvair.ch*, Fax 0818 612 550, 🏔 – 📶 📺 📞 ♿ 🚗. ❄ Rest   **B** r
geschl. 28. April - 23. Mai – **Menu** 20 - 45 (abends) und à la carte 45/89 – **Schü-San**
- chinesische Küche - *(geschl. Montag von Mitte April - Mitte Dez.)* **Menu** 16
und à la carte 46/81 – **33 Zim** ⚏ 170/320, Vorsaison ⚏ 138/246 – ½ P
Zuschl. 15.
♦ Mitten im Ort kann der Urlaubsgast in Zimmern, die mit hellen Holzmöbeln modern
eingerichtet sind und neben einem Balkon eine kleine Sitzecke aufweisen, übernachten. Bürgerliches Restaurant mit Terrasse.

Bellaval, Ftanerstrasse, ☏ 0818 641 481, *info@bellaval-scuol.ch*,
Fax 0818 640 010, ≤, 🍽, 🌿 – 📶 📺 🅿 ⓜⓞ 𝗩𝗜𝗦𝗔   **A** v
geschl. 20. Okt. - 14. Dez. und 27. April - 6. Juni – **Menu** 18 - 25 (mittags)/59
und à la carte 46/84 – **23 Zim** ⚏ 105/256, Vorsaison ⚏ 95/216 – ½ P
Zuschl. 30.
♦ Das Hotel mit der etwas ungewöhnlichen Natursteinfassade neben der Bergbahn
beherbergt seine Gäste in mit soliden Holzmöbeln zweckmässig ausgestatteten Zimmern. Rustikal eingerichtetes Restaurant.

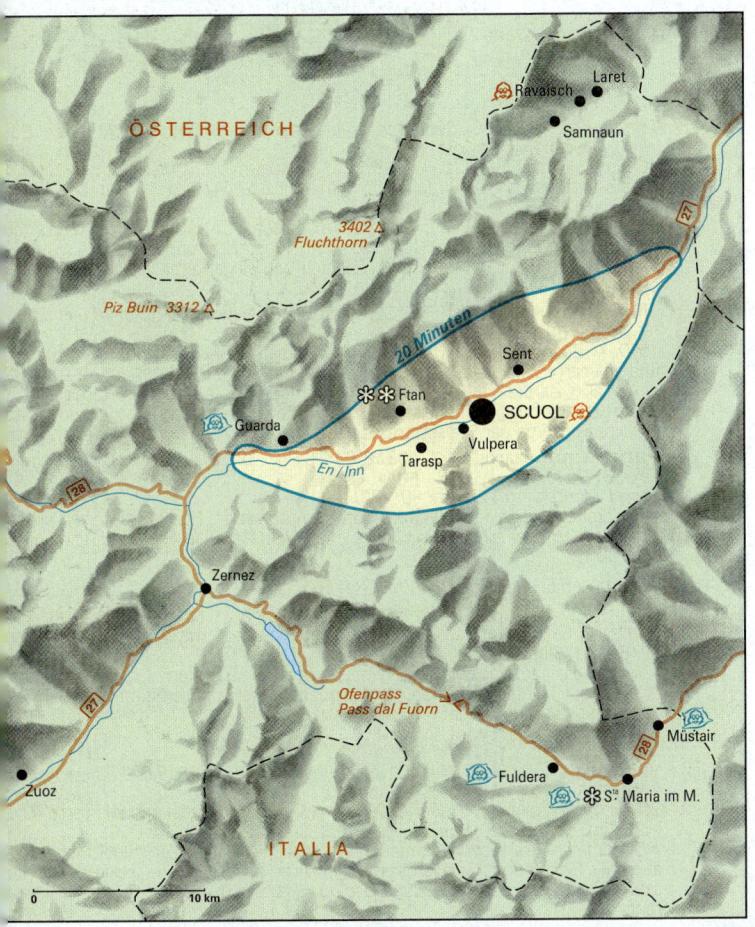

SCUOL

Bagnera	**B** 2
Bahnhofstrasse	**A** 3
Bogns (Via dals)	**B** 4
Büglgrond	**B** 6
Ftan (Via da)	**A** 7
Gurlaina	**B** 9
Ospidal (Via da l')	**B** 10
Punt	**B**
Stradun	**AB**
Sviamaint (Via da)	**AB**

🏨 **Traube**, ℘ 0818 610 700, hotel@traube.ch, Fax 0818 610 777, 🍴, 🛁s – 📺 🅿 AE ⓘ ⓜ VISA. ✂ Rest
B
16. Dez. - 20. April und 16. Juni - 25. Okt. - **Menu** (geschl. Dienstag und Mittwo jeweils mittags) 19 - 42/66 (abends) und à la carte 44/82 - **20 Zim** ⌂ 120/24 Vorsaison ⌂ 100/200 – ½ P Zuschl. 40.
 ♦ Dem im Dorfkern gelegenen Haus sieht man heute seinen Ursprung als Mühle kau mehr an. Der Zimmerbereich ist unterschiedlich gestaltet und reicht von rustikal b modern. Restaurant mit ländlichem Rahmen und eleganterer Speisesaal für Pen onsgäste.

🏨 **Filli**, Chantröven, ℘ 0818 649 927, hotel.filli@bluewin.ch, Fax 0818 641 336, 🍴, 🚗 – 📺 🅿 ⓜ VISA
A
15. Dez. und 24. Mai - 19. Okt. - **Menu** - italienische Küche - 17 - 49 (abenc und à la carte 53/87 – **21 Zim** ⌂ 115/240, Vorsaison ⌂ 98/200 – ½ P Zuschl. 2
 ♦ Auffällig ist die schöne, farbenfroh bemalte Fassade dieses Hotels. Die m hellem Holzmobiliar eingerichteten Zimmer bieten dem Erholungsuchenden Sta dardkomfort. Von der Speiseterrasse hat man eine schöne Sicht auf die Umgebur

🏨 **Panorama** garni, ℘ 0818 641 071, panorama.scuol@bluewin.c Fax 0818 641 935, ≤, 🚗 – 📺 🅿 ⓜ VISA. ✂ geschl. Montag – **14 Zim** ⌂ 90/170.
 ♦ Die Zimmer dieses kleinen Familienhotels, unterhalb des Bahnhofs gelegen, sind m rustikalem Mobiliar eingerichtet. Wärmende Sonnenstrahlen geniesst man auf d Südbalkonen.

in Sent über ① : 3,5 km – Höhe 1 440 – ✉ 7554 Sent

🏨 **Rezia** 🐕, ℘ 0818 641 292, info@rezia.ch, Fax 0818 649 398, 🍴 – ⓜ VISA 20. Dez. - 26. April und 1. Mai - 1. Nov. – **Menu** (geschl. Dienstag) 16 - 54 und à la car 39/81 – **17 Zim** ⌂ 105/190 – ½ P Zuschl. 30.
 ♦ In dem kleinen, verschlafen liegenden Engadiner Bergdorf Sent erholt sich d Urlaubsgast in den einfachen, verschieden ausgestatteten Zimmern des Rez Diverse Restaurationsräume.

in Vulpera über ② : 3 km – Höhe 1 268 – ✉ 7552 Vulpera :

🏨 **Villa Post** 🐕, ℘ 0818 641 112, info@villa-post.ch, Fax 0818 649 585, ≤, 🍴, – 🛗 📺 ♿ 🚗 🅿 – 🛎 100. AE ⓜ VISA
20. Dez. - 11. April und 7. Juni - 10. Okt. – **Menu** 64 (abends) und à la carte 48/ – **26 Zim** ⌂ 140/320, Vorsaison ⌂ 120/280 – ½ P Zuschl. 30.
 ♦ Die Zimmer der Landvilla mit modernem Anbau wurden mit Arvenholzmöbeln te auch mit Fichtenholz für Allergiker eingerichtet. Besuchen Sie das kleine Hotelm seum im Keller. Mit schönem Jugendstil-Arvensaal und klassisch-rustikalem Resta rant.

SCUOL

🏨 **Villa Maria**, ℘ 0818 641 138, info@villamaria.ch, Fax 0818 649 161, ≤, 斎, 🚗
– TV P. AE ① ⓜⓒ VISA
21. Dez. - 5. April und 25. Mai - 1. Nov. – **Menu** *32 - 44 (mittags)/104 und à la carte 55/117 –* **15 Zim** ⊇ *146/284, Vorsaison* ⊇ *114/250 – ½ P Zuschl. 35.*
♦ An der Strasse von Vulpera nach Tarasp findet man dieses abgelegene Haus. In Zimmern, die mit hellem Naturholz möbliert sind, erholt sich der Gast von seinem Tagesprogramm. Restaurant im Untergeschoss, Käsespezialitäten gibt es nebenan im Fonduestübli.

🏨 **Villa Engiadina** ⑤, ℘ 0818 612 244, hotel@villa-engiadina.ch, Fax 0818 612 266, ≤ Scuol und Berge, 斎, 🚗 – TV P. ① ⓜⓒ VISA. ※ Zim
21. Dez. - 30. März und 16. Mai - 19. Okt. – **Menu** *45 (abends) und à la carte 38/80
–* **19 Zim** ⊇ *130/300, Vorsaison* ⊇ *110/220 – ½ P Zuschl. 40.*
♦ Speziell in verschneiter Winterlandschaft macht diese renovierte Jugendstilvilla aus dem Jahre 1902 mit sehr individuell eingerichteten Zimmern einen märchenhaften Eindruck. Mit idyllischer Speiseterrasse und einfachem Restaurant.

n Tarasp *über* ② *: 6 km – Höhe 1414 – Wintersport : 1 470/1 570 m ⼆2 ⼺12 ⻝ –*
✉ *7553 Tarasp.*
Sehenswert *: Schloss Tarasp★.*

Lokale Veranstaltung
12.07 : Schlossfest "200 Jahre".

🛈 *Verkehrsverein Tarasp-Vulpera, ℘ 0818 612 052,* tarasp-vulpera@bluewin.ch, *Fax 0818 612 051*

🏨 **Schlosshotel Chastè** ⑤, Sparsels, ℘ 0818 613 060, chaste@bluewin.ch, Fax 0818 613 061, ≤ Schloss von Tarasp und Berge, 斎, ≘s, 🚗 – TV video ⊸
P. AE ① ⓜⓒ VISA. ※ Rest
22. Dez. - 5. April und 1. Juni - 18. Okt. – **Menu** *(geschl. Montag und Dienstag) 80/110 und à la carte 65/119 –* **19 Zim** ⊇ *180/360 – ½ P Zuschl. 50.*
♦ Dieses Engadiner Haus wurde zu einem wahren Schmuckstück ausgebaut. Die traumhafte Lage, die wunderbare Sicht und die sehr behaglichen Zimmer lohnen den Besuch. Mit heimischem Arvenholz rustikal und sehr schön eingerichtete Gaststube.

EDRUN *7188 Graubünden (GR)* **218** ① ② *– Höhe 1 441 – Wintersport : 1 441/2 350 m
⼺12 ⻝.*
⛷ *(Mai - Okt.) ℘ 0819 492 324, Fax 0819 492 326, 6 km Richtung Andermatt.*
🚗 *Sedrun - Andermatt, Information ℘ 0819 491 137.*
🛈 *Sedrun Disentis Tourismus, ℘ 0819 204 030, Fax 0819 204 039.*
Bern 190 – Andermatt 18 – Altdorf 42 – Bellinzona 102 – Chur 71.

🏨 **Oberalp**, via Alpsu 48, ℘ 0819 491 155, info@hotel-oberalp.ch, Fax 0819 491 994, ≤, 斎, ≘s, ☐, 🚗 – 🛗 TV P. VISA
19. Dez. - 29. März und 7. Juni - 30. Okt. – **Menu** *15 - 41/70 und à la carte 37/81
–* **30 Zim** ⊇ *95/250, Vorsaison* ⊇ *75/200 – ½ P Zuschl. 30.*
♦ Nach sportlicher Betätigung im Kletterraum oder im grossen Garten mit Schwimmbad : Seine ersehnte Nachtruhe findet der Gast in den zweckmässig ausgestatteten Zimmern. Einfache Gaststube und gehobene, mit hellem Holz eingerichtete Stiva Tujetschina.

🏨 **Soliva** M, via Alpsu 83, ℘ 0819 491 114, hotelsoliva@surselva.ch, Fax 0819 492 100, ≤, 斎, ≘s, 🚗 – 🛗 TV ☎ P. AE ⓜⓒ VISA
Menu *17.50 und à la carte 38/90 –* **18 Zim** ⊇ *85/180, Vorsaison* ⊇ *80/160 – ½ P Zuschl. 25.*
♦ Dieses schöne, im regionalen Stil renovierte Bündnerhaus liegt im Dorfzentrum. Der Urlaubsgast schläft in Zimmern, die mit hellem Weichholzmobiliar wohnlich eingerichtet sind. Rustikale Gaststuben.

🏠 **La Cruna**, via Alpsu 65, ℘ 0819 204 040, info@hotelcruna.ch, Fax 0819 204 045, 斎, ≘s, – 🛗, ⇌ Zim –, 🏛 15/50. AE ① ⓜⓒ VISA JCB. ※ Rest
*geschl. 17. März - 15. April, Anfang Nov. - 15. Dez. und Montag in der Zwischensaison
–* **Menu** *17.50 und à la carte 39/73 –* **27 Zim** ⊇ *105/220, Vorsaison* ⊇ *70/160 –
½ P Zuschl. 32.*
♦ Schon die Fassade der Krone macht einen vielversprechenden Eindruck. Während die mit Geschmack renovierten Zimmer die Erwartungen erfüllen, sind die älteren recht einfach. Gutes regionales Angebot im angenehmen Ambiente der Tavertscher-Gaststube von 1796.

SEDRUN

Mira, Via Alpsu 105, ☏ 0819 491 182, info@hotel-mira.ch, Fax 0819 492 371,
— 🍴 – TV P. AE ⓘ ⓜ VISA JCB
19. Dez. - 7. April und 16. Mai - 9. Nov. – **Menu** (geschl. Dienstag in der Zwischensaiso
18.50 - 22 (mittags) und à la carte 40/72 – **21 Zim** ⌑ 100/170, Vorsaison ⌑ 55/1
– ½ P Zuschl. 35.
• Die Zimmer dieses im ortstypischen Stil gebauten Hotels bieten dem Durchre
senden bei praktischer Ausstattung Standardkomfort und eine schöne Aussicht. Ei
fache Gaststube und zur Strasse hin gelegene Speiseterrasse.

SEEBACH Zürich 216 ⑱ – siehe Zürich.

SEEDORF 3267 Bern (BE) 216 ⑭ – Höhe 565.
Bern 22 – Biel 17 – Fribourg 38 – Neuchâtel 40 – Solothurn 34.

in Aspi bei Seedorf Nord-West : 1,5 km – Höhe 520 – ✉ 3267 Seedorf :

Kreuz, Bernstr. 147, ☏ 0323 921 363, Fax 0323 924 647, 🍴 – P. AE ⓘ ⓜ V
geschl. Montag und Dienstag – **Menu** 18.50 und à la carte 35/90.
• Hinter der einfachen Wirtschaft empfängt die Gäste das mit hellen Farben ur
Holztäferdecke neo-rustikal gestaltete Restaurant, in dem man traditionelle Speise
serviert.

in Baggwil Süd-Ost : 0,5 km – Höhe 605 – ✉ 3267 Seedorf :

Curtovino, Bernstr. 204, ☏ 0323 925 532, info@curtovino.ch, 🍴 – P. ⓘ ⓒ
VISA
geschl. 22. Dez. - 4. Jan., Samstagmittag, Sonntag und Montag – **Menu** 16.50 - 62 ur
à la carte 49/88.
• Im modernen Gasthaus mit einem kleinen Gartenbiotop wählt der interessierte Ga
den passenden "Traubensaft" mit Hilfe des Wirtes aus dem reich bestückten Wei
keller aus.

SEENGEN 5707 Aargau (AG) 216 ⑰ – 2 476 Ew. – Höhe 479.
Bern 104 – Aarau 23 – Baden 27 – Luzern 36 – Zürich 47.

Hallwyl, Boniswilerstr. 17, ☏ 0627 771 114, Fax 0627 771 598, 🍴 – TV
ⓜ VISA
Menu 20 - 70 und à la carte 35/86 – **8 Zim** ⌑ 95/160 – ½ P Zuschl. 35.
• Dieser kleine Landgasthof offeriert dem Durchreisenden einfache, aber gepflegt
Zimmer, die mit hellen Furnierholzmöbeln ausgestattet sind und ausreichend Pla
bieten. Traditionelles Restaurant mit Terrasse.

SEMPACH STATION 6203 Luzern (LU) 216 ⑰ – Höhe 514.
Sehenswert : Aussicht★ bei der Dorfkirche in Kirchbühl.
Bern 101 – Luzern 11 – Olten 43 – Sursee 14.

Sempacherhof M mit Zim, Bahnhofstr. 13, ☏ 0414 697 010, sempacherhof@
luewin.ch, Fax 0414 697 011, 🍴 – TV ☏ P. AE ⓜ VISA. ⁂ Zim
geschl. 26. Juli - 3. Aug., Samstagmittag und Sonntag – **Menu** 18 - 45 (mittags)/1C
und à la carte 45/98 – **5 Zim** ⌑ 98/145.
• Gegenüber dem Bahnhof wird im gediegenen Restaurant eine klassische Karte, auc
mit regionalen Spezialitäten, aufgelegt. Schlaf findet man in modern eingerichtete
Zimmern.

SENT Graubünden 218 ⑦ – siehe Scuol.

SERPIANO 6867 Ticino (TI) 219 ⑧ – alt. 655.
Bern 312 – Lugano 25 – Bellinzona 53 – Varese 14.

Serpiano ⋙, ☏ 0919 862 000, info@serpiano.ch, Fax 0919 862 020, ≤ lago
dintorni, 🍴, ≘s, 🅡, 🐾, ⚕ – 🛗 TV ♿ P. AE ⓜ VISA
marzo - novembre – **Pasto** 24 - 35 ed alla carta 48/86 – **90 cam** ⌑ 115/290 – ½
sup. 35.
• Situazione molto tranquilla, ai bordi di una foresta di querce e di castagni. Dal b
giardino fiorito e dalla terrazza panoramica avete un'ottima vista sul lago e i dintor
Ristorante immerso nel verde che propone una cucina locale-tradizionale.

ERTIG DÖRFLI Graubünden **218** ⑤ – Höhe 1860 – siehe Davos.

ÉZEGNIN Genève (GE) **217** ⑪ – alt. 420 – ✉ 1285 Athénaz.
Bern 178 – Genève 15 – Gex 30 – St-Julien-en-Genevois 18.

✗ **Au Renfort,** 19 rte Creux du Loup, ☏ 0227 561 236, info@renfort.ch, Fax 0227 563 337, 🍴 – **P**. AE ① ⓜ VISA
fermé 26 janv. au 17 fév., 13 au 21 avril, 12 au 20 oct., dim. soir, mardi midi et lundi – **Repas** 17 et à la carte 55/98.
 • Petite auberge, lovée seule en pleine campagne, logeant deux salles de restaurant rustiques où vous sera proposée une carte française étoffée de suggestions du jour.

IERRE 3960 Valais (VS) **217** ⑯ – 13 917 h. – alt. 534.
Voir : Site★ – Intérieur★ de l'Hôtel de Ville.
🛫 à Granges, ✉ 3977 (fév. - déc.) ☏ 0274 584 958, Fax 0274 584 758.
Manifestation locale
19.06 -22.06 : Festival international de la Bande Dessinée.
ℹ Office du Tourisme, 10 place de la Gare, ☏ 0274 558 535, sierre@sierre_anniviers.ch, Fax 0274 558 635.
Bern 168 – Sion 15 – Brig 38.

🏨 **Atlantic,** 38 rte de Sion, ☏ 0274 552 535, hatlantic@vtx.ch, Fax 0274 561 694, 🍴, 🏊, 🌳 – 🛗, ⇄ ch, TV P – 🏋 15/30. AE ① ⓜ VISA
Repas 18 - 39/63 et à la carte 46/79 – **37 ch** ⊇ 90/180 – ½ P suppl. 35.
 • Aux avant-postes de ce bourg valaisan où séjourna Rainer Maria Rilke, hôtel-tour étageant ses chambres grandes et fonctionnelles sur étages. La salle à manger, dans une ambiance un rien conventionnel, prépare des plats traditionnels dévoués à tous les goûts.

🏨 **Casino** sans rest, 19 av. Général Guisan, ☏ 0274 512 393, casinosierre@bluewin.ch, Fax 0274 512 399 – 🛗 TV ☏ 🚗. AE ① ⓜ VISA
30 ch ⊇ 100/180.
 • Située à deux pas de la gare et accessible par une galerie marchande, voici une adresse à retenir. Les chambres, bien insonorisées, sont sobres et pratiques.

✗ **Relais du Château de Villa,** 4 r. Sainte-Catherine, ☏ 0274 551 896, Fax 0274 562 445, 🍴 – AE ① ⓜ VISA
Repas à la carte 34/69.
 • Jolie gentilhommière montant la garde sur les hauts de Sierre, dans un quartier résidentiel jouxtant les vignes. Cuisine et belle cave fidèles au terroir. Charmante terrasse.

Venthône Nord : 5 km par Veyras et route de Montana – alt. 805 – ✉ 3973 Venthône :

✗✗ **Le Château de Venthône,** ☏ 0274 555 443, resto.chateauventhone@netplus.ch, Fax 0274 555 443 – AE ① ⓜ VISA ⇄
fermé 3 sem. en juil., dim. soir et lundi – **Repas** 48 (midi)/75 et à la carte 59/98.
 • Ce château vous reçoit comme un prince dans son donjon habillé de boiseries. L'assiette, d'inspiration méditerranéenne, flirte avec les saveurs du moment.

Salgesch (Salquenen) Ost : 4 km – Höhe 576 – ✉ 3970 Salgesch :

🏨 **Arkanum,** Unterdorfstr. 1, ☏ 0274 512 100, info@hotelarkanum.ch, Fax 0274 512 105 – 🛗, ⇄ Zim, TV ♿ P. ⓜ VISA
geschl. 3. - 31. Jan. – **Menu** (geschl. Sonntagabend und Montag) 18 - 55 und à la carte 50/83 – **28 ch** ⊇ 90/150 – ½ P Zuschl. 25.
 • Standard- und Erlebniszimmer - alle hell und funktionell eingerichtet - sowie die Lage im Herzen des Weindorfes machen das Hotel zu einer netten Adresse für die ganze Familie. Freundliche Gaststube, Weinbar und kleine Terrasse.

🏨 **Rhône,** Bahnhofstr. 80, ☏ 0274 551 838, hotelrhone@bluewin.ch, Fax 0274 551 259 – 🛗 P. AE ① ⓜ VISA
Menu 19 - 25 und à la carte 34/88 – **26 Zim** ⊇ 90/140 – ½ P Zuschl. 35.
 • Praktisch ausgestattete Gästezimmer stehen in diesem Haus zum Einzug bereit. In den Fluren erzeugt eine Sammlung landwirtschaftlicher Accessoires eine ländliche Atmosphäre. In rustikalem Ambiente serviert man Ihnen Speisen einer traditionellen Küche.

SIERRE

à Corin-de-la-Crête Ouest : 2 km par rte Crans-Montana – ✉ 3960 Sierre :

XXX **La Côte** (de Courten), ℘ 0274 551 351, lacote@bluewin.ch, Fax 0274 564 49
❀❀ ≤ vignoble et vallée – 🅿, 𝔸𝔼 ⓂⓄ 𝚅𝙸𝚂𝙰 ᴊᴄʙ
fermé 21 au 29 avril, 7 juil. au 5 août, dim. soir, lundi et mardi – **Repas** 80 (midi)/17
et à la carte 114/148.

♦ Cet élégant restaurant, doté de meubles de style, jouit d'une superbe vu
sur le vignoble et la vallée. Cuisine soignée, personnalisée et en perpétuel
évolution.
Spéc. Une truffe noire cuite dans une petite brioche, crème légère au persil pla
(hiver). Une pomme de terre fondante aux asperges et une noix de ris de veau confi
à l'ail des ours (printemps). Des petites crêpes chaudes fourrées aux abricots et de
textures de chocolat blanc

Nos guides hôteliers, nos guides touristiques et nos cartes routières
sont complémentaires. Utilisez-les ensemble.

SIGIGEN 6019 Luzern (LU) **2**|**1**|**6** ⑰ – Höhe 760.
Bern 82 – Luzern 18 – Olten 51 – Wolhusen 11.

XXX **Pony,** ℘ 0414 953 330, ponysigigen@starnet.ch, Fax 0414 951 337, 🍴 – 🅿.
❀ ⓂⓄ 𝚅𝙸𝚂𝙰
geschl. in Feb. und Aug. jeweils 2 Wochen, Montag und Dienstag – **Menu** 5
(mittags)/105 und à la carte 56/120 – **Gaststube : Menu** 17.50 - und à la car
41/80.

♦ Diese abgelegene Gaststätte empfiehlt sich mit ihrer klassischen Küche, die im he
len, freundlich gestalteten Restaurant mit elegantem Wintergartenvorbau gereicl
wird. Einfacher geht es in der Gaststube zu.

SIGRISWIL 3655 Bern (BE) **2**|**1**|**7** ⑦ – 4 298 Ew. – Höhe 800.
🅱 Gonten-Sigriswil Tourismus, ℘ 0332 511 235, sigriswil@thunersee.c
Fax 0332 510 910.
Bern 41 – Interlaken 19 – Brienz 39 – Spiez 22 – Thun 11.

🏨 **Solbadhotel** 🌿, ℘ 0332 522 525, info@solbadhotel.com, Fax 0332 522 500, <
🍴, 🛌, ≋ 🏊 (Solbad) – 🛗, ⇄ Zim, 📺 📞 🅿 – 🔑 15/120. 𝔸𝔼 ⓄⒹ ⓂⓄ 𝚅𝙸𝚂
❀ Rest
geschl. 5. - 13. Jan. – **Menu** 30 (mittags)/50 und à la carte 43/89 – **58 Zi**
⌕ 140/260 – ½ P Zuschl. 40.

♦ Neben Touristen hat man sich hier auch auf Seminarkundschaft spezialisiert. D
ruhig gelegenen Zimmer bieten mit ihrer hellen, zweckmässigen Einrichtung Sta
dardkomfort. Elegantes, mit seinen grossen Fenstern angenehm hell wirkende
Restaurant.

🏨 **Bären,** ℘ 0332 522 040, baeren@datacomm.ch, Fax 0332 522 041, ≤, 🍴 –
📺 📞 🅿 – 🔑 15/60. 𝔸𝔼 ⓄⒹ ⓂⓄ 𝚅𝙸𝚂𝙰
geschl. 7. - 22. Dez. und 3. - 23. März – **Menu** (geschl. Sonntagabend ur
Montag ausser Juli - Aug.) 21 und à la carte 36/75 – **34 Zim** ⌕ 95/200 – ½ P Zusch
30.

♦ Das traditionelle Landhotel liegt ruhig gegenüber der Kirche. In Zimmern, die m
dunklem Eichenfurnier möbliert sind, geniesst man vom Balkon aus die Sicht auf d
Umgebung. Rustikal eingerichtetes Restaurant im ersten Stock mit vielen Grünpfla
zen.

SIHLBRUGG 6340 Zürich (ZH) **2**|**1**|**6** ⑱ – Höhe 538.
Bern 144 – Zürich 20 – Cham 14 – Einsiedeln 31 – Rapperswil 28.

XX **Krone** mit Zim, ✉ 8816 Hirzel, ℘ 017 298 333, mail@krone-sihlbrugg.c
Fax 017 298 332, 🍴 – 📺 🅿 𝔸𝔼 ⓄⒹ ⓂⓄ 𝚅𝙸𝚂𝙰
geschl. 16. Feb. - 4. März, 13. Juli - 5. Aug., Montagabend, Dienstag und jede dritt
Woche im Monat auch Sonntag und Montagmittag – **Menu** 40 - 56 (mittags)/125 ur
à la carte 61/137 – ⌕ 20 – **5 Zim** 80/135.

♦ Der rustkale Landgasthof a. d. 18. Jh. wird mittlerweile in der 13. Generatic
geführt. In zwei getäferten, angenehmen Stuben serviert man ein modernes un
kreatives Angebot.

ILS MARIA (SEGL MARIA) 7514 Graubünden (GR) 218 ⑮ – Höhe 1815 – Wintersport : 1 815/3 303 m ⛷1 ⛷5 ⛸.

Lokale Veranstaltung
01.03 : "Chalandamarz" alter Frühlingsbrauch und Kinderfest.

🛈 Verkehrsverein, Chesa Cumunela, ☏ 0818 385 050, info@sils.ch, Fax 0818 385 059.

Bern 328 – Sankt Moritz 11 – Chur 86 – Sondrio 89.

Waldhaus 🐾, ☏ 0818 385 100, mail@waldhaus-sils.ch, Fax 0818 385 198, ≤ Berge, 🍽, 🏋, 🍸, 🎱, 🐎, 🎾, 🏊 – 📶 📺 ☎ 🚶 🚗 🅿 – 🔒 15/60. 🆎 ❶ 🆘 🆚. 🍴 Rest
16. Dez. - 23. April und 12. Juni - 25. Okt. – **Menu** à la carte 60/106 – **140 Zim** ☑ 260/610, Vorsaison ☑ 202/468, 10 Suiten – ½ P Zuschl. 50.
♦ Das klassische Hotel aus dem Jahre 1908 liegt ruhig in einem Park. Die Zimmer werden laufend renoviert, sind teils elegant, teils rustikal und durchweg stilvoll möbliert. Gemütlich-rustikales, mit viel Holz verkleidetes Restaurant.

Post M, ☏ 0818 384 444, mail@hotelpostsils.ch, Fax 0818 384 400, 🍽, 🏋, 🍸 – 📶 🍳 📺 ☎ 🚗. 🆎 🆘 🆚. 🍴 Zim
13. Dez. - 21. April und 6. Juni - 20. Okt. – **Menu** 68 und à la carte 54/83 – **38 Zim** ☑ 139/340, Vorsaison ☑ 115/292, 4 Suiten – ½ P Zuschl. 30.
♦ Die Post befindet sich im Zentrum des Ortes. In modernen, gemütlich mit massiven Arvenholzmöbeln eingerichteten Zimmern geniesst der Gast seinen Aufenthalt im Engadin. Das Restaurant wirkt sehr frisch und neuzeitlich.

Maria, ☏ 0818 265 317, hotel-maria@bluewin.ch, Fax 0818 265 064, ≤ – 📶 📺 🚗 🅿. 🍴 Zim
14. Dez. - 27. April und 7. Juni - 2. Nov. – **Stüva Marmoré :** Menu 18 und à la carte 40/85 – **42 Zim** (nur ½ Pens.) ☑ 140/240, Vorsaison ☑ 120/200 – ½ P Zuschl. 35.
♦ In gemütlicher und ungezwungener Atmosphäre verbringt der Erholungsuchende hier seinen Urlaub. Mit viel Holz wohnlich gestaltete Zimmer erwarten den Urlaubsgast. Das Stüva Marmoré zeigt sich im urigen Bündner Stil.

Privata, ☏ 0818 265 247, info@pensiunprivata.ch, Fax 0818 266 183 – 🚗. 🆎 ❶ 🆘 🆚. 🍴
15. Dez. - 22. April und 7. Juni - 12. Okt. – **Menu** (nur ½ Pens. für Hotelgäste) – **25 Zim** ☑ 150/270, Vorsaison ☑ 130/240 – ½ P Zuschl. 20.
♦ Die Familienpension ist in einem für die Region typischen Haus untergebracht. Die Gäste schlafen in einfachen, mit hellem Holzmobiliar rustikal eingerichteten Zimmern.

Sils Baselgia (Segl Baselgia) Nord-West : 1 km – Höhe 1802 – ✉ 7515 Sils Baselgia :

Margna 🐾, ☏ 0818 384 747, info@margna.ch, Fax 0818 384 748, ≤, 🍽, 🍸, 🐎, 🎾, 🏊 – 📶 📺 ☎ 🚗 🅿. 🆘 🆚. 🍴 Rest
14. Dez. - 6. April und 14. Juni - 12. Okt. – **Grill : Menu** à la carte 50/123 – **Stüva : Menu** 25 und à la carte 34/93 – **69 Zim** ☑ 230/500, Vorsaison ☑ 170/380 – ½ P Zuschl. 35.
♦ Das Anfang des 19. Jh. erbaute Patrizierhaus beherbergt seine Gäste in gemütlichen, meist im Engadinerstil eingerichteten Zimmern, oft mit schönem Blick auf die Umgebung. Gediegene Atmosphäre im Grill. Gemütlich-rustikale Stüva.

Chesa Randolina 🐾, ☏ 0818 385 454, hotel@randolina.ch, Fax 0818 385 400, ≤ Berge, 🍽, 🍸, 🐎 – ☎ 🅿. 🆘 🆚. 🍴 Rest
14. Dez. - 20. April und 8. Juni - 18. Okt. – **Menu** (nur ½ Pens. für Hotelgäste) – **38 Zim** ☑ 140/260, Vorsaison ☑ 120/240, 8 Suiten – ½ P Zuschl. 20.
♦ Nach und nach ist aus einer Scheune und Fuhrhalterei dieses Engadinerhaus entstanden. Die solide eingerichteten Zimmer eröffnen einen sehr schönen Blick auf die Berge.

Chesa Grischa, ☏ 0818 265 116, hotelgrischasils@datacomm.ch, Fax 0818 265 049, ≤, 🏋, 🍸 – 📺 🅿. 🆎 🆘 🆚. 🍴 Rest
21. Dez. - 31. März und 16. Mai - 19. Okt. – **Menu** (nur für Hotelgäste) 30 – **26 Zim** ☑ 132/374, Vorsaison ☑ 89/252 – ½ P Zuschl. 10.
♦ Im direkt am Silsee gelegenen Haus kann man in nicht allzu grossen, mit dunklen Eichenholzmöbeln ausgestatteten Zimmern mit Aussicht auf die Berglandschaft übernachten.

SILS MARIA

in Sils-Fextal *Süd : 2 km, über Wanderweg in 30 Minuten erreichbar, oder Hotelbus Höhe 1920 – ✉ 7514 Sils Maria :*

Chesa Pool ⚫, ☎ 0818 385 900, *chesapool@spin.ch*, Fax 0818 385 90
≤ Berge, 🍴, – ⚭ Zim, ☎, ⚯ Rest
21. Dez. – 20. April und 8. Juni - 18. Okt. – **Menu** (abends Tischbestellung erforderlic 39 (abends) und à la carte 35/66 – **24 Zim** (nur ½ Pens.) ⇌ 160/320, Vorsaisc ⇌ 130/280.

♦ Ein Bauernhaus a. d. J. 1585 sowie zwei kleinere Gebäude bilden diese nach ök logischen Richtlinien geführte Adresse. Reizvoll : die idyllische Lage im Fextal. Von de modern-rustikalen Restaurant aus haben Sie eine wunderschöne Sicht auf die Berg

in Fex-Crasia *Süd : 2 km, über Wanderweg in 30 Minuten erreichbar, oder Hotelbus Höhe 1960 – ✉ 7514 Sils Maria :*

Sonne ⚫, ☎ 0818 265 373, *info@hotel-sonne-fex.ch*, Fax 0818 265 96
≤ Berge, 🍴, ≡s, 🍴 – TV ☎ AE ① ⓜ VISA, ⚯ Rest
9. Dez. - 19. April und 2. Juni - 2. Okt. – **Menu** 85 (abends) und à la carte 52/9 – **17 Zim** ⇌ 125/260 – ½ P Zuschl. 45.

♦ Selbstverständlich bringt der Hotelbus Sie und Ihr Gepäck zu diesem ruhig ur idyllisch im Fextal gelegenen Hotel mit sehr schöner Aussicht und gepflegten Zin mern. Traditionelle Mahlzeiten in rustikalem Rahmen.

in Plaun da Lej *Süd-West : 5 km – Höhe 1802 – ✉ 7517 Plaun da Lej :*

Murtaröl, an der Strasse nach Maloja, ☎ 0818 265 350, *rest.murtaroel@blue n.ch*, Fax 0818 265 959, ≤, 🍴 – P, AE ① ⓜ VISA JCB
geschl. 3. Nov. - 17. Dez. und Montag – **Menu** - Fischspezialitäten - (Tischbestellur ratsam) 45 und à la carte 46/105.

♦ Nicht nur wegen der sorgfältig zubereiteten, preiswerten Fischgerichte lohnt sic der Weg zu diesem Restaurant. Die Gäste werden in der Stube oder im Wintergarte bewirtet.

SILS BASELGIA (SEGL BASELGIA) *Graubünden* **218** ⑮ – siehe Sils Maria.

SILS-FEXTAL *Graubünden* **218** ⑮ – siehe Sils Maria.

SILVAPLANA 7513 *Graubünden (GR)* **218** ⑮ – 917 Ew. – Höhe 1816 – Wintersport 1815/3 303 m ⚡2 ⚡6 ⚡.

Ausflugsziel : Piz Corvatsch★★★ Ost : 2 km und Luftseilbahn – Silvaplaner und Sils See★★ Süd.

Lokale Veranstaltungen
25.01 : Schlitteda da Silvaplana, alter Brauch
01.03 : "Chalandamarz", alter Frühlingsbrauch und Kinderfest.

🅱 Kur- und Verkehrsverein, ☎ 0818 386 000, *info@silvaplana.c* Fax 0818 386 009.

Bern 323 – Sankt Moritz 6 – Chur 82 – Sondrio 85.

Albana M, via Vers Mulins, ☎ 0818 289 292, *albana@silvaplana.c* Fax 0818 288 181, 🍴, 🛁, ≡s – ⚡ TV 🚗 P – 🛁 25. AE ① ⓜ VISA, ⚯ Re geschl. 27. April - 14. Juni – **Le Gourmet** (nur Abendessen) (geschl. Montag ur Dienstag vom 15. Sept. - 15. Dez.) **Menu** 99 und à la carte 74/137 – **Spunta G schun : Menu** 40 und à la carte 47/94 – **35 Zim** ⇌ 190/400, Vorsaison ⇌ 135/26 – ½ P Zuschl. 85.

♦ Neben der Kirche gelegen, bietet dieses Haus dem Gast Zimmer, die bei gute Platzangebot und moderner Ausstattung mit Arvenholzmöbeln wohnlich eingerichte sind. Le Gourmet mit schöner Terrasse. Spunta Grischun mit heller, rustikaler Ei richtung.

Julier Palace, via Maistra, ☎ 0818 289 644, *hotel@julierpalace.cor* Fax 0818 343 003, 🍴, ≡s – ⚡ TV 🚗 P, AE ⓜ VISA
Menu 20 - 40 und à la carte 48/91 – **37 Zim** ⇌ 100/300, Vorsaison ⇌ 70/240 – ½ Zuschl. 30.

♦ Hat man den gleichnamigen Pass glücklich überwunden, fällt sofort dieses Haus ir Auge. Oft jüngere Gäste beziehen gepflegte und praktisch gestaltete Zimmer. Wähle Sie : das Menu in der gemütlichen Stube oder ein trendiges Angebot im Restaurar

SILVAPLANA

Chesa Silva garni, via Munterots, ℘ 0818 386 100, info@chesasilva.ch, Fax 0818 386 199, ≘s – 📶 TV 🚗. AE ⓘ ⓜ 𝘝𝘐𝘚𝘈
21. Dez. - 21. April und 15. Juni - 28. Okt. – **12 Zim** ⚏ 120/160, Vorsaison ⚏ 90/120.
♦ Die Zimmer des Chesa Silva sind in zwei Gebäuden untergebracht. Der Feriengast übernachtet in mit hellen Arvenholzmöbeln eingerichteten Räumen, die viel Platz bieten.

La Staila, via Maistra, ℘ 0818 288 147, info@hotel-la-staila.ch, Fax 0818 289 151, 🍽 – 📶 🚗 🅿. AE ⓘ ⓜ 𝘝𝘐𝘚𝘈
14. Dez. - 21. April und 15. Juni - 18. Okt. – **Menu** (im Winter nur Abendessen) à la carte 38/75 – **17 Zim** ⚏ 140/260, Vorsaison ⚏ 80/180 – ½ P Zuschl. 28.
♦ In dem im Ortszentrum gelegenen alten Bündnerhaus hat der Gast die Wahl zwischen etwas dunkler gehaltenen älteren und den gemütlicher wirkenden hellen Arvenholzzimmern. Vier kleine, rustikale Gaststuben mit massivem Deckengewölbe.

ION (SITTEN) 1950 © Valais (VS) **217** ⑮ – 27 018 h. – alt. 491.

Voir : Site★★ – Valère★ : Stalles★★ de l'église N.-D.-de-Valère★ ; Musée cantonal d'Histoire★ Y M³ – Clocher★ et triptyque★ de la cathédrale N.-D.-du-Glarier Y – Porte★ et salle du Conseil bourgeoisial★ de l'Hôtel de Ville Y H – Grande salle★ de la maison Supersaxo Y B – Majorie : vue★ Y M¹.

Environs : Barrage de la Grande Dixence★★★ Sud-Est : 24 km – Route du Sanetsch★★ par ② – Route de Derborence★ par ② – Route de Tseuzier★ Nord par rte de Crans-Montana – Anzère★ par ① : 15 km.

🏌 ₁₈ ℘ 0272 037 900, Fax 0272 037 901.

Manifestations locales
11.05 : Finale cantonale des combats de reines à Aproz
05.08 - 13.09 : Festival international de musique avec concours de violon.

🅘 Sion Tourisme, place de la Planta, ℘ 0273 277 727, info@siontourism.ch, Fax 0273 277 728.

🅐 3 r. des Cèdres, ℘ 0273 292 828, Fax 0273 292 829.

🅐 45 r. du Scex, ℘ 0273 221 115, Fax 0273 223 321.

Bern 153 ② – Brig 53 ① – Aosta 99 ② – Lausanne 93 ② – Martigny 30 ②

Plans pages suivantes

Europa Ⓜ, 19 r. de l'Envol, par ②, ℘ 0273 222 423, hoteleuropa@freesurf.ch, Fax 0273 222 535 – 📶 TV & 🅿 – 🔔 15/100. AE ⓘ ⓜ 𝘝𝘐𝘚𝘈
Repas (fermé dim.) 16 et à la carte 59/74 – **55 ch** ⚏ 160/230, 10 suites.
♦ Construction moderne dans un quartier résidentiel proche de l'aéroport. Grandes chambres d'esprit contemporain, agrémentées de meubles de belle facture.

Rhône, 10 r. du Scex, ℘ 0273 228 291, durhone@bestwestern.ch, Fax 0273 231 188 – 📶 TV 🍴 – 🔔 15/50. AE ⓘ ⓜ 𝘝𝘐𝘚𝘈. ✣ rest   Z a
Repas 18 - 30 et à la carte 35/83 – **44 ch** ⚏ 120/176 – ½ P suppl. 30.
♦ En centre-ville, ce bâtiment, récemment rénové, renferme des chambres de bonne ampleur peu à peu relookées. La réception se trouve à l'étage. Le restaurant d'hôtel bénéficie d'un chaleureux cadre rustique. Cuisine traditionnelle dans une ambiance animée.

Ibis Ⓜ, 21 av. Grand-Champsec, (Sud-Est : par rue de la Dixence - Z), ℘ 0272 057 100, Fax 0272 057 171, 🍽, ✣ ch, TV & 🅿 – 🔔 15/80. AE ⓘ ⓜ 𝘝𝘐𝘚𝘈 JCB
Repas 16 - 26 et à la carte environ 40 – ⚏ 14 – **71 ch** 88.
♦ Aux portes de la ville, l'hôtel revêt une imposante architecture moderne. Comme ses confrères de la chaîne, il abrite des chambres standards équipées d'un mobilier de série. La salle de restaurant propose une prestation classique respectueuse des normes Ibis.

XXX Jardin Gourmand, 22 av. de la Gare, ℘ 0273 232 310, Fax 0273 232 321 – ▤. AE ⓘ ⓜ 𝘝𝘐𝘚𝘈   Z r
fermé 28 juil. au 28 août, dim. et lundi sauf fêtes – **Repas** 18 - 52 (midi)/98 et à la carte 67/100.
♦ Située dans le centre de Sion, table "tendance" composée de deux espaces : une véranda contemporaine, fleurie, et une salle à manger de style Louis XVI. Cuisine soignée.

XX Enclos de Valère, 18 r. des Châteaux, ℘ 0273 233 230, Fax 0273 233 203, 🍽 – AE ⓘ ⓜ 𝘝𝘐𝘚𝘈   Y d
fermé 22 déc. au 3 fév., dim. et lundi de sept. à avril et dim. soir de mai à juin – **Repas** 16 - 40 (midi)/96 et à la carte 41/81.
♦ La maison, blottie au pied du château au cœur de la vieille ville, n'est accessible qu'à pied... À l'arrivée, la terrasse ombragée vous rafraîchira. Salle à manger rustique.

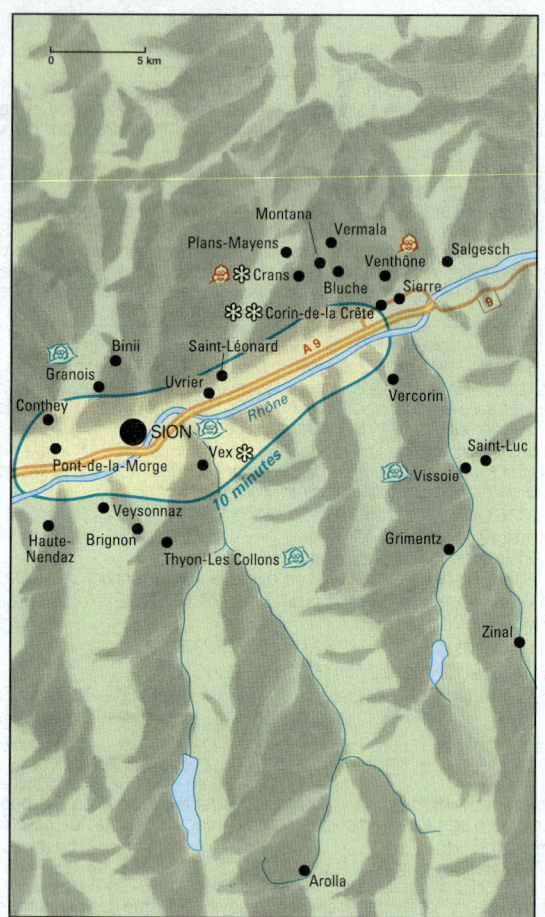

✂ **Cheval Blanc,** 23 Grand-Pont, ℘ 0273 221 867, Fax 0273 234 344, 🍽 – 🕮,
🆎 ⓄⒹ ⓂⓄ 𝗩𝗜𝗦𝗔
fermé 22 déc. au 6 janv., dim. et lundi – **Repas** 16 - 25 (midi)/50 et à la car
37/107.
 ◆ Derrière la façade vitrée du restaurant, vous pourrez observer à loisir les mo
vements de foule du centre commercial. À l'étage, visitez le salon du tartare et d
l'entrecôte.

à Uvrier par ① : 5 km – alt. 498 – ✉ 1958 Uvrier :

🏨 **Des Vignes** Ⓜ, 9 r. du Pont, ℘ 0272 031 671, hdv@tvs2net.c
Fax 0272 033 727, ≤, 🍽, ⇌s, 🅂, 🛏, ✻ – 🛗, ✼ ch, 📺 ✆ ♿ 🅿 – 🚗 15/5
🆎 ⓄⒹ ⓂⓄ 𝗩𝗜𝗦𝗔. ✼
fermé 3 au 31 janv. – **Repas** (fermé dim. soir et lundi) 23 - 52 (midi)/92 et à la car
57/103 – **29 ch** ⊇ 135/295, 10 suites – ½ P suppl. 45.
 ◆ Entre route et vignes, adresse disposant de chambres très confortables.
vaste hall-espace de détente, avec une grande cheminée, s'entoure d'un jard
Fraîcheur et décoration méditerranéenne : le restaurant offre un cadre plaisant. C
sine française.

SION

Saint-Léonard par ① : 6 km – alt. 505 – ✉ 1958 Saint-Léonard :

✗ **Buffet de la Gare,** 35 av. de la Gare, ☎ 0272 032 212, Fax 0272 032 212 – 🅿.
AE ⓂⒸ VISA
fermé 15 au 30 janv., 24 juil. au 18 août, dim. soir et lundi – **Repas** 18 - 58/78 et
à la carte 45/89.
♦ À côté de la gare, sympathique établissement abritant une vaste salle à manger
au décor contemporain de bon goût, agrémenté de tableaux. Alléchante cuisine tra-
ditionnelle.

bépines (R. des)	Z	Grand-Pont (R. du)	Y 10	Rawil (R. du)	Y
dres (R. des)	Z 3	Gravelone (R. de)	Y	Remparts (R. des)	Z 21
anoine-Berchtold		Industrie (R. de l')	Z	Rhône (R. du)	Z 22
(R. du)	Z	Lausanne (R. de)	YZ	Ritz (Av.)	Y
âteaux (R. des)	Y 6	Loèche (R. de)	Y 15	Savièse (R. de)	Y 24
ndémines (R. des)	Z 7	Mayennets (Av. des)	YZ 18	St-François (Av.)	Y
eusets (R. des)	Z	Midi (Av. du)	Z	Scex (R. du)	YZ
ence (R. de la)	Z 9	Midi (Pl. du)	Z	Tourbillon (Av. de)	Y
ance (Av. de)	Z	Planta (Pl. de la)	YZ 16	Tour (R. du)	Y 25
re (Av. de la)	YZ	Porte-Neuve (R. de la)	YZ 19	Tunnel (R. du)	Y
		Pratifori (Av. de)	Z	Vergers (R. des)	Z 27

SION

Route d'Evolène - Z - Sud-Est : 6,5 km :

XX L'Argilly (Guerlavais), route du Val d'Hérens, ✉ 1981 Vex, ℘ 0272 072 71
Fax 0272 072 717, ≤ Sion et vallée du Rhône, 🍴 – 🅿️ AE ⓘ MC VISA
fermé 2 semaines début mai et mi-sept., dim. soir et lundi – **Repas** (prévenir) 56/13
et à la carte 90/129.

• Ce nid d'aigle jouit d'une vue superbe sur Sion et la vallée du Rhône. Dans la sa
principale feutrée ou sur la véranda, vous dégusterez de belles assiettes au goût c
jour.
Spéc. Emincé de bar de ligne aux huîtres et caviar (hiver). Nage de morilles fraîch
farcies et foie gras de canard chaud (printemps). Pigeonneau de Racan au jambo
"Patta Negra".

à Pont-de-la-Morge par ② : 2,5 km – alt. 510 – ✉ 1962 Pont-de-la-Morge :

XX Relais du Simplon, 84 r. de Savoie, ℘ 0273 462 030, 🍴 – 🅿️ ⓘ MC VISA,
fermé 2 sem. début août, lundi soir et dim. – **Repas** 17 - 56/98 et à la car
48/109.

• En bord de route, restaurant partagé entre une salle à manger avec poutr
apparentes et une terrasse d'été tournée vers les vignes. Répertoire culinai
français.

à Conthey par ② : 3 km – alt. 500 – ✉ 1964 Conthey :

Pas-de-Cheville, 21 rte de la Morge, ℘ 0273 465 151, hotel@pasdecheville.c
Fax 0273 464 387, ≤, 🍴 – 📺 video 🕿 🅿️ AE ⓘ MC VISA
Repas 17 - 65 et à la carte 37/98 – **21 ch** ⌾ 80/150 – ½ P suppl. 28.

• La bâtisse, dominée par les cépages, longe une route passante. Ses chambre
toutes semblables, sont lumineuses et fonctionnelles. Le restaurant est formé
multiples espaces, dont une salle contemporaine et une pizzéria aménagée au nivea
inférieur.

à la Muraz Nord-Ouest par route de Savièse : 2 km – alt. 657 – ✉ 1950 Sion :

XX Relais du Mont d'Orge, ℘ 0273 953 346, info@ricou.ch, Fax 0273 954 168,
– 🅿️ AE MC VISA
fermé 23 déc. au 6 janv., dim. soir et lundi – **Repas** 28 - 53/125 et à la carte 66/1C

• Le restaurant, déjà doté d'une salle à manger très classique, a aménagé
superbe jardin d'hiver ouvert sur les vignes. Belle cuisine à thème évoluant avec l
saisons.

à Granois Nord-Ouest par route de Savièse : 7 km – alt. 860 – ✉ 1965 Savièse :

Château de la Soie M sans rest, vae Plàn na, ℘ 0273 966 000, chateaulas
e@bluewin.ch, Fax 0273 966 001 – 📺 🕿 🅿️ AE MC VISA
fermé 1er déc au 13 janv. – **13 ch** ⌾ 90/130.

• Petite adresse sympathique sur la traversée du village. Ses chambres renferme
un esprit à la fois moderne et pratique, et ses prix sont étudiés.

à Binii Nord par rte Savièse : 9 km – alt. 978 – ✉ 1965 Savièse :

X Le Chalet, route de Binii, ℘ 0273 951 217, binii-chalet@bluewin.c
Fax 0273 954 029, ≤ Sion et montagnes, 🍴 – 🅿️ MC VISA
fermé 1er au 30 janv., fin nov. 2 sem., mardi (sauf du 15 juil. au 15 août, oct.) et me
– **Repas** 16 - 35/69 et à la carte 47/94.

• Le Chalet, en surplomb, offre un panorama enchanteur sur Sion et les somme
enneigés. Salle à manger montagnarde et, bien sûr, terrasse. Table classique.

SITTEN Wallis 217 ⑮ – siehe Sion.

SOAZZA 6562 Grigioni (GR) 218 ⑬ – 380 ab. – alt. 623.
Bern 279 – Sankt Moritz 125 – Bellinzona 32 – Chur 88 – San Bernardino 13.

Romantik Hotel Al Cacciatore ⚜, ℘ 0918 311 820, cacciatore@roman
hotels.com, Fax 0918 311 979, 🍴, 🌳 – 📺 – 🛁 15. AE ⓘ MC VISA
chiuso dal 6 gennaio al 28 febbraio – **Pasto** (chiuso martedi salvo dal 15 giugno
31 ottobre) 90 ed alla carta 67/98 – **17 cam** ⌾ 150/230 – ½ P sup. 50.

• Tre graziosi rustici totalmente rinnovati in un tranquillo villaggio tipico. Came
personalizzate, arredate con molto gusto. Ateliers e corsi d'arte. Luogo ideale p
una sosta, il ristorante propone una buona cucina locale a prezzi simpatici.

OGLIO 7610 Grigioni (GR) **218** ⑭ – 200 ab. – alt. 1095.
Bern 343 – Sankt Moritz 38 – Chiavenna 16 – Chur 104.

Palazzo Salis, ℘ 0818 221 208, palazzo_salis@bluewin.ch, Fax 0818 221 600, – AE MC VISA
16 marzo - 2 novembre – **Pasto** alla carta 53/98 – **15 cam** ⊇ 95/270 – ½ P sup. 45.
♦ Dimora nobiliare del XVII sec. : vi ha soggiornato Rilke. Camere originali, alcune con letto a baldacchino e grazioso giardino di gran bellezza. Ristorante dall'atmosfera intima grazie al soffitto con stucchi e lunette ed al caminetto. Cucina tradizionale.

OLEURE Solothurn **216** ⑮ – voir à Solothurn.

OLOTHURN (SOLEURE) 4500 **K** Solothurn (SO) **216** ⑮ – 15 074 Ew. – Höhe 432.
Sehenswert : Altstadt★ Y – St. Ursenkathedrale★ Y – Schiff★ der Jesuitenkirche Y.
Museum : Kunstmuseum : Madonna in den Erdbeeren★ ; Solothurner Madonna★ Y.
Ausflugsziel : Weissenstein★★★ über ⑤ : 10 km.

₁₈ Wylihof in Luterbach, ⊠ 4542, ℘ 0326 822 828, Fax 0326 826 517 ₉ Buchegg-berg in Aetingen, ⊠ 4587 (März - Nov.) ℘ 0326 611 743, Fax 0326 611 756 Süd-West : 15 km Richtung Bätterkinden.

Lokale Veranstaltungen
21.01 - 26.01 : Solothurner Filmtage
04.07 - 14.07 : Classic Openair.

🛈 Region Solothurn Tourismus, Hauptgasse 69, ℘ 0326 264 646, info@solothurn-city.ch, Fax 0326 264 647.

⊛ Westbahnhofstr. 12, ℘ 0326 259 060, Fax 0326 259 061.

⊛ Hauptgasse 69, ℘ 0326 264 626, Fax 0326 264 627.

Bern 37 ② – Basel 69 ② – Biel 22 ⑤ – Luzern 80 ② – Olten 34 ②

Stadtplan siehe nächste Seite

Krone, Hauptgasse 64, ℘ 0326 264 444, reservation@hotelkrone-solothurn.ch, Fax 0326 264 445, – |≡| TV AE ⓪ MC VISA Y a
Menu 20 - 65 (abends) und à la carte 44/89 – **42 Zim** ⊇ 200/300 – ½ P Zuschl. 45.
♦ Durchschreitet man das Baslertor, sind es nur wenige Schritte zu dem traditionellen Haus a. d. 18. Jh. Die Zimmer präsentieren sich im Stil Louis XV oder im Biedermeier. Helles, freundlich wirkendes Restaurant.

Tour Rouge (*Roter Turm*), Hauptgasse 42, ℘ 0326 229 621, info@roterturm.ch, Fax 0326 229 865, ≤ Altstadtdächer, – |≡|, ✸ Zim, TV ✆ – 🛁 15/50. AE ⓪ MC VISA Y c
La Tourelle (5. Etage) (geschl. Sonntagabend von Okt. - Juni) **Menu** 33 - 70 und à la carte 51/85 – **Turmstube** : **Menu** 18 - 25 (mittags) und à la carte 31/76 – **35 Zim** ⊇ 155/230 – ½ P Zuschl. 30.
♦ Mitten in der Altstadt, direkt in der Fussgängerzone gelegen, bietet das Haus mit dem namengebenden alten Turm gepflegte und solide ausgestattete Zimmer. La Tourelle im 5. Stock gibt sich leicht gehoben - von der Dachterrasse aus blicken Sie über die Stadt.

Astoria, Wengistr. 13, ℘ 0326 227 571, info@astoria-solothurn.ch, Fax 0326 236 857, – |≡|, ✸ Zim, TV P AE ⓪ MC VISA Y b
Menu 15 - 24 (mittags)/40 und à la carte 35/84 – **40 Zim** ⊇ 115/185 – ½ P Zuschl. 23.
♦ Dieses typische Stadthotel, am Rande der Altstadt und nahe dem Bahnhof gelegen, bietet seinen Besuchern funktionell und zeitgemäss eingerichtete Zimmer. Das Restaurant mit Wintergarten befindet sich im 6. Stock.

Zum Alten Stephan (Zaugg), Friedhofplatz 10, ℘ 0326 221 109, mail@alterstephan.ch, Fax 0326 237 060, – AE ⓪ MC VISA Y f
geschl. 24. - 30. Dez., Ostern, 1. - 4. Aug., Sonntag und Montag – **Menu** (siehe auch **Stadtbeiz**) **Zaugg's Zunftstube** (1. Etage) (Tischbestellung ratsam) **Menu** 65 (mittags)/155 und à la carte 113/153.
♦ Im ersten Stock des Stadthauses aus dem 11. Jh. wird dem Feinschmecker in der hellen, modern eingerichteten Zunftstube klassische Küche auf hohem Niveau serviert.
Spez. Entenstopfleber gebraten auf Rhabarber und Ingwer (Frühling - Sommer). Sisteron Lammkarree im Ofen gebraten mit schwarzen Trüffeln (Winter - Frühling). Bourbonvanilleglace mit Malaga Virgen Pedro Ximen

SOLOTHURN

✗ **Baseltor** mit Zim, Hauptgasse 79, ☏ 0326 223 422, post@baseltor.c
Fax 0326 221 879, 🍽 – TV, AE ① ⓜ◎ VISA
geschl. Sonntagmittag und Feiertage – **Menu** à la carte 37/79 – **9 Zim** ⌂ 10
175.
  ◆ Das Altstadthaus liegt, wie der Name schon vermuten lässt, unterhalb des Ba
  lertors. Auf zwei Etagen kann der Gast Schweizer, aber auch internationale Gerich
  bestellen.

✗ **Stadtbeiz** - *Rest. Zum Alten Stephan*, Friedhofplatz 10, ☏ 0326 221 1C
Fax 0326 237 060, 🍽 – AE ① ⓜ◎ VISA
geschl. 24. - 30. Dez., Ostern, 1. - 4. Aug., Sonntag und Montag – **Menu** 16.50 - 45 u
à la carte 38/128.
  ◆ In der rustikalen Stadtbeiz des Restaurants Zum Alten Stephan werden pre
  günstigere, aber nicht weniger sorgfältig zubereitete traditionelle Mahlzeiten ang
  boten.

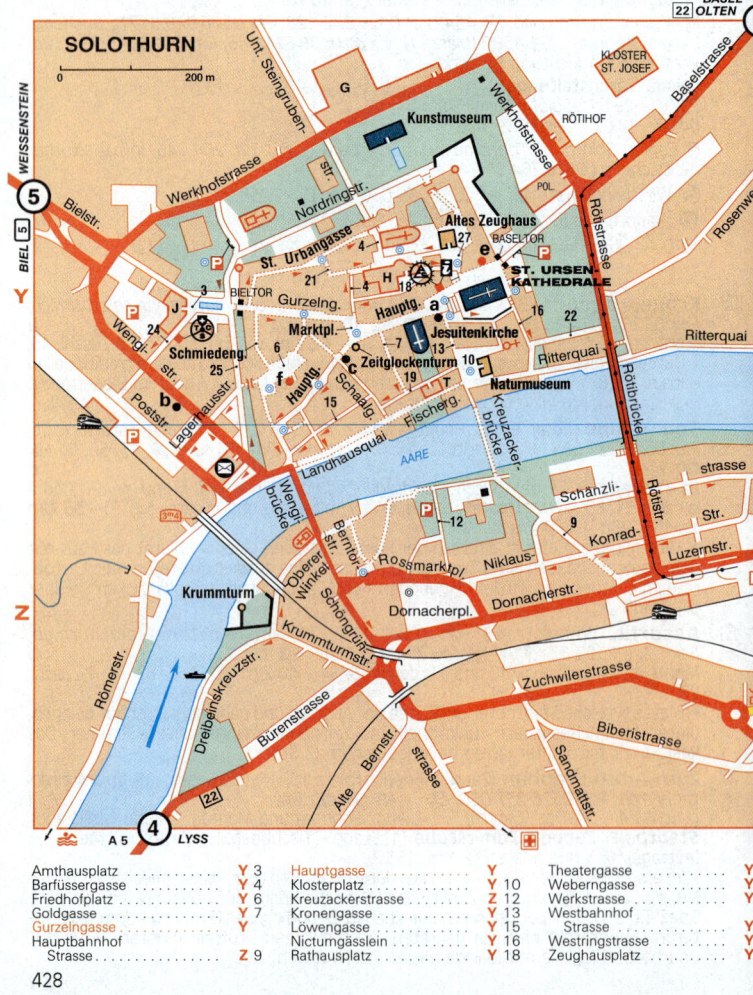

Amthausplatz	Y 3	Hauptgasse	Y	Theatergasse	Y
Barfüssergasse	Y 4	Klosterplatz	Y 10	Weberngasse	Y
Friedhofplatz	Y 6	Kreuzackerstrasse	Z 12	Werkstrasse	Y
Goldgasse	Y 7	Kronengasse	Y 13	Westbahnhof
Gurzelngasse	Y	Löwengasse	Y 15	Strasse	Y
Hauptbahnhof		Nictumgässlein	Y 16	Westringstrasse	Y
Strasse	Z 9	Rathausplatz	Y 18	Zeughausplatz	Y

SOLOTHURN

Zuchwil Süd-Ost : 2,5 km über Zuchwilerstrasse – Höhe 435 – ✉ 4528 Zuchwil :

Martinshof, Hauptstr. 81, ✆ 0326 862 626, info@martinshof.ch, Fax 0326 862 600, 斎 – 輦, ☰ Rest, TV P. AE ⓘ MC VISA
Thai Garden - thailändische Küche - (geschl. Sonntag) (nur Abendessen) **Menu** 73/82 und à la carte 56/83 – **La Cucina** - italienische Küche - (geschl. Samstagmittag und Sonntag) **Menu** 18.50 und à la carte 41/71 – **Cucaracha** - mexikanische Küche - (geschl. Sonntag) (nur Abendessen) **Menu** à la carte 37/77 – **24 Zim** ⊆ 85/150.
♦ Nicht weit von Solothurn finden Reisende dieses Hotel, hinter dessen unscheinbarer Fassade praktisch, mit hellem Mobiliar eingerichtete Zimmer bereitstehen. Voller faszinierender Exotik : der Thai Garden. Lebendig mittelamerikanisch geht es im Cucaracha zu.

Nennigkofen Süd-West über ④ : 4 km – Höhe 458 – ✉ 4574 Nennigkofen :

XX **Weyeneth**, Dorfstr. 40, ✆ 0326 222 160, Fax 0326 222 124, 斎 – P. MC VISA
geschl. 23. Dez. - 5. Jan., 10. - 25. Feb., Montag und Dienstag – **Menu** 17.50 - 58/78 und à la carte 47/91.
♦ Ruhig und fast idyllisch ist dieser ehemalige Bauernhof gelegen. In einer der drei ländlich-rustikalen Stuben oder auf der schönen Gartenterrasse stillt man seinen Hunger.

Langendorf Nord-West über ⑤ : 2 km – Höhe 470 – ✉ 4513 Langendorf :

XX **Chutz**, Weissensteinstr. 26, ✆ 0326 223 471, Fax 0326 225 851, 斎 – P. AE ⓘ MC VISA
geschl. 26. - 30. Dez., 22. Juli - 4. Aug., Sonntag und Montag – **Menu** 18.50 - 73 und à la carte 40/97.
♦ In dem typischen Solothurner Gasthaus offeriert man Ihnen in einer gemütlich-rustikalen Stube sowie in dem gehobeneren Stübli Speisen einer traditionellen Küche.

OMAZZO 6872 Ticino (TI) 219 ⑧ – alt. 567.
Bern 307 – Lugano 27 – Bellinzona 55 – Como 21 – Varese 27.

ord-Ovest : 1,3 km

X **Eremo S. Nicolao**, ✆ 0916 464 050, Fax 0916 464 050, ≤ Mendrisio e dintorni, 斎 – AE ⓘ MC VISA
chiuso dal 26 gennaio - 9 marzo, lunedì (da ottobre alla fine marzo) e martedì – **Pasto** 34 ed alla carta 28/48.
♦ Sotto quest'antico eremo con chiesetta annessa, si estende il Mendrisiotto a perdita d'occhio, visibile soprattutto dalla bella terrazza all'aperto. Ottima cucina tipica.

ONCEBOZ 2605 Berne (BE) 216 ⑬ ⑭ – 1661 h. – alt. 653.
Bern 49 – Delémont 40 – Biel 14 – La Chaux-de-Fonds 31.

XX **du Cerf** (Soldati) ⤶ avec ch, 4 rue du Collège, ✆ 0324 891 012, Fax 0324 891 011 ⊛
– 輦, ☰ rest, TV & P. AE ⓘ MC VISA
fermé 12 juil. au 15 août et 24 au 28 déc. – **Repas** (ouvert jeudi soir, vend. soir, dim. midi et sam.) (menu unique) 130/160 – **Café** (fermé mardi soir et merc.) **Repas** 15 et à la carte 33/78 – **10 ch** ⊆ 90/150 – ½ P suppl. 20.
♦ Cette maison régionale daterait de 1707. Intérieur chaleureux avec boiseries claires et belle cheminée. La cuisine mise sur le dépouillement mêlant fraîcheur et authenticité. Le Café vous reçoit dans une ambiance conviviale. Table traditionnelle et régionale.
Spéc. Gâteau de homard, pressée de tomates confites (été). Coquilles St-Jacques farcies au caviar Osciètre (automne - hiver). Fricassée de grenouilles aux truffes et crème de persil (automne - printemps).

X **Pierre-Pertuis**, 10 rte de Pierre-Pertuis, ✆ 0324 891 022 – P. MC VISA
fermé 1 sem. à Noël, 15 juil. au 25 août, vend. midi, merc. et jeudi – **Repas** 15 et à la carte 39/82.
♦ Posté à l'entrée du village, ce restaurant est géré en famille. Des recettes simples et la spécialité "maison" : les cuisses de grenouilles, vous y attendent.

ORENGO Ticino 219 ⑧ – vedere Lugano.

OYHIÈRES Jura 216 ⑭ – rattaché à Delémont.

SPEICHER 9042 Appenzell Ausserrhoden (AR) **216** ㉑ – 4012 Ew. – Höhe 924.
Bern 218 – Sankt Gallen 5 – Altstätten 14 – Bregenz 34.

🏠 **Appenzellerhof**, Trogenerstr. 6, ℘ 0713 441 321, info@appenzellerhof.c
Fax 0713 441 038, 🍴 – ✗ Zim, 📺 ✆ 🅿. 🆎 ⓞ 🅼🅾 🆅🅸🆂🅰
geschl. 2 Wochen Anfang Feb. – **Menu** 25 - 38 und à la carte 44/93 – **19 Zi**
⇔ 130/200 – ½ P Zuschl. 35.
• Im Appenzellerhaus mit seiner blumengeschmückten Holzfassade wird der Gast
einfacheren, hell möblierten oder in moderneren, rustikaler eingerichteten Zimme
beherbergt. Das Restaurant ist in einer kleinen, gemütlichen Stube im ersten Sto
untergebracht.

SPIEZ 3700 Bern (BE) **217** ⑦ – 11 928 Ew. – Höhe 628.
Sehenswert : Schloss : Rundblick★★ vom Turm – Lage★.
Ausflugsziel : Fahrt auf den Niesen★★★ Süd : 7 km und Standseilbahn
Stockhorn★★★ West : 12 km und Luftseilbahn.
Lokale Veranstaltungen
28.05 - 31.05 : Film- und Videofestival
26.07 : Seenachtsfest.
🛈 Spiez Tourismus, Info-Center, ℘ 0336 542 020, spiez@thunersee.c
Fax 0336 542 192.
Bern 41 – Interlaken 18 – Bulle 70 – Kandersteg 28.

🏠 **Belvédère** 🌿, Schachenstr. 39, ℘ 0336 556 666, info@belvedere-spiez.c
Fax 0336 546 633, ≤ Thunersee und Berge, 🍴, 🅵₆, 🆂, 🅰🆂, 🅼 – 🛗 📺 ✆ 🅿
🅰 15/60. 🆎 ⓞ 🅼🅾 🆅🅸🆂🅰. ※ Rest
geschl. 25. Jan. - 7. März – **Menu** 44 (mittags)/108 und à la carte 58/116 – **32 Zi**
⇔ 160/440 – ½ P Zuschl. 50.
• Im ruhig, schön im Park über dem See gelegenen Hotel findet der Gast in ko
fortablen, zeitgemäss ausgestatteten Zimmern Entspannung. Neu ist der kleine We
nessbereich. Eleganter Speisesaal und idyllische Terrasse mit schönem Blick auf d
Thuner See.

🏠 **Eden**, Seestr. 58, ℘ 0336 541 154, info@edenhotel.ch, Fax 0336 541 194, ≤, 🍴
🏊, 🌿, ※ – 🛗 📺 🅿. 🆎 ⓞ 🅼🅾 🆅🅸🆂🅰. ※ Rest
Juni - Sept. – **Menu** 40 (abends) und à la carte 38/79 – **47 Zim** ⇔ 110/280
½ P Zuschl. 35.
• Von den zum See hin gelegenen Balkonen hat man eine schöne Sicht. Unte
schiedlich sind die Zimmer ; teils älter und einfach, teils renoviert mit solidem E
baumobiliar.

in Faulensee Süd-Ost : 2 km – Höhe 603 – ✉ 3705 Faulensee :

🏠 **Seerose**, Interlakenstr. 87, ℘ 0336 541 025, info@seerose-faulensee.c
Fax 0336 541 023, ≤ Thunersee, 🍴 – 📺 🅿. 🆎 🆅🅸🆂🅰. ※ Zim
14. März - 25. Nov. – **Menu** (geschl. Mittwoch ausser Mai - Okt. und Donnerstag auss
Juni - Sept.) 18.50 - 28/60 und à la carte 40/87 – **13 Zim** ⇔ 100/180 – ½ P Zusc
35.
• In einem kleinen Berner Oberländer Dorf gelegen, offeriert das Hotel seinen G
ten helle, modern eingerichtete Zimmer mit gutem Platzangebot. Die Juniors
ten haben Terrassen. Rustikale Pizzeria und Restaurant mit sehr schöner Sicht a
den See und die Berge.

SPORZ Graubünden **218** ④ – siehe Lenzerheide.

SPREITENBACH 8957 Aargau (AG) **216** ⑱ – 8827 Ew. – Höhe 424.
Bern 119 – Aarau 40 – Baden 5 – Dietikon 6 – Luzern 64 – Zürich 20.

🏠 **Arte** 🅼, Wigartestr. 10, ℘ 0564 184 242, hotelarte@bluewin.
Fax 0564 184 343, 🍴 – 🛗, ✗ Zim, 📺 ✆ ♿ 🅿 – 🅰 15/50. 🆎
🅼🅾 🆅🅸🆂🅰
Menu 18.50 und à la carte 42/92 – **66 Zim** ⇔ 120/150.
• Im modernen Zweckbau übernachtet der Durchreisende in Zimmern, die mit zwe
mässigen, hellen Einbaumöbeln bei zeitgemässer Ausstattung funktionell eingeric
tet sind. Mit farbenfroh dekoriertem Restaurant.

STÄFA 8712 Zürich (ZH) **216** ⑲ – 11 271 Ew. – Höhe 414.

Bern 148 – Zürich 23 – Einsiedeln 28 – Luzern 73 – Rapperswil 9.

XX **Hurter's Seehus**, Seestr. 4, ℰ 019 262 303, bhurter@hurtersseehus.ch, Fax 019 267 306, ≤ Zürichsee, 😊, ⓁⒷ – Ⓟ, 🆎 ⓄⒹ ⓂⒸ 𝘝𝘐𝘚𝘈
geschl. 1. - 6. Jan., 17. - 23. Feb., 6. - 19. Okt., Sonntag von Mitte Sept. - Mitte April und Montag – **Menu** 35 - 55 (mittags)/140 und à la carte 84/160.
• Eine traumhafte Lage am Zürichseeufer, ein elegant eingerichtetes Restaurant, eine einmalige Seeterrasse und nicht zuletzt eine kreative Küche oder einfach : Hurter's Seehus.

X **Zur alten Krone**, Goethestr. 12, ℰ 019 264 010, altekrone@msn.com, Fax 019 266 231, 😊 – 🆎 ⓄⒹ ⓂⒸ 𝘝𝘐𝘚𝘈
geschl. Sonntagabend und Montag – **Menu** 17 - 39 (mittags) und à la carte 52/83.
• Im alten Zürcher Riegelhaus wandelt man auf Goethes Spuren, denn dieser soll hier Stammgast gewesen sein. Heute serviert man in verschiedenen Räumlichkeiten Traditionelles.

Kehlhof Süd-Ost : 1 km Richtung Rapperswil – ✉ 8712 Stäfa :

XX **Im Kehlhof**, Seestr. 191, ℰ 019 261 155, Fax 019 268 049, 😊 – Ⓟ, 🆎 ⓂⒸ 𝘝𝘐𝘚𝘈
geschl. 25. Feb. - 12. März, 28. Aug. - 12. Sept., Dienstag und Mittwoch – **Menu** 125 und à la carte 73/140.
• Im Ortsteil Kehlhof an der Seestrasse gelegen, wird in diesem klassisch dekorierten Restaurant oder auf der Terrasse eine gutbürgerliche Speisenauswahl angeboten.

Jährlich eine neue Ausgabe, benutzen Sie den Hotelführer des laufenden Jahres.

STALDEN Bern **217** ⑦ – siehe Konolfingen.

STANS 6370 Ⓚ Nidwalden (NW) **217** ⑨ – 6 744 Ew. – Höhe 451.
Sehenswert : Glockenturm★ der Kirche.
Ausflugsziel : Stanserhorn★★ Süd mit Standseil- und Luftseilbahn – Strasse nach Seelisberg★ Ost.

🛈 Tourismus Stans, Bahnhofplatz 4, ℰ 0416 108 833, info@lakeluzern.ch, Fax 0416 108 866.

🚉 Bahnhofstr. 2, ℰ 0416 183 530, Fax 0416 183 535.
Bern 125 – Luzern 12 – Altdorf 30 – Cham 36 – Engelberg 20.

🏨 **Motel Stans-Süd** garni, Rieden 4 (an der A2, Ausfahrt Stans-Süd), ℰ 0416 180 777, info@motelstans.ch, Fax 0416 180 778 – 🛗 📺 🚗 Ⓟ, 🆎 ⓄⒹ ⓂⒸ 𝘝𝘐𝘚𝘈
38 Zim ⊆ 72/110.
• Dem Durchreisenden bietet sich direkt an der gleichnamigen Autobahnausfahrt eine Übernachtungsmöglichkeit in schlicht dekorierten, zweckmässig ausgestatteten Zimmern.

XX **Zur Linde** mit Zim, Dorfplatz 7, ℰ 0416 190 930, info@hotel-linde.ch, Fax 0416 190 948, 😊 – 🛗 📺 ✆ 🆎 Ⓞ ⓂⒸ 𝘝𝘐𝘚𝘈 ⚘
Rest : geschl. Sonntag und Montag – **Stanserstube** (1. Etage) (geschl. Juli - Aug.) **Menu** 72/108 (abends) und à la carte 51/111 – **Feldschlösschen** : **Menu** 15 und à la carte 33/76 – **9 Zim** ⊆ 80/170.
• Stanserstube mit schöner Holzkassettendecke. Im Parterre des geschmackvoll restaurierten Hauses aus dem Jahre 1714 befindet sich das Feldschlösschen. Hier werden einfachere, sorgfältig zubereitete Mahlzeiten serviert.

X **Zur Rosenburg**, im Höfli, alter Postplatz 3, ℰ 0416 102 461, Fax 0416 109 356, 😊 – 🆎 Ⓞ ⓂⒸ 𝘝𝘐𝘚𝘈
geschl. 5. - 19. März, 29. Juli - 11. Aug., Dienstag und Mittwoch – **Menu** 66 und à la carte 35/82.
• Das schöne Herrschaftshaus aus dem Mittelalter mit bewegter Geschichte hat angenehm rustikale Stuben, in denen der Besucher sein zeitgemäss bereitetes Gericht geniessen kann.

STANSSTAD 6362 Nidwalden (NW) 217 ⑨ – 4459 Ew. – Höhe 438.
🛏 in Bürgenstock, ✉ 6363 (Mai - Okt.) ℘ 0416 102 434.
Bern 123 – Luzern 9 – Altdorf 32 – Sarnen 14 – Stans 4.

Winkelried M, am Hafen, Dorfplatz 5, ℘ 0416 182 187, hotel@winkelried.c
Fax 0416 182 333, ≤ Pilatus und Vierwaldstättersee, 🍽, ≘s, 🐎, 🔲 – 🛗 📺 ☎
🚗 – 🏛 15/40. AE ⓘ ⓜ VISA JCB
Seeblick : Menu 32 - 44/78 und à la carte 51/97 – **Winkelriedstübli** : Menu 18.5
44/78 und à la carte 44/87 – **29 Zim** ⊊ 140/260 – ½ P Zuschl. 38.

◆ Am kleinen Hafen des Ortes liegt das Geschäftshotel. In komfortabel ausgesta
teten Zimmern geniesst man die schöne Sicht auf den See und den Pilatus. Seebli
mit klassisch-eleganter Einrichtung. Rustikaler geht's im Winkelriedstübli zu. Hübsc
Seeterrasse.

in Fürigen Nord-Ost : 3,5 km Richtung Bürgenstock – ✉ 6363 Obbürgen :

Fürigen 🐎, ℘ 0416 186 969, info@hotel-fuerigen.ch, Fax 0416 186 9(
≤ Bergpanorama und Vierwaldstättersee, 🍽, 🦶 – 🛗 📺 ☎ 🄿 – 🏛 15/130.
ⓘ ⓜ VISA. 🍴 Rest
Menu 68 und à la carte 43/114 – **82 Zim** ⊊ 149/290 – ½ P Zuschl. 49.

◆ Dieses imposante Gebäude, schön oberhalb des Sees liegend, bietet von seine
renovierten, mit hellem Mobiliar eingerichteten Zimmern eine wunderbare Sicht a
die Umgebung. Vielfältige Gastronomie : La Brasserie, La Terrasse und der einfac
Coffee Shop.

STECKBORN 8266 Thurgau (TG) 216 ⑨ – 3219 Ew. – Höhe 404.
🛈 Verkehrsverein, Seestr. 100, ℘ 0527 611 055.
Bern 185 – Sankt Gallen 65 – Frauenfeld 18 – Konstanz 19 – Radolfzell 31 – Scha
hausen 31.

Feldbach M 🐎, Am Yachthafen, ℘ 0527 622 121, info@hotel-feldbach.
Fax 0527 622 191, ≤ Bodensee, 🍽, ≘s, 🐎 – 🛗, ✳ Zim, 📺 ☎ & 🄿 – 🏛 15/
AE ⓘ ⓜ VISA
geschl. 23. Dez. - 12. Jan. – **Menu** 26 (mittags)/75 und à la carte 50/98 – **36 Z**
⊊ 175/210.

◆ Die sehr schöne Bodenseesicht können Sie vom Grossteil der Zimmer aus geniess
Diese sind ruhig gelegen, farbenfroh gestaltet und nach neuesten Gesichtspunkt
ausgestattet. Modernes Restaurant in einem Kloster aus dem 13. Jh. Schön gelege
Seeterrasse.

Frohsinn, Seestr. 62, ℘ 0527 611 161, info@frohsinn-steckborn.(
Fax 0527 612 821, ≤ Bodensee, 🍽, 🔲 – 📺 🄿. AE ⓘ ⓜ VISA
geschl. 16. Jan. - 15. Feb. – **Menu** (geschl. Donnerstag ausser Mai - Sept. und Mittwo
à la carte 42/79 – **11 Zim** ⊊ 90/165.

◆ In dem netten kleinen Riegelhaus, zwischen See und Durchgangsstrasse geleg
findet der Erholungsuchende praktische Zimmer mit schlichter Einrichtung. V(
Restaurant und der Terrasse aus hat man einen schönen Blick auf den See.

STEFFISBURG Bern 217 ⑦ – siehe Thun.

STEIN AM RHEIN 8260 Schaffhausen (SH) 216 ⑧ – 3008 Ew. – Höhe 413.
Sehenswert : Altstadt★★ : Museum★ im ehemaligen Benediktinerkloster St. Ge
gen.
Ausflugsziel: Burg Hohenklingen★ Nord : 2,5 km.
Bern 177 – Zürich 58 – Baden 77 – Frauenfeld 16 – Schaffhausen 22 – Singen

Chlosterhof, Oehningerstr. 2, ℘ 0527 424 242, chlosterhof@bluewin.
Fax 0527 411 337, ≤, 🍽, 🦶, ≘s, 🔲 – 🛗, ✳ Zim, 📺 ☎ 🚗 – 🏛 15/100.
ⓘ ⓜ VISA
Menu 25 - 54 (mittags)/114 und à la carte 69/113 – **42 Zim** ⊊ 220/310, 29 Suit
– ½ P Zuschl. 45.

◆ Keine Sorge, in Kutten gehüllte Mönche wandeln hier nicht durch die Flure. Gros
mit Eichenmöbeln komfortabel gestaltete Räume erwarten Sie in dem Haus am Rh
Das Restaurant unterteilt sich in einen eleganten und einen einfacher gestaltet
Teil.

STEIN AM RHEIN

🏠 **Rheinfels,** Rhygasse 8, ☏ 0527 412 144, rheinfels@bluewin.ch, Fax 0527 412 522, ≤ Rhein, 🌳 – 🛗, TV – 🔧 15/60. AE MC VISA
geschl. 15. Dez. - 8. März und Mittwoch ausser Juli - Aug. – **Menu** 28 - 78 und à la carte 41/99 – **17 Zim** ☕ 140/190.

♦ Im historischen "Gredhaus" (Wasserzoll und Lagerhaus), 1493 erstmals erwähnt, schläft der Gast in geräumigen, mit dunklen, soliden Fichtenholzmöbeln eingerichteten Zimmern. Bürgerlich-rustikale Stuben und Rheinterrasse.

🏠 **Adler,** Rathausplatz 2, ☏ 0527 426 161, hotel-adler@bluewin.ch, Fax 0527 414 440, 🌳 – 🛗, 🍽 Rest, TV ♿. AE ① MC VISA
geschl. 25. Jan. - 10. Feb. und Rest. zusätzlich 4. - 20. Okt. – **Menu** (geschl. Donnerstag) 23 - 80/115 und à la carte 39/104 – **13 Zim** ☕ 110/190 – ½ P Zuschl. 35.

♦ Inmitten der malerischen Kleinstadt mit seinen wunderschönen Hausfassaden liegt das Hotel Adler. Beherbergt wird der Gast in hellen, zeitgemäss ausgestatteten Zimmern. Traditionelle Mahlzeiten im typischem Ambiente.

XXX **Sonne** (Combe), Rathausplatz 13 (1. Etage), ☏ 0527 412 128, Fax 0527 415 086
❀ – AE ① MC VISA
geschl. 4. - 19. März, 1. - 5. Juni, 23. Dez. - 3. Jan., Dienstag und Mittwoch – **Menu** 35 - 59 (mittags)/120 und à la carte 67/112.

♦ Allein schon das Betrachten des in einer schönen bemalten Altstadtzeile liegenden Hauses a. d. 15. Jh. lohnt den Besuch. Die hochstehende klassische Küche allerdings auch.
Spez. Gekochter Rindshohrücken an Petersilienvinaigrette (Sommer). Rheinäsche gedämpft (Winter). Reh aus dem Bündnerland mit Pilzen (Herbst)

EINEN 6422 Schwyz (SZ) 216 ⑱ – 2 719 Ew. – Höhe 467.
Bern 155 – Luzern 38 – Altdorf 22 – Brunnen 10 – Schwyz 5.

XX **Rössli,** Dorfplatz 1, ☏ 0418 321 320, Fax 0418 321 313 – AE ① MC VISA
geschl. 5. - 19. März, Mitte Juli - Anfang Aug., Montag und Dienstag – **Menu** (Tischbestellung ratsam) 24 - 65/115 und à la carte 45/130.

♦ Im schönen Innerschweizer Holzhaus wird seit über 150 Jahren - nun in der 5. Generation - gewirtet. In der traditionellen Stube reicht man klassische, gutbürgerliche Speisen.

EINHAUSEN 6312 Zug (ZG) 216 ⑱ – 8 765 Ew. – Höhe 424.
Bern 134 – Zürich 32 – Aarau 53 – Luzern 22 – Zug 7.

XX **Zur Linde** mit Zim, Bahnhofstr. 28, ☏ 0417 488 118, info@gasthaus-
🚗 linde.ch, Fax 0417 488 119, 🌳 – 🛗 ⇄ TV ☎ 🅿 – 🔧 15/50. AE MC VISA.
✱ Zim
Rest. geschl. 1. - 16. Feb., 5. - 19. Okt. und Sonntagabend – **Carpe Diem : Menu** 22 - 70 und à la carte 42/78 – **Beizli : Menu** 18 und à la carte 38/70 – **13 Zim** ☕ 130/190 – ½ P Zuschl. 30.

♦ Freundliche, warme Farben verleihen dem Carpe Diem einen leicht mediterranen Touch. Neben dem gastronomischen Bereich bietet diese Adresse auch moderne, wohnliche Zimmer. Holzmobiliar und ein nettes Dekor machen das Beizli gemütlich.

TOOS 6433 Schwyz (SZ) 218 ① – Höhe 1 256.
Bern 154 – Luzern 40 – Altdorf 17 – Brunnen 6 – Schwyz 5.
mit der Luftseilbahn ab Morschach oder Standseilbahn ab Schlattli, jeweils 10 Min., erreichbar

🏠 **Stoos** ♨, ☏ 0418 174 444, info@hotel-stoos.ch, Fax 0418 174 445, ≤ Berge,
♨ 🌳, ♨, ⛳, 🏊, 🎾, ✱ – 🛗 ⇄ Zim, 🍽 Rest, TV ☎ – 🔧 15/60. AE ①
MC VISA
Menu 16.50 und à la carte 40/80 – **74 Zim** ☕ 110/310, Vorsaison ☕ 100/280 –
½ P Zuschl. 40.

♦ Das Hotel befindet sich auf der autofreien Sonnenterrasse über dem Nebel und dem Vierwaldstättersee. In absoluter Ruhe schläft der Gast in schon älteren, einfachen Zimmern. Schlicht dekoriertes Restaurant und Speiseterrasse mit Blick auf die umliegenden Berge.

STUDEN 2557 Bern (BE) 216 ⑭ – 2 368 Ew. – Höhe 440.
Bern 30 – Aarberg 10 – Biel 7 – Neuchâtel 40 – Murten 30 – Solothurn 24.

▪ **Florida** M garni, Aareweg 25, ☎ 0323 742 828, info@florida.c
Fax 0323 742 829, 🛏, 🍽 – 🛗, Zim, TV 🚿 📺 – 🅿 15/60. AE ⓘ MC VISA
geschl. 16. – 18. Dez. – **56 Zim** 140/250.
• Etwas ausserhalb, neben einer kleinen Freizeizanlage findet man dieses fast ne
Hotel. Helle, modern ausgestattete Zimmer bieten dem Geschäftsmann das Erfo
derliche.

STÜSSLINGEN 4655 Solothurn (SO) 216 ⑯ – 949 Ew. – Höhe 465.
Bern 76 – Aarau 7 – Olten 11 – Solothurn 45.

✕ **Jura,** Hauptstr. 48, ☎ 0622 981 155, mail@restaurantjura.ch, Fax 0622 982 00
🍽 – 🅿, AE ⓘ MC VISA
geschl. 10. – 18. Feb., 28. Juli – 12. Aug., Montag und Dienstag – **Menu** 15.50 –
(abends) und à la carte 47/83.
• Bürgerliche Gerichte findet der einkehrende Gast auf der Speisekarte des tra
tionellen, hinter der Gaststube liegenden à la carte-Restaurants.

SUBERG Bern 216 ⑭ – siehe Lyss.

SUGIEZ 1786 Fribourg (FR) 217 ⑤ – alt. 434.
Bern 32 – Neuchâtel 24 – Biel 27 – Fribourg 25 – Murten 8.

✕✕ **de l'Ours** M avec ch, 5 rte de l'Ancien Pont, ☎ 0266 739 393, info@ho
-ours.ch, Fax 0266 739 399, 🍽, 🅿, 🛏 – 🛗, rest, TV 📺 🚿 📺 – 🅿 15/40.
ⓘ MC VISA
Repas (fermé mardi sauf de mai à sept.) 16 – 26 (midi)/112 et à la carte 51/108
10 – **8 ch** 120/200.
• Vieille maison restaurée se trouvant près de la rivière. Cuisine actuelle au restaura
et chambres entièrement refaites dans un esprit moderne.

SUGNENS 1043 Vaud (VD) 217 ③ – 228 h. – alt. 648.
Bern 83 – Lausanne 20 – Montreux 46 – Moudon 12 – Yverdon-les-Bains 18.

✕✕ **Auberge de Sugnens** (Sidi-Ali), ☎ 0218 814 575, Fax 0218 814 535, 🍽 –
❀ MC VISA
fermé 6 au 13 janv., 1er – 17 sept., dim. soir et lundi – **Repas** 18 (au café) – 54 (midi)/1
et à la carte 65/116.
• Une ferme vaudoise, ancienne de 1822, a prêté ses murs à ce restaurant au dé
sobre mais soigné. On y sert un répertoire évoluant au gré du marché. "Plat du jou
au Café.
Spéc. Croustillant aux champignons des bois. Tresse de sole et queues de langou
tines à l'anis. Epaule d'agneau aux raisins de Smyrne.

SUHR 5034 Aargau (AG) 216 ⑰ – 7 929 Ew. – Höhe 397.
Bern 82 – Aarau 4 – Baden 31 – Basel 60 – Luzern 43 – Solothurn 51.

▪ **Zum Kreuz,** Obere Dorfstr. 1, ☎ 0628 559 020, Fax 0628 559 040, 🍽 – TV
🅿 – 🅿 25. AE ⓘ MC VISA
Menu (1. Etage) (geschl. Montag) 15.50 und à la carte 40/103 – **17 Zim** 120/2
– ½ P Zuschl. 35.
• Im unter Denkmalschutz stehenden, geschmackvoll renovierten Gasthaus a. d.
Jh. schläft man in gemütlichen, mit dunklen Massivholzmöbeln rustikal eingerichtet
Zimmern. Über der Gaststube werden die Gäste in schönen, angenehm gestaltet
Stuben bewirtet.

▪ **Bären,** Bernstr.-West 56, ☎ 0628 552 525, baerensuhr@pop.agri.
Fax 0628 552 591, 🍽 – Zim, TV 🚿 📺 – 🅿 15/70. AE ⓘ MC VISA
geschl. 24. Dez. – 6. Jan. – **Menu** (geschl. Samstagmittag) 22 und à la carte 41/8
31 Zim 120/180.
• Der Landgasthof liegt im Zentrum, davor die Strasse und die Gleise der Reg
nalbahn. Die Zimmer sind meist geräumig und mit funktionellem Mobiliar zweckmäs
eingerichtet. Teils modern, teils rustikal dekorierte Restauranträume.

ULLENS 1036 Vaud (VD) 217 ③ – 820 h. – alt. 600.
Bern 112 – *Lausanne* 13 – Cossonay 19 – Yverdon-les-Bains 25.

Auberge Communale, ℘ 0217 311 197 – ⓂⒸ 𝘝𝘐𝘚𝘈
fermé Noël, Nouvel An, 26 juil. au 18 août, dim., lundi et fériés – **Repas** 16 et à la carte 41/87.
♦ Les suggestions culinaires de cette table, d'esprit champêtre, s'emploient à restituer les saveurs du terroir ainsi que celles de l'Hexagone. Prix mijotés à feu doux.

UMISWALD 3454 Bern (BE) 216 ⑮ – 5 378 Ew. – Höhe 700.
Bern 40 – Burgdorf 17 – Luzern 57 – Olten 46 – Thun 48.

Bären, Marktgasse 1, ℘ 0344 311 022, hotel@baeren-sumiswald.ch, Fax 0344 312 324, 🍴 – 🛗 📺 ♿ 🅿 – 🔒 15/80. Ⓐ𝘌 ⓄⒹ ⓂⒸ 𝘝𝘐𝘚𝘈
geschl. 17. Feb. – 9. März und 25. Juli - 8. Aug. – **Menu** (geschl. Montag) 22 - 48 und à la carte 31/82 – **17 Zim** ⌂ 90/160 – ½ P Zuschl. 35.
♦ Hinter der schönen Holzfassade des Emmentaler Gasthofs, ehemals eine Schenke aus dem 14. Jh., verbergen sich mit Massivholzmobiliar rustikal und modern eingerichtete Zimmer.

Zum Kreuz, Marktgasse 9, ℘ 0344 311 526, kreuz@kreuz-sumiswald.ch, Fax 0344 313 227, 🍴 – 🅿. Ⓐ𝘌 ⓄⒹ ⓂⒸ 𝘝𝘐𝘚𝘈
geschl. 2. - 19. Feb., 7. - 23. Juli, Dienstagabend und Mittwoch – **Menu** 15 - 38/85 und à la carte 44/78.
♦ Ursprünglich befand sich hier eine Umspannstelle für Postkutschenpferde. Heute serviert man in zwei kleinen, gemütlichen Stuben Speisen aus einem traditionellen Angebot.

▸ **Lüderenalp** Süd-Ost : 10 km über Wasen – ✉ 3457 Wasen :

Lüderenalp ⚘, ℘ 0344 371 676, hotel@luederenalp.ch, Fax 0344 371 980, ≤ Berner Alpen und Jurakette, 🍴, 🍃, 🐕 – 🛗 📺 ♿ 🅿 – 🔒 25. Ⓐ𝘌 ⓄⒹ ⓂⒸ 𝘝𝘐𝘚𝘈
geschl. 6. - 24. Jan. – **Menu** 26 - 35/69 und à la carte 41/93 – **19 Zim** ⌂ 140/210 – ½ P Zuschl. 40.
♦ Einsam und abgeschieden liegt dieses Ausflugs- und Ferienhotel erhöht über dem Emmental mit aussergewöhnlicher Panoramasicht auf die Berner Alpen und die Jurakette. Mit einfachem Restaurant und grosser Speiseterrasse.

URSEE 6210 Luzern (LU) 216 ⑰ – 8 006 Ew. – Höhe 504.
Sehenswert : Rathaus★ – Wallfahrtskirche Mariazell : Aussicht★.
Bern 90 – *Luzern* 23 – Aarau 26 – Baden 48 – Olten 32.

Bellevue am See Ⓜ ⚘, Bellevueweg 7, ℘ 0419 258 110, info@bellevue-sursee.ch, Fax 0419 258 111, ≤, 🍴 – 🛗, ⚡ Zim, 📺 ♿ 🅿 – 🔒 15/50. Ⓐ𝘌 ⓄⒹ ⓂⒸ 𝘝𝘐𝘚𝘈
geschl. Weihnachten – **Menu** (geschl. 16. Feb. - 10. März und Montag) 19.50 - 52 (mittags)/90 und à la carte 46/117 – **17 Zim** ⌂ 140/220, 3 Suiten.
♦ Die schlossähnliche, komplett renovierte Villa gefällt durch die ruhige Lage nicht weit vom See, die hübsche Aussicht und die individuelle, moderne Zimmerausstattung. Man speist entweder im Barbereich, dem Wintergarten oder im eleganteren Hauptrestaurant.

Sursee Ⓜ, Bahnhofstr. 15, ℘ 0419 215 051, info@hotel-sursee.ch, Fax 0419 210 050, 🍴 – 🛗, ⚡ Zim, 📺 ♿ ♿ 🅿 – 🔒 15/80. Ⓐ𝘌 ⓄⒹ ⓂⒸ 𝘝𝘐𝘚𝘈
Menu - italienische Küche - 18 - 45 und à la carte 38/89 – **26 Zim** ⌂ 130/180 – ½ P Zuschl. 30.
♦ In den hellen, frisch wirkenden Zimmern dieses renovierten Hotels läuft man, wie im ganzen Haus, auf grauen Granitböden. Die moderne Ausstattung lässt kaum Wünsche offen. Trendiges Restaurant und topmoderner, eleganter Dance-Club.

Ecrivez-nous...
Vos louanges comme vos critiques seront examinées avec le plus grand soin.
Nous reverrons sur place les informations que vous nous signalez.
Par avance merci !

SUSTEN-LEUK 3952 Wallis (VS) ②⑰ ⑯ – Höhe 627.
Bern 178 – Brig 29 – Leukerbad 14.

Relais Bayard, Kantonsstrasse, Ost : 1 km Richtung Brig, ☎ 0274 749 69
mail@relaisbayard.ch, Fax 0274 749 699, 🍽, ♨, ≘s, – |‡| TV ✆ P – 🛁 70.
MC VISA
Menu 17.50 - 30 und à la carte 37/96 – **31 Zim** ⌕ 100/170 – ½ P Zusc
25.
 * Der Landgasthof liegt an der Strasse nach Brig. Die Zimmer sind zweckmässig ei
gerichtet, die Ausstattung ist zeitgemäss. Besonders für Familien geeignete Duple
Suiten. Restaurant mit Bistro und gehobenem à la Carte-Bereich.

SUTZ-LATTRIGEN 2572 Bern (BE) ②⑯ ⑭ – 1 130 Ew. – Höhe 450.
Bern 38 – Biel 6 – Neuchâtel 33 – Solothurn 27.

XX **Anker**, Hauptstr. 4, ☎ 0323 971 164, anker.sutz@bluewin.ch, Fax 0323 971 17
🍽 – P. AE MC VISA
geschl. 24. Feb. - 6. März, 22. Sept. - 9. Okt., Montag und Dienstag – **Menu** 15 -
und à la carte 39/84.
 * Ob im gemütlich-rustikalen Restaurant oder auf der schönen Gartenterrasse :
erwartet Sie eine Karte mit preiswerten, sorgfältig zubereiteten traditionell
Gerichten.

TÄGERWILEN Thurgau ②⑯ ⑩ – siehe Kreuzlingen.

TANNAY 1295 Vaud (VD) ②⑰ ⑪ – 1 194 h. – alt. 392.
Bern 154 – Genève 11 – Divonne-les-Bains 13 – Lausanne 52 – Thonon-le
Bains 44.

XX **Au Lion d'Or** M avec ch, 2 r. du Village, ☎ 0227 760 423, Fax 0227 760 423,
– TV ✆ P. AE VISA
fermé 10 au 25 fév., 4 juil. au 19 août., lundi et mardi – **Repas** 33 - 55/85 et à
carte 45/93 – **6 ch** ⌕ 90/160 – ½ P suppl. 55.
 * Cette auberge communale bordant la place du village abrite une salle à mang
feutrée au décor moderne. Carte classique. Quelques chambres fonctionnelles pc
l'étape.

TARASP Graubünden ②⑱ ⑦ – siehe Scuol.

TÄSCH 3929 Wallis (VS) ②⑲ ④ – 841 Ew. – Höhe 1 438.
Bern 204 – Brig 38 – Sierre 57 – Sion 74 – Zermatt 6.

Täscherhof, Bahnhofstrasse, ☎ 0279 666 262, info@taescherhof.c
Fax 0279 666 200, ≤, 🍽, ≘s, – |‡| TV ✆ 🖂. AE ⓞ MC VISA
geschl. Nov. – **Menu** 18 - 28 und à la carte 33/75 – **35 Zim** ⌕ 84/180 – ½ P Zusc
27.
 * Den kleinen Ort Täsch kennt der Tourist meist nur als Umsteigestation auf de
Weg nach Zermatt. Hier liegt das einfache Hotel mit wohnlichen, rustikal eingeric
teten Zimmern. Ländlich dekoriertes Restaurant.

TAVERNE 6807 Ticino (TI) ②⑲ ⑧ – 2 762 ab. – alt. 364.
Bern 265 – Lugano 8 – Bellinzona 21 – Locarno 33 – Varese 35.

XXX **Motto del Gallo** (De La Iglesia) con cam, ☎ 0919 452 871, Fax 0919 452 723,
✿ – TV P. AE ⓞ MC VISA
chiuso dal 22 dicembre al 19 gennaio e domenica – **Pasto** (coperti limitati - prenota
48 (mezzogiorno)/135 ed alla carta 97/125 – **3 cam** ⌕ 118/235.
 * Apprezzate la buona cucina creativa nelle accoglienti salette di un'affascinar
casa del XV sec. I tre fratelli De La Iglesia vi accolgono in un ambiente rustico e
classe.
Spec. Bresaola, fegato e carpaccio d'anatra al pepe rosa, bouquet d'insalatine. I
cereali con fiori di zucchini e piccola aragosta (estate - autumno). Pesce persicc
guazzetto di cannellini e borlotti.

EGNA 6652 Ticino (TI) 219 ⑦ – 674 ab. – alt. 258.
Bern 231 – Locarno 5 – Andermatt 104 – Bellinzona 24 – Lugano 43.

🏨 **Barbaté** senza rist, ℘ 0917 961 430, Fax 0917 962 530, 🚗 – 🅿. 🆎 ⓞ
⓫ⓢ 𝑽𝑰𝑺𝑨
marzo - ottobre – **12 cam** ⚌ 110/160.
♦ Un simpatico indirizzo questo garni piccolo e familiare, ubicato in zona tranquilla. Al pian terreno, il giardino fa da cornice alle 12 camere, spaziose e carine.

ESSERETE 6950 Ticino (TI) 219 ⑧ – 1 398 ab. – alt. 517.
🛈 Ente Turistico Valli di Lugano, piazza Stazione, ℘ 0919 431 888, Fax 0919 434 212.
Bern 271 – Lugano 12 – Bellinzona 27 – Locarno 39 – Varese 39.

✕ **Stazione** con cam, ℘ 0919 431 502, besomistazione@ticino.com, Fax 0919 435 569, 🍴 – 📺 🅿. 🆎 ⓫ⓢ 𝑽𝑰𝑺𝑨
chiuso dal 22 dicembre al 23 gennaio e dal 18 giugno al 2 luglio – **Pasto** (chiuso mercoledì) 20 ed alla carta 46/77 – **8 cam** ⚌ 90/180.
♦ Scegliete tra la saletta interna più raccolta oppure, nelle giornate di sole, godetevi il fresco sulla terrazza esterna. Estro italiano in cucina e disponibilità di camere.

✕ **Storni**, via Canonica, ℘ 0919 434 015, Fax 0919 434 015, 🍴 – 🅿. 🆎 ⓫ⓢ
⥣ 𝑽𝑰𝑺𝑨, ⚘
chiuso dal 20 luglio al 20 agosto, domenica e lunedì – **Pasto** - cucina italiana - 19 - 54/62 (sera) ed a la carte 45/72.
♦ Nel piccolo centro storico del paese, sorge questa vecchia osteria la cui proposta culinaria è d'ispirazione italiana ed offre, in particolare, pasta fresca fatta in casa.

✕ **Grotto della Selva**, località Campestro, ℘ 0919 435 720, 🍴 – ⚘. ⓫ⓢ 𝑽𝑰𝑺𝑨
⥣ chiuso dal 20 giugno al 5 luglio, sabato a mezzogiorno e martedì – **Pasto** 16 ed alla carta 43/66.
♦ Ritrovate l'ambiente familiare del grotto anche fuori dove, in estate, sotto il fresco pergolato vengono servite le proposte di una cucina orientata verso la vicina Italia.

EUFEN 9053 Appenzell Ausserrhoden (AR) 216 ㉑ – 5 534 Ew. – Höhe 837.
🛈 Info Teufen, Ebni 1, im Bahnhof, ℘ 0713 333 873, Fax 0713 333 809.
Bern 217 – Sankt Gallen 8 – Bregenz 44 – Buchs 44 – Herisau 17 – Konstanz 48.

🏨 **Zur Linde,** Bühlerstr. 87, ℘ 0713 332 822, info@hotelzurlinde.ch,
⥣ Fax 0713 334 120, 🍴, 🚗 – 🛗, ⥢Zim, 📺 ✆ 🅿. – 🛁 15/100. 🆎 ⓞ ⓫ⓢ
𝑽𝑰𝑺𝑨, ⚘
geschl. 10. - 30. Juli – **Menu** (geschl. Mittwoch) 19.50 - 48 (mittags)/60 und à la carte 40/89 – **14 Zim** ⚌ 98/224 – ½ P Zuschl. 30.
♦ Die imposante 400-jährige Linde zwischen dem Haus und der Bahnlinie stand Pate bei der Namensgebung. Der Durchreisende übernachtet hier in hellen, zeitgemässen Zimmern. Gaststube mit blanken Holztischen und gehobenes bürgerliches Restaurant.

🏨 **Säntis,** Speicherstr. 28, ℘ 0713 333 355, hotel.saentis@bluewin.ch, Fax 0713 334 936, ≤ Alpstein und Säntis – ⥢Zim, 📺 ✆ 🅿. 🆎 ⓞ ⓫ⓢ 𝑽𝑰𝑺𝑨
geschl. 2. - 15. Jan. – **Menu** (nur ½ Pens. für Hotelgäste) (geschl. mittags) – **11 Zim** ⚌ 115/160 – ½ P Zuschl. 25.
♦ Die kleine Familienpension bietet mit ihrer zweckmässigen Zimmereinrichtung einfachen Wohnkomfort. Während des Frühstücks geniesst man im Wintergarten die wunderbare Aussicht.

✕ **Waldegg,** Richtung Speicher und Waldeggstr : 3 km, ℘ 0713 331 230, postmaster@waldegg-teufen.ch, Fax 0713 334 661, ≤ Alpnstein und Säntis, 🍴 – 🅿. 🆎 ⓞ
⓫ⓢ 𝑽𝑰𝑺𝑨
geschl. 27. Jan. - 5. März und Donnerstag – **Menu** (Tischbestellung ratsam) 25 und à la carte 43/86.
♦ Im Ausflugsrestaurant - auf einem Hügelkamm gelegen - mit seiner grossen Panoramaterrasse eröffnet sich dem Gast eine beeindruckende Sicht auf den Alpstein und den Säntis.

THAYNGEN 8240 Schaffhausen (SH) 216 ⑧ – 3 922 Ew. – Höhe 440.
Bern 162 – Zürich 56 – Baden 58 – Schaffhausen 9.

im Ortsteil Hüttenleben Nord-West : 1,5 km :

XX **Hüttenleben** mit Zim, Drachenbrunnenweg 5, ℘ 0526 450 010, info@huette
⇔ eben.ch, Fax 0526 450 013, 佘 – 🆃🆅 P. AE ⓘ 🆆🅾 VISA
geschl. 3. - 18. Feb., 29. Sept. - 14. Okt., Montagabend und Dienstag – **Menu** 17.
und à la carte 55/88 – **Pasteria Calimero** - italienische Küche - **Menu** à la cart
42/86 – **4 Zim** ⇆ 85/156.
 ◆ Im abgelegenen kleinen Weiler, nur ein paar Schritte von der Deutschen Grenz
entfernt, kann der Gast im Wintergarten sein Gericht von einer traditionellen Kart
bestellen. Rustikales Ambiente in der Pasteria Calimero.

THIELLE 2075 Neuchâtel (NE) 216 ⑬ – 558 h. – alt. 438.
Bern 38 – Neuchâtel 11 – Biel 27 – La Chaux-de-Fonds 36.

🏨 **Novotel,** le Verger 1, ℘ 0327 557 575, HO531@accor-hotels.cor
⇔ Fax 0327 557 557, 佘, ⚊, 🐎 – ✼ ch, 🆃🆅 ✆ P. – 🔔 15/50. AE (
🆆🅾 VISA
Repas (fermé sam. et dim.) 16 et à la carte 39/70 – ⇆ 15 – **60 ch** 145/160.
 ◆ Bâtiment cubique situé en contrebas de l'autoroute. Les chambres, de bonne ar
pleur, sont remises à neuf. Aires de jeux pour les enfants. Les habitués du restaura
Novotel retrouveront leurs repères : recettes classiques de la chaîne, dans un cadr
actuel.

THÔNEX Genève 217 ⑪ – rattaché à Genève.

THÖRIGEN 3367 Bern (BE) 216 ⑮ – 981 Ew. – Höhe 488.
Bern 41 – Aarau 44 – Basel 71 – Luzern 72 – Solothurn 17.

XXX **Löwen** (Cygax), Langenthalstr. 1, ℘ 0629 612 107, nikgygax@bluewin.c
🌸 Fax 0629 611 672, 佘 – P. AE ⓘ 🆆🅾 VISA
geschl. 21. Sept. - 13. Okt., Sonntag und Montag – **Menu** (Tischbestellur
ratsam) (siehe auch **Nik's Wystube**) 65 (mittags)/195 und à la cart
103/145.
 ◆ Hinter der hübschen Fassade mit Fachwerk und Holzfensterläden kredenzt m.
dem Geniesser in fast familiärer Atmosphäre aufwendig bereitete Speisen einer kla
sischen Küche.
Spez. Chartreuse de foie d'oie à la compote de poires et en gelée de vieux Port
Bar de ligne au caviar d'aubergines et à l'huile vierge. "Trio" de veau de lait c
l'Emmental.

X **Nik's Wystube** - Löwen, Langenthalstr. 1, ℘ 0629 612 107, Fax 0629 611 67
佘 – P. AE ⓘ 🆆🅾 VISA
geschl. 21. Sept. - 13. Okt. – **Menu** 17 - 62 und à la cart
48/100.
 ◆ Wenn Sie zum Speisen ein ungezwungenes Umfeld bevorzugen, dann wird es Ihn
in dieser hellen, rustikalen Gaststube besimmt gefallen !

THUN 3600 Bern (BE) 217 ⑥ ⑦ – 39 854 Ew. – Höhe 560.
Sehenswert : Blick★★ vom Kirchenvorplatz Z – Seeufer : Jakobshübeli★★ Z
Park vom Schloss Schadau : Aussicht★★ BY – Altstadt : Obere Hauptgasse★ Z 2
– Rathausplatz★ Z 30 – Schloss Museum★ ; Blick von den Ecktürmen Z.

🅵 Thunersee, ℘ 0333 347 070, Fax 0333 347 075, Ost : 2 km Richtung Allme
dingen.

Lokale Veranstaltung
12.07 - 13.07 : Drehorgelfestival.

🅱 Thun Tourismus-Organisation, Bahnhof, ℘ 0332 222 340, thun@thunersee.c
Fax 0332 228 323.

🌐 Aarestr. 14, ℘ 0332 257 676, Fax 0332 257 675.

Bern 30 ① – Interlaken 29 ④ – Gstaad 58 ④ – Langnau im Emmental 32 ① – Spiez
③

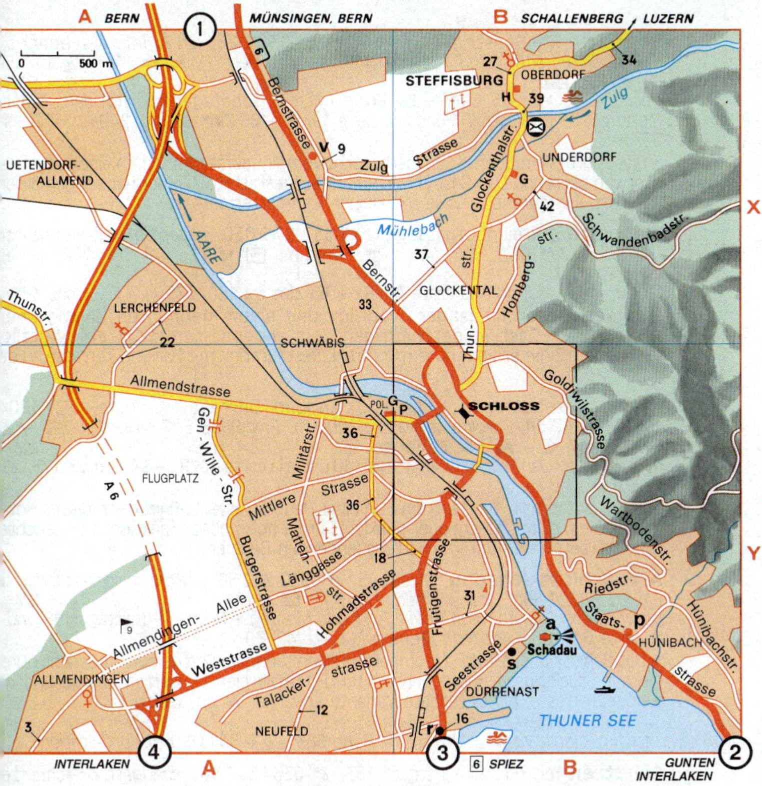

THUN

llmendingenstrasse	AY	3
llmendstrasse	Z	4
ahnhofbrücke	Z	6
ahnhofplatz	Z	7
älliz	Z	
erntorplatz	Z	10
uchholzstrasse	AY	12
rabenstrasse	Z	13
uisanplatz	Z	15
wattstrasse	BY	16
auptgasse	Z	
ungfraustrasse	ABY	18
irchtreppe	Z	19
uhbrücke	Z	21
erchenfeldstrasse	AXY	22
larktgasse	Z	24
laulbeerplatz	Z	25
bere Hauptgasse	Z	28
athausplatz	Z	30
chadaustrasse	BY	31
teffisburgstr.	Z	35
tockhornstrasse	AY	36
Vaisenhausstrasse	Z	40

STEFFISBURG

ernstrasse alte	AX	9
berdorfstrasse	BX	27
chwäbisstrasse	AX	33
chwarzeneggstrasse	BX	34
tockhornstrasse	BX	37
nterdorfstrasse	BX	39
iegeleistrasse	BX	42

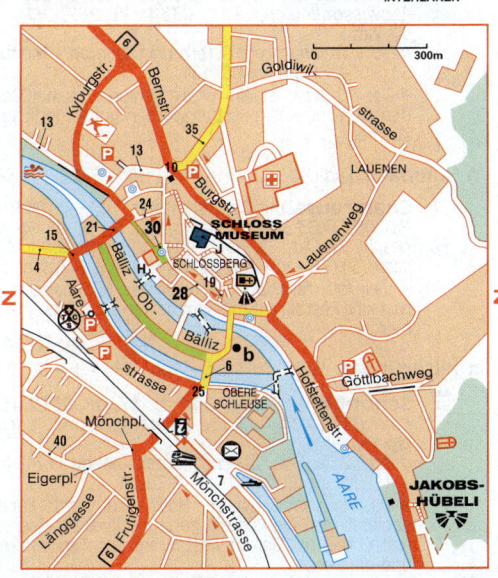

THUN

Seepark M, Seestr. 47, ✉ 3602, ☎ 0332 261 212, info@seepark.ch
Fax 0332 261 510, 🍴, 🎿, ≤s – 📶, ½ Zim, 🍴 Rest, 📺 ☎ 🚗 P – 🏨 15/350 BY
AE ① ◎❸ VISA
geschl. 24. Dez. - 5. Jan. – **La Voile** (geschl. Sonntagabend von Jan. - März)
Menu 21 - 35 (mittags)/53 und à la carte 39/91 – **85 Zim** ⊒ 150/240 – ½ P Zuschl. 53.

♦ Dieses grosse, moderne Seminarhotel ist vom Thunersee nur durch einen schmalen Uferweg getrennt. Den Gast erwarten gut ausgestattete Zimmer mit zeitgemässem Komfort. Restaurant La Voile mit kleiner Sommerterrasse.

Freienhof, Freienhofgasse 3, ☎ 0332 275 050, reception@freienhof.ch
Fax 0332 275 055, 🍴, 🚢 – 📶, ½ Zim, 📺 ☎ P – 🏨 15/120. AE
◎❸ VISA Z
Menu 18.50 - 45 und à la carte 40/82 – **63 Zim** ⊒ 180/275 – ½ P Zuschl. 38.

♦ In dem Hotel mit langer Tradition und einem gepflegten Garten übernachtet der Gast in der heutigen Zeit angepassten, teils erst kürzlich renovierten Zimmern mit gutem Komfort. Restauration mit Bar und Terrasse an der Aare.

Alpha, Eisenbahnstr. 1, beim Strandbad Dürrenast : 1 km, ✉ 3604,
☎ 0333 347 347, welcome@alpha-thun.ch, Fax 0333 347 348, 🍴, ≤s – 📶
½ Zim, 📺 ☎ – 🏨 35. AE ① ◎❸ VISA BY
Menu (geschl. Jan.) 18.50 - 40 (mittags)/48 und à la carte 43/83 – **34 Zim** ⊒ 125/210 – ½ P Zuschl. 35.

♦ Etwas ausserhalb des Zentrums, an einer Hauptstrasse, befindet sich dieses Hotel, dessen Zimmer mit hellem oder dunklem Furnierholzmobiliar funktionell eingerichtet sind. Speiseterrasse unter schattenspendenden Bäumen.

Arts Schloss Schadau, Seestr. 45, ☎ 0332 222 500, info@schloss-schadau.ch
Fax 0332 221 580, ≤ Thunersee, 🍴, 🌷 – AE ◎❸ VISA BY
geschl. Feb., Dienstag von Nov. - April und Montag – **Menu** 49 (mittags)/98 und à la carte 61/105 – **Bistro** : **Menu** à la carte 42/69.

♦ Das Schloss a. d. 19. Jh., traumhaft in einem Park am See gelegen, besticht durch die mit Stuckaturen und sehenswerten Holzmalereien verzierten Räume und die schöne Terrasse. Als einfachere Variante erwartet Sie das Bistro.

in Steffisburg Nord-West : 2 km - AX – Höhe 563 – ✉ 3613 Steffisburg-Station :

Schützen mit Zim, Alte Bernstr. 153, ☎ 0334 373 162, landgasthof-schuetzen
@swissonline.ch, Fax 0334 376 962, 🍴 – 📺 P. AE ① ◎❸ VISA
½ Zim AX
geschl. Weihnachten, Ostern und Sonntag – **Menu** 17 - 42 (mittags) und à la carte 33/90 – **12 Zim** ⊒ 90/160.

♦ Der Schützen ist ein für die Region typischer Dorfgasthof. In der Wirtschaft und den zwei rustikalen Stuben werden gutbürgerliche Gerichte serviert. Sehr einfache Zimmer.

in Hünibach Süd-Ost : 2,5 km - BY – Höhe 572 – ✉ 3626 Hünibach :

Chartreuse mit Zim, Staatsstr. 142, ☎ 0332 433 382, mail@chartreuse.ch
Fax 0332 433 359, 🍴 – ½ Zim, 📺 P. AE ① ◎❸ VISA BY
geschl. 19. Okt. - 9. Nov. – **Menu** (geschl. Sonntag) 18.50 - 30 (mittags)/50 und à la carte 41/79 – **14 Zim** ⊒ 90/170 – ½ P Zuschl. 35.

♦ Viel Holz, farbige Muranoleuchten und indischer Schiefer prägen dieses modern rustikale Restaurant mit Sommerterrasse. Schlichte, sehr saubere und gepflegte Zimmer.

in Hilterfingen Süd-Ost : 3 km – Höhe 563 – ✉ 3652 Hilterfingen :

Schönbühl M 🌷, Dorfstr. 47, ☎ 0332 432 383, info@schoenbuehl.ch
Fax 0332 434 047, ≤ Thunersee und Berge, 🍴 – 📶 📺 ☎ ♿
◎❸ VISA
geschl. 2. Jan. - 4. Feb. und Montag – **Menu** 13 - 46 (mittags)/74 und à la carte 41/80 – **11 Zim** ⊒ 115/240 – ½ P Zuschl. 40.

♦ Das Haus im Schweizer Holzbaustil wurde kürzlich komplett umgebaut. Heute geniesst man die Ruhe in geschmackvoll renovierten, modern ausgestatteten Zimmern ; teils mit Balkon. Restaurant und Terrasse mit schöner Aussicht auf den See und die Berge.

THUN

Oberhofen Süd-Ost : 4 km – Höhe 563 – ✉ 3653 Oberhofen :

Parkhotel M ⚜, Friedbühlweg 36, ✆ 0332 449 191, info@parkhoteloberhofe n.ch, Fax 0332 449 181, ≤ Thunersee und Berge, 🍽, 🛏 – ⚒ TV ☎ P – 🛁 70. AE ① MC VISA. 🚭 Zim
Menu (alkoholfrei) 18 - 30 und à la carte 41/77 – **39 Zim** ⊑ 95/180 – ½ P Zuschl. 26.

◆ Das typische Hotelgebäude der Jahrhundertwende bietet durch seine erhöhte, ruhige Lage vor allem von den Balkonen der zur See hin gelegenen Zimmer eine schöne Aussicht. Einfaches, alkoholfreies Restaurant mit traditionellen Gerichten.

HUSIS 7430 Graubünden (GR) **218** ④ – 2 605 Ew. – Höhe 697.
Ausflugsziel : Zillis Holzdecke★★ der Kirche Süd : 8 km – Via Mala★★ Süd : 4 km.
🚗 Thusis - Samedan, Information ✆ (081) 651 11 13.
ℹ Verkehrsverein, Neudorfstr. 70, ✆ 0816 511 134, vvthusis@spin.ch, Fax 0816 512 563.
Bern 269 – *Chur* 28 – Bellinzona 89 – Davos 47 – Sankt Moritz 64.

Weiss Kreuz, Neudorfstr. 50, ✆ 0816 500 850, info@weisskreuz.ch, Fax 0816 500 855, 🍽 – 📶 TV P – 🛁 15/100. MC VISA
geschl. 28. Okt. - 27. Nov. – **Menu** 18.50 – und à la carte 30/75 – **34 Zim** ⊑ 85/140 – ½ P Zuschl. 25.

◆ Das Haus mit der auffälligen zinnoberroten Fassade liegt im Zentrum. Obwohl man einige Zimmer renoviert hat, ist der grössere Teil noch älter und bietet einfachen Komfort. Traditionelles Restaurant und moderner Dachwintergarten mit schönem Blick über Thusis.

HYON-LES COLLONS 1988 Valais (VS) **217** ⑮ ⑯ – alt. 2 187 – Sports d'hiver : 1 802/2 413 m ⛷10.
Bern 169 – *Sion* 16 – Brig 67 – Martigny 46.

ux Collons – alt. 1 802 – ✉ 1988 Thyon-Les Collons.
ℹ Office du Tourisme, ✆ 0272 812 727, info@thyon-region.ch, Fax 0272 812 783

La Cambuse ⚜, ✆ 0272 811 883, info@lacambuse.ch, Fax 0272 813 222, ≤ Val d'Hérens, 🍽 – TV P – 🛁 40. AE MC VISA
ouvert 7 déc. au 26 avril, 22 juin au 18 oct. et fermé jeudi du 21 juin au 16 juil. et 27 août au 19 oct. – **Repas** 17 - 30 (midi)/75 et à la carte 37/76 – **10 ch** ⊑ 105/170, Basse saison ⊑ 80/140 – ½ P suppl. 30.

◆ Ce chalet dominant le val d'Hérens jouit d'une vue et d'une situation magnifiques au pied des pistes. Les chambres, douillettes, sont revêtues de boiseries. La salle à manger éclairée par des baies vitrées, sert une cuisine traditionnelle. Espace fondues.

XX **Maya Village,** ✆ 0272 811 313, Fax 0272 813 172, ≤ val d'Hérens, 🍽 – MC VISA
fermé 28 avril au 17 juil., 3 nov. au 18 déc., lundi et mardi – **Repas** 16.50 - 32/68 et à la carte 53/90.

◆ Qu'il s'agisse du décor de la salle ou des spécialités gourmandes, le canton du Valais est ici pleinement honoré. De la terrasse, le regard plonge sur la vallée.

a TOUR-DE-TRÊME Fribourg **217** ⑤ – rattaché à Bulle.

RAVERS 2105 Neuchâtel (NE) **217** ③ – 1 212 h. – alt. 748.
Bern 71 – *Neuchâtel* 22 – La Chaux-de-Fonds 31 – Pontarlier 31 – Yverdon-les-Bains 41.

X **Crêt de l'Anneau** avec ch, Est : 1 km route Neuchâtel, ✆ 0328 631 178, hote lcret@valtra.ch, Fax 0328 634 038, 🍽, ✻ – P. MC VISA. 🚭 ch
fermé 21 déc. au 20 janv., 15 au 30 juin, dim. soir et lundi – **Repas** 16 - 23/45 et à la carte 41/83 – ⊑ 10 – **8 ch** 55/100 – ½ P suppl. 25.

◆ Affaire familiale bordant un axe fréquenté. À l'intérieur, une salle à manger principale récemment rafraîchie et un café de style néo-rustique. Table classique.

RIESEN Fürstentum Liechtenstein **216** ㉒ – siehe Seite 508.

TRIESENBERG Fürstentum Liechtenstein 216 ㉒ – siehe Seite 508.

TRIMBACH Solothurn 216 ⑯ – siehe Olten.

TRUN 7166 Graubünden (GR) 218 ② – 1 357 Ew. – Höhe 852.
Bern 217 – Andermatt 36 – Altdorf 70 – Bellinzona 91 – Chur 53.

🏠 **Tödi**, Hauptstr. 106, ☎ 0819 431 121, info@hotel-casa-toedi.c
Fax 0819 431 828, 🐟 – ⚞ Zim, 📺 ☕ 🅿 AE ⓪ ⓜ VISA JCB. 🐟 Rest
geschl. 14. Mai - 5. Juni und 25. Okt. - 14. Nov. – **Menu** 20 - 30/85 und à la carte 53/9
– **18 Zim** ⭐ 80/145 – ½ P Zuschl. 43.
  ◆ Mit dem Bau dieses auffallenden Gebäudes wurde schon 1530 begonnen. D
  Patrizierhaus in seiner heutigen Form gibt es seit 300 Jahren. Einfache, rustik
  möblierte Zimmer. Im ersten Stock befindet sich das mit viel Holz eingerichte
  Restaurant.

TSCHERLACH 8881 Sankt Gallen (SG) 216 ㉑ – Höhe 449.
Bern 204 – Sankt Gallen 74 – Bad Ragaz 18 – Buchs 31 – Rapperswil 48 – Vaduz 2

✕ **Zum Landhaus**, ☎ 0817 351 317, Fax 0817 351 317, 🐟 – 🅿 ⓪ ⓜ VISA
geschl. 1. - 19. Juli, Montag und Dienstag – **Menu** 95 und à la carte 70/123.
  ◆ Hinter der schönen Pergola befindet sich der Eingang zum netten kleinen Resta
  rant im ersten Stock. In ländlich-rustikalem Ambiente serviert man internationa
  Gerichte.

TSCHUGG 3233 Bern (BE) 216 ⑬ – 437 Ew. – Höhe 470.
Bern 38 – Neuchâtel 16 – Biel 23 – La Chaux-de-Fonds 36 – Murten 17.

✕✕ **Rebstock**, Hauptstr. 12, ☎ 0323 381 161, rebstock.tschugg@bluewin.c
Fax 0323 381 373, 🐟 – 🅿 AE ⓪ ⓜ VISA
geschl. 23. - 30. Dez., 3. - 13. Feb., Montag und Dienstag – **Menu** 59 (mittags)/12
und à la carte 54/122.
  ◆ Die geschmackvolle Inneneinrichtung des ehemaligen Weinguts erinnert etwas a
  die Provence. Der Geniesser hat bei dem interessanten, zeitgemässen Angebot d
  Qual der Wahl.

TWANN 2513 Bern (BE) 216 ⑬ – 864 Ew. – Höhe 434.
Bern 44 – Neuchâtel 26 – Biel 10 – La Chaux-de-Fonds 51 – Solothurn 31.

🏠 **Bären**, Moos 92, ☎ 0323 152 012, info@baeren-twann.ch, Fax 0323 152 292, 🐟
🐟 – 📶, ⚞ Zim, ♿ 🅿 – 🔔 80. AE ⓪ ⓜ VISA
geschl. 27. Jan. - 18. Feb., Montag und Dienstag ausser April - Okt. – **Menu** 1₈
28 (mittags)/48 und à la carte 42/100 – **15 Zim** ⭐ 150/245 – ½
Zuschl. 41.
  ◆ Der Bären liegt in einem kleinen, zwischen Weinbergen und dem See eing
  betteten Dorf. Die renovierten Zimmer bieten mit ihrer funktionellen Einrichtur
  modernen Komfort. Grosse, klassisch dekorierte Restauration mit vorgelagerte
  Terrasse.

✕✕ **Fontana** (Gästehaus : 🏠), Moos 34/46, ☎ 0323 150 303, mail@hotelfontana.c
Fax 0323 150 313, 🐟, 🐟 – 📶, ⚞ Zim, 📺 🅿 – 🔔 20. AE ⓪ ⓜ VISA
geschl. 21. Dez. - 7. Feb., Donnerstag und Freitag von Nov. - 24. April ausser Osterta₉
– **Menu** 22 - 65 und à la carte 48/134 – **18 Zim** ⭐ 150/245 – ½ P Zusch
42.
  ◆ In diesem Gebäude im regionalen Stil serviert man in den unterschiedlichen Gas
  räumen gutbürgerliche Gerichte. Im Gästehaus stehen neuzeitlich eingerichtete Zir
  mer bereit.

✕✕ **Zur Ilge**, Kleintwann 8, ☎ 0323 151 136, ilgetwann@bluewin.c
Fax 0323 157 019, 🐟 – 🅿 AE ⓪ ⓜ VISA
geschl. 23. - 30. Dez., 15. - 23. Feb., Montag und Dienstag – **Menu** 45/70 und à
carte 47/101.
  ◆ Neben Fischgerichten werden im Restaurant und auf der kleinen Terrasse diese
  alten Steinhauses im Dorfzentrum auch Spezialitäten aus der chinesischen Küch
  angeboten.

DLIGENSWIL 6044 Luzern (LU) 216 ⑱ – 1 853 Ew. – Höhe 625.
Bern 121 – Luzern 10 – Aarau 57 – Schwyz 29 – Zürich 51.

※※ **Frohsinn**, Dorfstr. 13, ℘ 0413 711 316, Fax 0413 710 616, 🌤 – 🅿. ᴀᴇ ⓞ ⓜⓞ
🍴 VISA
geschl. 19. - 26. Feb., 23. Juli - 6. Aug. und Mittwoch – **Menu** 17.50 - 59 und à la carte 47/111.
• Das am Dorfrand gelegene Holzhaus mit Anbau betritt man durch die rustikale Gaststube. Dahinter befindet sich der traditionelle Speisesaal mit einem gutbürgerlichen Angebot.

ETIKON AM SEE 8707 Zürich (ZH) 216 ⑲ – 4 751 Ew. – Höhe 414.
Bern 143 – Zürich 18 – Rapperswil 11.

🏨 **Alpenblick** M 🌿, Bergstr. 322, Nord-Ost : 3 km Richtung Uster, ℘ 019 204 722, Fax 019 206 254, ≤ Zürichsee und Berge, 🌤, 🌳 – 📶 📺 🅿. ᴀᴇ ⓞ ⓜⓞ VISA 🌿
geschl. 23. Dez. - 4. Feb. – **Menu** (geschl. Montag und Dienstag) 25 - 40 (mittags) und à la carte 49/100 - **12 Zim** 🛏 105/240.
• Dieser Landgasthof liegt hoch über dem See am Berghang. Die ruhigen, mit hellen Massivholzmöbeln eingerichteten Zimmer bieten genügend Platz und zeitgemässen Komfort. Rustikales Restaurant und Terrasse mit wunderbarer Sicht auf den Zürichsee und die Berge.

※※ **Wirtschaft zum Wiesengrund** (Hussong), Kleindorfstr. 61, ℘ 019 206 360, hussong@wiesengrund.ch, Fax 019 211 709, 🌤 – 🅿. ᴀᴇ ⓞ ⓜⓞ VISA. 🌿
❀❀ geschl. 3. - 16. Feb., 26. Juli - 18. Aug., Sonntag und Montag – **Menu** (Tischbestellung ratsam) 68 (mittags)/160 und à la carte 98/174.
• Das unscheinbare Haus lässt kaum vermuten, welche kulinarischen Raffinessen im modern eingerichteten Restaurant oder auf der schönen kleinen Gartenterrasse serviert werden.
Spez. Kompositionen von Langustinen. Ochsenschwanzcrépinette in Syrah geschmort. Bresse Poularde im eigenen Saft geschmort

ETLIBERG Zürich 216 ⑱ – siehe Zürich.

LMIZ 3214 Freiburg (FR) 217 ⑤ – 326 Ew. – Höhe 500.
Bern 27 – Neuchâtel 31 – Biel 35 – Fribourg 20 – Murten 9.

※※ **Zum Jäger**, Dorfstr. 22, ℘ 0317 510 272, Fax 0317 510 999 – 🅿. ⓜⓞ VISA
🍴 geschl. 18. Juli - 8. Aug., Mittwoch und Donnerstag – **Menu** 65 und à la carte 44/78.
• Sorgfältig zubereitete bürgerliche Gerichte zu moderaten Preisen werden in diesem typischen, im Dorfkern gelegenen Landgasthof dem kundigen Geniesser aufgetischt.

※ **Zum Bauernhof**, Dorfstr. 70, ℘ 0317 511 009, restaurant@bauernhof-ulmiz.ch,
🍴 Fax 0317 512 338, 🌤 – 🚫 🅿. ᴀᴇ ⓞ ⓜⓞ VISA
Menu (geschl. Feb., Montag und Dienstag) 16 - 49 (mittags)/94 und à la carte 40/112
– **Longchong** - chinesische Küche – (geschl. Juli, Mittwoch und Donnerstag) **Menu** 16 - 72 (abends) und à la carte 46/88.
• In den verschiedenen alten Stuben des Bauernhofes aus dem 18. Jh. oder auf der angenehmen Terrasse im Hof serviert man Speisen von einer traditionellen Karte. Im schönen alten Stöckli befindet sich eine Bar mit offener Küche und das chinesische Restaurant.

NTERÄGERI 6314 Zug (ZG) 216 ⑱ – 6 966 Ew. – Höhe 725.
Bern 150 – Luzern 45 – Einsiedeln 31 – Rapperswil 38 – Schwyz 22 – Zug 10.

🏨 **Seminarhotel** M, Seestr. 10, ℘ 0417 546 161, sha@seminarhotelaegerisee.ch,
🍴 Fax 0417 546 171, ≤, 🌤, 🍽 – 📶, 🚫 Zim, 📺 ✆ 🚗 🅿 – 🔒 15/100. ᴀᴇ ⓞ
ⓜⓞ VISA
Menu 17.50 und à la carte 39/94 – **69 Zim** 🛏 180/250.
• Nur durch einen Park vom Seeufer getrennt ist dieses in den letzten Jahren renovierte Geschäftshotel. In modern ausgestatteten Zimmern geniesst man die Nachtruhe. Mit Beizli und gehobenem à la Carte-Restaurant.

UNTERBÄCH 3944 Wallis (VS) 217 ⑰ – 458 Ew. – Höhe 1228 – Wintersport 1228/2550 m ⛷1 ⛷5.

🛈 Unterbäch Tourismus, Dorfplatz, ✆ 0279 345 656, info@unterbaech.c
Fax 0279 345 657.

Bern 186 – Brig 20 – Sierre 38 – Sion 53 – Zermatt 39.

Alpenhof, ✆ 0279 358 844, alpenhof@rhone.ch, Fax 0279 358 840,
🏡, ⛲, ≋, 🔲 – 📶 📺 ✆ 🚗 🅿 – 🛁 15/50. AE ⓘ ⓜⓞ VISA JC
※ Rest
geschl. 7. April - 29. Mai und Nov. - 22. Dez. – **Menu** (im Sommer nur Abendesse
18.50 - 35 (mittags) und à la carte 39/91 – **38 Zim** ⊆ 140/200, Vorsaison ⊆ 70/1
– ½ P Zuschl. 40.

◆ Das traditionelle Haus liegt im Zentrum des kleinen Ortes. Die Zimmer unterscheide sich kaum und sind mit dunklen, massiven Eichenholzmöbeln klassisch eingerichte Zur Strasse hin liegt die einfache Gaststube, im hinteren Hausteil der bürgerlich Speisesaal.

Walliserhof, ✆ 0279 342 828, hotel-walliserhof@oberwallis.c
Fax 0279 342 829, ≤, ⛲ – 📶 📺 🅿. VISA
geschl. 27. April - 25. Mai und 1. Nov. - 21. Dez. – **Menu** (geschl. Dienstag in d Zwischensaison) 19.50 - 34/65 und à la carte 33/77 – **15 Zim** ⊆ 53/136 – ½ P Zusch 31.

◆ Im Walliserhof schläft der Gast in schon älteren, einfachen, aber gepflegten Zir mern, die vom Balkon aus eine schöne Aussicht auf die Umgebung bieten. Mit Tisc minigolfanlage. Rustikales Restaurant.

UNTERVAZ 7201 Graubünden (GR) 218 ④ – 2089 Ew. – Höhe 537.
Bern 238 – Chur 13 – Bad Ragaz 19 – Davos 51.

Sportcenter Fünf-Dörfer, Nahe der Autobahnausfahrt Zizers-Unterva
✆ 0813 226 900, mgaemp@spin.ch, Fax 0813 226 903, ⛲, ≋, ※ – 📶 📺 ✆
– 🛁 15/40. AE ⓘ ⓜⓞ VISA
geschl. Weihnachten – **Menu** 17.50 - 71 und à la carte 41/88 – **34 Zim** ⊆ 91/1
– ½ P Zuschl. 26.

◆ Der Durchreisende findet hier, nicht weit von der Autobahnausfahrt, eine pra tische Übernachtungsmöglichkeit in gepflegten, zeitgemäss eingerichteten Zimmer Mit einfachem Restaurant.

UNTERWASSER 9657 Sankt Gallen (SG) 216 ㉑ – Höhe 910 – Wintersport : 910/2 262 ⛷2 ⛷4.

🛈 Tourist-Info, Dorfplatz, ✆ 0719 991 923, unterwasser@toggenburg.or Fax 0719 992 085.

Bern 212 – Sankt Gallen 51 – Altstätten 40 – Buchs 20 – Rapperswil 48.

Iltios ⛷, Süd : 2 km, ✆ 0719 993 969, info@pension-iltios.ch, Fax 0719 993 79
≤ Säntis und Berge, ⛲, ☀ – ✆ 🅿. ⓜⓞ VISA ※ Rest
geschl. 22. April - 24. Mai und 1. Nov. - 1. Dez. – **Menu** (nur ½ Pens. für Hotelgäst (geschl. mittags) – **20 Zim** ⊆ 60/150 – ½ P Zuschl. 10.

◆ Neben der Talabfahrt gelegen, bietet dieser Gasthof seinen Gästen einfach ruhige Zimmer mit rustikaler Einrichtung und sehr schöner Sicht auf die umliegende Berge.

URNÄSCH 9107 Appenzell Ausserrhoden (AR) 216 ㉑ – 2321 Ew. – Höhe 826.
Bern 213 – Sankt Gallen 20 – Altstätten 26 – Herisau 10 – Rapperswil 53.

※ Sonne, Schwägalpstrasse, ✆ 0713 641 105, Fax 0713 642 241 – 🅿. ⓘ
ⓜⓞ VISA
geschl. Jan. - Feb. und Juli jeweils 2 Wochen, Sonntagabend, Montag und Dienstag – **Backstube** : Menu 39 -53 (mittags)/98 und à la carte 51/122 – **Bauernstube** Menu 18.50 und à la carte 37/86.

◆ Die frühere Backstube dieses schönen Appenzellerhauses a. d. 17. Jh. strahlt m ihren Antiquitäten Wärme und Behaglichkeit aus. Klassische und regionale Gericht Sorgfältig zubereitete Gerichte in gemütlich-rustikalem Rahmen bietet die Bauer stube.

JRSENBACH 4937 Bern (BE) 216 ⑮ ⑯ – 925 Ew. – Höhe 588.
Bern 43 – Burgdorf 20 – Langnau im Emmental 29 – Olten 33 – Luzern 51.

XX **Hirsernbad**, in Hirsen, 1 km Richtung Oeschenbach, ℘ 0629 653 256, hirsernbad@hirsernbad.ch, Fax 0629 650 306, 🍴 – 🅿 AE ⓘ ⓜⓞ VISA
Menu 19.50 - 59 (mittags)/109 und à la carte 55/104.
♦ Nachdem man im Gewölbekeller des Landgasthofs den Apéro zu sich genommen hat, sollte man sich in einer der behaglich-rustikalen Stuben mit einem Fischgericht verwöhnen lassen.

XX **Zum Araber**, Hauptstr. 34, ℘ 0629 652 533, gasthaus@araber.ch, Fax 0629 652 511, 🍴 – 🅿 AE ⓘ ⓜⓞ VISA
geschl. 20. Sept. - 7. Okt. und Montag – **Menu** 18 - 54 (mittags)/90 und à la carte 46/99.
♦ In diesem stilvollen Gasthaus im Oberaargau wählt man sein klassisches Gericht entweder in einer der gediegenen Stuben oder - bei schönem Wetter - im angenehmen Rosengarten.

JSTER 8610 Zürich (ZH) 216 ⑲ – 27 796 Ew. – Höhe 464.
🏌 in Hittnau, ⊠ 8335 (April - Okt.) ℘ 019 502 442, Fax 019 510 166, Ost : 10 km.
Bern 145 – Zürich 25 – Rapperswil 22 – Winterthur 27.

🏨 **Ochsen**, Zentralstr. 23, ℘ 019 401 217, mailbox@ochsen-uster.ch, Fax 019 416 790, 🍴 – 📶 TV 📞 🅿 AE ⓘ ⓜⓞ VISA
geschl. 23. Dez. - 5. Jan. – **Menu** (geschl. auch 14. Juli - 3. Aug. und Montag) 17 - 42 (mittags) und à la carte 42/88 – **17 Zim** ⊇ 120/174 – ½ P Zuschl. 30.
♦ Das Haus liegt im Dorfzentrum unterhalb von Schloss und Kirche. Die Zimmer unterscheiden sich kaum und sind mit weissen Furnierholzmöbeln zweckmässig eingerichtet. Der Gast hat die Wahl zwischen dem Dorfbeizli und der Taverne mit eingedeckten Tischen.

JTTWIL 8592 Thurgau (TG) 216 ⑩ – 1474 Ew. – Höhe 406.
Bern 208 – Sankt Gallen 23 – Bregenz 41 – Frauenfeld 42 – Konstanz 18.

XX **Frohsinn**, Romanshornerstr. 3, ℘ 0714 634 484, Fax 0714 634 481 – 🅿 AE ⓘ ⓜⓞ VISA
geschl. 10. - 21. Feb., 14. - 24. Okt., Dienstag und Mittwoch – **Menu** - Fischspezialitäten - (an Wochenenden Tischbestellung ratsam) 16.50 - 27 (mittags) und à la carte 44/93.
♦ Hinter der auffällig hübschen Fassade dieses alten Riegelhauses a. d. 18. Jh. verbirgt sich ein schönes, rustikales Restaurant - probieren Sie die Fischspezialitäten !

JTZENSTORF 3427 Bern (BE) 216 ⑮ – 3626 Ew. – Höhe 474.
Sehenswert : Schloss Landshut★.
Bern 26 – Biel 35 – Burgdorf 12 – Olten 47 – Solothurn 13.

XX **Bären**, Hauptstr. 18, ℘ 0326 654 422, baeren-utzenstorf@bluewin.ch, Fax 0326 652 969, – 🅿 AE ⓘ ⓜⓞ VISA
geschl. 20. Jan. - 12. Feb., 21. Juli - 13. Aug., Montag und Dienstag – **Menu** 17.50 - 90 und à la carte 52/99.
♦ Erstmals erwähnt wurde dieser schöne, typische Berner Gasthof schon 1261. In der 13. Generation bewirtet man heute seine Gäste mit ausgewählten, sorgfältig zubereiteten Speisen.

JVRIER Valais 217 ⑯ – rattaché à Sion.

JZWIL 9240 Sankt Gallen (SG) 216 ⑳ – 11 933 Ew. – Höhe 564.
Bern 187 – Sankt Gallen 21 – Konstanz 34 – Weesen 52 – Zürich 68.

🏨 **Uzwil** Ⓜ, Bahnhofstr. 67, ℘ 0719 557 070, hotel.uzwil@saentisgastro.ch, Fax 0719 557 071, 🍴 – 📶 TV 📞 🅿 – 🔔 40. AE ⓘ ⓜⓞ VISA
geschl. 22. Dez. - 2. Jan. und 26. Juli - 10. Aug. – **Menu** (geschl. Sonntag) 17.50 - 49 und à la carte 58/100 – **33 Zim** ⊇ 165/240.
♦ Im Dorfzentrum : Ein gepflegtes Business- und Seminarhotel mit zeitgemäßer technischer Ausstattung, funktionellen Zimmern und kleinem Tagungscenter. Rustikales Restaurant mit modernen Akzenten. Mehrere kleine Stuben eignen sich besonders für Geschäftsessen.

VACALLO 6833 Ticino (TI) 219 ⑧ – 2 854 ab. – alt. 375.
Bern 299 – Lugano 27 – Bellinzona 55 – Como 9.

Conca Bella con cam, via Concabella 2, ℘ 0916 975 040, concabella@bluewin.ch
Fax 0916 837 429, 😊 – TV 🍴 🚗 – 🅿 30. AE ⓘ ⓜⓞ VISA. ⓢ
chiuso dal 26 dicembre al 2 gennaio, dal 3 al 25 agosto, domenica e lunedì – **Pasto**
(coperti limitati - prenotare) 38 - 52 (mezzogiorno)/126 ed alla carta 93/146 –
17 cam ⌑ 115/210.
 ◆ Alla cucina mediterranea rivisitata, a cui si è aggiunto un tocco di creatività, vien
 associata una buona selezione di vini. Disponibilità di belle camere.
 Spec. Le zucchine novelle in fiore farcito di ricotta con porcini trifolati (primaver
 - estate). Spaghettini alla chitarra al ragù di triglie, fave e pomodorini. Lucioperca de
 lago di Lugano in crosta di sale

VADUZ Fürstentum Liechtenstein 216 ㉒ – siehe Seite 509.

VALBELLA Graubünden 218 ④ – siehe Lenzerheide.

VALLAMAND-DESSOUS 1586 Vaud (VD) 217 ⑤ – 339 h. – alt. 438.
Bern 40 – Neuchâtel 24 – Biel/Bienne 41 – Lausanne 65 – Yverdon-les-Bains 38.

du Lac, ℘ 0266 771 315, Fax 0266 773 415, 😊 – 🅿 ⓜⓞ VISA
fermé 27 janv. au 27 fév., mardi soir et merc. (sauf 28 juil. au 9 août) – **Repas** 18
48 (midi)/68 et à la carte 38/100.
 ◆ Attablez-vous si possible dans la véranda, admirant le lieu de tous les délices : l
 lac, qui fournit la matière première des plats préparés en cuisine, dont le fameu
 silure.

VALS 7132 Graubünden (GR) 218 ⑬ – 1 000 Ew. – Höhe 1 248 – Kurort.
🛈 Visit Vals, Poststrasse, ℘ 0819 207 070, valsinfo@bluewin.ch, Fax 0819 207 07
Bern 250 – Chur 55 – Andermatt 78 – Davos 106.

Rovanada M 😊, ℘ 0819 351 303, info@rovanada.ch, Fax 0819 351 735, ≤
😊, ≘s, 🞕 – TV 🍴 🅿 AE ⓘ ⓜⓞ VISA
13. Dez. – 21. April und 6. Juni - 3. Nov. – **Menu** - italienische Küche - 21 - 57 und
la carte 37/79 – **28 Zim** ⌑ 86/198 – ½ P Zuschl. 34.
 ◆ Nachdem man sich in den bekannten Valser Thermen vom Alltagsstress erholt hat
 schläft man in hellen, 1996 renovierten Zimmern - die meisten mit Balkon und schöne
 Aussicht. Italienisches Restaurant La Cucina mit typischen Pizza- und Pasta-Gerichter

---

VENDLINCOURT 2943 Jura (JU) 216 ② ③ – 554 h. – alt. 448.
Bern 101 – Delémont 33 – Basel 48 – Belfort 38 – Biel 66.

Le Lion d'Or avec ch, 58 rte de Bonfol, ℘ 0324 744 702, helg.patrick@swisso
line.ch, Fax 0324 744 703, 😊, 🌿 – TV 🍴 🅿 ⓘ ⓜⓞ VISA
fermé 20 janv. au 4 fév. – **Repas** (fermé lundi) 17 - 38/80 et à la carte 30/87 – **8 c**
⌑ 50/120 – ½ P suppl. 25.
 ◆ Avenante salle à manger disposée en "L" et dotée d'atours campagnards : un cadr
 approprié à la dégustation des mets traditionnels et français. Chambres simples.

VENTHÔNE 3973 Valais 217 ⑯ – rattaché à Sierre.

VERBIER 1936 Valais (VS) 219 ② – 2 163 h. – alt. 1 406 – Sports d'hiver : 1 526/3 330 r
≰ 10 ≰ 29 ⚡.
Voir : Site★★ – Mont Gelé★★ par téléphérique – Mont Fort★★★ BZ.
₃₆ (juin - nov.) ℘ 0277 715 314, Fax 0277 716 093 - BY.
Manifestation locale
18.07 - 03.08 : Verbier Festival et Academy (concerts classiques).
🛈 Verbier Tourisme, pl. Centrale, ℘ 0277 753 888, info@verbier.ch
Fax 0277 753 889.
Bern 146 ① – Martigny 19 ① – Lausanne 88 ① – Sion 49 ①

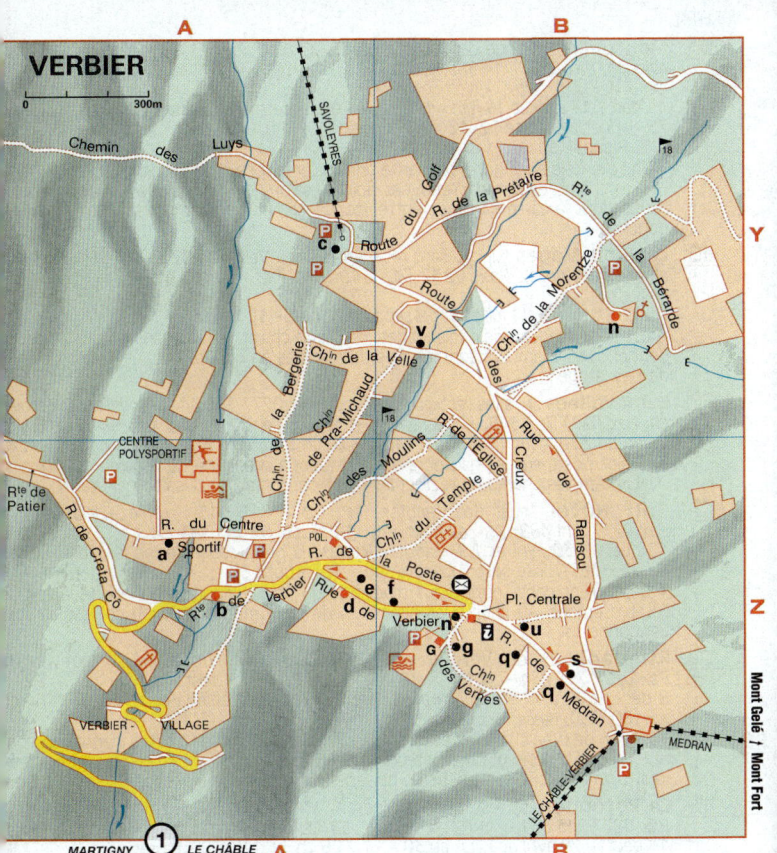

🏨 **Rosalp** Ⓜ, r. de Médran, ℘ 0277 716 323, rosalp@verbier.ch, Fax 0277 711 059, ≤, 🛁, ≦s – 🛗 📺 ✆ 🚗 🅿 AE ① MC VISA
BZ s
début déc. - fin avril et début juil. - fin sept. – **Repas** (voir aussi rest. **Roland Pierroz** ci-après) – **La Pinte** (fermé en été) Repas à la carte 57/102 – **19 ch** ☑ 350/500, Basse saison ☑ 250/355, 4 suites – ½ P suppl. 75.
• Sur les hauts de Verbier, bâtiment composé de deux chalets communiquant. Vastes chambres au décor raffiné. Le soir, détendez-vous au "Baravin". Le restaurant la Pinte connaît un succès constant : recettes classiques et sympathique cadre "tout bois".

🏨 **Le Chalet d'Adrien**, ch. des Creux, ℘ 0277 716 200, info@chalet-adrien.com, Fax 0277 716 224, ≤ Verbier et montagnes, 🍴, ≦s – 🛗 📺 ✆ 🅿 – 🔔 25. AE ① MC VISA
AY c
fermé 20 avril au 1er juil. et 1er sept. au 12 déc. – **L'Astrance** (dîner seul.) Repas 95 et à la carte 102/147 – **Le Grenier** : Repas 30 et à la carte 57/110 – ☑ 25 – **19 ch** 350/500, Basse saison 300/400, 6 suites – ½ P suppl. 75.
• Récent et prestigieux chalet sur les cimes valaisanes d'où l'on domine Verbier. Élégantes installations, centre de soins et superbes chambres néo-rustiques. L'Astrance : cadre rustique et cuisine française raffinée. Le Grenier est plus simple et traditionnel.

VERBIER

Montpelier, rue du Centre Sportif, ☎ 0277 716 131, hotel-montpelier@verbier.ch, Fax 0277 714 689, ≤, 斎, ₭₆, ⇌s, ⊠ – ⧘ TV ⇌ P – ♨ 40. AE ⓜⓞ VISA
AZ a
11 déc. - 19 avril et 16 juin - 19 sept. – **Repas** (fermé le midi sauf 20 déc. au 6 janv.) 75/145 et à la carte 92/124 – **40 ch** ⊃ 340/580, Basse saison ⊃ 135/300, 6 suites – ½ P suppl. 30.

• Une clientèle étrangère fréquente principalement ce chalet proche du centre sportif. Les chambres ont été rénovées. Joli hall-salon. Cadre classique au restaurant de l'hôtel dont la carte partagée entre "tendance" et tradition vous mettra l'eau à la bouche.

Les Rois Mages Ⓜ sans rest, 14 r. de la Vella, ☎ 0277 716 364, info@verbierdirect.com, Fax 0277 713 319, ≤, ₭₆, ⇌s – ⧘ TV ⇌. AE ⓜⓞ VISA. ⌇
BY
fermé 1er mai au 14 juillet et 1er sept. au 20 nov. – **16 ch** ⊃ 390, Basse saison ⊃ 250

• Est-ce un cadeau des Rois Mages, ce grand chalet installé dans un quartier résidentiel ? Les chambres sont garnies de meubles en bois cérusé, et mansardées au dernier étage.

Les 4 Vallées sans rest, rue de Médran, ☎ 0277 753 344, les4vallees@verbier.ch, Fax 0277 753 345, ≤, ⇌s – ⧘ TV ⌇ ⇌ P. AE ⓞ ⓜⓞ VISA. ⌇
BZ c
7 déc. au 26 avril et 13 juil. au 23 août – **20 ch** ⊃ 235/350, Basse saison ⊃ 175/270

• Chalet posté sur les hauteurs de la station, à proximité de l'entrée du domaine skiable. Amples chambres réaménagées et confortable hall-salon panoramique.

Golf Hôtel, rue de Verbier, ☎ 0277 716 515, golfotel@axiom.ch, Fax 0277 711 488, ₭₆, ⇌s, ⌇ – ⧘ TV P. AE ⓞ ⓜⓞ VISA. ⌇
AZ e
15 déc. au 30 avril et juil. - août – **Repas** (½ pens. seul.) (fermé le midi) – **26 ch** ⊃ 225/360, Basse saison ⊃ 180/300 – ½ P suppl. 30.

• En entrant dans l'hôtel vous trouverez un âtre revigorant qui donne le ton de l'établissement. Au choix : les chambres de style montagnard ou celles plus conventionnelles.

Rhodania, r. de Verbier, ☎ 0277 716 121, rhodania64@bluewin.ch, Fax 0277 715 254 – ⧘ TV ⌇ ⇌ P. AE ⓜⓞ VISA
BZ
8 déc. au 20 avril et 22 juin au 19 sept. – **Repas** 17 et à la carte 28/84 – **44 ch** ⊃ 180/330, Basse saison ⊃ 95/200 – ½ P suppl. 35.

• Maison de type chalet au centre de Verbier. Les chambres, toutes identiques, sont revêtues de lambris, et quelques-unes bénéficient d'un balcon. Le restaurant rustique jouit d'un cadre plaisant, riche de boiseries. On y propose un répertoire traditionnel.

La Rotonde sans rest, rue de Médran, ☎ 0277 716 525, rotonde@verbier.ch, Fax 0277 713 331 – ⧘ TV ⌇ ⇌ P. AE ⓜⓞ VISA. ⌇ rest
BZ u
1er déc. au 29 avril et 2 juil. au 30 août – **26 ch** ⊃ 110/300, Basse saison ⊃ 90/210

• Au cœur du village, engageant chalet renfermant des chambres de tailles diverses, bien insonorisées, dotées d'habillages lambrissés et de portes en bois massif.

Le Mazot, 44 ch. des Vernes, ☎ 0277 753 550, mazot@verbier.ch, Fax 0277 753 555, ⇌s – ⧘ TV video ⌇ P. AE ⓞ ⓜⓞ. ⌇
BZ g
16 nov. au 26 avril – **Repas** (fermé le midi) 52 – **24 ch** ⊃ 260/390, Basse saison ⊃ 180/300 – ½ P suppl. 25.

• Vous ne pourrez pas vous perdre : l'hôtel se dresse juste derrière l'Office de tourisme ! Chambres de style néo-rustique ; certaines avec cuisinette, pour les familles. Grande salle à manger boisée où l'on sert une cuisine traditionnelle et le plat du jour.

Ermitage sans rest, pl. Centrale, ☎ 0277 716 477, hotel.ermitage@verbier.ch, Fax 0277 715 264, ≤ – ⧘ TV P. AE ⓞ ⓜⓞ VISA. ⌇
BZ n
fermé fin avril à mi-juil. et mi-sept. à mi-oct. – **25 ch** ⊃ 120/330, Basse saison ⊃ 100/250

• Bordant la place principale de la station, voici une bâtisse façon chalet dont les chambres, d'ampleur variée, sont un peu plus calmes sur l'arrière.

Roland Pierroz - Hôtel Rosalp, r. de Médran, ☎ 0277 716 323, rosalp@verbier.ch, Fax 0277 711 059, 斎. P. AE ⓞ ⓜⓞ VISA
BZ s
début déc. - fin avril et début juil. - fin sept. – **Repas** (prévenir) 175/200 et à la carte 126/205.

• Spacieux restaurant au cadre raffiné, coiffé d'un beau plafond à caissons, dont l'élégance n'a d'égal que l'éclat de sa table "tendance".

Spéc. Foie gras chaud poêlé en cage de pomme de terre au petit ragoût d'asperges vertes (hiver-printemps). Rouget rôti croustillant à la mousseline d'artichauts violets. Poularde Patte Noire pochée aux truffes et gâteau de légumes.

VERBIER

Le Hameau, au Hameau, rue de la Bérarde, ℘ 0277 714 580, *hotel-montpelier @verbier.ch*, Fax 0277 714 424, ≤, 斎 – AE ⓘ MC VISA   BY n
15 déc. - 20 avril et 5 juil. au 5 sept. ; fermé dim. soir et lundi hors-saison – **Repas** 25 et à la carte 59/96 – **Le Caveau** - cuisine fromagère - *(dîner seul.) (fermé en été et dim. - lundi hors saison)* **Repas** à la carte environ 45.

• Plusieurs niveaux composent le Hameau. Sa plaisante décoration montagnarde met en valeur une collection d'objets paysans. Avis aux amateurs de formules "fromagères", le Caveau est un carnotzet offrant un beau choix de fondues et de raclettes.

La Grange, route de Verbier, ℘ 0277 716 431, *lagrange@swissonline.ch*, Fax 0277 711 557, 斎 – P. AE ⓘ MC VISA   AZ d
fermé juin, lundi et mardi hors saison – **Repas** 17 - 25 (midi)/120 et à la carte 86/118.

• D'anciens matériaux furent glanés pour recréer le cadre campagnard du restaurant : résultat réussi ! À table, spécialités au fromage et plats plus élaborés.

Au Vieux Valais avec ch, route de Verbier, ℘ 0277 753 520, *info@vieux-valai s.ch*, Fax 0277 753 535, ≤, 斎 – TV ☏ P. AE ⓘ MC VISA JCB. ⌘ ch   AZ b
16 nov. au 30 avril et 2 juil. au 19 sept. – **Repas** - spécialités valaisannes - 22 - 45 et à la carte 40/85 – **10 ch** ⊇ 160/280, Basse saison ⊇ 90/200 – ½ P suppl. 35.

• Un agréable décor rustique personnalise la lumineuse salle panoramique de ce restaurant préparant des recettes valaisannes. Quelques chambres fonctionnelles.

L'Écurie, place Centrale, ℘ 0277 712 760, Fax 0277 715 264, 斎 – AE ⓘ MC VISA   BZ n
fermé mi-juin à mi-juil., mi-sept. à fin oct., mardi midi (en été aussi soir) et merc. hors saison – **Repas** à la carte 45/102.

• Le choix de l'Écurie : assiettes traditionnelles ou du terroir, servies aussi bien dans la chaleureuse salle à manger avec poutres apparentes que sur la terrasse d'été.

Le Sonalon, par route du Golf et route de la Marlène, ℘ 0277 717 271, Fax 0277 717 371, ≤ massif des Combins, 斎 – P. AE MC VISA
fermé 16 juin au 10 juil., 3 nov. au 4 déc., lundi et mardi de fin avril à juin et sept. à oct. – **Repas** à la carte 38/76.

• Vue magnifique sur le massif des Combins à contempler de la terrasse de ce chalet surplombant la station. Essayez sa cuisine du marché, apprêtée traditionnellement.

Au Vieux Verbier, gare de Médran, ℘ 0277 711 668, Fax 0277 717 888, 斎 – AE ⓘ MC VISA   BZ r
fermé 1er mai au 12 juil., sept. et lundi sauf en hiver – **Repas** 21 et à la carte 58/101.

• Le restaurant est situé à côté du téléphérique, donc idéal pour les skieurs. Le style "sommets enneigés" domine dans la salle. Cuisine classique. Terrasse très prisée.

Chez Dany, au Chambin, alt. 1730 m, accès piétonnier par ℗ du Médran, ℘ 0277 712 524, Fax 0277 712 610, ≤ massif montagneux du Grand Combin aux Dents du Midi, 斎, 澟 – MC VISA JCB
ouvert 8 déc. au 30 avril et 1er juil. au 31 oct. ; fermé mardi et merc. en sept. - oct. – **Repas** (prévenir) à la carte 34/81.

• Tandis que vous dégustez des mets traditionnels ou valaisans dans un cadre typique, le massif montagneux s'étalant du Grand Combin aux dents du Midi vous sourit !

VERCORIN 3967 Valais (VS) **217** ⑯ – alt. 1 341 – Sports d'hiver : 1 322/2 398 m ⛷2 ⛷9 ⛸.

🛈 Office du Tourisme, ℘ 0274 555 855, Fax 0274 558 720.
Bern 178 – Sion 25 – Brig 54 – Martigny 55 – Sierre 16.

Victoria ⌘, 1 pl. centrale, ℘ 0274 554 055, *info@victoria-vercorin.ch*, Fax 0274 554 057, ≤, 斎, 澟 – TV P. AE ⓘ MC VISA JCB
21 déc. au 31 mars, 8 juin au 30 sept. et mardi en sept. – **Repas** *(fermé le midi en hiver)* 17 - 32/64 et à la carte 50/79 – **16 ch** ⊇ 110/220 – ½ P suppl. 36.

• Cette affaire familiale, au centre du village, offre des chambres d'un confort convenable. Vous apprécierez la convivialité valaisanne. Le restaurant s'approche d'un jardin d'hiver. Le carnotzet est logé dans une cave datant de 1750 (spécialités fromagères).

VERMALA Valais **217** ⑯ – rattaché à Crans-Montana.

VERMES 2829 Jura (JU) **216** ⑮ – 314 h. – alt. 568.

Bern 103 – Delémont 10 – Basel 54 – Olten 70 – Solothurn 72.

Auberge de la Gabiare, 21 r. principale, ℘ 0324 388 777, Fax 0324 388 867
🍴 – **P**. **AE** **①** **◐** **VISA**. %
fermé mars, oct., merc. et jeudi – **Repas** - spécialité charbonnade - 38 – **7 ch**
⇌ 55/150.

♦ Ferme de 1780 convertie en auberge abritant de petites chambres coquettes, non
dénuées de charme. Grande terrasse. Pierres apparentes et cheminée ajoutent au
cadre rustique de la salle à manger de la Gabiare. Table traditionnelle et grillades au
feu de bois.

VERNIER Genève **217** ⑪ – rattaché à Genève.

Les VERRIERES 2126 Neuchâtel (NE) **217** ③ – alt. 931.

Bern 95 – Neuchâtel 43 – La Chaux-de-Fonds 42 – Pontarlier 12 – Yverdon-les-Bains 39.

Auberge des Cernets ﾟ, Les Cernets, Nord Ouest 3,5 km, ℘ 0328 661 265,
Fax 0328 661 320, ≤, 🍴, ⇌ – **P**. **◐** **VISA**
fermé mi-nov. au 4 déc., 24 avril au 12 mai, mardi et merc. hors saison – **Repas** 15 –
26 et à la carte 30/62 – **5 ch** ⇌ 70/120 – ½ P suppl. 20.

♦ Petite auberge postée, selon la saison, au pied des pistes de ski de fond ou des
sentiers de randonnées. Chambres simples, lambrissées. Le chef, ancien "pro" de ski
de fond, expose sur les murs ses trophés et dans vos assiettes ses recettes au
fromage.

VERS-CHEZ-LES-BLANC Vaud (VD) **217** ③ – ✉ 1000 Lausanne 26.

Bern 89 – Lausanne 10 – Montreux 34.

Hostellerie Les Chevreuils ﾟ, 80 rte du Jorat, ℘ 0217 842 021,
chevreuils@urbanet.ch, Fax 0217 841 545, ≤, 🍴, ⇌ – **TV** 📞 **P**. **AE** **①**
◐ **VISA**
fermé 21 déc. au 7 janv. – **Repas** (fermé sam. midi, dim. soir et lundi) 28 – 49/122
et à la carte 67/122 – **30 ch** ⇌ 155/260 – ½ P suppl. 46.

♦ Une des deux maisons composant cet hôtel est vieille de près de deux siècles. La
majorité des chambres sont garnies de meubles choisis ; certaines ont été refaites.
Le restaurant est aménagé dans un pavillon entièrement vitré, au milieu d'un jardin
arboré.

VERS-CHEZ-PERRIN Vaud **217** ④ – rattaché à Payerne.

VESSY Genève – rattaché à Genève.

VEVEY 1800 Vaud (VD) **217** ⑭ – 15 420 h. – alt. 386.

Voir : Site★★ – Église St-Martin : vue★ B.

Musée : Musée suisse de l'Appareil photographique★.

Environs : Le Mont-Pèlerin ★★ par rte de Châtel-Saint-Denis A.

🏌 Lavaux à Puidoux, ✉ 1070 (avril - déc.) ℘ 0219 461 414, Fax 0219 463 626,
Nord-Ouest : 13 km par route de la Corniche-Chexbres-lac de Bret.

Manifestations locales

12.07 - 30.08 : Les marchés folkloriques

23.08 - 24.08 : Festival des artistes de rue.

11.11 : La Foire de St-Martin.

🛈 Montreux-Vevey Tourisme, 29 Grande Place, ℘ 0219 628 474, info@mvtouri.
m.ch, Fax 0219 628 478.

Bern 85 ② – Montreux 7 ③ – Lausanne 16 ① – Yverdon-les-Bains 53 ①

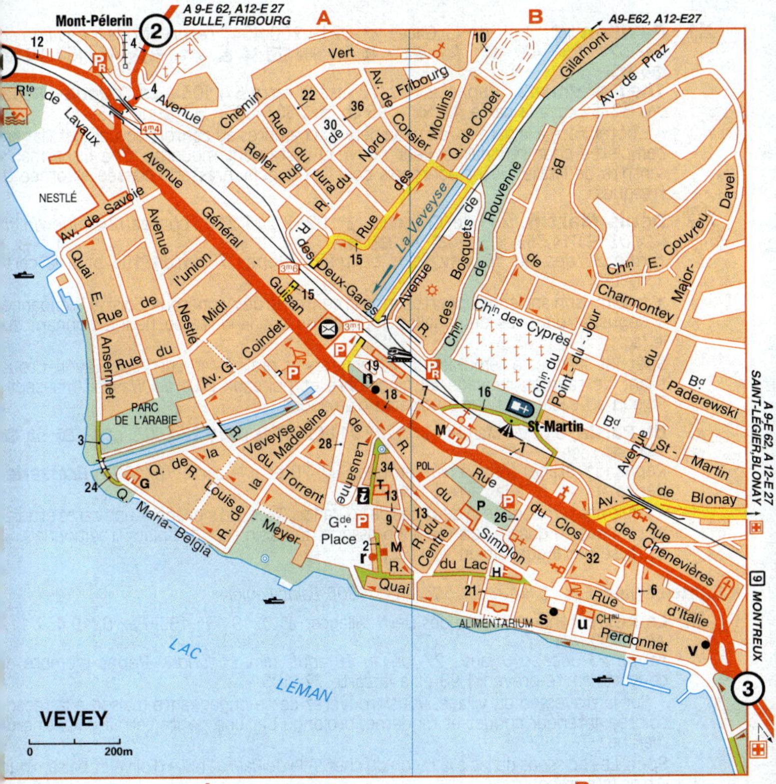

VEVEY

	A	B
Anciens-Fossés (Ruelle des)	**A** 2	
Carpentras (Prom. de)	**A** 3	
Centre (R. du)	**B**	
Châtel St-Denis (Rte de)	**A** 4	
Collet (R.)	**B** 6	
Communaux (R. des)	**B** 7	
Conseil (R. du)	**A** 9	
Crosets (Av. des)	**B** 10	
Crottaz (Rte de la)	**A** 12	
Deux-Marchés (R. des)	**AB** 13	
Entrepôts (Rte des)	**A** 15	
Espérance (Ch. de l')	**B** 16	
Gare (Av. de la)	**A** 18	
Gare (Pl. de la)	**A** 19	
Hôtel-de-Ville (R. de)	**B** 21	
Lac (R. du)	**AB**	
Marronniers (R. des)	**A** 22	
Müllheim (Prom. de)	**A** 24	
Panorama (R. du)	**B** 26	
Paul Cérésole (Av.)	**A** 28	
Robin (Pl.)	**A** 30	
Ste-Claire (R.)	**B** 32	
Simplon (R. du)	**AB**	
Théâtre (R. du)	**A** 34	
Tilleuls (R. des)	**A** 36	

Trois Couronnes, 49 r. d'Italie, ℘ 0219 233 200, info@hotel3couronnes.ch, Fax 0219 233 399, ≤, 🍽, Wellness-Center, 𝕀ð, ⇆, ▣ – ⌘ 📺 📞 🅿 – 🔒 15/100. ㍴ ⓓ ⓜⓒ 𝕍𝕀𝕊𝔸
B s
Repas 29 - 49 (midi)/90 et à la carte 65/120 – ⇋ 30 – **47 ch** 410/610, 8 suites – ½ P suppl. 65.

♦ Grande bâtisse de 1842 fréquentée jadis par des têtes couronnées. Chambres spacieuses et stylées. Luxueux wellness. Le restaurant revêt un cadre d'époque élégant. Superbe terrasse se mirant dans les eaux du Léman. Appétissante cuisine française.

du Lac, 1 r. d'Italie, ℘ 0219 211 041, hotel-du-lac.vevey@bluewin.ch, Fax 0219 217 508, ≤, 🍽, ≋, 🍴 – ⌘ ⇆ 📺 📞 🅿 – 🔒 15/100. ㍴ ⓓ ⓜⓒ 𝕍𝕀𝕊𝔸 𝕁ℂ𝔹
B v
Repas 28 - 45/60 et à la carte 42/105 – **55 ch** ⇋ 190/420 – ½ P suppl. 45.

♦ Hôtel de la Belle Époque dont la terrasse et l'attractif bar-kiosque, jouxtant la piscine, font face au port. Chambres traditionnelles. Des boiseries habillent les salles à manger de l'hôtel du Lac. La belle salle de bal de 1868 accueille les réceptions.

VEVEY

Pavillon M, 4 pl. de la Gare, ℰ 0219 250 404, *reservations@pavillon.ch* Fax 0219 250 400, 🍴, 🛁, ≘s – 🛗 ⇌ 🖩 TV 📞 🏃 🚗 – 🏛 15/150. AE ⓘ ⓜⓒ VISA

The Fisherman's : Repas 35 - 52/72 et à la carte 57/103 – **La Coupole** : Repas 20 - 32/52 et à la carte 42/88 – **95 ch** ⇌ 250/450 – ½ P suppl. 45.

• L'hôtel, face à la gare, a fait peau neuve : chambres au confort actuel, installations complètes pour séminaires. Leur nouveau restaurant moderne, The Fisherman's s'inspire de l'Italie. Décor bourgeois pour la Coupole, brasserie classée et ornée de fresques.

XXX **Denis Martin**, 2 r. du Château, ℰ 0219 211 210, *chateau2@bluewin.ch*
❀❀ Fax 0219 214 552, 🍴 – AE ⓘ ⓜⓒ VISA
fermé 22 déc. au 16 janv., dim. et lundi – **Repas** 78 (midi)/198 et à la carte 131/180.

• Jolie maison ancienne appartenant à la confrérie des vignerons. Cuisine "tendance" à déguster dans les deux salles voûtées ou sur la terrasse fleurie donnant sur le lac.

Spéc. St Jacques à l'émulsion de cacahuètes et pralinés au curry (oct.-avril). Croustillant de saumon sauvage au gingembre et poireaux crus au Wasabi (mai-sept.). Pigeon au cacao et beurre noisette d'amandes

XX **du Raisin**, 3 pl. du Marché, ℰ 0219 211 028, Fax 0219 224 303, 🍴 – AE ⓘ ⓜⓒ VISA. ※ rest
Repas (1er étage) *(fermé dim. et lundi)* 60/70 et à la carte 78/105 – **Brasserie Repas** 18 - 48 et à la carte 51/107.

• Table contemporaine, à deux pas de la Grande Place. On y propose une carte étudiée et renouvelée quatre fois l'an. La brasserie du Raisin sert des plats traditionnels. Sa terrasse d'été connaît un vif succès.

à Saint-Légier Est : 5 km – alt. 553 – ✉ 1806 Saint-Légier :

XX **Le Petit** (Minder), 74 rte des Deux Villages, ℰ 0219 431 185, Fax 0219 431 117
❀ 🍴 – ⓜⓒ VISA
fermé 23 déc. au 6 janv., 27 juil. au 16 août, dim. et lundi – **Repas** (nombre de couverts limité-prévenir) 98 et à la carte 77/105.

• Sur la traversée du village, vous trouverez cette engageante maison à la façade colorée. Intérieur coquet et moderne, prolongé par une petite terrasse. Cuisine de marché.

Spéc. Les poissons du lac à la façon du chef. Aile de Raie à l'huile d'olive et balsamique. Gibier (automne)

X **Auberge Communale** avec ch, 78 rte des Deux-Villages, ℰ 0219 431 177, *aubergestle@bluewin.ch*, Fax 0219 431 890, 🍴 – TV. ⓜⓒ VISA
fermé 22 déc. au 13 janv. et lundi – **Repas** 16 - 59/69 et à la carte 53/83 – ⇌ 1. – **6 ch** 80/180 – ½ P suppl. 28.

• Affaire familiale dont le répertoire culinaire oscille entre tradition et goût du jour, avec une inclination pour les préparations de homard. Chambres pratiques pour l'étape.

à Blonay Est : 6 km – alt. 620 – ✉ 1807 Blonay :

🏠 **Bahyse**, 11 rte du Village, ℰ 0219 431 322, *bahyse@bluewin.ch*
Fax 0219 434 810, 🍴, 🌿 – TV 📞 AE ⓘ ⓜⓒ VISA
fermé 15 déc. au 15 janv. – **Repas** 18 - 70 et à la carte 41/103 – **13 ch** ⇌ 160/22: – ½ P suppl. 35.

• Au coeur de Vevey, grande bâtisse typique de la Suisse. Chambres fonctionnelles et salle polyvalente à l'étage. Détente dans le jardin. Le restaurant s'apparente à une taverne. Au menu : plats traditionnels et la spécialité "maison" : truite du vivier.

🏠 **Les Sapins** ♨, route des Monts, ℰ 0219 431 395, *info@les-sapins.ch*
Fax 0219 437 119, ≤ lac et montagnes, 🍴 – ※ ch, TV 📞 – 🏛 15. AE ⓘ ⓜⓒ VISA, ※ rest
fermé lundi et mardi du 15 nov. au 15 avril – **Repas** 17 - 40/70 et à la carte 39/9 – **14 ch** ⇌ 90/160 – ½ P suppl. 30.

• Dans un calme absolu, parfois rompu par le passage du petit train des Pléiades ce chalet vous offre les montagnes à perte de vue, avec le lac en contrebas. Chambres modestes. À table, le chef sert une cuisine classique et de saison dans un décor néo-rustique.

VEVEY

Corseaux Nord-Ouest : 3 km – alt. 441 – ⊠ 1802 Corseaux :

Hôtellerie de Châtonneyre, 8 r. du Village, ℘ 0219 214 781, chatonneyre@ch atonneyre.ch, Fax 0219 216 280, ≤, 斧 – 陶 TV P – 益 15/200. AE ⓞ ⓜⓔ VISA
fermé 18 déc. au 23 janv. et merc. – **Repas** 17 - 36 (midi)/63 et à la carte 42/72 – **12 ch** ⊡ 110/180 – ½ P suppl. 35.
◆ Cette auberge communale, au cœur d'un village vigneron, vous accueille dans des chambres rénovées. Banquets et réceptions possibles. Son restaurant vous convie à goûter des recettes françaises en salle ou sur la terrasse. Plat du jour au café.

La Terrasse, 5 ch. du Basset, ℘ 0219 213 188, Fax 0219 220 507, 斧 – AE ⓞ ⓜⓔ VISA
fermé 24 déc. au 21 janv., dim. soir (sauf juil. et août) et lundi – **Repas** (nombre de couverts limité-prévenir) 19 - 32 (midi)/89 et à la carte 69/86.
◆ Une terrasse est dressée devant cette petite maison, située dans une ruelle pentue menant au cœur de Corseaux. Salle à manger contemporaine où la patronne expose ses œuvres.

Corsier Nord : 3 km – alt. 424 – ⊠ 1804 Corsier-sur-Vevey :

Le Châtelard, 1 sentier des Crosets, ℘ 0219 211 958, Fax 0219 211 958, 斧 – ⓜⓔ VISA
fermé 28 juil. au 15 août, sam. et dim. – **Repas** 17 et à la carte 47/81.
◆ Sur les traces de Charlie Chaplin qui vécu à Corsier, faites escale dans cette maison en pierre. La salle à manger, au décor rustique, offre une vue plongeante sur le jardin.

Jongny par ② et rte de Châtel-St-Denis : 6 km – ⊠ 1805 Jongny :

Les 3 Suisses, 42 rte de Châtel, ℘ 0219 211 396, Fax 0219 211 396, ≤, 斧 – AE ⓞ ⓜⓔ VISA
fermé 17 au 26 fév., 18 au 26 août, lundi et mardi – **Repas** 16 - 56/78 et à la carte 45/96.
◆ Les 3 Suisses, au style "chalet ancien", possède deux salles de restaurant et une terrasse dominant le Léman. La carte des mets est attrayante et les prix étudiés.

Chardonne par ② : 5 km – alt. 592 – ⊠ 1803 Chardonne :

A la Montagne, 21 r. du Village, ℘ 0219 212 930, ≤, 斧 – P. AE ⓞ ⓜⓔ VISA
fermé 22 déc. au 13 janv., 30 juin au 7 juil., dim. et lundi – **Repas** (prévenir) 75 et à la carte 48/100.
◆ Le vignoble entoure cette auberge abritant deux belles salles néo-rustiques. Terrasse ombragée et café à l'ambiance villageoise. Intéressantes prestations à prix modérés.

VEYRIER Genève 217 ⑪ – rattaché à Genève.

VEYSONNAZ 1993 Valais (VS) 217 ⑮ – 501 h. – alt. 1 240 – Sports d'hiver : 1 235/2 413 m ⋞ 1 ⋟ 7.
Manifestation locale
28.06 : Inalpe, montée à l'alpage et combats de reines.
🛈 Veysonnaz Tourisme, ℘ 0272 071 053, tourism@veysonnaz.ch, Fax 0272 071 409.
Bern 166 – Sion 13 – Martigny 43 – Montreux 82.

Chalet Royal ⌘, à la station, ℘ 0272 085 644, chaletroyal@netplus.ch, Fax 0272 085 600, ≤ vallée du Rhône et montagnes, 斧, ≦s – 陶 TV ఊ ⇔. AE ⓞ ⓜⓔ VISA. ✾
fermé 26 avril au 18 mai et 20 oct. au 29 nov. – **Repas** 78 et à la carte 51/85 – **57 ch** ⊡ 125/230, Basse saison ⊡ 95/170 – ½ P suppl. 39.
◆ L'Hôtel, qui jouit d'une perspective sur la vallée du Rhône et les montagnes, se situe au départ du télécabine. L'aménagement des chambres est moderne. La terrasse et la salle à manger ouvrent leurs vastes baies sur un paysage époustouflant !

Brignon Est : 4 km – alt. 850 – ⊠ 1994 Baar :

Château de Brignon, route de Nendaz, ℘ 0272 882 109, Fax 0272 882 119 – ⇌ P. ⓜⓔ VISA. ✾ ✾ rest
fermé juil., dim. soir, lundi et mardi – **Repas** 29 - 55 (midi)/139 et à la carte 83/148.
◆ Jolie maison régionale datant du début du 20ᵉ s. Les boiseries patinées et meubles anciens donnent beaucoup de cachet aux salles à manger. Belle carte des vins.

VEYTAUX Vaud 217 ⑭ – voir à Montreux.

VEZIA Ticino 219 ⑧ – vedere Lugano.

VICO-MORCOTE Ticino 219 ⑧ – vedere Morcote.

VIÈGE Valais 217 ⑰ – voir à Visp.

VILLARD-SUR-CHAMBY Vaud 217 ⑭ – rattaché à Montreux.

VILLARS-SUR-GLÂNE Fribourg 217 ⑤ – rattaché à Fribourg.

VILLARS-SUR-OLLON 1884 Vaud (VD) 217 ⑭ ⑮ – alt. 1 253 – Sports d'hiver 1 253/2 217 m ⛷2 ⛷23 ⛷.

Voir : Site★.

Environs : Les Chaux★ Sud-Est : 8 km – Refuge de Solalex★ Sud-Est : 9 km – Pon de Nant★ Sud : 22 km.

☗18 (juin - oct.) ☏ 0244 954 214, Fax 0244 954 218, par route du Col de la Croix 8 km.

Manifestation locale
04.07 - 06.07 : Rendez-vous folklorique.

🛈 Office du Tourisme, rue Centrale, ☏ 0244 953 232, information@villars.cl Fax 0244 952 794.

Bern 115 – Montreux 31 – Lausanne 56 – Martigny 37 – Sion 63.

Grand Hôtel du Parc ⛱, ☏ 0244 962 828, info@parcvillars.cl Fax 0244 953 363, ≼, 🍴, 📶, ≘s, ⌧, ※, 🏊, – 🛗 TV 📞 P – 🛄 15/50. AE ① ⓂⒸ VISA JCB. ※ rest
22 déc. au 20 avril et 21 juin au 10 oct. – **Le Mazarin :** Repas 47 (midi)/80 et la carte 65/123 – **La Taverne** - fondue et raclette - (fermé dim.) (dîner seul.) Repa 52 et à la carte 53/128 – **51 ch** ⌧ 300/600, Basse saison ⌧ 155/430, 5 suites – ½ suppl. 55.

♦ Dans un parc magnifique, hôtel luxueux disposant de chambres et suites au sobr décor. Nombreuses distractions à vocation "nature". Le Mazarin propose un choix c recettes classiques dans un cadre bourgeois. La Taverne met à l'honneur fondue et raclettes.

Bristol, rue Centrale, ☏ 0244 963 636, info@bristol-villars.ch, Fax 0244 963 63 ≼, 🍴, 📶, ≘s, ⌧, 🚗 – 🛗 TV 📞 ⇔ P – 🛄 15/60. AE ① ⓂⒸ VISA
fermé 27 oct. au 5 déc. – **L'Arc en Ciel :** Repas 65 et à la carte 62/110 – **Le Chalet** Repas 22 et à la carte 49/102 – **102 ch** ⌧ 200/390, Basse saison ⌧ 150/300, 6 su tes – ½ P suppl. 45.

♦ Grand chalet face à la chaîne des Alpes. Différentes chambres de belle ampleu meublées en pin clair et double vitrage. L'Arc en Ciel est un restaurant lumineux e panoramique. Table classique. Le Chalet est idéal pour un repas congru dans un clima détendu.

Du Golf, rue Centrale, ☏ 0244 963 838, info@hotel-golf.ch, Fax 0244 953 978, ≼ 🍴, ≘s, 🚗, ※ – 🛗 TV 📞 & ⇔ P – 🛄 40. AE ① ⓂⒸ VISA. ※ rest
fermé 31 oct. au 13 déc. – **Au Feu de Bois** (fermé aussi 31 mars au 1ᵉʳ juin dim. et lundi) **Repas** 20 - 45 (midi)/50 et à la carte 41/96 – **Au Coin du Fe** - fondue et raclette - (ouvert en hiver ; fermé dim. et lundi sauf 9 fév. au 7 mar **Repas** 41 et à la carte 54/74 – **69 ch** ⌧ 125/360, Basse saison ⌧ 85/29 – ½ P suppl. 35.

♦ En plein centre, hôtel familial recélant un jardin pentu. Vastes chambres meublée en pin massif. Salon panoramique. Amateurs de broches, grillades "Au Feu de Bois". ce restaurant vous plaira ! "Au Coin du Feu" est axé sur les mets au fromage ma l'hiver !

Eurotel Victoria, route des Layeux, ☏ 0244 953 131, villars@eurotel-victoria.cl Fax 0244 953 953, ≼, 🍴, 📶, ≘s, ⌧ – 🛗 TV 📞 ⇔ P – 🛄 15/100. AE ① Ⓜ VISA. ※ rest
fermé 19 oct. au 18 déc. – **Peppino** - cuisine italienne - **Repas** 17.50 et à la cart 37/84 – **162 ch** ⌧ 180/360, Basse saison ⌧ 112/265 – ½ P suppl. 25.

♦ L'hôtel se situe légèrement à l'écart. Chambres spacieuses mais un peu tristou nettes, dans l'attente d'une rénovation. Peppino est un restaurant champêtr agrandi d'une terrasse. Sa cuisine est empreinte, en majeur partie, de saveurs ita liennes.

VILLARS-SUR-OLLON

Alpe Fleurie, rue Centrale, ℘ 0244 953 464, info@alpe-fleurie.com, Fax 0244 963 077, ≤, 🍽 – 📶 📺 📞 🚗 🅿 AE ⓘ 🟠 VISA
fermé 20 mai au 26 juin, 1ᵉʳ au 21 nov. et merc. – **Repas** 19.50 – 26 (midi)/64 et à la carte 43/99 – **20 ch** ⊇ 110/250, Basse saison ⊇ 85/170 – ½ P suppl. 45.

- Devant la gare, bâtisse dotée de chambres rustiques et d'autres plus classiques. Au dernier étage, deux duplex accueillent les familles en toute commodité. Le restaurant, préparant des recettes élaborées, est séparé du coin café par un salon-piano.

Ecureuil, rue Centrale, ℘ 0244 963 737, ecureuil@bluewin.ch, Fax 0244 963 722, 🍽, 🚗 – 📶 📺 📞 🅿 🟠 VISA
21 déc. au 20 avril et 2 juin au 18 oct. – **Repas** *(fermé mardi)* 22 et à la carte 35/89 – **27 ch** ⊇ 118/240, Basse saison ⊇ 70/140 – ½ P suppl. 29.

- Les aménagements intérieurs de ce chalet, voisin de la gare, sont en constante amélioration. Chambres de diverses tailles, certaines lambrissées. À table, le choix porte sur un répertoire simple dans la note montagnarde.

La Renardière 🌲 sans rest., route des Layeux, ℘ 0244 952 592, hotellarenardiere@bluewin.ch, Fax 0244 953 915, 🚗 – 📶 📺 📞 🅿 AE ⓘ 🟠 VISA 🍽 rest
21 déc. au 20 avril et 29 mai au 28 sept. – **20 ch** ⊇ 95/180, Basse saison ⊇ 80/160, 4 suites.

- Ensemble de trois chalets au fonctionnement familial. Chambres d'ampleur et d'agencement divers. Dans l'une des annexes, appartements équipés de kitchenette.

Mon Repos, à Arveyes, Sud : 1 km, ℘ 0244 952 304, Fax 0244 953 245, ≤, 🍽 – AE 🟠 VISA
fermé 2 sem. fin nov. et début mai, lundi et merc. (sauf le soir en saison) – **Repas** 19 - 36 (midi)/69 et à la carte 59/114.

- Chalet de 1900 d'allure folklorique, à la sortie de Villars. Pimpante salle à manger rustique offrant la vue sur les Alpes. Plats traditionnels et spécialités italiennes.

Plambuit Nord : 6 km par route des Ecovets – alt. 798 – ✉ 1858 Panex :

Plambuit, ℘ 0244 993 344, Fax 0244 993 355, ≤, 🍽 – 🅿
fermé 6 janv. au 6 fév., dim. soir, lundi et mardi sauf fériés – **Repas** (nombre de couverts limité - prévenir) 20 et à la carte 53/95.

- Ambiance alpine dans ce petit chalet dont les baies vitrées éclairent généreusement la chaleureuse salle au décor très "bois". Repas plaisant. Terrasse panoramique.

au lieu dit Alpes des Chaux : Sud-Est : 5 km – ✉ 1882 Gryon :

Refuge de Frience, ℘ 0244 981 426, Fax 0244 982 010, ≤ Alpes, 🍽 – AE ⓘ 🟠 VISA
fermé 17 nov. au 15 déc., 28 avril au 18 mai et mardi hors saison – **Repas** 18 - 26/44 et à la carte 38/84.

- Bois, pierres, feu ouvert et bibelots donnent du cachet à ce refuge montagnard. De la terrasse, vous avez une vue imprenable sur les Alpes. Cuisine simple mais goûteuse.

VILLENEUVE 1844 Vaud (VD) 217 ⑭ – 4017 h. – alt. 375.
Bern 97 – Montreux 3 – Aigle 12 – Lausanne 37 – Sion 64.

du Soleil, 20 Grand-Rue, ℘ 0219 604 206, Fax 0219 604 208 – 📺. AE ⓘ 🟠 VISA
fermé 15 fév. au 2 mars – **Repas** 16 - 32/49 et à la carte 37/69 – **9 ch** ⊇ 85/145 – ½ P suppl. 25.

- Cette adresse, située sur la traversée du village, vous propose des chambres garnies d'un mobilier champêtre et dotées d'une insonorisation efficace. À l'heure du repas, le restaurant de l'hôtel ouvre ses portes pour vous servir une cuisine traditionnelle.

VILLERET Berne 216 ⑬ – rattaché à Saint-Imier.

VILLETTE Vaud (VD) 217 ⑬ – 554 h. – alt. 387 – ✉ 1096 Cully.
Bern 94 – Lausanne 7 – Montreux 17 – Yverdon-les-Bains 44.

※ **Le Villette**, 199 rte de Lausanne, ℘ 0217 992 183, levillette@bluewin.c
Fax 0217 992 182, ≤, 🍽 – AE MC VISA
fermé 22 déc. au 20 janv., dim. (sauf le midi de sept. à juin) et lundi – **Repas** 55/8
et à la carte 63/108.
♦ Sur la route de Lausanne, restaurant dont la façade bleue a été fraîcheme
repeinte. Repas classique dans une lumineuse salle à manger offrant une échappé
sur le lac.

Demandez à votre libraire
le catalogue des publications Michelin

VIRA-GAMBAROGNO 6574 Ticino (TI) 219 ⑧ – 640 ab. – alt. 204.
🅱 Ente turistico del Gambarogno, via Cantonale, ℘ 0917 951 866, gambarogr
@etlm.ch, Fax 0917 953 340.
Bern 262 – Locarno 13 – Bellinzona 18 – Lugano 36.

🏨 **Viralago**, via Cantonale, ℘ 0917 859 200, info@viralago.ch, Fax 0917 859 20
≤ lago e monti, 🍽, 🛋, ≋s, 🅿, 🏊, 🌳, 🎱 – 🛗, ❄ rist, 📺 ✆ 🖨 🅿 – 🔔 2
AE ① MC VISA
chiuso da dicembre al 10 marzo – **Pasto** 30 (sera) ed alla carta 47/73 – **45 ca**
立 105/250 – ½ P sup. 30.
♦ Le terrazze digradanti sul lago permettono di apprezzare il paesaggio visibi
anche dalle ampie camere in parte già rinnovate, in parte in corso di rinnovo.
ristorante consiste in tre piccole sale di stile rustico e in un'ampia terrazz
all'esterno.

🏨 **Bellavista** ⚘, Sud : 1 km, ℘ 0917 951 115, hotelbellavista@bluewin.c
Fax 0917 952 518, ≤ lago e monti, 🍽, 🅿, 🌳, 🎱 – 🛗, 🍴 rist, 📺 🅿 – 🔔 30. [
① MC VISA, ❄ rist
16 marzo - 8 novembre – **Pasto** 18.50 - 42 (sera) ed alla carta 43/76 – **63 ca**
立 125/248 – ½ P sup. 32.
♦ Piccoli edifici sparsi in un bel parco dominante il lago. Accanto alla costruzior
principale sorge la bella terrazza-giardino con piscina. Proprio una..."Bellavista"... anch
dalla sala da pranzo dell'omonimo albergo ! Proposte regionali.

※ **Rodolfo**, ℘ 0917 951 582, Fax 0917 952 772, 🍽 – AE ① MC VISA. ❄
chiuso dal 23 febbraio al 7 marzo, dal 1º al 11 novembre, domenica e lunedì – **Past**
87 ed alla carta 55/103.
♦ L'entrata vi porta nella pergola coperta dalle volte delle arcate. All'interno, salett
rustiche con camino vi accolgono per gustare le proposte del territorio.

VISP (VIÈGE) 3930 Wallis (VS) 217 ⑰ – 6 463 Ew. – Höhe 651.
🅱 Verkehrsbüro rund um Visp, La Poste-Platz 4 ℘ 0279 483 333, rund-um-vis
@rhone.ch, Fax 0279 483 335.
Bern 176 – Brig 9 – Saas Fee 25 – Sierre 29 – Sion 44.

🏨 **Visperhof** M garni, Bahnhofstr. 2, ℘ 0279 483 800, visperhof@reconline.c
Fax 0279 483 801 – 🛗 📺 ✆ 🅿 AE MC VISA. ❄
35 Zim 立 90/180.
♦ Das komplett renovierte Hotel liegt gegenüber dem Bahnhof. Die Zimme
sind modern, bieten genügend Platz und sind mit hellen Holzmöbeln praktisch ei
gerichtet.

in Visperterminen Süd-Ost : 8,5 km – Höhe 1 340 – ✉ 3932 Visperterminen :

🏨 **Rothorn** ⚘, ℘ 0279 463 023, Fax 0279 467 648, ≤, 🍽 – 📺 🅿 AE ① MC VIS
❄ Rest
geschl. Mai und Nov. – **Menu** 16 - 40/90 und à la carte 35/76 – **21 Zim** 立 71/14
– ½ P Zuschl. 20.
♦ Neben der Sesselbahnstation, hoch über dem Rhonetal, schläft der Gast de
Hotels Rothorn in ruhigen, frisch wirkenden Zimmern, die kürzlich neu eingerichte
wurden. Rustikales Ambiente und Weissweinspezialitäten aus Visperterminen ir
Restaurant.

VISPERTERMINEN Wallis 217 ⑰ – siehe Visp.

VISSOIE 3961 Valais (VS) 217 ⑯ – 469 h. – alt. 1 204.

🛈 Office du Tourisme, route de Sierre, ℘ 0274 751 338, Fax 0274 752 082.
Bern 183 – Sion 30 – Brig 47 – Martigny 60 – Montreux 99.

Anniviers sans rest, ℘ 0274 752 929, info@anniviers.com, Fax 0274 754 003, ↻, ≋s – 🛗 📺 video 🚗 – 🅿 25. ⓘ VISA. ⌀
fermé juin et 15 nov. au 15 déc. – **26 ch** ⌑ 95/160.
  * Un vaste hall moderne dessert la réception de cet immeuble de type chalet, posté à l'entrée de la station. Chambres familiales d'ampleur satisfaisante.

Manoir de la Poste avec ch, ℘ 0274 751 220, info@anniviers.com, Fax 0274 754 003, 🌣 – 📺 🅿. ⓘ VISA. ⌀
fermé 15 nov. au 15 déc. – **Repas** 18 - 35/79 et à la carte 47/103 – **12 ch** ⌑ 55/160 – ½ P suppl. 35.
  * Cuisine traditionnelle servie dans un typique chalet dont la salle à manger est agrémentée de fresques murales. Chambres chaleureuses aux étages.

VITZNAU 6354 Luzern (LU) 217 ⑨ ⑩ – 1 092 Ew. – Höhe 435.

Ausflugsziel : Rigi-Kulm★★★ mit Zahnradbahn.
🛈 Vitznau Tourismus, Seestrasse, ℘ 0413 980 035, info@vitznau.ch, Fax 0413 980 033.
Bern 147 – Luzern 27 – Cham 25 – Schwyz 18.

Park Hotel Vitznau, Seestrasse, ℘ 0413 996 060, info@parkhotel-vitznau.ch, Fax 0413 996 070, ≤ Vierwaldstättersee, 🌣, ↻, ≋s, ⌬, 🅟, 🅴, 🚴, ❄, ❌, 🔧 – 🛗, 🍽 Rest, 📺 ☎ & 🚗 🅿 – 🎩 15/100. ⓐⓔ ⓞ ⓘ VISA JCB. ⌀ Rest
17. April - 7. Okt. – **Quatre-Cantons :** Menu 44-65 (mittags)/165 und à la carte 102/169 – **97 Zim** ⌑ 435/750, 7 Suiten – ½ P Zuschl. 90.
  * Einem Schloss ähnelnd, liegt das Hotel eingebettet in eine schöne Gartenanlage am Seeufer. Auch die stilvollen Zimmer tragen ihren Teil zum Wohlbefinden bei. Restaurant mit langer Fensterfront und angenehme Seeterrasse mit wunderschöner Aussicht.

Arabella Sheraton Vitznauerhof M, Seestrasse, ℘ 0413 997 777, vitznauerhof@arabellasheraton.com, Fax 0413 997 666, ≤ Vierwaldstättersee, 🌣, ↻, ≋s, ⌬, 🅴, ❄, ❌, 🥂, 🅟 – 🛗, ⌀ Zim, 📺 ☎ & 🅿 – 🎩 15/50. ⓐⓔ ⓞ ⓘ VISA
29. Feb. - 14. Dez. – **Grand Siècle :** Menu 50 (mittags)/108 und à la carte 62/106 – **86 Zim** ⌑ 193/450, 4 Suiten – ½ P Zuschl. 50.
  * Das auffällige Gebäude mit seiner gepflegten Jugendstilfassade zeichnet sich neben seiner traumhaften Lage am See durch helle, moderne Zimmer aus. Alle Südzimmer mit Balkon ! Sichern Sie sich Ihren Fensterplatz im langgezogenen Restaurant oder im Wintergarten !

VOGELSANG Luzern 216 ⑰ – siehe Eich.

VOLKETSWIL 8604 Zürich (ZH) 216 ⑲ – 13 588 Ew. – Höhe 475.
Bern 141 – Zürich 19 – Pfäffikon 33 – Rapperswil 29 – Sankt Gallen 62 – Winterthur 23.

Wallberg, Eichholzstr. 1, ℘ 019 455 222, info@wallberg.ch, Fax 019 455 225, 🌣 – 🛗 📺 🅿 – 🎩 15/120. ⓐⓔ ⓞ ⓘ VISA
geschl. 23. - 26. Dez. – **Menu** 18.50 - 45 (mittags)/58 und à la carte 38/101 – ⌑ 16.50 – **17 Zim** 120/200.
  * Das flache Backsteingebäude mit dem grossen Gemeindesaal liegt an der Ortsdurchfahrt. Die Zimmer sind zweckmässig eingerichtet und bieten eine zeitgemässe Ausstattung. Einfaches, neo-rustikal eingerichtetes Restaurant und Speiseterrasse.

Alte Post, Brugglenstr. 1, ℘ 019 454 139, altepost-volketswil@bluewin.ch, Fax 019 454 137, 🌣 – 🅿. ⓐⓔ ⓞ ⓘ VISA
geschl. 1. - 7. Jan., 29. Juli - 18. Aug., Sonntag und Montag – **Menu** 32 - 45 (mittags)/98 und à la carte 61/122.
  * Ein schönes Riegelhaus beherbergt dieses Restaurant mit hübschen Gaststuben, in denen man das Essen an gut eingedeckten Tischen serviert.

VOUVRY 1896 Valais (VS) 217 ⑭ – 3 007 h. – alt. 381.
Bern 100 – Montreux 13 – Aigle 11 – Évian-les-Bains 26 – Monthey 12 – Sion 60

XXX **Aub. de Vouvry** (Braendle) avec ch, 2 av. du Valais, ℘ 0244 811 221
✿ Fax 0244 811 754, 🍴 – TV 🚗 P. ⓜ◎ VISA
fermé 1er au 16 janv., 22 juin au 4 juil., 12 au 23 oct., dim. soir et lundi – **Repas** 55
(midi)/180 et à la carte 93/170 – **Repas** (voir aussi **Le Bistrot** ci-après) – 15 ch
☐ 75/145 – ½ P suppl. 45.

♦ Au centre du village, ancienne maison communale où les fines fourchettes du
secteur ont leur rond de serviette. Un point de repère dans le paysage gastronomique
valaisan.
Spéc. Filet de féra du lac Léman au beurre d'agrumes et purée de céleri (printemps).
Fleur de courgette farcie, braisée aux chanterelles (été). Selle de chevreuil "Grand
Veneur" (oct. - déc.).

X **Le Bistrot** Aub. de Vouvry, 2 av. du Valais, ℘ 0244 811 221, Fax 0244 811 754
🍴 – P. VISA
fermé 1er au 16 janv., 22 juin au 4 juil., 12 au 23 oct., dim. soir et lundi – **Repas** 17
48 et à la carte 33/92.

♦ Une belle démonstration de cuisine traditionnelle vous attend à cette enseigne
partageant ses murs avec l'Auberge de Vouvry. Terrasse dressée lorsque la météo
s'y prête.

Donnez-nous votre avis sur les tables que nous recommandons,
sur leurs spécialités et leurs vins de pays.

VUFFLENS-LE-CHÂTEAU 1134 Vaud (VD) 217 ⑫ – 636 h. – alt. 471.
🐚 Signal de Bougy à Bougy-Villars, ✉ 1172 (mars - nov.) ℘ 0218 215 950
Fax 0218 215 965, Sud-Ouest : 12 km par Aubonne et route du Signal de Bougy
Bern 119 – Lausanne 13 – Morges 5

XXXX **L'Ermitage** (Ravet) 🌿 avec ch, 26 rte du Village, ℘ 0218 046 868, ermitage@
✿✿ avet.ch, Fax 0218 022 240, 🍴 – TV 📞 P. AE ⓞ ⓜ◎ VISA
fermé 21 déc. au 15 janv., 3 au 26 août, dim. et lundi – **Repas** 160/198 et à la carte
168/230 – **9 ch** ☐ 380/400.

♦ Repas-plaisir en perspective dans cette jolie demeure entourée d'un jardin avec
pièce d'eau. Chambres exquises, et tout l'agrément requis d'une grande maison de
bouche.
Spéc. Dinette des quatre foies gras d'oie et de canard. La pêche du lac et ses amuse-
settes (avril - sept.). Jarret de veau doré sur l'os à la broche.

VUIPPENS 1641 Fribourg (FR) 217 ⑤ – 251 h. – alt. 709.
Bern 56 – Fribourg 21 – Bulle 6 – Montreux 38 – Yverdon-les-Bains 60.

X **Maison de Ville**, ℘ 0269 151 592, famille.piccand@lyoba.ch, Fax 0269 153 092
🍴 – P. AE ⓞ ⓜ◎ VISA
fermé 4 au 20 mars, 15 au 30 juil., mardi et merc. – **Repas** 16 - 50/60 et à la carte
45/89.

♦ Assez "couleur locale", le style de la façade contraste avec l'intérieur
nettement plus actuel. Entrecôtes, tournedos et truites s'y déclinent à toutes les
sauces.

VUISTERNENS-EN-OGOZ 1696 Fribourg (FR) 217 ⑤ – 732 h. – alt. 801.
Bern 51 – Fribourg 19 – Montreux 43 – Murten 34 – Thun 81.

X **Hostellerie des Chevaliers d'Ogoz** avec ch, ℘ 0264 111 105
Fax 0264 114 505, 🍴 – TV P. AE ⓜ◎ VISA
fermé Noël, 28 juil. au 17 août, dim. soir et lundi – **Repas** 15 - 40 (midi)/78 et à la
carte 45/88 – **4 ch** ☐ 65/120 – ½ P suppl. 25.

♦ Dans un virage proche de l'église, maison corpulente entretenant une ambiance
familiale. Du café, où la clientèle locale a ses habitudes, on accède à la salle à
manger.

VULPERA Graubünden 218 ⑦ – siehe Scuol.

WABERN Bern 217 ⑥ – siehe Bern.

WÄDENSWIL 8820 Zürich (ZH) 216 ⑲ – 19 085 Ew. – Höhe 408.
Bern 149 – Zürich 24 – Aarau 71 – Baden 48 – Luzern 50 – Schwyz 34.

du Lac M, Seestr. 100, ☎ 017 800 031, *dulac-waedenswil@bluewin.ch*, Fax 017 800 570, 🍽 – 🛗, ❄ Zim, 📺 📞 🅿 AE ⓘ ⓜⓞ VISA
Menu 19 und à la carte 33/75 – **31 Zim** ⌑ 130/195 – ½ P Zuschl. 30.
◆ Der Lage zwischen der Seestrasse und der Bahnlinie hat man mit gut isolierten Fenstern Rechnung getragen. Die geräumigen Zimmer sind hell und modern eingerichtet. An der Bar vorbei gelangt man zum einfachen Restaurant mit einem neuen Wintergarten.

Eichmühle, Neugutstr. 933, Richtung Einsiedeln : 3 km, ☎ 017 803 444, Fax 017 804 864, 🍽 – 🅿 AE ⓘ ⓜⓞ VISA. ❄
geschl. Sonntagabend und Montag – **Menu** 35 - 62 (mittags)/158 und à la carte 70/133.
◆ In einem Bauerngehöft auf einer Hügelkuppe befindet sich dieses angenehme Restaurant mit schöner Gartenterrasse. In unterschiedlichen kleinen Stuben verwöhnt man seine Gäste.

WALCHWIL 6318 Zug (ZG) 216 ⑱ – 3 200 Ew. – Höhe 449.
Bern 147 – Luzern 27 – Aarau 67 – Einsiedeln 34 – Schwyz 18 – Zug 9 – Zürich 38.

Sternen (Weder), Dorfstr. 1, ☎ 0417 590 444, *weder-sternen@swissonline.ch*, Fax 0417 590 440, ≤ Zugersee, 🍽 – 🅿 AE ⓘ ⓜⓞ VISA
geschl. 21 April - 8. Mai, 22. Sept. - 16. Okt., Montag und Dienstag – **Menu** 65 (mittags)/150 und à la carte 91/160.
◆ In den elegant eingerichteten Räumen dieses schönen, renovierten Holzhauses aus dem Jahre 1830 geniessen Sie feine Kreationen. Sehr nett sitzt man auch auf der Seeterrasse !
Spez. Oxtail - Ravioli. Königstaube ganz gebraten mit Portweinjus. Quarksoufflé mit assortierten Sorbets

Zugersee, Artherstr. 6, ☎ 0417 581 777, *zugersee@bluewin.ch*, Fax 0417 590 770, ≤ Zugersee, 🍽 – 🅿 AE ⓘ ⓜⓞ VISA
geschl. 27. Jan. - 23. Feb., Dienstag von Nov. - Jan. und Montag – **Menu** 19.50 - 38 (mittags)/72 und à la carte 45/98.
◆ Vom direkt am Seeufer gelegenen, modern im Bistrostil eingerichteten Restaurant aus bietet sich dem Gast beim Verzehr seiner Mahlzeit eine sehr schöne Sicht auf den Zugersee.

Hörndli, Zugerstr. 80, ☎ 0417 581 115, Fax 0417 582 707, ≤ Zugersee, 🍽 – 🅿 AE ⓜⓞ VISA
geschl. 21. Jan. - 13. Feb., 1. - 25. Sept., Dienstag und Mittwoch – **Menu** - Fischspezialitäten - 45 (mittags) und à la carte 46/96.
◆ In diesem historischen Zuger Holzhaus speist man im Obergeschoss in einer Stube mit typisch niedriger Decke. Grosse Auswahl an Gerichten mit Süsswasserfischen.

WALD 9044 Appenzell Ausserrhoden (AR) 216 ㉑ ㉒ – 943 Ew. – Höhe 962.
Bern 221 – Sankt Gallen 12 – Altstätten 13 – Herisau 22.

Harmonie, ☎ 0718 771 173, *info@harmonie-wald.ch*, Fax 0718 772 773, ≤, 🍽 – 🅿 AE ⓘ ⓜⓞ VISA
geschl. Montag und Dienstag – **Menu** 18 - 46 (mittags)/75 und à la carte 51/90.
◆ Typisches Appenzellerhaus im Dorfkern. In der schönen, im regionalen Stil eingerichteten Stube a. d. 18. Jh. bestellt man in gemütlichem Ambiente traditionelle Speisen.

WALD BEI ST. PETERZELL Appenzell Ausserrhoden (AR) und Sankt Gallen (SG) 216 ⑳ ㉑ – ✉ 9105 Schönengrund.
Bern 196 – Sankt Gallen 19 – Appenzell 18 – Buchs 59 – Herisau 10 – Rapperswil 40 – Winterthur 62.

Chäseren ⚘, Nord-West : 1,5 km, ☎ 0713 611 751, *chaeseren@chaeseren.ch*, Fax 0713 611 759, ≤ Berge, 🍽, 🍳 – 📺 📞 🅿 – 🔔 20. AE ⓘ ⓜⓞ VISA
Menu 19.50 - 68 und à la carte 43/84 – **19 Zim** ⌑ 130/180 – ½ P Zuschl. 28.
◆ Die sehr ruhige Lage und die wunderbare Aussicht geniessen hier vor allem Seminarteilnehmer. Die klare Landluft fördert tiefen Schlaf in funktionell eingerichteten Zimmern. Durch die Gaststube kommt man in den rustikalen à la Carte-Bereich des Restaurants.

WALDEGG Bern 216 ⑦ – siehe Beatenberg.

WALDENBURG 4437 Basel-Landschaft (BL) 216 ⑮ ⑯ – 1 345 Ew. – Höhe 518.
Bern 67 – Basel 34 – Liestal 14 – Luzern 72 – Olten 18.

Zum Schlüssel, Hauptstr. 58, ✆ 0619 618 131, Fax 0619 618 131, 🌳 – ①
⓪ 🅥
geschl. 1. - 22. März, 1. - 8. Sept. und Montag – **Menu** 19.50 - 52 (mittags)/110 und
à la carte 60/106.
♦ Im schönen Gasthaus aus dem 15. Jh. hat der Gast die Wahl zwischen einem etwa
schlichteren ländlichen Teil und einer gediegeneren, gemütlich-rustikalen Stube.

WALENSTADT 8880 Sankt Gallen (SG) 216 ㉑ – 4571 Ew. – Höhe 426.
Sehenswert : Walensee★★.
🄱 Tourist Information, Bahnhofstr. 19, ✆ 0817 352 222, at@alpintravel.ch
Fax 0817 352 222.
Bern 205 – Sankt Gallen 84 – Bad Ragaz 24 – Buchs 34 – Herisau 72 – Rapperswil 47.

Seehof, ✆ 0817 351 245, seehof.walenstadt@bluewin.ch, Fax 0817 351 179, ≤
🌳 – 🛗 📺 🅿 – 🅰 15/60. 🅰🅴 ⓞ ⓞ 🅥
geschl. 15. Dez. - 24. Jan. – **Menu** à la carte 36/90 – **25 Zim** ⊆ 75/130 – ½ P Zusch.
30.
♦ Die Zimmer des nicht weit vom See gelegenen Hotels sind mit dunklen Holzmöbel
im Stil der 70er Jahre eingerichtet, von den meisten hat man eine schöne Seesicht
Restaurant mit traditionellem Angebot.

WALLISELLEN 8304 Zürich 216 ⑱ – siehe Zürich.

WALTENSBURG/VUORZ 7158 Graubünden (GR) 218 ③ – 419 Ew. – Höhe 1 000.
Bern 228 – Chur 44 – Bad Ragaz 64.

Ucliva ≫, ✆ 0819 412 242, info@ucliva.ch, Fax 0819 411 740, ≤ Berge, 🌳, ≦s
⓪ – & 🅿 – 🅰 50. ⓞ 🅥
geschl. 3. Nov. - 14. Dez. – **Menu** 18.50 und à la carte 41/68 – **22 Zim** ⊆ 131/230
– ½ P Zuschl. 27.
♦ Etwas ausserhalb und ruhig gelegen, bietet sich von dem nach ökologischen
Gesichtspunkten geführten Hotel eine sehr schöne Sicht auf die Berge ; einfache
rustikale Zimmer. Helles, rustikal eingerichtetes Restaurant mit Vollwertkost und
vegetarischen Gerichten.

WALZENHAUSEN 9428 Appenzell Ausserrhoden (AR) 216 ㉒ – 2 092 Ew. – Höhe 672
Bern 234 – Sankt Gallen 25 – Altstätten 17 – Bregenz 19 – Herisau 36 – Lustenau 13

Walzenhausen, ✆ 0718 862 121, info@hotel-walzenhausen.ch
Fax 0718 881 084, ≤, 🌳, 🄵₆, ≦s, 🖼, 🏊, – 🛗, ↔ Zim, 🍽 Rest, 📺 & 🅿 –
🅰 15/80. 🅰🅴 ⓞ ⓞ 🅥
Menu 20 - 28 (mittags)/98 und à la carte 43/105 – **72 Zim** ⊆ 150/260 – ½ P Zusch.
20.
♦ Neben dem traditionellen Kurbetrieb empfiehlt sich dieses Haus auch für Seminare
oder den Urlaubsgast. Die unterschiedlich eingerichteten Zimmer bieten zeitgemäs
sen Komfort. Eine schöne Sicht auf den Bodensee geniesst man vom langgezogenen
Restaurant aus.

WANGEN AN DER AARE 3380 Bern (BE) 216 ⑮ – 1 903 Ew. – Höhe 423.
Bern 42 – Aarau 38 – Basel 60 – Luzern 71 – Solothurn 11.

Al Ponte, Wangenstr. 55, an der Autobahnausfahrt, ✆ 0326 365 454, hotel@
otel-alponte.ch, Fax 0326 365 455 – 🛗 ↔ 📺 🕻 & 🚗 🅿 – 🅰 15/120. 🅰🅴 ⓞ
ⓞ 🅥
geschl. 23. Dez. - 2. Jan. – **Menu** (geschl. Sonntag) 17 - 35 und à la carte 32/82 – ⊆ 16
– **54 Zim** 130/178 – ½ P Zuschl. 25.
♦ Nicht an der schönen historischen Holzbrücke, sondern an der neuen Brücke
nicht weit von der Autobahnausfahrt findet man dieses Hotel mit funktione
eingerichteten Zimmern. Einfache, rustikale Wirtschaft und etwas gehobenere
Stübli.

WATTWIL 9630 Sankt Gallen (SG) 216 ⑳ – 8 401 Ew. – Höhe 614.
Bern 189 – Sankt Gallen 35 – Bad Ragaz 68 – Rapperswil 24.

Löwen, Ebnaterstr. 55, ℘ 0719 885 133, Fax 0719 885 107, 🍴, 😊 – 📶 📺 🅿.
AE ① ⓜ VISA. ✂ Zim
Rôtisserie : Menu à la carte 44/92 – *Gaststube* : Menu 18.50 und à la carte 28/74
– **44 Zim** ⌂ 85/130 – ½ P Zuschl. 25.
♦ Neben den älteren, mit dunklem Eichenholzfurnier möblierten Zimmern findet man
auch helle, kürzlich renovierte Räume. Die Ausstattung ist zweckmässig, ausreichen-
der Komfort. Etwas versteckt liegt die kleine Rôtisserie mit klassischer, gediegener
Einrichtung.

Krone, Ebnaterstr. 136, ℘ 0719 881 344, info@kronewattwil.ch,
Fax 0719 886 744, 🍴 – 🅿. AE ① ⓜ VISA
geschl. 26. Jan. - 11. Feb., 21. Juli - 5. Aug., Montag und Dienstag – *Kronenstube* :
Menu 95 und à la carte 54/107 – *Gaststube* : Menu 17.50 und à la carte 39/93.
♦ In der modern gestalteten Kronenstube herrschen intensive Blautöne vor. Hier oder
auf der Terrasse geniesst man sorgfältig zubereitete Speisen zu einem klassischen
Angebot.

WEESEN 8872 Sankt Gallen (SG) 216 ⑳ – 1 347 Ew. – Höhe 424.
Bern 186 – Sankt Gallen 60 – Bad Ragaz 43 – Glarus 15 – Rapperswil 28.

Parkhotel Schwert, Hauptstr. 23, ℘ 0556 161 474, info@parkhotelschwert.ch,
Fax 0556 161 853, ≤, 🍴 – 📶, ✂ Zim, 📺. AE ① ⓜ VISA
Menu (geschl. 6. Jan. - 13. Feb.) 17 und à la carte 32/83 – **35 Zim** ⌂ 98/190
– ½ P Zuschl. 25.
♦ Im vielleicht ältesten Hotel der Schweiz aus dem 15. Jh. wurden originale Mau-
erwerke und Holzbalken aus dem Mittelalter geschmackvoll in eine moderne Infra-
struktur integriert. Gediegen wirkt das à la carte-Restaurant mit schöner Terrasse.

Fischerstube (Frese), Marktgasse 9 (1. Etage), ℘ 0556 161 608, weesenfischer
stube@.ch, Fax 0556 161 239 –. 🅿. AE ① ⓜ VISA
geschl. 6. - 19. Jan., Montag und Dienstag – **Menu** - Fischspezialitäten - 30 - 68/75
und à la carte 63/135.
♦ Traditionell ist der Rahmen dieses alteingesessenen Restaurants mit seinen gemüt-
lichen Stuben. Auf der Karte finden Sie regionaltypische Fischgerichte auf hohem
Niveau.
Spez. Albeli mariniert mit Sauerrahm. Steinbutt nach italienischer Art. Zanderfilet auf
Lauchgemüse an Limettensauce and Safrannüdeli.

WEGGIS 6353 Luzern (LU) 216 ⑱ 217 ⑨ ⑩ – 3 563 Ew. – Höhe 435.
Ausflugsziel : Rigi-Kulm★★★ mit Luftseilbahn und ab Rigi-Kaltbad mit Zahnradbahn.
Lokale Veranstaltungen
04.07 - 06.07 : Rosenfest
27.09 : Alpabfahrt, Herbstmarkt und Viehausstellung.
🅱 Weggis Tourismus, Seestr. 5, ℘ 0413 901 155, info@weggis.ch,
Fax 0413 910 091.
Bern 142 – Luzern 21 – Cham 19 – Schwyz 30.

Park Hotel Weggis M 🌿, Hertensteinstr. 34, ℘ 0413 901 313, info@phw.ch,
Fax 0413 901 618, ≤ Vierwaldstättersee, 🍴, 🏋, 😊, 🅚, 🏊, 🧖, 💆, ⬇ – 📶, 🍽 Rest,
📺 ☎ 🏋 🅿 – 🚗 15/120. AE ① ⓜ VISA. ✂ Rest
Annex (geschl. 24. Feb. - 12. März und Dienstag) (nur Abendessen ausser an Sonn- und
Feiertagen) Menu 118 und à la carte 76/120 – *Sequoia* : Menu 34 - 48 (mittags)/78
und à la carte 54/105 – ⌂ 25 – **39 Zim** 300/520, 4 Suiten – ½ P Zuschl. 65.
♦ Der klassische Hotelbau aus der Jahrhundertwende wurde in den letzten Jahren
sehr aufwendig und geschmackvoll renoviert. Designereinrichtung, wechselnde Bil-
derausstellungen. Ein Gefühl von Luxus umgibt Sie im Annex. Sequoia mit begehbarem
Weinkeller.

Beau Rivage, Gotthardstr. 6, ℘ 0413 927 900, info@beaurivage-weggis.ch,
Fax 0413 901 981, ≤ Vierwaldstättersee, 🍴, 🏊, 🅚, 🧖, ⬇ – 📶 📺 🅿. AE ①
ⓜ VISA
April - Okt. – Menu 50 und à la carte 58/118 – **41 Zim** ⌂ 180/420 – ½ P Zuschl. 50.
♦ Eine wunderbare Seesicht, ein gepflegter Garten mit Pool, gediegene, unter-
schiedlich eingerichtete Zimmer : nur ein paar der Attribute, die dieses klassische
Hotel auszeichnen. Das gepflegte Restaurant ist mit Stilmöbeln eingerichtet. Schön :
die Gartenterrasse.

WEGGIS

Albana ⌂, Luzernerstr. 26, ℘ 0413 902 141, albanaweggis@access.ch Fax 0413 902 959, ≤ Vierwaldstättersee, ≋, 🐾, ♨ – 🛗 TV ☏ ℗ – ⛳ 15/50 AE ⓘ ⓜ VISA. ✗ Rest
geschl. 7. Dez. - 20. Jan. – **Panorama** : Menu 48 (mittags)/105 und à la carte 59/11 – **57 Zim** ⌇ 190/360 – ½ P Zuschl. 58.
◆ Etwas erhöht und ruhig in einem kleinen Park liegt dieses nette Haus. Die Zimmer sind mit lachsfarbenen Holzmöbeln komfortabel und zeitgemäss ausgestattet. Einen traumhaften Blick über den Vierwaldstättersee hat man vom Restaurant aus.

Alexander M ⌂, Hertensteinstr. 42, ℘ 0413 922 222, info@alexander-gerbi.ch Fax 0413 922 223, ≋, ⛲, 🐾, 🐢, ⬇ – 🛗 TV ☏ ℗ ⛳ 15/50. AE ⓘ ⓜ VISA. ✗ Rest
geschl. 3. Jan. - 28. Feb. – **Menu** 23 - 35 (mittags)/61 und à la carte 39/81 – **49 Zim** ⌇ 145/310 – ½ P Zuschl. 43.
◆ Die Südlage der unterschiedlich eingerichteten Zimmer mit Balkon und traumhafte Aussicht garantiert - schönes Wetter vorrausgesetzt - uneingeschränkten Sonnengenuss. Hinter der grossen, modernen Hotelhalle befindet sich der klassische Speisesaal.

Gerbi, Hertensteinstr. 46, ℘ 0413 922 224, gerbi-alexander@bluewin.ch Fax 0413 922 225, ≤ Vierwaldstättersee, ≋, ⛲, 🐾, 🐢, ⬇ – 🛗 TV ☏ ℗ – ⛳ 20 AE ⓘ ⓜ VISA
geschl. Jan. - Feb. – **Menu** 24 - 69 und à la carte 56/101 – **20 Zim** ⌇ 165/320 4 Suiten – ½ P Zuschl. 43.
◆ Dieses für Ferien und Geschäftsreise geeignete Hotel liegt nah beim Seeufer. Die Zimmer wirken hell, sind mit Eschenmobiliar eingerichtet und bieten eine schöne Aussicht. Elegant-rustikale Ausstattung prägt das Restaurant.

Central M, Seestr. 25, ℘ 0413 920 909, info@central-am-see.ch Fax 0413 920 900, ≤ Vierwaldstättersee, ≋, ⛲, 🐢, ⬇ – 🛗 TV. AE ⓘ ⓜ VISA ✗ Rest
geschl. 1. Nov. - 1. Feb. – **Menu** 22 - 31 (mittags) und à la carte 39/89 – **35 Zim** ⌇ 140/250 – ½ P Zuschl. 35.
◆ Direkt an der Promenade am Ortsende gelegen, bietet dieses Haus dem Gast frisch wirkende, modern eingerichtete Zimmer von guter Grösse mit sehr schönem Blick auf den See. Zum Speisen stehen der moderne Wintergarten und die rustikale Stube bereit.

Friedheim ⌂, Friedheimstr. 31, ℘ 0413 901 181, info@hotel-friedheim.ch Fax 0413 902 740, ≤ Vierwaldstättersee, ≋, 🐢 – TV ℗. AE ⓘ ⓜ VISA ✗ Rest
8. April - 9. Okt. – **Menu** 50 (abends) und à la carte 37/84 – **20 Zim** ⌇ 120/230 – ½ P Zuschl. 36.
◆ Das alte Bauernhaus aus dem 17. Jh., umgeben von Wiesen, liegt schön oberhalb des Dorfes. In oft kleinen, modern eingerichteten Zimmern geniesst der Urlaubsgast die Nachtruhe. In der einfachen, aber gemütlichen Stube werden traditionelle Gerichte serviert.

Renggli's Seerestaurant, Seestr. 21, ℘ 0413 900 170, Fax 0413 900 270 ≤ Vierwaldstättersee, ≋ – AE ⓘ ⓜ VISA
geschl. 10. Nov. - 10. Dez., Feb., Dienstag von Okt. - April und Mittwoch – **Menu** 35 65/85 und à la carte 51/98.
◆ Im modern dekorierten Restaurant oder auf der schön am Seeufer gelegenen Speiseterrasse geniessen Sie beim Essen die traumhafte Aussicht auf die Umgebung.

Bühlegg, Gotthardstr. 30, ℘ 0413 902 123, buehlegg@hotmail.com Fax 0413 902 182, ≤ Vierwaldstättersee, ≋ – ℗. AE ⓘ ⓜ VISA
geschl. 6. - 30. Jan., Dienstag von Sept. - Mai und Montag ausser Feiertage – **Menu** 46 (mittags)/98 und à la carte 73/121.
◆ Dieses sehr angenehme Haus liegt etwas ausserhalb, mit schöner Terrasse am See. In zwei Stuben mit heimeligem Ambiente geniesst man sorgfältig zubereitete klassische Gerichte.

The Grape, Seestr. 60, ℘ 0413 920 707, info@phw.ch, Fax 0413 920 708 – AE ⓘ ⓜ VISA
geschl. 23. Dez. - 16. Jan. und Mittwoch – **Menu** 18.50 - 59 und à la carte 48/87.
◆ 200 Meter vom Park Hotel entfernt finden Sie ein neu gestaltetes Restaurant trendiger Designerstil verbindet sich mit California Cuisine. Originell gestylter WC Bereich !

WEINFELDEN 8570 Thurgau (TG) 216 ⑨ – 9 366 Ew. – Höhe 429.
Bern 186 – Sankt Gallen 35 – Arbon 26 – Frauenfeld 19 – Konstanz 20.

Thurgauerhof garni, Thomas-Bornhauser-Str. 10, ℘ 0716 263 333, info@thurgauerhof.com, Fax 0716 263 434, 斧 – ⌽ ✻ ⊡ ⇦ ℗ – 🛆 15/450. Æ ⓘ ⓜ⊕ VISA
geschl. 20. Dez. - 5. Jan. – **74 Zim** ⌕ 95/210.
♦ Das Hotel mit Kongresszentrum liegt im Ortskern. Die Zimmer sind meist modern, wirken hell und frisch, bieten ausreichend Platz und eine komplette technische Ausstattung.

Zum Löwen, Rathausstr. 8, ℘ 0716 225 422, thomas_bodenmann@gmx.ch, Fax 0716 221 398, 斧 – Æ ⓘ ⓜ⊕ VISA
geschl. 23. Juli - 14. Aug., Mittwoch und Donnerstag – **Menu** 18 - 79 und à la carte 49/86.
♦ Im Zentrum des Ortes findet man das schöne alte Riegelhaus aus dem 15. Jh. - bestehend aus der rustikalen Gaststube und dem leicht eleganten Ratsherrenstübli.

Gambrinus, Marktstr. 2, ℘ 0716 221 140, info@gambrinus-weinfelden.ch, Fax 0716 221 339, 斧 – Æ ⓘ ⓜ⊕ VISA
geschl. 6. - 21. April, 30. Sep. - 19. Okt., Sonntag und Montag – **Menu** 34 - 78 (abends) und à la carte 48/116.
♦ Das Alter dieses kleinen historischen Gasthauses wird auf über 400 Jahre geschätzt. Seine Gäste bittet man in gemütlichen, rustikal gestalteten Stuben zu Tisch.

Ihre Meinung über die von uns empfohlenen Restaurants,
deren Spezialitäten sowie die angebotenen regionalen Weine,
interessiert uns sehr

WEININGEN 8104 Zürich (ZH) 216 ⑱ – 3 685 Ew. – Höhe 413.
Bern 117 – Zürich 13 – Aarau 39 – Luzern 60 – Schaffhausen 63.

Winzerhaus, Haslerstr. 28, Nord : 1 km, ℘ 017 504 066, mail@winzerhaus.ch, Fax 017 504 095, ≤ Limmattal, 斧 – ℗ Æ ⓘ ⓜ⊕ VISA
geschl. 24. Dez. - 7. Jan. und Dienstag – **Menu** 28 - 39 (mittags)/140 und à la carte 55/108.
♦ Inmitten von Weinbergen liegt dieses hübsche Haus erhöht über dem Limmattal. Eine besondere Attraktion ist die grosse Terrasse mit herrlichem Blick über die Landschaft.

WEISSBAD Appenzell Innerrhoden 216 ㉑ – siehe Appenzell.

WEISSENBURG 3764 Bern (BE) 217 ⑥ – Höhe 782.
Bern 52 – Interlaken 21 – Fribourg 85 – Spiez 17 – Thun 22.

Alte Post mit Zim, Simmentalstrasse, ℘ 0337 831 515, Fax 0337 831 578, 斧 – ℗ Æ ⓘ ⓜ⊕ VISA
geschl. 27. Okt. - 4. Dez., Mittwoch und Donnerstag – **Menu** à la carte 38/77 – **10 Zim** ⌕ 45/170 – ½ P Zuschl. 25.
♦ Neben der Holzbrücke über die Simme kann man in diesem typischen Berner Landgasthof traditionell speisen. Nicht ohne Charme sind die sehr einfachen, fast historischen Zimmer.

WEITE 9476 Sankt Gallen (SG) 216 ㉑ – Höhe 469.
Bern 227 – Sankt Gallen 63 – Bad Ragaz 16 – Buchs 11 – Feldkirch 24 – Rapperswil 68.

Heuwiese (Real), Nord-Ost : 1,5 Km, ℘ 0817 831 055, heuwiese@bluewin.ch, Fax 0817 833 186, 斧 – ℗ Æ ⓘ ⓜ⊕ VISA JCB
geschl. 2 Wochen im April, 3 Wochen Sept. - Okt., Sonntag und Montag – **Menu** (Tischbestellung ratsam) à la carte 69/124.
♦ Abgelegene, nicht alltägliche Adresse im Grünen. In ungezwungenem, lockerem Ambiente empfiehlt Ihnen der Patron immer wieder neu erdachte Kreationen. Schöne Innenhofterrasse.
Spez. Atlantik-Lachs vom Barbequeofen. Spanferkel. Ganze Ente am Spiess gebraten

WENGEN 3823 Bern (BE) 217 ⑧ – Höhe 1 275 – ✈ – Wintersport : 1 275/2 440 m ✦
⛷ 15.
Sehenswert : Lage★★★.
Ausflugsziel : Jungfraujoch★★★ mit Bahn – Trümmelbachfälle★★★ – Kleir
Scheidegg★★ Süd-Ost mit Bahn.
Lokale Veranstaltung
17.01 - 19.01 : Internationale Lauberhornrennen.
🛈 *Tourist Information, Dorfstrasse,* ✆ *0338 551 414, info@wengen.c*
Fax 0338 553 060.
Bern 69 – *Interlaken* 12 – Grindelwald 16 – Luzern 78.

mit Zahnradbahn ab Lauterbrunnen erreichbar

🏨 **Regina** ⚜, ✆ 0338 565 858, *regina@wengen.com, Fax 0338 565 85*
≤ Jungfrau, 🏊, ≘s, 🚗 – 📶 📺 video ✆ – 🏋 15/60. 🆎 ⓞ ⓜⓞ 𝖵𝖨𝖲𝖠 𝖩𝖢𝖡. ✂ Res
geschl. Nov. – **Menu** (siehe auch Rest. *Chez Meyer's*) – **90 Zim** ⇔ 350/470, Vorsaisc
⇔ 130/300 – ½ P Zuschl. 15.
◆ Unübersehbar scheint das Haus über dem Ort zu thronen. In gediegenen, mit ma
siven Holzmöbeln eingerichteten Zimmern geniesst man die Ruhe und die traumhaft
Sicht.

🏨 **Beausite Park Hotel** ⚜, ✆ 0338 565 161, *info@beausite-park-hotel.c*
Fax 0338 553 010, ≤ Jungfrau, 🍴, Wellness-Center, ≘s, 🏊, 🚗 – 📶, ✂ Res
📺 ✆. 🆎 ⓞ ⓜⓞ 𝖵𝖨𝖲𝖠. ✂ Rest
19. Dez. - 6. April und 31. Mai - 28. Sept. – **Menu** 60 (abends) und à la carte 50/1C
– **40 Zim** ⇔ 275/470, Vorsaison ⇔ 150/274, 4 Suiten – ½ P Zuschl. 20.
◆ Neben der sehr ruhigen Lage etwas ausserhalb am Waldrand schätzen die Gäst
dieses Ferienhotels die komfortablen, meist modernen Zimmer sowie den Wellness
bereich.

🏨 **Wengener Hof** ⚜, ✆ 0338 566 969, *wengenerhof@wengenerhof.c*
Fax 0338 566 970, ≤ Jungfrau, Berge und Tal, 🍴, 🚗 – 📶 📺 ✆. 🆎 ⓞ ⓜⓞ 𝖵𝖨
𝖩𝖢𝖡. ✂ Rest
19. Dez. - 29. März und 26. Mai - 29. Sept. – **Menu** (nur ½ Pens. für Hotelgäste)
40 Zim ⇔ 145/325, Vorsaison ⇔ 93/232 – ½ P Zuschl. 25.
◆ Die sehr ruhige Lage mit einmaliger Aussicht, der gepflegte Panoramagarten ur
nicht zuletzt die stilvolle Einrichtung zeichnen dieses am Ortsende liegende Ferier
hotel aus.

🏨 **Caprice** 〽, ✆ 0338 560 606, *caprice@wengen.com, Fax 0338 560 60*
≤ Jungfrau-Massiv, 🍴, ≘s – 📶, ✂ Zim, 📺 ✆. 🆎 ⓞ ⓜⓞ 𝖵𝖨𝖲𝖠
15. Dez. - 22. April und 15. Mai - 5. Okt. – **Menu** 24 - 59/79 und à la carte 66/11
– **20 Zim** ⇔ 220/500, Vorsaison ⇔ 115/270 – ½ P Zuschl. 35.
◆ Hinter der holzverkleideten Fassade des im Chalet-Stil erbauten Domizils erwarte
den Gast ein geschmackvolles Interieur. Ein idealer Ausgangsort für Wanderunge
und Ausflüge. Neben dem Restaurant lädt auch eine Panorama-Terrasse zum Ve
weilen ein.

🏨 **Silberhorn**, ✆ 0338 565 131, *silberhorn@silberhorn.ch, Fax 0338 565 13.*
🚠 ≤ Berge, 🍴, ≘s, 🚗 – 📶 📺 ✆ – 🏋 15. 🆎 ⓞ ⓜⓞ 𝖵𝖨𝖲𝖠 𝖩𝖢𝖡. ✂ Rest
geschl. 20. April - 17. Mai und Anfang Okt. - Mitte Dez. – **Menu** 17 und à la carte 35/8
– **60 Zim** ⇔ 196/372, Vorsaison ⇔ 114/222, 10 Suiten – ½ P Zuschl. 25.
◆ In dem gegenüber dem Bahnhof gelegenen Hotel beherbergt man seine Gäste
meist modernen, elegant eingerichteten Zimmern. Gleich ist allen die geschmackvol
Einrichtung. Einfache Wirtschaft und heller, moderner Speisesaal.

🏨 **Alpenrose** ⚜, ✆ 0338 553 216, *info@alpenrose.ch, Fax 0338 551 51*
≤ Jungfrau-Massiv, 🚗 – 📶. 🆎 ⓜⓞ 𝖵𝖨𝖲𝖠. ✂ Rest
Mitte Dez. - Mitte April und Mitte Mai - Ende Sept. – **Menu** (nur Abendessen) (n
Menu) 40 – **50 Zim** ⇔ 141/306, Vorsaison ⇔ 84/242 – ½ P Zuschl. 25.
◆ Unterhalb des Dorfzentrums trifft man hier auf ein ruhig gelegenes Hotel, das vc
allem von den Balkonen aus eine unvergessliche Aussicht bietet. Gemütliche, rustika
Zimmer.

🏨 **Bären** ⚜, ✆ 0338 551 419, *baeren@wengen.com, Fax 0338 551 52.*
🚠 ≤ Jungfrau-Massiv, 🍴, 📶. 🆎 ⓞ ⓜⓞ 𝖵𝖨𝖲𝖠 𝖩𝖢𝖡
14. Dez. - 5. April und 11. Mai - 11. Okt. – **Menu** (geschl. Sonntag im Sommer) 1⁹
42/56 (abends) und à la carte 40/72 – **13 Zim** ⇔ 90/190, Vorsaison ⇔ 70/150
½ P Zuschl. 20.
◆ In diesem familiär geführten, ruhig im unteren Dorfteil gelegenen Haus findet ma
neuzeitlich und funktionell ausgestattete Zimmer mit Südbalkon und schönem Jung
fraublick. Das Restaurant zeigt sich in rustikalem Stil.

WENGEN

- **Berghaus** ⟡, ☏ 0338 552 151, berghaus@wengen.com, Fax 0338 553 820, ≤ Jungfrau, 🍴 – |❄| TV, AE ① ⓶ VISA JCB
  21. Dez. - 31. März und 1. Juni - 27. Sept. – **Menu** - Fischspezialitäten - 46 (abends) und à la carte 41/79 – **19 Zim** ⌆ 106/300, Vorsaison ⌆ 86/240 – ½ P Zuschl. 25.
  • In diesem Hotel legt man grossen Wert auf persönliche Gästebetreuung. Neben der ruhigen, sonnigen Lage mit schöner Aussicht sprechen saubere, gepflegte Zimmer für das Haus. Auch in dieser Höhenlage haben Fischgerichte ihren festen Platz auf der Speisekarte.

- XXX **Chez Meyer's** - *Hotel Regina*, ☏ 0338 565 858, regina@wengen.com, Fax 0338 565 850, 🍴 – AE ① ⓶ VISA JCB
  geschl. 1. Okt. - 15. Dez. und 1. April - 15. Juni – **Menu** 92/128 und à la carte 69/149.
  • Hinter der schönen Fassade des Hotels Regina empfängt den Gast ein stilvoll eingerichtetes Restaurant mit gepflegtem Dekor und ansprechend eingedeckten Tischen.

Wengernalp mit Zug ab Interlaken, Lauterbrunnen oder Wengen erreichbar – Höhe 1874 – ✉ 3823 Wengen :

- **Jungfrau** ⟡, ☏ 0338 551 622, Fax 0338 553 069, ≤ Jungfrau-Massiv, 🍴 – ⚹
  21. Dez. - Ende März – **Menu** (abends nur ½ Pens. für Hotelgäste) 27 à la carte 33/81 – **22 Zim** (nur ½ Pens.) ⌆ 200/480.
  • Ein aussergewöhliches Hotel in aussergewöhnlicher Lage : Die im Stil der Jahrhundertwende geschmackvoll eingerichteten Zimmer bieten gehobenen Komfort in einsamer Bergwelt. Gästen des Hauses serviert man Speisen einer traditionellen Küche.

WENGERNALP Bern **217** ⑱ – siehe Wengen.

VERMATSWIL 8615 Zürich (ZH) **216** ⑲ – Höhe 560.
Bern 145 – Zürich 24 – Rapperswil 25 – Uster 4 – Winterthur 32.

- XX **Puurehuus** mit Zim, Fehraltorferstr. 9, ☏ 019 416 633, infos@puurehuus.ch, Fax 019 416 640, 🍴 – |❄| TV ✆ ♿ ⌨ P – 🚻 30. AE ① ⓶ VISA ⚹ Rest
  geschl. Weihnachten – **Menu** 21 - 58 (mittags)/135 und à la carte 76/127 – **17 Zim** ⌆ 140/180 – ½ P Zuschl. 30.
  • Nach dem Verzehr einer traditionellen Mahlzeit in einer der getäferten, bürgerlichen Stuben kann man hier in geräumigen, zeitgemäss ausgestatteten Zimmern gut übernachten.

VERNETSHAUSEN 8342 Zürich (ZH) **216** ⑲ – Höhe 730.
Bern 120 – Zürich 29 – Rapperswil 18 – Uster 24 – Winterthur 43.

- XX **Hohes Schlössli**, Bachtelstr. 63, ☏ 019 381 313, info@hohes-schloessli.ch, Fax 019 381 310, 🍴 – P. AE ① ⓶ VISA
  geschl. 1. - 7. Jan., 27. April - 5. Mai, 20. Juli - 4. Aug., 5. - 12. Okt., Sonntag und Montag – **Menu** 38 (mittags)/95 und à la carte 44/112.
  • An der Strasse nach Hasenstrich findet der Hungrige dieses rustikal mit Sichtbalken dekorierte Restaurant. Sehr schöne Sicht auf das Unterland bietet sich von der Terrasse.

VETTINGEN 5430 Aargau (AG) **216** ⑦ – 17 599 Ew. – Höhe 388.
🛈 Verkehrsverein, Seminarstr. 54, ☏ 0564 262 211, schmidtravel@bluewin.ch, Fax 0564 271 647.
Bern 110 – Aarau 31 – Baden 3 – Schaffhausen 67 – Zürich 22.

- XX **Sternen**, Klosterstr. 9, ☏ 0564 271 461, gasthof.sternen@freesurf.ch, Fax 0564 271 462, 🍴 – P. AE ① ⓶ VISA
  geschl. Weihnachten und Samstagmittag – **Spörristube** : Menu 74 und à la carte 64/107 – **Kloster Taverne** : Menu 25 - 59/98 und à la carte 50/104.
  • Die rustikal eingerichtete Spörristube ist mit Ausstellungsstücken des bekannten gleichnamigen Schweizer Künstlers dekoriert. Der Gast wählt aus einem klassischen Angebot. Die Kloster Taverne befindet sich im ehemaligen Weiberhaus aus dem 13. Jh.

- XX **Toni's Klosterstübli**, Klosterstr. 13, ☏ 0564 260 688, tgraeni@bluewin.ch, Fax 0564 260 243, 🍴 – P. AE ① ⓶ VISA
  Menu (geschl. Sonntag und Montag) (Tischbestellung ratsam) 53 (mittags)/105 und à la carte 57/118.
  • Gediegenes Ambiente und ein Behaglichkeit ausstrahlender Cheminée erwarten den Gast in diesem Restaurant. Schön : der Gewölbe-Weinkeller.

WIDEN 8967 Aargau (AG) 216 ⑱ – 3 641 Ew. – Höhe 548.
Bern 114 – Aarau 35 – Baden 15 – Dietikon 14 – Wohlen 12 – Zürich 18.

Heinrüti-Rank, Wolfeggstr. 1 (1 km Richtung Bremgarten), ☏ 0566 332 288, m
@ heinrueti-rank.ch, Fax 0566 339 282, ≤, ⛲, ✗ – TV P. MC VISA
geschl. 16. Jan. - 9. Feb. und 26. Sept. - 12. Okt. – **Menu** (geschl. Freitagmittag u
Donnerstag) 18.50 und à la carte 45/81 – **10 Zim** ⊇ 95/150.
♦ Erhöht am Hang gelegen, bietet das Hotel seinen Gästen eher kleine, mit fun
tionellem Einbaumobiliar zweckmässig eingerichtete Zimmer, teilweise mit schöne
Blick. Restaurant mit Aussichtsterrasse.

Zum Stutz, Bremgartenstr. 64, ☏ 0566 331 314, Fax 0566 337 285, ⛲ – ↩
P. AE MC VISA. ✗
geschl. Montag und Dienstag – **Menu** 19.50 - 80 und à la carte 46/90.
♦ Im überwiegend von Frauen frequentierten, modern dekorierten Restaurant ur
dem davorliegenden Café liegt der Schwerpunkt auf ideenreich zubereiteter veg
tarischer Küche.

WIDNAU 9443 Sankt Gallen (SG) 216 ㉒ – 7 410 Ew. – Höhe 406.
Bern 242 – Sankt Gallen 36 – Altstätten 11 – Bregenz 21 – Dornbirn 16 – Feldkirch 2

Forum M garni, Bahnhofstr. 24, ☏ 0717 228 866, info@forum-hotel.c
Fax 0717 228 867, ℔ – 🛗 ⇌ TV ☎ P. AE ① MC VISA
geschl. 21. Dez. - 4. Jan. – **38 Zim** ⊇ 120/190.
♦ Neben diversen Geschäften ist in dem Gebäude ein modernes Businesshotel unte
gebracht. Die Zimmer wirken hell und frisch, sind sehr gepflegt und bieten genüge
Platz.

WIGOLTINGEN 8556 Thurgau (TG) 216 ⑨ – 2 028 Ew. – Höhe 435.
Bern 182 – Sankt Gallen 48 – Frauenfeld 15 – Konstanz 18 – Winterthur 33.

Taverne zum Schäfli (Kuchler), Oberdorfstr. 8, ☏ 0527 631 17
Fax 0527 633 781, ⛲ – P. AE MC VISA. ✗
geschl. 1. - 31. Jan., 27. Juli - 18. Aug., Sonntag und Montag – **Menu** (Tischbestellur
ratsam) 75 (mittags)/180 und à la carte 91/183.
♦ In den gemütlichen, im Biedermeierstil eingerichteten Stuben des schönen alte
Riegelhauses aus dem 17. Jh. wird der Geniesser eine ausgezeichnete Küche servier
Spez. Mousse und Tartar vom Oscietra Stör an Limonengrasmarinade. Steinbutt kro
gebraten auf Auberginenkompott im Ratatouillesud. Geschmorte Kalbsbacken a
Gemüsepolenta.

WIKON Luzern 216 ⑯ – siehe Reiden.

WIL 9500 Sankt Gallen (SG) 216 ⑨ – 16 084 Ew. – Höhe 571.
Sehenswert : Aussicht★ vom Vorplatz der Stadtkirche.
🛈 Tourist Info, Bahnhofplatz 6, ☏ 0719 137 000, touristinfo@stadtwil.c
Fax 0719 137 009.
Bern 184 – Sankt Gallen 29 – Glarus 57 – Konstanz 31 – Winterthur 34.

Schwanen, obere Bahnhofstr. 21, ☏ 0719 130 510, info@hotel-schwanen.c
Fax 0719 130 515, ⛲ – 🛗, ⇌ Zim, TV ☎ ⇔ – 🔔 60. AE ① MC VISA ✗
Schwanenstube (1. Etage) (geschl. 20. Juli - 10. Aug., Samstagmittag und Sonnta
Menu 28 - 48 (mittags)/90 und à la carte 54/123 – **Bistro : Menu** 14.50 und à la cart
39/74 – **24 Zim** ⊇ 100/210 – ½ P Zuschl. 36.
♦ Der Schwanen befindet sich zentral an einer Kreuzung. Die mit soliden Eicher
holzmöbeln eingerichteten Zimmer liegen jedoch relativ ruhig nach hinten zur Fus
gängerzone. Im ersten Stock befindet sich die elegante Schwanenstube. Einfacher
das Bistro.

Rössli M mit Zim, Toggenburgstr. 59 (1. Etage), ☏ 0719 139 750, info@roes
li-wil.ch, Fax 0719 139 751, ⛲ – TV ☎ P. AE ① MC VISA
geschl. 25. Jan. - 3. Feb., 15. Juli - 10. Aug., Sonntag und Montag – **Menu** 19 - 5
(mittags)/105 und à la carte 54/110 – **6 Zim** ⊇ 98/145 – ½ P Zuschl. 25.
♦ Über der einfachen Gaststube liegt das getäferte, trotz moderner Einrichtur
gemütliche Restaurant. In schlichten, aber günstigen Zimmern kann man hier auc
übernachten.

WIL

XX **Hof zu Wil**, Marktgasse 88, ☏ 0719 138 700, info@hofzuwil.ch, Fax 0719 138 701, 🍴 – 🛎 50. AE ① ⓜ VISA
geschl. 21. Juli - 3. Aug. – **Menu** 25 - 42/55 und à la carte 41/93.
  ◆ In dem ehemaligen Abteigebäude aus dem 14. Jh. gehen alte Mauern und moderne Einrichtungen eine harmonische Verbindung ein. Historischen Säle und Ausstellungsräume.

¹ Bronschhofen Nord : 1,5 km – Höhe 563 – ✉ 9552 Bronschhofen :

XX **Burghalde** mit Zim, Hauptstr. 24, ☏ 0719 115 108, info@restaurant-burghalde.ch, Fax 0719 115 176, 🍴, 🌳 – TV 🕻 Zim, 🅿 AE ① ⓜ VISA
geschl. 24. Feb. - 8. März, 5. - 19. Okt., Samstag - Montag jeweils mittags und Sonntag – **Menu** 104/128 und à la carte 77/132 – **7 Zim** ⇌ 140/200.
  ◆ Sowohl das schöne Restaurant als auch die angenehmen Zimmer des in einem gepflegten Garten gelegenen Fachwerkhauses sind geschmackvoll im Biedermeierstil eingerichtet.

¹ Rossrüti Nord-Ost : 1 km – Höhe 610 – ✉ 9512 Rossrüti :

X **Waldrose**, Boxloo, 2 km Richtung Braunau, ☏ 0719 111 851, waldrose@bluewin.ch, Fax 0719 116 898, ≤ Fürstenland und Berge, 🍴 – 🅿 AE ① ⓜ VISA
geschl. 3. - 15. April, 30. Sept. - 14. Okt., Donnerstag ausser Juli - Aug. und Mittwoch – **Menu** 44 (mittags)/85 und à la carte 57/125.
  ◆ Auf einer Anhöhe in freier Natur liegt dieses kleine Restaurant mit dem schönen Blick auf Fürstenland und Berge. Sie speisen in zwei rustikalen Stuben oder auf der Terrasse.

WILDEGG 5103 Aargau (AG) **216** ⑰ – 3 407 Ew. – Höhe 354.
Sehenswert : Schloss★.
Bern 92 – Aarau 11 – Baden 15 – Luzern 56 – Zürich 35.

🏨 **Aarehof**, Bahnhofstr. 5, ☏ 0628 932 323, empfang@aarehof.ch, Fax 0628 931 504, 🍴, 🔲 – 🛗, 🛏 Zim, TV 🕻 🅿 – 🛎 15/100. AE ① ⓜ VISA
geschl. 23. Dez. - 2. Jan. – **Menu** 23 und à la carte 44/87 – **58 Zim** ⇌ 130/190.
  ◆ Gegenüber dem Bahnhof gelegen, bietet dieses Hotel seinen Gästen Zimmer verschiedenen Alters und Einrichtung. Sie erfüllen jedoch durchweg die heutigen Ansprüche. Der Gast hat die Wahl zwischen dem Wintergarten, der Gaststube und dem Restaurant.

WILDERSWIL Bern **217** ⑦ – siehe Interlaken.

WILDHAUS 9658 Sankt Gallen (SG) **216** ㉑ – 1 267 Ew. – Höhe 1 098 – Wintersport : 1 098/2 076 m ⛷1 ⛷8 ⛷.
Sehenswert : Lage★.
🛈 Tourist-Info, Hauptstrasse, ☏ 0719 992 727, wildhaus@toggenburg.org, Fax 0719 992 929.
Bern 218 – Sankt Gallen 60 – Altstätten 35 – Bad Ragaz 40 – Rapperswil 53.

🏨 **Stump's Alpenrose** ⚜, beim Schwendisee, Süd : 2,5 km, ☏ 0719 985 252, info@stumps-alpenrose.ch, Fax 0719 985 253, ≤ Säntis und Churfirsten, 🍴, 🏋, ≋, 🌳 – 🛏 Zim, TV 🕻 ♿ 🅿 – 🛎 15/80. AE ① ⓜ VISA. ✱ Rest
geschl. 19. - 26. Juli – **Menu** 25 - 39 (mittags)/46 und à la carte 38/98 – **50 Zim** ⇌ 145/256 – ½ P Zuschl. 37.
  ◆ Oberhalb des Ortes, in ruhiger Aussichtslage, bietet dieses Haus seinen Gästen Zimmer von ordentlicher Grösse, die mit hellen Naturholzmöbeln eingerichtet sind. Hinter der Gaststube befindet sich das neo-rustikale Speiserestaurant.

🏨 **Sonne**, ☏ 0719 992 333, sonne@beutler-hotels.ch, Fax 0719 992 357, 🍴, ≋, 🔲 – TV 🅿 AE ⓜ VISA
geschl. Mitte Nov. - Mitte Dez. – **Menu** 23 und à la carte 35/76 – **24 Zim** ⇌ 105/210, Vorsaison ⇌ 90/180 – ½ P Zuschl. 25.
  ◆ In diesem zentral gelegenen Haus schläft der Urlaubsgast oder der Durchreisende in älteren, mit rustikalen Holzmöbeln ausgestatteten Zimmern ; die nach Süden sind geräumiger. Zum gastronomischen Bereich gehören das à la carte-Restaurant und die Häxä-Stubä.

WILEN Obwalden 217 ⑨ – siehe Sarnen.

WINKEL 8185 Zürich (ZH) 216 ⑦ – Höhe 450.
Bern 134 – Zürich 25 – Baden 30 – Winterthur 16.

in Niederrüti Süd : 1 km – Höhe 443 – ✉ 8185 Winkel :

XX **Wiesental**, Zürichstr. 25, ℘ 018 601 500, info@wiesental.ch, Fax 018 621 80.
🍴 – 🅿 AE ⓞ ⓜⓞ VISA
geschl. 22. Dez. - 6. Jan., Samstag, Sonn- und Feiertage – **Arte** - italienische Küche
Menu 59/100 und à la carte 68/102 – **Gaststube** : Menu 20 und à la carte 45/8
♦ Im mit Sichtsteinmauern, Fachwerk und modernen Bildern gestalteten Restaurar
Arte geniesst der interessierte Gast neuzeitlich zubereitete piemontesische Spez
ialitäten. In der Gaststube des komplett renovierten Riegelhauses serviert man tra
ditionelle Kost.

WINTERTHUR 8400 Zürich (ZH) 216 ⑧ – 88 013 Ew. – Höhe 439.
Sehenswert : Sammlung Oskar Reinhart "Am Römerholz"★★ Nord, über Halder
strasse B.
Museum : Kunstmuseum★ B M² – Villa Flora★★ Süd, über Tösstalstrasse B.
🏌18 Schloss Goldenberg in Dorf, ✉ 8458 (März - Dez.) ℘ 0523 052 333, Fa
0523 052 344, Nord-West : 13 km Richtung Flaach.
🛈 Winterthur Tourismus, im Hauptbahnhof, Bahnhofplatz, ℘ 0522 676 70₇
Fax 0522 676 858.
🏁 Wartstr. 50, ℘ 0522 240 404, Fax 0522 240 400.
Bern 148 ④ – Zürich 28 ④ – Baden 47 ④ – Konstanz 47 ① – Schaffhausen 27 ⓪

Stadtplan siehe gegenüberliegende Seite

🏨 **Garten Hotel** Ⓜ, Stadthausstr. 4, ℘ 0522 650 265, info@gartenhotel.ch
Fax 0522 650 275, 🍴, 🛁, ⚎ – 🛗, ✴ Zim, 📺 ☏ ⚭, 🚗 🅿 – 🔔 15/90. 🄳
ⓞ ⓜⓞ VISA   B
Ellipse : Menu 26 und à la carte 55/101 – **61 Zim** ⚏ 240/325.
♦ Dieses Haus bietet Zimmer von guter Grösse, die mit modernen Qualitätsmöbe
komfortabel eingerichtet sind und sich auch technisch auf dem neuesten Star
befinden. Das Restaurant Ellipse hat einen gläsernen Anbau zum Park.

🏨 **Banana City** Ⓜ garni, Schaffhauserstr. 8, ℘ 0522 681 616, info@bananacity.c
Fax 0522 681 600 – 🛗, ✴ 📺 ☏, 🚗 🅿 – 🔔 15/150. 🄳 ⓞ ⓜⓞ VISA JCB ✴A
72 Zim ⚏ 150/225.
♦ Den ungewöhnlichen Namen verdankt man der langen, gebogenen Form des Gla
fassadenbaus. Moderne, funktionell ausgestattete Zimmer mit gutem Platzangebo
erwarten den Gast.

🏨 **Wartmann**, Rudolfstr. 15, ℘ 0522 600 707, wartmann@wartmann.ch
⚭ Fax 0522 133 097, 🍴 – 🛗, ✴, 📰 Rest, 📺 ☏ ⚭ – 🔔 15/90. 🄳 ⓞ ⓜⓞ VISA
geschl. 24. Dez. - 1. Jan. – **Grill** : Menu 21 - 77 und à la carte 45/95 – **Vegi zur Waag**
- vegetarische Küche - (geschl. Samstag und Sonntag) **Menu** 16 - und à la carte 36/6
– **72 Zim** ⚏ 130/220.   A
♦ In dem zentral gegenüber dem Bahnhof gelegenen Hotel übernachtet der Gast
leicht unterschiedlichen, hellen Zimmern, die mit Einbaumobiliar zweckmässig ein
gerichtet sind. Der Grill ist gediegen eingerichtet. Vegetarisches gibt's im Vegi zu
Waage.

🏨 **Krone**, Marktgasse 49, ✉ 8401, ℘ 0522 081 818, info@kronewinterthur.ch
Fax 0522 081 820, 🍴 – 🛗, ✴ Zim, 📺 ☏ – 🔔 40. 🄳 ⓞ ⓜⓞ VISA JCB   B
geschl. Weihnachten und Neujahr – **Menu** (geschl. Sonntag) 21.50 und à la carte 52/7
– **37 Zim** ⚏ 167/238.
♦ Das unter Denkmalschutz stehende Altstadthaus liegt in der Fussgängerzone nah
der Kirche. Durch schmale verwinkelte Flure erreicht man die funktionell eingericht
teten Zimmer. Bistro mit Lichthof und modernes Restaurant.

X **Trübli**, Bosshardengässchen 2, ℘ 0522 125 536, truebli@bluewin.ch
⚭ Fax 0522 125 525, 🍴 – 🄳 ⓜⓞ VISA   B
geschl. 1. - 6. Jan., 18. April - 4. Mai, Sonntag und Montag – **Menu** 19.50 - 4
(mittags)/82 und à la carte 54/87.
♦ Am Rande der Altstadt hat man in einer hellen, rustikal eingerichteten, gemütliche
Stube die Möglichkeit, sich seinen "Favoriten" aus einer gutbürgerlichen Karte aus
zuwählen.

Archplatz	**A** 3	Meisenstrasse	**A** 10	Stadthausstrasse	**B**
Bahnhofplatz	**A** 4	Merkurstrasse	**B** 12	Steinberggasse	**B**
Bahnmeisterweg	**A** 5	Metzggasse	**B** 13	St. Galler Strasse	**B** 21
Gertrudstrasse	**A** 6	Nelkenstrasse	**B** 15	St. Georgen-Platz	**AB** 22
Holderplatz	**B** 7	Neumarkt	**B** 16	Sulzbergstrasse	**B** 24
Kasinostrasse	**B** 9	Römer Strasse	**B** 18	Turnerstrasse	**A** 25
Marktgasse	**B**	Rychenbergstrasse	**B** 19	Zeughausstrasse	**B** 27

in Wülflingen *über ⑤ : 2,5 km –* ✉ *8408 Winterthur :*

XXX **Schloss Wülflingen,** *Wülflingerstr. 214,* ✆ *0522 221 867, aberli@swissonline.ch, Fax 0522 220 371,* 🍽 *–* 🅿 AE ⓓ MC VISA
geschl. 15. Juli - 7. Aug., Montag und Dienstag – **Menu** *38 - 51 (mittags)/125 und à la carte 75/123.*
 • Das schöne historische Gebäude aus dem 17. Jh. begeistert den Besucher mit stilvoll bemalten, aufwendig getäferten Stuben und bemerkenswerten alten Kachelöfen.

XX **Taggenberg,** *Taggenbergstr. 79, über Strassenverkehrsamt Nord : 1,5 km,* ✆ *0522 220 522, Fax 0522 220 524,* ≤, 🍽 *–* 🅿 AE ⓓ MC VISA
geschl. Neujahr, 23. Feb. - 5. März, 24. Aug. - 3. Sept., Montag und Dienstag – **Menu** *(abends Tischbestellung ratsam) 29 - 54 (mittags)/119 und à la carte 83/137.*
 • Die Wirtschaft Taggenberg liegt auf dem gleichnamigen Weingut. Neben dem angenehm dekorierten Gastraum locken die schöne Panoramaterrasse und die klassische Frischküche.

WOHLEN BEI BERN *3033 Bern (BE)* **217** *⑥ - 8799 Ew. – Höhe 549.*
Bern 10 - Biel 32 - Burgdorf 31 - Solothurn 43.

XX **Kreuz,** *Hauptstr. 7,* ✆ *0318 291 100, kreuzwohlen@bluewin.ch, Fax 0318 291 902,* 🍽 *–* 🅿 AE ⓓ MC VISA
geschl. 17. - 23. Feb., 5. Juli - 3. Aug., Montag und Dienstag – **Menu** *16 und à la carte 34/82.*
 • Ob hier ein Schweizer Nationalgericht, die Berner Platte, im 18. Jh. kreiert wurde oder nicht : heute verzehrt man in diversen rustikalen Stuben seine gutbürgerliche Mahlzeit.

WOLFGANG Graubünden 218 ⑤ – siehe Davos.

WOLLERAU 8832 Schwyz (SZ) 216 ⑲ – 5879 Ew. – Höhe 504.
Bern 152 – Zürich 29 – Glarus 40 – Rapperswil 9 – Schwyz 28.

XX **Chrueg** M mit Zim, Belleviewweg 3, ℘ 017 876 363, chrueg@chrueg.ch
Fax 017 876 364, ≤ Zürichsee, ⛱ – TV ℡ P. AE ⓞ ⓜ VISA
geschl. 22. Dez. - 6. Jan, 16. Feb. - 3. März, Sonntag und Montag – **Menu** 38 - 6
(mittags)/121 und à la carte 78/134 – **6 Zim** ☑ 155/230.
 • Hier ist die Handschrift der bekannten Architektin Pia Schmid kaum zu übersehen
Bei sehr schöner Aussicht geniesst man in modernem Ambiente internationale
Kreationen.

WORB 3076 Bern (BE) 217 ⑥ – 11 105 Ew. – Höhe 585.
Bern 11 – Burgdorf 20 – Langnau im Emmental 20 – Thun 28.

🏨 **Zum Löwen**, Enggisteinstr. 3, ℘ 0318 392 303, office@loewen-worb.ch
Fax 0318 395 877, ⛱ – ⚑ Rest, TV P. – 🅿 15/30. AE VISA
Menu (geschl. Mitte Juli - 10. Aug., Samstag und Sonntag) 17.50 - 58 und à la carte
41/66 – **12 Zim** ☑ 105/170.
 • Der schöne, typische Berner Landgasthof aus dem 15. Jh. beherbergt seine Gäste
in rustikal eingerichteten Zimmern von guter Grösse. Interessant : das Korkenzie
hermuseum. Restaurant mit traditioneller Karte.

WORBEN 3252 Bern (BE) 216 ⑭ – 1795 Ew. – Höhe 442.
Bern 28 – Aarberg 8 – Biel 6 – Murten 28 – Solothurn 29.

🏨 **Worbenbad,** Hauptstr. 77, ℘ 0323 846 767, info@worbenbad.ch
Fax 0323 847 906, ⛱, 🛁, ⊆, 🅢 – ⌷, ⚑ Zim, TV video P. – 🅿 15/150. AE ⓞ
ⓜ VISA
geschl. Sonntagabend ausser Hotel – **Le Restaurant** : Menu 42/55 und à l
carte 51/90 – **Sardi's** : Menu 16.50 und à la carte 36/74 – ☑ 19 – **29 Zim**
121/212.
 • Das Hotel bietet neben den zweckmässig eingerichteten Zimmern ein grosses Hal
lenbad mit umfangreichen anderen Möglichkeiten zur sportlichen Betätigung ode
zum Entspannen. Le Restaurant bietet einen bürgerlichen Rahmen. Sardi's mit medi
terraner Küche.

WÜLFLINGEN Zürich 216 ⑧ – siehe Winterthur.

WÜRENLOS 5436 Aargau (AG) 216 ⑱ – 4783 Ew. – Höhe 420.
Bern 110 – Aarau 31 – Baden 8 – Luzern 59 – Zürich 17.

XX **Rössli**, Landstr. 77, ℘ 0564 241 360, Fax 0564 243 850, ⛱ – P. AE ⓞ ⓜ VISA
geschl. Sonntag und Montag – **Menu** à la carte 56/114.
 • Das schöne alte Riegelhaus war ursprünglich eine Umspannstation für Postkut
schenpferde. Schon in fünfter Generation bewirtet man hier Gäste in diversen rus
tikalen Stuben.

YVERDON-LES-BAINS 1400 Vaud (VD) 217 ③ – 23 144 h. – alt. 435 – Stat. thermale
Environs : Château de Grandson★★ : site★★ par ① : 3,5 km.
🏌 à Vuissens, ✉ 1486 (avril - nov.) ℘ 0244 333 300, Fax 0244 333 304, sud-est
17 km par route de Moudon.
Manifestation locale
05.07 - 23.08 : Fest'Yv'Etés, divers concerts tous les jeudi soir (rock, blues...) e
samedi matin (jazz, choeurs...).
🅱 Office du Tourisme et du Thermalisme, 1 av. Gare ℘ 0244 236 101, info@y
erdon-les-bains.ch, Fax 0244 261 122.
❀ 3 r. du Collège, ℘ 0244 240 424, Fax 0244 240 423.
Bern 79 ② – Neuchâtel 40 ① – La Chaux-de-Fonds 65 ① – Lausanne 32 ③ – Por
tarlier 48 ③

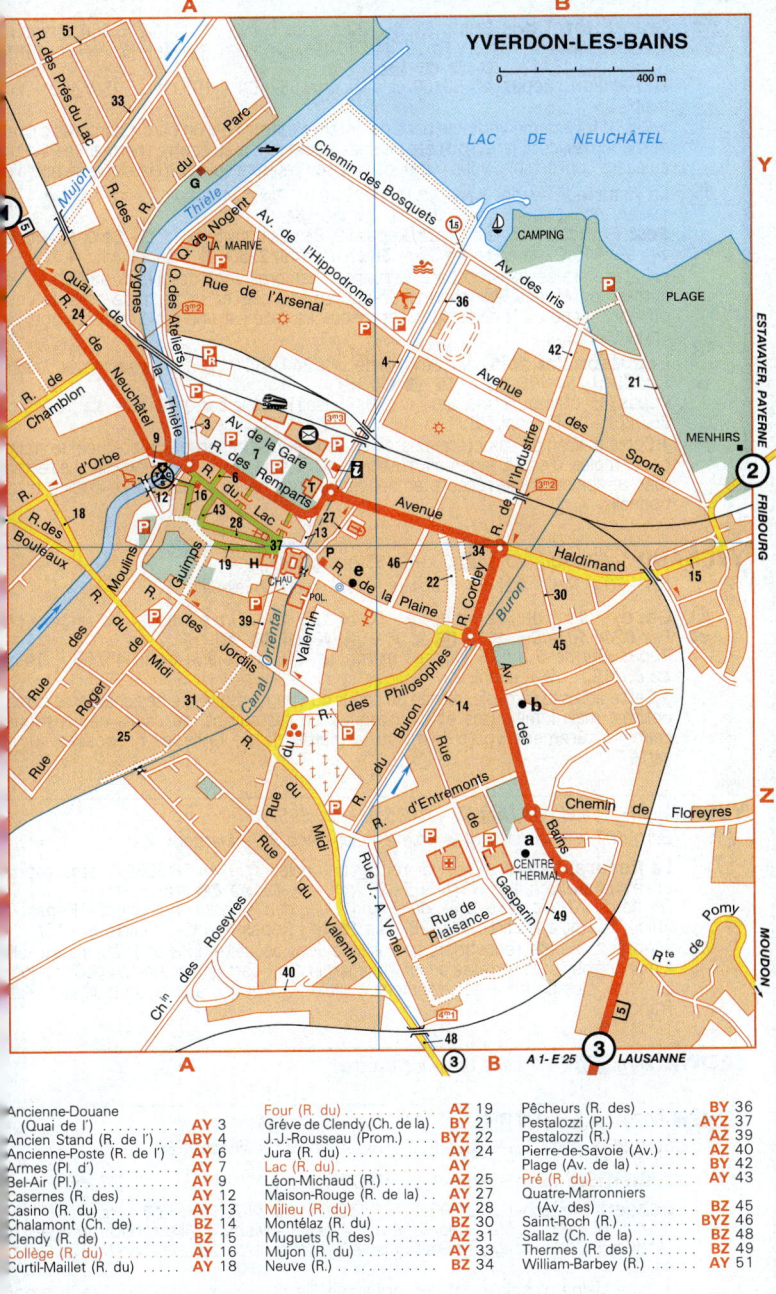

YVERDON-LES-BAINS

Ancienne-Douane (Quai de l')	**AY** 3	Four (R. du)	**AZ** 19	Pêcheurs (R. des)	**BY** 36
Ancien Stand (R. de l')	**ABY** 4	Grève de Clendy (Ch. de la)	**BY** 21	Pestalozzi (Pl.)	**AYZ** 37
Ancienne-Poste (R. de l')	**AY** 6	J.-J.-Rousseau (Prom.)	**BYZ** 22	Pestalozzi (R.)	**AZ** 39
Armes (Pl. d')	**AY** 7	Jura (R. du)	**AY** 24	Pierre-de-Savoie (Av.)	**AZ** 40
Bel-Air (Pl.)	**AY** 9	Lac (R. du)	**AY**	Plage (Av. de la)	**BY** 42
Casernes (R. des)	**AY** 12	Léon-Michaud (R.)	**AZ** 25	Pré (R. du)	**AY** 43
Casino (R. du)	**AY** 13	Maison-Rouge (R. de la)	**AY** 27	Quatre-Marronniers (Av. des)	**BZ** 45
Chalamont (Ch. de)	**BZ** 14	Milieu (R. du)	**AY** 28	Saint-Roch (R.)	**BYZ** 46
Clendy (R. de)	**BZ** 15	Montélaz (R. du)	**BZ** 30	Sallaz (Ch. de la)	**BZ** 48
Collège (R. du)	**AY** 16	Muguets (R. des)	**AZ** 31	Thermes (R. des)	**BZ** 49
Curtil-Maillet (R. du)	**AY** 18	Mujon (R. du)	**AY** 33	William-Barbey (R.)	**AY** 51
		Neuve (R.)	**BZ** 34		

Les plans de villes sont disposés le Nord en haut.

YVERDON-LES-BAINS

Grand Hôtel des Bains M, 22 av. des Bains, ☎ 0244 246 464, grand-h
tel-des-bains@bluewin.ch, Fax 0244 246 465, 🍴, ⚓, ☲, 🔥 – 📱, 🐕 ch, 📺
🐕, 📞 – 🏛 15/120. AE ① ⓜ VISA   BZ
Le Pavillon : Repas 35 - 50/60 et à la carte 65/104 – **105 ch** ⚏ 250/350 – ½
suppl. 55.
  ◆ Cet hôtel est une véritable oasis de détente entourée d'un parc. Chambres calme
et modernes, côté jardin ou côté piscines. Accès direct au centre thermal. Le Pavillon
au cadre confortable, vous fait découvrir son registre culinaire classique de bon alo

La Prairie, 9 av. des Bains, ☎ 0244 251 919, Fax 0244 250 079, 🍴, ✽, 🔥 – 📱
🐕 ch, 📺 📞 📞 – 🏛 15/100. AE ① ⓜ VISA   BZ
Rest. Français (fermé dim. soir) **Repas** 59/83 et à la carte 66/123 – **Le Café : Repa**
24 - 39/44 et à la carte 45/76 – **36 ch** ⚏ 149/225 – ½ P suppl. 41.
  ◆ Bâtisse située dans un parc. Certaines chambres sont désormais modernes, le
autres conservent leur charme désuet. Le Français et sa terrasse estivale vou
offrent un choix à la carte, lunch et menus. Le Café est une table correcte pour le
bourses légères.

L'Ecusson Vaudois, 29 r. de la Plaine, ☎ 0244 254 015, info@ecussonvaudois.ch
Fax 0244 254 485, 🍴 – AE ① ⓜ VISA   AZ
Repas (1er étage) (fermé dim.) 17 - 70/85 (soir) et à la carte 39/78 – ⚏ 10 – **9 ch**
65/125 – ½ P suppl. 28.
  ◆ Cette maison de caractère, postée en centre-ville, héberge une poignée de cham
bres simples, d'esprit sagement rustique, garnies de meubles en bois clair. Le restau
rant témoigne d'une récente et bénéfique cure de jouvence. Sobre cuisine tradi
tionnelle.

YVONAND 1462 Vaud (VD) 217 ④ – 2 133 h. – alt. 434.
Bern 70 – Neuchâtel 48 – Lausanne 41 – Yverdon-les-Bains 9.

Gare, 11 r. du Temple, ☎ 0244 302 404, info@hotel-de-la-gare.ch
Fax 0244 302 406, 🍴 – 📺 📞 📞 – 🏛 40. AE ⓜ VISA
Repas (fermé 5 au 26 janv. et mardi) 15 - 20/56 et à la carte 43/66 – **14 ch**
⚏ 85/120 – ½ P suppl. 20.
  ◆ Cette adresse familiale, nichée au coeur du village, renferme des chambres certe
petites, mais lumineuses et bien tenues. Le restaurant, au cadre néo-rustique
calmera sûrement votre faim, vu la multitude de grillades proposées sur la
carte !

YVORNE 1853 Vaud (VD) 217 ⑭ – 1 036 h. – alt. 395.
Bern 101 – Montreux 14 – Aigle 2 – Lausanne 39 – Martigny 29.

La Roseraie, Nord : 2 km par route cantonale, ☎ 0244 662 589, restaurant.ro
eraie@bluewin.ch, Fax 0244 665 628, 🍴 – 📱. AE ① ⓜ VISA
fermé du 22 déc. au 6 janv., au 17 juin, dim. soir, lundi et mardi – **Repas** 7!
(midi)/145 et à la carte 91/128 – **La Pinte : Repas** 45 et à la carte 56/107.
  ◆ Après une belle rénovation, La Roseraie vous accueille dans une charmante sall
à manger ou sur la terrasse admirant le jardin. On y sert une cuisine au goût du jour
La Pinte, plus petite avec seulement 4 tables, est vouée aux budgets légers. Plat
français.

ZÄZIWIL Bern 217 ⑦ – siehe Grosshöchstetten.

ZEIHEN 5079 Aargau (AG) 216 ⑥ – 841 Ew. – Höhe 433.
Bern 95 – Aarau 15 – Baden 23 – Basel 44 – Schaffhausen 67.

in Oberzeihen Süd-West : 1 km – ✉ 5079 Zeihen :

Ochsen, Weizacher 2, ☎ 0628 761 135, Fax 0628 763 245, 🍴 – 📱
geschl. 17. Feb. - 6. März und 18. Aug. - 4. Sept. – **Menu** - Grillspezialitäten - (gesch
Mittwoch, Donnerstag und Freitag jeweils mittags, Montag und Dienstag) à la cart
41/92.
  ◆ Zwei kleine, rustikale Stuben erwarten Sie in diesem hübschen Landgasthof
Die Restauranträume sind teils eingedeckt, teils sitzt man an blanken Nussholz
tischen.

ELL 6144 Luzern (LU) 216 ⑯ – 1958 Ew. – Höhe 588.
Bern 55 – Langnau im Emmental 38 – Luzern 35 – Olten 35.

XX **Lindengarten** mit Zim, St. Urbanstr. 4, ℘ 0419 882 255, lindengarten-zell@blu ewin.ch, Fax 0419 881 124, 😊 – |♿| TV P. VISA
geschl. 23. Feb. - 3. März und 25. Aug. – **Arcade** (geschl. Sonntag und Montag)
Menu 48(mittags)/113 und à la carte 62/108 – **5 Zim** ⊆ 80/130.
♦ In dem hellen, angenehm dekorierten Restaurant Arcade werden modern zubereitete, täglich wechselnde Spezialitäten auf einer Schiefertafel angeboten. Gepflegte Zimmer.

ERMATT 3920 Wallis (VS) 219 ④ – 5323 Ew. – Höhe 1610 – 🎿 – Wintersport :
1 620/3 889 m ⟨15 ⟨20 ⟨.
Sehenswert : Lage★★★.
Ausflugsziel : Gornergrat★★★ Süd-Ost mit Zahnradbahn BZ – Stockhorn★★★ mit Luftseilbahn vom Gornergrat – Klein Matterhorn★★★ Süd-West mit Luftseilbahn AZ – Theodulgletscher★★ Süd mit Luftseilbahn – Unter Rothorn★★ Ost mit Standseilbahn BY – Schwarzsee★ Süd-West mit Luftseilbahn AZ.

Lokale Veranstaltung
15.08 : Folklore-Festival mit grossem Folkloreumzug (1200 Teilnehmer).
🛈 Zermatt Tourismus, Bahnhofplatz, ℘ 0279 668 100, zermatt@wallis.ch, Fax 0279 668 101.
Bern 204 – Brig 38 – Sierre 57 – Sion 72.

mit dem Zug ab Täsch erreichbar

Stadtplan siehe nächste Seite

🏨 **Grand Hotel Zermatterhof**, Bahnhofstr. 55, ℘ 0279 666 600, zermatterho f@zermatt.ch, Fax 0279 666 699, ≼, 😊, Wellness-Center, 🛌, 🛀, 🛁, 🏊 – |♿|
🔲 Rest, TV 📞 – 🚗 15/180. AE ① ⓜ VISA JCB. ⚒ Rest   AZ w
geschl. 4. - 24. Mai und 5. Okt. - 28. Nov. – **Menu** (siehe auch **Rôtisserie La Broche**) – **Prato Borni :** **Menu** 90 (abends) und à la carte 78/146 – **74 Zim** ⊆ 340/750, Vorsaison ⊆ 180/460, 12 Suiten – ½ P Zuschl. 60.
♦ Das schöne traditionsreiche Grand Hotel überzeugt als erstes Haus am Platz auch anspruchsvolle Gäste. Komfortable Zimmer und luxuriöse Suiten garantieren Erholung. Mit Casino. Das Prato Borni im eleganten Stil - mit interessanter Glasdeckenkonstruktion.

🏨 **Mont Cervin und Residence,** Bahnhofstr. 31, ℘ 0279 668 888, montcervin @zermatt.ch, Fax 0279 668 899, ≼, 😊, Wellness-Center, 🛌, 🛀, 🛁, 🏊 – |♿| TV
📞 👤 – 🚗 15/200. AE ① ⓜ VISA JCB. ⚒ Rest   AY b
30. Nov. - 26. April und 14. Juni - 11. Okt. – **Menu** (nur Abendessen) 38 (mittags)/98 und à la carte 47/132 – **Rôtisserie Le Cervin** (Mitte Dez.-Ende April und Ende Juni-Anfang Okt. ; geschl. Montag (ausser Hochsaison und im Sommer) und Dienstag in der Zwischensaison) **Menu** 27 -36 (mittags) und à la carte 58/122 – **108 Zim** ⊆ 375/790, Vorsaison ⊆ 225/490, 24 Suiten – ½ P Zuschl. 65.
♦ Dieses zur Seiler-Gruppe gehörige Haus vereint Schweizer Hoteltradition mit neuzeitlichem Komfort. Besonders schön : die modernen, grosszügigen Suiten in der Residence. Gediegenes Ambiente im Speisesaal. Eleganter Stil in der Rôtisserie le Cervin.

🏨 **Riffelalp-Resort** Ⓜ 🐾, auf der Riffelalp (Höhe 2222) mit Gornergratbahn und Riffelalpbähnli (20 Min.) erreichbar, ℘ 0279 660 555, reservation@riffelalp.com, Fax 0279 660 550, ≼ Matterhorn und Berge, 😊, 🛌, 🛀, 🛁, 🏊, 🎾, 🧖 – |♿|, 💆 Rest, TV 📞 👤 – 🚗 15/80. AE ① ⓜ VISA JCB. ⚒ Rest
Mitte Dez. - 5. April und 22. Juni - 14. Okt. – **Alexander :** Menu à la carte 60/115 – **63 Zim** ⊆ 325/710, Vorsaison ⊆ 245/600 – ½ P Zuschl. 40.
♦ Das Interieur dieses Berghotels verwöhnt seine Gäste mit elegant-rustikalem Komfort. Ein weiteres Plus : die ruhige Lage inmitten eines Ski- und Wandergebietes. Schöne holzverzierte Decken und Wände sowie geschmackvolles Mobiliar prägen das Alexander.

🏨 **Alpenhof** Ⓜ, Matterstr. 43, ℘ 0279 665 555, alpenhof.zermatt@reconline.ch, Fax 0279 665 556, ≼, Wellness-Center, 🛌, 🛀, 🛁 – |♿| TV 📞. AE ① ⓜ VISA JCB.
⚒ Rest   BY m
29. Nov. - 26. April und 15. Juni - 11. Okt. – **Menu** (siehe auch Rest. **Alpenhof**) – **53 Zim** ⊆ 247/494, Vorsaison ⊆ 149/278, 8 Suiten – ½ P Zuschl. 25.
♦ Das schöne Chalet bietet ausser dem grosszügigen Wellnessbereich sehr geschmackvolle Zimmer. Angenehme, helle Farben geben Wärme - wohlige Behaglichkeit ist garantiert.

ZERMATT

Bachstrasse	**AZ**
Bahnhofstrasse	**AYZ**
Getwingstrasse	**ABY**
Hofmattstrasse	**AY** 3
Kirchstrasse	**AZ** 4
Matterstrasse	**AYZ** 5
Mattertalstrasse	**BY**
Oberdorfstrasse	**AZ** 6
Obere Mattenstrasse	**BY** 7
Riedstrasse	**BZ** 8
Schluhmattenstrasse	**AZ**
Spissstrasse	**BY**
Steinmattenstrasse	**AZ** 9
Untere Mattenstrasse	**BY** 10
Vispastrasse	**AYZ** 12
Wiestistrasse	**BY** 14

Bei Übernachtungen
in kleineren Orten
oder abgelegenen
Hotels empfehlen wir,
hauptsächlich
in der Saison,
rechtzeitige
telefonische Anmeldung.

 Alex, ℘ 0279 667 070, info@hotelalexzermatt.com, Fax 0279 667 090, 🍽️, Wellness-Center, 🛌, ≘s, 🏊, 🎾, ✕ – 🛗 TV 📞 – 🚗 15/60. AE ⓜ️ Ⓥ JCB. ✕ Rest **AY**
geschl. 1. Mai - 6. Juni und 12. Okt. - 28. Nov. – **Menu** à la carte 56/125 – **70 Z** ⛌ 220/560, Vorsaison ⛌ 160/380, 8 Suiten – ½ P Zuschl. 20.
♦ Durch eine schöne Garten-Terrassenanlage erreicht man dieses traditionelle Ha_ in dem persönliche Betreuung und schönes, komfortables Wohnen gross geschrieb werden. Wintergartenähnliches, hell und frisch wirkendes Restaurant.

La Ginabelle 🅼 🍽️, ℘ 0279 665 000, info@la.ginabelle.ch, Fax 0279 665 0_ ≤, ≘s, 🎾 – 🛗 TV 📞 🚶‍♂️, AE ⓜ️ VISA. ✕ **BY**
geschl. 26. April - 18. Mai und 20. Okt. - 28. Nov. – **Menu** (nur Abendessen) _ 85 und à la carte 48/92 – **40 Zim** ⛌ 195/520, Vorsaison ⛌ 140/332 – ½ P Zusc 45.
♦ Schon das schöne Äussere des Chalets lädt zum Verweilen ein. Ob in den elegant öffentlichen Bereichen oder in den geschmackvollen Zimmern : geniessen Sie Ihr Aufenthalt. Restaurant mit klassischer französischer Küche.

Monte Rosa, Bahnhofstr. 80, ℘ 0279 660 333, monterosa@zermatt.c_ Fax 0279 660 330 – 🛗 TV 📞. AE ⓞ ⓜ️ VISA JCB. ✕ Rest **AZ**
Mitte Dez. - Mitte April und Mitte Juni - Mitte Okt. – **Menu** (nur Abendessen) 85 u à la carte 61/118 – **43 Zim** ⛌ 255/500, Vorsaison ⛌ 174/324, 4 Suiten – ½ P Zusc 50.
♦ 1851 erbaut, stellt dieses Haus eine der ersten kleinen Herbergen Zermatts d_ Heute finden Sie hier ein komfortabel und mit Geschmack eingerichtetes Hotel v_ Stilvoll-klassisches Restaurant.

ZERMATT

Albana Real M, Schluhmattstrasse, ℰ 0279 666 161, hotelalbana@zermatt.com, Fax 0279 666 162, Wellness-Center, 🛏, 🛋, 🛌 – 🛗 📺 🏧 ⓘ ⓜ ⓥ VISA JCB
AZ p
Fuji of Zermatt - japanische Küche - Teppanyaki (Sushi) - (nur Abendessen) **Menu** 50/95 und à la carte 39/99 – **Rua Thai** - thailändische Küche - (nur Abendessen) **Menu** 49/89 und à la carte 46/77 – **37 Zim** ⊇ 260/530, Vorsaison ⊇ 160/290, 6 Suiten – ½ P Zuschl. 30.
♦ In dem ruhig gelegenen Hotel bezieht der Gast ein Zimmer, das mit solidem Nussbaumholz wohnlich im Stil der Jahrhundertwende eingerichtet ist. Moderner Wellnessbereich. Im Fuji of Zermatt bereitet man vor Ihren Augen Spezialitäten aus Japan.

Mirabeau 🛋, ℰ 0279 662 660, mirabeau.zermatt@reconline.ch, Fax 0279 662 665, ≼, Wellness-Center, 🛏, 🛋, 🛌, 🌿, ✖ – 🛗 📺 🏧 ⓘ ⓜ VISA ❄ Rest
BY g
geschl. 4. Mai - 7. Juni und 5. Okt. - 1. Nov. – **Menu** (siehe auch Rest. **Le Corbeau d'Or**) – **44 Zim** ⊇ 230/460, Vorsaison ⊇ 130/320 – ½ P Zuschl. 25.
♦ Ruhig und etwas ausserhalb des geschäftigen Zentrums finden Gäste in teils klassisch, teils rustikal ausgestatteten Zimmern erholsame Nachtruhe.

Nicoletta M, ℰ 0279 660 777, nicoletta@zermatt.ch, Fax 0279 660 788, ≼, 🏃 (nur im Winter), 🛏, 🛋, 🛌, 🌿 – 🛗 📺 🏧 ⓘ ⓜ VISA JCB. ❄ Rest
AY k
16. Dez. - 22. April und 9. Juni - 14. Okt. – **Menu** 45 (mittags)/80 und à la carte 49/92 – **59 Zim** ⊇ 230/490, Vorsaison ⊇ 180/350, 3 Suiten – ½ P Zuschl. 50.
♦ Im Winter vom Balkon aus dem Treiben auf dem Eisplatz zuschauen oder einfach die Seele baumeln lassen : dieses komfortable Hotel bietet die Möglichkeit dazu. Im vierten Stock des Hotels befindet sich das modern-elegante à la carte-Restaurant.

Schönegg M 🛋, ℰ 0279 663 434, schonegg.zermatt@reconline.ch, Fax 0279 663 435, ≼ Zermatt und Matterhorn, 🌿, 🛌 – 🛗 📺 🏧 ⓘ ⓜ VISA JCB. ❄ Rest
BY u
Hotel : geschl. 21. April - 23. Mai und 5. Okt. - 1. Dez. ; Rest. : geschl. 15. April - 1. Juli, 15. Sept. - 15. Dez. – **Gourmetstübli :** (geschl. Mittwoch) **Menu** 65 (abends) und à la carte 73/138 – **37 Zim** ⊇ 283/530, Vorsaison ⊇ 155/290 – ½ P Zuschl. 55.
♦ Leicht erhöht und sehr ruhig liegt das Haus an einer wirklich "schönen Egg". Behaglichkeit und moderner Komfort sind Attribute, die für dieses Hotel sprechen. Von dem rustikal gestalteten Gourmetstübli aus hat man eine traumhafte Sicht.

Berghof M 🛋, ℰ 0279 675 400, berghof@zermatt.ch, Fax 0279 675 452, ≼, 🏔, Wellness-Center, 🛌, 🛋, 🌿 – 🛗, ❄ Zim, 📺 🏧 ⓘ ⓜ VISA ❄ Rest
AZ s
geschl. 5. Mai - 28. Juni und 19. Okt. - 8. Nov. – **Menu** 18 - 29 (mittags)/89 und à la carte 61/96 – **28 Zim** ⊇ 200/420, Vorsaison ⊇ 140/300 – ½ P Zuschl. 30.
♦ Nur wenige Schritte von der Talstation der Matterhorn-Bahnen entfernt liegt dieses Hotel, dessen nette, frisch wirkende Zimmer mit hellem Naturholz möbliert sind. Wintergarten, Terrasse zum Garten und ein helles, rustikales Stübli bilden die Restauration.

Sonne, ℰ 0279 662 066, sonne.zermatt@reconline.ch, Fax 0279 662 065, ≼, Wellness-Center, 🛌, 🌿 – 🛗, ❄ Zim, 📺 🏧 ⓘ ⓜ VISA JCB. ❄ Rest AZ a
Menu (nur ½ Pens. für Hotelgäste) – **39 Zim** ⊇ 160/390, Vorsaison ⊇ 103/250 – ½ P Zuschl. 35.
♦ Neben den mit elegantem Nussbaumholz modern eingerichteten Gästezimmern zählt auch eine angenehme Saunalandschaft zu den Annehmlichkeiten des Hotels.

Schweizerhof, Bahnhofstrasse, ℰ 0279 660 000, schweizerhof@zermatt.ch, Fax 0279 660 066, 🛌, 🛋, 🌿 – 🛗 🏧 – 🛁 15/40. 🏧 ⓘ ⓜ VISA JCB. ❄ Rest
AY t
geschl. Anfang Okt. - 20. Dez. – **Da Mario** - italienische Küche - (nur Abendessen) **Menu** à la carte 57/114 – **Prato Borni** - Käse Spezialitäten - (geschl. 20. April - 20. Dez.) (nur Abendessen) **Menu** 49 und à la carte 42/85 – **Schwyzer Stübli** (geschl. Sonntagmittag) **Menu** 16 - 24 und à la carte 42/86 – **86 Zim** ⊇ 300/570, Vorsaison ⊇ 170/310, 9 Suiten – ½ P Zuschl. 50.
♦ Zentral an der Bahnhofstrasse gelegen, bietet das Haus mit hellen, massiven Piniholzmöbeln eingerichtete Zimmer, die sich hauptsächlich in Grösse und Lage unterscheiden. Gehoben präsentiert sich das Restaurant Da Mario. Rustikal-gemütlich : Das Prato Borni.

ZERMATT

National, Matterstr. 39, ℘ 0279 669 966, national@active.ch, Fax 0279 675 90
≤ Matterhorn, ⛺, 🍽, 🚗 – 🛗 📺 📞 AE 🌐 MC VISA JCB. ※ Rest   BY
geschl. 26. April - 17. Mai und 15. Okt. - 20. Nov. – **Menu** (nur ½ Pens. für Hotelgäste
71 – **50 Zim** ⇌ 248/401, Vorsaison ⇌ 162/271, 4 Suiten – ½ P Zuschl. 40.
♦ Die Zimmer des Hotels sind gut ausgestattet, geräumig und haben eine Sitzgrupp
Von den meisten Balkonen hat man einen traumhaften Blick auf das imposante Ma
terhorn. Viel Holz macht das Restaurant gemütlich.

Julen M, Riedstr. 2, ℘ 0279 667 600, hotel.julen@zermatt.ch, Fax 0279 667 67
≤, 🍽, Wellness-Center, 🛁, ⛺, 🍽 – 🛗 📺 📞 AE 🌐 MC VISA. ※ Rest   AZ
Menu 18 - 25 (mittags)/75 und à la carte 39/85 – **Schäferstübli** - Grill- und Käse
spezialitäten - (nur Abendessen) (geschl. Mai - 15. Juni) **Menu** à la carte 39/85
32 Zim ⇌ 187/438, Vorsaison ⇌ 110/230 – ½ P Zuschl. 25.
♦ Sehr geschmackvolle, mit hellen Fichtenholzmöbeln rustikal eingerichtete Zimme
und ein moderner Wellnessbereich ermöglichen dem Urlaubsgast einen angenehme
Aufenthalt. In dem gemütlichen Restaurant umsorgt Sie ein in schöner Tracht gekle
detes Service-Team.

Parkhotel Beau-Site ※, ℘ 0279 674 141, info@parkhotel-beausite.c
Fax 0279 672 328, ≤, 🍽, Wellness-Center, ⛺, 🍽, 🚗 – 🛗 📺 📞 AE 🌐 MC VI
JCB. ※ Rest   BY
geschl. 27. April - 30. Mai und 12. Okt. - 29. Nov. – **Menu** (nur Abendessen) à
carte 44/88 – **63 Zim** ⇌ 179/378, Vorsaison ⇌ 119/248, 4 Suiten – ½
Zuschl. 36.
♦ Dieses typische Ferienhotel liegt ruhig und leicht erhöht am Ortsrand. D
Gästezimmer sind teils in Nussholz, teils in rustikaler Arve eingerichtet. Der Gri
eine rustikale Stube, die Veranda und das gemütliche Walliserstübli bilden die Resta
ration.

Coeur des Alpes M ※ garni, Zen Stecken, ℘ 0279 664 080, info@coeurd
alpes.ch, Fax 0279 664 081, ≤ Matterhorn, Wellness-Center, 🛁, ⛺, 🍽 – 🛗
⇌ Zim, 📺 📞 MC VISA. ※   AZ
geschl. Anfang Mai - Ende Juni und Mitte Okt. - Mitte Nov. – **14 Zim** ⇌ 200/40
Vorsaison ⇌ 150/300.
♦ Schöne, von dem bekannten Zermatter Künstler Heinz Julen in modern-rustikale
Stil gestaltete Räume, ein Wellness-Center und eine herrliche Aussicht sprechen fu
dieses Haus.

Eden garni, ℘ 0279 672 655, eden.zermatt@reconline.ch, Fax 0279 676 240, We
ness-Center, 🛁, ⛺, 🍽, 🚗 – 🛗 📺 MC VISA. ※   AZ
geschl. 4. Mai - 6. Juni und 13. Okt. - 22. Nov. – **30 Zim** ⇌ 180/360, Vorsaiso
⇌ 105/240.
♦ Neben den mit solidem dunklem Eichenholz ausgestatteten Zimmer steht de
Gast dieses Hauses ein moderner Wellnessbereich mit Zugang zum Garten z
Verfügung.

Antares ※, Schluhmattstr. 101, ℘ 0279 673 664, antares@zermatt.c
Fax 0279 675 236, ≤, 🍽, ⛺, 🚗 – 🛗, ⇌ Zim, 📺 📞 🌐 MC VISA JC
※ Rest   AZ
geschl. 1. - 10. Juni – **Menu** (geschl. 1. Mai - 1. Juli und 20. Sept. - 15. Nov.) 52 (abend
und à la carte 53/99 – **36 Zim** ⇌ 220/380, Vorsaison ⇌ 108/216 – ½ P Zuschl. 3
♦ Das am Ortsrand gelegene Hotel bietet dem Erholungssuchenden Ruhe un
Aussicht auf die Berge. Nicht nur die vielen Stammgäste schätzen die familiä
Atmosphäre. Eine gemütliche Hotelbar ergänzt das Restaurant. Traditionel
Küche.

Albatros M ※ garni, Steinmatte, ℘ 0279 668 060, hotel-albatros@span.c
Fax 0279 668 066, ≤, ⛺ – 🛗 📺 AE MC VISA JCB. ※   AZ
geschl. 21. April - 21. Juni und 7. Okt. - 29. Nov. – **20 Zim** ⇌ 150/300, Vorsaiso
⇌ 90/200.
♦ Dieser ruhig gelegene Neubau im ortstypischen Stil bietet Zimmer von guter Grösse
die hell und frisch wirken und mit hellen Naturholzmöbeln wohnlich eingerichtet sir

Allalin M garni, Kirchstrasse, ℘ 0279 668 266, info@hotel-allalin.c
Fax 0279 668 265, ≤, 🍽 – 🛗 📺 AE 🌐 MC VISA JCB. ※ Zim   AZ
geschl. 28. April - 29. Mai und 5. Okt. - 21. Nov. – **30 Zim** ⇌ 170/284, Vorsaiso
⇌ 135/244.
♦ Auffallend in diesem Haus sind die schönen handgeschnitzten Türstöcke und,
manchen Zimmern, die Kassettendecken. Die Einrichtung der Räume unterscheid
sich nur farblich.

ZERMATT

🏨 **Tschugge** ⚜, ℱ 0279 664 020, *info@hotel-tschugge.ch*, Fax 0279 664 025, ≤, ⇌ – ⌷, ⇝ Zim, TV, 🆎 ⓘ ⓜ VISA. AY u
Felsenrestaurant *(geschl. Sonntag und Montag im Sommer) (nur Abendessen)*
Menu à la carte 48/90 – **30 Zim** ⇌ 175/350, Vorsaison ⇌ 110/270 – ½ P Zuschl. 30.

• Durch eine grosszügige Halle mit Polstersitzgruppen betreten Sie Ihr Domizil. Neben komfortablen Gästezimmern auch noch einfache ältere Räume. Mit neuem Wellnessbereich. Wände aus naturbelassenem Fels gaben dem Restaurant seinen Namen.

🏨 **Daniela** garni, Untere Steinmatte 39, ℱ 0279 667 700, *hotel.daniela@zermatt.ch*, Fax 0279 667 777, ⇌, ⇝ – ⌷ TV &. 🆎 ⓘ ⓜ VISA AZ x
23 Zim ⇌ 158/306, Vorsaison ⇌ 85/178.

• Die geräumigen, mit dunklen Eichenholzmöbeln eingerichteten Zimmer bieten zeitgemässen Komfort. Den Wellnessbereich des Schwesterhotels Julen darf man gratis mitbenutzen.

🏨 **Christiania**, Wieslistr. 7, ℱ 0279 668 000, *christiania.zermatt@reconline.ch*, Fax 0279 668 010, ≤, ⛲, 🛁, ⇌, 🔲, ⇝, ※ – ⌷ TV ✆. 🆎 ⓘ ⓜ VISA.
※ Rest BY c
geschl. 28. April - 26. Mai und 15. Okt. - 15. Nov. – **Menu** *(geschl. 28. April - 7. Juni, 5. Okt. - 15. Dez.)(im Sommer nur Abendessen für Hotelgäste)* 64 (abends) und à la carte 57/101 – **72 Zim** ⇌ 160/400, Vorsaison ⇌ 110/260 – ½ P Zuschl. 45.

• Urlauber schätzen dieses Hotel vor allem wegen des grossen Hallenbades mit Liegewiese und des hauseigenen Minigolfplatzes. Sie wohnen in zeitgemäss gestalteten Zimmern. Sie speisen im grossen Hotelrestaurant oder auf der Sonnenterrasse.

🏨 **Walliserhof**, Bahnhofstrasse, ℱ 0279 666 555, *walliserhof.zermatt@reconline.ch*, Fax 0279 666 550, ⛲, ⇌ – ⌷ TV 🆎 ⓘ ⓜ VISA JCB AY r
Menu 42 (abends) und à la carte 44/92 – **30 Zim** ⇌ 190/380, Vorsaison ⇌ 150/260 – ½ P Zuschl. 25.

• Im Herzen des Ortes, an der Bahnhofstrasse, übernachtet der Gast in soliden, mit hellem Massivholzmobiliar eingerichteten oder etwas einfacheren älteren Zimmern. Das Stübli, der gediegene Grill und eine Terrasse bilden den gastronomischen Bereich.

🏨 **Europe** ⚜, ℱ 0279 662 700, *info@europe-zermatt.ch*, Fax 0279 662 705, ≤ Matterhorn, ⇌ – ⌷ TV ✆. 🆎 ⓘ ⓜ VISA ※ Rest AZ t
Menu *(nur Abendessen für Hotelgäste)* 48 – **23 Zim** ⇌ 130/290, Vorsaison ⇌ 80/220 – ½ P Zuschl. 20.

• Von den nach Süden gelegenen Balkonen der ruhigen, wohnlich eingerichteten Hotelzimmer aus bietet sich eine sehr schöne Sicht auf das wunderschöne Wahrzeichen Zermatts. Eine Holzdecke trägt zum behaglichen Ambiente des Restaurants bei.

🏨 **Chesa Valese** Ⓜ garni, Steinmattstr. 28, ℱ 0279 668 080, *info@chesa-valese.ch*, Fax 0279 668 085, ⇝, – ⌷ TV 🆎 ⓘ ⓜ VISA AZ z
23 Zim ⇌ 140/280, Vorsaison ⇌ 95/190.

• Diese Adresse besticht durch ihre gemütlich-rustikale Einrichtung : eine liebevoll gestaltete Hotelhalle und moderne, mit hellem Holz möblierte Zimmer laden zum Verweilen ein.

🏨 **Metropol**, Uferstrasse, ℱ 0279 663 566, *metropol.zermatt@reconline.ch*, Fax 0279 663 565, ≤, Wellness-Center, 🛁, ⇌, 🔲, ⇝ – ⌷, ⇝ Zim, TV ✆. 🆎 ⓘ ⓜ VISA JCB ※ BY a
geschl. Mai und Nov. – **Menu** *(nur ½ Pens. für Hotelgäste)* – **20 Zim** ⇌ 180/360, Vorsaison ⇌ 120/230 – ½ P Zuschl. 46.

• Die Zimmer des Hauses - teils neu renoviert - bieten eine solide Ausstattung und verfügen teilweise über Balkon. Eine grosszügige Wellnessanlage sorgt ebenfalls für Erholung.

🏨 **Butterfly** ⚜, Bodmenstr. 21, ℱ 0279 664 166, *butterfly.zermatt@reconline.ch*, Fax 0279 664 165, ≤, ⇌ – ⌷ TV &. 🆎 ⓘ ⓜ VISA JCB ※ AY x
18. Dez. - 22. April und 27. Mai - 18. Okt. – **Menu** *(nur Abendessen)* 28 - 45 und à la carte 39/90 – **61 Zim** ⇌ 190/340, Vorsaison ⇌ 130/270 – ½ P Zuschl. 5.

• Etwas versteckt und ruhig liegt dieses Hotel oberhalb des Bahnhofs. Der Gast ruht in Zimmern, die im modernen, rustikalen Stil eingerichtet wurden. Taditioneller Speisesaal für Hausgäste und kleiner, geschmackvoll gestalteter à la carte-Bereich.

ZERMATT

Simi, ℘ 0279 664 600, simizermatt@compuserve.com, Fax 0279 664 605, ⚐ AY
geschl. 13. Okt. - 29. Nov. und 4. - 24. Mai – **Menu** (nur Abendessen) 30/75 und
à la carte 46/96 – **41 Zim** ⌂ 175/350, Vorsaison ⌂ 140/260 – ½ P Zuschl. 25.
• In dem langgezogenen Chaletbau unterscheidet man zwischen den neuen, gut eir
gerichteten Zimmern mit zeitgemässem Komfort und den einfachen Räumen im Alt
bau. Schlichtes, rustikales Hotelrestaurant mit bürgerlicher Karte.

Riffelberg, in Riffelberg: 2 582 m Höhe (mit Zahnradbahn Gornergrat in 25 mir
erreichbar), ℘ 0279 666 500, riffelberg@zermatt.ch, Fax 0279 666 505
≤ Bergpanorama und Matterhorn, – Rest
21. Dez. - Ende April und Mitte Juni - Anfang Okt. – **Menu** (nur Abendessen fü
Hotelgäste) 19.50 und à la carte 35/82 – **29 Zim** ⌂ 158/328, Vorsaison ⌂ 136/23
– ½ P Zuschl. 25.
• In der Abgeschiedenheit der Walliser Bergwelt geniesst man die Ruhe und de
traumhaften Panoramablick auf die Umgebung. Die Zimmer sind verschieden i
Grösse und Einrichtung.

Astoria, ℘ 0279 675 222, astoria.zermatt@reconline.ch, Fax 0279 675 672,
– Zim, Rest AZ
Menu (nur ½ Pens. für Hotelgäste) – **21 Zim** ⌂ 120/260, Vorsaison ⌂ 80/180.
• Hier beziehen Sie ein Zimmer mit Balkon, das funktionell mit Kirschbaumfurnier
Mobiliar ausgestattet ist. Am Abend trifft man sich im gut frequentierten Pub.

Bella Vista garni, Riedstr. 15, ℘ 0279 662 810, bellavista.zermatt@reconl.
e.ch, Fax 0279 662 815, ≤ Zermatt und Matterhorn –
BY
15. Dez. - 29. April und 31. Mai - 19. Okt. – **21 Zim** ⌂ 130/220, Vorsaison ⌂ 85/16
• Der Name des Hauses steht für eine wunderbare Aussicht auf Zermatt und da
Matterhorn. In heimeliger Atmosphäre geniesst man einen ruhigen Aufenthalt b
familiärer Betreuung.

Alpenblick, Oberdorfstr. 106, ℘ 0279 662 600, alpenblick.zermatt@reconlin
ch, Fax 0279 662 605, ≤, – Rest
AZ
Hotel: geschl. 1. Okt. - 15. Dez.; Rest.: geschl. auch 1. Mai - 15. Juni – **Menu** 18 - 36/7
und à la carte 44/99 – **32 Zim** ⌂ 160/340, Vorsaison ⌂ 95/250 – ½ P Zuschl. 3
• In geräumigen Zimmern – entweder rustikal mit Arvenholz oder etwas zweckmä
siger mit Lärchenholzmöbeln eingerichtet, meist mit Sitzecke - findet der Gast Ruh
Bürgerlich gestaltetes Restaurant mit Gartenterrasse.

Pollux, Bahnhofstrasse, ℘ 0279 664 000, pollux.zermatt@reconline.cl
Fax 0279 664 001, – 15/40. Zim AY
Menu 22 - 32 (mittags)/52 und à la carte 44/88 – **35 Zim** ⌂ 153/310, Vorsaisc
⌂ 108/226 – ½ P Zuschl. 52.
• Das zentral gelegene Hotel mit eigenem Dancing und rustikal ausgestatteten Zin
mern ist ein geeigneter Ausgangspunkt, um am geschäftigen Nachtleben teilzunel
men. Von der Terrasse des Restaurants aus beobachten Sie das lebendige Treibe
in der Stadt.

Welschen garni, ℘ 0279 675 422, welschen.zermatt@reconline.c
Fax 0279 675 423, ≤, –
BY
16. Dez. - 30. April und 21. Juni - 20. Sept. – **16 Zim** ⌂ 104/212, Vorsaison ⌂ 94/17
• In der ruhig, nicht weit von der Talstation des Sunegga-Express gelegenen syn
pathischen Familienpension beherbergt man seine Gäste in wohnlichen, kürzlich renc
vierten Räumen.

Holiday, ℘ 0279 671 203, info@hotelholiday.ch, Fax 0279 675 014, ≤
Rest BY
geschl. 21. April - 17. Mai und 10. Okt. - 21. Dez. – **Menu** (nur Abendessen) 30/6
und à la carte 45/78 – **32 Zim** ⌂ 140/320, Vorsaison ⌂ 108/250 – ½ P Zuschl. 3
• Nach einem ereignisreichen Tag auf den Skipisten des Rothorngebietes kann ma
direkt vor dem Haus seine Bretter abschnallen und müde ins gemachte Bett falle
In rustikalem Ambiente speisen Sie Traditionelles oder Walliser Spezialitäten.

Jägerhof, Steinmatte, ℘ 0279 663 800, jaegerhof@zermatt.c
Fax 0279 663 808, ≤, – Rest AZ
Menu (nur Abendessen) 32 und à la carte 38/78 – **50 Zim** ⌂ 105/210, Vorsaisc
⌂ 80/160 – ½ P Zuschl. 32.
• Die Zimmer dieses ruhig gelegenen Hauses sind durchweg rustikal eingerichtet
unterschiedlich in Grösse und Möblierung; die meisten bieten eine schöne Aussich
Gemütliches Restaurant mit bürgerlicher Küche.

ZERMATT

🏨 **Cheminée**, ℰ 0279 662 944, hotel.cheminee@spectraweb.ch, Fax 0279 662 955, ≤, 🍴, 🌳 – 🍽 Rest, 📺 📞 🆎 🖾 Zim   BY n
geschl. 26. April - 14. Juni und 5. Okt. - 29. Nov. – **Menu** (geschl. 21. April - 12. Juli und 14. Sept. - 15. Dez.) à la carte 35/83 – **16 Zim** ⊇ 120/240, Vorsaison ⊇ 80/190 – ½ P Zuschl. 30.
  ◆ Direkt neben der durch den Ort fliessenden Mattervispa liegt dieses Hotel, das über helle, frisch wirkende Zimmer mit Sitzecke verfügt. Einfach und rustikal gestaltet zeigt sich das Restaurant - Wintergarten für Nichtraucher.

🏨 **Biner** ⌂, Untere Mattenstrasse, ℰ 0279 665 666, info@hotel-biner-zermatt.ch, Fax 0279 665 667, ≤, ≘s, 🞏, 🌳 – 🛗, 🍽 Zim, 📺 🆎 ① 🅜 🖾 ⌂. 🍽 Rest   BY r
Menu (geschl. 1. Mai - 15. Juni und 30. Okt. - 20. Nov.) (nur Abendessen) 45 – **48 Zim** ⊇ 150/340, Vorsaison ⊇ 80/200 – ½ P Zuschl. 38.
  ◆ Das etwas versteckt im unteren Dorfteil liegende Hotel beherbergt Sie in soliden, gepflegten Zimmern. Ruhe und eine schöne Aussicht zählen zu den Annehmlichkeiten.

🏨 **Silvana** ⌂, in Furri : 1 864 m Höhe (mit Gondelbahn erreichbar), ℰ 0279 662 800, silvana@zermatt.ch, Fax 0279 662 805, ≤, 🍴, ≘s, 🞏, 🌳 – 🛗 📺 📞 🅜 🖾
2. Dez. - 30. April und 21. Juni - 29. Sept. – **Gitz-Gädi** (im Winter abends Tischbestellung erforderlich) **Menu** 24 und à la carte 40/78 – **21 Zim** ⊇ 130/280, Vorsaison ⊇ 75/170 – ½ P Zuschl. 25.
  ◆ Von der Zwischenstation der Gondelbahn aus sind es nur wenige Schritte zu diesem Haus. Ruhe und Abgeschiedenheit geniesst man in Zimmern mit einfachem Komfort. Nach einem netten Besuch im Gitz-Gädi wagen Sie mit Schlitten und Fackel die Abfahrt nach Zermatt.

🏨 **Adonis** ⌂ garni, ℰ 0279 662 500, adonis.zermatt@reconline.ch, Fax 0279 672 233, ≤, ≘s, 🌳 – 🛗 📺 🆎 ① 🅜 🖾 🖾. 🍽   AZ k
geschl. Juni und Nov. – **26 Zim** ⊇ 120/240, Vorsaison ⊇ 60/120.
  ◆ Eine gute Aussicht bieten die mit Arvenholz möblierten Gästezimmer dieses ruhig gelegenen Domizils. Im Sommer besonders schön : der grosse Garten.

🏨 **Parnass**, ℰ 0279 671 179, parnass@zermatt.ch, Fax 0279 674 557, ≤ – 🛗 📞. 🆎 🅜 🖾 🖾. 🍽   BYGE w
geschl. 28. April - 14. Juni und 6. Okt. - 13. Dez. – **Menu** (nur 1/2 Pens. für Hotelgäste) – **32 Zim** ⊇ 105/240, Vorsaison ⊇ 90/220 – ½ P Zuschl. 35.
  ◆ Zentral und am Ufer des Zermatt in zwei Teile spaltenden Baches liegt dieses einfache Hotel, dessen Zimmer schlichten Wohnkomfort und eine schöne Aussicht bieten.

XXXX **Rôtisserie La Broche** - *Grand Hotel Zermatterhof*, ℰ 0279 666 600, zermatterhof@zermatt.ch, Fax 0279 666 699 – 🍽. 🆎 ① 🅜 🖾 🖾. 🍽   AZ w
geschl. 27. April - 30. Mai und 5. Okt. - 28. Nov. – **Menu** (nur Abendessen) (geschl. Montag) 75 und à la carte 70/126.
  ◆ Das wohl schönste und eleganteste Restaurant des Ortes findet man im Hotel Zermatterhof. Sorgfältig und zeitgemäss zubereitete Speisen versprechen genussvolle Stunden.

XXX **Alpenhof - Le Gourmet** - *Hotel Alpenhof*, ℰ 0279 665 555, alpenhof.zermatt@reconline.ch, Fax 0279 665 556 – 🆎 ① 🅜 🖾 🖾   BY m
5. Dez. - 21. April und 4. Juli - 27. Sept. – **Menu** (geschl. Mittwoch) (nur Abendessen) (Tischbestellung ratsam) 160 und à la carte 87/144.
  ◆ Die schmackhaften Kreationen, die in diesem hellen und modern eingerichteten kleinen Restaurant serviert werden, zeugen vom Können der weissen Brigade.

XXX **Le Corbeau d'Or** - *Hotel Mirabeau*, ℰ 0279 662 660, mirabeau.zermatt@reconline.ch, Fax 0279 662 665 – 🆎 ① 🅜 🖾. 🍽   BY g
8. Dez. - 26. April und 13. Juli - 13. Sept. – **Menu** (nur Abendessen) (geschl. Sonntag im Sommer und Montag) (Tischbestellung ratsam) 130 und à la carte 75/147.
  ◆ Hussenstühle, gut eingedeckte Tische und eine schöne Holzdecke verleihen dem Restaurant des Hotel Mirabeau einen eleganten Touch. Ansprechendes Speisenangebot.

XX **Ascot**, Zum Steg, ℰ 0279 674 525, gastronomie@ascotcachette.ch, Fax 0279 678 544, 🍴 – 🆎 🅜 🖾. 🍽
geschl. Mitte April - Mitte Juni und 23. Sept. - 1. Dez. – **Menu** 25 - 34/120 und à la carte 60/93.
  ◆ Ein elegantes Ambiente moderner Prägung macht dieses Restaurant zu einer attraktiven gastronomischen Adresse. Sie wählen aus einem klassischen Speisenangebot.

ZERMATT

XX Bahnhofbuffet - Panorama, ℘ 0279 681 968, Fax 0279 681 986, 😊 – 🍽
AE ◐ VISA JCB   AY
Panorama : Menu 35 - 48 und à la carte 46/81 – **Buffet** : Menu 20 und à la carte 32/67.

◆ Wie der Name schon sagt, findet man das Restaurant Panorama im Bahnhofsgebäude. Stilgerecht ist die Einrichtung : der Gast hat den Eindruck, in einem Luxuswagon zu speisen. Das Buffet ist ein einfacheres, modernes Restaurant - mit Terrasse zum Bahnhofsplatz.

XX Le Mazot, Hofmattstr. 23, ℘ 0279 660 606, le.mazot@reconline.ch
Fax 0279 660 607 – AE ◐ VISA, ✂   AY
geschl. 20. April - 15. Juni, 20. Okt. - 20. Nov. und Montag im Sommer – **Menu** - Grill und Lammspezialitäten - *(nur Abendessen)* (Tischbestellung ratsam) à la carte 47/95.

◆ Ein ortstypisches Grillrestaurant ist das Le Mazot. Inmitten seiner Gäste bereitet der Patron über glühenden Holzkohlen unter anderem seine bekannten Lammspezialitäten zu.

X Zum See, mit Gondelbahn bis Furri und Spazierweg (15 Min.) erreichbar, oder über Schwarzseepromenade (40 Min.), ℘ 0279 672 045, info@zumsee.ch
Fax 0279 671 873, 😊 – AE ◐ VISA
19. Dez. - 24. April und 21. Juni - 5. Okt. – **Menu** *(nur Mittagessen)* (Tischbestellung ratsam) à la carte 43/76.

◆ Nach einem schönen Spaziergang erreicht man dieses in einem Berg-Weiler gelegene, gemütliche Bergrestaurant mit romantischer Terrasse. Einfache, aber gute Küche.

X Findlerhof, in Findeln : 2 069 m Höhe (mit Sunnegga Express und Spazierweg 2 Min. erreichbar), ℘ 0279 672 588, info@findlerhof.ch, Fax 0279 672 853
≤ Matterhorn und Bergpanorama, – ◐ VISA
1. Dez. - 24. April und 20. Juni - 5. Okt. – **Menu** *(nur Mittagessen)* (im Winter Tischbestellung ratsam) à la carte 40/92.

◆ Das schöne Bergrestaurant ist eine beliebte gastronomische Adresse. Von einer angenehmen Terrasse aus hat man eine einmalige Sicht auf das Matterhorn und das Bergpanorama.

ZERNEZ 7530 Graubünden (GR) 218 ⑥ – 1 035 Ew. – Höhe 1 464.

Sehenswert : Ofenstrasse★.

Lokale Veranstaltung
01.03 : "Chalandamarz" alter Frühlingsbrauch und Kinderfest.

🛈 Verkehrsverein, Chasa Fuschina, ℘ 0818 561 300, Fax 0818 561 155.

Bern 313 – Scuol 29 – Chur 90 – Davos 37 – Merano 34 – Sankt Moritz 34.

Bär-Post, ℘ 0818 515 500, baer-post@bluewin.ch, Fax 0818 515 599, 😊, ≤s
🍽, 🐴, ✂ – 🛗 TV 📞 P – 🅰 15/40. AE ◐ ◐ VISA
geschl. Ende Okt. - 26. Dez. – **Menu** 18 und à la carte 34/62 – **46 Zim** ☐ 85/160
Vorsaison ☐ 80/140 – ½ P Zuschl. 25.

◆ In dem traditionellen Landgasthof schläft der Erholungsuchende in einfachen, gepflegten Zimmern, die mit hellen Naturholzmöbeln eingerichtet sind. In verschiedenen rustikalen Stuben wählt man von einer bürgerlichen Karte.

ZINAL 3961 Valais (VS) 219 ③ – alt. 1 671 – Sports d'hiver : 1 671/2 900 m ✦ ≤ 8 ✦.

🛈 Office du Tourisme, ℘ 0274 751 370, zinal@vsinfo.ch, Fax 0274 752 977.
Bern 195 – Sion 42 – Brig 60 – Sierre 27.

Europe M, ℘ 0274 754 404, info@europezinal.ch, Fax 0274 754 414, ≤, 😊, ℞
≤s – 🛗 TV 📞 P – 🅰 15/30. AE ◐ ◐ VISA
13 déc. au 26 avril et 28 mai au 18 oct. – **Repas** 18 - 34/58 et à la carte 34/77
34 ch ☐ 119/248, Basse saison ☐ 74/168 – ½ P suppl. 25.

◆ Sur la place principale de Zinal, chalet abritant des chambres de bonne ampleur et des duplex particulièrement appréciés par les familles. Le restaurant de l'hôtel se partage entre le bar-pizzeria et la salle à manger, sagement actuelle. Recettes classiques.

ZINAL

Le Besso, ☎ 0274 753 165, besso@netplus.ch, Fax 0274 754 982, ≤, 😊 – 📺 🅿 – 🛋 30. AE ① ⓜ VISA. ※ rest
11 déc. au 19 avril, 11 juin à début oct. et lundi en janv., sept. et oct. – **Repas** 22 - 59 et à la carte 45/92 – **10 ch** ⇌ 101/180 – ½ P suppl. 25.
♦ Cette imposante maison du 19ᵉ s., très centrale, abrite l'un des plus anciens hôtels de la station. Chambres agrestes, un peu petites mais bien tenues. Le restaurant rustique sert uniquement le soir. Le midi, carte traditionnelle et plats du jour au café.

La Ferme, ☎ 0274 751 363, Fax 0274 751 363, ≤, 😊 – AE ⓜ VISA
fermé 15 mai au 15 juin, 1ᵉʳ nov. au 15 déc. et mardi hors saison – **Repas** 20 et à la carte 37/87.
♦ Cette vieille ferme valaisanne approvisionnait déjà les restaurateurs du village au 19ᵉ s. Intérieur chaleureux et table privilégiant les spécialités locales : vous aimerez !

OFINGEN 4800 Aargau (AG) 216 ⑯ – 8 522 Ew. – Höhe 432.
🛈 Verkehrsbüro, Marktgasse 10, ☎ 0627 450 005, Fax 0627 450 002.
Bern 70 – Aarau 19 – Luzern 43 – Olten 12 – Solothurn 39.

Zofingen, Kirchplatz 30, ☎ 0627 450 300, info@hotel-zofingen.ch, Fax 0627 450 399, 😊 – 📶, ⇌ Zim, 📺 📞 – 🛋 15/120. AE ① ⓜ VISA
Thutstube : Menu 68 und à la carte 37/102 – **Bögli** : Menu 19 und à la carte 37/74 – **45 Zim** ⇌ 150/290.
♦ Das Hotel ist in drei miteinander verbundenen Altstadthäusern am Marktplatz untergebracht. Hier beziehen Sie kürzlich renovierte Zimmer mit moderner Ausstattung. Gutbürgerliche Küche in der kleinen Thutstube. Einfaches Ambiente im Bögli.

Schmiedstube, Schmiedgasse 4, ☎ 0627 511 058, info@schmiedstube.ch, Fax 0627 511 860, 😊 – AE ⓜ VISA
geschl. Samstagabend und Sonntag – **Schmiedstube** (1. Etage) Menu 53/98 und à la carte 56/100 – **Restaurant** : Menu 17.50 und à la carte 50/99.
♦ Die mit Sichtbalken und schöner Holzdecke dekorierte, gediegene Stube findet man im ersten Stock eines Altstadthauses aus dem 15. Jh. Klassische Speisekarte. Das Restaurant ist die rustikale Alternative zur Schmiedstube.

OLLIKON Zürich 216 ⑱ – siehe Zürich.

UCHWIL Solothurn 216 ⑮ – siehe Solothurn.

UG 6300 🅺 Zug (ZG) 216 ⑱ – 22 710 Ew. – Höhe 425.
Sehenswert : Zuger See★★ – Die Quais★ : Ausblicke★ – Altstadt★ Z.
Ausflugsziel : Zugerberg★ über ② : 7,5 km – Ehemalige Zisterzienserabtei Kappel★ : Glasgemälde★ über ①.
🏌 in Schönenberg, ✉ 8824 (April - Nov.) ☎ 017 889 040, Fax 017 889 045, über ① Nord-Ost : 14 km 🚢 Ennetsee in Holzhäusern, ✉ 6343 Rotkreuz, ☎ 0417 997 010, Fax 0417 997 015.
Lokale Veranstaltung
21.06 : Seefest.
🛈 Zug Tourismus, Alpenstr. 14, ☎ 0417 110 078, tourism@zug.ch, Fax 0417 107 920.
⊛ Baarerstr. 21, ☎ 0417 294 747, Fax 0417 294 748.
Bern 139 ④ – Luzern 28 ④ – Aarau 58 ④ – Schwyz 27 ③ – Zürich 31 ①

Stadtplan siehe nächste Seite

Parkhotel Zug 🅼, Industriestr. 14, ☎ 0417 274 848, phz@parkhotel.ch, Fax 0417 274 849, 😊, 🎿, ≘s, 🌊 – 📶, ⇌ Zim, 🖥 📺 📞 🚗 – 🛋 15/120. AE ① ⓜ VISA JCB
Y b
A Point : Menu 20 - 37 (mittags)/46 und à la carte 43/115 – **107 Zim** ⇌ 325/385, 3 Suiten – ½ P Zuschl. 40.
♦ Das moderne Geschäftshotel bietet funktionell eingerichtete Räume mit gutem Komfort, die Zimmer in der Residenz sind geräumiger, teils mit kleinem Wintergartenanbau. Schachbrett-Boden, Säulen und Lederbänke verleihen dem A point leichtes Brasserie-Ambiente.

ZUG

Aabachstrasse	Y
Aegeristrasse	Z
Alpenquai	Z
Alpenstrasse	Y
Artherstrasse	Z
Baarerstrasse	Y
Bahnhofstrasse	YZ
Bundesplatz	Y
Bundesstrasse	Y
Chamerstrasse	Y
Dammstrasse	Y
Fischmarkt	Z 3
Gartenstrasse	Y 4
Gotthardstrasse	Y
Grabenstrasse	Z
Guggiweg	YZ
Hirschenplatz	Z
Hofstrasse	Z 6
Industriestrasse	Y 7
Kirchenstrasse	Z 9
Kolinplatz	Z
Landsgemeindeplatz	Z 10
Metallstrasse	Y
Neugasse	Z
Ober-Altstadt	Z 12
Postplatz	Z
Poststrasse	YZ
Rigistrasse	Y 13
St. Oswalds-Gasse	Z 15
Schmidgasse	Y 16
Seestrasse	Z
Unter-Altstadt	Z 18
Vorstadt	YZ
Vorstadtquai	YZ
Zeughausgasse	Z 19
Zugerbergstrasse	Z

🏨 **City Hotel Ochsen**, Kolinplatz 11, ℘ 0417 293 232, info@ochsen-zug.c
Fax 0417 293 222 – 🛗 TV 📞 ⚙. AE ⓘ ⓜ VISA
Au Premier (geschl. 19. Juli - 15. Aug.) **Menu** 32 - 95 und à la carte 57/117 – **48 Z**
🛏 165/270 – ½ P Zuschl. 48.
♦ Zentral am Kolinplatz liegt dieses ansprechende alte Stadthaus, in dem schon Go the übernachtet haben soll. Die Zimmer sind bei ausreichendem Komfort funktion gestaltet. Im Au Premier speisen Sie in rustikal-gediegenem Ambiente unter ein alten Holzdecke.

🏨 **Zugertor**, Baarerstr. 97 über ①, ℘ 0417 293 838, info@zugertor.c
Fax 0417 113 203, ☕ – 🛗, ↭ Zim, TV 📞 P. AE ⓘ ⓜ VISA
Hotel : geschl. 21. Dez. - 4. Jan. ; Rest. : geschl. 20. Juli - 5. Aug. und Samstag – **Zen
Spezialitäten Restaurant** - ℘ 0417 200 919- **Menu** 18.50 - 42/72 und à la car
36/84 – **35 Zim** 🛏 148/225.
♦ Die funktionellen Zimmer dieses am Zentrumsrand gelegenen, solide gefüh Stadthotels sind im Altbau mit mahagonifarbenen Holzmöbeln eingerichtet, Neubau mit hellem Holz. Zeno's Spezialitäten Restaurant ist hell und neuzeitli gestaltet.

🏨 **Rosenberg** 🌿 garni, Rosenbergstr. 33 über ②, ℘ 0417 114 343, rosenberg@ otel-rosenberg.ch, Fax 0417 117 278, ≤, 🚗 – 🛗 TV 📞 P. AE ⓘ ⓜ VISA 🚫
geschl. 23. Dez. - 5. Jan. und 18. Juli - 17. Aug. – **37 Zim** 🛏 135/210.
♦ Das Rosenberg liegt ruhig in einem gleichnamigen Wohnquartier oberhalb der Sta Neben älteren Räumen hat man moderne, von einem Feng Shui-Meister eingerichte Zimmer.

ZUG

Löwen M garni, Landsgemeindeplatz 1, ℘ 0417 252 222, *info@loewen-zug.ch*, Fax 0417 252 200, ≤ Zugersee, 🌿 – 📶 ✦ 📺 ✆ ♿ 🆎 ⓘ ⓜ VISA. ✂ Z n
42 Zim ⊇ 205/250.
  ♦ Die angenehme Lage nicht weit vom Ufer, der sehr schöne Blick auf den Zugersee sowie modern eingerichtete Gästezimmer sprechen für dieses kürzlich renovierte Hotel.

Guggital ♨, Zugerbergstr. 46 (über Zugerbergstrasse Z), ℘ 0417 287 417, *guggital@starnet.ch*, Fax 0417 287 410, ≤ Zug, See und Berge, 🌿 – 📶, ✦ Zim, 📺 ✆ 🅿 – 🎾 15/40. 🆎 ⓘ ⓜ VISA. ✂ Rest
geschl. Hotel : 22. Dez. - 5. Jan., Rest. : 26. Dez. - 6. Jan. – **Menu** *18* - 35 (mittags)/62 und à la carte 41/105 – **32 Zim** ⊇ 120/220 – ½ P Zuschl. 35.
  ♦ Dieses in erhöhter Lage plazierte Hotel bietet seinen Gästen ruhige, moderne Zimmer, die teils mit eingefärbten soliden Möbeln, teils mit hellem Naturholz eingerichtet sind. In dem bürgerlichen Restaurant hat man eine schöne Panoramasicht über den Zugersee.

Rathauskeller, Ober-Altstadt 1, ℘ 0417 110 058, *contact@rathauskeller.ch*, Fax 0417 121 888, 🌿 – 🆎 ⓘ ⓜ VISA Z d
geschl. 24. Dez. - 6. Jan., 13. - 27. April, 4. - 17. Aug., Sonntag und Montag – **Zunftstube** (1. Etage) (Tischbestellung erforderlich) **Menu** 68 (mittags)/155 und à la carte 77/152 – **Bistro : Menu** *27* und à la carte 48/102.
  ♦ Altes Holztäfer, Versace-Porzellan und moderne schwarze Lederstühle machen das elegant-klassische Interieur der Zunftstube im 1. Stock dieses schönen Altstadthauses aus. Leger : das Bistro mit neuzeitlichen Einrichtungselementen und freundlichen Farben.

Aklin, Kolinplatz 10, ℘ 0417 111 866, *info@restaurantaklin.ch*, Fax 0417 110 750 – 🆎 ⓜ VISA Z e
geschl. Juli, Samstagmittag, Sonn- und Feiertage – **Menu** *27* - 88/115 und à la carte 52/118.
  ♦ In dem schönen Altstadthaus a. d. J. 1787 bilden moderner Bistrostil einerseits und ein geschmackvolles historisches Ambiente andererseits ein sehenswertes Interieur.

Zum Kaiser Franz im Rössl, Vorstadt 8, ℘ 0417 109 636, *info@kaiser-franz.ch*, Fax 0417 109 737, 🌿 – 🆎 ⓘ ⓜ VISA Z g
geschl. 27. Feb. - 4. März und 4. - 17. Aug. – **Menu** (Tischbestellung ratsam) *24* - 38 (mittags)/81 und à la carte 56/107.
  ♦ Das Haus liegt am Zuger See, am Vorstadtquai. Dezente Farben, Hussenstühle, Säulen sowie Bilder und Wandmalereien verleihen dem Restaurant österreichisch-klassisches Flair.

Glashof, Baarerstr. 41, ℘ 0417 101 248, *glashof@tiscalinet.ch*, Fax 0417 106 248, 🌿 – ▭ – 🎾 10. 🆎 ⓘ ⓜ VISA Y h
geschl. 21. Dez. - 6. Jan., Samstag, Sonn- und Feiertage – **Menu** 45/82 und à la carte 51/101.
  ♦ Dieses gut geführte Haus ist eine Kombination aus Restaurant und Bistro-Bar. Eine Deckenkonstruktion aus Metall und Lampen, rote Ledersessel und Bilder prägen das Ambiente.

Hecht, Fischmarkt 2, ℘ 0417 298 130, *hecht-zug@datazug.ch*, Fax 0417 298 147, ≤ Zugersee – 🆎 ⓘ ⓜ VISA Z f
geschl. 21. Dez. - 6. Jan. und Donnerstag – **Menu** - Fischspezialitäten - 110 (abends) und à la carte 60/112.
  ♦ Diese gastliche Adresse liegt in der Unter-Altstadt, direkt am Ufer - mit sehr schöner Aussicht auf den Zugersee. Auf der Karte finden Sie Fisch aus hiesigen Gewässern.

UMIKON 8126 Zürich (ZH) 216 ⑱ ⑲ – 4613 Ew. – Höhe 659.
Bern 140 – Zürich 10 – Rapperswil 24 – Winterthur 35.

Triangel, Ebmatingerstr. 3, ℘ 019 180 454, *info@restaurant-triangel.ch*, Fax 019 190 755, 🌿 – 🅿. 🆎 ⓘ ⓜ VISA
geschl. Samstagmittag und Sonntag – **Menu** - italienische Küche - *26* - 43 (mittags)/67 und à la carte 48/110.
  ♦ Im trendig dekorierten, einfachen Restaurant oder in der im Stil Louis XIII eingerichteten Stube serviert man dem Gast Gerichte aus dem sonnigen Italien.

ZUOZ 7524 Graubünden (GR) 218 ⑯ – 1 351 Ew. – Höhe 1 695 – Wintersport : 1 750/2 450 ✓4 ✗.
Sehenswert : Lage★★ – Hauptplatz★★ – Engadiner Häuser★.
Lokale Veranstaltung
01.03 : "Chalandamarz", alter Frühlingsbrauch und Kinderfest.
🛈 Tourismusverein, via Maistra, ☏ 0818 541 510, zuoz@spin.ch, Fax 0818 543 33
Bern 329 – *Sankt Moritz* 17 – *Scuol* 46 – Chur 69 – Davos 50 – Merano 120.

Posthotel Engiadina, San Bastiaun, ☏ 0818 541 021, mail@hotelengiadina.c
Fax 0818 543 303, 🍽, ≘s, ⊼, 🐎, 🍴 – 🛗 📺 🅿 – 🏊 15/50. 🆎 ⓪ ⓜⓞ 🆚
🍽 Rest
19. Dez. - 29. März und 29. Mai - 17. Okt. – **Posta Veglia** (geschl. Dienstag u
Mittwoch jeweils mittags in Mai - Juni) **Menu** à la carte 49/86 – **40 Zim** ⌑ 164/32
Vorsaison ⌑ 128/254 – ½ P Zuschl. 40.
◆ In dem zentral gelegenen Hotel, Ende des 19. Jh. erbaut, offeriert man seine
Gästen mit Naturholzmobiliar ausgestattete Zimmer - unterschiedlich in Grösse un
Komfort. Im Posta Veglia, übersetzt Alte Post, serviert man traditionelle Speisen. M
Terrasse.

Belvair Ⓜ, ☏ 0818 542 023, info@hotel-belvair.ch, Fax 0818 542 055, 🍽, ≘
🐎 – 🛗 🍴 📺 ☏ 🖂 🅿 🆎 ⓪ ⓜⓞ 🆚. 🍽 Rest
21. Dez. - 4. April und 26. Mai - 11. Okt. – **Menu** (nur Abendessen) 58 und à la cart
48/70 – **12 Zim** ⌑ 152/284, Vorsaison ⌑ 102/184 – ½ P Zuschl. 40.
◆ Die Zimmer des Hotels Belvair sind mit italienischen Möbeln geschmackvoll un
wohnlich eingerichtet und bieten bei angenehmer Grösse neuzeitlichen Wohnkor
fort. Gepflegtes Restaurant mit traditioneller Küche.

Klarer, Hauptstrasse, ☏ 0818 513 434, hotel.klarer@bluewin.c
Fax 0818 513 400 – 🛗, 🍴 Rest, 📺 🍴. 🆎 ⓪ ⓜⓞ 🆚
geschl. 27. April - 2. Juni, Montag in Zwischensaison – **Menu** 19 - 25/70 und à la cart
41/98 – **19 Zim** ⌑ 150/220, Vorsaison ⌑ 70/170 – ½ P Zuschl. 40.
◆ In dem typischen Engadiner Haus wohnt man in gepflegten, mit solidem Holzm
biliar und zeitgemässer Technik ausgestatteten Zimmern von ausreichender Gröss
In ländlich-rustikalem Umfeld speist man unter schönen massiven Steingewölben

Bellaval, Bahnhofstr. 63A, ☏ 0818 513 535, bellaval.zuoz@bluewin.c
Fax 0818 513 536, ⊼, 🐎 – 📺 ☏ 🖂. 🆎 ⓜⓞ 🆚. 🍽 Rest
geschl. 15. April - 30. Mai und 1. Nov. - 6. Dez. – **Menu** (nur Abendessen für Hotelgäst
– **13 Zim** ⌑ 98/190, Vorsaison ⌑ 72/144 – ½ P Zuschl. 34.
◆ In dem kleinen, familiär geführten Ferienhotel mit eigenem Schwimmbad und Li
gewiese übernachtet man in einfachen, mit hellen Naturholzmöbeln eingerichtete
Zimmern.

ZÜRICH

8000 **K** *Zürich (ZH)* **216** ⑱ *– 337 900 Ew. – Höhe 409*

Bern 125 ⑦ *– Aarau 47* ⑦ *– Baden 24* ⑦ *– Chur 122* ⑤ *– Winterthur 28* ②.

🛈 Zürich Tourismus, im Hauptbahnhof, ℘ 012 154 000, information@zurich tourism.ch, Fax 012 154 044 EY.
🏛 Alfred Escher-Str. 38, ℘ 012 868 686, Fax 012 868 687 CX, Uraniastr. 14, ℘ 012 173 070, Fax 012 173 061 EY.
🏛 Forchstr. 95 ℘ 013 877 500, Fax 013 877 509 DX.
✈ Unique Zürich airport, ℘ 043 162 211.

Fluggesellschaften
Swiss International Air Lines Ltd., ℘ 0848 852 000.
Air France *Kanalstr. 31, 8152 Glattbrugg,* ℘ 014 391 818.
Alitalia *Neugutstr. 66 8600 Dübendorf,* ℘ 018 244 545, Fax 018 244 510.
Austrian Airlines, Laudaair & Tyrolean Airways *Gutenbergstr. 10,* ℘ 012 868 088, Fax 012 868 098.
British Airways *Löwenstr. 29,* ℘ 0848 845 845, Fax 0848 845 849.
Lufthansa *Gutenbergstr. 10,* ℘ 014 479 966, Fax 012 867 205.

Lokale Veranstaltungen
28.04 : "Sechseläuten" Frühlingsfest.
15.09 : Knabenschiessen, Schützenfest für Jugendliche.

⛳ *Dolder* BU *(April–Mitte Nov.)* ℘ 012 615 045, Fax 012 615 302 ;
⛳ *in Zumikon,* ✉ *8126 (April–Okt.)* ℘ 019 180 050, Fax 019 180 037, *Süd-Ost : 9 km ;*
⛳ *in Hittnau,* ✉ *8335 (April–Okt.)* ℘ 019 502 442, Fax 019 510 166, *Ost : 33 km ;*
⛳ *in Breitenloo,* ✉ *8309 Nürensdorf (April–Okt.)* ℘ 018 364 080, Fax 018 371 085, *Nord über* ① *: 22 km.*

Sehenswert : *Die Quais*★★ *: Ausblicke*★ FZ *– Mythenquai : Ausblicke*★ CX *– Kunsthaus*★★ FZ *– Stiftung Sammlung E. G. Bührle*★★ BU M³ *– Fraumünster : Kreuzgang*★*, Fenster*★ EZ *– Felix-und-Regulakirche*★ AT **E** *– Zoo Zürich*★ BT *– Grossmünster*★ FZ.
Museen : *Schweizerisches Landesmuseum*★★★ EY *– Museum Rietberg*★★ CX M².
Ausflugsziele : *Uetliberg*★★ *mit Bahn* AU *– Albisstrasse*★ *über* ⑥ *– Ehem. Kloster Kappel*★ *Süd-West : 22 km über* ⑥ *– Eglisau : Lage*★ *Nord : 27 km über* ①.
Schiffahrten : *Informationen bei der Zürichsee-Schiffahrtsgesellschaft – Mythenquai 333,* ℘ 014 871 333, Fax 014 871 320.

ZÜRICH S. 3

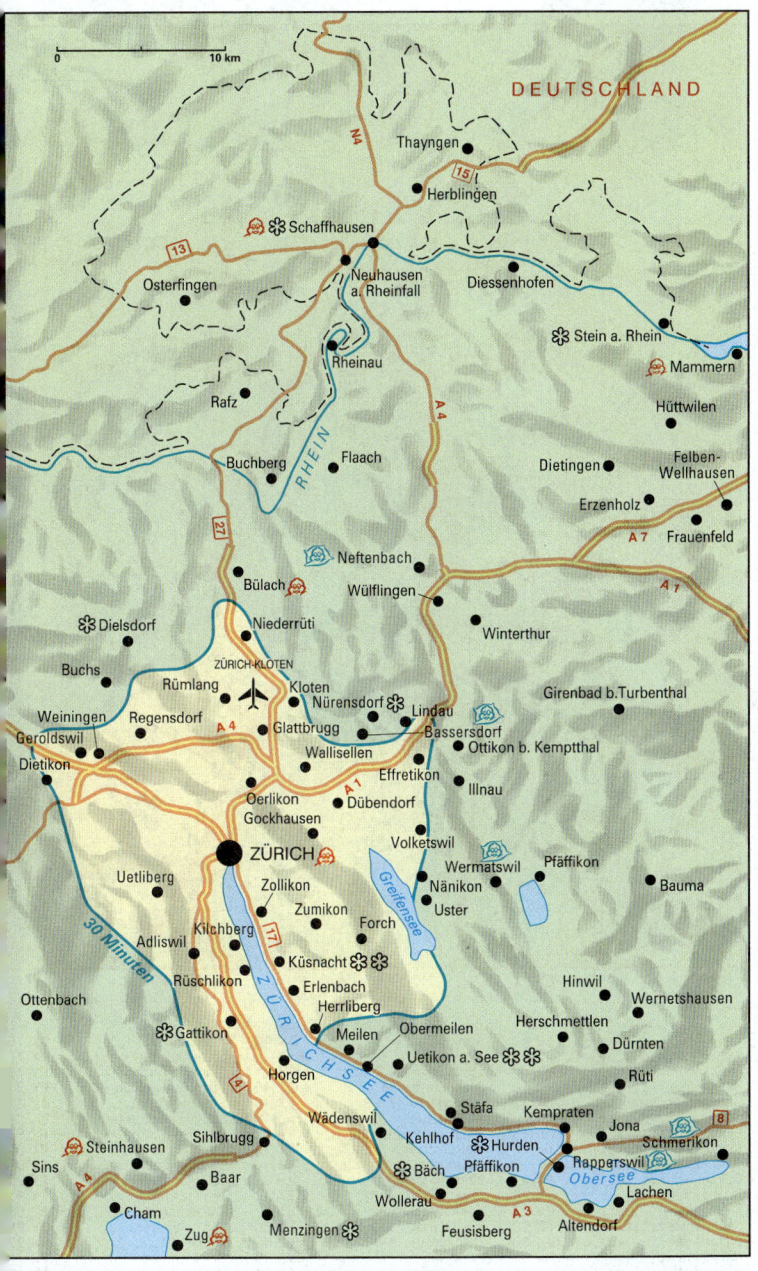

Alle **Michelin-Strassenkarten** werden ständig überarbeitet und aktualisiert.

ZÜRICH S. 4

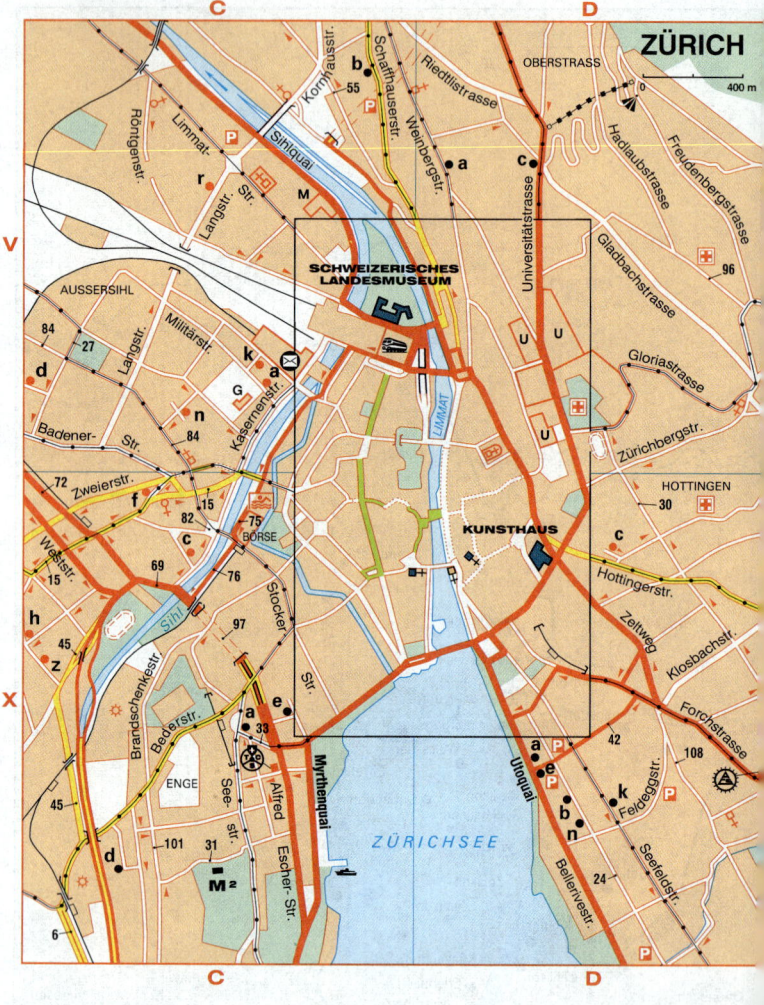

Allmendstrasse	CX 6	Kreuzstrasse	DX 42	Sihlhölzlistrasse	CX 76
Augustinergasse	EZ 9	Limmatquai	FYZ	Stadelhoferstrasse	FZ 78
Bahnhofstrasse	EYZ	Löwenstrasse	EY	Stampfenbachplatz	FY 79
Bärengasse	EZ 10	Manessestrasse	CX 45	Stampfenbachstrasse	EFY 81
Beethovenstrasse	EZ 12	Marktgasse	FZ 46	Stauffacherplatz	CX 82
Bellevueplatz	FZ	Münsterhof	EZ 48	Stauffacherstrasse	CVX 84
Birmensdorferstrasse	CX 15	Museumstrasse	EY 49	Storchengasse	EZ 85
Claridenstrasse	EZ 18	Nelkenstrasse	FY 52	Strehlgasse	EZ 87
Clausiusstrasse	FY 19	Neumarkt	FZ 54	Sumatrastrasse	FY 88
Culmannstrasse	FY 21	Nordstrasse	DV 55	Talacker	EZ 90
Dufourstrasse	DX 24	Paradeplatz	EZ	Tannenstrasse	FY 91
Feldstrasse	CV 27	Peterstrasse	EZ 57	Theaterstrasse	FZ 93
Fraumünsterstrasse	EZ 28	Poststrasse	EZ 58	Toblerstrasse	DV 96
Freiestrasse	DVX 30	Rathausbrücke	EFZ 60	Tunnelstrasse	CX 97
Gablerstrasse	CX 31	Rennweg	EYZ 63	Uraniastrasse	EYZ
General Wille-Strasse	CX 33	Rindermarkt	FZ 64	Usteristrasse	EY 10
Hafnerstrasse	EY 36	Schimmelstrasse	CX 69	Waffenplatzstrasse	CX 10
Kantonsschulstrasse	FZ 39	Seebahnstrasse	CX 72	Weinbergfussweg	FY 10
Konradstrasse	EY 40	Selnaustrasse	CX 75	Zollikerstrasse	DX 10

488

ZÜRICH S. 6

Albisriederstrasse	**AU** 3	Forchstrasse	**BU**
Albitrasse	**AU** 4	Gutstrasse	**AU** 34
Asylstrasse	**BU** 7	Hardstrasse	**AT**
Badenerstrasse	**ATU**	Hardturmstrasse	**AT** 37
Bellerivestrasse	**BU**	Hohlstrasse	**AT**
Bergstrasse	**BU** 13	Limmattalstrasse	**AT**
Birmensdorferstrasse	**AU**	Luggwegstrasse	**AT** 43
Bucheggstrasse	**ABT** 16	Mythenquai	**AU** 51
Dörflistrasse	**BT** 22	Nordstrasse	**AT** 55
Dübendorfstrasse	**BT**	Ottenbergstrasse	**AT** 56
Emil Klöti-Strasse	**AT**	Rautistrasse	**ATU**
Europabrücke	**AT** 25	Regensbergstrasse	**ABT** 61
Rotbuchstrasse	**ABT** 6		
Schaffhauserstrasse	**BT** 6		
Schweighofstrasse	**AU** 7		
Seestrasse	**AU** 7		
Thurgauerstrasse	**BT** 9		
Tobelhofstrasse	**BTU**		
Uetlibergstrasse	**AU** 9		
Wallisellenstrasse	**BT** 1		
Wehntalerstrasse	**AT**		
Winterthurerstrasse	**BT** 1		
Witikonerstrasse	**BU** 1		
Zollikerstrasse	**BU**		

Die in diesem Führer angegebenen Preise folgen
der Entwicklung der allgemeinen Lebenshaltungskosten.
Lassen Sie sich bei der Zimmerreservierung
den endgültigen Preis vom Hotelier mitteilen.

Liste alphabétique des hôtels et restaurants
Alphabetisches Hotel- und Restaurantverzeichnis
Elenco alfabetico degli alberghi e ristoranti
Alphabetical list of hotels and restaurants

- 10 Adler
- 18 Airport
- 18 Allegra
- 9 Ambassador
- 13 ArabellaSheraton Neues Schloss
- 13 Ascot
- 18 Astron
- 15 Au Premier

- 12 Ban Song Thai
- 13 Barometer
- 12 Baur au Lac
- 18 Belair
- 12 Blaue Ente
- 16 Blu
- 12 Blue Monkey Cocostin

- 17 Caduff's Wine Loft
- 16 Camino "Chez Bertrand"
- 16 Cantinetta Antinori
- 15 Carlton
- 16 Casa Aurelio
- 11 Casa Ferlin
- 8 Central Plaza
- 17 Ciro
- 14 City
- 10 Conti-da Bianca

- 19 Doktorhaus (Zum)
- 8 Dolder Grand Hotel
- 8 Dolder Waldhaus

- 8 Eden au Lac
- 17 Emilio
- 14 Engimatt
- 9 Europe

- 8 Florhof
- 18 Fly Away
- 12 Frieden

- 16 Giglio, (Il)
- 14 Glärnischhof
- 14 Glockenhof
- 11 Guggach

- 10 Haus zum Rüden
- 9 Helmhaus
- 16 Heugümper
- 17 Hilton

- 15 Ibis
- 13 Inter-Continental Zürich

- 11 Jacky's Stapferstube

- 15 Kaiser's Reblaube
- 14 Kindli
- 10 Kronenhalle
- 9 Krone Unterstrass

- 10 Lady's First

- 17 Landhus
- 16 Lasalle
- 15 Lindenhofkeller

- 14 Montana
- 18 Mövenpick

- 16 Napoli
- 18 Novotel Zürich Airport Messe
- 14 Novotel Zürich Technopark

- 12 Oepfelchammer
- 9 Opera

- 15 Piccoli Accademia

- 17 Renaissance Zürich
- 10 Rex
- 18 Rias
- 10 Riesbächli
- 9 Rigihof
- 12 Rosaly's
- 10 Rössli
- 19 Rössli (Zollikon)
- 19 Rossweid (Zur)
- 10 Rütli

- 16 Sale e Pepe
- 16 Sala of Tokyo
- 12 Savoy Baur en Ville
- 13 Schweizerhof
- 9 Seefeld
- 10 Seegarten
- 8 Sofitel
- 10 Sonnenberg
- 13 Splügenschloss
- 8 Steigenberger Bellerive au Lac
- 14 Stoller
- 13 Storchen (Zum)
- 15 Sukhothai
- 17 Swisshôtel Zürich

- 10 Théâtre
- 9 Tiefenau

- 19 Uto Kulm

- 15 Veltlinerkeller
- 11 Vorderer Sternen

- 14 Walhalla
- 9 Wellenberg
- 13 Widder
- 10 Wirtschaft Flühgass
- 19 Wirtschaft zur Höhe
- 15 Wirtstuben Münsterhof
- 11 Wolfbach – Il Gattopardo

- 17 Zentraleck
- 10 Zunfthaus zur Schmiden
- 15 Zunfthaus zur Waag
- 10 Zunfthaus zur Zimmerleuten
- 9 Zürichberg
- 8 Zürich Marriott

ZÜRICH S. 8
Rechtes Ufer der Limmat (Universität, Kunsthaus)

Dolder Grand Hotel ⚘, Kurhausstr. 65, ✉ 8032, ☎ 012 693 000, info@d
dergrand.ch, Fax 012 693 001, ≤ Zürichsee, Stadt und Berge, 🌳, 🐎, ♨, ✱,
– 🛗 🍽 📞 🚗 – 🏋 15/180. AE ① ⓜ VISA. ❄ Rest S. 6 BU
La Rotonde : Menu 62 (mittags)/130 und à la carte 79/142 – **152 Zim** ⚏ 420/62
11 Suiten.

♦ Der imposante Bau in ruhiger Lage auf einem Hügel bietet einen wundervolle
Ausblick über den Zürichsee, die Stadt und die Berge. Zimmer mit klassisch-elegante
Möblierung. La Rotonde : ein edles Restaurant mit Panoramaterrasse.

Zürich Marriott, Neumühlequai 42, ✉ 8006, ☎ 013 607 070, marriott.zuric
@marriotthotels.com, Fax 013 607 777, ≤, ♨, ♒, 🏊, – 🛗, ✢ Zim, 🖥 📺 📞
🚗 – 🏋 15/250. AE ① ⓜ VISA. ❄ Rest S. 5 EY
White Elephant - thailändische Küche - (geschl. Samstag und Sonntagmittag) Men
27 - 38/90 und à la carte 56/100 – **La Brasserie** Menu 19.50 und à la carte 47/10
– ⚏ 31 – **251 Zim** 345/400, 9 Suiten.

♦ Das Hochhaus mit eigener Tiefgarage liegt direkt am Fluss. Die Zimmer unte
scheiden sich in Grösse und Ausstattung, sind neuzeitlich-komfortabel eingerichte
Im White Elephant fühlt man sich ins Königreich Siam versetzt. Die Brasserie is
schlichter gehalten.

Eden au Lac, Utoquai 45, ✉ 8008, ☎ 012 662 525, info@edenaulac.c
Fax 012 662 500, ≤, ♒ – 🛗 🖥 📺 📞 🅿 – 🏋 20. AE ① ⓜ VISA JCB
❄ Rest S. 4 DX
Menu 105 und à la carte 67/147 – **48 Zim** ⚏ 390/640, 5 Suiten.

♦ Das neubarocke Hotel gilt als Kulturdenkmal, das das Bild der Seefront seit 190
entscheidend geprägt hat. Im Inneren finden Sie alles, was Sie von einem Luxushot
erwarten. Die Speisekarte zeigt ein interessantes klassisches Angebot auf.

Steigenberger Bellerive au Lac 🅼, Utoquai 47, ✉ 8008, ☎ 012 544 00
bellerive@steigenberger.ch, Fax 012 544 001, ≤, ♨, ♒ – 🛗, ✢ Zim, 🖥 📺
& 🚗 🅿 – 🏋 15/25. AE ① ⓜ VISA S. 4 DX
Menu 22 - 53 (mittags) und à la carte 53/116 – **51 Zim** ⚏ 330/500 – ½ P Zusc
53.

♦ Das Haus mit der modern-eleganten Einrichtung im Stil der 20er Jahre liegt a
Ufer. Die Zimmer sind in Sachen Gestaltung, Technik und Komfort absolut auf de
Stand der Zeit. Das kleine, elegante Restaurant ist mit soliden Polsterstühlen klassisc
eingerichtet.

Sofitel 🅼, Stampfenbachstr. 60, ✉ 8006, ☎ 013 606 060, h1196@accor-hot
ls.com, Fax 013 606 061 – 🛗, ✢ Zim, 🖥 Zim, 📺 📞 & 🚗 – 🏋 15/40. AE ①
ⓜ VISA JCB S. 5 FY
Diff (geschl. Samstag und Sonntag) Menu 28 - 38 und à la carte 56/128 – ⚏ 34
149 Zim 420/550, 4 Suiten.

♦ Von dem ganz im Stil eines eleganten Schweizer Chalets gehaltenen Empfangs
bereich bis in die schallisolierten Zimmer prägen Holz und warme Farben das Interie
des Hauses. Backsteinmauern und viel Holz sorgen im Diff für gemütliche Atmosphär

Dolder Waldhaus ⚘, Kurhausstr. 20, ✉ 8030, ☎ 012 691 000, reservatior
@dolderwaldhaus.ch, Fax 012 691 001, ≤ Zürich und See, 🌳, 🐎, ♒, 🏊, ✱ – 🛗
🖥 Rest, 📺 📞 🚗 🅿 – 🏋 15/30. AE ① ⓜ VISA JCB S. 6 BU
Menu 25 und à la carte 51/106 – ⚏ 20 – **70 Zim** 240/460.

♦ Das ruhig gelegene Haus verfügt über zwei Zimmertypen, moderne mit farbiger
Holzmobiliar und klassisch-neuzeitliche, alle mit Balkon und schönem Blick auf Stad
und Alpen. Im Stil der 70er Jahre erhaltenes Restaurant mit Terrassenfront.

Central Plaza 🅼, Central 1, ✉ 8001, ☎ 012 515 555, info@central.c
Fax 012 518 535, 🌳 – 🛗, ✢ Zim, 🖥 Zim, 📺 📞 🚗 AE ① ⓜ VISA JCB
King's Cave - Grillspezialitäten - Menu à la carte 42/95 – ⚏ 26 – **94 Zim** 360/38
6 Suiten. S. 5 FY

♦ Das Haus liegt gegenüber dem Bahnhof, direkt am Limmatufer. Die einheitlic
gestalteten Zimmer werden den Ansprüchen des Gastes an modernen Wohnkomfor
gerecht. Im Kellergewölbe befindet sich das Grillrestaurant King's Cave.

Florhof, Florhofgasse 4, ✉ 8001, ☎ 012 614 470, info@florhof.c
Fax 012 614 611, 🌳 – 🛗, ✢ Zim, 📺 📞 AE ① ⓜ VISA S. 5 FZ
Menu (geschl. Weihnachten - Neujahr, Samstag, Sonntag und Feiertage) 28 - 4
(mittags)/88 und à la carte 71/118 – **35 Zim** ⚏ 240/360.

♦ Eine geschmackvolle Einrichtung kennzeichnet die Zimmer dieses schönen Patr
zierhauses aus dem 16. Jh. Liebe zum Detail und gute Technik überzeugen auf ganze
Linie. Ein edles Gedeck erwartet Sie im eleganten Restaurant.

ZÜRICH S. 9

Tiefenau, Steinwiesstr. 8, ✉ 8032, ☎ 012 678 787, *info@claridge.ch*, *Fax 012 512 476*, 🌿 – 🛗 📺 📞 🅿 🆎 ⓞ 🆎 VISA JCB S. 5 **FZ** h
geschl. 20. Dez. - 6. Jan. - **Orson's** *(geschl. Sonntag)* **Menu** 30 und à la carte 45/93 – 🍷 24 – **30 Zim** 290/420.
♦ Ausserhalb des Zentrums gelegen, hat das Haus eine relativ ruhige Lage. Die unterschiedlich konzipierten Zimmer sind teilweise mit Louis XV-Möbeln hübsch ausgestattet. Im Orson's serviert man eine moderne, asiatisch beeinflusste Küche.

Ambassador, Falkenstr. 6, ✉ 8008, ☎ 012 589 898, *mail@ambassadorhotel.ch*, *Fax 012 589 800* – 🛗, 🚭 Zim, ▭, 📺 📞 🆎 ⓞ 🆎 VISA JCB S. 5 **FZ** a
Menu 23 und à la carte 39/115 – **45 Zim** 🍷 270/460.
♦ Am Rande des Zentrums in unmittelbarer Nähe des Opernhauses gelegener, stattlicher Hotelbau. Zimmer und Suiten sind zeitgemäss eingerichtet und mit guter Technik versehen. Fantastische Wandmalereien mit Opernszenen schmücken das Restaurant.

Krone Unterstrass, Schaffhauserstr. 1, ✉ 8006, ☎ 013 605 656, *info@hotel-krone.ch*, *Fax 013 605 600* – 🛗, 🚭 Zim, ▭ Zim, 📺 📞 🅿 – 🅰 15/75. 🆎 ⓞ 🆎 VISA, 🚭 Rest S. 4 **CV** b
Menu 21 - 39 und à la carte 33/113 – **57 Zim** 🍷 185/280 – ½ P Zuschl. 28.
♦ Die Zimmer des Hauses, das leicht oberhalb des Zentrums an einer Tramstation liegt, sind mit hellem, funktionellem Einbaumobiliar ausgestattet und bieten klassischen Komfort. Ein offener Kamin ziert eines der Hotelrestaurants.

Seefeld 🅼 garni, Seefeldstr. 63, ✉ 8008, ☎ 013 874 141, *info@hotel-seefeld.ch*, *Fax 013 874 151*, 🏋 – 🛗 🚭 📺 📞 🅿 🆎 ⓞ 🆎 VISA S. 4 **DX** k
64 Zim 🍷 185/300.
♦ Schwarzes Mobiliar ziert die Zimmer dieses kürzlich renovierten Hotels, dessen verschiedene Etagen in ansprechenden, frischen Pastelltönen gehalten sind.

Rigihof 🅼, Universitätstr. 101, ✉ 8006, ☎ 013 611 685, *info@hotel-rigihof.ch*, *Fax 013 611 617*, 🌿 – 🛗 Zim, 📺 📞 🅿 – 🅰 20. 🆎 ⓞ 🆎 VISA JCB
Bauhaus : **Menu** 19.50 und à la carte 45/85 – **66 Zim** 🍷 200/360. S. 4 **DV** c
♦ Das Hotel wurde im zeitlosen Bauhausstil konzipiert. Jedes der Zimmer ist einer anderen mit Zürich verbundenen Persönlichkeit künstlerisch gewidmet und trägt ihren Namen. Klare Linien und Farben herrschen im Restaurant Bauhaus vor.

Opera garni, Dufourstr. 5, ✉ 8008, ☎ 012 589 999, *mail@operahotel.ch*, *Fax 012 589 900* – 🛗 🚭 ▭ 📺 📞 🆎 ⓞ 🆎 VISA JCB S. 5 **FZ** b
geschl. 21. Dez. - 6. Jan. - **62 Zim** 🍷 260/360.
♦ Das direkt gegenüber gelegene Opernhaus hat diesem Geschäftshotel seinen Namen gegeben. Gepflegte Zimmer mit zeitgemäßem Komfort stehen zum Einzug bereit.

Europe, Dufourstr. 4, ✉ 8008, ☎ 012 611 030, *info@hoteleurope-zuerich.ch*, *Fax 012 510 367*, 🌿 – 🛗, 🚭 Zim, 📺 📞 🆎 ⓞ 🆎 VISA JCB S. 5 **FZ** u
Quaglinos : **Menu** 22 und à la carte 51/101 – 🍷 23 – **40 Zim** 210/310.
♦ Am Rande des Zentrums, unweit der Oper gelegenes Hotel. Die Zimmer in Beige sind ein wenig nüchtern mit Stilmobiliar und nostalgisch anmutenden Accessoires ausgestattet. Das Quaglinos ist ein trendiges Lokal.

Wellenberg 🅼 garni, Niederdorfstr. 10, ✉ 8001, ☎ 012 624 300, *reservation @hotel-wellenberg.ch*, *Fax 012 513 130* – 🛗 🚭 📺 📞 🆎 ⓞ 🆎 VISA
45 Zim 🍷 280/390. S. 5 **FZ** s
♦ Mitten in der Altstadt gelegenes Haus, das über moderne Zimmer, teilweise im Art déco-Stil, verfügt. Es erwartet sie ein eleganter Frühstücksraum mit Sommerterrasse.

Zürichberg 🅼 🌿, Orellistr. 21, ✉ 8044, ☎ 012 683 535, *info@zuerichberg.ch*, *Fax 012 683 545*, ≤ Zürich, See und Berge, 🌿 – 🛗, 🚭 Zim, 📺 📞 🅿 – 🅰 15/80. 🆎 ⓞ 🆎 VISA S. 6 **BTU** h
Menu (alkoholfrei) 21 und à la carte 44/111 – **66 Zim** 🍷 170/340.
♦ Das ehemalige Kurhaus aus dem Jahre 1900 ist in zwei mit einem Gang verbundene Gebäude unterteilt. Der Neubau in elliptischer Form ist mit Holz verkleidet. Eine Panoramaterrasse ergänzt das Restaurant.

Helmhaus garni, Schiffländе 30, ✉ 8001, ☎ 012 518 810, *hotel@helmhaus.ch*, *Fax 012 510 430* – 🛗 🚭 ▭ 📺 📞 🆎 ⓞ 🆎 VISA JCB, 🚭 S. 5 **FZ** v
24 Zim 🍷 190/342.
♦ Das im Herzen der Stadt gelegene Haus bietet Zimmer, die meist mit weissem Einbaumobiliar funktionell und frisch eingerichtet sind. Frühstücksraum in der ersten Etage.

ZÜRICH S. 10

Adler M, Rosengasse 10, am Hirschenplatz, ✉ 8001, ✆ 012 669 696, info@ho tel-adler.ch, Fax 012 669 669, 🍴 – 🛗, ⚡ Zim, 📺 ☎ AE ⓘ ⓜⓞ VISA JCB
Swiss Chuchi *(geschl. Weihnachten)* **Menu** 18 und à la carte 39/83 – **52 Zin** ⛌ 220/290 – ½ P Zuschl. 30.
S. 5 FZ v
♦ Die Zimmer mit hellem, funktionellem Holzmobiliar und moderner Technik sind vor Wandbildern mit Zürcher Altstadtansichten des Malers Heinz Blum geschmückt. Ei rustikales Umfeld erwartet Sie im zur Strasse liegenden Swiss-Chuchi.

Théâtre M garni, Seilergraben 69, ✉ 8001, ✆ 012 672 670, info@hotel-du-th eatre.ch, Fax 012 672 671 – 🛗 ⚡ 📺 ☎ AE ⓘ ⓜⓞ VISA JCB
S. 5 FY f
⛌ 15 – **50 Zim** 150/290.
♦ Nach einem Totalumbau ist ein Hotel wiederestanden, das den Ausdruck "modern" in allen Belangen rechtfertigt. Die farblich froh gestalteten Zimmer sind beinahe iden tisch.

Lady's First M garni, nur für Frauen reserviert, Mainaustr. 24, ✉ 8008 ✆ 013 808 010, info@ladysfirst.ch, Fax 013 808 020, 🍴, 🚭 – 🛗 📺 ☎ ♿ AE ⓘ ⓜⓞ VISA, ⚡
S. 4 DX r
geschl. 23. Dez. - 6. Jan. – ⛌ 25 – **28 Zim** 175/280.
♦ Das Haus, dessen Saunabereich über eine grosse Dachterrasse verfügt, ist Frauer vorbehalten. Die Dame übernachtet in schlichten, mit modernen Einbaumöble gestalteten Zimmern.

Seegarten, Seegartenstr. 14, ✉ 8008, ✆ 013 883 737, seegarten@bluewin.ch Fax 013 833 738, 🍴 – 🛗 📺 ☎ AE ⓘ ⓜⓞ VISA JCB
S. 4 DX b
Latino - italienische Küche - *(geschl. Samstag und Sonntag jeweils mittags)* **Men** 26 und à la carte 44/91 – **28 Zim** ⛌ 179/290.
♦ Eine südländische Atmosphäre begleitet den Gast vom pflanzengeschmückten Ein gang bis in die Zimmer, die mit Parkettböden und Rattan- oder Naturholzmöbel eingerichtet sind. Terrakottaboden und Dekor im Restaurant wirken mediterran.

Rütli M garni, Zähringerstr. 43, ✉ 8001, ✆ 012 545 800, info@rutli.ch Fax 012 545 801 – 🛗 ⚡ 📺 ☎ ♿ AE ⓘ ⓜⓞ VISA
S. 5 FY a
geschl. 20. Dez. - 5. Jan. – **62 Zim** ⛌ 195/290.
♦ Am Anfang der Altstadt gelegenes Hotel. Der Parkettboden und die schlichte Holz möblierung sorgen in den frisch renovierten Zimmern für einfachen Komfort.

Rex M, Weinbergstr. 92, ✉ 8006, ✆ 013 602 525, hotelrex@swissonline.ch Fax 013 602 552, 🍴 – 🛗, ⚡ Zim, 📺 ☎ 🅿 AE ⓘ ⓜⓞ VISA
S. 4 DV a
Blauer Apfel *(geschl. Samstag und Sonntag)* **Menu** 19.50 und à la carte 42/83 – **38 Zim** ⛌ 145/230.
♦ Das Hotel am Rande des Stadtzentrums hat mit blauem, recht einfachem Mobilia funktionell eingerichtete Zimmer. Unterschiedliche Grösse und Aufmachung, moder nes Styling. Das Restaurant Blauer Apfel ist ein fröhlich gestaltetes Lokal.

Rössli M garni, Rössligasse 7, ✉ 8001, ✆ 012 567 050, reception@hotelroessli.ch Fax 012 567 051 – 🛗 📺 video ☎ AE ⓘ ⓜⓞ VISA JCB
S. 5 FZ g
22 Zim ⛌ 200/280.
♦ Neben der modernen Reception liegt eine Bar mit Snackangebot. Die Räume des renovierten Altstadthauses sind mit zeitgemässer Technik und hellem Holzmobilia ausgestattet.

Sonnenberg, Hitziweg 15, ✉ 8032, ✆ 012 669 797, restaurant@sonnenberg -zh.ch, Fax 012 669 798, ≤ Zürich und See, 🍴 – 🍽 🅿 AE ⓘ ⓜⓞ VISA
Menu - Kalbs- und Rindsspezialitäten - *(Tischbestellung erforderlich)* à la carte 68/150.
S. 6 BU c
♦ Hoch gelegen im Gebäude der FIFA mit grandiosem Ausblick auf Stadt, See und Berge. Im halbmondförmigen Panoramarestaurant werden traditionelle und Zürcher Gerichte zelebriert.

Wirtschaft Flühgass, Zollikerstr. 214, ✉ 8008, ✆ 013 811 215 Fax 014 227 532 – 🅿 AE ⓜⓞ VISA
S. 6 BU s
geschl. 24. Dez. - 5. Jan., 19. Juli - 17. Aug., Samstag (ausser abends Nov. - Dez.) und Sonntag - **Menu** (Tischbestellung ratsam) 51 (mittags)/130 und à la carte 58/125
♦ Die ehemalige Weinschenke aus dem 16. Jh. hat drei gemütliche Stuben, in denen zeit gemässe, raffinierte Küche geboten wird. Kleinere Karte in der rustikalen Gaststube.

Kronenhalle, Rämistr. 4, ✉ 8001, ✆ 012 516 669, Fax 012 516 681 – 🍽 AE ⓘ ⓜⓞ
S. 5 FZ t
Menu (Tischbestellung erforderlich) 39 und à la carte 63/162.
♦ Mit seiner bemerkenswerten Kunstsammlung ist das Restaurant in einem eher unauffälligen Gebäude eine Zürcher Institution. Die Speiseauswahl ist gutbürgerlich

ZÜRICH S. 11

XXX **Zunfthaus zur Schmiden**, Marktgasse 20, ✉ 8001, ✆ 012 505 848, *jdemu nk@dinner.ch*, Fax 012 505 849 – 🍴, AE ①, MC, VISA S. 5 **FZ** x
geschl. 23. - 30. Dez., 11. Juli - 11. Aug., Samstag und Sonntag – **Menu** 19.50 - 77 (abends) und à la carte 54/115.
♦ In dem Zunfthaus aus dem 15. Jh. bewirtet man Sie heute mit klassischer Kost im Restaurant in der ersten Etage, das trotz neuem Mobiliar dem Charakter des Hauses gerecht wird.

XXX **Haus zum Rüden**, Limmatquai 42 (1. Etage), ✉ 8001, ✆ 012 619 566, *info@h auszumrueden.ch*, Fax 012 611 804 – 🛗, 🍴, AE ①, MC, VISA, JCB S. 5 **FZ** c
geschl. Samstag - Sonntag – **Menu** 56 (mittags)/108 und à la carte 76/137.
♦ Das Restaurant im Zunfthaus aus dem 13. Jh. überrascht mit seiner Holzflachtonnendecke. In historisch-gediegener Atmosphäre wählt man aus der gutbürgerlichen Karte.

XXX **Zunfthaus zur Zimmerleuten**, Limmatquai 40, ✉ 8001, ✆ 012 505 363, *zimmerleuten-zurich@bluewin.ch*, Fax 012 505 364, 🌳 – 🛗, 🍴, AE ①, MC, VISA
geschl. 25. Dez., 2. Jan. und 27. Juli - 10. Aug. – **Restaurant** (1. Etage) **Menu** 22 und à la carte 49/111 – **Küferstube** : **Menu** 17 - 57/87 und à la carte 41/79.
♦ Im ersten Stock des Zunfhauses aus dem Jahre 1708 befindet sich das Restaurant. Geschnitzte Holzbalken geben dem Raum sein stimmungsvolles Ambiente. Alte Fässer und dunkles Holz prägen die Einrichtung der Küferstube. S. 5 **FZ** z

XX **Riesbächli**, Zollikerstr. 157, ✉ 8008, ✆ 014 222 324, Fax 014 222 941 – AE ① MC VISA JCB S. 6 **BU** k
geschl. 22. Dez. - 5. Jan., 28. Juli - 17. Aug., Samstag (ausser abends von Nov. - März) und Sonntag – **Menu** 55 (mittags)/160 und à la carte 76/150.
♦ Die traditionelle Gastwirtschaft mit bemerkenswertem Weinkeller vereinigt unter ihrem Dach drei optisch getrennte Stuben. Zu guten Weinen geniesst man klassische Küche.

XX **Conti-da Bianca**, Dufourstr. 1, ✉ 8008, ✆ 012 510 666, Fax 012 510 686 – AE ① MC VISA S. 5 **FZ** y
geschl. Mitte Juli - Mitte Aug., Sonntag und Montag – **Menu** - italienische Küche - à la carte 70/115.
♦ Am Rande des Zentrums situiert, liegt in dem langgezogenen, gediegenen Speiseraum mit schöner Stukkaturdecke und kleinen Leuchtern die klassische italienische Karte auf.

XX **Jacky's Stapferstube**, Culmannstr. 45, ✉ 8006, ✆ 013 613 748, *jackys@st apferstube.ch*, Fax 013 640 060, 🌳 – 🅿, AE ①, MC, VISA S. 5 **FY** f
geschl. 12. Juli - 13. Aug., Sonntag und Montag – **Menu** 38 - 54 (mittags) und à la carte 67/148.
♦ Ein älteres Haus mit grünlichen Fensterläden beherbergt diese gastliche Adresse. Viel Holz gibt dem Interieur seinen leicht rustikalen Charakter - Bilder dienen als Dekor.

XX **Guggach**, Rötelstr. 150, am Bucheggplatz, ✉ 8057, ✆ 013 633 210, Fax 013 611 186, 🌳 – 🍴, AE ①, MC, VISA S. 6 **AT** d
geschl. 21. Dez. - 5. Jan., 28 Juli - 17 Aug., Samstag, Sonn- und Feiertage – **Menu** 20 und à la carte 46/87.
♦ In diesem Hochhaus wird man von einer rustikalen Einrichtung mit Holzdecke, Balken und sogar einer original Schweizer Sennenhütte überrascht. Das Angebot ist gutbürgerlich.

XX **Wolfbach - Il Gattopardo**, Wolfbachstr. 35, ✉ 8032, ✆ 012 525 180, Fax 012 525 312, 🌳 – AE ①, MC, VISA, ✂ S. 4 **DX** c
geschl. 15. Juli - 15. Aug., 24. - 31. Dez., Samstagmittag und Sonntag – **Menu** - italienische Küche - 44 (mittags)/90 und à la carte 60/121.
♦ Das rustikale und gemütliche Lokal ist im Stil einer Bündner Gastwirtschaft gestaltet. Moderne Beleuchtungselemente erleichtern das Lesen der italienischen Speisekarte.

XX **Vorderer Sternen**, Theaterstr. 22 (1. Etage), ✉ 8001, ✆ 012 514 949, *info @vorderer-sternen.ch*, Fax 012 529 063, 🌳 – AE ①, MC, VISA S. 5 **FZ** e
geschl. 19. Juli - 17. Aug. und Weihnachten – **Menu** 22 und à la carte 42/85.
♦ Im Parterre liegt ein einfaches Café, darüber das Restaurant mit heimeligem Charakter und dunklem Holz. Die Karte mit interessanter Auswahl bietet günstige Gerichte an.

XX **Casa Ferlin**, Stampfenbachstr. 38, ✉ 8006, ✆ 013 623 509, *casaferlin@swiss online.ch*, Fax 013 623 534 – 🍴, AE ①, MC, VISA S. 5 **FY** c
geschl. Mitte Juli - Mitte Aug., 21. Dez. - 5. Jan., Samstag und Sonntag – **Menu** - italienische Küche - (Tischbestellung ratsam) 30 - 52 und à la carte 62/130.
♦ In einem klassisch eingerichteten Raum mit offenem Kamin und rustikalem Mobiliar werden Speisen von einer italienischen Karte mit passenden Weinen serviert.

ZÜRICH S. 12

XX **Blue Monkey Cocostin,** Stüssihofstatt 3 (1. Etage), ✉ 8001, ℘ 012 617 618
koenigstuhl@bluewin.ch, Fax 012 627 123, 🍴 – 🛋 15/40. AE ①
MC VISA   S. 5   FZ
Menu - thailändische Küche - 19 - 52 und à la carte 58/96.

♦ Im Zunfthaus zur Schneidern ist auf zwei Etagen ein modernes Thai-Restaurant eingezogen. Das Parterre im Bistrostil mit Bar, der erste Stock gut eingedeckt.

X **Blaue Ente,** Seefeldstr. 223 (Mühle Tiefenbrunnen), ✉ 8008, ℘ 013 886 840
info@blaue-ente.ch, Fax 014 227 741, 🍴 – AE ① MC VISA   S. 6   BU
geschl. 24. Dez. - 4. Jan. und 20. Juli - 12. Aug. – **Menu** (Tischbestellung ratsam) 26
und à la carte 58/100.

♦ Das trendige Restaurant mit viel Glas, Röhren und gigantischem Räderwerk liegt in der ehemaligen Mühle Tiefenbrunnen. Heitere Atmosphäre, das Angebot modern-gutbürgerlich.

X **Oepfelchammer,** Rindermarkt 12, (1. Etage), ✉ 8001, ℘ 012 512 336
Fax 012 627 533, 🍴 – AE ① MC VISA   S. 5   FZ
geschl. 23. Dez. - 7. Jan. und 14. Juli - 12. Aug. – **Menu** 24 - 105 und à la carte 52/91

♦ Der Dichter Gottfried Keller war Stammgast der original Weinstube im Gasthaus aus dem 14. Jh. Auch im Restaurant gutbürgerliche Küche mit regionalen Spezialitäten.

X **Rosaly's,** Freieckgasse 7, ✉ 8001, ℘ 012 614 430, info@rosalys.ch.ch
Fax 012 614 413, 🍴 – AE ① MC VISA   S. 5   FZ
geschl. Samstag und Sonntag jeweils mittags und Weihnachten – **Menu** 22 und à la
carte 41/83.

♦ Das Ambiente in diesem modernen, schlicht möblierten Restaurant ist locker und es werden interessante internationale Gerichte auf gehobener traditioneller Basis zubereitet.

X **Frieden,** Stampfenbachstr. 32, ✉ 8006, ℘ 012 531 810, Fax 012 531 812, 🍴
– AE ① MC VISA   S. 5   FY
geschl. 16. - 30. März, 5. - 19. Okt. Samstag und Sonntag – **Menu** 25 und à la carte 49/90.

♦ Das in einem Stadthaus untergebrachte Restaurant zeigt sich in bistroartigem Stil - schlichtes Holzmobiliar und Parkettboden prägen die Einrichtung. Freundlicher Service.

X **Ban Song Thai,** Kirchgasse 6, ✉ 8001, ℘ 012 523 331, bansong@bluewin.ch
Fax 012 523 315 – AE MC VISA   S. 5   FZ
geschl. 22. Dez. - 5. Jan., 20. Juli - 11. Aug., Samstagmittag und Sonntag – **Menu**
- thailändische Küche - (Tischbestellung ratsam) 26 - 56 und à la carte 53/101.

♦ Ganz in der Nähe von Kunsthaus und Grossmünster befindet sich dieses Restaurant. Der Name des Hauses sagt es bereits : Die Küche lädt Sie ein auf eine Reise nach Thailand.

Linkes Ufer der Limmat (Hauptbahnhof, Geschäftszentrum) :

🏨 **Baur au Lac,** Talstr. 1, ✉ 8001, ℘ 012 205 020, info@bauraulac.ch
Fax 012 205 044, 🍴, 📶, 🌳 – 📶, 🛏 Zim, 📺 🐾 ♿ 🚗 – 🛋 15/60. AE ① MC
VISA JCB. ✂   S. 5   EZ
Le Pavillon / Le Français : Menu 80 (mittags)/140 und à la carte 79/176 – **Rive
Gauche** (geschl. Juli - Aug. 3 Wochen, Sonn- und Feiertage) **Menu** à la carte 59/140
– 🍽 38 – **108 Zim** 470/680, 17 Suiten.

♦ Das traditionelle Hotel mit schönem Garten hat luxuriös eingerichtete Zimmer. Auf dem Dach ist ein Fitnessraum mit Blick auf den See. Im Sommer werden Sie im Pavillon, im Winter im Français kulinarisch verwöhnt. Das Rive Gauche ist dem Kolonialstil angelehnt.

🏨 **Savoy Baur en Ville** M, am Paradeplatz, ✉ 8001, ℘ 012 152 525, contact
@savoy-baurenville.ch, Fax 012 152 500 – 📶, 🛏 Zim, 📺 video 🐾 ♿ – 🛋 15/70
AE ① MC VISA JCB. ✂   S. 5   EZ
Savoy (1. Etage) **Menu** 41 - 64 (mittags) und à la carte 70/142 – **Orsini** (am Münsterhof) - italienische Küche - (Tischbestellung ratsam) **Menu** 44 - 59 (mittags)/98 und à la carte 62/135 – **104 Zim** 🍽 450/700, 8 Suiten.

♦ Das im Herzen der Stadt gelegene Hotel bietet mit seiner groYzügigen Architektur des 19. Jh. einen stilvollen Rahmen. Service und ein modern-elegantes Interieur überzeugen. Klassisch-elegant : das Savoy in der 1. Etage. Die italienische Alternative : das Orsini.

ZÜRICH S. 13

Widder M, Rennweg 7, ⊠ 8001, ℰ 012 242 526, *home@widderhotel.com*, Fax *012 242 424*, 斎, 庙 – 📶 🖼 📺 ℂ 🚗 – 🏊 15/100. 🆎 ⓞ ⓜⓞ 🆅🅸🆂🅰 🅹🅲🅱.
❀ Rest S. 5 **EZ** v
Menu 32 - 89 (abends) und à la carte 66/133 – **42 Zim** 🛏 450/790, 7 Suiten.
◆ In dem Hotel, bestehend aus 10 renovierten, historischen Altstadthäusern, genießen Sie ein erlesenes Interieur und hohen Komfort kombiniert mit zeitgenössischen Bauelementen. Als Orte voller Charme und Charakter präsentieren sich die beiden Restaurants.

Schweizerhof M, Bahnhofplatz 7, ⊠ 8001, ℰ 012 188 888, *info@hotelschweizerhof.com*, Fax *012 188 181* – 📶, ⛱ Zim, 🖼 📺 ℂ – 🏊 15/40. 🆎 ⓞ ⓜⓞ 🆅🅸🆂🅰
🅹🅲🅱. S. 5 **EY** a
La Soupière (1. Etage) *(geschl. Samstagmittag, Sonn- und Feiertage)* **Menu** 72(mittags)/102 und à la carte 79/138 – **115 Zim** 🛏 410/680.
◆ Im Herzen der Stadt, direkt gegenüber dem Hauptbahnhof liegt diese traditionsreiche Residenz. Hinter einer imposanten Fassade überzeugen moderne Eleganz und Wohnkomfort. Das Restaurant La Soupière präsentiert sich klassisch-gediegen.

Ascot M, Tessinerplatz 9, ⊠ 8002, ℰ 012 081 414, *info@ascot.ch*, Fax *012 081 420*, 斎 – 📶, ⛱ Zim, 🖼 📺 ℂ 🚗 – 🏊 15/50. 🆎 ⓞ ⓜⓞ 🆅🅸🆂🅰 🅹🅲🅱.
❀ Rest S. 4 **CX** a
Lawrence : **Menu** 58 (mittags)/98 und à la carte 59/130 – **Fujiya of Japan** ℰ *012 081 555* - japanische Küche (Teppanyaki) - *(geschl. Samstagmittag, Sonntag und Montag)* **Menu** 48 (mittags) und à la carte 58/108 – **74 Zim** 🛏 390/580 – ½ P Zuschl. 48.
◆ Das Haus mit stilvoller Einrichtung bietet Zimmer, die entweder in Mahagoni oder in gekalkter Eiche gestaltet sind. Die Technik ist durchweg modern. Das Lawrence ist im Tudor Stil gehalten. Das Fujiya of Japan ist ein typisches Teppanyakirestaurant.

Zum Storchen M, Am Weinplatz 2, ⊠ 8001, ℰ 012 272 727, *info@storchen.ch*, Fax *012 272 700*, ≤, 斎 – 📶, ⛱ Zim, 🖼 Zim, 📺 ℂ – 🏊 15/20. 🆎 ⓞ ⓜⓞ 🆅🅸🆂🅰
🅹🅲🅱. ❀ Rest S. 5 **EZ** u
Rôtisserie (1. Etage) **Menu** 45 - 65 (mittags)/89 und à la carte 62/119 – **73 Zim** 🛏 325/670.
◆ Das traditionelle Hotel - eines der ältesten der Stadt - liegt direkt an der Limmat. Eine elegante, komfortable Ausstattung sorgt für einen erholsamen Aufenthalt. Eine sehr schöne Terrasse am Fluß ergänzt das Restaurant und bietet einen Blick auf die Altstadt.

ArabellaSheraton Neues Schloss M, Stockerstr. 17, ⊠ 8002, ℰ 012 869 400, *neuesschloss@arabellasheraton.com*, Fax *012 869 445* – 📶, ⛱ Zim, 🖼 📺 ℂ 🚗 – 🏊 20. 🆎 ⓞ ⓜⓞ 🆅🅸🆂🅰 🅹🅲🅱. ❀ Rest S. 5 **EZ** m
Le Jardin *(geschl. Samstagmittag, Sonn- und Feiertage ausser für Hotelgäste)* **Menu** 29 - 57 (mittags)/75 und à la carte 68/104 – 🛏 30 – **60 Zim** 425/530.
◆ Unweit vom See gelegen, ist das Haus optimaler Ausgangspunkt für Ihre Unternehmungen. Die frisch renovierten Zimmer sind mit elegantem Holzmobiliar modern eingerichtet. Das Restaurant im Parterre ist mit vielen Pflanzen dekoriert.

Splügenschloss, Splügenstr. 2 / Genferstrasse, ⊠ 8002, ℰ 012 899 999, *hotel@splugenschloss.ch*, Fax *012 899 998* – 📶, ⛱ Zim, 🖼 📺 ℂ 🅿 – 🏊 20. 🆎 ⓞ
ⓜⓞ 🆅🅸🆂🅰 🅹🅲🅱. S. 4 **CX** e
Menu 68 (mittags)/110 und à la carte 70/164 – **50 Zim** 🛏 295/580 – ½ P Zuschl. 75.
◆ Das Haus mit Türmchen wirkt von Weitem tatsächlich wie ein Schloss. Die Räume sind im Stil ähnlich - unterscheiden sich lediglich durch Farbgebung und Zuschnitt. Im Schlossrestaurant speisen, klingt gut ! Das gediegene Ambiente unterstützt diesen Eindruck.

Inter-Continental Zurich, Badenerstr. 420, ⊠ 8004, ℰ 014 044 444, *zurich@interconti.com*, Fax *014 044 440*, 斎, 庙, ≘s, 🏊 – 📶, ⛱ Zim, 🖼 📺 ℂ & 🚗
– 🏊 15/400. 🆎 ⓞ ⓜⓞ 🆅🅸🆂🅰 S. 6 **AT** c
Relais des Arts : **Menu** 29 - 45 (mittags)/120 und à la carte 56/91 – 🛏 28 – **364 Zim** 390/510.
◆ Zu den Annehmlichkeiten dieses Hotels zählt neben komfortablen Zimmern - neuzeitlich und funktionell ausgestattet - auch die gute Anbindung an Flughafen und Autobahn. Im Relais des Arts bittet man Sie in leicht elegantem Umfeld zu Tisch.

ZÜRICH S. 14

Glärnischhof M, Claridenstr. 30, ✉ 8002, ✆ 012 862 222, info@glaernischhof.com, Fax 012 862 286 – 🛗, ⇔ Zim, 🍴 Rest, 📺 ☎ P – 🅰 25. AE ① ⓜ VISA JCB
Le Poisson - Fischspezialitäten - *(geschl. Samstag und Sonntag)* **Menu** 56/95 und à la carte 69/112 – **Vivace** - italienische Küche - **Menu** 26 und à la carte 41/88 – **62 Zim** ⇌ 330/480.   S. 5 **EZ**

◆ Das Stadthaus am Rande des Zentrums verfügt über Zimmer, die in hellen frischer Farben gehalten und mit edlem Holzmobiliar funktionell eingerichtet sind. Wie der Name schon sagt : Im Le Poisson speist man Fisch. Im Vivace erfreut man Sie mit cucina italiana.

Engimatt, Engimattstr. 14, ✉ 8002, ✆ 012 841 616, info@engimatt.ch, Fax 012 012 516, 🌿, ✻ – 🛗 📺 ☎ 🅿 – 🅰 15/25. AE ① ⓜ VISA JCB
Menu 18.50 - 43 (mittags)/85 und à la carte 42/95 – **78 Zim** ⇌ 230/340 – ½ P Zuschl. 35.   S. 4 **CX**

◆ Das Hotel liegt nahe dem Zentrum und dennoch im Grünen. Die Zimmer sind solide und zeitgemäY ausgestattet, teils mit geschmackvoller, rustikal-eleganter Einrichtung. Das Restaurant Orangerie ist ein moderner Glas- und Stahlbau im Stil eines Wintergartens.

Glockenhof, Sihlstr. 31, ✉ 8001, ✆ 012 259 191, info@glockenhof.ch, Fax 012 259 292, 🌿 – 🛗, ⇔ Zim, 🍴 Rest, 📺 ☎ 🅿 – 🅰 15/40. AE ① ⓜ VISA JCB
Menu 48 (mittags) und à la carte 40/87 – **106 Zim** ⇌ 260/400.   S. 5 **EZ** b

◆ Die zentrale Lage ist nur einer der Vorzüge dieses gut geführten Hotels. Im Haus gehören zeitgemäY ausgestattete Zimmer und eine moderne Technik zu den Annehmlichkeiten. In der Glogge-Stube erwartet Sie ein gepflegtes, unaufdringliches Ambiente.

Stoller, Badenerstr. 357, ✉ 8003, ✆ 014 054 747, info@stoller.ch, Fax 014 054 848, 🌿 – 🛗 ⇔ Zim 📺 ☎ 🅿 – 🅰 15/25. AE ① ⓜ VISA JCB
Menu 24 und à la carte 42/95 – **79 Zim** ⇌ 280/450 – ½ P Zuschl. 30.

◆ An der Peripherie der Innenstadt nahe einer Tramstation gelegen. Einheitliche Zimmer mit grauen Furniermöbeln. Nach hinten ruhigere Räume mit Balkon. Das Restaurant, im Sommer mit Strassencafe, ist in zwei Stuben mit dunklem Holzmobiliar aufgeteilt.   S. 6 **AU** x

Novotel Zürich Technopark M, Schiffbaustr. 13, ✉ 8005, ✆ 012 762 222, H2731@accor-hotels.com, Fax 012 762 323, 🌿, 🎾, 🏊 – 🛗, ⇔ Zim, 📺 ☎ ♿ 🚗 – 🅰 15/120. AE ① ⓜ VISA JCB   S. 6 **AT** r
Menu 39 (mittags) und à la carte 34/93 – **142 Zim** ⇌ 205/230.

◆ Das neu erbaute, vollständig schwarz verglaste Hotel bietet identische mit weiss furniertem Einbaumobiliar ausgestattete, moderne Zimmer mit ausreichendem Platzangebot.

Walhalla M garni, Limmatstr. 5, ✉ 8005, ✆ 014 465 400, walhalla-hotel@bluewin.ch, Fax 014 465 454 – 🛗 ⇔ 📺 ☎ – 🅰 15/20. AE ① ⓜ VISA JCB
⇌ 16 – **48 Zim** 160/220.   S. 5 **EY** r

◆ Verkehrstechnisch günstige Lage hinter dem Bahnhof an einer Tramstation. Die Zimmer mit gemalten Götterszenen sind in dunklem Holz möbliert. Dependence nicht erwähnenswert.

Kindli, Pfalzgasse 1, ✉ 8001, ✆ 012 115 917, info@hotelkindli.ch, Fax 012 116 528, 🌿 – 🛗 📺. AE ① ⓜ VISA   S. 5 **EZ** d
Opus ✆ 012 114 182 *(geschl. Samstagmittag, Sonn- und Feiertage)* **Menu** 28 - 76 und à la carte 53/102 – **20 Zim** ⇌ 240/360.

◆ In geschichtsträchtiger Umgebung mit traditionsreichem Zürcher Stadthaus mit Einrichtung im englischen Landstil wurden die Zimmer individuell von Laura Ashley gestaltet. Im Opus ebenfalls Laura Ashley-Stil ; abends vielfältige kulturelle Veranstaltungen

Montana, Konradstr. 39, ✉ 8005, ✆ 0433 666 000, reservation@hotelmontana.ch, Fax 0433 666 010 – 🛗, ⇔ Zim, 📺 ☎ 🅿 AE ① ⓜ VISA JCB   S. 5 **EY** f
Bistro Le Lyonnais *(geschl. Samstagmittag und Sonntag)* **Menu** 25 (mittags)/40 und à la carte 44/97 – **74 Zim** ⇌ 180/310 – ½ P Zuschl. 32.

◆ Das Haus liegt hinter dem Bahnhof. Mit dem verglasten Lift im gedeckten Lichthof kommen Sie in Ihr Zimmer, die mit einfachem dunklem Einbaumobiliar ausgestattet ist. Bistro Le Lyonnais mit separatem Eingang und typischer Einrichtung.

City, Löwenstr. 34, ✉ 8001, ✆ 012 171 717, hotelcity@bluewin.ch, Fax 012 171 818 – 🛗, 🍴 Rest, 📺 ☎ 🅿 – 🅰 20. AE ① ⓜ VISA JCB   S. 5 **EY** h
Menu *(geschl. Samstagabend und Sonntag)* 22.50 und à la carte 38/90 – **72 Zim** ⇌ 145/260.

◆ Das Haus im Zentrum hat Zimmer unterschiedlichen Zuschnitts, die mit solidem Mobiliar ausgestattet und in diversen hellen Farben gehalten sind. Hofzimmer klimatisiert.

ZÜRICH S. 15

Ibis M, Schiffbaustr. 11, ⌧ 8005, ℘ 012 762 100, h2942@accor-hotels.com, Fax 012 762 101, 斧 – 劇, ⇥ Zim, TV ℳ & ⇔. AE ① ⓜ VISA S. 6 **AT** n
Menu *(geschl. Sonntagmittag)* 18 und à la carte 35/60 – ⌑ 14 – **155 Zim** 109.
♦ An Stelle der alten Schiffsbauhallen hat sich hier das neue Hotel etabliert, das in seinen funktionell eingerichteten Zimmern für wenig Geld einiges zu bieten hat. Das Bistro Swiss Park bietet Schweizer Spezialitäten aus allen vier Sprach- und Speiseregionen.

Sukhothai, Erlachstr. 46, ⌧ 8003, ℘ 014 626 622, heymann@sukhothai.ch, Fax 014 626 654 – ▤. AE ① ⓜ VISA. ≫ S. 4 **CX** h
geschl. 22. Dez. - 2. Jan., 13- 21. April, 20. Juli - 3. Aug., Sonntag und Montag - **Menu** - thailändische Küche - *(nur Abendessen)* (Tischbestellung ratsam) 149 und à la carte 88/167.
♦ Das Restaurant empfängt Sie mit diskreter Eleganz und einigen Kunstgegenständen aus Siam. Es wird eine breitgefächerte Palette thailändischer Köstlichkeiten seviert.

Kaiser's Reblaube, Glockengasse 7, ⌧ 8001, ℘ 012 212 120, rest.reblaube@bluewin.ch, Fax 012 212 155, 斧 – AE ① ⓜ VISA. ≫ S. 5 **EZ** y
geschl. 20. Juli - 11. Aug., Montagabend von April - Sept., Samstagmittag und Sonntag – **Goethe-Stübli** (1.Etage) (Tischbestellung ratsam) **Menu** 39 -56 (mittags)/140 – **Weinstube :** Menu à la carte 65/115.
♦ In einem historischen Altstadthaus in einem Gewirr von Gassen liegt im 1. Stock das gemütliche Goethe-Stübli. Feine Gerichte im Sinne der Nouvelle Cuisine. Lebendige Weinstube im einfachen Bistrostil ; mit Garten. Bürgerliche Karte.

Lindenhofkeller, Pfalzgasse 4, ⌧ 8001, ℘ 012 117 071, lindenhofkeller@bluewin.ch, Fax 012 123 337, 斧 – AE ① ⓜ VISA. ≫ S. 5 **EZ** z
geschl. 24. Dez. - 5. Jan., 24. Mai - 8. Juni, 21. - 28. Sept., Samstag (ausser Nov. und Dez.), Sonn- und Feiertage – **Menu** 39 - 59 (mittags)/95 und à la carte 54/139.
♦ Beim Eingang die Wein-Lounge, dann der Abstieg in das geschmackvoll renovierte Gewölberestaurant, wo Sie in gemütlichem Ambiente eine gutbürgerliche Speisekarte erwartet.

Veltlinerkeller, Schlüsselgasse 8, ⌧ 8001, ℘ 012 254 040, info@veltlinerkeller.ch, Fax 012 254 045 – AE ① ⓜ VISA JCB S. 5 **EZ** t
geschl. 21. Dez. - 6. Jan., 19. Juli - 17. Aug., Samstag (ausser abends in Nov. - Dez.) und Sonntag – **Menu** (Tischbestellung ratsam) à la carte 65/111.
♦ Über eine Steintreppe erreicht man die gemütliche Stube. Hier und im Raum darüber, mit geschnitzter Arvendecke, werden Speisen von einer gutbürgerlichen Karte serviert.

Zunfthaus zur Waag, Münsterhof 8 (1. Etage), ⌧ 8001, ℘ 012 169 966, zunfthaus-zur-waag@bluewin.ch, Fax 012 169 967, 斧 – AE ① ⓜ VISA JCB
Menu 27 und à la carte 57/121. S. 5 **EZ** x
♦ Im 1. Stock des Zunfthauses der Leinenweber und Hutmacher befindet sich ein gut eingedecktes Restaurant im Biedermeierstil. Auf der Karte ein klassisches Angebot.

Piccoli Accademia, Rotwandstr. 48, ⌧ 8004, ℘ 012 414 202 – ▤. AE ① ⓜ VISA. ≫ S. 4 **CV** n
geschl. Samstag (ausser abends von Sept. - April) und Sonntag – **Menu** - italienische Küche - à la carte 60/130.
♦ Das Restaurant mit klassischem Dekor ist in zwei Räume unterteilt. Zusätzlich zum italienischen Angebot und den dazu gehörenden Weinen werden Grilladen bereitet.

Wirtsstuben Münsterhof, Münsterhof 6, ⌧ 8001, ℘ 012 114 340, info@restaurant-muensterhof.ch, Fax 012 114 353 – AE ① ⓜ VISA S. 5 **EZ** s
geschl. 19. Juli - 10. Aug., Samstag (im Sommer), Sonn- und Feiertage – **Menu** 120 (abends) und à la carte 53/100.
♦ Ein schönes Altstadthaus in der Nähe des Fraumünsters. Im ersten Stock dieses traditionsreichen Restaurants befindet sich das Fresko "Liebesgarten" aus dem 14. Jh.

Carlton, Bahnhofstr. 41, Nüschelerstr. 6, ⌧ 8001, ℘ 012 271 919, info@carlton-zuerich.ch, Fax 012 271 927, 斧 – ▤. AE ① ⓜ VISA S. 5 **EZ** w
geschl. Sonn- und Feiertage – **Menu** 29 - 48 (mittags)/99 und à la carte 44/99.
♦ Der Speisesaal ist ein eleganter im Art déco-Stil gestalteter grosser Raum. Die Küche interpretiert klassische Rezepte auf moderne Art und Weise. Begehbarer Weinkeller.

Au Premier, im Hauptbahnhof, ⌧ 8001, ℘ 012 171 515, info@bahnhofbuffet.ch, Fax 012 171 510 – ⇥ – 義 15/80. AE ① ⓜ VISA. ≫ S. 5 **EY** e
geschl. Samstag und Sonntag – **Menu** 55 (mittags)/98 und à la carte 70/105.
♦ Das grossflächige "Restaurant mit Anschluss" liegt im 1. Stock des Hauptbahnhofs - ergänzt durch eine Bar/Lounge, eine Bistro-Bar und eine Kunst-Galerie.

ZÜRICH S. 16

XX **Casa Aurelio,** Langstr. 209, ⊠ 8005, ℘ 012 727 744, Fax 012 727 724, 😊 –
AE ⓪ ⓜ VISA. ※ Rest   S. 4 CV r
geschl. 1. - 15. Jan., 3 Wochen im August und Sonntag – **Menu** - Spanische Küche -
28 - 55 und à la carte 54/98.
 ♦ Fresken zieren die Wände der optisch getrennten Räumen, die an alte spanische
Villen erinnern. Hier serviert man dem Gast Speisen der iberischen Küche.

XX **Blu,** Seestr. 457, in Wollishofen, ⊠ 8038, ℘ 014 886 565, Fax 014 886 566, ≤ See,
😊 – 🍽 P, AE ⓪ ⓜ VISA – geschl. Weihnachten – **Menu** 30 und à la carte 55/108
 ♦ Das Restaurant in der Überbauung Waschanstalt Wollishofen ist bewusst im schlich-
ten, funktionalen Design gehalten - nichts soll den Gast von der Aussicht auf den See
ablenken.

XX **Sala of Tokyo,** Limmatstr. 29, ⊠ 8005, ℘ 012 715 290, sala@active.ch,
Fax 012 717 807, 😊 – AE ⓪ ⓜ VISA JCB   S. 5 EY k
geschl. 22. Dez. - 6. Jan., 20. Juli - 11. Aug., Samstagmittag, Sonntag und Montag –
Menu - japanische Küche - 87 und à la carte 50/122.
 ♦ Der Gastraum in Holz ist in Sushi-Bar und Restaurant unterteilt, der hintere modern
gestaltete Teil mit Yakitorigrills möbliert. Die Küche zaubert ein Lächeln auf Ihre Lippen.

XX **Lasalle,** Schiffbaustr. 4, ⊠ 8005, ℘ 012 587 071, info@lasalle-restaurant.ch,
Fax 012 597 071, 😊 – 🍽, AE ⓪ ⓜ VISA   S. 6 AT n
geschl. Samstag und Sonntag jeweils mittags – **Menu** à la carte 55/95.
 ♦ Stahlträger und Fabrikhallen-Fenster unterstreichen die "Loft"-Architektur des
Restaurants. Passend dazu : die moderne, sachliche Einrichtung.

XX **Il Giglio,** Weberstr. 14, ⊠ 8004, ℘ 012 428 917, Fax 012 910 183 – AE ⓪ ⓜ VISA
geschl. 21. Dez. - 7. Januar, 25. Juli - 19. Aug., Samstag ausser abends von Sept. -
Mai, Sonn- und Feiertage – **Menu** - italienische Küche - 29 - 47 (mittags)/84 und à la
carte 62/110.   S. 4 CX c
 ♦ Das kleine, weiss eingedeckte Lokal, dessen Wände moderne Kunst ziert, liegt ein
Stück von der Innenstadt entfernt. Die Speisenauswahl ist italienisch.

XX **Sale e Pepe,** Sieberstr. 18, ⊠ 8055, ℘ 014 630 736, Fax 014 630 701, 😊 – AE
⓪ ⓜ VISA   S. 6 AU a
geschl. 27. Juli - 17. Aug., Samstagmittag und Sonntag – **Menu** - italienische Küche -
29 und à la carte 48/90.
 ♦ Am Stadtrand, versteckt in einer neuen Überbauung gelegen, bietet Ihnen dieses
Restaurant in modernem Ambiente Speisen einer südländisch geprägten Küche.

X **Camino "Chez Bertrand",** Freischützgasse 4, ⊠ 8004, ℘ 012 419 436, chez
bertrand@hotmail.com, Fax 012 419 435, 😊 – AE ⓪ ⓜ VISA   S. 4 CV k
geschl. 12. Juli - 10. Aug., Samstag (ausser abends von Sept. - Mai) und Sonntag –
Menu 26 - 37 (mittags)/85 und à la carte 57/100.
 ♦ Das unscheinbare Restaurant liegt versteckt in einer Seitenstrasse. Links eine kleine
Bar, rechts das gemütliche rustikale Lokal, wo gute französische Küche geboten wird.

X **Cantinetta Antinori,** Augustinergasse 25, ⊠ 8001, ℘ 012 117 210, cantine
tta-antinori@swissonline.ch, Fax 012 211 613, 😊 – AE ⓪ ⓜ VISA   S. 5 EZ a
Menu - italienische Küche - 32 - und à la carte 51/137.
 ♦ Der gehobene Speisesaum mit original Einrichtung und schönem Täfer liegt im 1.
Stock des Hauses, im Parterre das etwas einfachere Restaurant. Italienisch-
toskanische Küche.

X **Napoli,** Sandstr. 7, ⊠ 8003, ℘ 014 620 764, Fax 014 629 167 – 🍽. AE ⓪ ⓜ VISA
geschl. 8. - 22. Juli, Samstag und Sonntag von Juli - Aug. – **Menu** - italienische Küche -
28 und à la carte 55/93.   S. 4 CX z
 ♦ Eine typische familiäre kleine Adresse. Solide Polsterstühle, ordentlich eingedeckte
Tische und Gemälde an den Wänden prägen den Gastraum.

X **Barometer,** Glockengasse 16, ⊠ 8001, ℘ 012 115 665, info@barometer.ch,
🐌 Fax 012 115 663, 😊 – AE ⓪ ⓜ VISA   S. 5 EZ e
geschl. 23. Dez. - 7. Jan., Samstag und Sonntag – **Menu** à la carte 52/90.
 ♦ Das in gelben Pastelltönen gehaltene Bistro offeriert im Lokal oder auf der Terrasse,
die mit massiven Holzbänken und Tischen gestaltet ist, leichte mediterrane Gerichte.

X **Heugümper,** Waaggasse 4, ⊠ 8001, ℘ 012 111 660, info@restauranttheugue
mper.ch, Fax 012 111 661 – 🎗 15/40. AE ⓪ ⓜ VISA   S. 5 EZ d
geschl. 25. Dez. - 5. Jan., 12. Juli - 10. Aug., Samstag (ausser von Nov. - Jan.) und
Sonntag – **Menu** 34 und à la carte 62/118.
 ♦ Das Restaurant - im Altstadtbereich nahe dem Fraumünster gelegen - teilt sich in
ein schickes Bistro und einen eleganten Raum. In der Küche verarbeitet man frische
Produkte.

ZÜRICH S. 17

✗ **Caduff's Wine Loft,** Kanzleistr. 126, ✉ 8004, ✆ 012 402 255, caduff@winel
oft.ch, Fax 012 402 256 – AE ① ⓜ VISA S. 4 **CV** d
geschl. 24. Dez. - 5. Jan., Samstagmittag und Sonntag – **Menu** (Tischbestellung erforderlich) à la carte 42/120.
* In dem ehemaligen Blumengrosshandel widmet man sich heute Ihrem leiblichen Wohl. In hellem Ambiente nimmt der Gast an einem Tisch oder an der 17 m langen Bar Platz.

✗ **Ciro,** Militärstr. 16, ✉ 8004, ✆ 012 417 841, ciro@swissonline.ch,
Fax 012 911 424, 🍽 – AE ⓜ VISA S. 4 **CV** a
geschl. Samstag – **Menu** - italienische Küche - 21 - 75 (abends) und à la carte 48/80.
* In den freundlichen Räumlichkeiten dieses nahe dem Bahnhof plazierten Restaurants serviert man seinen Gästen italienische Speisen und Weine.

✗ **Emilio,** Zweierstr. 9, ✉ 8004, ✆ 012 418 321 – 🍴 P. AE ① ⓜ VISA
geschl. 20. Juli - 4. Aug. und Weihnachten – **Menu** - spanische Küche - à la carte
44/122. S. 4 **CX** f
* Sie möchten in Zürich eine Paella nach Originalrezept essen ; In dem kleinen Familienbetrieb finden Sie auf der Karte noch andere spanische Hausspezialitäten.

✗ **Zentraleck,** Zentralstr. 161, ✉ 8003, ✆ 014 610 800, Fax 014 610 801 – AE ⓜ
VISA S. 6 **AU** f
geschl. 21. Dez. - 4. Jan., 7. - 21. Sept., Samstag, Sonn- und Feiertage – **Menu** à la
carte 46/94.
* Das kleine Quartierrestaurant befindet sich ausserhalb des Zentrums. In dem schlichten, modern dekorierten Speiseraum liegt eine kleine aber feine Karte auf.

in Zürich-Oerlikon Nord - BT – Höhe 442 – ✉ 8050 Zürich-Oerlikon :

🏨 **Swissôtel Zürich** M, Am Marktplatz, ✆ 013 173 111, reservations.zurich@sw
issotel.com, Fax 013 124 468, ≤, 🍽, 🛋, ≋, 🏊 – 📶, 🍴 Zim, 📺 ✆ & 🅿 –
🚗 15/400. AE ① ⓜ VISA JCB 🛁 S. 6 **BT** n
Dialog (geschl. Samstag und Sonntagmittag) **Menu** 60 (mittags) und à la carte
47/116 – **Szenario** : **Menu** 19.50 - 55 und à la carte 41/75 – ⊆ 30 – **337 Zim**
370/400, 10 Suiten.
* Das Hochhaus liegt im Zentrum am Marktplatz. Die Zimmer sind mit hellen, zeitlosen Holzmöbeln ausgestattet. Hallenbad in der 32. Etage mit Blick über die ganze Stadt. Offener, zweigeteilter Gastronomiebereich : einfacherer Speiseraum und gehobeneres Restaurant.

in Zürich-Seebach Nord -BT – Höhe 442 – ✉ 8052 Zürich-Seebach :

🏨 **Landhus,** Katzenbachstr. 10, ✆ 013 083 400, info@landhus-zuerich.ch,
Fax 013 083 451, 🍽 – 📶 📺 🅿 – 🚗 15/300. AE ① ⓜ VISA S. 6 **BT** u
Menu 18.50 - und à la carte 43/81 – **28 Zim** ⊆ 130/150 – ½ P Zuschl. 35.
* Das Haus liegt am Stadtrand und ist über die Schaffhauserstrasse zu erreichen. Die durchschnittlich grossen Zimmer sind mit modernen Holzmöbeln in dunklen Tönen eingerichtet. Farbenfrohes, trendiges Restaurant mit bürgerlichen Speisen.

in Glattbrugg Nord : 8 km über ① – Höhe 432 – ✉ 8152 Glattbrugg :

🏨 **Renaissance Zürich** M, Talackerstr. 1, ✆ 018 745 000, renaissance.zurich@r
enaissancehotels.com, Fax 018 745 001, 🛋, ≋, 🏊 – 📶 ✲ 🍴 📺 ✆ & 🚗 –
🚗 15/300. AE ① ⓜ VISA JCB
Asian Place - asiatische Küche - (geschl. Juli, Aug., Samstagmittag und Sonntag)
Menu 27 (mittags) und à la carte 49/124 – **Brasserie** : **Menu** à la carte 49/97 –
⊆ 30 – **196 Zim** 350/395, 8 Suiten.
* Im Gebäudekomplex mit grossem öffentlichem Freizeitbereich im Untergeschoss liegen Zimmer, die fast alle mit dunklem, gediegenem Mobiliar ausgestattet sind. Brasserie la Noblesse im hinteren Teil der Hotelhalle mit Speisen aus einem zeitgemässen Angebot.

🏨 **Hilton** M, Hohenbühlstr. 10, ✆ 018 285 050, zurich@hilton.ch, Fax 018 285 151,
🍽, 🛋, ≋ – 📶, ✲ Zim, 🍴 📺 ✆ 🅿 – 🚗 15/280. AE ① ⓜ VISA JCB
– **Horizon** (geschl. Samstagmittag und Sonntagmittag) **Menu** 49 (mittags) und à la
carte 53/134 – **Market Place** : **Menu** 49 (mittags) und à la carte 43/99 – ⊆ 34
– **310 Zim** 360/510, 13 Suiten.
* Das Haus in Flugplatznähe bietet frisch renovierte Zimmer, die mit hellem Ahornfurniermobiliar ausgestattet sind. Auf zwei Etagen sind neue Executive-Rooms entstanden. Modernes Design im Horizon. Market Place mit offener Showküche.

ZÜRICH S. 18

Mövenpick 🅼, Walter Mittelholzerstr. 8, ✆ 018 088 888, *hotel@movenpick-zurich-airport.ch*, Fax 018 088 877 – 📶, ⥺ Zim, 🛏 📺 🍴 & 🅿 – 🛎 15/220. 🆎 ⓞ ⓜⓒ 𝗩𝗜𝗦𝗔 JCB
Appenzeller Stube (geschl. 21. Juli - 11. Aug. und Samstag - Sonntag jeweils mittags) **Menu** 42 (mittags)/78 und à la carte 56/110 – **Mövenpick Rest.** : **Menu** 15.50 und à la carte 39/83 – **Dim Sum** - chinesische Küche - (geschl. 29. Juni - 20. Juli und Samstag - Sonntag jeweils mittags) **Menu** 18.50 - und à la carte 44/105 – ⥁ 28 – **335 Zim** 280/400.

♦ Das Hotel liegt in unmittelbarer Nähe der Autobahnausfahrt. Ein Teil der Zimmer wurde renoviert, andere mit Hometrainer ausgestattet. Appenzeller Stube mit typisch schweizerischer Atmosphäre. Internationales im Mövenpick Restaurant.

Novotel Zürich Airport Messe, Talackerstr. 21, ✆ 018 299 000, *h0884@ccor-hotels.com*, Fax 018 299 999, 🌿 – 📶, 🛏 Zim, 📺 🍴 & ⥺ 🅿 – 🛎 15/150 🆎 ⓞ ⓜⓒ 𝗩𝗜𝗦𝗔
Menu 19.50 und à la carte 39/86 – ⥁ 25 – **257 Zim** 205/230.

♦ Am Rand des Zentrums, einige Minuten von der neuen Messe entfernt, bietet das Haus gute Parkmöglichkeiten und funktionelle Zimmer, die mit weissen Holzmöbeln gestaltet sind.

Airport, Oberhauserstr. 30, ✆ 018 094 747, *hotelairport@bluewin.ch* Fax 018 094 774, 🌿 – 📶, ⥺ Zim, 🛏 Zim, 📺 🍴 🅿 🆎 ⓞ ⓜⓒ 𝗩𝗜𝗦𝗔 JCB ⥺ Rest **Edo Garden** (geschl. Samstagmittag) **Menu** 25 - 78 und à la carte 51/110 – **Fujiya of Japan** (geschl. Samstagmittag, Sonntagmittag, vom 14. Juli - 16. Aug. nur Diner) **Menu** 85/119 und à la carte 52/99 – **44 Zim** ⥁ 175/250 – ½ P Zuschl. 35.

♦ Das Haus in zentraler Lage verfügt über Zimmer ausreichender Grösse, die einheitlich im Zuschnitt und mit hellem Einbaumobiliar ausgestattet sind. Moderne Badezimmer. Europäische und asiatische Küche im Edo Garden. Fujiya of Japan mit Grilltischen.

Astron 🅼, Schaffhauserstr. 101, ✆ 018 085 000, *zuerich-airport@astron-hotels.de*, Fax 018 085 100, 🏋, ⥺ – 📶, ⥺ Zim, 🛏 📺 🍴 & ⥺ – 🛎 15/45. 🆎 ⓞ ⓜⓒ 𝗩𝗜𝗦𝗔
Menu 26 und à la carte 48/91 – ⥁ 26 – **140 Zim** 250 – ½ P Zuschl. 35.

♦ Die Zimmer des Airport-Hotels sind mit ihrer modernen und funktionellen Ausgestaltung vor allem für Geschäftsreisende eine geeignete Unterkunft. Airport Shuttle-Service.

in Kloten Nord : 12 km über ① – Höhe 447 – ✉ 8302 Kloten :

Allegra 🅼 garni, Hamelirainstr. 3, ✆ 018 044 444, *reservation@hotel-allegra.ch* Fax 018 044 141 – 📶 ⥺ 📺 🍴 & 🅿 – 🛎 15/30. 🆎 ⓞ ⓜⓒ 𝗩𝗜𝗦𝗔
132 Zim ⥁ 185/230.

♦ Das neue Geschäftshotel bietet grosse, gut schallisolierte Zimmer mit funktioneller farbenfrohem Einbaumobiliar. Das Haus hat einen Gratisbusservice von und zum Flughafen.

Fly Away 🅼, Marktgasse 19, ✆ 018 044 455, *reservation@hotel-flyaway.ch* Fax 018 044 450, 🌿 – 📶, ⥺ Zim, 🛏 Zim, 📺 🍴 & ⥺ 🅿 🆎 ⓞ ⓜⓒ 𝗩𝗜𝗦𝗔
geschl. 23. Dez. - 2. Jan. (nur Hotel) – **Menu** - italienische Küche - 20 und à la carte 31/81 – ⥁ 14 – **42 Zim** 155/202.

♦ Nahe beim Bahnhof gelegenes Hotel mit Zimmern von guter Grösse, ähnlich in Gestaltung und Zuschnitt, welche mit einer zeitlosen funktionellen Möblierung ausgestattet sind. Restaurant im mediterranen Stil mit moderner Einrichtung und Holzmobiliar.

✂ **Rias**, Gerbegasse 6, ✆ 018 142 652, *ria.richner@bluewin.ch*, Fax 018 135 504, 🌿 – 🆎 ⓜⓒ 𝗩𝗜𝗦𝗔
geschl. Samstagabend und Sonntag – **Menu** 23 - 44 (mittags)/95 und à la carte 52/110.

♦ Dieses modern gestaltete Restaurant liegt etwas versteckt in einer kleinen Strasse. In Bar und à la carte-Raum aufgeteiltes Lokal mit traditionell-bürgerlicher Karte.

in Wallisellen Nord-Ost : 10 km – Höhe 431 – ✉ 8304 Wallisellen :

Belair, Alte Winterthurerstr. 16, ✆ 018 395 555, *info@belair-hotel.ch* Fax 018 395 565, 🌿 – 📶 📺 🅿 🆎 ⓞ ⓜⓒ 𝗩𝗜𝗦𝗔 S. 6 BT
Menu 19 - 34 und à la carte 37/68 – **47 Zim** ⥁ 210/240 – ½ P Zuschl. 25.

♦ Das Haus liegt an der Hauptstrasse und hat eigene Parkplätze. Die funktionelle Zimmer sind mit hellen zweckmässigen Möbeln und Einbauschränken ausgestattet. Restaurant im Bistrostil mit Gartenwirtschaft.

ZÜRICH S. 19

※※ **Zum Doktorhaus**, Alte Winterthurerstr. 31, ✆ 018 305 822, info@doktorhau
s.ch, Fax 018 301 903, 🍴 – 🛎 15/200. AE ① ⓜⓞ VISA   S. 6 BT v
geschl. Weihnachten und Neujahr – **Menu** 75 und à la carte 55/114.
◆ Der alte Landgasthof hat verschiedene Gasträume mit wechselnden Bilderaus-
stellungen. In den Stuben wie im Garten werden Speisen von einer internationalen
Karte angeboten.

in Gockhausen Ost : 6 km – ✉ 8044 Gockhausen :

※ **Zur Rossweid**, Rossweidstr. 2, ✆ 018 202 840, rossweid@glattnet.ch,
🚗 Fax 018 202 836, 🍴 – P. AE ① ⓜⓞ VISA
geschl. über Weihnachten und 4. - 18. Aug. – **Menu** 17.50 und à la carte 35/99.
◆ Der Gasthof liegt nicht weit vom Zürcher Zoo. Im von Holz dominierten Speiseraum
bewegt man sich auf rustikalem Steinboden. Auch auf der Terrasse die bürgerliche
Karte.

in Zollikon Süd-Ost : 4 km über ④ – Höhe 415 – ✉ 8702 Zollikon :

※※ **Wirtschaft zur Höhe**, Höhestr. 73, ✆ 013 915 959, e.scherrer@dial.eunet.ch,
Fax 013 920 002, 🍴 – P. AE ① ⓜⓞ VISA   S. 6 BU b
geschl. 10. - 17. Feb., 6. - 20. Okt. und Montag – **Menu** 42 - 58 (mittags)/115 und
à la carte 70/148.
◆ Das Lokal im ehemaligen Bauernhaus aus dem 17. Jh. mit schöner Terrasse erreicht
man über einige Stufen. In der gediegenen Stube werden klassische Gerichte ange-
boten.

※※ **Rössli**, Alte Landstr. 86, ✆ 013 912 727, roesslizollikon@swissonline.ch,
Fax 013 912 803 – AE ① ⓜⓞ VISA   S. 6 BU a
geschl. 1. - 6. Jan., 16. - 23. Feb., 27. Juli - 12. Aug., Samstagmittag, Sonntag in Juli
- Aug. und Montag – **Menu** 26 - 55/65 und à la carte 50/94.
◆ Im 1. Stock des Zürcher Riegelbaus aus dem 16. Jh. liegt das in mehrere Räume
aufgeteilte Restaurant. Zum See hin ein kleiner Wintergarten. Gutbürgerliche regi-
onale Karte.

auf dem Uetliberg ab Zürich Hauptbahnhof mit der SZU-Bahn erreichbar - AU – Höhe 871
– ✉ 8143 Uetliberg :

🏨 **Uto Kulm** ⚘, ✆ 014 576 666, utokulm@uetliberg.ch, Fax 014 576 699, ≤ Zürich,
🚗 See und Bergpanorama, 🍴 – 🛗 TV ✆ – 🛎 15/45. AE ① ⓜⓞ VISA. ❀ Zim
Menu 19.50 – 37 (mittags)/65 und à la carte 42/82 – **55 Zim** ⊐ 150/400.
◆ Auf dem Zürcher Hausberg - in absoluter Ruhe - liegt dieses modern gestaltete
Hotel. Das Besondere : die Skyline-Suite mit runder Badewanne und Blick auf Stadt
und See. Helles, unterteilbares Ausflugsrestaurant mit Speiseterrasse.   S. 6 AU n

---

ZURZACH 5330 Aargau (AG) **216** ⑥ – 3 859 Ew. – Höhe 339 – Kurort.
Lokale Veranstaltung
29.08 - 30.08 : Drehorgelfestival mit Floh- und Antiquitätenmarkt.
🛈 Bad Zurzach Tourismus, Quellenstr. 1, ✆ 0562 492 400, info@badzurzach.ch,
Fax 0562 494 222.
Bern 124 – Aarau 44 – Baden 29 – Freiburg i. Breisgau 86 – Schaffhausen 45.

🏨 **Kurhotel** ⚘, Quellenstr. 31, ✆ 0562 652 222, info@kurhotel-zurzach.ch,
Fax 0562 652 200, 🍴 – 🛗, ❀ Zim, TV ✆ 🚗 P. – 🛎 20. AE ① ⓜⓞ VISA. ❀ Rest
Menu 22 - 44 und à la carte 39/85 – **69 Zim** ⊐ 137/264 – ½ P Zuschl. 30.
◆ Das im Grünen liegende Kurhotel hat einen direkten Zugang zum Thermalbad mit
grossem Wellnessbereich. Die Zimmer sind mit hellem, einfachem Einbaumobliliar aus-
gestattet. Mit Speisesaal und Gartenterrasse.

🏨 **Turmhotel mit Turmpavillon** M, Quellenstr. 30, ✆ 0562 652 440, info@t
urmhotel.ch, Fax 0562 652 444, ≤ – 🛗, ❀ Zim, TV ✆ 🕭 🚗 P. AE ① ⓜⓞ VISA
Menu 36/69 und à la carte 54/97 – **112 Zim** ⊐ 102/204 – ½ P Zuschl. 35.
◆ Das Hotel ist im ehemaligen Wasserturm des Ortes mit modernem Anbau unter-
gebracht. Für Gäste des Hauses besteht ein direkter Zugang zum Thermalbad mit
Wellnessbereich. Panoramarestaurant in der 16. Etage des Wasserturms mit schönem
Ausblick.

Einzelheiten über die in diesem Reiseführer angegebenen
Preise finden Sie in der Einleitung.

ZWEISIMMEN 3770 Bern (BE) 217 ⑯ – 2 984 Ew. – Höhe 942 – Wintersport : 950/2 005 r
🎿 2 🎿 4 ⛷.

🛈 Zweisimmen Tourismus, Thunstr. 8, ✆ 0337 221 133, tourismus@zweisimmen.ch, Fax 0337 222 585.

Bern 71 – Interlaken 53 – Gstaad 17.

🏠 **Sonnegg** ⩽, Moosmattenstr. 21, ✆ 0337 222 333, sonnegg@spectraweb.ch Fax 0337 222 354, ⩽, 🍽, 🐎 – 📺 🅿 🆎 ① ⓜⓞ 𝐕𝐈𝐒𝐀
geschl. 26. Okt. - 1. Dez. – **Menu** 28 und à la carte 37/82 – **10 Zim** ⚏ 100/200 Vorsaison ⚏ 75/150 – ½ P Zuschl. 28.
 ♦ Ruhiges Haus mit Blick auf Zweisimmen und die Berge. Die renovierten Zimmer sind in hellem Massivholz möbliert, die älteren in Eiche. Im vorderen der beiden neo-rustikalen Speiseräume ist ein Holzkohlegrill, an dem ab und zu Grilladen bereitet werden.

LIECHTENSTEIN

216 ㉑ ㉒, 927 ⑦ ⑧.

Die Hauptstadt des Fürstentums Liechtenstein, das eine Fläche von 160 km² und eine Einwohnerzahl von 32 400 hat, ist VADUZ. Die Amtssprache ist Deutsch, darüberhinaus wird auch ein alemannischer Dialekt gesprochen. Landeswährung sind Schweizer Franken.

La principauté de Liechtenstein d'une superficie de 160 km², compte 32 400 habitants. La langue officielle est l'allemand, mais on y parle également un dialecte alémanique. Les prix sont établis en francs suisses.

Il principato del Liechtenstein ha una superficie di 160 km² e conta 32 400 abitanti. Capitale é VADUZ. La lingua ufficiale é il tedesco, ma vi si parla anche un dialetto alemanno. I prezzi sono stabiliti in franchi svizzeri.

The principality of Liechtenstein, covering an area of 61,8 square miles, has 32 400 inhabitants. VADUZ is its capital. The official language is German, but a Germanic dialect is also spoken. Prices are in Swiss francs.

🛈 *Liechtenstein Tourismus, Städtle 37, ✉ FL-9490 Vaduz, ☏ (00423) 239 63 00, touristinfo@liechtenstein.li, Fax (00423) 239 63 01.*
ACFL Automobil Club des Fürstentums Liechtenstein, Pflugstr. 20, FL-9490 Vaduz, ☏ (00423) 237 67 67, Fax (00423) 233 30 50.
AMTC Auto-Motorrad-Touring-Club Fürstentum Liechtenstein, Schrägenweg 2, FL-9490 Vaduz, ☏ (00423) 232 31 43, Fax (00423) 232 06 56.

Lokale Veranstaltungen
In Vaduz : 25.06 – 10.07 : Film Festival, Open Air.
15.08 : Staatsfeiertag mit Volksfest und Feuerwerk.

Wintersportplätze – Stations de sports d'hiver
Stationi di sport invernali – Winter sports stations
MALBUN 1 600/2 000 m 7 ⛷
STEG 1 300/1 480 m 🎿

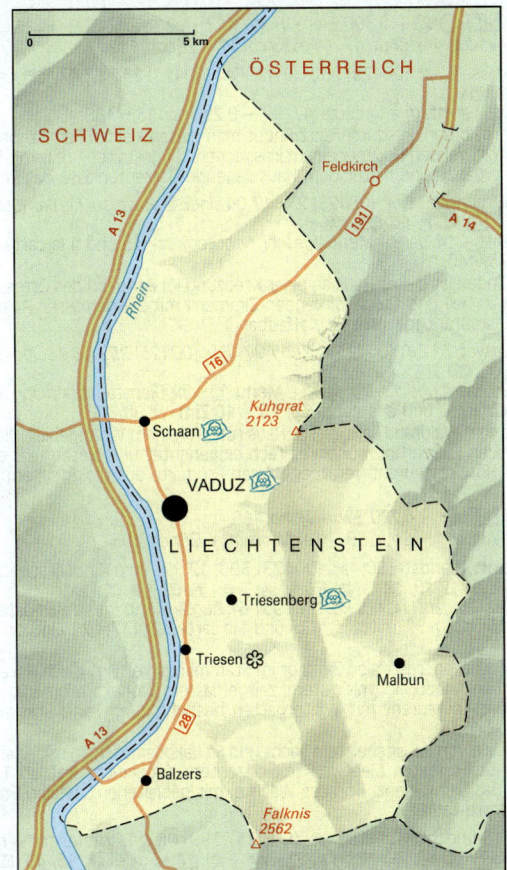

Balzers 9496 (FL) 216 ㉑ ㉒ – 4 200 Ew. – Höhe 474.
Bern 226 – Vaduz 8 – Chur 35 – Feldkirch 22 – Zürich 101.

🏠 **Post,** Höfle 2, ☏ (00423) 388 14 00, hotel-post@hotels.li, Fax (00423) 388 14 55,
🍴 – 📶 📺 📞 🅿️ 🆎 ⓞ ⓜⓞ 💳
geschl. 27. Dez. - 7 Jan. und Rest. auch 8. - 15. Jan. – **Menu** (geschl. Montag bis Samstag
jeweils mittags) à la carte 40/90 – **28 Zim** ⇄ 128/180 – ½ P Zuschl. 30.
♦ Dieser zentral gelegene Gasthof beherbergt etwas ältere, dunkel möblierte Zimmer
sowie ganz neue, mit hellem Eschenholz frisch eingerichtete Räume. Gaststube und
Terrasse ergänzen den gehobeneren Restaurant-Bereich.

Malbun (FL) 216 ㉒ – Höhe 1 606 – Wintersport : 1 600/2 000 m ✯7 – ✉ 9497 Trie-
senberg.
Bern 248 – Vaduz 15 – Chur 57 – Feldkirch 29 – Zürich 123.

🏠 **Gorfion - Malbun,** ☏ (00423) 264 18 83, gorfion@schwaerzler-hotels.com,
Fax (00423) 264 18 32, ≤, 🍴, 🏊 – 📶 ↔ 📺 🚸 🅿️ – 🅰️ 15/30. 🆎 ⓞ ⓜⓞ 💳
🍽 Rest
13. Dez. - 21. April und 25. Mai - 18. Okt. – **Menu** 35 (mittags)/65 und à la carte 32/84
– **60 Zim** ⇄ 165/330, Vorsaison ⇄ 85/170, 4 Suiten – ½ P Zuschl. 45.
♦ Zentral im kleinen Wintersportort liegt das besonders für Familien mit kleinen Kin-
dern gut geeignete Hotel, dessen Zimmer mit hellem Weichholzmobiliar eingerichtet
sind. Das gemütliche Restaurant ist in warmen Rottönen gehalten. Mit Terrasse.

Schaan
9494 (FL) 216 ㉑ ㉒ – 5 300 Ew. – Höhe 452.
Bern 237 – Vaduz 4 – Chur 47 – Feldkirch 11 – Zürich 112.

Sylva, Saxgasse 6, ℘ (00423) 232 39 42, Fax (00423) 232 82 47, 斎, ≘s, ⋯
TV ℃ P. MO VISA
Menu (geschl. Samstag) à la carte 47/97 – **9 Zim** ⊇ 135/188.
♦ Etwas oberhalb der Ortsdurchfahrt findet man diesen kleinen Familienbetrieb. D
Räume sind mit weissen Holzmöbeln im klassischen Stil gestaltet - teils mit Balkone
Im Sommer ergänzt eine hinter dem Haus liegende Gartenterrasse das Restauran

Linde, Feldkircherstr. 1, ℘ (00423) 232 17 04, linde@powersurf.li, Fax (00423) 2:
09 29, 斎, – TV ℃ P. AE MO VISA
geschl. 19. Dez. - 14. Jan. – **Menu** (geschl. Sonntag) 17 - 35 und à la carte 29/69
23 Zim ⊇ 75/140.
♦ Leicht zu finden ist dieses Haus an einer Kreuzung im Zentrum des Ortes. Der Ga
übernachtet in hell und frisch wirkenden Zimmern mit zeitgemässer Ausstattur
Schlichtes Restaurant mit grosser Kaffeebar.

Dux ⋈, Duxweg 31, ℘ (00423) 232 17 27, Fax (00423) 232 48 78, ≤, 斎, ⋯
⋈ Zim, TV ℃ P. VISA JCB
geschl. 1. - 20. März und 1. - 20. Sept. – **Menu** (geschl. Dienstagabend von Nov. - M
und Mittwoch) 18.50 und à la carte 36/75 – **10 Zim** ⊇ 88/135.
♦ Nicht weit vom Waldrand liegt dieses Haus ruhig in einem Wohngebiet. Die Zimm
sind mit dunklen Furnierholzmöbeln einfach eingerichtet und bieten teils eine gu
Aussicht. Im Hotelrestaurant verarbeitet man Produkte aus biologischem Anbau.

Triesen
9495 (FL) 216 ㉒ – 4 200 Ew. – Höhe 466.
Bern 230 – Vaduz 4 – Chur 39 – Feldkirch 18 – Zürich 105.

Schatzmann, Landstr. 80, ℘ (00423) 399 12 12, info@hotel.schatzmann.
Fax (00423) 399 12 10, 斎, – ⋮ TV ℃ & ⋯ P. AE ⓘ MO VISA
geschl. 22. Dez. - 6. Jan. und nur Rest. 12. Juli - 4. Aug. – **Menu** (geschl. Samstagmitta
Sonntag und Montag) 57 (mittags)/125 und à la carte 62/137 – **29 Zim** ⊇ 160/24
– ½ P Zuschl. 48.
♦ Neben einfacheren, rustikalen Zimmer im Stammhaus verfügt diese Adresse üb
einen modernen Anbau, der mit gutem, zeitgemässem Wohnkomfort und viel Pla
überzeugt. Das Restaurant mit Wintergarten besticht durch eine unkompliziert
schmackhafte Küche.
Spez. Millefeuille von hausgebeiztem Lachs und St. Jakobsmuscheln mit Austernsül.
und Zitronenöl. Filet vom Meerwolf mit dezentem Knoblauchpuree an Tomate
fondue und Basilikumessenz. Dombes Wachtel mit gebratener Castaing Entenleb
und Zwiebeltarte-tatin.

Meierhof, Meierhofstr. 15, ℘ (00423) 399 00 11, meierhof@hotels.
Fax (00423) 399 00 88, ≤, 斎, ⌂, ⋈, ⋯ – ⋮ TV ℃ & ⋯ P. – ⋏ 15/40. AE ⓘ ⓒ
VISA ⋈ Zim
Menu (geschl. 20. Dez. - 6. Jan., 25. Juli - 10. Aug., Freitag und Samstag) 34 und
la carte 34/83 – **40 Zim** ⊇ 140/200, 3 Suiten.
♦ An der Strasse nach Triesenberg findet man dieses aus drei Gebäuden bestehend
Hotel. Die meisten der zeitgemäss augestatteten Zimmer haben Balkon oder Terrass
Das Restaurant teilt sich in einen modernen und einen rustikalen Bereich.

Schlosswald, Meierhofstrasse, ℘ (00423) 392 24 88, schlosswald@hotels
Fax (00423) 392 24 36, ≤, 斎, ⋈, ⋯ – ⋮ TV ℃ & ⋯ P. AE ⓘ MO VISA ⋈ Re
geschl. 21. - 29. Dez. – **Menu** (geschl. 21. Dez. - 6. Jan., 2. - 17. Aug., Samstag ur
Sonntag) 25 - 55 (mittags)/65 und à la carte 46/90 – **34 Zim** ⊇ 150/240.
♦ Oberhalb des schön gelegenen, hauseigenen Freibades liegt dieses 1990 gebau
Hotel, dessen praktisch eingerichtete Zimmer neuzeitlichen Wohnkomfort bieten. Z
Strasse hin liegt das etwas nüchtern wirkende Restaurant mit Panoramafenstern ur
Gartenterrasse.

Triesenberg
9497 (FL) 216 ㉒ – Höhe 884.
Bern 239 – Vaduz 6 – Chur 48 – Feldkirch 20 – Zürich 114.

Martha Bühler, Sennwies 15, ℘ (00423) 262 57 77, Fax (00423) 262 57 79,
– TV ℃ P. MO VISA
Menu 16.50 - 37 und à la carte 37/74 – **16 Zim** ⊇ 109/140 – ½ P Zuschl. 20.
♦ Oberhalb des Ortes, in Hanglage mit schöner Aussicht, befindet sich das Hote
dessen Zimmer mit hellem Eichenholz oder mit Bauernmöbeln in rustikalem Stil au
gestattet sind. Restaurant mit traditioneller Küche.

LIECHTENSTEIN

Kulm, ☏ (00423) 237 79 79, kulm@hotels.li, Fax (00423) 237 79 78, ≤ Bergpanorama und Rheintal, 🍴 – 🛗 📺 ✆ 🅿 AE ⓘ ⓂⓄ VISA
geschl. 27. Jan. - 15. Feb. – **Menu** 18.50 - 40 (mittags)/62 und à la carte 52/106 – **20 Zim** ☑ 110/167 – ½ P Zuschl. 33.
  ♦ Die mit hellem Weichholz möblierten Zimmer bieten einfachen Komfort - fragen Sie nach einem der Talseitigen - hier hat man eine schöne Sicht auf die Berge und das Rheintal. Bürgerlich dekoriertes Hotelrestaurant.

aduz 9490 (FL) 216 ㉒ – 5 100 Ew. – Höhe 460.
  Sehenswert : Liechtensteinische Staatliche Kunstsammlung : *Sammlung des Regierenden Fürsten★*.
  🛈 Siehe auch Titelseite Liechtenstein.
  Bern 233 – Chur 43 – Feldkirch 15 – Sankt Anton am Arlberg 76 – Zürich 108.

Park-Hotel Sonnenhof ⓢ, Mareestr. 29, ☏ (00423) 239 02 02, real@sonnenhof.li, Fax (00423) 239 02 03, ≤, 🍴, ≘s, 🏊, 🐾 – 🛗 📺 ✆ 🅿 AE ⓘ ⓂⓄ VISA. ✻ Rest
geschl. 21. Dez. - 13. Jan. – **Menu** *(geschl. 1. - 10. März und 25. Juli - 10. Aug., Samstagmittag und Sonntag) (Tischbestellung erforderlich)* 59 (mittags)/145 und à la carte 88/142 – **29 Zim** ☑ 270/430 – ½ P Zuschl. 75.
  ♦ Neben der schönen, sehr ruhigen Aussichtslage in einem gepflegten Park wartet dieses traditionelle Haus mit sehr elegant und geschmackvoll eingerichteten Räumen auf. Gediegene Tischkultur erwartet den Gast im Hotelrestaurant - nette Sommerterrasse.

Mühle, Landstr. 120, ☏ (00423) 232 41 41, Fax (00423) 232 14 58, 🍴 – 📺 🅿 AE ⓘ ⓂⓄ VISA JCB
geschl. 7. - 22. Juli, Montag und Dienstag – **Menu** 30 und à la carte 36/94 – **7 Zim** ☑ 100/150.
  ♦ Für Gäste stehen einheitlich mit dunklem Eichenholzmobiliar ausgestattete, teils nicht sehr grosse, aber durchweg sehr gepflegte Zimmer zum Einzug bereit. Blickfang in dem rustikal gestalteten Restaurant ist ein mächtiges altes Mühlwerk.

Engel, Städtle 13, ☏ (00423) 236 17 17, hotelengel@hotmail.com, Fax (00423) 233 11 59, 🍴 – 🛗 📺 ✆ 🅿 AE ⓘ ⓂⓄ VISA
geschl. 23. - 27. Dez. – **Menu** 23 und à la carte 41/95 – **Chinatown** (1. Etage) - chinesische Küche - *(geschl. Mittwoch)* **Menu** 25 - 42/75 und à la carte 53/86 – **20 Zim** ☑ 100/175.
  ♦ Im Zentrum der kleinen beschaulichen Landeshauptstadt steht Gästen dieses Hotel mit unterschiedlich grossen, einfach und hell eingerichteten Zimmern zur Verfügung. Im Parterre des Hotels befindet sich das Restaurant - mit Terrasse zur Fussgängerzone hin.

Real mit Zim, Städtle 21, ☏ (00423) 232 22 22, real@hotels.li, Fax (00423) 232 08 91, 🍴 – 🛗 📺 AE ⓘ ⓂⓄ VISA
geschl. über Weihnachten – **Au Premier** (1. Etage) *(geschl. Samstag - Sonntag)* **Menu** 93 und à la carte 76/156 – **Vaduzerstube** : **Menu** à la carte 66/140 – **13 Zim** ☑ 185/270.
  ♦ Eine gastronomische Institution ist das Restaurant Real. In der 1. Etage liegt das Au Premier mit gediegenem Rahmen und klassischer französischer Küche. In der Vaduzerstube : rustikal-bürgerliche Atmosphäre. Terrasse zur Fussgängerzone.

Torkel, Hintergasse 9, ☏ (00423) 232 44 10, office@torkel.li, Fax (00423) 232 44 05, ≤, 🍴 – 🅿 AE ⓘ ⓂⓄ VISA
geschl. 22. Dez. - 20. März und Sonntag – **Menu** 59/98 und à la carte 59/123.
  ♦ Neben den modernen Bildern wechselnder Kunstausstellungen beeindruckt hier ein gewaltiger Torkelbaum. Im Sommer sitzt es sich angenehm im Freien oberhalb der Rebberge.

Löwen mit Zim, Herrengasse 35, ☏ (00423) 238 11 44, loewen@hotels.li, Fax (00423) 238 11 45, 🍴 – 📺 🅿 – 🔔 20. AE ⓘ ⓂⓄ VISA
geschl. 22. Dez. - 7. Jan., Sonntag und Montag – **Menu** 22 - 58 (mittags)/110 und à la carte 51/118 – **8 Zim** ☑ 210/335.
  ♦ Beim hauseigenen Weinberg liegt die einstige Umspannstation a. d. 14. Jh. Das Haus beherbergt ein rustikales Restaurant und stilvolle, teils mit Antiquitäten bestückte Zimmer.

Principales Stations de sports d'hiver

Principali Stazioni di sport invernali

	Voir p. S. Seite V.pagina	Alt./Höhe Mini/Maxi 🛷 ⛷	🛷 ⛷ Nombre Anzahl Numero	⛷ en/in km	Curling
Adelboden (BE)	97	1350 m./2300 m.	21	23	⚫
Alt Sankt Johann (SG)	101	900 m./1730 m.	5	23	
Andermatt (UR)	103	1444 m./2963 m.	9	20	⚫
Arosa (GR)	107	1800 m./2653 m.	16	26	⚫
Bettmeralp (VS) (mit 🛷)	149	1900 m./2700 m.	13		
Bever (GR)	149	1714 m.		36	⚫
Blatten bei Naters/Belalp (VS)	154	1322 m./3100 m.	10		
Breil/Brigels (GR)	157	1289 m./2418 m.	8	25	
Celerina/Schlarigna (GR)	170	1730 m./3030 m.	8	150	⚫
Cernier (Val-de-Ruz) (NE)	–	860 m./1440 m.		60	⚫
Champéry (VS)	171	1049 m./2360 m.	6	10	⚫
Charmey (FR)	173	900 m./1630 m.	7	25	
Château-d'Oex (VD)	173	1000 m./1650 m.	14	45	
Crans-Montana (VS)	184	1500 m./3000 m.	41	40	⚫
Davos (GR)	190	1560 m./2844 m.	34	75	⚫
Les Diablerets (VD)	196	1200 m./3000 m.	23	25	⚫
Disentis/Muster (GR)	198	1150 m./3000 m.	10	24	⚫
Engelberg (OW)	203	1262 m./3020 m.	26	37	⚫
Fiesch (VS)	207	1062 m./2869 m.	9	12	
Flims-Waldhaus (GR)	210	1103 m./3018 m.	27	60	⚫
Flumserberg (SG)	212	1450 m./2222 m.	18	19	
Grächen (VS)	247	1617 m./2920 m.	13	16	
Grimentz (VS)	248	1570 m./2900 m.	11	32	⚫
Grindelwald (BE)	249	1034 m./2501 m.	18	36	⚫
Gstaad (BE)	253	1000 m./3000 m.	41	60	⚫
Hasliberg (BE)	–	1230 m./2433 m.	16	23	
Haute-Nendaz (VS)	258	1255 m./3330 m.	19	18	⚫
Hoch-Ybrig (SZ)	–	1048 m./1850 m.	12	30	

Wichtigste Wintersportplätze

Main-Winter sports Stations

Patinoire / Eisbahn / Pattinatoio	Pisc. couv. / Hallenbad / Pisc. coperta	Liaison avec Verbindung mit ⚡ Collegate con	☎ : ✆	
⛸	🏊	Lenk/Frutigen	0336 738 080	**Adelboden** (BE)
		Unterwasser/Wildhaus	0719 991 888	**Alt Sankt Johann** (SG)
⛸			0418 871 454	**Andermatt** (UR)
⛸	🏊		0813 787 020	**Arosa** (GR)
⛸	🏊	Fiesch/Riederalp	0279 286 060	(mit ⚡) **Bettmeralp** (VS)
⛸			0818 524 945	**Bever** (GR)
	🏊		0279 216 040	**Blatten bei Naters/Belalp** (VS)
⛸	🏊		0819 411 331	**Breil/Brigels** (GR)
⛸		St. Moritz/Marguns/ Corviglia/Piz Nair	0818 300 011	**Celerina/Schlarigna** (GR)
⛸	🏊		0328 538 600	(Val-de-Ruz) **Cernier** (NE)
⛸	🏊	Les Portes-du-Soleil	0244 792 020	**Champéry** (VS)
⛸	🏊		0269 275 580	**Charmey** (FR)
⛸			0269 242 525	**Château-d'Oex** (VD)
⛸			0274 850 404	**Crans-Montana** (VS)
⛸	🏊	Klosters	0814 152 121	**Davos** (GR)
⛸	🏊	Villars-sur-Ollon/Gryon	0244 923 358	**Les Diablerets** (VD)
⛸	🏊		0819 203 020	**Disentis/Muster** (GR)
⛸	🏊		0416 397 777	**Engelberg** (OW)
⛸	🏊	Bettmeralp/Riederalp	0279 706 070	**Fiesch** (VS)
⛸	🏊	Laax/Falera	0819 209 200	**Flims-Waldhaus** (GR)
⛸			0817 201 818	**Flumserberg** (SG)
⛸	🏊		0279 556 060	**Grächen** (VS)
⛸	🏊		0274 751 493	**Grimentz** (VS)
⛸	🏊	Wengen/Mürren/ Schilthorn	0338 541 212	**Grindelwald** (BE)
⛸	🏊		0337 488 181	**Gstaad** (BE)
⛸	🏊		0339 725 151	**Hasliberg** (BE)
⛸		Verbier/Thyon-les-Collons/Veysonnaz/ La Tzoumaz	0272 895 589	**Haute-Nendaz** (VS)
	🏊		0554 142 626	**Hoch-Ybrig** (SZ)

	Voir p. S. Seite V.pagina	Alt./Höhe Mini/Maxi 🎿⛷	🎿⛷ Nombre Anzahl Numero	⛷ en/in km	Curling
Kandersteg (BE)	270	1176 m./2000 m.	7	75	⚬
Klosters (GR)	273	1191 m./2844 m.	31	50	⚬
Laax (GR)	277	1023 m./3018 m.	27	60	⚬
Lenk (BE)	291	1068 m./2200 m.	18	42	⚬
Lenzerheide/Lai (GR)	292	1476 m./2865 m.	34	50	⚬
Leukerbad (VS)	294	1411 m./2580 m.	14	25	
Leysin (VD)	295	1268 m./2200 m.	17	10	⚬
Malbun (FL)	507	1600 m./2000 m.	7		
Maloja (GR)	323	1817 m./2200 m.	3	150	
Les Marécottes (VS)	324	1100 m./2200 m.	6		
Meiringen (BE)	328	595 m./2433 m.	16	23	
Morgins (VS)	–	1320 m./2200 m.	14	20	
Les Mosses (VD)	341	1450 m./1870 m.	13	30	
Münster (VS)	343	1390 m./1665 m.	1	100	
Mürren (BE) (mit Zahnradbahn)	343	1650 m./2970 m.	10		⚬
Oberiberg (SZ)	–	900 m./1850 m.	12		
Obersaxen (GR)	359	1281 m./2310 m.	8	35	
Pontresina (GR)	367	1800 m./2978 m.	8	150	⚬
Riederalp (VS) (mit 🎿)	376	1900 m./2335 m.	9		
Rougemont (VD)	382	992 m./2156 m.	5	15	
Saas-Fee (VS)	383	1800 m./3500 m.	26		⚬
Saas-Grund (VS)	387	1560 m./3200 m.	7	26	⚬
Saignelégier/Franches Montagnes (JU)	387	978 m./1260 m.		70	
Saint-Cergue (VD)	388	1037 m./1678 m.	8	90	
Saint-Luc (VS)	390	1650 m./3026 m.	9		
Samedan (GR)	391	1850 m./3303 m.	5	25	⚬
Samnaun (GR)	392	1846 m./2872 m.	41	10	⚬
Sankt Moritz (GR)	399	1856 m./3303 m.	23	150	⚬
Sankt Stephan (BE)	–	993 m./1989 m.	3	69	
Savognin (GR)	407	1210 m./2713 m.	15	52	⚬
Schwarzsee (FR)	412	1050 m./1750 m.	2		
Scuol/Schuls (GR)	414	1244 m./2783 m.	11	60	⚬
Sedrun (GR)	417	1441 m./2350 m.	12	11	⚬
Le Sentier (Vallée de Joux) (VD)	269	1024 m./1476 m.	10	250	⚬
Sils-Maria (GR)	421	1815 m./3303 m.	6	150	⚬
Silvaplana (GR)	422	1815 m./3303 m.	8	28	⚬
Sörenberg (LU)	–	1165 m./2350 m.	19	25	
Splügen (GR)	–	1457 m./2215 m.	8	40	⚬
Tarasp-Vulpera (GR)	417	1470 m./1570 m.	14	60	⚬
Thyon – Les Collons (VS)	441	1802 m./2413 m.	10		
Ulrichen/Oberwald (VS)	–	1390 m./2080 m.	6	100	⚬
Unteriberg (SZ)	–	931 m./1856 m.		30	

Patinoire/Eisbahn/Pattinatoio	Pisc. couv./Hallenbad/Pisc. coperta	Liaison avec / Verbindung mit ⛷ / Collegate con ⛷	🛈 : 📞	
⛸			0336 758 080	**Kandersteg** (BE)
⛸		Davos	0814 102 020	**Klosters** (GR)
⛸	🏊	Flims-Waldhaus/Falera	0819 277 020	**Laax** (GR)
⛸	🏊	Adelboden	0337 333 131	**Lenk** (BE)
⛸	🏊	Valbella/Parpan/Churwalden	0813 851 120	**Lenzerheide/Lai** (GR)
	🏊		0274 727 171	**Leukerbad** (VS)
	🏊		0244 942 244	**Leysin** (VD)
⛸			00423 263 65 77	**Malbun** (FL)
⛸			0818 243 188	**Maloja** (GR)
⛸			0277 613 101	**Les Marécottes** (VS)
	🏊		0339 725 050	**Meiringen** (BE)
⛸		Les Portes-du-Soleil	0244 772 361	**Morgins** (VS)
⛸			0244 911 466	**Les Mosses** (VD)
			0279 731 745	**Münster** (VS)
⛸	🏊	Wengen/Grindelwald/Schilthorn	0338 568 686	**Mürren** (BE) (mit Zahnradbahn)
⛸			0554 142 626	**Oberiberg** (SZ)
⛸			0819 332 222	**Obersaxen** (GR)
⛸	🏊		0818 388 300	**Pontresina** (GR)
		Bettmeralp/Fiesch	0279 286 050	(mit 🚡) **Riederalp** (VS)
		Gstaad	0269 251 166	**Rougemont** (VD)
⛸	🏊		0279 581 858	**Saas-Fee** (VS)
⛸	🏊		0279 581 157	**Saas-Grund** (VS)
⛸	🏊		0329 521 952	**Saignelégier/Franches Montagnes** (JU)
⛸			0223 601 314	**Saint-Cergue** (VD)
⛸		Chandolin	0274 751 412	**Saint-Luc** (VS)
⛸			0818 510 060	**Samedan** (GR)
⛸	🏊	Ischgl (A)	0818 685 858	**Samnaun** (GR)
⛸	🏊	Celerina-Schlarigna/Furtschellas/Corviglia/Signal	0818 373 333	**Sankt Moritz** (GR)
			0337 298 046	**Sankt Stephan** (BE)
⛸	🏊		0816 591 616	**Savognin** (GR)
⛸	🏊		0264 121 313	**Schwarzsee** (FR)
⛸	🏊		0818 612 222	**Scuol/Schuls** (GR)
⛸	🏊		0819 204 030	**Sedrun** (GR)
⛸	🏊		0218 451 777	**Le Sentier** (Vallée de Joux) (VD)
⛸	🏊	Silvaplana/Furtschellas	0818 385 050	**Sils-Maria** (GR)
⛸		Sils-Maria/Furtschellas	0818 386 000	**Silvaplana** (GR)
	🏊		0414 881 185	**Sörenberg** (LU)
			0816 509 030	**Splügen** (GR)
⛸			0818 612 052	**Tarasp-Vulpera** (GR)
⛸	🏊	Verbier/Haute-Nendaz-Veysonnaz/La Tzoumaz	0272 812 727	**Thyon-les Collons** (VS)
⛸	🏊		0279 733 232	**Ulrichen/Oberwald** (VS)
	🏊		0554 141 010	**Unteriberg** (SZ)

	Voir p. S. Seite V.pagina	Alt./Höhe Mini/Maxi	Nombre Anzahl Numero	en/in km	Curling
Unterwasser (SG)	444	910 m./2262 m.	6	40	
Val Müstair (GR) (Fuldera, Müstair, Santa Maria i. M., Tschierv)		1250 m./2700 m.	4	42	
Verbier (VS)	446	1526 m./3330 m.	39	10	≡
Veysonnaz (VS)	453	1235 m./2413 m.	8		
Villars-sur-Ollon (VD)	454	1253 m./2217 m.	25	44	≡
Wengen (BE) (mit Zahnradbahn)	464	1275 m./2440 m.	21		≡
Wildhaus (SG)	467	1098 m./2076 m.	9	40	≡
Zermatt (VS) (mit Zahnradbahn)	473	1620 m./3889 m.	35	10	≡
Zinal (VS)	480	1671 m./2900 m.	9	20	
Zuoz (GR)	484	1750 m./2450 m.	4	150	≡
Zweisimmen (BE)	504	950 m./2005 m.	6	51	

Patinoire Eisbahn Pattinatoio	Pisc. couv. Hallenbad Pisc. coperta	Liaison avec Verbindung mit ⛷ Collegate con 🎿	ℹ : ☎	
	🎿	Alt. St. Johann Wildhaus	0719 991 923	**Unterwasser** (SG)
⛸			0818 503 929	**Val Müstair** (GR) (Fuldera, Müstair, Santa Maria i. M., Tschierv)
⛸	🎿	Haute-Nendaz/Thyon-les Collons/Veysonnaz/La Tzoumaz	0277 753 888	**Verbier** (VS)
⛸	🎿	Haute-Nendaz/Thyon-les Collons/Verbier/La Tzoumaz	0272 071 053	**Veysonnaz** (VS)
⛸	🎿	Les Diablerets/Gryon	0244 953 232	**Villars-sur-Ollon** (VD)
⛸		Grindelwald/Mürren/Schilthorn	0338 551 414	**Wengen** (BE) (mit Zahnradbahn)
⛸	🎿	Alt. St. Johann/Unterwasser	0719 992 727	**Wildhaus** (SG)
⛸	🎿	Cervinia (I)/Valtournenche (I)	0279 668 100	**Zermatt** (VS) (mit Zahnradbahn)
⛸	🎿		0274 751 370	**Zinal** (VS)
⛸			0818 541 510	**Zuoz** (GR)
⛸			0337 221 133	**Zweisimmen** (BE)

Carte des stations de sports d'hiver

- • Stations de sports d'hiver
- ▫–■–■–▫ Téléphérique
- ▫++++▫ Funiculaire, voie à crémaillère
- 🚗 Transport des autos par voie ferrée

Etat des routes Informations routières : ✆ 163

| 11-5 | Fermeture possible en période d'enneigement. (Ex : Nov.-Mai) |

Karte der Wintersportorte

- • Wintersportort
- ▫–■–■–▫ Seilbahn
- ▫++++▫ Standseilbahn, Zahnradbahn
- 🚗 Autotransport per Bahn

Strassenzustand Telefonische Auskunft: ✆ 163

| 11-5 | Ggf. Wintersperre. (Beisp. : Nov.-Mai) |

Carte delle stazioni di sport invernali

- • Stazione di sport invernali
- ▫–■–■–▫ Funivia
- ▫++++▫ Funicolare, ferrovia a cremagliera
- 🚗 Trasporto auto su treno

Informazioni sullo stato delle strade: ✆ 163

| 11-5 | Chiusura possibile in periodo d'innevamento. (Esempio : Nov.-Maggio) |

Map of winter sports stations

- • Winter sports resort
- ▫–■–■–▫ Cablecar
- ▫++++▫ Funicular, rack railway
- 🚗 Transportation of vehicles by rail

For the latest road conditions: ✆ 163

| 11-5 | Approximate period when roads are snowbound and possibly closed. (Ex : Nov.-May) |

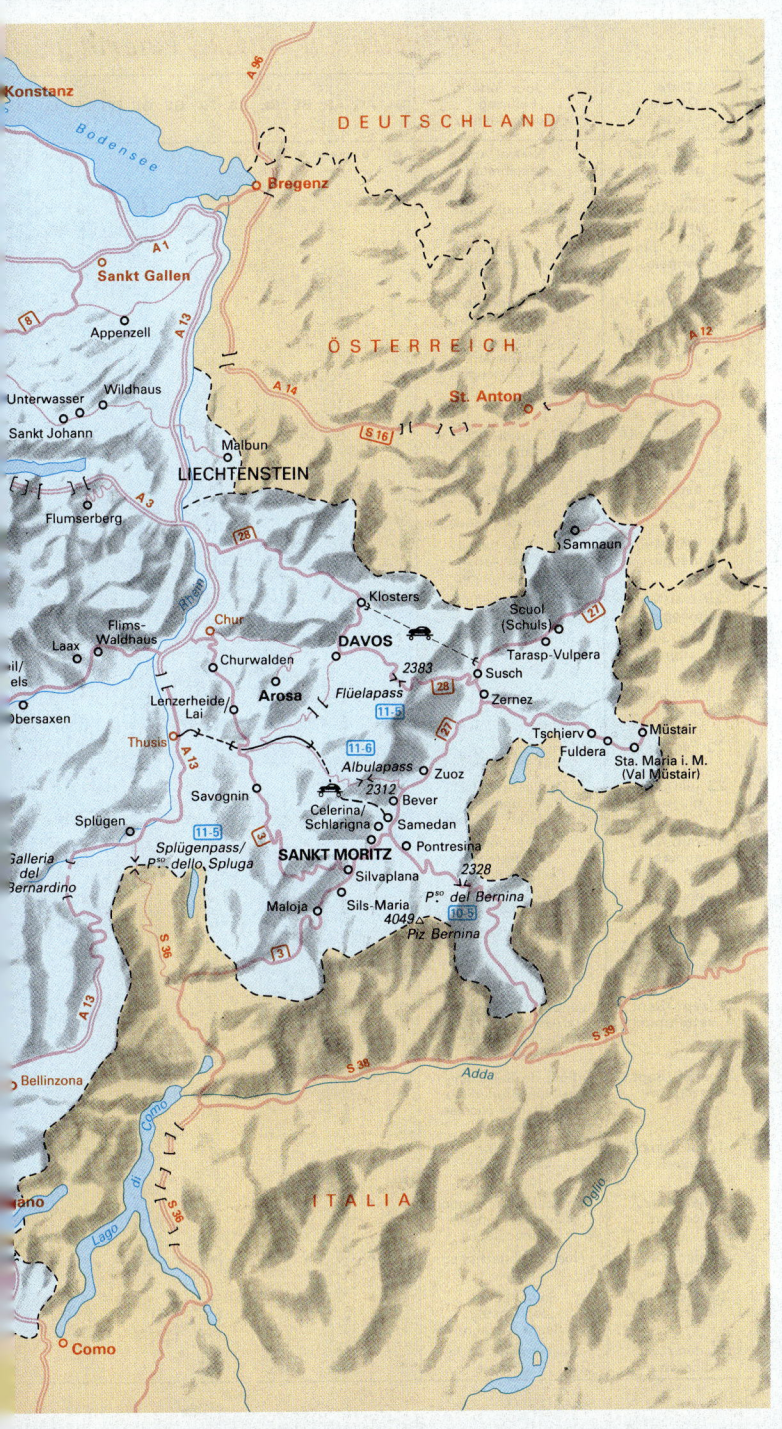

Jours fériés en Suisse / Feiertage in...

Date / Datum / Data	Jour férié / Feiertag / Giorno festivo	AI	AG	AR	BE	BL	BS	FR	GE	GL	GR	JU	LU	NE
1 janv./Jan./gennaio	Nouvel An / Neujahrstag / Capodanno	•	•	•	•	•	•	•	•	•	•	•	•	•
2 janv./Jan./gennaio	Berchtoldstag				•			•		•		•	•	•
6 janv./Jan. gennaio	Epiphanie / Dreikönigstag / Epifania													
1 mars/März/marzo	Instauration de la République													•
19 mars/März/marzo	Saint-Joseph / Josephstag / San Giuseppe												•	
3 avril/April/aprile	Fahrtsfest									•				
18 avril/April/aprile	Vendredi Saint / Karfreitag / Venerdì santo	•	•	•	•	•	•	•	•	•	•	•	•	•
21 avril/April/aprile	Lundi de Pâques / Ostermontag / Lunedì di Pasqua	•	•	•	•	•	•	•	•	•	•	•	•	•
1 mai/Mai/maggio	Fête du travail / Tag der Arbeit / Festa del lavoro						•	•				•		
29 mai/Mai/maggio	Ascension / Auffahrt / Ascensione	•	•	•	•	•	•	•	•	•	•	•	•	•
9 juin/Juni/giugno	Lundi de Pentecôte / Pfingstmontag / Lunedì di Pentecoste	•	•	•	•	•	•	•	•	•	•	•	•	•
19 juin/Juni/giugno	Fête-Dieu / Fronleichnam / Corpus Domini	•	•					•				•	•	
23 juin/Juni/giugno	Commémoration du Plébiscite jurassien											•		
29 juin/Juni/giugno	Sts-Pierre-et-Paul / Peter und Paul / SS. Pietro e Paolo													
1 août/Aug./agosto	Fête nationale / Bundesfeier / Festa nazionale	•	•	•	•	•	•	•	•	•	•	•	•	•
15 août/Aug./agosto	Assomption / Maria Himmelfahrt / Assunzione	•	•					•				•	•	
11 sept./Sept./settembre	Jeûne genevois / Genfer Bettag / Digiuno ginevrino								•					
22 sept./Sept./settembre	Lundi du Jeûne fédéral / Bettagsmontag / Lunedì del digiuno federale													•
25 sept./Sept./settembre	Fête de St-Nicolas de Flüe / Bruderklausenfest / San Nicolao della Flüe													
1 nov./Nov./novembre	Toussaint / Allerheiligen / Ognissanti	•	•					•				•	•	
8 déc./Dez./dicembre	Immaculée Conception / Maria Empfängnis / Immacolata	•	•					•					•	
25 déc./Dez./dicembre	Noël / Weihnachtstag / Natale	•	•	•	•	•	•	•	•	•	•	•	•	•
26 déc./Dez./dicembre	Saint-Etienne / Stephanstag / Santo Stefano	•	•	•	•	•	•	•		•	•		•	
31 déc./Dez./dicembre	Restauration de la République								•					

Jours fériés en Suisse / Feiertage in der Schweiz / Giorni festivi in Svizzera

W	OW	SG	SH	SO	SZ	TG	TI	UR	VD	VS	ZG	ZH	Jour férié / Feiertag / Giorno festivo	Date / Datum / Data
•	•	•	•	•	•	•	•	•	•	•	•	•	Nouvel An / Neujahrstag / Capodanno	1 janv./Jan./gennaio
		•		•	•				•		•	•	Berchtoldstag	2 janv./Jan./gennaio
					•		•	•					Epiphanie / Dreikönigstag / Epifania	6 janv./Jan./gennaio
													Instauration de la République	1 mars/März/marzo
•					•		•	•		•			Saint-Joseph / Josephstag / San Giuseppe	19 mars/März/marzo
													Fahrtsfest	3 avril/April/aprile
•	•	•	•	•	•	•	•	•	•	•	•	•	Vendredi Saint / Karfreitag / Venerdì santo	18 avril/April/aprile
•	•	•	•	•	•	•	•	•	•	•	•	•	Lundi de Pâques / Ostermontag / Lunedì di Pasqua	21 avril/April/aprile
			•			•	•					•	Fête du travail / Tag der Arbeit / Festa del lavoro	1 mai/Mai/maggio
•	•	•	•	•	•	•	•	•	•	•	•	•	Ascension / Auffahrt / Ascensione	29 mai/Mai/maggio
•	•	•	•	•	•	•	•	•	•	•	•	•	Lundi de Pentecôte / Pfingstmontag / Lunedì di Pentecoste	9 juin/Juni/giugno
•	•			•	•		•	•		•	•		Fête-Dieu / Fronleichnam / Corpus Domini	19 juin/Juni/giugno
													Commémoration du Plébiscite jurassien	23 juin/Juni/giugno
							•						Sts-Pierre-et-Paul / Peter und Paul / SS. Pietro e Paolo	29 juin/Juni/giugno
•	•	•	•	•	•	•	•	•	•	•	•	•	Fête nationale / Bundesfeier / Festa nazionale	1 août/Aug./agosto
•	•	•		•	•		•	•		•	•		Assomption / Maria Himmelfahrt / Assunzione	15 août/Aug./agosto
													Jeûne genevois / Genfer Bettag / Digiuno ginevrino	11 sept./Sept./settembre
									•				Lundi du Jeûne fédéral / Bettagsmontag / Lunedì del digiuno federale	22 sept./Sept./settembre
	•												Fête de St-Nicolas de Flüe / Bruderklausenfest / San Nicolao della Flüe	25 sept./Sept./settembre
•	•			•	•		•	•		•	•		Toussaint / Allerheiligen / Ognissanti	1 nov./Nov./novembre
•	•			•	•		•	•		•	•		Immaculée Conception / Maria Empfängnis / Immacolata	8 déc./Dez./dicembre
•	•	•	•	•	•	•	•	•	•	•	•	•	Noël / Weihnachtstag / Natale	25 déc./Dez./dicembre
•	•	•	•	•	•	•	•	•		•	•	•	Saint-Etienne / Stephanstag / Santo Stefano	26 déc./Dez./dicembre
													Restauration de la République	31 déc./Dez./dicembre

Adresses des marques automobiles
Adressen der Automobilfirmen
Indirizzi delle marche automobilistiche
Car manufacturer's addresses

ALFA ROMEO	Fiat Auto (Suisse) S.A. 108, rue de Lyon Tél. 0223 383 838 1203 Genève Fax 0223 451 718
AUDI	Amag Automobil- und Motoren AG Aarauerstrasse 20 Tél. 0564 639 191 5116 Schinznach-Bad Fax 0564 639 511
BMW	BMW (Schweiz) AG Industriestrasse 14 Tél. 018 553 111 8157 Dielsdorf Fax 018 530 191
CHEVROLET BUICK CADILLAC PONTIAC	Opel (Suisse) S.A. Salzhausstrasse 21 Tél. 0323 215 111 2501 Biel (Bienne) Fax 0323 215 210
CHRYSLER JEEP	DaimlerChrysler Schweiz AG Zürcherstr. 109 Tél. 017 325 111 8952 Schlieren Fax 017 300 740
CITROËN	Citroën (Suisse) S.A. 27, Route des Acacias Tél. 0223 080 111 1227 Les Acacias GE Fax 0223 426 042
DAEWOO	Daewoo Automobile (Schweiz) AG Im Langhag 11 Tél. 0523 434 488 8307 Effretikon Fax 0523 434 477
DAIHATSU	Ascar AG Import + Vertrieb Industriestrasse Tél. 0627 888 599 5745 Safenwil Fax 0627 888 565
FERRARI	Ferrari (Suisse) S.A. 2-8, rte de Gingins Tél. 0223 638 989 1260 Nyon Fax 0222 638 999
FIAT	Fiat Auto (Suisse) S.A. 108, rue de Lyon Tél. 0223 383 838 1203 Genève Fax 0223 451 718
FORD	Ford Motor Company (Switzerland) S.A. Kurvenstrasse 35 Tél. 013 657 111 8006 Zürich Fax 013 657 172
HONDA	Honda Automobiles (Suisse) S.A. 5 Rue de la Bergère Tél. 0229 890 500 1242 Satigny GE Fax 0229 890 660
HYUNDAI	Hyundai Auto Import AG Steigstrasse 26 Tél. 0522 082 600 8401 Winterthur Fax 0522 082 629
JAGUAR	Jaguar Schweiz AG Industriestrasse Tél. 0627 888 833 5745 Safenwil Fax 0627 888 500
KIA	Kia Motors AG. Industriestrasse Tél. 0627 888 899 5745 Safenwil Fax. 0627 888 450
LADA	Lada (Suisse) S.A. Galtern Tél. 0264 942 214 1712 Tafers Fax 0264 942 241
LANCIA	Fiat Auto (Suisse) S.A. 108, rue de Lyon Tél. 0223 383 838 1203 Genève Fax 0223 451 718
MAZDA	Mazda (Suisse) S.A. 14, Rue de Veyrot Tél. 0227 193 300 1217 Meyrin Fax 0227 829 719

MERCEDES	DaimlerChrysler (Schweiz) AG Zürcherstrasse 109 Tél. 017 325 111 8952 Schlieren Fax 017 300 740	**SEAT**	Amag Automobil- und Motoren AG Aarauerstrasse 20 Tél. 0564 639 969 5116 Schinznach-Bad Fax 0564 639 516
MITSUBISHI	MMC Automobile AG Steigstrasse 26 Tél. 0522 082 500 8401 Winterthur Fax 0522 082 599	**SKODA**	Amag Automobil- und Motoren AG Tél. 0564 639 697 5116 Schinznach Bad Fax 0564 639 516
OPEL	Opel (Suisse) S.A. Salzhausstrasse 21 Tél. 0323 215 111 2501 Biel (Bienne) Fax 0323 215 210	**SMART**	DaimlerChrysler (Schweiz) AG Smart Compact Car Zürcherstr. 109 Tél. 017 325 111 8952 Schlieren Fax 017 325 830
PEUGEOT	Peugeot (Suisse) S.A. Eigerplatz 2 Tél. 0313 874 111 3007 Bern Fax 0313 874 120	**SUBARU**	Subaru Schweiz AG Industriestrasse Tél. 0627 888 900 5745 Safenwil Fax 0627 888 901
PORSCHE	Amag Automobil- und Motoren AG Aarauerstrasse 20 Tél. 0564 639 191 5116 Schinznach-Bad Fax 0564 639 393	**SUZUKI**	Suzuki Automobile AG Brandbachstrasse 11 Tél. 018 056 666 8305 Dietlikon Fax 018 056 615
		TOYOTA	Toyota AG Schürmattstrasse 724 Tél. 0627 888 844 5745 Safenwil Fax 0627 888 600
RENAULT	Renault Nissan Suisse S.A. Bergermoosstr. 4 Tél. 017 365 511 8902 Urdorf Fax 017 340 122	**VOLVO**	Volvo Automobile (Schweiz) AG Talackerstr. 5 Tél. 018 742 100 8152 Glattbrugg Fax 018 742 125
ROVER LAND ROVER	Rover Group Switzerland AG Industrie Nord Tél. 0627 888 800 5745 Safenwil Fax 0627 888 802	**VOLKSWAGEN**	Amag Automobil- und Motoren AG Aarauerstrasse 20 Tél. 0564 639 191 5116 Schinznach-Bad Fax 0564 639 393
SAAB	Saab Automobile Schweiz AG Stelzenstr. 4 Tél. 018 282 880 8152 Glattbrugg Fax 018 282 869		

Principales foires
Wichtigste Messen
Principali fiere
Main fairs

Basel (BS)	SWISSBAU : Schweizer Baumesse (Exposition suisse de la construction)	21.01 - 25.0
	MUBA : Die Publikums- und Erlebnismesse (La foire-événement grand public)	14.02 - 23.0
	BASEL : Europäische Uhren- und Schmuckmesse (Foire européenne de l'horlogerie et de la bijouterie)	03.04 - 10.0
	ORBIT : Fachmesse für Informatik, Kommunikation und Organisation (Salon de l'informatique, de la communication et de l'organisation)	23.09 - 26.0
	Basler Herbstwarenmesse und Basler Wymäss (Foire commerciale d'automne et foire aux vins de Bâle)	25.10 - 03.1
	IGEHO : Internationale Fachmesse für Gemeinschaftsverpflegung, Hotellerie und Restauration (Salon international de la restauration collective, de l'hôtellerie et de la restauration)	21.11 - 26.1
Bern (BE)	BEA : Ausstellung für Gewerbe, Landwirtschaft, Handel und Industrie (Comptoir de Berne)	25.04 - 04.0
Genève (GE)	Salon international de l'automobile (Internationaler Automobil-Salon)	06.03 - 16.0
	Salon international des inventions, des techniques et produits nouveaux (Internationale Messe für Erfindungen, neue Techniken und Produkte)	09.04 - 13.0
	Salon international du livre, de la presse et du multimédia (Internationale Messe für Buch, Presse und Multimedia)	30.04 - 04.0
	EUROP'ART : Foire internationale d'art ancien, moderne et actuel (Internationale Messe für alte, moderne und aktuelle Kunst)	30.04 - 04.0
	Foire de Genève, Salon des arts ménagers (Haus und Heim Ausstellung)	19.11 - 30.1
Lausanne (VD)	Exposition Habitat et Jardin (Haus und Garten Ausstellung)	08.03 - 16.0
	Comptoir Suisse : Foire nationale (Nationale Messe)	19.09 - 28.0
Luzern (LU)	LUGA : Luzerner Landwirtschafts- und Gewerbeausstellung (Exposition pour l'agriculture et l'artisanat de la Suisse centrale)	25.04 - 04.0
St-Gallen (SG)	OFFA : Ostschweizer Frühlings- und Freizeitmesse mit OFFA-Pferdemesse (Foire du printemps et des loisirs de la Suisse orientale avec exposition internationale de chevaux)	09.04 - 13.0
	Schweizer Spielmesse : Internationale Spiel- und Spielwarenmesse (Foire internationale du jeu et du jouet)	03.09 - 07.0
	OLMA : Schweizer Messe für Land- und Milchwirtschaft (Foire suisse de l'agriculture et de l'industrie laitière)	09.10 - 19.
Zürich (ZH)	ZÜSPA : Zürcher Herbstschau für Haushalt, Wohnen, Sport und Mode (Salon d'automne zurichois des arts ménagers, du logement, du sport et de la mode)	25.09 - 05.
	EXPOVINA : Zürcher Wein Ausstellung (Salon du vin)	30.10 - 13.

Lexique

Lexikon
(siehe S. 532)

Lessico
(vedere p. 539)

Lexicon

A

à louer	zu vermieten	a noleggio	for hire
addition	Rechnung	conto	bill, check
aéroport	Flughafen	aeroporto	airport
agence de voyage	Reisebüro	agenzia di viaggio	travel bureau
agencement	Einrichtung	installazione	installation
agneau	Lamm	agnello	lamb
ail	Knoblauch	aglio	garlic
amandes	Mandeln	mandorle	almonds
ancien, antique	ehemalig, antik	vecchio, antico	old, antique
août	August	agosto	August
art-déco	Jugendstil	art-déco, liberty	Art Deco
artichaut	Artischoke	carciofo	artichoke
asperges	Spargeln	asparagi	asparagus
auberge	Gasthaus	locanda	inn
aujourd'hui	heute	oggi	today
automne	Herbst	autunno	autumn
avion	Flugzeug	aereo	aeroplane
avril	April	aprile	April

B

bac	Fähre	traghetto	ferry
bagages	Gepäck	bagagli	luggage
bateau	Boot, Schiff	barca	ship
bateau à vapeur	Dampfer	batello a vapore	steamer
baudroie	Seeteufel	pescatrice	angler fish
beau	schön	bello	fine, lovely
bette	Mangold	bietola	chards
beurre	Butter	burro	butter
bien, bon	gut	bene, buono	good, well
bière	Bier	birra	beer
billet d'entrée	Eintrittskarte	biglietto d'ingresso	admission ticket
blanchisserie	Wäscherei	lavanderia	laundry
bœuf bouilli	Siedfleisch	bollito di manzo	boiled beef
bouillon	Fleischbrühe	brodo	clear soup
bouquetin	Steinbock	stambecco	ibex
bouteille	Flasche	bottiglia	bottle
brochet	Hecht	luccio	pike

C

cabri, chevreau	Zicklein, Gitzi	capretto	young goat
café	Kaffee	caffè	coffee
café-restaurant	Wirtschaft	ristorante-bar	café-restaurant
caille	Wachtel	quaglia	partridge
caisse	Kasse	cassa	cash desk
campagne	Land	campagna	country

canard, caneton	*Ente, junge Ente*	*anatra*	*duck*
cannelle	*Zimt*	*cannella*	*cinnamon*
câpres	*Kapern*	*capperi*	*capers*
carvanal	*Fasnacht*	*carnevale*	*carnival*
carottes	*Karotten*	*carote*	*carrots*
carpe	*Karpfe*	*carpa*	*carp*
carte postale	*Postkarte*	*cartolina postale*	*postcard*
cascades, chutes	*Wasserfälle*	*cascate*	*waterfalls*
céleri	*Sellerie*	*sedano*	*celery*
cépage	*Rebsorte*	*ceppo*	*grape variety*
cèpes, bolets	*Steinpilze*	*boleto*	*ceps*
cerf	*Hirsch*	*cervo*	*stag (venison)*
cerises	*Kirschen*	*ciliegie*	*cherries*
cervelle de veau	*Kalbshirn*	*cervella di vitello*	*calf's brain*
chaînes	*Schneeketten*	*catene da neve*	*snow chain*
chambre	*Zimmer*	*camera*	*room*
chamois	*Gems*	*camoscio*	*chamois*
champignons	*Pilze*	*funghi*	*mushrooms*
change	*Geldwechsel*	*cambio*	*exchange*
charcuterie	*Aufschnitt*	*salumi*	*pork butcher's meat*
château	*Burg, Schloss*	*castello*	*castle*
chevreuil	*Reh*	*capriolo*	*roe deer (venison)*
chien	*Hund*	*cane*	*dog*
chou	*Kraut, Kohl*	*cavolo*	*cabbage*
chou de Bruxelles	*Rosenkohl*	*cavolini di Bruxelles*	*Brussel sprouts*
chou rouge	*Rotkraut*	*cavolo rosso*	*red cabbage*
chou-fleur	*Blumenkohl*	*cavolfiore*	*cauliflower*
choucroute	*Sauerkraut*	*crauti*	*sauerkraut*
circuit	*Rundfahrt*	*circuito*	*round tour*
citron	*Zitrone*	*limone*	*lemon*
clé	*Schlüssel*	*chiave*	*key*
col	*Pass*	*passo*	*pass*
collection	*Sammlung*	*collezione*	*collection*
combien ?	*wieviel ?*	*quanto ?*	*how much ?*
commissariat	*Polizeirevier*	*commissariato*	*police headquarters*
concombre	*Gurke*	*cetriolo*	*cucumber*
confiture	*Konfitüre*	*marmellata*	*jam*
coquille St-Jacques	*Jakobsmuschel*	*cappasanta*	*scallops*
corsé	*kräftig*	*robusto*	*full bodied*
côte de porc	*Schweinekotelett*	*braciola di maiale*	*pork chop*
côte de veau	*Kalbskotelett*	*costata di vitello*	*veal chop*
courge	*Kürbis*	*zucca*	*pumpkin*
courgettes	*Courgetten*	*zucchine*	*courgette*
crème	*Rahm*	*panna*	*cream*
crêpes	*Pfannkuchen*	*crespella*	*pancakes*
crevaison	*Reifenpanne*	*foratura*	*puncture*
crevettes	*Krevetten*	*gamberetti*	*shrimps, prawns*
crudités	*Rohkost*	*verdure crude*	*raw vegetables*
crustacés	*Krustentiere*	*crostacei*	*crustaceans*

D

débarcadère	*Schiffanlegestelle*	*pontile di sbarco*	*landing-wharf*
décembre	*Dezember*	*dicembre*	*December*
demain	*morgen*	*domani*	*tomorrow*
demander	*fragen, bitten*	*domandare*	*to ask for*
départ	*Abfahrt*	*partenza*	*departure*
dimanche	*Sonntag*	*domenica*	*Sunday*
docteur	*Arzt*	*dottore*	*doctor*
doux	*mild*	*dolce*	*sweet, mild*

E

eau gazeuse	mit Kohlensäure (Wasser)	acqua gasata	sparkling water
eau minérale	Mineralwasser	acqua minerale	mineral water
écrevisse	Flusskrebs	gambero	crayfish
église	Kirche	chiesa	church
émincé	Geschnetzeltes	a fettine	thin slice
en daube	geschmort,	stracotto,	stewed,
en sauce	mit Sauce	in salsa	with sauce
en plein air	im Freien	all'aperto	outside
endive	Endivie	indivia	chicory
entrecôte	Zwischenrip-penstück	costata	sirloin steak
enveloppes	Briefumschläge	buste	envelopes
épinards	Spinat	spinaci	spinach
escalope panée	paniertes Schnitzel	cotoletta alla milanese	escalope in breadcrumbs
escargots	Schnecken	lumache	snails
étage	Stock, Etage	piano	floor
été	Sommer	estate	summer
excursion	Ausflug	escursione	excursion
exposition	Ausstellung	esposizione, mostra	exhibition, show

F

faisan	Fasan	fagiano	pheasant
farci	gefüllt	farcito	stuffed
fenouil	Fenchel	finocchio	fennel
féra	Felchen	coregone	dace
ferme	Bauernhaus	fattoria	farm
fermé	geschlossen	chiuso	closed
fêtes, jours fériés	Feiertage	giorni festivi	bank holidays
feuilleté	Blätterteig	sfoglia	puff pastry
février	Februar	febbraio	February
filet de bœuf	Rinderfilet	filetto di bue	fillet of beef
filet de porc	Schweinefilet	filetto di maiale	fillet of pork
fleuve	Fluss	fiume	river
foie de veau	Kalbsleber	fegato di vitello	calf's liver
foire	Messe, Ausstellung	fiera	fair
forêt, bois	Wald	foresta, bosco	forest, wood
fraises	Erdbeeren	fragole	strawberries
framboises	Himbeeren	lamponi	raspberries
fresques	Fresken	affreschi	frescoes
frit	fritiert	fritto	fried
fromage	Käse	formaggio	cheese
fromage blanc	Quark	formaggio fresco	curd cheese
fruité	fruchtig	fruttato	fruity
fruits de mer	Meeresfrüchte	frutti di mare	seafood
fumé	geräuchert	affumicato	smoked

G

gare	Bahnhof	stazione	station
gâteau	Kuchen	dolce	cake
genièvre	Wacholder	coccola	juniper berry
gibier	Wild	selvaggina	game
gigue, cuissot	Keule	cosciotto	leg
gingembre	Ingwer	zenzero	ginger
girolles	Pfifferlinge, Eierschwämme	gallinacci (funghi)	chanterelles
glacier	Gletscher	ghiacciaio	glacier
grillé	gegrillt	alla griglia	grilled
grotte	Höhle	grotta	cave

H

habitants	Einwohner	abitanti	residents, inhabitants
hebdomadaire	wöchentlich	settimanale	weekly
hier	gestern	ieri	yesterday
hiver	Winter	inverno	winter
homard	Hummer	astice	lobster
hôpital	Krankenhaus	ospedale	hospital
hôtel de ville, mairie	Rathaus	municipio	town hall
huile d'olives	Olivenöl	olio d'oliva	olive oil
huîtres	Austern	ostriche	oysters

I - J

interdit	verboten	vietato	prohibited
jambon (cru, cuit)	Schinken (roh, gekocht)	prosciutto (crudo, cotto)	ham (raw, cokked)
janvier	Januar	gennaio	January
jardin, parc	Garten, Park	giardino, parco	garden, park
jeudi	Donnerstag	giovedì	Thursday
journal	Zeitung	giornale	newspaper
jours fériés	Feiertage	festivi	bank holidays
juillet	Juli	luglio	July
juin	Juni	giugno	June
jus de fruits	Fruchtsaft	succo di frutta	fruit juice

L

lac	See	lago	lake
lait	Milch	latte	milk
langouste	Languste	aragosta	spiny lobster
langoustines	Langustinen	scampi	Dublin bay prawns
langue	Zunge	lingua	tongue
lapin	Kaninchen	coniglio	rabbit
léger	leicht	leggero	light
légumes	Gemüse	legume	vegetable
lentilles	Linsen	lenticchie	lentils
lièvre	Hase	lepre	hare
lit	Bett	letto	bed
lit d'enfant	Kinderbett	lettino	child's bed
lotte	Seeteufel	pescatrice	monkfish
loup de mer	Seewolf, Wolfsbarsch	branzino	sea bass
lundi	Montag	lunedì	Monday

M

mai	Mai	maggio	May
maison	Haus	casa	house
maison corporative	Zunfthaus	sede corporativa	guild house
manoir	Herrensitz	maniero	manor house
mardi	Dienstag	martedì	Tuesday
mariné	mariniert	marinato	marinated
mars	März	marzo	March
mercredi	Mittwoch	mercoledì	Wednesday
miel	Honig	miele	honey
moelleux	weich, gehaltvoll	vellutato	mellow
monument	Denkmal	monumento	monument
morilles	Morcheln	spugnole (funghi)	morels
moules	Muscheln	cozze	mussels
moulin	Mühle	mulino	mill
moutarde	Senf	senape	mustard

N

navet	weisse Rübe	navone	turnip
neige	Schnee	neve	snow
Noël	Weihnachten	Natale	Christmas
noisettes, noix	Haselnüsse, Nüsse	nocciole, noci	hazelnuts, nuts
nombre de couverts limités	Tischbestellung ratsam	coperti limitati-prenotare	booking essential
nouilles	Nudeln	tagliatelle, fettuccine	noodles
novembre	November	novembre	November

O

octobre	Oktober	ottobre	October
œuf à la coque	weiches Ei	uovo à la coque	soft-boiled egg
office de tourisme	Verkehrsverein	informazioni turistiche	tourist information office
oignons	Zwiebeln	cipolle	onions
omble chevalier	Saibling	salmerino	char
ombragé	schattig	ombreggiato	shaded
oseille	Sauerampfer	acetosella	sorrel

P

pain	Brot	pane	bread
Pâques	Ostern	pasqua	Easter
pâtisseries	Feingebäck, Kuchen	pasticceria	pastries
payer	bezahlen	pagare	to pay
pêches	Pfirsiche	pesche	peaches
peintures, tableaux	Malereien, Gemälde	dipinti, quadri	paintings
perche	Egli	persico	perch
perdrix, perdreau	Rebhuhn	pernice	partridge
petit déjeuner	Frühstück	prima colazione	breakfast
petits pois	grüne Erbsen	piselli	green peas
piétons	Fussgänger	pedoni	pedestrians
pigeon	Taube	piccione	pigeon
pinacothèque	Gemäldegalerie	pinacoteca	picture gallery
pintade	Perlhuhn	faraona	guinea fowl
piscine, - couverte	Schwimmbad – Hallen	piscina, – coperta	swimming pool, in-door –
plage	Strand	spiaggia	beach
pleurotes	Austernpilze	gelone	oyster mushrooms
pneu	Reifen	pneumatico	tyre
poireau	Lauch	porro	leek
poires	Birnen	pere	pears
pois gourmands	Zuckerschoten	taccole	mange tout
poisson	Fisch	pesce	fish
poivre	Pfeffer	pepe	pepper
police	Polizei	polizia	police
pommes	Äpfel	mele	apples
pommes de terre, – à l'eau	Kartoffeln, Salz –	patate, – bollite	potatoes, boiled –
pont	Brücke	ponte	bridge
ponton d'amarrage	Bootsteg	pontile	jetty
poulet	Hähnchen	pollo	chicken
pourboire	Trinkgeld	mancia	tip
poussin	Küken	pulcino	young chicken
printemps	Frühling	primavera	spring
promenade	Spaziergang	passeggiata	walk
prunes	Pflaumen	prugne	plums

Q

quetsche	Zwetschge	grossa susina	dark-red plum
queue de bœuf	Ochsenschwanz	coda di bue	oxtail

R

raie	Rochen	razza	skate
raifort	Meerrettich	rafano	horseradish
raisin	Traube	uva	grape
régime	Diät	dieta	diet
remonte-pente	Skilift	ski-lift	ski-lift
renseignements	Auskünfte	informazioni	information
repas	Mahlzeit	pasto	meal
réservation	Tischbestellung	prenotazione	booking
résidents seulement	nur Hotelgäste	solo per clienti alloggiati	residents only
ris de veau	Kalbsbries, Milken	animelle di vitello	sweetbread
rive, bord	Ufer	riva	shore, river bank
rivière	Fluss	fiume	river
riz	Reis	riso	rice
roches, rochers	Felsen	rocce	rocks
rognons	Nieren	rognone	kidneys
rôti	gebraten	arrosto	roasted
rouget	Rotbarbe	triglia	red mullet
rue	Strasse	strada	street
rustique	rustikal, ländlich	rustico	rustic

S

saignant	englisch gebraten	al sangue	rare
St-Pierre (poisson)	Sankt-Peters Fisch	sampietro (pesce)	John Dory (fish)
safran	Safran	zafferano	saffron
salle à manger	Speisesaal	sala da pranzo	dining-room
salle de bain	Badezimmer	stanza da bagno	bathroom
samedi	Samstag	sabato	Saturday
sandre	Zander	lucio perca	perch pike
sanglier	Wildschwein	cinghiale	wild boar
saucisse	Würstchen	salsiccia	sausage
saucisson	Trokenwurst	sausage	
sauge	Salbei	salvia	sage
saumon	Salm, Lachs	salmone	salmon
sculptures sur bois	Holzschnitzereien	sculture in legno	wood carvings
sec	trocken	secco	dry
sel	Salz	sale	salt
semaine	Woche	settimana	week
septembre	September	settembre	September
service compris	Bedienung inbegriffen	servizio incluso	service included
site, paysage	Landschaft	località, paesaggio	site, landscape
soir	Abend	sera	evening
sole	Seezunge	sogliola	sole
sucre	Zucker	zucchero	sugar
sur demande	auf Verlangen	a richiesta	on request
sureau	Holunder	sambuco	elderbarry

T

tarte	Torte	torta	tart
téléphérique	Luftseilbahn	funivia	cable car
télésiège	Sessellift	seggiovia	chair lift

thé	Tee	tè	tea
thon	Thunfisch	tonno	tuna
train	Zug	treno	train
train à crémaillère	Zahnradbahn	treno a cremagliera	rack railway
tripes	Kutteln	trippa	tripe
truffes	Trüffeln	tartufi	truffles
truite	Forelle	trota	trout
turbot	Steinbutt	rombo	turbot

V

vacances, congés	Ferien	vacanze	holidays
vallée	Tal	vallata	valley
vendredi	Freitag	venerdì	Friday
verre	Glas	bicchiere	glass
viande séchée	Trockenfleisch	carne secca	dried meats
vignes, vignoble	Reben, Weinberg	vite, vigneto	vines, vineyard
vin blanc sec	herber Weisswein	vino bianco secco	dry white wine
vin rouge, rosé	Rotwein, Rosé	vino rosso, rosato	red wine, rosé
vinaigre	Essig	aceto	vinegar
voiture	Wagen	machina	car
volaille	Geflügel	pollame	poultry
vue	Aussicht	vista	view

Lexikon
Lexique
(voir page 525)
Lessico
(vedere p. 539)
Lexicon

A

Abend	soir	sera	evening
Abfahrt	départ	partenza	departure
Äpfel	pommes	mele	apples
April	avril	aprile	April
Artischoke	artichaut	carciofo	artichoke
Arzt	docteur	dottore	doctor
auf Verlangen	sur demande	a richiesta	on request
Aufschnitt	charcuterie	salumi	pork butcher's meat
August	août	agosto	August
Ausflug	excursion	escursione	excursion
Auskünfte	renseignements	informazioni	information
Aussicht	vue	vista	view
Ausstellung	exposition	esposizione, mostra	exhibition, show
Austern	huîtres	ostriche	oysters
Austernpilze	pleurotes	gelone	oyster mushrooms
Auto	voiture	Vettura	car

B

Badezimmer	salle de bain	stanza da bagno	bathroom
Bahnhof	gare	stazione	station
Bauernhaus	ferme	fattoria	farm
Bedienung inbegriffen	service compris	servizio incluso	service included
Bett	lit	letto	bed
bezahlen	payer	pagare	to pay
Bier	bière	birra	beer
Birnen	poires	pere	pears
Blätterteig	feuilletage	pasta sfoglia	puff pastry
Blumenkohl	chou-fleur	cavolfiore	cauliflower
Boot, Schiff	bateau	barca	ship
Bootsteg	ponton d'amarrage	pontile	jetty
Briefumschläge	enveloppes	buste	envelopes
Brot	pain	pane	bread
Brücke	pont	ponte	bridge
Burg, Schloss	château	castello	castle
Butter	beurre	burro	butter

C - D

Courgetten	courgettes	zucchine	courgette
Dampfer	bateau à vapeur	batello a vapore	steamer
Denkmal	monument	monumento	monument
Dezember	décembre	dicembre	December
Diät	régime	dieta	diet

Dienstag	mardi	martedì	Tuesday
Donnerstag	jeudi	giovedì	Thursday

E

Egli	perche	persico	perch
ehemalig, antik	ancien, antique	vecchio, antico	old, antique
Ei	œuf	uovo	egg
Einrichtung	agencement	installazione	installation
Eintrittskarte	billet d'entrée	biglietto d'ingresso	admission ticket
Einwohner	habitants	abitanti	residents, inhabitants
Endivie	endive	indivia	chicory
englisch gebraten	saignant	al sangue	rare
Ente, junge Ente	canard, caneton	anatra	duck
Erdbeeren	fraises	fragole	strawberries
Essig	vinaigre	aceto	vinegar

F

Fähre	bac	traghetto	ferry
Fasan	faisan	fagiano	pheasant
Fasnacht	carnaval	carnevale	carnival
Februar	février	febbraio	February
Feiertage	jours fériés	festivi	bank holidays
Feingebäck, Kuchen	pâtisseries	pasticceria	pastries
Felchen	féra	coregone	dace
Felsen	roches, rochers	rocce	rocks
Fenchel	fenouil	finocchio	fennel
Ferien	vacances, congés	vacanze	holidays
Fisch	poisson	pesce	fish
Flasche	bouteille	bottiglia	bottle
Fleischbrühe	bouillon	brodo	clear soup
Flughafen	aéroport	aeroporto	airport
Flugzeug	avion	aereo	aeroplane
Fluss	fleuve, rivière	fiume	river
Flusskrebs	écrevisse	gambero	crayfish
Forelle	truite	trota	trout
fragen, bitten	demander	domandare	to ask for
Freitag	vendredi	venerdì	Friday
Fresken	fresques	affreschi	frescoes
fruchtig	fruité	fruttato	fruity
Fruchtsaft	jus de fruits	succo di frutta	fruit juice
Frühling	printemps	primavera	spring
Frühstück	petit déjeuner	prima colazione	breakfast
Fussgänger	piétons	pedoni	pedestrians

G

Garten, Park	jardin, parc	giardino, parco	garden, park
Gasthaus	auberge	locanda	inn
gebacken	frit	fritto	fried
gebraten	rôti	arrosto	roasted
Geflügel	volaille	pollame	poultry
gefüllt	farci	farcito	stuffed
gegrillt	grillé	alla griglia	grilled
Geldwechsel	change	cambio	exchange
Gemäldegalerie	pinacothèque	pinacoteca	picture gallery
Gems	chamois	camoscio	chamois
Gemüse	légumes	legume	vegetables

Gepäck	bagages	bagagli	luggage
geräuchert	fumé	affumicato	smoked
geschlossen	fermé	chiuso	closed
geschmort, mit Sauce	en daube, en sauce	stracotto, in salsa	stewed, with sauce
Geschnetzeltes	émincé	a fettine	thin slice
gestern	hier	ieri	yesterday
Glas	verre	bicchiere	glass
Gletscher	glacier	ghiacciaio	glacier
grüne Erbsen	petits pois	piselli	green peas
Gurke	concombre	cetriolo	cucumber
gut	bien, bon	bene, buono	good, well

H

Hähnchen	poulet	pollo	chicken
Hartwurst	saucisson	salame	sausage
Hase	lièvre	lepre	hare
Haselnüsse, Nüsse	noisettes, noix	nocciole, noci	hazelnuts, nuts
Haus	maison	casa	house
Hecht	brochet	luccio	pike
Herbst	automne	autunno	autumn
Herrensitz	manoir	maniero	manor house
heute	aujourd'hui	oggi	today
Himbeeren	framboises	lamponi	raspberries
Hirsch	cerf	cervo	stag (venison)
Höhle	grotte	grotta	cave
Holunder	sureau	sambuco	elderbarry
Holzschnitzereien	sculptures sur bois	sculture in legno	wood carvings
Honig	miel	miele	honey
Hummer	homard	astice	lobster
Hund	chien	cane	dog

I - J

im Freien	en plein air	all'aperto	outside
Ingwer	gingembre	zenzero	ginger
Jakobsmuschel	coquille St-Jacques	cappasanto	scallops
Januar	janvier	gennaio	January
Jugendstil	art-déco	art-déco, liberty	Art Deco
Juli	juillet	luglio	July
Juni	juin	giugno	June

K

Kaffee	café	caffè	coffee
Kalbshirn	cervelle de veau	cervella di vitello	calf's brain
Kalbskotelett	côte de veau	costata di vitello	veal chop
Kalbsleber	foie de veau	fegato di vitello	calf's liver
Kalbsbries, Milken	ris de veau	animelle di vitello	sweetbread
Kaninchen	lapin	coniglio	rabbit
Kapern	câpres	capperi	capers
Karotten	carottes	carote	carrots
Karpfe	carpe	carpa	carp
Kartoffeln, Salz –	pommes de terre, – à l'eau	patate, bollite	potatoes, boiled
Käse	fromage	formaggio	cheese
Kasse	caisse	cassa	cash desk
Keule	gigue, cuissot	cosciotto	leg
Kinderbett	lit d'enfant	lettino	child's bed
Kirche	église	chiesa	church

Kirschen	*cerises*	*ciliegie*	*cherries*
Knoblauch	*ail*	*aglio*	*garlic*
Konfitüre	*confiture*	*marmellata*	*jam*
kräftig	*corsé*	*robusto*	*full bodied*
Krankenhaus	*hôpital*	*ospedale*	*hospital*
Kraut, Kohl	*chou*	*cavolo*	*cabbage*
Krevetten	*crevettes*	*gamberetti*	*shrimps, prawns*
Krustentiere	*crustacés*	*crostacei*	*crustaceans*
Kuchen	*gâteau*	*dolce*	*cake*
Küken	*poussin*	*pulcino*	*young chicken*
Kürbis	*courge*	*zucca*	*pumpkin*
Kutteln	*tripes*	*trippa*	*tripe*

L

Lamm	*agneau*	*agnello*	*lamb*
Land	*campagne*	*campagna*	*country*
Landschaft	*site, paysage*	*località, paesaggio*	*site, landscape*
Languste	*langouste*	*aragosta*	*spiny lobster*
Langustinen	*langoustines*	*scampi*	*Dublin bay prawns*
Lauch	*poireau*	*porri*	*leek*
leicht	*léger*	*leggero*	*light*
Linsen	*lentilles*	*lenticchie*	*lentils*
Luftseilbahn	*téléphérique*	*funivia*	*cable car*

M

Mahlzeit	*repas*	*pasto*	*meal*
Mai	*mai*	*maggio*	*May*
Malereien, Gemälde	*peintures, tableaux*	*dipinti, quadri*	*paintings*
Mandeln	*amandes*	*mandorle*	*almonds*
Mangold	*bette*	*bietola*	*chards*
mariniert	*mariné*	*marinato*	*marinated*
März	*mars*	*marzo*	*March*
Meeresfrüchte	*fruits de mer*	*frutti di mare*	*seafood*
Meerrettich	*raifort*	*rafano*	*horseradish*
Messe, Ausstellung	*foire*	*fiera*	*fair*
Milch	*lait*	*latte*	*milk*
mild	*doux*	*dolce*	*sweet, mild*
Mineralwasser	*eau minérale*	*acqua minerale*	*mineral water*
mit Kohlensäure (Wasser)	*eau gazeuse*	*acqua gasata*	*sparkling water*
Mittwoch	*mercredi*	*mercoledì*	*Wednesday*
Montag	*lundi*	*lunedì*	*Monday*
Morcheln	*morilles*	*spugnole (funghi)*	*morels*
morgen	*demain*	*domani*	*tomorrow*
Mühle	*moulin*	*mulino*	*mill*
Muscheln	*moules*	*cozze*	*mussels*

N

Nieren	*rognons*	*rognone*	*kidneys*
November	*novembre*	*novembre*	*November*
nur für Hotelgäste	*résidents seulement*	*solo per clienti alloggiati*	*residents only*
Nudeln	*nouilles*	*fettucine*	*noodles*

O

Ochsenschwanz	*queue de bœuf*	*coda di bue*	*oxtail*
Oktober	*octobre*	*ottobre*	*October*
Olivenöl	*huile d'olives*	*olio d'oliva*	*olive oil*
Ostern	*Pâques*	*pasqua*	*Easter*

P

paniertes Schnitzel	escalope panée	cotolet a alla milanese	escalope in breadcrumbs
Pass	col	passo	pass
Perlhuhn	pintade	faraona	guinea fowl
Pfannkuchen	crêpes	crespella	pancakes
Pfeffer	poivre	pepe	pepper
Pfifferlinge, Eierschwämme	girolles	gallinacci (funghi)	chanterelles
Pfirsiche	pêches	pesche	peaches
Pflaumen	prunes	prugne	plums
Pilze	champignons	funghi	mushrooms
Polizei	police	polizia	police
Polizeirevier	commissariat	commissariato	police headquarters
Postkarte	carte postale	cartolina postale	postcard

Q

Quark	fromage blanc	formaggio fresco	curd cheese

R

Rahm	crème	panna	cream
Rathaus	hôtel de ville, mairie	municipio	town hall
Reben, Weinberg	vignes, vignoble	vite, vigneto	vines, vineyard
Rebhuhn	perdrix, perdreau	pernice	partridge
Rebsorte	cépage	ceppo	grape variety
Rechnung	addition	conto	bill, check
Reh	chevreuil	capriolo	roe deer (venison)
Reifen	pneu	pneumatico	tyre
Reifenpanne	crevaison	foratura	puncture
Reis	riz	riso	rice
Reisebüro	agence de voyage	agenzia di viaggio	travel bureau
Rinderfilet	filet de bœuf	filetto di bue	fillet of beef
Rochen	raie	razza	skate
Rohkost	crudités	verdure crude	raw vegetables
Rosenkohl	chou de Bruxelles	cavolini di Bruxelles	Brussel sprouts
Rotbarbe	rouget	triglia	red mullet
Rotkraut	chou rouge	cavolo rosso	red cabbage
Rotwein, Rosé	vin rouge, rosé	vino rosso, rosato	red wine, rosé
Rundfahrt	circuit	circuito	round tour
rustikal, ländlich	rustique	rustico	rustic

S

Safran	safran	zafferano	saffron
Saibling	omble chevalier	salmerino	char
Salbei	sauge	salvia	sage
Salm, Lachs	saumon	salmone	salmon
Salz	sel	sale	salt
Sammlung	collection	collezione	collection
Samstag	samedi	sabato	Saturday
Sankt-Peters Fisch	St-Pierre (poisson)	sampietro (pesce)	John Dory (fish)
Sauerkraut	choucroute	crauti	sauerkraut
Sauerampfer	oseille	acetosella	sorrel
schattig	ombragé	ombreggiato	shaded

Schiffanlegestelle	débarcadère	pontile di sbarco	landing-wharf
Schinken (roh, gekocht)	jambon (cru, cuit)	prosciutto (crudo, cotto)	ham (raw, cokked)
Schlüssel	clé	chiave	key
Schnecken	escargots	lumache	snails
Schnee	neige	neve	snow
Schneeketten	chaînes	catene da neve	snow chain
schön	beau	bello	fine, lovely
Schweinefilet	filet de porc	filetto di maiale	fillet of pork
Schweinekotelett	côte de porc	braciola di maiale	pork chop
Schwimmbad, Hallen –	piscine, – couverte	piscina, – coperta	swimming pool, in-door –
See	lac	lago	lake
Seeteufel	baudroie, lotte	pescatrice	angler fish, monkfish
Seewolf, Wolfsbarsch	loup de mer	branzino	sea bass
Seezunge	sole	sogliola	sole
Seilbahn	téléphérique	funivia	cable car
Sellerie	céleri	sedano	celery
Senf	moutarde	senape	mustard
September	septembre	settembre	September
Sessellift	télésiège	seggiovia	chair lift
Siedfleisch	bœuf bouilli	bollito di manzo	boiled beef
Skilift	remonte-pente	ski-lift	ski-lift
Sommer	été	estate	summer
Sonntag	dimanche	domenica	Sunday
Spargeln	asperges	asparagi	asparagus
Spaziergang	promenade	passeggiata	walk
Speisesaal	salle à manger	sala da pranzo	dining-room
Spinat	épinards	spinaci	spinach
Steinbock	bouquetin	stambecco	ibex
Steinbutt	turbot	rombo	turbot
Steinpilze	cèpes, bolets	boleto	ceps
Stock, Etage	étage	piano	floor
Strand	plage	spiaggia	beach
Strasse	rue	strada	street

T

Tal	vallée	vallata	valley
Taube	pigeon,	piccione	pigeon
Tee	thé	tè	tea
Thunfisch	thon	tonno	tuna
Tischbestellung	réservation	prenotazione	booking
Tischbestellung ratsam	nombre de couverts limités	coperti limitati-prenotare	booking essential
Torte	tarte	torta	tart
Traube	raisin	uva	grape
Trinkgeld	pourboire	mancia	tip
trocken	sec	secco	dry
trockener Weisswein	vin blanc sec	vino bianco secco	dry white wine
Trockenfleisch	viande séchée	carne secca	dried meats
Trüffeln	truffes	tartufi	truffles

U - V

Ufer	rive, bord	riva	shore, river bank
verboten	interdit	vietato	prohibited
Verkehrsverein	office de tourisme	informazioni turistiche	tourist information office

W

Wacholder	genièvre	coccola	juniper berry
Wachtel	caille	quaglia	partridge
Wald	forêt, bois	foresta, bosco	forest, wood
Wäscherei	blanchisserie	lavanderia	laundry
Wasserfälle	cascades, chutes	cascate	waterfalls
weich, gehaltvoll	moelleux	vellutato	mellow
weiches Ei	œuf à la coque	uovo à la coque	soft-boiled egg
Weihnachten	Noël	Natale	Christmas
weisse Rübe	navet	navone	turnip
wieviel?	combien?	quanto?	how much?
Wild	gibier	selvaggina	game
Wildschwein	sanglier	cinghiale	wild boar
Winter	hiver	inverno	winter
Wirtschaft	café-restaurant	ristorante-bar	café-restaurant
Woche	semaine	settimana	week
wöchentlich	hebdomadaire	settimanale	weekly
Würstchen	saucisse	salsiccia	sausage

Z

Zahnradbahn	train à crémaillère	treno a cremagliera	rack railway
Zander	sandre	lucio perca	perch pike
Zeitung	journal	giornale	newspaper
Zicklein, Gitzi	chevreau, cabri	capretto	young goat
Zimmer	chambre	camera	room
Zimt	cannelle	cannella	cinnamon
Zitrone	citron	limone	lemon
zu vermieten	à louer	a noleggio	for hire
Zucker	sucre	zucchero	sugar
Zuckerschoten	pois gourmands	taccole	mange tout
Zug	train	treno	train
Zunfthaus	maison corporative	sede corporativa	guild house
Zunge	langue	lingua	tongue
Zwetschge	quetsche	grossa susina	dark-red plum
Zwiebeln	oignons	cipolle	onions
Zwischenrip- penstück	entrecôte	costata	sirloin steak

Lessico

Lexique
(voir page 525)

Lexikon
(siehe S. 532)

Lexicon

A

a fettine	émincé	Geschnetzeltes	thin slice
a noleggio	à louer	zu vermieten	for hire
a richiesta	sur demande	auf Verlangen	on request
abitanti	habitants	Einwohner	residents, inhabitants
aceto	vinaigre	Essig	vinegar
acetosella	oseille	Sauerampfer	sorrel
acqua gasata	eau gazeuse	mit Kohlensäure (Wasser)	sparkling water
acqua minerale	eau minérale	Mineralwasser	mineral water
aereo	avion	Flugzeug	aeroplane
aeroporto	aéroport	Flughafen	airport
affreschi	fresques	Fresken	frescoes
affumicato	fumé	geräuchert	smoked
agenzia di viaggio	agence de voyage	Reisebüro	travel bureau
aglio	ail	Knoblauch	garlic
agnello	agneau	Lamm	lamb
agosto	août	August	August
al sangue	saignant	englisch gebraten	rare
all'aperto	en plein air	im Freien	outside
alla griglia	grillé	gegrillt	grilled
anatra	canard, caneton	Ente, junge Ente	duck
animelle di vitello	ris de veau	Kalbsbries, Milken	sweetbread
aprile	avril	April	April
aragosta	langouste	Languste	spiny lobster
arrosto	rôti	gebraten	roasted
art-déco, liberty	art-déco	Jugendstil	Art Deco
asparagi	asperges	Spargeln	asparagus
astice	homard	Hummer	lobster
autunno	automne	Herbst	autumn

B

bagagli	bagages	Gepäck	luggage
barca	bateau	Boot, Schiff	ship
battello a vapore	bateau à vapeur	Dampfer	steamer
bello	beau	schön	fine, lovely
bene, buono	bien, bon	gut	good, well
bicchiere	verre	Glas	glass
bietola	bette	Mangold	chards
biglietto d'ingresso	billet d'entrée	Eintrittskarte	admission ticket
birra	bière	Bier	beer
boleti	cèpes, bolets	Steinpilze	ceps
bollito di manzo	bœuf bouilli	Siedfleisch	boiled beef
bottiglia	bouteille	Flasche	bottle
braciola di maiale	côte de porc	Schweinekotelett	pork chop

branzino	loup de mer	Seewolf, Wolfsbarsch	sea bass
brodo	bouillon	Fleischbrühe	clear soup
burro	beurre	Butter	butter
buste	enveloppes	Briefumschläge	envelopes

C

caffè	café	Kaffee	coffee
cambio	change	Geldwechsel	exchange
camera	chambre	Zimmer	room
camoscio	chamois	Gems	chamois
campagna	campagne	Land	country
cane	chien	Hund	dog
cannella	cannelle	Zimt	cinnamon
cappasanta	coquille St-Jacques	Jakobsmuschel	scallops
capperi	câpres	Kapern	capers
capretto	cabri, chevreau	Zicklein, Gitzi	young goat
capriolo	chevreuil	Reh	roe deer (venison)
carciofo	artichaut	Artischoke	artichoke
carne secca	viande séchée	Trockenfleisch	dried meats
carnevale	carnaval	Fasnacht	carnival
carote	carottes	Karotten	carrots
carpa	carpe	Karpfe	carp
cartolina postale	carte postale	Postkarte	postcard
casa	maison	Haus	house
cascate	cascades, chutes	Wasserfälle	waterfalls
cassa	caisse	Kasse	cash desk
castello	château	Burg, Schloss	castle
catene da neve	chaînes	Schneeketten	snow chain
cavolfiore	chou-fleur	Blumenkohl	cauliflower
cavolini di Bruxelles	chou de Bruxelles	Rosenkohl	Brussel sprouts
cavolo	chou	Kraut, Kohl	cabbage
cavolo rosso	chou rouge	Rotkraut	red cabbage
cervella di vitello	cervelle de veau	Kalbshirn	calf's brain
cervo	cerf	Hirsch	stag (venison)
cetriolo	concombre	Gurke	cucumber
chiave	clé	Schlüssel	key
chiesa	église	Kirche	church
chiuso	fermé	geschlossen	closed
ciliegie	cerises	Kirschen	cherries
cinghiale	sanglier	Wildschwein	wild boar
cipolle	oignons	Zwiebeln	onions
circuito	circuit	Rundfahrt	round tour
coda di bue	queue de bœuf	Ochsenschwanz	oxtail
collezione	collection	Sammlung	collection
commissariato	commissariat	Polizeirevier	police headquarters
coniglio	lapin	Kaninchen	rabbit
conto	addition	Rechnung	bill, check
coperti limitati-prenotare	nombre de couverts limités	Tichbestellung ratsam	booking essential
coregone	féra	Felchen	dace
costata	entrecôte	Zwischenrip-penstück	sirloin steak
cosciotto	gigue, cuissot	Keule	leg
costata di vitello	côte de veau	Kalbskotelett	veal chop
cotoletta alla milanese	escalope panée	paniertes Schnitzel	escalope in breadcrumbs
cozze	moules	Muscheln	mussels

crauti	choucroute	Sauerkraut	sauerkraut
cremagliera	train à crémaillère	Zahnradbahn	rack railway
crespella	crêpes	Pfannkuchen	pancakes
crostacei	crustacés	Krustentiere	crustaceans

D

dicembre	décembre	Dezember	December
dieta	régime	Diät	diet
dipinti, quadri	peintures, tableaux	Malereien, Gemälde	paintings
dolce	gâteau	Kuchen	cake
dolce	doux	mild	sweet, mild
domandare	demander	fragen, bitten	to ask for
domani	demain	morgen	tomorrow
domenica	dimanche	Sonntag	Sunday
dottore	docteur	Arzt	doctor

E

escursione	excursion	Ausflug	excursion
esposizione, mostra	exposition	Ausstellung	exhibition, show
estate	été	Sommer	summer

F

fagiano	faisan	Fasan	pheasant
faraona	pintade	Perlhuhn	guinea fowl
farcito	farci	gefüllt	stuffed
fattoria	ferme	Bauernhaus	farm
febbraio	février	Februar	February
fegato di vitello	foie de veau	Kalbsleber	calf's liver
festivi	jours fériés	Feiertage	bank holidays
fiera	foire	Messe, Ausstellung	fair
filetto di bue	filet de bœuf	Rinderfilet	fillet of beef
filetto di maiale	filet de porc	Schweinefilet	fillet of pork
finocchio	fenouil	Fenchel	fennel
fiume	fleuve, rivière	Fluss	river
foratura	crevaison	Reifenpanne	puncture
foresta, bosco	forêt, bois	Wald	forest, wood
formaggio	fromage	Käse	cheese
formaggio fresco	fromage blanc	Quark	curd cheese
fragole	fraises	Erdbeeren	strawberries
fritto	frit	fritiert	fried
fruttato	fruité	fruchtig	fruity
frutti di mare	fruits de mer	Meeresfrüchte	seafood
funghi	champignons	Pilze	mushrooms
funivia	téléphérique	Luftseilbahn	cable car

G

gallinacci (funghi)	girolles	Pfifferlinge, Eierschwämme	chanterelles
gamberetti	crevettes	Krevetten	shrimps, prawns
gambero	écrevisse	Flusskrebs	crayfish
gelone	pleurotes	Austernpilze	oyster mushrooms
gennaio	janvier	Januar	January
ghiacciaio	glacier	Gletscher	glacier
giardino, parco	jardin, parc	Garten, Park	garden, park
ginepro	genièvre	Wacholder	juniper berry
giornale	journal	Zeitung	newspaper
giorni festivi	fêtes, jours fériés	Feiertage	bank holidays

giovedì	*jeudi*	*Donnerstag*	*Thursday*
giugno	*juin*	*Juni*	*June*
grossa susina	*quetsche*	*Zwetschge*	*dark-red plum*
grotta	*grotte*	*Höhle*	*cave*

I

ieri	*hier*	*gestern*	*yesterday*
indivia	*endive*	*Endivie*	*chicory*
informazioni	*renseignements*	*Auskünfte*	*information*
informazioni turistiche	*office de tourisme*	*Verkehrsverein*	*tourist information office*
installazione	*agencement*	*Einrichtung*	*installation*
inverno	*hiver*	*Winter*	*winter*

L

lago	*lac*	*See*	*lake*
lamponi	*framboises*	*Himbeeren*	*raspberries*
latte	*lait*	*Milch*	*milk*
lavanderia	*blanchisserie*	*Wäscherei*	*laundry*
leggero	*léger*	*leicht*	*light*
legume	*légumes*	*Gemüse*	*vegetable*
lenticchia	*lentilles*	*Linsen*	*lentils*
lepre	*lièvre*	*Hase*	*hare*
lettino	*lit d'enfant*	*Kinderbett*	*child's bed*
letto	*lit*	*Bett*	*bed*
limone	*citron*	*Zitrone*	*lemon*
lingua	*langue*	*Zunge*	*tongue*
località, paesaggio	*site, paysage*	*Landschaft*	*site, landscape*
locanda	*auberge*	*Gasthaus*	*inn*
luccio	*brochet*	*Hecht*	*pike*
luccio perca	*sandre*	*Zander*	*perch pike*
luglio	*juillet*	*Juli*	*July*
lumache	*escargots*	*Schnecken*	*snails*
lunedì	*lundi*	*Montag*	*Monday*

M

maggio	*mai*	*Mai*	*May*
mancia	*pourboire*	*Trinkgeld*	*tip*
mandorle	*amandes*	*Mandeln*	*almonds*
maniero	*manoir*	*Herrensitz*	*manor house*
marinato	*mariné*	*mariniert*	*marinated*
marmellata	*confiture*	*Konfitüre*	*jam*
martedì	*mardi*	*Dienstag*	*Tuesday*
marzo	*mars*	*März*	*March*
mele	*pommes*	*Äpfel*	*apples*
mercoledì	*mercredi*	*Mittwoch*	*Wednesday*
miele	*miel*	*Honig*	*honey*
monumento	*monument*	*Denkmal*	*monument*
morbido, cremoso	*moelleux*	*weich, gehaltvoll*	*mellow*
mulino	*moulin*	*Mühle*	*mill*
municipio	*hôtel de ville, mairie*	*Rathaus*	*town hall*

N

Natale	*Noël*	*Weihnachten*	*Christmas*
navone	*navet*	*weisse Rübe*	*turnip*
neve	*neige*	*Schnee*	*snow*
nocciole, noci	*noisettes, noix*	*Haselnüsse, Nüsse*	*hazelnuts, nuts*
novembre	*novembre*	*November*	*November*

O

oggi	*aujourd'hui*	heute	today
olio d'oliva	*huile d'olives*	Olivenöl	olive oil
ombreggiato	*ombragé*	schattig	shaded
ospedale	*hôpital*	Krankenhaus	hospital
ostriche	*huîtres*	Austern	oysters
ottobre	*octobre*	Oktober	October

P

pagare	*payer*	bezahlen	to pay
pane	*pain*	Brot	bread
panna	*crème*	Rahm	cream
partenza	*départ*	Abfahrt	departure
Pasqua	*Pâques*	Ostern	Easter
passeggiata	*promenade*	Spaziergang	walk
passo	*col*	Pass	pass
pasticceria	*pâtisseries*	Feingebäck, Kuchen	pastries
pasto	*repas*	Mahlzeit	meal
patate,	*pommes de terre,*	Kartoffeln, Salz –	potatoes,
– bollite	*– à l'eau*		boiled –
pedoni	*piétons*	Fussgänger	pedestrians
pepe	*poivre*	Pfeffer	pepper
pere	*poires*	Birnen	pears
pernice	*perdrix, perdreau*	Rebhuhn	partridge
persico	*perche*	Egli	perch
pescatrice	*baudroie, lotte*	Seeteufel	angler fish, monkfish
pesce	*poisson*	Fisch	fish
pesche	*pêches*	Pfirsiche	peaches
piano	*étage*	Stock, Etage	floor
piccione	*pigeon, pigeonneau*	Taube, junge Taube	pigeon
pinacoteca	*pinacothèque*	Gemäldegalerie	picture gallery
piscina,	*piscine,*	Schwimmbad,	swimming pool,
– coperta	*– couverte*	Hallen –	indoor –
piselli	*petits pois*	grüne Erbsen	green peas
pneumatico	*pneu*	Reifen	tyre
polizia	*police*	Polizei	police
pollame	*volaille*	Geflügel	poultry
pollo	*poulet*	Hähnchen	chicken
ponte	*pont*	Brücke	bridge
pontile	*ponton d'amarrage*	Bootsteg	jetty
pontile di sbarco	*débarcadère*	Schiffanlegestelle	landing-wharf
porro	*poireau*	Lauch	leek
prenotazione	*réservation*	Tischbestellung	booking
prima colazione	*petit déjeuner*	Frühstück	breakfast
primavera	*printemps*	Frühling	spring
prosciutto (crudo, cotto)	*jambon (cru, cuit)*	Schinken (roh, gekocht)	ham (raw, cokked)
prugne	*prunes*	Pflaumen	plums
pulcino	*poussin*	Küken	chick

Q-R

quaglia	*caille*	Wachtel	partridge
quanto ?	*combien ?*	wieviel ?	how much ?
rafano	*raifort*	Meerrettich	horseradish
razza	*raie*	Rochen	skate

riso	riz	Reis	rice
ristorante-bar	café-restaurant	Wirtschaft	café-restaurant
riva	rive, bord	Ufer	shore, river bank
robusto	corsé	kräftig	full bodied
rocce	roches, rochers	Felsen	rocks
rognone	rognons	Nieren	kidneys
rombo	turbot	Steinbutt	turbot
rustico	rustique	rustikal, ländlich	rustic

S

sabato	samedi	Samstag	Saturday
sala da pranzo	salle à manger	Speisesaal	dining-room
salame	saucisson	Hartwurst	sausage
sale	sel	Salz	salt
salmerino	omble chevalier	Saibling	char
salmone	saumon	Salm, Lachs	salmon
salsiccia	saucisse	Würstchen	sausage
salumi	charcuterie	Aufschnitt	pork butcher's meat
salvia	sauge	Salbei	sage
sambuco	sureau	Holunder	elderbarry
sampietro (pesce)	St-Pierre (poisson)	Sankt-Peters Fisch	John Dory (fish)
scampi	langoustines	Langustinen	Dublin bay prawns
sculture in legno	sculptures sur bois	Holzschnitzereien	wood carvings
secco	sec	trocken	dry
sedano	céleri	Sellerie	celery
sede corporativa	maison corporative	Zunfthaus	guild house
seggiovia	télésiège	Sessellift	chair lift
Selvaggina	gibier	Wild	game
senape	moutarde	Senf	mustard
sera	soir	Abend	evening
servizio incluso	service compris	Bedienung inbegriffen	service included
settembre	septembre	September	September
settimana	semaine	Woche	week
settimanale	hebdomadaire	wöchentlich	weekly
sfoglia	feuilleté	Blätterteig	puff pastry
ski-lift	remonte-pente	Skilift	ski-lift
sogliola	sole	Seezunge	sole
solo per clienti alloggiati	résidents seulement	nur für Hotelgäste	residents only
spiaggia	plage	Strand	beach
spinaci	épinards	Spinat	spinach
spugnole (funghi)	morilles	Morcheln	morels
stambecco	bouquetin	Steinbock	ibex
stanza da bagno	salle de bain	Badezimmer	bathroom
stazione	gare	Bahnhof	station
stracotto, in salsa	en daube, en sauce	geschmort, mit Sauce	stewed, with sauce
strada	rue	Strasse	street
succo di frutta	jus de fruits	Fruchtsaft	fruit juice

T

taccole	pois gourmands	Zuckerschoten	mange tout
tartufi	truffes	Trüffeln	truffles
tè	thé	Tee	tea
tonno	thon	Thunfisch	tuna
torta	tarte	Torte	tart

traghetto	bac	Fähre	ferry
treno	train	Zug	train
triglia	rouget	Rotbarbe	red mullet
trippa	tripes	Kutteln	tripe
trota	truite	Forelle	trout

U - V

uovo à la coque	œuf à la coque	weiches Ei	soft-boiled egg
uva	raisin	Traube	grape
vacanze	vacances, congés	Ferien	holidays
vallata	vallée	Tal	valley
vecchio, antico	ancien, antique	ehemalig, antik	old, antique
venerdì	vendredi	Freitag	Friday
verdure crude	crudités	Rohkost	raw vegetables
vettura	voiture	Auto	car
vietato	interdit	verboten	prohibited
vino bianco secco	vin blanc sec	herber Weisswein	dry white wine
vino rosso, rosato	vin rouge, rosé	Rotwein, Rosé	red wine, rosé
vista	vue	Aussicht	view
vite, vigneto	vignes, vignoble	Reben, Weinberg	vines, vineyard
vitigno	cépage	Rebsorte	grape variety

Z

zafferano	safran	Safran	saffron
zenzero	gingembre	Ingwer	ginger
zucca	courge	Kürbis	pumpkin
zucchero	sucre	Zucker	sugar
zucchine	courgettes	Courgetten	courgette

Distances

Quelques précisions

Au texte de chaque localité vous trouverez la distance des villes environnantes et celle de Berne.

Les distances sont comptées à partir du centre-ville et par la route la plus pratique, c'est-à-dire celle qui offre les meilleures conditions de roulage, mais qui n'est pas nécessairement la plus courte.

Entfernungen

Einige Erklärungen

In jedem Ortstext finden Sie Entfernungen zu grösseren Städten in der Umgebung und nach Bern.

Die Entfernungen gelten ab Stadtmitte unter Berücksichtigung der günstigsten (nicht kürzesten) Strecke.

Distanze

Qualche chiarimento

Nel testo di ciascuna località troverete la distanza dalle città viciniori e da Berna.

Le distanze sono calcolate a partire dal centro delle città e seguendo la strada più pratica, ossia quella che offre le migliori condizioni di viaggio ma che non è necessariamente la più breve.

Distances

Commentary

The text of each town includes its distance from its immediate neighbours and from Bern.

Distances are calculated from centres and along the best roads from a motoring point of view – not necessarily the shortest.

Distances entre principales villes
Entfernungen zwischen den größeren Städten
Distanze tra le principali città
Distances between major towns

Genève – Winterthur: 298 km

	Aarau	Baden	Basel	Bellinzona	Bern	Biel/Bienne	Brig	La-Chaux-de-Fonds	Chur	Davos	Delémont	Frauenfeld	Fribourg	Genève	Lausanne	Locarno	Lugano	Luzern	Martigny	Montreux	Morges	Neuchâtel	Nyon	Olten	St. Gallen	Schaffhausen	Schwyz	Sierre	Sion	Solothurn	Thun	Vevey	Winterthur	Yverdon-les-Bains	Zug
Baden	26																																		
Basel	53	64																																	
Bellinzona	189	192	235																																
Bern	81	101	95	249																															
Biel/Bienne	76	96	90	244	38																														
Brig	179	204	225	127	163	198																													
La-Chaux-de-Fonds	114	134	97	282	68	54	235																												
Chur	163	141	201	118	233	238	267	272																											
Davos	191	169	230	133	262	267	262	301	59																										
Delémont	78	97	40	246	88	48	286	58	236	262																									
Frauenfeld	86	64	124	226	161	156	279	195	107	128	233																								
Fribourg	111	131	125	279	31	69	192	98	264	295	118	181																							
Genève	209	212	256	23	144	166	273	233	303	393	269	302	134																						
Lausanne	214	217	261	28	109	131	238	198	308	338	274	307	139	39																					
Locarno	49	65	95	141	104	109	144	140	159	189	131	43	189	298	206																				
Lugano	208	229	222	207	128	166	81	207	394	431	143	250	101	316	161	166																			
Luzern	166	186	179	245	85	123	86	164	322	351	100	171	58	298	187	49	232																		
Martigny	188	202	288	49	119	162	91	109	345	373	98	232	86	316	226	13	270	43																	
Montreux	111	131	125	279	49	36	129	66	268	296	118	247	47	304	313	139	304	139	269																
Morges	214	235	228	314	136	135	147	91	303	371	135	25	122	39	29	75	143	112	100	43															
Neuchâtel	14	45	48	193	64	59	183	117	139	210	61	105	94	219	161	75	218	53	148	171	94														
Nyon	126	104	164	217	109	104	131	134	297	335	104	47	231	47	74	28	329	191	356	286	231	197													
Olten	75	46	95	229	109	150	184	145	320	314	166	109	101	356	239	96	239	53	308	308	180	145	335												
St. Gallen	74	73	134	122	142	145	236	181	145	173	171	127	58	305	248	106	254	106	231	283	257	94	283	79											
Schaffhausen	248	269	262	164	147	142	131	115	144	144	142	39	177	302	245	147	143	37	275	254	232	177	281	91	96										
Schwyz	234	234	248	69	142	181	85	181	328	287	186	98	329	173	111	184	145	44	183	126	82	152	183	96	317	106									
Sierre	52	66	66	220	40	192	109	185	301	314	154	39	141	96	159	189	204	83	126	183	138	217	369	354	173	187	16								
Sion	106	127	120	187	26	64	136	132	209	238	65	200	42	195	137	80	245	167	30	69	168	30	121	119	207	193									
Solothurn	162	182	176	255	82	120	130	108	263	347	112	209	82	187	62	35	208	245	159	171	168	61	139	89	175	199	65								
Thun	68	46	106	208	120	108	143	138	319	347	138	83	120	83	20	52	236	248	117	1	139	145	139	227	296	114	113								
Vevey	155	175	169	323	76	143	211	177	120	148	211	138	173	298	241	228	81	228	250	250	173	277	310	168	218										
Winterthur	47	25	86	176	125	128	138	148	312	341	171	53	53	86	38	63	289	183	64	37	35	89	87	57	138	37	106	55							
Yverdon-les-Bains					71			76	102	341	167	145	163	231	165	348	170	100	260	240	165	224	57	276	221	296	131	146	218						
Zug		48	144	214	133			128	145	267	145	133	216	165	260	26	77	218	267	116	26	82	224	121	59	207									
Zürich	47	25	86	176	123	118	185	156	146	118	153	277	196	256	201	230	153	55	67	51	290	85	276	148	204	197	32								

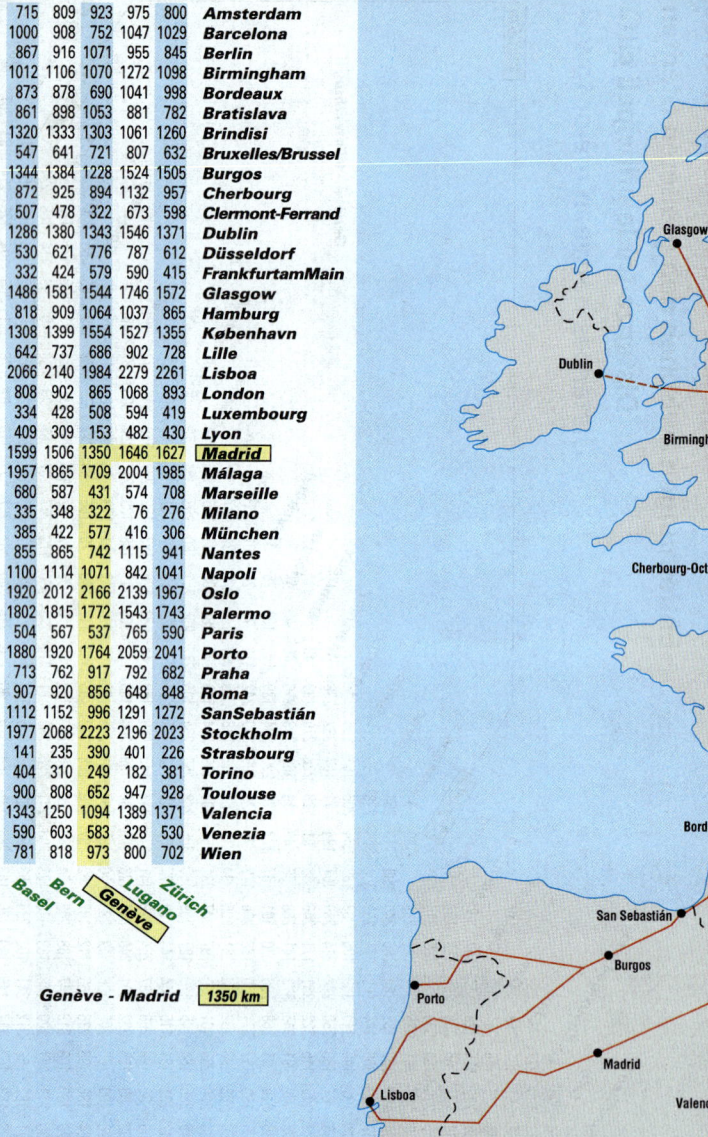

Basel	Bern	Genève	Lugano	Zürich	City
715	809	923	975	800	*Amsterdam*
1000	908	752	1047	1029	*Barcelona*
867	916	1071	955	845	*Berlin*
1012	1106	1070	1272	1098	*Birmingham*
873	878	690	1041	998	*Bordeaux*
861	898	1053	881	782	*Bratislava*
1320	1333	1303	1061	1260	*Brindisi*
547	641	721	807	632	*Bruxelles/Brussel*
1344	1384	1228	1524	1505	*Burgos*
872	925	894	1132	957	*Cherbourg*
507	478	322	673	598	*Clermont-Ferrand*
1286	1380	1343	1546	1371	*Dublin*
530	621	776	787	612	*Düsseldorf*
332	424	579	590	415	*FrankfurtamMain*
1486	1581	1544	1746	1572	*Glasgow*
818	909	1064	1037	865	*Hamburg*
1308	1399	1554	1527	1355	*København*
642	737	686	902	728	*Lille*
2066	2140	1984	2279	2261	*Lisboa*
808	902	865	1068	893	*London*
334	428	508	594	419	*Luxembourg*
409	309	153	482	430	*Lyon*
1599	1506	1350	1646	1627	*Madrid*
1957	1865	1709	2004	1985	*Málaga*
680	587	431	574	708	*Marseille*
335	348	322	76	276	*Milano*
385	422	577	416	306	*München*
855	865	742	1115	941	*Nantes*
1100	1114	1071	842	1041	*Napoli*
1920	2012	2166	2139	1967	*Oslo*
1802	1815	1772	1543	1743	*Palermo*
504	567	537	765	590	*Paris*
1880	1920	1764	2059	2041	*Porto*
713	762	917	792	682	*Praha*
907	920	856	648	848	*Roma*
1112	1152	996	1291	1272	*SanSebastián*
1977	2068	2223	2196	2023	*Stockholm*
141	235	390	401	226	*Strasbourg*
404	310	249	182	381	*Torino*
900	808	652	947	928	*Toulouse*
1343	1250	1094	1389	1371	*Valencia*
590	603	583	328	530	*Venezia*
781	818	973	800	702	*Wien*

Genève - Madrid 1350 km

Principales routes

- ═══ Autoroute
- [1] Numéro de route
- ⌈20⌋ Distances partielles
- 🚗 Transport des véhicules par voie ferrée
- Distances entre principales villes : voir tableau

Hauptverkehrsstrassen

- ═══ Autobahn
- [1] Strassennummer
- ⌈20⌋ Teilentfernungen
- 🚗 Autotransport per Bahn
- Entfernungen zwischen den grösseren Städten : siehe Tabelle

Principali strade

- ═══ Autostrada
- [1] Numero della strada
- ⌈20⌋ Distanze parziali
- 🚗 Trasporto auto su treno
- Distanze tra le principali città : vedere tabella

Main roads

- ═══ Motorway
- [1] Road number
- ⌈20⌋ Intermediary distances
- 🚗 Transportation of vehicles by rail
- Distances between major towns : see table

Index des localités
classées par canton

Ces localités sont toutes repérées sur la carte Michelin
par un souligné rouge. Voir les numéros de carte et de pli
au texte de chaque localité. Les symboles 🛏 et 🍴
indiquent que vous trouverez un hôtel ou un restaurant
dans ces localités.

Ortsverzeichnis
nach Kantonen geordnet

Diese Orte sind auf den Michelin-Karten angegeben
und rot unterstrichen. Nummer und Falte der entsprechenden
Karte ersehen Sie aus dem jeweiligen Ortstext.
Die Symbole 🛏 und 🍴 zeigen an, dass es in diesen Orten
ein Hotel oder ein Restaurant gibt.

Indice delle località
suddivise per cantoni

Queste località sono tutte sottolineate in rosso sulla carta
Michelin. Il numero della carta e della piega è riportato
nel testo di ciascuna località. I simboli 🛏 e 🍴 indicano
che troverete in questa località un albergo o un ristorante.

List of localities
by "Cantons"

On Michelin maps all localities in the Guide are underlined
in red. The entry of each locality gives the map number and fold.
The symbols 🛏 and 🍴 indicate that you will find a hotel
or a restaurant in these towns.

Appenzell

AI (*Innerrhoden
Rhodes intérieures*)
104 Appenzell ⇌ ✂
276 Gonten ⇌ ✂
105 Schlatt
   b. Appenzell ⇌ ✂
105 Weissbad ⇌ ✂

AR (*Ausserrhoden
Rhodes extérieures*)
252 Grub ⇌ ✂
259 Heiden ⇌ ✂
260 Herisau ⇌ ✂
374 Rehetobel ⇌ ✂
412 Schwägalp ⇌ ✂
430 Speicher ⇌ ✂
437 Teufen ⇌ ✂
444 Urnäsch ✂
459 Wald ✂
459 Wald bei
460 Walzenhausen ⇌ ✂

Aargau
(*Argovie*) **AG**

94 Aarau ⇌ ✂
96 Aarburg ⇌ ✂
118 Baden ⇌ ✂
136 Beinwil am See ⇌ ✂
138 Berikon ⇌ ✂
153 Birmenstorf ⇌ ✂
156 Böttstein ⇌ ✂
158 Bremgarten ⇌ ✂
162 Brugg ⇌ ✂
162 Brunegg ⇌
119 Dättwil ✂
118 Ennetbaden ✂
209 Fislisbach ⇌ ✂
220 Frick ⇌ ✂
258 Hägglingen ✂
273 Kleindöttingen ⇌ ✂
292 Lenzburg ⇌ ✂
322 Magden ⇌ ✂
322 Mägenwil ✂
328 Meisterschwanden ⇌ ✂
342 Mülligen ✂
343 Muri ⇌ ✂
358 Oberentfelden ⇌ ✂
358 Obererlinsbach ⇌ ✂
472 Oberzeihen ✂
374 Rheinfelden ⇌ ✂
377 Riken ✂
96 Rombach ✂
382 Rothrist ⇌ ✂
411 Schneisingen ✂
418 Seengen ⇌ ✂
430 Spreitenbach ⇌ ✂
434 Suhr ⇌ ✂
465 Wettingen ✂
466 Widen ⇌ ✂
467 Wildegg ⇌ ✂
470 Würenlos ✂
472 Zeihen ✂
481 Zofingen ⇌ ✂
503 Zurzach ⇌ ✂

Basel
(*Bâle*)

BL (*Basel-Landschaft
Bâle-Campagne*)
98 Aesch ⇌ ✂
100 Allschwil ⇌ ✂
107 Arlesheim ⇌ ✂
296 Bad Schauenburg ⇌ ✂
133 Binningen ⇌ ✂
132 Birsfelden ⇌ ✂
156 Bottmingen ✂
163 Bubendorf ⇌ ✂
166 Burg im Leimental ✂
204 Eptingen ⇌ ✂
248 Grellingen ✂
278 Langenbruck ⇌ ✂
280 Läufelfingen ⇌ ✂
280 Laufen ⇌ ✂
296 Liestal ⇌ ✂
133 Muttenz ⇌ ✂
359 Oberwil ✂
363 Ormalingen ⇌ ✂
369 Pratteln ✂
460 Waldenburg ✂

BS (*Basel-Stadt
Bâle-Ville*)
122 Basel
   (*Bâle*) ⇌ ✂
132 Riehen ✂

Bern
(*Berne*) **BE**

96 Aarberg ⇌ ✂
97 Adelboden ⇌ ✂
99 Aeschi
   bei Spiez ⇌ ✂
99 Aeschiried ✂
418 Aspi bei Seedorf ✂
116 Attiswil ✂
418 Baggwil
134 Bätterkinden ✂ ⇌
134 Beatenberg ⇌
341 Belprahon ✂
139 Bern ⇌ ✂
150 Biel
   (*Bienne*) ⇌ ✂
271 Blausee-Mittolz ⇌ ✂
267 Bönigen ⇌ ✂
158 Brienz ⇌ ✂
166 Büren a. d. Aare ✂
166 Büren zum Hof ✂
167 Burgdorf ⇌ ✂
197 Diessbach
   bei Büren
200 Dürrenroth ⇌ ✂
201 Eggiwil ⇌ ✂
430 Faulensee ⇌ ✂
213 Fraubrunnen ✂
221 Frutigen ⇌ ✂
222 Gals ✂
242 Gerolfingen ✂
243 Gerzensee ✂
159 Giessbach ⇌ ✂
267 Goldswil ✂
249 Grindelwald ⇌ ✂
252 Grosshöchstetten ⇌ ✂

555

253 Gstaad 🛏 🍴	148 Oberbottigen 🛏 🍴	469 Wohlen
257 Gunten 🛏 🍴	441 Oberhofen 🛏 🍴	bei Bern 🍴
257 Guttannen 🛏 🍴	363 Orvin 🍴	470 Worb 🛏 🍴
167 Heimiswil 🍴	147 Ostermundigen 🛏 🍴	470 Worben 🛏 🍴
440 Hilterfingen 🛏 🍴	341 Perrefitte 🍴	252 Zäziwil 🛏 🍴
440 Hünibach 🛏 🍴	365 Péry-	504 Zweisimmen 🛏 🍴
262 Huttwil 🛏 🍴	Reuchenette 🛏 🍴	
263 Innertkirchen 🛏 🍴	366 Le Pichoux 🛏 🍴	
263 Interlaken 🛏 🍴	366 Plagne 🍴	**Fribourg**
268 Ipsach 🛏 🍴	363 Les Prés-d'Orvin 🍴	**(Freiburg) FR**
269 Iseltwald 🛏 🍴	374 Reichenbach 🛏 🍴	
147 Ittigen 🍴	341 Roches 🍴	
270 Kandersteg 🛏 🍴	279 Roggwil 🍴	
411 Kemmeriboden-	256 Saanen 🛏 🍴	
Bad 🛏 🍴	255 Saanenmöser 🛏 🍴	
272 Kirchberg 🛏	389 Saint-Imier 🛏 🍴	220 Bourguillon 🍴
272 Kirchdorf 🍴	393 Sangernboden 🍴	167 Bulle 🛏 🍴
148 Köniz 🛏 🍴	405 Säriswil 🍴	173 Charmey 🛏 🍴
274 Konolfingen 🛏 🍴	411 Schangnan 🛏 🍴	183 Cousset 🍴
274 Krattigen 🛏 🍴	411 Scheunenberg 🍴	188 Crésuz 🛏 🍴
279 Langenthal 🛏 🍴	411 Schönbühl 🛏 🍴	199 Düdingen 🛏 🍴
279 Langnau im	255 Schönried 🛏 🍴	206 Estavayer-
Emmental 🛏 🍴	412 Schüpfen 🛏 🍴	le-Lac 🛏 🍴
255 Lauenen 🛏 🍴	412 Schwarzenburg 🛏 🍴	209 Flamatt 🛏 🍴
290 Lauterbrunnen 🛏 🍴	413 Schwefelberg Bad 🛏 🍴	215 Fribourg 🛏 🍴
291 Lenk 🛏 🍴	418 Seedorf 🍴	223 Gempenach 🛏 🍴
148 Liebefeld 🍴	420 Sigriswil 🛏 🍴	252 Gruyères 🛏 🍴
296 Ligerz 🛏 🍴	429 Sonceboz 🛏 🍴	258 Hauteville 🍴
302 Lotzwil 🛏 🍴	430 Spiez 🛏 🍴	272 Kerzers 🍴
303 Loveresse 🍴	274 Stalden 🛏 🍴	220 Marly 🛏 🍴
435 Lüderenalp 🛏 🍴	440 Steffisburg 🛏 🍴	327 Matran 🛏 🍴
312 Lüscherz 🍴	434 Studen 🛏	345 Meyriez 🛏 🍴
321 Lyss 🛏 🍴	321 Suberg 🍴	332 Misery 🍴
321 Madiswil 🛏 🍴	435 Sumiswald 🛏 🍴	165 Morlon 🛏 🍴
322 Magglingen	436 Sutz-	345 Muntelier 🛏 🍴
(Macolin) 🍴	Lattrigen 🍴	344 Murten
328 Meiringen 🛏 🍴	438 Thörigen 🍴	(Morat) 🛏 🍴
331 Merligen 🛏 🍴	438 Thun 🛏 🍴	347 Neirivue 🛏 🍴
389 Mont-	442 Tschugg 🍴	165 Le Pâquier 🛏 🍴
Crosin 🛏 🍴	442 Twann 🛏 🍴	380 Romont 🍴
389 Mont-Soleil 🛏 🍴	445 Ursenbach 🍴	381 Rossens 🛏 🍴
340 Mörigen 🛏 🍴	445 Utzenstorf 🍴	412 Schwarzsee 🛏 🍴
341 Moutier 🛏 🍴	389 Villeret 🍴	434 Sugiez 🛏 🍴
342 Münchenbuchsee 🍴	148 Wabern 🛏 🍴	165 La Tour-
343 Münsingen 🛏 🍴	135 Waldegg 🛏 🍴	de-Trême 🛏 🍴
147 Muri bei Bern 🛏 🍴	460 Wangen an der	443 Ulmiz 🍴
343 Mürren 🛏 🍴	Aare 🛏 🍴	220 Villars-sur-Glâne 🍴
354 La Neuveville 🛏 🍴	463 Weissenburg 🛏 🍴	458 Vuippens 🍴
354 Niedermuhlern 🍴	464 Wengen 🛏 🍴	458 Vuisternens-
355 Nods 🛏 🍴	465 Wengernalp 🛏 🍴	en-Ogoz 🛏 🍴
357 Oberbalm 🍴	267 Wilderswil 🛏 🍴	
358 Oberbipp 🛏 🍴		

Genève
(Genf) **GE**

104	Anières	✂
238	Bellevue	🛏 ✂
240	Carouge	🛏 ✂
171	Céligny	🛏 ✂
240	Certoux	✂
238	Chambésy	✂
241	Cointrin	🛏 ✂
238	Cologny	✂
239	Conches	✂
241	Confignon	🛏 ✂
224	Genève (Genf)	🛏 ✂
260	Hermance	🛏 ✂
241	Lully	✂
242	Meyrin	🛏 ✂
241	Onex	✂
406	Peney	🛏 ✂
240	Petit-Lancy	🛏 ✂
366	La Plaine	✂
240	Plan-les-Ouates	✂
240	Saconnex d'Arve	✂
406	Satigny	🛏 ✂
419	Sézegnin	✂
239	Thônex	🛏 ✂
241	Vernier	✂
239	Vessy	✂
239	Veyrier	✂

Glarus
(Glaris) **GL**

157	Braunwald	🛏 ✂
202	Elm	🛏 ✂
208	Filzbach	🛏 ✂
245	Glarus	🛏 ✂
297	Linthal	🛏 ✂
332	Mollis	🛏 ✂
346	Näfels	🛏 ✂
347	Netstal	🛏 ✂

Graubünden
(Grisons) **GR**

107	Arosa	🛏 ✂
117	Augio	🛏 ✂
137	Bergün	🛏
149	Bever	🛏 ✂
154	Bivio	🛏 ✂
155	Bonaduz	🛏 ✂
157	Breil (Brigels)	🛏 ✂
170	Celerina (Schlarigna)	🛏 ✂
404	Champfèr	🛏 ✂
178	Chur (Coire)	🛏 ✂
180	Churwalden	🛏 ✂
190	Davos	🛏 ✂
198	Disentis/Mustér	🛏 ✂
199	Domat-Ems	🛏 ✂
422	Fex-Crasta	🛏 ✂
210	Fidaz	🛏 ✂
208	Filisur	🛏 ✂
209	Fläsch	✂
210	Flims	🛏 ✂
221	Ftan	🛏 ✂
222	Fuldera	🛏 ✂
256	Guarda	🛏 ✂
262	Ilanz	🛏 ✂
322	Jenins	🛏 ✂
273	Klosters	🛏 ✂
277	Laax	🛏 ✂
279	Lantsch (Lenz)	🛏 ✂
194	Laret	🛏 ✂
292	Lenzerheide (Lai)	🛏 ✂
322	Madulain	🛏 ✂
322	Maienfeld	🛏 ✂
323	Malans	🛏 ✂
323	Maloja	🛏 ✂
370	Miralago	🛏 ✂
346	Müstair	🛏 ✂
359	Obersaxen-Meierhof	🛏 ✂
422	Plaun da Lej	✂
367	Pontresina	🛏 ✂
369	Poschiavo	🛏 ✂
369	Le Prese	🛏 ✂
371	La Punt-Chamues-Ch.	🛏 ✂
278	Sagogn	✂
391	Samedan	🛏 ✂
392	Samnaun	🛏 ✂
393	San Bernardino	🛏 ✂
393	Sankt Antönien	🛏 ✂
399	Sankt Moritz	🛏 ✂
405	Santa Maria	🛏 ✂
407	Savognin	🛏 ✂
414	Scuol	🛏 ✂
417	Sedrun	🛏 ✂
416	Sent	🛏 ✂
194	Sertig Dörfli	🛏 ✂
421	Sils Baselgia	🛏 ✂
422	Sils-Fextal	🛏 ✂
421	Sils-Maria	🛏 ✂
422	Silvaplana	🛏 ✂
426	Soazza	🛏 ✂
427	Soglio	🛏 ✂
293	Sporz	🛏 ✂
417	Tarasp	🛏 ✂
441	Thusis	🛏 ✂
442	Trun	🛏 ✂
444	Untervaz	🛏 ✂
293	Valbella	🛏 ✂
446	Vals	🛏 ✂
416	Vulpera	🛏 ✂
460	Waltensburg/Vuorz	🛏 ✂
194	Wolfgang	🛏 ✂
480	Zernez	🛏 ✂
484	Zuoz	🛏 ✂

Jura
JU

116	Asuel	🛏 ✂
133	Bassecourt	🛏 ✂
155	Les Bois	✂
158	Les Breuleux	🛏 ✂
182	Courgenay	🛏 ✂
183	Courroux	🛏 ✂

183 Courtemaîche ✂
194 Delémont ⌘ ✂
246 Goumois ✂
331 Miécourt ⌘ ✂
355 Le Noirmont ⌘ ✂
369 Porrentruy ⌘ ✂
116 Les Rangiers ⌘ ✂
387 Saignelégier ⌘ ✂
406 Saulcy ⌘ ✂
196 Soyhières ⌘ ✂
446 Vendlincourt ⌘ ✂
450 Vermes ⌘ ✂

Luzern
(Lucerne) **LU**

98 Adligenswil ✂
121 Ballwil ✂
154 Blatten bei Malters ⌘ ✂
200 Ebikon ⌘ ✂
202 Eich ⌘ ✂
204 Entlebuch ⌘ ✂
205 Escholzmatt ⌘ ✂
212 Flühli ⌘ ✂
248 Greppen ⌘ ✂
252 Grossdietwil ⌘ ✂
259 Heiligkreuz ⌘ ✂
260 Herlisberg ✂
261 Hildisrieden ⌘ ✂
320 Horw ✂
320 Kastanienbaum ⌘ ✂
321 Kriens ⌘
314 Luzern ⌘ ✂
327 Meggen ⌘ ✂
330 Menzberg ⌘ ✂
346 Nebikon ✂
374 Reiden ✂
377 Rigi-Kaltbad ⌘ ✂
418 Sempach-Station ⌘ ✂
420 Sigigen ✂
435 Sursee ⌘ ✂
443 Udligenswil ✂
457 Vitznau ⌘ ✂

202 Vogelsang ⌘ ✂
461 Weggis ⌘ ✂
374 Wikon ✂
473 Zell ⌘ ✂

Neuchâtel
(Neuenburg) **NE**

352 Auvernier ✂
156 Boudevilliers ⌘ ✂
158 Les Brenets ⌘ ✂
174 La Chaux-de-Fonds ⌘ ✂
181 Colombier ✂
182 Cortaillod ⌘ ✂
183 Couvet ⌘ ✂
188 Cressier ⌘ ✂
199 Dombresson ⌘ ✂
204 Enges ⌘ ✂
351 Hauterive ⌘ ✂
301 Le Locle ⌘ ✂
332 Montézillon ⌘ ✂
341 Môtiers ⌘ ✂
349 Neuchâtel ⌘ ✂
353 Peseux ✂
302 Le Prévoux ⌘ ✂
351 Saint-Blaise ✂
438 Thielle ⌘ ✂
441 Travers ⌘ ✂
450 Les Verrières ⌘ ✂

Nidwalden
(Nidwald) **NW**

135 Beckenried ⌘ ✂
165 Buochs ⌘ ✂
167 Bürgenstock ⌘ ✂
202 Emmetten ⌘ ✂
204 Ennetbürgen ✂
432 Fürigen ⌘ ✂
259 Hergiswil ⌘ ✂
431 Stans ⌘ ✂
432 Stansstad ⌘ ✂

Obwalden
(Obwald) **OW**

100 Alpnach ✂
203 Engelberg ⌘ ✂
244 Giswil ⌘ ✂
406 Kägiswil ✂
271 Kerns ⌘ ✂
271 Sand ⌘ ✂
404 Sankt Niklausen ⌘ ✂
405 Sarnen ⌘ ✂
406 Wilen ⌘ ✂

Sankt Gallen
(Saint-Gall) **SG**

97 Abtwil ⌘ ✂
101 Alt St. Johann ⌘ ✂
102 Altstätten ✂
102 Amden ⌘ ✂
102 Arfenbühl ⌘ ✂
107 Arnegg ⌘ ✂
116 Au ⌘ ✂
120 Bad Ragaz ⌘ ✂
121 Balgach ⌘ ✂
148 Berneck ⌘ ✂
467 Bronschhofen ⌘ ✂
164 Buchs ⌘ ✂
168 Buriet ⌘ ✂
194 Degersheim ⌘ ✂
200 Ebnat-Kappel ⌘ ✂
210 Flawil ⌘ ✂
212 Flumserberg ⌘ ✂
245 Goldach ✂
246 Gossau ⌘ ✂
329 Heiligkreuz ✂
373 Jona ⌘ ✂
372 Kempraten ⌘ ✂
302 Lömmenschwil ⌘ ✂
329 Mels ✂
354 Niederbüren ✂
355 Niederuzwil ⌘ ✂
359 Oberschan ✂

372	Rapperswil ⌐ ✂
375	Ricken ⌐ ✂
380	Rorschach ⌐ ✂
381	Rorschacherberg ⌐ ✂
467	Rossrüti ✂
394	Sankt Gallen ⌐ ✂
404	Sankt Peterzell ✂
411	Schmerikon ⌐ ✂
442	Tscherlach ✂
444	Unterwasser ⌐ ✂
445	Uzwil ⌐ ✂
459	Wald bei Sankt Peterzell ⌐ ✂
460	Walenstadt ⌐ ✂
461	Wattwil ⌐ ✂
461	Weesen ⌐ ✂
463	Weite ✂
466	Widnau ⌐
466	Wil ⌐ ✂
467	Wildhaus ⌐ ✂

Schaffhausen
(Schaffhouse) SH

163	Buchberg ✂
410	Herblingen ⌐ ✂
410	Neuhausen am Rheinfall ✂
363	Osterfingen ✂
408	Schaffhausen ⌐ ✂
432	Stein am Rhein ⌐ ✂
438	Thayngen ⌐ ✂

Schwyz
SZ

101	Altendorf ⌐ ✂
118	Bäch ✂
162	Brunnen ⌐ ✂
202	Einsiedeln ⌐ ✂
206	Euthal ✂
207	Feusisberg ⌐ ✂
243	Gersau ⌐ ✂
261	Hurden ⌐ ✂
263	Immensee ✂
277	Küssnacht am Rigi ⌐ ✂
278	Lachen ⌐ ✂
279	Lauerz ✂
331	Merlischachen ⌐ ✂
340	Morschach ⌐ ✂
365	Pfäffikon ⌐ ✂
375	Ried-Muotathal ✂
413	Schwyz ⌐ ✂
433	Steinen ✂
433	Stoos ⌐ ✂
470	Wollerau ⌐ ✂

Solothurn
(Soleure) SO

377	Attisholz ✂
121	Balsthal ⌐ ✂
149	Bettlach ⌐ ✂
199	Dornach ⌐ ✂
201	Egerkingen ⌐ ✂
212	Flüh ✂
242	Gerlafingen ✂
248	Grenchen ⌐ ✂
258	Hägendorf ✂
271	Kappel ⌐ ✂
272	Kestenholz ⌐ ✂
276	Kriegstetten ⌐ ✂
429	Langendorf ✂
312	Luterbach ⌐
327	Matzendorf ⌐ ✂
331	Messen ✂
342	Mühledorf ⌐ ✂
429	Nennigkofen ✂
354	Niedergösgen ✂
359	Oensingen ⌐ ✂
360	Olten ⌐ ✂
376	Riedholz ✂
412	Schönenwerd ⌐ ✂
427	Solothurn (Soleure) ⌐ ✂
434	Stüsslingen ✂
361	Trimbach ✂
429	Zuchwil ⌐ ✂

Ticino
(Tessin) TI

99	Agarone ✂
99	Agno ⌐ ✂
100	Airolo ⌐ ✂
311	Aldesago ⌐ ✂
111	Ascona ⌐ ✂
135	Banco-Nerocco ✂
135	Bedigliora ✂
136	Bellinzona ⌐ ✂
150	Biasca ⌐ ✂
152	Bioggio ⌐ ✂
153	Bissone ⌐ ✂
155	Bosco/Gurin ⌐ ✂
156	Bosco-Luganese ⌐ ✂
312	Breganzona ⌐ ✂
161	Brissago ⌐ ✂
163	Brusino Arsizio ⌐ ✂
168	Cademario ⌐ ✂
168	Cadro ✂
169	Cagiallo ✂
169	Camorino ✂
169	Capolago ⌐ ✂
137	Carasso ✂
362	Carnago ⌐ ✂
169	Carona ⌐
169	Caslano ⌐ ✂
311	Castagnola ⌐ ✂
177	Chiasso ⌐ ✂
181	Colla ✂
181	Comano ⌐ ✂
190	Davesco-Soragno ✂
208	Figino ⌐ ✂
222	Gandria ⌐ ✂
245	Gnosca ✂
245	Golino ⌐ ✂
246	Gordevio ⌐ ✂
257	Gudo ⌐ ✂
268	Intragna ⌐ ✂
268	Iragna ✂
278	Lamone ✂
291	Lavorgo ✂
297	Locarno ⌐ ✂
302	Lodano ⌐
115	Losone ⌐ ✂
305	Lugano ⌐ ✂
170	Magliaso ⌐ ✂

324	Manno ✂	213	Frauenfeld 🛏 ✂	154	Blatten	
312	Massagno ✂	221	Fruthwilen 🛏 ✂		b. Naters 🛏 ✂	
329	Melide 🛏 ✂	275	Gottlieben 🛏 ✂	155	Blitzingen 🛏 ✂	
330	Mendrisio 🛏 ✂	257	Güttingen 🛏 ✂	188	Bluche 🛏 ✂	
330	Meride ✂	201	Horn 🛏 ✂	159	Brig 🛏 ✂	
301	Minusio 🛏 ✂	262	Hüttwilen ✂	453	Brignon ✂	
312	Montagnola ✂	275	Kreuzlingen 🛏 ✂	166	Bürchen 🛏 ✂	
338	Morbio Inferiore ✂	323	Mammern 🛏 ✂	171	Champéry 🛏 ✂	
339	Morcote 🛏 ✂	323	Mannenbach 🛏 ✂	172	Champex 🛏 ✂	
360	Olivone 🛏 ✂	342	Müllheim-	332	Collombey-	
362	Origlio 🛏 ✂		Wigoltingen ✂		le-Grand ✂	
300	Orselina 🛏 ✂	342	Münchwilen 🛏	441	Les Collons 🛏 ✂	
162	Piodina 🛏 ✂	379	Romanshorn 🛏 ✂	426	Conthey 🛏 ✂	
366	Ponte Brolla 🛏 ✂	404	Sankt Pelagiberg ✂	420	Corin-de-la-Crête ✂	
370	Prosito ✂	452	Steckborn 🛏 ✂	184	Crans-Montana ✂	
378	Rodi-Fiesso 🛏 ✂	275	Tägerwilen 🛏 ✂	184	Crans-sur-Sierre 🛏 ✂	
380	Ronco sopra	445	Uttwil ✂	206	Les Evouettes ✂	
	Ascona 🛏 ✂	463	Weinfelden 🛏 ✂	207	Fiesch 🛏 ✂	
382	Rovio 🛏 ✂	466	Wigoltingen ✂	208	Fiescheralp/	
330	Salorino ✂				Kühboden 🛏 ✂	
418	Serpiano 🛏 ✂			207	Fieschertal 🛏 ✂	
429	Somazzo ✂	**Uri**		213	La Fouly 🛏 ✂	
311	Sorengo ✂	**UR**		222	Fully 🛏 ✂	
436	Taverne 🛏 ✂			244	Geschinen ✂	
437	Tegna 🛏			246	Goppenstein	
437	Tesserete 🛏 ✂			247	Grächen 🛏 ✂	
446	Vacallo 🛏 ✂			426	Granois 🛏	
311	Vezia 🛏 ✂	101	Altdorf 🛏 ✂	248	Grimentz 🛏 ✂	
339	Vico Morcote 🛏 ✂	103	Andermatt 🛏 ✂	258	Haute-Nendaz 🛏 ✂	
456	Vira	134	Bauen ✂	294	Leukerbad	
	Gambarogno 🛏 ✂	212	Flüelen 🛏 ✂		(Loèche-	
		257	Gurtnellen 🛏 ✂		les-Bains) 🛏 ✂	
		373	Realp	296	Leytron ✂	
				302	Lourtier 🛏 ✂	
Thurgau				327	Les Marécottes 🛏 ✂	
(Thurgovie) **TG**		**Valais**		324	Martigny 🛏 ✂	
		(Wallis) **VS**		296	Montagnon ✂	
				186	Montana 🛏 ✂	
				332	Monthey ✂	
				343	Münster 🛏 ✂	
101	Altnau 🛏 ✂			426	La Muraz ✂	
106	Arbon 🛏 ✂			161	Naters 🛏 ✂	
138	Berlingen 🛏 ✂	99	Agarn 🛏 ✂	208	Niederernen 🛏 ✂	
153	Bischofszell ✂	295	Albinen 🛏 ✂	358	Obergesteln 🛏 ✂	
197	Diessenhofen 🛏 ✂	106	Ardon 🛏 ✂	359	Oberwald 🛏 ✂	
198	Dietingen ✂	107	Arolla 🛏 ✂	363	Orsières 🛏 ✂	
201	Egnach 🛏 ✂	117	Ausserberg 🛏 ✂	364	Ovronnaz 🛏 ✂	
204	Erlen 🛏 ✂	154	Belalp 🛏 ✂	186	Plans Mayens 🛏 ✂	
205	Ermatingen 🛏 ✂	137	Bellwald 🛏 ✂	426	Pont-de-la-Morge ✂	
214	Erzenholz ✂	149	Bettmeralp 🛏 ✂	327	Ravoire 🛏 ✂	
205	Eschikofen 🛏 ✂	426	Binii ✂	373	Reckingen 🛏 ✂	
207	Felben-Wellhausen	154	Blatten	161	Ried bei Brig 🛏	
	🛏 ✂		i. Lötschental 🛏 ✂	376	Riederalp 🛏 ✂	

383 Saas-Almagell ⊨ ✕	269 Le Brassus ⊨ ✕	341 Les Mosses ⊨ ✕
383 Saas-Fee ⊨ ✕	338 Brent ✕	355 Noville ✕
387 Saas-Grund ⊨ ✕	378 Bugnaux-sur-Rolle ✕	356 Nyon ⊨ ✕
388 Saillon ⊨ ✕	168 Bursinel ⊨ ✕	360 Ollon ⊨ ✕
388 Saint-Gingolph ⊨ ✕	378 Bursins ✕	362 Onnens ⊨ ✕
425 Saint-Léonard ✕	168 Bussigny-près-Lausanne ⊨ ✕	362 Orbe ⊨ ✕
390 Saint-Luc ⊨ ✕	338 Caux ⊨ ✕	289 Ouchy ⊨ ✕
390 Saint-Maurice ⊨ ✕	337 Chamby ✕	364 Payerne ⊨ ✕
419 Salgesch ⊨ ✕	453 Chardonne ✕	365 Peney-le-Jorat ✕
419 Sierre ⊨ ✕	173 Château-d'Oex ⊨ ✕	365 Penthaz ✕
423 Sion (Sitten) ⊨ ✕	176 Chavannes-de-Bogis ⊨ ✕	455 Plambuit ✕
436 Susten-Leuk ⊨ ✕	176 Chéserex ✕	270 Le Pont ⊨ ✕
436 Täsch ⊨ ✕	176 Chexbres ⊨ ✕	357 Prangins ⊨ ✕
441 Thyon-Les Collons ⊨ ✕	337 Clarens ⊨ ✕	370 Préverenges ⊨ ✕
444 Unterbäch ⊨ ✕	180 Les Clées ✕	370 Puidoux ⊨ ✕
424 Uvrier ⊨ ✕	181 Coinsins ⊨ ✕	388 Les Rasses ⊨ ✕
419 Venthône ✕	182 Coppet ⊨ ✕	377 La Rippe ⊨ ✕
446 Verbier ⊨ ✕	453 Corseaux ⊨ ✕	378 Rolle ⊨ ✕
449 Vercorin ⊨ ✕	453 Corsier ✕	379 Romainmôtier ⊨ ✕
188 Vermala ✕	182 Cossonay ✕	379 Romanel-sur-Lausanne ⊨ ✕
453 Veysonnaz ⊨ ✕	171 Crans-près-Céligny ⊨ ✕	379 Romanel-sur-Morges ✕
456 Visp (Viège) ⊨ ✕	189 Crissier ⊨ ✕	381 Rossinière ⊨ ✕
456 Visperterminen ⊨ ✕	189 Croy ✕	382 Rougemont ⊨ ✕
457 Vissoie ⊨ ✕	189 Cully ⊨ ✕	388 St-Cergue ⊨ ✕
458 Vouvry ⊨ ✕	189 La Cure ⊨ ✕	388 Sainte-Croix ⊨ ✕
473 Zermatt ⊨ ✕	196 Les Diablerets ⊨ ✕	452 Saint-Légier ⊨ ✕
480 Zinal ⊨ ✕	357 Duillier ⊨ ✕	390 Saint-Sulpice ⊨ ✕
	200 Echandens ✕	391 Saint-Triphon ✕
Vaud	201 Ecublens ✕	391 Salavaux ✕
(Waadt) **VD**	206 Essertines-sur-Rolle ✕	434 Sugnens ✕
	173 L'Etivaz ⊨ ✕	435 Sullens ✕
LIBERTÉ ET PATRIE	206 Faoug ⊨ ✕	436 Tannay ⊨ ✕
	244 Gilly ✕	446 Vallamand-Dessous ✕
	338 Glion ⊨ ✕	450 Vers-chez-les-Blanc ⊨ ✕
269 L'Abbaye ⊨ ✕	247 Grandvaux ✕	364 Vers-chez-Perrin ⊨ ✕
362 Agiez ⊨ ✕	453 Jongny ✕	450 Vevey ⊨ ✕
100 Aigle ⊨ ✕	269 Joux (Vallée de) ⊨ ✕	336 Veytaux ⊨ ✕
105 Apples ⊨ ✕	282 Lausanne ⊨ ✕	337 Villard-sur-Chamby ✕
105 Aran ✕	291 Lavey-Village ⊨ ✕	454 Villars-sur-Ollon ⊨ ✕
111 Arzier ⊨ ✕	295 Leysin ⊨ ✕	455 Villeneuve ⊨ ✕
116 Aubonne ✕	303 Lucens ⊨ ✕	456 Villette ✕
337 Les Avants ⊨ ✕	312 Lutry ⊨ ✕	458 Vufflens-le-Château ⊨ ✕
117 Avenches ⊨ ✕	331 Mézières ✕	470 Yverdon-les-Bains ⊨ ✕
135 Begnins ⊨ ✕	333 Mont-Pèlerin ⊨ ✕	472 Yvonand ⊨ ✕
150 Bex ⊨ ✕	333 Montreux ⊨ ✕	472 Yvorne ✕
269 Les Bioux ⊨ ✕	290 Mont-sur-Lausanne ✕	
452 Blonay ⊨ ✕	339 Morges ⊨ ✕	

Zug
ZG

117 Baar ⌐
166 Buonas ✂
171 Cham ✂
330 Menzingen ✂
357 Morgarten ⌐ ✂
357 Oberägeri ⌐ ✂
378 Risch ⌐ ✂
433 Steinhausen ⌐✂
443 Unterägeri ⌐ ✂
459 Walchwil ✂
481 Zug ⌐ ✂

Zürich
ZH

98   Adliswil ⌐ ✂
134 Bassersdorf ⌐ ✂
134 Bauma ⌐ ✂
164 Buchs ✂
164 Bülach ⌐ ✂
196 Dielsdorf ⌐ ✂
197 Dietikon ⌐ ✂
199 Dübendorf ⌐ ✂
200 Dürnten ⌐ ✂
201 Effretikon ✂
205 Erlenbach ✂
209 Flaach ✂
213 Forch ⌐ ✂
223 Gattikon ✂
242 Geroldswil ⌐ ✂
244 Girenbad bei
     Turbenhal ⌐ ✂
501 Glattbrugg ⌐ ✂
503 Gockhausen ✂
260 Herrliberg ✂
260 Herschmettlen ✂
261 Hinwil ⌐ ✂
261 Horgen ⌐
262 Illnau ⌐ ✂
431 Kehlhof ✂
272 Kilchberg ✂
502 Kloten ⌐ ✂
276 Küsnacht ⌐ ✂
296 Lindau ✂
327 Meilen ⌐ ✂
346 Nänikon ✂
468 Niederrüti ✂
347 Neftenbach ⌐ ✂
355 Nürensdorf ⌐ ✂
328 Obermeilen ⌐ ✂
501 Oerlikon ⌐ ✂
364 Ottenbach ✂
364 Ottikon bei
     Kemptthal ✂
366 Pfäffikon ✂
371 Rafz ⌐ ✂
373 Regensdorf ⌐ ✂
374 Rheinau ✂
382 Rümlang ⌐
382 Rüschlikon ⌐ ✂
383 Rüti ⌐ ✂
501 Seebach ⌐ ✂
420 Sihlbrugg ⌐ ✂
431 Stäfa ✂
443 Uetikon am See ⌐ ✂
503 Uetliberg ⌐ ✂
445 Uster ⌐ ✂
457 Volketswil ⌐ ✂
459 Wädenswil ⌐ ✂
502 Wallisellen ⌐ ✂
463 Weiningen ✂
465 Wermatswil ⌐ ✂
465 Wernetshausen ✂
468 Winkel ✂
468 Winterthur ⌐ ✂
469 Wülflingen ✂
503 Zollikon ✂
483 Zumikon ✂
485 Zürich ⌐ ✂

Liechtenstein
*(Fürstentum,
Principauté)*
FL

507 Balzers ⌐ ✂
507 Malbun ⌐ ✂
508 Schaan ⌐ ✂
508 Triesen ⌐ ✂
508 Triesenberg ⌐ ✂
509 Vaduz ⌐ ✂

Indicatifs Téléphoniques Internationaux

Important : pour les communications internationales, le zéro (0) initial de l'indicatif interurbain n'est pas à composer (excepté pour les appels vers l'Italie).

Prefissi Telefonici Internazionali

Importante : per comunicazioni internazionali, non bisogna comporre lo zero (0) iniziale dell'indicativo interurbano (escluse le chiamate per l'Italia).

from \ to	A	B	CH	CZ	D	DK	E	FIN	F	GB	GR	FL
A Austria	–	0032	0041	00420	0049	0045	0034	00358	0033	0044	0030	00423
B Belgium	0043	–	0041	00420	0049	0045	0034	00358	0033	0044	0030	00423
CH Switzerland	0043	0032	–	00420	0049	0045	0034	00358	0033	0044	0030	00423
CZ Czech Republic	0043	0032	0041	–	0049	0045	0034	00358	0033	0044	0030	00423
D Germany	0043	0032	0041	00420	–	0045	0034	00358	0033	0044	0030	00423
DK Denmark	0043	0032	0041	00420	0049	–	0034	00358	0033	0044	0030	00423
E Spain	0043	0032	0041	00420	0049	0045	–	00358	0033	0044	0030	00423
F France	0043	0032	0041	00420	0049	0045	0034	00358	–	0044	0030	00423
FIN Finland	99043	0032	99041	00420	0049	0045	0034	–	0033	0044	0030	990423
FL Liechtenstein	0043	0032	0041	00420	0049	0045	0034	00358	0033	0044	0030	–
GB United Kingdom	0043	0032	0041	00420	0049	0045	0034	00358	0033	–	0030	00423
GR Greece	0043	0032	0041	00420	0049	0045	0034	00358	0033	0044	–	00423
H Hungary	0043	0032	0041	00420	0049	0045	0034	00358	0033	0044	0030	00423
I Italy	0043	0032	0041	00420	0049	0045	0034	00358	0033	0044	0030	00423
IRL Ireland	0043	0032	0041	00420	0049	0045	0034	00358	0033	0044	0030	00423
J Japan	00143	00132	00141	001420	00149	00145	00134	001358	00133	00144	00130	001423
L Luxembourg	0043	0032	0041	00420	0049	0045	0034	00358	0033	0044	0030	00423
N Norway	0043	0032	0041	00420	0049	0045	0034	0358	0033	0044	0030	00423
NL Netherlands	0043	0032	0041	00420	0049	0045	0034	00358	0033	0044	0030	00423
P Portugal	0043	0032	0041	00420	0049	0045	0034	00358	0033	0044	0030	00423
PL Poland	0043	0032	0041	00420	0049	0045	0034	00358	0033	0044	0030	00423
S Sweden	00943	00932	00941	009420	00949	00945	00934	009358	00933	00944	00930	009423
USA	01143	01132	01141	011420	01149	01145	01134	011358	01133	01144	01130	011423

Internationale Telefon-Vorwahlnummern

Wichtig : bei Auslandsgesprächen darf die Null (0) der Ortsnetzkennzahl nicht gewählt werden (ausser bei Gesprächen nach Italien).

International Dialling Codes

Note : when making an internationalI call, do not dial the first "0" of the city codes (except for calls to Italy).

H	I	IRL	J	L	N	NL	P	PL	S	USA	
0036	0039	00353	0081	00352	0047	0031	00351	0048	0046	001	**Austria A**
0036	0039	00353	0081	00352	0047	0031	00351	0048	0046	001	**Belgium B**
0036	0039	00353	0081	00352	0047	0031	00351	0048	0046	001	**Switzerland CH**
0036	0039	00353	0081	00352	0047	0031	00351	0048	0046	001	**Czech CZ Republic**
0036	0039	00353	0081	00352	0047	0031	00351	0048	0046	001	**Germany D**
0036	0039	00353	0081	00352	0047	0031	00351	0048	0046	001	**Denmark DK**
0036	0039	00353	0081	00352	0047	0031	00351	0048	0046	001	**Spain E**
0036	0039	00353	0081	00352	0047	0031	00351	0048	0046	191	**France F**
0036	0039	00353	0081	00352	0047	0031	00351	0048	0046	001	**Finland FIN**
0036	0039	00353	0081	00352	0047	0031	00351	0048	0046	001	**Liechtenstein FL**
0036	0039	00353	0081	00352	0047	0031	00351	0048	0046	001	**United GB Kingdom**
0036	0039	00353	0081	00352	0047	0031	00351	0048	0046	001	**Greece GR**
–	0039	00353	0081	00352	0047	0031	00351	0048	0046	001	**Hungary H**
0036	–	00353	0081	00352	0047	0031	00351	0048	0046	001	**Italy I**
0036	0039	–	0081	00352	0047	0031	00351	0048	0046	001	**Ireland IRL**
00136	00139	001353	–	001352	00147	00131	001351	00148	00146	0011	**Japan J**
0036	0039	00353	0081	–	0047	0031	00351	0048	0046	001	**Luxembourg L**
0036	0039	00353	0081	00352	–	0031	00351	0048	0046	001	**Norway N**
0036	0039	00353	0081	00352	0047	–	00351	0048	0046	001	**Netherlands NL**
0036	0039	00353	0081	00352	0047	0031	–	0048	0046	001	**Portugal P**
0036	0039	00353	0081	00352	0047	0031	00351	–	0046	001	**Poland PL**
00936	00939	009353	00981	009352	00947	00931	009351	00948	–	0091	**Sweden S**
01136	01139	011353	01181	011352	01147	01131	011351	01148	01146	–	**USA**